6 <sup>WEEK</sup> 1·2
미리보기

수능까지 연결되는
초등

# 디딤돌
# 독해력

# 독해는 초등부터
# 시작해야 합니다

'독해는 고학년이 되면 잘할 수 있겠지.' 라고 막연하게 생각하고 계신가요?

하지만 학년이 높아져도 글 읽기를 어려워하는 학생들이 많이 있습니다.

글을 '제대로' 읽어보려는 노력 없이 독해력을 저절로 기를 수는 없습니다. 단순히

눈으로 활자를 읽어내는 것이 아니라, 읽은 내용을 토대로 **적극적으로 사고하는**

**'독해'를 하려면 초등생 때부터 체계적이며 반복된 훈련이 필요**합니다.

독해력은 단기간에 기를 수 없기에,
일찍 시작해서 차곡차곡 쌓아야 합니다!

모든 공부의 기본과 기초는 독해입니다.

교과서의 내용은 물론 인터넷, 신문 등 일상에서 접하는 지식과 정보가 대부분

글로 이루어져 있기 때문입니다.

기본적으로 독해력이 튼튼하게 뒷받침된 학생은 학교 공부도 잘합니다.

사고력이 커지며 스스로 생각하는 힘을 키우는

**초등생이 독해 공부를 시작하기 딱 좋은 시기입니다.**

**독해를 일찍 공부한 학생**
- 국어뿐 아니라, 다른 교과 내용도 수월하게 이해함.
- 정보를 읽고 받아들이는 힘이 생겨 자기주도적 학습 능력이 향상됨.
- 의사소통 능력이 향상됨.
→ 꾸준하고 의도적인 노력을 통해 독해력을 길러야 합니다.

# 독해는 수능까지
# 연결되어야 합니다

이제 초등생인데 수능이라니요. 제목만 보고 당황하셨지요?

하지만 이 책에서 '수능'을 언급한 것은 초등학생 때부터 수능 시험을 대비하자는 의미가 아닙니다.

뜬구름을 잡는 것처럼 무작정 많이 읽는 비효율적인 공부가 아니라, **'학교 시험'과 '수능'이라는 목표를 향해 제대로 첫 발자국을 내딛자**는 의미입니다.

## 초등에서 고등까지, 독해의 기본 원리는 같습니다!

일반적으로 국어 학습 내용은 나선형으로 심화된다고 이야기합니다. 학습 내용이 이전 학년의 것을 기본으로 점차적으로 어려워지고, 많아지고, 깊어지기 때문입니다. 그 중에서도 특히 '독해'는 초등에서 고등까지 핵심 개념이 같으며, 지문과 어휘 수준의 난도가 올라갈 뿐입니다. 따라서 이 책은 초등 독해의 첫 시작점을 정확히 내딛어 궁극적으로 수능까지 도달할 수 있도록 구성하였습니다.

예를 들어, 수능에 자주 출제되는 '중심 화제 파악'이라는 독해 원리를 살펴볼까요?

우리 책에서는 학년별로 해당 독해 원리를 차근차근 심화하며 궁극적으로는 수능까지 개념이 이어지도록 목차를 설계하였습니다.

| | | | | |
|---|---|---|---|---|
| **1학년** | 6주 | 글에 어울리는 제목을 붙여요 | | |
| **2학년** | 6주 | 글의 중심 생각을 찾아요 | | |
| **3학년** | 4주 | 중심 문장을 찾아요 | → | **수능** |
| **4학년** | 8주 | 글의 주제를 파악해요 | | 중심 화제 파악 |
| **5학년** | 1주 | 글쓴이가 말하고자 하는 생각을 파악해요 | | |
| **6학년** | 5주 | 글쓴이의 관점이나 의도를 파악해요 | | |

독해 공부는 속도가 아니라 방향이 중요합니다.

학교 시험을 잘 보고, **수능까지 연결되는 진짜 독해 공부**를 시작해 보세요.

# 학습 계획표

**WEEK 1**

관용 표현의 뜻을 이해해요

| | |
|---|---|
| 1 DAY | 목구멍이 포도청 |
| 2 DAY | 상황에 알맞은 관용 표현 |
| 3 DAY | 창자가 끊어질 것 같다고? |
| 4 DAY | ≪사자소학≫ |
| 5 DAY | 가난을 무서워한 호랑이 |

1주 마무리

디딤돌 독해력 미리보기

**WEEK 2**

주장과 근거의 타당성을 판단해요

| | |
|---|---|
| 1 DAY | 스마트폰 필요한가요 |
| 2 DAY | 식용 곤충 |
| 3 DAY | 지역 축제 |
| 4 DAY | 아침밥 |
| 5 DAY | 분리배출 |

2주 마무리

디딤돌 독해력 미리보기

**WEEK 3**

글을 읽으며 지식과 경험을 활용해요

| | |
|---|---|
| 1 DAY | 콘서트홀 |
| 2 DAY | 괜찮아 |
| 3 DAY | 황소에 대한 오해 |
| 4 DAY | 면역력과 항상성 |
| 5 DAY | 용묵법 |

3주 마무리

**WEEK 4**

글에 드러나지 않은 내용을 추론해요

| | |
|---|---|
| 1 DAY | 숫자 '3'과 '100' |
| 2 DAY | 동물들의 겨울잠과 여름잠 |
| 3 DAY | 나비 박자 석주명 |
| 4 DAY | 비밀을 푸는 열쇠, 운석 |
| 5 DAY | 엘니뇨와 라니냐 |

4주 마무리

**WEEK 5**
글쓴이의 관점이나 의도를 파악해요

1 DAY  과일 가격이 문제야!
2 DAY  소리 없는 암살자
3 DAY  칭찬의 효과
4 DAY  아버지의 뒷모습
5 DAY  까마귀를 바라보는 시선
**5주 마무리**

**WEEK 6**
작품 속 인물을 자신과 관련지어 이해해요

1 DAY  삼촌의 직업 / 배추의 마음
2 DAY  집을 수리한 이야기
3 DAY  누에와 천재
4 DAY  수일이와 수일이
5 DAY  이달의 인문학 인물 – 이육사
**6주 마무리**

**WEEK 7**
내용과 표현의 적절성을 판단해요

1 DAY  반려동물 인수제
2 DAY  사이버불링
3 DAY  황룡사 9층 목탑
4 DAY  서스펜디드 커피
5 DAY  청소년의 화장품 사용
**7주 마무리**

**WEEK 8**
비유하는 표현을 이해해요

1 DAY  돌담에 속삭이는 햇발 / 유성
2 DAY  살아 있는 냉장고
3 DAY  헌혈은 뫼비우스의 띠
4 DAY  거품 현상
5 DAY  이데아의 세계
**8주 마무리**

WEEK **1**

# 관용 표현의 뜻을 이해해요

# 돼지 잡는 날

일 년 동안 열심히 용돈을 모은 진영이는 꽉 찬 돼지 저금통을 들고 은행에 갔어요. 돼지 저금통을 열었더니 생각보다 많은 금액을 모았다는 걸 알게 됐어요. 이를 본 은행 직원이 한 말인 '티끌 모아 태산'은 무슨 의미일까요?

티끌모아 태산 이란다.

어? 용돈이 적다고 생각했는데, 이렇게 보니 엄청나요.

?

100

    은행 직원은 진영이가 모은 용돈이 큰 금액이라는 것을 알려주려고 '티끌 모아 태산'이라고 말했습니다. 짧은 표현이지만 만약 진영이가 관용 표현에 대해 잘 몰랐다면 은행 직원이 하려는 말이 무슨 의미인지 와닿지 않았을 거예요. 이렇게 말하는 상황에 빗대어 **원래의 낱말이 가진 뜻이 아닌 새로운 뜻을 나타내는 말을 관용 표현**이라고 합니다.

    관용 표현에는 관용어, 속담, 한자 성어 등이 있습니다. 관용 표현을 활용하면 짧은 말로도 효과적으로, 재미있게 자신의 생각을 표현할 수 있어요. 자, 그럼 이제 글에 나타난 다양한 관용 표현과 그 뜻을 알아보러 가 볼까요?

# 목구멍이 포도청

### 가 진행자의 도입

추운 겨울, 배고픔을 이기지 못해 마트에서 우유와 사과 등 먹을 것을 훔치다 적발된 아버지와 아들의 안타까운 이야기가 있습니다. 그리고 잘못을 뉘우치며 선처를 바란 이들에게 전해진 따뜻한 손길도 있는데요. 박창규 기자가 전해 드립니다.

### 나 기자의 보도

오후 4시 즈음, 마트 식품 매장으로 한 남성과 가방을 멘 아이가 들어옵니다. 잠시 두리번거리던 이들은 아이가 멘 가방을 열어 물건을 담기 시작합니다. 물건을 몰래 훔쳐 가려던 것인데요. CCTV 바로 아래에서 이루어진 허술한 절도 행위는 마트 직원에게 금방 발각됐습니다. 가방에서 나온 이들이 훔치려던 물건은 사과 여섯 개와 우유 두 팩, 마실 것 몇 개가 전부였습니다.

〈인터뷰〉 사건 당시 출동했던 경찰관

"배가 고파서 물건을 훔쳤다고 하더라고요. 범인 A 씨가 지병이 심해져서 일을 못 하게 되고, 아들이 배고픔을 호소하자 범행에 나선 것으로 보고 있습니다. 그날은 아침도 점심도 굶었다고 하는데, 요즘 세상에 밥 굶는 사람이 어디 있습니까. 마트 사장님도 사연을 듣고 A 씨를 처벌하지 않겠다고 해서 훈방 조치했고, 처벌하는 대신 근처 식당에서 국밥을 시켜 줬습니다."

굶주림에 어쩔 수 없이 범죄를 저지른 A 씨의 사연을 들은 한 시민은 식당에 찾아와 A 씨에게 20만 원을 건네기도 했습니다. 또 마트 주인은 이들 부자가 더 이상 배고픔 때문에 범죄를 저지르는 일이 없도록 쌀과 필요한 물건을 지원해 주겠다고 했습니다.

● **허술한**
치밀하지 못하고 엉성하여 빈틈이 있는.

● **지병**
오랫동안 잘 낫지 않는 병.

● **사연**
일의 앞뒤 사정과 까닭.

### 다 기자의 마무리

'목구멍이 포도청'이라는 말이 있습니다. 먹고살기 위해 해서는 안 될 짓까지 하지 않을 수 없음을 이르는 말인데요. 적어도 가난 때문에 어쩔 수 없이 범죄를 저지르는 사람은 없는 사회가 되어야겠습니다. 디딤돌 뉴스 박창규입니다.

**1** 이 뉴스에서 중점적으로 보도하는 내용은 무엇인가요? (　　　)

① 마트에서 물건을 훔친 도둑을 놓쳤다는 내용
② CCTV를 활용해도 범인을 찾기 힘들다는 내용
③ 마트에서 도둑질을 한 부자가 처벌받았다는 내용
④ 배고픔을 이기지 못한 부자가 범죄를 저질렀다는 내용
⑤ 밥 굶고 사는 사람이 없는, 풍족한 사회가 되었다는 내용

**2** 【가】의 역할로 알맞은 것은 무엇인가요? (　　　)

① 뉴스의 상세한 내용을 시청자에게 전달한다.
② 실제로 사건을 취재한 기자의 의견을 제시한다.
③ 뉴스에서 보도할 핵심 내용을 요약해 안내해 준다.
④ 뉴스 전체 내용을 요약하고 의견을 담아 마무리한다.
⑤ 인터뷰 자료나 통계 자료 등을 활용해 시청자의 이해를 돕는다.

**3** 【나】에 대한 설명으로 알맞은 것을 【보기】에서 모두 골라 기호로 쓰세요.

수능에서는
글쓴이가 자신의 생각과 의견을 뒷받침하기 위해 **전문가의 견해**를 인용할 때가 많아. 글의 서술상 특징을 물을 때 자주 나오니까 알아 두도록 하자.

> **보기**
>
> ㉠ 글 전체 내용을 요약했다.
> ㉡ 인터뷰 자료를 활용했다.
> ㉢ 전문가의 견해를 활용했다.
> ㉣ 기자가 직접 취재한 내용이 있는 부분이다.
> ㉤ 사건을 바라보는 기자의 의견이 들어가 있다.

(　　　　　　　　　　　)

**4**

## 다음 중 '목구멍이 포도청'과 같은 표현을 사용했을 때의 효과를 모두 고르세요.
(                    )

① 알아듣기 힘든 표현으로 듣는 사람의 기분을 상하게 한다.
② 재미있는 표현으로 듣는 사람의 관심을 불러일으킬 수 있다.
③ 상황에 알맞게 사용해 짧은 말로도 자신의 생각을 표현할 수 있다.
④ 각각의 낱말을 본래의 뜻으로 이해하면 제대로 된 뜻을 알 수 있다.
⑤ 한두 개의 낱말 또는 짧은 문구나 문장으로 상황을 인상 깊게 표현할 수 있다.

---

**관용 표현의 뜻을 이 해해요**

관용 표현의 뜻을 이해하려면 먼저 낱말이 사용된 환경을 정확하게 알아야 합니다. 저학년에서는 모르는 낱말의 의미를 파악하는 방법을 배웠다면, 고학년에서는 앞서 파악한 낱말의 의미와 관계를 바탕으로 관용 표현의 의미를 파악하고 다양한 관용 표현을 상황에 맞게 사용할 수 있어야 해요!

| 저학년에서는<br>낱말의 뜻을 정확히 알아요 | → | 고학년에서는<br>관용 표현의 뜻을 이해해요 |

---

**5**

## 다음 중 '목구멍이 포도청'이라는 표현을 바르게 활용한 문장은 무엇인가요?
(        )

① 목구멍이 포도청이라는데, 일단 밥부터 먹고 구경하자!
② 혼자 기대감에 차서 목구멍이 포도청이더니, 내 그럴 줄 알았어.
③ 지금 하는 짓이 나쁜 일인 건 알지만, 목구멍이 포도청이라 어쩔 수가 없네.
④ 목구멍이 포도청이라더니, 준비가 다 되어 있으면 뭘 하니? 활용을 해야지.
⑤ 왜 네가 한 일을 하지 않았다고 거짓말을 하니? 정말 목구멍이 포도청이구나.

---

**⊟ 한줄요약**

**6**

## 빈칸에 알맞은 말을 넣어 이 글의 핵심 내용을 한 문장으로 요약하세요.

| 선처 | 훈방 | 범죄 |

배고픔을 이기지 못해 [    ]를 저지른 아버지와 아들이, 안타까운 사연으로

[    ]를 받고 [    ]되었다.

● 낱말이 한자로는 어떻게 쓰이는지 살펴보고, 예문을 참고해 빈칸을 채워 보세요.

**❶**

善處　　착할　[선]
　　　　곳　　[ㅊ]

그 일을 [선][ㅊ] 해 주신다면 감사하겠습니다.

**❷**

父子　　아버지　[부]
　　　　아들　　[ㅈ]

옆집 [부][ㅈ] 는 꼭 닮았다.

**❸**

支援　　지탱할　[ㅈ]
　　　　도울　　[원]

산불 피해를 입은 사람들을 위한 [ㅈ][원] 대책
을 세워야 한다.

● 낱말의 뜻을 참고하여, 다음 문장의 빈칸에 들어갈 알맞은 낱말을 완성하세요.

**❹** 우리 경찰에서는 범죄자의 [ㅈ][ㄹ] 에 최선을 다하고 있습니다.

　　　숨겨져 있는 일이나 드러나지 않은 것을 들추어냄.

**❺** 그의 절실한 [ㅎ][ㅅ] 에 귀를 기울이는 사람은 아무도 없었다.

　　　억울하거나 딱한 사정을 남에게 간곡히 알림.

**❻** 이번 사건의 범인은 범죄가 가벼워 [ㅎ][ㅇ] 되었다.

　　　일상생활에서 가벼운 죄를 범한 사람을 훈계하여 놓아줌.

**❼** [ㄴ][도][ㅊ] 에 가서 누가 잘못했는지를 알아보자.

　　　조선 시대에, 범죄자를 잡거나 다스리는 일을 맡아보던 관아.

# 상황에 알맞은 관용 표현

다음은 관용 표현을 알아듣지 못해 서로 의사소통이 원활히 이루어지지 않은 예입니다. 상황을 파악하고 각각의 관용 표현이 어떤 의미를 갖는지 추측해 봅시다.

**가** **민수:** 우리 아버지께서는 아는 분이 아주 많으셔. 얼마 전 동해 바다로 놀러 갔을 때 수산 시장에서 일하시는 아버지 친구 분 덕에 신선한 해산물을 많이 먹었어.

**주희:** 와, 아버지께서 ㉠발이 참 넓으시구나.

**민수:** 우리 아버지 신발 치수는 260mm야. 어른치고는 조금 작으신 것 아닌가?

**주희:** 신발 치수는 왜?

**민수:** 발이 넓으시다며?

**나** **승수:** 지민이가 왜 이렇게 안 오지? 약속 시간이 한참 지났는데 말이야.

**지민:** (뛰어오며) 승수야! 오래 기다렸지, 미안해.

**승수:** 왜 이렇게 늦었어? ㉡눈이 빠지게 기다렸다고.

**지민:** 눈이 빠질 뻔했다는 거야? 겉보기엔 멀쩡해 보여.

**승수:** 응? 아무튼 왜 늦었어?

**지민:** 어머니께서 잡채 만드시는 걸 도와드렸거든. 어머니께서 ㉢손이 크셔서 큰 대야 세 개가 꽉 찰 만큼 만드느라 오래 걸렸어. 우리 집은 식구가 세 명인데.

**승수:** 손이 크시면 음식을 좀 더 빨리 만드실 수 있지 않나? 재료를 한 번에 많이 집으실 수가 있잖아.

**지민:** 응?

**다** **태연:** 2인조 발라드 그룹이었던 나스타와 김가수가 오랜만에 다시 ㉣입을 맞췄대.

**민희:** 공공장소에서? 그 모습이 신문 기사에 ⓐ실린 거니? 놀랍구나.

**태연:** 도대체 무슨 소리야? 그런데 나스타는 군 입대 기피 문제 때문에 자숙 중인데, ㉤얼굴도 두껍지, 활동을 재개하다니.

**민희:** 그 사람 얼굴 피부가 두꺼워? 그걸 측정할 수도 있어? 태연이 넌 나스타라는 사람에 대해 여러모로 많은 걸 알고 있구나.

**태연:** 뭐라고?

---

● 원활히
거침이 없이 잘되어 나가는 상태로.

● 발라드
대중음악에서, 사랑을 주제로 한 감상적인 노래.

● 자숙
자신의 행동을 스스로 조심함.

**가** ~ **다**의 경우와 같이 관용 표현을 올바르게 이해하지 못한다면 의사소통에 문제가 생깁니다. 그럼에도 이와 같은 관용 표현을 사용하는 이유는 하고 싶은 말을 인상적으로 전달할 수 있기 때문입니다.

**1**

관용 표현의 뜻 이해하기

수능에서는
둘 이상의 낱말이 합쳐져 원래의 뜻과는 전혀 다른 새로운 뜻으로 굳어져서 쓰이는 표현을 관용 표현이라고 해.

**이 글의 ㉠~㉤은 모두 관용 표현입니다. 각각의 뜻에 알맞은 낱말을 쓰세요.**

> ㉠ 사귀어 아는 (　　　　　　)이/가 많아 활동하는 범위가 넓다.
> ㉡ 몹시 애타게 오랫동안 (　　　　　).
> ㉢ 씀씀이가 후하고 (　　　　　).
> ㉣ 서로의 말이 (　　　　　)하도록 하다. 또는 호흡을 맞추다.
> ㉤ (　　　　　)을/를 모르고 염치가 없다.

**2**

**이 글을 이해한 내용으로 알맞지 <u>않은</u> 것을 두 가지 고르세요. (　　　,　　　)**

① 민수의 아버지는 발 사이즈가 크다.
② 민수는 동해 바다로 놀러 간 적이 있다.
③ 지민이는 잡채를 만들다가 약속 시간에 늦었다.
④ 승수는 약속 시간에 지민이보다 먼저 도착해 기다리고 있었다.
⑤ 나스타는 얼굴의 피부가 다른 사람에 비해 두꺼운 편에 속한다.

**3**

**가** ~ **다**의 발화자에 대한 설명으로 알맞지 <u>않은</u> 것은 무엇인가요? (　　　)

① **가**의 민수는 자신의 경험을 제시하며 대화를 시작한다.
② **가**의 주희는 관용 표현을 사용하며 민수의 말에 동조하고 있다.
③ **나**의 승수는 지민이에게 늦은 이유를 거듭하여 묻고 있다.
④ **나**의 지민이는 승수와 달리 관용 표현을 이해하지 못하고 있다.
⑤ **다**의 민희와 태연이는 서로 원활하게 의사소통이 되지 못하고 있다.

**4** 다음 ( ) 안에 들어갈 알맞은 관용 표현을 ㉠~㉤을 참고하여 쓰세요.

> 제목: 어제 황당한 일을 겪었네요.
>
> ID: 동탄다둥맘
>
> 제가 어제 저희 동네 커피숍에서 커피를 마시고 있었어요. 그런데 한 청년이 가게에 들어오더니 커피도 시키지 않고 자리에 앉더군요. 핸드폰 충전부터 하더니, 주머니에서 햄버거를 꺼내서 먹는데 냄새가 심했어요. 게다가 신발을 벗고 발을 올리는 행동까지……. 그러곤 커피숍을 나서면서 직원 분에게 내일 또 오겠다며 인사까지 하더라고요. 정말 그 사람 ( )

( )

**5** 문맥상 ⓐ와 같은 의미로 쓰인 것은 무엇인가요? ( )

① 논에 물을 가득 <u>싣다</u>.
② 시와 수필을 <u>실은</u> 잡지이다.
③ 차에 짐을 어서 <u>실어야</u> 한다.
④ 매일 나는 통학 버스에 몸을 <u>싣는다</u>.
⑤ 그는 얼굴에 웃음을 가득 <u>싣고</u> 있었다.

⊡ 한줄요약 **6** 빈칸에 알맞은 말을 넣어 이 글의 핵심 내용을 한 문장으로 요약하세요.

> 관용      의사      상황

[  ]에 맞지 않은 [  ]표현을 사용하면 [  ]소통에 문제가 발생할 수 있다.

• 낱말이 한자로는 어떻게 쓰이는지 살펴보고, 예문을 참고해 빈칸을 채워 보세요.

**①**

市場
시장 시
마당 ㅈ

집 앞 시 ㅈ 의 물건은 대체로 저렴하다.

**②**

材料
재목 재
되질할 ㄹ

가구를 만드는 데에 많은 재 ㄹ 가 필요합니다.

**③**

活動
살 ㅎ
움직일 동

미세 먼지가 심할 땐 야외 ㅎ 동 을 삼가세요.

• 낱말의 뜻을 참고하여, 다음 문장의 빈칸에 들어갈 알맞은 낱말을 완성하세요.

**④** 올바른 표현을 사용하는 것은 권 ㅎ 한 의사소통에 도움을 준다.
거침이 없이 잘되어 나감.

**⑤** 나는 채식주의자이지만 다 함께 식사하는 자리를 ㄱ ㅍ 하지 않는다.
꺼리거나 싫어하여 피함.

**⑥** 그는 ㅏ ㅅ 의 시간을 가진 뒤 모습을 드러냈다.
자신의 행동을 스스로 조심함.

**⑦** 회의가 한 시간 만에 ㅈ ㄱ 되었다.
어떤 활동이나 회의 따위를 한동안 중단했다가 다시 시작함.

# 창자가 끊어질 것 같다고?

**가** 안녕하세요, 청취자 여러분. 오늘은 우리가 자주 쓰는 관용 표현에 대해 알아볼 거예요. 혹시 '애간장이 타다'에서 '애'와 '간장'이 무엇인지 아시나요? '애'는 창자의 순우리말이고, '간장'은 간과 창자를 가리키는 한자어랍니다. 그러니까 '애간장이 타다'라는 말은 쉽게 말하면 '창자가 타다'라는 뜻으로 해석할 수 있지요.

**나** 그래서 '애간장이 타다'라는 말은 창자가 탈 정도로, 창자가 끊어질 정도로 속이 타고 초조한 상태를 이르는 말이랍니다. 이 말을 한자어로는 '단장(斷腸)'이라고 해요. 이 역시 '창자가 끊어진다'라는 뜻이에요. 이 말의 유래는 중국의 삼국 시대로 거슬러 올라간답니다.

**다** 어느 군대가 촉나라를 정벌하러 항해하던 중, 군대의 병사 하나가 잠깐 데리고 놀려고 새끼 원숭이를 잡았대요. 병사는 별 생각 없이 잡았지만, 어미 원숭이가 새끼 원숭이를 구하러 슬피 울며 따라오고 있었다고 합니다. 그 병사도 금세 자신이 잘못했다는 것을 깨닫고 새끼 원숭이를 돌려주고자 했지만 강이 너무 넓어져서 도저히 그럴 수 없는 상황이었어요. 그러다가 어미 원숭이가 기회를 보아 배로 뛰어들어 새끼를 구하려고 했으나 이미 배를 쫓아오느라 너무 많이 힘을 써서 지쳐 죽었답니다. 그런데 그 어미의 배가 이상한 거예요. 그래서 어미 원숭이의 배를 갈라 보니 창자가 토막토막 끊어져 있었기에 그것을 지켜보던 사람들이 매우 놀랐어요. 그걸 보던 군대의 대장이 크게 화내면서 새끼 원숭이를 직접 풀어 주고, 잡아 온 병사를 매우 혼냈다고 해요. 이후, "내가 너를 죽이면 너의 어머니도 이렇게 창자가 끊어지듯이 슬퍼하다가 죽을 것이니, 다시는 이러지 마라."라고 했대요.

**라** 이 이야기를 보니, 어미 원숭이의 애간장 타는 마음이 잘 보이는 것 같죠? 어미가 자식을 잃으면 저 정도로 아파한다는 것도 잘 알 수 있게 된 것 같아요. 이렇게 우리나라의 관용 표현에는 이와 관련된 유래가 있는 경우가 많답니다. 다음에도 더 유익한 이야기로 만나요. 안녕!

● **해석**
문장이나 사물 따위로 표현된 내용을 이해하고 설명함. 또는 그 내용.

● **유래**
사물이나 일이 생겨남. 또는 그 사물이나 일이 생겨난 바.

**1**

수능에서는
일반적으로 널리 통하는
개념을 통념이라 표현해.
대개 통념이 나오면 이
를 반박하는 주장이 뒤
따라 나와.

**가**에서 청취자의 흥미를 끌기 위해 사용하고 있는 방법은 무엇인가요? (          )

① 질문을 통해 청취자의 흥미를 끌고 있다.

② 대조되는 상황을 통해 청취자의 흥미를 끌고 있다.

③ 통념과는 다른 해석을 제시하여 청취자의 흥미를 끌고 있다.

④ 감탄을 나타내는 표현을 사용하여 청취자의 흥미를 끌고 있다.

⑤ 주요 용어가 사용된 구체적인 사례를 들어 청취자의 흥미를 끌고 있다.

**2**

**다**에 대한 이해로 알맞지 <u>않은</u> 것은 무엇인가요? (          )

① 강을 항해하던 중 일어난 일이다.

② 병사는 원숭이를 좋아하기 때문에 새끼 원숭이를 잡았다.

③ 어미 원숭이는 배로 몸을 던져 새끼를 구하고자 했다.

④ 죽은 어미 원숭이의 창자는 토막토막 끊어져 있었다.

⑤ 군대의 대장은 새끼 원숭이를 잡아 온 병사를 매우 혼냈다.

**3**

관용 표현의 뜻 이해
하기

이 글에서 언급한 관용 표현의 의미와 가장 거리가 <u>먼</u> 것은? (          )

① 애가 썩다

② 입에 침이 마르다

③ 심장이 터지다

④ 애가 마르다

⑤ 가슴이 미어지다

**4** 다음은 다 에 나온 병사의 속마음을 나타낸 것입니다. 보기 의 뜻을 참고해 (      )
안에 들어갈 알맞은 관용어를 완성하세요.

> '어미 원숭이가 배를 쫓아오고 있다는 사실을 깨달았을 때, 아차 싶었어.
> 그렇게 쫓아와 배까지 뛰어들었지만 결국 죽어 버린 어미 원숭이가 내
> (              )을 찔렀어. 결국엔 대장에게도 많이 혼나고 말았지.'

> 보기
> • (    ) 안에 알맞은 관용어의 뜻: 마음이나 감정을 세게 자극하다.

(          )

**5** 가 ~ 라 에 대한 설명으로 알맞은 것을 보기 에서 모두 골라 기호로 쓰세요.

> 보기
> ㄱ. 가 에서는 앞으로 이 글이 전개될 방향에 대해 언급하고 있다.
> ㄴ. 나 에서는 관용어가 사용된 실제 사례를 들어 설명하고 있다.
> ㄷ. 다 에서는 사건을 시간의 흐름에 따라 서술하고 있다.
> ㄹ. 라 에서는 말하는 이의 주장을 다시 한번 강조하고 있다.

(          )

한줄요약 **6** 빈칸에 알맞은 말을 넣어 이 글의 핵심 내용을 한 문장으로 요약하세요.

> 단장      유래      창자

'애간장이 타다'라는 말에서 '애간장'은 [   ] 를 가리키는 말이고 한자어로는

[   ] 이라고도 하는데, 이 글에서는 '애간장이 타다'와 '단장'의 [   ] 를 소

개하고 있다.

- 낱말이 한자로는 어떻게 쓰이는지 살펴보고, 예문을 참고해 빈칸을 채워 보세요.

**①**

斷腸
끊을 [단]
창자 [ㅈ]

어미가 느끼는 [단][ㅈ]의 아픔은 이루 말할 수 없는 것이었다.

**②**

征伐
칠 [ㅈ]
칠 [벌]

고려는 요동 [ㅈ][벌]을 시도했지만 이성계에 의해 좌절되었다.

**③**

航海
배 [ㅎ]
바다 [해]

그는 드디어 기나긴 [ㅎ][해]를 마치고 귀국했다.

- 낱말의 뜻을 참고하여, 다음 문장의 빈칸에 들어갈 알맞은 낱말을 완성하세요.

**④** 이 프로그램은 [ㅊ][ㅊ][자]들에게 인기가 많다.

라디오 방송을 듣는 사람.

**⑤** 그는 자식이 잘못될까 [ㅊ][ㅈ]한 마음을 차마 숨길 수 없었다.

애가 타서 마음이 조마조마함.

**⑥** 그의 인기는 [ㄱ][세] 해외까지 널리 퍼졌다.

지금 바로.

**⑦** 만일의 [ㅅ][ㅎ]에 대비해 준비를 철저히 하자.

일이 되어 가는 과정이나 형편.

# 《사자소학》

　《사자소학》은 조상들이 어린이들에게 한자를 가르치기 위해 엮은 기초 한문 교과서이다. 주된 내용으로는 효도나 윤리 규범 등 인간으로서 지켜야 할 도리가 있고, 친구 사귀는 법, 일상생활에서 지켜야 할 사소한 몸가짐까지 다양한 것을 구체적이고 상세하게 가르치는 교과서이다. 예를 들어 아침에 일어나면 세수하고 양치질하라는 내용이나, 편식하지 말라, 먼지가 쌓이면 방 청소를 해라 등 매우 간단한 생활 수칙도 많이 쓰여 있다. 혹시 용모를 단정히 하라는 말을 들어 본 적이 있는가? 이 또한 《사자소학》에서 유래된 말로, '용모단정 의관정제(容貌端正 衣冠整齊)'라 하여 얼굴 모양과 옷차림을 바르게 하라는 말이다. 이렇듯 다양한 내용이 담겨 있는 《사자소학》에서 가장 많은 내용을 차지하는 부분은 부모님에 대한 효도와 기본 예절이다.

　가장 기본적인 효도 예절로 '출필고지 반필면지(出必告之 反必面之)'하라는 말이 있다. 집 밖에 나갈 때는 반드시 나간다고 말하고, 돌아오면 반드시 돌아왔다고 얼굴을 보고 인사하라는 뜻이다. 혹시 외출할 때 아무 말 없이 나간다거나 부모님께서 외출하실 때 방 안에서 가만히 있었던 적은 없는가? 만약 그랬다면 지금부터라도 '다녀오겠습니다.', '다녀오셨어요.' 등 인사하는 습관을 ㉠길러 보자.

　그렇다면 효도 예절에서 가장 하지 말아야 할 것은 무엇일까? 그것은 바로 거짓말이다. 《사자소학》에서는 '일기부모 기죄여산(一欺父母 基罪如山)'이라 하여 한 번 부모를 속이면 그 죄가 산과 같다고 말하고 있다. 죄가 산과 같다는 말은 그만큼 잘못이 크고 무겁다는 것을 뜻한다. 즉 어떤 잘못을 했다면 솔직하게 말씀드리고 혼날 부분이 있다면 혼나고 반성을 해야지, 거짓말을 해서 더 큰 잘못을 저질러서는 안 된다는 말이다.

　위의 내용처럼 《사자소학》은 일상생활에서 지켜야 할 매우 기본적인 것들을 다룬, 어린이들을 가르치기 위한 교과서이다. 개인의 몸가짐부터 주변을 대하는 방법까지 모든 면을 다루는 이 책을 통해 기본적인 예절과 올바른 인성을 갖춘 사람이 되는 법을 배울 수 있다.

● 윤리
사람으로서 마땅히 행하거나 지켜야 할 도리.

● 규범
인간이 행동하거나 판단할 때에 마땅히 따르고 지켜야 할 가치 판단의 기준.

**1** 이 글을 통해 알 수 있는 내용이 <u>아닌</u> 것은 무엇인가요? (　　　)

① 《사자소학》은 무엇을 다룬 글인가?

② 효도 예절에서 가장 하지 말아야 하는 것은 무엇인가?

③ 《사자소학》에서 효도보다 중요하게 여기는 것은 무엇인가?

④ 《사자소학》은 어떤 연령대의 사람을 대상으로 하는 책인가?

⑤ 《사자소학》에서 가장 많은 부분을 차지하는 내용은 무엇인가?

**2** 이 글에서 찾아볼 수 있는 글쓰기 전략은 무엇인가요? (　　　)

수능에서는
'《사자소학》은 ~이다'
와 같은 설명을 정의라
고 해. 즉 글의 첫 번째
문장에 '《사자소학》의
정의가 쓰여 있다.'라고
할 수 있지!

① 글쓴이의 경험을 바탕으로 글을 써 나가고 있다.

② 《사자소학》의 내용에 의문점을 제시하며 비판하고 있다.

③ 예상 독자에게 질문하는 형식으로 글을 써 나가고 있다.

④ 다른 사람과 대화하는 형식을 빌려 내용을 정의하고 있다.

⑤ 《사자소학》에 대한 추가 정보를 얻을 수 있는 방법을 제시하고 있다.

관용 표현의 뜻 이해
하기 **3** 보기 에서 하지 말아야 할 예절에 대한 내용이 담긴 구절을 찾아 기호로 쓰세요.

> **보기**
>
> ㉮ 용모단정 의관정제(容貌端正 衣冠整齊)
>
> ㉯ 출필고지 반필면지(出必告之 反必面之)
>
> ㉰ 일기부모 기죄여산(一欺父母 基罪如山)

(　　　　　　　)

**4** 이 글에 나온 《사자소학》의 예절 중 가장 하지 말아야 하는 것은 무엇인가요?

( )

① 수정이는 아빠가 출근할 때 방에서 나오지 않고 게임을 하고 있었다.
② 지수는 너무 놀러 나가고 싶어서 부모님께 알리지 않고 집에서 나갔다.
③ 수애는 엄마가 방 청소를 하라고 해서, 하지 않았지만 이미 했다고 말했다.
④ 지연이는 아침에 너무 늦게 일어나서 제대로 씻지도 못하고 집에서 나갔다.
⑤ 명은이는 아침에 엄마랑 싸워서 기분이 좋지 않아, 엄마가 외출했다가 들어오실 때 방에서 나오지 않았다.

**5** 문맥상 ㉠과 같은 의미로 쓰인 것은 무엇인가요? ( )

① 아침에 일찍 일어나는 버릇을 <u>길렀다</u>.
② 새로운 인재를 발견해 <u>기르기</u> 시작했다.
③ 나는 집에서 고양이를 다섯 마리 <u>기른다</u>.
④ 머리카락을 계속 <u>길렀더니</u> 허리까지 왔다.
⑤ 병을 <u>기르면</u> 치료하기가 점점 어렵게 된다.

📄 한줄요약 **6** 빈칸에 알맞은 말을 넣어 이 글의 핵심 내용을 한 문장으로 요약하세요.

| 예절 일상 인성 |
| --- |

《사자소학》은 ☐☐에서 지켜야 할 기본적인 ☐☐과 ☐☐을 갖춘

사람이 되는 법을 배울 수 있는 책이다.

● 낱말이 한자로는 어떻게 쓰이는지 살펴보고, 예문을 참고해 빈칸을 채워 보세요.

**❶**

基礎  터 [기]
      주춧돌 [ㅊ]

[기][ㅊ] 공사가 튼튼해야 멋진 건물이 지어진다.

**❷**

禮節  예도 [ㅇ]
      마디 [절]

[ㅇ][절]을 지킬 줄 아는 사람이 되어야 한다.

**❸**

人性  사람 [인]
      성품 [ㅅ]

공부도 중요하지만 [인][ㅅ]이 바른 사람이 되어야 한다.

● 낱말의 뜻을 참고하여, 다음 문장의 빈칸에 들어갈 알맞은 낱말을 완성하세요.

**❹** 그 정도는 특별하지 않은 [ㅇ][ㅏ]적인 일이다.

　　　날마다 반복되는 생활.

**❺** 그렇게 두루뭉술하게 이야기하면 이해를 할 수가 없잖아. [ㄱ][ㅊ][적]으로 이야기해 봐.

　　　실제적이고 세밀한 부분까지 담고 있는 것.

**❻** 여기에서는 꼭 지켜야 할 [ㅜ][ㅊ]이 몇 가지 있다.

　　　행동이나 절차에 관하여 지켜야 할 사항을 정한 규칙.

**❼** 오늘은 [ㄱ][ㅗ]적인 절차에 대해 알아보자.

　　　사물이나 현상, 이론, 시설 따위를 이루는 바탕.

# 가난을 무서워한 호랑이

옛날 백두산 골짜기에 호랑이 한 마리가 살았다. 동물과 인간 모두 호랑이를 무서워했기에 호랑이는 무소불위의 권력을 갖고 있었다. 그러던 어느 날, 배가 고파진 호랑이는 마을로 내려와 잡아먹을 사람을 찾아 헤맸다. 호랑이는 어느 초가집 앞에서 발을 멈췄다.

"오늘은 너로구나."

호랑이가 배고픔을 해결하려는데, 우연히 방 안에서 부부가 하는 얘기를 듣게 되었다.

"아이고! 이놈의 가난, 일을 해도 해도 어찌 이리 가난할꼬."

부인이 한숨을 쉬며 한탄했다.

"여보, 가난이 아무리 무섭다 한들 저기 저 호랑이만 하겠소?"

남편이 부인에게 말하는 소리를 듣고 밖에 서 있던 호랑이는 놀랐다.

"내가 와 있는 걸 어떻게 알았지?"

호랑이는 외양간에 몸을 숨기고 얘기를 더 들어 보기로 했다.

"호랑이? 호랑이한테 죽으나, 당신하고 살다 굶어 죽으나 매한가지 아니요? 그까짓 호랑이보다 당신이 무섭고 가난이 무섭소!"

'나보다 더 무서운 것이 있다니!'

호랑이는 놀랐다. 자신보다 무서운 존재는 상상조차 해 본 적이 없기 때문이다.

그때 외양간에는 소도둑이 들어왔다. 소도둑의 손에 살이 두둑한 털북숭이가 닿았다. 소도둑은 소인 줄 알고 그 등에 올라탔다.

'내가 가난에게 잡혔구나.'

호랑이는 외양간을 헐레벌떡 도망쳐 나왔다. 소도둑은 소를 훔쳤다는 뿌듯함도 잠시, 금세 자신이 소가 아닌 호랑이 등에 올라탔다는 것을 알았다. 소도둑은 눈앞이 캄캄해졌다. 한참을 달리다, ㉠소도둑은 마침내 고목나무에 뚫린 구멍을 보고 그리 뛰어내려 숨었다. 호랑이와 소도둑 모두 안도의 숨을 내쉬었다

그때 숲속의 동물들이 모여들었다.

"호랑이님! 무슨 일 있나요?"

● 무소불위
하지 못하는 일이 없음.

● 전말
처음부터 끝까지 일이 진행되어 온 경과.

"에헴! 내 너희들을 위해 지난밤 가난을 붙잡아 혼쭐을 내주었다."

동물들은 웃음을 참았다. 호랑이에게 일어난 일의 전말을 모두 보았기 때문이다. 동물들은 호랑이의 ⓒ허장성세를 비웃으며 크게 외쳤다.

"가난이다, 가난이 나타났다!"

말이 떨어지기 무섭게 호랑이가 부랴사랴 도망을 치는 모습을 보고 동물들은 하늘이 울리도록 웃었다.

**1**

관용 표현의 뜻 이해하기

수능에서는
여러 낱말이 합쳐져 새로운 의미를 만드는 표현을 '관용 표현'이라고 해. 속담은 이 관용 표현에 속하지. 예로부터 전하여 내려오는 조상의 지혜가 담긴 표현을 속담이라고 말한단다.

**이 글의 내용과 관련이 있는 속담으로 알맞은 것은 무엇인가요? (          )**

① 하나를 보고 열을 안다
② 망둥이가 뛰면 꼴뚜기도 뛴다
③ 가는 말이 고와야 오는 말이 곱다
④ 구슬이 서 말이라도 꿰어야 보배라
⑤ 자라 보고 놀란 가슴 솥뚜껑 보고 놀란다

**2**

**이 글의 내용과 일치하지 <u>않는</u> 것은 무엇인가요? (          )**

① 소도둑이 호랑이 위에 올라탔다.
② 소도둑이 도망간 후 호랑이는 안도했다.
③ 호랑이는 주인 여자의 말을 듣고 두려움을 느꼈다.
④ 동물들은 호랑이를 곯려 주려는 의도로 말을 했다.
⑤ 호랑이는 초가집에 사는 사람들이 궁금해 마을로 내려왔다.

**3**

**이 글의 등장인물에 대한 설명으로 알맞은 것을 모두 골라 기호로 쓰세요.**

> ㉮ 호랑이는 가난에게 잡혔다고 생각하여 두려움을 느꼈다.
> ㉯ 소도둑은 처음에는 소를 훔쳤다고 생각하여 기뻐했다.
> ㉰ 소도둑은 자신이 호랑이 등에 탄 것을 알고 신기해했다.
> ㉱ 호랑이는 등에 타고 있던 가난이 내려서 아쉬워했다.
> ㉲ 동물들은 호랑이를 곯려 주며 재미를 느꼈다.

(                    )

**4**

**다음은 ㉠의 상황에 어울리는 속담입니다. ⓐ와 ⓑ에 들어갈 알맞은 말을 쓰세요.**

> ⓐ        이/가 무너져도 솟아날        ⓑ        이/가 있다.

ⓐ (                    )  ⓑ (                    )

**5**

**다음 중 ㉡의 의미를 바르게 추측한 것은 무엇인가요? (        )**

① 근거 없는 거짓말을 하는 것
② 잘 모르지만 아는 척하는 것
③ 말을 못 알아듣는 척 딴청을 피우는 것
④ 실력 혹은 실속이 없이 허세를 부리는 것
⑤ 당황스러운 상황에서 말을 얼버무리는 것

🔲 한줄요약  **6**

**빈칸에 알맞은 말을 넣어 이 글의 핵심 내용을 한 문장으로 요약하세요.**

> 존재        가난        소도둑

마을에 내려온 호랑이가 [   ]이 무서운 [   ]라는 말을 듣고 두려워하
다 등에 업힌 [   ]을 가난으로 오해하고 도망쳤다.

● 낱말의 뜻을 찾아 선으로 연결해 보세요.

❶ 마을 •

❷ 한탄 •

❸ 안도 •

❹ 떨어지다 •

❺ 부랴사랴 •

• ㉠ 원통하거나 뉘우치는 일이 있을 때 한숨을 쉬며 탄식함. 또는 그 한숨.

• ㉡ 주로 시골에서, 여러 집이 모여 사는 곳.

• ㉢ 매우 부산하고 급하게 서두르는 모양.

• ㉣ 말이 입 밖으로 나옴.

• ㉤ 어떤 일이 잘 진행되어 마음을 놓음.

● 다음 문장을 읽고, (   ) 안에 공통으로 들어갈 낱말을 완성하세요.

❻

• 소 잃고 (        ) 고친다.
• 동생은 (        )에 염소들을 몰아넣다가 다리를 다쳤다.

| ㅚ | 양 | 간 |

❼

• 날씨가 추워서 (        ) 겉옷을 입었다.
• 귓불이 (        ) 것이 복스러워 보인다.

| ㄷ | ㄱ | 한 |

❽

• 그 이야기의 (        )은 다음과 같다.
• 이제야 사건의 (        )이 분명해지기 시작했다.

| ㅈ | ㅁ |

# 관용 표현의 뜻을 이해하려면?

## 낱말의 뜻을 정확히 알아요. ▶ 1학년

**❶ 비슷해 보이는 낱말 구분하기**

글자의 모양이 비슷하더라도 모음자와 자음자, 받침이 달라지면 전혀 다른 뜻이
되므로 잘 구분해 써야 합니다.

**❷ 글에 사용된 낱말의 뜻 알기** 낱말의 뜻을 정확히 알아야 글의 내용을 바르게 이해할 수 있어요.

낱말의 뜻을 정확히 알아야 글을 읽을 때 문장을 정확히 이해할 수 있으며, 글쓴이
가 전달하고자 하는 내용도 잘 파악할 수 있습니다.

• 낱말의 뜻을 국어사전을 활용하여 파악함.

• 낱말의 뜻이 비슷한 경우, 구체적인 상황에 따라 달리 쓰임.

• 어려운 낱말이 나오면 앞뒤 내용을 통해 내용을 짐작함.

## 관용 표현의 뜻을 이해해요 ▶ 6학년

**❶ 상황에 따른 낱말의 의미 파악하기** 관용 표현은 원래의 뜻과는 전혀 다른 말로 사용돼요.

하나의 낱말이 상황에 따라 **다른 의미**를 가질 수 있어요.

**❷ 관용 표현의 뜻 이해하기**

관용 표현에는 **관용어**와 **속담**이 있는데, 원래의 뜻과는 다른 **새로운 뜻**으로 굳어져
우리가 기존에 알던 것과는 다른 의미로 사용됩니다.

밑줄 친 관용 표현의 의미를 ~

**12.** 밑줄 친 관용 표현의 의미를 나타낸 것으로 적절하지 <u>않은</u> 것은?

① 우리는 그 폭포의 장대한 물줄기에 <u>입이 벌어졌다</u>.

② 이 가게에는 누나의 <u>눈에</u>

> 수능에는 관용 표현의 의미와 이를 상황에 맞게 바르게 사용할 수 있는지를 묻는 문제가 나와요.

③ 사람들은 산불을 진화하지 못해 동동 <u>발을 굴렀다</u>.
(→ 안타까워하다)

④ 그녀는 <u>손이 재기</u>로 유명해서 잔치마다 불려 다닌다.
(→ 일 처리가 빠르다)

⑤ 나는 동생이 혼자 그 많은 일을 다 해서 <u>혀를 내둘렀다</u>.
(→ 안쓰러워하다)

# 앞뒤 내용을 살펴라

관용 표현은 문화적으로 굳어진 표현 방법이기 때문에 우리의 일상생활에서 익숙하게 사용됩니다. 하지만 관용 표현의 뜻을 모를 때에는 관용어나 속담이 쓰인 앞뒤 문장의 내용을 이해하고, 이를 바탕으로 관용 표현의 뜻을 짐작해야 합니다. 관용 표현을 제대로 이해하면 그 말을 사용하는 의도를 정확히 파악할 수 있습니다.

글에 사용된 관용 표현을 찾는다. > 관용 표현이 쓰인 앞뒤 내용을 이해한다. > 글의 앞뒤 내용을 바탕으로 관용 표현의 정확한 뜻을 짐작한다.

WEEK **2**

# 주장과 근거의 타당성을 판단해요

# 우리 회사가 성공한 이유는

두 사람 모두 자기 덕분에 회사가 성공했다고 서로 주장하고 있어요. 한 사람은 매일 지각하지 않고 일찍 출근했고 다른 한 사람은 꼼꼼하게 일하며 질 좋은 물건을 만드는 데 힘썼어요. 두 사람 중 누구의 주장이 더 설득력이 있을 까요?

내가 매일 성실하게 일해서 회사가 성공한 거야.

무슨 소리? 내가 물건을 잘 만들어서 회사가 성공한 거야.

어떤 문제에 대한 의견을 말할 때에는 그 의견을 뒷받침하는 적절한 이유를 들어야 듣는 사람이 납득할 수 있어요. 위 그림에 나오는 두 사람의 주장 중 누구의 말이 타당한지 판단하려면, 말하는 내용이 사실에 바탕을 두고 있는지, 어떤 자료를 활용하고 있는지 확인해야 해요.

글을 읽을 때에도 주장과 근거가 타당한지 판단하려면, **주장이 주제와 관련이 있는지, 근거가 주장을 잘 뒷받침하는지, 근거를 뒷받침하는 자료가 적절한지** 등을 살펴봐야 합니다. 자, 그럼 이제 글을 읽고 글에 제시된 주장과 근거의 타당성을 판단하러 가 볼까요?

# 스마트폰 필요한가요

**사회자:** 최근 한 보고서에 따르면 초등학생 10명 중 9명이 스마트폰을 갖고 있다고 합니다. 스마트폰을 사용하는 나이가 점점 어려지고, 스마트폰에 의존하는 초등학생이 증가하고 있습니다. 지금부터 '            ㉠            '라는 주제로 토론을 시작하겠습니다. 토론 주제에 대한 찬성이나 반대 주장을 먼저 밝히고, 그에 대한 근거를 말씀해 주십시오.

**호준:** 저는 초등학생에게 스마트폰이 필요하다고 생각합니다. 스마트폰은 학습에 도움이 되기 때문입니다. 스마트폰에 있는 다양한 기능과 앱을 활용하면 원하는 동영상 강의를 들으며 공부를 할 수 있습니다. 최근 초등학생 5명 중 1명이 비만이라는 연구 결과가 나왔습니다. 건강을 위해 운동을 꾸준히 해야 합니다.

**연수:** 저도 초등학생에게 스마트폰이 필요하다고 생각합니다. 스마트폰을 통해 친구들과 친밀한 관계를 유지할 수 있기 때문입니다. 학년이 올라갈수록 학원을 다니느라 친구들과 이야기를 나눌 시간이 부족합니다. 스마트폰의 카카오톡, 페이스북, 누리 소통망(SNS)을 활용하면 친구들과 이야기를 주고받으며 친밀하게 소통할 수 있습니다.

**사회자:** 호준 친구와 연수 친구의 찬성 주장을 잘 들었습니다. 이번에는 반대 주장을 가진 친구들이 주장을 펼쳐 주십시오.

**예진:** 저는 초등학생에게 스마트폰이 필요하지 않다고 생각합니다. 스마트폰에 중독되기가 쉽기 때문입니다. 때와 장소를 가리지 않고 음악 감상, 동영상 시청, 게임, SNS 등을 하느라 스마트폰을 오래 붙들고 있다 보면 대인 관계에 문제가 생기고 일상생활에도 지장을 줄 수 있습니다.

**준형:** 저도 초등학생에게 스마트폰이 필요하지 않다고 생각합니다. 스마트폰은 눈 건강에 해롭기 때문입니다. 스마트폰 화면을 쳐다보는 동안에는 평소보다 눈을 깜빡이는 횟수가 줄어들어 눈이 건조해집니다.

**사회자:** 지금까지 '            ㉡            '라는 주제로 토론해 보았습니다. 초등학생의 스마트폰 필요성에 대해 여러 관점에서 생각해 볼 수 있는 시간이었습니다. 이상으로 토론을 마치겠습니다.

**● 앱**
스마트폰 따위의 운영 체제에서 사용자의 편의를 위해 개발된 다양한 응용 프로그램.

**● 누리 소통망**
소셜 네트워크 서비스[SNS]를 다듬은 말로, 온라인에서 자유롭게 글이나 사진 따위를 올리거나 나누는 곳.

**● 대인 관계**
사람과 사람 사이의 사회적·심리적 관계.

**● 관점**
사물이나 현상을 관찰할 때, 그 사람이 보고 생각하는 태도나 방향 또는 처지.

**1**

수능에서는
토론에서 의견을 나누고
자 하는 중심 문제인 토
론 주제를 논제라고 표
현하기도 해.

㉠과 ㉡에 공통으로 들어갈 **토론 주제**로 알맞은 것은 무엇인가요? (　　　)

① 초등학생에게 학교 시험이 필요한가.
② 초등학생에게 스마트폰이 필요한가.
③ 초등학교 고학년이 되면 학원에 다녀야 하는가.
④ 청소년의 인터넷 사용 시간을 제한해도 되는가.
⑤ 어린이의 인터넷 개인 방송을 금지해야 하는가.

**2**

토론 주제에 대한 찬성 측과 반대 측의 근거로 알맞은 것을 선으로 연결하세요.

　　　　　　　　　　　　• **가** 스마트폰에 중독되기 쉽다.

**①** 찬성 측 •　　　　• **나** 스마트폰은 눈 건강에 해롭다.

　　　　　　　　　　　　• **다** 스마트폰은 학습에 도움이 된다.

**②** 반대 측 •　　　　• **라** 스마트폰을 통해 친구들과 친밀한 관계를
　　　　　　　　　　　　　　유지할 수 있다.

주장과 근거의 타당성
판단하기

**3**

수능에서는
글쓴이의 주장을 뒷받침
하는 내용인 근거를 논
거라고도 표현해. 어려
운 용어를 미리미리 익
혀 두자.

호준이가 말한 **근거**가 타당한지 알맞게 판단한 것을 찾아 기호로 쓰세요.

> **가** 스마트폰이 학습에 도움이 된다는 호준이의 근거는 주장을 뒷받침하지 못
> 하므로 타당하지 않다.
> **나** 최근 초등학생의 비만 연구 결과는 초등학생이 스마트폰을 하면 학습에 도
> 움이 된다는 내용과 관련이 없으므로 근거로 타당하지 않다.
> **다** 초등학생의 비만 연구 결과는 호준이가 개인적으로 친구들을 면담한 내용
> 으로 주장을 설득력 있게 뒷받침한다. 따라서 근거로 타당하다.

(　　　　　　　　)

**보기** 의 자료로 뒷받침할 수 있는 주장은 무엇인지 (   ) 안에서 알맞은 말을 찾아 ○표 하세요.

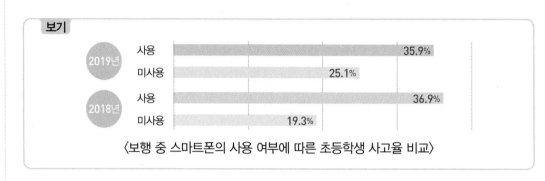

보기

| | | |
| --- | --- | --- |
| **2019년** | 사용 | 35.9% |
| | 미사용 | 25.1% |
| **2018년** | 사용 | 36.9% |
| | 미사용 | 19.3% |

〈보행 중 스마트폰의 사용 여부에 따른 초등학생 사고율 비교〉

초등학생에게 스마트폰은 ( 필요하다, 필요하지 않다 )

이 토론에서 찬성 측의 주장에 대한 근거로 제시하면 더 효과적인 것을 두 가지 고르세요. (      ,        )

① 전화가 필요하면 폴더 폰을 이용하면 된다.
② 스마트폰으로 인터넷을 검색할 일은 많지 않다.
③ 스마트폰의 기능을 잘 활용하면 일상생활이 편리해진다.
④ 해로운 정보를 차단하는 앱을 사용하면 스마트폰의 부작용을 예방할 수 있다.
⑤ 스마트폰에서 나오는 '블루 라이트'라는 불빛은 눈에 나쁜 영향을 끼친다.

빈칸에 알맞은 말을 넣어 이 글의 핵심 내용을 한 문장으로 요약하세요.

| 의존 | 증가 | 나이 |
| --- | --- | --- |

최근 스마트폰을 사용하는 [    ]가 점점 어려지고, 스마트폰에 [    ]

하는 초등학생이 [    ]하고 있다.

● 낱말이 한자로는 어떻게 쓰이는지 살펴보고, 예문을 참고해 빈칸을 채워 보세요.

**1**

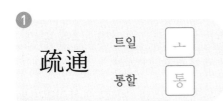

疏通　트일　ㅗ
　　　통할　통

언어가 달라도 [ㅗ][통]에 문제가 없었다.

**2**

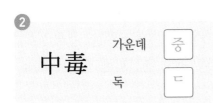

中毒　가운데　중
　　　독　ㄷ

게임 [중][ㄷ]이 심각해서 상담을 받았다.

**3**

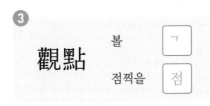

觀點　볼　ㄱ
　　　점찍을　점

친구와 나는 영화를 보는 [ㄱ][점]이 달랐다.

● 보기 의 글자를 사용하여 뜻에 알맞은 낱말을 만들어 보세요.

보기

활　대　계　용　친　인　관　밀

**4** 충분히 잘 이용함.　⟶　[　][용]

**5** 지내는 사이가 매우 친하고 가깝다.　⟶　[　][　]하다

**6** 사람과 사람 사이의 사회적 · 심리적 관계.　⟶　[　][　][관][계]

# 식용 곤충

전문가들은 2050년에 전 세계 인구는 90억 명을 넘을 것이며, 그에 따라 식량 생산량도 늘려야 한다고 말한다. 하지만 식량 생산량을 무한정 늘릴 수만은 없다. 곡물이나 가축을 더 키우기 위한 땅과 물이 충분하지 않고, 가축 생산량을 대폭 늘렸을 때 온실가스 등이 발생하기 때문이다. 이런 상황을 고려해 유엔 식량 농업 기구(FAO)에서는 곤충을 유망한 미래 식량으로 꼽았다. 식용 곤충은 인류에게 좋은 미래 식량이 될 수 있다. 그렇다면 사람들이 보통 작고 징그럽게 생긴 동물로 인식하는 곤충이 식량으로서 지닌 장점은 무엇일까?

첫째, 식용 곤충은 매우 경제적인 식재료이다. 누에는 태어난 지 20일 만에 몸무게가 1,000배나 늘어나고, 아프리카 큰 메뚜기의 경우에는 하루 만에 몸집이 2배 이상 커질 수 있다. 이처럼 곤충은 성장 속도가 놀랍도록 빠르다. 또한 식용 곤충을 키우는 데 필요한 땅은 가축 사육에 비해 상대적으로 훨씬 적어 이에 필요한 노동력과 사료도 크게 절감된다.

둘째, 식용 곤충은 영양이 매우 풍부하다. 식용 곤충의 단백질 비율은 쇠고기, 생선과 비슷하고 우리 몸에 이로운 지방인 불포화 지방산 비율이 쇠고기, 돼지고기보다 높다. 이 밖에도 철, 칼슘, 비타민을 비롯하여 육류에는 없는 탄수화물까지 영양소를 골고루 함유하고 있다.

셋째, 식용 곤충 사육은 친환경적이다. 소, 돼지 등을 기를 때 비료나 똥·오줌 등에서 발생하는 온실가스는 지구 전체 온실가스 발생량의 18% 이상을 차지한다. 반면 갈색거저리 애벌레, 귀뚜라미 등의 곤충을 기를 때 발생하는 온실가스는 소나 돼지의 경우보다 약 100배 정도 적다.

이처럼 식용 곤충은 경제적이면서도 영양이 풍부하고 친환경적이기 때문에 자원의 고갈과 환경 파괴의 위기 속에서 살아가야 하는 인류에게는 더할 나위 없이 좋은 미래 식량이다. 따라서 식용 곤충을 미래 식량으로 개발하는 데 보다 더 적극적인 노력이 필요하다.

● **온실가스**
지구 대기를 오염시켜 온실 효과를 일으키는 가스를 통틀어 이르는 말. 이산화 탄소, 메탄 따위의 가스를 말함.

● **식재료**
음식을 만드는 데에 쓰는 재료.

● **사료**
가축에게 주는 먹을거리.

● **절감**
아끼어 줄임.

● **고갈**
어떤 일의 바탕이 되는 돈이나 물자, 소재, 인력 따위가 다하여 없어짐.

**1**

수능에서는
선택지의 내용이 글에서 확인할 수 있는 것인지를 물을 때 '글의 내용과 일치하는(일치하지 않는)'과 같이 표현한다는 것을 알아 둬.

이 글의 내용과 일치하지 <u>않는</u> 것은 무엇인가요? (　　　)

① 곤충은 성장 속도가 놀랍도록 빠르다.
② 가축 생산량을 대폭 늘리면 온실가스 등이 발생한다.
③ 식용 곤충의 단백질 비율은 쇠고기나 생선과 비슷하다.
④ 식용 곤충을 키우려면 가축 사육에 비해 노동력과 사료가 상대적으로 많이 든다.
⑤ 곤충을 기를 때 발생하는 온실가스는 소나 돼지의 경우보다 약 100배 정도 적다.

**2**

이 글에서 글쓴이가 말하고자 하는 중심 생각은 무엇인가요? (　　　)

① 식용 곤충 사육은 친환경적이다.
② 식용 곤충은 영양이 매우 풍부하다.
③ 식량 생산량을 대폭 늘릴 수만은 없다.
④ 식용 곤충은 매우 경제적인 식재료이다.
⑤ 식용 곤충은 인류에게 좋은 미래 식량이다.

---

**주장과 근거의 타당성을 판단해요**

글쓴이는 자신의 주장을 내세우기 위해 여러 가지 근거를 사용합니다. 저학년에서는 이러한 주장과 근거를 파악하는 것을 배웠다면, 고학년에서는 글쓴이의 주장이 타당한지, 근거가 주장을 뒷받침하기에 적절한지를 판단하는 것까지 할 수 있어야 해요!

| 저학년에서는<br>주장과 근거를 파악해요 |  | 고학년에서는<br>주장과 근거의 타당성을 판단해요 |
| --- | --- | --- |

---

주장과 근거의 타당성 판단하기

**3**

글쓴이의 주장이 타당한지 가장 알맞게 판단한 친구의 이름을 쓰세요.

> **민영:** '식용 곤충'에 대한 내 생각은 글쓴이와 달라. 따라서 글쓴이의 주장이 타당하지 않다고 생각해.
>
> **지훈:** 글쓴이의 주장대로라면 오히려 영양 부족 현상이 나타날 수 있으므로 글쓴이의 주장이 타당하지 않다고 생각해.
>
> **송이:** 글쓴이의 주장은 식량 생산량을 무한정 늘릴 수만은 없다는 문제를 해결할 수 있고, 세 가지 근거가 모두 사실이므로 글쓴이의 주장도 타당하다고 생각해.

(　　　　　　　　　)

**4** 이 글의 주장을 뒷받침할 수 있는 근거로 알맞은 것을 두 가지 골라 ○표 하세요.

① 육식보다는 채식 중심의 식습관을 가진 사람이 더 오래 살 확률이 높다.
〈○○ 보고서〉 ( )

② 곤충은 소의 약 5분의 1밖에 되지 않는 물의 양으로 같은 양의 식량을 생산할 수 있다.
〈△△ 논문〉 ( )

③ 가축 사육은 환경을 파괴하므로 인구 증가에 따른 단백질 제공을 소, 돼지 등의 육류에만 매달릴 수는 없다.
〈□□ 과학〉 ( )

**5** 이 글을 읽고 보인 반응으로 알맞지 <u>않은</u> 것을 두 가지 고르세요. ( , )

① 식용 곤충을 이용한 다양한 요리 방법을 개발하면 어떨까.
② 가축 생산량을 대폭 늘릴 수 있는 획기적인 방법을 연구하면 좋겠어.
③ 쇠고기와 돼지고기의 사육을 전면 금지하는 것이 가장 빠른 방법이겠군.
④ 식품 회사가 식용 곤충을 이용한 제품을 만들어 홍보하면 효과적이지 않을까.
⑤ 곤충에 대한 사람들의 부정적인 생각을 변화시키는 캠페인부터 하는 것이 좋겠어.

⊟ 한줄요약 **6** 빈칸에 알맞은 말을 넣어 이 글의 핵심 내용을 한 문장으로 요약하세요.

| 영양 | 식량 | 곤충 |

식용 [ ] 은 경제적이면서도 [ ] 이 풍부하고 친환경적이기 때문에 인류에게 좋은 미래 [ ] 이다.

• 다음 문장을 읽고, 두 낱말 중 알맞은 것을 찾아 ○표 하세요.

**❶** 성규는 학교 누리집에 도서관 좌석을 [ 늘려 / 늘여 ] 달라는 글을 써서 올렸다.

**❷** 우리 반은 여학생에 비해 남학생 [ 비율 / 배율 ]이 더 높다.

**❸** 올림픽은 세계 여러 나라가 참여하는 [ 일류 / 인류 ] 평화의 축제이다.

**❹** 경치가 좋은 곳을 관광지로 [ 계발 / 개발 ]하려고 한다.

• 낱말의 뜻을 참고하여, 다음 문장의 빈칸에 들어갈 알맞은 낱말을 완성하세요.

**❺** 앞으로 10년 후에는 어떤 직업이 | ㅠ | ㅁ |할지 궁금하다.

앞으로 잘될 듯한 희망이나 전망이 있음.

**❻** | ㄴ | 동 | ㄹ |이 부족해서 물건을 빨리 생산할 수 없었다.

생산품을 만드는 데에 소요되는 인간의 정신적 · 육체적인 모든 능력.

**❼** 쓰레기 분리배출 규정을 잘 지킨 결과로 쓰레기 처리 비용이 | ㅈ | ㅏ |되었다.

아끼어 줄임.

**❽** 비타민을 많이 | ㅎ | ㅇ |한 과일을 챙겨 먹어야 건강에 좋다.

물질이 어떤 성분을 포함하고 있음.

**❾** 석유 | ㄱ | 갈 |에 대비하기 위해 새로운 대체 에너지 개발에 힘써 왔다.

어떤 일의 바탕이 되는 돈이나 물자, 소재, 인력 따위가 다하여 없어짐.

# 지역 축제

우리나라의 많은 지역에서는 지역 축제가 ㉠벌어진다. 지역 축제는 그 고장의 문화를 알리고 발전시키기 위한 목적으로 개최한다. 그런데 우리 고장에는 고장의 문화를 알릴 수 있는 지역 축제가 없다. 우리 고장에서도 지역 문화 발전을 위한 축제를 열어야 하는 까닭은 다음과 같다.

첫째, 지역 축제를 열면 우리 고장의 독특한 문화를 널리 알릴 수 있다. 다른 지역 주민들이 많이 찾아와 우리 고장의 문화를 알게 되기 때문이다. 둘째, 지역 축제를 열면 우리 고장의 경제를 발전시킬 수 있다. 관광객의 방문이 늘면 지역민들이 경제적인 소득을 얻을 수 있기 때문이다. 셋째, 지역 축제를 열면 우리 고장의 환경 오염을 줄일 수 있다. 사람들이 많이 찾아오면 우리 지역의 주거 환경에 대해서도 관심을 가지게 되기 때문이다. 넷째, 지역 축제를 계속 열다 보면 주민들의 공동체 의식을 높일 수 있다. 고장의 문화는 지역 주민을 하나로 묶어 주는 바탕이 되기 때문이다.

그렇다면 지역 축제를 성공적으로 열기 위해서는 어떻게 해야 할까? 구체적인 방법을 정하기 전에 먼저 다른 고장에서 개최하는 축제들의 문제점을 알아볼 필요가 있다. 다른 지역에서 개최하는 축제의 문제점을 정리하면 오른쪽의 〈도표〉와 같다. 가장 큰 문제는 지역 축제가 지역의 고유한 특성을 살리지 못하고 지나치게 상업적이라는 것이다.

〈도표〉 다른 지역 축제의 문제점

지역 축제를 성공적으로 열려면 그 지역만의 개성을 담아야 한다. 그 지역의 전통문화나 특산물, 생태 환경 등 지역적 특성을 활용하여 다른 지역 축제와 차별화하는 것이 무엇보다 중요하다.

우리 고장에서도 차별화된 축제 내용을 개발하여 고장의 문화를 알릴 수 있는 축제를 열 수 있도록 고장 전체가 힘을 모아야 할 것이다.

● **문화**
사회의 공동체가 일정한 목적 또는 생활 이상을 실현하기 위하여 만들고, 익히고, 공유하고, 전달하는 물질적·정신적 활동.

● **주거 환경**
일정한 곳에 자리 잡고 사는 집 주위의 자연적 조건이나 사회적 상황.

● **공동체 의식**
생활이나 행동 또는 목적 따위를 같이하는 집단에 속해 있다는 의식.

**1**

수능에서는
지문으로 논설문을 제시
할 때 서론에는 문제 상
황을, 본론에는 주장과
근거를, 결론에는 주장
을 다시 한번 강조해서
밝힌다는 것을 기억해.

이 글에서 제시한 <u>문제 상황</u>으로 가장 알맞은 것은 무엇인가요? (       )

① 우리 고장을 알릴 만한 독특한 문화가 없다.

② 우리나라의 많은 지역에서 지역 축제가 벌어지고 있다.

③ 환경 오염 때문에 우리 고장에서 축제를 개최할 수 없다.

④ 우리 고장 축제에 지역 주민들의 관심과 참여가 부족하다.

⑤ 우리 고장에는 고장의 문화를 알릴 수 있는 지역 축제가 없다.

주장과 근거의 타당성
판단하기 **2**

이 글에서 제시한 근거 중 주장을 뒷받침하기에 가장 타당성이 떨어지는 것에 ○표
하세요.

❶ 주민들의 공동체 의식을 높일 수 있다.                    (       )

❷ 우리 고장의 환경 오염을 줄일 수 있다.                    (       )

❸ 우리 고장의 경제를 발전시킬 수 있다.                    (       )

❹ 우리 고장의 독특한 문화를 널리 알릴 수 있다.              (       )

**3**

글쓴이가 지역 축제를 성공적으로 열려면 무엇이 가장 중요하다고 했나요? (       )

① 지역 축제 홍보

② 편의 시설 확대

③ 편리한 교통수단

④ 다른 지역 축제와의 차별화

⑤ 지역 주민들의 적극적인 참여

주장과 근거의 타당성
판단하기 **4**

수능에서는
주장의 근거를 뒷받침하기 위해 **도표**와 그래프 등의 매체 자료를 활용해서 근거로 제시하기도 해. 근거로 활용한 자료가 타당한지를 묻는 문제도 자주 출제되니까 함께 알아 둬.

**4** ■에서 제시한 **도표**가 근거 자료로 활용하기에 적절한지 알맞게 판단한 친구의 이름을 쓰세요.

> **승호:** 도표에 몇 명을 조사했는지 조사 범위가 명확하게 드러나 있으므로 근거 자료로 활용하기에 적절해.
>
> **지선:** 도표에 자료의 출처가 나와 있지 않아 믿을 수 있는 자료라고 보기 어려워. 따라서 근거 자료로 활용하기에 적절하지 않아.

(            )

**5** 밑줄 친 '벌어졌다'가 ㉠과 같은 뜻으로 쓰인 것은 무엇인가요? (     )

① 수영 선수의 어깨가 떡 벌어졌다.
② 비가 온 뒤, 꽃봉오리가 활짝 벌어졌다.
③ 지난 주말에 마을에서 잔치가 벌어졌다.
④ 전학을 가게 되면서 친구와 사이가 벌어졌다.
⑤ 다른 나라와의 경기에서 점수 차가 크게 벌어졌다.

📄 한줄요약 **6** 빈칸에 알맞은 말을 넣어 이 글의 핵심 내용을 한 문장으로 요약하세요.

> 경제      문화      축제

지역 축제를 열면 우리 고장의 독특한 [    ]를 널리 알릴 수 있고, 우리 고장의 [    ]를 발전시킬 수 있으며, 주민들의 공동체 의식을 높일 수 있으므로 우리 고장에서도 지역 문화 발전을 위한 [    ]를 열어야 한다.

● 다음 사다리 타기에 따라 (   ) 안에 들어갈 낱말의 뜻을 보기 에서 고르세요.

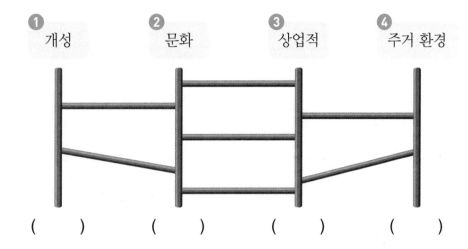

❶ 개성      ❷ 문화      ❸ 상업적      ❹ 주거 환경

(     )      (     )      (     )      (     )

보기

㉠ 다른 사람이나 개체와 구별되는 고유의 특성.

㉡ 상품을 사고파는 행위를 통하여 이익을 얻는 것.

㉢ 일정한 곳에 자리 잡고 사는 집 주위의 자연적 조건이나 사회적 상황.

㉣ 사회의 공동체가 일정한 목적 또는 생활 이상을 실현하기 위하여 만들고, 익히고, 공유하고, 전달하는 물질적·정신적 활동.

● 주어진 낱말 카드를 사용하여 뜻에 알맞은 낱말을 만들어 보세요.

❺

최  방  개  초  문

☐☐

모임이나 회의 따위를 주최하여 엶.

❻

차  분  별  나  화

☐☐☐

둘 이상의 대상을 각각 등급이나 수준 따위의 차이를 두어 구별된 상태가 되게 함.

# 아침밥

**가** "                   ㉠                   "(이)라는 서양의 격언이 있습니다. 같은 음식이라도 아침에 먹는 것이 더 이롭다는 말입니다. 그런데 요즘에 아침밥을 먹지 않는 학생들이 늘고 있습니다. 최근 한 보고서에 따르면 아침밥을 거르는 우리나라 초등학생은 10%에 달하고 중·고등학생은 34.6%로 그 비율이 해마다 증가하고 있습니다. 한창 공부를 해야 하는 학생들에게 아침밥은 매우 중요합니다. 건강한 생활을 위해 아침밥을 꼭 챙겨 먹는 습관을 들입시다.

**나** 첫째, ㉡아침밥은 잠자고 있던 몸과 뇌를 깨웁니다. 밤사이 잠들었던 우리 몸과 뇌세포가 완벽하게 깨어나려면 많은 에너지가 필요합니다. 아침밥을 먹으면 입으로 밥을 먹으면서 자연스럽게 얼굴 근육을 움직여 뇌를 자극하고 우리 몸을 깨우는 데 도움이 됩니다.

**다** 둘째, 아침밥은 두뇌 활동과 일의 능률을 높입니다. 아침밥을 먹지 않으면 점심시간까지 15시간가량 배 속이 비어 있는 상태가 유지됩니다. 이 상태로 계속 있으면 두뇌 회전이 느려지고 학습 능력 등 여러 가지 면에서 능률이 떨어집니다. 두뇌 회전을 빠르게 하려면 일정량 이상의 당분이 필요한데, 이 역할을 아침밥이 해 줍니다. ㉢그리고 설탕을 적당히 섭취해야 뇌가 활발하게 활동할 수 있습니다. 실제로 아침밥을 먹는 학생들과 그렇지 않은 학생들을 비교 연구한 결과, 아침밥을 먹는 학생들의 기억력과 집중력이 더 좋고 성적도 더 높은 것으로 나타났습니다.

**라** 셋째, ㉣아침밥은 비만을 예방하고 체중 조절에 도움이 됩니다. 아침밥을 먹지 않으면 점심이나 저녁에 과식하게 되어 비만으로 이어질 수 있습니다. 그러나 아침밥을 먹으면 낮 동안 생활에 필요한 에너지로 소모되기 때문에 몸속에 쌓이는 일이 적습니다.

**마** 이렇듯 아침밥은 잠들어 있는 뇌를 깨워 두뇌 활동을 활발하게 하고 일의 능률을 높여 줍니다. 또 비만 예방과 체중 조절에도 도움을 줍니다. 그러므로 아침밥을 먹을 시간이 없다는 핑계로 아침밥을 거르면 안 됩니다. 건강한 삶을 위해 아침밥을 꼭 챙겨 먹읍시다.

● **격언**
오랜 역사적 생활 체험을 통하여 이루어진 인생에 대한 교훈이나 경계 따위를 간결하게 표현한 짧은 글.

● **당분**
물에 잘 녹으며 단맛이 나는, 포도당, 과당 등 당류의 성분.

● **소모**
써서 없앰.

**1** 가~마 중 다음과 같은 역할을 하는 문단의 기호를 모두 쓰세요.

> 글쓴이가 제시한 주장의 근거와 그 근거를 뒷받침하는 내용을 제시한다.

(             )

**2** ㉠에 들어갈 말로 가장 알맞은 것은 무엇인가요? (     )

① 밥이 보약이다.
② 누워서 떡 먹기
③ 꿀도 약이라면 쓰다.
④ 아침은 임금처럼, 저녁은 거지처럼
⑤ 밥은 봄같이 먹고, 국은 여름같이 먹는다.

**3** 이 글의 핵심 주장으로 가장 알맞은 것은 무엇인가요? (     )

① 설탕 섭취를 줄이자.
② 비만을 예방하고 체중 조절에 힘쓰자.
③ 아침에 부지런하게 생활하는 사람이 되자.
④ 훌륭한 사람이 되기 위해 아침 식사를 하자.
⑤ 건강한 생활을 위해 아침밥을 꼭 챙겨 먹자.

주장과 근거의 타당성
판단하기 **4**

수능에서는
주장을 뒷받침하는 근거
의 타당성을 판단하라는
문제가 출제돼. 근거의
적절성이라고도 표현하
는데, 이는 모두 주장을
뒷받침하는 내용인지를
판단하라는 거야.

**이 글에 나타난 주장과 근거의 타당성을 바르게 판단한 친구의 이름을 쓰세요.**

> **연경:** ㉡은 아침밥을 먹어야 하는 까닭이 될 수 없으므로 근거로 타당하지 않아.
>
> **희수:** ㉢은 아침밥이 두뇌 활동과 일의 능률을 높인다는 둘째 근거를 뒷받침
> 하지 못하므로 타당하지 않아.
>
> **재영:** ㉣은 아침밥의 해로운 점을 제시한 것이므로 주장을 뒷받침하는 근거로
> 타당해.
>
> **승민:** 해마다 아침밥을 거르는 학생들이 증가하는 상황에서 글쓴이의 주장은
> 현실에 맞지 않으므로 타당하지 않아.

(                    )

**글쓴이의 주장을 뒷받침하는 근거 자료로 알맞은 것을 두 가지 골라 ○표 하세요.**

❶ 방과 후에 불량 식품을 사 먹고 부작용이 일어난 우리 학교 학생들의 면담 내용

(      )

❷ 아침밥을 규칙적으로 먹은 학생들과 그렇지 않은 학생들의 암기력을 비교
연구한 결과

(      )

❸ 아침밥을 먹으면 장기적으로 과체중이 될 가능성이 적다는 미국 심장학회의
연구 보고서

(      )

**📃 한줄요약 6**

**빈칸에 알맞은 말을 넣어 이 글의 핵심 내용을 한 문장으로 요약하세요.**

> 비만      습관      두뇌

아침밥은 잠자고 있던 몸과 뇌를 깨우고, ☐☐ 활동과 일의 능률을 높이며,

☐☐ 예방과 체중 조절에 도움이 되므로 아침밥을 꼭 챙겨 먹는 ☐☐ 을

들이자.

• 다음 문장을 읽고, 두 낱말 중 알맞은 것을 찾아 ○표 하세요.

❶ 탄수화물은 우리 몸에 에너지를 공급해 주는 [ 역할 / 역활 ] 을 하는 영양소이다.

❷ 함박눈이 나뭇가지에 소복소복 [ 싸이는 / 쌓이는 ] 소리가 들리는 듯했다.

❸ 많이 피곤하다는 [ 핑계 / 핑개 ] 를 대고 집에 일찍 들어갔다.

❹ 끼니를 자꾸 [ 거르면 / 걸으면 ] 영양이 공급되지 못해서 건강에 좋지 않다.

• 낱말의 뜻을 참고하여, 다음 문장의 빈칸에 들어갈 알맞은 낱말을 완성하세요.

❺ 아버지께서는 튼튼한 [ㄷ][ㅇ] 을 만들기 위해 매일 달리기를 하신다.

사람이나 동물의 몸을 움직이게 하는 힘줄과 살.

❻ 여러 사람이 함께 하니까 일의 [ㄴ][ㄹ] 이 올랐다.

일정한 시간에 할 수 있는 일의 비율.

❼ 뼈를 튼튼하게 하기 위해 칼슘이 들어 있는 음식을 [ㅅ][취]했다.

영양분 등을 몸속에 받아들임.

❽ 배가 너무 고파서 평소 먹는 양보다 [ㄱ][ㅅ] 을 했다.

지나치게 많이 먹음.

❾ 소음이 심하고 전력 [ㅗ][ㅁ] 가 많아 컴퓨터를 새로 샀다.

써서 없앰.

# 분리배출

가 어린이 여러분, 안녕하세요? 자원 재활용 센터의 체험 학습에 오신 것을 환영합니다. 우리는 매일매일 엄청난 양의 쓰레기를 배출하며 삽니다. 그런데 많은 양의 쓰레기도 분리배출만 올바르게 한다면 자원이 될 수 있다는 사실을 알고 있나요? 지금부터 일상생활 속에서 분리배출을 실천해야 하는 이유에 대해 말씀드리겠습니다.

나 첫째, 환경을 보호할 수 있기 때문입니다. 쓰레기 종량제 봉투에 담아서 버린 쓰레기는 대부분 불에 태우거나 땅에 묻는 방법으로 처리합니다. 이 과정에서 대기와 토양, 지하수 등이 오염되고 인체에 해로운 가스가 발생합니다. 쓰레기 종량제 봉투에 버린 쓰레기 중 약 70%는 재활용품으로 분리배출할 수 있는 자원이라고 합니다. 환경을 생각한다면 소각·매립되고 있는 쓰레기양을 줄이기 위해 제대로 분리배출을 하는 것이 중요합니다.

다 둘째, 쓰레기 처리 비용을 줄일 수 있기 때문입니다. 환경부 조사 보고서에 따르면 분리배출이 제대로 이루어지면 연간 약 5억 매의 종량제 봉투를 절감할 수 있고, 약 3천억 원의 종량제 봉투 구매 비용을 절약할 수 있다고 합니다.

라 셋째, 자원을 절약할 수 있기 때문입니다. 예를 들어 비닐류를 무분별하게 다른 재활용품과 함께 배출하면 오염된 비닐이 다른 재활용품을 오염시켜 자원으로 활용할 수 없게 만듭니다. 그렇지만 분리배출을 제대로 하면 재활용 쓰레기의 자원 순환에 도움이 됩니다. 우리나라는 에너지의 97%, 광물 자원의 90%를 수입에 의존하고 있는 실정입니다. 따라서 재활용 쓰레기가 자원으로 순환될 수 있도록 재활용 쓰레기에 오염 물질이 혼합되지 않게 분리배출해야 합니다.

마 어린이 여러분! 쓰레기 분리배출을 제대로 하면 환경 오염과 쓰레기 처리 비용을 줄일 수 있습니다. 이제부터 쓰레기는 줄이고 재활용할 수 있는 자원은 늘어날 수 있도록 쓰레기 분리배출을 적극적으로 실천합시다.

● 분리배출
쓰레기 따위를 종류별로 나누어서 버림.

● 쓰레기 종량제
쓰레기 배출량에 따라 요금(수수료)을 부담하게 하는 제도.

● 오염
더럽게 물듦. 또는 더럽게 물들게 함.

**1**

글쓴이가 이 글을 쓴 **목적**은 무엇인가요? (　　　)

① 자원 재활용 센터를 홍보하려고
② 전 세계 환경 오염의 심각성을 알리려고
③ 지역별 쓰레기 분리배출 실태를 보고하려고
④ 쓰레기 분리배출 실천의 필요성을 강조하려고
⑤ 재활용품 분리배출 요령을 종류별로 설명하려고

주장과 근거의 타당성
판단하기 **2**

이 글에서 주장을 뒷받침하기 위해 제시한 근거가 <u>아닌</u> 것을 두 가지 고르세요.
(　　 ,　　 )

① 벌금을 줄일 수 있기 때문이다.
② 환경을 보호할 수 있기 때문이다.
③ 자원을 절약할 수 있기 때문이다.
④ 재활용품을 수출할 수 있기 때문이다.
⑤ 쓰레기 처리 비용을 줄일 수 있기 때문이다.

주장과 근거의 타당성
판단하기 **3**

■나■와 ■다■에 나타난 근거의 타당성을 바르게 판단한 친구를 찾아 ○표 하세요.

❶ **주은:** ■나■에서 쓰레기 분리배출을 하면 환경을 보호할 수 있다는 근거는 글쓴이가
추측한 내용이므로 타당하지 않아. (　　　)

❷ **성현:** ■다■에서는 출처가 정확하지 않은 조사 보고서를 제시해 글쓴이의 주장을 뒷
받침하는 근거로 적절하지 않아. (　　　)

❸ **강인:** ■다■에서는 쓰레기 처리 비용과 관련지어 분리배출을 해야 하는 이유를 제시해
글쓴이의 주장을 설득력 있게 뒷받침하므로 근거로 타당해. (　　　)

**4** 　**라**에 대한 설명으로 알맞은 것은 무엇인가요? (　　　)

① 글 전체 내용을 요약했다.

② 도표 자료를 근거로 제시했다.

③ 구체적인 예를 들어 근거를 설명했다.

④ 전문가의 말을 인용하여 근거를 제시했다.

⑤ 글쓴이의 주장에 대한 근거를 처음으로 제시했다.

**5** 　**가**~**마** 중 **보기**의 내용이 이어지기에 알맞은 문단의 위치를 찾아 기호로 쓰세요.

> **보기**
>
> 그러면 자원 재활용 선별 센터에서 재활용할 자원을 선별하는 데 드는 수고로움과 비용이 줄게 되고, 폐기물 처리에 투입되던 정부의 예산도 절감됩니다.

(　　　　　　　　　　)의 뒷부분

**한줄요약** **6** 　빈칸에 알맞은 말을 넣어 이 글의 핵심 내용을 한 문장으로 요약하세요.

> 자원　　　환경　　　비용

쓰레기 분리배출을 제대로 실천하면 [　　] 을 보호할 수 있고, 쓰레기 처리 [　　] 을 줄일 수 있으며, [　　] 을 절약할 수 있다.

● 낱말의 뜻을 찾아 선으로 연결해 보세요.

① 소각 •            • ㉮ 불에 태워 없애 버림.

② 매립 •            • ㉯ 물건 따위를 사들임.

③ 구매 •            • ㉰ 쓰레기나 폐기물을 모아서 묻음.

④ 순환 •            • ㉱ 주기적으로 자꾸 되풀이하여 돎. 또는 그런 과정.

● 보기 의 글자를 사용하여 뜻에 알맞은 낱말을 만들어 보세요.

보기

혼   절   별   정   인   무   실   분   체   합   감

⑤ 담배는 | 인 |   | 에 치명적인 해를 입힐 수 있다.
　　　　사람의 몸.

⑥ 음식물 쓰레기로 가축을 먹여 기르는 데 쓰는 비용을 | 절 |   | 했다.
　　　　　　　　　　　　　　　　　　　　　　아끼어 줄임.

⑦ 자연을 |   | 분 |   | 하게 개발하는 것을 막아야 한다.
　　바른 생각이나 판단을 할 줄 모름.

⑧ 우리 학교 도서관은 자리가 턱없이 부족한 |   | 정 | 이다.
　　　　　　　　　　　　　　　　　실제의 사정이나 형편.

⑨ 보리와 콩, 팥 등을 쌀에 |   | 합 | 해서 밥을 하면 영양도 많고 맛도 좋은 밥을 지을 수
있다. 　　뒤섞어서 한데 합함.

# 주장과 근거가 타당한지
# 판단하려면?

## 주장과 근거를 파악해요 ► 4학년

❶ **주장과 근거의 뜻 알기**

어떤 문제에 대한 자신의 주된 의견을 내세우는 것을 '**주장**'이라고 하고, 이를 뒷받침하는 까닭을 '**근거**'라고 합니다.

❷ **글쓴이의 주장과 근거 파악하기**

글에서 글쓴이가 내세우는 의견이 무엇인지 알아보고, 주장을 뒷받침하는 내용으로 어떤 근거를 제시했는지 살펴봅니다.

- 주장과 근거를 파악하면 글쓴이가 하고 싶은 말이 무엇인지 알 수 있음.
- 글쓴이의 의견이 드러나는 글은 주장과 주장을 뒷받침하는 근거로 이루어져 있음.
- 글쓴이의 주장은 주제와 관련 있고, 주장은 근거와 관련 있음.

## 주장과 근거가 타당한지 판단해요 ► 6학년

❶ **논설문의 특성을 생각하며 글 읽기**
논설문은 어떤 주제에 대해 글쓴이가 주장이나 의견을 내세워 읽는 사람을 설득하는 것이 목적인 글이에요.

| 서론 | 글을 쓴 문제 상황과 글쓴이의 주장을 밝힙니다. |
|---|---|
| 본론 | 글쓴이의 주장에 적절한 근거를 제시합니다. |
| 결론 | 내용을 요약하기도 하고 글쓴이의 주장을 다시 한번 강조할 수도 있습니다. |

❷ **주장과 근거의 타당성 판단하기**

주장이 주제와 관련 있는지, 근거가 주장과 관련 있는지, 근거가 주장을 설득력 있게 뒷받침하는지, 근거를 뒷받침하는 자료가 적절한지 등을 살펴봅니다.

~의 입장을 뒷받침하는 진술

23. ⓛ의 입장을 뒷받침하는 진술로 보기 어려운 것은?

① 사회적으로 유해한 내용의 영향력이 실제보다 과장되어 있다.

② 대중 매체의 유해한 영향으로부터 사람들을 보호해야 한다.

③ 유해한 내용일수록 사람들

④ 검열과 규제가 사람들을

⑤ 대중 매체에 쉽게 영향받는

수능에는 글쓴이 혹은 글에 드러난 어느 한쪽의 입장을 뒷받침하는 근거의 적절성을 묻는 문제가 나와요.

# 글쓴이의 의도 파악이 먼저다

주장과 근거가 타당한지를 판단하려면 우선 글쓴이가 글을 쓴 목적이나 의도를 정확히 파악해야 합니다. 글을 쓴 목적이나 의도는 글의 주제 또는 글쓴이의 주장으로 나타나기 때문입니다. 결국, 글의 주제나 글쓴이의 주장을 파악하는 것이 주장과 주장을 뒷받침하는 근거의 타당성을 평가하는 기준이 됩니다.

| 글쓴이의 의도를 파악한다. | → | 각 문단의 내용이 글쓴이의 의도, 즉 주제와 연결되는지 파악한다. | → | 연결되지 않는다면 주장과 근거가 타당한지 그 까닭을 생각해 본다. |

# 관용 표현의 뜻을 이해해요

## 1 DAY 목구멍이 포도청

1 ④

2 ③

3 ㉡, ㉣

4 ②, ③, ⑤

5 ③

6 범죄, 선처, 훈방

### 독해력을 기르는 어휘

❶ 선처 ❷ 부자 ❸ 지원 ❹ 적발

❺ 호소 ❻ 훈방 ❼ 포도청

### 글의 내용과 짜임 다시보기

● **글의 내용**

먹고살기가 어려워 어쩔 수 없이 도둑질을 한 부자의 사연을 보도한 뉴스 기사문입니다.

● **글의 짜임**

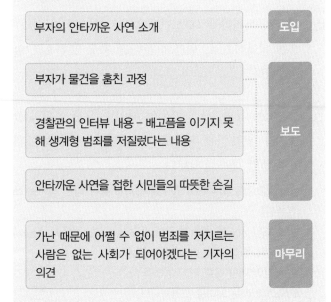

| | |
|---|---|
| 부자의 안타까운 사연 소개 | 도입 |
| 부자가 물건을 훔친 과정 | 보도 |
| 경찰관의 인터뷰 내용 – 배고픔을 이기지 못해 생계형 범죄를 저질렀다는 내용 | 보도 |
| 안타까운 사연을 접한 시민들의 따뜻한 손길 | |
| 가난 때문에 어쩔 수 없이 범죄를 저지르는 사람은 없는 사회가 되어야겠다는 기자의 의견 | 마무리 |

1 이 글은 배고픔을 이기지 못한 부자가 저지른 도둑질과 그 사연을 다룬 기사문입니다.

2 뉴스 진행자의 도입부에서는 뉴스에서 보도할 핵심 내용을 요약해 안내하고 있습니다.

3 **나**에는 기자가 직접 취재한, 사건 당시 출동한 경찰관의 인터뷰가 들어가 있습니다.

오답 피하기 ㉤ 사건을 바라보는 기자의 의견은 **다**에 나와 있습니다.

4 관용 표현을 활용하면 한두 개의 낱말 또는 짧은 문구나 문장으로도 효과적으로, 재미있게 자신의 생각이나 상황을 표현할 수 있어 듣는 사람의 관심을 불러일으킬 수 있습니다.

오답 피하기 ④ 관용어는 각각의 낱말이 합쳐져서 새로운 의미를 만든 것이기 때문에, 본래의 뜻으로만 이해하려고 하면 그 뜻을 제대로 알 수 없습니다.

5 '목구멍이 포도청'은 먹고살기 위해 해서는 안 될 짓까지 하지 않을 수 없음을 이르는 말입니다. 즉 잘못된 행동이지만 어쩔 수 없이 해야 한다는 말이므로, ③이 바르게 활용한 문장입니다.

6 이 글은 배고픔을 이기지 못해 마트에서 우유와 사과 등 먹을 것을 훔치다 적발된 아버지와 아들의 안타까운 사연을 다루고 있습니다. 굶주림에 어쩔 수 없이 범죄를 저지른 이들 부자의 사연을 듣고 경찰에서도 선처해 훈방되었다는 이야기입니다.

# 2 DAY 상황에 알맞은 관용 표현

1 ㉠ 사람 ㉡ 기다리다 ㉢ 크다 ㉣ 일치 ㉤ 부끄러움

2 ①, ⑤　　　　　　　3 ④

4 얼굴이 두꺼웠어요.　　5 ②

6 상황, 관용, 의사

---

**독해력을 기르는 어휘**

❶ 시장　　❷ 재료　　❸ 활동　　❹ 원활

❺ 기피　　❻ 자숙　　❼ 재개

## 글의 내용과 짜임 다시보기

● **글의 내용**

가~다는 관용 표현을 제대로 이해하지 못한 담화 상황을 소개하고 있습니다.

● **글의 짜임**

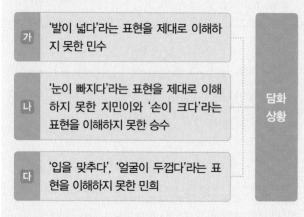

| 가 | '발이 넓다'라는 표현을 제대로 이해하지 못한 민수 | |
|---|---|---|
| 나 | '눈이 빠지다'라는 표현을 제대로 이해하지 못한 지민이와 '손이 크다'라는 표현을 이해하지 못한 승수 | 담화 상황 |
| 다 | '입을 맞추다', '얼굴이 두껍다'라는 표현을 이해하지 못한 민희 | |

1 '발이 넓다'는 '사귀어 아는 사람이 많아 활동하는 범위가 넓다.'라는 의미이고, '눈이 빠지다'는 '몹시 애타게 오랫동안 기다리다.'라는 의미이며, '손이 크다'는 '씀씀이가 후하고 크다.'라는 의미이고, '입을 맞추다'는 '서로의 말이 일치하도록 하다. 또는 호흡을 맞추다.'라는 의미이며, '얼굴이 두껍다'는 '부끄러움을 모르고 염치가 없다.'라는 의미입니다. 그러므로 ㉠에는 '사람', ㉡에는 '기다리다', ㉢에는 '크다', ㉣에는 '일치', ㉤에는 '부끄러움'이 들어가는 것이 알맞습니다.

2 ①과 ⑤는 '발이 넓다'와 '얼굴이 두껍다'라는 관용 표현을 잘못 이해한 예입니다.

3 지민이와 승수는 모두 관용 표현을 이해하지 못하고 있습니다.

4 '얼굴이 두껍다'는 '부끄러움을 모르고 염치가 없다.'라는 의미이므로, 빈칸에 들어갈 관용 표현으로 알맞습니다.

5 ⓐ는 '글, 그림, 사진 따위를 책이나 신문 따위의 출판물에 내다.'라는 의미로 쓰였습니다. 이와 같은 의미로 쓰인 것은 ②입니다.

**오답피하기** ① '보나 논바닥에 물이 괴게 하다.'라는 의미로 쓰였습니다.

③ '물체나 사람을 옮기기 위하여 탈것, 수레, 비행기, 짐승의 등 따위에 올리다.'라는 의미로 쓰였습니다.

④ '사람이 어떤 곳을 가기 위하여 차, 배, 비행기 따위의 탈것에 오르다.'라는 의미로 쓰였습니다.

⑤ '다른 기운을 함께 품거나 띠다.'라는 의미로 쓰였습니다.

6 민수의 아버지는 발이 넓으셔서 아는 분이 많으시고, 지민이는 음식을 만드느라 승수와 만나기로 한 약속 시간에 늦었으며, 태연이는 2인조 발라드 그룹이었던 나스타와 김가수가 오랜만에 입을 맞췄다는 소식을 민희에게 전했습니다. 각각의 담화 상황은 관용 표현을 올바르게 이해하지 못해 의사소통이 원활히 이루어지지 못한 예입니다.

# 3 DAY 창자가 끊어질 것 같다고?

1 ①　　　　　2 ②

3 ②　　　　　4 심장

5 ㄱ, ㄷ　　　6 창자, 단장, 유래

### 독해력을 기르는 어휘

❶ 단장　❷ 정벌　❸ 항해　❹ 청취자

❺ 초조　❻ 금세　❼ 상황

## 글의 내용과 짜임 다시보기

### • 글의 내용

'애간장이 타다'라는 관용어와 '단장'이라는 한자어를 소개하며 그 뜻풀이와 유래에 대해 소개하는 글입니다.

### • 글의 짜임

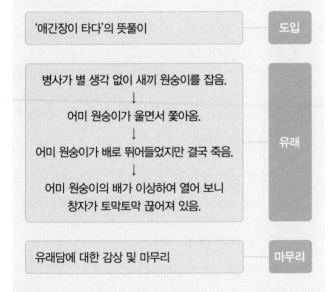

| | |
|---|---|
| '애간장이 타다'의 뜻풀이 | 도입 |
| 병사가 별 생각 없이 새끼 원숭이를 잡음.<br>↓<br>어미 원숭이가 울면서 쫓아옴.<br>↓<br>어미 원숭이가 배로 뛰어들었지만 결국 죽음.<br>↓<br>어미 원숭이의 배가 이상하여 열어 보니<br>창자가 토막토막 끊어져 있음. | 유래 |
| 유래담에 대한 감상 및 마무리 | 마무리 |

1 '혹시 '애간장이 타다'에서 '애'와 '간장'이 무엇인지 아시나요?'에서 질문을 통해 청취자의 흥미를 끌고 있습니다.

　오답 피하기 　②~⑤에서 언급한 방법은 가 에서 쓰이지 않았습니다.

2 다 에서 병사는 별 생각 없이 잠깐 데리고 놀려고 새끼 원숭이를 잡았다고 언급하고 있습니다.

3 이 글에서는 속이 타고 초조한 상태를 의미하는 '애간장이 타다', '단장'을 소개하고 있습니다. '입에 침이 마르다'는 '다른 사람이나 물건에 대하여 거듭해서 아주 좋게 말하다'라는 뜻이므로, 이와 관련이 없습니다.

　오답 피하기 　①의 '애가 썩다', ③의 '심장이 터지다', ④의 '애가 마르다', ⑤의 '가슴이 미어지다'는 모두 몹시 마음이 상해 견디기 힘든 상태를 이르는 관용어입니다.

4 병사는 자신이 별 생각 없이 잡은 새끼 원숭이 때문에 죽어 버린 어미 원숭이를 보고 마음 아파하고 있습니다. 이를 표현하기에 알맞은 관용어는 '마음이나 감정을 세게 자극하다.'라는 의미의 '심장을 찌르다'입니다.

5 가 의 '오늘은 우리가 자주 쓰는 관용 표현에 대해 알아볼 거예요.'에서 앞으로 전개될 방향에 대해 언급하고 있습니다(ㄱ). 다 에서는 어미 원숭이에게 일어난 일을 시간의 흐름에 따라 서술하고 있습니다(ㄷ).

　오답 피하기 　ㄴ. 나 의 '그래서 ~ 이르는 말이랍니다.'에서 관용어의 개념을 정의하고 있지만, 관용어가 사용된 실제 사례를 들어 설명하고 있지는 않습니다.

ㄹ. 이 글은 주장하는 글이 아닙니다.

6 이 글은 '애간장이 타다'와 '단장'이라는 관용어의 뜻은 무엇이고, 어디에서 유래되었는지 이야기해 주는 라디오 대본입니다.

# 4 DAY 《사자소학》

| | |
|---|---|
| 1 ③ | 2 ③ |
| 3 ㉰ | 4 ③ |
| 5 ① | 6 일상, 예절, 인성 |

## 독해력을 기르는 어휘

❶ 기초 　❷ 예절 　❸ 인성 　❹ 일상

❺ 구체적 　❻ 수칙 　❼ 기본

## 글의 내용과 짜임 다시보기

● **글의 내용**

예절과 인성을 가르치는 어린이용 기본서 《사자소학》에 대해 설명하는 글입니다.

● **글의 짜임**

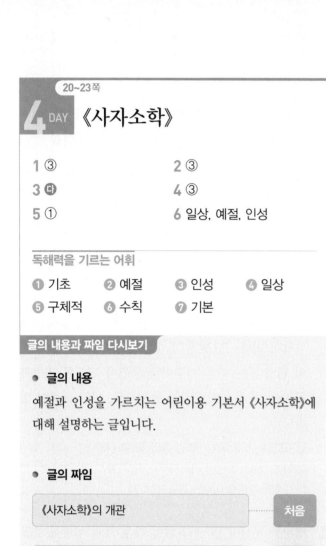

| | |
|---|---|
| 《사자소학》의 개관 | 처음 |
| 《사자소학》에서 가장 많은 내용을 차지하는 효도에 관한 내용 ↓ 기본적인 예절 출필고지 반필면지(出必告之 反必面之) ↓ 절대 하지 말아야 할 것 일기부모 기죄여산(一欺父母 基罪如山) | 중간 |
| 《사자소학》을 통해 기본적인 예절과 인성을 갖춘 사람이 되는 법을 배울 수 있음. | 끝 |

**1** 《사자소학》에서 효도보다 중요하게 여기는 것에 대한 내용은 이 글에서 확인할 수 없습니다.

**2** 이 글에서는 질문을 던지는 방식으로 독자의 호기심을 유발하거나 경험을 떠올리도록 유도하고 있습니다.

**3** 하지 말아야 할 것은 일기부모 기죄여산(一欺父母 基罪如山), 즉 거짓말입니다. 이는 한 번이라도 부모를 속이면 그 죄가 산과 같다는 의미입니다.

**4** 《사자소학》에서 지켜야 할 여러 가지 예절이 있지만, 그중에서도 가장 하지 말아야 할 것은 거짓말입니다. 이러한 거짓말을 한 사례는 ③입니다.

**5** ㉠은 '습관 따위를 몸에 익게 하다.'라는 의미로 쓰였습니다. 아침에 일찍 일어나는 버릇을 들인다는 ① 이 이와 같은 의미로 쓰였습니다.

오답 피하기 ② '사람을 가르쳐 키우다.'라는 의미로 쓰였습니다.
③ '동식물을 보살펴 자라게 하다.'라는 의미로 쓰였습니다.
④ '머리카락이나 수염 따위를 깎지 않고 길게 자라도록 하다.'라는 의미로 쓰였습니다.
⑤ '병을 제때에 치료하지 않고 증세가 나빠지도록 내버려 두다.'라는 의미로 쓰였습니다.

**6** 《사자소학》은 일상에서 지켜야 할 기본적인 예절과 인성을 갖춘 사람이 되는 법을 배울 수 있는 책입니다.

# 5 DAY 가난을 무서워한 호랑이

**1** ⑤

**2** ⑤

**3** ㉮, ㉯, ㉰

**4** ⓐ 하늘 ⓑ 구멍

**5** ④

**6** 가난, 존재, 소도둑

---

### 독해력을 기르는 어휘

❶ ㉡    ❷ ㉠    ❸ ㉢    ❹ ㉣

❺ ㉢    ❻ 외양간    ❼ 두둑한    ❽ 전말

---

## 글의 내용과 짜임 다시보기

### ● 글의 내용

배가 고파 마을에 내려온 호랑이가 가난이 무서운 존재라는 말을 듣고 난 뒤, 등에 업힌 소도둑을 가난으로 오해해 겁에 질려 도망치고, 다른 동물들 앞에서는 무섭지 않은 척을 했다는 이야기입니다.

### ● 글의 짜임

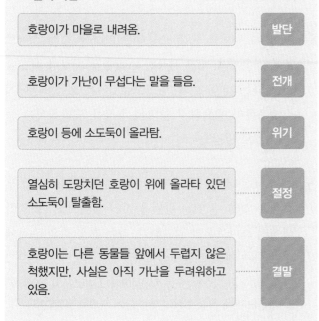

| 호랑이가 마을로 내려옴. | 발단 |
| 호랑이가 가난이 무섭다는 말을 들음. | 전개 |
| 호랑이 등에 소도둑이 올라탐. | 위기 |
| 열심히 도망치던 호랑이 위에 올라타 있던 소도둑이 탈출함. | 절정 |
| 호랑이는 다른 동물들 앞에서 두렵지 않은 척했지만, 사실은 아직 가난을 두려워하고 있음. | 결말 |

---

**1** '자라 보고 놀란 가슴 솥뚜껑 보고 놀란다'는 어떤 사물에 몹시 놀란 사람은 비슷한 사물만 보아도 겁을 냄을 이르는 말로, 가난이 무섭다는 말을 듣고 소도둑을 가난으로 착각한 호랑이의 상황과 어울립니다.

[오답 피하기] ① 일부만 보고 전체를 미루어 안다는 말입니다.
② 남이 한다고 하니까 분별없이 덩달아 나섬을 비유적으로 이르는 말입니다.
③ 자기가 남에게 말이나 행동을 좋게 해야 남도 자기에게 좋게 한다는 말입니다.
④ 아무리 훌륭하고 좋은 것이라도 다듬고 정리하여 쓸모 있게 만들어 놓아야 값어치가 있음을 비유적으로 이르는 말입니다.

**2** 호랑이는 초가집에 사는 사람들이 궁금해서가 아니라 배가 고파 먹을 것을 찾아 마을로 내려왔습니다.

**3** 호랑이는 가난에게 잡혔다고 착각해 두려움을 느꼈고(㉮), 소도둑은 호랑이를 소로 착각하고 잡은 순간에 기뻐했습니다(㉯). 그리고 동물들은 어떤 일이 있었는지 모두 알고, 호랑이를 곯려 주며 재미를 느꼈습니다(㉰).

[오답 피하기] ㉯ 호랑이는 자기 등에 타고 있던 소도둑을 가난이라 여기고, 소도둑이 내리자 안도했습니다.

**4** '하늘이 무너져도 솟아날 구멍이 있다.'는 아무리 어려운 경우에 처하더라도 살아 나갈 방도가 생긴다는 말입니다.

**5** '허장성세'는 '실속은 없으면서 큰소리치거나 허세를 부림.'을 의미합니다. 그러므로 ④가 알맞습니다.

**6** 이 글은 배가 고파 먹을 것을 찾아 마을에 내려온 호랑이가 가난이 무서운 존재라는 말을 듣고 두려워하다 등에 업힌 소도둑을 가난으로 오해하고 도망쳤다는 이야기입니다.

## 1 DAY 스마트폰 필요한가요

32~35쪽

1 ②

2 ❶ 다, 라  ❷ 가, 나

3 ❹

4 필요하지 않다

5 ③, ④

6 나이, 의존, 증가

---

**독해력을 기르는 어휘**

❶ 소통  ❷ 중독  ❸ 관점  ❹ 활용

❺ 친밀  ❻ 대인 관계

### 글의 내용과 짜임 다시보기

● **글의 내용**

'초등학생에게 스마트폰이 필요한가.'라는 주제에 대해 찬성 측과 반대 측의 주장과 근거가 드러나는 글입니다.

● **글의 짜임**

| 토론 주제 | 초등학생에게 스마트폰이 필요한가. |
| --- | --- |

| | 찬성 측 | 반대 측 |
| --- | --- | --- |
| 주장 | 초등학생에게 스마트폰이 필요함. | 초등학생에게 스마트폰이 필요하지 않음. |
| 근거 | • 스마트폰은 학습에 도움이 됨.<br>• 스마트폰을 통해 친구들과 친밀한 관계를 유지할 수 있음. | • 스마트폰에 중독되기 쉬움.<br>• 스마트폰은 눈 건강에 해로움. |

1 호준, 연수, 예진, 준형이 발언의 첫 문장을 통해 토론 주제를 짐작할 수 있습니다.

2 호준이는 스마트폰이 학습에 도움이 된다는 근거를, 연수는 스마트폰을 통해 친구들과 친밀한 관계를 유지할 수 있다는 근거를 들어 '초등학생에게 스마트폰이 필요하다.'리는 찬성 주장을 펼쳤습니다. 반면에 예진이는 스마트폰에 중독되기 쉽다는 근거를, 준형이는 스마트폰은 눈 건강에 해롭다는 근거를 들어 '초등학생에게 스마트폰이 필요하지 않다.'라는 반대 주장을 펼쳤습니다.

3 '최근 초등학생 5명 중 1명이 비만이라는 연구 결과가 나왔습니다. 건강을 위해 운동을 꾸준히 해야 합니다.'는 스마트폰을 하면 학습에 도움이 된다는 근거와 관련이 없으므로 타당하지 않습니다.

오답피하기 가 스마트폰이 학습에 도움이 된다는 내용은 주장을 뒷받침하므로 근거로 타당합니다.

4 보기 의 자료를 통해 초등학생이 보행 중에 스마트폰을 사용했을 때가 사용하지 않았을 때보다 사고율이 높다는 것을 알 수 있으므로, 이는 초등학생에게 스마트폰이 필요하지 않다는 주장을 뒷받침하는 근거 자료로 알맞습니다.

5 ③과 ④는 스마트폰의 긍정적인 면과 스마트폰의 부작용을 없앨 수 있는 방법을 말한 것이므로 '초등학생에게 스마트폰이 필요하다.'라는 찬성 측의 주장에 대한 근거 자료로 알맞습니다.

오답피하기 ①, ②, ⑤는 '초등학생에게 스마트폰이 필요하지 않다.'라는 반대 측의 주장에 대한 근거 자료로 알맞습니다.

6 최근 스마트폰을 사용하는 나이가 점점 어려지고, 스마트폰에 의존하는 초등학생이 증가하고 있습니다. 이 문제에 대해 '초등학생에게 스마트폰이 필요한가.'라는 주제로 반 친구들이 찬성과 반대의 입장에서 서로 다른 주장과 근거를 들어 토론한 글입니다.

# 2 DAY 식용 곤충

1 ④　　　　　2 ⑤

3 송이　　　　4 ❷○❸○

5 ②, ③　　　6 곤충, 영양, 식량

## 독해력을 기르는 어휘

❶ 늘려　　❷ 비율　　❸ 인류　　❹ 개발
❺ 유망　　❻ 노동력　❼ 절감　　❽ 함유
❾ 고갈

## 글의 내용과 짜임 다시보기

### ● 글의 내용

곡물이나 가축만 키워서는 식량 생산량을 무한정 늘릴 수 없으므로, 식량으로서 여러 가지 장점이 있는 곤충을 미래 식량으로 개발하자고 주장하는 글입니다.

### ● 글의 짜임

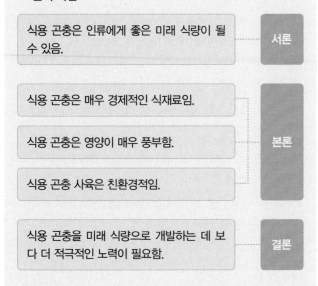

| | |
|---|---|
| 식용 곤충은 인류에게 좋은 미래 식량이 될 수 있음. | 서론 |
| 식용 곤충은 매우 경제적인 식재료임. | |
| 식용 곤충은 영양이 매우 풍부함. | 본론 |
| 식용 곤충 사육은 친환경적임. | |
| 식용 곤충을 미래 식량으로 개발하는 데 보다 더 적극적인 노력이 필요함. | 결론 |

1 2문단에서 식용 곤충을 키우는 데 드는 노동력과 사료는 가축 사육에 비해 크게 절감된다고 했습니다.

2 글쓴이는 식용 곤충이 지닌 장점을 설명하면서 식용 곤충은 인류에게 좋은 미래 식량이 될 수 있으므로, 이를 개발하는 데 보다 더 적극적인 노력이 필요하다고 주장했습니다.

3 송이는 식용 곤충이 미래 식량이 될 수 있다는 글쓴이의 주장이 문제 상황을 해결할 수 있고, 세 가지 근거가 모두 객관적인 사실이므로 글쓴이의 주장도 타당하다고 알맞게 판단했습니다.

오답 피하기 민영이처럼 글쓴이의 주장이 내 생각과 같은지를 기준으로 판단하는 것은 알맞지 않습니다. 또한 글쓴이가 식용 곤충은 영양이 매우 풍부하다고 했으므로, 지훈이의 판단도 알맞지 않습니다.

4 가축을 키울 때보다 곤충을 키울 때 물의 양이 적게 든다는 ❷의 근거와 단백질을 가축 사육으로만 제공하지 말자는 ❸의 근거는 곤충이 미래 식량이 될 수 있다는 주장을 뒷받침하기에 알맞습니다.

오답 피하기 ❶ 육식보다는 채식을 하자는 주장을 뒷받침하기에 알맞은 근거입니다.

5 이 글에서는 식용 곤충을 미래 식량으로 개발하는 데 보다 더 적극적인 노력이 필요하다고 했습니다. 따라서 ②와 ③은 알맞은 반응이라고 할 수 없습니다.

6 식용 곤충은 경제적이면서도 영양이 풍부하고 친환경적이기 때문에 자원의 고갈과 환경 파괴의 위기 속에서 살아가야 하는 인류에게는 더할 나위 없이 좋은 미래 식량이 될 수 있다고 글쓴이는 주장하고 있습니다.

# 3 DAY 지역 축제

1 ⑤

2 ❷ ○

3 ④

4 지선

5 ③

6 문화, 경제, 축제

---

**독해력을 기르는 어휘**

❶ ㉠  ❷ ㉣  ❸ ㉡  ❹ ㉢

❺ 개최  ❻ 차별화

## 글의 내용과 짜임 다시보기

● **글의 내용**

우리 고장에는 고장의 문화를 알릴 수 있는 지역 축제가 없으므로, 우리 고장에서도 지역 문화 발전을 위한 축제를 열어야 한다고 주장하는 글입니다.

● **글의 짜임**

| | |
|---|---|
| 우리 고장에서도 지역 문화 발전을 위한 축제를 열어야 함. | 서론 |
| 지역 축제를 열면 우리 고장의 독특한 문화를 널리 알릴 수 있음. | |
| 지역 축제를 열면 우리 고장의 경제를 발전시킬 수 있음. | 본론 |
| 지역 축제를 계속 열다 보면 주민들의 공동체 의식을 높일 수 있음. | |
| 우리 고장에서도 차별화된 축제 내용을 개발하여 고장의 문화를 알릴 수 있는 축제를 열 수 있도록 고장 전체가 힘을 모아야 함. | 결론 |

1 1문단에서 우리 고장에는 고장의 문화를 알릴 수 있는 지역 축제가 없다는 문제 상황을 제시하고 있습니다.

2 지역 축제를 열면 우리 고장의 환경 오염을 줄일 수 있다는 ❷의 내용은 우리 고장에서도 지역 문화 발전을 위한 축제를 열어야 한나는 주상과 관련성이 떨어지므로 이를 뒷받침하기에 알맞지 않습니다.

3 글쓴이는 지역 축제를 성공적으로 열려면 그 지역의 전통문화나 특산물, 생태 환경 등 지역적 특성을 활용하여 다른 지역 축제와 차별화하는 것이 가장 중요하다고 했습니다.

4 이 글에서 제시한 도표는 몇 명을 조사했는지 조사 범위가 명확하지 않고, 자료의 출처가 나와 있지 않아 믿을 수 있는 자료라고 보기 어렵습니다. 따라서 근거 자료로 활용하기에 적절하지 않습니다.

오답 피하기 승호는 도표가 근거 자료로 활용하기에 적절하다고 보았으므로 알맞지 않습니다.

5 ㉠의 '벌어지다'는 '어떤 일이 일어나거나 진행되다.'라는 의미로 쓰였습니다. 이와 같은 의미로 쓰인 것은 ③입니다.

오답 피하기 ① '가슴이나 어깨, 등 따위가 옆으로 퍼지다.'라는 의미로 쓰였습니다.
② '식물의 잎이나 가지 따위가 넓게 퍼져서 활짝 열리다.'라는 의미로 쓰였습니다.
④ '사람의 사이에 틈이 생기다.'라는 의미로 쓰였습니다.
⑤ '차이가 커지다.'라는 의미로 쓰였습니다.

6 지역 축제를 열면 우리 고장의 독특한 문화를 널리 알릴 수 있고, 우리 고장의 경제를 발전시킬 수 있으며, 주민들의 공동체 의식을 높일 수 있으므로 우리 고장에서도 지역 문화 발전을 위한 축제를 열어야 한다고 주장하고 있습니다.

# 4 DAY 아침밥

1 나, 다, 라    2 ④

3 ⑤    4 희수

5 ❷ ○ ❸ ○    6 두뇌, 비만, 습관

---

## 독해력을 기르는 어휘

❶ 역할    ❷ 쌓이는    ❸ 핑계    ❹ 거르면

❺ 근육    ❻ 능률    ❼ 섭취    ❽ 과식

❾ 소모

---

### 글의 내용과 짜임 다시보기

● **글의 내용**

요즘 아침밥을 먹지 않는 학생들이 많다는 문제 상황을 제시하고 그 해결책으로 아침밥을 먹으면 좋은 점을 근거로 들어 아침밥의 중요성을 주장하는 글입니다.

● **글의 짜임**

| | | |
|---|---|---|
| 가 | 요즘에 아침밥을 먹지 않는 학생들이 많음. | 문제 상황 + 주장 (서론) |
| | 건강한 생활을 위해 아침밥을 꼭 챙겨 먹는 습관을 들여야 함. | |
| 나 | 아침밥은 잠자고 있던 몸과 뇌를 깨움. | 주장에 대한 근거 (본론) |
| 다 | 아침밥은 두뇌 활동과 일의 능률을 높임. | |
| 라 | 아침밥은 비만을 예방하고 체중 조절에 도움이 됨. | |
| 마 | 건강한 삶을 위해 아침밥을 꼭 챙겨 먹어야 함. | 주장 재강조 (결론) |

---

1 글쓴이의 주장에 대한 근거와 그 근거를 뒷받침하는 내용은 논설문의 짜임 중 본론에 제시됩니다.

2 ㉠에 들어갈 서양의 격언을 찾으려면 ㉠ 뒷부분을 잘 읽어야 합니다. 같은 음식이라도 아침에 먹는 것이 더 이롭다는 의미의 말은 ④입니다.

**오답 피하기** ① 아무리 약이 좋다고 하더라도 건강에는 밥을 잘 먹는 것이 우선이고 중요하다는 말입니다.
② 매우 쉬운 일을 비유할 때 쓰는 말입니다.
③ 자기에게 이로운 말을 싫어할 때 쓰는 말입니다.
⑤ 음식 종류에 따른 적절한 온도를 비유적으로 표현한 말입니다.

3 가와 마의 끝부분에 아침밥을 꼭 챙겨 먹자는 글쓴이의 주장이 나타나 있습니다.

4 ㉢은 아침밥이 두뇌 활동과 일의 능률을 높인다는 근거와 직접적인 관련이 없으므로, 희수의 판단은 적절합니다.

**오답 피하기** 연경: ㉡은 아침밥을 먹어야 하는 까닭이 될 수 있으므로 근거로 타당합니다.
재영: ㉣은 아침밥의 이로운 점을 제시한 것이므로 주장을 뒷받침하는 근거로 타당합니다.
승민: 해마다 아침밥을 거르는 학생들이 증가하는 상황에서 아침밥을 챙겨 먹자는 글쓴이의 주장은 현실에 맞고 타당합니다.

5 ❷와 ❸은 아침밥을 꼭 챙겨 먹자는 글쓴이의 주장을 뒷받침하는 근거 자료로 적절합니다.

**오답 피하기** ❶ 불량 식품을 사 먹지 말자는 주장을 뒷받침하는 근거 자료로 적절합니다.

6 이 글에서는 아침밥의 이로운 점 세 가지를 근거로 들어 아침밥을 꼭 챙겨 먹는 습관을 들이자고 주장하고 있습니다.

# 5 DAY 분리배출

| | |
|---|---|
| 1 ④ | 2 ①, ④ |
| 3 ❸ ○ | 4 ③ |
| 5 라 | 6 환경, 비용, 자원 |

---

**독해력을 기르는 어휘**

❶ 가 ❷ 다 ❸ 나 ❹ 라

❺ 인체 ❻ 절감 ❼ 무분별 ❽ 실정

❾ 혼합

## 글의 내용과 짜임 다시보기

### ● 글의 내용

쓰레기 분리배출을 실천해야 하는 이유에 관한 근거를 들어 이제부터 쓰레기 분리배출을 적극적으로 실천하자고 주장하는 글입니다.

### ● 글의 짜임

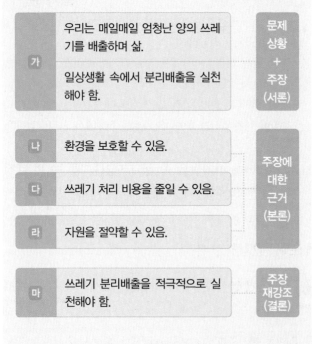

| | | |
|---|---|---|
| 가 | 우리는 매일매일 엄청난 양의 쓰레기를 배출하며 삶. | 문제 상황 + 주장 (서론) |
| | 일상생활 속에서 분리배출을 실천해야 함. | |
| 나 | 환경을 보호할 수 있음. | 주장에 대한 근거 (본론) |
| 다 | 쓰레기 처리 비용을 줄일 수 있음. | |
| 라 | 자원을 절약할 수 있음. | |
| 마 | 쓰레기 분리배출을 적극적으로 실천해야 함. | 주장 재강조 (결론) |

1 **가**를 통해 글쓴이가 이 글을 쓴 목적은 쓰레기 분리배출을 실천하자고 말하기 위한 것임을 알 수 있습니다.

2 **나~라**의 첫 문장에 주장에 대한 근거가 드러나 있습니다.

3 **다**에서는 쓰레기 처리 비용과 관련지어 분리배출을 해야 하는 이유를 제시하고 있습니다. 분리배출을 제대로 하면 연간 약 5억 매의 종량제 봉투를 절감할 수 있고, 약 3천억 원의 종량제 봉투 구매 비용을 절약할 수 있다고 합니다. 이는 글쓴이의 주장을 설득력 있게 뒷받침하고 있으므로 근거로 타당합니다.

**오답피하기** ❶ **나**에서 쓰레기 분리배출을 하면 환경을 보호할 수 있다는 근거는 객관적인 사실로 주장과 관련 있으므로 타당합니다.
❷ **다**에서 쓰레기 처리 비용에 대한 자료로 출처가 분명한 환경부 조사 보고서를 제시했으므로, 글쓴이의 주장을 뒷받침하는 자료로 적절합니다.

4 **라**에서는 비닐류를 무분별하게 다른 재활용품과 함께 배출했을 때의 문제점을 예로 들어 근거를 설명했습니다.

5 **라**에서는 비닐류를 무분별하게 다른 재활용품과 함께 배출하면 오염된 비닐이 다른 재활용품을 오염시켜 자원으로 활용할 수 없게 만든다면서 재활용 쓰레기에 오염 물질이 혼합되지 않게 배출해야 한다고 했습니다. 따라서 **라**의 뒷부분에 **보기**의 내용이 이어지면 자원을 절약할 수 있다는 근거를 설득력 있게 뒷받침할 수 있습니다.

6 이 글에서는 환경 보호와 쓰레기 처리 비용 절감, 자원 절약을 위해 쓰레기 분리배출을 제대로 하자고 주장하고 있습니다.

1~2학년군 1, 2      3~4학년군 3, 4      5~6학년군 5, 6

## 독해를 처음 시작한다면, 기초를 튼튼히!

- 초등 교과서 학년별 성취 기준(학습 발달 단계)에 맞춰 구성
- 핵심 독해 원리를 충분히 체화할 수 있도록 1주 5day 학습으로 구성

**고학년용**

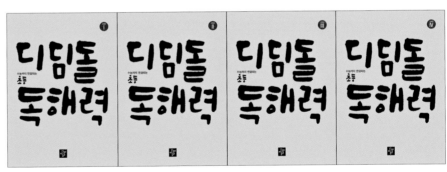

고학년 I      고학년 II      고학년 III      고학년 IV

## 기초를 다진 후에는, 본격 실전 독해 훈련을!

- 수능 국어 출제 영역에 따른 주제별·수준별 구성
- 다양한 영역의 비문학 제재로만 구성(각 권별 40지문, 총 160지문 수록)

\* 『디딤돌 독해력』은 학기 교재처럼 꼭 학년을 맞출 필요는 없고, 수준에 맞춰서 학습할 수 있습니다.

해당 교재(디딤돌 독해력 미리보기)는 『디딤돌 독해력』의 교재 학습 시스템을
확인해 볼 수 있도록 내용 일부를 재구성하여 실었습니다.

(주)디딤돌 교육은 '어린이제품안전특별법'을 준수하여 어린이가
안전한 환경에서 학습할 수 있도록 노력하고 있습니다.
KC마크는 이 제품이 공통안전기준에 적합하였음을 의미합니다.

D210260

9 788926 159941
ISBN 978-89-261-5994-1

⚠ 주 의
• 책의 날카로운 부분에 다치지 않도록 주의하세요.
• 화기나 습기가 있는 곳에 가까이 두지 마세요.

국어 교과 지문독해력 향상

# 6·1

# 디딤돌
# 통합본

## 국어

**디딤돌 통합본 국어·사회·과학 6-1**

**펴낸날** [개정판 1쇄] 2024년 1월 1일
**펴낸이** 이기열 | **펴낸곳** (주)디딤돌 교육
**주소** (03972) 서울특별시 마포구 월드컵북로 122 청원선와이즈타워
**대표전화** 02-3142-9000
**구입문의** 02-322-8451
**내용문의** 02-323-5489
**팩시밀리** 02-322-3737
**홈페이지** www.didimdol.co.kr
**등록번호** 제10-718호
**사진** 북앤포토

- 정답과 풀이는 "디딤돌 교육 홈페이지〉초등〉정답과 해설"에서
  다운로드 받을 수 있습니다.
- 출간 이후 발견되는 오류는 "디딤돌 교육 홈페이지〉초등〉정오표"를 통해
  알려드리고 있습니다.

국어 교과 지문독해력 향상

# 디딤돌
# 통합본

## 국어

# 교과서에 실린 **작품 소개**

| 단원 | 교과서 | 제재 이름 | 지은이 | 나온 곳 | 참고 | 디딤돌 쪽수 |
|---|---|---|---|---|---|---|
| 1단원 | 국어 ㉑ | 「뻥튀기」 | 고일 | 『뻥튀기』<br>– (주)주니어이서원, 2014. | | 7쪽 |
| | | 「봄비」 | 심후섭 | 『내 마음의 동시 6학년』<br>– (주)계림북스, 2011. | | 8쪽 |
| | | 「풀잎과 바람」 | 정완영 | 『가랑비 가랑가랑 가랑파 가랑가랑』<br>– (주)사계절출판사, 2015. | | 9쪽 |
| 2단원 | 국어 ㉑ | 「황금사과」 | 송희진 글,<br>이경혜 옮김 | 『황금사과』<br>– 뜨인돌어린이, 2011. | | 19~21쪽 |
| | | 「우주 호텔」 | 유순희 | 『우주 호텔』<br>– 해와나무, 2012. | | 26~35쪽 |
| 3단원 | 국어 ㉑ | '2021년 서울 강수량 분석' 도표 자료 | | – 기상 자료 개방 포털 누리집<br>(https://data.kma.go.kr) | | 47쪽 |
| | | 동영상 자료 | | – 국립민속박물관 누리집<br>(http://www.nfm.go.kr) | | 47쪽 |
| | | 100대 기업의 인재상 변화 | | – 대한상공회의소, 2018. | | 51쪽 |
| | | 「일자리의 미래」 | 한국교육방송공사 | 『지식 채널 e: 일자리의 미래』<br>– 한국교육방송공사, 2018. | | 52쪽 |
| 5단원 | 국어 ㉑ | 「속담 하나 이야기 하나:<br>독장수 구구」 | 임덕연 | 『속담 하나 이야기 하나』<br>– 도서출판 산하, 2014. | | 79~80쪽 |
| | | 「속담 하나 이야기 하나:<br>까마귀 고기를 먹었나」 | 임덕연 | 『믿거나 말거나 속담 이야기』<br>– 도서출판 산하, 2014. | | 81~83쪽 |

| 단원 | 교과서 | 제재 이름 | 지은이 | 나온 곳 | 참고 | 디딤돌 쪽수 |
|---|---|---|---|---|---|---|
| **6**단원 | 국어 ⑭ | 「우리는 이미 하나」 | 브랜드 센세이션 | – 한국방송광고진흥공사, 2016. | | 92쪽 |
| | | 그림(「야묘도추」) | 김득신 | – 간송미술문화재단 | | 93쪽 |
| | | 그림(「씨름」) | 김홍도 | – 국립중앙박물관 | | 93쪽 |
| | | 「수원 화성을 어떻게 만들었을까」 | 유지현 | 『조선 왕실의 보물 의궤』 – 토토북, 2009. | | 94~95쪽 |
| | | 『화성성역의궤』 | | – 국립중앙박물관 | | 95쪽 |
| **7**단원 | 국어 ⑭ | 사례 1(「욕해도 될까요?」) | 한국교육방송공사 | 「EBS 다큐 프라임」 – 한국교육방송공사, 2011. | | 109쪽 |
| | | 사례 1(「욕해도 될까요?」) | 한국교육방송공사 | 「EBS 다큐 프라임」 – 한국교육방송공사, 2011. | | 109쪽 |
| | | 사례 3(「카드 뉴스 – 우리말로 바꾼 반려 문화 외래어·외국어」) | 김보아 | – 『한국일보』, 2017.10.9. | | 110쪽 |
| | | 사례 3(「카드 뉴스 – 우리말로 바꾼 반려 문화 외래어·외국어」) | | – 『한국일보』, 2017.10.9. | | 110쪽 |
| | | ㉰ 책 표지 | 한글학회 | 『우리 토박이말 사전』 – (주)어문각, 2002. | | 111쪽 |
| | | ㉱ 텔레비전 프로그램 | 한국방송공사 | 「안녕! 우리말」 – 한국방송공사, 2015. | | 111쪽 |
| | | '초등학생이 가장 많이 사용하는 신조어와 줄임 말' 표 | | 「MBC 경남 뉴스데스크: 초등학생 줄임 말, 신조어 '심각'」 – (주)문화방송, 2015.10.9. | | 112쪽 |
| **8**단원 | 국어 ⑭ | 「제게 12척의 배가 있으니」 | 이강엽 | 『불패의 신화가 된 명장 이순신』 – (주)웅진씽크빅, 2005. | | 124~126쪽 |
| | | 「버들이를 사랑한 죄」 | 황선미 | 『샘마을 몽당깨비』 (주)창비, 2013. | | 127~132쪽 |
| **9**단원 | 국어 ⑭ | 「주어라, 또 주어라」(원 제목: 「남을 도울 줄 아는 사람이 되거라」) | 정약용 글, 한문희 엮음 | 『아버지의 편지』 – 함께읽는책, 2004. | | 150~151쪽 |

# 구성과 특징

**개념 이해** 단원 학습 내용을 한눈에 쉽게 이해할 수 있도록 교과서 개념을 정리하고, 개념 확인하기 문제를 풀면서 개념을 익혀요.

**준비 ▶ 기본 ▶ 실천**

- 『국어』 교과서의 단원 체제와 동일하게 '준비 ▶ 기본 ▶ 실천'으로 체계적인 수준별 학습을 할 수 있도록 구성하였어요.
- 교과서 핵심 개념이 구현된 교과서 문제, 중요 문제, 서술형 문제를 풀면서 실력을 쌓아요.

**단원 어휘 다지기** 단원에서 배운 중요 어휘를 문제를 통해 다시 점검해요.

**단원 평가** 단원에서 배운 내용을 자주 출제되는 핵심 문제를 풀면서 마무리해요.

**서술형 평가** 서술형 평가 문제를 푸는 방법을 단계별로 익혀요.

**수행 평가** 다양한 유형의 수행평가 문제로 학교에서 보는 수행평가에 대비해요.

+

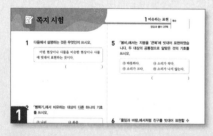

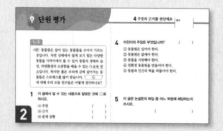

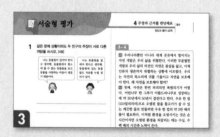

**쪽지 시험** 쪽지 시험으로 단원에서 배운 중요 개념 내용을 확인해요.

**단원 평가** 단원 평가에 자주 나오는 다양한 문제를 집중적으로 풀면서 문제 해결력을 쌓아요.

**서술형 평가** 자신의 생각을 쓰면서 점점 강화되고 있는 서술형 평가에 완벽하게 대비해요.

## 교과개념북 차례

### 6-1 가

**1** 비유하는 표현 ──────────── 6

**2** 이야기를 간추려요 ──────────── 18

**3** 짜임새 있게 구성해요 ──────────── 43

**4** 주장과 근거를 판단해요 ──────────── 60

**5** 속담을 활용해요 ──────────── 74

### 6-1 나

**6** 내용을 추론해요 ──────────── 91

**7** 우리말을 가꾸어요 ──────────── 106

**8** 인물의 삶을 찾아서 ──────────── 121

**9** 마음을 나누는 글을 써요 ──────────── 145

# 비유하는 표현

## ★★ 1 비유하는 표현

대상 하나를 다른 대상에 빗대어 표현하기 때문에 두 대상 사이에는 공통점이 있어요.

| 뜻 | 어떤 현상이나 사물을 비슷한 현상이나 사물에 빗대어 표현하는 것 |
|---|---|
| 좋은 점 | • 글이나 그림책의 내용이 쉽게 이해됩니다.<br>• 글쓴이의 의도를 쉽게 파악할 수 있습니다.<br>• 상황이 실감 나게 느껴집니다.<br>• 장면이 쉽게 떠오릅니다. |

예 「뻥튀기」에 나오는 비유하는 표현

| 대상 | 비유하는 표현 | 비유한 까닭 |
|---|---|---|
| 뻥튀기가 사방으로 날리는 모양 | 봄날 꽃잎 | 뻥튀기가 봄날 꽃잎처럼 하늘에 흩날리기 때문에 |
| 뻥튀기 냄새 | 메밀꽃 냄새 / 새우 냄새 / 멍멍이 냄새 / 옥수수 냄새 | 냄새가 고소하고 달콤하기 때문에 |

## ★★ 2 비유하는 표현을 생각하며 시 읽기

① 비유해 표현한 부분을 생각하며 시를 읽습니다.
② 대상을 어떻게 표현했는지 알아봅니다.
③ 시에 나오는 비유하는 표현을 바꾸어 써 봅니다.

| 은유법 | '~은/는 ~이다'로 빗대어 표현하는 방법 예 이 세상 / 모든 것이 다 / 악기가 된다. |
|---|---|
| 직유법 | '~같이', '~처럼', '~듯이'와 같은 말을 써서 두 대상을 직접 견주어 표현하는 방법 예 풀잎 같은 친구 좋아 |

예 「풀잎과 바람」에 나오는 비유하는 표현을 바꾸어 쓰기

| 비유하는 표현 | 바꾼 표현 |
|---|---|
| 풀잎 같은 친구 좋아<br>바람하고 엉켰다가 풀 줄 아는 풀잎처럼 | 꽃잎 같은 친구 좋아<br>언제나 아름답고 예쁜 꽃을 피우는 꽃잎처럼 |

## 3 비유하는 표현을 살려 시 쓰기

① 시로 표현하고 싶은 대상을 생각해 봅니다.
② 비유할 대상의 특징을 생각해 봅니다.
③ 시로 쓰고 싶은 대상의 특징에 맞게 비유하는 표현을 생각해 봅니다.
④ 비유하는 표현이 잘 드러나게 시를 씁니다.
⑤ 친구들이 쓴 시를 읽고 감상 평을 씁니다.
⑥ 친구들의 감상 평을 보고 자신의 시를 고쳐 써 봅니다.

---

### 개념 확인하기
정답과 풀이 2쪽

**1** 다음 빈칸에 알맞은 말을 쓰시오.

> 어떤 현상이나 사물을 비슷한 현상이나 사물에 빗대어 표현하는 것을 (        )(이)라고 한다.

**2** 비유하는 표현을 사용하면 좋은 점에 ○표 하시오.

⑴ 장면이 쉽게 떠오른다.
(        )

⑵ 상황을 정확하게 알 수 있다.
(        )

⑶ 글쓴이의 의도를 숨길 수 있다. (        )

**3** 다음과 같은 말을 써서 비유하는 방법은 무엇인지 쓰시오.

> '~은/는 ~이다'

(        )

**4** 다음 (    ) 안에서 알맞은 말을 골라 ○표 하시오.

> 비유하는 표현을 생각할 때에는 대상의 ( 이름, 특징 )에 맞는 것이어야 한다.

<table>
<tr><td colspan="2">

# 뻥튀기

· 고일

</td><td>

· 글의 종류: 이야기(그림책)
· 글의 특징: 뻥튀기가 튀겨질 때 사방으로 튀는 모습과 뻥튀기의 고소한 냄새를 비유하는 표현을 사용하여 재미있게 표현한 글입니다.

</td></tr>
</table>

**"뻥이요. 뻥!"**
'뻥이오'가 바른 표기임.

봄날 꽃잎이 흩날리는 것처럼 아름답게 보였습니다.
아니야, 아니야, 나비가 날아갑니다.
아니야, 아니야, 함박눈이 내리는 거야.

맞아요, 맞아요, 폭죽입니다.

하얀 연기 고소하고요.

가을날 메밀꽃 냄새가 납니다.
뻥튀기 냄새를 비유하는 표현 ①
아니야, 아니야, 새우 냄새가 납니다.
뻥튀기 냄새를 비유하는 표현 ②
아니야, 아니야, 멍멍이 냄새가 납니다.
뻥튀기 냄새를 비유하는 표현 ③

맞아요, 맞아요, 옥수수 냄새입니다.
뻥튀기 냄새를 비유하는 표현 ④

뻥튀기 쌀, 감자, 옥수수 따위를 불에 단 틀에 넣어 밀폐하고 가열하여 튀겨 낸 막과자. 튀겨져 나올 때 뻥 하는 소리가 나는 데서 붙인 이름임.

흩날리는 흩어져 날리는. 또는 그렇게 하는. ⑩ 흩날리는 머리카락을 붙잡았습니다.
함박눈 굵고 탐스럽게 내리는 눈.

**1** 이 글에서 표현하고 있는 것을 두 가지 고르시오.
( )

① 뻥튀기를 만졌을 때의 느낌
② 뻥튀기를 맛있게 먹는 모습
③ 뻥튀기가 바닥에 떨어져 있는 모습
④ 뻥튀기를 튀길 때 나오는 고소한 냄새
⑤ 뻥튀기가 튀겨질 때 사방으로 튀는 모습

**3** 뻥튀기가 사방으로 날리는 모양을 비유하는 표현을 한 가지 더 찾아 쓰시오.

· 봄날 꽃잎, 나비, 함박눈, ( )

교과서 문제
**4** 다음 두 대상은 어떤 공통점이 있습니까?
( )

> 뻥튀기 냄새 – 새우 냄새

① 고약하다.　　② 매콤하다.
③ 고소하다.　　④ 아름답다.
⑤ 따뜻하다.

**2** 글쓴이가 말하고 싶은 의도는 무엇이겠습니까?
( )

① 사계절의 변화
② 불량 식품의 위험성
③ 봄날의 아름다운 풍경
④ 할머니의 따뜻한 사랑
⑤ 사라져 가는 옛것의 소중함

교과서 문제
**5** '뻥튀기'를 무엇에 비유하고 싶은지 알맞은 사물을 한 가지 떠올려 쓰시오.
( )

# 봄비

• 심후섭

• **글의 종류**: 시
• **글의 특징**: 봄비 내리는 소리를 비유하는 표현을 사용하여 재미있게 표현한 시입니다.

해님만큼이나

큰 은혜로

내리는 교향악


이 세상

모든 것이 다

악기가 된다.
이 세상 모든 것을 비유하는 표현


달빛 내리던 지붕은

㉠두둑 두드둑

큰북이 되고
지붕을 비유하는 표현


아기 손 씻던

세숫대야 바닥은


㉡도당도당 도당당

작은북이 된다.
세숫대야 바닥을 비유하는 표현

앞마을 냇가에선

㉢풍풍 포옹 풍

뒷마을 연못에선

㉣풍풍 푸웅 풍


외양간 엄마 소도 함께

댕그랑댕그랑


엄마 치마 주름처럼

산들 나부끼며

왈츠
봄비 내리는 모습을 비유하는 표현
봄의 왈츠

하루 종일 연주한다.

은혜(恩 은혜 은, 惠 은혜 혜) 고맙게 베풀어 주는 신세나 혜택. 예 부모님의 은혜에 보답해야 합니다.
교향악 관현악을 위해 만든 음악을 통틀어 이르는 말.

나부끼며 천, 종이, 머리카락 따위의 가벼운 물체가 바람을 받아서 가볍게 흔들리며. 또는 그렇게 하며.
왈츠 3박자의 경쾌한 춤곡.

**교과서 문제**

**1** 이 시에서 봄비를 무엇으로 표현했는지 쓰시오.

(                    )

**2** 이 시에서 악기가 되는 것이 <u>아닌</u> 것은 무엇입니까?

(          )

① 지붕
② 앞마을 냇가
③ 뒷마을 연못
④ 손 씻는 아기
⑤ 외양간 엄마 소

**3**★ ㉠~㉣처럼 이 시에서 운율이 가장 잘 느껴지는 부분을 한 곳 더 찾아 쓰시오.

시가 음악처럼 느껴지게 하는 요소로, 소리가 비슷한 글자나 일정한 글자 수가 반복될 때 생김.

(                    )

**4** 이 시에 나오지 않는 '새싹'을 다른 악기에 어떻게
서술형 비유할지 생각하여 빈칸에 알맞게 쓰시오.

| 비유하는 표현 | 비유한 까닭 |
|---|---|
| (1) | (2) |

# 풀잎과 바람

· 정완영

나는 풀잎이 좋아, ㉠풀잎 같은 친구 좋아

바람하고 엉켰다가 풀 줄 아는 풀잎처럼
　　　　　흔들리는 모습
헤질 때 또 만나자고 손 흔드는 친구 좋아.
'헤지다'는 '헤어지다'의 준말임.

나는 바람이 좋아, ㉡바람 같은 친구 좋아

풀잎하고 헤졌다가 되찾아 온 바람처럼

만나면 얼싸안는 바람, 바람 같은 친구 좋아.

· 글의 종류: 시
· 글의 특징: 비유하는 표현을 사용하여 친구 간의 우정에 대해 쓴 시입니다.

친구를 '바람하고 엉켰다가 풀 줄 아는 풀잎'과 '풀잎하고 헤어졌다가 되찾아 온 바람'에 빗대어 표현했어요.

엉켰다가 실이나 줄 따위가 풀기 힘들 정도로 서로 한데 얽히게 되었다가.
얼싸안는 두 팔을 벌리어 껴안는. 예 두 사람이 오랜만에 만나 얼싸안는 모습을 보니 눈물이 났습니다.

**5** 이 시에 대한 설명으로 알맞은 것은 무엇입니까?
(　　　)

① 중심 글감은 가족이다.
② 6연 2행으로 짜여 있다.
③ 시의 주제는 친구 간의 우정이다.
④ 비유하는 표현을 사용하지 않았다.
⑤ 시의 문장이 너무 길어서 운율이 잘 느껴지지 않는다.

교과서 문제
**6** '풀잎 같은 친구'가 좋다고 한 까닭으로 알맞은 것의 기호를 쓰시오.

㉮ 바람에 흔들리는 풀잎의 모습이 만났을 때 반가워서 뛰어오는 친구 같기 때문이다.
㉯ 바람하고 엉켰다가 풀 줄 아는 풀잎의 모습이 헤어질 때 또 만나자고 손 흔드는 친구 같기 때문이다.

(　　　)

**7** ㉠과 ㉡은 어떤 방법으로 표현한 것인지 알맞은 것에 ○표 하시오.

| 은유법 | 직유법 |
|---|---|

**8*** 이 시에 나오는 비유하는 표현을 다음과 같이 바꾸어 쓸 때 빈칸에 공통으로 들어갈 말을 쓰시오.

[　　　] 같은 친구 좋아
언제나 내 옆에서 함께해 주는 [　　　]처럼

(　　　)

**9** 이 시에 대한 생각이나 느낌을 쓰시오.

서술형

_____

_____

**10~12**

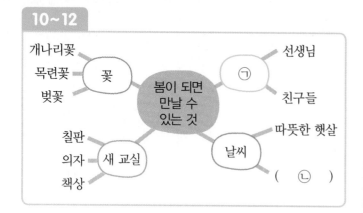

**10** ㉠에 들어갈 말로 알맞은 것은 무엇입니까?

( )

① 옷 ② 음식
③ 사람 ④ 운동장
⑤ 보금자리

교과서 문제
**11** ㉡에 들어갈 알맞은 말을 쓰시오.

( )

**12** 봄이 되어 새롭게 만난 대상을 하나 정해 표현하고 싶은 생각이나 마음을 알맞게 말한 친구의 이름을 쓰시오.

> 채운: 봄에 만난 꽃들의 아름다운 모습을 표현하고 싶어.
> 명진: 지난겨울에 만들었던 눈사람을 보고 싶은 마음을 표현하고 싶어.
> 혜리: 새롭게 만난 친구들과 헤어지게 되어 아쉬운 마음을 표현하고 싶어.

( )

**13** 다음과 같이 비유할 때 두 대상의 공통점으로 가장 알맞은 것은 무엇입니까? ( )

| 친구 | 비유할 대상 | 호수 |
|---|---|---|

① 잘 웃는다.
② 깊고 넓다.
③ 착하고 순박하다.
④ 나를 힘들게 한다.
⑤ 언제 어디에서나 만날 수 있다.

**14** 봄이 되면 새롭게 만날 수 있는 것을 떠올려 비유할 대상과 두 대상의 공통점을 쓰시오.
서술형

| 새롭게 만날 수 있는 것 | (1) |
|---|---|
| 비유할 대상 | (2) |
| 공통점 | (3) |

**15** 친구가 쓴 시를 읽고 쓴 감상 평의 내용으로 알맞지 <u>않은</u> 것의 기호를 쓰시오.

> ㉮ 비유하는 표현이 참신해서 시가 정말 지루하다.
> ㉯ 시를 읽으니 전에 느끼지 못했던 봄의 모습이 새롭게 다가왔다.
> ㉰ 이 시에는 은유법을 알맞게 써서 봄에 만난 대상의 모습이 실감 나게 드러났다.

( )

### 가 낭송회에서 시 낭송하기

| 시집이나 자신이 써 둔 시에서 비유하는 표현이 잘 드러난 시를 찾아봅니다. | ➡ | 낭송회에서 낭송할 시를 고릅니다. |

➡ | 시의 분위기에 어울리는 배경 음악을 찾아봅니다. | ➡ | 배경 음악에 맞추어 시를 낭송합니다. |

### 나 시화를 그리고 시화전 열기

| 시에 어울리는 그림 그리기 | 시화를 완성하고 감상하기 |
| --- | --- |
| • 시의 내용이 잘 드러나게 그립니다.<br>• 시의 장면을 상상하며 그립니다.<br>• 그림이 시 읽는 것을 방해하지 않게 그립니다. | • 교실의 보기 편한 장소에 시화를 전시합니다.<br>• 작품을 감상하고, 시와 그림이 가장 잘 어울리는 작품을 골라 봅니다. |

**핵심내용 시 낭송을 잘하는 방법**
• 친구들 앞에서 부끄러워하지 않고 자신 있게 읽습니다.
• 노래하듯이 부드럽고 자연스럽게 읽습니다.
• 시의 분위기와 느낌을 살려 읽습니다.
• 시에서 떠오르는 ❶ ㅈ ㅁ 을 상상하며 읽습니다.

낭송하기 시나 문장 등을 소리 내어 읽기.
시화(詩 시 시, 畵 그림 화) 시를 곁들인 그림.

---

**1** 시 낭송회를 하는 차례에 맞게 기호를 쓰시오.

㉮ 시의 분위기에 어울리는 배경 음악을 찾아본다.
㉯ 배경 음악에 맞추어 친구들 앞에서 시를 낭송한다.
㉰ 시집이나 자신이 써 둔 시 중에서 낭송할 시를 고른다.

( ) → ( ) → ( )

교과서 문제
**2** 낭송회에서 시를 낭송하는 방법으로 알맞지 <u>않은</u> 것은 무엇입니까? ( )

① 배경 음악에 맞추어 낭송한다.
② 시의 분위기와 느낌을 살려 읽는다.
③ 부끄러워하지 않고 자신 있게 낭송한다.
④ 커다란 목소리로 한 글자씩 힘주어 읽는다.
⑤ 시에서 떠오르는 장면을 상상하며 낭송한다.

**3** 다음과 같은 배경 음악은 어떤 분위기의 시를 낭송할 때 어울릴지 가장 알맞은 것에 ○표 하시오.

잔잔한 느낌의 통기타 음악

(1) 밝고 경쾌한 분위기의 시 ( )
(2) 웅장하고 씩씩한 분위기의 시 ( )
(3) 조용하고 평화로운 분위기의 시 ( )

**4**★ 시화전에서 시와 그림이 가장 잘 어울리는 작품을 고르려고 할 때, 살펴볼 점을 알맞게 말하지 <u>못한</u> 친구의 이름을 쓰시오.

진솔: 그림을 가운데에 크게 그렸는지 살펴보아야 해.
성호: 시의 전체적인 분위기에 어울리게 그림을 그렸는지 살펴보아야 해.
나영: 그림이 시의 내용과 관련 있고 시를 잘 표현했는지 살펴보아야 해.

( )

낱말의 뜻

**1** 낱말과 그 뜻이 알맞게 연결된 것에는 ○표, 그렇지 않은 것에는 ✕표 하시오.

(1) 왈츠 – 3박자의 경쾌한 춤곡.   (　　　)

(2) 외양간 – 강아지를 기르는 곳.   (　　　)

(3) 함박눈 – 비가 섞여 내리는 눈.   (　　　)

(4) 은혜 – 고맙게 베풀어 주는 신세나 혜택.

 (　　　)

(5) 낭송하다 – 시나 문장 등을 소리 내어 읽다.

 (　　　)

다의어 | 여러 가지 뜻이 있는 낱말을 다의어라고 해.

**2** 밑줄 친 낱말의 뜻으로 알맞은 것을 보기 에서 찾아 기호를 쓰시오.

보기
㉮ 볶은 깨, 참기름 따위에서 나는 맛이나 냄새와 같다.
㉯ 미운 사람이 잘못되는 것을 보고 속이 시원하고 재미있다.

(1) 새우튀김이 바삭바삭하고 고소했다. (　　　)

(2) 잘난 척하던 친구가 실수하는 걸 보니 고소했다.   (　　　)

낱말의 발음

**3** 밑줄 친 낱말의 발음으로 알맞은 것에 ○표 하시오.

 두 낱말이 합해진 낱말에서 앞 낱말이 자음자로 끝나고 뒤 낱말이 '이, 야, 여, 요, 유'인 경우에는 'ㄴ' 음을 첨가하여 [니, 냐, 녀, 뇨, 뉴]로 발음해.

봄날 꽃잎이 흩날리는 것처럼 아름답게 보였습니다.

( [꼰닙], [꼬딥] )

낱말의 활용

**4** 빈칸에 들어갈 알맞은 낱말을 찾아 선으로 이으시오.

(1) 내 연줄과 동생 연줄이 ▭ 끊어졌다. ・ | ・① 엉켜서

(2) 나뭇잎들이 바람에 ▭ 우수수 떨어졌다. ・ | ・② 일싸안으며

(3) 할머니께서는 나를 ▭ 반갑게 맞아 주셨다. ・ | ・③ 흩날리며

맞춤법

**5** (　　) 안에 쓰인 낱말 중에서 바른 표기를 골라 ○표 하시오.

(1) 바람에 깃발이 펄럭펄럭 ( 나부끼다 , 나붓기다 ).

(2) ( 햇님 , 해님 )이 방긋 웃으며 얼굴을 드러냈다.

헷갈리기 쉬운 말

**6** 보기 의 낱말 뜻을 보고, 문장에 어울리는 말을 (　　) 안에서 골라 ○표 하시오.

보기
• 해지다: 닳아서 떨어지다.
• 헤지다: 모여 있던 사람들이 따로따로 흩어지다.

(1) 수업이 끝나고 친구들과 ( 헤져 , 해져 ) 집으로 왔다.

(2) 운동화가 ( 헤져서 , 해져서 ) 더 신고 다닐 수 없었다.

**1~6**

"뻥이요, 뻥!"

┌ 봄날 꽃잎이 흩날리는 것처럼 아름답게 보였습니다.
│ 아니야, 아니야, 나비가 날아갑니다.
㉠ 아니야, 아니야, 함박눈이 내리는 거야.

└ 맞아요, 맞아요, 폭죽입니다.

┌ 하얀 연기 고소하고요.

│ 가을날 메밀꽃 냄새가 납니다.
㉡ 아니야, 아니야, 새우 냄새가 납니다.
│ 아니야, 아니야, 멍멍이 냄새가 납니다.

└ 맞아요, 맞아요, 옥수수 냄새입니다.

**1** 이 글을 읽을 때 떠올리면 좋은 경험은 무엇인지 빈칸에 알맞은 말을 쓰시오.

• (                    )하는 모습을 본 경험

**2** ㉠과 ㉡에서 표현하고 있는 것은 무엇인지 쓰시오.

서술형

| ㉠ | (1) |
|---|---|
| ㉡ | (2) |

**3**★ 다음 중 비유하는 대상이 다른 하나는 무엇입니까? (        )

① 봄날 꽃잎          ② 새우 냄새
③ 메밀꽃 냄새        ④ 멍멍이 냄새
⑤ 옥수수 냄새

**4** 뻥튀기가 사방으로 날리는 모양을 '함박눈'에 비유하여 표현한 까닭으로 알맞은 것을 모두 고르시오.
(                    )

① 소복하게 내려서
② 멀리 퍼져 나가서
③ 땅을 지저분하게 해서
④ 공중에 오래 멈춰 있어서
⑤ 다양한 방향으로 움직여서

**5** '뻥튀기'를 '나비'에 비유하여 표현하였다면 그 까닭으로 알맞은 것의 기호를 쓰시오.

> ㉮ 나비를 봄에 많이 볼 수 있듯이 사람들이 뻥튀기를 봄에 많이 먹기 때문이다.
> ㉯ 번데기가 나비가 되듯이 아주 다른 모습으로 변하는 것이 비슷하기 때문이다.

(                    )

**6** '뻥튀기 냄새'를 '옥수수 냄새'에 비유하여 표현한 까닭은 무엇입니까? (        )

① 냄새가 시큼해서
② 냄새가 고소해서
③ 냄새가 고약해서
④ 포근한 느낌이 들어서
⑤ 아무 냄새가 나지 않아서

**7** 비유하는 표현을 사용하면 좋은 점이 아닌 것은 무엇입니까? (        )

① 장면이 쉽게 떠오른다.
② 상황이 실감 나게 느껴진다.
③ 자세한 정보를 얻을 수 있다.
④ 글쓴이의 의도를 쉽게 파악할 수 있다.
⑤ 글이나 그림책의 내용이 쉽게 이해된다.

### 봄비

해님만큼이나
큰 은혜로
내리는 교향악

㉠이 세상
모든 것이 다
악기가 된다.

달빛 내리던 지붕은
두둑 두드둑
큰북이 되고

아기 손 씻던
세숫대야 바닥은

도당도당 도당당
작은북이 된다.

『앞마을 냇가에선
퐁퐁 포옹 퐁
뒷마을 연못에선
풍풍 푸웅 풍』

외양간 엄마 소도 함께
댕그랑댕그랑

엄마 치마 주름처럼
산들 나부끼며
왈츠
봄의 왈츠
하루 종일 연주한다.

**8** 봄비를 '큰 은혜로 내리는 교향악'으로 표현한 까닭은 무엇입니까? ( )

① 봄비는 자주 오지 않기 때문에
② 봄비는 한번 내리면 잘 멈추지 않기 때문에
③ 봄비가 내려야 봄이 온 것을 알 수 있기 때문에
④ 사람들이 봄비와 교향악을 모두 좋아하기 때문에
⑤ 봄비가 여러 가지 식물이 자랄 수 있게 도와주기 때문에

**9*** ㉠의 표현 방법에 대한 설명으로 알맞은 것에 ○표 하시오.

(1) '~은/는 ~이다'로 빗대어 표현하는 방법 ( )

(2) '~같이', '~처럼', '~듯이'와 같은 말을 써서 두 대상을 직접 견주어 표현하는 방법 ( )

**10** 봄비가 지붕에 내리는 소리를 표현한 말을 찾아 쓰시오.

( )

**11** 『 』부분은 어떤 장면을 표현한 것입니까? ( )

① 냇가와 연못에 물이 불어난 장면
② 냇가와 연못에 봄바람이 부는 장면
③ 아이들이 냇가와 연못가에서 노는 장면
④ 동물들이 냇가와 연못에서 물을 마시는 장면
⑤ 냇가와 연못에 봄비가 경쾌하게 내리는 장면

**12** 다음 대상을 무엇에 빗대어 표현하였는지 알맞게 선으로 이으시오.

| (1) | 지붕 | • | • ① | 큰북 |
| (2) | 세숫대야 바닥 | • | • ② | 왈츠 |
| (3) | 봄비 내리는 모습 | • | • ③ | 작은북 |

**13** 봄비 내리는 장면을 상상하며 떠올린 대상을 한 가지 정하고, 그 대상을 어떤 악기에 비유할지 생각하여 빈칸에 알맞게 쓰시오.

서술형

| 대상 | (1) |
|---|---|
| 비유하는 표현 | (2) |
| 비유한 까닭 | (3) |

**14~17**

### 풀잎과 바람

나는 풀잎이 좋아, 풀잎 같은 친구 좋아
바람하고 엉켰다가 풀 줄 아는 풀잎처럼
헤질 때 또 만나자고 손 흔드는 친구 좋아.

나는 바람이 좋아, 바람 같은 친구 좋아
풀잎하고 헤졌다가 되찾아 온 바람처럼
만나면 얼싸안는 바람, 바람 같은 친구 좋아.

**14** 이 시를 읽고 떠오르는 장면으로 알맞지 <u>않은</u> 것은 무엇입니까? (　　　)

① 친구하고 헤어졌다가 다시 만나는 장면
② 친구하고 얼마 전에 싸워서 화해한 장면
③ 친구가 갑자기 사라져서 찾아 헤매는 장면
④ 친구와 오랜만에 만나 기쁘게 얼싸안는 장면
⑤ 친구와 헤어질 때 다시 만나자고 약속하는 장면

**15** 이 시에서 친구와 바람의 공통점은 무엇입니까? (　　　)

① 차갑다.
② 흔들린다.
③ 다시 만난다.
④ 한 번만 찾아온다.
⑤ 자주 만날 수 있다.

**16** 이 시에서 운율이 잘 느껴지는 부분을 한 곳 찾아 쓰시오.

(　　　　　　　　　)

**17** 다음과 같이 비유하는 표현을 바꾸어 썼을 때 표현하려고 하는 친구의 의미로 가장 알맞은 것은 무엇입니까? (　　　)

> 가족 같은 친구 좋아
> 곁에서 슬픔과 기쁨을 같이 나누어서 좋은 가족처럼

① 편함
② 설렘
③ 편리함
④ 소박함
⑤ 활기참

**18** 서술형 봄이 되면 새롭게 만날 수 있는 대상을 하나 정해 어떤 생각이나 마음을 표현하고 싶은지 쓰시오.

_____

_____

**19** 시 낭송을 잘하는 방법으로 알맞지 <u>않은</u> 것은 무엇입니까? (　　　)

① 가장 자신 있는 말투로 읽는다.
② 시의 분위기와 느낌을 살려서 읽는다.
③ 부끄러워하지 않고 자신 있게 읽는다.
④ 노래하듯이 부드럽고 자연스럽게 읽는다.
⑤ 시에서 떠오르는 장면을 상상하면서 읽는다.

**20** 시화에서 시와 그림이 잘 어울리는지 평가하기 위한 기준으로 알맞은 것의 기호를 쓰시오.

> ㉮ 시와 그림의 배치는 적절한가?
> ㉯ 시의 내용과 관련 없는 그림도 그렸는가?
> ㉰ 자신의 성격에 어울리게 그림을 그렸는가?

(　　　　　　　　　)

점수

**1**

### 뻥튀기

"뻥이요. 뻥!"

봄날 꽃잎이 흩날리는 것처럼 아름답게 보였습니다.
아니야, 아니야, 나비가 날아갑니다.
아니야, 아니야, 함박눈이 내리는 거야.

맞아요, 맞아요, 폭죽입니다.

하얀 연기 고소하고요.

가을날 메밀꽃 냄새가 납니다.
아니야, 아니야, 새우 냄새가 납니다.
아니야, 아니야, 멍멍이 냄새가 납니다.

맞아요, 맞아요, 옥수수 냄새입니다.

**1단계**
**낱말 쓰기**
이 글에서 뻥튀기가 사방으로 날리는 모양을 비유한 표현을 모두 찾아 쓰시오. [4점]

(                                        )

**2단계**
**문장 쓰기**
이 글에서 '뻥튀기'를 다른 사물에 비유하여 표현한 까닭은 무엇인지 쓰시오. [5점]

_____

_____

**3단계**
**생각 쓰기**
'뻥튀기'를 다른 사물에 비유하여 표현해 보고, 그렇게 표현한 까닭도 쓰시오. [6점]

| 비유하는 표현 | (1) |
|---|---|
| 비유한 까닭 | (2) |

**2~3**

### 풀잎과 바람

나는 풀잎이 좋아, 풀잎 같은 친구 좋아
바람하고 엉켰다가 풀 줄 아는 풀잎처럼
헤질 때 또 만나자고 손 흔드는 친구 좋아.

나는 바람이 좋아, 바람 같은 친구 좋아
풀잎하고 헤졌다가 되찾아 온 바람처럼
만나면 얼싸안는 바람, 바람 같은 친구 좋아.

**2** 다음 친구들처럼 이 시를 읽고 생각한 친구의 의미를 쓰시오. [4점]

친구는 소중합니다.

친구를 만나면 늘 설렙니다.

_____

_____

**3** 〈문제 **2**번〉에서 답한 친구의 의미를 비유하는 표현을 사용해 나타내 보고, 그렇게 비유한 까닭도 쓰시오. [8점]

| 비유하는 표현 | (1) _____ 같은 친구 좋아 |
|---|---|
| | (2) _____ _____처럼 |
| 비유한 까닭 | (3) |

# **1** 비유하는 표현

| 학습 주제 | 비유하는 표현을 살려 시 쓰기 | 배점 | 25점 |
|---|---|---|---|
| 학습 목표 | 비유하는 표현을 살려 시를 쓸 수 있다. | | |

**1** 봄이 되면 새롭게 만날 수 있는 것을 떠올려 빈칸에 알맞게 쓰시오. [10점]

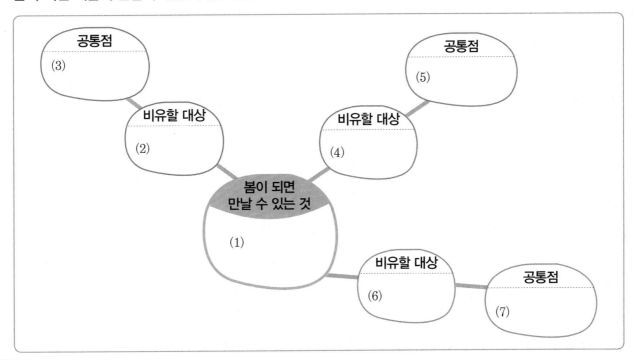

공통점
(3)

비유할 대상
(2)

봄이 되면
만날 수 있는 것
(1)

공통점
(5)

비유할 대상
(4)

비유할 대상
(6)

공통점
(7)

**2** 〈문제 **1**번〉에서 정한 대상의 특징을 담아 비유하는 표현을 살려 시를 쓰시오. [15점]

# 이야기를 간추려요

## 1 이야기 속 사건의 흐름 살펴보기

① 이야기 속 사건의 흐름을 생각하며 글을 읽어 봅니다.

② 글에서 있었던 일을 생각하며 질문을 만들어 서로 묻고 답해 봅니다.

③ 글을 다시 읽고 이야기 속 사건의 흐름을 정리해 봅니다.

④ 인물의 말과 행동을 보고 난 뒤에 든 자신의 생각이나 느낌을 이야기해 봅니다.

예 「황금 사과」에서 일어난 일 순서대로 정리하기

> 두 동네 가운데에 있는 사과나무에 황금 사과가 열렸다. → 두 동네 사람들은 황금 사과를 서로 가지겠다고 땅바닥에 금을 긋고 담을 높게 쌓았는데, 담을 세운 까닭을 점점 잊고 미워하는 마음만 남았다. → 어느 날, 한 꼬마 아이가 엄마께 담 너머에 누가 사느냐고 묻자 엄마는 괴물이 사니 조심하라고 했다. → 한 꼬마 아이가 공을 주우려고 담 쪽으로 갔다가 담에 있는 문을 열자, 그곳에 아이들이 즐겁게 놀고 있었다.

## ★★ 2 이야기의 구조

| 발단 | 이야기의 사건이 시작되는 부분 |
|---|---|
| 전개 | 사건이 본격적으로 발생하고 갈등이 일어나는 부분 |
| 절정 | 사건 속의 갈등이 커지면서 긴장감이 가장 높아지는 부분 |
| 결말 | 사건이 해결되는 부분 |

## ★★ 3 이야기를 요약하는 방법

① 이야기 구조를 생각하며 각 부분에서 중요한 사건을 찾습니다. → 중요한 사건 찾기

② 이야기 흐름에서 중요하지 않은 내용은 삭제하거나 간단히 씁니다. → 중요하지 않은 내용 삭제하기

③ 중요한 사건이 일어난 원인과 그에 따른 결과를 찾습니다. → 사건의 원인 찾기

④ 여러 사건이 관련 있을 때에는 관련 있는 사건을 하나로 묶습니다. → 관련 있는 사건을 하나로 묶기

예 「저승에 있는 곳간」의 사건의 중심 내용 간추리기

| 발단 | 저승에 간 원님이 염라대왕에게 이승에서 좀 더 살게 해 달라고 간청하자 염라대왕은 원님을 저승사자에게 돌려보냈고, 저승사자는 원님에게 수고비를 내놓으라고 함. |
|---|---|
| 전개 | 저승사자는 원님에게 덕진이라는 아가씨의 곳간에서 쌀을 꾸어 계산하게 하고 원님을 이승으로 보냄. |
| 절정 | 원님이 이승으로 돌아와 덕진을 만나고 덕진의 말과 행동에 크게 감명받아 쌀 삼백 석을 갚음. |
| 결말 | 덕진이 원님에게 받은 쌀로 마을 앞을 가로지르는 강가에 다리를 놓음. |

---

### 개념 확인하기
정답과 풀이 5쪽

**1** 다음을 이야기의 구조에 맞게 차례대로 쓰시오.

> 결말   전개   발단   절정

(            )

**2** 이야기의 구조 중 다음에 해당하는 부분을 무엇이라고 하는지 쓰시오.

> 사건이 본격적으로 발생하고 갈등이 일어나는 부분

(            )

**3** 이야기를 요약하는 방법으로 알맞지 않은 것에 ×표 하시오.

(1) 관련 있는 사건은 모두 삭제한다. (     )

(2) 중요하지 않은 내용은 간단히 쓴다. (     )

(3) 각 부분에서 중요한 사건을 찾는다. (     )

**4** 다음 빈칸에 알맞은 말을 쓰시오.

> 이야기를 요약하기 위해서는 중요한 사건이 일어난 원인과 (       )을/를 찾아야 한다.

# 황금 사과

• 송희진

• 글의 종류: 이야기
• 글의 특징: 두 동네 가운데에 있는 사과나무에서 황금 사과가 열려 벌어진 일을 쓴 이야기로, 대화와 소통의 중요성을 깨닫게 해 줍니다.

미리 보기

| | | | |
|---|---|---|---|
| 두 동네 가운데에 있는 사과나무에 황금 사과가 열렸습니다. | 두 동네 사람들은 서로 황금 사과를 가지기 위해 금을 긋고 담을 쌓았는데, 어느 때부터인가 미워하는 마음만 남았습니다. | 한 꼬마 아이가 엄마께 담 너머에 누가 사느냐고 묻자 엄마는 괴물이 사니 담 옆으로 가지 말라고 하였습니다. | 한 꼬마 아이가 담에 있는 문을 열자, 그곳에는 아이들이 즐겁게 놀고 있었습니다. |

**1** 오래전 일이야.
<일이 일어난 때>

어느 작은 도시 한가운데에 예쁜 ㉠사과나무가 있었어.

나무는 두 동네를 정확하게 반으로 가르는 곳에 있었지.

하지만 아무도 그 나무를 눈여겨보지 않았어.

그 나무에 황금 사과가 열린다는 걸 누군가 알아채기 전까지는 말이야.

"얘기 들었어? 사과나무에 황금 사과가 열린대!"

"황금 사과? 말도 안 돼!"

"가 보면 알 거 아냐. 우리 눈으로 직접 확인하자고!"

㉡그 소식은 아랫동네부터 윗동네까지 쫙 퍼져 나갔지.

사람들은 황금 사과를 따려고 마법의 나무 주위로 벌 떼처럼 우르르 몰려들었어.

"이 사과들은 우리 거예요!"

"천만에! 이건 우리 것입니다!"

"이 사과를 처음 본 건 우리라고요."

두 동네 사이에는 툭하면 싸움이 벌어졌어.

다들 황금 사과를 갖겠다고 아우성이었지.

할 수 없이 사람들은 모여서 의논을 했어.

"이 나무는 우리 두 동네의 한가운데에 있습니다. 그러니 잘 나누기 위해 땅바닥에 금을 그읍시다. 금 오른쪽에 열리는 사과는 윗동네, 금 왼쪽에 열리는 사과는 아랫동네에서 갖도록 말입니다."

그렇게 해서 땅바닥에 금이 생겼지.

**중심 내용 1** 오래전, 두 동네 가운데에 있는 사과나무에 황금 사과가 열리자, 두 동네 사람들은 서로 황금 사과를 갖기 위해 땅바닥에 금을 그었다.

눈여겨보지 주의 깊게 잘 살펴보지. 예 방금 전에 일어난 일을 눈여겨보지 않아서 잘 모르겠습니다.
알아채기 낌새를 미리 알기.

천만에 뜻밖의 일이나 말에 대하여 그 부당함을 이르거나 또는 겸손하게 사양할 때 쓰는 말.
아우성 떠들썩하게 기세를 올려 지르는 소리.

**1** ㉠에 대한 설명으로 알맞지 <u>않은</u> 것은 무엇입니까?
( )

① 황금 사과가 열린다.
② 작은 도시 한가운데에 있다.
③ 두 동네를 반으로 가르는 곳에 있다.
④ 처음에는 아무도 눈여겨보지 않았다.
⑤ 두 동네 사람들이 번갈아가며 가꾼다.

교과서 문제
**3** 윗동네와 아랫동네 사람들은 왜 싸웠습니까?
( )

① 황금 사과를 사고 싶어서
② 예전부터 사이가 좋지 않아서
③ 서로 맛있는 사과를 먹기 위해서
④ 황금 사과를 서로 가지고 싶어서
⑤ 사과나무를 자기 동네로 옮기기 위해서

**2** ㉡은 어떤 소식을 가리키는 말인지 쓰시오.
( )

**4** 두 동네 사람들이 모여 의논을 한 결과 생긴 일은 무엇인지 빈칸에 알맞은 말을 쓰시오.
• 땅바닥에 ( )이/가 생겼다.

**2** 잠깐 동안은 별일 없이 평화롭게 지냈어.

하지만 사람들은 곧 약속을 어겼어.

금 오른쪽에 열리는 사과는 윗동네, 금 왼쪽에 열리는 사과는 아랫동네에서 갖는 것

사과를 따려고 금을 넘어가기 시작한 거야.

두 동네 사이에는 다시 싸움이 일어났지.

결국 금보다 더 확실하고 분명한 방법이 있어야 했어.

이런저런 생각 끝에 사람들은 드나들 수 있는 작은 문이 달린 나무 울타리를 세웠지.

그렇지만 나무 울타리도 사람들의 욕심을 막을 수가 없었어.

㉠사람들은 이제 담을 쌓기 시작했어.

두 동네 사람들이 점점 소통하지 않음.

사방이 꽉 막힌 높고 단단한 담을.

그런 다음 양쪽에 보초를 세우고 담을 넘는 사람이 있나 잘 감시했지.

윗동네도 아랫동네도 서로를 [ ㉡ ]하는 마음이 차츰차츰 쌓여 갔어.

그러다 나중에는 서로 잡아먹을 듯이 미워하게 되었지.

세월이 흘러갈수록 담은 점점 더 높아졌지.

그러다 어느 때부터인가 아무도 그 담에 관심을 갖지 않게 되었어.

언제 담을 세웠는지, 왜 세웠는지조차 사람들은 까맣게 잊고 만 거야.

담을 넘는 사람들이 없어지자 보초도 사라졌고, 황금 사과까지 사라졌어.

오직 남은 것은 가슴 깊숙이 뿌리박힌 서로 미워하는 마음뿐이었지.

중심 내용 **2** 두 동네 사람들은 황금 사과에 대한 욕심이 커져 나무 울타리를 세우고 담을 쌓았는데, 담을 세운 까닭을 점점 잊고 미워하는 마음만 남았다.

**3** 어느 날, 한 꼬마 아이가 물었어.

"엄마, 저 담 너머에는 누가 살아요?"

"쉿! 아가야, 절대로 저 담 옆에 가면 안 돼. 저 담 너머에는 심술궂고 못된, 아주 나쁜 사람들이 산단다."

그 아이가 어른이 되어 다시 딸을 낳았지.

어느 날, 어린 딸이 물었어.

"엄마, 저 담 너머에는 누가 살아요?"

"쉿! 아가야, 절대로 저 담 옆에 가면 안 돼. 저 담 너머에는 무시무시한 괴물들이 산단다."

---

감시(監 볼 감, 視 볼 시) 단속하기 위하여 주의 깊게 살핌. 예 적군의 움직임을 감시했습니다.

뿌리박힌 어떤 것이 토대가 되어 깊이 자리가 잡힌. 예 할머니의 뿌리박힌 생각을 바꿀 수가 없었습니다.

---

**5** 두 동네 사람들 사이에 있었던 일이 <u>아닌</u> 것은 무엇입니까? ( )

① 나무 울타리를 세웠다.

② 사람들이 금을 넘어갔다.

③ 높고 단단한 담을 쌓았다.

④ 서로 소통하며 오랫동안 평화롭게 지냈다.

⑤ 보초를 세우고 담을 넘는 사람이 있나 감시했다.

교과서 문제

**6** ㉠에 대한 자신의 생각이나 느낌을 알맞게 말한 친구의 이름을 쓰시오.

> 지환: 꿈을 가지고 미리 준비하는 사람들의 모습이 아름답게 느껴져.
> 연수: 서로 소통해 황금 사과를 나누어 가졌다면 두 동네가 사이좋게 살았을 것 같아.

( )

**7** ㉡에 들어갈, 두 동네 사람들의 마음을 나타내는 말은 무엇입니까? ( )

① 위로 ② 의심 ③ 희생

④ 이해 ⑤ 신뢰

**8** 두 동네 사람들이 담에 관심을 갖지 않게 된 뒤, 일어난 일은 무엇입니까? ( )

① 담이 사라졌다.

② 황금 사과가 더 많이 열렸다.

③ 담을 넘는 사람들이 늘어났다.

④ 두 동네 사람들의 사이가 좋아졌다.

⑤ 두 동네 사람들 사이에 서로 미워하는 마음만 남았다.

2

시간이 지날수록 윗동네는 점점 바뀌어 갔어.

어느새 커다란 현대식 건물들로 가득 찬 엄청나게 큰 동네가 되었지.

하지만 아랫동네는 높은 담 때문에 멀리까지 그늘이 졌어.

그래서 낮에도 햇볕이 들지 않고, 동네는 늘 어두웠어.

그늘진 곳에 살던 사람들은 따뜻하고 밝은 곳을 찾아 멀리 떠났지.

**중심 내용 3** 엄마는 꼬마 아이에게 담 너머에는 무시무시한 괴물들이 사니 조심하라고 하였다.

**4** 그러던 어느 날, 한 꼬마 아이가 공놀이를 하다가 공을 놓치고 말았어.

공은 떼굴떼굴 담 쪽으로 굴러갔지.

아이는 아무도 살지 않는 <u>으스스한</u> 그곳으로 걸어갔어.

그런데 담 쪽으로 다가가 보니 작은 문이 <u>언뜻</u> 보이는 거야.

몸이 오싹거렸지만 그 아이는 계속 다가갔어.

**언뜻** 지나는 결에 잠깐 나타나는 모양. 예 웃고 있는 아기의 모습이 <u>언뜻</u> 내 눈을 스쳤습니다.

열쇠 구멍에서 희미한 빛이 새어 나왔거든.

아이는 무서운 마음을 꾹 누르고 구멍 속을 들여다보았어.

"와, 세상에 이럴 수가!"

아이의 눈에 보인 건 <u>공을 가지고 즐겁게 노는 아이</u>들이었어.
아이가 열쇠 구멍을 통해 본 것

엄마가 말한 끔찍한 괴물들이 아니라 자기하고 비슷한 또래 친구들 말이야.

끼이이이익—

아이가 문을 밀자 쓱 열렸어.

문은 낡았고, 자물쇠는 망가져 있었거든.

환한 햇살 때문에 아이는 눈이 부셨지.

아이는 친구들에게 다가가 말했어.

"얘들아, 안녕! 내 이름은 <u>사과</u>야. 너희 이름은 뭐야?"
화해의 의미를 담고 있음.

**중심 내용 4** 한 꼬마 아이가 담에 있는 문을 열자, 그곳에는 아이들이 즐겁게 놀고 있었다.

**오싹거렸지만** 무섭거나 추워서 자꾸 몸이 움츠러들거나 소름이 끼쳤지만.

---

교과서 문제
**9** 글 **4**를 읽고 친구들 생각을 알고 싶은 질문을 만든 것의 기호를 쓰시오.

> ㉮ 아이 이름은 왜 '사과'일까요?
> ㉯ 아이가 열쇠 구멍으로 본 것은 무엇일까요?
> ㉰ 담 쪽으로 다가가는 아이는 어떤 마음이었을까요?

( )

**10*** 이 글 전체에서 일어난 일의 차례대로 번호를 쓰시오.

(1) 사과나무에 황금 사과가 열렸다. ( )
(2) 두 동네 사람들이 땅바닥에 금을 긋고 담을 높게 쌓았다. ( )
(3) 꼬마 아이가 담에 있는 문을 열자, 아이들이 즐겁게 놀고 있었다. ( )
(4) 엄마가 꼬마 아이에게 담 너머에 괴물이 사니 조심하라고 했다. ( )

**11** 이 글의 주제로 알맞은 것을 두 가지 고르시오.
( )

① 욕심을 부리지 말자.
② 서로 대화하고 소통하자.
③ 착한 사람은 복을 받는다.
④ 작은 생명도 소중히 여기자.
⑤ 꿈을 갖고 열심히 노력하자.

**12** 두 동네 사람들의 관계는 앞으로 어떻게 되겠는지 쓰시오.
서술형

_____

_____

# 저승에 있는 곳간

- **글의 종류:** 이야기
- **글의 특징:** 원님이 저승에서 덕진에게 쌀 삼백 석을 꾸어 이승으로 나온 뒤 남에게 덕을 베푸는 것에 대해 깨우치게 된 이야기입니다.

**미리 보기**

원님의 간청으로 염라대왕이 원님을 저승사자에게 돌려보냈고, 저승사자는 원님에게 수고비를 내놓으라고 하였습니다. ▶ 저승사자가 원님에게 덕진의 곳간에서 쌀을 꾸어 계산하게 하고 원님을 이승으로 보냈습니다. ▶ 이승으로 돌아온 원님은 덕진을 만났고 덕진의 말과 행동에 감명받아 덕진에게 쌀 삼백 석을 갚았습니다. ▶ 덕진은 원님이 갚은 쌀 삼백 석으로 마을 앞을 가로지르는 강가에 다리를 놓았습니다.

**1** 옛날, 전라남도 영암 땅에서 있던 일이다.

영암 원님이 죽어서 염라대왕 앞으로 끌려갔다.

"염라대왕님, 소인은 아직 할 일이 많습니다. 그런
윗사람에 대하여 자기를 낮추어 이르는 말
데 벌써 저를 데려오셨습니까? 이승에서 좀 더 살게
해 주십시오."

원님은 머리를 조아리며 간청했다. 그러자 염라대왕
은 수명을 적어 놓은 책을 들여다보고는 아직 원님이
나이가 젊어 딱하다는 생각이 들었다.

"좋다, 내 마음이 변하기 전에 얼른 사라져라."

염라대왕은 원님을 저승사자에게 돌려보냈다.

"이승으로 나가려는데 어떻게 가면 될까요?"

"여기까지 데려왔는데 그냥 보내 줄 수는 없다. 너
때문에 헛걸음을 했으니 수고비를 내놓아라."

"어떡하지요? 지금 저는 빈털터리인데……."

"그러면 저승에 있는 네 곳간에서라도 내놓아라."
사람이 죽은 뒤에 그 혼이 가서 산다고 하는 세상

사람은 누구나 저승에 곳간이 하나씩 있다. 그렇지
만 이승에서 부자라고 해서 그 곳간이 꽉 차 있지는
않다. 마찬가지로, 가난하게 사는 사람
이라고 해서 저승 곳간까지 텅 빈
것도 아니었다. 그 곳간은 이 세
상에서 좋은 일을 한 만큼
재물이 쌓
이게끔
되어 있었다.

**중심 내용 1** 저승에 간 원님이 이승에서 더 살게 해 달라고 간청하자 염라대왕은 원님을 저승사자에게 돌려보냈고, 저승사자는 수고비를 내놓으라고 하였다.

**이승** 지금 살고 있는 세상.
**조아리며** 상대편에게 존경의 뜻을 보이거나 애원하느라고 이마가 바닥에 닿을 정도로 머리를 자꾸 숙이며.

**간청**(懇 간절할 간, 請 청할 청) 간절히 청함. 또는 그런 청. **예** 친구에게 도서관에 같이 가 달라고 간청하였습니다.
**수명**(壽 목숨 수, 命 목숨 명) 생물이 살아 있는 정해진 햇수.

---

**1** * 글 **1**에 대한 설명으로 알맞은 것은 무엇입니까?
( )

① 사건이 해결되는 부분이다.
② 긴장감이 가장 높아지는 부분이다.
③ 이야기의 사건이 시작되는 부분이다.
④ 사건이 본격적으로 발생하는 부분이다.
⑤ 인물 사이에 갈등이 일어나는 부분이다.

**교과서 문제**
**2** 사건이 시작된 곳은 어디인지 쓰시오.
( )

**3** 원님이 염라대왕에게 간청한 것은 무엇인지 쓰시오.
( )

**4** 저승 곳간의 재물이 사람마다 다른 까닭은 무엇입니까?
( )

① 저승에 곳간이 없는 사람도 있어서
② 사람마다 내야 하는 수고비가 달라서
③ 이승에서 좋은 일을 한 만큼 재물이 쌓여서
④ 특별한 재물을 갖고 있는 사람이 많지 않아서
⑤ 사람마다 이승에서 갖고 있는 재물의 양이 달라서

**2** 원님은 그렇게 하기로 하고 자기 곳간으로 갔다. 그런데 그 곳간에는 특별한 재물이랄 게 없었다. 고작 볏짚 한 단만이 있을 뿐이었다.

원님의 저승 곳간에 있는 재물

"이 사람, 남에게 덕을 베푼 일이라곤 없는 모양이네!"

옆에 서 있던 저승사자가 코웃음을 치며 말했다.

콧소리를 내거나 코끝으로 가볍게 웃는 비난조의 웃음

"어찌해 제 곳간에는 볏짚 한 단밖에 없습니까?"

"너는 이승에 있을 때 남에게 덕을 베푼 일이 없지 않느냐?"

원님은 순간, 쥐구멍에라도 숨고 싶을 만큼 부끄러웠다. 생각해 보니, 자신은 남에게 좋은 일 한 번 변변히 한 적이 없었다.

제대로 갖추어져 충분하게

단 한 번, 몹시 가난한 아낙이 아기를 낳을 때 짚이 없어서 쩔쩔매는 것을 우연히 보고 볏짚 한 단을 구해다 준 게 전부였다. 저승 곳간에 볏짚이나마 있는 것은 그 때문이었다.

"남에게 덕을 베풀려면 어떻게 해야 합니까?"

"배고픈 사람에게는 밥을 주고, 옷이 없는 사람에게는 옷을 주고, 돈이 없는 사람에게는 돈을 주는 것이 다 남에게 덕을 베푸는 일이니라."

원님은 자기 곳간이 비어 이승으로 갈 수 없다고 생각하니 걱정되었다.

'어쩐다……?'

그때였다. 저승사자가 핀잔하듯 말했다.

"네 고을에 사는 주막집 딸은 곳간을 그득하게 채웠 덕진

는데, 고을 원님이라는 사람이 이게 무슨 꼴이냐?"

"아니, 그게 무슨 얘깁니까?"

"덕진이라는 아가씨의 곳간에는 쌀이 수백 석이나 있으니, 일단 거기서 쌀을 꾸어 계산하고 이승에 나가서 갚도록 해라."

㉠저승사자가 원님에게 제안했다. 결국 원님은 덕진의 곳간에서 쌀 삼백 석을 꾸어 셈을 치를 수 있었다.

원님은 저승사자를 쫓아 얼마쯤 갔다. 드디어 이승 문 앞에 이르렀다.

저승사자는 그 문을 열며

"이 컴컴한 데로만 들어가면 이승으로 나갈 수 있다. 속히 나가거라."

하면서 원님을 문밖으로 밀쳤다.

중심 내용 **2** 저승사자는 원님에게 덕진이라는 아가씨의 곳간에서 쌀을 꾸어 계산하게 하고 원님을 이승으로 보냈다.

---

덕(德 덕 덕) 공정하고 남을 넓게 이해하고 받아들이는 마음이나 행동.
㉮ 할아버지는 평생 덕을 베풀며 사셨습니다.

아낙 남의 집 여자 어른을 낮추어 이르는 말.
핀잔하듯 맞대어 놓고 언짢게 꾸짖거나 비꼬아 꾸짖듯.

---

**5** 저승에서 자기 곳간을 확인한 원님은 어떤 마음이 들었습니까? ( )

① 초조한 마음  ② 억울한 마음
③ 안쓰러운 마음  ④ 부끄러운 마음
⑤ 화가 나는 마음

**6** ㉠에서 저승사자가 원님에게 한 제안은 무엇입니까? ( )

① 남에게 덕을 베풀며 살라는 것
② 이승에서 곡식을 가져오라는 것
③ 이승에 간 뒤 수고비를 내라는 것
④ 수고비로 볏짚 한 단만 내라는 것
⑤ 덕진의 곳간에서 쌀을 꾸어 계산하고 이승에 나가서 갚으라는 것

**7**★ 글 **2**에 나타난 사건의 중심 내용을 요약한 방법으로 알맞은 것에 ○표 하시오.

> • 원님의 곳간에는 고작 볏짚 한 단만이 있었다.
> • 원님은 자기 곳간이 비어 이승으로 갈 수 없다고 생각하니 걱정되었다.
> • 저승사자는 원님에게 덕진이라는 아가씨의 곳간에서 쌀을 꾸어 계산하고 이승에 나가서 갚으라고 제안했다.

▼

| 사건의 중심 내용 간추리기 | 저승사자는 원님에게 덕진이라는 아가씨의 곳간에서 쌀을 꾸어 계산하게 하고 원님을 이승으로 보냈다. |
| --- | --- |

(1) 사건의 원인을 찾았다. ( )
(2) 관련 있는 사건을 하나로 묶었다. ( )

**2.** 이야기를 간추려요  **23**

**3** 원님이 깜짝 놀라 정신을 차려 보니, 그곳은 바로 이승이었고, 자신도 이승 사람이 되어 있었다. 원님은 즉시 나졸들을 시켜 덕진이라는 아가씨를 찾으라고 명령했다. 얼마 뒤, 덕진이라는 아가씨가 어머니와 주막을 차려 살고 있으며, 인정이 많아 손님을 후하게 대접한다는 것을 알았다.

사실을 확인하고 싶은 원님은 허름한 선비 모습으로 변장하고, 밤에 덕진의 주막을 찾아갔다.

덕진은 따뜻하게 원님을 맞이했다. 술을 달라는 원님
덕진이 원님에게 한 일 ① – 원님을 따뜻하게 맞이함.
에게 덕진은 술상을 정성스럽게 차려서 가지고 왔다.

「"한 잔에 두 푼씩 여섯 푼만 주십시오."

"술값이 무척 싼 편이로군. 무슨 까닭이라도 있소?"

"다른 집에서 두 푼을 받으면 저희 집은 한 푼을 받고, 다른 집에서 서 푼을 받으면 저희 집에서는 두 푼을 받아 왔습니다."」『♪ 덕진이 원님에게 한 일 ② – 술값을 싸게 받음.

원님은 며칠 뒤에 다시 덕진의 주막을 찾았다. 원님은 머뭇거리며 말했다.

"저, 돈 열 냥만 빌려줄 수 있소?"

"그렇게 하지요."

덕진은 선뜻 열 냥을 내주었다.
덕진이 원님에게 한 일 ③ – 열 냥을 빌려줌.
"아니, 모르는 사람에게 돈을 빌려주었다가 안 갚으면 어쩌려고 그러시오?"

"걱정 마시고 형편이 어렵거든 가져다 쓰시고, 돈이 생기거든 갚으십시오."

덕진은 웃으며 대답했다. 원님은 열 냥을 받아 가지고 나오면서 생각했다.

'이런 것이 만인에게 적선하는 것이로구나. 이런 식
모든 사람
으로 덕진은 수많은 사람을 도와주고, 돈 수천 냥을 다른 사람들에게 나누어 주었을 것이다. 그러니 덕진의 저승 곳간에는 곡식이 가득 차 있을 수밖에……'

나졸(邏 순라 나, 卒 마칠 졸) 조선 시내에, 포노청에 속하여 관할 구역의 순찰과 죄인을 잡아들이는 일을 하던 하급 병졸.
후하게 마음 씀씀이나 태도가 너그럽게.

허름한 좀 헌 듯한.
적선(積 쌓을 적, 善 착할 선) 착한 일을 많이 함. 예 어려운 사람을 위해 적선을 많이 베푼 사람에 대한 글을 읽었습니다.

**8** 사건 속의 갈등이 커지면서 긴장감이 가장 높아지는 글 **3**은 이야기의 구조 중, 무엇에 해당합니까? ( )

① 발단　　② 해결
③ 전개　　④ 절정
⑤ 결말

교과서 문제
**9** 글 **3**에서 긴장감이 가장 높아지는 부분으로 알맞은 것은 무엇입니까? ( )

① 나졸들이 덕진을 찾는 부분
② 원님이 이승으로 돌아온 부분
③ 덕진이 원님에게 웃으면서 대답하는 부분
④ 원님이 덕진에게 머뭇거리며 말하는 부분
⑤ 원님이 허름한 선비 모습으로 변장해 덕진을 만나는 부분

**10** 덕진에 대한 설명으로 알맞지 <u>않은</u> 것은 무엇입니까? ( )

① 인정이 많다.
② 형편이 어렵다.
③ 어머니와 함께 산다.
④ 주막을 차려 살고 있다.
⑤ 남에게 덕을 베풀며 산다.

**11** 글 **3**을 읽고, 다음 조건 에 맞는 질문을 만들어 쓰시오.
서술형

조건
'만약 자신이라면 …… 했을까요?'와 같이 사실에 대한 가치 판단을 묻는다.

_____

_____

원님은 크게 감명받아 며칠 뒤에 달구지에 쌀 삼백 석을 싣고 덕진의 주막을 찾아갔다.

주모가 호들갑스럽게 원님을 맞이했다.

"주모 딸을 좀 불러 주게."

"아니, 소인의 딸은 무슨 일로⋯⋯."

"해코지하려는 게 아니니 염려 말게."

잠시 뒤, 덕진은 마당에 나와 원님 앞에 다소곳이 섰다.

"너에게 빚진 쌀 삼백 석을 갚으러 왔느니라."

그러자 덕진은 어리둥절해하며 원님을 쳐다보았다.

"하여튼 받아 두어라. 먼 훗날, 너도 알게 될 것이니라."

덕진이 받을 수 없다고 하자 원님은 강제로 쌀을 떠맡겼다.

**중심 내용 3** 이승으로 돌아온 원님이 덕진을 만났고, 원님은 덕진의 말과 행동에 크게 감명받아 쌀 삼백 석을 갚았다.

**4** 원님이 가고 난 다음에도 덕진은 영문을 몰라 그 자리에 멍하게 서 있었다. 덕진은 어머니와 함께 쌀을

해코지 남을 해치고자 하는 짓.
영문 일이 돌아가는 형편이나 그 까닭.

어떻게 할 것인지 의논했다.

"나도 영문을 모르겠구나. 무슨 까닭이 있는 것 같긴 한데⋯⋯. 네가 주인이니 네 뜻대로 해라."

그날 밤, 덕진은 이리저리 몸을 뒤척이며 고민하다가 결론을 내렸다.

'어차피 내 쌀이 아니니 ㉠좋은 일에 쓰도록 하자.'

그리하여 덕진은 쌀을 팔아서 마을 앞을 가로지르는 강가에 다리를 놓기로 했다. 마을 사람들 모두가 그곳에 다리가 없어서 불편을 겪던 참이었다. 이렇게 해서 돌다리를 놓자, 사람들은 그 다리를 '덕진 다리'라고 했다.
<u>덕진이 놓은 다리의 이름</u>

**중심 내용 4** 덕진은 원님이 갚은 쌀 삼백 석으로 마을 앞을 가로지르는 강가에 다리를 놓았다.

글 **4** 가 이야기의 구조 중 무엇에 해당하는지, 중심 내용은 무엇인지 묻거나 간추리는 문제가 자주 출제돼.

뒤척이며 물건이나 몸을 이리저리 뒤집으며. **예** 밤새도록 몸을 <u>뒤척이며</u> 낮에 있었던 일을 떠올렸습니다.

**12** 며칠 뒤, 원님이 덕진을 다시 찾아간 까닭은 무엇입니까? ( )

① 빚을 갚기 위해서
② 덕진을 돕고 싶어서
③ 덕진을 해코지하기 위해서
④ 자신도 만인에게 적선하고 싶어서
⑤ 다른 사람을 도와주는 방법을 물어보기 위해서

**13** 덕진이 생각한 ㉠은 무엇인지 빈칸에 알맞은 말을 쓰시오.

마을 앞을 가로지르는 강가에 ( )

**14** 글 **4** 의 중심 내용을 알맞게 요약한 것에 ○표 하시오.

(1) 덕진은 어머니와 쌀을 어떻게 할 것인지 의논했다. ( )
(2) 사람들은 덕진이 놓은 다리를 '덕진 다리'라고 불렀다. ( )
(3) 덕진이 원님에게 받은 쌀로 마을 앞을 가로지르는 강가에 다리를 놓았다. ( )

**15** 이 글 전체를 읽고 느낀 점을 알맞게 말한 친구의 이름을 쓰시오.

채원: 이 이야기를 읽고 돈의 중요성을 배울 수 있었어.
성준: 앞으로 원님도 아낌없이 나누며 살았을 것 같아.

( )

# 우주 호텔

• 유순희

• 글의 종류: 이야기
• 글의 특징: 땅만 보며 폐지를 줍는 '종이 할머니'가 메이가 그린 그림을 보고 생각과 생활이 변화하게 되는 이야기입니다.

**미리보기**

종이 할머니는 허리를 굽혀 땅만 보며 종이를 주웠습니다. → 종이 할머니는 자신의 빈 상자를 빼앗기지 않으려고 소리치며 눈에 혹이 난 할머니를 밀어 버렸습니다. → 종이 할머니는 메이가 그린 우주 그림을 보고 어릴 적 꿈을 떠올렸습니다. → 종이 할머니는 눈에 혹이 난 할머니와 친구처럼 지내고 자신이 사는 곳이 바로 우주 호텔이라고 생각했습니다.

**1** 할머니는 공터 구석진 곳에 꾸부정하게 앉아서 폐지를 묶고 있었어. 꽤 시간이 흘렀는데도 손놀림은 느려지지 않았지. 다 묶은 폐지 꾸러미를 손수레에 싣고, 할머니는 혹시 하나라도 빠질까 봐 다시 한번 노끈으로 단단히 묶었단다.

할머니는 손수레를 힘껏 끌었어. 뒤에서 보면 <u>수수깡처럼 마른 할머니</u>가 손수레에 밀려가는 것처럼 보였지. 할머니는 머리를 수그린 채 땅만 보며 걸었어. 할<sub>마른 할머니의 모습을 비유적으로 표현함.</sub>머니는 자신의 나이만큼 늙지 않은 건 눈뿐이라고 생각했어. 웬만한 것은 다 보였지. 껌 종이, 담배꽁초,<sub>웬만한 것은 다 보였기 때문에</sub> 빨대, 어딘가에 박혀 있다 떨어져 나온 녹슨 못…….

그리고 갈라진 시멘트 틈도 보였어.

㉠할머니는 이리저리 땅을 살폈어. 종이를 찾는 거야. 무게가 조금도 나가지 않을 것 같은 작은 종이라도, 할머니의 눈에는 무게가 있어 보였거든. 그래서 점점 더 등을 납작하게 구부리고 땅을 뚫어져라 살피게 되었어. 그럴수록 할머니는 하늘을 쳐다보는 일이 줄어들었지. 어느 날부터인가 하늘이 어떻게 생겼는지, 구름이 어떻게 흘러가는지도 까맣게 잊게 되었단다.

그런 할머니를 사람들은 '종이 할머니'라고 불렀어.

**중심 내용 1** 종이 할머니는 허리를 굽혀 땅만 보며 종이를 주웠다.

**손놀림** 손을 이리저리 움직이는 일. ⓔ 우리 엄마는 손놀림이 빠른 편입니다.

**수그린** 깊이 숙인. ⓔ 고개를 수그린 채 오래 있었더니 무척 힘이 들었습니다.

**16** 할머니에 대한 설명으로 알맞지 <u>않은</u> 것은 무엇입니까? ( )

① 폐지를 줍는다.
② 수수깡처럼 말랐다.
③ 손수레를 끌고 다닌다.
④ 등을 구부리고 다닌다.
⑤ 눈이 잘 보이지 않는다.

**17** 할머니가 ㉠과 같이 땅을 살핀 까닭은 무엇인지 쓰시오.

( )

교과서 문제
**18** 할머니가 '종이 할머니'라고 불린 까닭은 무엇입니까? ( )

① 종이를 아껴 쓰기 때문에
② 집에 종이가 많기 때문에
③ 땅만 살피며 종이를 줍기 때문에
④ 종이로 무엇이든지 잘 만들기 때문에
⑤ 종이에 그림을 그리는 것을 좋아하기 때문에

**19** 글 **1**의 중심 내용을 요약하여 쓰시오.

서술형
_____

_____

**2** 종이 할머니는 손수레를 끌고 채소 가게로 갔어. 채소 가게 주인은 아침마다 배달되는 채소들을 가게 안에 들이고, 빈 상자를 가게 앞에 쌓아 놓았어. 그 상자는 <sub>채소 가게 앞에 쌓아 놓은 빈 상자</sub> 종이 할머니의 거였어. 이 동네에는 폐지를 주워서 파는 노인이 여럿 있었는데, 노인마다 빈 상자를 거두는 가게가 따로 있었거든. 종이 할머니는 이 채소 가게에서 나오는 상자를 차지하기 위해 일부러 여기에서 반찬거리를 사곤 했어.

그런데 그 가게 앞에 칠이 벗겨진 낡은 유모차가 서 있었어. 그리고 작고 뚱뚱한 할머니가 가게 앞에 쌓인 빈 상자를 유모차에 싣고 있는 게 아니겠어! ㉠종이 할머니는 깜짝 놀랐어. 자기 상자를 처음 보는 노인이 가져가니 놀랄 수밖에. 종이 할머니는 잰걸음으로 다가가 작고 뚱뚱한 할머니의 뒤통수에 대고 소리쳤어.

---

**잰걸음** 보폭이 짧고 빠른 걸음. ㉠ 급했는지 서연이는 <u>잰걸음</u>으로 걸어갔습니다.
**흠칫** 몸을 움츠리며 갑작스럽게 놀라는 모양.

"이 상자는 내 것이여! 이 가게 주인이 나더러 가져가라고 내놓은 거여."

작고 뚱뚱한 할머니는 흠칫 놀라 뒤돌아보았어.

그런데 정작 놀란 건 종이 할머니였어. 작고 뚱뚱한 <sub>작고 뚱뚱한 할머니의 눈두덩에 난 혹 때문에</sub> 할머니의 한쪽 눈두덩에 불룩한 혹이 나 있었기 때문이야. 눈동자는 아예 보이지도 않았지. 게다가 다른 한쪽 눈에서 흘러나오는 눈빛은 **뿌유스레한** 안개 같았어.

"그런 뱁이 어디 있어!"
<sub>법</sub>

눈에 혹이 난 할머니가 벌그데데한 낯빛이 되어 쏘아붙였어. 그 소리는 마치 혹이 난 눈에서 나는 것 같았어. 섬뜩하고 소름이 끼쳤지. 하지만 ㉡종이 할머니는 빈 상자를 포기할 수 없었어. 한번 포기하면 다른 곳의 상자나 폐지도 흉측하게 생긴 이 노인에게 **빼앗**길지 모르니까.

---

**뿌유스레한** 선명하지 않고 약간 부연.
**벌그데데한** 산뜻하지 못하고 조금 천박하게 벌그스름한. ㉠ 짝이 감기가 걸렸는지 <u>벌그데데한</u> 얼굴로 학교에 왔습니다.

---

**20** 글 **2**는 이야기의 구조 중, 무엇에 해당하는지 ○표 하시오.

(1) 사건이 해결되는 '결말' 부분이야.　( 　 )

(2) 인물 간 갈등이 시작되는 '전개' 부분이야.
　　　　　　　　　　　　　　　　( 　 )

(3) 긴장감이 가장 높아지는 '절정' 부분이야.
　　　　　　　　　　　　　　　　( 　 )

**21** 종이 할머니가 채소 가게에 간 까닭은 무엇입니까?　　　　　　　　　　( 　 )

① 채소 가게 주인을 만나기 위해서
② 작고 뚱뚱한 할머니를 찾기 위해서
③ 폐지를 줍는 노인들을 만나기 위해서
④ 아침에 배달되는 채소를 사기 위해서
⑤ 채소 가게에서 나오는 상자를 가져가기 위해서

**22** 종이 할머니가 ㉠과 같이 놀란 까닭은 무엇입니까?　　　　　　　　　　( 　 )

① 작고 뚱뚱한 할머니가 크게 소리쳐서
② 채소 가게 앞에 빈 상자가 별로 없어서
③ 작고 뚱뚱한 할머니의 모습이 이상해서
④ 처음 보는 노인이 자기 상자를 가져가서
⑤ 작고 뚱뚱한 할머니의 유모차가 너무 낡아서

교과서 문제
**23** ㉡의 까닭은 무엇인지 쓰시오.

_____

_____

"내 거여! 이 동네에서 폐지 줍는 노인네들은 다 아는구먼."

하지만 눈에 혹이 난 할머니는 아무 대꾸도 없이 상자를 실은 유모차를 끌고 가려고 했어.

울뚝, 화가 치밀어 오른 종이 할머니는 눈에 혹이 난 할머니의 팔을 잡고는 힘껏 밀어 버렸어. 벌러덩, 눈에 혹이 난 할머니는 힘없이 넘어졌어. 그러고는 앞이 잘 안 보이는지 땅을 허둥허둥 짚어 대다가 유모차를 간신히 잡고 일어났어.

종이 할머니는 미안한 마음이 들기도 했지만 그보다는 ㉠마음이 놓였어. 인상도 험하고 자신보다 힘이 셀 것 같았는데, ㉡흐무러진 살구처럼 약하고 부서지기 쉽다는 걸 알게 되었으니까.

내친김에 종이 할머니는 낡은 유모차에 실린 상자를
<u>이왕 일이나 이야기 따위를 시작한 때에</u>
자신의 손수레로 옮겼어. 그러고는 단단히 울릉댔지.

**울뚝** 성미가 급하여 참지 못하고 말이나 행동이 우악스러운 모양.
**흐무러진** 잘 익어서 무르녹은.

"또 내 것을 가져갔다가는 큰코다칠 테니께 조심혀."

눈에 혹이 난 할머니는 힘없이 골목을 **빠져나갔단다.**

[중심 내용 2] 종이 할머니는 채소 가게에서 나오는 상자를 빼앗기지 않으려고 소리치며 눈에 혹이 난 할머니를 밀어 버렸다.

**3** 종이 할머니는 손수레를 끌고 고물상으로 향했어. 여전히 땅만 보면서 말이야. 그때 바닥에 실금처럼 갈라진 틈이 보였어. 문득 의사 선생님의 말이 떠올랐지.

'할머니, 허리를 자꾸 펴시려고 해야 해요. 운동도 하시고요. 계속 그렇게 허리를 구부리시면 점점 더 허리를 펼 수 없게 돼요.'

종이 할머니는 고개를 저었어.

㉢'허리를 펴고 똑바로 살면 뭐혀. 허리가 구부러질 대로 구부러지면 땅에 납작하게 붙어 버리겠지. 그럼 저 갈라진 틈으로 사라지면 그뿐 아니겠어?'

종이 할머니는 고개를 천천히 끄덕였어.

**울릉댔지** 제 힘을 믿고 남을 위협했지. 예 이번에도 제대로 하지 않으면 혼내 줄 거라고 울릉댔지.

**24** 눈에 혹이 난 할머니를 밀 때 종이 할머니의 감정은 어떠하였겠습니까? ( )

① 두려웠을 것 같다.
② 화가 났을 것 같다.
③ 안타까웠을 것 같다.
④ 힘이 들었을 것 같다.
⑤ 조마조마했을 것 같다.

**25** 종이 할머니가 ㉠과 같은 마음이 든 까닭으로 알맞은 것에 ○표 하시오.

(1) 눈에 혹이 난 할머니가 아무 대꾸도 없이 사라져서 ( )
(2) 눈에 혹이 난 할머니가 마음씨가 착하다는 것을 알게 되어서 ( )
(3) 눈에 혹이 난 할머니가 자신보다 힘이 약하다는 것을 알게 되어서 ( )

**26** ㉡은 무엇을 빗대어 표현한 말입니까? ( )

① 낡은 유모차
② 종이 할머니의 손수레
③ 힘이 센 종이 할머니의 모습
④ 등이 굽은 종이 할머니의 모습
⑤ 눈에 혹이 난 할머니의 약한 모습

**27** ㉢으로 보아, 종이 할머니의 삶의 모습은 어떠합니까? ( )

① 희망차다.
② 긍정적이다.
③ 꿈을 갖고 산다.
④ 무기력하고 의욕이 없다.
⑤ 삶에 대한 애착이 강하다.

종이 할머니는 고물상 안으로 들어가 손수레를 세웠어. 손수레에는 눌러 편 종이 상자와 신문지가 차곡차곡 쌓여 있었어. 고물상 주인 정 씨는 익숙한 손놀림으로, 손수레에서 폐지를 내려 무게를 재고 한쪽 구석에 쌓았어. 그리고 종이 할머니의 손바닥에 만 원짜리 지폐 한 장과 천 원짜리 지폐 네 장을 올려놓았어. 언제나 자신이 일한 것보다 턱없이 적은 돈이었지. 종이 할머니는 그 돈을 꼭 쥐었어. 아주아주 가벼웠단다. 부스러기처럼 말이야.

종이 할머니가 일해서 받은 돈을 빗댄 대상

**중심 내용 3** 종이 할머니는 허리를 펴고 살면 뭐하냐고 생각하며 고물상에 가서 폐지를 팔고 적은 돈을 받았다.

**4** 종이 할머니는 다시 손수레를 끌고 집으로 향했어.

골목에 들어서니 이삿짐 차가 보였어. 맞은편 집에 누군가 이사를 온 모양이야. 머리에 빨간 리본 핀을 꽂은 여자아이가 골목에서 뛰어다니고 있었어. 얼굴은 통통하고 보조개가 있었지. 눈은 커다랬는데 쪽빛 가을 하늘처럼 맑았어.

이삿짐 차가 돌아가자, 맞은편 집에서 젊은 여자가

책을 한 아름 안고 할머니한테 다가왔어.

"할머니, 이거요."

젊은 여자 뒤로 골목에서 놀고 있던 아이가 얼굴을 내밀었어.

"엄마, 이거 왜 할머니한테 줘?"

"할머니가 종이를 모으시거든. 너도 다 쓴 종이 있으면 할머니한테 갖다드려."

젊은 여자가 종이 할머니에게 책을 가져간 까닭

엄마가 말하자 아이는 신이 난 듯 대답했어.

"으응."

다음 날, 종이 할머니는 집 앞 골목에 쭈그리고 앉아서 폐지를 묶고 있었어. 그때 맞은편 집에서 아이가 쪼르르 달려 나왔어.

"할머니, 이거요."

다음 날, 그다음 날도 아이는 다 쓴 공책을 가져왔어. 다 쓴 공책이 없으면 문에 붙여진 광고지라도 떼어 가지고 왔단다. 아이에게는 아주 즐거운 놀이처럼 보였지.

**턱없이** 수준이나 분수에 맞지 아니하게.
**쪽빛** 짙은 푸른빛. 예 할머니는 항상 쪽빛 치마를 입으셨습니다.

**아름** 두 팔을 둥글게 모아 만든 둘레 안에 들 만한 분량을 세는 단위.
**쪼르르** 작은 발걸음을 재빠르게 움직여 걷거나 따라다니는 모양.

**28** 종이 할머니가 고물상으로 간 까닭은 무엇입니까?
( )

① 폐지를 줍기 위해서
② 신문지를 얻기 위해서
③ 손수레를 맡기기 위해서
④ 종이 상자를 빌리기 위해서
⑤ 폐지를 돈으로 바꾸기 위해서

**29** 종이 할머니가 집에 왔을 때 있었던 일은 무엇입니까?
( )

① 여자아이가 종이를 가져갔다.
② 골목에서 아이들이 놀고 있었다.
③ 맞은편 집에 누군가가 이사를 왔다.
④ 여자아이가 책을 한 아름 안고 서 있었다.
⑤ 여자아이가 할머니에게 놀이를 하자고 하였다.

**30** 새로 이사 온 여자아이에 대한 설명으로 알맞은 것을 두 가지 고르시오. ( )

① 눈이 작다.
② 키가 크다.
③ 보조개가 있다.
④ 얼굴이 갸름하다.
⑤ 머리에 빨간 리본 핀을 꽂았다.

교과서 문제
**31** 여자아이가 종이 할머니에게 해 준 일은 무엇입니까?
( )

① 손수레를 밀어 드렸다.
② 다 쓴 종이를 갖다드렸다.
③ 종이 줍는 것을 도와드렸다.
④ 폐지 묶는 것을 도와드렸다.
⑤ 어깨를 힘껏 주물러 드렸다.

종이 할머니는 아이의 이름이 궁금해졌어.

"이름이 뭐냐?"

"메이요."

여자아이의 이름

그런데 아이는 뭐가 바쁜지 쪼르르 달려가는 거야. 아이는 걷는 법이 없었지. 언제나 ⊙날다람쥐처럼 뛰어다녔어. 종이 할머니는 아이의 뒷모습이 사라지는 게 아쉬웠어.

다음 날은 아이가 오지 않았어. 종이 할머니는 이상하게 기운이 없었어. 폐지를 주우러 나가야 하는데도 아이가 올까 봐 기다리게 되었어. 누군가를 이렇게 기다린 적이 없었는데 말이야.

기다리던 아이가 오지 않아서

**중심 내용 4** 종이 할머니 집 맞은편으로 이사 온 메이는 날마다 종이를 할머니께 가져다드렸고, 종이 할머니는 메이를 기다리게 되었다.

**5** 그러던 어느 날 점심때가 지날 무렵, 대문 밖에서

---

**날다람쥐** 움직임이 매우 민첩한 사람을 비유적으로 이르는 말. 예 상대 팀 선수는 날다람쥐같이 우리 팀 수비를 파고들었습니다.
**귀퉁이** 물건의 모퉁이나 삐죽 나온 부분. 예 돗자리를 깔고 네 귀퉁이에 돌을 얹어 놓았습니다.

---

아이의 목소리가 들렸어.

"할머니, 이거요!"

ⓒ종이 할머니는 얼른 밖으로 나갔어. 그런데 아이는 어느새 골목 귀퉁이로 사라져 버렸어.

종이 할머니는 아이가 폐지 위에 놓고 간 스케치북을 찬찬히 넘겼어. 첫 장에는 아이가 **뽀그르르** 비누 거품 속에서 노는 모습이 그려져 있었어. 다음 장을 넘기자 알록달록한 꽃밭에서 아이가 친구랑 노는 모습이 그려져 있었지. 또 다음 장을 넘겼어. 그런데 이번에는 친구와 싸운 모양이야. 친구와 따로 떨어져서 고개를 숙이고 있는데, 시커먼 먹구름이 화난 표정으로 비를 퍼붓고 있었어.

'메이가 화가 많이 난 모양이네.'

종이 할머니는 조용히 웃었단다.

---

**뽀그르르** 작은 거품이 잇따라 갑자기 빠르게 일어날 때 나는 소리. 또는 그 모양.
**알록달록한** 여러 가지 빛깔의 점이나 줄 따위가 고르지 않게 무늬를 이룬.

---

**32** ⊙은 무엇을 비유하여 표현한 말인지 알맞은 것의 기호를 쓰시오.

⑦ 키가 작은 메이의 모습
④ 매우 빠르게 뛰어다니는 메이의 모습
⑤ 기운이 없어서 느리게 걷는 종이 할머니의 모습
⑥ 메이를 보고 급하게 뛰어나가는 종이 할머니의 모습

(                    )

**34** ⓒ에 나타난 종이 할머니의 마음으로 알맞은 것은 무엇입니까? (          )

① 무섭다.
② 반갑다.
③ 괘씸하다.
④ 후련하다.
⑤ 조마조마하다.

**33** 메이를 만나고 난 뒤, 종이 할머니에게 어떤 마음이 생겼습니까? (          )

① 메이에게 미안한 마음
② 메이가 안쓰러운 마음
③ 메이를 기다리는 마음
④ 메이에게 화가 나는 마음
⑤ 메이가 와서 귀찮은 마음

**35** 메이가 준 스케치북에 그려져 있는 그림이 아닌 것은 무엇입니까? (          )

① 시커먼 먹구름이 비를 퍼붓는 모습
② 아이가 친구와 함께 비를 맞는 모습
③ 아이가 비누 거품 속에서 노는 모습
④ 아이가 친구와 함께 꽃밭에서 노는 모습
⑤ 친구와 따로 떨어져서 고개를 숙이고 있는 모습

그러고는 마지막 장을 넘겼어.

"아!"

종이 할머니는 자신도 모르게 탄성을 질렀어. 지금까지 한 번도 보지 못한 세상이 그려져 있었기 때문이야.
<sub>종이 할머니가 탄성을 지른 까닭</sub>
약간 찌그러진 똥그스름한 파란 지구, 아름다운 테를 두른 토성, 몸빛이 황갈색으로 빛나는 불퉁불퉁한 목성, 붉은빛이 뿜어져 나오는 태양……. 그리고 그 주위를 돌고 있는 버섯 모양의 우주선까지.

'그러고 보니 하늘을 본 지 꽤 오래됐구먼.'

하늘을 본 게 언제였더라? 별을 본 건 언제였지? 달을 본 건…….

아주 어릴 적에 달을 올려다보면서 '꼭 한 번 달에 가고 싶다'고 꿈꿨던 기억이 아슴아슴 떠올랐어. 하지만 도무지 이루지 못할 꿈이라 아주 금세 버렸던 기억

> 탄성(歎 탄식할 탄, 聲 소리 성) 몹시 감탄하는 소리. ⑩ 우리 반이 달리기 시합에서 이기자 여기저기서 탄성이 터졌습니다.

도 함께 났지.

종이 할머니는 하늘을 품은 듯한, 별을 품은 듯한, 달을 품은 듯한 기분이었단다.

"다 늙어 빠졌는데 품고 싶은 게 생기다니……."

종이 할머니는 중얼거리면서 가만히 하늘을 올려다보았어. 허리가 뻐근하게 아팠어. 하늘은 비가 올 듯 회색빛이었지.

**중심 내용 5** 종이 할머니는 메이가 스케치북에 그린 그림을 보며 어릴 적 꿈을 떠올렸다.

> 종이 할머니가 메이의 우주 그림을 보며 생각하거나 느낀 것을 묻는 문제가 자주 출제돼.

**6** 그때 톡탁, 빗방울 하나가 뺨에 떨어졌어. 이내 두
<sub>가볍게 단단한 물건을 두드리는 소리</sub>
방울, 세 방울이 떨어지더니 후두두 세차게 쏟아지기
<sub>빗방울이나 자잘한 돌 따위가 갑자기 떨어지는 소리. 또는 그 모양</sub>
시작했어. 이런 날은 폐지를 주우러 가지 않아. 대문 앞에 버려진 폐지들이 대부분 젖어 있기 때문이야.

> 아슴아슴 정신이 흐릿하고 몽롱한 모양. ⑩ 친구의 어릴 적 모습이 아슴아슴 떠올랐습니다.

---

**36** 종이 할머니가 메이가 그린 우주 그림을 보고 난 뒤에 떠올린 것을 두 가지 골라 ○표 하시오.

(1) 우주선을 또 타 보고 싶다는 것    (    )

(2) 하늘을 본 지 꽤 오래되었다는 것    (    )

(3) 어릴 적에 꿈꿨던 것이 아무것도 없었다는 것
                             (    )

(4) 어릴 적에 꼭 한 번 달에 가고 싶다고 꿈꿨던
    것                               (    )

---

**37** 종이 할머니가 메이가 그린 우주 그림을 볼 때 어떤 감정이 들었을지 그렇게 생각한 까닭과 함께 쓰시오.
<sub>서술형</sub>

| 종이 할머니의 감정 | (1) |
|---|---|
| 그렇게 생각한 까닭 | (2) |

---

**38** 종이 할머니가 하늘을 올려다본 까닭은 무엇입니까?        (      )

① 메이가 보고 싶어서

② 빗방울 하나가 뺨에 떨어져서

③ 하늘에서 비가 곧 내릴 것 같아서

④ 메이가 그린 우주 그림을 머릿속에서 지우고 싶어서

⑤ 메이가 그린 우주 그림을 보고 어릴 적 꿈이 생각나서

---

**39** 비 오는 날 종이 할머니가 폐지를 주우러 가지 않는 까닭으로 알맞은 것의 기호를 쓰시오.

> ㉮ 폐지들이 대부분 젖어 있기 때문에
>
> ㉯ 비 오는 날에는 메이가 놀러 오기 때문에
>
> ㉰ 비 오는 날에는 사람들이 폐지를 버리지 않기 때문에

                         (      )

종이 할머니는 스케치북을 안고 집으로 들어갔어. 햇빛이 잘 들어오지 않아서 단칸방은 늘 어둑했어. 하지만 아늑했지. 종이 할머니는 스케치북에 있는 그림을 한 장 한 장 떼어 내어 벽에 붙였어. 그리고 옆으로 누워서 찬찬히 그림을 보았단다. 가장 마음에 드는 건 마지막 장에 그려진 우주 그림이었어. 종이 할머니는 우주 그림을 자세히 보다가 ㉠아까는 보지 못했던 것을 보게 되었어. 바로 찌그러진 파란 지구 맞은편 위에 떠 있는 포도 모양의 성이야. 포도 알갱이들은 하나하나가 작은 방 같았지. 그리고 그 알갱이들은 투명하고

포도 알갱이들을 비유적으로 표현한 부분 ①

푸른빛을 띠며 빛나고 있었어. 꼭 유리로 만든 바다처

포도 알갱이들을 비유적으로 표현한 부분 ②

럼 보였어.

포도 모양의 성 맨 꼭대기에는 두 아이가 앉아서 차를 마시고 있었어. 그런데 참 이상하지 뭐야. 두 아이 중 하나는 눈이 불룩하게 튀어나오고 입은 개구리처럼 커다랬어. 게다가 팔다리는 길고 머리부터 발끝까지

초록빛이었지. 이런 사람은 한 번도 본 적이 없었어. 할머니는 그게 뭔지 무척 궁금했어.

'희한하다. 다 늙어 빠졌는데 이제 와서 뭐가 궁금하단 말이여.'

종이 할머니는 자신을 타박하다가 궁금증을 애써 지워 버리고는 돌아누웠어. 그런데도 자꾸만 생각나는 거야. '그 초록색 아이는 누구일까?' 하고.

**중심 내용 6** 종이 할머니는 메이가 그린 우주 그림에서 초록색 아이가 누구인지 궁금해했다.

**7** 그때였어.

"할머니, 이거요!"

아이의 목소리가 들렸어. 종이 할머니는 반가운 마음에 문을 활짝 열었어.

"우리 집에 들어올려?"

아이는 방으로 들어와 벽에 붙은 자신의 그림을 보고는 팔짝팔짝 뛰었지.

"와, 이거 내가 그린 그림이다!"

---

**단칸방** 한 칸으로 된 방. ⑳ 단칸방에서 살던 때가 생각났습니다.
**아늑했지** 포근하게 감싸 안기듯 편안하고 조용한 느낌이었지.

**희한하다** 매우 드물거나 신기하다.
**타박하다가** 허물이나 결함을 나무라거나 핀잔하다가.

---

**40** 스케치북에 있는 그림 중에서 종이 할머니가 가장 마음에 들어 한 그림은 무엇인지 쓰시오.

( )

**41** ㉠이 가리키는 것은 무엇입니까? ( )

① 포도 모양의 성
② 유리로 만든 바다
③ 찌그러진 파란 지구
④ 메이가 놓고 간 스케치북
⑤ 어둡하지만 아늑한 단칸방

**42** 종이 할머니가 본 우주 그림의 내용으로 알맞지 않은 것은 무엇입니까? ( )

① 온몸이 초록빛인 아이가 있었다.
② 개구리처럼 생긴 두 아이가 놀고 있었다.
③ 포도 알갱이들은 하나하나가 작은 방 같았다.
④ 포도 알갱이들은 투명하고 푸른빛을 띠고 있었다.
⑤ 포도 모양의 성 맨 꼭대기에는 두 아이가 차를 마시고 있었다.

**43** 종이 할머니가 우주 그림을 보며 궁금해한 것은 무엇입니까? ( )

① 초록색 아이는 누구일까?
② 지구는 왜 찌그러졌을까?
③ 포도 모양의 성에는 어떻게 갈까?
④ 두 아이가 마시는 차가 무엇일까?
⑤ 성을 왜 포도 모양으로 그렸을까?

종이 할머니는 우주 속에 떠 있는 포도 모양의 성을 가리켰어.

"그란디 저건 뭐여?"
'그런데'의 전라남도 방언

"우주 호텔."

"우주 호텔이 뭐여? 우주에도 호텔이 있단 말이여?"

"네, 우주는 아주아주 넓은 곳이니까요. 우주 호텔은 우주를 여행하다가 쉬는 곳이에요. 목성에 갔다가 쉬고, 토성에 갔다가 쉬고…… 우주여행은 무척 힘들어요. 그래서 우주 호텔에 들러 잠깐 쉬는 거예요. 외계인 친구를 만나서 차도 마시면서요."

"외계인? 진짜 외계인이 있는 겨?"

㉠종이 할머니의 눈이 커다래졌어. 그러자 아이는 초록색 아이를 가리켰어.
종이 할머니가 궁금해하는 대상

---

들러 지나는 길에 잠깐 들어가 머물러.
외계인 공상 과학 소설 따위에서 지구 이외의 천체에 존재한다고 생각되는 지적인 생명체.

---

"얘는 뽀뽀나예요. 내가 우주를 여행할 때 만난 외계인 친구예요. 뽀뽀나는 뽀뽀하는 걸 좋아해요. 그래서 입을 개구리처럼 내밀고 다녀요."

아이는 이렇게 말하고는 밖으로 달려 나갔어.

아이가 나가고, 종이 할머니는 아이의 말을 곰곰이 생각해 보았어.

'그래, 아이의 말이 맞을지도 모르겠군. 하늘도 저렇게 넓은데 저 하늘 밖의 우주는 얼마나 넓을까?'

종이 할머니의 눈에는 우주 호텔이 보이는 것 같았어. 바람개비처럼 돌고 있는 별들 사이에 우뚝 솟아 있는 우주 호텔.

종이 할머니는 그곳으로 비둘기처럼 날아가고 싶었
우주 호텔
단다.

---

곰곰이 여러 모로 깊이 생각하는 모양.
우뚝 두드러지게 높이 솟아 있는 모양. 예 우뚝 솟아 있는 산 너머에 우리 마을이 있습니다.

---

**44** 메이가 그린 그림에서 우주 속에 떠 있는 포도 모양의 성은 무엇을 나타낸 것인지 쓰시오.

( )

**45** ㉠에 나타난 종이 할머니의 마음은 어떠합니까?

( )

① 슬픈 마음
② 놀라는 마음
③ 무서운 마음
④ 무시하는 마음
⑤ 짜증 나는 마음

**46** 메이가 나간 뒤, 종이 할머니가 한 생각은 무엇입니까?

( )

① 우주 호텔로 날아가고 싶다.
② 실제로 우주에 외계인은 없다.
③ 우주 호텔이 무척 넓은 것 같다.
④ 메이의 말을 하나도 믿을 수 없다.
⑤ 메이와 함께 우주여행을 하고 싶다.

**47** 메이의 이야기를 들은 종이 할머니의 모습에 대해 생각이나 느낌을 알맞게 말한 친구의 이름을 쓰시오.

정민: 메이의 순수함이 종이 할머니의 굳은 마음을 녹인 것 같아.
우영: 메이의 엉뚱한 말을 듣고 종이 할머니가 혼란스러워하고 있어.

( )

㉠종이 할머니는 작은 마당으로 나갔어. 그리고 힘 겹게 허리를 펴고 천천히 고개를 들었단다. 그러고는 하늘을 올려다보았지. 하늘엔 먹구름이 물러가고 환한 빛이 눈부시게 쏟아지고 있었어.

"눈은 아직 늙지 않았구먼. 아주 멀리 있는 것도 볼 수 있지."

종이 할머니는 환한 빛 너머, 하늘 너머, 별 너머, 우주 호텔 너머 유리 바다에 둘러싸인 성을 보았지.

종이 할머니는 결심했어. 쉽게 허리를 구부리지 않 기로 말이야. 쉽게 허리를 구부리면 다시는 저 우주 호
종이 할머니가 쉽게 허리를 구부리지 않기로 결심한 까닭
텔을 보지 못할 것 같았거든.

**중심 내용 7** 메이는 종이 할머니에게 포도 모양의 성과 초록색 아이에 대해 알려 주었고, 종이 할머니는 쉽게 허리를 구부리지 않기로 결심했다.

**8** 다음 날, 종이 할머니는 다른 날과 마찬가지로 손 수레를 끌며 동네를 돌아다녔어. 가게마다, 집집마다 버려진 폐지들을 주워서 손수레에 실었지.

도서관 앞을 지날 때였어. 전봇대 앞에 고개를 숙이 고 ㉡강낭콩을 파는 할머니가 보였어. 며칠 전, 채소 가게 앞에서 본 눈에 혹이 난 할머니였어.

아마 폐지를 줍는 것은 포기한 모양이야. 하긴 앞이 잘 보이지 않으니 폐지 줍기가 쉽지는 않았을 거야. 종 이 할머니는 손수레를 멈추고 눈에 혹이 난 할머니에 게 다가갔어.

"이 강낭콩, 얼마유?"

강낭콩이 그릇마다 수북하게 담겨 있었어.

"천 원만 주소."

눈에 혹이 난 할머니가 힘없이 말했어. 얼마 전, 자
종이 할머니
신과 다투었던 것도 모르는 눈치였어. 잘 볼 수 없으니 자신이 누구인지 알 리가 없겠지. 종이 할머니는 시치 미를 떼며 말했어.

"너무 싸게 파는구먼."

종이 할머니가 한마디 던지자, 눈에 혹이 난 할머니 가 씁쓸하게 말했단다.

"그래도 잘 안 팔려라."

그때 동네 꼬마들이 지나가며 소리쳤어.

"눈에 혹이 났어!"

"㉢외계인이다! 도망가자."

---

수북하게 쌓이거나 담긴 물건 따위가 불룩하게 많이. ⑩ 흰 눈이 마당 에 수북하게 쌓였습니다.

시치미 자기가 하고도 아니한 체, 알고도 모르는 체하는 태도.
씁쓸하게 달갑지 아니하여 조금 싫거나 언짢게.

---

**48** ㉠으로 보아, 종이 할머니의 삶은 어떻게 달라졌 는지 빈칸에 알맞은 말을 쓰시오.

> 땅을 보는 삶 → (                    )을/를
> 보는 삶

교과서 문제
**49** 종이 할머니가 하늘을 올려다보며 결심한 것은 무 엇입니까? (          )

① 하늘을 쳐다보지 않겠다는 것
② 쉽게 허리를 구부리지 않겠다는 것
③ 다시는 메이를 만나지 않겠다는 것
④ 자신도 우주 그림을 그려야겠다는 것
⑤ 더 이상 우주 호텔을 생각하지 않겠다는 것

**50** ㉡에 대한 설명으로 알맞지 않은 것은 무엇입니 까? (          )

① 종이 할머니와 친하다.
② 앞이 잘 보이지 않는다.
③ 눈에 혹이 난 할머니이다.
④ 종이 할머니와 다툰 적이 있다.
⑤ 동네 꼬마들에게 놀림을 받는다.

**51** 동네 꼬마들이 강낭콩을 파는 할머니에게 ㉢과 같 이 말한 까닭은 무엇인지 쓰시오.
(                                        )

종이 할머니는 외계인이라는 소리에 깜짝 놀라서 눈에 혹이 난 할머니의 얼굴을 찬찬히 살펴보았지. 그러고 보니 메이가 그린 초록색 외계인 친구하고 닮은 것도 같았어.

"이 동네로 이사 왔수?"

종이 할머니가 넌지시 물었어.

"한 달 조금 됐는디 말 상대가 없어라. 생긴 게 이래서……."

"……."

종이 할머니는 강낭콩을 받아 들고 돈을 내밀었어.

"심심하면…… 놀러 오우. 우리 집은 도서관 뒷골목 세 번째 집이라오. 참, 대문 안쪽에 폐지들이 쌓여 있어서 금방 찾을 수 있다우."

종이 할머니는 손수레를 끌며 고물상으로 향했어. 그리고 이제는 허리를 구부리지 않았어. 더 이상 고개도 수그리지 않았지.

**중심 내용 8** 종이 할머니는 눈에 혹이 난 할머니를 다시 만나게 되었고 먼저 말을 걸며 자신의 집에 놀러 오라고 하였다.

**9** 여러 계절이 왔다가 가고, 다시 왔다가 갔단다. 종
여러 해가 흐름.

**넌지시** 드러나지 않게 가만히. ㉠ 누나에게 언제 갈 거냐고 <u>넌지시</u> 물어보았습니다.

이 할머니는 여전히 폐지를 모았어. 그렇지만 이제는 혼자가 아니야. <u>눈에 혹이 난 할머니와 같이 주웠어.</u>
종이 할머니와 눈에 혹이 난 할머니가 이웃처럼 지냄.
<u>그리고 저녁이 되면 따뜻한 밥도 같이 먹고 생강차도 나누어 마셨지.</u>

종이 할머니는 벽에 붙여 놓은 우주 그림을 보며 잠깐잠깐 이런 생각에 빠졌단다.

'여기가 우주 호텔이 아닌가? 여행을 하다가 잠시 이렇게 쉬어 가는 곳이니……, 여기가 바로 우주의 한가운데지.'

**중심 내용 9** 종이 할머니는 눈에 혹이 난 할머니와 이웃이 되었고, 자신이 사는 곳이 우주 호텔이라고 생각하였다.

> 종이 할머니의 생각과 생활이 어떻게 달라졌는지 묻는 문제가 자주 출제돼.

**핵심내용** 「우주 호텔」의 이야기 구조

| 발단 | 종이 할머니는 허리를 굽혀 땅만 보며 종이를 주웠다. |
|---|---|
| ❶ ㅈㄱ | 종이 할머니는 자신의 빈 상자를 빼앗기지 않으려고 소리치며 눈에 혹이 난 할머니를 밀어 버렸다. |
| 절정 | 종이 할머니는 메이가 가져다주는 종이를 매일 기다렸는데, 메이의 ❷ ㅇㅈ 그림을 보고 어릴 적 꿈을 떠올렸다. |
| 결말 | 종이 할머니는 눈에 혹이 난 할머니와 친구처럼 지내고 자신이 사는 곳이 우주 호텔이라고 생각했다. |

**한가운데** 공간이나 시간, 상황 따위의 바로 가운데. ㉠ 무대 <u>한가운데</u> 서서 노래를 불렀습니다.

**교과서 문제**

**52** 종이 할머니는 눈에 혹이 난 할머니를 다시 만났을 때 어떻게 대했습니까? ( )

① 생김새를 놀려 댔다.
② 폐지를 줍지 말라고 했다.
③ 종이 상자를 나누어 주었다.
④ 모른 척하며 강낭콩만 사 왔다.
⑤ 다가가 말을 걸고 집에 놀러 오라고 말했다.

**53** 글 **9**에서 종이 할머니는 우주 그림을 보며 어떤 생각을 하였는지 빈칸에 알맞은 말을 쓰시오.

( )이/가 우주 호텔이라는 생각

**54** 글 **9**를 읽고 인상 깊은 장면을 한 가지 쓰시오.
**서술형**

_____

_____

**55** 이 글 전체의 주제로 알맞지 <u>않은</u> 것은 무엇입니까? ( )

① 행복은 우리 가까이에 있다.
② 꿈을 가지면 삶이 변화한다.
③ 작은 것이라도 아껴 써야 한다.
④ 이웃과 더불어 살면 행복해진다.
⑤ 이웃과 마음을 나눌 줄 아는 사람이 되자.

# 소나기

| 이야기 구조 | 사건의 중심 내용 간추리기 |
|---|---|
| 발단 | 소년은 집으로 돌아가던 길에 개울가에서 물장난하는 소녀<sub>주인공 ①</sub>와 마주치고 소녀가 던진 조약돌을 간직한다.<sub>주인공 ②</sub> |
| 전개 | 소년과 소녀가 가까워져 함께 산으로 놀러 간다. |
| 절정 | 산에서 소나기를 만난 소년과 소녀는 수숫단 속에서 비를 피한다. 며칠 뒤 다시 만난 소녀는 그동안 많이 아팠으며 곧 이사를 간다고 쓸쓸해한다. |
| 결말 | 며칠 뒤, 소년은 소녀가 앓다가 죽었다는 소식을 듣게 된다. 소녀의 유언은 입던 옷을 그대로 입혀서 묻어 달라는 것<sub>죽음에 이르러 말을 남김. 또는 그 말</sub> 이었다. |

• 표의 내용: 만화 영화 「소나기」의 사건 전개 과정을 이야기 구조에 따라 요약한 것입니다.

핵심내용 「소나기」에서 인상 깊었던 장면을 보고 든 생각이나 느낌 이야기하기 예

| 인상 깊었던 장면 | 소년이 송아지를 타는 장면 |
|---|---|
| 생각이나 느낌 | 나도 한번 소를 타 보면 어떨까 하는 상상을 했다. |

**1** 이 이야기에서 일어난 사실에 대한 다음 질문에 대한 답으로 알맞은 것은 무엇입니까? (      )

> 소녀는 죽기 전에 어떤 말을 남겼나요?

① 소년을 지금 만나게 해 달라.
② 소년을 좋아했다고 전해 달라.
③ 자신의 죽음을 소년에게 비밀로 해 달라.
④ 자신이 입던 옷을 그대로 입혀서 묻어 달라.
⑤ 소년에게 준 조약돌을 받아서 함께 묻어 달라.

교과서 문제
**2** 이 이야기 매체의 특성을 묻는 질문을 만든 친구의 이름을 쓰시오.

> 성훈: 작품 속 배경 음악은 어떠했나요?
> 소연: 소년은 주로 어디에서 소녀와 마주쳤나요?
> 유리: 소녀의 옷에 묻은 얼룩은 어떻게 해서 생겼을까요?

(                    )

교과서 문제
**3** 다음 장면을 보고 든 생각이나 느낌으로 알맞은 것에 ○표 하시오.

> 소나기가 멎은 뒤에 소년이 소녀를 업고 물이 불어나 돌다리가 없어진 개울을 건너는 장면

(1) 소년의 행동이 답답하고 안타깝게 느껴진다.
(          )

(2) 몸이 약한 소녀를 배려하는 소년의 마음이 느껴진다.
(          )

**4** 소녀가 죽었다는 것을 알게 된 소년의 마음을 상상하며 「소나기」의 뒷이야기를 쓰려고 합니다. 상상할 점으로 알맞지 않은 것은 무엇입니까?
(      )

① 소년은 얼마나 슬퍼했을까?
② 이야기의 배경은 어디일까?
③ 소년은 슬픔을 어떻게 이겨 냈을까?
④ 소년은 소녀와의 추억을 영원히 간직할까?
⑤ 소년은 소녀와의 추억을 간직한 채 어떻게 살아갔을까?

**낱말의 뜻**

**1** 낱말의 뜻에 알맞은 말을 (   ) 안에서 골라 ○ 표 하시오.

(1) 적선 – ( 나쁜 , 착한 ) 일을 많이 함.

(2) 탄성 – 몹시 ( 감탄 , 분노 )하는 소리.

(3) 잰걸음 – 보폭이 짧고 ( 느린 , 빠른 ) 걸음.

(4) 을릉대다 – 제 힘을 믿고 남을 ( 위협하다 , 위로하다 ).

**관용어**

**2** 밑줄 친 표현은 어떤 상황일 때 사용하는 말인지 보기 에서 찾아 기호를 쓰시오.

> **보기**
> ㉮ 남을 깔보고 비웃을 때
> ㉯ 걱정 없이 마음이 편할 때
> ㉰ 알고 있으면서도 모르는 체할 때

(1) 옆에 서 있던 저승사자가 <u>코웃음을 치며</u> 말했다.                      (          )

(2) 동생은 바닥에 물을 엎질러 놓고 <u>시치미를 떼</u>고 있었다.                      (          )

**비슷한말**

**3** 밑줄 친 낱말과 바꾸어 써도 뜻이 통하는 낱말을 골라 ○표 하시오.

(1)
> "<u>해코지하려는</u> 게 아니니 염려 말게."

( 해치려는 , 감시하려는 , 눈여겨보려는 )

(2)
> 덕진이는 인정이 많아 손님을 <u>후하게</u> 대접하였다.

( 씁쓸하게 , 허름하게 , 넉넉하게 )

**흉내 내는 말**

**4** 빈칸에 알맞은 흉내 내는 말을 보기 에서 찾아 쓰시오.

> **보기**
> 언뜻    흠칫    아슴아슴

(1) 작고 뚱뚱한 할머니는 (            ) 놀라 뒤 돌아보았다.

(2) 담 쪽으로 다가가 보니 작은 문이 (          ) 보였다.

(3) 아주 어릴 적에 꿈꿨던 기억이 (          ) 떠올랐다.

**낱말의 관계**

**5** 다음 중 짝 지어진 낱말의 관계가 <u>다른</u> 하나는 무엇입니까?                      (          )

① 이승 – 저승
② 핀잔하다 – 꾸짖다
③ 조아리다 – 숙이다
④ 알아채다 – 눈치채다
⑤ 눈여겨보다 – 살펴보다

**맞춤법**

**6** 밑줄 친 낱말을 맞춤법에 맞게 바르게 고쳐 쓰시오.

(1)
> 종이 할머니는 눈에 혹이 난 할머니에게 <u>넌즈시</u> 물어보았다.

(                    )

(2)
> 종이 할머니는 <u>흉칙하게</u> 생긴 이 노인에게 빈 상자를 빼앗길 수 없었다.

(                    )

**1~4**

**가** "얘기 들었어? 사과나무에 황금 사과가 열린대!"
"황금 사과? 말도 안 돼!"
"가 보면 알 거 아냐. 우리 눈으로 직접 확인하자고!"

**나** "이 나무는 우리 두 동네의 한가운데에 있습니다. 그러니 잘 나누기 위해 땅바닥에 금을 그읍시다. 금 오른쪽에 열리는 사과는 윗동네, 금 왼쪽에 열리는 사과는 아랫동네에서 갖도록 말입니다."
그렇게 해서 땅바닥에 금이 생겼지.

**다** 사람들은 곧 약속을 어겼어.
사과를 따려고 금을 넘어가기 시작한 거야.
두 동네 사이에는 다시 싸움이 일어났지.
결국 금보다 더 확실하고 분명한 방법이 있어야 했어.
이런저런 생각 끝에 사람들은 드나들 수 있는 작은 문이 달린 나무 울타리를 세웠지.
그렇지만 나무 울타리도 사람들의 욕심을 막을 수가 없었어. / 사람들은 이제 담을 쌓기 시작했어.

**1** 글 **가**~**다**에서 친구들 생각을 알고 싶은 질문을 만든 것은 무엇입니까? ( )

① 사람들은 왜 땅바닥에 금을 그었나요?
② 두 동네 사람들은 왜 싸우게 되었나요?
③ 글에 나오는 등장인물은 누구누구인가요?
④ 두 동네 사이에 어떤 나무가 자라고 있었나요?
⑤ 황금 사과를 사이좋게 나누려면 어떻게 하는 것이 좋을까요?

**2** 두 동네 사람들이 싸운 까닭을 쓰시오.

( )

**3**★ 글 **가**~**다**에서 가장 먼저 일어난 일은 무엇입니까? ( )

① 사람들이 담을 쌓았다.
② 사람들이 땅바닥에 금을 그었다.
③ 사람들이 나무 울타리를 세웠다.
④ 사과나무에 황금 사과가 열렸다.
⑤ 사람들이 금을 넘어가기 시작했다.

**4** 글 **가**~**다**를 읽고, 윗동네와 아랫동네가 평화를
서술형 유지하려면 어떻게 해야 할지 쓰시오.

( )

**5~8**

**가** 원님은 그렇게 하기로 하고 자기 곳간으로 갔다. 그런데 그 곳간에는 특별한 재물이랄 게 없었다. ㉠고작 볏짚 한 단만이 있을 뿐이었다.
"이 사람, 남에게 덕을 베푼 일이라곤 없는 모양이네!"
옆에 서 있던 저승사자가 코웃음을 치며 말했다.
"어찌해 제 곳간에는 볏짚 한 단밖에 없습니까?"
"너는 이승에 있을 때 남에게 덕을 베푼 일이 없지 않느냐?"

**나** "덕진이라는 아가씨의 곳간에는 쌀이 수백 석이나 있으니, 일단 거기서 쌀을 꾸어 계산하고 이승에 나가서 갚도록 해라."
저승사자가 원님에게 제안했다. 결국 원님은 덕진의 곳간에서 쌀 삼백 석을 꾸어 셈을 치를 수 있었다.

**5** 글 **가**와 **나**는 이야기의 구조에서 무엇에 해당하는지 빈칸에 알맞은 말을 쓰시오.

사건이 본격적으로 발생하고 갈등이 일어나는 ( ) 부분

**6** ㉠의 까닭은 무엇입니까? ( )

① 원님이 욕심이 없어서
② 젊은 나이에 저승에 와서
③ 이승에서 가난하게 살아서
④ 고을 사람들이 다 빌려 가서
⑤ 이승에 있을 때 남에게 덕을 베푼 일이 없어서

**7** 원님은 어떻게 저승에서 셈을 치를 수 있었는지 빈칸에 알맞은 말을 쓰시오.

• ( )에서 쌀 삼백 석을 꾸었다.

**8** 글 **가**와 **나**의 중심 내용을 요약하여 쓰시오.

서술형

_____

_____

**9** 이야기를 요약하는 방법으로 알맞지 <u>않은</u> 것은 무엇입니까? ( )

① 관련 있는 사건은 하나로 묶는다.
② 각 부분에서 중요한 사건을 찾는다.
③ 중요하지 않은 내용도 자세하게 쓴다.
④ 중요한 사건이 일어난 원인과 결과를 찾는다.
⑤ 각 부분을 요약한 내용이 잘 어우러지게 연결한다.

**10~13**

**가** 할머니는 이리저리 땅을 살폈어. 종이를 찾는 거야. 무게가 조금도 나가지 않을 것 같은 작은 종이라도, 할머니의 눈에는 무게가 있어 보였거든. 그래서 점점 더 등을 납작하게 구부리고 땅을 뚫어져라 살피게 되었어. 그럴수록 할머니는 하늘을 쳐다보는 일이 줄어들었지. 어느 날부터인가 하늘이 어떻게 생겼는지, 구름이 어떻게 흘러가는지도 까맣게 잊게 되었단다.

그런 할머니를 사람들은 '종이 할머니'라고 불렀어.

**나** "내 거여! 이 동네에서 폐지 줍는 노인네들은 다 아는구먼."

하지만 눈에 혹이 난 할머니는 아무 대꾸도 없이 상자를 실은 유모차를 끌고 가려고 했어.

울뚝, 화가 치밀어 오른 종이 할머니는 눈에 혹이 난 할머니의 팔을 잡고는 힘껏 밀어 버렸어. 벌러덩, 눈에 혹이 난 할머니는 힘없이 넘어졌어. 그러고는 앞이 잘 안 보이는지 땅을 허둥허둥 짚어 대다가 유모차를 간신히 잡고 일어났어.

종이 할머니는 미안한 마음이 들기도 했지만 그보다는 마음이 놓였어. 인상도 험하고 자신보다 힘이 셀 것 같았는데, 흐무러진 살구처럼 약하고 부서지기 쉽다는 걸 알게 되었으니까.

**10*** 글 **가**와 **나**에 대한 설명으로 알맞은 것은 무엇입니까? ( )

① 글 **가**: 사건이 해결되는 부분이다.
② 글 **가**: 긴장감이 가장 높아지는 부분이다.
③ 글 **나**: 갈등이 일어나는 부분이다.
④ 글 **나**: 사건이 해결되는 부분이다.
⑤ 글 **나**: 이야기의 사건이 시작되는 부분이다.

**11** 땅만 살피며 종이를 줍는 할머니를 사람들은 무엇이라고 불렀는지 쓰시오.

( )

**12** 글 **나**에서 종이 할머니는 눈에 혹이 난 할머니에게 어떻게 하였습니까? ( )

① 폐지를 함께 주웠다.
② 상자를 나누어 주었다.
③ 아무 대꾸도 하지 않았다.
④ 팔을 잡고는 힘껏 밀어 버렸다.
⑤ 힘없이 넘어지자 일으켜 주었다.

**13** 글 **나**에서 종이 할머니는 눈에 혹이 난 할머니에게 어떤 마음이 들었는지 모두 고르시오. ( )

① 그리운 마음    ② 미안한 마음
③ 부러운 마음    ④ 화가 난 마음
⑤ 안심하는 마음

## 14~18

**가** 아이가 나가고, 종이 할머니는 아이의 말을 곰곰이 생각해 보았어.

'그래, 아이의 말이 맞을지도 모르겠군. 하늘도 저렇게 넓은데 저 하늘 밖의 우주는 얼마나 넓을까?'

종이 할머니의 눈에는 우주 호텔이 보이는 것 같았어. 바람개비처럼 돌고 있는 별들 사이에 우뚝 솟아 있는 우주 호텔.

**나** 여러 계절이 왔다가 가고, 다시 왔다가 갔단다. 종이 할머니는 여전히 폐지를 모았어. 그렇지만 이제는 혼자가 아니야. 눈에 혹이 난 할머니와 같이 주웠어. 그리고 ㉠저녁이 되면 따뜻한 밥도 같이 먹고 생강차도 나누어 마셨지.

종이 할머니는 벽에 붙여 놓은 우주 그림을 보며 잠깐잠깐 이런 생각에 빠졌단다.

'여기가 우주 호텔이 아닌가? 여행을 하다가 잠시 이렇게 쉬어 가는 곳이니……, 여기가 바로 우주의 한가운데지.'

**14** 아이가 나가고 종이 할머니는 무엇을 생각하였는지 빈칸에 알맞은 말을 쓰시오.

• (                    )은/는 얼마나 넓을까?

**15** ㉠에 담긴 종이 할머니의 감정으로 알맞은 것은 무엇입니까?                    (          )

① 외롭다.        ② 행복하다.        ③ 불쾌하다.
④ 싫증 난다.    ⑤ 의심스럽다.

**16*** 글 **나**로 보아, 아이를 만난 뒤, 종이 할머니의 변화로 알맞지 <u>않은</u> 것을 두 가지 고르시오.
(          )

① 삶이 무기력해졌다.    ② 이웃과 더불어 산다.
③ 종이를 줍지 않는다.    ④ 마음을 열게 되었다.
⑤ 마음을 나눌 줄 알게 되었다.

**17** 글 **나**에서 종이 할머니는 자신이 사는 곳이 어디라고 생각하였는지 쓰시오.

(                    )

**18** 글 **가**와 **나**에서 인상 깊은 장면과 그 까닭을 쓰시오.
서술형

| 인상 깊은 장면 | (1) |
| --- | --- |
| 그 까닭 | (2) |

## 19~20

| | |
| --- | --- |
| 발단 | 소년은 집으로 돌아가던 길에 개울가에서 물장난하는 소녀와 마주치고 소녀가 던진 조약돌을 간직한다. |
| 전개 | 소년과 소녀가 가까워져 함께 산으로 놀러 간다. |
| 절정 | 산에서 소나기를 만난 소년과 소녀는 수숫단 속에서 비를 피한다. 며칠 뒤 다시 만난 소녀는 그동안 많이 아팠으며 곧 이사를 간다고 쓸쓸해한다. |
| 결말 | 며칠 뒤, 소년은 소녀가 앓다가 죽었다는 소식을 듣게 된다. 소녀의 유언은 입던 옷을 그대로 입혀서 묻어 달라는 것이었다. |

**19** 소년이 소녀와 마주친 장소는 어디입니까?
(          )

① 산              ② 학교              ③ 개울가
④ 수수밭        ⑤ 소녀의 집 앞

**20** 이 이야기에서 다음 생각이나 느낌과 관계있는 장면에 ○표 하시오.

> 개울가의 물소리를 듣고 내 마음이 설레었다.

(1) 소년이 송아지를 타는 장면              (          )
(2) 소년과 소녀가 개울가에서 만나는 장면
(          )

점수

**1**

　　원님이 가고 난 다음에도 덕진은 영문을 몰라 그 자리에 멍하게 서 있었다. 덕진은 어머니와 함께 쌀을 어떻게 할 것인지 의논했다.

　　"나도 영문을 모르겠구나. 무슨 까닭이 있는 것 같긴 한데……. 네가 주인이니 네 뜻대로 해라."

　　그날 밤, 덕진은 이리저리 몸을 뒤척이며 고민하다가 결론을 내렸다.

　　'어차피 내 쌀이 아니니 좋은 일에 쓰도록 하자.'

　　그리하여 덕진은 쌀을 팔아서 마을 앞을 가로지르는 강가에 다리를 놓기로 했다. 마을 사람들 모두가 그곳에 다리가 없어서 불편을 겪던 참이었다. 이렇게 해서 돌다리를 놓자, 사람들은 그 다리를 '덕진 다리'라고 했다.

**1**단계
낱말
쓰기
**덕진은 쌀 삼백 석을 어떻게 하기로 했는지 빈칸에 알맞은 말을 쓰시오.** [3점]

・쌀을 팔아서 마을 앞 강가에 (　　　　　)을/를 놓기로 했다.

**2**단계
문장
쓰기
**이 글의 내용을 요약하여 쓰시오.** [6점]

_____

_____

**3**단계
생각
쓰기
**이 글을 읽고, 다음 조건 에 맞는 질문을 만들어 쓰시오.** [6점]

조건
・사실에 대한 가치 판단을 묻는 질문을 쓴다.
・'만약 자신이라면 …… 했을까?'와 같은 표현을 넣어 쓴다.

**2~3**

**가** 종이 할머니는 빈 상자를 포기할 수 없었어. 한번 포기하면 다른 곳의 상자나 폐지도 흉측하게 생긴 이 노인에게 빼앗길지 모르니까.

　　"내 거여! 이 동네에서 폐지 줍는 노인네들은 다 아는구먼."

　　하지만 눈에 혹이 난 할머니는 아무 대꾸도 없이 상자를 실은 유모차를 끌고 가려고 했어.

　　울뚝, 화가 치밀어 오른 종이 할머니는 눈에 혹이 난 할머니의 팔을 잡고는 힘껏 밀어 버렸어.

**나** 종이 할머니는 외계인이라는 소리에 깜짝 놀라서 눈에 혹이 난 할머니의 얼굴을 찬찬히 살펴보았지. 그러고 보니 메이가 그린 초록색 외계인 친구하고 닮은 것도 같았어.

　　"이 동네로 이사 왔수?"

　　종이 할머니가 넌지시 물었어.

　　"한 달 조금 됐는디 말 상대가 없어라. 생긴 게 이래서……." / "……."

　　종이 할머니는 강낭콩을 받아 들고 돈을 내밀었어.

　　"심심하면…… 놀러 오우. 우리 집은 도서관 뒷골목 세 번째 집이라오. 참, 대문 안쪽에 폐지들이 쌓여 있어서 금방 찾을 수 있다우."

**2** **글 가 의 중요한 사건을 요약하여 쓰시오.** [6점]

_____

_____

**3** **글 나 에서 인상 깊은 장면을 쓰시오.** [6점]

# 2 이야기를 간추려요

| 학습 제재 | 저승에 있는 곳간 | 배점 | 20점 |
|---|---|---|---|
| 학습 목표 | 이야기 구조를 생각하며 요약하는 방법을 알 수 있다. | | |

**1** 다음 이야기의 구조를 네 부분으로 나누고, 사건의 중심 내용을 요약하여 쓰시오.

> **가** 염라대왕은 원님을 저승사자에게 돌려보냈다.
> "이승으로 나가려는데 어떻게 가면 될까요?"
> "여기까지 데려왔는데 그냥 보내 줄 수는 없다. 너 때문에 헛걸음을 했으니 수고비를 내놓아라."
> "어떡하지요? 지금 저는 빈털터리인데……."
> "그러면 저승에 있는 네 곳간에서라도 내놓아라."
> **나** "네 고을에 사는 주막집 딸은 곳간을 그득하게 채웠는데, 고을 원님이라는 사람이 이게 무슨 꼴이냐?"
> "아니, 그게 무슨 얘깁니까?"
> "덕진이라는 아가씨의 곳간에는 쌀이 수백 석이나 있으니, 일단 거기서 쌀을 꾸어 계산하고 이승에 나가서 갚도록 해라."
> 저승사자가 원님에게 제안했다. 결국 원님은 덕진의 곳간에서 쌀 삼백 석을 꾸어 셈을 치를 수 있었다.
> **다** 원님은 크게 감명받아 며칠 뒤에 달구지에 쌀 삼백 석을 싣고 덕진의 주막을 찾아갔다.
> 주모가 호들갑스럽게 원님을 맞이했다.
> "주모 딸을 좀 불러 주게." / "아니, 소인의 딸은 무슨 일로……."
> "해코지하려는 게 아니니 염려 말게."
> 잠시 뒤, 덕진은 마당에 나와 원님 앞에 다소곳이 섰다.
> "너에게 빚진 쌀 삼백 석을 갚으러 왔느니라."
> 그러자 덕진은 어리둥절해하며 원님을 쳐다보았다.
> "하여튼 받아 두어라. 먼 훗날, 너도 알게 될 것이니라."
> **라** 그날 밤, 덕진은 이리저리 몸을 뒤척이며 고민하다가 결론을 내렸다.
> '어차피 내 쌀이 아니니 좋은 일에 쓰도록 하자.'
> 그리하여 덕진은 쌀을 팔아서 마을 앞을 가로지르는 강가에 다리를 놓기로 했다. 마을 사람들 모두가 그곳에 다리가 없어서 불편을 겪던 참이었다. 이렇게 해서 돌다리를 놓자, 사람들은 그 다리를 '덕진 다리'라고 했다.

| 글 | 이야기 구조 | 사건의 중심 내용 간추리기 |
|---|---|---|
| 글 **가** | (1) | 염라대왕이 원님을 저승사자에게 돌려보냈고, 저승사자는 원님에게 수고비를 내놓으라고 하였다. |
| 글 **나** | 전개 | (2) |
| 글 **다** | 절정 | (3) |
| 글 **라** | (4) | 덕진은 원님이 갚은 쌀을 팔아서 마을 앞을 가로지르는 강가에 다리를 놓았다. |

# 짜임새 있게 구성해요

## 1 공식적인 말하기 상황의 특성
└ 예 학급 회의에서 말하기, 국어 시간에 토론하기
① 여러 사람 앞에서 발표하는 상황이기 때문에 큰 소리로 또박또박 말해야 합니다.
② 공식적인 말하기 상황에서 듣는 사람은 집중해서 들어야 합니다.
③ 여러 사람 앞에서 말하는 것이므로 높임 표현을 사용해야 합니다.
④ 듣는 사람이 알아듣기 쉽게 하려면 자료를 활용합니다.
예 「전교 학생회 회장단 선거 후보의 연설」에 드러난 말하기 상황

| 장소와 대상 | 강당에서 학생들에게 말했습니다. |
|---|---|
| 의견을 발표할 때 활용한 자료 | 설문 조사 결과표와 책 |
| 후보자의 말하기 태도 | 높임 표현을 사용하였고, 바른 자세와 태도로 말했습니다. |

## ★★ 2 다양한 자료의 특성

| 표 | • 여러 자료의 수를 비교하기 쉽습니다.<br>• 많은 양의 자료를 간단하게 나타낼 수 있습니다. |
|---|---|
| 사진 | • 설명하는 대상의 정확한 모습을 보여 줄 수 있습니다.<br>• 설명하는 대상을 한눈에 보여 줄 수 있습니다. |
| 도표 | • 수량의 변화 정도를 알 수 있습니다.<br>• 정확한 수치를 나타낼 수 있습니다. |
| 동영상 | • 대상이 움직이는 모습을 잘 전달할 수 있습니다.<br>• 음악이나 자막을 넣어 분위기를 잘 전달할 수 있습니다. |

## 3 자료를 활용해서 말하면 좋은 점 → 자료를 활용할 때에는 자료를 가져온 곳을 꼭 밝혀야
하고, 자료가 너무 길거나 복잡하지 않아야 해요.
① 듣는 사람이 흥미를 느끼게 할 수 있습니다.
② 정보를 효과적으로 전달할 수 있습니다.
③ 듣는 사람이 더 잘 이해할 수 있습니다.

## ★★ 4 발표할 내용 정리하기

| 시작하는 말 | • 발표하려는 주제 또는 제목을 넣습니다.<br>• 듣는 사람의 주의를 집중시킬 수 있는 내용을 넣습니다. |
|---|---|
| 자료를 설명하는 말 | • 자료에 담긴 핵심 내용을 넣습니다.<br>• 자료의 출처를 밝혀야 합니다. |
| 끝맺는 말 | • 발표한 내용을 간단하게 정리하는 내용을 넣습니다.<br>• 발표를 준비하며 느낀 점이 들어가게 정리합니다. |

---

**개념 확인하기** 정답과 풀이 10쪽

**1** 공식적인 말하기 상황의 특성으로 알맞지 <u>않은</u> 것의 기호를 쓰시오.

> ㉮ 큰 소리로 말해야 한다.
> ㉯ 자료를 활용하지 않는다.
> ㉰ 높임 표현을 사용해야 한다.

( )

**2** 다음은 어떤 자료에 대한 설명인지 쓰시오.

> 음악이나 자막을 넣어 분위기를 잘 전달할 수 있다.

( )

**3** 자료를 활용해서 말하면 좋은 점으로 알맞은 것에 ○표 하시오.
(1) 정보를 효과적으로 전달할 수 있다. ( )
(2) 설명하려는 내용을 구체적으로 말하지 않아도 된다. ( )

**4** 발표 내용에서 시작하는 말에 들어가기에 알맞은 내용은 '시', 끝맺는 말에 들어가기에 알맞은 내용은 '끝'이라고 쓰시오.
(1) 발표하려는 주제 ( )
(2) 발표를 준비하며 느낀 점 ( )

# 전교 학생회 회장단 선거 후보의 연설

선생님: 다음은 기호 2번 나성실 학생의 소견 발표를 들어 보겠습니다.

나성실: 안녕하세요? 저는 전교 학생회 회장단 선거에 입후보한 나성실입니다.

저는 <u>가고 싶은 학교, 즐거운 학교</u>를 만들고 싶어서 이 자리에 섰습니다. 우리
후보자가 만들고 싶은 학교
학교에서는 지난해에 학생들이 학교에 바라는 점을 설문 조사했습니다. 학생
들이 학교에 바라는 점 가운데에서 가장 많이 나온 의견은 바로 "깨끗한 화장
실을 만들어 주세요."라는 의견으로 47퍼센트가 나왔습니다.

학생들: 맞아요. 좋아요.

• **글의 특징**: 전교 학생회 회장단 선거에 입후보한 나성실 학생이 학생들 앞에서 연설한 내용입니다.

**핵심내용** **우리 주변의 공식적인 말하기 상황** 예
• 수업 시간에 교실에서 발표하기
• 학급 임원 선거에서 소견 발표하기
• 방송에서 아나운서가 뉴스 진행하기

연설(演 펼 연, 說 말씀 설) 여러 사람 앞에서 자기의 주장 또는 의견을 진술함.
소견(所 바 소, 見 볼 견) 어떤 일이나 사물을 살펴보고 가지게 되는 생각이나 의견. 예 학급 회의에서 <u>소견</u>을 발표하였습니다.
입후보한 선거에 후보자로 나선.

---

**1** 이 말하기 상황에 대한 설명으로 알맞은 것을 두 가지 고르시오. (      )

① 선생님께 인사하는 상황이다.
② 수업 시간에 발표하는 상황이다.
③ 개인적으로 이야기하는 상황이다.
④ 여러 사람 앞에서 말하는 상황이다.
⑤ 선거에서 소견을 발표하는 상황이다.

**교과서 문제**

**2** 후보자가 말하고 있는 곳은 어디인지 보기 에서 찾아 쓰시오.

> 보기
> 집     교실     강당     운동장

(      )

**3** 후보자는 누구에게 말하고 있는지 쓰시오.

(      )

**4**★ 후보자가 의견을 발표할 때 활용한 자료는 무엇입니까? (      )

① 사진         ② 지도
③ 동영상       ④ 관광 안내서
⑤ 설문 조사 결과표

**5** 지난해에 학교에서 실시한 설문 조사 결과, 가장 많이 나온 의견은 무엇인지 쓰시오.

(      )

나성실: 저는 이러한 여러분의 의견을 교장 선생님께 적극적으로 말씀드리고 전
"깨끗한 화장실을 만들어 주세요."
교 학생회에서도 의견을 모아 꼭 깨끗한 화장실을 만들겠습니다. 저는 최근에
㉠『오늘의 순위』라는 책을 우연히 보았습니다. 이 책은 우리나라의 여러 가지
후보자가 의견을 발표할 때 활용한 자료
를 조사한 순위를 알려 주는 책인데, 우리나라의 초등학생들 가운데에서 꿈이
없는 사람이 남학생은 14.2퍼센트, 여학생은 16.7퍼센트라고 합니다. 꿈을 정
하지 못한 것이 아니라 꿈이 없는 학생들이 그만큼이라는 얘기입니다. 백 명 가
운데 열다섯 명이 꿈이 없는 학생이라니, 어릴 때부터 공부만 열심히 하라는
말을 지겹게 들어 온 결과가 아닌가 싶습니다. 그래서 저는 우리 학교의 학생
들만큼은 꼭 누구나 꿈을 하나씩 정하고 그 꿈을 이루려고 노력하도록 도와주
고 싶습니다. 그래서 첫째, 여러분이 꿈을 찾을 수 있게 여러 가지 직업을 체
험할 수 있는 직업 체험학습을 가도록 노력하겠습니다. 둘째, 우리가 모르는
직업을 알 수 있도록 선생님의 도움을 받아서 여러 가지 꿈 찾기 기획을 진행
하려고 합니다. 여러분, 깨끗한 환경과 꿈이 있는 학교를 만들려고 최선을 다
하겠습니다. 기호 2번 나성실, 꼭 뽑아 주십시오. 감사합니다.

**핵심내용** 연설할 때의 특성

• 여러 사람 앞에서 말하므로 ❶ ㄴ ㅇ
  표현을 써야 합니다.
• 듣는 사람의 특성에 맞춰 알기 쉽게
  말합니다.
• 연설 시간을 생각합니다.

순위 차례나 순서를 나타내는 위치나
지위.
기획(企 꾀할 기, 劃 그을 획) 일을 꾀하
여 계획함. 예 그 기획은 매우 참신하
였습니다.

**6** 후보자가 ㉠을 보고 안 사실에 대하여 바르게 말
한 친구의 이름을 쓰시오.

승규: 직업이 다양하지 않다는 것을 알았어.
민희: 초등학생들 대부분이 꿈이 없다는 것을 알았어.
수아: 초등학생들 대부분이 꿈을 정하지 못했다는 것을 알았어.
건호: 초등학생의 약 15퍼센트 정도가 꿈이 없다는 것을 알았어.

(                    )

**8** 이와 같은 연설을 할 때의 태도로 알맞지 <u>않은</u> 것
은 무엇입니까?                         (          )

① 또박또박 바르게 말한다.
② 바른 자세와 태도로 말한다.
③ 연설 시간을 생각하며 말한다.
④ 듣는 사람의 특성에 맞춰 알기 쉽게 말한다.
⑤ 친구들 앞에서 말할 때에는 높임 표현을 쓰지
   않는다.

교과서 문제
**7** 후보자가 발표한 공약을 모두 고르시오.
(          )

① 깨끗한 화장실을 만들겠다.
② 꿈 찾기 기획을 진행하겠다.
③ 공부를 열심히 하도록 도와주겠다.
④ 학생들의 꿈이 무엇인지 조사하겠다.
⑤ 다양한 직업 체험학습을 가도록 노력하겠다.

**9** 이와 같은 공식적인 말하기 상황에 해당하지 <u>않는</u>
것은 무엇입니까?                       (          )

① 교실에서 발표하기
② 국어 시간에 토론하기
③ 학급 회의에서 말하기
④ 아침에 어머니께 인사하기
⑤ 방송에서 아나운서가 뉴스 진행하기

**10~12**

**10** 그림 **가**와 **나** 중에서 교실에서 발표하고 있는 모습은 어느 것인지 기호를 쓰시오.

(                    )

교과서 문제
**11** 그림 **가**와 **나**의 말하기 상황에서 비슷한 점을 두 가지 고르시오. (        )

① 듣는 사람은 친구들이다.
② 듣는 사람은 선생님이다.
③ 개인적으로 이야기하고 있다.
④ 자료를 활용하여 말하고 있다.
⑤ 말하는 사람과 듣는 사람이 있다.

**12** 그림 **가**와 **나**의 말하기 상황에서 다른 점은 무엇인지 쓰시오.
**서술형**

_____

_____

**13~14**

어떤 음식을 소개하는지 잘 모르겠어.

**13** 그림 **가**에서 듣는 사람이 발표 내용을 잘 이해하지 못한 까닭은 무엇인지 그림 **나**와 비교하여 빈칸에 알맞은 말을 쓰시오.

> 말하는 친구가 (                    )을/를 활용하지 않고 발표해서

**14** 그림 **나**와 같이 자료를 활용해 발표할 때 좋은 점이 <u>아닌</u> 것은 무엇입니까? (        )

① 듣는 사람이 알아듣기 쉽다.
② 높임 표현을 쓰지 않아도 된다.
③ 듣는 사람이 흥미를 느끼게 할 수 있다.
④ 설명하는 내용을 한눈에 알아보기 쉽다.
⑤ 설명하려는 내용을 쉽게 전달할 수 있다.

**15** 공식적인 말하기 상황의 특성으로 알맞지 <u>않은</u> 것은 무엇입니까? (        )

① 높임 표현을 사용해야 한다.
② 자료를 활용하여 말하면 좋다.
③ 큰 소리로 또박또박 말해야 한다.
④ 듣는 사람은 집중해서 들어야 한다.
⑤ 여러 사람 앞에서 말하는 것이므로 몸짓은 하지 않아야 한다.

| 가 | 자료 종류: 표 |
|---|---|

〈우리 반 친구들이 좋아하는 운동〉

| 종목 | 축구 | 배드민턴 | 줄넘기 | 합계 |
|---|---|---|---|---|
| 인원 (명) | 10 | 5 | 8 | 23 |

| 나 | 자료 종류: 사진 |
|---|---|

| 다 | 자료 종류: 도표 |
|---|---|

〈2021년 서울 강수량 분석〉

(밀리미터)

출처: 기상청, 2022.

| 라 | 자료 종류: 동영상 |
|---|---|

**핵심내용** 자료의 특성

| 표 | • 대상의 수량이 얼마나 되는지 쉽게 알 수 있음. • 많은 양의 자료를 간단하게 나타낼 수 있음. |
|---|---|
| ❶ ㅅ ㅈ | • 장면을 있는 그대로 보여 줄 수 있음. • 대상의 정확한 모습을 보여 줄 수 있음. |
| 도표 | • 대상의 수량을 견주어 볼 수 있음. • 수량의 변화 정도를 알 수 있음. |
| 동영상 | • 대상이 움직이는 모습을 잘 전달할 수 있음. • 음악이나 자막을 넣어 분위기를 잘 전달할 수 있음. |

3

교과서 문제

**1** 가~라는 공식적인 말하기 상황에서 활용할 수 있는 자료입니다. 가~라에 나온 자료가 아닌 것은 무엇입니까? (　　　)

① 여행한 장소의 풍경 사진
② 보부상을 소개하는 동영상
③ 지역 축제를 안내하는 그림
④ 2021년 서울 강수량을 분석한 도표
⑤ 우리 반 친구들이 좋아하는 운동을 조사한 표

**2** ★ 가 자료의 특성으로 알맞은 것은 무엇입니까?
(　　　)

① 수량의 변화 정도를 알 수 있다.
② 음악을 넣어 분위기를 잘 전달할 수 있다.
③ 설명하는 대상을 한눈에 보여 줄 수 있다.
④ 많은 양의 자료를 간단하게 나타낼 수 있다.
⑤ 설명하는 대상의 정확한 모습을 보여 줄 수 있다.

**3** 다음은 어떤 자료에 대한 설명입니까? (　　　)

정확한 수치를 나타낼 수 있고, 수량의 변화 정도를 알 수 있다.

① 사진　　　　② 그림
③ 지도　　　　④ 도표
⑤ 동영상

**4** 다음 중 자료를 바르게 활용하지 못한 친구의 이름을 쓰시오.

종찬: 도표를 활용해서 가족과 여행한 곳을 발표했어.
재은: 그림을 활용해서 옛사람의 생활 모습을 발표했어.
성민: 우리 지역 축제를 조사해서 친구들 앞에서 발표할 때 축제 안내 자료를 활용했어.

(　　　)

| 사라진 직업 | 사라진 까닭 |
|---|---|
| 물장수 | 수돗물이 집집마다 나오기 때문입니다. |
| 전화 교환원 | 전화가 자동으로 연결되기 때문입니다. |

이 표는 과거에는 있었지만 지금은 사라진 직업의 종류를 보여 줍니다. 기술이 발달해 사라진 직업이 많습니다.

과거에 있던 직업인 보부상을 소개하는 동영상을 보여 드리겠습니다.

**핵심내용** 그림 **가**와 **나**의 상황

| 그림 **가** | 교실에서 반 친구들에게 ❷ 표 를 활용하여 사라진 직업의 종류를 발표하고 있습니다. |
|---|---|
| 그림 **나** | 교실에서 반 친구들에게 동영상을 활용하여 과거에 있던 직업인 보부상을 소개하고 있습니다. |

보부상 봇짐(등에 지기 위하여 물건을 보자기에 싸서 꾸린 짐)장수와 등짐(등에 진 짐)장수를 통틀어 이르는 말.

**5** 그림 **가**와 **나**의 말하기 상황에 대한 설명으로 알 맞은 것에 ○표 하시오.

(1) 교실에서 발표하는 상황이다. ( )
(2) 교실에서 토론하는 상황이다. ( )
(3) 친구들과 자유롭게 말하고 있다. ( )

교과서 문제

**6** 그림 **가**와 **나**에서 학생들은 무엇을 발표하고 있습니까? ( )

① 과거의 직업
② 새로 생겨난 직업
③ 사라지지 않는 직업
④ 친구들의 장래 희망
⑤ 인기 있는 직업의 종류

**7** 그림 **가**, **나**에서 발표할 때 활용한 자료를 쓰시오.

(1) 그림 **가**: ( )
(2) 그림 **나**: ( )

**8*** 그림 **가**와 **나**에서 두 학생이 〈문제 **7**번〉에서 답한 자료를 활용하여 발표한 까닭을 알맞게 말한 친구의 이름을 쓰시오.

시욱: 사라진 직업들의 정확한 모습을 한눈에 보여 주기에 표가 알맞기 때문이야.
규진: 사라진 직업인 보부상의 모습을 생생하게 보여 주기에 동영상이 알맞기 때문이야.

( )

독도의 자연환경

독도는 동도와 서도 외에 크고 작은 바위섬 89개로 이루어져 있다.

지민

• **그림의 상황:** 사진 자료를 활용하여 학급 친구들에게 가족과 다녀온 여행지인 독도를 소개하는 상황입니다.

**핵심내용** **여행지를 소개할 때 말할 내용과 활용할 자료** 예

| 말할 내용 | 활용할 자료 |
|---|---|
| 여행지의 자연환경 | 사진 |
| 여행 일정 | 관광 안내서 |
| 여행지까지 가는 길 | 지도 |

**9** 그림은 어떤 말하기 상황인지 빈칸에 알맞은 말을 쓰시오.

(1) ( )에게 가족과 다녀온 (2)( )을/를 소개하는 상황

**10** 지민이는 어떤 자료를 활용하여 발표하고 있습니까? ( )

① 표 ② 그림 ③ 사진
④ 도표 ⑤ 지도

교과서 문제
**11** 지민이가 〈문제 10번〉에서 답한 자료를 활용한 까닭으로 알맞은 것에 ○표 하시오.

(1) 여행지에 대한 여러 자료의 수량을 비교하기 쉽기 때문에 ( )
(2) 여행지의 자연환경 모습을 있는 그대로 보여 줄 수 있기 때문에 ( )
(3) 여행지에서 대상이 움직이는 모습을 생생하게 전달할 수 있기 때문에 ( )

**12** 지민이가 학급 친구들에게 다음 내용을 말할 때 어떤 자료를 활용하면 좋을지 그 까닭과 함께 쓰시오.
서술형

여행지까지 가는 길

**13** 발표할 때 자료를 활용해서 말하면 좋은 점을 모두 고르시오. ( )

① 듣는 사람이 더 잘 이해할 수 있다.
② 정보를 효과적으로 전달할 수 있다.
③ 듣는 사람이 흥미를 느끼게 할 수 있다.
④ 듣는 사람과 활발하게 의견을 주고받을 수 있다.
⑤ 친구와 대화할 때처럼 편하고 자유롭게 말할 수 있다.

교과서 문제

**14** '우리의 미래' 하면 떠오르는 것을 생각그물로 정리하였습니다. ㉠에 들어갈 내용으로 알맞은 것은 무엇입니까? (       )

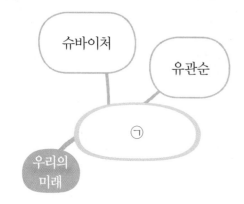

슈바이처

유관순

㉠

우리의
미래

① 과거의 직업
② 가고 싶은 여행지
③ 미래에 사라질 직업
④ 우리 반 친구들의 장래 희망
⑤ 우리 반 친구들이 닮고 싶은 인물

**15**
서술형
우리의 미래에 대해 다음 주제로 발표할 때 발표할 내용을 두 가지 쓰시오.

우리 반 친구들이 원하는 직업

**16** 새로 생길 직업의 모습을 그린 그림 자료를 찾는 방법으로 가장 알맞은 것은 무엇입니까?(       )

① 친구들의 장래 희망을 조사한다.
② 친구들이 닮고 싶은 인물에 대한 책을 읽는다.
③ 직업 관련 사이트에서 미래의 직업을 검색한다.
④ 직업 관련 누리집에서 사라진 직업을 검색한다.
⑤ 우리 반에서 가장 인기 있는 직업이 무엇인지 알아본다.

**17** 교실에서 학급 친구들에게 발표할 때 자료 제시 방법으로 알맞은 것의 기호를 쓰시오.

㉮ 궁금한 친구들만 보여 준다.
㉯ 자료를 크게 확대하여 사용한다.
㉰ 자료를 최대한 작게 만들어 사용한다.

(       )

**18~19**

가

자료가 너무 길어.

나

자료가 너무 복잡해.

디

자료를 어디에서 가져왔을까?

교과서 문제

**18** 그림 ㉮에서 발표하는 사람이 자료를 활용할 때 어떤 문제점이 있었습니까? (       )

① 자료가 너무 길었다.
② 자료가 너무 작았다.
③ 자료가 너무 복잡했다.
④ 자료의 출처를 밝히지 않았다.
⑤ 발표 주제와 관계없는 자료를 활용하였다.

**19*** 그림 ㉯에서 발표하는 사람이 주의할 점은 무엇입니까? (       )

① 원작자의 동의를 구해야 한다.
② 더 많은 자료를 활용해야 한다.
③ 더 긴 내용의 자료를 보여 주어야 한다.
④ 필요하지 않은 내용도 정리하여야 한다.
⑤ 한 번에 적절한 분량으로 복잡하지 않게 보여 주어야 한다.

# 미래의 인재

• **글의 특징**: 우리의 미래에 대해 발표할 내용을 쓴 글로, 미래에는 어떤 인재가 필요할지 자료를 들어 가며 설명하고 있습니다.

| 제목 | 미래의 인재 |

**시작하는 말** 안녕하세요? 1모둠 발표를 맡은 김대한입니다. 우리의 미래를 생각하면서 우리 모둠은 '미래에는 어떤 인재가 필요할까'라는 주제로 발표를 준비했습니다. 우리 모둠이 준비한 자료는 표와 동영상입니다. 자료를 보면서 발표를 들어 주십시오.

**자료 1** 100대 기업의 인재상 변화

|  | 2008년 | 2013년 | 2018년 |
|---|---|---|---|
| 1순위 | 창의성 | 도전 정신 | 소통과 협력 |
| 2순위 | 전문성 | 주인 의식 | 전문성 |
| 3순위 | 도전 정신 | 전문성 | 원칙과 신뢰 |
| 4순위 | 원칙과 신뢰 | 창의성 | 도전 정신 |
| 5순위 | 소통과 협력 | 원칙과 신뢰 | 주인 의식 |

■ 출처: 대한상공회의소, 2018.

**설명하는 말** 미래에는 어떤 인재가 필요할까요? 대한상공회의소에서 조사한 '100대 기업의 인재
<sub>자료의 출처를 밝힘.</sub>

상 변화'에 따르면 2008년에는 창의성이 1순위였는데 2013년에는 도전 정신이, 2018년에는 소통과 협력이 1순위입니다. 이처럼 시대에 따라 필요한 인재상은 달라지고 있습니다.

우리가 어른이 되는 미래에는 어떤 인재가 필요할까요? 우리 모둠은 인공 지능, 사물 인터넷 같은 4차 산업 혁명으로 이전과는 다른 산업 형태가 나타나면서 필요한 인재상도 달라질 것이라고 예상했습니다. 미래에는 변화가 굉장히 빠른 속도로 일어나기 때문에 미래의 인재에게 가장 중요한 것은 계속 배우려는 의지라고 생각합니다.

**핵심내용** 발표 내용 구성

| 시작하는 말 | 발표하려는 주제나 **❸** [ㅈ][ㅁ], 듣는 사람의 주의를 집중시킬 수 있는 내용 |
|---|---|
| 자료를 설명하는 말 | 자료에 담긴 핵심 내용, 자료를 설명하는 내용, 자료의 출처 |
| 끝맺는 말 | 발표한 내용을 간단하게 정리하는 내용, 발표를 준비하며 느낀 점 |

인재(人 사람 인, 材 재목 재) 어떤 일을 할 수 있는 학식이나 능력을 갖춘 사람. 예 우리 선생님께서는 많은 인재를 길러 내셨습니다.

소통(疏 소통할 소, 通 통할 통) 뜻이 서로 통하여 오해가 없음. 예 서로 의견 소통이 잘 이루어져서 회의가 금방 끝났습니다.

**교과서 문제**

**20** 1모둠의 발표 주제는 무엇입니까? ( )

① 미래에는 어떤 인재가 필요할까
② 미래에 사라질 직업은 무엇일까
③ 초등학생의 희망 직업 순위는 어떠할까
④ 우리 반 친구들의 장래 희망은 무엇일까
⑤ 4차 산업 혁명이 일어난 원인은 무엇일까

**21** 1모둠에서 발표할 때 활용하려는 자료를 두 가지 고르시오. ( )

① 표 ② 사진 ③ 지도
④ 도표 ⑤ 동영상

**22** 자료 1을 통해 알 수 있는 사실은 무엇입니까? ( )

① 미래에는 인재가 필요 없다.
② 미래에는 직업을 가질 필요가 없다.
③ 미래에 다양한 직업이 생겨날 것이다.
④ 시대에 따라 필요한 인재상은 달라지고 있다.
⑤ 시대가 변해도 필요한 인재상은 달라지지 않는다.

**23** 1모둠은 미래의 인재에게 필요한 능력이 무엇이라고 생각하였는지 쓰시오.

( )

자료 2

■출처: 한국교육방송공사(2018), 「지식 채널 e: 일자리의 미래」

설명하는 말 다음으로 준비한 자료는 한국교육방송공사에서 방송한 「일자리의 미래」입니다. 자료를
<u>자료의 출처를 밝힘.</u>
보면서 발표를 이어 가겠습니다.

이 동영상에서는 2020년까지 사라지는 일자리는 510만 개로, 미래에는 한 사람이 평균 4~5개의 직업을 가져야 한다고 합니다. 우리가 이러한 미래 사회에서 성공하려면 여러 분야에서 다양한 능력을 갖춰야 합니다. 경제협력개발기구[OECD]가 정리한 미래 핵심 역량은 도구 활용 능력, 사회적 상호 작용 능력, 자기 삶에 대한 자주적 관리 능력입니다. 앞서 발표한 '100대 기업의 인재상 변화'에서도 나타난 소통, 협력, 전문성과 관련 있다고 생각합니다. 이러한 능력을 키
경제협력개발기구가 정리한 미래 핵심 역량

우려고 핀란드, 독일, 아르헨티나와 같은 세계 여러 나라에서는 단순한 암기 교육이 아니라 현실에 적용할 수 있는 능력을 키우는 역량 중심 교육을 강화한다고 합니다.

미래에는 더 많은 변화가 더 빨리 이루어질 것입니다. 미래에 우리에게 필요한 능력은 기계가 대신할 수 없는, 인간만이 지니는 능력이라고 생각합니다. 기술과 지식을 창의적으로 활용하고 이로써 문제를 해결해 내는 인간만이 지닐 수 있는 능력을 더욱 키워 나가야 할 것입니다.

끝맺는 말 지금까지 '미래에는 어떤 인재가 필요할까'라는 주제로 발표했습니다. 발표를 준비하면서 미래에 훌륭한 사람이 되려면 어떻게 준비해야 할지 친구들과 생각해 볼 수 있었습니다. 이상으로 우리 모둠 발표를 마치겠습니다. 끝까지 잘 들어 주셔서 감사합니다.

역량(力 힘 력, 量 헤아릴 량) 어떤 일을 해낼 수 있는 힘.
상호(相 서로 상, 互 서로 호) 상대가 되는 이쪽과 저쪽 모두. 예 모든 참가자가 상호 관심사에 대해 의견을 나누었습니다.

자주적(自 스스로 자, 主 주인 주, 的 과녁 적) 남의 보호나 간섭을 받지 아니하고 자기 일을 스스로 처리하는. 또는 그런 것. 예 우리 모두 힘을 합쳐 자주적 통일을 이루기 위해 노력합시다.

**24** 1모둠에서 준비한 동영상 자료 내용 중에서 경제협력개발기구가 정리한 미래 핵심 역량 세 가지는 무엇인지 쓰시오.

- 도구 활용 능력
- 사회적 상호 작용 능력
- (                    )

**25** 1모둠에서 미래의 우리에게 필요한 능력이라고 생각한 것을 모두 찾아 기호를 쓰시오.

> ㉮ 한 분야의 전문성을 가진 능력
> ㉯ 기계가 대신할 수 없는, 인간만이 지니는 능력
> ㉰ 기술과 지식을 창의적으로 활용하여 문제를 해결하는 능력

(                    )

**26** 자료 2는 발표 주제와 어울리는지 그 까닭과 함께 쓰시오.
서술형

_____

_____

_____

**27** 1모둠이 끝맺는 말에 정리한 내용은 무엇입니까?

(          )

① 자료의 출처
② 자료에 담긴 핵심 내용
③ 발표를 준비하며 느낀 점
④ 발표할 내용에 어울리는 제목
⑤ 듣는 사람의 주의를 집중시킬 수 있는 내용

## 1~3

| 듣는 사람 | 우리 반 친구들 |
|---|---|
| 발표 장소 | 교실 |
| 발표 상황의 특성 | • 발표 장소가 넓은 곳이다.<br>• ⓐ ㉠ |
| 발표 주제 | 우리의 미래: 우리 반 친구들의 장래 희망 |
| 자료 제시 방법 | • 텔레비전으로 자료를 보여 준다.<br>• ㉡ |

**1** 이 표를 보고 알맞게 말한 것에 모두 ○표 하시오.

(1) 발표 장소는 강당이다. ( )

(2) 발표를 듣는 사람은 우리 반 친구들이다. ( )

(3) '우리의 미래'를 주제로 발표 준비를 하려고 정리한 표이다. ( )

**2** ㉠에 들어갈 발표 상황의 특성으로 알맞은 것은 무엇입니까? ( )

① 듣는 사람이 적다.

② 여러 사람 앞에서 발표한다.

③ 개인적인 장소에서 발표한다.

④ 자료를 활용하지 않고 발표한다.

⑤ 발표하는 모습을 동영상으로 찍는다.

**3** 발표 상황을 생각하여 ㉡에 들어갈 자료 제시 방법을 한 가지 쓰시오.

서술형

_____

**4** 여러 사람 앞에서 발표를 하려고 합니다. 발표할 때에 주의할 점을 <u>잘못</u> 말한 친구의 이름을 쓰시오.

> **승규**: 준비한 자료를 차례에 맞게 잘 보여 주면서 말해야겠어.
>
> **민희**: 자료를 보여 줄 때에는 친구들이 흥미를 느낄 수 있게 아주 간단히 소개해야지.
>
> **건호**: 멀리까지 잘 들리도록 또박또박 큰 목소리로 말할 거야.

( )

**5** 발표를 들을 때에 주의할 점으로 알맞지 <u>않은</u> 것에 ×표 하시오.

(1) 발표하는 내용에 집중하며 듣는다. ( )

(2) 발표하는 사람은 바라보지 않고 자료만 보며 듣는다. ( )

(3) 발표하는 내용 가운데에서 중요한 부분은 적으며 듣는다. ( )

(4) 발표하는 내용과 방법에 어울리는 자료인지 생각하며 듣는다. ( )

**6** 자료를 활용한 발표를 듣고 평가할 때에 점검할 내용으로 알맞지 <u>않은</u> 것은 무엇입니까? ( )

① 인터넷에서 찾은 자료를 활용했나요?

② 활용한 자료가 너무 길거나 복잡하지 않았나요?

③ 자료를 활용할 때 저작권을 침해하지 않았나요?

④ 발표 내용에 알맞은 자료를 적절히 사용했나요?

⑤ 듣는 사람에게 전하려는 내용이 잘 전달되었나요?

**낱말의 뜻**

**1** 뜻에 알맞은 낱말을 보기 에서 찾아 쓰시오.

> 보기
>
> 순위　　연설　　기획　　인재

(1) (　　　　　): 일을 꾀하여 계획함.

(2) (　　　　　): 차례나 순서를 나타내는 위치
나 지위.

(3) (　　　　　): 어떤 일을 할 수 있는 학식이나
능력을 갖춘 사람.

(4) (　　　　　): 여러 사람 앞에서 자기의 주장
또는 의견을 진술함.

**다의어**

**2** 밑줄 친 낱말이 보기 와 같은 뜻으로 쓰인 문장에
○표 하시오.

> 보기
>
> 꿈을 찾을 수 있게 직업 체험학습을 가도록
> 노력하겠습니다.

(1) 요즈음 밤마다 무서운 꿈을 꾼다. (　　　)

(2) 작가의 꿈을 이루려고 책을 가리지 않고 읽었
다. (　　　)

(3) 노력도 없이 큰 부자가 되려는 헛된 꿈을 버리
는 게 좋다. (　　　)

**낱말의 뜻**

**3** 밑줄 친 말의 뜻으로 알맞은 것은 무엇입니까?
(　　　)

> • **인재상**: 인재로서 갖추어야 할 모습.
> • **교사상**: 교사로서 갖추어야 할 모습.

① 얼굴　　　② 책상　　　③ 모양

④ 상장　　　⑤ 본보기

**낱말의 활용**

**4** 다음 중 낱말의 쓰임이 바르지 <u>않은</u> 것은 무엇입니
까? (　　　)

① 회의에서 소견을 굽히지 않고 말하였다.

② 그는 이번 국회의원 선거에 입후보한 사람이다.

③ 이제는 내 문제를 자주적으로 해결하려고 한다.

④ 나는 여러 사람 앞에 나서기를 꺼리는 적극적
인 성격이다.

⑤ 교사는 학생들이 역량을 마음껏 발휘할 수 있
도록 지도해야 한다.

**낱말의 형태**

**5** 문장을 더 자연스럽게 하는 낱말의 형태를 골라
○표 하시오.

(1) 미래 사회에서 ( 성공했으면 , 성공하려면 ) 다
양한 능력을 갖춰야 한다.

(2) 저는 최근에 『오늘의 순위』라는 책을 우연히
( 보았습니다 , 보겠습니다 ).

(3) 지난해에 학생들이 학교에서 바라는 점을 설문
( 조사했습니다 , 조사할 것입니다 ).

**반대말**

**6** 밑줄 친 낱말과 뜻이 반대인 낱말을 골라 ○표 하
시오.

> 미래에 우리에게 필요한 능력은 기술과 지식
> 을 창의적으로 활용하고 문제를 해결해 나가는
> 것이다.

( 독창적 , 기계적 , 창조적 )

점수

**1** 공식적인 말하기 상황에 해당하는 것을 두 가지 고르시오. (　　　　)

① 수업 시간에 발표하기
② 점심시간에 짝과 이야기하기
③ 학급 회의에서 의견 발표하기
④ 동생에게 읽은 책의 내용 이야기하기
⑤ 엄마에게 전학 온 친구에 대해 소개하기

**2~4**

나성실: 저는 최근에 『오늘의 순위』라는 책을 우연히 보았습니다. 이 책은 우리나라의 여러 가지를 조사한 순위를 알려 주는 책인데, 우리나라의 초등학생들 가운데에서 꿈이 없는 사람이 남학생은 14.2퍼센트, 여학생은 16.7퍼센트라고 합니다. 꿈을 정하지 못한 것이 아니라 꿈이 없는 학생들이 그만큼이라는 얘기입니다. 백 명 가운데 열다섯 명이 꿈이 없는 학생이라니, 어릴 때부터 공부만 열심히 하라는 말을 지겹게 들어 온 결과가 아닌가 싶습니다. 그래서 저는 우리 학교의 학생들만큼은 꼭 누구나 꿈을 하나씩 정하고 그 꿈을 이루려고 노력하도록 도와주고 싶습니다. 그래서 첫째, 여러분이 꿈을 찾을 수 있게 여러 가지 직업을 체험할 수 있는 직업 체험학습을 가도록 노력하겠습니다. 둘째, 우리가 모르는 직업을 알 수 있도록 선생님의 도움을 받아서 여러 가지 꿈 찾기 기획을 진행하려고 합니다. 여러분, 깨끗한 환경과 꿈이 있는 학교를 만들려고 최선을 다하겠습니다.

**2** 어떤 공식적인 말하기 상황입니까? (　　　　)

① 수업 시간에 발표하기
② 선거에서 소견 발표하기
③ 학급 회의에서 토론하기
④ 교실에서 선생님과 대화하기
⑤ 반 친구들에게 자기소개 하기

**3** 후보자가 의견을 발표할 때 활용한 자료는 무엇인지 쓰시오.

(　　　　　　　　　)

**4** 후보자가 공약으로 발표한 것 두 가지를 정리하여 쓰시오.

서술형

(1) (　　　　　　　　　　　　　　)
(2) (　　　　　　　　　　　　　　)

**5~6**

**5** 그림 가와 나에 대한 설명으로 알맞은 것은 무엇입니까? (　　　　)

① 두 가지 말하기 상황 모두 말하는 장소가 같다.
② 가는 한 친구가 교실에서 발표하는 모습의 그림이다.
③ 나는 친구들이 자유롭게 말하는 모습의 그림이다.
④ 공식적인 말하기 상황에 해당하는 것은 그림 나이다.
⑤ 두 가지 말하기 상황 모두 개인적으로 이야기하는 상황이다.

**6** 그림 가와 나에서 듣는 사람은 누구인지 쓰시오.

(　　　　　　　　　)

**7** 다음 ( ) 안에서 알맞은 말을 골라 ○표 하시오.

> 공식적인 말하기 상황은 여러 사람 앞에서 말하는 것이므로 ( 예사 , 높임 ) 표현을 사용해야 한다.

**8** 다음 상황에서 활용할 자료로 가장 알맞은 것을 두 가지 고르시오. ( )

> 가족과 여행한 곳을 발표하는 상황

① 표　　　② 책　　　③ 사진
④ 도표　　⑤ 지도

**9*** 사진 자료의 특성은 무엇입니까? ( )

① 자막을 넣을 수 있다.
② 수량의 변화 정도를 알 수 있다.
③ 여러 자료의 수를 비교하기 쉽다.
④ 설명 대상을 한눈에 보여 줄 수 있다.
⑤ 음악을 넣어 분위기를 잘 전달할 수 있다.

**10~11**

과거에 있던 직업인 보부상을 소개하는 동영상을 보여 드리겠습니다.

광호

**10** 광호는 무엇에 대해 발표하고 있습니까?( )

① 사라진 직업의 종류
② 오늘날 직업의 종류
③ 옛날과 오늘날의 생활 모습
④ 과거에 가장 인기 있었던 직업
⑤ 과거에 있던 직업인 보부상의 모습

**11** 광호가 발표할 때 동영상을 활용한 까닭은 무엇인지 쓰시오.

서술형

_____

_____

**12** 독도의 자연환경을 소개할 때 사진 자료를 활용하였다면 그 까닭은 무엇이겠습니까? ( )

① 음악을 넣을 수 있어서
② 정확한 수치를 나타낼 수 있어서
③ 사진 자료에 여행 일정이 잘 설명되어 있어서
④ 독도의 자연환경을 한눈에 보여 줄 수 있어서
⑤ 여행지까지 가는 길을 한눈에 보여 줄 수 있어서

**13*** 자료를 활용해서 말하면 좋은 점이 아닌 것은 무엇입니까? ( )

① 듣는 사람이 더 잘 이해할 수 있다.
② 듣는 사람을 고려하지 않아도 된다.
③ 정보를 효과적으로 전달할 수 있다.
④ 말하는 내용을 더 잘 전달할 수 있다.
⑤ 듣는 사람이 흥미를 느끼게 할 수 있다.

**14** 우리의 미래에 대해 발표할 때 조사할 내용으로 알맞지 않은 것은 무엇입니까? ( )

① 미래에 새로 생길 직업
② 우리 반 친구들의 장래 희망
③ 우리 반 친구들이 원하는 직업
④ 우리 반 친구들이 좋아하는 음식
⑤ 우리 반 친구들이 닮고 싶은 인물

**15~16**

가 자료를 어디에서 가져왔을까?

나 자료가 너무 복잡해.

**15** 그림 가에서 발표하는 사람이 주의할 점은 무엇입니까? ( )

① 자료를 가져온 곳을 밝힌다.
② 더 많은 자료를 제시해야 한다.
③ 꼭 필요한 내용만 자료에 정리한다.
④ 발표 상황에 맞게 자료를 제시해야 한다.
⑤ 컴퓨터를 활용하여 자료를 만들어야 한다.

**16** 그림 나에서 발표하는 사람에게 해 줄 말로 알맞은 것의 기호를 쓰시오.

㉮ 발표 주제와 관계있는 자료를 활용해야 해.
㉯ 자료는 한 번에 적절한 분량으로 복잡하지 않게 보여 줘야 해.

( )

**17~19**

| 자료 1 | 100대 기업의 인재상 변화 | | |
|---|---|---|---|
| | 2008년 | 2013년 | 2018년 |
| 1순위 | 창의성 | 도전 정신 | 소통과 협력 |
| 2순위 | 전문성 | 주인 의식 | 전문성 |
| 3순위 | 도전 정신 | 전문성 | 원칙과 신뢰 |
| 4순위 | 원칙과 신뢰 | 창의성 | 도전 정신 |
| 5순위 | 소통과 협력 | 원칙과 신뢰 | 주인 의식 |

■출처: 대한상공회의소, 2018.

**설명하는 말** 미래에는 어떤 인재가 필요할까요? 대한상공회의소에서 조사한 '100대 기업의 인재상 변화'에 따르면 2008년에는 창의성이 1순위였는데 2013년에는 도전 정신이, 2018년에는 소통과 협력이 1순위입니다. 이처럼 시대에 따라 필요한 인재상은 달라지고 있습니다.

**17** 발표 내용으로 보아, 발표 주제는 무엇이겠습니까? ( )

① 직업의 종류에는 무엇이 있을까
② 소통이 중요한 까닭은 무엇일까
③ 미래에는 어떤 인재가 필요할까
④ 학생들의 희망 직업 순위는 어떠할까
⑤ 오늘날 사라진 직업에는 무엇이 있을까

**18** 서술형 발표 주제에 어울리는 자료를 추가한다면 어떤 자료를 찾고 싶은지 쓰시오.

_____

_____

**19** 이와 같은 발표 내용에서 자료를 설명하는 말에 들어갈 내용을 두 가지 고르시오. ( )

① 자료에 담긴 핵심 내용
② 발표를 준비하며 느낀 점
③ 자료의 출처를 밝히는 내용
④ 발표 내용을 간단하게 정리하는 내용
⑤ 듣는 사람의 주의를 집중시킬 수 있는 내용

**20** 다른 사람이 하는 발표를 들을 때 주의할 점으로 알맞지 않은 것의 기호를 쓰시오.

㉮ 발표하는 내용에 집중하며 듣는다.
㉯ 발표하는 내용을 모두 적으며 듣는다.
㉰ 발표하는 내용에 어울리는 자료인지 생각하며 듣는다.

( )

점수

## 1

**1**단계
낱말
쓰기
그림 **가** 와 **나** 의 말하기 상황의 공통점은 무엇인지 빈칸에 들어갈 말을 보기 에서 찾아 쓰시오.
[3점]

보기
공식적      비공식적

• ( ) 말하기 상황이다.

**2**단계
문장
쓰기
그림 **가**, **나** 와 같은 말하기 상황에서 말하는 사람과 듣는 사람이 가져야 할 태도를 각각 쓰시오.
[8점]

| 말하는 사람 | (1) |
|---|---|
| 듣는 사람 | (2) |

**3**단계
생각
쓰기
우리 주변에서 〈문제 **1** 단계〉에서 답한 말하기 상황에 해당하는 경우를 한 가지 쓰시오. [6점]

_____

_____

## 2~3

**가** 시작하는 말 안녕하세요? 1모둠 발표를 맡은 김대한입니다. 우리의 미래를 생각하면서 우리 모둠은 '미래에는 어떤 인재가 필요할까'라는 주제로 발표를 준비했습니다.

**나** 설명하는 말 미래에는 어떤 인재가 필요할까요? 대한상공회의소에서 조사한 '100대 기업의 인재상 변화'에 따르면 2008년에는 창의성이 1순위였는데 2013년에는 도전 정신이, 2018년에는 소통과 협력이 1순위입니다. 이처럼 시대에 따라 필요한 인재상은 달라지고 있습니다.

우리가 어른이 되는 미래에는 어떤 인재가 필요할까요? 우리 모둠은 인공 지능, 사물 인터넷 같은 4차 산업 혁명으로 이전과는 다른 산업 형태가 나타나면서 필요한 인재상도 달라질 것이라고 예상했습니다. 미래에는 변화가 굉장히 빠른 속도로 일어나기 때문에 미래의 인재에게 가장 중요한 것은 계속 배우려는 의지라고 생각합니다.

**2** 발표 내용에서 **가** 와 같은 시작하는 말이 하는 역할은 무엇인지 쓰시오. [5점]

_____

_____

**3** 이 모둠이 발표할 때 제시한 자료는 무엇인지 쓰고, 발표 주제와 어울리는지 까닭을 들어 쓰시오.
[8점]

| 제시한 자료 | (1) |
|---|---|
| 발표 주제와 어울리는가 | (2) |

# 3 짜임새 있게 구성해요

| 학습 제재 | 미래의 인재 | 배점 | 20점 |
|---|---|---|---|
| 학습 목표 | 발표 내용을 어떻게 구성했는지 살펴볼 수 있다. | | |

**1** 다음 발표할 내용을 쓴 글을 읽고, 내용을 어떻게 구성했는지 쓰시오.

**가** **100대 기업의 인재상 변화**

| | 2008년 | 2013년 | 2018년 |
|---|---|---|---|
| 1순위 | 창의성 | 도전 정신 | 소통과 협력 |
| 2순위 | 전문성 | 주인 의식 | 전문성 |
| 3순위 | 도전 정신 | 전문성 | 원칙과 신뢰 |
| 4순위 | 원칙과 신뢰 | 창의성 | 도전 정신 |
| 5순위 | 소통과 협력 | 원칙과 신뢰 | 주인 의식 |

■출처: 대한상공회의소, 2018.

미래에는 어떤 인재가 필요할까요? 대한상공회의소에서 조사한 '100대 기업의 인재상 변화'에 따르면 2008년에는 창의성이 1순위였는데 2013년에는 도전 정신이, 2018년에는 소통과 협력이 1순위입니다. 이처럼 시대에 따라 필요한 인재상은 달라지고 있습니다.

우리가 어른이 되는 미래에는 어떤 인재가 필요할까요? 우리 모둠은 인공 지능, 사물 인터넷 같은 4차 산업 혁명으로 이전과는 다른 산업 형태가 나타나면서 필요한 인재상도 달라질 것이라고 예상했습니다. 미래에는 변화가 굉장히 빠른 속도로 일어나기 때문에 미래의 인재에게 가장 중요한 것은 계속 배우려는 의지라고 생각합니다.

**나**

다음으로 준비한 자료는 한국교육방송공사에서 방송한 「일자리의 미래」입니다. 자료를 보면서 발표를 이어 가겠습니다.

이 동영상에서는 2020년까지 사라지는 일자리는 510만 개로, 미래에는 한 사람이 평균 4~5개의 직업을 가져야 한다고 합니다. 우리가 이러한 미래 사회에서 성공하려면 여러 분야에서 다양한 능력을 갖춰야 합니다. 경제협력개발기구[OECD]가 정리한 미래 핵심 역량은 도구 활용 능력, 사회적 상호 작용 능력, 자기 삶에 대한 자주적 관리 능력입니다. 앞서 발표한 '100대 기업의 인재상 변화'에서도 나타난 소통, 협력, 전문성과 관련 있다고 생각합니다. 이러한 능력을 키우려고 핀란드, 독일, 아르헨티나와 같은 세계 여러 나라에서는 단순한 암기 교육이 아니라 현실에 적용할 수 있는 능력을 키우는 역량 중심 교육을 강화한다고 합니다.

미래에는 더 많은 변화가 더 빨리 이루어질 것입니다. 미래에 우리에게 필요한 능력은 기계가 대신할 수 없는, 인간만이 지니는 능력이라고 생각합니다. 기술과 지식을 창의적으로 활용하고 이로써 문제를 해결해 내는 인간만이 지닐 수 있는 능력을 더욱 키워 나가야 할 것입니다.

| 첫 번째로 제시한 자료 | (1) |
|---|---|
| 그 자료를 처음에 제시한 까닭 | (2) |
| 마지막에 제시한 자료 | (3) |
| 그 자료를 마지막에 제시한 까닭 | (4) |

## 1 같은 문제 상황에 대해 주장이 서로 다른 까닭

① 사람마다 겪은 일이 서로 다르기 때문입니다.

② 사람마다 처한 상황이 서로 다르기 때문입니다.

예 「동물원은 필요한가」에 나타난 주장

| 지훈이의 주장 | 미진이의 주장 |
|---|---|
| 동물원이 있어야 한다. | 동물원은 없애야 한다. |

## ★★ 2 논설문의 특성 알기

① 논설문은 주장과 이를 뒷받침하는 근거로 이루어져 있습니다.

② 논설문은 서론, 본론, 결론으로 짜여 있습니다.

| 서론 | 글을 쓴 문제 상황, 글쓴이가 글 전체에서 내세우는 주장을 밝힘. |
|---|---|
| 본론 | • 글쓴이의 주장에 적절한 근거를 제시함.<br>• 서론에서 글쓴이기 제시한 주장의 근거와 그 근거를 뒷받침하는 내용을 제시함. |
| 결론 | 글 내용을 요약하기도 하고 글쓴이의 주장을 다시 한번 강조할 수도 있음. |

예 「우리 전통 음식의 우수성」의 짜임

| 서론 | 우리 전통 음식을 사랑합시다. |
|---|---|
| 본론 | • 우리 전통 음식은 건강에 이롭습니다.<br>• 우리 전통 음식을 가까이하면 계절과 지역에 따라 다양한 맛을 즐길 수 있습니다.<br>• 우리 전통 음식에서 우리 조상의 슬기와 문화를 경험할 수 있습니다. |
| 결론 | 우리 전통 음식의 과학성과 우수성을 알고 우리 전통 음식에 관심을 가지고 우리 전통 음식을 사랑해야겠습니다. |

## ★★ 3 내용의 타당성과 표현의 적절성 판단하기

| 내용의 타당성을 판단하는 방법 | • 주장이 가치 있고 중요한지 살펴봅니다.<br>• 근거가 주장과 관련 있는지 살펴봅니다.┐<br>• 근거가 주장을 뒷받침하는지 살펴봅니다. |
|---|---|

└'반드시', '절대로', '결코'와 같이 어떤 사실을 딱 잘라 판단하거나 결정하는 표현

| 표현의 적절성을 판단하는 방법 | 주관적인 표현, 모호한 표현, 단정하는 표현을 쓰지 않았는지 살펴봅니다. |
|---|---|

└낱말이나 문장이 나타내는 의미가 분명하지 않아 정확하게 해석할 수 없는 표현

예 「자연 보호는 우리가 꼭 해야 할 일」에서 근거의 타당성 판단하기

└자신의 생각이나 감정에 치우치는 표현

자연은 한번 파괴되면 복원되기가 어렵다는 첫 번째 근거는 주장과 연결될 수 있어.

근거에 포함된 다양한 예가 글쓴이의 주장을 뒷받침하는 데 도움이 됐어.

---

**1** 다음 빈칸에 알맞은 말을 쓰시오.

> 같은 문제 상황에 대해 서로 다른 주장을 하는 까닭은 사람마다 ( )과/와 처한 상황이 다르기 때문이다.

**2** 논설문에서 글쓴이의 주장을 뒷받침하는 내용을 무엇이라고 하는지 쓰시오.

( )

**3** 논설문의 본론에 들어가야 할 내용을 골라 기호를 쓰시오.

> ㉮ 근거
> ㉯ 주장
> ㉰ 문제 상황
> ㉱ 글 내용 요약

( )

**4** 논설문에서 내용의 타당성을 판단하는 방법으로 알맞은 것에 ○표 하시오.

(1) 주장이 자신의 주장과 같은지 살펴본다. ( )

(2) 근거가 주장과 연결되어 있는지 살펴본다. ( )

(3) 근거가 최신 정보를 담고 있는지 살펴본다. ( )

# 동물원은 필요한가

• **글의 특징**: 동물원의 필요성에 대해 지훈이와 미진이가 서로 다른 주장을 펼치는 글입니다.

시은이네 모둠은 '동물원은 필요한가'라는 주제로 서로 이야기해 보기로 했다. 먼저 시은이가 문제 상황을 설명했다.
<sub>토론 주제</sub>

┌─ 토론 주제와 문제 상황 제시함.

**시은**: 동물원은 살아 있는 동물들을 모아서 기르는 곳입니다. 자연 상태에서 보기 힘든 다양한 동물을 가까이에서 볼 수 있어 동물의 생태와 습성, 자연환경의 소중함을 배울 수 있는 교육 장소입니다. 하지만 좁은 우리에 갇혀 살아가는 동물들은 스트레스를 많이 받습니다. '동물원은 필요한가'에 대해 우리 모둠 친구들은 어떻게 생각하나요?

지훈이가 손을 들고 자기 생각을 말했다.

┌─ 주제에 대하여 찬성하는 주장과 근거 제시함.

**지훈**: ㉠저는 동물원이 있어야 한다고 생각합니다. 그 까닭은 첫째, ㉡동물원은 우리에게 큰 즐거움을 줍니다. 3000년 전에 이미 동물원을 만들었을 만큼 사람은 동물을 좋아하고 가까이해 왔습니다. 동물원에서는 쉽게 만날 수 없는 동물을 가까이에서 볼 수 있는데, 열대 지역에 사는 사자나 극지방에 사는 북극곰도 쉽게 만날 수 있습니다. 서울 동물원에만 한 해 평균 350만 명이 방문한다고 합니다. 이렇게 많은 사람이 동물원을 좋아하고 동물원에서 즐거움을 느낍니다. 둘째, ㉢동물원이 동물을 보호해 줍니다. 야생에서는 약한 동물이 더 강한 동물에게 공격당하거나 먹이가 없어 굶어 죽기도 합니다. ㉣동물원은 자유를 제한하더라도 먹이와 안전을 보장하기 때문에 동물에게 훨씬 이롭습니다. 최근에는 친환경 동물원으로 탈바꿈하는 곳도 많습니다. 동물들이 지내는 환경을 개선하면 동물원은 사람에게도, 동물에게도 이로운 곳이 될 것입니다.
<sub>사자나 북극곰 등</sub>
<sub>원래의 모양이나 형태를 바꾸는</sub>

---

**습성**(習 익힐 습, 性 성품 성) 동일한 동물 종류 내에서 공통되는 생활 양식이나 행동 양식. ⑩ 닭은 젖은 곳을 싫어하는 습성이 있습니다.

**야생**(野 들 야, 生 날 생) 산이나 들에서 저절로 나서 자람. 또는 그런 생물

**친환경** 자연환경을 오염하지 않고 자연 그대로의 환경과 잘 어울리는 일. 환경친화.

**개선**(改 고칠 개, 善 착할 선) 잘못된 것이나 부족한 것, 나쁜 것 따위를 고쳐 더 좋게 만듦.

---

교과서 문제

**1** 다음은 시은이가 제시한 문제 상황입니다. 빈칸에 들어갈 알맞은 말은 무엇입니까? ( )

> 동물원은 동물의 생태와 습성, 자연환경의 소중함을 배울 수 있는 교육 장소이지만 좁은 우리에 갇혀 살아가는 동물들은 ( )을/를 많이 받는다.

① 먹이　　② 자유　　③ 이로움
④ 스트레스　　⑤ 안전 보장

교과서 문제

**2** 지훈이의 주장으로 알맞은 것에 ○표 하시오.

(1) 동물원은 없애야 한다. ( )
(2) 동물원이 있어야 한다. ( )
(3) 동물원을 새로 만들어야 한다. ( )

**3** ㉠~㉣ 중 지훈이가 근거로 든 내용을 모두 골라 기호를 쓰시오.

( )

**4*** 지훈이의 주장을 뒷받침하는 또 다른 근거를 알맞게 말한 친구의 이름을 쓰시오.

> **지유**: 동물원에 있는 동물들도 자유를 누릴 권리가 있어.
> **민주**: 동물원에 있는 동물들을 보고 동물을 사랑하는 마음을 키울 수 있어.

( )

지훈이가 말을 마치자 미진이가 자기 생각을 말했다.

— 주제에 대하여 반대하는 주장과 근거 제시함.

**미진:** 동물원은 없애야 합니다. 첫째, 동물원은 동물의 자유를 **구속**하고, 동물에게 사람의 구경거리가 되는 고통을 줍니다. 동물원에서 동물은 제한된 공간에 갇혀 수많은 관람객과 **마주해야** 합니다. 이러한 상황에서 동물은 

제한된 공간에 갇혀 수많은 관람객과 마주해야 하는 상황

**극심한** 스트레스를 받습니다. 동물은

매우 심한

사람의 **눈요깃거리**가 아니라 그 자체로 존중받아야 하는 소중한 생명체입니다. 둘째, 동물원은 인공적인 환경이기 때문에 자연을 대신할 수 없습니다. 동물원의 우리는 동물의 **행동반경**에 비해 턱없이 좁습니다. 친환경 동물원이 생기고 있지만 동물이 원래 살던 환경을 그대로 동물원으로 옮기는 것은 불가능합니다. 동물은 인위적으로 만든 동물원보다 생태계가 어우러진 **광활한** 자연에서 살아야 합니다. 동물에게 이로움보다 해로움이 훨씬 더 많은 동물원은 없애야 한다고 생각합니다.

모둠 친구들은 지훈이와 미진이의 주장을 듣고 **곰곰**

여러 모로 깊이

이 생각했다.

---

**구속**(拘 잡을 구, 束 묶을 속) 행동이나 생각의 자유를 막거나 강제로 얽어맴.

**마주해야** 서로 똑바로 향하여 대해야.

**눈요깃거리** 눈으로 보기만 하면서 만족을 느끼는 대상. ❷ 춤은 눈요깃거리가 아니라 예술입니다.

**행동반경**(行 다닐 행, 動 움직일 동, 半 반 반, 徑 지름길 경) 사람이나 동물이 행동할 수 있는 범위.

**인위적** 자연의 힘이 아닌 사람의 힘으로 이루어지는. 또는 그런 것. ❷ 이 호수는 인위적으로 만들어졌습니다.

**광활한** 막힌 데가 없이 트이고 넓은.

---

교과서 문제

**5** 미진이의 주장은 무엇인지 쓰시오.

( )

교과서 문제

**6** 미진이가 주장에 대한 근거로 제시한 것을 두 가지 고르시오. ( )

① 동물에게 먹이와 안전을 보장한다.

② 동물과 교감하는 시간을 가질 수 있다.

③ 많은 사람들이 동물을 보고 즐기며 기뻐한다.

④ 동물에게 사람의 구경거리가 되는 고통을 준다.

⑤ 동물원은 인공적인 환경이므로 자연을 대신할 수 없다.

**7** 미진이는 동물이 어디에 살아야 한다고 생각하는지 쓰시오.

( )

**8** 같은 문제 상황에 대해 지훈이와 미진이의 주장이 다른 까닭으로 알맞은 것에 ○표 하시오.

(1) 좋아하는 대상이 서로 달라서 ( )

(2) 뒷받침하는 근거가 서로 달라서 ( )

(3) 사람마다 겪은 일이 서로 달라서 ( )

**9** 다음 주제에 대해 찬성하거나 반대하는 주장을 정하여 ○표 하고, 주장에 알맞은 근거를 한 가지 쓰시오.

서술형

| 주제 | 동물원은 필요한가 |
|------|------------------|
| | ↓ |
| 주장 | (1) 동물원은 ( 있어야 , 없애야 ) 한다. |
| 근거 | (2) |

# 우리 전통 음식의 우수성

- 글의 종류: 논설문
- 글의 특징: 우리 전통 음식의 우수성을 근거로 들어 우리 전통 음식을 사랑하자고 주장하는 글입니다.

**1** 요즘에 우리 전통 음식보다 외국에서 유래한 햄버거나 피자와 같은 음식을 더 좋아하는 어린이를 쉽게 볼 수 있습니다. 이러한 음식은 지나치게 많이 먹으면 건강이 나빠지기도 합니다. 그에 비해 우리 전통 음식
<u>햄버거나 피자를 지나치게 많이 먹지 말아야 하는 까닭</u>
은 오랜 세월에 걸쳐 전해 오면서 우리 입맛과 체질에 맞게 발전해 왔기 때문에 여러 가지 면에서 우수합니다. ㉠우리 전통 음식을 사랑합시다. 왜 우리 전통 음식을 사랑해야 할까요?

중심 내용 **1** 우리 전통 음식을 사랑합시다.

**2** 첫째, ㉡우리 전통 음식은 건강에 이롭습니다. 우리가 날마다 먹는 밥은 담백해 쉽게 싫증이 나지 않으며 어떤 반찬과도 잘 어우러져 균형 잡힌 영양분을 섭취하기 좋습니다. 또 된장, 간장, 고추장과 같은 발효 식품에는 무기질과 비타민이 풍부하게 들어 있어 몸을

건강하게 해 줍니다. 특히 청국장은 항암 효과는 물론 해독 작
<u>몸 안에 들어간 독성 물질을 없앰.</u>
용까지 뛰어나다고 합니다. 된장도 건강에 이로운 식품으로 알려져 있습니다.

▲ 청국장

중심 내용 **2** 우리 전통 음식은 건강에 이롭습니다.

> 논설문의 짜임과 관련지어 서론과 본론의 역할을 묻는 문제가 자주 출제돼.

**핵심내용** 문단 **1**과 **2**에 들어 있는 내용

| 문단 **1** | 문제 상황 | 우리 전통 음식보다 햄버거나 피자 같은 음식을 더 좋아하는 어린이를 쉽게 볼 수 있다. |
| | 글쓴이의 ❶ [ㅈㅈ] | 우리 전통 음식을 사랑합시다. |
| 문단 **2** | 주장에 대한 근거 | 우리 전통 음식은 ❷ [ㄱㄱ]에 이롭다. |

유래한 사물이나 일이 생겨난. 예 마라톤은 고대 아테네의 마라톤 전투에서 <u>유래한</u> 경기입니다.
체질(體 몸 체, 質 바탕 질) 날 때부터 지니고 있는 몸의 바탕.

담백해 음식이 느끼하지 않고 산뜻해.
항암(抗 겨룰 항, 癌 암 암) 암세포가 늘어나는 것을 막거나 암세포를 죽임.

---

교과서 문제
**1** 글쓴이가 이 글을 쓴 목적은 무엇입니까? ( )

① 우리 전통 음식의 종류를 설명하려고
② 우리 전통 음식 만드는 법을 소개하려고
③ 우리 전통 음식의 다양한 맛을 알리려고
④ 우리 전통 음식을 사랑하자는 주장을 하려고
⑤ 외국 음식이 건강에 해롭다는 주장을 하려고

**2*** 문단 **1**의 역할로 알맞은 것에 ○표 하시오.
(1) 글 내용을 요약한다. ( )
(2) 글쓴이의 주장을 뒷받침하는 근거를 제시한다. ( )
(3) 문제 상황을 밝히고 글쓴이의 주장을 분명하게 나타낸다. ( )

교과서 문제
**3** 이 글에서 제시한 문제 상황은 무엇인지 빈칸에 알맞은 말을 차례대로 쓰시오.

> ( )보다 외국에서 유래한 햄버거나 피자와 같은 음식을 더 좋아하는 ( )을/를 쉽게 볼 수 있다.

**4** ㉠과 ㉡ 중에서 다음에 해당하는 것의 기호를 쓰시오.

| 주장 | (1) |
| 근거 | (2) |

**3** 둘째, 우리 전통 음식을 가까이하면 계절과 지역에 따라 다양한 맛을 즐길 수 있습니다. 우리 조상은 생활 주변에서 나는 여러 가지 재료를 이용해 계절에 맞는 다양한 음식을 만들어 왔습니다. 주변 바다와 산천에서 나는 풍부하고 다양한 해산물과 갖은 나물이나 채소와 같은 재료에는 각각 고유한 맛이 있습니다. 이러한 재료를 이용해 만든 여러 가지 음식은 지역 특색을 살린 독특한 맛을 냅니다. 비빔밥의 경우, 콩나물을 비롯한 여러 가지 나물에 육회를 얹은 전주비빔밥, 기름에 볶은 밥에 고사리와 가늘게 찢은 닭고기, 각종 나물과 황해도 특산물인 김을 얹은 해주비빔밥, 멍게를 넣은 통영비빔밥과 같이 그 지역 특산물에 따라 다양하게 만들었습니다. 김치 또한 시원하고 톡 쏘는 맛이 강하거나 맵고 진한 감칠맛이 나는 등 지역에 따라 다양한 맛으로 만든 것을 볼 수 있습니다.

**중심 내용 3** 우리 전통 음식을 가까이하면 계절과 지역에 따라 다양한 맛을 즐길 수 있습니다.

갖은 골고루 다 갖춘. 또는 여러 가지의.
감칠맛 음식물이 입에 당기는 맛.
염장(鹽 소금 염, 藏 감출 장) 소금에 절여 저장함.

**4** 셋째, 우리 전통 음식에서 우리 조상의 슬기와 문화를 경험할 수 있습니다. 우리 조상은 겨울을 나려고 김장을 하고, 저장 온도와 저장 기간을 조절해 겨울철에도 신선하게 채소를 먹을 수 있도록 했습니다. 삼국 시대부터 발달한 염장 기술로 고기류와 어패류를 오랫동안 보관해 맛있게 먹을 수 있도록 했습니다. 또 농경 생활을 하면서 설이나 추석과 같은 명절에 가족이나 이웃과 함께 세시 음식을 만들어 먹으며 정답게 어울려 지냈습니다.

**중심 내용 4** 우리 전통 음식에서 우리 조상의 슬기와 문화를 경험할 수 있습니다.

**5** 우리나라 전통 음식은 세계 여러 나라 사람에게 주목받고 있습니다. 우리 조상의 넉넉한 마음과 삶에서 배어 나온 지혜가 담긴 우리 전통 음식은 그 맛과 멋과 영양의 삼박자를 모두 갖추고 있습니다. 우리는 우리 전통 음식의 과학성과 우수성을 알고 우리 전통 음식에 관심을 가지고 우리 전통 음식을 사랑해야겠습니다.

**중심 내용 5** 우리 전통 음식의 과학성과 우수성을 알고 우리 전통 음식에 관심을 가지고 우리 전통 음식을 사랑해야겠습니다.

세시(歲 해 세, 時 때 시) 한 해의 절기나 달, 계절에 따른 때.
주목받고 관심을 가지고 주의 깊게 살핌을 받고. 예 새로운 기술이 주목받고 있습니다.

**5** 글쓴이가 지역 특색을 살린 음식으로 소개한 것을 두 가지 고르시오. ( )

① 된장 ② 김치 ③ 젓갈
④ 비빔밥 ⑤ 불고기

**6** 문단 **4**에 대한 설명으로 알맞지 <u>않은</u> 것은 무엇입니까? ( )

① 본론에 해당한다.
② 주장에 대한 근거가 나타나 있다.
③ 중심 문장은 글의 첫 부분에 있다.
④ 근거를 뒷받침하는 내용이 나타나 있다.
⑤ 글쓴이가 내세우는 주장이 나타나 있다.

**7** 문단 **5**는 어떤 내용으로 짜여 있는지 두 가지 고르시오. ( )

① 문제 상황
② 주장과 근거
③ 글 내용 요약
④ 근거를 뒷받침하는 예
⑤ 글쓴이의 주장 다시 한번 강조

**8** 글쓴이의 주장은 무엇인지 쓰시오.
서술형

# 자연 보호는 우리가 꼭 해야 할 일

- 글의 종류: 논설문
- 글의 특징: 자연을 보호해야 하는 까닭을 근거로 들어 자연을 보호하자고 주장하는 글입니다.

**1** ㉠우리나라뿐만 아니라 세계 곳곳에서 벌어지는 자연 개발은 우리 삶을 위협한다. 이러한 <u>무분별한</u> 개발로 우리 삶의 터전인 자연은 몸살을 앓고, 이제 인류
<sub>바른 생각이나 판단이 없는</sub>
의 생존까지 위협하는 상황에 이르렀다. ㉡우리는 자연의 목소리에 귀를 기울이고 자연을 보호해야 한다. 왜 자연을 보호해야 할까?

중심 내용 **1** 우리는 자연의 목소리에 귀를 기울이고 자연을 보호해야 한다.

**2** 첫째, ㉢자연은 한번 파괴되면 복원되기가 어렵다. 어린나무 한 그루가 아름드리나무로 성장하는 데
<sub>둘레가 한 아름이 넘는 큰 나무</sub>
약 30년에서 50년이 걸린다고 한다. 우유 한 컵(150밀리리터)으로 오염된 물을 물고기가 살 수 있는 깨끗한 물로 만들려면 우유 한 컵의 약 2만 배의 물이 필요하다. 이처럼 환경을 오염시키는 것은 순식간이지만 오염된 환경을 되살리는 데는 수십, 수백 배의 시간과 노력이 든다. 자연의 힘이 아무리 위대해도 자정 능력을 넘어서는 오염을 감당하기는 어렵다.

중심 내용 **2** 자연은 한번 파괴되면 복원되기가 어렵다.

**3** 둘째, ㉣<u>무리한 자연 개발은 생태계를 파괴한다.</u> 생물은 서로 유기적인 생태계로 얽혀 있으며 주변 환
<sub>밀접하게 관련된</sub>
경과 영향을 주고받으면서 살아간다. 자연 개발로 생태계를 파괴하면 결국 사람의 생활 환경을 악화시키는 결과를 초래한다. 예를 들어 사람의 편의를 돕는 시설
<sub>어떤 결과를 가져오게 한다.</sub>
을 만들면서 무분별하게 산을 파헤치면 동식물은 삶의 터전을 잃는다. 무리한 자연 개발의 결과로 기후 변화 현상까지 나타나 동물이 멸종 위기에 처하고, 지구 환경이 위협을 받기도 한다. 동식물이 살 수 없는 곳은 사람도 살 수 없는 곳이 된다. 사람도 자연의 일부분이므로 자연과 조화를 이루어야 우리 삶이 풍요로워진다.

중심 내용 **3** 무리한 자연 개발은 생태계를 파괴한다.

> 본론에서 근거의 타당성을 판단하는 문제가 자주 출제돼.

터전 살림의 근거지가 되는 곳.
복원(復 회복할 복, 元 으뜸 원) 원래대로 회복함. ㉮ 훼손된 문화재의 복원이 시급합니다.

자정(自 스스로 자, 淨 깨끗할 정) 오염된 물이나 땅 따위가 물리학적·화학적·생물학적 작용으로 저절로 깨끗해짐.
악화(惡 악할 악, 化 될 화) 일의 모양이나 상태가 나쁜 쪽으로 바뀜.

---

교과서 문제

**9** 이 글에서 제시한 문제 상황은 무엇입니까?
( )

① 사람들이 자연을 가까이한다.
② 사람들이 나무를 심지 않는다.
③ 사람들이 자연에 관심이 없다.
④ 지나친 자연 보호로 생활이 불편하다.
⑤ 무분별한 자연 개발이 우리의 삶을 위협한다.

**10** ㉠~㉣ 중 중심 문장이 <u>아닌</u> 것의 기호를 쓰시오.
( )

**11** 문단 **2**와 **3**에 나타난 근거의 타당성을 바르게 판단한 친구의 이름을 쓰시오.

> **무영:** 무리한 자연 개발이 동물을 멸종시킨다는 것은 억지야.
> **민준:** 첫 번째 근거는 어린나무와 오염된 물의 예를 들어 주장을 잘 뒷받침하고 있어.

( )

**12** 주장이 가치 있고 중요한지 판단하여 쓰시오.
서술형
_____
_____

**4** 셋째, 자연은 우리 후손이 살아갈 삶의 터전이다. 당장의 편리와 이익만을 추구하다 보면 우리 후손에게 훼손된 자연을 물려주게 된다. 환경을 고려하지 않은 개발로 물, 공기, 토양, 해양과 같은 자연환경이 돌이키기 힘들 정도로 훼손되면 우리 후손은 그 훼손된 자연 속에서 살아가야 한다. 조상으로부터 금수강산을 물려받은 우리는 후손에게 아름다운 자연을 물려주어야 할 의무가 있다. 자연은 조상이 남긴 소중한 환경 유산이자 후손이 앞으로 살아갈 삶의 터전임을 ㉠반드시 기억해야 한다.

> 중심 내용 **4** 자연은 우리 후손이 살아갈 삶의 터전이다.

**5** 자연은 우리의 영원한 안식처이다. 더 이상 무분별한 개발로 금수강산을 훼손해서는 안 된다. 자연 개발
<small>자연을 비유한 표현</small>

로 사라져 가는 동식물을 다시 이 땅으로 돌아오게 하여 더불어 살아야 한다. 지나친 개발 때문에 나타나는 지구 온난화와 이상 기후 현상이 더 이상 심해지지 않
<small>지나친 자연 개발의 결과</small>
도록 노력하는 일도 우리 모두에게 남겨진 과제이다. 이제 우리 모두 자연 보호를 실천해야 한다.

> 중심 내용 **5** 이제 우리 모두 자연 보호를 실천해야 한다.

**핵심내용** 「자연 보호는 우리가 꼭 해야 할 일」의 짜임

| 서론 | 문단 **1** | 우리는 자연의 목소리에 귀를 기울이고 자연을 보호해야 한다. |
|---|---|---|
| **3** ㅂㄹ | 문단 **2** | 자연은 한번 파괴되면 **4** ㅂ ㅇ 되기가 어렵다. |
| | 문단 **3** | 무리한 자연 개발은 생태계를 파괴한다. |
| | 문단 **4** | 자연은 우리 후손이 살아갈 삶의 터전이다. |
| 결론 | 문단 **5** | 이제 우리 모두 자연 보호를 실천해야 한다. |

---

훼손(毁 헐 훼, 損 덜 손) 헐거나 깨뜨려 못 쓰게 만듦.
금수강산 비단에 수를 놓은 것처럼 아름다운 산천이라는 뜻으로, 우리나라의 산천을 비유적으로 이르는 말.

유산(遺 남길 유, 産 낳을 산) 앞 세대가 물려준 사물 또는 문화.
안식처(安 편안 안, 息 쉴 식, 處 곳 처) 편히 쉬는 곳. 예 나무 위의 둥지는 새들의 안식처입니다.

---

**13** 문단 **4**에 나타난 근거의 타당성을 바르게 판단한 친구의 이름을 쓰시오.

> 정효: 구체적인 예를 들어 근거를 설명했어.
> 미나: 후손일수록 과학 기술이 발달하므로, 근거가 주장과 관련이 없어.
> 세연: 자연은 우리뿐 아니라 후손이 살아갈 터전이 되므로, 근거가 주장을 뒷받침하고 있어.

(        )

**14*** 이 글에서 ㉠의 표현이 적절하지 않은 까닭으로 알맞은 것에 ○표 하시오.

(1) 모호한 표현을 사용해서     (    )
(2) 단정적인 표현을 사용해서     (    )
(3) 주관적인 표현을 사용해서     (    )

**15** 이 글의 내용으로 알맞지 <u>않은</u> 것은 무엇입니까?

(      )

① 우리는 조상에게 환경 유산을 물려받았다.
② 자연은 우리 후손이 살아갈 삶의 터전이다.
③ 무분별한 개발로 자연을 훼손해서는 안 된다.
④ 자연 개발로 사라져 가는 동식물을 인정해야 한다.
⑤ 우리는 후손에게 아름다운 자연을 물려줄 의무가 있다.

교과서 문제
**16** 이 글의 주장으로 알맞은 것의 기호를 쓰시오.

> ㉮ 기후 변화에 대비해야 한다.
> ㉯ 자연 보호를 실천해야 한다.
> ㉰ 자연을 적극적으로 개발해야 한다.

(        )

**1~3**

가

스마트폰 중독

나

즉석 음식 즐겨 먹기

다

한 가지 갈래의 책만 읽기

**1** 그림 가~다의 문제 상황을 해결할 수 있는 주장을 보기 에서 각각 찾아 기호를 쓰시오.

보기
㉠ 음식을 골고루 먹자.
㉡ 다양한 종류의 책을 읽자.
㉢ 시간을 정해 스마트폰을 이용하자.

(1) 가: (　　　　　　)
(2) 나: (　　　　　　)
(3) 다: (　　　　　　)

**2** 그림 가~다처럼 주변에서 일어나는 문제 상황 가운데에서 주장을 펼치고 싶은 것을 한 가지 떠올려 보기 와 같이 쓰시오.

보기
　친구들이 교실에서 뛰어다니다가 서로 부딪히는 문제

(　　　　　　　　　　　　)

**3** 〈문제 2번〉에서 답한 문제 상황을 해결할 수 있는 주장을 쓰고, 주장을 뒷받침할 근거를 한 가지 쓰시오.
서술형

| 주장 | (1) |
|------|-----|
| 근거 | (2) |

**4**★ 친구들이 주장이 드러나게 논설문을 쓰려고 합니다. 알맞게 말한 친구를 모두 고르시오.
(　　　　　　)

① 호진: 서론에서 글 내용을 요약할 거야.
② 성아: 주장이 잘 드러나게 제목을 정해야지.
③ 도민: 서론, 본론, 결론이 드러나도록 써야 해.
④ 은우: 본론에 주장에 대한 적절한 근거를 쓸 거야.
⑤ 한결: 근거를 뒷받침하는 다양한 자료는 결론에서 제시해야 해.

**5** 논설문을 평가하는 기준으로 알맞지 않은 것은 무엇입니까?
(　　　　　　)

① 근거가 주장과 관련 있다.
② 근거가 주장을 뒷받침한다.
③ 주장이 가치 있고 중요하다.
④ 구체적인 예나 자료가 근거를 뒷받침한다.
⑤ 모호한 표현을 사용하여 표현이 적절하다.

**4.** 주장과 근거를 판단해요 **67**

**낱말의 뜻**

**1** 다음 낱말의 뜻으로 알맞은 것을 보기 에서 찾아 기호를 쓰시오.

보기
㉮ 소금에 절여 저장함.
㉯ 사람이나 동물이 행동할 수 있는 범위.
㉰ 동일한 동물 종류 내에서 공통되는 생활 양식이나 행동 양식.
㉱ 오염된 물이나 땅 따위가 물리학적·화학적·생물학적 작용으로 저절로 깨끗해짐.

(1) 습성 (　　　)　　(2) 염장 (　　　)
(3) 자정 (　　　)　　(4) 행동반경 (　　　)

**낱말의 활용**

**2** 빈칸에 들어갈 알맞은 말을 쓰시오.

동물은 사람의 눈요깃□□가 아니라 그 자체로 존중받아야 하는 소중한 생명체이다.

(　　　　　)

**맞춤법**

**3** 다음 설명을 읽고 (　　) 안에서 알맞은 낱말을 골라 ○표 하시오.

끝말의 소리가 '이'로만 나는 경우에는 '-이'로 적어. 끝말의 소리가 '히'로만 나거나, '이'나 '히'로 나는 경우에는 '-히'로 적어.

(1) 집안 청소를 ( 말끔히 , 말끔이 ) 했다.
(2) 우리 모둠은 친구의 주장을 듣고 ( 곰곰이 , 곰곰히 ) 생각했다.

**띄어쓰기**

**4** 다음 설명을 읽고, 밑줄 친 부분을 바르게 띄어 쓴 것을 두 가지 고르시오. (　　　　　)

'만큼'은 사람이나 사물의 이름을 나타내는 낱말 뒤에서는 붙여 쓰고, '-는/-을/'과 같이 '-ㄴ/-ㄹ'로 끝나는 말 뒤에서는 띄어 쓴다.

① 식판에 음식을 먹을 만큼 담았다.
② 그 집만큼 맛있는 떡볶이집이 또 있을까?
③ 호수 만큼 넓은 친구의 마음에 감동받았다.
④ 나 만큼 수영을 좋아하는 사람은 없을 것이다.
⑤ 이미 동물원을 만들었을만큼 동물을 좋아했다.

**뜻을 더하는 말**

**5** 다음 설명을 읽고, 빈칸에 '무–'가 들어갈 수 있는 문장에 모두 ○표 하시오.

무분별한 개발로 자연은 몸살을 앓고 있다.
└ '무–'는 '그것이 없음'의 뜻을 더해 주는 말임.

(1) 신호등 고장으로 거리가 □질서해졌다.
(　　　)
(2) 요즘 청소년들은 전통문화에 □관심한 편이다.
(　　　)
(3) 모두가 □가능이라고 생각했던 일을 훌륭하게 끝냈다.
(　　　)

**낱말의 관계**

**6** 다음 중 두 낱말의 관계가 보기 와 같은 것은 무엇입니까? (　　　　　)

보기
추석 – 명절

① 조상 – 후손　　② 공기 – 자연환경
③ 광활하다 – 넓다　　④ 인위적 – 자연적
⑤ 담백하다 – 싱겁다

점수

**4**

**1~2**

저는 동물원이 있어야 한다고 생각합니다. 그 까닭은 첫째, 동물원은 우리에게 큰 즐거움을 줍니다. 3000년 전에 이미 동물원을 만들었을 만큼 사람은 동물을 좋아하고 가까이해 왔습니다. 동물원에서는 쉽게 만날 수 없는 동물을 가까이에서 볼 수 있는데, 열대 지역에 사는 사자나 극지방에 사는 북극곰도 쉽게 만날 수 있습니다.

**1** 이 글에 대한 설명으로 알맞은 것을 두 가지 고르시오. ( )

① 주장과 근거가 함께 드러나 있다.
② 글을 쓴 문제 상황이 나타나 있다.
③ 마지막 부분에서 글 내용을 요약하였다.
④ 근거를 뒷받침하는 구체적인 예를 들지 않았다.
⑤ '동물원이 필요한가'에 대해 주장을 펼친 글이다.

**2** 글쓴이의 주장을 뒷받침하는 근거를 한 가지 더 생각하여 쓰시오.
서술형

_____

_____

**3** '동물원이 필요한가'라는 주제에 대해 두 친구의 주장이 다른 까닭은 무엇입니까? ( )

규현: 나는 동물원을 없애야 한다고 생각해. 동물들도 자유를 누릴 권리가 있어.
윤성: 나는 동물원이 있어야 한다고 생각해. 동물원의 동물들을 보고 동물을 사랑하는 마음이 생겼기 때문이야.

① 사람마다 키가 달라서
② 사람마다 능력이 달라서
③ 사람마다 사는 곳이 달라서
④ 사람마다 겪은 일이 달라서
⑤ 사람마다 좋아하는 일이 달라서

**4~5**

[        ㉠        ] 첫째, 동물원은 동물의 자유를 구속하고, 동물에게 사람의 구경거리가 되는 고통을 줍니다. 동물원에서 동물은 제한된 공간에 갇혀 수많은 관람객과 마주해야 합니다. 이러한 상황에서 동물은 극심한 스트레스를 받습니다.

**4** 동물원의 문제점이 <u>아닌</u> 것은 무엇입니까? ( )

① 동물의 자유를 구속한다.
② 동물을 그 자체로 존중한다.
③ 동물이 극심한 스트레스를 받는다.
④ 동물에게 사람의 구경거리가 되는 고통을 준다.
⑤ 동물이 제한된 공간에서 수많은 관람객과 마주해야 한다.

**5** ㉠에 들어갈 글쓴이의 주장은 무엇인지 알맞은 것에 ○표 하시오.

• 동물원은 ( 없애야 , 있어야 ) 한다.

**6~7**

㉠요즘에 우리 전통 음식보다 외국에서 유래한 햄버거나 피자와 같은 음식을 더 좋아하는 어린이를 쉽게 볼 수 있습니다. ㉡이러한 음식은 지나치게 많이 먹으면 건강이 나빠지기도 합니다. ㉢그에 비해 우리 전통 음식은 오랜 세월에 걸쳐 전해 오면서 우리 입맛과 체질에 맞게 발전해 왔기 때문에 여러 가지 면에서 우수합니다. ㉣우리 전통 음식을 사랑합시다. ㉤왜 우리 전통 음식을 사랑해야 할까요?

**6** ㉠~㉤ 중 이 글이 논설문의 서론임을 알려 주는 곳을 두 군데 고르시오. ( )

① ㉠　　② ㉡　　③ ㉢　　④ ㉣　　⑤ ㉤

**7** ㉠~㉤ 중 중심 문장의 기호를 쓰시오.

( )

**8~11**

**가** 첫째, ⟨　　　　　㉠　　　　　⟩ 우리가 날마다 먹는 밥은 담백해 쉽게 싫증이 나지 않으며 어떤 반찬과도 잘 어우러져 균형 잡힌 영양분을 섭취하기 좋습니다. 또 된장, 간장, 고추장과 같은 발효 식품에는 무기질과 비타민이 풍부하게 들어 있어 몸을 건강하게 해 줍니다. 특히 청국장은 항암 효과는 물론 해독 작용까지 뛰어나다고 합니다. 된장도 건강에 이로운 식품으로 알려져 있습니다.

**나** 둘째, 우리 전통 음식을 가까이하면 계절과 지역에 따라 다양한 맛을 즐길 수 있습니다. 우리 조상은 생활 주변에서 나는 여러 가지 재료를 이용해 계절에 맞는 다양한 음식을 만들어 왔습니다. 주변 바다와 산천에서 나는 풍부하고 다양한 해산물과 갖은 나물이나 채소와 같은 재료에는 각각 고유한 맛이 있습니다.

**8** 이와 같은 글의 특성으로 알맞지 <u>않은</u> 것은 무엇입니까? (　　　)

① 서론, 본론, 결론으로 짜여 있다.
② 주장과 이를 뒷받침하는 근거로 되어 있다.
③ 본론에서는 글쓴이의 주장에 적절한 근거를 제시한다.
④ 서론에서는 글을 쓴 문제 상황과 글쓴이의 주장을 밝힌다.
⑤ 결론에서는 글 내용을 요약하고 문제 상황을 다시 한번 강조한다.

**9** 글 **가**와 **나**는 논설문의 짜임 중 어느 부분에 해당하는지 쓰시오.

(　　　　　　　　　)

**10** 발효 식품이 건강에 좋은 까닭은 무엇입니까? (　　　)

① 맛이 담백해서
② 해독 작용이 없어서
③ 오랫동안 보관할 수 있어서
④ 겨울에도 신선하게 먹을 수 있어서
⑤ 무기질과 비타민이 풍부하게 들어 있어서

**11** ㉠에 들어갈 내용으로 알맞은 것의 기호를 쓰시오.

⑦ 우리 전통 음식은 건강에 이롭습니다.
④ 우리 전통 음식은 과학적인 음식입니다.
⑤ 우리 전통 음식은 우리 조상의 지혜를 담고 있습니다.

(　　　　　　　　　)

**12~13**

**가** 셋째, ㉠우리 전통 음식에서 우리 조상의 슬기와 문화를 경험할 수 있습니다. 우리 조상은 겨울을 나려고 김장을 하고, 저장 온도와 저장 기간을 조절해 겨울철에도 신선하게 채소를 먹을 수 있도록 했습니다. ㉡삼국 시대부터 발달한 염장 기술로 고기류와 어패류를 오랫동안 보관해 맛있게 먹을 수 있도록 했습니다. 또 농경 생활을 하면서 설이나 추석과 같은 명절에 가족이나 이웃과 함께 세시 음식을 만들어 먹으며 정답게 어울려 지냈습니다.

**나** ㉢우리나라 전통 음식은 세계 여러 나라 사람에게 주목받고 있습니다. 우리 조상의 넉넉한 마음과 삶에서 배어 나온 지혜가 담긴 우리 전통 음식은 그 맛과 멋과 영양의 삼박자를 모두 갖추고 있습니다. ㉣우리는 우리 전통 음식의 과학성과 우수성을 알고 우리 전통 음식에 관심을 가지고 우리 전통 음식을 사랑해야겠습니다.

**12** 글 **가**와 **나** 중 다음과 같은 역할을 하는 문단의 기호를 쓰시오.

글쓴이가 제시한 주장의 근거와 근거를 뒷받침하는 내용을 제시한다.

(　　　　　　　　　)

**13** ㉠~㉣ 중 중심 문장끼리 짝 지어진 것은 무엇입니까? (　　　)

① ㉠, ㉡　　　② ㉠, ㉢　　　③ ㉠, ㉣
④ ㉡, ㉢　　　⑤ ㉢, ㉣

**14~18**

**가** ㉠우리나라뿐만 아니라 세계 곳곳에서 벌어지는 자연 개발은 우리 삶을 위협한다. 이러한 무분별한 개발로 우리 삶의 터전인 자연은 몸살을 앓고, 이제 인류의 생존까지 위협하는 상황에 이르렀다. ㉡우리는 자연의 목소리에 귀를 기울이고 자연을 보호해야 한다. 왜 자연을 보호해야 할까?

**나** 둘째, ㉢무리한 자연 개발은 생태계를 파괴한다. 생물은 서로 유기적인 생태계로 얽혀 있으며 주변 환경과 영향을 주고받으면서 살아간다. 자연 개발로 생태계를 파괴하면 결국 사람의 생활 환경을 악화시키는 결과를 초래한다. ㉣예를 들어 사람의 편의를 돕는 시설을 만들면서 무분별하게 산을 파헤치면 동식물은 삶의 터전을 잃는다. ㉤무리한 자연 개발의 결과로 기후 변화 현상까지 나타나 동물이 멸종 위기에 처하고, 지구 환경이 위협을 받기도 한다. 동식물이 살 수 없는 곳은 사람도 살 수 없는 곳이 된다. 사람도 자연의 일부분이므로 자연과 조화를 이루어야 우리 삶이 풍요로워진다.

**14** 글 **가**와 **나** 중 논설문의 서론에 해당하는 것의 기호를 쓰시오.

( )

**15** 글 **나**에서 무리한 자연 개발이 가져올 결과로 알맞지 않은 것은 무엇입니까? ( )

① 생태계가 파괴된다.
② 기후 변화 현상이 나타난다.
③ 사람의 생활 환경이 악화된다.
④ 동식물이 삶의 터전을 잃게 된다.
⑤ 사람이 자연과 조화를 이루게 된다.

**16** ㉠~㉤ 중 글쓴이의 주장에 해당하는 것의 기호를 쓰시오.

( )

**17** 이 글의 주장을 뒷받침하는 근거를 생각하여 한 가지 쓰시오.

서술형

_____

_____

**18** 이 글에 나타난 주장과 근거의 타당성을 바르게 판단한 친구의 이름을 모두 쓰시오.

> 세훈: 근거에 포함된 구체적인 예가 글쓴이의 주장을 뒷받침하고 있어.
> 민지: 이상 기후 현상이 점점 심각해지는 지금 상황에서 글쓴이의 주장은 중요해.
> 현우: 무리한 자연 개발이 생태계를 파괴한다는 근거는 주장과 연결될 수 없어.

( )

**19** 다음 밑줄 친 표현이 논설문에 적절하지 않은 까닭은 무엇입니까? ( )

> <u>나는</u> 자전거 타기보다 걷기를 더 <u>좋아한다.</u> 그래서 걷기는 좋은 운동이다.

① 주관적인 표현이므로
② 객관적인 표현이므로
③ 뜻이 모호한 표현이므로
④ 딱 잘라 단정하는 표현이므로
⑤ 실제로는 사용하지 않는 표현이므로

**20** 다음 문장을 논설문에 알맞은 표현으로 고쳐 쓰시오.

> 건강하려면 반드시 밖으로 나가 걸어야 한다.

( )

# 1

**가** 요즘에 우리 전통 음식보다 외국에서 유래한 햄버거나 피자와 같은 음식을 더 좋아하는 어린이를 쉽게 볼 수 있습니다. 이러한 음식은 지나치게 많이 먹으면 건강이 나빠지기도 합니다. 그에 비해 우리 전통 음식은 오랜 세월에 걸쳐 전해 오면서 우리 입맛과 체질에 맞게 발전해 왔기 때문에 여러 가지 면에서 우수합니다. 우리 전통 음식을 사랑합시다.

**나** 첫째, 우리 전통 음식은 건강에 이롭습니다. 우리가 날마다 먹는 밥은 담백해 쉽게 싫증이 나지 않으며 어떤 반찬과도 잘 어우러져 균형 잡힌 영양분을 섭취하기 좋습니다. 또 된장, 간장, 고추장과 같은 발효 식품에는 무기질과 비타민이 풍부하게 들어 있어 몸을 건강하게 해 줍니다.

**다** 우리 조상의 넉넉한 마음과 삶에서 배어 나온 지혜가 담긴 우리 전통 음식은 그 맛과 멋과 영양의 삼박자를 모두 갖추고 있습니다. 우리는 우리 전통 음식의 과학성과 우수성을 알고 우리 전통 음식에 관심을 가지고 우리 전통 음식을 사랑해야겠습니다.

**1단계**
낱말 쓰기
글 **가** 는 논설문의 짜임 중 어느 부분에 해당하는지 쓰시오. [3점]

(　　　　　　　　　　)

**2단계**
문장 쓰기
이 글에 나타난 글쓴이의 주장에 대한 근거를 쓰시오. [5점]

_____

_____

❶ 논설문에서 글쓴이의 주장에 대한 근거는 본론에서 제시해.

**3단계**
생각 쓰기
논설문에서 문단 **다** 의 역할을 쓰시오. [6점]

_____

_____

# 2 다음 글에 나타난 근거가 타당한지 판단하여 쓰시오. [8점]

우리나라뿐만 아니라 세계 곳곳에서 벌어지는 자연 개발은 우리 삶을 위협한다. 이러한 무분별한 개발로 우리 삶의 터전인 자연은 몸살을 앓고, 이제 인류의 생존까지 위협하는 상황에 이르렀다. 우리는 자연의 목소리에 귀를 기울이고 자연을 보호해야 한다. 왜 자연을 보호해야 할까?

첫째, 자연은 한번 파괴되면 복원되기가 어렵다. 어린나무 한 그루가 아름드리나무로 성장하는 데 약 30년에서 50년이 걸린다고 한다. 우유 한 컵(150밀리리터)으로 오염된 물을 물고기가 살 수 있는 깨끗한 물로 만들려면 우유 한 컵의 약 2만 배의 물이 필요하다. 이처럼 환경을 오염시키는 것은 순식간이지만 오염된 환경을 되살리는 데는 수십, 수백 배의 시간과 노력이 든다. 자연의 힘이 아무리 위대해도 자정 능력을 넘어서는 오염을 감당하기는 어렵다.

_____

_____

_____

# 3 다음 문장들을 논설문에 사용하면 어떤 문제점이 있는지 쓰시오. [6점]

• 적당히 먹어야 건강에 좋다.
• 운동회는 우리 학교 전통이니까 하면 좋겠지만, 재미는 없을 것이다.

_____

_____

# 4 주장과 근거를 판단해요

| 학습 주제 | 타당한 근거를 들어 알맞은 표현으로 논설문 쓰기 | 배점 | 25점 |
|---|---|---|---|
| 학습 목표 | 타당한 근거를 들어 논설문을 쓸 수 있다. | | |

**1** 다음 그림 속 문제 상황을 보고 자신의 주장과 근거를 정리하여 쓰시오. [10점]

▲ 교실을 뛰어다니는 아이들

| 주장 | (1) |
|---|---|
| 근거 1 | (2) |
| 근거 2 | (3) |
| 근거 3 | (4) |

**2** 〈문제 **1**번〉에서 정리한 주장과 근거를 바탕으로 하여 서론, 본론, 결론이 드러나도록 논설문을 쓰시오. [15점]

## 1 속담의 뜻

└─ 이치에 꼭 들어맞아, 인생에 대한
가르침이나 깨우침을 주는 짧은 말

① 예로부터 민간에 전해 오는 쉬운 격언이나 잠언입니다.

② 우리 민족의 지혜와 해학, 생활 방식과 교훈이 담겨 있는 말입니다.

가르쳐서 훈계하는 말
익살스러우면서 풍자적인 말이나 짓

## ★★ 2 속담을 사용하면 좋은 점 ──▸ 속담을 사용하면 주장의 논리를 뒷받침해 상대를 설득할 수 있어요.

① 듣는 사람이 흥미를 느낄 수 있습니다.

② 조상의 지혜와 슬기를 알 수 있습니다.

③ 자신의 의견을 쉽고 효과적으로 전달할 수 있습니다.

> 친구들이 바른 몸가짐으로 항상 웃으며 인사하면 좋겠어. "하나를 보면 열을 안다."라는 말이 있듯이 작은 행동 하나에 그 사람의 많은 것이 드러나게 돼.

## ★★ 3 다양한 상황에서 쓰이는 속담의 뜻 알기 예

| 속담 | 속담의 뜻 |
|---|---|
| 소 잃고 외양간 고친다 | 일이 이미 잘못된 뒤에는 손을 써도 소용이 없다는 말 |
| 티끌 모아 태산 | 아무리 작은 것이라도 모이고 모이면 나중에 큰 덩어리가 된다는 말 |
| 우물을 파도 한 우물을 파라 | 어떤 일이든 한 가지 일을 끝까지 해야 성공할 수 있다는 말 |
| 하룻강아지 범 무서운 줄 모른다 | 철없이 함부로 덤빈다는 말 |
| 배보다 배꼽이 더 크다 | 상황이 이치에 맞지 않는다는 말 |

## 4 주제를 생각하며 글 읽기

① 인물의 마음과 인물이 처한 상황을 살펴봅니다.

② 이야기에서 사용된 속담의 뜻을 살펴봅니다.

예 「속담 하나 이야기 하나」에 쓰인 속담으로 주제 파악하기

| 사용된 속담 | 속담의 뜻 | 글의 주제 |
|---|---|---|
| 독장수구구는 독만 깨뜨린다 | 실속 없이 허황된 것을 궁리하고 미리 셈하는 것을 비유하는 말 | 헛된 욕심은 손해를 가져온다. |
| 까마귀 고기를 먹었나 | 무엇인가를 잘 잊어버리는 사람을 가리키는 말 | 중요한 일을 잊어버리지 않도록 노력하자. |

---

**개념 확인하기** 　　정답과 풀이 17쪽

**1** 다음은 무엇에 대한 설명인지 쓰시오.

> 예로부터 민간에 전해 오는 쉬운 격언이나 잠언으로, 우리 민족의 지혜와 해학, 생활 방식과 교훈이 담겨 있는 말

( 　　　　　 )

**2** 속담을 사용하는 까닭으로 알맞은 것에 모두 ○표 하시오.

⑴ 상대편의 주장을 무시할 수 있다. 　　　　( 　　　 )

⑵ 자신의 생각을 효과적으로 드러낼 수 있다. 　　( 　　　 )

⑶ 주장의 논리를 뒷받침해 쉽게 설득할 수 있다. 　( 　　　 )

**3** 철없이 함부로 덤빈다는 뜻을 가진 속담의 기호를 쓰시오.

> ㉮ 티끌 모아 태산
> ㉯ 하룻강아지 범 무서운 줄 모른다

( 　　　　　 )

**4** 다음 빈칸에 알맞은 말을 쓰시오.

> 이야기를 읽고 주제를 찾을 때에는 인물의 ( 　　　 ) 과/와 인물이 처한 상황을 살펴본다.

① 와, 교실이 깨끗하게 정리 정돈 되었네요.

② 선생님, 우리나라 ㉠속담에 ㉡"백지장도 맞들면 낫다."라는 말이 있는데, 친구들과 함께 청소하니 쉬웠어요.
친구들과 협동해서 교실 청소를 함.

그랬군요! 여러분이 협동의 힘을 알았군요.

③ 그러면 협동을 말한 속담에는 또 무엇이 있을까요?

④
㉢
(이)라는 속담이 있어요.

• 그림 ①~④의 내용: 선생님과 친구들이 협동과 관련된 속담을 찾아보고 있습니다.

도서관에 있는 속담 사전이나 국립국어원 누리집에 있는 표준국어대사전을 활용하면 더 많은 속담을 쉽게 찾을 수 있어요.

백지장(白 흰 백, 紙 종이 지, 張 베풀 장) 하얀 종이의 낱장.

5

---

**1** ㉠에 담겨 있는 것으로 알맞지 <u>않은</u> 것은 무엇입니까? ( )

① 미래
② 해학
③ 교훈
④ 생활 방식
⑤ 우리 민족의 지혜

교과서 문제
**2** ㉡의 뜻으로 알맞은 것은 무엇입니까? ( )

① 철없이 함부로 덤빈다.
② 일부만 보고 전체를 미루어 안다.
③ 쉬운 일이라도 협력하면 더 쉽다.
④ 어떤 일이든 한 가지 일을 끝까지 해야 성공할 수 있다.
⑤ 아무리 작은 것이라도 모이고 모이면 나중에 큰 덩어리가 된다.

**3** 그림 ②에서처럼 속담을 사용하는 까닭으로 알맞은 것을 모두 고르시오. ( )

① 말하는 시간을 줄이기 위해서
② 전하려는 내용을 숨기기 위해서
③ 듣는 사람이 흥미를 갖게 하기 위해서
④ 자신의 생각을 효과적으로 드러내기 위해서
⑤ 주장의 논리를 뒷받침해 상대를 쉽게 설득하기 위해서

**4**⭐ ㉢에 들어갈 속담으로 알맞은 것을 모두 골라 기호를 쓰시오.

> ㉮ "손이 많으면 일도 쉽다."
> ㉯ "우물을 파도 한 우물을 파라."
> ㉰ "두 손뼉이 맞아야 소리가 난다."
> ㉱ "종이도 네 귀를 들어야 바르다."

( )

**5~6**

**가** 글을 쓸 때

  영주네 가족은 이삿짐 싸는 차례를 서로 다르게 생각했어요.

  할머니와 이모께서는 깨지기 쉬운 항아리나 유리그릇부터 싸라고 하셨고, 삼촌께서는 텔레비전이나 컴퓨터부터 옮기라고 하셨어요. ㉠"사공이 많으면 배가 산으로 간다."라는 속담처럼 서로 의견을 굽히지 않아 시간만 흘러갔어요.

**나** 서로 말을 주고받을 때

윤경아, 내가 청소 도와줄게.

우진아, 괜찮아. 혼자서도 할 수 있어.

㉡"바늘 가는 데 실 산다."라고 했어. 우리는 짝이니까 함께하자.

재미있는 말이네. 고마워!

**다** 자신의 의견을 제시할 때

친구들이 바른 몸가짐으로 항상 웃으며 인사하면 좋겠어. ㉢"하나를 보면 열을 안다."라는 말이 있듯이 작은 행동 하나에 그 사람의 많은 것이 드러나게 돼.

친구의 의견이 옳은 것 같아.

교과서 문제

**5** 가~다에서 속담을 사용한 까닭에 대해 바르게 말하지 <u>못한</u> 친구의 이름을 쓰시오.

혁수: 글 가의 영주는 자기 생각을 효과적으로 드러내기 위해 속담을 넣어 글을 썼어.
효진: 그림 나의 우진이는 듣는 사람이 흥미를 느낄 수 있게 속담을 사용하여 말했어.
시후: 그림 다의 남자아이는 듣는 사람에게 자기 의견을 밝히지 않으려고 속담을 사용하여 말했어.

( 　　　　　 )

**6** ㉠~㉢의 뜻을 보기에서 찾아 기호를 쓰시오.

보기
㉮ 쉬운 일이라도 협력하면 더 쉽다.
㉯ 일부만 보고 전체를 미루어 안다.
㉰ 사람의 긴밀한 관계를 비유적으로 이르는 말이다.
㉱ 주관하는 사람이 없이 여러 사람이 자기주장만 내세우면 일이 제대로 되기 어렵다.

(1) ㉠: (　　　　　　　　)
(2) ㉡: (　　　　　　　　)
(3) ㉢: (　　　　　　　　)

**7** 다음 빈칸에 들어갈 속담으로 알맞은 것은 무엇입니까? (　　　　)

감기에 걸린 동생이 찬 음식을 먹고 배탈이 난 것을 보고 "                    ." (이)라고 말했어.

① 엎친 데 덮친다
② 바늘 가는 데 실 간다
③ 백지장도 맞들면 낫다
④ 하나를 보면 열을 안다
⑤ 가는 말이 고와야 오는 말이 곱다

**8** 속담을 사용하면 좋은 점으로 알맞지 <u>않은</u> 것은 무엇입니까? (　　　　)

① 듣는 사람이 흥미를 느낄 수 있다.
② 조상의 지혜와 슬기를 알 수 있다.
③ 자신의 의견을 쉽게 전달할 수 있다.
④ 자신의 의견을 효과적으로 전달할 수 있다.
⑤ 의견을 뒷받침하는 근거를 들지 않아도 된다.

가 어제 뉴스 봤니? 퓨마가 탈출했던 동물원에서 안전 관리 실태를 점검하고 있대.

미리 점검하지 않고, ⊙소 잃고 외양간 고치는 격이구나.

나 일 년 동안 모은 동전이 20만 원이나 돼.

그래? ⓒ티끌 모아 태산이라더니 그 말이 맞네.

다 피아노를 배우다 그만두고, 태권도도 힘들어 그만두고, 이제 수영을 배우려고 해.

ⓒ 는 말이 있듯이 이번에는 수영을 끝까지 배우면 좋겠어.

라 영주에게 태권도 겨루기를 하자고 했어.

②하룻강아지 범 무서운 줄 모른다더니, 한 달 배운 네가 태권도 대표 선수인 영주를 이길 수 있겠니?

• 그림 **가~라**의 상황

| 그림 가 | 뒤늦게 안전 관리 실태를 점검한 동물원의 문제를 안타까워하는 상황 |
|---|---|
| 그림 나 | 일 년 동안 동전을 모아서 큰 돈을 마련한 상황 |
| 그림 다 | 중간에 포기하지 말고 끝까지 배우면 좋겠다고 말하는 상황 |
| 그림 라 | 태권도를 한 달 배운 실력으로 태권도 대표 선수인 영주에게 겨루기를 하자고 한 것을 ❶ ㄱ ㅈ 하는 상황 |

5

실태(實 열매 실, 態 모습 태) 있는 그대로의 상태. 또는 실제의 모양.
티끌 아주 잔 부스러기와 먼지를 통틀어 이르는 말.
태산(泰 클 태, 山 메 산) 높고 큰 산.
하룻강아지 난 지 얼마 안 되는 어린 강아지.

교과서 문제

**1** ⊙의 뜻을 바르게 말한 것은 무엇입니까?
( )

① 잘 아는 일도 주의를 해야 하는구나.
② 일이 잘못되기 전에 손을 쓰려고 하는구나.
③ 일이 잘못된 뒤에야 손을 쓰려고 하는구나.
④ 잘못된 뒤에라도 손을 쓰려고 해서 다행이구나.
⑤ 소를 잃어버리지 않으려면 외양간을 고쳐야겠구나.

**2** ⓒ과 바꾸어 쓸 수 있는 속담으로 알맞은 것은 무엇입니까?
( )

① 아는 길도 물어 가랬다
② 먼지가 쌓이면 큰 산이 된다
③ 종이도 네 귀를 들어야 바르다
④ 세 살 적 버릇이 여든까지 간다
⑤ 가는 말이 고와야 오는 말이 곱다

**3** ⓒ에 들어갈 속담으로 가장 알맞은 것은 무엇입니까?
( )

① 비 온 뒤에 땅이 굳어진다
② 지렁이도 밟으면 꿈틀한다
③ 한 손으로는 손뼉을 못 친다
④ 우물을 파도 한 우물만 파라
⑤ 사공이 많으면 배가 산으로 간다

**4*** ②과 같은 속담을 쓸 수 있는 상황으로 알맞은 것에 ○표 하시오.

(1) 여러 가지 일을 하다 보니 아무것도 이룬 것이 없는 상황 ( )
(2) 어린이들이 농구 선수에게 농구 시합을 하자고 하는 상황 ( )
(3) 안전에 주의하지 않고 친구들과 놀다가 다친 뒤에 후회했던 상황 ( )

**5~7**

**가** 만 원을 주고 장난감을 샀습니다. 그런데 가지고 놀다가 고장 나서 고치러 갔더니 수리비가 만오천 원이라고 합니다. 장난감 가격보다 수리비가 더 비쌉니다.

**나** 우리 반 지우는 야구를 좋아하고 야구 선수가 되고 싶어 합니다. 그래서 지우가 가는 곳에는 언제나 야구공과 야구 장갑이 있습니다.

**다** 사랑하는 영주야!

처음에는 어렵다고 느껴지는 책도 두세 번씩 읽다 보면 어느덧 담긴 뜻을 생각하며 쉽게 읽을 수 있단다. 그러니 힘든 일이 있더라도 꿋꿋하게 견디며 희망을 가졌으면 좋겠다.

**라** 지난주에 내 자랑 발표 대회가 있었습니다. 그런데 친구들과 놀고 싶은 마음에 말할 내용을 준비하지 않아서 더듬거리며 발표했습니다. 좀 더 노력하지 않은 제 모습이 후회가 됩니다.

교과서 문제
**5** 글 **가**의 상황에서 사용할 수 있는 속담으로 알맞은 것을 모두 고르시오. ( )

① 바늘보다 실이 굵다
② 바늘 가는 데 실 간다
③ 배보다 배꼽이 더 크다
④ 얼굴보다 코가 더 크다
⑤ 돌다리도 두들겨 보고 건너라

교과서 문제
**6** 다음은 글 **나**의 상황에서 사용할 수 있는 속담들입니다. 빈칸에 공통으로 들어갈 낱말은 무엇입니까? ( )

• 바늘 가는 데 실 간다
• [          ] 갈 제 비가 간다
• 용 가는 데 [          ] 간다

① 실          ② 비          ③ 바늘
④ 구름        ⑤ 바람

**7** 글 **다**와 **라**의 상황에서 사용할 수 있는 속담은 무엇인지 알맞게 선으로 이으시오.

(1) 글 **다** •          • ① 콩 심은 데 콩 나고 팥 심은 데 팥 난다

(2) 글 **라** •          • ② 쥐구멍에도 볕 들 날 있다

**8** 다음에서 규상이가 사용할 수 있는 속담으로 알맞은 것은 무엇입니까? ( )

나는 '무슨 일이나 그 일의 시작이 중요하다.'라는 뜻의 속담을 사용해서 내 생각을 말하고 싶어.

규상

① 천 리 길도 한 걸음부터
② 발 없는 말이 천 리 간다
③ 지렁이도 밟으면 꿈틀한다
④ 세 살 적 버릇이 여든까지 간다
⑤ 가는 말이 고와야 오는 말이 곱다

**9** 다음 주제에 대한 생각에 어울리는 속담을 한 가지 쓰시오.
서술형

| 주제 | 행복한 학교생활을 하려면 우리가 지켜야 할 일 |
|---|---|
| 생각 | 서로 바르고 고운 말을 사용하면 좋겠다. |

_____

_____

# 속담 하나 이야기 하나

• 임덕연

• **글의 종류:** 이야기
• **글의 특징:** "독장수구구는 독만 깨뜨린다."와 "까마귀 고기를 먹었나"의 속담이 나오게 된 유래를 알려 주는 이야기입니다.

## 독장수구구

미리 보기

| 고개를 힘겹게 오른 독장수는 나무 그늘 밑에다 지게를 받쳐 세워 놓고 쉬었습니다. | ⟩ | 독장수는 독을 많이 팔았을 때의 모습을 상상하며 즐거워하였습니다. | ⟩ | 독장수는 자신도 모르게 지겟작대기를 밀어 독을 모두 깨고 말았습니다. |

**5**

**1** 옛날 어느 마을에 독을 만들어 파는 독장수가 있었습니다. 옛날에는 간장이나 된장을 담거나 곡식을 보관할 때 또는 술을 담글 때 독을 사서 썼습니다. 어느 마을에서는 독을 무덤으로 쓰기도 했습니다.

독은 잘만 팔면 큰 부자가 될 수 있었지만 워낙 크고 무거워서 많이 가지고 다니지 못했습니다.

중심 내용 **1** 옛날 어느 마을에 독을 만들어 파는 독장수가 있었습니다.

**2** 하루는 독장수가 지게에 큰독 세 개를 지고 독을 팔러 나섰습니다.

그러나 하루 종일 지고 다녀도 독은 팔리지 않고 어깨만 빠지도록 아팠습니다. 땀이 목덜미를 타고 내려 등줄기를 적셨습니다.

㉠"아이고, 어깨야. 어째 오늘은 독을 사는 사람이 하나도 없네."

독장수는 고갯길을 힘겹게 올랐습니다. 숨을 헐떡거리며 높은 고개턱을 겨우 올라왔습니다. 혹시라도 몸을 잘못 가누면 독이 굴러떨어져 산산조각이 나고 맙니다. 독장수는 너무 힘들어 눈앞이 핑핑 돌 지경이었습니다.

<sub>몸을 바른 자세로 가지면</sub>

"아이고, 저 나무 밑에서 좀 쉬었다 가야겠다."

독장수는 고개를 다 오르고는 나무 그늘 밑에다 지겟작대기로 지게를 받쳐 세워 놓았습니다. 독장수는 허리춤에 찼던 수건을 꺼내 이마와 얼굴의 땀을 닦았습니다.

"아, 이제 살 것 같다. 아이고, 그놈의 고개 오지기도 해라."

<sub>고개가 너무 높다는 말</sub>

독장수는 지게 옆에 벌렁 누웠습니다.

중심 내용 **2** 힘겹게 고개에 오른 독장수는 나무 그늘 밑에 지게를 세워 놓고 누웠습니다.

**독** 간장, 술, 김치 등을 담가 두는 데 쓰는 커다란 도자기 그릇.

**오지기도** 허술한 데가 없이 알차기도.

---

**10** 언제 어디에서 일어난 일인지 쓰시오.

( )

교과서 문제

**11** 독장수가 하는 일은 무엇입니까? ( )

① 술을 담그는 일
② 곡식을 보관하는 일
③ 독을 만들어 파는 일
④ 지게를 만들어 파는 일
⑤ 간장, 된장을 만들어 파는 일

**12**★ ㉠에 나타난 독장수의 마음으로 알맞은 것에 ○표 하시오.

(1) 독이 팔리지 않아 실망스럽다. ( )
(2) 독이 많이 남아 있어 뿌듯하다. ( )

**13** 고개에 오른 독장수가 한 일은 무엇입니까?

( )

① 나무 그늘 밑에서 잠을 잤다.
② 지고 온 독의 수를 세어 보았다.
③ 독을 팔려고 바닥에 늘어놓았다.
④ 독이 잘 팔리는 곳을 알아보았다.
⑤ 나무 그늘 밑에 지게를 세워 두었다.

**3** "야, 정말 시원하구나. 저 독 둘은 팔아 빚을 갚는 데 쓰고, 나머지 독을 팔면 다른 독 두 개는 살 수 있겠지? 그 독 둘을 다시 팔면 독 네 개를 살 수 있고, 넷을 팔면 가만있자, 이 이는 사, 이 사 팔. 그래 여덟 개를 살 수 있구나. 그다음에 여덟 개를 팔면, 가만있자……."

이렇게 계산해 나가니 열여섯 개가 서른두 개가 되고, 서른두 개면 예순네 개가 되고, 예순네 개는 백스물여덟 개가 되었습니다.

㉠"야, 이렇게 계산해 보니 며칠 안 가 독이 천만 개나 되겠는걸. 그럼 그 돈으로 논과 밭을 사는 거야. 그리고 남는 돈으로는 고래 등 같은 기와집을 짓는 거야." → 독 장수가 실속 없이 허황된 것을 궁리함.

중심 내용 **3** 독장수는 독을 많이 팔았을 때의 모습을 상상하며 즐거워하였습니다.

고래 등 같은 덩그렇게 높고 큰.
박살 깨어져 사사이 부서짐

**4** 독장수는 너무 기쁜 나머지 팔을 번쩍 들었습니다. 그러다가 팔로, 지게를 받치던 지겟작대기를 밀어 버렸습니다. 지게는 기우뚱하더니 옆으로 팍 쓰러졌습니다. <sub>한쪽으로 약간 기울어지더니</sub> 지게에 있던 독들도 와장창 깨지고 말았습니다.

㉡"아이고, 망했다. 이걸 어쩐다?"

독장수는 눈물을 뚝뚝 흘리며 박살 난 독 조각들을 쓰다듬었습니다.

이와 같이 허황된 것을 궁리하고 미리 셈하는 것을 '독장수구구'라고 하고, 실현성이 없는 허황된 계산은 도리어 손해만 가져온다는 뜻으로 ㉢"독장수구구는 독만 깨뜨린다."라는 속담이 쓰입니다.

중심 내용 **4** 독장수는 기뻐하다 지겟작대기를 밀어 독을 깨고 말았습니다.

독장수의 말이나 행동에서 짐작할 수 있는 마음을 묻는 문제와 글의 주제를 묻는 문제가 자주 출제돼.

실현성 실제로 이루어질 가능성. ⑩ 우주여행은 실현성이 있습니다.
허황(虛 빌 허, 荒 거칠 황)된 헛되고 황당하며 미덥지 못한.

---

**14** 독장수가 독을 팔아서 하고 싶어 한 일을 모두 고르시오. ( )

① 빚을 갚는 것
② 논과 밭을 사는 것
③ 독을 천만 개 갖는 것
④ 지금보다 더 큰 독을 사는 것
⑤ 고래 등 같은 기와집을 짓는 것

**15**★ ㉠과 ㉡에 나타난 독장수의 마음 변화로 알맞은 것은 무엇입니까? ( )

① 슬픈 마음 → 속상한 마음
② 속상한 마음 → 행복한 마음
③ 즐거운 마음 → 속상한 마음
④ 미안한 마음 → 설레는 마음
⑤ 설레는 마음 → 부끄러운 마음

교과서 문제

**16** ㉢과 같은 속담을 사용할 수 있는 상황에 ○표 하시오.

(1) 동생이 목표를 위해 꾸준히 노력하는 상황 ( )

(2) 친구가 노력은 하지 않고 욕심만으로 헛된 장래 희망을 꿈꾸는 상황 ( )

**17** 이 글 전체에서 일이 일어난 차례대로 번호를 쓰시오.

(1) 독장수가 큰독 세 개를 지고 팔러 나섰다. ( )

(2) 독장수가 지겟작대기를 밀어 독이 깨졌다. ( )

(3) 독장수가 고개에 올라 나무 그늘 밑에 지게를 세워 놓았다. ( )

**18** 이 글의 주제는 무엇인지 쓰시오.

 서술형

_____

_____

## 까마귀 고기를 먹었나

염라대왕이 까마귀에게 인간 세상의 강 도령에게 편지를 전해 주라는 심부름을 시켰습니다. → 까마귀는 말고기를 먹느라 편지를 잃어 버려 강 도령에게 염라대왕의 뜻을 잘못 전하였습니다. → 까마귀가 염라대왕의 뜻을 잘못 전한 뒤부터 나이에 상관없이 사람이 죽게 되었습니다.

**1** "여봐라, 게 아무도 없느냐?"

저승의 염라대왕이 소리치자 까마귀가 냉큼 달려왔습니다.

"네, 까마귀 여기 대령했습니다."

"급히 인간 세상에 다녀오너라."

"네, 인간 세상에 무슨 일이라도 났습니까?"
'저승'과 대비되는 말
까마귀가 놀란 얼굴로 물었습니다.

"아무 말 말고 어서 이 편지를 강 도령에게 전해 줘라."

염라대왕이 말했습니다. / "강 도령요?"

"그래, 이 녀석아, 인간 세상의 모든 일을 맡아보는 강 도령을 모른단 말이냐!"

"아, 그 강 도령요. 알고말고요. 어서 편지나 주세

요. 휑하니 다녀오겠습니다."

까마귀가 머리를 긁적이며 말했습니다.

"가다가 딴전 부리지 말고 곧장 강 도령에게 전해야
어떤 일을 하는 데 그 일과는 전혀 관계없는 일이나 행동
한다. 아주 중요한 편지야."

㉠염라대왕이 몇 번씩 다짐을 받았습니다.

"네, 네. 심부름 한두 번 해 보나요. 전 심부름 하나는 틀림없다니까요."

**중심 내용 1** 염라대왕은 까마귀에게 인간 세상의 강 도령에게 편지를 전하라는 심부름을 시켰습니다.

**핵심내용** 까마귀가 전해야 했던 편지의 내용 추론하기 예

염라대왕이 중요한 일이라고 했으므로, 지금 저승으로 온 사람이 많으니 좀 더 신중하게 판단해서 천천히 저승으로 보내라는 내용일 것 같다.

대령했습니다 윗사람의 지시나 명령을 기다렸습니다. 또는 그렇게 했습니다. 예 곧바로 물을 대령했습니다.

휑하니 중도에서 지체하거나 머뭇거리지 아니하고 곧장 빠르게 가는 모양. 예 형은 휑하니 밖으로 나갔습니다.

교과서 문제
**19** 까마귀는 인간 세상의 누구를 만나야 했는지 쓰시오.

( )

**20** 강 도령이 하는 일은 무엇입니까? ( )
① 하늘을 지키는 일
② 저승을 다스리는 일
③ 까마귀를 감시하는 일
④ 염라대왕의 편지를 전하는 일
⑤ 인간 세상의 모든 일을 맡아보는 일

**21** ㉠에서 알 수 있는 염라대왕의 마음으로 알맞은 것은 무엇입니까? ( )
① 신나는 마음
② 반가운 마음
③ 부끄러운 마음
④ 걱정스러운 마음
⑤ 자신만만한 마음

**22** 까마귀에 대한 설명으로 알맞은 것은 무엇입니까? ( )
① 인간 세상에 산다.
② 자신감이 있는 성격이다.
③ 강 도령이 누구인지 모른다.
④ 염라대왕의 믿음을 얻고 있다.
⑤ 염라대왕의 심부름을 한두 번밖에 안 해 봤다.

**2** 까마귀는 염라대왕이 준 편지를 물고 인간 세상에 내려왔습니다. 한참 맴을 돌며 내려오는데 어디선가 아주 고소한 냄새가 났습니다.
제자리에서 서서 뱅뱅 도는 장난

"이야, 참 고소하다. 어디서 고기 냄새가 날까?"

까마귀는 그만 고기 냄새에 넋을 잃었습니다.

"앗, 저기다. 아니, 말이 쓰러져 있잖아. 어디 가까이 가 볼까."

까마귀는 메밀밭가에 죽어 쓰러져 있는 말에게 날아갔습니다.

"꼴깍!"

까마귀는 침을 삼키며 강 도령에게 빨리 편지를 전하고 와서 배불리 먹어야겠다고 생각했습니다.

'아냐, 그새 누가 와서 다 먹어 버리면 어떡하지? 조금만 먹고 빨리 갔다 와야지.'
'그사이'의 준말

까마귀는 생각을 바꿔 말고기를 먹고 가기로 했습니다. 까마귀가 말고기를 머으려고 입을 벌리는 순간, 입에 문 편지가 바람에 날려 어디론가 사라졌습니다. 그래도 까마귀는 정신없이 말고기를 먹었습니다.

"후유, 정말 잘 먹었다. 인간 세상은 참 좋아. 나도 여기서 살았으면 좋겠다. 배불리 먹고 나니 부러울 게 하나도 없구나."

까마귀는 좀 쉬고 난 뒤 편지를 찾았습니다. 그러나 편지는 온데간데없었습니다.

㉠"아니, 편지가 없어졌네. 이거 큰일 났다."

**중심 내용 2** 고기 냄새에 넋을 잃은 까마귀가 정신없이 말고기를 먹다가 편지를 읽어버렸습니다.

> 까마귀의 말과 행동에서 짐작할 수 있는 까마귀의 마음을 묻는 문제가 자주 출제돼.

**3** 까마귀는 높이 날아올라 이리저리 편지를 찾았습니다. 지나가는 새들을 붙잡고 물어보았지만 편지를 본 새가 아무도 없었습니다.

"하는 수 없다. 아무렇게나 꾸며 댈 수밖에!"

까마귀는 편지 찾는 걸 포기하고 강 도령에게 갔습니다.

"강 도령님, 염라대왕께서 보내서 왔습니다."

"그런데 왜 이리 늦었느냐?"

"네, 염라내왕께서 나른 곳에노 심부틈을 시켜 거기 먼저 다녀오느라 늦었습니다."

까마귀가 시치미를 떼고 말했습니다.

**핵심내용** 까마귀에게 전하고 싶은 생각과 느낌 쓰기 ⓔ
자신이 해야 할 중요한 일을 잊어버리지 않았으면 좋겠다.

---

온데간데없었습니다 감쪽같이 자취를 감추어 찾을 수가 없었습니다.

시치미 자신이 하고도 하지 않은 체, 알고도 모르는 체하는 태도.

---

**23** 까마귀는 어떻게 하다가 편지를 잃어버렸는지 빈칸에 알맞은 말을 쓰시오.

• 정신없이 (                    ) 편지를 잃어버렸다.

**25** 글 **2**와 **3**에서 일이 일어난 차례대로 번호를 쓰시오.

(1) 까마귀가 편지를 찾지 못했다. (        )

(2) 까마귀는 말고기를 배불리 먹었다. (        )

(3) 까마귀가 염라대왕의 편지를 물고 인간 세상에 내려왔다. (        )

교과서 문제
**24** ㉠에 나타난 까마귀의 마음은 어떠합니까? (        )

① 뿌듯하다.
② 미안하다.
③ 신기하다.
④ 부끄럽다.
⑤ 걱정스럽다.

**26** 이 글의 주제로 알맞은 것에 ○표 하시오.

(1) 스스로 하려는 습관을 갖자. (        )

(2) 중요한 일을 잊어버리지 않도록 노력하자. (        )

"그건 그렇고, 어디 편지를 보자꾸나."

강 도령이 손을 내밀며 말했습니다.

"편지는 안 주시고 그냥 아무나 빨리 끌어 올리라고 하셨습니다."

"뭐, 아무나 끌어 올리라고? 그럴 리가 없을 텐데."

강 도령은 고개를 갸우뚱했습니다.

"저는 염라대왕께서 말씀하신 대로 전하는 것입니다."

"그래, 알았다. 어서 가 봐라."

강 도령이 말했습니다.

까마귀는 강 도령과 헤어지고 한숨을 내쉬었습니다.

"어휴, 간이 콩알만 해졌네. 이럴 줄 알았으면 편지
몹시 겁이 났을 때 쓰는 관용 표현
내용을 한번 보는 건데. 그러나저러나 큰일이네. 하늘에 올라가면 분명 염라대왕께서 이 사실을 알고 호통을 치실 텐데. 할 수 없지, 인간 세상에 눌러앉는 수밖에. 여기서는 누가 뭐라는 사람도 없겠지."

까마귀는 하늘로 올라가는 것을 포기하고 말고기가 있는 자리로 갔습니다.

**중심 내용 3** 까마귀는 강 도령에게 염라대왕의 뜻을 잘못 전하고는 하늘로 올라가는 것을 포기하였습니다.

---

**4** 강 도령은 갑자기 바빠졌습니다. 아무나 되는대로 저승으로 보내야 했기 때문입니다.

그전까지는 나이 많은 순서대로 저승에 보내졌습니다. 그래서 사람들은 죽음을 슬픔이 아닌 당연한 일로 받아들였습니다. 본디 왔던 곳으로 돌아간다고 생각했
저승
기 때문입니다.

ⓐ그러나 까마귀가 염라대왕의 뜻을 잘못 전한 뒤부터는 어른, 아이 할 것 없이 아무나 먼저 죽게 되었답니다. 이때부터 나이에 상관없이 사람들이 죽게 되었지요.

ⓑ"까마귀 고기를 먹었나."라는 속담은 이런 경우와 같이 무엇인가를 잘 잊어버리는 사람을 가리켜 사용됩니다.

**중심 내용 4** 까마귀가 염라대왕의 뜻을 잘못 전한 뒤부터 나이에 상관없이 사람이 죽게 되었습니다.

**핵심내용** 「까마귀 고기를 먹었나」의 주제 파악하기

| 까마귀 고기를 먹었나 | ❷ ㅈㅇ 한 일을 잊어버리지 않도록 노력하자. |

---

호통 몹시 화가 나서 크게 소리 지르거나 꾸짖음. 또는 그 소리.

본디 처음부터 또는 근본부터. ⑩ 그 책은 <u>본디</u> 내 것입니다.

---

**27** 까마귀가 하늘로 올라가는 것을 포기한 까닭은 무엇입니까? ( )

① 말고기를 또 먹고 싶어서

② 편지 내용을 보지 못해서

③ 인간 세상이 더 좋게 느껴져서

④ 염라대왕에게 혼이 날 것 같아서

⑤ 강 도령을 도와줘야 할 것 같아서

**28** 만약 자신이 염라대왕이라면 ⓐ의 문제를 어떻게
서술형 해결했을지 쓰시오.

_____

_____

**29** ⓑ은 어떤 사람을 가리킬 때 사용되는 속담인지 글에서 찾아 쓰시오.

( )

**30** ⓑ의 속담을 사용할 수 있는 다른 상황을 바르게 말한 친구의 이름을 쓰시오.

현수: 친구가 알림장을 쓰지 않고 자주 준비물을 챙겨 오지 않는 상황에 쓸 수 있어.

석민: 친구가 노력하지 않고 욕심만으로 헛된 장래 희망을 꿈꾸는 상황에 쓸 수 있지.

( )

교과서 문제

**1** 다음 중 동물과 관련 있는 속담은 무엇입니까?

( )

① 아는 길도 물어 가랬다
② 닭 쫓던 개 지붕 쳐다보듯
③ 아 해 다르고 어 해 다르다
④ 세 살 적 버릇이 여든까지 간다
⑤ 가는 말이 고와야 오는 말이 곱다

교과서 문제

**2** 다음 속담을 사용하기에 알맞은 상황을 찾아 알맞게 선으로 이으시오.

| (1) | 호랑이도 제 말 하면 온다 | • | • ① | 아무리 익숙하고 잘하는 사람이라도 간혹 실수하는 상황 |
| (2) | 원숭이도 나무에서 떨어진다 | • | • ② | 다른 사람에 대한 이야기를 하는데 공교롭게도 그 사람이 나타나는 상황 |
| (3) | 소 잃고 외양간 고친다 | • | • ③ | 일이 이미 잘못된 뒤에는 손을 써도 소용이 없는 상황 |

**3** 다음과 같은 뜻을 가진 속담은 무엇입니까?

( )

> 말만 잘하면 어려운 일이나 불가능해 보이는 일도 해결할 수 있다.

① 말이 씨가 된다
② 말이 많으면 쓸 말이 적다
③ 말 한마디에 천 냥 빚도 갚는다
④ 입은 비뚤어져도 말은 바로 해라
⑤ 가루는 칠수록 고와지고 말은 할수록 거칠어진다

**4** 우리 속담에 말과 관련 있는 속담이 많은 까닭은

서술형 무엇인지 쓰시오.

_____

_____

**5** 소희가 탐구하고 싶은 대상으로, 빈칸에 들어갈 알맞은 말은 무엇이겠습니까? ( )

> 나는 ☐☐☐과/와 관련 있는 속담을 찾아보고 싶어. 왜냐하면 밥, 떡, 죽, 국, 과일이나 채소와 같이 친숙한 소재가 사용된 속담들은 우리의 생활 모습을 잘 반영하기 때문이야.

소희

① 말　　　　　② 동물
③ 음식　　　　④ 협동
⑤ 날씨

**6** 다음은 속담 사전을 만들기 위해 찾은 속담입니다. 탐구 대상이 나머지와 <u>다른</u> 하나를 찾아 기호를 쓰시오.

> ㉮ 그물에 걸린 토끼 신세
> ㉯ 호랑이도 제 말 하면 온다
> ㉰ 호랑이가 호랑이를 낳고 개가 개를 낳는다
> ㉱ 호랑이에게 물려 가도 정신만 차리면 산다
> ㉲ 사람은 죽으면 이름을 남기고 범은 죽으면 가죽을 남긴다

( )

**1** 다음 낱말의 뜻을 찾아 알맞게 선으로 이으시오.

(1) 딴전 ·

· ① 깨어져 산산이 부서짐.

(2) 호통 ·

· ② 처음부터 또는 근본부터.

(3) 본디 ·

· ③ 몹시 화가 나서 크게 소리 지르거나 꾸짖음.

(4) 박살 ·

· ④ 어떤 일을 하는 데 그 일과는 전혀 관계없는 일이나 행동.

**2** 보기 의 낱말 뜻을 보고, ( ) 안에서 알맞은 낱말을 골라 ○표 하시오.

보기

• **바치다**: 신이나 웃어른에게 정중하게 드리다.
• **받치다**: 물건의 밑이나 양 옆 따위에 다른 물건을 대다.

(1) 지겟작대기로 지게를 ( 바쳐 , 받쳐 ) 세워 놓았다.

(2) 사신들은 우리나라 왕에게 귀한 선물을 ( 바쳤다 , 받쳤다 ).

**3** 밑줄 친 낱말이 맞춤법에 맞지 않은 것은 무엇입니까? ( )

① 백지장도 맞들면 낫다.
② 술을 담굴 때 독을 사서 썼다.
③ 심부름을 시킬까 봐 갑자기 바쁜 척했다.
④ 땀이 목덜미를 타고 내려 등줄기를 적셨다.
⑤ 게임을 안 한 것처럼 시치미를 떼고 있었다.

**4** 다음과 같은 관용어를 쓰기에 가장 알맞은 상황은 무엇입니까? ( )

간이 콩알만 해지다

① 자기 눈에만 좋아 보일 때
② 영화를 보고 감동을 받았을 때
③ 갑자기 어떤 기억이 떠올랐을 때
④ 어떤 일을 집중해서 열심히 할 때
⑤ 수업 시간에 발표를 시킬까 봐 겁이 났을 때

**5** 다음 중 낱말의 쓰임이 바르지 않은 것을 골라 ×표 하시오.

(1) 아무리 찾아도 내 반지가 온데간데없다.
( )

(2) 문단속이 오지니 도둑이 들 수밖에 없다.
( )

(3) 허황된 이야기만 늘어놓지 말고 대책을 세워라.
( )

**6** 다음 설명을 읽고, ( ) 안에서 알맞은 말을 골라 ○표 하시오.

• **−던**: 과거의 행동이나 상태를 나타낼 때 쓴다.
• **−든**: '든지'의 준말로, 선택의 의미를 나타낼 때 쓴다.

(1) 채소( 던 , 든 ) 고기( 던 , 든 ) 가리지 않고 다 잘 먹는다.

(2) 사람들은 죽음을 본디 왔( 던 , 든 ) 곳으로 돌아가는 일로 받아들였다.

**1** 속담에 대한 설명으로 알맞지 <u>않은</u> 것은 무엇입니까? ( )

① 교훈과 해학이 담겨 있다.
② 조상의 슬기와 지혜를 알 수 있다.
③ 우리 민족의 생활 방식이 담겨 있다.
④ 민간에 전해 오는 쉬운 격언이나 잠언이다.
⑤ 최근에 반복적으로 사용되어 널리 퍼진 것이다.

**2~3**

**2** ㉠에 들어갈 속담으로 가장 알맞은 것은 무엇입니까? ( )

① 말이 씨가 된다
② 백지장도 맞들면 낫다
③ 소 잃고 외양간 고친다
④ 비 온 뒤에 땅이 굳어진다
⑤ 세 살 적 버릇이 여든까지 간다

**3*** ㉡과 관련 있는 속담으로 알맞지 <u>않은</u> 것은 무엇입니까? ( )

① 한 손뼉이 울지 못한다
② 손이 많으면 일도 쉽다
③ 천 리 길도 한 걸음부터
④ 두 손뼉이 맞아야 소리가 난다
⑤ 종이도 네 귀를 들어야 바르다

**4** 다음과 바꾸어 쓸 수 있는 속담에 ○표 하시오.

> 사공이 많으면 배가 산으로 간다

(1) 하나를 보면 열을 안다 ( )
(2) 돌다리도 두들겨 보고 건너라 ( )
(3) 목수가 많으면 집을 무너뜨린다 ( )

**5~6**

**5** ㉮와 ㉯ 중 자신의 의견을 제시하기 위해 속담을 사용한 경우의 기호를 쓰시오.

( )

**6** ㉮와 ㉯에서 다음 뜻을 가진 속담을 찾아 쓰시오.

> 일부만 보고 전체를 미루어 안다.

( )

**7** 속담을 사용하면 좋은 점을 한 가지 쓰시오.

서술형
_____
_____

## 8~10

**가**

어제 뉴스 봤니? 퓨마가 탈출했던 동물원에서 안전 관리 실태를 점검하고 있대.

미리 점검하지 않고, ㉠소 잃고 외양간 고치는 격이구나.

**나**

일 년 동안 모은 동전이 20만 원이나 돼.

그래? ㉡티끌 모아 태산이라더니 그 말이 맞네.

**8** ㉠에 대한 설명으로 알맞은 것을 모두 고르시오. ( )

① "쥐구멍에도 볕 들 날 있다."와 뜻이 같다.

② "하나를 보면 열을 안다."와 바꾸어 쓸 수 있다.

③ 일이 이미 잘못된 뒤에는 손을 써도 소용이 없다는 말이다.

④ 소를 도둑맞은 다음에야 빈 외양간의 허물어진 데를 고치느라 수선을 떤다는 뜻이다.

⑤ 안전에 주의하지 않고 친구들과 놀다가 다친 뒤에 후회했던 상황에서도 쓸 수 있다.

**9** 다음은 ㉡의 뜻을 정리한 것입니다. ㉮와 ㉯에 들어갈 말을 찾아 알맞게 선으로 이으시오.

아무리 ( ㉮ ) 것이라도 모이고 모이면 나중에 ( ㉯ ) 덩어리가 된다.

(1) ㉮ ・ ・① 작은

(2) ㉯ ・ ・② 큰

**10** ㉡을 사용할 수 있는 다른 상황을 쓰시오.

서술형

_____

_____

## 11~14

**가** "야, 이렇게 계산해 보니 며칠 안 가 독이 천만 개나 되겠는걸. 그럼 그 돈으로 논과 밭을 사는 거야. 그러고 남는 돈으로는 고래 등 같은 기와집을 짓는 거야."

독장수는 너무 기쁜 나머지 팔을 번쩍 들었습니다. 그러다가 팔로, 지게를 받치던 지겟작대기를 밀어 버렸습니다. 지게는 기우뚱하더니 옆으로 팍 쓰러졌습니다. 지게에 있던 독들도 와장창 깨지고 말았습니다.

"아이고, 망했다. 이걸 어쩐다?"

**나** 이와 같이 허황된 것을 궁리하고 미리 셈하는 것을 '독장수구구'라고 하고, 실현성이 없는 허황된 계산은 도리어 손해만 가져온다는 뜻으로 "  ㉠  ."라는 속담이 쓰입니다.

**11** 독장수의 마음은 어떻게 변하였습니까? ( )

① 슬픔. → 기쁨.     ② 기쁨. → 속상함.

③ 속상함. → 화남.     ④ 미안함. → 기쁨.

⑤ 미안함. → 속상함.

**12** ㉠에 들어갈 알맞은 속담은 무엇입니까? ( )

① 시작이 반이다     ② 말이 씨가 된다

③ 엎친 데 덮친다     ④ 바늘 가는 데 실 간다

⑤ 독장수구구는 독만 깨뜨린다

**13** 독장수가 처한 상황에 알맞은 속담에 ○표 하시오.

(1) 사공이 많으면 배가 산으로 간다 ( )

(2) 가는 토끼 잡으려다 잡은 토끼 놓친다 ( )

**14** 이 글의 주제는 무엇입니까? ( )

① 헛된 욕심은 손해를 가져온다.

② 잘 아는 일도 주의해서 해야 한다.

③ 한 가지 일을 끝까지 해야 성공할 수 있다.

④ 무슨 일이든 서로 뜻이 맞아야 이룰 수 있다.

⑤ 자기주장만 내세우면 일이 제대로 되기 어렵다.

**15~18**

**가** "가다가 딴전 부리지 말고 곧장 강 도령에게 전해야 한다. 아주 중요한 편지야."

염라대왕이 몇 번씩 다짐을 받았습니다.

"네, 네. 심부름 한두 번 해 보나요. 전 심부름 하나는 틀림없다니까요."

까마귀는 염라대왕이 준 편지를 물고 인간 세상에 내려왔습니다.

**나** 까마귀가 말고기를 먹으려고 입을 벌리는 순간, 입에 문 편지가 바람에 날려 어디론가 사라졌습니다. 그래도 까마귀는 정신없이 말고기를 먹었습니다.

"후유, 정말 잘 먹었다. 인간 세상은 참 좋아. 나도 여기서 살았으면 좋겠다. 배불리 먹고 나니 부러울 게 하나도 없구나."

까마귀는 좀 쉬고 난 뒤 편지를 찾았습니다. 그러나 편지는 온데간데없었습니다.

"아니, 편지가 없어졌네. 이거 큰일 났다."

까마귀는 높이 날아올라 이리저리 편지를 찾았습니다. 지나가는 새들을 붙잡고 물어보았지만 편지를 본 새가 아무도 없었습니다.

"하는 수 없다. 아무렇게나 꾸며 댈 수밖에!"

**다** 까마귀가 염라대왕의 뜻을 잘못 전한 뒤부터는 어른, 아이 할 것 없이 아무나 먼저 죽게 되었답니다. 이때부터 나이에 상관없이 사람들이 죽게 되었지요.

⊙"까마귀고기를 먹었나."라는 속담은 이런 경우와 같이 무엇인가를 잘 잊어 버리는 사람을 가리켜 사용됩니다.

**15** 글 **가**~**다** 중에서 까마귀의 걱정하는 마음이 잘 드러나 있는 것의 기호를 쓰시오.

(       )

**16** 염라대왕이 까마귀에게 시킨 심부름은 무엇입니까? (    )

① 저승에 다녀오라는 것
② 인간 세상에서 살다가 오라는 것
③ 편지를 강 도령에게 전해 주라는 것
④ 인간 세상의 모든 일을 맡아보라는 것
⑤ 나이 순서대로 사람을 저승에 보내라는 것

**17** ⊙을 사용할 수 있는 다른 상황을 쓰시오.

서술형

_____

_____

**18**★ 까마귀에게 전하고 싶은 생각을 알맞게 말한 친구의 이름을 쓰시오.

> 민석: 자신이 해야 할 중요한 일을 잊어버리지 않았으면 좋겠어.
> 현주: 헛된 꿈을 꾸지 말고, 하루하루 성실하게 생활하면 좋겠어.

(       )

**19** 우리나라에 동물과 관련 있는 속담이 많은 까닭으로 알맞은 것의 기호를 쓰시오.

> ㉮ 사람들의 관계를 중요하게 생각하기 때문에
> ㉯ 우리들의 생활 모습을 잘 반영하고 있기 때문에
> ㉰ 동물의 행동이나 특징에 빗대어 어떤 사람의 성격이나 태도를 표현할 수 있기 때문에

(       )

**20** 다음 속담의 뜻으로 알맞은 것은 무엇입니까?

(    )

> 입은 비뚤어져도 말은 바로 해라

① 늘 말하던 것이 마침내 사실대로 된다.
② 무슨 일이나 그 일의 시작이 중요하다.
③ 부모님 말씀을 잘 들으면 좋은 일이 생긴다.
④ 상황이 어떻든지 말은 언제나 바르게 해야 한다.
⑤ 하지 않아도 될 말을 늘어놓으면 그만큼 쓸 말은 적어진다.

점수

**1**

> 고운 말을 쓰자고 주장하는 글을 시작할 때 관심을 끌려고 "　　　㉠　　　."라는 속담을 쓴 적이 있어.
>
> 진호

> 감기에 걸린 동생이 찬 음식을 먹고 배탈이 난 것을 보고 ㉡"엎친 데 덮친다."라고 말했어.
>
> 수지

**1단계** 낱말 쓰기

㉠에 들어갈 속담을 생각하여 빈칸에 알맞은 말을 차례대로 쓰시오. [4점]

• (　　　　　)이/가 고와야 (　　　　　)이/가 곱다.

**2단계** 문장 쓰기

㉡과 같은 속담을 사용할 수 있는 다른 상황을 쓰시오. [5점]

_____

_____

**3단계** 생각 쓰기

진호와 수지처럼 속담을 사용해 자신의 생각을 말했던 경험을 쓰시오. [6점]

_____

_____

**2~3**

이렇게 계산해 나가니 열여섯 개가 서른두 개가 되고, 서른두 개면 예순네 개가 되고, 예순네 개는 백스물여덟 개가 되었습니다.

"야, 이렇게 계산해 보니 며칠 안 가 독이 천만 개나 되겠는걸. 그럼 그 돈으로 논과 밭을 사는 거야. 그리고 남는 돈으로는 고래 등 같은 기와집을 짓는 거야."

독장수는 너무 기쁜 나머지 팔을 번쩍 들었습니다. 그러다가 팔로, 지게를 받치던 지겟작대기를 밀어 버렸습니다. 지게는 기우뚱하더니 옆으로 팍 쓰러졌습니다. 지게에 있던 독들도 와장창 깨지고 말았습니다.

"아이고, 망했다. 이걸 어쩐다?"

독장수는 눈물을 뚝뚝 흘리며 박살 난 독 조각들을 쓰다듬었습니다.

이와 같이 허황된 것을 궁리하고 미리 셈하는 것을 '독장수구구'라고 하고, 실현성이 없는 허황된 계산은 도리어 손해만 가져온다는 뜻으로 "독장수구구는 독만 깨뜨린다."라는 속담이 쓰입니다.

**2** 독장수에게 전하고 싶은 생각을 쓰고, 그 생각을 전하고자 할 때 어울리는 속담을 한 가지 쓰시오. [8점]

| 전하고 싶은 생각 | (1) |
|---|---|
| 어울리는 속담 | (2) |

**3** 이 글의 주제를 파악하기 위해서 살펴보아야 할 것을 두 가지 쓰시오. [4점]

_____

_____

# **5** 속담을 활용해요

| 학습 주제 | 속담을 활용하여 자신의 생각 표현하기 | 배점 | 24점 |
|---|---|---|---|
| 학습 목표 | 자신의 생각을 속담을 활용하여 효과적으로 표현할 수 있다. | | |

**1** 다음 주제에 대한 자신의 생각을 쓰시오. [4점]

| 주제 | 행복한 학교생활을 하려면 우리가 지켜야 할 일 |
|---|---|
| 자신의 생각 | |

**2** 〈문제 **1**번〉에서 정리한 생각을 말할 때 사용할 속담을 쓰고, 그 속담의 뜻을 쓰시오. [8점]

| 사용할 속담 | (1) |
|---|---|
| 속담의 뜻 | (2) |

**3** 〈문제 **1**, **2**번〉에서 정리한 내용을 바탕으로 '행복한 학교생활을 하려면 우리가 지켜야 할 일'에 대한 자신의 생각을 속담을 활용하여 쓰시오. [12점]

# 6 내용을 추론해요

## 1 말이나 행동에서 드러나지 않은 내용 짐작하기

① 자신의 경험을 떠올려 내용을 짐작합니다.

② 말이나 행동에서 단서를 확인하여 내용을 짐작합니다.
  └ 어떤 일이나 사건이 일어난 까닭을 풀 수 있는 실마리

예 「우리는 이미 하나」 영상을 보고 추론할 수 있는 내용 → 이미 아는 정보를 근거로 삼아 다른 판단을 이끌어 내는 것을 '추론'이라고 해요.

> 우리 주위에 북한 이탈 주민이 많이 있구나.

## ★★ 2 이야기의 내용을 추론하는 방법

① 이야기에서 찾을 수 있는 단서를 확인합니다.

② 자신이 평소에 아는 사실과 경험한 것을 떠올려 보고 무엇을 더 알 수 있는지 생각해 봅니다.

③ 글에 쓰인 다의어나 동형어가 어떤 뜻인지 정확히 이해하려면 국어사전을 찾아봅니다.
  └ 여러 가지 뜻이 있는 낱말을 '다의어'라고 하고,
    형태가 같지만 뜻이 다른 낱말을 '동형어'라고 해요.

| 구분 | 낱말 | 국어사전 |
|---|---|---|
| 다의어 | 쌓다 | 1. 여러 개의 물건을 겹겹이 포개어 얹어 놓다.<br>2. 물건을 차곡차곡 포개어 얹어서 구조물을 이루다. |
| 동형어 | 감상 | 감상¹ 하찮은 일에도 쓸쓸하고 슬퍼져서 마음이 상함. 또는 그런 마음.<br>감상⁵ 주로 예술 작품을 이해하여 즐기고 평가함. |

④ 이야기의 특정 부분을 바탕으로 하여 알 수 있는 내용과 더 추론할 수 있는 사실을 살펴봅니다.

⑤ 글 내용을 바탕으로 하여 친구들과 함께 질문을 만들고 서로 묻거나 답해 봅니다.

예 「수원 화성을 어떻게 만들었을까」를 읽고 추론할 수 있는 사실

> 수원 화성이 1997년에 유네스코 세계 문화 유산으로 등록되었다는 내용에서 수원 화성은 세계적인 문화유산으로 인정받을 만큼 훌륭한 건축물이라는 사실을 추론할 수 있어.

## 3 영상 광고를 만드는 순서

---

### 개념 확인하기 　　　정답과 풀이 21쪽

**1** 이미 아는 정보를 근거로 삼아 다른 판단을 이끌어 내는 것을 무엇이라고 하는지 쓰시오.

( 　　　　　　 )

**2** 다음은 '다의어'와 '동형어' 중 무엇에 대한 설명인지 쓰시오.

> 여러 가지 뜻이 있는 낱말이다.

( 　　　　　　 )

**3** 다음 ( ) 안에서 알맞은 말을 골라 ○표 하시오.

> 이야기의 내용을 추론할 때 글에 쓰인 다의어나 동형어가 어떤 뜻으로 쓰였는지 ( 국어사전 , 속담 사전 )을 찾아본다.

**4** 다음 빈칸에 알맞은 말을 쓰시오.

> 영상 광고를 만들기 위한 계획을 세울 때에는 먼저 영상 광고 ( 　　　　 ), 내용, 분량을 정해야 한다.

---

6. 내용을 추론해요 91

# 우리는 이미 하나

❶ 1999년 10월 탈북
한의사 ○○○

❷ 2006년 8월 탈북
선생님 ○○○

❸ 건강 하세요!
2007년 8월 탈북
봉사단 ○○○

❹ 같은 일상을 살아가는 우리,
우리는 이미 하나입니다

• **영상에 대한 설명:** 북한을 이탈해 남한으로 와 살고 있는 우리 주위의 북한 이탈 주민들은 모두 같은 민족이자 하나의 겨레라는 내용의 영상입니다.

**핵심내용** 영상에서 내용 추론하기 예
• 우리 주위에 북한 이탈 주민이 많이 있다는 것을 알 수 있습니다.
• 북한 이탈 주민이 여러 가지 직업을 가지고 있다는 사실을 알 수 있습니다.
• 서로 존중하고 더불어 살아가야 행복하다는 것을 알 수 있습니다.

---

**1** 이 영상에 나온 사람들의 직업을 모두 고르시오.
　　　　　　　　　　　( 　　　 )

① 한의사　　　　　② 아나운서
③ 환경미화원　　　④ 봉사단 단원
⑤ 초등학교 선생님

교과서 문제
**2** 이 영상에 나온 사람들의 공통점은 무엇입니까?
　　　　　　　　　　　( 　　　 )

① 모두 남자이다.
② 모두 외국인이다.
③ 모두 북한 이탈 주민이다.
④ 모두 우리와 생김새가 다르다.
⑤ 모두 장애를 가지고 태어났다.

**3**★ 「우리는 이미 하나」라는 제목을 이해하기 위해 자신의 경험을 떠올린 것에 ○표 하시오.

(1) 표정이나 행동을 보면 모두 즐겁게 자신의 일을 하시는 것 같다. 　　　　　　( 　　　 )
(2) 낯선 곳을 잠깐 여행하는 것도 힘든 점이 많던데 잘 적응하며 사시는 게 놀랍다. ( 　　　 )

**4** 이 영상을 보고 추론할 수 있는 내용을 알맞게 말한 친구의 이름을 쓰시오.

> 진경: 북한 이탈 주민은 우리와 다른 민족이라는 것을 알 수 있어.
> 동건: 우리 주위에 북한 이탈 주민이 많이 있다는 것을 알 수 있어.
> 민국: 북한 이탈 주민이 힘들게 살아가고 있다는 것을 알게 되었어.

　　　　　　　　　　　( 　　　 )

**가**

▲ 야묘도추

**나**

▲ 씨름

• 그림 **가**와 **나**의 특징

| 그림 **가** | 고양이 한 마리가 병아리를 훔쳐 달아나자 그 고양이를 잡으려는 어미 닭과 부부의 모습을 생동감 있게 그린 김득신의 「야묘도추」입니다. |
| 그림 **나** | 서민들이 씨름하는 모습을 자세하고 생동감 있게 그려 낸 김홍도의 「씨름」입니다. |

자신의 배경지식을 떠올리거나 여러 가지 상황을 생각하며 드러나지 않은 내용을 짐작해 보면 좀 더 깊고 넓게 내용이나 상황을 이해할 수 있어요.

**5** 그림 **가**를 보고 알 수 있는 사실은 무엇인지 빈칸에 공통으로 들어갈 알맞은 말을 쓰시오.

> 병아리를 물고 달아나는 ☐☐☐과/와 그 ☐☐☐을/를 잡으려는 사람의 모습을 재미있게 나타낸 그림이다.

( )

**6** 자신의 경험을 떠올려 그림 **가**의 내용을 바르게 추론한 친구의 이름을 쓰시오.

> **시진**: 어미 닭이 입에 병아리를 물고 달아나는 고양이를 쫓아가고 있다.
> **도윤**: 고양이가 내 신발을 물고 달아나서 깜짝 놀란 적이 있는데, 아마 남자의 마음도 같았을 거야.
> **승우**: 나도 고양이를 보면 귀여워서 쓰다듬어 주고 싶어. 고양이를 귀여워하는 남자의 마음이 느껴져.

( )

교과서 문제
**7** 그림 **나**를 보고 추론한 내용으로 알맞지 않은 것은 무엇입니까? ( )

① 옷차림으로 보아 옛날 사람들이 씨름을 하는 모습이다.
② 구경하는 사람들의 표정으로 보아 씨름을 좋아하지 않는다.
③ 갓을 쓴 사람이 있는 것으로 보아 양반들도 씨름을 구경하였다.
④ 엿을 파는 아이가 있는 것으로 보아 씨름을 보면서 엿을 먹기도 하였다.
⑤ 몇몇은 갓을 벗고 있거나 부채를 들고 있는 것으로 보아 날씨가 더울 것이다.

**8** 추론하며 글을 읽으면 좋은 점을 쓰시오.
**서술형**

_____

_____

**6.** 내용을 추론해요 **93**

# 수원 화성을 어떻게 만들었을까

• 유지현

• 글의 종류: 설명하는 글
• 글의 특징: 수원 화성을 쌓는 과정을 자세히 기록해 놓은 『화성성역의궤』와 수원 화성에 대해 설명하는 글입니다.

1 『화성성역의궤』는 수원 화성에 성을 ㉠쌓는 과정을 기록한 책인 의궤야. 수원 화성은 일제 강점기를 거치면서 성곽 일대가 훼손되기 시작하고 6.25 전쟁 때 크게 파괴되었는데, 『화성성역의궤』를 보고 원래의 모습대로 다시 만들어졌단다. 덕분에 수원 화성이 1997년에 유네스코 세계 문화유산으로 등록될 수 있었어.

중심 내용 1 『화성성역의궤』는 수원 화성에 성을 쌓는 과정을 기록한 책인 의궤이다.

2 『화성성역의궤』는 정조 임금이 갑자기 세상을 떠나는 바람에 다음 임금인 순조 때 만들어졌는데, 건축과 관련된 의궤 가운데에서도 가장 내용이 많아. ㉡수원 화성 공사와 관련된 공식 문서는 물론, 참여 인원, 사용된 물품, 설계 등의 기록이 그림과 함께 실려 있는 일종의 보고서인 셈이야. 내용이 아주 세세하고 치밀
자세하고 꼼꼼해서

해서 공사에 참여한 기술자 1800여 명의 이름과 주소, 일한 날수와 받은 임금까지 적혀 있어. 공사에 사용된 모든 물건의 크기와 값은 또 얼마나 상세히 적었는지 입이 떡 벌어질 정도라니까. 당시에 이렇게 자세한 공사 보고서를 남긴 나라는 우리나라밖에 없다고 해.
『화성성역의궤』가 지니는 가치

중심 내용 2 순조 때 만들어진 『화성성역의궤』에는 수원 화성 공사와 관련된 기록이 그림과 함께 자세히 실려 있다.

**핵심내용 내용을 추론하기** 예

| 알 수 있는 내용 | 추론한 사실 |
|---|---|
| 수원 화성이 1997년에 유네스코 세계 문화유산으로 등록되었다. | 수원 화성은 세계적인 문화유산으로 인정받을 만큼 훌륭한 건축물이다. |
| 『화성성역의궤』에는 수원 화성 공사에 시용된 물품, 설계 등의 기록이 실려 있다. | 『화성성역의궤』가 자세하게 기록되었기 때문에 수원 화성을 원래의 ❶ ㅁ ㅅ 대로 다시 민들 수 있었나. |

의궤 예전에, 나라에서 큰일을 치를 때 후세에 참고하기 위하여 그 일의 처음부터 끝까지의 경과를 자세하게 적은 책.

공식(公 공평할 공, 式 법 식) 국가적이나 사회적으로 인정된 공적인 방식. 예 협상 내용을 공식 발표하였습니다.

---

1 수원 화성에 성을 쌓는 과정을 기록한 책은 무엇인지 쓰시오.

( )

교과서 문제
2 다음 밑줄 친 낱말 중 ㉠'쌓다'와 같은 뜻으로 쓰인 문장에 ○표 하시오.

(1) 윤수는 체육 자료실에 깔개를 차곡차곡 쌓아 놓았다. ( )

(2) 고구려는 국경 지방에 천리장성을 쌓으면서 외적의 침략에 대비했다. ( )

3 『화성성역의궤』에 담겨 있는 기록이 아닌 것은 무엇입니까? ( )

① 설계 ② 일한 날수
③ 참여 인원 ④ 사용된 물품
⑤ 사도 세자의 일생

4* ㉡을 통해 추론할 수 있는 내용으로 알맞은 것에 ○표 하시오.

(1) 수원 화성은 여러 위기를 거치면서 원래의 모습을 잃었다. ( )

(2) 수원 화성은 세계적인 문화유산으로 인정받을 만큼 훌륭한 건축물이다. ( )

(3) 『화성성역의궤』가 자세하게 기록되었기 때문에 수원 화성을 원래의 모습대로 다시 만들 수 있었다. ( )

**3** 수원 화성은 정조 임금의 원대한 꿈이 담긴 곳으로 볼거리가 많아. 건물 하나만 보는 것보다는 주변 경치를 함께 ㉠감상하는 것이 더 좋아. ㉡정조 임금이 엄격하게 고른 좋은 자리에 지었으니까. 수원 화성은 규모가 커서 다 돌아보려면 꽤 시간이 걸려. 다리가 아프면

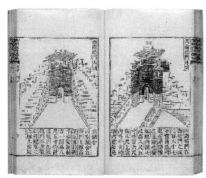

▲ 『화성성역의궤』

화성 열차를 타는 것도 좋겠지. 화성 열차는 수원 화성 구경을 하러 온 사람들을 위해 마련한 열차야.

㉢더 둘러보고 싶은 친구가 있다면 근처에 있는 융건릉과 용주사에 가 볼 것을 추천할게. 융건릉은 사도 세자의 무덤인 융릉과 정조 임금의 무덤인 건릉을 합쳐서 부르는 이름이고, 용주사는 사도 세자의 **명복**을 <sub>영조의 둘째 아들이며 정조의 아버지</sub> 빌려고 지은 절이야.

중심 내용 **3** 수원 화성은 볼거리가 많은 곳이다.

핵심내용 내용을 추론하기 예

| 알 수 있는 내용 | 추론한 사실 |
|---|---|
| 수원 화성은 정조 임금이 엄격하게 고른 좋은 자리에 지었다. | 정조 임금은 수원 화성을 건축하는 데 많은 ❷ ㄱ ㅅ 을 가졌다. |
| 더 둘러보고 싶은 친구는 근처의 융건릉과 용주사에 가 볼 수 있다. | 융건릉과 용주사에도 볼거리가 많다. |

**원대한** 계획이나 희망 따위의 장래성과 규모가 큰. 예 삼촌은 <u>원대한</u> 꿈을 갖고 외국으로 공부를 하러 가셨습니다.

**명복**(冥 어두울 명, 福 복 복) 죽은 뒤 저승에서 받는 복. 예 나라를 위해 목숨을 바친 독립운동가들의 <u>명복</u>을 빕니다.

교과서 문제

**5** ㉠의 뜻으로 알맞은 것은 무엇입니까? ( )

① 마음에 깊이 느끼어 칭찬함.
② 마음속에서 일어나는 느낌이나 생각.
③ 귀한 사람에게 올릴 음식상을 미리 살펴봄.
④ 주로 예술 작품을 이해하여 즐기고 평가함.
⑤ 하찮은 일에도 쓸쓸하고 슬퍼져서 마음이 상함.

**6**★ ㉡을 통해 추론할 수 있는 사실로 알맞은 것의 기호를 쓰시오.

> ㉮ 정조 임금은 건축에 대해 잘 알지 못했다.
> ㉯ 정조 임금은 수원 화성을 건축하는 데 관심을 가졌다.
> ㉰ 정조 임금은 수원 화성을 건축한 것을 나중에 후회하였다.

( )

**7** ㉢의 내용에서 추론할 수 있는 사실을 쓰시오.

서술형
_____

_____

**8** 이야기에서 내용을 추론하는 방법은 무엇인지 빈칸에 알맞은 말을 보기 에서 찾아 쓰시오.

> 보기
> 사실   경험   단서   국어사전

(1) 이야기에서 찾을 수 있는 ( )을/를 확인한다.

(2) 자신이 평소에 아는 사실과 ( )한 것을 떠올려 보고 무엇을 더 알 수 있는지 생각해 본다.

(3) 글에 쓰인 다의어나 동형어가 어떤 뜻인지 정확히 이해하려면 ( )을/를 찾아 본다.

(4) 이야기의 특정 부분을 바탕으로 하여 알 수 있는 내용과 더 추론할 수 있는 ( )을/를 찾아본다.

# 서울의 궁궐

- **글의 종류:** 설명하는 글
- **글의 특징:** 조선 시대의 궁궐인 경복궁, 창덕궁, 창경궁, 경희궁, 경운궁에 대해 설명한 글입니다.

**1** 현재 서울에 남아 있는 조선 시대의 궁궐은 모두 다섯 곳으로 경복궁, 창덕궁, 창경궁, 경희궁, 경운궁이다.

**중심 내용 1** 서울에 남아 있는 조선 시대 궁궐은 모두 다섯 곳이다.

**2** **궁궐의 건물**

궁궐에는 왕과 왕비뿐만 아니라 왕실의 가족과 관리, 군인, 내시, 나인 등 많은 사람이 살았다. ㉠이 사람들은 각자 자신의 신분에 알맞은 건물에서 생활했고, 건물의 명칭 또한 주인의 신분에 따라 달랐다. 예컨대 궁궐에는 강녕전이나 교태전과 같이 '전' 자가 붙는 건물이 있는데, 이러한 건물에는 궁궐에서 가장 신분이 높은 왕과 왕비만 살 수 있었다. 왕실 가족이나 후궁들은 주로 '전'보다 한 단계 격이 낮은 '당' 자가 붙는 건물을 사용했다. 그 밖의 궁궐 사람들은 주로 '각', '재', '헌'이 붙는 건물에서 생활했다. 그러나 경우에 따라서는 왕도 '전'이 아닌 다른 건물을 사용했다.

**중심 내용 2** 궁궐에는 많은 사람이 살았는데, 각자 신분에 알맞은 건물에 살았다.

**3** **경복궁**

'큰 복을 누리며 번성하라'는 뜻을 지닌 경복궁은 조선 시대 최초의 궁궐이면서 여러 궁궐 가운데 가장 대표적인 것이다. 경복궁은 태조 이성계가 조선을 세운 뒤에 한양, 즉 지금의 서울에 세운 조선의 법궁이다.
*나라의 공식적인 궁궐*

경복궁의 건물은 7600여 칸으로 규모가 어마어마하다. 경복궁에서 가장 웅장한 건물은 '부지런히 나라를 다스리라'는 뜻을 지닌 근정전이다. 근정전은 왕의 즉위식, 왕실의 혼례식, 외국 사신과의 만남과 같은 나라의 중요한 행사를 치르던 곳이다.
*임금 자리에 오르는 것을 알리려고 치르는 의식*

경복궁에서 안쪽에 자리 잡은 교태전은 왕비가 생활하던 곳이다. 교태전은 중앙에 대청마루를 두고 왼쪽과 오른쪽에 온돌방을 놓은 구조로 되어 있다. 교태전 뒤쪽으로는 아미산이라는 작고 아름다운 후원이 있다.
*대궐 안에 있는 동산*

'경사스러운 연회'라는 뜻의 경회루는 커다란 연못 중앙에 섬을 만들고 그 위에 지은, 우리나라에서 가장 큰 누각이다. 이곳은 왕이 외국 사신을 접대하거나 신하들에게 연회를 베풀던 장소이다.

**중심 내용 3** 태조가 한양에 만든 법궁인 경복궁은 조선 시대 최초의 궁궐로, 근정전, 교태전, 경회루 등이 있다.

---

**명칭** 사람이나 사물 따위의 이름. 또는 그것을 일컫는 이름. ⑩ 새로 개발된 제품의 명칭이 매우 특이합니다.

**구조**(構 얽을 구, 造 지을 조) 부분이나 요소가 어떤 전체를 짜 이룸. 또는 그렇게 이루어진 얼개.

---

**9*** ㉠을 통해 추론할 수 있는 사실로 알맞은 것에 ○표 하시오.

(1) 조선 시대에는 신분에 따른 차이가 명확했다. ( )

(2) 조선 시대에는 재산에 따라 살고 싶은 곳을 자유롭게 선택했다. ( )

**교과서 문제**

**10** '전' 자가 붙은 건물에는 누가 살 수 있었는지 두 가지 고르시오. ( )

① 왕 ② 후궁 ③ 군인
④ 왕비 ⑤ 왕실 가족

**11** 경복궁이라는 말에는 어떤 뜻이 담겨 있는지 쓰시오.

( )

**12** 경복궁에 대한 설명으로 알맞지 **않은** 것은 무엇입니까? ( )

① 조선의 법궁이다.
② 작고 아담한 궁궐이다.
③ 조선 시대 최초의 궁궐이다.
④ 태조가 한양에 만든 궁궐이다.
⑤ 경복궁에서 가장 웅장한 건물은 근정전이다.

**4 창덕궁**

창덕궁은 경복궁 동쪽에 있다고 하여 창경궁과 함께 '동궐'로도 불렸다. 건물과 후원이 잘 어우러져 아름다우며 유네스코 세계 문화유산으로 기록되었다. 산이 많은 우리나라답게 산자락에 자연스럽게 배치한 건물이 인상적이다. 넓은 후원의 정자와 연못들은 우리나라 전통 정원의 모습을 잘 보여 주고 있다.

특히 부용지는 '하늘은 둥글고 땅은 네모나다'는 전통적 사상을 반영하여, 땅을 나타내는 네모난 연못 가운데 하늘을 뜻하는 둥근 섬을 띄워 놓은 형태이다. 연못 가장자리에 있는 부용정은 십자(+) 모양의 정자로, ㉠단청이 화려하고 처마 끝 곡선이 무척 아름답다.

궁궐이나 절의 벽, 기둥, 천장 따위에 여러 가지 빛깔과 무늬로 그린 그림

**중심 내용 4** 창덕궁은 건물과 후원이 잘 어우러져 있으며 연못에 섬을 띄운 부용지가 있다.

> 앞뒤 문장에서 알 수 있는 사실을 바탕으로 하여 '단청'과 같이 뜻을 알지 못하는 낱말의 뜻을 추론하는 문제가 자주 출제돼.

배치(配 나눌 배, 置 둘 치) 사람이나 물자 따위를 일정한 자리에 알맞게 나누어 둠.

**5 창경궁**

창경궁은 성종이 할머니들을 모시려고 지은 궁궐로, 효자로 유명한 정조가 태어난 곳이기도 하여 효와 인연이 깊다. 창경궁은 임진왜란 때 불탔다가 광해군 때 제 모습을 찾았으나, 그 뒤로도 큰 화재를 겪는 수난을 당했다. 문정전 앞뜰은 사도 세자가 목숨을 잃은 비극이 일어난 곳으로 유명하다. 왕비가 생활하던 통명전 서쪽에는 아름다운 연못이 있고, 뒤쪽에는 '열천'이라는 우물이 남아 있다.

한편 일제 강점기에는 일본 사람들이 창경궁에 동물원과 식물원을 만들면서 많은 건물을 헐고, 이름도 '창경원'으로 바꾸었다. 1983년에 동물원과 식물원 일부

창경원에서 창경궁으로 바뀐 때

를 옮기고 창경궁이라는 이름을 되찾았다.

**중심 내용 5** 창경궁은 화재가 여러 번 일어나고 사도 세자가 목숨을 잃은 곳이다.

**핵심내용 내용을 추론하며 글 읽기** 예

조선 시대는 왕권이 강화되었으나 일제 강점기가 되면서 차차 왕실이 힘을 잃었다는 것을 추론하였습니다.

수난 견디기 힘든 어려운 일을 당함. 예 일제 강점기에 우리 민족은 많은 수난을 겪었습니다.

**교과서 문제**

**13** 건물과 후원이 잘 어우러져 유네스코 세계 문화유산으로 기록된 궁궐의 이름을 쓰시오.

( )

**14** ㉠의 뜻을 추론하는 방법으로 알맞은 것은 무엇입니까? ( )

① 글자 수를 세어 본다.
② 글쓴이가 글을 쓴 까닭을 생각해 본다.
③ 글자 모양이 비슷한 낱말의 뜻을 떠올려 본다.
④ 같은 글자로 시작하는 낱말의 뜻을 떠올려 본다.
⑤ 앞뒤 문장에서 알 수 있는 사실을 바탕으로 하여 뜻을 추론한다.

**15** 창경궁에 대한 설명으로 알맞지 않은 것은 무엇입니까? ( )

① 여러 번의 화재가 일어났다.
② 왕비가 생활하던 통명전이 있다.
③ 사도 세자가 목숨을 잃은 곳이다.
④ 처음 지어졌던 건물이 잘 보존된 궁궐이다.
⑤ 성종이 할머니들을 모시려고 지은 궁궐이다.

**16** 창경원에서 창경궁이라는 이름으로 바뀐 때는 언제인지 쓰시오.

( )

**6** **경희궁**

경희궁의 처음 이름은 경덕궁이었으나, 영조 때 경희궁으로 고쳐 불렀다. <u>인조 이후 철종에 이르기까지</u>
<sub>많은 왕들이 오랜 기간 경희궁에서 머무름.</sub>
<u>10대에 걸쳐 왕들이 머물렀다.</u> 특히 영조는 25년 동안이나 이곳에 머물렀다고 한다. 경희궁은 경복궁 서쪽에 있다고 하여 '서궐'로도 불렸다. ㉠<u>궁궐의 원래 규모는 1500칸에 이르렀으나</u>, 일제 강점기에 강제로 헐려 터만 남아 있다가 최근에 옛 모습의 일부를 되찾았다.

이 궁궐 안에는 왕이 신하들과 나랏일을 논의하거나 사신을 접대하는 등의 행사를 치르던 숭정전과 영조의 어진을 모신 태령전이 있다.
<sub>임금의 얼굴 그림이나 사진</sub>

**중심 내용 6** 경희궁은 경덕궁에서 경희궁으로 고쳐 부른 곳이며 숭정전과 태령전이 있다.

**7** **경운궁**

지금의 덕수궁은 원래 경운궁이라고 불렸는데, 성종의 형인 월산 대군의 집이었다. 선조가 임진왜란이 끝난 뒤에 시울로 들어오니 궁궐이 모두 불타 버려서 이곳을 넓혀 행궁으로 만들었다고 한다. 선조가 죽고 광해군이 왕위에 오른 뒤에 이 행궁을 경운궁이라고 했다. 그러다가 조선 왕조 말기에 고종이 강한 나라들의 정치적 소용돌이에 휘말리면서 거처를 경운궁으로 옮긴 뒤, 비로소 궁궐다운 모습을 갖추었다.

경운궁 안에는 중화전과 같은 전통적 건물, 석조전이나 정관헌과 같은 서양식 건물이 함께 들어서 있다. 중화전은 국가적 의식을 치르던 곳이고, 석조전은 왕이 일상생활을 하던 곳이다. 정관헌은 고종 황제가 커피를 마시며 여가를 즐기거나 손님을 맞이하던 곳이다.

**중심 내용 7** 경운궁은 선조 때 행궁으로 만들었으며, 전통적 건물과 서양식 건물이 함께 들어서 있다.

**핵심내용** 「서울의 궁궐」에 나오는 낱말이나 문장의 뜻 추론하며 읽기 ㉠

| 낱말 | 즉위식 |
|---|---|
| 추론한 뜻 | 왕위에 오르는 식. |
| 그렇게 생각한 까닭 | 앞에는 '왕의' 라는 낱말이 있고, 그 뒷부분에는 "왕실의 혼례식, 외국 사신과의 만남과 같은 나라의 중요한 행사를 치르던 곳이다."라는 문장이 있기 때문이다. |

규모 사물이나 현상의 크기나 범위. ㉠ 어린이날을 맞아 전국에서 큰 규모의 행사가 열렸습니다.
행궁 임금이 나들이 때에 머물던 궁궐.

소용돌이 힘이나 사상, 감정 따위가 서로 뒤엉켜 요란스러운 상태를 비유적으로 이르는 말.
거처(居 살 거, 處 곳 처) 일정하게 자리를 잡고 사는 일. 또는 그 장소.

---

**17** 경희궁에 대한 설명으로 알맞지 <u>않은</u> 것은 무엇입니까? ( )

① 숭정전과 태령전이 있다.
② 왕들이 머물렀던 곳이다.
③ 경복궁의 동쪽에 위치한다.
④ 영조 때부터 경희궁으로 고쳐 불렀다.
⑤ 일제 강점기에 강제로 헐리기도 했다.

**18*** ㉠을 통해 추론할 수 있는 사실로 알맞은 것에 ○ 표 하시오.

(1) 경희궁은 규모가 매우 컸다. ( )
(2) 경희궁에는 일하는 사람이 많지 않았다. ( )

**19** 경운궁에 있는 석조전과 정관헌의 공통점은 무엇입니까? ( )

① 전통적 건물이다.
② 서양식 건물이다.
③ 국가적 의식을 치르던 곳이다.
④ 왕이 일상생활을 하던 곳이다.
⑤ 고종 황제가 여가를 즐기던 곳이다.

**20** 이 글의 내용과 관련 있는 경험을 쓰시오.
서술형

_____

_____

**1** 영상 광고로 알리고자 하는 주제를 다음 보기 에서 한 가지 고르고, 그 주제에 대해 알리고 싶은 내용을 한 문장으로 쓰시오.

서술형

| 보기 | | |
|---|---|---|
| 소비 | 학교 폭력 | 스마트폰 |
| 독서 | 공공시설 | 스포츠 정신 |

| 주제 | (1) |
|---|---|
| 알리고 싶은 내용 | (2) |

**2★** 영상 광고를 만들 때 가장 먼저 해야 할 일은 무엇입니까? ( )

① 역할 나누기
② 장면 촬영하기
③ 편집 도구로 자막 넣기
④ 촬영 도구와 편집 도구 준비하기
⑤ 영상 광고 주제, 내용과 분량 정하기

**3** 영상 광고를 만들기 위해 역할을 나눌 때 주의할 점으로 알맞지 않은 것에 ×표 하시오.

(1) 서로 의견이 맞지 않을 때에는 역할을 주지 않는다. ( )
(2) 모두가 적극적으로 참여할 수 있도록 공평하게 역할을 나눈다. ( )
(3) 친구들의 능력과 선호도를 고려해 역할을 맡을 수 있도록 한다. ( )

**4** 영상 광고를 찍을 때 꼭 필요한 역할이 아닌 것은 무엇입니까? ( )

① 촬영 담당
② 편집 담당
③ 극본 담당
④ 먹을거리 담당
⑤ 소품과 효과 담당

**5** 영상 광고의 장면을 촬영하는 방법으로 알맞은 것의 기호를 쓰시오.

> ㉮ 장면의 순서와 촬영하는 순서는 반드시 일치해야 한다.
> ㉯ 같은 장소나 준비물이 필요한 경우 장면 순서와 관계없이 먼저 촬영할 수 있다.

( )

**6** 다음 중 영상 광고의 장면을 촬영한 뒤에 해야 할 일로 알맞은 것에 ○표 하시오.

(1) 어떤 부분을 촬영해야 할까? ( )
(2) 주제를 살리려면 이 장면을 좀 더 넣는 게 좋겠어. ( )
(3) 장면 순서는 이렇게 편집해 보자. ( )

**낱말의 뜻**

**1** 뜻에 알맞은 낱말이 되도록 보기 에서 알맞은 글자를 찾아 쓰시오.

보기

| 어 | 복 | 거 | 난 |

(1) 죽은 뒤 저승에서 받는 복. → 명 ☐

(2) 임금의 얼굴 그림이나 사진. → ☐ 진

(3) 견디기 힘든 어려운 일을 당함. → 수 ☐

(4) 일정하게 자리를 잡고 사는 일. 또는 그런 장소. → ☐ 처

**관용어**

**2** 밑줄 친 표현에서 빈칸에 들어갈 알맞은 낱말은 무엇입니까?                    (        )

고려청자는 ☐이 딱 벌어질 정도로 섬세했다.
└ 매우 놀라거나 좋아하다.

① 손          ② 발          ③ 입
④ 등          ⑤ 팔

**비슷한말**

**3** 밑줄 친 낱말과 뜻이 비슷한 낱말을 두 가지 고르시오.                    (        )

건물 하나만 보는 것보다는 주변 경치를 함께 감상하는 것이 더 좋아.

① 경관          ② 그림          ③ 풍습
④ 문화          ⑤ 풍경

**맞춤법**

**4** 빈칸에 들어갈 낱말의 맞춤법으로 알맞은 것을 골라 ○표 하시오.

근정전은 나라의 중요한 행사를 ☐ 곳이다.

( 치루던 , 치르던 )

**동형어**

**5** 다음 밑줄 친 낱말 중 보기 에 쓰인 '부르다'와 같은 뜻으로 쓰인 문장에 ○표 하시오.

보기

영조 때 경덕궁에서 경희궁으로 고쳐 불렀다.

(1) 음식을 많이 먹었더니 배가 부르다. (        )
(2) 늘 반대로 행동해서 청개구리라고 부른다.
                              (        )
(3) 이모는 아이를 가져 배가 많이 불러 있었다.
                              (        )

**다의어**

**6** 다음 뜻에 알맞게 문장을 만든 것에 ○표 하시오.

소용돌이: 힘이나 사상, 감정 따위가 서로 뒤엉켜 요란스러운 상태를 비유적으로 이르는 말.

(1) 소용돌이 모양의 막대 사탕을 샀다. (        )
(2) 배가 소용돌이에 휘말려 물속으로 가라앉았다.
                              (        )
(3) 조선 왕조 말기에 강한 나라들의 정치적 소용돌이에 휘말렸다.                    (        )

**1~3**

**1** 1999년 10월 탈북
한의사 ○○○

**2** 2006년 8월 탈북
선생님 ○○○

**3** 건강 하세요!
2007년 8월 탈북
봉사단 ○○○

**4** 같은 일상을 살아가는 우리,
우리는 이미 하나입니다

**1** 이 영상에 나오는 한의사, 초등학교 선생님, 봉사단 단원의 공통점은 무엇인지 빈칸에 알맞은 말을 쓰시오.

> 한의사, 초등학교 선생님, 봉사단 단원 모두
> (                    ) 이탈 주민이다.

**2**★ 신영이가 「우리는 이미 하나」라는 이 영상의 제목을 이해하기 위해 사용한 방법으로 알맞은 것에 ○표 하시오.

> 신영: 표정이나 행동을 보면 모두 즐겁게 자신의 일을 하시는 것 같아.

(1) 낱말 뜻 찾아보기 (          )
(2) 자신의 경험 떠올리기 (          )
(3) 말이나 행동에서 단서 확인하기 (          )

**3** 이 영상에서 추론할 수 있는 내용을 쓰시오.

서 술 형

_____

_____

**4~5**

**4** 이 그림에서 남자가 긴 막대를 뻗어 잡으려고 하는 것은 무엇인지 쓰시오.

(                    )

**5** 이 그림을 보고 추론할 수 있는 남자의 마음은 어떠합니까? (          )

① 즐거운 마음
② 다급한 마음
③ 지루한 마음
④ 설레는 마음
⑤ 자랑스러운 마음

**6** 추론하며 글을 읽으면 좋은 점을 알맞게 말한 친구의 이름을 쓰시오.

> 동민: 글을 빨리 읽을 수 있어.
> 연우: 글쓴이의 생김새에 대해 알 수 있어.
> 세희: 좀 더 깊고 넓게 글의 내용이나 상황을 이해할 수 있어.

(                    )

『화성성역의궤』는 수원 화성에 성을 쌓는 과정을 기록한 책인 의궤야. 수원 화성은 일제 강점기를 거치면서 성곽 일대가 훼손되기 시작하고 6.25 전쟁 때 크게 파괴되었는데, 『화성성역의궤』를 보고 원래의 모습대로 다시 만들어졌단다. 덕분에 ㉠수원 화성이 1997년에 유네스코 세계 문화유산으로 등록될 수 있었어.

『화성성역의궤』는 정조 임금이 갑자기 세상을 떠나는 바람에 다음 임금인 순조 때 만들어졌는데, 건축과 관련된 의궤 가운데에서도 가장 내용이 많아. 수원 화성 공사와 관련된 공식 문서는 물론, 참여 인원, 사용된 물품, 설계 등의 기록이 그림과 함께 실려 있는 일종의 보고서인 셈이야.

**7** 이 글은 무엇에 대해 설명한 글인지 쓰시오.

( )

**8** 6.25 전쟁 때 파괴된 수원 화성을 원래의 모습대로 만들 수 있었던 까닭은 무엇입니까? ( )

① 과학 기술이 발달해서
② 훌륭한 기술자들이 많아서
③ 나라에서 많은 지원을 해 주어서
④ 『화성성역의궤』에 자세하게 기록되어서
⑤ 수원 화성과 비슷하게 지어진 성이 많아서

**9** ㉠을 통해 추론할 수 있는 사실을 쓰시오.

서술형

_____

_____

**10** 밑줄 친 낱말의 뜻으로 알맞은 것에 ◯표 하시오.

정조 임금이 엄격하게 고른 **좋은** 자리에 지었으니까.

(1) 성품이나 인격 따위가 원만하거나 선하다.
( )

(2) 대상의 성질이나 내용 따위가 보통 이상의 수준이어서 만족할 만하다.
( )

경복궁의 건물은 7600여 칸으로 규모가 어마어마하다. 경복궁에서 가장 웅장한 건물은 '부지런히 나라를 다스리라'는 뜻을 지닌 근정전이다. 근정전은 왕의 ㉠즉위식, 왕실의 혼례식, 외국 사신과의 만남과 같은 나라의 중요한 행사를 치르던 곳이다.

경복궁에서 안쪽에 자리 잡은 교태전은 왕비가 생활하던 곳이다. 교태전은 중앙에 대청마루를 두고 왼쪽과 오른쪽에 온돌방을 놓은 구조로 되어 있다. 교태전 뒤쪽으로는 아미산이라는 작고 아름다운 후원이 있다.

**11** 근정전에 대한 설명으로 알맞은 것을 두 가지 고르시오. ( )

① 군인들이 생활하던 곳이다.
② 작고 아름다운 후원이 있다.
③ 경복궁에서 가장 웅장한 건물이다.
④ '경사스러운 연회'라는 뜻을 지녔다.
⑤ 왕의 즉위식, 왕실의 혼례식 같은 나라의 중요한 행사를 치르던 곳이다.

**12** 경복궁에서 왕비가 생활하던 건물은 어디인지 쓰시오.

( )

**13** ㉠의 뜻으로 알맞은 것은 무엇입니까? ( )

① 어떤 일을 시행함.
② 집 뒤에 있는 정원이나 작은 동산.
③ 부부 관계를 맺는 서약을 하는 의식.
④ 축하, 위로, 환영, 석별 따위를 위하여 여러 사람이 모여 베푸는 잔치.
⑤ 임금 자리에 오르는 것을 백성과 조상에게 알리기 위하여 치르는 의식.

**14~17**

경희궁의 처음 이름은 경덕궁이었으나, 영조 때 경희궁으로 고쳐 불렸다. 인조 이후 철종에 이르기까지 10대에 걸쳐 왕들이 머물렀다. 특히 영조는 25년 동안이나 이곳에 머물렀다고 한다. 경희궁은 경복궁 서쪽에 있다고 하여 '서궐'로도 불렸다. ㉠궁궐의 원래 규모는 1500칸에 이르렀으나, 일제 강점기에 강제로 헐려 터만 남아 있다가 최근에 옛 모습의 일부를 되찾았다.

이 궁궐 안에는 왕이 신하들과 나랏일을 논의하거나 사신을 접대하는 등의 행사를 치르던 숭정전과 영조의 어진을 모신 태령전이 있다.

**14** 경희궁에 대한 설명으로 알맞지 <u>않은</u> 것은 무엇입니까? ( )

① 처음 이름은 경덕궁이었다.
② 영조가 25년 동안이나 머물렀다.
③ 최근에 옛 모습 일부를 되찾았다.
④ 영조 때 경희궁으로 이름이 바뀌었다.
⑤ 철종부터 10대에 걸쳐 왕들이 머물렀다.

**15** 경희궁이 '서궐'로 불린 까닭은 무엇인지 빈칸에 알맞은 말을 쓰시오.

> 경희궁은 경복궁 ( )에 있기 때문이다.

**16** ㉠을 통해 추론할 수 있는 사실을 쓰시오.
서술형

_____

_____

**17** 경희궁에서 영조의 어진을 모신 건물은 무엇인지 쓰시오.

( )

**18~19**

지금의 덕수궁은 원래 경운궁이라고 불렸는데, 성종의 형인 월산 대군의 집이었다. 선조가 임진왜란이 끝난 뒤에 서울로 돌아오니 궁궐이 모두 불타 버려서 이곳을 넓혀 행궁으로 만들었다고 한다. 선조가 죽고 광해군이 왕위에 오른 뒤에 이 행궁을 경운궁이라고 했다. 그러다가 조선 왕조 말기에 고종이 강한 나라들의 정치적 소용돌이에 휘말리면서 거처를 경운궁으로 옮긴 뒤, 비로소 궁궐다운 모습을 갖추었다.

경운궁 안에는 중화전과 같은 전통적 건물, 석조전이나 정관헌과 같은 서양식 건물이 함께 들어서 있다. 중화전은 국가적 의식을 치르던 곳이고, 석조전은 왕이 일상생활을 하던 곳이다.

**18** 경운궁에 전통적 건물과 서양식 건물이 함께 들어서 있는 것을 통해 추론할 수 있는 사실을 찾아 ○ 표 하시오.

(1) 월산 대군이 살던 집이어서 ( )
(2) 임진왜란 때 궁궐이 불타 버려서 ( )
(3) 조선 왕조 말기에 강한 나라들의 정치적 소용돌이에 휘말려서 ( )

**19** 경운궁에 있는 건물 중에서 국가적 의식을 치르던 곳은 어디인지 쓰시오.

( )

**20** 영상 광고를 만드는 순서에 맞게 기호를 쓰시오.

> ㉮ 역할 나누기
> ㉯ 장면 촬영하기
> ㉰ 편집 도구로 자막 넣기
> ㉱ 촬영 도구와 편집 도구 준비하기
> ㉲ 영상 광고 주제, 내용과 분량 정하기

( ) → ( ) → ( ) → ( ) → ( )

점수

# 1

**가** 『화성성역의궤』는 수원 화성에 성을 쌓는 과정을 기록한 책인 의궤야. ㉠수원 화성은 일제 강점기를 거치면서 성곽 일대가 훼손되기 시작하고 6.25 전쟁 때 크게 파괴되었는데, 『화성성역의궤』를 보고 원래의 모습대로 다시 만들었졌단다. 덕분에 수원 화성이 1997년에 유네스코 세계 문화유산으로 등록될 수 있었어.

**나** 수원 화성은 정조 임금의 원대한 꿈이 담긴 곳으로 볼거리가 많아. 건물 하나만 보는 것보다는 주변 경치를 함께 감상하는 것이 더 좋아. 정조 임금이 엄격하게 고른 좋은 자리에 지었으니까. 수원 화성은 규모가 커서 다 돌아보려면 꽤 시간이 걸려.

**1단계**
**낱말 쓰기** ㉠을 통해 어떤 사실을 추론할 수 있을지 빈칸에 **알맞은 말을 쓰시오.** [3점]

• 수원 화성은 여러 위기를 거치면서 원래의 모습을 (              ).

**2단계**
**문장 쓰기** 이 글을 읽고 주현이는 어떤 방법으로 내용을 추론한 것인지 쓰시오. [5점]

> 주현: 경주 여행을 갔을 때 편한 신발을 신지 않아서 힘들었던 적이 있었어. 수원 화성을 직접 가 보려면 운동화를 신는 것이 좋겠다.

_____

_____

**3단계**
**생각 쓰기** 이 글을 읽고 [보기]와 같이 내용을 추론할 수 있는 질문을 한 가지 쓰시오. [6점]

> **보기**
> 정조가 수원 화성을 쌓은 까닭은 무엇일까요?

_____

_____

# 2~3

창덕궁은 경복궁 동쪽에 있다고 하여 창경궁과 함께 '동궐'로도 불렸다. 건물과 후원이 잘 어우러져 아름다우며 유네스코 세계 문화유산으로 기록되었다. 산이 많은 우리나라답게 산자락에 자연스럽게 배치한 건물이 인상적이다. 넓은 후원의 정자와 연못들은 우리나라 전통 정원의 모습을 잘 보여 주고 있다.

특히 부용지는 '하늘은 둥글고 땅은 네모나다'는 전통적 사상을 반영하여, 땅을 나타내는 네모난 연못 가운데 하늘을 뜻하는 둥근 섬을 띄워 놓은 형태이다. 연못 가장자리에 있는 부용정은 십자(+) 모양의 정자로, ㉠단청이 화려하고 처마 끝 곡선이 무척 아름답다.

**2** 이 글을 읽고 새롭게 알게 된 점을 쓰시오. [6점]

_____

_____

**3** ㉠의 뜻과 그렇게 생각한 까닭을 쓰시오. [8점]

| 뜻 | (1) |
|---|---|
| 그렇게 생각한 까닭 | (2) |

# 6 내용을 추론해요

| 학습 제재 | 수원 화성을 어떻게 만들었을까 | 배점 | 24점 |
|---|---|---|---|
| 학습 목표 | 추론하는 방법을 알 수 있다. | | |

**1** 다음 글을 읽고 알 수 있는 내용을 바탕으로 하여 추론할 수 있는 사실을 쓰시오.

『화성성역의궤』는 수원 화성에 성을 쌓는 과정을 기록한 책인 의궤야. 수원 화성은 일제 강점기를 거치면서 성곽 일대가 훼손되기 시작하고 6.25 전쟁 때 크게 파괴되었는데, 『화성성역의궤』를 보고 원래의 모습대로 다시 만들어졌단다. 덕분에 수원 화성이 1997년에 유네스코 세계 문화유산으로 등록될 수 있었어.

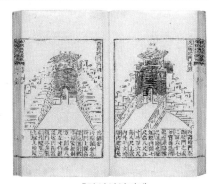

▲ 『화성성역의궤』

『화성성역의궤』는 정조 임금이 갑자기 세상을 떠나는 바람에 다음 임금인 순조 때 만들어졌는데, 건축과 관련된 의궤 가운데에서도 가장 내용이 많아. 수원 화성 공사와 관련된 공식 문서는 물론, 참여 인원, 사용된 물품, 설계 등의 기록이 그림과 함께 실려 있는 일종의 보고서인 셈이야. 내용이 아주 세세하고 치밀해서 공사에 참여한 기술자 1800여 명의 이름과 주소, 일한 날수와 받은 임금까지 적혀 있어. 공사에 사용된 모든 물건의 크기와 값은 또 얼마나 상세히 적었는지 입이 떡 벌어질 정도라니까. 당시에 이렇게 자세한 공사 보고서를 남긴 나라는 우리나라밖에 없다고 해.

수원 화성은 정조 임금의 원대한 꿈이 담긴 곳으로 볼거리가 많아. 건물 하나만 보는 것보다는 주변 경치를 함께 감상하는 것이 더 좋아. 정조 임금이 엄격하게 고른 좋은 자리에 지었으니까. 수원 화성은 규모가 커서 다 돌아보려면 꽤 시간이 걸려. 다리가 아프면 화성 열차를 타는 것도 좋겠지. 화성 열차는 수원 화성 구경을 하러 온 사람들을 위해 마련한 열차야.

| 알 수 있는 내용 | 추론한 사실 |
|---|---|
| 수원 화성이 1997년에 유네스코 세계 문화유산으로 등록되었다. | (1) |
| 『화성성역의궤』에는 수원 화성 공사에 사용된 물품, 설계 등의 기록이 실려 있다. | (2) |
| 수원 화성은 정조 임금이 엄격하게 고른 좋은 자리에 지었다. | (3) |

# 우리말을 가꾸어요

## 1 우리말 사용 실태 알아보기

① 우리말 사용 사례를 살펴보고 올바른 우리말 사용이 무엇일지 생각해 봅니다.

② 올바른 우리말 사용과 관련 있는 질문을 만들어 보고, 친구들과 대화할 때 어떤 마음으로 해야 좋을지 이야기해 봅니다.

③ '언어생활 자기 점검표'를 바탕으로 하여 우리말 사용 실태를 조사해 봅니다.

④ 우리말 사용 실태를 도표로 나타내 보고 이야기를 나누어 봅니다.

예 '사례 1, 2, 3'에 드러난 우리말 사용 실태

| 사례 1 | 학생들이 욕을 너무 많이 사용합니다. |
| --- | --- |
| 사례 2 | 친구 사이에 배려하는 말을 하지 않고 비속어를 사용하여 비난합니다. |
| 사례 3 | 반려동물 관련 용어가 대부분 외래어와 외국어입니다. |

## 2 우리말 사용 실태를 조사하고 발표하기

① 우리말 사용 실태를 다룬 자료를 살펴보고 조사할 내용을 생각해 봅니다.
  └ 거리의 간판, 뉴스, 책, 텔레비전 프로그램, 인터넷, 신문 등

② 우리말 사용 실태를 어떻게 조사하면 좋을지 생각해 보고 계획을 세워 봅니다.

③ 계획에 따라 조사한 뒤 조사 주제, 조사 내용, 조사 결과와 출처, 조사한 뒤 드는 생각이나 느낌을 정리합니다.

④ 발표할 내용에 어울리는 자료를 정해 봅니다.

⑤ 발표할 때 주의할 점을 생각하며 친구들 앞에서 발표해 봅니다.

★★ ## 3 실태 조사를 바탕으로 하여 올바른 우리말 사용을 주제로 글 쓰기
 ┌ 예를 들거나 인용을 하는 등의 방향으로 자세히
 설명해 주장을 뒷받침할 수 있어요.

① 글쓰기의 목적에 따라 주장과 근거를 정합니다.

② 글의 목적에 따라 글쓰기할 내용을 정리해 봅니다.

③ 정리한 내용을 바탕으로 올바른 우리말 사용을 주제로 글을 써 봅니다.

예 '올바른 우리말 사용을 주제로 쓴 글'의 주장과 근거

| 주장 | 긍정하는 말과 고운 우리말을 사용합시다. |
| --- | --- |
| 근거 | • 친구에게 긍정하는 말을 해 주니 좋은 일이 생겼습니다.<br>• 긍정으로 말하면 말하는 사람은 물론이고 듣는 사람의 마음도 편안해집니다.<br>• 고운 말을 사용하면 말하는 사람과 듣는 사람의 마음을 아름답게 해 줍니다. |

### 개념 확인하기
정답과 풀이 25쪽

**1** 다른 사람과 대화할 때의 자세로 바른 것에 ○표 하시오.

(1) 긍정하는 말을 한다.
( )

(2) 줄임 말을 섞어서 한다.
( )

**2** 우리말 사용 실태에 대하여 조사한 뒤 정리할 내용은 무엇인지 빈칸에 알맞은 말을 쓰시오.

• 조사 주제와 조사 내용
• 조사 결과와 출처
• 조사한 뒤 드는 ( )
 (이)나 느낌

**3** 다음 빈칸에 알맞은 말을 쓰시오.

올바른 우리말 사용을 주제로 글을 쓸 때에는 글쓰기 목적에 따라 주장과 ( )을/를 정해야 한다.

**4** 주장하는 글에서 근거를 드는 방법으로 알맞지 않은 것의 기호를 쓰시오.

㉮ 인용하기
㉯ 예를 들기
㉰ 주장 요약하기

( )

• 그림의 특징: 여자아이가 아빠와 대화
하는 상황으로, 아빠가 여자아이가 말
한 '생선', '핵노잼', '헐'이라는 말을 이
해하지 못하고 있습니다.

**핵심내용** **여자아이의 언어생활**

• ① ㅈ ㅇ ㅁ (낱말의 일부분을 줄
여 만든 말)과 신조어(새로 생긴 말),
비속어(격이 낮고 속된 말)를 사용하였
습니다.

• 우리말을 바르게 사용하지 않았습니
다.

**1** 그림 ①에서 여자아이는 ㉠'생선'을 어떤 뜻으로
말한 것인지 찾아 쓰시오.

(                   )

**2** 아빠가 ㉠을 이해하지 못한 까닭은 무엇입니까?

(      )

① 여자아이가 너무 작게 말해서
② 여자아이가 외국어를 사용해서
③ 여자아이가 줄임 말을 사용해서
④ 여자아이가 아빠를 놀리듯 말해서
⑤ 여자아이가 비난하는 말을 사용해서

교과서 문제

**3** 그림 ③으로 보아, 여자아이가 ㉠과 같은 말을 사
용한 까닭으로 알맞은 것의 기호를 쓰시오.

㉮ 줄임 말이 재미있어서
㉯ 대화하는 시간을 아끼기 위해서
㉰ 상황에 맞는 우리말이 생각나지 않아서

(              )

**4** 그림 ③에서 아빠와 여자아이가 말이 통하지 않은
까닭은 무엇인지 빈칸에 알맞은 말을 쓰시오.

여자아이가 (           )(이)라는 신조
어를 사용했기 때문이다.

**5** 여자아이의 언어생활에 대하여 바르게 말한 친구
의 이름을 쓰시오.

(              )

**1**

- **그림의 특징:** 경기에서 이기고 있는 모둠의 친구가 지는 모둠의 친구에게 각각 비난의 말과 격려의 말을 한 내용의 그림입니다.

**2**

솔연아, 너희 모둠은 그 정도밖에 못하니? 그냥 기권하지 그래.

준석

**3**

㉠강민아, 끝까지 열심히 하는 모습이 멋지다. 힘내.

진주

기권(棄 버릴 기, 權 권세 권) 투표, 의결, 경기 따위에 참가할 수 있는 권리를 <u>스스로 포기</u>하고 행사하지 아니함.
㉢ 부상당한 선수들이 있어 이번 경기에서 기권을 하였습니다.

**6** 준석이의 대화 태도로 알맞지 <u>않은</u> 것은 무엇입니까? ( )

① 부정적으로 말했다.
② 친구를 무시하는 말을 했다.
③ 언어 예절에 어긋나게 말했다.
④ 존중하는 마음을 담아 말했다.
⑤ 친구를 비아냥거리며 비꼬는 말을 했다.

교과서 문제
**7** 준석이의 말을 들은 솔연이의 마음은 어떠했겠습니까? ( )

① 힘이 나고 기분이 좋았을 것이다.
② 기권할 수 있게 되어 안심했을 것이다.
③ 존중받고 있다는 기분이 들었을 것이다.
④ 무시당하는 기분이 들어 속상했을 것이다.
⑤ 준석이의 말을 잘 이해하지 못해서 답답했을 것이다.

**8** 진주가 ㉠처럼 말한 까닭은 무엇입니까? ( )

① 경기가 재미없어서
② 친구를 격려하기 위해서
③ 친구를 비난하기 위해서
④ 재미있게 말하기 위해서
⑤ 경기를 다시 하고 싶어서

**9**★ 진주의 언어생활에서 바람직한 점으로 알맞은 것의 기호를 쓰시오.

㉮ 긍정하는 말을 한 것
㉯ 외국어를 우리말로 바꾸어 사용한 것

( )

**10** 이 그림을 보고 진주처럼 언어 예절을 지키며 대화한 경험을 한 가지 쓰시오.
서술형

_____

_____

사례 1 텔레비전 프로그램

평범한 중고등학생 네 명을 대상으로 욕 사용 실태를 관찰했더니 네 시간 동안 평균 500여 번의 욕설이 쏟아졌습니다.

충격적인 것은 이 학생들이 문제아나 불량 청소년이 아니라는 것입니다. 이제 욕은 많은 학생들의 입에서 거침없이 터져 나오는 일상어가 되어 버렸습니다.
(학생들 대부분이 욕을 함.)

그렇다면 아이들이 최초로 욕을 대하는 때는 언제일까요?

대중 매체 환경이 빠르게 바뀌면서 욕설이나 비속어를 대하는 나이가 더욱 어려지는 지금, 초등학교 교실을 찾아 그들이 아는 욕설을 적어 보도록 했습니다.

그 결과, ㉠절반 가까운 학생이 욕을 열 개 이상 버릇처럼 사용하고, 서른 개 이상 사용하는 아이도 있었습니다.

■ 출처: 한국교육방송공사, 2011.

• 〈사례 1〉의 특징: 학생들의 욕 사용 실태가 심각하다는 내용의 텔레비전 프로그램입니다.

사례(事 일 사, 例 법식 례) 어떤 일이 전에 실제로 일어난 예.
거침없이 일이나 행동 따위가 중간에 걸리거나 막힘이 없이.
터져 박수, 웃음, 울음, 소리 따위가 갑자기 한꺼번에 나.

교과서 문제

**1** 〈사례 1〉에서 문제로 제기한 것은 무엇입니까?
( )

① 대중 매체의 수가 너무 많은 것
② 학생들 간에 대화가 줄어드는 것
③ 학생들이 외국어를 많이 사용하는 것
④ 학생들이 욕을 너무 많이 사용하는 것
⑤ 문제아나 불량 청소년의 수가 늘어나는 것

**2** 중고등학생들의 욕 사용 실태를 관찰한 결과로 알맞은 것에 ○표 하시오.

(1) 주로 문제아나 불량 청소년이 사용하였다.
( )

(2) 많은 학생들이 욕설을 거침없이 사용하였다.
( )

**3** 〈사례 1〉에서 욕설이나 비속어를 대하는 나이가 더욱 어려지는 까닭이 무엇이라고 하였습니까?
( )

① 학습 시간 증가      ② 초등학생 수 감소
③ 부모님의 관심 증가   ④ 매일 반복되는 생활
⑤ 대중 매체 환경의 빠른 변화

**4** ㉠을 통해 알 수 있는 사실로 알맞은 것의 기호를 쓰시오.

㉮ 초등학생 때부터 욕을 많이 사용한다.
㉯ 초등학생들이 아는 욕설의 수가 매우 적다.
㉰ 초등학생들 대부분이 욕을 사용하지 않는다.

( )

**5** 이 글을 읽고, 상대와 대화할 때 마음 자세에 대해 바르게 말하지 못한 친구의 이름을 쓰시오.

성찬: 욕설보다는 올바른 우리말을 사용해야겠어.
재민: 욕설보다는 배려하는 말과 긍정하는 말을 해야겠어.
영은: 상대의 기분이 상하더라도 배려하는 마음만 느껴지면 돼.

( )

사례 2  교실에서 일어난 일

며칠 전 우리 반 교실에서 일어난 일입니다. 준형이와 수진이가 교실 뒤쪽을 걷다가 뜻하지 않게 서로 부딪혔습니다. 준형이와 수진이는 서로 노려보면서 눈살을 찌푸렸습니다.

⊙야, 넌 눈도 없냐? 똑바로 보고 다녀야지!

뭐라고? 재수 없어. 네가 날 쳤잖아.

사례 3  카드 뉴스

우리가 사용하는 반려동물 관련 용어가 대부분 외래어 · 외국어라는 사실, 아시나요?

추석 때 고향에 내려가 있는 동안 반려견을 맡길 데가 없어.

켄넬(×)
개집, 개 사육장
▼
이동 장(○)

펫시터(×)
반려동물을 돌봐 주는 사람
▼
반려동물 돌봄이(○)

캣맘, 캣대디(×)
길고양이 보호 활동을 하는 사람
▼
길고양이 돌봄이(○)

■ 출처: 『한국일보』, 2017. 10. 9.

• 〈사례 2〉와 〈사례 3〉의 특징

| 사례 2 | 배려하는 말을 하지 않고 비속어를 사용하며 비난했기 때문에 다툼이 커진 사례입니다. |
|---|---|
| 사례 3 | 대부분 외래어 · 외국어인 반려동물 관련 용어를 우리말로 바꾼 사례입니다. |

핵심내용  〈사례 2〉와 〈사례 3〉을 보고 올바른 우리말 사용에 대해 생각하기 예

• 부정하는 말보다는 긍정하는 말을 하여 상대의 기분을 상하지 않게 해야겠습니다.
• 외국어보다는 올바른 ❶ ○ ㄹ ㅁ 을 사용해야겠습니다.

뜻하지  미리 생각하거나 헤아리지.
예 뜻하지 않게 사건에 휘말렸습니다.
반려동물  사람이 정서적으로 의지하고자 가까이 두고 기르는 동물. 개, 고양이, 새 따위가 있음.

교과서 문제

**6** 다음 빈칸에 들어갈 알맞은 말을 쓰시오.

> 〈사례 2〉에서 준형이와 수진이 사이에 다툼이 커진 까닭은 (              )을/를 사용하며 비난했기 때문이다.

**7** ⊙을 올바르게 고친 것은 무엇입니까? (        )

① 치지 말라고 했잖아!
② 너 정말 안 되겠구나.
③ 내가 조심하라고 했잖아!
④ 왜 이렇게 조심성이 없어?
⑤ 부딪쳐서 미안해. 다치지 않았니?

**8** 〈사례 3〉에서 제기한 문제는 무엇입니까?
(        )

① 길고양이의 수가 너무 많은 것
② 사람들이 동물을 너무 의지하는 것
③ 사람들이 동물을 함부로 여기는 것
④ 외국어를 우리말로 바꿀 수 없는 것
⑤ 반려동물 관련 용어가 대부분 외래어 · 외국어라는 것

**9** 〈사례 3〉을 보고, 다음 외국어를 우리말로 고쳐 쓰시오.

(1) 펫시터: (                        )
(2) 캣맘, 캣대디: (                        )

7

• **자료 가~바의 특징:** 우리말 사용 실태를 다룬 자료들입니다.

자료 **가~바**를 살펴보고 우리말 사용 실태에 대하여 조사할 때 조사한 자료는 출처를 밝혀서 정리해야 해.

**핵심내용** 자료 **가~바**를 보고 알 수 있는 문제점

⑳ 바르고 고운 우리말 사용이 이루어지지 않고 있습니다.

---

**10** **가~바**에서 우리말 사용 실태에 관한 자료를 찾은 곳으로 알맞지 <u>않은</u> 것은 무엇입니까? (      )

① 만화　　　　　② 사전
③ 인터넷　　　　④ 거리의 간판
⑤ 어린이 신문

**11** 자료 **나**와 **라**의 내용은 무엇인지 빈칸에 알맞은 말을 쓰시오.

| 자료 **나** | (1) (　　　　　　　)을/를 사용하는 청소년들에 대한 뉴스 |
| 자료 **라** | (2) (　　　　　　　)을/를 하는 습관을 고치자는 텔레비전 프로그램 |

**12** **가~바**를 보고, 조사할 내용으로 알맞은 것은 무엇입니까? (      )

① 대화를 하지 않는 실태
② 저작권을 지키지 않는 실태
③ 우리말을 잘못 사용하는 실태
④ 표준어가 아닌 방언을 사용하는 실태
⑤ 외국어를 바르게 사용하지 않는 실태

**13** 다음은 자료 **나**를 보고, 우리말을 잘못 사용하는 실태에 대하여 조사하여 발표할 내용을 정리한 것입니다. 처음, 가운데, 끝 중 어느 부분에 들어가기에 알맞은지 쓰시오.

> 우리가 사용하는 말을 바르게 개선해 올바른 우리말을 사용하고 언어 예절을 지켜야겠다고 느꼈습니다. 우리말을 올바르게 사용해야겠습니다.

(　　　　　　　)부분

지원: 나는 텔레비전 뉴스 기사를 인터넷에서 찾았어. 그
래서 「초등학생 줄임 말, 신조어 '심각'」이라는 뉴스를
찾았어.

지원이가 조사할 때 활용한 매체

| 초등학생이 가장 많이 사용하는 신조어와 줄임 말 | |
| --- | --- |
| 핵노잼 | 23퍼센트 |
| 생선 | 22퍼센트 |
| 노답 | 18퍼센트 |
| ○○ | 18퍼센트 |
| 멘붕 | 16퍼센트 |
| ⋮ | |

중화: 지원아, 조사를 참 잘했구나. 난 선생님과 학생, 학생과 학생끼리도 서
로 높임말을 사용하는 언어문화를 조사했어.

지원: 그랬구나. 중화야, 그 사례를 좀 더 자세히 이야기해 주겠니?

중화: ○○초등학교에서는 선생님과 학생, 학생과 학생끼리 공부 시간은 물
론이고 학교에서 지내는 동안 높임말을 사용한대. 학생들이 서로 "진수
님, 창문 좀 닫아 줄 수 있을까요?"라고 존칭과 높임말을 쓰고, 선생님께
서도 "연화 님, 연화 님은 배려심이 참 많아 칭찬해 주고 싶어요."처럼 존
칭과 높임말을 사용하는 문화가 자리 잡았다고 해. 그래서 <u>존중하고 배려
하는 생활 공동체를 만들어 나가고 있대.</u>

높임말을 사용하는 문화가 자리 잡은 결과

지원: 와, 그런 학교도 있구나. 우리 반에서도 하루 정도 날을 정해 선생님과
아이들, 친구들 사이에 높임말을 쓰거나 올바른 우리말을 사용해 보면 어
떨까? 그리고 난 뒤에 어떤 마음이 들었는지 이야기도 나눠 보고 말이야.

• **글의 특징:** 지원이네 반 친구들이 우
리말 사용 실태에 대하여 조사한 뒤
조사 내용에 대해 대화한 내용입니다.

**핵심내용** 우리말 사용 실태 조사 계획을
세울 때 생각할 점 ⑩

• 조사 날짜와 시간
• 조사 장소
• 조사 방법
• 조사 자료
• ❷ ○ ㅎ 분담
• 준비물과 주의할 점

존칭(尊 높을 존, 稱 일컬을 칭) 남을 공경
하는 뜻으로 높여 부름. 또는 그 칭호.
배려하는 도와주거나 보살펴 주려고
마음을 쓰는. ⑩ 남을 <u>배려하는</u> 태도
를 가져야 합니다.
공동체(共 한 가지 공, 同 한 가지 동, 體 몸
체) 생활이나 행동 또는 목적 따위를
같이하는 집단.

교과서 문제

**14** 다음과 같은 내용을 조사한 친구는 누구인지 쓰시오.

(1) 좋은 언어생활 문화: (          )
(2) 잘못된 우리말 사용 실태: (          )

**15** 중화가 조사한 내용을 듣고 지원이가 한 생각은 무
엇입니까? (          )

① 우리말 훼손이 심각하다.
② 줄임 말을 쓰는 습관을 고쳐야겠다.
③ 선생님을 존중하는 마음을 가져야겠다.
④ 친구들 사이에 높임말을 쓰는 것은 잘못이다.
⑤ 좋은 언어생활 문화를 한번 경험해 보고 싶다.

**16** 지원이와 중화처럼 우리말 사용 실태에 대하여 조
사한 뒤 할 일로 알맞지 <u>않은</u> 것은 무엇입니까?
(          )

① 조사 결과를 정리한다.
② 자료의 출처는 밝히지 않는다.
③ 조사 주제와 조사 내용을 정리한다.
④ 발표할 내용에 어울리는 자료를 정한다.
⑤ 조사한 뒤 든 생각이나 느낌을 정리한다.

**17** 중화가 조사한 내용을 친구들 앞에서 발표할 때 주
의할 점으로 알맞은 것에 ○표 하시오.

(1) 일정한 목소리로 발표한다. (          )
(2) 모든 부분을 강조하며 발표한다. (          )
(3) 중요한 부분은 강조하며 발표한다. (          )

# 올바른 우리말 사용을 주제로 쓴 글

- **글의 종류:** 주장하는 글
- **글의 특징:** 우리말 사용 실태에 대해 조사한 내용을 바탕으로 하여 올바른 우리말 사용을 주제로 쓴 글입니다.

**1** 요즘 우리 반 친구들이 대화할 때 짜증 난다는 말이나 비속어, 욕설 따위를 사용합니다. 그런 말을 들으면 기분이 나빠지고 화가 나서 다툼도 일어납니다.

**중심 내용 1** 반 친구들이 짜증 난다는 말이나 비속어, 욕설 등을 사용하여 기분이 나빠지고 다툼도 일어납니다.

**2** 우리 반에는 공놀이할 때마다 실수해서 같은 편이 되기를 꺼려 하는 친구가 있습니다. 대부분 그 친구와 같은 편이 되면 "짜증 나."라는 말이나 비속어, 욕설을 합니다. 그러던 어느 날, 「그 친구가 안쓰러워서 "괜찮아, 넌 잘할 수 있어."라고 말했습니다. 그랬더니 신기하게도 그 친구가 승점을 냈습니다.」 근거 ①

**중심 내용 2** 친구에게 긍정하는 말을 해 주니 좋은 일이 생겼습니다.

**3** 이 일이 있은 뒤에 우리 반 친구들을 대상으로 조사해 보니 긍정하는 말이 부정하는 말보다 듣기가 좋다는 결과가 나왔습니다. 긍정하는 말을 하면 말하는 사람은 물론 듣는 사람도 마음이 편안해집니다. 근거 ② 예를 들면 "안 돼."보다는 "할 수 있어.", "짜증 나."보다는 "괜찮아.", "이상해 보여."보다는 "멋있어 보여.", "힘들어."보다는 "힘내자."와 같이 부정하는 말을 긍정하는 말로 고쳐 사용하면, 말하는 사람과 듣는 사람 모두 기분도 좋아지고 자신감도 생긴다는 것입니다.

**중심 내용 3** 긍정하는 말을 하면 말하는 사람과 듣는 사람의 마음이 편안해집니다.

**4** 또 비속어나 욕설 같은 거친 말보다는 고운 우리말 사용이 자신과 상대의 마음을 아름답게 해 준다는 결과도 있습니다. 근거 ③ 상대의 실수에는 너그러운 말을 하고, 내 잘못에는 미안하다는 말을 하며, 상대의 배려에는 고마운 말을 하는 것입니다. 비속어나 욕설을 사용하면 추한 마음이 생길 것인데 고운 우리말을 사용하면 너그러운 마음이 생기고, 미안한 마음이 생기며, 고마운 마음이 생기므로 아름다운 사람이 된다는 것입니다.

**중심 내용 4** 고운 말을 사용하면 말하는 사람과 듣는 사람의 마음을 아름답게 해 줍니다.

**5** 긍정하는 표현은 자신은 물론 주변 사람들 마음에 긍정하는 힘을 줍니다. 그리고 고운 우리말 사용이 아름다운 소통을 이루고, 진정한 말맛을 느끼게 합니다. 그러므로 긍정하는 말과 고운 우리말을 사용해야 합니다.

**중심 내용 5** 긍정하는 말과 고운 우리말을 사용해야 합니다.

꺼려 사물이나 일 따위가 자신에게 해가 될까 하여 피하거나 싫어하여.
추한 옷차림이나 언행 따위가 지저분하고 더러운.

말맛 말소리나 말투의 차이에 따른 느낌과 맛. 예 동생에게 말맛을 살려 실감 나게 동화책을 읽어 주었습니다.

교과서 문제

**18** 이 글은 어떤 실태 조사를 바탕으로 하여 쓴 글입니까? (　　　)

① 우리말을 사용하지 않는 실태
② 토박이말을 사용하지 않는 실태
③ 뜻을 모르는 우리말이 많은 실태
④ 우리말 사용에 대해 무관심한 실태
⑤ 긍정하는 말이 부정하는 말보다 좋다는 우리 반 친구들의 실태

**19** **1**~**5** 중에서 문제 상황이 드러난 문단의 번호를 쓰시오.

문단 (　　　　　　　)

**20** 글쓴이의 주장은 무엇인지 쓰시오.

(　　　　　　　　　　　　　　　　　　　)

**21** 이 글을 읽고 올바른 우리말 사용을 주제로 글을 쓰려고 할 때, 알맞은 주장을 쓰시오.
서술형

_____

_____

가

너무 줄여 말하는 낱말을 바르게 고쳐 쓴 사례를 영상 광고로…….

여러분에게는 어떤 의미가 떠오르시나요?
고답이
솔까
안물
ㅇㅇ

줄임 말이 떠오른다고요?
여러분에게는 올바른 우리
말이 어울립니다!

• **가와 나의 특징**: 가는 광고 형식을 활용해 만든 우리말 사례집이고, 나는 신문 형식을 활용해 만든 우리말 사례집입니다.

나

국립국어원 우리말 다듬기 누리집에서 자료를 수집해서 신문으로…….

### 다듬은 우리말 신문                    20○○년 ○○월 호

**우리말로 다듬어 새로운 낱말 탄생!**

국립국어원 우리말 다듬기 누리집에서는 들
나 모둠에서 자료를 수집한 곳
어온 지 얼마 안 된 어려운 외국어를 쉬운 우
리말로 바꾼 사례를 볼 수 있다.

우리말 다듬기 누리집에 올라온 다듬은 말을
오른쪽 표와 같이 사례집으로 엮어 보았다.

앞으로 외국어를 우리말로 다듬은 낱말을 자주 사용해 올바른 우리
말 사용의 터전을 닦아 나가야겠다.

| 다듬을 말 | 다듬은 말 |
|---|---|
| 포스트잇 | 붙임쪽지 |
| 이모티콘 | 그림말 |
| 버킷 리스트 | 소망 목록 |
| 타임캡슐 | 기억상자 |
| 무빙워크 | 자동길 |

**핵심내용** **올바른 우리말 사례집의 내용** 예

• 우리말을 훼손하는 사례를 수집해 올바르게 고쳐 쓴 사례집을 만듭니다.
• 외국어 간판을 우리말로 바꾸어 보는 사례집을 만듭니다.

**터전** 일의 토대. 예 아버지는 이 가게가 자립할 수 있도록 **터전**을 마련하셨습니다.

---

**1** 가와 나 모둠 중에서 다음 내용으로 우리말 사례집을 만든 것은 어떤 모둠인지 기호를 쓰시오.

> 국립국어원 우리말 다듬기 누리집에 올라온 다듬은 말을 사례집으로 엮었다.

( ) 모둠

**2** 가와 나 모둠은 각각 어떤 형식으로 우리말 사례집을 만들었는지 보기 에서 찾아 쓰시오.

보기
> 광고    책    애니메이션    신문

(1) 가 모둠: ( )
(2) 나 모둠: ( )

교과서 문제

**3** 다음 친구들은 올바른 우리말 사례집을 만들기 위하여 무엇에 대하여 의견을 나누었습니까?

( )

> 뜻을 쉽게 이해할 수 없는 줄임 말을 설문으로 조사해서 바른 우리말로 고쳐 보는 건 어때?

> 좋은 시를 참고해서 나쁜 말을 고운 우리말로 다듬어 보는 건 어떨까?

> 국립국어원 누리집에서 올바른 우리말을 조사해 보는 건 어때?

① 조사 방법
② 역할 분담 방법
③ 우리말 사례집의 형식
④ 우리말 사례집의 주제
⑤ 우리말 사례집의 내용

**낱말의 뜻**

**1** 뜻에 알맞은 낱말을 보기 에서 찾아 쓰시오.

> **보기**
>
> 기권   반려   사례   공동체

(1) (          ): 어떤 일이 전에 실제로 일어난 예.

(2) (          ): 생활이나 행동 또는 목적 따위를 같이하는 집단.

(3) (          )동물: 사람이 정서적으로 의지하고자 가까이 두고 기르는 동물.

(4) (          ): 투표, 의결, 경기 따위에 참가할 수 있는 권리를 스스로 포기하고 행사하지 아니함.

**관용어**

**2** 밑줄 친 관용어를 넣어 문장을 어울리게 쓴 것에 ○표 하시오.

(1) 불고기를 맛본 외국인들은 눈살을 찌푸리도록 칭찬했다.          (          )

(2) 쓰레기 분리배출을 잘하는 주민들의 모습을 보면 눈살이 찌푸려진다.          (          )

(3) 엄마는 도로에 아무 데나 쓰러져 있는 전동 킥보드를 보고 눈살을 찌푸렸다.          (          )

**비슷한말**

**3** 밑줄 친 낱말과 바꾸어 쓸 수 있는 낱말을 골라 ○표 하시오.

(1)
> 욕은 많은 학생들의 입에서 거침없이 터져 나오는 일상어가 되어 버렸다.

( 바로 , 천천히 , 가까스로 )

(2)
> 요즘 우리 반 친구들이 대화할 때 비속어, 욕설 따위를 사용한다.

( 등 , 조차 , 정도 )

**반대말**

**4** 빈칸에 들어갈, 밑줄 친 낱말과 뜻이 반대되는 낱말을 쓰시오.

> 친구들을 대상으로 조사해 보니 긍정하는 말이 □□□하는 말보다 듣기가 좋다는 결과가 나왔다.

(          )

**낱말의 활용**

**5** 밑줄 친 낱말의 쓰임이 적절하지 않은 것은 무엇입니까?          (          )

① 복잡한 지하철을 타는 것을 꺼려 했다.

② 남을 먼저 배려하는 분위기를 만들어 나갔다.

③ 길을 가다가 뜻하지 않게 전학 간 친구를 만났다.

④ 상대팀의 기권으로 우리 팀이 준결승전에 진출했다.

⑤ 버스에서 자리를 양보해 준 아저씨의 추한 모습이 자꾸 떠올랐다.

**헷갈리는 말**

**6** 다음 설명을 읽고, (          ) 안에서 알맞은 말을 골라 ○표 하시오.

> 문장에서 '안 되'와 '안 돼' 중에서 어떤 것을 쓸지 헷갈릴 때에는 '되어'로 바꿔 말이 되면 '돼'를 써. '돼'는 '되어'의 줄임 말이거든.

(1) 친한 친구 사이일수록 비속어나 욕설을 사용해서는 안 ( 되요 , 돼요 ).

(2) 우리말 다듬기 누리집에서는 들어온 지 얼마 안 ( 된 , 됀 ) 어려운 외국어를 쉬운 우리말로 바꾼 사례를 볼 수 있다.

7

**1~3**

**1** 아빠는 여자아이가 한 어떤 말이 잘 이해가 되지 않았는지 세 가지 찾아 쓰시오.

( )

**2** 여자아이가 '생일 선물'을 '생선'이라고 말한 까닭은 무엇입니까? ( )

① 줄임 말이 재미있어서
② 언어 예절을 지키고 싶어서
③ 고운 우리말을 사용하고 싶어서
④ 여러 가지 뜻을 한번에 전하고 싶어서
⑤ 아빠가 생일 선물을 알려 주지 않을 것 같아서

**3**★ 아빠와 여자아이의 말이 통하지 않은 까닭을 두 가지 고르시오. ( )

① 여자아이가 비속어를 사용해서
② 아빠가 줄임 말을 즐겨 사용해서
③ 여자아이가 높임말을 사용하지 않아서
④ 아빠가 여자아이를 비난하는 말을 해서
⑤ 여자아이가 줄임 말과 신조어를 사용해서

**4~6**

**4** 준석이와 진주 중에서 비난의 말을 한 친구는 누구인지 쓰시오.

( )

**5** 진주의 말을 듣고 강민이는 어떤 마음이 들었겠습니까? ( )

① 속상한 마음 　　　② 미안한 마음
③ 지루한 마음 　　　④ 외로운 마음
⑤ 기분 좋은 마음

**6** 준석이와 진주는 각각 어떻게 말했는지 비교하여
서술형 쓰시오.

_____

_____

**7** 다음 중 언어 예절에 어긋나게 대화한 친구의 이름을 쓰시오.

> **승민:** 물을 쏟은 짝에게 비속어를 썼어.
> **지안:** 노래를 잘하는 짝에게 존중의 말을 했어.

( )

## 8~11

**가** 며칠 전 우리 반 교실에서 일어난 일입니다. 준형이와 수진이가 교실 뒤쪽을 걷다가 뜻하지 않게 서로 부딪혔습니다. 준형이와 수진이는 서로 노려보면서 눈살을 찌푸렸습니다.

야, 넌 눈도 없냐? 똑바로 보고 다녀야지!

㉠뭐라고? 재수 없어. 네가 날 쳤잖아.

**나**

우리가 사용하는 반려동물 관련 용어가 대부분 외래어·외국어라는 사실 아시나요?

펫시터(✕)
반려동물을 돌봐 주는 사람
▼
반려동물 돌봄이(○)

**8** **가**에서 다툼이 커진 까닭은 무엇입니까? ( )

① 줄임 말을 썼기 때문에
② 배려하는 말만 했기 때문에
③ 외국어를 섞어 말했기 때문에
④ 비속어를 사용하며 비난했기 때문에
⑤ 서로의 말을 이해하지 못했기 때문에

**9** ㉠을 언어 예절에 맞게 고쳐 쓰시오.
서술형 ( )

**10** **나**와 같은 언어생활을 지속한다면 벌어질 일로 알맞은 것의 기호를 쓰시오.

㉮ 외국어가 사라져 갈 것이다.
㉯ 우리말이 아름답게 가꾸어져 갈 것이다.
㉰ 올바른 우리말이 점점 사라져 갈 것이다.

( )

**11*** **가**와 **나**를 보고 올바른 우리말 사용에 대해 바르게 생각한 친구의 이름을 쓰시오.

정선: 비속어보다는 외국어를 사용하는 것이 나은 것 같아.
세윤: 긍정하는 말을 하여 상대의 기분을 상하게 하지 말아야겠어.

( )

## 12~14

욕설·비속어에 중독된 청소년들

제8편 욕설 습관 고쳐 보기

안녕 우리말

국립국어원
개선 다듬은 말

**12** **가**는 우리말 사용 실태에 관한 자료를 어디에서 찾은 것입니까? ( )

① 뉴스      ② 사전      ③ 신문
④ 인터넷      ⑤ 거리의 간판

**13** 자료 **가**~**라**를 보고 알 수 있는 문제점을 쓰시오.
서술형 ( )

**14** 다음은 **가**~**라** 중 어떤 자료를 보고 조사한 내용을 정리한 것인지 기호를 쓰시오.

생각했던 것보다 우리말 사용 실태가 매우 심각했습니다. 특히 욕설과 비속어에 중독된 청소년들의 통계를 보여 주는 뉴스는 우리말이 훼손되고 있다는 것을 보여 주었습니다.

( )

**15~17**

긍정하는 말을 하면 말하는 사람은 물론 듣는 사람도 마음이 편안해집니다. 예를 들면 "안 돼."보다는 "할 수 있어.", "짜증 나."보다는 "괜찮아.", "이상해 보여."보다는 "멋있어 보여.", "힘들어."보다는 "힘내자."와 같이 부정하는 말을 긍정하는 말로 고쳐 사용하면, 말하는 사람과 듣는 사람 모두 기분도 좋아지고 자신감도 생긴다는 것입니다.

또 비속어나 욕설 같은 거친 말보다는 고운 우리말 사용이 자신과 상대의 마음을 아름답게 해 준다는 결과도 있습니다. 상대의 실수에는 너그러운 말을 하고, 내 잘못에는 미안하다는 말을 하며, 상대의 배려에는 고마운 말을 하는 것입니다. 비속어나 욕설을 사용하면 추한 마음이 생길 것인데 고운 우리말을 사용하면 너그러운 마음이 생기고, 미안한 마음이 생기며, 고마운 마음이 생기므로 아름다운 사람이 된다는 것입니다.

긍정하는 표현은 자신은 물론 주변 사람들 마음에 긍정하는 힘을 줍니다. 그리고 고운 우리말 사용이 아름다운 소통을 이루고, 진정한 말맛을 느끼게 합니다. 그러므로 [ ㉠ ]

**15** 다음 중 긍정적인 말은 무엇입니까? ( )

① 안 돼.  ② 힘들어.  ③ 괜찮아.
④ 짜증 나.  ⑤ 이상해 보여.

**16** 고운 우리말을 쓰면 좋은 점이 <u>아닌</u> 것은 무엇입니까? ( )

① 고마운 마음이 생긴다.
② 아름다운 사람이 된다.
③ 진정한 말맛을 느끼게 한다.
④ 사과하는 말을 하지 않아도 된다.
⑤ 자신과 상대의 마음을 아름답게 해 준다.

**17** ㉠에 들어갈 글쓴이의 주장으로 알맞은 것의 기호를 쓰시오.

⑦ 낱말을 바르게 쓰고 읽어야 합니다.
⑭ 긍정하는 말과 고운 우리말을 사용해야 합니다.

( )

**18~19**

**다듬은 우리말 신문**  20○○년 ○○월 호

우리말로 다듬어 새로운 낱말 탄생!

국립국어원 우리말 다듬기 누리집에서는 들어온 지 얼마 안 된 ㉠어려운 외국어를 쉬운 우리말로 바꾼 사례를 볼 수 있다.

우리말 다듬기 누리집에 올라온 다듬은 말을 오른쪽 표와 같이 사례집으로 엮어 보았다.

앞으로 외국어를 우리말로 다듬은 낱말을 자주 사용해 올바른 우리말 사용의 터전을 닦아 나가야겠다.

| 다듬을 말 | 다듬은 말 |
| --- | --- |
| 포스트잇 | 붙임쪽지 |
| 이모티콘 | 그림말 |
| 버킷 리스트 | 소망 목록 |
| 타임캡슐 | 기억상자 |
| 무빙워크 | 자동길 |

**18** 이 우리말 사례집은 어떤 내용으로 만든 것입니까? ( )

① 줄인 말에 대해 설문 조사한 내용
② 국립국어원 누리집에서 조사한 내용
③ 외국어로 된 간판에 대해 조사한 내용
④ 욕설을 자주 하는 친구들을 면담한 내용
⑤ 알고 있는 고운 우리말에 대해 조사한 내용

**19** ㉠의 예로 알맞지 <u>않은</u> 것은 무엇입니까? ( )

① 이모티콘 → 그림말
② 무빙워크 → 자동길
③ 타임캡슐 → 시간상자
④ 포스트잇 → 붙임쪽지
⑤ 버킷 리스트 → 소망 목록

**20** 다음은 어떤 형태로 만든 우리말 사례집입니까? ( )

① 책
② 영화
③ 신문
④ 영상 광고
⑤ 애니메이션

## 1

준석이와 진주 중에서 긍정하는 말을 한 친구는 누구인지 쓰시오. [3점]

(             )

**2단계**
**문장 쓰기**
준석이의 언어생활에서 고칠 점은 무엇인지 쓰시오. [6점]

_____

_____

_____

**3단계**
**생각 쓰기**
이 그림을 보고 언어 예절에 어긋나게 대화한 경험을 떠올려 쓰시오. [6점]

_____

_____

❶ 친구들이나 가족들에게 언어 예절을 지키지 않고 대화한 경험을 떠올려 봐.

## 2~3

**가** 평범한 중고등학생 네 명을 대상으로 욕 사용 실태를 관찰했더니 네 시간 동안 평균 500여 번의 욕설이 쏟아졌습니다.

충격적인 것은 이 학생들이 문제나 불량 청소년이 아니라는 것입니다. 이제 욕은 많은 학생들의 입에서 거침없이 터져 나오는 일상어가 되어 버렸습니다.

**나** 며칠 전 우리 반 교실에서 일어난 일입니다. 준형이와 수진이가 교실 뒤쪽을 걷다가 뜻하지 않게 서로 부딪혔습니다. 준형이와 수진이는 서로 노려보면서 눈살을 찌푸렸습니다.

## 2

글 **가** 와 **나** 에서 제기한 문제점을 각각 쓰시오.
[8점]

| 글 가 | (1) |
|---|---|
| 글 나 | (2) |

## 3

글 **가** 와 **나** 를 보고 상대와 대화할 때 마음 자세가 어떠해야 하는지 쓰시오. [5점]

_____

_____

# 7 우리말을 가꾸어요

| 학습 주제 | 실태 조사를 바탕으로 하여 올바른 우리말 사용을 주제로 글 쓰기 | 배점 | 20점 |
|---|---|---|---|
| 학습 목표 | 올바른 우리말 사용을 주제로 글을 쓸 수 있다. | | |

1 **나**는 자료 **가**를 보고 우리말 사용 실태를 조사한 내용을 정리한 것입니다. **나**를 바탕으로 하여 올바른 우리말 사용을 주제로 글을 쓸 때, 글쓰기할 내용을 정리해 보시오.

**가**

욕설·비속어에 중독된 청소년들

**나**

| 조사 주제 | 욕설·비속어에 중독된 청소년들 |
|---|---|
| 조사 내용 | 우리말을 잘못 사용하는 실태 |
| 조사 결과와 출처 | • 조사 결과: 욕설·비속어에 중독된 청소년들<br>• 출처: 한국방송공사(2013. 10. 24), 「KBS 아침 뉴스 타임: 욕설·비속어에 중독된 청소년들」, 한국방송공사. |
| 조사한 뒤 드는 생각이나 느낌 | 우리말 사용 실태를 조사하고 나니 우리가 너무 우리말을 파괴하고 훼손하고 있다는 것을 알게 되었고, 올바른 우리말을 사용하고 바른 언어생활을 해야겠다고 느꼈습니다. |

| 제목 | (1) |
|---|---|
| 서론 | (2) |
| 본론 | (3) |
| 결론 | (4) |

# 인물의 삶을 찾아서

## **1** 글쓴이가 말하고자 하는 생각 찾기

① 글쓴이가 말하고자 하는 생각을 글의 주제라고 합니다.

② 글의 제목, 중요한 낱말, 중심 문장을 살펴보면 글의 주제를 파악할 수 있습니다.

예 「책이 주는 선물을 받고 싶은 어린이들에게」의 주제

| 글쓴이가 말하고자 하는 생각 | 책을 읽자. |
|---|---|

→ 정의, 행복, 책임 따위를 통틀어 이르는 말로 가치관과 관련이 있어요. 가치관은 사람이 어떤 행동이나 일을 선택하고 실천하는 데 바탕이 되는 생각을 말해요.

## ★★ **2** 인물이 추구하는 가치 파악하기

① 인물이 처한 상황을 떠올려 봅니다.

② 인물이 처한 상황에서 인물이 한 말과 행동을 알아봅니다.

③ 인물이 처한 상황에서 그렇게 말하고 행동한 까닭을 생각해 봅니다.

예 「제게 12척의 배가 있으니」에서 인물이 추구하는 가치 파악하기

| 이순신이 추구하는 가치 | 어떤 고난도 포기하지 않고 극복하려는 의지를 추구한다. |
|---|---|

## ★★ **3** 인물이 추구하는 가치를 자신의 삶과 관련짓기

① 이야기와 관련한 자신의 경험을 생각해 봅니다.

② 인물과 자신의 삶을 비교해 보고 느낀 점을 생각해 봅니다.

③ 자신이 처한 문제나 고민을 해결하는 데 도움을 준 인물의 말과 행동을 생각해 봅니다.

예 「나무를 심는 사람」에서 왕가리 마타이가 추구하는 가치를 자신의 삶과 관련짓기

> 황폐해진 케냐의 마을 풍경을 보고 깜짝 놀란 왕가리 마타이는 나무 심기 운동을 벌였어. 그 방법이 모두의 이익과 행복을 위한 일이라는 것을 알았기 때문이지. 나도 부모님께서 그와 같은 가치를 추구하는 모습을 본 적이 있어.

→ 작품 제목, 지은이, 소개할 인물의 이름, 성별, 나이, 특징, 인물에게 일어난 일, 인물을 말해 주는 질문과 대답, 기억나는 인물의 말과 행동 등을 넣어 인물 소개서를 쓴 뒤에 발표해요.

## **4** 문학 작품 속 인물 소개하기

① 문학 작품의 제목, 지은이, 소개할 인물의 이름 등을 말합니다.

② 인물이 추구하는 가치를 파악할 수 있는 내용을 말합니다.

③ 인물이 추구하는 가치에서 느낀 점을 말합니다.

---

### 개념 확인하기
정답과 풀이 28쪽

**1** 글의 주제를 파악할 때 살펴보지 <u>않아도</u> 되는 것의 기호를 쓰시오.

> ㉮ 글의 제목  ㉯ 글의 길이
> ㉰ 중심 문장  ㉱ 중요한 낱말

(                    )

**2** 다음 빈칸에 알맞은 말을 쓰시오.

> 인물이 추구하는 가치를 파악하려면 인물이 처한 상황에서 인물이 한 말과 행동을 알아보고, 인물이 그렇게 말하고 행동한 (              )을/를 생각해 본다.

**3** 인물이 추구하는 가치를 자신의 삶과 관련짓는 방법으로 알맞은 것에 ○표 하시오.

(1) 인물과 자신의 삶을 비교하고 느낀 점 생각하기 (          )

(2) 고민 해결에 도움을 준 인물의 단점 생각하기 (          )

**4** 다음 (          ) 안에서 알맞은 말을 골라 ○표 하시오.

> 문학 작품 속 인물을 소개할 때 ( 인물이 추구하는 가치 , 인물의 생김새 )를 파악할 수 있는 내용을 말한다.

# 책이 주는 선물을 받고 싶은 어린이들에게

- **글의 종류:** 생각을 전하는 글
- **글의 특징:** 책이 주는 선물을 받고 싶은 어린이들에게 책을 읽자는 생각을 말하기 위해 쓴 글입니다.

**1** 이야기책을 좋아하니? 나는 이야기를 쓰는 작가 야. 책을 읽고 작가가 되는 꿈을 꾸게 되었고 책을 읽 으면서 그 꿈을 키웠단다. 너희에게 내가 기억하는 책 들을 소개해 줄게.

글쓴이의 직업

中심 내용 **1** 작가인 내가 기억하는 책들을 소개해 주겠다.

**2** 내가 처음으로 재미있게 읽은 책은 발데마르 본젤스 의 『꿀벌 마야의 모험』인데, 아기 꿀벌이 꿀을 모으러 바 깥세상에 나갔다가 모험을 시작하는 이야기야. 그 꿀벌 이 여러 가지 경험을 하며 자신의 삶을 이끌어 가는 모습 이 내게 꿈과 희망을 줬어. 이야기가 어찌나 흥미로웠던 지 발데마르 본젤스처럼 작가가 되는 꿈을 갖게 되었지.

나는 책을 많이 읽었어. 누구보다 빅토르 위고 작품 을 좋아했는데, 『레 미제라블』은 여러 번 읽었단다. 자 신이 받은 도움을 생각하며 어려운 사람들을 돕는 인 물 모습이 내 마음을 울렸거든. 이렇듯 빅토르 위고는 현실에서 소외된 사람들의 이야기에도 관심이 있었는 데 빈민 구제를 주장하며 정치가로도 활동했어. 어니 스트 헤밍웨이가 쓴 『노인과 바다』에서는 온갖 어려움 에도 의지를 굽히지 않는 늙은 어부의 용기와 도전을

만날 수 있었어. 『갈매기의 꿈』은 『꿀벌 마야의 모험』만 큼 내게 특별한 책이었지. 단지 먹으려고 날았던 다른 갈매기와는 달리 자신만의 꿈을 이루려고 끊임없이 나 는 법을 연습했던 특별한 갈매기 이야기였거든. 그 책 은 내게 꿈을 이루려면 어떻게 해야 하는지 가르쳐 줬 어. 그래서 작가라는 꿈을 이루려고 더 많은 책을 읽었 단다.

글쓴이가 작가가 되기 위해 한 노력

中심 내용 **2** 『꿀벌 마야의 모험』을 읽고 작가가 되는 꿈을 갖게 되었고, 꿈을 이루려 고 더 많은 책을 읽었다.

**3** 책 속에는 많은 이야기가 숨어 있어. 그리고 이야 기 속 인물들은 우리를 다양한 경험 세계로 데려다주 지. 꿈과 희망, 소외된 사람들에 대한 관심, 용기와 도 전같이 작가가 말하고자 하는 생각도 듣는단다. 그 많 은 이야기에 공감하며 이야기 속 인물이 삶에서 내 삶 을 돌아보는 기회가 되는 것도 책이 주는 선물이야. 그 래서 책을 읽는 사람은 지혜롭게 세상을 살 수 있다고 해. 나는 책에서 꿈을 찾았고 꿈을 이루는 방법까지 배 웠으니 책이 주는 더 특별한 선물을 받은 거지.

책이 주는 선물을 받고 싶니? 너희도 책을 읽어 봐.

中심 내용 **3** 책이 주는 선물을 받고 싶으면 책을 읽어 보아라.

**소외된** 어떤 무리에서 꺼리고 피해 따돌림을 당하거나 배척된.
**빈민**(貧 가난할 빈, 民 백성 민) 가난한 백성.

**구제** 자연재해나 사회에서 피해를 당해 어려운 처지에 있는 사람을 도와줌. 예 소비자 피해 구제 방법이 필요합니다.

---

**1** 글쓴이가 작가의 꿈을 갖게 된 것은 어떤 책 덕분 인지 쓰시오.

( )

**2** 글쓴이가 『레 미제라블』에서 감명받았던 인물의 모습으로 알맞은 것에 ○표 하시오.

( 어려운 사람들을 돕는 모습 , 어려움을 극복 하는 모습 )

교과서 문제

**3** 글쓴이가 책을 읽는 사람이 지혜롭게 세상을 살 수 있는 까닭으로 말하지 않은 것에 ○표 하시오.

(1) 모든 공부를 할 수 있다. ( )
(2) 다양한 경험을 할 수 있다. ( )
(3) 삶을 돌아보는 기회를 갖게 된다. ( )
(4) 작가가 말하려는 생각을 듣게 된다. ( )

**4*** 글쓴이가 말하고자 하는 생각이 가장 잘 나타난 문 장을 찾아 쓰시오.

( )

### 고려 말 상황

고려 말에 새로 등장한 정치 세력과 무인들은 고려 사회를 개혁하려고 했다. 그러나 그들 가운데에서 정몽주와 이성계가 생각하는 개혁 방법은 서로 달랐다. 정몽주는 고려를 유지하면서 개혁해야 한다고 생각했고, 이성계는 고려를 무너뜨리고 새로운 왕조를 세우고자 했다. 이러한 상황에서 이성계의 아들 이방원은 「하여가」를 썼고, 정몽주는 「단심가」를 썼다.

무예를 닦은 사람  제도나 기구 따위를 새롭게 뜯어고침.

• **글의 종류:** 시조 ┌ 고려 말부터 발달해 온, 초장·중장·종장의 형태를 가진 우리 고유의 시
• **글의 특징:** 가 는 고려 말 이방원이 고려를 무너뜨리고 새 왕조를 세우기 위해 정몽주를 설득하려고 써서 보낸 글이고, 나 는 그 글에 대해 정몽주가 답한 글입니다.

## 가 하여가

• 이방원

(초장) 이런들 어떠하며 저런들 어떠하리

(중장) 만수산 드렁칡이 얽혀진들 어떠하리

(종장) 우리도 이같이 얽혀져 백 년까지 누리리
　　　　이방원의 생각이 가장 잘 드러난 장

## 나 단심가

• 정몽주

(초장) 이 몸이 죽고 죽어 일백 번 고쳐 죽어

(중장) 백골이 진토 되어 넋이라도 있고 없고

(종장) 임 향한 일편단심이야 가실 줄이 있으랴
　　　　정몽주의 생각이 가장 잘 드러난 장

**핵심내용** 인물의 생각 파악하기

| 글 가 의 이방원 | 뜻을 함께 모아 새 나라를 세우자. |
|---|---|
| 글 나 의 정몽주 | 변함없이 ❶ ㄱ ㄹ 에 충성을 다하겠다. |

**드렁칡** 드렁(두렁의 방언)에 있는 칡덩굴.
**진토** 티끌과 흙을 통틀어 이르는 말.
**일편단심**(一 한 일, 片 조각 편, 丹 붉은 단, 心 마음 심) 한 조각의 붉은 마음이라는 뜻으로, 진심에서 우러나오는 변치 않는 마음을 이르는 말.
**가실** 어떤 상태가 없어지거나 달라짐.

**1** 글 가 와 나 에 대한 설명으로 알맞지 <u>않은</u> 것은 무엇입니까? (　　　)

① 글의 종류는 시조이다.
② 고려 말에 쓰인 글이다.
③ 글에 드러난 글쓴이의 생각은 같다.
④ 글 나 는 글 가 에 대해 답한 것이다.
⑤ 글 가 는 이방원이 썼고, 글 나 는 정몽주가 썼다.

교과서 문제
**2** 글 가 의 글쓴이는 무엇에 빗대어 자신의 생각을 말하고 있는지 쓰시오.

(　　　　　　　)

교과서 문제
**3** 글 나 에서 글쓴이의 생각이 가장 잘 드러난 네 글자의 낱말을 찾아 쓰시오.

(　　　　　　　)

**4** 글 가 와 나 에 나타난 글쓴이의 생각은 무엇인지 알맞게 선으로 이으시오.

(1) 글 가 •

(2) 글 나 •

• ① 변함없이 고려에 충성을 다하겠다.

• ② 뜻을 함께 모아 새 나라를 세우자.

**5**
서술형
글 가 와 나 에서 인상에 남는 표현을 찾아보고 그 까닭과 함께 쓰시오.

_____

_____

# 제게 12척의 배가 있으니

· 이강엽

· 글의 종류: 전기문
· 글의 특징: 이순신이 명량 대첩을 승리로 이끈 내용이 나타난 전기문으로, 이순신의 용기와 자신감을 엿볼 수 있습니다.

**미리보기**

이순신의 뒤를 이어 삼도 수군통제사가 된 원균이 명령에 따라 부산을 친 결과 조선 수군은 무참하게 지고 원균은 죽었습니다. → 다시 삼도 수군통제사가 된 이순신은 13척의 배로 적군의 배 133척을 물리쳐 명량 대첩을 승리로 이끌었습니다. → 이순신은 일본군의 분풀이로 아들 면이 죽자, 이제 싸움을 끝내야 한다고 생각하였습니다.

1 이순신이 물러난 뒤 원균이 삼도 수군통제사가 되었습니다. (조선 시대에 바다에서 국방과 치안을 맡아보던 군대인 수군을 통솔하던 무관의 벼슬) 원균은 삼도 수군통제사가 되자마자 부산을 치라는 명령을 받았습니다. 원균 역시 처음에는 그렇게 할 수 없다고 했습니다. (부산을 칠 수 없다.) 그렇지만 계속해서 명령이 떨어지자 따를 수밖에 없었습니다. 결과는 뻔했습니다. 조선 수군은 무참하게 져서 원균은 죽고, 배는 부서졌으며, 싸움에 나갔던 병사들도 대부분 죽거나 포로가 되었습니다.

**중심 내용 1** 원균이 명령에 따라 부산을 친 결과 조선 수군이 무참하게 지고 원균은 죽었습니다.

2 1597년 8월, 나라에서는 이순신을 다시 삼도 수군통제사로 세웠습니다. 이순신은 전라도로 내려가면서 남은 배와 군사를 모았습니다. 그나마 여기저기 상한 배 12척과 120여 명의 군사를 모을 수 있었습니다. (전쟁을 할 수 있는 상황이 아님.) 나라에서는 아예 바다를 포기하고 육군으로 싸우라고 했습니다. 이순신은 임금님께 글을 올렸습니다.

"지난 5, 6년 동안 일본이 충청도와 전라도 쪽으로 공격해 오지 못한 것은 수군이 그 길목을 막고 있었기 때문입니다. 이제 제게 12척의 배가 있으니 죽을 힘을 다해 싸운다면 이길 수 있을 것입니다."

**중심 내용 2** 다시 삼도 수군통제사가 된 이순신은 12척의 배로 다시 싸우겠다는 내용의 글을 임금님께 올렸습니다.

3 이순신은 오랜 고민 끝에 '울돌목(명량 해협)'을 싸움터로 정했습니다. 울돌목은 육지와 육지 사이에 낀 아주 좁은 바다였습니다. 그 사이를 흐르는 물살이 어찌나 빠른지, 물 흘러가는 소리가 꼭 흐느껴 우는 소리 ('울돌목'이라는 이름이 붙은 까닭) 같다고 해서 그런 이름이 붙은 곳입니다. 또 물살 방향도 하루에 네 번씩이나 바뀌는 특이한 곳이었습니다.

무참하게 몹시 끔찍하고 참혹하게. 예 내가 아끼는 곰돌이 인형이 무참하게 밟혔습니다.

포로 사로잡은 적.
해협(海 바다 해, 峽 골짜기 협) 육지 사이에 끼어 있는 좁고 긴 바다.

**교과서 문제**

**6** 누구의 이야기인지 쓰시오.
(                    )

**7** ⭐ 이순신이 처한 상황으로 알맞은 것의 기호를 쓰시오.

㉮ 다시 삼도 수군통제사가 되어 충청도와 전라도 쪽을 지키라는 명을 받았다.
㉯ 다시 삼도 수군통제사가 되었으나 수군을 포기하고 육군으로 싸우라는 명을 받았다.

(                    )

**8** 이순신이 원균과 다른 점은 무엇입니까?
(                    )

① 힘든 일을 하려고 하지 않았다.
② 임금님의 명령을 그대로 따랐다.
③ 높은 벼슬을 하기 위해 노력하였다.
④ 목숨을 소중히 여겨 싸움을 피하였다.
⑤ 임금님께 자신의 생각을 당당하게 말하고 행동하였다.

**교과서 문제**

**9** 이순신은 어디를 싸움터로 정했는지 쓰시오.
(                    )

이순신은 ㉠작전을 짰습니다.

"우리는 모든 것이 적다. 무기도 적고, 군사도 적고, 배도 적다. 적은 것을 갑자기 늘릴 방법은 없다. 그러나 많아 보이게 할 수는 있을 것이다."

이순신은 우선 고기잡이배와 피난 가는 배들을 판옥선처럼 꾸미게 했습니다. 비록 실제로 싸울 수 있는 배는 먼저 구한 12척과 나중에 구한 1척, 이렇게 총 13척밖에 안 되었지만, 멀리서 보면 수십 척의 판옥선이 갖추어진 것처럼 보이게 한 것입니다. 백성들에게는 바다가 보이는 육지의 산봉우리에서 계속 돌아다니게 했습니다. 마치 우리 군사의 수가 많은 것처럼 보이도록 한 것입니다.

이순신은 모든 준비를 끝낸 뒤 부하 장수들을 불러 모았습니다.

"죽으려 하면 살고, 살려 하면 죽는다. 오늘 우리는
죽음을 두려워하지 않고 싸워야 싸움에서 이겨 살 수 있다는 뜻
이 말처럼 죽기를 각오하고 싸워야 한다."

**중심 내용 3** 이순신은 울돌목을 싸움터로 정하고 판옥선과 군사의 수가 많아 보이게 준비하였습니다.

**4** 마침내 수많은 적선이 흐르는 물살을 타고 우리 수군 쪽으로 빠르게 쳐들어왔습니다. 그러나 이순신은 물살 방향이 조선 수군에게 유리해질 때까지 공격하지 못하게 했습니다. 드디어 물살 방향이 반대로 바뀌자 이순신은 일제히 공격하도록 지시했습니다. 단번에 30척이 넘는 적의 배가 부서져 버렸습니다. 일본 배들은 뒤로 물러나려고 했습니다. 그렇지만 물살이 너무 세서 배를 돌릴 수도 없고 앞으로 나아갈 수도 없었습니다.
앞으로도 뒤로도 나아갈 수 없는 상황
우리 수군은 이때를 놓치지 않았습니다. 적의 배를 향해 총통을 쏘고 불화살을 날리며 총공격을 했습니다.
화약의 힘으로 탄알을 쏘는, 전쟁에 쓰이는 기구를 통틀어 이르던 말
단 13척의 배로 133척의 배를 물리친 기적 같은 전투였습니다. 이 전투가 바로 '명량 대첩'입니다.

**중심 내용 4** 이순신은 13척의 배로 적군의 배 133척을 물리쳤는데, 이 전투가 바로 '명량 대첩'입니다.

**핵심내용** 이순신의 말이나 행동에 대한 까닭 생각하기

| 말이나 행동 | 배와 군사가 적었지만 쉽게 포기하지 않음. |
|---|---|
| 그 까닭 | 어떤 어려움도 극복할 수 있다고 생각하는 사람이기 때문에 |

판옥선 조선 시대에 널빤지로 지붕을 덮은 전투선. 명종 때 개발한 것으로 임진왜란 때 크게 활약함.

적선(敵 원수 적, 船 배 선) 전쟁 상대국의 배.
일제히 여럿이 한꺼번에. ⑩ 아이들은 일제히 소리쳤습니다.

---

**10** ㉠'작전'은 무엇을 말합니까? (　　　)

① 적은 것을 많아 보이게 하는 것
② 적의 배와 무기를 훔쳐 오는 것
③ 수십 척의 판옥선을 새로 만드는 것
④ 적이 육지로 올라오도록 유인하는 것
⑤ 백성들을 모아 군사 훈련을 시키는 것

**11** 명량 대첩을 기적 같은 전투라고 하는 까닭은 무엇인지 빈칸에 알맞은 말을 차례대로 쓰시오.

단 (　　　)의 배로 (　　　)의 배를 물리쳤기 때문이다.

**12** 일본군과 울돌목에서 싸우는 상황에서 이순신이 한 말이나 행동을 알맞게 말한 친구의 이름을 모두 쓰시오.

연경: 죽으려 하면 살고, 살려 하면 죽으니 죽기를 각오하고 싸워야 한다고 말했어.

유선: 적선이 물살을 타고 쳐들어오자, 물살이 조선 수군에게 불리했지만 재빨리 공격했어.

보라: 살고 싶은 사람은 싸움이 시작되기 전에 빨리 도망가라고 말했어.

영찬: 배와 군사들을 많아 보이게 하려고 미리 작전을 짜고 물살을 이용해 적선을 공격했어.

(　　　)

**5** 백성들은 이순신을 믿고 다시 모여들기 시작했습니다. 오랜만의 평화였습니다. 그러나 이상하게도 이순신의 마음은 불안하기만 했습니다. 꿈자리도 뒤숭숭했습니다. 말을 타고 언덕 위를 가다가 말에서 떨어졌는데 막내아들 면이 밑에서 이순신을 받는 꿈이었습니다. 참으로 이상했습니다.

<small>명량 대첩을 승리로 이끈 뒤의 상황</small>
<small>이순신이 꾼 나쁜 꿈의 내용</small>

  나쁜 꿈은 바로 다음 날 현실로 드러났습니다. 면이 마을을 기습해 온 일본군과 싸우다가 죽었다는 소식이 날아든 것입니다. 일본군이 이순신에 대한 분풀이로 이순신의 고향 마을을 공격한 것이 분명했습니다. 면은 이제 겨우 스물한 살의 젊디젊은 청년이었습니다. 이순신은 이 일이 자기 탓처럼 여겨졌습니다.

  '내가 죽을 것을 그 애가 대신 죽었구나.'

  마음속에서는 이런 소리가 터져 나왔습니다. 밤이면 몇 번씩 자다 깨다 했습니다. 그러다가 코피를 한 사발씩 쏟기도 했습니다. 잠깐만 눈을 붙여도 아들 면의 모습이 보였습니다. 이순신은 자기도 모르게 이를 악물었습니다.

  ㉠'이제는 끝내야만 해.'

  "아직도 저에게는 12척의 배가 있습니다. 비록 배는 적지만, 제가 죽지 않는 한 적이 감히 우리를 업신여기지 못할 것입니다."

<small>중심 내용 **5**</small> 이순신은 일본군의 분풀이로 아들 면이 죽자, 이제 싸움을 끝내야 한다고 생각하였습니다.

> 이순신이 처한 상황에서 한 말과 행동을 통해 이순신이 추구하는 가치가 무엇인지 묻는 문제가 자주 출제돼

**핵심내용** **이순신이 추구하는 가치 파악하기**

| 말이나 행동 | 추구하는 가치 |
|---|---|
| 아들 면이 죽었을 때 이제는 싸움을 끝내야 한다고 말함. → | 어떤 고난도 포기하지 않고 ❷ ㄱ ㅂ 하려는 의지를 추구한다. |

---

**뒤숭숭했습니다** 느낌이나 마음이 어수선하고 불안했습니다.
**기습해** 적이 생각지 않았던 때에, 갑자기 들이쳐 공격해.
**분풀이** 분하고 원통한 마음을 풀어 버리는 일.

**사발** 국이나 밥을 사기로 만든 그릇에 담아 그 분량을 세는 단위.
**업신여기지** 교만한 마음에서 남을 낮추어 보거나 하찮게 여기지.
  **예** 다른 사람을 함부로 업신여기지 말아야 합니다.

---

**13** 이야기 속 인물에게 하고 싶은 질문을 만들 때 알맞은 것의 기호를 쓰시오.

> ㉮ 이순신은 왜 자신이 죽을 것을 아들이 대신 죽었다고 생각했나요?
> ㉯ 명량 대첩이 끝나고 백성이 다시 모여들기 시작했을 때 어떤 생각이 들었나요?

(        )

**14** 이순신이 아들 면이 죽은 상황에서 ㉠과 같이 말한 까닭은 무엇인지 쓰시오.
<small>서술형</small>

_____

_____

_____

**15**★ 이순신이 추구하는 가치로 알맞은 것은 무엇입니까? (     )

① 우정을 추구한다.
② 개인의 이익을 추구한다.
③ 믿음과 사랑을 추구한다.
④ 가족을 지켜 내려는 의지를 추구한다.
⑤ 힘든 고난도 이겨 내려는 의지를 추구한다.

**교과서 문제**
**16** 이순신이 추구하는 가치가 자신의 삶에 던지는 질문으로 알맞은 것은 무엇입니까? (     )

① 나는 책을 많이 읽었는가?
② 나는 생명을 소중히 여겼는가?
③ 나는 주어진 일에 최선을 다했는가?
④ 나는 친구와의 약속을 잘 지켰는가?
⑤ 나는 거짓말을 자주 하지 않았는가?

# 버들이를 사랑한 죄

• 황선미

• 글의 종류: 이야기
• 글의 특징: 버들이를 사랑해 도움을 주다 벌을 받게 된 도깨비 이야기로, 인물들의 다양한 가치를 비교해 볼 수 있습니다.

| 미리보기 | 몽당깨비가 쓰레기 소각장에서 인형 미미를 만나 자신이 겪은 일을 들려주었습니다. | → | 몽당깨비는 버들이를 사랑하게 되어 버들이에게 샘가 근처에 기와집을 지어 주었습니다. | → | 샘물이 집 뒤란으로 흐르도록 해 주자 버들이는 도깨비가 얼씬거리지 못하게 하였습니다. | → | 몽땅깨비는 벌을 받아 삼백 년 만에 세상에 나왔고, 기와집에 찾아가기로 하였습니다. |

**1** 은행나무 뿌리에 갇혀 삼백 년 동안 잠자던 도깨비가 깨어났습니다. 대낮이나 위험할 때면 몽당빗자루로 변하기 때문에 <u>몽당깨비라는 이름이 붙었습니다.</u> 키는 열세 살쯤 된 사내아이만 한데, 손등이며 얼굴에 털이 덥수룩하게 나 있고, 옛날 영화를 촬영하다가 온 사람처럼 차림새도 괴상했습니다.

<u>몽당깨비라는 이름이 붙은 까닭</u>

중심 내용 **1** 은행나무 뿌리에 갇혀 잠자던 몽당깨비가 깨어났습니다.

**2** 환경미화원 아저씨는 아침 햇살을 받으며 서서히 몽당빗자루로 변한 몽당깨비를 쓰레기 봉지에 담았습니다. 그러고 나서 몽당깨비가 도착한 곳은 쓰레기 소각장입니다. 몽당깨비는 그곳에서 생각하는 인형 미미를 만났습니다.

"너는 어쩌다 여기까지 왔니?"

"나? 나는……."

몽당깨비는 대답 대신 눈을 감아 버렸습니다. 오랜 세월 가슴에 묻어 둔 사연이 바로 어제 일처럼 떠올랐습니다.

<u>눈을 감고 지난 일을 떠올려 봄.</u>

"갈 데라도 있는 거야?"

"기와집으로 가야지, 샘마을 기와집."

"샘마을은 여기에서 멀어? 처음 듣는 이름이야."

"강안이마을에서 여우 고개를 넘어가면 샘마을이 나오지. 병도 나을 만큼 물맛이 달고 향기로운 샘. 일 년 내내 마르지 않는 샘이 거기에 있단다. 난 거기로 꼭 돌아갈 거야."

몽당깨비가 혼잣말처럼 중얼거리자 미미가 알 수 없다는 표정을 지었습니다.

---

**몽당빗자루** 몽당비. 끝이 거의 다 닳아서 없어진 비.
**소각장** 쓰레기나 폐기물 따위를 불에 태워 버리는 장소.

**사연**(事 일 사, 緣 인연 연) 일의 앞뒤 사정과 까닭. 예 우리 가족에게는 말 못 할 <u>사연</u>이 많습니다.

---

**17** 몽당깨비에 대한 설명으로 알맞지 <u>않은</u> 것은 무엇입니까? ( )

① 차림새가 괴상했다.
② 손등과 얼굴에 털이 나 있다.
③ 키는 열세 살쯤 된 사내아이만 하다.
④ 삼백 년 동안 은행나무를 지키고 있었다.
⑤ 대낮이나 위험할 때에는 몽당빗자루로 변한다.

**18** 몽당깨비가 쓰레기 소각장에서 만난 인물은 누구인지 쓰시오.

( )

**19** 몽당깨비는 어디로 가겠다고 했는지 쓰시오.

( )

**20*** 이 글의 내용을 확인하기 위한 질문을 만드는 방법으로 알맞지 <u>않은</u> 것은 무엇입니까? ( )

① 인물이나 사건을 비교하는 질문을 만든다.
② 다양한 생각을 들을 수 있는 질문을 만든다.
③ 누구나 쉽게 대답할 수 있는 질문을 만든다.
④ 중요한 낱말이나 사건을 찾아 질문을 만든다.
⑤ 사건의 원인이나 결과를 찾아 질문을 만든다.

"여우 고개? 샘마을? 강안이마을이라고?"

"세상이 달라졌어. 하지만 <u>밤이 되면 문제없이 찾아 갈 수 있을 거야.</u>"
밤이 되면 도깨비로 변할 것이므로

"왜 그곳에 가야 하지?"

몽당깨비가 빙그레 웃었습니다.

"샘마을에는 버들이가 살거든. 나는 버들이를 위해 큰 기와집을 지었단다. 버들이랑 같이 사람으로 살고 싶어서. 그런데……."

<u>갑자기 봉당깨비 얼굴이 어두워졌습니다.</u> 미미가 활
몽당깨비에게 슬픈 사연이 있음을 알 수 있음.
짝 웃으며 말했습니다.

"너도 사람이 되고 싶었니? 우린 공통점을 가졌구나. 그래서?"

**중심 내용 2** 몽당깨비는 인형 미미에게 버들이를 보러 샘마을 기와집으로 가야 한다고 말하였습니다.

**3** "버들이는 강안이마을에서 늙고 병든 어머니와 둘이 살았어. 가난했지만 누구보다 예쁜 아가씨였단

다. 새벽마다 도깨비 샘물을 뜨러 왔었지. 가장 먼저 샘물을 길어 마셔야 효험이 있다니까 어머니 병을 낫게 하려고 새벽마다 온 거였어. 도깨비들은 그때 쯤이면 숲으로 숨기 시작하는데 나는 버들이를 보려고 늘 남아 있었지."

"너 같은 인형이 많았어? 숲에 숨을 수도 있고?"
몽당깨비가 인형이라고 생각함.
몽당깨비는 미미를 보고 조용히 웃어 주었습니다.

"우리는 친구가 되었지. 나는 숲에서 버섯이랑 산딸기, 머루를 구해 주고 버들이는 내게 음식을 주었어. 잔칫집에서 일하는 날에는 떡이랑 메밀묵도 가져다주었단다. 버들이는 참 좋은 아가씨였어. 버들이를 좋아할수록 내가 사람이 아니고 도깨비라는 사실이 참 슬펐어."

"와! 도깨비는 대단하다. 하지만 사람이 될 수 없다는 건 정말 고통이지."

---

**길어** 우물이나 샘 따위에서 두레박이나 바가지 따위로 물을 떠내. 예 옛날에는 수도가 없었기 때문에 우물에서 물을 길어 마셨습니다.
**효험**(效 본받을 효, 驗 시험 험) 일에서 느끼는 보람. 또는 어떤 작용의 결과.

**메밀묵** 껍질을 벗긴 메밀을 갈아서 앙금을 앉혀 그것으로 쑤어 만든 묵.
**고통**(苦 쓸 고, 痛 아플 통) 몸이나 마음의 괴로움과 아픔. 예 밤새 고통에 시달렸습니다.

---

교과서 문제

**21** 몽당깨비가 샘마을에 가려는 까닭은 무엇입니까?
( )

① 미미와 함께 살기에 적당한 곳이기 때문에
② 밤에도 쉽게 찾아갈 수 있는 곳이기 때문에
③ 달고 향기로운 물을 먹을 수 있는 곳이기 때문에
④ 사람이 될 수 있는 방법을 알 수 있는 곳이기 때문에
⑤ 버들이와 같이 살려고 지은 기와집이 있는 곳이기 때문에

**22** 몽당깨비와 미미의 공통점은 무엇인지 빈칸에 알맞은 말을 쓰시오.

• ( )이/가 되고 싶어 한다.

**23** 몽당깨비가 버들이를 처음 만났을 때, 버들이는 어떤 상황에 처해 있었습니까? ( )

① 병이 나서 건강하지 못했다.
② 어머니가 편찮으셔서 돌봐 드려야 했다.
③ 새벽마다 도깨비들에게 괴롭힘을 당했다.
④ 샘물을 장터에 내다 팔아 돈을 벌어야 했다.
⑤ 새벽마다 샘물을 떠 가족들을 위해 음식을 만들어야 했다.

**24** 몽당깨비는 버들이를 어떻게 생각하였습니까?
( )

① 미워하였다. ② 사랑하였다.
③ 무서워하였다. ④ 부러워하였다.
⑤ 관심이 없었다.

"언제부터인가 버들이가 고생하는 게 가엾어지기 시작했어. 그래서 재주를 부려 가랑잎으로 돈을 만들어다 주고 부잣집 돈을 훔쳐 내기도 했지. 나는 풋내기 도깨비라서 큰 재주를 못 부리니까 도둑질하는 날이 많았단다."
<sub>많은 돈을 만들어 내는 재주를 못 부리니까</sub>

"쯧쯧, 그건 옳지 않아. 버들이는 뭐라던?"

"버들이는 몰랐을 거야. 내가 도깨비라서 재주를 부린다고 믿었겠지. 버들이를 위해서라면 뭐든지 할 수 있었어. <sub>버들이를 사랑하는 마음</sub> 파랑이가 나한테 정신 나간 도깨비라고 했을 정도로 버들이가 좋았으니까. 다른 도깨비들과 달리 나는 유난히 사람을 좋아했어. 지금도 사람이 좋아."

"파랑이?"

"내 친구야. 묘지를 지키는 도깨비불이지."

"그래? 도깨비는 할 수 있는 게 많구나. 인형도 그렇게 되면 좋겠다."

<u>중심 내용 **3**</u> 몽당깨비는 버들이를 좋아했기 때문에 버들이에게 돈을 주며 도와주었습니다.

가엾어지기 마음이 아플 정도를 불쌍하고 딱해지기. 예 한꺼번에 부모를 잃은 그 사람이 가엾어지기 시작했습니다.
풋내기 경험이 없어서 일에 서투른 사람.

**4** "어느 날, 버들이가 울면서 어머니가 위독하다고 했어. 어머니께 샘물을 좀 더 드리고 싶은데 샘이 너무 멀어서 조금밖에 못 길어 가니까 샘가에 오두막을 짓고 살겠다더군. 하지만 그건 위험한 생각이었어. 그 물은 산에 사는 온갖 동물들도 마시거든. 밤이면 여우도 나오고 호랑이도 나오는 곳이야. 밤마다 도깨비들까지 모였으니 사람이 얼씬거릴 곳이 아니었지."

미미는 더 물을 수가 없었습니다. 왠지 도깨비는 인형과 뭔가 다를 것 같았기 때문입니다.

<u>핵심내용</u> 버들이가 추구하는 가치 파악하기

| 말이나 행동 | 추구하는 가치 |
| --- | --- |
| "위독하신 어머니께 샘물을 좀 더 드리고 싶으니 샘가에 오두막을 짓고 살겠어." | **❸** ㅎ 를 추구한다. |

묘지 무덤. 송장이나 유골을 땅에 묻어 놓은 곳.
위독하다고 병이 매우 중하여 생명이 위태롭다고.
얼씬거릴 조금 큰 것이 잇따라 눈앞에 잠깐씩 나타났다 없어질.

**25** 몽당깨비가 고생하는 버들이를 위해 한 일을 두 가지 고르시오. ( )

① 샘물을 떠다 주었다.
② 부잣집 돈을 훔쳐서 주었다.
③ 샘가에 오두막을 지어 주었다.
④ 가랑잎으로 돈을 만들어 주었다.
⑤ 도깨비들의 재주를 가르쳐 주었다.

**26** 파랑이가 몽당깨비에게 정신 나간 도깨비라고 말한 까닭은 무엇입니까? ( )

① 사람만 보면 너무 좋아해서
② 사람이 되려는 헛된 꿈을 꾸어서
③ 버들이를 위하는 마음이 부족해서
④ 버들이만 생각하느라 자신은 도와주지 않아서
⑤ 버들이를 위하느라 하지 말아야 할 일까지 해서

교과서 문제
**27** 버들이는 어머니가 위독한 상황에서 어떤 말이나 행동을 했는지 알맞은 것의 기호를 쓰시오.

㉮ 도깨비의 도움을 받고 싶다고 말함.
㉯ 샘가에 오두막을 짓고 살겠다고 말함.
㉰ 샘물에 다른 동물들이 오지 못하게 막음.
㉱ 하루에도 몇 번씩 샘물을 떠서 어머니께 드림.

( )

**28** 〈문제 **27**번〉의 답으로 보아, 버들이가 중요하게 생각하는 것은 무엇입니까? ( )

① 돈 ② 효
③ 우정 ④ 명예
⑤ 자신의 건강

"파랑이와 의논했어. 파랑이는 펄쩍 뛰더군. 사람이
<sub>버들이가 샘가에 오두막을 짓고 싶어 하는 일에 대해 의논함.</sub>
샘가에서 살기 시작하면 결국 도깨비들은 샘을 뺏기
고 떠나야 한다고 했어. 버들이는 착한 여자라 그럴
리가 없다고 했지만 소용없었어. 버들이가 나를 꾐
에 빠뜨리고 있다고 파랑이는 걱정만 했지. 대왕님
이 알기 전에 버들이를 모른 체하라고 야단쳤어. 정
말 화가 났단다."

몽당깨비 몸이 부르르 떨렸습니다. 온몸의 털이 부
스스 일어서는 걸 보면서 미미는 조용히 고개를 끄덕
거렸습니다.

"샘가에 집을 지으면 우리가 더 오래 만날 수 있다고
<sub>버들이를 오래 만날 수 있을 것 같아 행복함.</sub>
버들이가 말했을 때에는 아주 행복했단다. 그래서
결심했어. 샘가에서 살 수 없다면 조금 떨어진 곳에
집을 짓기로. 파랑이도 더 반대하지 못했지. 그때부
터 나는 재주를 한껏 발휘해 돈을 만들었단다. 부자
들의 보물도 훔쳐 냈어. <sub>버들이에게 기와집을 지어 주기 위해서 한 일</sub> 버들이에게 오두막이 아닌
대궐 같은 기와집을 지어 주고 싶어서 말이야. 낮에

는 사람들이 집을 지었지만 밤에는 내가 지었지. 아
주 튼튼하게. 대왕님이 알고 호통쳤지만 하나도 무
섭지 않았어. 그런데……."

**중심 내용 4** 몽당깨비는 버들이를 위해 샘가에서 조금 떨어진 곳에 기와집을 지어 주
었습니다.

**5** "그런데?"

"버들이가 이번에는 샘을 기와집 뒤란으로 옮겨 달
라고 하잖아. 그러면 집에서 샘물을 긷게 될 거라
고."

"이제 보니 버들이는 욕심쟁이구나. 샘을 옮기다니!
그러면 다른 동물들은 샘물을 못 마시잖아?"

"파랑이도 그렇게 말했어. 하지만 나도 그걸 원했으
니까 버들이를 탓하지는 마. 나도 어느새 버들이랑
똑같은 생각을 하게 되었던 거야."

**핵심내용** 몽당깨비가 추구하는 가치 파악하기

| 말이나 행동 | 추구하는 가치 |
| --- | --- |
| • "버들이는 착한 여자라 그럴 리가 없어."<br>• "버들이를 탓하지는 마." | ➡ **❹** ㅁ ㅇ 과 사랑<br>을 추구한다. |

꾐 어떠한 일을 할 기분이 생기도록 남을 꾀어 속이거나 부추기는 일.
예 친구의 꾐에 빠져 놀기만 했습니다.
발휘해 재능, 능력 따위를 떨치어 나타내어.

뒤란 집 뒤 울타리 안.
탓하지는 핑계나 구실로 삼아 나무라거나 원망하지는. 예 일이 잘못
됐다고 남을 탓하지는 마라.

---

**29** 버들이가 샘가에 오두막을 짓고 살겠다고 했을 때
파랑이가 펄쩍 뛴 까닭은 무엇입니까? ( )

① 버들이를 영영 못 볼 것 같아서
② 버들이가 위험해지는 것이 걱정되어서
③ 몽당깨비가 자신을 떠나 버릴 것 같아서
④ 몽당깨비가 오두막을 짓느라 힘들 것 같아서
⑤ 버들이가 몽땅깨비를 꾐에 빠뜨리고 있다고 생
각해서

**30** 버들이는 자신에게 기와집을 지어 준 몽당깨비에
게 어떻게 하였습니까? ( )

① 자신과 함께 살자고 하였다.
② 이제 더 이상 찾아오지 말라고 하였다.
③ 대왕님께 벌을 받을까 봐 걱정해 주었다.
④ 점점 샘물을 쉽게 얻을 수 있는 방법을 원했다.
⑤ 기와집 옆에 집을 하나 더 지어 달라고 하였다.

**31** 미미가 버들이를 가리켜 한 말을 글 **5**에서 찾아
쓰시오.

( )

**32** 몽당깨비가 추구하는 가치가 믿음과 사랑이라는
것을 알 수 있는 말이나 행동이 <u>아닌</u> 것의 기호를
쓰시오.

⑦ 파랑이와 의논을 함.
④ "버들이를 탓하지는 마."
⑤ "버들이는 착한 여자라 그럴 리가 없어."
④ 버들이에게 기와집을 만들어 주려고 돈을 만
들고 부자들의 보물도 훔침.

( )

"그래서 샘을 옮겨 주었니?"

"땅속의 샘물줄기를 기와집 뒤란으로 <u>흐르도록 해</u> 주겠다고 약속했어. 그때 버들이가 기뻐하던 모습이라니, 지금도 잊을 수가 없어."

<u>미미는 허공을 향해 빙그레 웃는 몽당깨비가 못마땅</u>
<u>버들이의 욕심을 채워 준 몽당깨비가 못마땅하게 생각됨.</u>
<u>해서 고개를 저었습니다.</u> 그런데 이내 몽당깨비의 표정이 어두워졌습니다.

"버들이가 묻더군. 도깨비가 제일 무서워하는 게 뭐냐고."

"무서운 거?"

"말 머리와 말 피를 무서워한다고 했지. 그랬더니
<u>도깨비가 무서워하는 것</u>
그걸로 도깨비들이 집 안에 얼씬거리지 못하도록 수를 써야 한다고 했어. 내가 샘물줄기를 바꾸고 나면 틀림없이 도깨비들이 노여워할 거라고 말이야. 샘물줄기를 찾아 물길을 바꾸고 며칠 뒤에 가 보니까 기와집 앞은 온통 아수라장이었어."

"왜?"

허공(虛 빌 허, 空 빌 공) 텅 빈 공중.
노여워할 화가 치밀 만큼 분해하거나 섭섭해할. 예 할아버지께서 노여워할 것이라고 생각했습니다.

---

"샘이 마른 이유를 알아내고 동물과 도깨비 들이 모
<u>몽당깨비가 샘물줄기를 기와집 뒤란으로 흐르게 해서</u>
두 그곳으로 모인 거야. 대왕님은 나를 잡아 오라고 불호령을 내렸지. 하지만 아무도 기와집은 건드리지 못했어. 기와집 담에는 빈틈없이 말 피가 뿌려져 있었고 대문에는 말 머리가 높이 올려져 있었던 거야. ㉠<u>끔찍한 광경이었어.</u>"

중심 내용 5  몽당깨비가 샘물줄기를 기와집 뒤란으로 흐르게 해 주자, 버들이는 도깨비가 얼씬거리지 못하게 해 놓았습니다.

몽당깨비와 버들이가 추구하는 가치를 묻는 문제와 자신이라면 어떤 말이나 행동을 했을지 묻는 문제가 자주 출제돼.

6  "너는? 너는 어떻게 들어갔어?"

"나도 도깨비야. 나도 지금까지 그 기와집에 들어가 보지 못했단다. 그게 마지막이야."

핵심내용  버들이가 추구하는 가치 파악하기

| 말이나 행동 | 추구하는 가치 |
|---|---|
| 기와집 담에 말 피를 뿌리고 대문에 말 머리를 올렸다. ➡ | 현실적인 이익을 추구한다. |

아수라장 수라장. 싸움이나 그 밖의 다른 일로 큰 혼란에 빠진 곳. 또는 그런 상태.
불호령 몹시 심하게 하는 꾸지람.

---

**33** 몽당깨비가 샘물줄기를 기와집 뒤란으로 흐르도록 해 주겠다고 하자, 버들이가 궁금해한 것은 무엇인지 쓰시오.

( )

**34** ㉠에 해당하는 모습을 두 가지 고르시오.

( )

① 기와집 담에 말 피가 뿌려져 있었다.
② 대왕님이 기와집 문 앞을 지키고 있었다.
③ 기와집 대문에 말 머리가 높이 올려져 있었다.
④ 동물과 도깨비들이 버들이를 괴롭히고 있었다.
⑤ 동물과 도깨비들이 말 피와 말 머리를 치우고 있었다.

**35** 버들이가 추구하는 가치를 알맞게 파악해 말한 친구의 이름을 쓰시오.

채민: 도깨비가 기와집에 들어오지 못하게 해 놓은 것으로 보아, 버들이는 이웃 간의 정을 추구하는 것 같아.
서연: 기와집 담에 말 피를 뿌리고 대문에 말 머리를 올려놓은 것으로 보아, 버들이는 현실적인 이익을 추구하는 것 같아.

( )

**36** 자신이 버들이였다면 샘물줄기가 바뀐 것을 안 도깨비들이 노여워할 것이라는 생각에 어떤 말이나
서술형  행동을 했을지 쓰시오.

_____

_____

"저런! 너무 늦게 돌아왔구나."

"그래. 나는 대왕님한테 잡혀 벌을 받았단다. 대왕님은 기와집 담 밖에 구덩이를 파고 은행나무 한 그루를 심었지. 나도 그 속에 묻고. 나는 천 년 동안 은행나무 뿌리에 얽매여 있어야 하는 벌을 받았단다. 버들이 곁에 있으면서도 만날 수 없는 끔찍한 벌이었지……."

<u>은행나무가 기와집 담 밖에 있었지만 뿌리에 얽매여 있어서 버들이를 만나지 못함.</u>

몽당깨비가 말끝을 흐렸습니다.

**중심 내용 6** 몽당깨비는 대왕님한테 잡혀 천 년 동안 은행나무 뿌리에 얽매여 있어야 하는 벌을 받았습니다.

**7** "가엾어라!"

미미는 자기도 모르게 눈물을 흘리고 말았습니다.

"이럴 수가! 너 때문에 내가 눈물을 흘렸어. 내게도 마음이 생겼나 봐."

<u>마음이 없는 인형에게 가여워하는 마음이 생김.</u>

미미는 눈물을 손가락으로 찍어 신기한 듯 들여다보았습니다.

"천 녀이라니! 버들이를 사랑한 죄가 그렇게 큰 거야? 지독한 형벌이구나. 샘을 건드린 벌이라! 그럼 너는 천 년 만에 세상에 나왔니?"

"아니, 삼백 년 만에 자유가 됐어. 어쩐 일인지 은행나무가 없어졌거든. 벌을 받았으니 이제는 기와집으

로 가도 될 거야."

"하지만 너무 오래전 일인걸. 기와집이 지금까지 있기나 하겠어?"

"기와집은 있었어. 그곳에 가고 싶어."

"나도 주인에게 돌아가고 싶어. 강이 보이는 동네야. 강변이라고. 날 데려다주겠니? 나 혼자서는 어림없거든."

몽당깨비가 벌떡 일어났습니다. 날이 어두워지기 시작했기 때문입니다.

미미는 몽당깨비가 혼자 가 버릴까 봐 은근히 걱정이 되었습니다.

"나를 두고 혼자 가지 않을 거지?"

몽당깨비는 몸을 굽혀 미미를 손바닥에 올려놓았습니다.

<u>미미를 데리고 가려고 함.</u>

**중심 내용 7** 삼백 년 만에 자유가 된 몽당깨비는 샘마을 기와집으로 가기 위해 일어났습니다.

**핵심내용** 자신이라면 인물이 처한 상황에서 어떻게 했을지 생각하기 예

자신이 몽당깨비였다면 버들이가 기와집을 뒤란으로 옮겨 달라고 했을 때 버들이의 부탁을 들어주었을 것 같아.

얽매여 얽어서 동여 묶이게 되어. 예 염소는 밧줄에 다리가 <u>얽매여</u> 꼼짝할 수 없었습니다.

형벌(刑 형벌 형, 罰 죄 벌) 범죄에 대한 법률의 효과로서 국가 따위가 범죄자에게 제재를 가함. 또는 그 제재.

---

교과서 문제

**37** 대왕 도깨비가 몽당깨비에게 내린 벌은 무엇입니까? ( )

① 버들이와 멀리 떨어지는 벌
② 도깨비 재주를 부리지 못하는 벌
③ 천 년 동안 은행나무를 지키는 벌
④ 샘물줄기를 원래대로 되돌려 놓는 벌
⑤ 천 년 동안 은행나무 뿌리에 얽매여 있어야 하는 벌

**38** 〈문제 **37**번〉의 답과 같은 벌을 받으면 어떤 기분일지 쓰시오.

( )

**39** 이 글의 주제는 무엇입니까? ( )

① 봉사하는 마음
② 용기와 자신감
③ 친구 간의 우정
④ 고난 극복의 의지
⑤ 진정한 사랑과 용서

**40** 이 글 뒤에 이어질 내용을 가장 알맞게 상상한 것의 기호를 쓰시오.

㉮ 미미가 도깨비로 변함.
㉯ 버들이의 어머니가 위독해짐.
㉰ 몽당깨비가 버들이의 자손을 만남.

( )

# 나무를 심는 사람

- **글의 종류:** 전기문
- **글의 특징:** 환경 보호 운동에 앞장서 노벨 평화상을 받은 왕가리 마타이에 대한 글입니다.

미리
보기

| 외국에서 공부하고 케냐로 돌아온 왕가리 마타이는 말라 죽은 묘목들을 보고 나무를 심어 주는 회사를 세웠습니다. | → | 왕가리 마타이는 회사가 어려워졌지만 포기하지 않고 나무 심기 운동을 추진하였고, 그린벨트 운동을 성공적으로 이끌었습니다. | → | 케냐 정부가 우후루 공원에 복합 건물을 세우려고 하자, 왕가리 마타이는 반대의 목소리를 높여 포기하게 만들었습니다. | → | 왕가리 마타이는 환경 보호 운동에 앞장선 노력을 인정받아 2004년에 아프리카 여성 최초로 노벨 평화상을 받았습니다. |

**1** 1940년, 아프리카 케냐 중앙 고원 지역 이히테의 작은 마을에서 왕가리 마타이가 태어났다.

집안의 맏딸인 왕가리 마타이는 어머니를 도와 집안일을 하고 동생들을 보살폈다. <u>학교에 다니지 않음.</u> 그 당시 케냐에서는 여자아이를 학교에 보내는 경우가 매우 드물었다. 왕가리 마타이도 자신이 학교에 다니게 될 것이라고는 생각하지 못했다. 그러던 어느 날, 오빠 은데리투가 어머니에게 왕가리 마타이는 왜 학교에 다니지 않느냐고 물었고, <u>어머니는 고민 끝에 왕가리 마타이를 학교에</u> <u>왕가리 마타이가 여자아이지만 학교에 보내기로 함.</u> <u>보내기로 결심했다.</u>

왕가리 마타이는 학교에서 성실하게 공부해 좋은 성적을 거두었다. 선생님들은 왕가리 마타이의 남다른 총명함과 성실함을 눈여겨보고 그녀가 장학금을 받아 외국에서 공부할 수 있도록 도와주었다.

**중심 내용 1** 왕가리 마타이는 어머니의 고민 끝에 학교에 다니게 되었고, 선생님들의 도움으로 장학금을 받아 외국에서 공부할 수 있었다.

**핵심내용** 왕가리 마타이(1940~2011년)

케냐의 여성 환경 운동가. 그린벨트 운동을 통해 생태적으로 가능한 아프리카의 사회·경제·문화적 발전을 촉진한 공로를 인정받아 노벨 평화상을 받았습니다. 또한 환경 운동뿐 아니라 인권과 민주화 운동에도 힘썼습니다.

고원(高 높을 고, 原 근원 원) 보통 해발 고도 600미터 이상에 있는 넓은 벌판. ㉠ 숲길을 따라 올라가니 고원이 펼쳐졌습니다.
맏딸 둘 이상의 딸 가운데 첫째가 되는 딸을 이르는 말.
드물었다 어떤 일이 일어나는 일이 잦지 아니하였다.

총명함 썩 영리하고 재주가 있음. ㉠ 아이가 하나를 가르쳐 주면 열을 알 만큼 총명함을 갖추었습니다.
장학금(獎 장려할 장, 學 배울 학, 金 쇠 금) 주로 성적은 우수하지만 경제적인 이유로 학업에 어려움을 겪는 학생에게 보조해 주는 돈.

**41** 왕가리 마타이는 언제 어느 나라에서 태어났는지 쓰시오.

(1) 언제: (                    )

(2) 어느 나라에서: (                    )

**43** 왕가리 마타이가 학교에 다니지 않는 것을 처음 이상하게 생각한 사람은 누구였는지 쓰시오.

(                    )

**42** 왕가리 마타이가 어렸을 때 케냐의 상황으로 알맞은 것은 무엇입니까? (        )

① 한 집에 한 명만 학교에 다녔다.
② 아버지는 가족과 떨어져 살았다.
③ 집안의 맏딸은 학교에 다니지 않았다.
④ 여자아이는 학교에 다니는 경우가 드물었다.
⑤ 여자아이들이 학교에 다니기 위해 노력하였다.

**44** 왕가리 마타이가 외국에서 공부할 수 있었던 까닭은 무엇입니까? (        )

① 외국어 공부를 열심히 해서
② 선생님들께 도와 달라고 애원해서
③ 외국에서 공부할 돈을 모두 모아서
④ 외국에 살고 있는 친척이 도와주어서
⑤ 선생님들께 총명함과 성실함을 인정받아서

**2** 외국에서 공부를 마치고 케냐로 돌아온 왕가리 마타이는 황폐해진 케냐의 마을 풍경을 보고 깜짝 놀랐다. 케냐의 새로운 지도자들이 돈벌이를 위해 숲을 없애고 차나무와 커피나무를 심은 것이었다. 울창했던 숲은 벌목으로 벌거벗은 모습이 되었고, 비옥했던 토양은 영양분이 고갈되어 동물과 식물을 제대로 길러 낼 수 없는 상태가 되었다. ㉠이러한 변화로 사람들은 땔감을 구하기 어려웠고, 작물이 잘 자라지 않아 가난과 굶주림 속에서 고통받게 되었다.

파괴된 환경이 그녀와 그녀의 아이들 그리고 케냐의 모든 이에게 고통을 주고 있다는 것을 깨달은 왕가리 마타이는 자신이 할 수 있는 일이 무엇인지 생각해 보았다.

'나무를 심는 거야.'

왕가리 마타이는 나무를 심기로 마음먹고, 방법을 고민한 끝에 나무를 심어 주는 회사를 세웠다. 그녀는 이 회사가 헐벗고 삭막한 도시를 풍요롭게 만들 뿐
(나무 심는 일을 하기 위해 생각한 방법)

만 아니라, 가난한 사람들에게 나무를 심고 관리하는 일자리를 제공할 것이라고 생각했다. 그러나 사업은 적자를 면하기 어려웠고, 누구도 그녀를 도와주지 않았다.

**[중심 내용 2]** 외국에서 공부를 마치고 돌아온 왕가리 마타이는 황폐해진 케냐를 보고 나무를 심어 주는 회사를 세웠다.

**3** 회사 운영이 어려워지자 왕가리 마타이는 묘목 장사를 해서 회사를 살리기로 하고, 1975년 나이로비에서 열린 국제 전람회에 참석해 묘목을 전시했다. 그러나 묘목을 사는 사람은 아무도 없었다. 실망스러웠지만 왕가리 마타이는 포기하지 않았다. 때마침 그녀는
(끈기가 있고 최선을 다하는 모습)
국제연합 해비탯 회의에 참석할 수 있는 기회를 얻었다. 왕가리 마타이는 그곳에서 테레사 수녀와 마거릿 미드에게 큰 감명을 받고, 나무와 숲이 있는 더 푸른 도시를 만들기로 결심했다. 하지만 새로운 꿈을 품고
(나무와 숲이 있는 더 푸른 도시를 만드는 것)
케냐로 돌아온 왕가리 마타이를 맞이한 것은 말라 죽은 묘목들이었다.

**벌목**(伐 칠 벌, 木 나무 목) 숲의 나무를 벰. 예 벌목을 막아야 합니다.
**비옥했던** 땅이 걸고 기름졌던.
**적자** 지출이 수입보다 많아서 생기는 손실 금액.

**묘목**(苗 모 묘, 木 나무 목) 옮겨 심는 어린나무.
**해비탯** 집을 짓거나 고치는 활동으로 전 세계의 집 없는 사람들이 스스로 살아갈 수 있도록 돕는 국제단체.

**45** ㉠에 해당하는 것을 두 가지 고르시오.
( )
① 숲이 벌거벗었다.
② 공기가 더러워졌다.
③ 토양의 영양분이 고갈되었다.
④ 동물과 식물의 수가 너무 많아졌다.
⑤ 차와 커피 덕분에 나라가 부유해졌다.

**46** 왕가리 마타이가 나무를 심겠다고 생각한 까닭으로 알맞은 것의 기호를 쓰시오.

> ㉮ 나무를 팔면 돈을 많이 벌 수 있을 것 같았기 때문이다.
> ㉯ 케냐에 필요한 일을 해서 지도자가 되고 싶었기 때문이다.
> ㉰ 파괴된 환경이 케냐의 모든 이에게 고통을 주고 있다는 것을 깨달았기 때문이다.

( )

**47** 회사 운영이 어려워졌을 때 왕가리 마타이가 한 일은 무엇입니까? ( )
① 케냐의 지도자를 탓하기만 하였다.
② 회사를 다른 사람에게 팔아넘겼다.
③ 나무와 관련이 없는 회사를 새로 만들었다.
④ 묘목 장사를 해서 회사를 살리기로 하였다.
⑤ 국제 전람회에 참석했다가 케냐로 돌아오지 않았다.

교과서 문제
**48** 케냐의 지도자들이 추구하는 가치로 알맞은 것에 ○표 하시오.

> 환경 보호 , 현실적인 이익 , 사람들의 행복

"이제 나무 심기는 그만하면 어때?"

주위 사람들은 나무 심기에만 열중하는 왕가리 마타이를 설득했다.

"나무 심기를 포기할 수는 없어요."

<u>왕가리 마타이가 나무 심기를 계속한 상황에서 한 말</u>

왕가리 마타이는 포기하지 않고 나무 심기를 계속할 수 있는 방법을 찾아보았다. 그리고 곧 그 기회가 생겼다.

1977년, 케냐여성위원회에서 왕가리 마타이에게 해비탯 회의에서 보고 들은 것을 연설해 달라고 부탁한 것이다. 왕가리 마타이의 연설은 많은 사람에게 감동을 주었고, 그 뒤 왕가리 마타이는 케냐여성위원회의 <u>위원이 되어 나무 심기 운동을 추진했다.</u>

<u>왕가리 마타이가 나무 심기를 계속한 상황에서 한 행동</u>

**중심 내용 ③** 회사 운영이 어려워져 주위 사람들은 나무 심기를 포기하라고 했지만 왕가리 마타이는 포기하지 않았고, 케냐여성위원회의 위원이 되어 나무 심기 운동을 추진하였다.

**4** 케냐여성위원회는 나무 심기 운동을 전파하려고

여성들이 기른 묘목을 숲이나 정원에 옮겨 심을 때마다 한 그루에 4센트씩 대가를 지불하기로 했다. 여성들은 농사를 지어 본 경험이 많아 나무를 잘 길러 냈다. 때로는 땅에 화단을 일구었고, 때로는 깨진 화분에 묘목을 키웠다. 일자리를 가져 본 경험이 없는 여성들은 비록 적은 돈이었지만 스스로 돈을 벌 수 있다는 사실에 기쁨을 느끼며 열심히 일했다.

**핵심내용** 왕가리 마타이가 추구하는 가치 파악하기

| 말이나 행동 | • "나무 심기를 포기할 수는 없어요."<br>• 케냐여성위원회의 위원이 되어 나무 심기 운동을 추진했다. |
|---|---|
| 추구하는 가치 | 모두의 이익과 ⑤ ㅎ ㅂ 을 추구한다. |

열중하는 한 가지 일에 정신을 쏟는.
추진했다 목표를 향하여 밀고 나아갔다.
전파하려고 전하여 널리 퍼뜨리려고. 예 우리의 우수한 문화를 세계에 <u>전파하려고</u> 노력해야 합니다.

정원(庭 뜰 정, 園 동산 원) 집 안에 있는 뜰이나 꽃밭.
대가(代 대신 대, 價 값 가) 일을 하고 그에 대한 값으로 받는 보수.
지불하기로 돈을 내어 주기로. 또는 값을 치르기로. 예 아버지께서 음식 값을 <u>지불하기로</u> 하셨습니다.

**49** 나무 심기에만 열중하는 왕가리 마타이에게 주위 사람들은 어떻게 하였습니까? ( )

① 나무를 심는 일을 도와주었다.
② 하찮은 일을 한다며 비웃었다.
③ 나무 심기를 그만할 것을 설득하였다.
④ 더 이상 아무런 관심을 가지지 않았다.
⑤ 나무 심기를 계속할 수 있는 방법을 찾아 주었다.

**50** 왕가리 마타이가 케냐여성위원회의 위원이 되어 추진한 것은 무엇인지 쓰시오.

( )

**교과서 문제**

**51** 케냐여성위원회가 추구하는 가치는 무엇입니까?

( )

① 정직 ② 성공 ③ 절약
④ 건강 ⑤ 환경 보호

**52** 왕가리 마타이가 추구하는 가치를 알맞게 파악해 말한 친구의 이름을 쓰시오.

> 은진: 다른 여성들이 나무를 심게 한 것을 보니 성실한 사람은 아니야.
> 성규: 나무를 소중히 여기는 사람은 자신의 행복을 추구하는 사람이야.
> 동하: 나무 심기를 꾸준히 실천한 것을 보니 모두의 이익과 행복을 추구하는 것 같아.

( )

왕가리 마타이는 시골 여성들과 함께 나무를 심었다. 그리고 그녀들을 격려하며 나무 심기 운동을 전파해 달라고 부탁했다. 이러한 노력들이 모여 나무 심기 운동은 큰 변화를 가져왔다. 묘목을 한꺼번에 약 1000그루씩 적당한 간격을 두고 심어 '벨트'를 만들도록 권장하면서 나무 심기 운동은 '그린벨트 운동'으로 불렸다.

그린벨트 운동은 성공적이었지만, 심은 나무를 가꾸기까지는 시간과 노력이 많이 필요했다. 나무를 가꾸는 데 지친 몇몇 사람은 나무를 심기보다는 베어서 쓰고 싶어 했다.

"나무가 빨리 자라지 않으니 나무를 심기 싫어요."

왕가리 마타이는 사람들에게 인내심을 지니고 나무를 심어 줄 것을 부탁했다.

"우리가 오늘 베고 있는 나무는 우리가 심은 것이 아니라 이전에 누군가가 심어 준 것입니다. 그러니까
<sub>모두의 이익과 행복을 추구함.</sub>
우리도 우리 아이들을 위해서, 미래의 케냐를 위해

서 나무를 심어야 해요."

왕가리 마타이는 꾸준히 그리고 열성적으로 나무 심기 운동을 이끌었다. 하지만 모두가 왕가리 마타이와 같은 생각을 하는 것은 아니었다.

**중심 내용 4** 왕가리 마타이는 그린벨트 운동을 성공적으로 이끌었지만, 나무를 가꾸는 데 지친 사람들이 있어서 인내심을 가지고 나무를 심어 줄 것을 부탁하였다.

**5** 1989년, 케냐 정부는 나이로비 시내 한복판에 있
<sub>물질을 추구함.</sub>
는 우후루 공원에 복합 빌딩을 건설하려고 했다. 우후루 공원은 대도시 나이로비에 남아 있는 유일한 녹지 공간으로, 콘크리트 건물 사이에서 시민들의 쉼터 역할을 하고 있었다. 왕가리 마타이는 도심 속 녹지대와 시민들의 쉼터가 계속 보전되어야 한다고 생각했다. 그녀는 관련 회사와 정부에 편지를 쓰고 언론에 자신의 주장을 알리며 우후루 공원을 지키려고 애썼다. 친구들은 힘들어하는 왕가리 마타이를 걱정했다.

---

**격려하며** 용기나 의욕이 솟아나도록 북돋게 하며. ⑩ 선생님께서는 공부하는 학생들을 격려하며 지나가셨습니다.
**권장하면서** 권하여 장려하면서.

**열성적** 열렬한 정성을 들이는. 또는 그런 것.
**녹지**(綠 푸를 녹, 地 땅 지) 도시의 자연환경 보전과 공해 방지를 위하여 풀이나 나무를 일부러 심은 곳.

---

**53** 다음은 어떤 운동을 설명한 것인지 글에서 찾아 쓰시오.

> 묘목을 한꺼번에 약 1000그루씩 적당한 간격을 두고 심어 '벨트'를 만들도록 권장한 나무 심기 운동

( )

**54** 왕가리 마타이는 누구를 위해서 나무를 심어야 한다고 하였는지 알맞은 것을 두 가지 고르시오.

( )

① 아이들　　② 노인들
③ 현재의 케냐　　④ 미래의 케냐
⑤ 가난한 사람들

**55*** 왕가리 마타이가 우후루 공원을 지키려고 한 까닭은 무엇입니까? ( )

① 복합 빌딩을 싫어해서
② 우후루 공원에 추억이 많아서
③ 우후루 공원에 나무를 심어야 해서
④ 우후루 공원에 있는 복합 빌딩이 중요해서
⑤ 도심 속 녹지대와 시민들의 쉼터가 계속 보전되어야 한다고 생각해서

**교과서 문제**
**56** 왕가리 마타이가 우후루 공원을 지키기 위해 한 일을 두 가지 고르시오. ( )

① 언론에 자신의 주장을 알렸다.
② 관련 회사와 정부에 편지를 썼다.
③ 우후루 공원에 더 많은 나무를 심었다.
④ 친구들과 함께 정부 담당자를 찾아갔다.
⑤ 관련 회사에서 만드는 물건을 사지 않았다.

"왜 이렇게까지 하는 거야? 그건 네가 간섭할 일은 아니잖아?"

"우후루 공원은 모든
<sub>모두의 이익과 행복을 추구함.</sub>
사람의 것이야. 그러니까 누군가는 그 잘못을 말해야 해."

공원을 지킵시다

왕가리 마타이는 포기하지 않고 우후루 공원을 지켜야 한다고 목소리를 높이면서 정부가 생각을 바꾸도록 노력했다. 노력은 결실을 맺었다. 우후루 공원에 복합 빌딩을 건설하는 것을 케냐 국민이 거세게 반대하고 세계 언론이 이 문제를 보도하자 케냐 정부는 복합 빌딩의 건설을 포기했다.

**중심 내용 5** 왕가리 마타이는 정부가 우후루 공원에 복합 빌딩을 건설하는 것을 반대하여 마침내 포기하게 만들었다.

> 왕가리 마타이가 우후루 공원을 지키기 위해 한 말과 행동을 통해 추구하는 가치를 파악해 보고 자신의 삶과 관련지어 보는 문제가 자주 출제돼.

간섭할 직접 관계가 없는 남의 일에 부당하게 참견할. 예 남의 일에 지나치게 간섭할 필요는 없습니다.
결실(結 맺을 결, 實 열매 실) 일의 결과가 잘 맺어짐. 또는 그런 성과.

**6** 왕가리 마타이는 아무리 힘든 상황이라도 절망하지 않고 문제를 해결할 수 있는 방법을 찾아 나섰다.
<sub>끈기와 최선을 추구함.</sub>
환경 운동가인 왕가리 마타이에게 환경을 보호하는 방법은 나무를 심는 것이었다. 나무를 심고 키우는 것이 환경을 보호하고 사람을 이롭게 한다고 생각했다. 그래서 다른 사람들이 은퇴를 하고 휴식을 취할 무렵인 노년에도 환경 보호 운동에 앞장섰다. 그리고 왕가리
<sub>자연환경 보호를 추구함.</sub>
마타이는 이러한 노력을 인정받아 2004년에 아프리카 여성 최초로 노벨 평화상을 받았다.

**중심 내용 6** 왕가리 마타이는 환경 보호를 위해 앞장선 노력을 인정받아 2004년에 노벨 평화상을 받았다.

**핵심내용** 왕가리 마타이가 추구하는 가치를 자신의 삶과 관련짓기 예

> 왕가리 마타이처럼 나에게도 자신뿐 아니라 모두의 이익과 행복을 추구하는 부모님이 계셔서 감사해. 그리고 그동안 나는 어떤 사람이었는지 되돌아보게 돼.

보도하자 대중 전달 매체를 통하여 일반 사람들에게 새로운 소식을 알리자.
은퇴 하던 일에서 물러나거나 사회 활동에서 손을 떼고 한가히 지냄.

**57** 노년에도 환경 보호 운동에 앞장섰다는 왕가리 마타이의 행동에서 어떤 생각이 드는지 알맞게 말한 친구의 이름을 쓰시오.

> 슬아: 노력하는 마음이 부족한 사람이야.
> 하영: 가치 없는 일에 매달린 것이 안타까워.
> 규종: 희생과 봉사의 마음이 느껴져서 고마운 생각이 들어.

(           )

**58** 왕가리 마타이는 환경 보호를 위해 노력한 것을 인정받아 어떤 상을 받았는지 쓰시오.

(           )

**59** <sub>서술형</sub> 다음은 승수가 이 글에서 왕가리 마타이가 추구하는 가치를 자신의 삶과 관련지어 쓴 글입니다. 자신과 승수의 생각을 비교하여 쓰시오.

> "우리 아이들을 위해서!"
> "모든 사람의 것이야."
> 왕가리 마타이가 모두의 이익과 행복을 추구하는 모습을 보여 주는 말이다. 부모님께서 하셨던 말씀이기도 하다. 왕가리 마타이와 부모님께서 우리에게 보여 주신 행동처럼 나도 우리 모두를 위한 일이 무엇인지 찾아봐야겠다. 그리고 꼭 실천해야겠다.

승수

**1~2**

[인물 소개서]

---

『샘마을 몽당깨비』의 '몽당깨비'를 소개합니다

- 지은이: 황선미

| | |
|---|---|
| • 이름: 몽당깨비 | • 성별: 남 |
| • 나이: 알 수 없음. | • 특징: 도깨비 |

- 인물에게 일어난 일
 – 어머니의 병을 낫게 하려고 도깨비 샘물을 뜨러 오는 버들이를 사랑하게 됨.
 – 버들이의 부탁을 받고 도깨비 샘의 물길을 바꾼 벌로 천 년 동안 은행나무 뿌리에 갇힘.
 – 은행나무가 옮겨 가는 바람에 삼백 년 만에 세상에 나왔지만, 도깨비들이 샘을 잃어버린 것과 버들이의 자손인 아름이가 죗값으로 가슴병을 앓는 것을 알게 됨.
 – 은행나무가 다시 살아나고 아름이의 가슴병도 낫자 대왕 도깨비로 거듭나려고 다시 은행나무 뿌리 속으로 들어감.

- 인물을 말해 주는 질문과 대답
 – 좋아하는 것은? 사람, 특히 버들이
 – 잘하는 것은? 남을 도와주는 것
 – 희망하는 것은? 버들이를 다시 만나는 것, 대왕 도깨비로 거듭나는 것
 – 싫어하는 것은? 은행나무 뿌리에 갇히는 것
 – 못하는 것은? 버들이의 부탁을 거절하는 것
 – 걱정하는 것은? 은행나무가 죽어 가는 것, 도깨비들이 사라지는 것

- 기억나는 인물의 말과 행동
 – 기억나는 말: "버들이와 아름이는 내게 사랑과 용서를 가르친 사람들이야."
 – 기억나는 행동: 버들이를 위해 돈을 만들어 주고 부잣집 보물을 훔친 행동, 다시 은행나무 뿌리 속으로 들어가기 전에 미소를 보이며 왼손을 든 행동

---

교과서 문제

**1** 이 인물 소개서의 내용 중 인물이 추구하는 가치가 잘 드러나는 것을 두 가지 고르시오.

( )

① 인물의 특징
② 인물의 성별과 나이
③ 인물에게 일어난 일
④ 기억나는 인물의 말과 행동
⑤ 인물을 말해 주는 질문과 대답

**2*** 이와 같은 인물 소개서에 더 쓸 내용으로 알맞은 것의 기호를 쓰시오.

> ㉮ 인물이 등장하는 횟수
> ㉯ 인물이 자신의 삶에 준 영향
> ㉰ 인물을 좋아할 만한 주변의 친구

( )

**3** 자신이 그동안 읽은 문학 작품 중 소개하고 싶은 작품의 제목과 인물을 쓰시오.

(1) 작품 제목: ( )
(2) 소개하고 싶은 인물: ( )

**4** 다음은 자신이 쓴 인물 소개서를 바탕으로 발표한 내용입니다. 무엇에 대해 말하고 있습니까?

( )

> 저는 몽당깨비에게서 진심을 담아 상대를 대하는 것이 중요함을 깨닫게 되어 주변 사람들을 대할 때 다시 한번 생각하고 행동합니다.

① 지은이
② 문학 작품의 제목
③ 소개할 인물의 이름
④ 인물이 추구하는 가치
⑤ 인물이 추구하는 가치에서 느낀 점

낱말의 뜻

**1** 낱말과 그 뜻이 알맞게 짝 지어지지 <u>않은</u> 것은 무엇입니까? (  )

① 빈민 – 가난한 백성.
② 벌목 – 숲에 나무를 심음.
③ 불호령 – 몹시 심하게 꾸지람.
④ 효험 – 일에서 느끼는 보람. 또는 어떤 작용의 결과.
⑤ 아수라장 – 싸움이나 그 밖의 다른 일로 큰 혼란에 빠진 곳. 또는 그런 상태.

낱말의 활용

**2** 다음 상황과 관련 있는 낱말을 찾아 선으로 이으시오.

(1) 땅이 걸고 기름지다.  •  • ① 노여워하다

(2) 화가 치밀 만큼 분해하다.  •  • ② 비옥하다

(3) 마음이 어수선하고 불안하다.  •  • ③ 발휘하다

(4) 재능, 능력 따위를 떨치어 나타내다.  •  • ④ 뒤숭숭하다

문장의 호응

**3** 빈칸에 들어갈 말이 차례대로 짝 지어진 것은 무엇입니까? (  )

"아직도 저에게는 12척의 배가 있습니다. ▢ 배는 적지만, 제가 죽지 않는 한 적이 ▢ 우리를 업신여기지 못할 것입니다."

① 마치 – 꼭
② 결코 – 속히
③ 비록 – 감히
④ 만약 – 일제히
⑤ 도대체 – 능히

관용어

**4** 밑줄 친 표현의 뜻으로 알맞은 것은 무엇입니까? (  )

잠깐만 <u>눈을 붙여도</u> 아들 면의 모습이 보였다.

① 잠을 자다.
② 서로 눈을 마주 보다.
③ 관심을 다른 쪽으로 두다.
④ 정신을 차리고 주의를 기울이다.
⑤ 더 이상 다른 것을 생각하지 않다.

사자성어

**5** 다음 사자성어가 쓰일 수 있는 상황으로 어울리는 것에 ○표 하시오.

**진퇴양난**: 이러지도 저러지도 못하는 어려운 처지.

(1) 나는 책에서 꿈을 찾았고 꿈을 이루는 방법까지 배웠다. (  )
(2) 물살이 너무 세서 배를 돌릴 수도 없고 앞으로 나아갈 수도 없었다. (  )
(3) 왕가리 마타이는 노력을 인정받아 2004년에 아프리카 여성 최초로 노벨 평화상을 받았다. (  )

뜻을 더하는 말

**6** 빈칸에 들어갈 말을 보기 에서 찾아 쓰시오.

보기
• 맏–: '첫째'의 뜻을 더하는 말.
• 풋–: '미숙한', '깊지 않은'의 뜻을 더하는 말.

(1) 나는 ▢내기 도깨비라서 큰 재주를 못 부리니까 도둑질하는 날이 많았단다. (  )
(2) 집안의 ▢딸인 왕가리 마타이는 어머니를 도와 집안일을 하고 동생들을 보살폈다. (  )

**1~4**

**가** 나는 책을 많이 읽었어. 누구보다 빅토르 위고 작품을 좋아했는데, 『레 미제라블』은 여러 번 읽었단다. 자신이 받은 도움을 생각하며 어려운 사람들을 돕는 인물 모습이 내 마음을 울렸거든. 이렇듯 빅토르 위고는 현실에서 소외된 사람들의 이야기에도 관심이 있었는데 빈민 구제를 주장하며 정치가로도 활동했어. 어니스트 헤밍웨이가 쓴 『노인과 바다』에서는 온갖 어려움에도 의지를 굽히지 않는 늙은 어부의 용기와 도전을 만날 수 있었어. 『갈매기의 꿈』은 『꿀벌 마야의 모험』만큼 내게 특별한 책이었지. 단지 먹으려고 날았던 다른 갈매기와는 달리 자신만의 꿈을 이루려고 끊임없이 나는 법을 연습했던 특별한 갈매기 이야기였거든. 그 책은 내게 꿈을 이루려면 어떻게 해야 하는지 가르쳐 줬어. 그래서 작가라는 꿈을 이루려고 더 많은 책을 읽었단다.

**나** 나는 책에서 꿈을 찾았고 꿈을 이루는 방법까지 배웠으니 책이 주는 더 특별한 선물을 받은 거지.

책이 주는 선물을 받고 싶니? 너희도 책을 읽어 봐.

**1** 글쓴이가 좋아했던 작가는 누구인지 쓰시오.

( )

**2** 글쓴이는 작가가 되려고 어떻게 하였습니까?

( )

① 많은 글을 썼다.  ② 많은 상상을 했다.
③ 많은 꿈을 꾸었다.  ④ 많은 책을 읽었다.
⑤ 많은 사람을 만났다.

**3** 이 글에서 가장 중요한 낱말은 무엇입니까?

( )

① 나  ② 꿈  ③ 책
④ 작가  ⑤ 선물

**4**
서술형 글쓴이가 소개한 책 가운데에서 자신의 삶에 도움이 될 만한 책과 그 까닭을 쓰시오.

_____

_____

**5~7**

**가** 이런들 어떠하며 저런들 어떠하리
만수산 드렁칡이 얽혀진들 어떠하리
우리도 이같이 얽혀져 백 년까지 누리리

– 이방원, 「하여가」

**나** 이 몸이 죽고 죽어 일백 번 고쳐 죽어
백골이 진토 되어 넋이라도 있고 없고
임 향한 일편단심이야 가실 줄이 있으랴

– 정몽주, 「단심가」

**5** 글 **가**, **나**와 같이 고려 말부터 발달해 온 우리 고유의 시를 무엇이라고 하는지 쓰시오.

( )

**6** 글 **가**에서 이방원이 하고 싶은 말은 무엇입니까?

( )

① 자연을 즐기며 살자.
② 서로서로 도우며 살자.
③ 건강을 지켜 오래오래 살자.
④ 뜻을 함께 모아 새 나라를 세우자.
⑤ 고려를 무너뜨리려는 세력을 물리치자.

**7** 글 **나**에서 정몽주가 자신의 생각을 말하기 위해 빗대어 쓴 표현은 무엇입니까? ( )

① 이 몸이 죽고 죽어  ② 일백 번 고쳐 죽어
③ 백골이 진토 되어  ④ 임 향한 일편단심
⑤ 가실 줄이 있으랴

**8~10**

**가** 1597년 8월, 나라에서는 이순신을 다시 삼도 수군통제사로 세웠습니다. 이순신은 전라도로 내려가면서 남은 배와 군사를 모았습니다. 그나마 여기저기 상한 배 12척과 120여 명의 군사를 모을 수 있었습니다. ㉠나라에서는 아예 바다를 포기하고 육군으로 싸우라고 했습니다. 이순신은 임금님께 글을 올렸습니다.

"지난 5, 6년 동안 일본이 충청도와 전라도 쪽으로 공격해 오지 못한 것은 수군이 그 길목을 막고 있었기 때문입니다. 이제 제게 12척의 배가 있으니 죽을힘을 다해 싸운다면 이길 수 있을 것입니다."

**나** 이순신은 작전을 짰습니다.

"우리는 모든 것이 적다. 무기도 적고, 군사도 적고, 배도 적다. 적은 것을 갑자기 늘릴 방법은 없다. 그러나 많아 보이게 할 수는 있을 것이다."

**8** 이 글에 나타난 나라의 상황은 어떠한지 빈칸에 알맞은 말을 쓰시오.

• (              )과/와 전쟁이 일어났다.

**9** 이순신은 ㉠의 상황에서 어떻게 하였는지 알맞은 것에 ○표 하시오.

(1) 나라의 명령을 따랐다.   (     )

(2) 배를 만들어 달라고 나라에 요구했다.   (     )

(3) 12척의 배가 있으니 죽을 힘을 다해 싸운다면 이길 거라는 내용의 글을 임금님께 올렸다.   (     )

**10** 이순신이 적은 수의 배와 군사를 가졌지만 쉽게 포기하지 않은 까닭은 무엇입니까?   (     )

① 임금님이 내릴 벌이 두려웠기 때문에
② 군사들의 존경을 받고 싶었기 때문에
③ 싸우는 일을 누구보다 좋아했기 때문에
④ 일본의 군사력이 우수하지 않았기 때문에
⑤ 어떤 어려움도 극복할 수 있다고 생각했기 때문에

**11~13**

"파랑이와 의논했어. 파랑이는 펄쩍 뛰더군. ㉠사람이 샘가에서 살기 시작하면 결국 도깨비들은 샘을 뺏기고 떠나야 한다고 했어. 버들이는 착한 여자라 그럴 리가 없다고 했지만 소용없었어. 버들이가 나를 꾐에 빠뜨리고 있다고 파랑이는 걱정만 했지. 대왕님이 알기 전에 버들이를 모른 체하라고 야단쳤어. 정말 화가 났단다."

몽당깨비 몸이 부르르 떨렸습니다. 온몸의 털이 부스스 일어서는 걸 보면서 미미는 조용히 고개를 끄덕거렸습니다.

"샘가에 집을 지으면 우리가 더 오래 만날 수 있다고 버들이가 말했을 때에는 아주 행복했단다. 그래서 결심했어. 샘가에서 살 수 없다면 조금 떨어진 곳에 집을 짓기로. 파랑이도 더 반대하지 못했지. 그때부터 나는 재주를 한껏 발휘해 돈을 만들었단다. 부자들의 보물도 훔쳐 냈어. 버들이에게 오두막이 아닌 대궐 같은 기와집을 지어 주고 싶어서 말이야. 낮에는 사람들이 집을 지었지만 밤에는 내가 지었지. 아주 튼튼하게. 대왕님이 알고 호통쳤지만 하나도 무섭지 않았어. 그런데……."

**11** 누구와 누가 대화를 나누고 있는지 쓰시오.

(              )

**12** 파랑이가 ㉠과 같이 말했을 때 몽당깨비가 파랑이에게 한 말은 무엇입니까?   (     )

① "버들이와 그만 어울려야겠어."
② "버들이를 모른 체하는 게 좋겠어."
③ "버들이가 나를 꾐에 빠뜨리고 있어."
④ "버들이를 의심하는 건 용서하지 못해."
⑤ "버들이는 착한 여자라 그럴 리가 없어."

**13** 몽당깨비가 추구하는 가치를 파악하여 쓰시오.

_____

_____

**14~17**

1989년, 케냐 정부는 나이로비 시내 한복판에 있는 우후루 공원에 복합 빌딩을 건설하려고 했다. 우후루 공원은 대도시 나이로비에 남아 있는 유일한 녹지 공간으로, 콘크리트 건물 사이에서 시민들의 쉼터 역할을 하고 있었다. 왕가리 마타이는 도심 속 녹지대와 시민들의 쉼터가 계속 보전되어야 한다고 생각했다. 그녀는 관련 회사와 정부에 편지를 쓰고 언론에 자신의 주장을 알리며 우후루 공원을 지키려고 애썼다. 친구들은 힘들어하는 왕가리 마타이를 걱정했다.

ⓐ"왜 이렇게까지 하는 거야? 그건 네가 간섭할 일은 아니잖아?"

"우후루 공원은 모든 사람의 것이야. 그러니까 누군가는 그 잘못을 말해야 해."

왕가리 마타이는 포기하지 않고 우후루 공원을 지켜야 한다고 목소리를 높이면서 정부가 생각을 바꾸도록 노력했다. 노력은 결실을 맺었다. 우후루 공원에 복합 빌딩을 건설하는 것을 케냐 국민이 거세게 반대하고 세계 언론이 이 문제를 보도하자 케냐 정부는 복합 빌딩의 건설을 포기했다.

**14** 1989년에 케냐 정부는 우후루 공원에 어떤 일을 하려고 했는지 쓰시오.

(                    )

**15** 케냐 정부가 〈문제 14번〉의 답과 같은 일을 하려고 한 상황에서 왕가리 마타이가 한 말이나 행동이 아닌 것에 ×표 하시오.

(1) 다른 나라로 떠났다. (          )
(2) 우후루 공원을 지키려고 애썼다. (          )
(3) "우후루 공원은 모든 사람의 것이야." (          )

**16** ⓐ과 같이 말하는 친구들이 추구하는 가치로 알맞은 것에 ○표 하시오.

모두의 이익 , 개인적인 이익

**17** 왕가리 마타이가 추구하는 가치를 자신의 삶과 관련지어 알맞게 말한 친구의 이름을 쓰시오.

승우: 왕가리 마타이가 한 말과 행동을 보고 나도 우리 모두를 위한 일을 찾아봐야겠다고 생각했어.
윤진: 왕가리 마타이는 완벽을 추구하기 때문에 우후루 공원을 지키는 일을 포기하지 않았어. 나도 공원에 가는 것을 좋아해.

(                    )

**18** 인물 소개서에 넣을 내용으로 알맞지 <u>않은</u> 것은 무엇입니까? (          )

① 작품 제목과 지은이
② 인물에게 일어난 일
③ 인물의 이름, 성별, 나이, 특징
④ 인물을 말해 주는 질문과 대답
⑤ 마음에 들지 않는 인물의 말과 행동

**19** 성규가 몽당깨비가 추구하는 가치를 통해 느낀 점으로 알맞은 것에 ○표 하시오.

저는 몽당깨비에게서 진심을 담아 상대를 대하는 것이 중요함을 깨닫게 되어 주변 사람들을 대할 때 다시 한번 생각하고 행동합니다.

성규

(1) 내가 가장 중요함을 깨달았다. (          )
(2) 친구를 잘 골라서 사귀기로 하였다. (          )
(3) 주변 사람들을 대할 때 다시 한번 생각하고 행동하기로 하였다. (          )

**20** 〈문제 19번〉에서 발표를 한 성규의 삶과 관련지어 궁금한 점을 한 가지 쓰시오.

서술형

_____

_____

# 1

**가** 이런들 어떠하며 저런들 어떠하리
　만수산 드렁칡이 얽혀진들 어떠하리
　우리도 이같이 얽혀져 백 년까지 누리리
　　　　　　　　　　　　– 이방원, 「하여가」

**나** 이 몸이 죽고 죽어 일백 번 고쳐 죽어
　백골이 진토 되어 넋이라도 있고 없고
　임 향한 일편단심이야 가실 줄이 있으랴
　　　　　　　　　　　　– 정몽주, 「단심가」

**1단계**
**낱말 쓰기**
글 **가**와 **나**의 종장에서 이방원과 정몽주의 생각이 잘 드러난 표현을 각각 하나씩 찾아 쓰시오.
[4점]

(1) 글 **가**: (　　　　　　　　　)

(2) 글 **나**: (　　　　　　　　　)

**2단계**
**문장 쓰기**
글 **가**와 **나**에 나타난 이방원과 정몽주의 생각을 각각 쓰시오. [6점]

| 글 **가** | (1) |
|---|---|
| 글 **나** | (2) |

**3단계**
**생각 쓰기**
다음 친구처럼 이방원과 정몽주의 생각을 보고 떠오르는 인물을 쓰시오. [6점]

> 정몽주의 생각을 보고 신라의 김유신 장군에게 맞서 싸운 백제의 계백 장군이 떠올라.

# 2~3

**가** "어느 날, 버들이가 울면서 어머니가 위독하다고 했어. 어머니께 샘물을 좀 더 드리고 싶은데 샘이 너무 멀어서 조금밖에 못 길어 가니까 샘가에 오두막을 짓고 살겠다더군. 하지만 그건 위험한 생각이었어. 그 물은 산에 사는 온갖 동물들도 마시거든. 밤이면 여우도 나오고 호랑이도 나오는 곳이야. 밤마다 도깨비들까지 모였으니 사람이 얼씬거릴 곳이 아니었지." – ㉠

**나** "파랑이와 의논했어. 파랑이는 펄쩍 뛰더군. 사람이 샘가에서 살기 시작하면 결국 도깨비들은 샘을 뺏기고 떠나야 한다고 했어. 버들이는 착한 여자라 그럴 리가 없다고 했지만 소용없었어. 버들이가 나를 꾐에 빠뜨리고 있다고 파랑이는 걱정만 했지. 대왕님이 알기 전에 버들이를 모른 체하라고 야단쳤어. 정말 화가 났단다." – ㉡

**다** "버들이가 이번에는 샘을 기와집 뒤란으로 옮겨 달라고 하잖아. 그러면 집에서 샘물을 긷게 될 거라고." – ㉢

"이제 보니 버들이는 욕심쟁이구나. 샘을 옮기다니! 그러면 다른 동물들은 샘물을 못 마시잖아?"

**2** 글 **가**에서 버들이가 한 말이나 행동을 정리해 보고, 버들이가 추구하는 가치를 파악해 쓰시오. [6점]

| 버들이가 한 말이나 행동 | (1) |
|---|---|
| 버들이가 추구하는 가치 | (2) |

**3** 자신이 ㉠~㉢을 말한 인물이라면 버들이가 샘을 기와집 뒤란으로 옮겨 달라고 했을 때 어떤 말이나 행동을 했을지 쓰시오. [6점]

# 8 인물의 삶을 찾아서

| 학습 주제 | 문학 작품 속 인물 소개하기 | 배점 | 25점 |
|---|---|---|---|
| 학습 목표 | 문학 작품 속 인물을 소개할 수 있다. | | |

**1** 문학 작품 속 인물 가운데에서 한 인물을 골라 인물이 추구하는 가치가 드러나게 인물 소개서를 쓰시오.

| 작품 제목 | (1) | 지은이 | (2) |
|---|---|---|---|
| 인물의 이름 | (3) | | |
| 인물의 특징 | (4) | | |
| 인물에게 일어난 일 | (5) | | |
| 인물을 말해 주는 질문과 대답 | (6) | | |
| 기억나는 인물의 말과 행동 | (7) 기억나는 말: _____ <br> _____ <br> (8) 기억나는 행동: _____ <br> _____ | | |

# 마음을 나누는 글을 써요

## ★★ **1** 마음을 나누는 글을 쓰는 상황과 목적 파악하기

① 일어난 사건을 확인합니다.

② 나누려는 마음을 떠올립니다.

③ 읽을 사람을 정합니다.

④ 글을 전하는 방법을 정합니다.

⑤ <u>글을 쓰는 목적을 생각합니다.</u>
　└ 자신이 경험했던 일에 대하여 마음을 나눌 수 있고, 다른 사람과의 원활한 소통을 할 수 있어요.

## ★★ **2** 마음을 나누는 글의 내용과 짜임

① 마음을 나누려는 사람을 밝히고, 첫인사를 합니다.

② 일어난 사건을 자세히 씁니다.

③ 일어난 사건에 대한 자신의 생각이나 행동을 표현합니다.

④ 나누려는 마음을 표현하고 끝인사를 합니다.

⑤ 글을 쓴 사람을 밝힙니다.

## **3** 마음을 나누는 글을 쓰는 방법

① 글을 쓸 상황과 목적을 파악합니다.

② 읽을 사람과의 관계를 고려해서 표현합니다.

③ 나누려는 마음이 잘 드러나게 씁니다.

④ 내용과 짜임에 맞게 글을 씁니다.

⑤ 글을 쓸 상황과 목적을 고려해서 글쓰기 계획을 세웁니다.

**예** 「주어라, 또 주어라」에서 정약용이 나누고 싶은 마음 알기

| 글을 쓰게 된<br>상황과 목적 | • 정약용이 유배지에서 두 아들과 다른 사람을 배려하는 마음을 나누려고 글을 씀.<br>• 정약용이 유배지에서 두 아들의 마음가짐을 걱정하는 마음을 전하려고 글을 씀. |
|---|---|
| 두 아들과<br>나누고 싶은 마음 | • 다른 사람을 아끼고 걱정하며 배려하는 마음<br>• 다른 사람에게 베푸는 마음 |

## **4** 학급 신문을 만드는 과정

① 인상 깊었던 일을 정합니다.

② 학급 신문에 쓸 내용을 정리합니다.

③ 인상 깊었던 일을 글로 씁니다.

④ 쓴 글과 그림이나 사진 자료로 <u>신문 기사를 완성합니다.</u>
　└ 사실을 있는 그대로 써요.

⑤ 신문 기사를 모아 학급 신문을 만듭니다.
　주제별, 모둠별, 시기별로 모아 학급 신문을 만들 수 있어요.

---

**개념 확인하기** 　　정답과 풀이 33쪽

**1** 마음을 나누는 글을 쓰는 상황을 파악하는 방법으로 알맞은 것에 ○표 하시오.

⑴ 글을 쓸 사람을 정한다.

　　　　　　（　　　　　）

⑵ 일어난 사건을 확인한다.

　　　　　　（　　　　　）

**2** 다음 빈칸에 공통으로 들어갈 말을 쓰시오.

> 마음을 나누는 글에는 일어난 □□□□, 나누려는 마음, 일어난 □□□□에 대한 자신의 생각이나 행동을 표현한다.

　　（　　　　　　　　　　）

**3** 다음 （　　） 안에서 알맞은 말을 골라 ○표 하시오.

> 마음을 나누는 글을 쓸 때에는 （ 글을 쓸 목적 , 글쓴이의 나이 ）을/를 파악해야 한다.

**4** 학급 신문을 만들 때 가장 먼저 해야 할 일의 기호를 쓰시오.

> ㉮ 인상 깊었던 일 정하기
> ㉯ 신문 기사를 모아 학급 신문 만들기
> ㉰ 쓴 글과 그림이나 사진 자료로 신문 기사 완성하기

　　（　　　　　　　　　　）

**1** 다음과 같은 마음을 나누는 글을 써 본 경험을 찾아 알맞게 선으로 이으시오.

(1) 기쁜 마음 •

(2) 슬픈 마음 •

(3) 미안한 마음 •

• ① 친한 친구가 전학을 가서 슬펐을 때 그 친구에게 문자 메시지를 써서 보냈다.

• ② 친구에게 생일 선물을 받았을 때 감사 편지를 썼다.

• ③ 부모님 마음을 상하게 해서 죄송한 마음을 편지에 쓴 적이 있다.

**2** 고마운 마음을 나누는 글을 써 본 경험을 한 가지 쓰시오.

서술형

_____

_____

교과서 문제

**3** 이 그림 속 상황으로 볼 때, 학용품을 소중히 다루어야 하는 까닭은 무엇인지 빈칸에 알맞은 말을 쓰시오.

> 학용품을 아껴 사용하면 ( ) 절약을 할 수 있기 때문이다.

**4** 서연이가 자원을 아끼자는 생각을 한 까닭으로 알맞은 것에 ○표 하시오.

(1) 연필과 지우개를 자주 잃어버렸기 때문에 ( )

(2) 학용품을 잃어버리고 속상해하는 친구들을 보았기 때문에 ( )

(3) 분실물 보관함에 쌓여 있는 자연 자원으로 만든 학용품을 보았기 때문에 ( )

**5** 서연이가 글로 마음을 나눈다면 서연이가 나누려는 마음으로 알맞은 것을 두 가지 고르시오. ( )

① 자원을 잘 써서 기쁜 마음
② 자원이 낭비되어 걱정하는 마음
③ 혼자만 자원을 아껴서 외로운 마음
④ 자원의 소중함을 일깨워 주어 감사한 마음
⑤ 학용품을 소중히 다루지 않는 것이 안타까운 마음

**6*** 글을 쓸 상황과 목적으로 볼 때, 서연이가 쓸 글의 내용으로 알맞지 <u>않은</u> 것은 무엇입니까? ( )

① 학용품을 아껴 쓰자.
② 자원을 낭비하지 말자.
③ 분실물 보관함은 없어져야 한다.
④ 학용품을 아끼는 것은 자원을 절약하는 일이다.
⑤ 자원을 낭비하는 것은 자연을 파괴하는 일이다.

**가**

선생님께 → 받을 사람

선생님, 안녕하세요? 저는 최연아입니다. → 첫인사

「올해 선생님을 만난 건 저에게 큰 행운입니다. 저는 이상하게 국어 공부가 싫었습니다. 책은 만화책 말고는 모두 재미가 없고, 글쓰기도 팔만 아픈 것 같았습니다. 그런데 선생님과 함께 국어를 공부하고 나서는 조금씩 달라지기 시작했습니다.

선생님께서는 읽기와 쓰기를 할 때 도움이 되는 여러 가지 재미있는 방법을 알려 주셨습니다. 그리고 이해가 되지 않는 부분은 없는지, 더 알고 싶은 것이 있는지를 물어봐 주시고 진지하게 들어 주셨습니다. 그래서 저는 용기를 내어 궁금한 점이나 더 알고 싶은 것을 여쭈어보았고, 새로운 내용을 알면서 국어 공부가 점점 더 좋아지기 시작했습니다.

국어 공부를 좋아하게 되니 다른 과목 공부도 재미있었습니다. 모두 선생님 덕분입니다. 선생님께서 수업 시간에 늘 말씀하신 것처럼 몸과 마음이 건강한 사람이 되도록 노력하겠습니다. 선생님, 정말 고맙습니다.」「」: 하고 싶은 말

20○○년 ○○월 ○○일 → 쓴 날짜

최연아 올림 → 쓴 사람

• 글 **가**에 대한 설명: 연아가 선생님께 고마운 마음을 전하기 위해 쓴 편지입니다.

**핵심내용** 글 **가**의 내용 파악하기

| 글을 쓴 목적 | 선생님께 **1** ㄱ ㅅ 한 마음을 표현하기 위해서 |
| 나누려는 마음 | 감사한 마음 / 고마운 마음 |

진지하게 말이나 태도가 참되고 진실하게. ⓔ 우리 모둠은 진지하게 토의를 했습니다.

**1** 이 글의 종류는 무엇입니까? ( )

① 시  ② 일기
③ 편지  ④ 논설문
⑤ 전기문

교과서 문제
**2** 이 글은 누구에게 쓴 글인지 쓰시오.

( )

**3**★ 이 글을 쓴 목적으로 알맞은 것에 ○표 하시오.

(1) 감사한 마음을 표현하기 위해서 ( )
(2) 국어 공부의 재미를 알리기 위해서 ( )
(3) 국어 공부를 싫어하는 이유를 밝히기 위해서
( )

교과서 문제
**4** 이 글에서 연아가 선생님과 나누려는 마음은 무엇입니까? ( )

① 슬픈 마음  ② 감사한 마음
③ 속상한 마음  ④ 미안한 마음
⑤ 두려운 마음

교과서 문제
**5** 이 글과 같이 나누려는 마음을 편지로 쓰면 좋은 점은 무엇입니까? ( )

① 다른 사람의 생각을 바꿀 수 있다.
② 전하고 싶은 마음을 감출 수 있다.
③ 다른 사람의 말을 듣지 않아도 된다.
④ 일상생활을 빠짐없이 기록할 수 있다.
⑤ 하고 싶은 말을 자세히 표현할 수 있다.

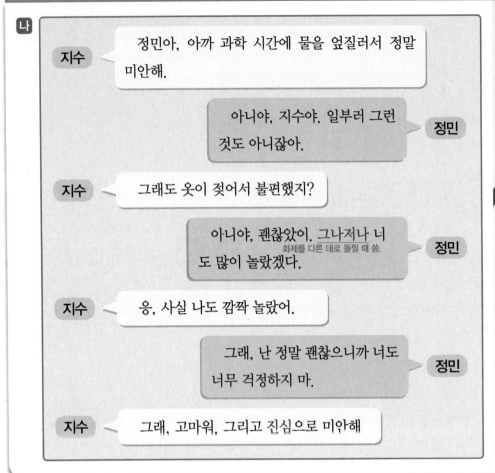

나

지수 정민아, 아까 과학 시간에 물을 엎질러서 정말 미안해.

정민 아니야, 지수야. 일부러 그런 것도 아니잖아.

지수 그래도 옷이 젖어서 불편했지?

정민 아니야, 괜찮았어. 그나저나 너도 많이 놀랐겠다.
화제를 다른 데로 돌릴 때 씀.

지수 응, 사실 나도 깜짝 놀랐어.

정민 그래, 난 정말 괜찮으니까 너도 너무 걱정하지 마.

지수 그래, 고마워, 그리고 진심으로 미안해

• 글 나에 대한 설명: 지수가 정민이에게 미안한 마음을 전하기 위해 보낸 문자 메시지입니다.

**핵심내용** 글 나의 내용 파악하기

| 글을 쓴 목적 | ❷ ㅁ ㅇ 한 마음을 친구에게 표현하기 위해서 |
| 나누려는 마음 | 미안한 마음 / 사과하는 마음 |

그나저나 그것은 그렇다 치고.
신심(眞 참 진, 心 마음 심) 참된 마음.
예 진심으로 위로해 주었습니다.

---

**6** 이 글에 대한 설명으로 알맞은 것은 무엇입니까? ( )

① 선생님께 쓴 편지이다.
② 친구에게 쓴 편지이다.
③ 일상생활을 기록한 일기이다.
④ 친구에게 쓴 문자 메시지이다.
⑤ 선생님께 쓴 문자 메시지이다.

**7**★ 이 글에서 지수가 정민이와 나누려는 마음은 무엇입니까? ( )

① 과학 시간이 두려운 마음
② 정민이에게 화가 난 마음
③ 정민이에게 실수해서 미안한 마음
④ 정민이와 친하게 지내고 싶은 마음
⑤ 과학 시간에 옷이 젖어서 놀란 마음

**8** 이와 같이 나누려는 마음을 문자 메시지로 쓰면 좋은 점으로 알맞은 것을 두 가지 고르시오. ( )

① 글을 쓰는 목적을 생각하지 않아도 된다.
② 읽을 사람의 반응을 바로 확인할 수 있다.
③ 자신의 생각이나 느낌을 바로 전할 수 있다.
④ 읽을 사람과의 관계를 생각하지 않아도 된다.
⑤ 나누려는 마음이 잘 드러나 있지 않아도 된다.

**9** 이와 같이 친구에게 글을 쓸 때 어떤 표현을 사용하는 것이 좋은지 알맞은 것의 기호를 쓰시오.

| ㉮ 공손한 표현 | ㉯ 친근한 표현 |
| ㉰ 어려운 표현 | ㉱ 복잡한 표현 |

( )

지효에게 → 받을 사람(마음을 나누려는 사람)

지효야, 안녕? 나 신우야. → 첫인사

「지효야, 아까 내가 네 책상 옆에서 미역국을 엎질렀지? 너는 네 가방이 더러워져서 많이 속상했을 텐데 나에게 "괜찮아?" 하면서 걱정을 해 주었어. 그리고 미역국 치우는 것을 도와주었어.

나는 미역국을 엎지르고 너에게 미안하다는 말도 못 하고 멍하니 서 있었어. 너무 당황스러워서 어떻게 해야 할지 생각이 나지 않았어. 그런데 네가 오히려 나를 걱정해 주고 같이 치워 주어서 감동했단다.

지효야, 아까는 당황스러워서 너에게 고맙다는 말을 제대로 못 했어. 정말 고마워. 네 따뜻한 마음을 잊지 않을게.

앞으로 내가 도와줄 일이 있으면 꼭 도와줄게. 그리고 우리 앞으로도 친하게 지내자.」
「 」 하고 싶은 말

안녕. → 끝인사

친구 신우가
→ 쓴 사람

마음을 나누려는 사람을 밝히고, ㉠ 을/를 했네. ㉡ 을/를 자세히 썼구나.

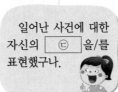
일어난 사건에 대한 자신의 ㉢ 을/를 표현했구나.

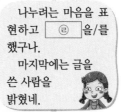
나누려는 마음을 표현하고 ㉣ 을/를 했구나. 마지막에는 글을 쓴 사람을 밝혔네.

• 글에 대한 설명: 신우가 지효에게 미안한 마음을 전하기 위해 쓴 편지입니다.

**핵심내용** 글의 내용 파악하기

| 일어난 사건 | 점심시간에 신우가 미역국을 엎질러서 지효 가방이 더러워진 일 |
|---|---|
| 나누려는 마음 | 미안한 마음 / ❸ ㄱㅁㅇ 마음 |

감동(感 느낄 감, 動 움직일 동) 깊이 느끼어 마음이 움직임. 예 지극한 정성에 감동했습니다.

**10** 이 편지는 누가 누구에게 쓴 것인지 쓰시오.

( )가 ( )에게

**11** ★ ㉠~㉣에 들어갈 말은 무엇인지 알맞게 선으로 이으시오.

(1) ㉠ • • ① 첫인사

(2) ㉡ • • ② 생각이나 행동

(3) ㉢ • • ③ 일어난 사건

(4) ㉣ • • ④ 끝인사

**12** 글쓴이는 어떤 마음을 나누려고 이 편지를 썼습니까? ( )

① 슬프고 외로운 마음
② 설레고 반가운 마음
③ 무섭고 두려운 마음
④ 고맙고 미안한 마음
⑤ 곤란하고 당황스러운 마음

교과서 문제
**13** 이와 같은 글을 쓸 계획을 세울 때 고려할 점으로 알맞지 <u>않은</u> 것은 무엇입니까? ( )

① 일어난 사건   ② 나누려는 마음
③ 글을 읽는 장소   ④ 읽을 사람과의 관계
⑤ 글을 쓸 상황과 목적

# 주어라, 또 주어라

• 정약용

• 글의 종류: 편지
• 글의 특징: 멀리 떨어져 있는 유배지에서 정약용이 두 아들의 마음가짐을 걱정하여 당부하고 싶은 말을 쓴 편지입니다.

**1** 너희는 항상 버릇처럼 말하기를 "일가친척 중에 한 사람도 불쌍히 여겨 돌보아 주는 사람이 없다."라고 개탄하였다. 더러는 험난한 물길 같다느니, 꼬불꼬불 길고 긴 험악한 길을 살아간다느니 하며 한탄하고 있다. 하지만 이는 모두 ㉠하늘을 원망하고 사람을 미워하는 말투로, 큰 병이다.

너희가 아픈 데가 있으면 다른 사람들이 돌보아 주기 마련이었다. 날마다 어떠냐는 안부를 전해 오고, 안아서 부축해 주는 사람도 있었다. 약을 먹여 주고 양식까지 대 주는 사람도 있었다. 이런 일에 너희가 너무 익숙해져 항상 은혜를 베풀어 주기만 바라고 있구나. 너희가 사람의 본분을 망각하지는 않았는지 걱정이다.
정약용이 두 아들에게 편지를 보내는 까닭
그래서 내가 이 편지를 보낸다.

[중심 내용 1] 두 아들이 사람의 본분을 잊고 다른 사람의 도움만 바라는 것이 걱정되어 편지를 보낸다.

**2** 예나 지금이나 남의 도움만을 받으면서 살라는 법

은 애초에 없었다. 마음속으로 남의 은혜를 받고자 하
하늘을 원망한다거나 사람을 미워하는 병폐를 없애는 방법
는 생각을 버린다면, 절로 마음이 평안하고 기분이 화평해져 하늘을 원망한다거나 사람을 미워하는 그런 병
깊이 뿌리박힌 잘못과 어떤 일이나 행동에 나타나는
폐는 없어질 것이다. 옳지 못한 경향이나 해로운 현상을 아울러 이르는 말

[중심 내용 2] 마음속으로 남의 은혜를 받고자 하는 생각을 버리면 마음이 편안해질 것이다.

**3** 여러 날 밥을 끓이지 못하고 있는 집이 있을 텐데 너희는 쌀이라도 퍼 주고, 추운 집에는 장작개비라도 나누어 따뜻하게 해 주어라. 병들어 약을 먹어야 할 사람들에게는 한 푼의 돈이라도 쪼개어 약을 지을 수 있도록 도와주어라. 가난하고 외로운 노인이 있는 집에는 때때로 찾아가 무릎 꿇고 모시어 따뜻하고 공손한 마음으로 공경해야 한다. 그리고 근심 걱정에 싸여 있는 집에 가서 연민의 눈빛으로 그 고통을 함께 나누며
불쌍하고 가련한 마음으로
잘 처리할 방법을 의논해야 한다.

---

일가친척(─ 한 일, 家 집 가, 親 친할 친, 戚 친척 척) 한집안 사람들을 아울러 이르는 말.
개탄(慨 슬퍼할 개, 歎 탄식할 탄) 분하거나 못마땅하게 여겨 한탄함.

한탄(恨 한 한, 歎 탄식할 탄) 원통하거나 뉘우치는 일이 있을 때 한숨을 쉬며 탄식함. 예 신세를 한탄하였습니다.
망각(忘 잊을 망, 却 물리칠 각) 어떤 사실을 잊어버림.

---

교과서 문제

**14** 정약용이 걱정하고 있는 것은 무엇입니까?
( )

① 두 아들이 앓고 있는 큰 병
② 남의 도움을 바라는 두 아들의 말버릇
③ 여러 날 밥을 끓이지 못하는 집안 형편
④ 두 아들을 돌보아 주는 사람이 없는 상황
⑤ 길고 긴 험악한 길을 살아가는 두 아들의 상황

**15** 정약용이 생각하는 ㉠을 없애는 방법으로 알맞은 것에 ○표 하시오.

(1) 남의 도움을 받으면서 살아야 한다. ( )
(2) 남의 은혜를 받고자 하는 생각을 버려야 한다.
( )
(3) 남이 은혜를 베풀어 줄 때까지 기다려야 한다.
( )

**16** 정약용이 두 아들과 나누고 싶은 마음으로 알맞지 않은 것은 무엇입니까? ( )

① 기쁜 마음          ② 베푸는 마음
③ 배려하는 마음      ④ 남을 아끼는 마음
⑤ 남을 걱정하는 마음

**17** 정약용이 도움을 주어야 한다고 생각하는 대상이 아닌 것은 무엇입니까? ( )

① 일가친척들
② 굶고 있는 집
③ 가난하고 외로운 노인
④ 근심 걱정에 싸여 있는 집
⑤ 병들어 약을 먹어야 할 사람들

이러한 몇 가지 일도 못하면서 어떻게 다른 집에서 너희가 위급할 때 깜짝 놀라 허겁지겁 쫓아올 것이며, 너희가 곤경에 처하였을 때 달려올 것을 바라겠느냐?

> **중심 내용 3** 다른 사람이 어려울 때 은혜를 베풀어야 다른 사람의 도움을 받을 수 있을 것이다.

**4** 남이 어려울 때 자기는 은혜를 베풀지 않으면서 남이 먼저 은혜를 베풀어 주기만 바라는 것은 너희가 지닌 그 오기 근성이 없어지지 않았기 때문이다. 이후로는
<sub>남이 먼저 은혜를 베풀어 주기만 바라는 까닭</sub>
평상시 일이 없을 때라도 항상 공손하고 화목하며, 조심하고 자기 정성을 다해 다른 사람의 환심을 얻는 일에 힘쓸 것이지, 마음속에 보답받을 생각은 가지지 않도록 해라.

다른 사람을 위해 먼저 베풀어라. 그러나 뒷날 너희
<sub>정약용이 두 아들에게 당부하고 싶은 말</sub>
가 근심 걱정 할 일이 있을 때 다른 사람이 보답해 주지 않더라도 부디 원망하지 마라. 가벼운 농담일망정 "나는 지난번에 이렇게 저렇게 해 주었는데 저들은 그렇지 않구나!" 하는 소리도 입 밖에 내뱉지 말아야 한

다. 만약 그러한 말이 한 번이라도 입 밖에 나오게 되
<sub>보답하지 않는다고 원망하는 말</sub>
면, 지난날 쌓아 놓은 공덕은 재가 바람에 날아가듯 하루아침에 사라져 버리고 말 것이다.

> **중심 내용 4** 다른 사람을 위해 먼저 베풀고, 보답이 없더라도 원망하지 말아야 한다.

**핵심내용** 마음을 나누는 글을 쓰는 방법

> 편지 쓰기, 학급 게시판에 쓰기, 누리집에 쓰기 등과 같은 다양한 방법이 있어요.

> 읽을 사람을 고려해서 내용과 글을 쓰는 방법을 정해요.

---

곤경(困 곤할 곤, 境 지경 경) 어려운 형편이나 처지.
오기(傲 거만할 오, 氣 기운 기) 잘난 체하며 무례한 기운. ⑩ 그 남자는 오기에 차 있었고 자신만만했습니다.

환심(歡 기쁠 환, 心 마음 심) 기쁘고 즐거워하는 마음.
공덕(功 공 공, 德 덕 덕) 공적과 착한 행실. ⑩ 부처님의 공덕을 기리고자 합니다.

---

**18** 이 글에 대한 설명으로 알맞지 <u>않은</u> 것은 무엇입니까? ( )

① 당부하는 마음이 담겨 있다.
② 정약용의 업적을 쓴 글이다.
③ 걱정하는 마음이 담겨 있다.
④ 아버지가 아들에게 쓴 글이다.
⑤ 정약용이 유배지에서 쓴 글이다.

교과서 문제
**19** 정약용이 두 아들에게 바라는 것은 무엇입니까? ( )

① 오기 근성 버리지 않기
② 다른 사람에게 먼저 베풀기
③ 마음속에 보답받을 생각 갖기
④ 은혜를 베풀면 보답을 꼭 받기
⑤ 곤경에 처했을 때 도와줄 사람 만들기

**20** 정약용이 두 아들에게 결국 하고 싶은 말은 무엇인지 쓰시오.
서술형
_____
_____

**21** 이와 같이 마음을 나누는 글을 쓰는 방법으로 알맞은 것을 모두 고르시오. ( )

① 글을 쓸 상황과 목적을 파악한다.
② 나누려는 마음이 잘 드러나게 쓴다.
③ 내용과 짜임에 상관없이 자유롭게 쓴다.
④ 읽을 사람과의 관계를 고려해서 표현한다.
⑤ 글을 쓸 상황과 목적은 고려하지 않고 글쓰기 계획을 세운다.

**1~2**

| 월 | 우리 반 친구들이 겪은 일 |
|---|---|
| 3월 | ㉠ |
| 4월 | 과학 상상화 그리기 대회를 함. |
| 5월 | 체육 대회를 함. |
| 6월 | 현장 체험학습을 감. |

**1** ㉠에 들어갈 겪은 일을 바르게 떠올린 친구의 이름을 쓰시오.

> 승호: 새로운 담임 선생님을 만났어.
> 유진: 지난 주말에 가족과 공원으로 나들이를 갔어.
> 민재: 가을 운동회 때 이어달리기에서 우리 반이 우승을 했어.

( )

**2** 이 표의 내용을 참고하여 자신이 반에서 겪은 인상 깊었던 일을 까닭과 함께 쓰시오.
서술형

| 인상 깊었던 일 | (1) |
|---|---|
| 인상 깊었던 까닭 | (2) |

**3** 다음 중 학급 신문에 쓸 내용으로 알맞지 <u>않은</u> 것은 무엇입니까? ( )

① 학예회를 한 일
② 동생 생일잔치를 한 일
③ 체육 시간에 피구를 한 일
④ 6학년이 되어 새로운 친구를 만난 일
⑤ 전국 글짓기 대회에서 우리 반 친구가 우수상을 받은 일

**4** 학급 신문을 만드는 과정에 알맞게 순서대로 기호를 쓰시오.

> ㉮ 쓸 내용을 정리한다.
> ㉯ 인상 깊었던 일을 정한다.
> ㉰ 인상 깊었던 일을 글로 쓴다.
> ㉱ 신문 기사를 모아 학급 신문을 만든다.
> ㉲ 쓴 글과 다양한 자료로 신문 기사를 완성한다.

( ) → ( ) → ( ) → ( ) → ㉱

**5** 우리 반 친구들이 겪은 일로 신문 기사를 완성할 때 글 외에 활용할 수 있는 것을 두 가지 더 쓰시오.

( )

**6** 학급 신문을 만드는 방법으로 알맞지 <u>않은</u> 것은 무엇입니까? ( )

① 신문 기사를 주제별, 모둠별, 시기별로 모은다.
② 신문 기사는 읽을 사람의 마음을 고려해서 쓴다.
③ 신문에 들어갈 글을 쓸 때에는 언제, 어디에서, 누구와 있었던 일인지 쓴다.
④ 신문에 들어갈 글을 쓸 때에는 읽을 사람에게 하고 싶은 말은 무엇인지 쓴다.
⑤ 신문 기사를 쓸 때에는 사실을 있는 그대로 쓰기보다는 더 재미있게 꾸며 쓴다.

**낱말의 뜻**

**1** 뜻에 알맞은 낱말을 보기에서 찾아 기호를 쓰시오.

> **보기**
> ㉮ 한탄    ㉯ 오기    ㉰ 환심    ㉱ 연민

(1) 불쌍하고 가련하게 여김. ( )
(2) 잘난 체하며 무례한 기운. ( )
(3) 기뻐하고 즐거워하는 마음. ( )
(4) 원통하거나 뉘우치는 일이 있을 때 한숨을 쉬며 탄식함. ( )

**낱말의 활용**

**2** 밑줄 친 낱말의 쓰임이 적절하지 <u>않은</u> 것은 무엇입니까? ( )

① 좋은 친구를 사귀게 된 건 나에게 큰 <u>행운</u>이다.
② 온종일 비를 맞은 <u>덕분</u>에 감기에 걸리고 말았다.
③ 상황이 어렵다고 <u>한탄</u>만 해서는 일이 해결되지 않는다.
④ 학생들은 쓰레기 분리배출에 대해 <u>진지하게</u> 토론하였다.
⑤ 그는 승부 <u>근성</u>이 남달라 세계적인 축구 선수가 될 수 있었다.

**낱말의 관계**

**3** 다음 중 두 낱말의 관계가 보기와 같은 것을 두 가지 고르시오. ( )

> **보기**
> 농담 – 진담

① 곤경 – 곤란    ② 애초 – 최후
③ 덕분 – 덕택    ④ 행운 – 불운
⑤ 근심 – 염려

**비슷한말**

**4** 밑줄 친 낱말과 바꾸어 써도 뜻이 통하는 낱말을 골라 ○표 하시오.

(1)
> 너희가 사람의 본분을 <u>망각하지는</u> 않았는지 걱정이다.

( 잊지는 , 망치지는 , 착각하지는 )

(2)
> 뒷날 너희가 근심 걱정 할 일이 있을 때 다른 사람이 보답해 주지 않더라도 부디 <u>원망하지</u> 마라.

( 놀라지 , 탓하지 , 부탁하지 )

**관용어**

**5** 밑줄 친 관용어의 뜻으로 알맞은 것은 무엇입니까? ( )

> "나는 지난번에 이렇게 저렇게 해 주었는데 저들은 그렇지 않구나!" 하는 소리도 <u>입 밖에 내뱉지</u> 말아야 한다.

① 서로의 말이 일치하도록 하다.
② 여러 사람이 같은 의견을 말하다.
③ 어떤 생각이나 사실을 말로 드러내다.
④ 말을 하지 아니하거나 하던 말을 그치다.
⑤ 이익 따위를 혼자 차지하거나 가로채고서는 시치미를 떼다.

**맞춤법**

**6** ( ) 안에 쓰인 낱말 중에서 바른 표기를 골라 ○표 하시오.

(1) 네 따뜻한 마음을 잊지 ( 않을께 , 않을게 ).
(2) 근심 걱정에 ( 싸여 , 쌓여 ) 있는 집에 가서 그 고통을 함께 나누어야 한다.
(3) 지난날 ( 싸아 , 쌓아 ) 놓은 공덕은 재가 바람에 날아가듯 사라져 버리고 말 것이다.

**1~3**

**1** 다음 ( ) 안에서 알맞은 말을 골라 ○표 하시오.

> 서연이는 분실물 보관함에 쌓여 있는 연필과 지우개 등을 보고 ( 교실 , 자원 )을 아끼자는 생각을 하게 되었다.

**2** ㉠에 들어갈 말로 가장 알맞은 것은 무엇입니까?

( )

① 기쁜 ② 두려운 ③ 반가운
④ 외로운 ⑤ 안타까운

**3**★ 이 그림 속 상황으로 볼 때, 서연이가 친구들에게 글을 쓴다면 그 목적은 무엇이겠습니까? ( )

① 학용품을 아끼길 바라서
② 수업 시간에 떠들지 않길 바라서
③ 친구에게 고마운 마음을 전하길 바라서
④ 교실 청소를 좀 더 깨끗하게 하길 바라서
⑤ 분실물 보관함이 철저하게 관리되길 바라서

**4~7**

> 선생님께서는 읽기와 쓰기를 할 때 도움이 되는 여러 가지 재미있는 방법을 알려 주셨습니다. 그리고 이해가 되지 않는 부분은 없는지, 더 알고 싶은 것이 있는지를 물어봐 주시고 진지하게 들어 주셨습니다. 그래서 저는 용기를 내어 궁금한 점이나 더 알고 싶은 것을 여쭈어보았고, 새로운 내용을 알면서 국어 공부가 점점 더 좋아지기 시작했습니다.
> 국어 공부를 좋아하게 되니 다른 과목 공부도 재미있었습니다. 모두 선생님 덕분입니다. 선생님께서 수업 시간에 늘 말씀하신 것처럼 몸과 마음이 건강한 사람이 되도록 노력하겠습니다. 선생님, 정말 고맙습니다.
>
> 20○○년 ○○월 ○○일
> 최연아 올림

**4** 이 글의 종류는 무엇인지 쓰시오.

( )

**5** 이 글을 쓴 목적은 무엇입니까? ( )

① 국어 공부 비법을 알려 주기 위해서
② 친구에게 미안한 마음을 전하기 위해서
③ 선생님께 감사한 마음을 표현하기 위해서
④ 친구에게 재미있는 책을 소개하기 위해서
⑤ 부모님께 부탁하는 마음을 표현하기 위해서

**6** 이와 같이 선생님께 글을 쓸 때에는 어떤 표현을 사용해야 하는지 알맞은 것에 ○표 하시오.

( 친근한 표현 , 공손한 표현 )

**7** 이와 같이 나누려는 마음을 편지로 쓰면 좋은 점이 아닌 것에 ×표 하시오.

(1) 하고 싶은 말을 자세히 표현할 수 있다.

( )

(2) 읽을 사람의 반응을 바로 확인할 수 있다.

( )

## 8~10

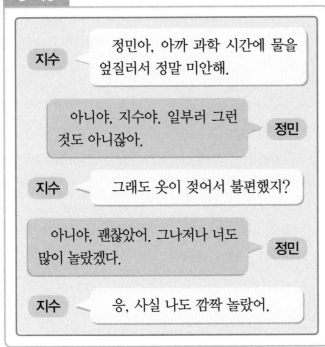

지수  정민아, 아까 과학 시간에 물을 엎질러서 정말 미안해.

아니야, 지수야. 일부러 그런 것도 아니잖아.  정민

지수  그래도 옷이 젖어서 불편했지?

아니야, 괜찮았어. 그나저나 너도 많이 놀랐겠다.  정민

지수  응, 사실 나도 깜짝 놀랐어.

**8** 지수는 어떤 사건 때문에 이 글을 쓰게 된 것인지 빈칸에 알맞은 말을 쓰시오.

과학 시간에 (1) (            ) 정민이의 (2) (            ) 일

**9** 지수가 정민이와 나누려는 마음으로 알맞은 것을 두 가지 고르시오. (      )

① 놀란 마음
② 기쁜 마음
③ 미안한 마음
④ 설레는 마음
⑤ 사과하는 마음

**10** 이 글과 같이 나누려는 마음을 문자 메시지로 쓰면
서술형 좋은 점을 쓰시오.

_____

## 11~13

가 지효에게
　지효야, ㉠안녕? 나 신우야.
　㉡지효야, 아까 내가 네 책상 옆에서 미역국을 엎질렀지? ㉢너는 네 가방이 더러워져서 많이 속상했을 텐데 나에게 "괜찮아?" 하면서 걱정을 해 주었어. 그리고 미역국 치우는 것을 도와주었어.
나 나는 미역국을 엎지르고 너에게 미안하다는 말도 못 하고 멍하니 서 있었어. ㉣너무 당황스러워서 어떻게 해야 할지 생각이 나지 않았어. 그런데 네가 오히려 나를 걱정해 주고 같이 치워 주어서 감동했단다.
다 지효야, 아까는 당황스러워서 너에게 고맙다는 말을 제대로 못 했어. ㉤정말 고마워. 네 따뜻한 마음을 잊지 않을게.
　앞으로 내가 도와줄 일이 있으면 꼭 도와줄게. 그리고 우리 앞으로도 친하게 지내자. / 안녕.
　　　　　　　　　　　　　친구 신우가

**11** 다음은 글 가~다 중 어느 부분에 대해 말한 것인지 기호를 쓰시오.

나누려는 마음을 표현하고 끝인사를 했구나. 마지막에는 글을 쓴 사람을 밝혔네.

(        )

**12** 일어난 사건에 대한 신우의 생각으로 알맞은 것은 무엇입니까? (      )

① 미역국을 엎질러서 짜증 났다.
② 사과를 받아 주지 않아 속상했다.
③ 미안하다고 말하지 않아 화가 났다.
④ 오히려 나를 걱정해 주어 고마웠다.
⑤ 미안하단 말도 못 하게 해서 서운했다.

**13** ㉠~㉤ 중 신우가 나누려는 마음이 가장 잘 드러나 있는 부분의 기호를 쓰시오.

(        )

**14** 마음을 나누는 글을 쓸 계획을 세울 때, 쓸 내용을 정하는 단계에서 고려할 점으로 알맞지 <u>않은</u> 것을 두 가지 고르시오. (       )

① 나누려는 마음을 생각한다.
② 읽을 사람을 생각해서 표현한다.
③ 일어난 사건을 자세히 떠올린다.
④ 맞춤법, 띄어쓰기를 잘 지켜 표현한다.
⑤ 일어난 사건에 대한 자신의 생각을 떠올린다.

**15~18**

**가** ㉠너희는 항상 버릇처럼 말하기를 "일가친척 중에 한 사람도 불쌍히 여겨 돌보아 주는 사람이 없다."라고 개탄하였다. 더러는 험난한 물길 같다느니, 꼬불꼬불 길고 긴 험악한 길을 살아간다느니 하며 한탄하고 있다. 하지만 이는 모두 하늘을 원망하고 사람을 미워하는 말투로, 큰 병이다.
㉡너희가 아픈 데가 있으면 다른 사람들이 돌보아 주기 마련이었다. 날마다 어떠냐는 안부를 전해 오고, 안아서 부축해 주는 사람도 있었다. 약을 먹여 주고 양식까지 대 주는 사람도 있었다. ㉢이런 일에 너희가 너무 익숙해져 항상 은혜를 베풀어 주기만 바라고 있구나. 너희가 사람의 본분을 망각하지는 않았는지 걱정이다. 그래서 내가 이 편지를 보낸다.
**나** ㉣이러한 몇 가지 일도 못하면서 어떻게 다른 집에서 너희가 위급할 때 깜짝 놀라 허겁지겁 쫓아올 것이며, 너희가 곤경에 처하였을 때 달려올 것을 바라겠느냐?
**다** ㉤다른 사람을 위해 먼저 베풀어라. 그러나 뒷날 너희가 근심 걱정 할 일이 있을 때 다른 사람이 보답해 주지 않더라도 부디 원망하지 마라. 가벼운 농담일망정 "나는 지난번에 이렇게 저렇게 해 주었는데 저들은 그렇지 않구나!" 하는 소리도 입 밖에 내뱉지 말아야 한다.

**15** 정약용이 걱정하고 있는 두 아들의 말버릇은 무엇입니까? (       )

① 남을 비난하는 말버릇
② 남을 칭찬하는 말버릇
③ 공손하지 못한 말버릇
④ 매사에 투덜거리는 말버릇
⑤ 남의 도움을 바라는 말버릇

**16** ㉠~㉤ 중 정약용이 두 아들에게 바라는 것이 가장 잘 드러나 있는 문장은 무엇입니까? (       )

① ㉠          ② ㉡          ③ ㉢
④ ㉣          ⑤ ㉤

**17** 정약용이 두 아들과 나누고 싶은 마음으로 알맞은 것을 두 가지 고르시오. (       )

① 화나는 마음          ② 외로운 마음
③ 미안한 마음          ④ 배려하는 마음
⑤ 다른 사람을 아끼는 마음

**18*** 정약용이 두 아들에게 결국 하고 싶은 말로 알맞은 것의 기호를 쓰시오.

> ㉮ 다른 사람이 베풀어 주는 은혜에 감사하여라.
> ㉯ 다른 사람의 도움을 바라지만 말고 먼저 베풀면서 살아라.

(       )

**19** 다음은 학급 신문을 만드는 과정을 정리한 것입니다. 빈칸에 공통으로 들어갈 말을 쓰시오.

> ☐☐☐ 일을 정한다. → 쓸 내용을 정리한다.
> → ☐☐☐ 일을 글로 쓴다. → 쓴 글과 그림이나 사진 자료로 신문 기사를 완성한다. → 신문 기사를 모아 학급 신문을 만든다.

(       )

**20** 학급 신문을 만들 때 고려할 점을 한 가지 쓰시오.
서술형
_____

점수

## 1

지효에게

지효야, 안녕? 나 신우야.

지효야, 아까 내가 네 책상 옆에서 미역국을 엎질 렀지? 너는 네 가방이 더러워져서 많이 속상했을 텐데 나에게 "괜찮아?" 하면서 걱정을 해 주었어. 그리고 미역국 치우는 것을 도와주었어.

나는 미역국을 엎지르고 너에게 미안하다는 말도 못 하고 멍하니 서 있었어. 너무 당황스러워서 어떻게 해야 할지 생각이 나지 않았어. 그런데 네가 오히려 나를 걱정해 주고 같이 치워 주어서 감동했단다.

지효야, 아까는 당황스러워서 너에게 고맙다는 말을 제대로 못 했어. 정말 고마워. 네 따뜻한 마음을 잊지 않을게.

앞으로 내가 도와줄 일이 있으면 꼭 도와줄게. 그리고 우리 앞으로도 친하게 지내자. / 안녕.

친구 신우가

**1단계** 낱말 쓰기　신우가 오늘 학교에서 겪은 일은 무엇인지 쓰시오. [4점]

> 점심시간에 지효 책상 옆에서 미역국을 엎질러서 지효 (　　　　)을 더럽혔다.

**2단계** 문장 쓰기　오늘 일어난 사건에 대한 신우의 생각이나 행동을 파악하여 쓰시오. [6점]

_____

_____

**3단계** 생각 쓰기　신우가 이 글을 쓴 목적은 무엇인지 쓰시오. [6점]

_____

_____

## 2

마음을 나누는 글을 쓰려고 합니다. 쓸 내용을 떠올려 보고 보기 와 같이 정리하여 쓰시오. [9점]

| 보기 | |
|---|---|
| 일어난 사건 | 소방관이 위험을 무릅쓰고 불을 끄는 모습을 본 일 |
| 일어난 사건에 대한 생각이나 행동 | 소방관 아저씨가 다치지는 않을까 걱정스러웠다. 우리를 위해 목숨을 걸고 일하셔서 눈물이 났다. |
| 나눌 마음 | 걱정되는 마음과 감사한 마음 |

| 일어난 사건 | (1) |
|---|---|
| 일어난 사건에 대한 생각이나 행동 | (2) |
| 나눌 마음 | (3) |

## 3

우리 반 친구들이 겪은 일 중 가장 인상 깊었던 일로 학급 신문에 실을 신문 기사를 쓰려고 합니다. 신문 기사에 들어갈 내용을 정리하여 쓰시오. [6점]

| 인상 깊었던 일 | (1) |
|---|---|
| 나누려는 마음 | (2) |
| 하고 싶은 말 | (3) |

# **9** 마음을 나누는 글을 써요

| 학습 주제 | 마음을 나누는 글 쓰기 | 배점 | 30점 |
|---|---|---|---|
| 학습 목표 | 마음을 나누는 글을 쓸 수 있다. | | |

**1** 마음을 나누는 글을 편지 형식으로 쓰려고 합니다. 쓸 내용을 다음 표에 정리하여 쓰시오. [12점]

| | |
|---|---|
| 읽을 사람 | (1) |
| 일어난 사건 | (2) |
| 사건과 관련된 자신의 생각이나 행동 | (3) |
| 나누려는 마음 | (4) |

**2** 〈문제 **1**번〉에서 정리한 내용을 바탕으로 하여 마음을 나누는 글을 편지 형식으로 쓰시오. [18점]

✎ 평가대비북 **차례**

## 6-1 가

**1** 비유하는 표현 ························ 160

**2** 이야기를 간추려요 ················ 165

**3** 짜임새 있게 구성해요 ············ 170

**4** 주장과 근거를 판단해요 ········· 175

**5** 속담을 활용해요 ···················· 180

## 6-1 나

**6** 내용을 추론해요 ···················· 185

**7** 우리말을 가꾸어요 ················ 190

**8** 인물의 삶을 찾아서 ················ 195

**9** 마음을 나누는 글을 써요 ········ 200

**1** 다음에서 설명하는 것은 무엇인지 쓰시오.

> 어떤 현상이나 사물을 비슷한 현상이나 사물에 빗대어 표현하는 것이다.

(          )

**2** 「뻥튀기」에서 비유하는 대상이 <u>다른</u> 하나의 기호를 쓰시오.

> ㉮ 나비        ㉯ 폭죽
> ㉰ 함박눈     ㉱ 새우 냄새

(          )

**3** 비유하는 표현을 사용하면 좋은 점으로 알맞은 것에 ○표 하시오.

(1) 상황이 실감 나게 느껴진다. (     )
(2) 글쓴이의 성격을 쉽게 파악할 수 있다.
                                  (     )
(3) 글이나 그림책을 다 읽지 않아도 내용을 쉽게 이해할 수 있다. (     )

**4** 다음 빈칸에 알맞은 말을 쓰시오.

> 비유하는 표현은 대상 하나를 다른 대상에 빗대어 표현하기 때문에 두 대상 사이에는 (       )이/가 있다.

**5** 「봄비」에서는 지붕을 '큰북'에 빗대어 표현하였습니다. 두 대상의 공통점으로 알맞은 것의 기호를 쓰시오.

> ㉮ 따뜻하다.       ㉯ 소리가 작다.
> ㉰ 소리가 크다.    ㉱ 소리가 나지 않는다.

(          )

**6** 「풀잎과 바람」에서처럼 친구를 빗대어 표현할 수 있는 대상을 한 가지 떠올려 쓰시오.

(          )

**7** 다음 비유법에 대한 설명에 알맞게 선으로 이으시오.

(1) 직유법 •

(2) 은유법 •

• ① '~은/는 ~이다'로 빗대어 표현하는 방법

• ② '~같이', '~처럼', '~듯이'와 같은 말을 써서 두 대상을 직접 견주어 표현하는 방법

**8** 다음 ( ) 안에서 알맞은 말을 골라 ○표 하시오.

> 비유하는 표현은 대상을 ( 새롭게 , 평범하게 ) 보게 한다.

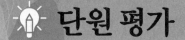
**1~7**

> "뻥이요, 뻥!"
>
> 봄날 꽃잎이 흩날리는 것처럼 아름답게 보였습니다.
> 아니야, 아니야, 나비가 날아갑니다.
> 아니야, 아니야, 함박눈이 내리는 거야.
>
> 맞아요, 맞아요, 폭죽입니다.
>
> 하얀 연기 고소하고요.
>
> 가을날 메밀꽃 냄새가 납니다.
> 아니야, 아니야, 새우 냄새가 납니다.
> 아니야, 아니야, 멍멍이 냄새가 납니다.
>
> 맞아요, 맞아요, 옥수수 냄새입니다.

**1** 이 글에 나타나 있는 상황은 무엇입니까?
( )

① 뻥튀기를 튀기고 있는 상황
② 옥수수를 수확하고 있는 상황
③ 아이들이 눈을 맞고 있는 상황
④ 뻥튀기가 떨어져 길이 지저분한 상황
⑤ 아이들이 봄날 공원에서 뛰어노는 상황

**2** 다음은 이 글에서 무엇을 비유하는 표현입니까?
( )

> 봄날 꽃잎, 나비, 함박눈, 폭죽

① 뻥튀기 냄새
② 뻥튀기를 만질 때의 느낌
③ 뻥튀기가 튀겨질 때 나는 소리
④ 뻥튀기가 사방으로 날리는 모양
⑤ 아이들이 뻥튀기를 먹을 때 나는 소리

**3** 서술형 뻥튀기가 사방으로 날리는 모양과 비유하는 표현은 어떤 공통점이 있는지 쓰시오.

_____

_____

**4** 뻥튀기 냄새가 어떠하다고 했는지 쓰시오.
( )

**5** 글쓴이가 뻥튀기와 냄새가 비슷하다고 생각한 것이 <u>아닌</u> 것은 무엇입니까? ( )

① 새우 ② 폭죽
③ 메밀꽃 ④ 옥수수
⑤ 멍멍이

**6** '뻥튀기'를 다른 사물에 비유하여 알맞게 말한 친구의 이름을 쓰시오.

> 광현: 벚꽃에 비유하고 싶어. 흐드러지게 날리는 모습이 비슷하기 때문이야.
> 소정: 솜사탕에 비유하고 싶어. 둘 다 어른들이 아이들에게 먹지 못하게 하는 음식이기 때문이야.

( )

**7** 이 시에 담겨 있는 생각은 무엇입니까? ( )

① 말의 중요성
② 음식의 다양성
③ 자연의 아름다움
④ 새로운 발견의 필요성
⑤ 사라져 가는 옛것의 소중함

8~13

### 봄비

해님만큼이나
큰 은혜로
내리는 교향악

이 세상
모든 것이 다
악기가 된다.

달빛 내리던 ㉠지붕은
㉮두둑 두드둑
큰북이 되고

아기 손 씻던
㉡세숫대야 바닥은

도당도당 도당당
작은북이 된다.

㉢앞마을 냇가에선
퐁퐁 포옹 퐁
㉣뒷마을 연못에선
풍풍 푸웅 풍

외양간 엄마 소도 함께
댕그랑댕그랑

엄마 치마 주름처럼
산들 나부끼며
왈츠
봄의 왈츠
하루 종일 연주한다.

**8** 이 시는 봄비를 무엇에 비유해 표현하였습니까?
( )

① 해님
② 아기
③ 달빛
④ 교향악
⑤ 엄마 소

**9** 이 세상 모든 것을 '악기'에 빗대어 표현한 까닭은
무엇이겠습니까? ( )

① 이 세상에는 악기가 많아서
② 소중하다는 공통점이 있어서
③ 소리가 난다는 공통점이 있어서
④ 서로 다른 느낌을 가지고 있어서
⑤ 악기 소리가 세상을 아름답게 해 주어서

**10** ㉠~㉣처럼 악기가 되는 것을 한 가지 더 찾아 쓰
시오.

( )

**11** ㉮에서 느껴지는 운율에 대해 알맞게 말하지 **못한**
것에 ×표 하시오.

(1) 시가 그림처럼 느껴지게 하는 요소이다.
( )

(2) 5연, 6연, 7연에서도 운율이 잘 느껴진다.
( )

(3) 소리가 비슷한 글자나 일정한 글자 수가 반복
될 때 생긴다. ( )

**12**
서술형
이 시에 나오는 대상을 다음과 같이 비유한 까닭을
쓰시오.

| 대상 | 비유하는 표현 | 비유한 까닭 |
|---|---|---|
| 봄비 내리는 모습 | 왈츠 | |

**13** 이 시에 나오지 않는 대상을 다음과 같이 비유할
때 비유한 까닭으로 가장 알맞은 것은 무엇입니
까? ( )

| 대상 | 비유하는 표현 | 비유한 까닭 |
|---|---|---|
| 가로수 | 리코더 | |

① 우는 소리가 비슷하기 때문에
② 여린 모습이 비슷하기 때문에
③ 계절마다 변하는 색깔이 비슷하기 때문에
④ 동그란 구멍이 있는 점이 비슷하기 때문에
⑤ 비를 맞으며 일자로 서 있는 모습이 비슷하기
때문에

**14~18**

나는 풀잎이 좋아, ㉠풀잎 같은 친구 좋아
바람하고 엉켰다가 풀 줄 아는 풀잎처럼
헤질 때 또 만나자고 손 흔드는 친구 좋아.

나는 바람이 좋아, ㉡바람 같은 친구 좋아
풀잎하고 헤졌다가 되찾아 온 바람처럼
만나면 얼싸안는 바람, 바람 같은 친구 좋아.

**14** 친구를 무엇에 비유했는지 ㉮와 ㉯에 들어갈 알맞은 말을 쓰시오.

> • 바람하고 엉켰다가 풀 줄 아는 ㉮
> • 풀잎하고 헤졌다가 되찾아 온 ㉯

(1) ㉮: (                    )
(2) ㉯: (                    )

**15** 이 시에서 친구를 '바람'과 '풀잎'에 비유함으로써 얻는 효과로 알맞은 것을 모두 고르시오.
(                    )

① 친구에 대한 호기심이 사라진다.
② 친구가 정겹고 친근하게 느껴진다.
③ 친구의 성격이나 특성을 생각해 볼 수 있다.
④ 친구의 역할이 무엇인지 정확하게 알 수 있다.
⑤ 친구의 모습을 훨씬 구체적으로 느낄 수 있다.

**16** 이 시의 주제는 무엇입니까? (                    )

① 자연의 위대함
② 친구 간의 우정
③ 즐거운 학교생활
④ 가을의 아름다운 풍경
⑤ 어려운 상황을 헤쳐 나가는 지혜

**17** ㉠, ㉡과 같은 비유법으로 표현한 것은 무엇입니까? (                    )

① 내 마음은 넓은 호수
② 꽃처럼 예쁜 우리 엄마
③ 아기 웃음은 유리 종소리
④ 매일 봐도 반가운 내 친구
⑤ 화난 아빠 얼굴은 차가운 얼음

**18** 이 시에 나오는 비유하는 표현을 바꾸어 쓸 때 빈칸에 알맞은 말을 쓰시오.
서술형

> 꽃잎 같은 친구 좋아
> [                    ] 꽃잎처럼

_____

_____

**19** 낭송할 시의 분위기에 어울리는 배경 음악을 알맞게 선택한 친구의 이름을 쓰시오.

> **은태**: 조용한 분위기의 시라서 잔잔한 느낌의 통기타 음악을 선택했어.
> **소라**: 슬픈 분위기의 시라서 친구들도 슬퍼질까 봐 즐거운 느낌의 클래식 음악을 선택했어.

(                    )

**20** 시에 어울리는 그림을 그리는 방법으로 알맞지 않은 것은 무엇입니까? (                    )

① 시의 장면을 상상하면서 그린다.
② 시의 내용이 잘 드러나도록 그린다.
③ 시보다 그림이 잘 보이도록 그린다.
④ 그림이 시를 잘 표현하도록 그린다.
⑤ 시의 내용에 어울리는 그림을 그린다.

## 1~2

### 봄비

해님만큼이나
큰 은혜로
내리는 교향악

이 세상
모든 것이 다
악기가 된다.

달빛 내리던 지붕은
두둑 두드둑
큰북이 되고

아기 손 씻던
세숫대야 바닥은

도당도당 도당당
작은북이 된다.

앞마을 냇가에선
퐁퐁 포옹 퐁
뒷마을 연못에선
풍풍 푸웅 풍

외양간 엄마 소도 함께
댕그랑댕그랑

엄마 치마 주름처럼
산들 나부끼며
왈츠
봄의 왈츠
하루 종일 연주한다.

**1** 봄비 내리는 장면을 상상해 보고, 마음속에 떠오른 대상을 어떤 악기에 비유할 수 있을지 생각해 빈칸에 알맞게 쓰시오. [6점]

| 대상 | (1) |
|---|---|
| 비유하는 표현 | (2) |
| 비유한 까닭 | (3) |

**2** 〈문제 1번〉에서 답한 내용을 바탕으로 하여 이 시의 3연을 바꾸어 쓰시오. [8점]

## 3~4

### 풀잎과 바람

나는 풀잎이 좋아, 풀잎 같은 친구 좋아
바람하고 엉켰다가 풀 줄 아는 풀잎처럼
헤질 때 또 만나자고 손 흔드는 친구 좋아.

나는 바람이 좋아, 바람 같은 친구 좋아
풀잎하고 헤졌다가 되찾아 온 바람처럼
만나면 얼싸안는 바람, 바람 같은 친구 좋아.

**3** 이 시에 나오는 비유하는 표현을 찾아 빈칸에 알맞게 정리하여 쓰시오. [6점]

| 대상 | 비유하는 표현 | 공통점 |
|---|---|---|
| 친구 | 풀잎 | (1) |
| | (2) | (3) |

**4** 이 시를 읽고 느낀 점을 조건 에 알맞게 쓰시오. [6점]

조건
비유하는 표현으로 대상을 새롭게 본 뒤에 느낀 점을 쓴다.

**[1~2]** 「황금 사과」에서 있었던 일을 생각하여 빈칸에 알맞은 말을 보기 에서 찾아 쓰시오.

보기
> 금    의심    황금 사과

**1** 두 동네 사람들은 (                    )을/를 서로 가지고 싶어서 다투었다.

**2** 두 동네 사람들은 서로를 (                    )하며 (                    )을/를 긋고, 나무 울타리를 세우고 담을 쌓았다.

**3** 다음은 「황금 사과」에서 있었던 일을 생각하며 만든 질문입니다. 글에서 답을 찾을 수 있는 질문에 ○표 하시오.

(1) 「황금 사과」에 나오는 등장인물은 누구누구인가요? (        )

(2) 두 동네 사람들이 서로 화해하려면 어떻게 해야 할까요? (        )

**4** 이야기의 구조 중에서 다음에 해당하는 부분은 어디인지 쓰시오.

> 사건이 해결되는 부분

(                    )

**5** 이야기를 요약하는 방법을 생각하며 (    ) 안에서 알맞은 말을 골라 ○표 하시오.

(1) ( 중요한 내용 , 중요하지 않은 내용 )은 삭제하거나 간단히 쓴다.

(2) 여러 사건이 관련 있을 때에는 관련 있는 사건을 ( 하나로 묶는다 , 삭제한다 ).

**6** 「저승에 있는 곳간」의 이야기 구조가 어떤지 바르게 말한 친구의 이름을 쓰시오.

> **승진:** 저승사자가 원님에게 이승으로 가려면 수고비를 내놓아야 한다는 부분에서 이야기가 시작해.
> **우정:** 덕진이 원님에게 받은 쌀로 마을 앞을 가로지르는 강가에 다리를 놓기로 한 부분에서 사건이 해결돼.

(                    )

**7** 「우주 호텔」을 읽고 만든 질문 중, 다음은 어떤 질문에 해당하는지 알맞은 것에 ○표 하시오.

> • 다른 사람들은 할머니를 뭐라고 불렀나요?
> • 채소 가게 앞에서 종이 할머니와 뚱뚱한 할머니가 싸운 까닭은 무엇인가요?

(1) 일어난 사실에 대한 질문 (        )

(2) 이야기 내용을 추론하는 질문 (        )

**8** 「우주 호텔」의 발단 부분이 잘 드러나게 요약한 것의 기호를 쓰시오.

> ㉮ 종이 할머니는 허리를 굽혀 땅만 보며 종이를 주웠다.
> ㉯ 종이 할머니는 자신의 종이 상자를 빼앗기지 않으려고 눈에 혹이 난 할머니를 밀어 버렸다.

(                    )

**9** 「우주 호텔」의 주제로 알맞은 것의 기호를 쓰시오.

> ㉮ 남을 의심하지 말자.
> ㉯ 이웃과 마음을 나눌 줄 아는 사람이 되자.

(                    )

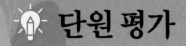

## 1~4

가 "엄마, 저 담 너머에는 누가 살아요?"
"쉿! 아가야, 절대로 저 담 옆에 가면 안 돼. 저 담 너머에는 심술궂고 못된, 아주 나쁜 사람들이 산단다."

나 아이의 눈에 보인 건 공을 가지고 즐겁게 노는 아이들이었어.
엄마가 말한 끔찍한 괴물들이 아니라 자기하고 비슷한 또래 친구들 말이야. / 끼이이이익—
아이가 문을 밀자 쓱 열렸어.
문은 낡았고, 자물쇠는 망가져 있었거든.
환한 햇살 때문에 아이는 눈이 부셨지.
아이는 친구들에게 다가가 말했어.
㉠"얘들아, 안녕! 내 이름은 사과야. 너희 이름은 뭐야?"

다 사람들은 이제 담을 쌓기 시작했어.
사방이 꽉 막힌 높고 단단한 담을.
그런 다음 양쪽에 보초를 세우고 담을 넘는 사람이 있나 잘 감시했지.
윗동네도 아랫동네도 서로를 의심하는 마음이 차츰차츰 쌓여 갔어.

**1** 글 가 ~ 다 를 일이 일어난 차례대로 기호를 쓰시오.
(     ) → (     ) → (     )

**2** 아이가 담 너머로 본 것은 무엇인지 쓰시오.
(             )

**3** 글의 내용으로 보아, 아이의 이름에 담긴 의미는 무엇이겠습니까? (    )
① 화해  ② 시기  ③ 이익  ④ 의심  ⑤ 욕심

**4** ㉠에 대한 생각이나 느낌을 쓰시오.

서술형

_____

_____

## 5~7

가 옛날, 전라남도 영암 땅에서 있던 일이다.
영암 원님이 죽어서 염라대왕 앞으로 끌려갔다.
"염라대왕님, 소인은 아직 할 일이 많습니다. 그런데 벌써 저를 데려오셨습니까? 이승에서 좀 더 살게 해 주십시오."

나 "덕진이라는 아가씨의 곳간에는 쌀이 수백 석이나 있으니, 일단 거기서 쌀을 꾸어 계산하고 이승에 나가서 갚도록 해라."
저승사자가 원님에게 제안했다. 결국 원님은 덕진의 곳간에서 쌀 삼백 석을 꾸어 셈을 치를 수 있었다.

다 덕진은 쌀을 팔아서 마을 앞을 가로지르는 강가에 다리를 놓기로 했다. 마을 사람들 모두가 그곳에 다리가 없어서 불편을 겪던 참이었다. 이렇게 해서 돌다리를 놓자, 사람들은 그 다리를 '덕진 다리'라고 했다.

**5** 이와 같은 이야기를 요약하는 방법으로 알맞지 <u>않은</u> 것은 무엇입니까? (    )
① 사건의 원인 찾기
② 관련 있는 사건은 하나로 묶기
③ 중요하지 않은 내용 삭제하기
④ 각 부분에서 중요한 사건 찾기
⑤ 중요하지 않은 내용과 중요한 내용 연결하기

**6** 글 가 ~ 다 에 대한 설명으로 알맞은 것은 무엇입니까? (    )
① 글 가 : 갈등이 일어나는 부분이다.
② 글 가 : 이야기가 시작되는 부분이다.
③ 글 나 : 이야기가 시작되는 부분이다.
④ 글 다 : 긴장감이 가장 높아지는 부분이다.
⑤ 글 다 : 사건이 본격적으로 발생하는 부분이다.

**7** 다음을 일이 일어난 차례대로 번호를 쓰시오.
(1) 덕진이 쌀을 팔아 다리를 놓았다. (    )
(2) 원님이 덕진의 곳간에서 쌀을 꾸었다. (    )
(3) 원님이 덕진에게 쌀 삼백 석을 갚았다.
(    )

## 8~10

**가** 원님은 며칠 뒤에 다시 덕진의 주막을 찾았다. 원님은 머뭇거리며 말했다.

"저, 돈 열 냥만 빌려줄 수 있소?"

"그렇게 하지요."

덕진은 선뜻 열 냥을 내주었다.

"아니, 모르는 사람에게 돈을 빌려주었다가 안 갚으면 어쩌려고 그러시오?"

"걱정 마시고 형편이 어렵거든 가져다 쓰시고, 돈이 생기거든 갚으십시오."

덕진은 웃으며 대답했다. 원님은 열 냥을 받아 가지고 나오면서 생각했다.

'이런 것이 만인에게 적선하는 것이로구나. 이런 식으로 덕진은 수많은 사람을 도와주고, 돈 수천 냥을 다른 사람들에게 나누어 주었을 것이다. 그러니 덕진의 저승 곳간에는 곡식이 가득 차 있을 수밖에……'

원님은 크게 감명받아 며칠 뒤에 달구지에 쌀 삼백 석을 싣고 덕진의 주막을 찾아갔다.

**나** "너에게 빚진 쌀 삼백 석을 갚으러 왔느니라."

그러자 덕진은 어리둥절해하며 원님을 쳐다보았다.

"하여튼 받아 두어라. 먼 훗날, 너도 알게 될 것이니라."

덕진이 받을 수 없다고 하자 원님은 강제로 쌀을 떠맡겼다.

**8** 글 **가**와 **나**의 일이 일어난 곳은 어디인지 쓰시오.

( )

**9** 원님은 덕진에게 열 냥을 받아 가지고 나오면서 어떤 마음이 들었습니까? ( )

① 궁금한 마음
② 미안한 마음
③ 감동적인 마음
④ 안타까운 마음
⑤ 조마조마한 마음

**10** 글 **가**와 **나**의 내용을 요약하여 쓰시오.

서술형

_____

_____

## 11~14

**가** ㉠종이 할머니는 깜짝 놀랐어. 자기 상자를 ㉡처음 보는 노인이 가져가니 놀랄 수밖에. 종이 할머니는 잰걸음으로 다가가 ㉢작고 뚱뚱한 할머니의 뒤통수에 대고 소리쳤어.

"이 상자는 내 것이여! 이 가게 주인이 나더러 가져가라고 내놓은 거여."

작고 뚱뚱한 할머니는 흠칫 놀라 뒤돌아보았어.

그런데 ㉮정작 놀란 건 종이 할머니였어. 작고 뚱뚱한 할머니의 한쪽 눈두덩에 불룩한 혹이 나 있었기 때문이야. 눈동자는 아예 보이지도 않았지. 게다가 다른 한쪽 눈에서 흘러나오는 눈빛은 뿌유스레한 안개 같았어.

"그런 벱이 어디 있어!"

㉣눈에 혹이 난 할머니가 벌그데데한 낯빛이 되어 쏘아붙였어.

**나** 종이 할머니는 여전히 폐지를 모았어. 그렇지만 이제는 혼자가 아니야. 눈에 혹이 난 할머니와 같이 주웠어. 그리고 저녁이 되면 따뜻한 밥도 같이 먹고 생강차도 나누어 마셨지.

**11** 글 **가**와 **나** 중 인물 사이에 갈등이 일어난 부분의 기호를 쓰시오.

( )

**12** ㉠~㉣ 중 가리키는 인물이 다른 것의 기호를 쓰시오.

( )

**13** ㉮의 까닭은 무엇입니까? ( )

① 작고 뚱뚱한 할머니가 너무 심하게 놀라서
② 작고 뚱뚱한 할머니가 잰걸음으로 다가와서
③ 작고 뚱뚱한 할머니가 종이 상자를 가져가서
④ 작고 뚱뚱한 할머니가 종이 상자를 달라고 해서
⑤ 작고 뚱뚱한 할머니의 눈두덩에 혹이 나 있어서

**14** 글 **가**와 **나**에서 종이 할머니의 감정은 어떻게 변하였는지 쓰시오.

서술형

( )

**15 ~ 17**

**가** 종이 할머니는 아이가 폐지 위에 놓고 간 스케치북을 찬찬히 넘겼어. 첫 장에는 아이가 뽀그르르 비누 거품 속에서 노는 모습이 그려져 있었어. 다음 장을 넘기자 알록달록한 꽃밭에서 아이가 친구랑 노는 모습이 그려져 있었지.

**나** 그러고는 마지막 장을 넘겼어. / "아!"

㉠종이 할머니는 자신도 모르게 탄성을 질렀어. 지금까지 한 번도 보지 못한 세상이 그려져 있었기 때문이야. 약간 찌그러진 똥그스름한 파란 지구, 아름다운 테를 두른 토성, 몸빛이 황갈색으로 빛나는 불퉁불퉁한 목성, 붉은빛이 뿜어져 나오는 태양……. 그리고 그 주위를 돌고 있는 버섯 모양의 우주선까지.

'그러고 보니 하늘을 본 지 꽤 오래됐구먼.'

하늘을 본 게 언제였더라? 별을 본 건 언제였지? 달을 본 건…….

아주 어릴 적에 달을 올려다보면서 '꼭 한 번 달에 가고 싶다'고 꿈꿨던 기억이 아슴아슴 떠올랐어.

**15** ㉠의 까닭은 무엇입니까? ( )

① 아이가 그림을 잘못 그려서
② 아이가 그림을 너무 많이 그려서
③ 아이의 그림 솜씨가 너무 좋아서
④ 하늘을 본 지 오래됐다는 것을 깨달아서
⑤ 한 번도 보지 못한 세상이 그려져 있어서

**16** 종이 할머니가 우주 그림을 보고 한 생각은 무엇입니까? ( )

① 행성이 아름답다. ② 하늘을 날고 싶다.
③ 우주선을 타고 싶다. ④ 하늘을 본 지 오래됐다.
⑤ 자신도 아이와 함께 놀고 싶다.

**17** 다음은 이 글의 내용을 간추린 것입니다. 빈칸에 알맞은 말을 쓰시오.

> 종이 할머니는 아이가 그린 그림을 보면서
> ( )을/를 떠올렸다.

**18 ~ 20**

| 발단 | 소년은 집으로 돌아가던 길에 개울가에서 물장난하는 소녀와 마주치고 소녀가 던진 조약돌을 간직한다. |
|---|---|
| 전개 | 소년과 소녀가 가까워져 함께 산으로 놀러 간다. |
| 절정 | 산에서 소나기를 만난 소년과 소녀는 수숫단 속에서 비를 피한다. 며칠 뒤 다시 만난 소녀는 그동안 많이 아팠으며 곧 이사를 간다고 쓸쓸해한다. |
| 결말 | 며칠 뒤, 소년은 소녀가 앓다가 죽었다는 소식을 듣게 된다. ㉠소녀의 유언은 입던 옷을 그대로 입혀서 묻어 달라는 것이었다. |

**18** 소녀가 개울가에서 소년에게 던진 것은 무엇인지 쓰시오.

( )

**19** 이 이야기에서 일어난 사실에 대한 질문을 만든 것으로 알맞은 것을 두 가지 고르시오.

( )

① 작품 속 배경 음악은 어떠했나요?
② 소녀는 죽기 전에 어떤 말을 남겼나요?
③ 소년은 주로 어디에서 소녀와 마주쳤나요?
④ 왜 소년과 소녀의 이름이 나오지 않았을까요?
⑤ 소녀의 옷에 묻은 얼룩은 어떻게 해서 생겼을까요?

**20** ㉠에 대한 생각이나 느낌을 알맞게 말한 친구의 이름을 쓰시오.

> 해승: 소년을 멀리하고 싶은 소녀의 마음이 잘 느껴져.
> 동권: 소년과의 추억을 간직하고 싶은 소녀의 마음이 잘 느껴져.

( )

**1~2**

두 동네 사이에는 툭하면 싸움이 벌어졌어.

다들 황금 사과를 갖겠다고 아우성이었지.

할 수 없이 사람들은 모여서 의논을 했어.

"이 나무는 우리 두 동네의 한가운데에 있습니다. 그러니 잘 나누기 위해 땅바닥에 금을 그읍시다. 금 오른쪽에 열리는 사과는 윗동네, 금 왼쪽에 열리는 사과는 아랫동네에서 갖도록 말입니다."

그렇게 해서 땅바닥에 금이 생겼지.

잠깐 동안은 별일 없이 평화롭게 지냈어.

하지만 사람들은 곧 약속을 어겼어.

사과를 따려고 금을 넘어가기 시작한 거야.

두 동네 사이에는 다시 싸움이 일어났지.

결국 금보다 더 확실하고 분명한 방법이 있어야 했어.

이런저런 생각 끝에 사람들은 드나들 수 있는 작은 문이 달린 나무 울타리를 세웠지.

그렇지만 나무 울타리도 사람들의 욕심을 막을 수가 없었어.

사람들은 이제 담을 쌓기 시작했어.

사방이 꽉 막힌 높고 단단한 담을.

**1** 두 동네 사람들 사이에 있었던 일을 정리하여 쓰시오. [5점]

_____

_____

**2** 이 글을 읽고, 친구들 생각을 알고 싶은 질문을 한 가지 만들고, 그에 대한 답을 쓰시오. [8점]

| 친구들 생각을 알고 싶은 질문 | (1) |
|---|---|
| 답 | (2) |

**3~5**

여러 계절이 왔다가 가고, 다시 왔다가 갔단다.

종이 할머니는 여전히 폐지를 모았어. 그렇지만 이제는 혼자가 아니야. 눈에 혹이 난 할머니와 같이 주웠어. 그리고 저녁이 되면 따뜻한 밥도 같이 먹고 생강차도 나누어 마셨지.

종이 할머니는 벽에 붙여 놓은 우주 그림을 보며 잠깐잠깐 이런 생각에 빠졌단다.

'여기가 우주 호텔이 아닌가? 여행을 하다가 잠시 이렇게 쉬어 가는 곳이니……, 여기가 바로 우주의 한가운데지.'

**3** 이 글을 읽고, 이야기 내용을 추론하는 질문과 친구들 생각을 알고 싶은 질문을 한 가지씩 만들어 쓰시오. [8점]

| 이야기 내용을 추론하는 질문 | (1) |
|---|---|
| 친구들 생각을 알고 싶은 질문 | (2) |

**4** 이 글을 읽고 중요한 사건을 간추려 쓰시오. [5점]

**5** 글쓴이가 전하고 싶은 주제는 무엇일지 쓰시오. [5점]

_____

_____

**1** 「전교 학생회 회장단 선거 후보의 연설」에서 후보자가 발표한 공약으로 알맞지 <u>않은</u> 것의 기호를 쓰시오.

> ㉮ 깨끗한 화장실을 만들겠다.
> ㉯ 꿈 찾기 기획을 진행하겠다.
> ㉰ 직업 체험학습의 횟수를 줄이겠다.

( )

**2** 「전교 학생회 회장단 선거 후보의 연설」에서 후보자가 의견을 발표할 때 활용한 자료는 설문 조사 결과표와 ( )(이)다.

**3** 다음 중 듣는 사람이 더 이해하기 쉬운 경우는 언제인지 ○표 하시오.

(1) 자료를 활용해 발표할 때 ( )
(2) 자료를 활용하지 않고 발표할 때 ( )

**4** 다음과 같은 상황에서 활용할 수 있는 자료를 보기 에서 찾아 기호를 쓰시오.

> 보기
> ㉮ 지도      ㉯ 그림      ㉰ 실물

> 옛사람의 생활 모습을 발표하는 상황

( )

**5** 다음에서 우정이가 발표할 때 활용한 자료는 무엇인지 쓰시오.

> 우정: 이 표는 과거에는 있었지만 지금은 사라진 직업의 종류를 보여 줍니다. 기술이 발달해 사라진 직업이 많습니다.

( )

**6** 다음 발표하는 상황의 특성으로 알맞은 것의 기호를 쓰시오.

> 교실에서 학급 친구들에게 발표할 때

> ㉮ 발표 장소가 좁다.
> ㉯ 여러 사람 앞에서 발표한다.
> ㉰ 개인적으로 이야기하는 상황이다.

( )

**7** 발표 내용을 구성할 때 다음 내용은 어느 부분에 들어가면 좋을지 알맞게 선으로 이으시오.

(1) 자료의 핵심 내용 •　　　• ① 시작하는 말

(2) 발표 주제와 제목 •　　　• ② 자료를 설명하는 말

(3) 발표 내용을 정리하는 내용 •　　　• ③ 끝맺는 말

**8** 「미래의 인재」에서 1모둠이 활용한 자료가 <u>아닌</u> 것을 찾아 쓰시오.

> 표      동영상      사진

( )

**9** 다음 빈칸에 알맞은 말을 쓰시오.

> 발표를 들을 때에는 발표하는 내용 가운데에서 ( )은/는 적으며 듣는다.

**1** 공식적인 말하기 상황에 해당하지 <u>않는</u> 것을 두 가지 고르시오. ( )

① 짝과 대화하기

② 선거에서 소견 발표하기

③ 모둠 친구들과 토의하기

④ 자기 전에 아버지께 인사하기

⑤ 국어 시간에 교실에서 발표하기

**2~3**

나성실: 안녕하세요? 저는 전교 학생회 회장단 선거에 입후보한 나성실입니다. 저는 가고 싶은 학교, 즐거운 학교를 만들고 싶어서 이 자리에 섰습니다. 우리 학교에서는 지난해에 학생들이 학교에 바라는 점을 설문 조사했습니다. 학생들이 학교에 바라는 점 가운데에서 가장 많이 나온 의견은 바로 "깨끗한 화장실을 만들어 주세요."라는 의견으로 47퍼센트가 나왔습니다.

학생들: 맞아요. 좋아요.

나성실: 저는 이러한 여러분의 의견을 교장 선생님께 적극적으로 말씀드리고 전교 학생회에서도 의견을 모아 꼭 깨끗한 화장실을 만들겠습니다.

**2** 이 말하기 상황에 대한 설명으로 알맞지 <u>않은</u> 것은 무엇입니까? ( )

① 공식적인 말하기 상황이다.

② 후보자가 학생들에게 말하고 있다.

③ 여러 사람 앞에서 말하는 상황이다.

④ 선거에서 소견을 발표하는 상황이다.

⑤ 친구들과 자유롭게 말하고 있는 상황이다.

**3** 후보자가 발표한 공약을 쓰시오.

( )

**4~5**

가 나

**4** 그림 가와 나의 말하기 상황에서 비슷한 점은 무엇입니까? ( )

① 공식적인 상황이다.

② 말하는 장소가 같다.

③ 자료를 활용하여 말하고 있다.

④ 말하는 사람과 듣는 사람이 있다.

⑤ 친구들과 개인적으로 이야기하는 상황이다.

**5** 그림 가와 나 중에서 높임 표현을 사용해야 하는 상황에 해당하는 것의 기호를 쓰시오.

( )

**6** 서술형 다음 그림을 보고 자료를 활용해 발표할 때의 좋은 점을 두 가지 쓰시오.

어떤 음식을 소개하는지 잘 모르겠어.

_____

_____

**7** 다음 자료의 종류는 무엇인지 쓰시오.

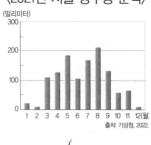

〈2021년 서울 강수량 분석〉

(                    )

**8** 자료의 특성으로 알맞지 <u>않은</u> 것은 무엇입니까?
(          )

① 표는 여러 자료의 수를 비교하기 쉽다.
② 도표는 수량의 변화 정도를 알 수 있다.
③ 동영상은 자막을 넣어 분위기를 전달할 수 있다.
④ 사진은 설명하는 대상을 한눈에 보여 줄 수 있다.
⑤ 도표는 설명하는 대상의 정확한 모습을 보여 줄 수 있다.

**9** 어떤 말하기 상황입니까? (          )

① 교실에서 발표하기
② 교실에서 토론하기
③ 강당에서 소견 발표하기
④ 반 친구들에게 자기소개 하기
⑤ 운동장에서 친구들과 이야기하기

**10** 이 그림에 나온 친구가 발표하고 있는 내용은 무엇입니까? (          )

① 미래의 직업          ② 사라진 직업의 종류
③ 친구들의 장래 희망    ④ 요즘 인기 있는 직업
⑤ 반 친구들이 닮고 싶은 인물

**11** 이 그림에서 발표하는 친구가 표를 활용한 까닭은 무엇인지 쓰시오.

서술형

_____

_____

**12** 지민이가 발표할 때 이용한 자료는 무엇인지 쓰시오.

(                    )

**13** 지민이가 여행 일정을 설명할 때 활용하면 가장 좋을 자료는 무엇입니까? (          )

① 도표          ② 실물          ③ 지도
④ 축제 사진     ⑤ 관광 안내서

**14** 자료를 활용하면 좋은 점을 모두 고르시오.
(          )

① 듣는 사람이 흥미를 느낄 수 있다.
② 듣는 사람이 더 잘 이해할 수 있다.
③ 정보를 효과적으로 전달할 수 있다.
④ 여러 가지 내용을 한꺼번에 말할 수 있다.
⑤ 발표 주제와 관계없는 내용도 말할 수 있다.

**15** 사라진 직업의 종류에 대해 발표할 때 활용할 표 자료를 찾는 방법으로 알맞은 것의 기호를 쓰시오.

> ㉮ 친구들을 대상으로 조사해서 정리한다.
> ㉯ 직업 관련 누리집에서 사라진 직업을 검색한다.

( )

**16** 자료를 활용할 때 주의할 점으로 알맞지 <u>않은</u> 것은 무엇입니까? ( )

① 자료가 너무 길지 않아야 한다.
② 한 번에 적절한 분량을 보여 준다.
③ 꼭 필요한 내용만 자료에 정리한다.
④ 자료의 출처를 정확히 밝혀야 한다.
⑤ 여러 가지 자료를 한꺼번에 보여 준다.

---

**17~19**

**가** 안녕하세요? 1모둠 발표를 맡은 김대한입니다. 우리의 미래를 생각하면서 우리 모둠은 '미래에는 어떤 인재가 필요할까'라는 주제로 발표를 준비했습니다.

**나** 미래에는 어떤 인재가 필요할까요? 대한상공회의소에서 조사한 '100대 기업의 인재상 변화'에 따르면 2008년에는 창의성이 1순위였는데 2013년에는 도전 정신이, 2018년에는 소통과 협력이 1순위입니다. 이처럼 시대에 따라 필요한 인재상은 달라지고 있습니다.

우리가 어른이 되는 미래에는 어떤 인재가 필요할까요? 우리 모둠은 인공 지능, 사물 인터넷 같은 4차 산업 혁명으로 이전과는 다른 산업 형태가 나타나면서 필요한 인재상도 달라질 것이라고 예상했습니다. 미래에는 변화가 굉장히 빠른 속도로 일어나기 때문에 미래의 인재에게 가장 중요한 것은 계속 배우려는 의지라고 생각합니다.

**17** 글 **가**와 **나** 중 시작하는 말에 해당하는 것의 기호를 쓰시오.

( )

**18** 1모둠이 글 **나**의 내용을 정리한 방법으로 알맞지 <u>않은</u> 것은 무엇입니까? ( )

① 자료의 출처를 밝혔다.
② 자료를 설명하는 내용을 정리하였다.
③ 발표를 준비하며 느낀 점을 정리하였다.
④ 100대 기업의 인재상 변화를 설명하였다.
⑤ 미래 사회에 필요한 인재는 어떤 능력을 가진 인재인지에 대한 모둠의 생각을 정리하였다.

**19** 1모둠에서 미래의 인재에게 계속 배우려는 의지가 필요하다고 생각한 까닭을 쓰시오.

_____

_____

**20** 발표할 때 주의할 점을 바르게 말하지 <u>못한</u> 친구의 이름을 쓰시오.

> **진영**: 친구들이 집중할 수 있도록 자세하게 소개해야 해.
> **서준**: 자료의 길이가 긴 순서대로 보여 주면서 말해야 해.
> **승한**: 멀리까지 잘 들리도록 또박또박 큰 소리로 말해야 해.

( )

# 서술형 평가

**1** 다음과 같은 상황에서 활용할 수 있는 자료와 그 자료를 활용한 까닭을 쓰시오. [6점]

> 가족과 여행한 곳을 발표하는 상황

| 활용할 수 있는 자료 | (1) |
| --- | --- |
| 활용한 까닭 | (2) |

**2** 다음 자료 **가** 와 **나** 의 특성을 소건 에 맞게 쓰시오. [8점]

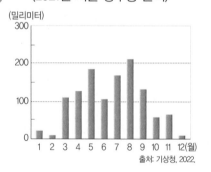

**가** 〈우리 반 친구들이 좋아하는 운동〉

| 종목 | 축구 | 배드민턴 | 줄넘기 | 합계 |
| --- | --- | --- | --- | --- |
| 인원 (명) | 10 | 5 | 8 | 23 |

**나** 〈2021년 서울 강수량 분석〉

(밀리미터)

출처: 기상청, 2022.

조건
• 두 자료의 종류를 밝혀 쓴다.
• 두 자료의 특성을 비교하여 한 문장으로 쓴다.

**3~4**

다음으로 준비한 자료는 한국교육방송공사에서 방송한 「일자리의 미래」입니다. 자료를 보면서 발표를 이어 가겠습니다.

이 동영상에서는 2020년까지 사라지는 일자리는 510만 개로, 미래에는 한 사람이 평균 4~5개의 직업을 가져야 한다고 합니다. 우리가 이러한 미래 사회에서 성공하려면 여러 분야에서 다양한 능력을 갖춰야 합니다. 경제협력개발기구[OECD]가 정리한 미래 핵심 역량은 도구 활용 능력, 사회적 상호 작용 능력, 자기 삶에 대한 자주적 관리 능력입니다. 앞서 발표한 '100대 기업의 인재상 변화'에서도 나타난 소통, 협력, 전문성과 관련 있다고 생각합니다. 이러한 능력을 키우려고 핀란드, 독일, 아르헨티나와 같은 세계 여러 나라에서는 단순한 암기 교육이 아니라 현실에 적용할 수 있는 능력을 기우는 역량 중심 교육을 강화한다고 합니다.

미래에는 더 많은 변화가 더 빨리 이루어질 것입니다. 미래에 우리에게 필요한 능력은 기계가 대신할 수 없는, 인간만이 지니는 능력이라고 생각합니다. 기술과 지식을 창의적으로 활용하고 이로써 문제를 해결해 내는 인간만이 지닐 수 있는 능력을 더욱 키워 나가야 할 것입니다.

**3** 이 모둠에서 동영상을 보여 주면서 설명하려는 내용을 두 가지 쓰시오. [8점]

_____

_____

**4** 이와 같이 준비한 자료에 어울리는 설명을 하는 방법을 쓰시오. [4점]

_____

_____

**1** '동물원은 필요한가'에 대한 주장으로 알맞은 것의 기호를 쓰시오.

> ㉮ 동물원이 있어야 한다.
> ㉯ 동물원은 동물을 보호해 준다.
> ㉰ 동물원은 우리에게 즐거움을 준다.

( )

**2** 다음 설명이 맞으면 ○표, 틀리면 ✕표 하시오.

(1) 사람마다 겪은 일이 다르기 때문에 같은 문제 상황이라도 주장이 서로 다를 수 있다.

( )

(2) 사람마다 생김새가 다르기 때문에 같은 문제 상황이라도 주장이 서로 다를 수 있다.

( )

**3** 논설문의 특성을 생각하여 빈칸에 알맞은 말을 쓰시오.

(1) 논설문은 서론, ( ), 결론으로 짜여 있다.

(2) 논설문은 어떤 문제를 놓고 글쓴이가 내세우는 ( )과/와 이를 뒷받침하는 ( )(으)로 이루어져 있다.

**[4~5]** 다음은 논설문의 짜임 중 어느 부분에 해당하는지 알맞은 것에 ○표 하시오.

**4**
> 글쓴이가 제시한 주장의 근거와 그 근거를 뒷받침하는 내용을 제시한다.

( 서론 , 본론 , 결론 )

**5**
> 글 내용을 요약하기도 하고 글쓴이의 주장을 다시 한번 강조한다.

( 서론 , 본론 , 결론 )

**6** 근거의 타당성과 표현의 적절성을 판단하는 방법은 무엇인지 빈칸에 알맞은 말을 보기 에서 찾아 쓰시오.

> **보기**
> 주관적    주장    뒷받침

(1) 근거가 ( )과/와 관련 있는지 살펴본다.

(2) 근거가 주장을 ( )하는지 살펴본다.

(3) ( )인 표현, 모호한 표현, 단정적인 표현을 쓰지 않았는지 살펴본다.

**7** 「자연 보호는 우리가 꼭 해야 할 일」에서 근거의 타당성을 판단한 기준과 내용을 알맞게 선으로 이으시오.

(1) 근거가 주장과 관련 있는가? • • ① 근거에 포함된 다양한 예가 글쓴이의 주장을 뒷받침하고 있어.

(2) 근거가 주장을 뒷받침하는가? • • ② 자연은 한번 파괴되면 복원되기 어렵다는 첫 번째 근거는 주장과 연결될 수 있어.

**1~3**

시은: 동물원은 살아 있는 동물들을 모아서 기르는 곳입니다. 자연 상태에서 쉽게 보기 힘든 다양한 동물을 가까이에서 볼 수 있어 동물의 생태와 습성, 자연환경의 소중함을 배울 수 있는 ㉠교육 장소입니다. 하지만 좁은 우리에 갇혀 살아가는 동물들은 스트레스를 많이 받습니다. '  ㉡  '에 대해 우리 모둠 친구들은 어떻게 생각하나요?

**1** 이 글에서 알 수 있는 내용으로 알맞은 것에 ○표 하시오.

(1) 주장 ( )

(2) 근거 ( )

(3) 문제 상황 ( )

**2** ㉠이 가리키는 곳은 어디인지 찾아 쓰시오.

( )

**3** ㉡에 들어갈 주제로 알맞은 것은 무엇입니까?

( )

① 동물원은 무엇인가

② 동물원은 필요한가

③ 동물원에 왜 가는가

④ 동물원의 위치가 적절한가

⑤ 동물원에 바라는 점은 무엇인가

**4~6**

미진: 동물원은 없애야 합니다. 첫째, 동물원은 동물의 자유를 구속하고, 동물에게 사람의 구경거리가 되는 고통을 줍니다. 동물원에서 동물은 제한된 공간에 갇혀 수많은 관람객과 마주해야 합니다. 이러한 상황에서 동물은 극심한 스트레스를 받습니다. 동물은 사람의 눈요깃거리가 아니라 그 자체로 존중받아야 하는 소중한 생명체입니다.

**4** 미진이의 주장은 무엇입니까? ( )

① 동물원은 있어야 한다.

② 동물원은 없애야 한다.

③ 동물을 사랑해야 한다.

④ 친환경 동물원을 만들어야 한다.

⑤ 동물과 인간의 벽을 허물어야 한다.

**5** 이 글은 논설문의 짜임 중 어느 부분에 해당하는지 쓰시오.

( )

**6** 미진이의 주장을 뒷받침하기 위한 근거를 한 가지 더 쓰시오.

서술형

_____

_____

**7** 주장과 근거를 관련지어 말하지 <u>못한</u> 친구의 이름을 쓰시오.

혜준: 나는 동물원을 없애야 한다고 생각해. 동물들은 사람에게 도움을 주기 때문이야.

지우: 나도 동물원이 있어야 한다고 생각해. 동물원에서 평소에 볼 수 없는 동물들을 보고 동물을 사랑하는 마음이 생겼기 때문이야.

서윤: 동물원은 있어야 한다고 생각해. 서울 동물원에만 한 해 평균 350만 명이 방문할 정도로 동물원이 사람들에게 기쁨을 주기 때문이야.

( )

**8~10**

**가** ㉠요즘에 우리 전통 음식보다 외국에서 유래한 햄버거나 피자와 같은 음식을 더 좋아하는 어린이를 쉽게 볼 수 있습니다. 이러한 음식은 지나치게 많이 먹으면 건강이 나빠지기도 합니다. ㉡그에 비해 우리 전통 음식은 오랜 세월에 걸쳐 전해 오면서 우리 입맛과 체질에 맞게 발전해 왔기 때문에 여러 가지 면에서 우수합니다. ㉢우리 전통 음식을 사랑합시다. 왜 우리 전통 음식을 사랑해야 할까요?

**나** 첫째, ㉣우리 전통 음식은 건강에 이롭습니다. 우리가 날마다 먹는 밥은 담백해 쉽게 싫증이 나지 않으며 어떤 반찬과도 잘 어우러져 균형 잡힌 영양분을 섭취하기 좋습니다. 또 된장, 간장, 고추장과 같은 발효 식품에는 무기질과 비타민이 풍부하게 들어 있어 몸을 건강하게 해 줍니다. 특히 청국장은 항암 효과는 물론 해독 작용까지 뛰어나다고 합니다. ㉤된장도 건강에 이로운 식품으로 알려져 있습니다.

**8** 이 글에 나타난 글쓴이의 주장을 찾아 쓰시오.

( )

**9** 글쓴이가 ㉣의 예로 든 것을 모두 고르시오.

( )

① 밥
② 피자
③ 된장
④ 청국장
⑤ 햄버거

**10** ㉠~㉤ 중 중심 문장끼리 짝 지어진 것은 무엇입니까?

( )

① ㉠, ㉣
② ㉠, ㉤
③ ㉡, ㉣
④ ㉢, ㉣
⑤ ㉢, ㉤

**11~14**

**가** 셋째, ㉠우리 전통 음식에서 우리 조상의 슬기와 문화를 경험할 수 있습니다. 우리 조상은 겨울을 나려고 김장을 하고, 저장 온도와 저장 기간을 조절해 겨울철에도 신선하게 채소를 먹을 수 있도록 했습니다.

**나** 우리나라 전통 음식은 세계 여러 나라 사람에게 주목받고 있습니다. 우리 조상의 넉넉한 마음과 삶에서 배어 나온 지혜가 담긴 우리 전통 음식은 그 맛과 멋과 영양의 삼박자를 모두 갖추고 있습니다. 우리는 우리 전통 음식의 과학성과 우수성을 알고 우리 전통 음식에 관심을 가지고 우리 전통 음식을 사랑해야겠습니다.

**11** 글 **가**에 들어 있는 내용을 두 가지 골라 기호를 쓰시오.

㉮ 주장
㉯ 문제 상황
㉰ 글 내용 요약
㉱ 주장에 대한 근거
㉲ 근거를 뒷받침하는 예

( )

**12** 글쓴이가 ㉠의 예로 든 음식을 쓰시오.

( )

**13** 이 글에 대한 설명으로 알맞은 것은 무엇입니까?

( )

① **가**는 결론에 해당하는 부분이다.
② **나**는 서론에 해당하는 부분이다.
③ **가**에는 주장과 근거가 모두 있다.
④ **나**에는 문제 상황이 드러나 있다.
⑤ **나**에는 글쓴이의 주장이 들어 있다.

**14** 이와 같은 글에서 서론은 어떤 역할을 하는지 쓰시오.

서술형

_____

_____

## 15 ~ 17

**가** 우리나라뿐만 아니라 세계 곳곳에서 벌어지는 자연 개발은 우리 삶을 위협한다. 이러한 무분별한 개발로 우리 삶의 터전인 자연은 몸살을 앓고, 이제 인류의 생존까지 위협하는 상황에 이르렀다. 우리는 자연의 목소리에 귀를 기울이고 자연을 보호해야 한다. 왜 자연을 보호해야 할까?

**나** 둘째, ㉠무리한 자연 개발은 생태계를 파괴한다. 생물은 서로 유기적인 생태계로 얽혀 있으며 주변 환경과 영향을 주고받으면서 살아간다. 자연 개발로 생태계를 파괴하면 결국 사람의 생활 환경을 악화시키는 결과를 초래한다. 예를 들어 사람의 편의를 돕는 시설을 만들면서 무분별하게 산을 파헤치면 동식물은 삶의 터전을 잃는다. 무리한 자연 개발의 결과로 기후 변화 현상까지 나타나 동물이 멸종 위기에 처하고, 지구 환경이 위협을 받기도 한다. 동식물이 살 수 없는 곳은 사람도 살 수 없는 곳이 된다. 사람도 자연의 일부분이므로 자연과 조화를 이루어야 우리 삶이 풍요로워진다.

**15** 글 **가**, **나**의 짜임을 알맞게 나타낸 것은 무엇입니까? ( )

① **가**: 본론, **나**: 결론 ② **가**: 서론, **나**: 결론
③ **가**: 서론, **나**: 본론 ④ **가**: 본론, **나**: 본론
⑤ **가**: 결론, **나**: 서론

**16** 글 **나**의 근거를 원인과 결과의 흐름에 따라 정리한 것입니다. 빈칸에 알맞은 말을 쓰시오.

> 무리하게 자연을 개발함. → 생태계를 파괴함. → 사람의 ( )을/를 악화시킴.

**17** 근거 ㉠이 주장을 뒷받침하는지 까닭을 들어 판단하여 쓰시오.
서술형

_____

_____

_____

**18** 근거의 타당성을 판단하는 방법을 알맞게 말한 친구의 이름을 모두 쓰시오.

> **은수**: 근거가 주장보다 가치 있고 중요한 것인지 생각해야 해.
> **서영**: 주장과 근거가 서로 연결될 수 있는 내용인지 생각해 보면 돼.
> **규림**: 근거가 글쓴이의 주장을 뒷받침하는 데 도움이 됐는지 생각해야 해.

( )

**19** 다음 밑줄 친 표현이 논설문에 알맞지 <u>않은</u> 까닭은 무엇입니까? ( )

> • 적당히 먹어야 건강에 좋다.
> • 운동회는 우리 학교 전통이니까 <u>하면 좋겠지만, 재미는 없을 것이다.</u>

① 주관적인 표현이어서
② 객관적인 표현이어서
③ 의미가 모호한 표현이어서
④ 높임말 표현을 쓰지 않아서
⑤ 어떤 사실을 단정하는 표현이라서

**20** ㉠~㉣ 중 논설문에 알맞지 <u>않은</u> 표현의 기호를 쓰시오.

> 자연은 우리의 영원한 안식처이다. 더 이상 무분별한 개발로 금수강산을 훼손해서는 안 된다. ㉠반드시 자연 개발로 사라져 가는 동식물을 ㉡다시 이 땅으로 돌아오게 하여 ㉢더불어 살아야 한다. 지나친 개발 때문에 나타나는 지구 온난화와 이상 기후 현상이 더 이상 심해지지 않도록 노력하는 일도 우리 모두에게 남겨진 과제이다. 이제 우리 모두 자연 보호를 ㉣실천해야 한다.

( )

**1** 같은 문제 상황이라도 두 친구의 주장이 서로 다른 까닭을 쓰시오. [4점]

> 나는 동물원이 있어야 한다고 생각해. 동물원에서 평소에 볼 수 없는 동물들을 보고 동물을 사랑하는 마음이 생겼기 때문이야.

> 나는 동물원을 없애야 한다고 생각해. 동물원에 있는 동물들도 자유를 누릴 권리가 있어.

**2** 다음을 참고하여 논설문의 서론, 본론, 결론의 특성을 쓰시오. [6점]

| 서론 | 우리 전통 음식을 사랑합시다. |
|---|---|
| 본론 | • 우리 전통 음식은 건강에 이롭습니다.<br>• 우리 전통 음식을 가까이하면 계절과 지역에 따라 다양한 맛을 즐길 수 있습니다.<br>• 우리 전통 음식에서 우리 조상의 슬기와 문화를 경험할 수 있습니다. |
| 결론 | 우리 전통 음식의 과학성과 우수성을 알고 우리 전통 음식에 관심을 가지고 우리 전통 음식을 사랑해야겠습니다. |

| 서론 | (1) |
|---|---|
| 본론 | (2) |
| 결론 | (3) |

**3~4**

**가** 우리나라뿐만 아니라 세계 곳곳에서 벌어지는 자연 개발은 우리 삶을 위협한다. 이러한 무분별한 개발로 우리 삶의 터전인 자연은 몸살을 앓고, 이제 인류의 생존까지 위협하는 상황에 이르렀다. 우리는 자연의 목소리에 귀를 기울이고 자연을 보호해야 한다. 왜 자연을 보호해야 할까?

**나** 첫째, 자연은 한번 파괴되면 복원되기가 어렵다. 어린나무 한 그루가 아름드리나무로 성장하는 데 약 30년에서 50년이 걸린다고 한다. 우유 한 컵(150밀리리터)으로 오염된 물을 물고기가 살 수 있는 깨끗한 물로 만들려면 우유 한 컵의 약 2만 배의 물이 필요하다. 이처럼 환경을 오염시키는 것은 순식간이지만 오염된 환경을 되살리는 데는 수십, 수백 배의 시간과 노력이 든다.

**3** 글 **가**와 **나**의 중심 생각을 쓰시오. [6점]

| 글 **가** | (1) |
|---|---|
| 글 **나** | (2) |

**4** 근거의 타당성을 판단하는 방법을 쓰고, 글 **나**의 근거를 판단하여 쓰시오. [8점]

| 근거의 타당성을 판단하는 방법 | (1) |
|---|---|
| 근거 판단하기 | (2) |

**1** 다음 (     ) 안에서 알맞은 말을 골라 ○표 하시오.

( 전설 , 속담 )은 예로부터 민간에 전해 오는 쉬운 격언이나 잠언으로, 우리 민족의 지혜와 해학, 생활 방식과 교훈이 담겨 있다.

**5** 다음은 뜻이 비슷한 속담입니다. 빈칸에 알맞은 말을 보기 에서 찾아 쓰시오.

보기

바람        햇빛        쥐구멍

(1) (                    )에도 볕 들 날 있다
(2) 응달에도 (                  ) 드는 날이 있다

**2** 다음과 바꾸어 쓸 수 있는 속담에 ○표 하시오.

백지장도 맞들면 낫다

(1) 천 리 길도 한 걸음부터              (          )
(2) 두 손뼉이 맞아야 소리가 난다        (          )

**6** 다음 뜻에 알맞은 속담에 ○표 하시오.

순하고 좋은 사람이라도 너무 업신여기면 가만있지 않는다.

(1) 발 없는 말이 천 리 간다              (          )
(2) 지렁이도 밟으면 꿈틀한다            (          )

**3** 다음 중에서 일부만 보고 전체를 미루어 안다는 뜻을 가진 속담의 기호를 쓰시오.

㉮ 바늘 가는 데 실 간다
㉯ 하나를 보면 열을 안다
㉰ 사공이 많으면 배가 산으로 간다

(                    )

**7** 「속담 하나 이야기 하나」에 나오는 다음 속담의 뜻을 알맞게 선으로 이으시오.

(1) 독장수구구는 독만 깨뜨린다   •

•① 무엇인가를 잘 잊어버리는 사람을 가리키는 말이다.

(2) 까마귀 고기를 먹었나   •

•② 실속 없이 허황된 것을 궁리하고 미리 셈하는 것을 비유하는 말이다.

**4** 속담을 사용하면 좋은 점으로 알맞지 <u>않은</u> 것의 기호를 쓰시오.

㉮ 오랫동안 길게 말할 수 있다.
㉯ 조상의 지혜와 슬기를 알 수 있다.
㉰ 자기 의견을 쉽고 효과적으로 드러낼 수 있다.

(                    )

**8** 다음은 무엇에 관한 속담인지 한 글자로 쓰시오.

• 말이 씨가 된다
• 아 해 다르고 어 해 다르다
• 살은 쏘고 주워도 말은 하고 못 줍는다

(                    )

**1** 속담에 대한 설명으로 맞으면 ○표, 틀리면 ✕표 하시오.

(1) 우리 민족의 지혜와 해학이 담겨 있다.
( )

(2) 훌륭한 업적을 남긴 인물을 다룬 이야기이다.
( )

(3) 예로부터 민간에 전해 오는 쉬운 격언이나 잠 언이다.
( )

**2~3**

선생님, 우리나라 속담에 ㉠"백지장도 맞들면 낫다."라는 말이 있는데, 친구들과 함께 청소하니 쉬웠어요.

그랬군요! 여러분이 협동의 힘을 알았군요.

㉡그러면 협동을 말한 속담에는 또 무엇이 있을까요?

**2** ㉠에 담긴 뜻을 쓰시오.

서술형

_____

_____

**3** ㉡에 대한 답으로 알맞지 <u>않은</u> 속담은 무엇입니까? ( )

① 손이 많으면 일도 쉽다
② 한 손뼉이 울지 못한다
③ 하나를 보면 열을 안다
④ 두 손뼉이 맞아야 소리가 난다
⑤ 종이도 네 귀를 들어야 바르다

**4~5**

**가** 할머니와 이모께서는 깨지기 쉬운 항아리나 유 리그릇부터 싸라고 하셨고, 삼촌께서는 텔레비전이 나 컴퓨터부터 옮기라고 하셨어요. "[ ㉠ ]." 라는 속담처럼 서로 의견을 굽히지 않아 시간만 흘 러갔어요.

**나**

㉡"바늘 가는 데 실 간다."라고 했어. 우리는 짝이니까 함께하자.

재미있는 말이네. 고마워!

**4** ㉠에 들어갈 속담으로 가장 알맞은 것은 무엇입니 까? ( )

① 말이 씨가 된다
② 소 잃고 외양간 고친다
③ 비 온 뒤에 땅이 굳어진다
④ 세 살 적 버릇이 여든까지 간다
⑤ 사공이 많으면 배가 산으로 간다

**5** ㉡의 뜻을 바르게 말한 친구의 이름을 쓰시오.

지민: 사람의 긴밀한 관계를 비유적으로 이르는 말이야.
희수: 어떤 일이든 한 가지 일을 끝까지 해야 성공할 수 있다는 뜻이야.

( )

**6** 속담을 사용하는 까닭으로 알맞은 것을 모두 골라 기호를 쓰시오.

㉮ 말하는 시간을 늘릴 수 있어서
㉯ 상대방을 쉽게 설득할 수 있어서
㉰ 자기 생각을 효과적으로 전달할 수 있어서

( )

**가** 피아노를 배우다 그만두고, 태권도도 힘들어 그만두고, 이제 수영을 배우려고 해.

㉠우물을 파도 한 우물만 파라는 말이 있듯이 이번에는 수영을 끝까지 배우면 좋겠어.

**나** 영주에게 태권도 겨루기를 하자고 했어.

㉡하룻강아지 범 무서운 줄 모른다더니, 한 달 배운 네가 태권도 대표 선수인 영주를 이길 수 있겠니?

**7** **가**와 **나** 중 다음에 해당하는 것의 기호를 쓰시오.

> 중간에 포기하지 말고 끝까지 배우면 좋겠다고 말하는 상황

( )

**8** ㉠과 ㉡ 중 다음 뜻을 가진 속담의 기호를 쓰시오.

> 철없이 함부로 덤빈다.

( )

**9** ㉠과 같은 속담을 사용할 수 있는 상황으로 알맞은 것은 무엇입니까? ( )

① 작은 것들이 모여 큰 것이 된 상황
② 용돈을 저축해 부모님께 선물을 사 드린 상황
③ 여럿이 자기주장만 내세워 일이 안 되는 상황
④ 여러 가지를 하느라 하나도 제대로 못 한 상황
⑤ 중심이 되는 것보다 부분이 되는 게 더 큰 상황

**10** ㉡과 같은 속담을 사용할 수 있는 다른 상황을 한 가지 쓰시오.
서술형

_____

_____

**가** 만 원을 주고 장난감을 샀습니다. 그런데 가지고 놀다가 고장 나서 고치러 갔더니 수리비가 만오천 원이라고 합니다. 장난감 가격보다 수리비가 더 비쌉니다.

**나** 우리 반 지우는 야구를 좋아하고 야구 선수가 되고 싶어 합니다. 그래서 지우가 가는 곳에는 언제나 야구공과 야구 장갑이 있습니다.

**다** 지난주에 내 자랑 발표 대회가 있었습니다. 그런데 친구들과 놀고 싶은 마음에 말할 내용을 준비하지 않아서 더듬거리며 발표했습니다. 좀 더 노력하지 않은 제 모습이 후회가 됩니다.

**11** 다음은 글 **가**의 상황에서 사용할 수 있는 속담들입니다. 빈칸에 공통으로 들어갈 말은 무엇입니까? ( )

> • 바늘보다 실이 굵다
> • 배보다 배꼽이 더 ☐☐
> • 얼굴보다 코가 더 ☐☐

① 낮다 ② 크다 ③ 작다
④ 아프다 ⑤ 예쁘다

**12** 글 **나**의 상황에서 사용할 수 있는 속담으로 알맞지 않은 것을 두 가지 고르시오. ( )

① 티끌 모아 태산
② 바늘 가는 데 실 간다
③ 구름 갈 제 비가 간다
④ 용 가는 데 구름 간다
⑤ 돌다리도 두들겨 보고 건너라

**13** 글 **다**의 상황에 사용할 속담으로 알맞은 것에 ○표 하시오.

(1) 가는 말이 고와야 오는 말이 곱다 ( )
(2) 오이 덩굴에 오이 열리고 가지 나무에 가지 열린다 ( )

**14** 서로 뜻이 비슷한 속담이 되려면 빈칸에 들어갈 알맞은 낱말은 무엇입니까? ( )

> • 응달에도 햇빛 드는 날이 있다
> • 마룻구멍에도 [    ] 들 날이 있다

① 볕 　　② 마당 　　③ 이슬
④ 우박 　　⑤ 쥐구멍

**15 ~ 18**

**가** "야, 이렇게 계산해 보니 며칠 안 가 독이 천만 개나 되겠는걸. 그럼 그 돈으로 논과 밭을 사는 거야. 그리고 남는 돈으로는 고래 등 같은 기와집을 짓는 거야."

독장수는 너무 기쁜 나머지 팔을 번쩍 들었습니다. 그러다가 팔로, 지게를 받치던 지겟작대기를 밀어 버렸습니다. 지게는 기우뚱하더니 옆으로 팍 쓰러졌습니다. 지게에 있던 독들도 와장창 깨지고 말았습니다. / "아이고, 망했다. 이걸 어쩐다?"

독장수는 눈물을 뚝뚝 흘리며 박살 난 독 조각들을 쓰다듬었습니다.

**나** 까마귀는 생각을 바꿔 말고기를 먹고 가기로 했습니다. 까마귀가 말고기를 먹으려고 입을 벌리는 순간, 입에 문 편지가 바람에 날려 어디론가 사라졌습니다. 그래도 까마귀는 정신없이 말고기를 먹었습니다.

"후유, 정말 잘 먹었다. 인간 세상은 참 좋아. 나도 여기서 살았으면 좋겠다. 배불리 먹고 나니 부러울 게 하나도 없구나."

까마귀는 좀 쉬고 난 뒤 편지를 찾았습니다. 그러나 편지는 온데간데없었습니다.

"아니, 편지가 없어졌네. 이거 큰일 났다."

**다** "까마귀 고기를 먹었나."라는 속담은 이런 경우와 같이 무엇인가를 잘 잊어버리는 사람을 가리켜 사용됩니다.

**15** 주제를 생각하며 글 **가**~**다**를 읽을 때, 살펴보지 <u>않아도</u> 되는 것은 무엇입니까? ( )

① 독장수의 마음　　② 까마귀의 모습
③ 사용된 속담의 뜻　　④ 독장수가 처한 상황
⑤ 까마귀가 처한 상황

**16** 글 **가**와 **나** 중 다음과 관련 있는 글의 기호를 쓰시오.

> 허황된 것을 궁리하고 미리 셈하는 것

( )

**17** 글 **가**에서 독장수의 마음이 어떻게 변하였는지 ( ) 안에서 알맞은 말을 골라 ○표 하시오.

> ( 기쁜 , 슬픈 ) 마음 → ( 외로운 , 속상한 ) 마음

**18** 글 **나**에서 짐작할 수 있는 까마귀의 마음으로 알맞은 것은 무엇입니까? ( )

① 편지를 잘 전달하고 싶은 마음
② 편지를 잃어버리고 걱정하는 마음
③ 자신의 어리석음을 반성하는 마음
④ 자신의 실수를 인정하지 않는 마음
⑤ 인간 세상을 한심하게 생각하는 마음

**19** 다음 속담을 사용할 수 있는 상황으로 알맞은 것은 무엇입니까? ( )

> 낮말은 새가 듣고 밤말은 쥐가 듣는다

① 자기가 해야 할 중요한 일을 잊어버린 상황
② 이미 잘못된 뒤라 손을 써도 소용이 없는 상황
③ 아무리 잘하는 사람이라도 간혹 실수하는 상황
④ 아무도 안 듣는 데서라도 말조심해야 하는 상황
⑤ 여러 가지 일을 한꺼번에 해서 아무것도 이룬 것이 없는 상황

**20** 우리 속담에 동물과 관련된 것이 많은 까닭은 무엇인지 쓰시오.
서술형

_____

_____

**1~2**

**가** 만 원을 주고 장난감을 샀습니다. 그런데 가지고 놀다가 고장 나서 고치러 갔더니 수리비가 만오천 원이라고 합니다. 장난감 가격보다 수리비가 더 비쌉니다.

**나** 우리 반 지우는 야구를 좋아하고 야구 선수가 되고 싶어 합니다. 그래서 지우가 가는 곳에는 언제나 야구공과 야구 장갑이 있습니다.

**다** 사랑하는 영주야!

처음에는 어렵다고 느껴지는 책도 두세 번씩 읽다 보면 어느덧 담긴 뜻을 생각하며 쉽게 읽을 수 있단다. 그러니 힘든 일이 있더라도 꿋꿋하게 견디며 희망을 가졌으면 좋겠다.

**라** 지난주에 내 자랑 발표 대회가 있었습니다. 그런데 친구들과 놀고 싶은 마음에 말할 내용을 준비하지 않아서 더듬거리며 발표했습니다. 좀 더 노력하지 않은 제 모습이 후회가 됩니다.

**1** 글 **가**와 **나**의 상황에서 사용할 수 있는 속담을 한 가지씩 쓰시오. [8점]

| | |
|---|---|
| 글 **가** | (1) |
| 글 **나** | (2) |
| 글 **다** | 쥐구멍에도 볕 들 날 있다 |
| 글 **라** | 콩 심은 데 콩 나고 팥 심은 데 팥 난다 |

**2** 〈문제 1번〉에서 제시한 글 **다**와 **라**의 속담 뜻을 쓰시오. [8점]

| | |
|---|---|
| 글 **다** | (1) |
| 글 **라** | (2) |

**3~4**

**가** 까마귀가 말고기를 먹으려고 입을 벌리는 순간, 입에 문 편지가 바람에 날려 어디론가 사라졌습니다. 그래도 까마귀는 정신없이 말고기를 먹었습니다.

**나** "어휴, 간이 콩알만 해졌네. 이럴 줄 알았으면 편지 내용을 한번 보는 건데. 그러나저러나 큰일이네. 하늘에 올라가면 분명 염라대왕께서 이 사실을 알고 호통을 치실 텐데. 할 수 없지, 인간 세상에 눌러앉는 수밖에. 여기서는 누가 뭐라는 사람도 없겠지."

까마귀는 하늘로 올라가는 것을 포기하고 말고기가 있던 자리로 갔습니다.

강 도령은 갑자기 바빠졌습니다. 아무나 되는대로 저승으로 보내야 했기 때문입니다.

그전까지는 나이 많은 순서대로 저승에 보내졌습니다. 그래서 사람들은 죽음을 슬픔이 아닌 당연한 일로 받아들였습니다. 본디 왔던 곳으로 돌아간다고 생각했기 때문입니다.

그러나 까마귀가 염라대왕의 뜻을 잘못 전한 뒤부터는 어른, 아이 할 것 없이 아무나 먼저 죽게 되었답니다. 이때부터 나이에 상관없이 사람들이 죽게 되었지요.

㉠"까마귀 고기를 먹었나."라는 속담은 이런 경우와 같이 [ ㉡ ]을 가리켜 사용됩니다.

**3** ㉠의 뜻을 생각하여 ㉡에 들어갈 알맞은 말을 쓰시오. [4점]

( )

**4** 까마귀에게 해 주고 싶은 말을 쓰시오. [8점]

_____

_____

**1** 다음 빈칸에 알맞은 말을 쓰시오.

> 이미 아는 정보를 근거로 삼아 다른 판단을 이끌어 내는 것을 (                    ) (이)라고 한다.

**2** 다음은 「우리는 이미 하나」에 담긴 의미를 어떤 방법으로 추론한 것인지 알맞은 것에 ○표 하시오.

> 나는 낯선 곳에 잠깐 여행하는 것도 힘든 점이 많던데 북한 이탈 주민들이 잘 적응하며 사시는 게 놀랍다.

(1) 자신의 경험 떠올리기 ( )
(2) 다의어나 동형어의 뜻 찾아보기 ( )
(3) 말이나 행동에서 단서 확인하기 ( )

**3** 다음 내용을 통해 추론할 수 있는 사실을 알맞게 선으로 이으시오.

(1) 6.25 전쟁 때 수원 화성이 크게 파괴되었다. •

· ① 수원 화성은 여러 위기를 거치면서 원래의 모습을 잃었다.

(2) 수원 화성은 규모가 커서 다 돌아보려면 꽤 시간이 걸린다. •

· ② 수원 화성에 직접 가 보려면 운동화를 신는 것이 좋겠다.

**4** 다음 밑줄 친 낱말의 뜻으로 알맞은 것에 ○표 하시오.

> 건물 하나만 보는 것보다는 주변 경치를 함께 감상하는 것이 더 좋아.

(1) 마음속에서 일어나는 느낌이나 생각. ( )

(2) 주로 예술 작품을 이해하여 즐기고 평가함. ( )

(3) 하찮은 일에도 쓸쓸하고 슬퍼져서 마음이 상함. 또는 그런 마음. ( )

**5** 다음 빈칸에 알맞은 말을 쓰시오.

> 드러나지 않은 내용을 추론할 때 글에 쓰인 다의어나 동형어가 어떤 뜻으로 쓰였는지 (                    )에서 알맞은 뜻을 찾아본다.

**6** 「서울의 궁궐」을 읽고 내용을 알맞게 추론한 것의 기호를 쓰시오.

> ㉮ 현재 서울에 남아 있는 조선 시대의 궁궐은 모두 다섯 곳이라고 한다.
> ㉯ 궁궐 사람들이 자신의 신분에 알맞은 건물에서 생활했다는 것으로 보아, 조선 시대에는 신분에 따른 차이가 명확했다.

(                    )

**7** 「서울의 궁궐」에서 '전' 자가 붙은 건물에 살 수 있는 사람을 모두 찾아 쓰시오.

> 왕    후궁    군인    내시    왕비

(                    )

### 1~3

**1** 이 영상에 나오는 사람들의 직업을 세 가지 쓰시오.

( )

**2** 이 영상에 담긴 의미를 추론하는 방법으로 알맞지 <u>않은</u> 것에 ✕표 하시오.

(1) 자신의 경험을 떠올린다. ( )

(2) 이어질 내용을 상상하여 꾸민다. ( )

(3) 인물의 말이나 행동에서 단서를 확인한다.

( )

**3** 이 영상에서 추론할 수 있는 내용으로 알맞은 것은 무엇입니까? ( )

① 북한 이탈 주민의 삶은 비참하다.

② 북한 이탈 주민은 주로 여자이다.

③ 북한 이탈 주민은 직업을 가질 수 없다.

④ 북한 이탈 주민은 우리와 생각이 다르다.

⑤ 북한 이탈 주민은 우리 주위에 많이 있다.

### 4~6

**4** 이 그림 속에 등장하지 <u>않은</u> 인물은 누구입니까?

( )

① 남자 ② 병아리

③ 고양이 ④ 어린아이

⑤ 어미 닭

**5** 이 그림은 어떤 상황입니까? ( )

① 남자가 어미 닭을 쫓아내는 상황

② 어미 닭과 고양이가 싸우는 상황

③ 어미 닭이 병아리를 품고 있는 상황

④ 남자가 고양이에게 먹이를 주는 상황

⑤ 고양이가 병아리를 물고 달아나는 상황

**6** 자신의 경험을 떠올려 이 그림의 내용을 알맞게 추론한 친구의 이름을 쓰시오.

> 기영: 남자가 신발도 신지 않고 마루에서 뛰쳐 나가는 걸 보니 몹시 다급한 것 같아.
>
> 연우: 고양이가 내 신발을 물고 달아나서 깜짝 놀란 적이 있는데, 아마 어미 닭의 마음도 같았을 거야.

( )

**7~10**

『화성성역의궤』는 수원 화성에 성을 쌓는 과정을 기록한 책인 의궤야. 수원 화성은 ㉠일제 강점기를 거치면서 성곽 일대가 훼손되기 시작하고 6.25 전쟁 때 크게 파괴되었는데, 『화성성역의궤』를 보고 원래의 모습대로 다시 만들어졌단다. 덕분에 ㉡수원 화성이 1997년에 유네스코 세계 문화유산으로 등록될 수 있었어.

『화성성역의궤』는 정조 임금이 갑자기 세상을 떠나는 바람에 다음 임금인 순조 때 만들어졌는데, 건축과 관련된 의궤 가운데에서도 가장 내용이 많아. ㉢수원 화성 공사와 관련된 공식 문서는 물론, 참여 인원, 사용된 물품, 설계 등의 기록이 그림과 함께 실려 있는 일종의 보고서인 셈이야.

**7** 『화성성역의궤』에 대한 설명으로 알맞은 것은 무엇입니까? ( )

① 그림 없이 글만으로 기록되어 있다.
② 국가의 행사 모습을 기록한 책이다.
③ 서민들의 생활 모습을 기록한 책이다.
④ 유네스코 세계 문화유산으로 등록되어 있다.
⑤ 수원 화성에 성을 쌓는 과정을 기록한 책이다.

**8** 『화성성역의궤』는 어느 왕 때 만들어졌는지 쓰시오.

( )

**9** 6.25 전쟁 때 크게 파괴된 수원 화성을 원래의 모
서술형 습대로 다시 만들 수 있었던 까닭을 쓰시오.

_____

_____

**10** ㉠~㉢ 중 다음과 같은 사실을 추론할 수 있는 단서를 찾아 기호를 쓰시오.

수원 화성은 여러 위기를 거치면서 원래의 모습을 잃었다.

( )

**11~13**

수원 화성은 정조 임금의 원대한 꿈이 담긴 곳으로 볼거리가 많아. 건물 하나만 보는 것보다는 주변 경치를 함께 감상하는 것이 더 좋아. 정조 임금이 엄격하게 고른 ㉠좋은 자리에 지었으니까. 수원 화성은 규모가 커서 다 돌아보려면 꽤 시간이 걸려. 다리가 아프면 화성 열차를 타는 것도 좋겠지. 화성 열차는 수원 화성 구경을 하러 온 사람들을 위해 마련한 열차야.

더 둘러보고 싶은 친구가 있다면 근처에 있는 융건릉과 용주사에 가 볼 것을 추천할게. 융건릉은 사도 세자의 무덤인 융릉과 정조 임금의 무덤인 건릉을 합쳐서 부르는 이름이고, 용주사는 사도 세자의 명복을 빌려고 지은 절이야.

**11** ㉠의 뜻으로 알맞은 것은 무엇입니까? ( )

① 하찮은 일에도 쓸쓸하고 슬퍼지다.
② 먹은 것이 많아 속이 꽉 찬 느낌이 들다.
③ 성품이나 인격 따위가 원만하거나 선하다.
④ 주로 예술 작품을 이해하여 즐기고 평가하다.
⑤ 대상의 성질이나 내용 따위가 보통 이상의 수준이어서 만족할 만하다.

**12** 글쓴이가 수원 화성을 구경하고 나서 더 둘러볼 곳으로 추천한 곳을 두 군데 쓰시오.

( )

**13** 이 글에 대한 질문을 만든 것 중 글쓴이의 생각을 추론할 수 있는 질문으로 알맞은 것에 ○표 하시오.

(1) 수원 화성 주변에는 어떤 볼거리가 있나요?

( )

(2) 수원 화성에 정조 임금의 원대한 꿈이 담겼다고 한 까닭은 무엇일까요? ( )

(3) 규모가 큰 수원 화성을 다 돌아보기 위해 이용할 수 있는 시설은 무엇인가요? ( )

**14~17**

**가** 현재 서울에 남아 있는 조선 시대의 궁궐은 모두 다섯 곳으로 경복궁, 창덕궁, 창경궁, 경희궁, 경운궁이다.

**나** 궁궐에는 왕과 왕비뿐만 아니라 왕실의 가족과 관리, 군인, 내시, 나인 등 많은 사람이 살았다. 이 사람들은 각자 자신의 신분에 알맞은 건물에서 생활했고, 건물의 명칭 또한 주인의 신분에 따라 달랐다. 예컨대 궁궐에는 강녕전이나 교태전과 같이 '전' 자가 붙는 건물이 있는데, 이러한 건물에는 궁궐에서 가장 신분이 높은 왕과 왕비만 살 수 있었다. 왕실 가족이나 후궁들은 주로 '전'보다 한 단계 격이 낮은 '당' 자가 붙는 건물을 사용했다. 그 밖의 궁궐 사람들은 주로 '각', '재', '헌'이 붙는 건물에서 생활했다.

**14** 현재 서울에 남아 있는 조선 시대의 궁궐은 몇 곳인지 쓰시오.

(                    ) 곳

**15** 궁궐에 있는 건물의 명칭을 보고 알 수 있는 것은 무엇입니까? (          )

① 건물의 구조　　　② 건물의 위치
③ 건물 주인의 나이　④ 건물 주인의 신분
⑤ 건물이 지어진 때

**16** '당' 자가 붙은 건물에서 주로 생활한 사람은 누구입니까? (          )

① 왕　　　　② 왕비　　　③ 군인
④ 후궁　　　⑤ 내시

**17** 글 **나**를 읽고 추론할 수 있는 사실을 한 가지 쓰시오.

서술형

_____

_____

**18~19**

**가** 창덕궁은 경복궁 동쪽에 있다고 하여 창경궁과 함께 '동궐'로도 불렸다. 건물과 후원이 잘 어우러져 아름다우며 유네스코 세계 문화유산으로 기록되었다. 산이 많은 우리나라답게 산자락에 자연스럽게 배치한 건물이 인상적이다.

**나** 창경궁은 성종이 할머니들을 모시려고 지은 궁궐로, 효자로 유명한 정조가 태어난 곳이기도 하여 효와 인연이 깊다. 창경궁은 임진왜란 때 불탔다가 광해군 때 제 모습을 찾았으나, 그 뒤로도 큰 화재를 겪는 수난을 당했다.

**18** 유네스코 세계 문화유산으로 기록된 궁궐은 무엇인지 쓰시오.

(                    )

**19** 글쓴이가 이 글을 쓴 까닭을 알맞게 짐작한 것에 ○표 하시오.

(1) 궁궐을 관람할 때 지켜야 할 예절을 알려 주기 위해서이다. (          )
(2) 조선 시대에 불탄 궁궐들을 다시 짓자고 주장하기 위해서이다. (          )
(3) 조선의 궁궐에는 각각 어떤 특징이 있는지 알려 주기 위해서이다. (          )

**20** 영상 광고를 만들 때, 장면을 촬영한 뒤에 해야 할 일을 두 가지 고르시오. (          )

① 역할 나누기
② 영상 광고 주제 정하기
③ 편집 도구로 자막 넣기
④ 촬영 도구와 편집 도구 준비하기
⑤ 완성한 영상 광고를 함께 보며 고치기

**1** 다음 그림에서 남자의 마음을 추론하여 조건 에 맞게 쓰시오. [6점]

조건
• 까닭을 들어 쓴다.
• 인물의 행동에서 단서를 찾아 쓴다.

_____

_____

_____

**2** 수원 화성을 직접 가 보려고 할 때, 글에 나타난 단서와 자신의 경험을 통해 추론할 수 있는 내용은 무엇인지 쓰시오. [6점]

| 글에 나타난 단서 | • 수원 화성은 볼거리가 많다.<br>• 수원 화성은 규모가 커서 다 돌아보려면 꽤 시간이 걸린다. |
|---|---|
| 자신의 경험 | 경주 여행을 갔을 때 편한 신발을 신지 않아서 힘들었던 적이 있다. |

_____

_____

**3~4**

지금의 덕수궁은 원래 경운궁이라고 불렸는데, 성종의 형인 월산 대군의 집이었다. 선조가 임진왜란이 끝난 뒤에 서울로 돌아오니 궁궐이 모두 불타 버려서 이곳을 넓혀 행궁으로 만들었다고 한다. 선조가 죽고 광해군이 왕위에 오른 뒤에 이 행궁을 경운궁이라고 했다. 그러다가 조선 왕조 말기에 고종이 강한 나라들의 정치적 ⊙소용돌이에 휘말리면서 거처를 경운궁으로 옮긴 뒤, 비로소 궁궐다운 모습을 갖추었다.

경운궁 안에는 중화전과 같은 전통적 건물, 석조전이나 정관헌과 같은 서양식 건물이 함께 들어서 있다.

**3** 경운궁의 특징이 잘 드러나게 글의 내용을 간추려 쓰시오. [6점]

_____

_____

**4** ⊙의 뜻과 그렇게 생각한 까닭을 쓰시오. [6점]

| 뜻 | (1) |
|---|---|
| 그렇게 생각한 까닭 | (2) |

**5** 영상 광고를 만들기 위해 역할을 나눌 때 주의할 점을 한 가지 쓰시오. [4점]

_____

_____

**1** 다음 빈칸에 알맞은 말을 쓰시오.

- 그림에서 여자아이가 말한 '생선'은 '생일 선물'의
( )(이)다.

**2** 다음 밑줄 친 말은 무슨 의미인지 쓰시오.

> 친구들이 다 그렇게 말해요. 그렇게 안 하면
> <u>핵노잼</u>이란 말이에요.

( )

**3** 다음 그림에 나온 친구들의 언어생활의 문제점으로 알맞은 것에 ○표 하시오.

(1) 비속어를 사용한다. ( )
(2) 외국어를 사용한다. ( )

**4** 다음 ( ) 안에서 알맞은 말을 골라 ○표 하시오.

> 대화할 때 ( 긍정하는 말 , 부정하는 말 )을
> 하면 상대의 기분을 상하지 않게 할 수 있다.

**5** 다음 그림을 보고 우리말 사용 실태에 대하여 바르게 말한 것의 기호를 쓰시오.

> ㉮ 외국어로 된 간판이 너무 많다.
> ㉯ 사람들이 신조어를 많이 사용한다.

( )

**6** 다음에서 중화가 조사한 실태의 내용은 무엇인지 ○표 하시오.

> **중화**: 나는 선생님과 학생, 학생과 학생끼리도 서
> 로 높임말을 사용하는 언어문화를 조사했어.

( 좋은 언어생활 문화 , 잘못된 우리말 사용 실태 )

**7** 우리말 사용 실태에 대하여 조사한 내용을 발표할 때 주의할 점으로 알맞은 것에 ○표 하시오.

(1) 중요한 부분은 강조하며 발표한다. ( )
(2) 발표 효과를 높이기 위해 자료를 사용하지 않는다. ( )

**8** 다음 글을 쓴 까닭은 무엇인지 빈칸에 알맞은 말을 쓰시오.

> 긍정하는 표현은 자신은 물론 주변 사람들 마음에 긍정하는 힘을 줍니다. 그리고 고운 우리말 사용이 아름다운 소통을 이루고, 진정한 말맛을 느끼게 합니다. 그러므로 긍정하는 말과 고운 우리말을 사용해야 합니다.

- ( )
(라)는 주장을 펴기 위해서

**1** 그림 1～4에서 아빠가 이해하지 못한 말을 모두 고르시오. ( )

① 헐 ② 생선 ③ 핵노잼
④ 말이에요 ⑤ 생일 선물

**2** ㉠에서 아빠는 뭐라고 말씀하셨겠습니까?
( )

① 비꼬는 말을 하면 어떡하니?
② 비난하는 말을 하면 어떡하니?
③ 부정적인 말을 하면 어떡하니?
④ 외래어를 섞어 쓰면 어떡하니?
⑤ 우리말을 그렇게 줄여서 말하면 어떡하니?

**3** 여자아이의 언어 예절에 대해 바르게 말한 것의 기호를 쓰시오.

㉮ 높임말을 바르게 쓰지 않았다.
㉯ 비속어와 신조어를 사용하였다.
㉰ 다른 사람을 배려하며 말하였다.

( )

**4** 준석이와 진주 중에서 긍정적으로 말한 친구의 이름을 쓰시오.

( )

**5** 준석이가 ㉠처럼 말한 까닭은 무엇입니까?
( )

① 경기에서 져서 속상해서
② 정정당당하게 경기를 하고 싶어서
③ 경기에서 이기는 방법을 알려 주고 싶어서
④ 경기에서 지는 모둠의 친구를 격려하고 싶어서
⑤ 경기에서 지는 모둠의 친구를 무시하고 싶어서

**6** 장면 2와 3에서 솔연이와 강민이의 마음은 각각 어땠을지 비교하여 쓰시오.
서술형

_____

_____

**7** 언어 예절을 지키며 대화한 친구의 이름을 쓰시오.

**효진**: 친구에게 비속어를 쓰며 이야기했어.
**주원**: 춤을 잘 추는 짝에게 존중의 말로 칭찬했어.

( )

**가** 평범한 중고등학생 네 명을 대상으로 욕 사용 실태를 관찰했더니 네 시간 동안 평균 500여 번의 욕설이 쏟아졌습니다.

충격적인 것은 이 학생들이 문제아나 불량 청소년이 아니라는 것입니다. 이제 욕은 많은 학생들의 입에서 거침없이 터져 나오는 일상어가 되어 버렸습니다.

**나**

**8** **가**를 통해 알 수 있는 사실은 무엇입니까?
(      )

① 학생들이 욕을 너무 많이 사용한다.
② 불량 청소년의 수가 늘어나고 있다.
③ 학생들의 대화 시간이 줄어들고 있다.
④ 욕 사용 실태가 심각한 수준은 아니다.
⑤ 부정하는 말보다 긍정하는 말을 하는 아이들이 많다.

**9** **나**에 나온 '펫시터'를 우리말로 바꾸어 쓰시오.
(      )

**10** **가**와 **나**를 보고 한 생각으로 알맞지 <u>않은</u> 것은 무엇입니까? (      )

① 고운 우리말을 써야겠다.
② 우리말을 바르게 사용해야 한다.
③ **가**, **나**와 같은 언어생활이 지속되어야 한다.
④ 욕설보다는 긍정하는 말을 사용하여야 한다.
⑤ 욕설을 섞어서 말하는 친구와 대화하면 기분이 좋지 않을 것이다.

**11** **가**와 **나**처럼 실제 우리 주변에서 올바르지 못한 말을 사용하고 있는 예를 한 가지 쓰시오.
서술형
(      )

**12** **가**~**라**의 자료를 찾은 곳으로 알맞지 <u>않은</u> 것은 무엇입니까? (      )

① 뉴스      ② 사전      ③ 영화
④ 거리의 간판   ⑤ 어린이 신문

**13** **가**~**라**를 보고 우리말 사용 실태에 대하여 조사 계획을 세울 때, 생각할 점으로 알맞지 <u>않은</u> 것은 무엇입니까? (      )

① 준비물      ② 조사 자료   ③ 조사 날짜
④ 조사 방법   ⑤ 다른 모둠의 발표 내용

**14** 다음에서 지원이는 어떤 내용의 실태를 조사했는지 알맞은 것의 기호를 쓰시오.

지원: 나는 텔레비전 뉴스 기사를 인터넷에서 찾았어. 「초등학생 줄임 말, 신조어 '심각'」이라는 뉴스를 찾았어.

㉮ 잘못된 우리말 사용 실태
㉯ 초등학생 인터넷 중독 실태
㉰ 우리말을 바르게 사용하는 실태

(      )

**15~17**

가 요즘 우리 반 친구들이 대화할 때 짜증 난다는 말이나 비속어, 욕설 따위를 사용합니다. 그런 말을 들으면 기분이 나빠지고 화가 나서 다툼도 일어납니다.

나 우리 반에는 공놀이할 때마다 실수해서 같은 편이 되기를 꺼려 하는 친구가 있습니다. 대부분 그 친구와 같은 편이 되면 "짜증 나."라는 말이나 비속어, 욕설을 합니다. 그러던 어느 날, 그 친구가 안쓰러워서 "괜찮아, 넌 잘할 수 있어."라고 말했습니다. 그랬더니 신기하게도 그 친구가 승점을 냈습니다.

다 비속어나 욕설 같은 거친 말보다는 고운 우리말 사용이 자신과 상대의 마음을 아름답게 해 준다는 결과도 있습니다. 상대의 실수에는 너그러운 말을 하고, 내 잘못에는 미안하다는 말을 하며, 상대의 배려에는 고마운 말을 하는 것입니다.

**15** 글 가~다 중 문제 상황을 제기한 서론 부분에 해당하는 것의 기호를 쓰시오.

( )

**16** 글쓴이가 제시한 문제 상황은 무엇입니까?

( )

① 따돌림 문제가 심각한 것
② 운동을 하지 않는 아이들이 많은 것
③ 어른께 높임말을 잘 사용하지 않는 것
④ 친구들 사이에 대화를 거의 하지 않는 것
⑤ 반 친구들이 대화할 때 거친 말을 사용하는 것

**17** 글쓴이가 주장을 뒷받침하기 위하여 제시한 근거
서술형 를 정리하여 쓰시오.

• 친구에게 긍정하는 말을 해 주니 좋은 일이 생겼다.

• _____

_____

**18~19**

**18** 다음 빈칸에 알맞은 말을 쓰시오.

이 광고는 ( )을/를 바르게 고쳐 쓴 우리말 사례집을 만든 것이다.

**19** 이와 같은 우리말 사례집을 만들기 위하여 친구들이 다음과 같이 의견을 나누었습니다. 무엇에 대하여 의견을 나눈 것입니까? ( )

승아: 신문 같은 자료 형식으로 만들면 어떨까?
원재: 책으로 만드는 건 어때?
주희: 영상 광고나 만화 영화로도 좋을 것 같아.

① 조사 방법
② 사례집의 내용
③ 사례집의 형식
④ 사례집의 주제
⑤ 역할 분담 방법

**20** 올바른 우리말 사례집을 만들 때의 내용으로 알맞지 <u>않은</u> 것은 무엇입니까? ( )

① 줄임 말을 바르게 고친 사례집
② 표기가 헷갈리는 낱말의 사례집
③ 비속어를 우리말로 바꾸는 사례집
④ 우리말을 훼손하는 사례를 고쳐 쓴 사례집
⑤ 자주 사용하는 외국어를 엮어 만든 사례집

**1~2**

며칠 전 우리 반 교실에서 일어난 일입니다. 준형이와 수진이가 교실 뒤쪽을 걷다가 뜻하지 않게 서로 부딪혔습니다. 준형이와 수진이는 서로 노려보면서 눈살을 찌푸렸습니다.

야, 넌 눈도 없냐? 똑바로 보고 다녀야지!

뭐라고? 재수 없어. 네가 날 쳤잖아.

**1** 준형이와 수진이처럼 비속어를 섞어서 말하는 친구와 대화하면 기분이 어떠할지 쓰시오. [4점]

_____

_____

**2** 준형이와 수진이의 언어생활에서 고칠 점은 무엇인지 쓰시오. [6점]

_____

_____

**3** 배려하는 말, 긍정하는 말, 바른 말로 대화하면 좋은 점을 쓰시오. [6점]

_____

_____

**4~5**

가 우리 반에는 공놀이할 때마다 실수해서 같은 편이 되기를 꺼려 하는 친구가 있습니다. 대부분 그 친구와 같은 편이 되면 "짜증 나."라는 말이나 비속어, 욕설을 합니다. 그러던 어느 날, 그 친구가 안쓰러워서 "괜찮아, 넌 잘할 수 있어."라고 말했습니다. 그랬더니 신기하게도 그 친구가 승점을 냈습니다.

나 긍정하는 말을 하면 말하는 사람은 물론 듣는 사람도 마음이 편안해집니다. 예를 들면 "안 돼."보다는 "할 수 있어.", "짜증 나."보다는 "괜찮아.", "이상해 보여."보다는 "멋있어 보여.", "힘들어."보다는 "힘내자."와 같이 부정하는 말을 긍정하는 말로 고쳐 사용하면, 말하는 사람과 듣는 사람 모두 기분도 좋아지고 자신감도 생긴다는 것입니다.

다 긍정하는 표현은 자신은 물론 주변 사람들 마음에 긍정하는 힘을 줍니다. 그리고 고운 우리말 사용이 아름다운 소통을 이루고, 진정한 말맛을 느끼게 합니다. 그러므로 ㉠긍정하는 말과 고운 우리말을 사용해야 합니다.

**4** 글 가와 나에서 ㉠을 뒷받침하는 근거 두 가지를 정리하여 쓰시오. [8점]

| 근거 1 | (1) |
|---|---|
| 근거 2 | (2) |

**5** 이 글에 어울리는 제목을 쓰시오. [6점]

(                  )

**1** 글에서 글쓴이가 말하고자 하는 생각을 무엇이라고 하는지 두 글자로 쓰시오.

(        )

**2** 글의 주제를 파악할 때 살펴보지 <u>않아도</u> 되는 것의 기호를 쓰시오.

> ㉮ 글의 제목      ㉯ 중심 문장
> ㉰ 중요한 낱말    ㉲ 어려운 표현

(        )

**3** 글의 주제를 찾으며 글을 읽으면 좋은 점으로 알맞은 것에 ○표 하시오.

(1) 글의 내용을 모두 외울 수 있다. (    )

(2) 글을 쓴 의도나 목적을 알 수 있다. (    )

(3) 글쓴이의 생각을 그대로 받아들일 수 있다.

(    )

**4** 「하여가」와 「단심가」에 나타난 글쓴이의 생각을 알맞게 선으로 이으시오.

(1) 「하여가」 •　　　• ① 변함없이 고려에 충성을 다하겠다.

(2) 「단심가」 •　　　• ② 뜻을 함께 모아 새 나라를 세우자.

**5** 사람이 어떤 행동이나 일을 선택하고 실천하는 데 바탕이 되는 생각을 무엇이라고 하는지 알맞은 말에 ○표 하시오.

( 편견 , 가치관 )

**6** 이야기에서 인물이 추구하는 가치를 파악할 때 살펴보아야 하는 것을 생각하여 빈칸에 알맞은 말을 쓰시오.

(1) 인물이 처한 (      )

(2) 인물이 처한 상황에서 한 (      )

(3) 인물이 처한 상황에서 그렇게 말하고 행동한 (      )

**7** 「제게 12척의 배가 있으니」에서 적은 수의 배와 군사를 가졌지만 쉽게 포기하지 않은 이순신이 추구하는 가치는 무엇인지 쓰시오.

(        )

**8** 다음 빈칸에 공통으로 들어갈 말에 ○표 하시오.

> 이야기 속 인물의 (    )과/와 자신의 (    )을/를 비교하면 인물이 추구하는 가치와 자신이 추구하는 가치를 비교할 수 있다.

( 나이 , 선택 , 생김새 )

**9** 이야기에서 인물이 추구하는 가치를 자신의 삶과 관련짓는 방법으로 알맞은 것에 ○표 하시오.

(1) 이야기와 관련한 자신의 경험을 생각한다.

(    )

(2) 자신이 인물보다 못하는 점만 생각한다.

(    )

(3) 책을 재미있게 읽는 데 도움을 준 인물의 말과 행동을 생각한다. (    )

**10** 인물 소개서에 넣을 내용을 세 가지만 쓰시오.

(        )

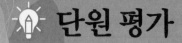 

**1~3**

책이 주는 선물을 받고 싶은 어린이들에게

**가** 나는 이야기를 쓰는 작가야. 책을 읽고 작가가 되는 꿈을 꾸게 되었고 책을 읽으면서 그 꿈을 키웠단다. 너희에게 내가 기억하는 책들을 소개해 줄게.

**나** 책 속에는 많은 이야기가 숨어 있어. 그리고 이야기 속 인물들은 우리를 다양한 경험 세계로 데려다주지. 꿈과 희망, 소외된 사람들에 대한 관심, 용기와 도전같이 작가가 말하고자 하는 생각도 듣는단다. 그 많은 이야기에 공감하며 이야기 속 인물의 삶에서 내 삶을 돌아보는 기회가 되는 것도 책이 주는 선물이야. 그래서 책을 읽는 사람은 지혜롭게 세상을 살 수 있다고 해. 나는 책에서 꿈을 찾았고 꿈을 이루는 방법까지 배웠으니 책이 주는 더 특별한 선물을 받은 거지.

책이 주는 선물을 받고 싶니? 너희도 책을 읽어 봐.

**1** 글쓴이는 누구에게 이 글을 썼는지 쓰시오.

( 　　　　　　　　　　　 )

**2** 글쓴이가 책을 읽는 사람이 지혜롭게 살 수 있는 까닭으로 말한 것을 모두 고르시오. ( 　　　 )

① 다양한 경험을 할 수 있다.
② 우리 주변의 일에 관심을 갖게 된다.
③ 내 삶을 돌아보는 기회를 갖게 된다.
④ 작가가 말하고자 하는 생각을 듣게 된다.
⑤ 자신의 생각을 다양하게 표현할 수 있다.

**3** 글쓴이가 말하고자 하는 생각은 무엇입니까?

( 　　　 )

① 책을 읽고 꿈을 찾자.
② 꿈을 이루기 위해 노력하자.
③ 어려운 이웃의 삶에 관심을 가지자.
④ 꿈을 이루는 방법을 찾기 위해 책을 읽자.
⑤ 책을 읽으면 지혜롭게 세상을 살 수 있으니 책을 읽자.

**4~7**

**가** 　　　　　　하여가
　　　　　　　　　　　　　　　　이방원

이런들 어떠하며 저런들 어떠하리
만수산 드렁칡이 얽혀진들 어떠하리
우리도 이같이 얽혀져 백 년까지 누리리

**나** 　　　　　　단심가
　　　　　　　　　　　　　　　　정몽주

이 몸이 죽고 죽어 일백 번 고쳐 죽어
백골이 진토 되어 넋이라도 있고 없고
㉠임 향한 일편단심이야 가실 줄이 있으랴

**4** 이 글의 종류는 무엇인지 쓰시오.

( 　　　　　　　　　　　 )

**5** 글 **가**에서 글쓴이의 생각이 가장 잘 드러난 표현은 무엇입니까? ( 　　　 )

① 우리　　　　　　② 백 년
③ 만수산　　　　　④ 이같이
⑤ 누리리

**6** 글 **나**에서 ㉠은 누구를 말하는 것입니까?

( 　　　 )

① 이방원　　　　　② 고려의 백성
③ 고려의 임금　　　④ 정몽주의 아내
⑤ 새 나라의 임금

**7** 글 **가**와 **나**의 초장, 중장, 종장을 글쓴이의 생각이 잘 드러난 장부터 순서를 매겨 보고, 그렇게 생각한 까닭과 함께 쓰시오.

서술형

_____

_____

**8 ~ 10**

**가** 우리 수군은 이때를 놓치지 않았습니다. 적의 배를 향해 총통을 쏘고 불화살을 날리며 총공격을 했습니다.

단 13척의 배로 133척의 배를 물리친 기적 같은 전투였습니다. 이 전투가 바로 '명량 대첩'입니다.

백성들은 이순신을 믿고 다시 모여들기 시작했습니다. 오랜만의 평화였습니다. 그러나 이상하게도 이순신의 마음은 불안하기만 했습니다. 꿈자리도 뒤숭숭했습니다. 말을 타고 언덕 위를 가다가 말에서 떨어졌는데 막내아들 면이 밑에서 이순신을 받는 꿈이었습니다. 참으로 이상했습니다.

나쁜 꿈은 바로 다음 날 현실로 드러났습니다. 면이 마을을 기습해 온 일본군과 싸우다가 죽었다는 소식이 날아든 것입니다. 일본군이 이순신에 대한 분풀이로 이순신의 고향 마을을 공격한 것이 분명했습니다.

**나** 이순신은 자기도 모르게 이를 악물었습니다.

'이제는 끝내야만 해.'

"아직도 저에게는 12척의 배가 있습니다. 비록 배는 적지만, 제가 죽지 않는 한 적이 감히 우리를 업신여기지 못할 것입니다."

**8** 이순신이 꾼 꿈은 무슨 일이 일어날 것을 예고하였습니까? ( )

① 임금의 죽음　　　② 일본의 재침입
③ 이순신의 부상　　④ 아들 면의 죽음
⑤ 전쟁에서의 승리

**9** 이 글의 주제로 알맞은 것을 모두 고르시오.

( )

① 우정　　② 용기　　③ 모험
④ 자신감　　⑤ 고난 극복의 의지

**10** 이순신이 추구하는 가치가 자신의 삶에 어떤 질문을 던지는지 한 가지만 쓰시오.
**서술형**

_____

_____

**11 ~ 13**

**가** "버들이가 이번에는 샘을 기와집 뒤란으로 옮겨 달라고 하잖아. 그러면 집에서 샘물을 긷게 될 거라고."

"이제 보니 버들이는 욕심쟁이구나. 샘을 옮기다니! 그러면 다른 동물들은 샘물을 못 마시잖아?"

**나** 몽당깨비의 표정이 어두워졌습니다.

"버들이가 묻더군. 도깨비가 제일 무서워하는 게 뭐냐고."

"무서운 거?"

"말 머리와 말 피를 무서워한다고 했지. 그랬더니 그걸로 도깨비들이 집 안에 얼씬거리지 못하도록 수를 써야 한다고 했어. 내가 샘물줄기를 바꾸고 나면 틀림없이 도깨비들이 노여워할 거라고 말이야. 샘물줄기를 찾아 물길을 바꾸고 며칠 뒤에 가 보니까 기와집 앞은 온통 아수라장이었어."

**다** "샘이 마른 이유를 알아내고 동물과 도깨비 들이 모두 그곳으로 모인 거야. 대왕님은 나를 잡아오라고 불호령을 내렸지. 하지만 아무도 기와집은 건드리지 못했어. 기와집 담에는 빈틈없이 말 피가 뿌려져 있었고 대문에는 말 머리가 높이 올려져 있었던 거야. 끔찍한 광경이었어."

**11** 글 **가**에서 몽당깨비가 처한 상황은 무엇인지 빈칸에 알맞은 말을 쓰시오.

• 버들이가 ( )을/를 ( ) 뒤란으로 옮겨 달라고 하였다.

**12** 버들이가 도깨비를 막기 위해 사용한 것을 두 가지 고르시오. ( )

① 샘물　　　　　② 기와
③ 말 피　　　　　④ 말 꼬리
⑤ 말 머리

**13** 버들이가 추구하는 가치는 무엇입니까? ( )

① 효　　　　　　② 봉사
③ 동물 보호　　　④ 친구와의 우정
⑤ 현실적인 이익

**14~17**

**가** 외국에서 공부를 마치고 케냐로 돌아온 왕가리 마타이는 황폐해진 케냐의 마을 풍경을 보고 깜짝 놀랐다. 케냐의 새로운 지도자들이 돈벌이를 위해 숲을 없애고 차나무와 커피나무를 심은 것이었다.

**나** 파괴된 환경이 그녀와 그녀의 아이들 그리고 케냐의 모든 이에게 고통을 주고 있다는 것을 깨달은 왕가리 마타이는 자신이 할 수 있는 일이 무엇인지 생각해 보았다.

'나무를 심는 거야.'

왕가리 마타이는 나무를 심기로 마음먹고, 방법을 고민한 끝에 나무를 심어 주는 회사를 세웠다. 그녀는 이 회사가 헐벗고 삭막한 도시를 풍요롭게 만들 뿐만 아니라, 가난한 사람들에게 나무를 심고 관리하는 일자리를 제공할 것이라고 생각했다. 그러나 사업은 적자를 면하기 어려웠고, 누구도 그녀를 도와주지 않았다.

**다** "이제 나무 심기는 그만하면 어때?"

주위 사람들은 나무 심기에만 열중하는 왕가리 마타이를 설득했다.

"나무 심기를 포기할 수는 없어요."

왕가리 마타이는 포기하지 않고 나무 심기를 계속할 수 있는 방법을 찾아보았다.

**14** 왕가리 마타이가 공부를 마치고 돌아왔을 때 케냐의 모습은 어떠하였습니까? ( )

① 황폐했다.　　　② 아름다웠다.
③ 발전하였다.　　④ 사람이 없었다.
⑤ 전쟁 중이었다.

**15** 왕가리 마타이가 나무를 심는 일을 하기 위해서 한 일은 무엇인지 쓰시오.

( )

**16** 왕가리 마타이가 추구하는 가치로 알맞지 <u>않은</u> 것은 무엇입니까? ( )

① 끈기　　　　　② 최선
③ 부유한 삶　　　④ 자연환경 보호
⑤ 모두의 이익과 행복

**17** 왕가리 마타이의 삶의 모습에서 닮고 싶은 점은 무엇인지 쓰시오.
서술형

_____

_____

**18** 이야기에서 인물이 추구하는 가치를 자신의 삶과 관련짓는 방법으로 알맞은 것을 모두 고르시오.
( )

① 글을 읽을 때 있었던 일을 생각해 본다.
② 인물의 생김새가 어떠할지 생각해 본다.
③ 이야기에서 관련된 자신의 경험을 생각해 본다.
④ 인물과 자신의 삶을 비교해 보고 느낀 점을 생각해 본다.
⑤ 자신이 처한 문제나 고민 해결에 도움을 준 인물의 말과 행동을 생각해 본다.

**19** 인물 소개서를 쓰는 방법으로 알맞은 것의 기호를 쓰시오.

⑦ 인물이 한 말을 모두 찾아 쓴다.
⑭ 인물에 대한 자신의 생각을 주로 쓴다.
⑮ 인물이 추구하는 가치가 드러나게 한다.

( )

**20** 인물 소개서를 써서 발표할 때 말할 내용으로 알맞지 <u>않은</u> 것은 무엇입니까? ( )

① 소개할 인물의 이름
② 문학 작품을 읽은 까닭
③ 문학 작품의 제목과 지은이
④ 인물이 추구하는 가치에서 느낀 점
⑤ 인물이 추구하는 가치를 파악할 수 있는 내용

**1~2**

「만년 샤쓰」의 창남이가 기억나. 자신의 옷 한 벌만 남기고 이웃에게 모두 나눠 주었거든. 나라면 그렇게 할 수 없었을 거야.

「옹고집전」의 주인공이 고집을 부리다…….

**1** 친구들처럼 이야기 속 인물 가운데에서 기억나는 인물을 쓰고, 그 인물이 기억나는 까닭도 쓰시오. [4점]

| 기억나는 인물 | (1) |
|---|---|
| 기억나는 까닭 | (2) |

**2** 〈문제 1번〉에서 답한 인물이 중요하게 생각한 것은 무엇인지 쓰고, 그 인물에게 하고 싶은 말도 쓰시오. [6점]

| 인물이 중요하게 생각한 것 | (1) |
|---|---|
| 인물에게 하고 싶은 말 | (2) |

**3~4**

**가** 케냐여성위원회는 나무 심기 운동을 전파하려고 여성들이 기른 묘목을 숲이나 정원에 옮겨 심을 때마다 한 그루에 4센트씩 대가를 지불하기로 했다. 여성들은 농사를 지어 본 경험이 많아 나무를 잘 길러 냈다. 때로는 땅에 화단을 일구었고, 때로는 깨진 화분에 묘목을 키웠다. 일자리를 가져 본 경험이 없는 여성들은 비록 적은 돈이었지만 스스로 돈을 벌 수 있다는 사실에 기쁨을 느끼며 열심히 일했다.

**나** 나무를 가꾸는 데 지친 몇몇 사람은 나무를 심기보다는 베어서 쓰고 싶어 했다.

"나무가 빨리 자라지 않으니 나무를 심기 싫어요."

왕가리 마타이는 사람들에게 인내심을 지니고 나무를 심어 줄 것을 부탁했다.

"우리가 오늘 베고 있는 나무는 우리가 심은 것이 아니라 이전에 누군가가 심어 준 것입니다. 그러니까 우리도 우리 아이들을 위해서, 미래의 케냐를 위해서 나무를 심어야 해요."

**3** 이 글에 나오는 나무를 심는 여성들과 왕가리 마타이가 추구하는 삶을 비교하여 조건에 맞게 쓰시오. [6점]

> **조건**
> • 추구하는 가치가 드러나게 쓴다.
> • 비슷한 점과 다른 점이 모두 드러나게 쓴다.

_____

_____

_____

**4** 왕가리 마타이가 추구하는 가치를 자신의 삶과 관련지어 쓰시오. [6점]

_____

_____

**1** 글을 쓴 상황으로 보아, 어떤 마음을 나누려고 한 것인지 각각 쓰시오.

(1)
> 친한 친구가 전학을 가서 슬펐을 때 그 친구에게 문자 메시지를 써서 보냈어.

(           ) 마음

(2)
> 고생하시는 경찰관분들께 고마운 마음을 전하려고 누리집 게시판에 글을 쓴 적이 있어.

(           ) 마음

**2** 다음은 마음을 나누는 글을 쓰는 상황을 파악하는 방법입니다. 빈칸에 들어갈 알맞은 말을 보기 에서 찾아 기호를 쓰시오.

> **보기**
> ㉮ 목적      ㉯ 사건
> ㉰ 마음      ㉱ 읽을 사람

(1) (        )을 정한다.
(2) 일어난 (        )을 확인한다.
(3) 글을 쓰는 (        )을 생각한다.
(4) 나누려는 (        )을 떠올린다.

**3** 다음 설명이 맞으면 ○표, 틀리면 ✕표 하시오.

(1) 마음을 나누는 글은 어떤 내용과 마음을 나누느냐에 따라 표현 방법이 다르다. (    )
(2) 마음을 나누는 글은 누가, 어떤 사람에게 썼는지에 상관없이 표현 방법이 같다. (    )
(3) 말로 하면 쑥스럽지만 마음을 나누는 글로 쓰면 내 마음을 더 잘 전할 수 있다. (    )

**4** 편지 형식의 마음을 나누는 글에 들어갈 내용으로 알맞지 <u>않은</u> 것의 기호를 쓰시오.

> ㉮ 일어난 사건
> ㉯ 나누려는 마음
> ㉰ 첫인사와 끝인사
> ㉱ 읽을 사람의 생각이나 행동
> ㉲ 글을 쓰는 사람과 마음을 나누려는 사람

(           )

**[5~6]** 다음은 글 쓸 계획을 세울 때, 어느 단계에서 고려할 내용인지 ○표 하시오.

**5**
> • 나누려는 마음을 생각한다.
> • 일어난 사건과 사건에 대한 자신의 생각이나 행동을 떠올린다.

( 글을 쓰는 상황 파악하기 , 쓸 내용 정하기 )

**6**
> 읽을 사람을 생각하고, 맞춤법과 띄어쓰기를 잘 지킨다.

( 표현하기 , 쓸 내용 정하기 )

**7** 「주어라, 또 주어라」에서 글쓴이가 글을 쓰게 된 상황과 목적은 무엇인지 (    ) 안에서 알맞은 말을 골라 ○표 하시오.

> 정약용이 유배지에서 두 아들의 마음가짐을 ( 걱정하는 , 배려하는 ) 마음을 전하려고 글을 썼다.

## 1~3

**1** 서연이가 안타까운 마음이 든 까닭은 무엇입니까?
( )

① 연필과 지우개를 잃어버려서
② 연필과 지우개의 주인을 찾지 못해서
③ 서연이의 질문에 대답하는 친구가 없어서
④ 친구들이 학용품을 소중하게 다루지 않아서
⑤ 친구들이 자원 낭비에 관한 뉴스를 보지 못해서

**2** 서연이가 글로 마음을 나눈다면 서연이가 친구들과 나누려는 마음은 무엇인지 쓰시오.

• 학용품을 소중히 다루지 않아 ( )

**3** 서연이가 마음을 나누는 글을 쓰는 상황을 파악할 때 생각해야 할 점이 <u>아닌</u> 것은 무엇입니까?
( )

① 어떤 일이 일어났는가?
② 읽을 사람은 누구인가?
③ 글을 쓸 사람은 누구인가?
④ 나누려는 마음은 무엇인가?
⑤ 글을 전하는 방법은 무엇이 효과적인가?

## 4~7

㉠선생님께서는 읽기와 쓰기를 할 때 도움이 되는 여러 가지 재미있는 방법을 알려 주셨습니다. 그리고 ㉡이해가 되지 않는 부분은 없는지, 더 알고 싶은 것이 있는지를 물어봐 주시고 진지하게 들어 주셨습니다. 그래서 저는 용기를 내어 궁금한 점이나 더 알고 싶은 것을 여쭈어보았고, 새로운 점을 알게 되면서 국어 공부가 점점 더 좋아지기 시작했습니다.

㉢국어 공부를 좋아하게 되니 다른 과목 공부도 재미있었습니다. 모두 선생님 덕분입니다. 선생님께서 수업 시간에 늘 말씀하신 것처럼 ㉣몸과 마음이 건강한 사람이 되도록 노력하겠습니다. ㉤선생님, 정말 고맙습니다.

20○○년 ○○월 ○○일
최연아 올림

**4** 이 글에 대한 설명으로 알맞은 것은 무엇입니까?
( )

① 첫인사가 나타나 있다.
② 공손한 표현을 사용하였다.
③ 선생님이 연아에게 쓴 글이다.
④ 일상생활을 기록하려고 쓴 글이다.
⑤ 어떤 일이 일어났는지 알기 어렵다.

**5** 연아가 선생님과 나누려는 마음은 무엇인지 쓰시오.
( ) 마음

**6** ㉠~㉤ 중 연아가 이 글을 쓴 목적이 드러나 있는 부분의 기호를 쓰시오.
( )

**7** 이 글처럼 나누려는 마음을 편지로 쓰면 좋은 점은 무엇인지 쓰시오.

서술형

_____

_____

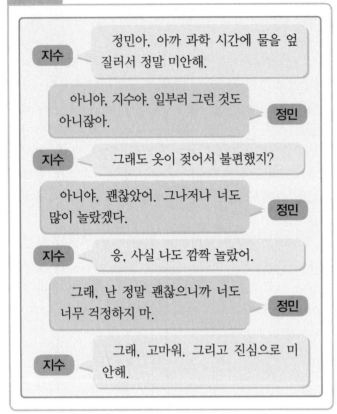

**지수** 정민아, 아까 과학 시간에 물을 엎질러서 정말 미안해.

아니야, 지수야. 일부러 그런 것도 아니잖아. **정민**

**지수** 그래도 옷이 젖어서 불편했지?

아니야, 괜찮았어. 그나저나 너도 많이 놀랐겠다. **정민**

**지수** 응, 사실 나도 깜짝 놀랐어.

그래, 난 정말 괜찮으니까 너도 너무 걱정하지 마. **정민**

그래, 고마워. 그리고 진심으로 미안해. **지수**

**8** 이 글에서 나누려는 마음을 어떤 방법으로 전하였는지 알맞은 것의 기호를 쓰시오.

> ㉮ 일기 쓰기　　　㉯ 편지 쓰기
> ㉰ 문자 메시지 쓰기　㉱ 학급 누리집에 쓰기

( 　　　　　　　　　 )

**9** 지수가 정민이에게 이 글을 쓴 목적은 무엇입니까? ( 　　　 )

① 놀란 마음을 표현하기 위해서
② 미안한 마음을 표현하기 위해서
③ 속상한 마음을 표현하기 위해서
④ 위로하는 마음을 표현하기 위해서
⑤ 안타까운 마음을 표현하기 위해서

**10** 이 글의 표현 방법으로 알맞은 것에 ○표 하시오.

> 이 글은 친구에게 쓴 글이므로, ( 친근한 , 공손한 ) 말을 사용하고 있다.

**가** 지효야, 안녕? 나 신우야.
　지효야, 아까 내가 네 책상 옆에서 미역국을 엎질렀지? 너는 네 가방이 더러워져서 많이 속상했을 텐데 나에게 "괜찮아?" 하면서 걱정을 해 주었어. 그리고 미역국 치우는 것을 도와주었어.
**나** 나는 미역국을 엎지르고 너에게 미안하다는 말도 못 하고 멍하니 서 있었어. 너무 당황스러워서 어떻게 해야 할지 생각이 나지 않았어. 그런데 네가 오히려 나를 걱정해 주고 같이 치워 주어서 감동했단다.
**다** 지효야, 아까는 당황스러워서 너에게 고맙다는 말을 제대로 못 했어. 정말 고마워. 네 따뜻한 마음을 잊지 않을게.

**11** 글 **가**~**다** 중 일어난 사건을 자세히 쓰고 있는 부분의 기호를 쓰시오.

( 　　　　　　　　　 )

**12** 신우가 지효와 나누고 싶은 마음을 두 가지 고르시오. ( 　　　 )

① 고마운 마음　　② 미안한 마음
③ 걱정하는 마음　④ 위로하는 마음
⑤ 안타까운 마음

**13** 이와 같은 글을 쓸 계획을 세울 때 고려할 점으로 알맞지 <u>않은</u> 것은 무엇입니까? ( 　　　 )

① 나누려는 마음을 생각한다.
② 일어난 사건을 자세히 떠올린다.
③ 글을 쓰는 상황과 목적을 파악한다.
④ 읽을 사람을 생각해서 표현 방법을 정한다.
⑤ 일어난 사건에 대한 읽을 사람의 생각이나 행동을 떠올린다.

**14** 이 글을 문자 메시지로 바꾸어 쓸 때의 좋은 점을 쓰시오.
서술형

_____

_____

**15~17**

**가** 너희는 항상 버릇처럼 말하기를 "일가친척 중에 한 사람도 불쌍히 여겨 돌보아 주는 사람이 없다."라고 개탄하였다. 더러는 험난한 물길 같다느니, 꼬불꼬불 길고 긴 험악한 길을 살아간다느니 하며 한탄하고 있다. 하지만 이는 모두 하늘을 원망하고 사람을 미워하는 말투로, ⊙큰 병이다.

너희가 아픈 데가 있으면 다른 사람들이 돌보아 주기 마련이었다. 날마다 어떠냐는 안부를 전해 오고, 안아서 부축해 주는 사람도 있었다. 약을 먹여 주고 양식까지 대 주는 사람도 있었다. 이런 일에 너희가 너무 익숙해져 항상 은혜를 베풀어 주기만 바라고 있구나. 너희가 사람의 본분을 망각하지는 않았는지 걱정이다. 그래서 내가 이 편지를 보낸다.

**나** 다른 사람을 위해 먼저 베풀어라. 그러나 뒷날 너희가 근심 걱정할 일이 있을 때 다른 사람이 보답해 주지 않더라도 부디 원망하지 마라. 가벼운 농담일망정 "나는 지난번에 이렇게 저렇게 해 주었는데 저들은 그렇지 않구나!" 하는 소리도 입 밖에 내뱉지 말아야 한다. 만약 그러한 말이 한 번이라도 입 밖에 나오게 되면, 지난날 쌓아 놓은 공덕은 재가 바람에 날아가듯 하루아침에 사라져 버리고 말 것이다.

**15** 정약용이 이 글을 쓴 목적은 무엇입니까?
( )

① 두 아들을 칭찬하려고
② 두 아들의 마음가짐을 걱정해서
③ 어려운 집안 사정을 알려 주려고
④ 두 아들의 아픈 마음을 위로하려고
⑤ 두 아들이 아픈 데는 없는지 안부를 물으려고

**16** ⊙이 뜻하는 것은 무엇인지 찾아 쓰시오.
( )

**17** 다음 ( ) 안에서 정약용이 두 아들과 나누고 싶은 마음으로 알맞은 것을 골라 ○표 하시오.
• 다른 사람을 ( 배려하는 , 의지하는 ) 마음

**18** 다음 글을 참고하여 정약용이 결국 두 아들에게 하고 싶은 말은 무엇인지 쓰시오.
서술형

**가** 여러 날 밥을 끓이지 못하고 있는 집이 있을 텐데 너희는 쌀이라도 퍼 주고, 추운 집에는 장작개비라도 나누어 따뜻하게 해 주어라. 병들어 약을 먹어야 할 사람들에게는 한 푼의 돈이라도 쪼개어 약을 지을 수 있도록 도와주어라.

**나** 이러한 몇 가지 일도 못하면서 어떻게 다른 집에서 너희가 위급할 때 깜짝 놀라 허겁지겁 쫓아올 것이며, 너희가 곤경에 처하였을 때 달려올 것을 바라겠느냐?

_____

_____

**19** 다음의 과정으로 학급 신문을 만들 때 빈칸에 들어갈 알맞은 내용에 ○표 하시오.

인상 깊었던 일 정하기
→ [                    ]
→ 인상 깊었던 일을 글로 쓰기
→ 쓴 글과 그림이나 사진 자료로 신문 기사 완성하기
→ 신문 기사를 모아 학급 신문 만들기

(1) 쓸 내용 정리하기 ( )
(2) 주제별로 기사 모으기 ( )
(3) 모둠별로 신문 기사 평가하기 ( )

**20** 학급 신문의 신문 기사를 완성하는 방법으로 알맞지 **않은** 것은 무엇입니까? ( )

① 그림, 사진 등은 사용하지 않는다.
② 반 친구들이 함께 겪은 일을 떠올린다.
③ 나누려는 마음이 잘 드러나게 표현한다.
④ 신문 기사를 읽을 사람의 마음을 고려해 쓴다.
⑤ 신문 기사를 쓸 때에는 사실을 있는 그대로 쓴다.

# 서술형 평가

**1** 서연이가 글로 마음을 전한다면 글을 쓰는 목적은 무엇이겠는지 쓰시오. [8점]

| 마음을 나누는 글을 쓰는 상황 | 분실물 보관함에 쌓여 있는 연필과 지우개 등 자연 자원으로 만든 학용품을 보았음. |
|---|---|
| 나누려는 마음 | 친구들이 학용품을 소중히 다루지 않는 것이 안타까운 마음 |
| 글을 쓰는 목적 | |

**2** 나누려는 마음을 다음과 같이 편지가 아닌 문자 메시지로 쓴 까닭을 한 가지 쓰시오. [4점]

> 지수
> 정민아, 아까 과학 시간에 물을 엎질러서 정말 미안해.
>
> 아니야, 지수야. 일부러 그런 것도 아니잖아.
> 정민

**3** 읽을 사람과의 관계를 비교하여 글 **가**와 **나**의 표현 방법이 어떻게 달라졌는지 쓰시오. [6점]

> **가** 선생님, 안녕하세요? 저는 최연아입니다.
> 올해 선생님을 만난 건 저에게 큰 행운입니다. 저는 이상하게 국어 공부가 싫었습니다. 책은 만화책 말고는 모두 재미가 없고, 글쓰기도 팔만 아픈 것 같았습니다. 그런데 선생님과 함께 국어를 공부하고 나서는 조금씩 달라지기 시작했습니다.
> **나** 지효야, 안녕? 나 신우야.
> 지효야, 아까 내가 네 책상 옆에서 미역국을 엎질렀지? 너는 네 가방이 더러워져서 많이 속상했을 텐데 나에게 "괜찮아?" 하면서 걱정을 해 주었어. 그리고 미역국 치우는 것을 도와주었어.

**4** 정약용이 다음 글을 쓴 상황과 목적은 무엇인지 쓰시오. [8점]

> **가** 너희가 아픈 데가 있으면 다른 사람들이 돌보아 주기 마련이었다. 날마다 어떠냐는 안부를 전해 오고, 안아서 부축해 주는 사람도 있었다. 약을 먹여 주고 양식까지 대 주는 사람도 있었다. 이런 일에 너희가 너무 익숙해져 항상 은혜를 베풀어 주기만 바라고 있구나. 너희가 사람의 본분을 망각하지는 않았는지 걱정이다. 그래서 내가 이 편지를 보낸다.
> **나** 다른 사람을 위해 먼저 베풀어라. 그러나 뒷날 너희가 근심 걱정할 일이 있을 때 다른 사람이 보답해 주지 않더라도 부디 원망하지 마라.

# 올바른 개념학습,
# 디딤돌 초등수학 시리즈!

기본부터 심화까지,
개념 연결 학습을 통해
기본기는 강화하고 문제해결력과
사고력을 함께 키워줍니다.

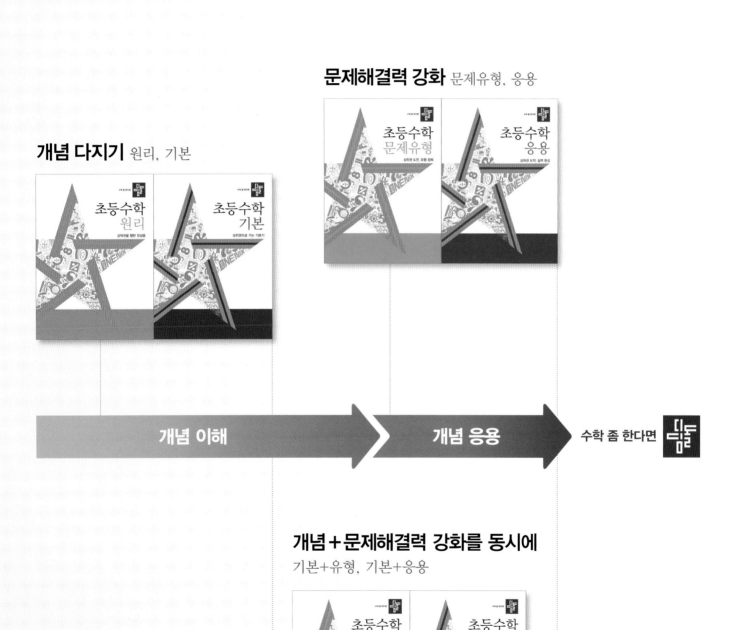

**문제해결력 강화** 문제유형, 응용

초등수학 문제유형

초등수학 응용

**개념 다지기** 원리, 기본

초등수학 원리

초등수학 기본

개념 이해 → 개념 응용 → 수학 좀 한다면 디딤돌

**개념＋문제해결력 강화를 동시에**
기본+유형, 기본+응용

초등수학 기본+유형

초등수학 기본+응용

사회 교과 자료분석력 향상

# 디딤돌 통합본

## 사회

**디딤돌 통합본 국어·사회·과학 6-1**

**펴낸날** [개정판 1쇄] 2024년 1월 1일
**펴낸이** 이기열 | **펴낸곳** (주)디딤돌 교육
**주소** (03972) 서울특별시 마포구 월드컵북로 122 청원선와이즈타워
**대표전화** 02-3142-9000
**구입문의** 02-322-8451
**내용문의** 02-323-5489
**팩시밀리** 02-322-3737
**홈페이지** www.didimdol.co.kr
**등록번호** 제10-718호
**사진** 북앤포토

- 정답과 풀이는 "디딤돌 교육 홈페이지〉초등〉정답과 해설"에서
  다운로드 받을 수 있습니다.
- 출간 이후 발견되는 오류는 "디딤돌 교육 홈페이지〉초등〉정오표"를 통해
  알려드리고 있습니다.

사회 교과 자료분석력 향상

초등
6·1

# 디딤돌
# 통합본

## 사회

디딤돌

# 구성과 특징

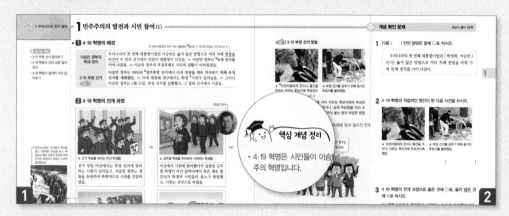
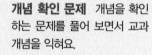

**개념 이해** 핵심 개념 정리를 통해 꼭 알아야 할 핵심 내용을 한눈에 쉽게 이해해요.

**개념 확인 문제** 개념을 확인하는 문제를 풀어 보면서 교과 개념을 익혀요.

**실력 문제** 다양한 유형의 문제를 풀면서 실력을 쌓아요.

**서술형 평가** 서술형 평가 문제를 푸는 방법을 단계별로 익혀요.

**단원 정리** 이해를 돕는 그림과 함께 단원의 핵심 내용을 정리해요.

**단원 평가** 단원 평가를 풀면서 배운 내용을 마무리해요.

**수행 평가** 다양한 유형의 수행 평가 문제로 학교에서 보는 수행 평가에 대비해요.

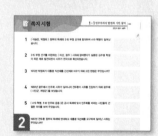

**핵심 정리** 단원의 핵심 내용을 정리해요.

**쪽지 시험** 쪽지 시험으로 단원에서 배운 중요 개념 내용을 확인해요.

**단원 평가** 단원 평가에 자주 나오는 다양한 문제를 집중적으로 풀면서 문제 해결력을 쌓아요.

**서술형 평가** 자신의 생각을 쓰면서 점점 강화되고 있는 서술형 평가에 완벽하게 대비해요.

■ 교과개념북 **차례**

## **1** 우리나라의 정치 발전

**1** 민주주의의 발전과 시민 참여 ·············· 6

**2** 일상생활과 민주주의 ·············· 18

**3** 민주정치의 원리와 국가기관의 역할 ·········· 26


## **2** 우리나라의 경제 발전

**1** 경제주체의 역할과 우리나라
경제 체제의 특징 ·············· 48

**2** 우리나라의 경제성장 ·············· 58

**3** 세계 속의 우리나라 경제 ·············· 68

# 1

# 우리나라의 정치 발전

**1** 민주주의의 발전과 시민 참여

**2** 일상생활과 민주주의

**3** 민주정치의 원리와 국가기관의 역할

# 1 민주주의의 발전과 시민 참여 (1)

## ★ 1 4·19 혁명의 배경

> 첫 번째 대통령에 한해 계속 대통령에 ●출마할 수 있도록 헌법을 바꾸었어요.

| 이승만 정부의 독재 정치 | 우리나라의 첫 번째 대통령이었던 이승만은 옳지 않은 방법으로 여러 차례 헌법을 바꾸어 두 번의 선거에서 잇달아 대통령이 되었음. ➡ 이승만 정부는 ●독재 정치를 이어 나갔음. ➡ 이승만 정부의 부정부패로 국민의 생활이 어려워졌음. |
|---|---|
| 3·15 부정 선거 자료➕1 | 이승만 정부는 1960년 ●정부통령 선거에서 이겨 정권을 계속 차지하기 위해 부정 선거를 계획했음. ➡ 이에 대항해 대구에서는 학생 ●시위가 일어났음. ➡ 그러나 이승만 정부는 3월 15일, 부정 선거를 실행했고, 그 결과 선거에서 이겼음. |

## 2 4·19 혁명의 전개 과정

> 김주열 학생 ➝

### 공부할 개념
- 3·15 부정 선거 알아보기
- 4·19 혁명의 전개 과정 알아보기
- 4·19 혁명의 결과와 의의 알아보기

▲ 선거 무효를 외치는 마산 학생들

선거 당일 마산에서는 부정 선거에 항의하는 시위가 일어났고, 이승만 정부는 경찰을 동원하여 폭력적으로 시위를 진압하였음.

▲ 김주열 학생을 추모하며 시위하는 학생들

마산에서 시위에 참여했다가 실종된 김주열 학생이 마산 앞바다에서 죽은 채로 발견되자 학생과 시민들의 분노가 폭발했고, 시위는 전국으로 퍼졌음.

> ➝ 대학교수들은 제자들이 목숨을 걸고 시위하는 모습을 보고, 학생들과 함께 정부의 독재와 부정 선거에 항의하기 위해서 시위에 참여했어요.

▲ 시위에 나선 대학교수들

### 용어 사전

- **출마**(出 날 출, 馬 말 마) 선거에 입후보함.
- **독재 정치** 민주적 절차가 아닌 통치자가 혼자서 판단하여 행하는 정치.
- **정부통령 선거** 대통령과 부통령을 함께 뽑는 선거.
- **시위**(示 보일 시, 威 위엄 위) 많은 사람이 공공연하게 의사를 표시하여 집회나 행진을 하며 위력을 나타내는 일.
- **무효**(無 없을 무, 效 본받을 효) 보람이나 효과가 없음.
- **유권자**(有 있을 유, 權 권세 권, 者 사람 자) 선거할 권리를 가진 사람.

▲ 재선거를 요구하며 시위하는 사람들

4월 19일, 전국에서 많은 시민과 학생들이 시위를 벌였고, 대학교수들과 초등학생들도 거리에 나와 시위에 참여했음. 자료➕2

▲ 대통령 자리에서 물러나는 이승만

학생과 시민의 시위가 더욱 거세지자 국민의 요구를 더 이상 무시할 수 없게 된 이승만은 대통령 자리에서 물러났음.

## ★ 3 4·19 혁명의 결과와 의의

| 결과 | • 이승만은 대통령 자리에서 물러났고, 3·15 부정 선거는 ●무효가 되었음.<br>• 시민들은 올바른 민주주의 사회를 만들려고 노력했고, 그 결과 재선거가 실시되어 새로운 정부가 세워졌음. |
|---|---|
| 의의 | • 많은 사람의 노력과 희생을 통해 국민이 국가의 주인임을 밝히고 독재 정권으로부터 민주주의를 지켜 낸 역사적 사건임.<br>• 이후 우리나라 민주화 운동과 민주주의 발전에 많은 영향을 미침. |

> ➝ 4·19 혁명을 통해 민주주의를 지키려고 노력해야 하고, 잘못된 정권은 국민 스스로 바로잡아야 한다는 것을 알 수 있어요. 시민들의 관심이 있어야 민주주의를 지킬 수 있어요.

## 자료 ⁺ 1 3·15 부정 선거 방법

▲ •유권자들에게 돈이나 물건을 주면서 자유당 후보자에 투표하도록 했음. └당시 이승만이 속한 당

▲ 부정 선거를 감추기 위해 증거인 투표지를 불태웠음.

이 외에도 3명 또는 5명이 짝을 지어 자유당 후보자에게 투표한 후 조장에게 투표 내용을 알리게 하거나, 실제 투표함을 미리 조작된 투표 용지를 넣은 투표함으로 바꾸어 놓는 등의 부당한 방법으로 선거가 이루어졌습니다.

## 자료 ⁺ 2 초등학생들이 시위에 참여한 까닭

▲ 시위에 참여한 초등학생들

서울 수송초등학교(당시 서울 수송국민학교) 전한승 학생이 시위 현장을 지나다 경찰이 쏜 총에 맞아 숨지자 같은 학교 학생들이 거리로 나와 시위했습니다. 이처럼 초등학생들도 부패한 정권에 맞서 민주 사회를 만들고자 노력했습니다.

### 핵심 개념 정리

• 4·19 혁명은 시민들이 이승만 정부의 독재에 맞서 일으킨 민주주의 혁명입니다.

이승만 정부는 물러나라!

부정 선거 다시 하라!

선거 무효

---

**1** 다음 (　　) 안의 알맞은 말에 ○표 하시오.

> 우리나라의 첫 번째 대통령이었던 ( 박정희, 이승만 )은/는 옳지 않은 방법으로 여러 차례 헌법을 바꿔 가며 독재 정치를 이어 나갔다.

**2** 4·19 혁명의 직접적인 원인이 된 다음 사건을 쓰시오.

▲ 유권자들에게 돈이나 물건을 주면서 자유당 후보자에 투표하도록 했음.

▲ 부정 선거를 감추기 위해 증거인 투표지를 불태웠음.

(　　　　　　　　)

**3** 4·19 혁명의 전개 과정으로 옳은 것에 ○표, 옳지 않은 것에 ✕표 하시오.

(1) 대학교수들은 제자들이 시위하는 모습을 비판했습니다.
(　　　)

(2) 시위에 참여했다가 실종된 김주열이 마산 앞바다에서 죽은 채 발견되자 시위가 더욱 확산됐습니다. (　　　)

**4** 다음과 같은 결과를 가져온 사건을 쓰시오.

> 이승만이 대통령 자리에서 물러나고 3·15 부정 선거는 무효가 되었다.

(　　　　　　　　)

**5** 4·19 혁명은 우리나라 (　　　　　　　)을/를 지키고 발전시키는 바탕이 되었습니다.

# 1 민주주의의 발전과 시민 참여 (2)

**☺ 공부할 개념**
• 박정희 정부의 독재 정치 알
아보기
• 5·18 민주화 운동의 배경,
전개 과정, 의의 알아보기

## 1 박정희 정부의 독재 정치

| 5·16 °군사 정변 | 4·19 혁명 이후 새로운 정부가 들어선 지 1년도 되지 않아 박정희와 일부 군인들이 1961년 정변을 일으켜 정권을 잡았음. |
| --- | --- |
| 박정희 정부의 독재 정치 | • 대통령이 된 박정희는 자신이 계속 대통령을 하려고 헌법을 바꿔 대통령을 세 번까지 할 수 있도록 했음.<br>• 1972년 10월, 헌법을 또 바꿔 대통령을 할 수 있는 횟수를 제한하지 않았으며, 대통령 °직선제를 °간선제로 바꿨음(유신 헌법). 자료⁺1<br>• 유신 헌법으로 박정희는 대통령 자리를 유지하며 더욱 강력한 독재 정치를 할 수 있었음. |

대통령의 지위와 권한을 강화하고 국회의 지위와 권한을 축소하는 등 대통령 독재가 가능하게 한 헌법이에요.

▲ 5·16 군사 정변

▲ 유신 헌법 공포식

## 2 5·18 민주화 운동
●─ 1979년 박정희가 피살당하며 정권이 막을 내렸어요.

(1) **배경:** 박정희의 죽음 이후 시민들은 민주주의 사회가 될 것이라고 기대했지만, 전두환이 중심이 된 일부 군인들이 또 정변을 일으켰습니다(12·12 사태).

(2) **전개 과정** 자료⁺2

시민들은 헌법을 새로 고치고 국민 투표로 새 정부를 세울 것을 요구하며 시위를 벌여 나갔음.

⬇

1980년 5월 18일, 전라남도 광주에서 대규모 민주화 시위가 일어나자 전두환은 시위를 진압할 °계엄군을 광주에 보내 총을 쏘며 폭력적으로 시위를 진압했음.

⬇  광주 시민들은 대항하면서도 광주 시내의 질서를 유지하려 노력했어요.

시민들은 가족의 안전, 자유와 민주주의를 지키기 위해 °시민군을 만들어 군인들에게 대항했음.

⬇  시민들과 학생들은 계엄군이 광주에서 저지른 만행을 외부에 알리려고 노력했어요.

전두환은 °언론을 통제하고 광주로 사람이 오고가는 것을 막아 시민이 광주에서 일어나는 일을 알지 못하게 함. 계엄군은 시위를 이끌던 사람들이 모여 있던 전라남도 도청을 공격해 이 과정에서 수많은 사람이 희생되었음.

**용어 사전**

• **군사 정변** 군인들이 힘을 앞세워 정권을 잡는 행위.
• **직선제**(直 곧을 직, 選 뽑을 선, 制 제도 제) 국민이 직접 대표를 뽑는 선거 제도.
• **간선제** (間 사이 간, 選 뽑을 선, 制 제도 제) 일정 수의 선거인단을 구성해 이들에게 대표자를 뽑게 하는 선거 제도.
• **계엄군**(戒 경계할 계, 嚴 엄할 엄, 軍 군사 군) 전국 또는 일부 지역을 경계하는 임무를 맡은 군대.
• **시민군**(市 저자 시, 民 백성 민, 軍 군사 군) 시민들이 스스로 조직한 군대.
• **언론**(言 말씀 언, 論 논할 론) 매체를 통해 어떤 사실을 밝혀 알리거나 어떤 문제에 대해 여론을 형성하는 활동.

▲ 서울역에서 시위를 벌이는 시민과 학생들

▲ 민주화를 요구하며 계엄군과 대치하는 광주 시민들

▲ 시위에 참여한 사람들에게 무료로 음식을 나누어 주는 시민들

★ (3) **의의** 자료⁺3
① 부당한 정권에 맞서 민주주의를 지키려는 시민들의 노력과 의지를 보여 주었습니다.
② 우리나라의 민주주의 발전에 밑거름이 되었습니다.
③ 세계 여러 나라의 민주화 운동에 영향을 주었습니다.

## 자료+1 유신 헌법으로 달라진 점

유신 헌법에 따라 통일 주체 국민 회의를 구성했어.

통일 주체 국민 회의에서 간접 선거로 대통령을 선출했지.

| 대통령 임기 | 4년에서 6년으로 늘고 대통령을 할 수 있는 횟수의 제한이 없어짐. |
|---|---|
| 대통령 선출 방법 | 통일 주체 국민 회의에서 대통령을 뽑음. |
| 국회의원 선출 방법 | 국회의원 삼분의 일은 대통령의 추천을 받아 통일 주체 국민 회의에서 뽑음. |

## 자료+2 5·18 민주화 운동을 세계에 알린 위르겐 힌츠페터

독일 출신의 외신 기자였던 위르겐 힌츠페터는 1980년 5월 광주에 몰래 들어가 계엄군이 시민군을 폭행하는 모습을 영상으로 찍었다. 이후 광주의 모습이 독일에 방영되면서 5·18 민주화 운동이 세계와 국내에 알려지게 되었다.

## 자료+3 5·18 민주화 운동 기록물이 유네스코 세계 기록 유산으로 지정된 까닭

5·18 민주화 운동 과정을 생생하게 알려 준다는 점과 아시아 여러 나라의 민주화 운동에 영향을 준 것을 인정받았기 때문입니다.

 핵심 개념 정리

• 전라남도 광주에서 일어난 5·18 민주화 운동은 1980년대 우리나라 민주화 운동의 밑거름이 되었습니다.

군사 정권 물러나라!

---

**1** 다음 ( ) 안의 알맞은 말에 ○표 하시오.

유신 헌법은 ( 군인, 대통령 )의 지위와 권한을 강화하고 국회의 권한과 지위를 축소한 헌법이다.

**2** 박정희 정부에 대한 설명으로 옳은 것에 ○표, 옳지 <u>않은</u> 것에 ✕표 하시오.

(1) 대통령이 된 박정희는 5·16 군사 정변을 일으켰습니다.
( )

(2) 박정희 정부의 독재가 끝나자 민주화가 이루어졌습니다.
( )

**3** 1980년 5월 18일, 전라남도 ( )에서는 민주주의의 회복을 요구하는 시위가 일어났습니다.

**4** 5·18 민주화 운동 당시 광주 시민들은 전두환이 보낸 계엄군에 맞서 ( )을/를 만들어 대항했습니다.

**5** 5·18 민주화 운동의 의의를 알맞게 말한 어린이에게 ○표 하시오.

(1) 세계 여러 나라의 민주화 운동에 영향을 주었어.

(2) 독재 정치를 지키려는 시민들의 의지를 보여 주었어.

( ) ( )

# 1 민주주의의 발전과 시민 참여 (3)

😊 공부할 개념
•6월 민주 항쟁의 배경 알아
 보기
•6월 민주 항쟁의 전개 과정
 알아보기
•6월 민주 항쟁의 의의 알아
 보기

## 1 6월 민주 항쟁의 배경

(1) 전두환은 5·18 민주화 운동을 진압한 후 간선제로 대통령이 되었습니다.

(2) 전두환 정부의 민주주의 탄압

① 신문과 방송 등 언론을 통제해 정부를 비판하는 내용을 내보내지 않고 유리한 내용만 전
  ┗ 국민의 알 권리를 막았어요.
  하도록 했습니다.

② 민주주의를 요구하는 시민들을 탄압했습니다.
  ┗ 기존의 간선제 방식으로는 시민들의 의견을 국가에 전달하기 어렵기 때문에
    시민들은 대통령 선거에서 직접 투표할 수 있는 직선제를 요구했어요.

## 2 6월 민주 항쟁의 전개 과정 [자료+1]

| 1987년에 민주화 운동에 참여했던 대학생 박종철이 강제로 경찰에 끌려가 *고문을 받다가 사망했음. | → | 정부가 사건을 숨기려 한 사실이 알려지자 분노한 시민들과 학생들은 사건의 진실과 대통령 직선제를 요구하며 시위를 했음. | → | 전두환 정부는 직선제 내용이 포함되도록 헌법을 바꿔야 한다는 국민의 요구를 받아들이지 않겠다고 발표했음. |
| 이후 시위가 더욱 번졌고, 이 과정에서 대학생 이한열이 경찰이 쏜 최루탄에 맞아 쓰러졌음. | → | 이에 분노한 시민들과 학생들은 전두환 정부의 독재에 반대하고 대통령 직선제를 요구하며 전국에서 시위를 벌였음. | → | 당시 여당 대표였던 노태우는 직선제를 포함한 시민들의 민주화 요구를 받아들여 6·29 민주화 선언을 발표했음. |

## ★ 3 6월 민주 항쟁의 의의와 6·29 민주화 선언

(1) 6월 민주 항쟁의 의의 [자료+2]

① 시민의 힘으로 오랜 독재를 끝내고, 우리 사회의 여러 분야에서 민주적 제도가 만들어지는 데 큰 역할을 했습니다.

② 6·29 민주화 선언을 이끌어 내 대통령 직선제를 이루었습니다.

(2) 6·29 민주화 선언에 담긴 내용 [자료+3]

국민이 대통령을 직접 뽑을 수 있게 되었어요.

▲ 대통령 직선제

자유롭게 의견을 전할 수 있게 되었어요.

▲ 언론의 자유 보장

용어 사전

• 고문(拷 칠 고, 問 물을 문)
 숨기고 있는 사실을 강제
 로 알아내기 위해 육체적,
 정신적 고통을 주며 신문
 하는 것.
• 인간의 존엄성 인간이라
 는 이유만으로도 존엄한
 가치를 보장받고 존중받아
 야 한다는 원칙.
• 지방 자치제 지역 주민들
 이 직접 선출한 지역 대표
 들을 통해 그 지역의 일을
 처리하는 제도.

인간의 존엄성이 보장되도록 헌법 조항이 보완되었어요.

대한민국 헌법

▲ *인간의 존엄성 보장

지역의 문제를 그 지역에 사는 주민들이 결정할 수 있게 되었어요.

▲ *지방 자치제 시행

## 자료 ❶ 6월 민주 항쟁에서 시민들이 요구한 것

▲ 민주화를 요구하며 시위하는 시민들

• 박종철 사망 사건의 진실을 조사하라는 것입니다.
• 대통령 선거 방식을 간선제에서 직선제로 바꾸자는 것입니다.

## 자료 ❷ 6월 민주 항쟁의 의의

• 군사 독재를 끝내고 민주적인 정부 수립의 길을 열었습니다.
• 대통령 직선제로 헌법이 바뀌어 국민이 대통령을 직접 뽑는 민주 사회가 되었습니다.
• 여러 분야에서 민주적인 제도가 만들어지며 우리 사회가 민주 사회로 발전하는 데 큰 역할을 했습니다.
　┗ 6월 민주 항쟁 이후 우리 사회는 자유, 평등, 인권, 복지 등 민주주의의 다양한 가치들을 펼치기 위해 노력했어요.

## 자료 ❸ 6·29 민주화 선언에 담긴 내용

| 내용 | 중요한 까닭 |
|---|---|
| 대통령 직선제 | 국민이 대통령을 직접 뽑아 독재를 막을 수 있고, 국민의 의사를 최대한 반영할 수 있음. |
| 언론의 자유 보장 | 정부의 잘못된 정책과 제도를 비판할 수 있고, 이를 통해 더 나은 정책과 제도를 만들 수 있음. |
| 인간의 존엄성 보장 | 인간의 존엄성이 보장되어야 진정한 민주 사회를 실현할 수 있음. |
| 지방 자치제 | 권력이 한 곳에 집중하는 것을 막을 수 있고, 지역 실정에 맞는 정책을 시행할 수 있음. |

핵심 개념 정리

• 6월 민주 항쟁 당시 시민들은 전두환 정부의 독재에 반대하고, 대통령 직선제를 요구하며 시위했습니다.

대통령 직선제를 하라!

대통령을 내 손으로

---

**1** 6월 민주 항쟁의 배경으로 옳은 것에 ○표, 옳지 <u>않은</u> 것에 ✕표 하시오.

(1) 전두환은 5·18 민주화 운동을 강제로 진압한 후 직선제로 대통령이 되었습니다. 　　　( 　　 )

(2) 전두환 정부는 신문과 방송을 통제해 국민들의 알 권리를 막았습니다. 　　　( 　　 )

**2** 6월 민주 항쟁 과정 중 가장 먼저 일어난 일을 골라 기호를 쓰시오.

| | |
|---|---|
| ㉠ 전두환 정부는 국민의 요구를 받아들이지 않겠다고 발표했음. | ㉡ 대통령 직선제를 포함한 시민의 요구를 담은 선언을 발표했음. |
| ㉢ 시위에 참여했던 박종철이 강제로 경찰에 끌려가 고문을 받다가 사망하는 사건이 일어났음. | ㉣ 시위 과정에서 이한열이 경찰이 쏜 최루탄에 맞아 쓰러지면서 시위가 전국으로 확대됐음. |

( 　　　　　 )

**3** 여당 대표였던 노태우가 시민의 요구를 받아들이겠다고 발표한 선언을 쓰시오.

( 　　　　　 )

**4** 6·29 민주화 선언을 이끌어 낸 민주화 운동을 보기 에서 골라 기호를 쓰시오.

보기
㉠ 4·19 혁명　　　　㉡ 5·16 군사 정변
㉢ 5·18 민주화 운동　　㉣ 6월 민주 항쟁

( 　　　　　 )

**5** 6월 민주 항쟁에서 시민들은 대통령 ( 직선제 , 간선제 )를 요구했습니다.

# 1 민주주의의 발전과 시민 참여 (4)

😊 공부할 개념
• 6월 민주 항쟁 이후 민주화 과정 알아보기
• 오늘날 시민들이 사회 공동의 문제 해결에 참여하는 모습 알아보기

## ★ 1 6월 민주 항쟁 이후 민주화 과정

### (1) 대통령 직선제 자료⁺1

| 의미 | 국민이 직접 대통령을 뽑는 제도 |
|---|---|
| 시행 | 6월 민주 항쟁의 결과 6·29 민주화 선언이 발표되었고, 그에 따라 1987년 제13대 대통령 선거가 직선제로 시행되었음. |

### (2) 지방 자치제

| 의미 | 지역의 주민이 직접 뽑은 *지방 의회 의원과 *지방 자치 단체장을 통하여 그 지역의 일을 처리하는 제도 →지방 자치제는 권력이 한 곳에 집중되는 것을 막고, 지역 실정에 맞는 정책을 시행할 수 있도록 마련한 제도예요. |
|---|---|
| 시행 | 5·16 군사 정변으로 폐지되었으나, 6월 민주 항쟁 이후 국민들의 요구로 다시 시행하게 됨. |
| 장점 | 주민이 지역 대표를 직접 뽑게 되면서 자기 지역에 대한 관심이 높아졌고, 정치에 참여할 기회가 점차 늘어남. |
| 특징 | 주민들은 지역의 문제를 스스로 해결하려고 의견을 내고, 지역의 대표들은 주민들의 의견을 받아들여 여러 가지 문제를 해결하고 있음. |

### (3) 시민운동의 성장: 시민들은 다양한 시민운동 단체를 만들어 여러 분야의 사회 문제 해결에 나섰습니다.
→여성의 권리, 환경 보호 등

## 2 오늘날 시민들이 사회 공동의 문제 해결에 참여하는 모습

### (1) 오늘날 시민들이 사회 공동의 문제 해결에 참여하는 방법 자료⁺2
→이외에 정당 활동, 공청회 참석, 캠페인 등 다양한 방법으로 사회 문제 해결에 참여해요.

평화롭고 질서 있게 진행되어 전 세계에 우리나라 사람들의 성숙한 시민 의식을 널리 알렸어요.

▲ *촛불 집회

▲ 서명 운동

▲ 1인 시위

용어 사전
• 지방 의회 지방 자치 단체의 주요 사항을 심의하고 결정하는 기관.
• 지방 자치 단체장 지방 자치 단체의 각종 정책을 집행하는 기관의 장으로, 시장, 도지사, 구청장, 군수 등이 있음.
• 촛불 집회 시민들이 촛불을 들고 건물 밖에서 벌이는 시위.
• 시민 단체 공익 실현을 목적으로 시민들이 스스로 만든 단체.

▲ 누리집이나 누리 소통망 서비스(SNS)에 의견 올리기 →과학 기술의 발달에 따른 방법이에요.

▲ 선거나 투표

▲ *시민 단체 활동

### (2) 오늘날 시민들은 평화적이고 민주적인 다양한 방법으로 문제를 해결하고 있습니다.

### (3) 문제 해결에 참여하는 시민층이 확대되었고, 시민들의 영향력도 더욱 커졌습니다.

### (4) 과학 기술의 발달과 정보 통신 기기의 사용 증가로 문제 해결에 참여하는 방법이 다양해졌으며, 다른 사람과 의견을 쉽고 빠르게 공유하게 되어 더 많은 국민이 관심을 갖고 참여하게 되었습니다.
→정보 통신 기술의 발달과 인터넷 대중화

## 자료 1 6월 민주 항쟁 이후 직선제로 뽑힌 대통령

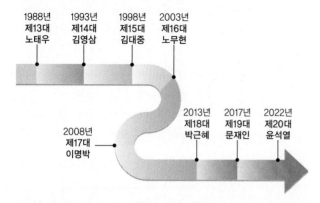

1988년
제13대
노태우

1993년
제14대
김영삼

1998년
제15대
김대중

2003년
제16대
노무현

2008년
제17대
이명박

2013년
제18대
박근혜

2017년
제19대
문재인

2022년
제20대
윤석열

6월 민주 항쟁 이후에 직선제로 뽑힌 대통령에는 노태우, 김영삼, 김대중, 노무현, 이명박, 박근혜, 문재인, 윤석열 대통령이 있습니다.

민주화 과정에서 시민이 정치에 참여할 수 있는 자유와 권리가 보장되었고, 통신 기기의 사용이 증가하면서 참여 방식이 다양해졌어요.

## 자료 2 사회 공동의 문제 해결에 참여하는 다양한 방법

| 서명 운동 | 어떤 주장이나 의견의 정당함을 알리려고 이에 찬성하는 사람들의 서명을 받는 것 |
| --- | --- |
| 1인 시위 | 현수막, 어깨띠 등을 두르고 혼자 하는 시위 |
| 누리집, 누리 소통망 서비스 (SNS) 활용 | 과학 기술과 정보 통신 기기의 발달에 따라 공공 기관 누리집이나 누리 소통망 서비스에 의견 올리는 것 |
| 선거나 투표 | 시민이 정치 과정에 참여하는 가장 기본적이고 대표적인 방식 |
| 정당 활동 | 정치적 의견이 같은 사람들이 정권 획득을 목적으로 활동 |
| 공청회 참석 | 국가가 중요한 사항을 결정하기에 앞서 여러 의견을 듣고자 개최하는 공청회에 참석하는 것 |
| 캠페인 | 특정 목적을 달성하기 위해 조직적으로 이루어지는 정치적·사회적 운동 |

### 핵심 개념 정리

• 오늘날 시민들은 평화적이고 민주적인 방식으로 사회 공동의 문제를 해결하는 데 참여합니다.

중요한 사회 문제가 생겼나봐!

촛불의 힘을 보여 주자!

---

**1** 다음 빈칸에 들어갈 알맞은 말을 보기 에서 찾아 쓰시오.

보기
• 대통령 직선제    • 지방 자치제

(1) (                    )는 국민들이 대통령을 직접 뽑을 수 있는 제도입니다.

(2) (                    )의 시행으로 지역의 주민들이 지역의 대표를 직접 뽑으면서 정치 참여의 기회가 확대되었습니다.

**2** 다음 (      ) 안의 알맞은 말에 ○표 하시오.

지방 자치제는 5·16 군사 정변으로 폐지되었다가 ( 4·19 혁명 당시, 6월 민주 항쟁 이후 ) 국민들의 요구에 따라 다시 시행되었다.

**3** 6월 민주 항쟁 이후의 모습으로 옳은 것에 ○표, 옳지 않은 것에 ✕표 하시오.

(1) 대통령 직선제가 시행되면서 군사 독재가 이루어졌습니다.                                    (          )

(2) 지방 자치제가 시행되면서 자기 지역에 대한 관심이 높아졌습니다.                          (          )

**4** 평화롭고 질서있게 진행되어 전 세계에 우리나라 시민의 성숙함을 알린 참여 방법을 골라 ○표 하시오.

(1) 차량 2부제 전면 시행하라

(2)

(          )          (          )

**5** 오늘날 시민들은 사회 공동의 문제를 평화적이고 ( 민주적, 강압적 )인 방법으로 해결하고 있습니다.

**1** 4·19 혁명은 [ㅇ][ㅅ][ㅁ]의 독재와 3·15 부정 선거에 항의하여 일어난 시위입니다.

**2** 1980년 5월, [ㄱ][ㅈ]에서 민주화 시위가 일어나자 계엄군이 시위를 폭력적으로 진압했습니다.

**3** 6월 민주 항쟁 이후 대통령 선거 제도는 [ㅈ][ㅅ][ㅈ]로 바뀌었습니다.

---

**4~5** 다음 글을 읽고, 물음에 답하시오.

이승만 정부는 온갖 부정한 방법을 동원하여 1960년 3월 15일에 치러진 선거에서 승리했다.

**4** 위 밑줄 친 '온갖 부정한 방법'으로 알맞지 않은 것은 어느 것입니까? (        )

① 투표한 용지를 불에 태웠다.
② 남자만 투표에 참여하게 했다.
③ 미리 조작된 투표 용지를 넣은 투표함으로 바꿔 놓았다.
④ 유권자들에게 물건을 주면서 이승만 정부에 투표하도록 했다.
⑤ 3명 또는 5명이 짝을 지어 투표한 후 누구를 찍었는지 조장이 확인했다.

**5** 위와 같은 일을 계기로 일어난 사건은 무엇입니까? (        )

① 4·19 혁명
② 6월 민주 항쟁
③ 5·16 군사 정변
④ 3·15 부정 선거
⑤ 5·18 민주화 운동

**6** 다음 4·19 혁명이 일어난 순서에 맞게 기호를 쓰시오.

㉠ 이승만이 대통령 자리에서 물러났다.
㉡ 대구에서 학생들 중심으로 정부에 항의하는 시위가 일어났다.
㉢ 4월 19일에 이승만 정부에 항의하는 학생들과 시민들의 시위가 일어났다.
㉣ 시위에 참여했다가 실종된 김주열 학생이 마산 앞바다에서 죽은 채 발견되었다.

(        ) → (        ) → (        ) → (        )

**7** 4·19 혁명의 의의로 알맞은 것은 어느 것입니까? (        )

① 대통령의 힘으로 민주주의를 지켜 낸 혁명이다.
② 시민들의 참여가 없어야 민주주의가 발전할 수 있다.
③ 많은 시민이 희생되어야만 민주주의가 발전할 수 있다.
④ 학생들이 시위에 참여해야만 민주주의가 발전할 수 있다.
⑤ 우리나라 민주화 운동과 민주주의 발전에 많은 영향을 미쳤다.

**8** 5·16 군사 정변에 대한 설명으로 알맞은 것은 어느 것입니까? (        )

① 지방 자치제가 부활하게 되었다.
② 3·15 부정 선거를 계기로 일어났다.
③ 시민들의 민주화 요구를 받아들였다.
④ 박정희와 일부 군인들이 일으킨 정변이다.
⑤ 국민이 대통령을 직접 뽑게 된 계기가 되었다.

**9**

**서술형**

박정희가 다음 밑줄 친 '유신 헌법'을 공포한 까닭을 쓰시오.

> 대통령이 된 박정희는 헌법을 바꿔 가며 대통령직을 유지했다. 1972년에는 <u>유신 헌법</u>을 공포하여 대통령 선거를 직선제에서 간선제로 바꾸었다.

_____

_____

**12** 5·18 민주화 운동에 담긴 의미를 **잘못** 말한 어린이는 누구입니까? ( )

① 세계 여러 나라의 민주화 운동에 영향을 미쳤어.

② 우리나라 민주주의 발전의 밑거름이 되었어.

③ 민주주의를 지키기 위한 시민들의 의지를 볼 수 있었어.

④ 평화적이면서 국민의 희생 없이 끝난 혁명이었어.

**1**

---

**10~11** 다음을 보고, 물음에 답하시오.

> 전두환이 중심이 된 일부 군인들이 또다시 정변을 일으켜 정권을 장악했음. ➡ 시민들은 민주화를 요구하며 대규모 시위를 벌였음.

> <u>1980년 5월 18일 광주에서 대규모 민주화 시위가 일어나자</u> 전두환 정부는 계엄군을 동원하여 시위를 진압했음. ➡ 광주 시민들은 시민군을 만들어 계엄군에 대항했음.

**10** 위 밑줄 친 사건은 무엇인지 쓰시오.

( )

**13** 6월 민주 항쟁의 과정에서 일어난 일로 알맞은 것을 **보기** 에서 모두 고른 것은 어느 것입니까?

( )

> **보기**
> ㉠ 박정희가 부하에게 피살당했다.
> ㉡ 신군부 세력이 정변을 일으켰다.
> ㉢ 전두환 정부는 대통령 직선제로 헌법을 바꾸지 않겠다고 발표했다.
> ㉣ 시위에 참여했던 대학생 박종철이 강제로 경찰에 끌려가 고문을 받다가 사망했다.

① ㉠, ㉡    ② ㉠, ㉢    ③ ㉡, ㉢
④ ㉡, ㉣    ⑤ ㉢, ㉣

**11** 위 과정 이후 일어난 일로 알맞은 것을 두 가지 고르시오. ( )

① 시민은 광주의 질서를 유지하려 노력했다.
② 정부의 요구에 의해 시민군이 해산되었다.
③ 시민들이 대통령 간선제 시행을 요구했다.
④ 시민의 요구에 의해 유신 헌법이 부활했다.
⑤ 전두환은 언론을 통제하여 광주의 소식이 다른 지역으로 알려지는 것을 막았다.

**14** 시민들이 6월 민주 항쟁의 과정에서 대통령 직선제를 요구한 까닭으로 알맞은 것은 어느 것입니까?

( )

① 언론을 통제하기 위해서
② 경제를 발전시키기 위해서
③ 유신 헌법을 폐지시키기 위해서
④ 시민들이 정권을 장악하기 위해서
⑤ 간선제 방식으로는 시민들의 의견을 국가에 제대로 전달하기 어렵기 때문에

**15**★ 6월 민주 항쟁의 결과로 알맞은 것을 [보기] 에서 골라 기호를 쓰시오.

> **보기**
> ㉠ 간접 선거로 대통령을 뽑게 되었다.
> ㉡ 민주주의의 발전이 늦어지게 되었다.
> ㉢ 전두환이 대통령에 또다시 당선되었다.
> ㉣ 여당 대표가 6·29 민주화 선언을 발표했다.

( )

**16** 다음과 관련된 6·29 민주화 선언의 내용으로 가장 적절한 것은 어느 것입니까? ( )

> 많은 시민이 선거에 참여하여 대통령을 직접 뽑았다.

①
▲ 인간의 존엄성 보장

②
▲ 언론의 자유 보장

③
▲ 대통령 직선제

④
▲ 지방 자치제 시행

**17** 지방 자치제에 대한 설명으로 알맞은 것을 두 가지 고르시오. ( )

① 주민이 지역 대표를 직접 뽑게 된 제도이다.
② 5·18 민주화 운동으로 부활하게 된 제도이다.
③ 대통령이 지역의 모든 살림을 담당하게 되었다.
④ 지역 대표들이 지역의 일을 처리하게 된 제도이다.
⑤ 지역 주민들이 지역 문제를 해결하는 데 의견을 낼 수 없게 한 제도이다.

**18** 지역 대표를 지역 주민들이 뽑으면 좋은 점을 쓰시오.
서술형

_____

_____

**19 ~ 20** 다음 글을 읽고, 물음에 답하시오.

> 오늘날 시민들은 다양한 방법으로 사회 공동의 문제를 해결하는 데 참여한다.

**19** 위 밑줄 친 '다양한 방법' 중 과학 기술의 발달과 관련된 방법은 무엇입니까? ( )

①
▲ 촛불 집회

②
▲ 시민 단체 활동

③
▲ 누리집이나 누리 소통망 서비스(SNS)에 의견 올리기

④
▲ 1인 시위

**20** 위 내용과 같이 사회 공동의 문제 해결에 참여하는 방식이 다양해진 까닭으로 알맞은 것은 어느 것입니까? ( )

① 온라인으로만 참여할 수 있었기 때문에
② 정치에 대한 관심이 줄어들었기 때문에
③ 대통령에게 많은 권한이 집중되었기 때문에
④ 성별에 따라 참여하는 방식이 달라졌기 때문에
⑤ 민주화 과정에서 시민이 정치에 참여할 권리와 자유가 보장되었기 때문에

**1** 다음은 민주화 과정에서 일어난 사건입니다. 물음에 답하시오. [12점]

(가)       (나)       (다)

▲ 5·18 민주화 운동    ▲ 6월 민주 항쟁    ▲ 4·19 혁명

(1) 위 (가)~(다) 사건을 발생한 순서대로 기호를 쓰시오. [4점]

(     ) → (     ) → (     )

(2) 위 사건의 공통점을 쓰시오. [8점]

_____

_____

 서술형 문제를 푸는 방법을 익혀보자!

**1단계** 단어의 의미 알기     '민주화'의 뜻은 무엇일까?

| 민 | 주 | 화 | : 자유와 평등을 포괄한 민주주의의 원리를 확산하고 심화하는 과정

**2단계** 생각해 보기     민주화 과정에서 일어난 사건의 공통점은 무엇일까?

> 독재 정치, 시민의 민주화 요구 탄압

↓

> 시민들의 대규모 시위
> (4·19 혁명, 5·18 민주화 운동, 6월 민주 항쟁)

↓

> 정부의 탄압으로 많은 시민들이 희생됨.

↓

> 우리나라 민주주의 발전의 밑거름이자 민주주의를 지키기 위한 시민들의 의지 표현임.

---

**2** 다음 자료를 보고, 물음에 답하시오. [12점]

> 잊을 수 없는 <u>4월 19일</u>
> 학교에서 파하는 길에
> 총알은 날아오고
> 피는 길을 덮는데
> 외로이 남은 책가방
> 무겁기도 하더군요.
> :

(1) 위 밑줄 친 '4월 19일'에 일어난 역사적 사건을 쓰시오. [4점]

(       )

(2) 위 (1)번 답의 사건 결과를 두 가지 쓰시오. [8점]

_____

_____

**3** 다음 신문 기사를 읽고, 물음에 답하시오. [12점]

| ○○ 신문 | 1987년 6월 ○○일 |

( ㉠ ) 발표!

1987년 6월 민주 항쟁이 계속되자 여당 대표는 시민들의 요구가 담긴 ( ㉠ )을/를 발표했다.

노태표, 직선제 개헌 선언

(1) 위 ㉠에 들어갈 알맞은 선언을 쓰시오. [4점]

(       )

(2) 위 (1)번 답의 내용을 쓰시오. [8점]

_____

_____

# 2 일상생활과 민주주의 (1)

## 1 민주주의의 의미와 중요성 자료⁺1

(1) **정치의 의미**: 사람들 사이에서 발생하는 갈등이나 문제를 원만하게 해결해 가는 과정입니다.

(2) **생활 속 정치 예**

| 가정 | 집안일을 나누는 문제로 가족회의를 함. |

| 학교 | 청소 당번을 정하는 문제로 학급 회의를 함. |

| 학급 | 학생의 대표를 뽑기 위한 선거를 함. |

| 지역 | 쓰레기 문제를 해결하려고 주민 회의를 함. |

(3) **민주주의의 의미**

① 의미: 모든 국민이 나라의 주인으로서, 자유롭고 평등하게 정치에 참여하는 제도입니다. ── 자유롭고 평등한 입장에서 일상생활의 문제를 민주적으로 해결하는 생활 방식을 의미하기도 해요.

② 민주주의의 다양한 모습 예 자료⁺2

• 지역 주민들이 뽑은 대표들이 지방 의회에서 지역의 중요한 일을 결정합니다.
• 체육 대회 종목을 정할 때 학급 친구들의 의견을 모아서 결정합니다.
• 가족 구성원이 모여 집안의 중요한 일을 의논하여 결정합니다.

★ (4) **민주주의의 기본 정신**

| 인간의 *존엄성 | 모든 인간은 인간이라는 이유만으로 가치가 있으며 존중받아야 함. |
| 자유 | 국가나 다른 사람들에게 *구속받지 않고, 자신의 의사를 스스로 결정하고 행동함. |
| 평등 | 모든 사람은 *신분, 성별, 재산, 종교 등을 이유로 부당하게 차별받지 않고 동등하게 대우받아야 함. |

→ 민주주의의 목적은 개인의 자유와 평등을 보장하여 인간의 존엄성을 실현하는 것입니다.

용어 사전

• **존엄** (尊 높을 존, 嚴 엄할 엄) 인물이나 지위 등이 감히 범할 수 없을 정도로 높고 엄숙함.
• **구속** (拘 잡을 구, 束 묶을 속) 자유를 억제함.
• **신분** (身 몸 신, 分 나눌 분) 개인의 사회적인 위치나 계급.
• **관용** (寬 너그러울 관, 容 얼굴 용) 나와는 다른 타인의 의견을 인정하고 공존을 허용하는 태도.
• **타협** (妥 온당할 타, 協 화합할 협) 어떤 일을 서로 양보하여 협의함.

## 2 생활 속에서 민주주의를 실천하는 태도 자료⁺3

(1) 생활 속 공동의 문제를 해결하려면 대화와 토론으로 의견 차이를 좁혀 나가야 합니다.

★ (2) **민주주의를 실천하기 위한 바람직한 태도**: 대화와 토론을 바탕으로 *관용, *타협, 실천, 양보, 비판적 태도 등이 필요합니다. ── 여러 사람에게 영향을 미치는 문제를 공동의 문제라고 해요.

(3) 학급 회의 과정에서 민주주의를 실천하는 태도 예 급식 먹는 순서 정하기

타협: 출석 번호 순서로 먹되, 제비뽑기 방법도 사용해 보면 좋겠어요.

관용: 저와 의견이 다르지만, 제비뽑기로 급식을 먹는 방법도 좋은 것 같아요.

비판적 태도: 출석 번호 순서대로 먹으면 출석 번호가 앞쪽인 친구들만 항상 빨리 먹게 되어 불공평해요.

실천: 결정된 의견을 실천하는 것은 중요해요.

## 자료⁺1 옛날과 오늘날의 정치 참여

| 옛날 | 왕이나 신분이 높은 사람들만 국가의 일을 의논하고 결정할 수 있었음. |
|---|---|
| 오늘날 | 모든 사람이 사회 공동의 문제를 해결하는 과정에 참여할 수 있게 되었음. └ '정치'라고 해요. |

└ 오늘날에는 신분, 재산, 성별 등과 관계없이 모든 사람이 정치에 참여해요.

## 자료⁺2 민주주의의 다양한 모습 예

| 학급 회의 | 시민 공청회 |
|---|---|
| ▲ 학급 회의나 학생 자치회를 통해 학급이나 학교의 일을 의논하여 결정함. | ▲ 국가의 중요 정책을 결정하기 전에 공청회를 열어 국민과 전문가의 의견을 들음. |

## 자료⁺3 민주주의를 실천하는 태도

| 관용 | 나와 다른 생각과 의견을 인정하고 존중하는 태도 |
|---|---|
| 타협 | 양보하여 협의하는 자세 |
| 실천 | 함께 결정한 일을 따르는 자세 |
| 비판적 태도 | 사실이나 의견의 옳고 그름을 따져 살펴보는 태도 |

### 핵심 개념 정리

· 민주주의는 개인의 자유와 평등을 보장하여 인간의 존엄성을 실현하고자 합니다.

자유
평등

나의 생각을 자유롭게 말해요.
인간의 존엄성
누구나 평등하게 투표해요.

---

**1** 다음 ( ) 안의 알맞은 말에 ○표 하시오.

> ( 정치, 민주주의 )는 사람들 사이에서 발생하는 갈등을 조정하고 원만하게 해결해 가는 과정이다.

**2** 생활 속 정치의 예로 옳은 것에 ○표, 옳지 **않은** 것에 ✕표 하시오.

(1) 바다로 가족 여행을 떠났습니다. ( )

(2) 주민 회의에서 쓰레기 처리 문제를 의논했습니다.

( )

**3** 민주주의를 이루는 기본 정신 중 ( )은/는 성별, 종교, 신분 등을 이유로 부당하게 차별받지 않고 동등하게 대우받는 것을 의미합니다.

**4** 다음 민주주의를 실천하는 태도와 모습을 알맞게 선으로 연결하시오.

(1) 실천 · · ㉠ 출석 번호 순서대로 먹으면 출석 번호가 앞쪽인 친구들만 항상 빨리 먹게 되어 불공평해요.

(2) 관용 · · ㉡ 결정된 의견을 실천하는 것은 중요해요.

(3) 타협 · · ㉢ 출석 번호 순서대로 먹되, 제비뽑기 방법도 사용해 보면 좋겠어요.

(4) 비판적 태도 · · ㉣ 저와 의견이 다르지만, 제비뽑기로 급식을 먹는 방법도 좋은 것 같아요.

# **2 일상생활과 민주주의(2)**

**★ 1 민주적 의사 결정 원리** → 서로 의견이 달라 갈등이 발생했을 때 의견을 하나로 모으기 위해 필요해요.

**(1) 대화와 타협** 자료⁺1

① 여러 사람이 함께 일상생활에서 중요한 일을 결정하거나 문제를 해결할 때는 서로 충분한 대화와 토론을 거치는 것이 중요합니다.

② 양보와 타협을 통해 서로 존중하며 의견 차이를 줄여 나가야 합니다.

**(2) ●다수결의 원칙**

| 의미 | 다수의 의견이 ●소수의 의견보다 합리적일 것이라고 ●가정하고 다수의 의견을 따르는 방법 |
|---|---|
| 활용<br>모습<br>(예) | <br>▲ 가족 여행지 결정하기　　▲ 선거로 대표 결정하기　　▲ 학급 회의에서 안건 결정하기 |
| 장단점 | • 장점: 쉽고 빠르게 문제를 해결할 수 있음.<br>• 단점: 소수의 의견이 존중되지 못하는 문제가 생길 수 있음. |
| 주의할<br>점 | 다수결에 의한 결정에 앞서 충분한 대화와 토론해야 하고, 소수의 의견을 존중하는 자세를 가져야 함. ┐<br>　　　●다수결로 내린 결정이 항상 옳다고 할 수는 없으므로 다수의<br>　　　의견에 따라 결정하더라도 소수의 의견을 존중해야 해요. |

투표를 해서 가장 ●<br>많은 표를 얻은<br>의견을 선택해요.

## **2 민주적 의사 결정 원리에 따른 문제 해결**

**(1)** 공동체의 구성원이 함께 잘 살아가려면 공동의 문제에 관심을 가지고 이를 민주적 의사 결정 원리에 따라 해결해 나가야 합니다.

**(2)** 민주적 의사 결정 원리에 따른 문제 해결 과정 ◉ 교실 청소 문제 자료⁺2

| 문제<br>확인하기 | 교실이 지저분함. |
|---|---|
| ⬇ | |
| 문제 발생 원인<br>파악하기 | 교실에 청소 당번을 두지 않음. |
| ⬇ | |
| 문제 해결 ●방안<br>●탐색하기 | • 청소 당번을 정하는 방안: 방과 후에 일찍 가는 친구들이 있어서 청소하기<br>　어려운 친구가 있음.<br>• 일주일에 한 번 다 같이 대청소하는 방안: 다 같이 청소하면 빨리 끝낼 수 있<br>　다는 장점이 있음. |
| ⬇ | |
| 문제 해결 방안<br>결정하기 | 일주일에 한 번 다 같이 대청소하는 것으로 결정함. ← 다수결의 원칙을 활용<br>하여 결정할 수 있음. |
| ⬇ ┐●다양한 의견 중 가장 합리적인 의견을 선택하는 과정이에요. | |
| 문제 해결 방안<br>실천하기 | 일주일에 한 번 다 같이 대청소를 하니, 지저분했던 교실이 깨끗해졌음. |

😊 **공부할 개념**
• 민주적 의사 결정 원리 알아
　보기
• 민주적 의사 결정 원리에 따
　른 문제 해결 살펴보기

**용어 사전**

• **다수결**(多 많을 다, 數 셈 수,
決 결정할 결) 회의에서 다
양한 의견을 하나로 모으
기 위해 많은 사람의 의견
에 따라 결정하는 것.

• **소수**(少 적을 소, 數 셈 수)
적은 수.

• **가정**(假 거짓 가, 定 정할 정)
사실이 아니거나 사실인지
아닌지 분명하지 않은 것
을 임시로 인정하는 것.

• **방안**(方 방향 방, 案 생각 안)
일을 처리하거나 해결하여
나갈 방법이나 계획.

• **탐색**(探 찾을 탐, 索 찾을 색)
드러나지 않은 사물이나
현상을 찾아내거나 밝히기
위해 살피어 찾는 것.

**자료1** 대화와 타협으로 문제를 해결하는 모습 **예** 아파트 생활 소음 문제

밤늦게까지 아이들 뛰는 소리가 들려서 잠을 잘 수 없어요.

아이들에게 주의를 주었고, 바닥에 매트를 깔았는데요.

소음으로 고통받는 분들이 계시니 시간을 정하는 건 어떨까요? 밤 10시까지는 참아 보겠습니다.

그렇다면 밤 10시까지 참아 보는 것에 동의하십니까?

예, 동의합니다.

**자료2** 민주적 의사 결정 원리에 따른 문제 해결 과정

| 문제 확인하기 | 함께 해결해야 하는 문제를 찾음. |
| --- | --- |
| 문제 발생 원인 파악하기 | 문제가 발생한 원인을 파악함. |
| 문제 해결 방안 탐색하기 | 각자 생각한 해결 방법을 제시하고, 각 방법의 장점과 단점이 무엇인지 탐색함. |
| 문제 해결 방안 결정하기 | 대화와 타협을 통해 가장 합리적인 방법을 찾고, 합의가 되지 않을 때는 다수결의 원칙을 활용함. |
| 문제 해결 방안 실천하기 | 함께 결정한 사항을 실천하려고 노력함. |

**핵심 개념 정리**

- 민주적 의사 결정 원리로 대화와 타협, 다수결의 원칙 등이 있습니다.
- 다수결로 의견을 결정할 때 소수의 의견을 존중하려는 노력이 필요합니다.

충분한 대화와 토론!

양보와 타협!

민주적 의사 결정 원리

소수의 의견 존중!

다수결의 원칙!

**1** 다음 ( ) 안의 알맞은 말에 ○표 하시오.

　　사람들 사이에 갈등이 일어나면 충분한 대화와 토론을 거쳐 ( 타협, 경쟁 )하는 것이 가장 바람직한 민주적 의사 결정 원리이다.

**2** ( )은/는 다수의 의견이 소수의 의견보다 합리적일 것이라고 가정하고 다수의 의견을 채택하는 방법입니다.

**3** 다수결의 원칙에 대해 알맞게 이야기한 어린이는 누구인지 이름을 쓰시오.

문제를 해결하는 데 시간이 오래 걸리는 방법이야.

소수의 의견이 존중되지 못하는 문제가 생길 수도 있어.

▲ 희재　　　▲ 예린

( )

**4** 다음 빈칸에 들어갈 알맞은 말을 쓰시오.

　　민주적 의사 결정 원리에 따라 문제를 해결하는 과정은 '문제 확인하기 ➡ 문제 발생 원인 파악하기 ➡ 문제 해결 방안 ( )하기 ➡ 문제 해결 방안 결정하기 ➡ 문제 해결 방안 실천하기'이다.

( )

**5** 학급 문제를 해결하는 과정에서 충분한 대화와 토론을 거쳤음에도 학생들의 의견이 하나로 모이지 않을 경우에는 민주적 의사 결정 원리인 ( )을/를 활용하여 투표로 결정할 수 있습니다.

**1** ⬜ㅁ⬜ㅈ⬜ㅈ⬜ㅇ 는 자유와 평등을 보장하여 인간의 존엄성을 실현하는 것을 목표로 합니다.

**2** 생활 속에서 민주주의를 실천하는 바람직한 태도 중 ⬜ㄱ⬜ㅇ 은 나와 다른 생각과 의견을 인정하고 존중하는 것을 말합니다.

**3** ⬜ㄷ⬜ㅅ⬜ㄱ 의 원칙을 사용할 때에는 소수의 의견도 존중해야 합니다.

**4** 다음 빈칸에 들어갈 알맞은 말을 쓰시오.

> ( )은/는 사람들 사이에서 발생하는 갈등이나 대립을 조정하고, 많은 사람에게 영향을 미치는 공동의 문제를 원만하게 해결해 가는 과정이다.

( )

**5** 생활 속 정치의 예로 알맞지 <u>않은</u> 것은 어느 것입니까? ( )

①
▲ 가족과 낱말 맞추기 놀이 하기

②
▲ 학급 회의에서 청소 당번 정하기

③
▲ 전교 어린이회 선거에서 투표하기

④
▲ 주민 회의에서 지역의 쓰레기 문제를 해결하는 방법 찾기

**6** 옛날에 정치에 참여할 수 있었던 사람은 누구입니까? ( )

① 왕
② 여성
③ 나이가 어린 사람
④ 신분이 낮은 사람
⑤ 모든 사회 구성원

**7**★ 학교에서 경험하는 민주주의의 모습으로 알맞은 것을 두 가지 고르시오. ( )

① 담임 선생님께 인사를 한다.
② 책을 빌리기 위해 도서관에 간다.
③ 친구들과 운동장에서 달리기를 한다.
④ 학급 회의를 열어 학급의 일을 의논하여 결정한다.
⑤ 체육 대회 종목을 정할 때 학급 친구들의 의견을 모아서 결정한다.

**8** 다음에서 설명하는 민주주의의 기본 정신은 무엇입니까? ( )

가고 싶은 곳은 어디나 갈 수 있어요.

① 정치
② 자유
③ 평등
④ 선거
⑤ 인간의 존엄성

**9** 민주주의의 기본 정신 중 인간의 존엄성을 실현하려면 무엇이 보장되어야 하는지 쓰시오.
서술형

_____

_____

**10~11** 다음 급식 먹는 순서를 정하는 학급 회의 장면을 보고, 물음에 답하시오.

**10** 위 ㉠~㉤과 민주주의를 실천하는 태도가 알맞게 짝 지어진 것은 어느 것입니까? ( )

① ㉠ – 실천
② ㉡ – 관용
③ ㉢ – 타협
④ ㉣ – 무관심
⑤ ㉤ – 비판적 태도

**11** 위 ㉠~㉤ 중 바람직하지 않은 태도를 찾아 기호를 쓰고, 그렇게 생각한 까닭을 쓰시오.

서술형

_____

_____

**12** 다음 문제를 해결하기 위한 대화에서 바람직한 태도를 보인 어린이는 누구입니까? ( )

**13~14** 다음 글을 읽고, 물음에 답하시오.

소진이네 ○○ 아파트 주민들은 늦은 밤 생활 소음으로 잠을 잘 수 없어 고통받고 있다. 그래서 주민 회의를 열어 생활 소음 문제를 해결할 방법을 논의하기로 했다. 퇴근이 늦어서 집에 늦게 들어오는 사람도 있으므로 세탁기는 오후 9시까지만 사용하기로 약속했다.

**13** 윗글에 나타난 소진이네 지역 문제는 무엇입니까? ( )

① 퇴근 시간이 늦는 문제
② 주민 회의를 자주 여는 문제
③ 주민들이 집에 늦게 들어오는 문제
④ 생활 소음으로 잠을 잘 수 없는 문제
⑤ 오후 9시에 세탁기를 사용하는 문제

**14** 위 밑줄 친 '주민 회의'에서 주민들의 의견을 하나로 모으기 위한 방법으로 알맞지 않은 것은 어느 것입니까? ( )

① 타협하는 과정을 거친다.
② 무조건 자신의 의견만 주장한다.
③ 토론의 과정에서 서로 양보한다.
④ 상대방의 의견을 고려하며 대화한다.
⑤ 서로 양보하고 배려하는 자세로 대화한다.

**15~17** 다음 글을 읽고, 물음에 답하시오.

> 20○○년 ○○월 ○○일
>
> 오늘은 반 친구들의 의견을 모아 가을 소풍 장소를 정했다. 친구들은 산, 동물원, 박물관 등 여러 장소를 후보로 추천했다. 우리는 <u>가장 많은 친구들이 찬성한 산</u>을 소풍 장소로 정했다.

**15** 윗글의 밑줄 친 민주적 의사 결정 방법을 무엇이라고 합니까? ( )

① 경쟁
② 반대
③ 비판
④ 다수결의 원칙
⑤ 소수 의견 존중

**16**★ 위 15번 답의 방법을 활용할 때의 장점으로 가장 적절한 것은 어느 것입니까? ( )

① 나의 의견이 강조된다.
② 소수의 의견만 존중된다.
③ 다수의 의견은 무시된다.
④ 빠르게 문제를 해결할 수 있다.
⑤ 의견의 차이가 좁혀지지 않는다.

**17** 위 15번 답을 활용한 사례를 보기 에서 두 가지 골라 기호를 쓰시오.

> **보기**
> ㉠ 선생님께서 학급 규칙을 만드셨다.
> ㉡ 학급 임원 선거에서 투표로 대표를 뽑았다.
> ㉢ 주민 회의에서 다수가 동의한 의견을 채택했다.

( )

**18~19** 다음 과정을 보고, 물음에 답하시오.

| 문제 확인하기 | 지역 주민들이 터널 건설을 반대함. |
|---|---|

↓

| 문제 발생 원인 파악하기 |  터널이 건설되면 동식물들이 살기 어려워지고 소음과 먼지로 주민들이 피해를 입습니다. 또한 교통이 혼잡해집니다.<br>▲ 지역 주민들의 의견 |
|---|---|

↓

| 문제 해결 방안 탐색하기 | 터널 건설로 생기는 문제를 해결할 방안을 찾아냄. |
|---|---|

↓

| ㉠ 문제 해결 방안 결정하기 | 다수가 찬성하는 의견에 따라 환경과 주민 보호 시설을 만들기로 결정함. |
|---|---|

↓

| 문제 해결 방안 실천하기 | 환경과 주민 보호 시설을 만듦. |
|---|---|

**18** 위 과정에 나타난 터널 건설을 반대하는 까닭으로 알맞지 <u>않은</u> 것은 어느 것입니까? ( )

① 교통이 혼잡해지기 때문에
② 쓰레기 분리배출이 안 되기 때문에
③ 동식물들이 살기 어려워지기 때문에
④ 먼지로 주민들이 피해를 입기 때문에
⑤ 소음으로 생활하기 힘들어지기 때문에

**19** 위 ㉠ 단계에서 활용한 민주적 의사 결정 방법은 무엇인지 쓰시오.

( )

**20**★ 학급 문제를 해결하는 과정에서 의견이 나뉘었을 때 의견을 하나로 모으는 바람직한 방법을 두 가지 고르시오. ( )

① 다수의 의견만 따른다.
② 서로의 생각을 존중한다.
③ 충분한 대화를 거쳐 타협한다.
④ 상대방의 의견은 무조건 따른다.
⑤ 나와 다른 친구의 의견은 계속 비판한다.

**1** 다음 가족회의 모습을 보고, 물음에 답하시오. [12점]

오늘 어디로 놀러 갈지 정해 볼까?

네, 좋아요!

(1) 위 상황에서 쉽고 빠르게 문제를 해결하기 위해 사용할 수 있는 민주적 의사 결정 원리를 쓰시오. [4점]

(                    )

(2) 위 (1)번 답의 의사 결정 원리를 사용할 때 주의할 점을 쓰시오. [8점]

_____

_____

서술형 문제를 푸는 방법을 익혀보자!

**1단계** 단어의 의미 알기

'다수결'의 뜻은 무엇일까?

| 다 | 수 | 결 |
| --- | --- | --- |

: 어떤 일을 결정할 때 많은 사람의 의견에 따라 결정하는 것.

**2단계** 특징 분석하기

다수결로 의사를 결정할 때 장단점은 무엇일까?

**다수결에 따르면?**

장점 쉽고 빠르게 의사 결정을 할 수 있음.

단점 모든 사람의 의견을 반영할 수 없음.

**3단계** 생각하기

다수결로 의견을 결정할 때 주의할 점은 무엇일까?

다수결에 따를 경우의 단점을 극복하는 방법을 생각해 보자.

---

**2** 다음을 보고, 물음에 답하시오. [12점]

민주주의의 목적은 국민의 자유와 평등을 보장해서 (          )을/를 실현하는 거예요.

(1) 위 빈칸에 들어갈 민주주의의 기본 정신을 쓰시오. [4점]

(                    )

(2) 위 밑줄 친 '민주주의'의 의미를 쓰시오. [8점]

_____

_____

**3** 다음 민주주의를 실천하는 태도를 정리한 표를 보고, 물음에 답하시오. [12점]

| 관용 | 나와 다른 생각과 의견을 인정하고 존중하는 태도 |
| --- | --- |
| 타협 | 양보하여 협의하는 자세 |
| ㉠ | 함께 결정한 일을 따르는 자세 |
| 비판적 태도 | ㉡ |

(1) 위 ㉠에 들어갈 알맞은 말을 쓰시오. [4점]

(                    )

(2) 위 ㉡에 들어갈 비판적 태도의 의미를 쓰시오. [8점]

_____

_____

# 3 민주정치의 원리와 국가기관의 역할(1)

😊 공부할 개념
• 국민 주권의 원리 알아보기
• 권력 분립의 원리 알아보기

## 1 민주정치의 기본 원리

(1) **민주정치의 뜻**: 국민이 나라의 주인이 되고, 국민의 뜻에 따라 이루어지는 정치입니다.

(2) **민주정치의 기본 원리**: 국민 °주권의 원리, 권력 분립의 원리 등이 있습니다.

★ (3) **민주주의 국가에서 민주정치의 기본 원리를 지키는 까닭**: 인간의 존엄성을 실현하고 자유와 평등을 보장하기 위해서입니다.

## 2 국민 주권의 원리

└ 국민 주권을 지키기 위해 정치에 관심을 가지고 적극적으로 참여해야 해요.

| 국민 주권의 원리 뜻 | 국민 주권의 원리를 실현하기 위한 노력 |
| --- | --- |
| 주권이 국민에게 있으며, 나라의 중요한 일을 국민 스스로 결정할 수 있다는 원리 | • 선거에 적극적으로 참여해야 함. 자료⁺1<br>• 시민 단체 활동이나 집회에 참여하여 여론을 형성함.<br>• 누리 소통망 서비스(SNS) 등을 통해 정치적 의견을 표현함. |

└ 주권이 국민에게 없다면 소수의 사람이 국가 권력을 차지하고 국민의 자유와 권리는 보장받지 못할 거예요.

**국민 주권의 원리가 드러나는 모습**

▲ 국민은 선거를 통해 원하는 후보자에게 투표하여 자신의 뜻을 전함.

▲ 국민은 중요한 사회 문제가 있을 때 직접 모여서 해결을 요구함.

▲ 국민은 인터넷 게시판에 직접 정책을 제안하거나 의견을 올림.

## 3 권력 분립의 원리 자료⁺2

└ 우리나라에서는 국회, 행정부, 법원이 국가 권력을 나눠 맡도록 헌법으로 정하고 있어요.

| 권력 분립의 원리 뜻 | 여러 기관이 권한을 나눠 가지는 까닭 |
| --- | --- |
| °국가 권력을 어느 한 기관에서 독점하지 못하도록 여러 국가기관이 나눠 맡아 서로 견제하고 균형을 이루게 하는 원리 | 한 사람이나 기관이 권한을 가지면 권한을 마음대로 사용하거나 잘못된 결정을 해서 국민의 권리를 °침해할 수 있기 때문에 |

**용어 사전**

• **주권**(主 주인 주, 權 권세 권) 국가의 중요한 일을 최종적으로 결정하는 최고의 권력.

• **국가 권력** 국가가 통치를 하고자 행사하는 권력.

• **침해**(侵 침노할 침, 害 해할 해) 침범하여 해를 끼침.

• **수반**(首 우두머리 수, 班 나눌 반) 행정부의 가장 높은 자리에 있는 사람.

• **행사**(行 다닐 행, 事 일 사) 어떤 일을 시행함.

## 4 헌법에 나타난 민주정치의 기본 원리

제1조 제2항은 국민 주권의 원리가 드러난 헌법 조항이에요.

제40조, 제66조 제4항, 제101조 제1항은 권력 분립의 원리가 드러난 헌법 조항이에요.

**제1조** ② 대한민국의 주권은 국민에게 있고, 모든 권력은 국민으로부터 나온다.

**제40조** 입법권은 국회에 속한다.

**제66조** ④ 행정권은 대통령을 °수반으로 하는 정부에 속한다.

**제101조** ① 사법권은 법관으로 구성된 법원에 속한다.

## 자료⁺1 선거의 기본 원칙

▲ **보통 선거** 만 18세 이상의 국민 이면 누구나 투표할 수 있음.

▲ **평등 선거** 모든 사람이 •행사하는 표의 개수와 가치가 같아야 함.

▲ **직접 선거** 자신이 직접 투표해야 함.

▲ **비밀 선거** 어떤 후보자에게 투표했는지 다른 사람이 알 수 없음.

대부분의 민주 국가에서는 선거를 통해 국민의 뜻을 반영한 대표자를 뽑아 나라의 중요한 일을 결정합니다. 민주적 선거를 위해 보통 선거, 평등 선거, 직접 선거, 비밀 선거의 원칙이 지켜져야 합니다.

## 자료⁺2 권력 분립의 원리 예

국회 는 대형할인점의 영업시간을 제한하고 의무 휴업일을 지켜야 하는 법률을 만들었다. 지방 자치 단체장 은 오전 0시부터 오전 10시까지 영업시간을 제한하고 매월 이틀을 의무 휴업일로 정했다. 대법원 은 대형할인점의 영업시간을 제한하고 의무 휴업일을 지정한 지방 자치 단체의 처분이 법률에 어긋나지 않는다고 판결을 했다.

국회, 행정부(지방 자치 단체장), 법원 등의 국가기관이 국민의 권리를 보호하려고 국가의 일을 나눠 맡아 서로 견제와 균형을 유지하고 있습니다.

## 핵심 개념 정리

• 민주정치의 원리에는 국민 주권의 원리, 권력 분립의 원리 등이 있습니다.

우리는 민주정치를 이루는 기본이니까 사이좋게 지내요.

---

**1** 다음 ( ) 안의 알맞은 말에 ○표 하시오.

> 민주정치는 ( 국가, 국민 )이/가 나라의 주인이 되고, ( 국가, 국민 )의 뜻에 따라 이루어지는 정치이다.

**2** 다음 중 국민 주권의 원리가 드러나는 모습에 ○표 하시오.

(1)

▲ 선거를 통해 국민의 대표를 뽑음.

(      )

(2)

▲ 법에 따라 공정하게 재판을 함.

(      )

**3** 권력 분립의 원리에 대한 설명으로 옳은 것에 ○표, 옳지 않은 것에 ✕표 하시오.

(1) 여러 국가기관이 국가 권력을 나눠 맡는 것입니다.

(      )

(2) 국가의 중요한 일을 결정할 때에는 국회, 행정부, 법원 중 한 기관이 독점해야 합니다.

(      )

**4** 다음 헌법에 나타난 민주정치의 기본 원리를 알맞게 선으로 연결하시오.

(1) 제1조 ② 대한민국의 주권은 국민에게 있고, 모든 권력은 국민으로부터 나온다.  •

 • ㉠ 국민 주권의 원리

(2) 제40조 입법권은 국회에 속한다.
제66조 ④ 행정권은 대통령을 수반으로 하는 정부에 속한다.
제101조 ① 사법권은 법관으로 구성된 법원에 속한다.  •

 • ㉡ 권력 분립의 원리

# 3 민주정치의 원리와 국가기관의 역할(2)

▲ 국회의원들이 일하는 국회
의사당

## 1 국회에서 하는 일

(1) **국회**: 국민이 뽑은 대표인 국회의원들로 구성된 국민의 대표 기관입니다.
　　　　　　　　　　　　　　　┗ 국민의 선거로 4년마다 뽑아요.
★ (2) **국회에서 하는 일**

| 법에 관한 일 | 국가 운영의 근거가 되는 법을 만들거나 고치고 없애기도 함. 자료⁺1 |
|---|---|
| 국가 ·재정에 관한 일 | · 한 해 동안 국가를 운영하는 데 필요한 ·예산안을 ·심의하여 확정함.<br>· 행정부가 예산을 사용한 후에 예산을 잘 사용했는지 심사함. |
| 국정에 관한 일 | 행정부가 법에 따라 국가를 잘 운영하고 있는지 국정감사를 함. |
| 임명에 관한 일 | 대통령이 국무총리나 대법원장 등을 임명할 때 국회의 동의를 얻어야 함. |

매년 국정감사를 하여 공무원에게 나랏일 가운데 궁금한 점을 질문하고, ●
잘못한 일이나 문제가 있으면 바로잡도록 요구해요.

## 2 행정부에서 하는 일

국민이 안전하고 편리한 생활을 할 수 있도록 나라의 행정을 나눠 맡아요. ●
(1) **행정부**: 국회가 만든 법을 바탕으로 나라의 살림을 맡아서 하는 곳입니다.
★ (2) **행정부의 구성**: 대통령, 국무총리, 행정 각부 등으로 구성됩니다. 자료⁺2

| 대통령 | · 행정부의 최고 책임자이고 우리나라의 대표로서 국가의 중요한 일을 결정함.<br>· 5년마다 국민이 직접 뽑음. ┗ 외국에 대해 나라를 대표해요.<br>· 국무총리, 행정 각부의 장관 등을 임명하거나 물러나게 할 수 있음. |
|---|---|
| 국무총리 | · 대통령을 도와 행정 각부를 관리함.<br>· 대통령이 임무를 수행할 수 없는 상황이 생기면 대통령의 임무를 대신 맡아서 함. |
| 각부 | 업무를 나눠 맡아서 국가의 살림을 수행함. |

(3) **·국무 회의 개최**: 국가의 중요한 일은 대통령, 국무총리, 행정 각부의 장관 등이 모여 행정부 최고 심의 기관인 국무 회의를 열어 국가의 일을 함께 의논합니다.

(4) **행정 각부에서 하는 일**

| 국방부 | 보건복지부 | 문화체육관광부 |
|---|---|---|
| ▲ 우리나라를 지키고 국민을 보호함. | ▲ 질병, 빈곤 등으로부터 국민을 보호함. | ▲ 우리나라의 문화와 체육 발전에 힘씀. |
| 교육부 | 국토교통부 | 고용노동부 |
| ▲ 아이들이 올바르게 성장할 수 있도록 교육 전반의 일을 함. | ▲ 국토의 균형 발전과 편리한 교통 환경 및 국민의 주거 안정을 위한 일을 함. | ▲ 국민이 원하는 일자리에서 안전하고 행복하게 일할 수 있도록 도와줌. |

**용어 사전**

● **재정**(財 재물 재, 政 정사 정)
돈에 관한 여러 가지 일.
● **예산**(豫 미리 예, 算 셈 산)
나라의 살림살이에 필요한
사업과 돈의 사용 계획을
미리 세워 두는 것.
● **심의**(審 살필 심, 議 의논할 의)
어떤 일을 토의하여 적절
한가를 판단하는 일.
● **국무 회의** 행정부의 권한
에 속하는 중요 정책을 심
의하는 회의.
● **법률안** 법률이 될 사항을
조목별로 정리하여 국회에
제출하는 문서.

**자료⁺1** 국회에서 법을 만드는 과정 예

| | |
|---|---|
| 국민이 사용하는 제품에서 독성 물질이 나오자 대책을 마련해 달라는 국민의 요구가 늘어났음. | 국회의원이 이와 관련된 법을 만들자는 제안을 함. |
| 국회에서 국회의원들의 투표를 거쳐 ●법률안이 통과됨. | 제품 안전 기준 법률안을 대통령이 최종 동의하여 국민에게 널리 알려지고 시행됨. |

국민의 요구에 따라 국회의원들은 법률안을 제안하고, 투표를 통해 법률안을 통과시켰습니다. 통과된 법률안은 대통령이 최종 동의했습니다.

**자료⁺2** 행정부 조직도

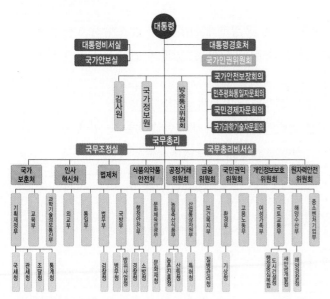

행정부를 구성하는 여러 부, 처, 청, 위원회 등은 교육, 경제, 외교 국방, 통일 등 나라의 행정을 나눠 맡습니다.

🎓 **핵심 개념 정리**

· 국회는 법을 만드는 곳으로, 국민의 대표인 국회의원들로 구성됩니다.

· 행정부는 나라의 살림을 맡아 하는 곳으로, 대통령, 국무총리, 각부 장관 등으로 구성됩니다.

국회에서 오늘도 법이 탄생했습니다! 탕탕탕!

우리가 나라의 살림을 맡아 하고 있어요!

**1** 국회에 대한 설명으로 옳은 것에 ○표, 옳지 <u>않은</u> 것에 ✕표 하시오.

(1) 국회의원들로 구성된 국민의 대표 기관입니다.

(     )

(2) 국회 최고 심의 기관인 국무 회의를 열어 국회의원들이 국가의 일을 의논합니다. (     )

**2** 국회에서 하는 일을 알맞게 선으로 연결하시오.

| | | |
|---|---|---|
| (1) | 법에 관한 일 | ㉠ 매년 국정감사를 실시함. |
| (2) | 임명에 관한 일 | ㉡ 예산을 심의하여 확정함. |
| (3) | 국정에 관한 일 | ㉢ 법을 만들거나 고치고 없앰. |
| (4) | 국가 재정에 관한 일 | ㉣ 대통령은 국회의 동의를 얻어 국무총리를 임명함. |

**3** 다음 ( ) 안의 알맞은 말에 ○표 하시오.

( 국회, 행정부 )는 나라의 살림을 맡아서 하는 곳으로 대통령, 국회의원, 행정 각부 등으로 구성된다.

**4** 행정부의 구성에 대해 알맞게 말한 어린이에게 ○표 하시오.

(1) 국무총리는 행정부의 최고 책임자로서 국가의 중요한 일을 결정해.

(2) 대통령은 우리나라의 대표로서 5년마다 국민이 직접 뽑아.

(     )     (     )

# 3 민주정치의 원리와 국가기관의 역할(3)

● 공부할 개념

• 법원에서 하는 일 알아보기
• 국가의 일을 나눠 맡아야 하는 까닭 알아보기

## 1 법원에서 하는 일 자료⁺1

(1) 법원: 법에 따라 재판하는 곳입니다.

★ (2) 법원에서 하는 일

빌린 돈을 다 갚을 때까지 이자를 지급하세요.

▲ 사람들 사이의 다툼을 해결함.

폭행 사실이 인정되어 징역 5년을 선고합니다.

▲ 법을 어긴 사람을 처벌하여 사회 질서를 유지함.

○○시에서는 피해자에게 피해 보상금을 지급하세요.

도로 공사 때문에 우리 집이 피해를 봤어요.

▲ 국가나 지방 자치 단체로부터 피해를 입은 사람의 억울함을 풀어 줌.

★ (3) 공정한 재판을 위한 제도 → 법원에서는 국민의 자유와 권리를 지키고자 공정하게 재판해요.

판사

검사        변호인
           피고인

▲ 재판이 진행되는 모습
  → 재판 과정에는 판사, 검사, 변호인, 피고인, 증인, 방청객 등이 참여해요.

• 다른 국가기관으로부터 법원을 독립시켜 재판이 공정하게 이뤄질 수 있도록 하고 있음.
• 법관이 오직 헌법과 법률에 의해 양심에 따라 심판을 할 수 있도록 법관의 신분을 보장하고 있음. → 재판 절차의 공정성을 확보하고 재판에 대한 국민의 신뢰를 얻기 위함이에요.
• 특별한 경우를 제외한 모든 재판의 과정과 결과를 국민에게 공개하고 있음.
• 3심 제도: 하나의 사건에 대해 급이 다른 법원에서 세 번까지 재판을 받을 수 있게 함. → 잘못된 판결로 발생할 수 있는 국민의 피해를 줄이기 위한 제도예요.

## 2 국가의 일을 나눠 맡아야 하는 까닭 자료⁺2

→ 프랑스에서 강력한 권력을 가졌던 왕 루이 14세는 마음대로 법을 바꾸거나 세금을 낭비했지만, 오늘날에는 한 기관이나 한 사람이 국가의 일을 마음대로 처리할 수 없게 되어 있어요.

★ (1) 삼권 분립

| 삼권 분립 | 국가 권력을 나눈 까닭 |
|---|---|
| 우리나라는 권력 분립의 원리에 따라 국가 권력을 국회, 행정부, 법원이 나눠 맡도록 하여서로 견제하고 균형을 이루도록 하고 있음. | 한 기관이 국가의 중요한 일을 마음대로 처리할 수 없도록 하고, 국민의 자유와 권리를 보장하기 위해서 |

(2) 삼권 분립의 모습

국회

국가를 다스리는 법을 만듦.

견제와 감시

삼권 분립

행정부

법에 따라 국가 살림을 함.

견제와 감시

법원

법에 따라 재판을 함.

용어 사전

• 징역(懲 징계할 징, 役 부릴 역) 죄인을 교도소에 가두어 노동을 시키는 형벌.
• 법관(法 법 법, 官 벼슬 관) 법원에 소속되어 소송 사건을 심리하고, 분쟁이나 이해의 대립을 법률적으로 해결하고 조정하는 권한을 가진 사람.
• 견제(牽 이끌 견, 制 억제할 제) 상대편이 지나치게 세력을 펴거나 자유롭게 행동하지 못하게 억누름.
• 분쟁(紛 어지러울 분, 爭 다툴 쟁) 말썽을 일으켜 시끄럽고 복잡하게 다툼.
• 위헌 법률 심판 국회에서 만든 법률이 헌법에 위반되는지 여부를 헌법 재판소가 심사하는 것.
• 제청 어떤 일을 결정해 달라고 요구함.

## 자료 1 더 알아보기 – 헌법 재판소

▲ 헌법 재판소의 모습

헌법 재판소는 특정 국가기관의 영향을 받지 않고 독립적으로 운영해요.

| 헌법 재판소 | 헌법과 관련한 *분쟁을 해결하는 기관으로, 헌법에 보장된 국민의 자유와 권리를 보호해 줌. |
|---|---|
| 하는 일 | • 법률이 헌법에 어긋나지 않는지, 국가기관이 국민의 자유와 권리를 침해하고 있지 않는지 등을 심판하여 결정함.<br>• 대통령과 같이 높은 지위에 있는 공무원이 헌법이나 법을 어겼을 때 그 자리에서 물러나게 해야 하는지에 대해 심판하여 결정함. |

## 자료 2 국가기관이 서로 견제하는 모습 예

○○신문   20△△년 △△월 △△일

**국회, 국정감사 실시**

국정감사는 국회에서 행정부가 국민을 위해 나라 살림을 잘하고 있는지 감시하는 활동이다.

▲ 국회가 행정부를 견제함.

○○신문   20△△년 △△월 △△일

**법원, *위헌 법률 심판 *제청**

□□ 법원 재판부는 ○○법이 헌법에 위반되는지 심판해 달라고 요청했다.

▲ 법원이 국회를 견제함.

○○신문     20△△년 △△월 △△일

**대통령, ○○명 사면**

대통령은 새해를 맞아 ○○명을 사면했다. 사면권은 범죄를 용서하여 형벌을 면죄해 주는 대통령의 권한이다.

▲ 행정부가 법원을 견제함.

## 핵심 개념 정리

• 법원은 법에 따라 재판하는 곳으로, 공정한 재판을 위해 법원의 독립, 재판 공개, 3심 제도 등을 두고 있습니다.

법관은 오직 헌법과 법률에 의해 양심에 따라 심판해요.

---

**1** 법원에 대한 설명으로 옳은 것에 ○표, 옳지 <u>않은</u> 것에 ✕표 하시오.

(1) 법을 바탕으로 나라의 살림을 하는 곳입니다. (     )

(2) 재판을 하여 법을 지키지 않은 사람을 처벌함으로써 사회 질서를 유지합니다. (     )

**2** 다음 (    ) 안의 알맞은 말에 ○표 하시오.

> 공정한 재판을 위해서 대부분의 재판 과정을 ( 공개, 비공개 )로 하고 있다.

**3** (        )은/는 원칙적으로 하나의 사건에 대해 급이 다른 법원에서 세 번까지 재판을 받을 수 있도록 한 제도입니다.

**4** 다음에서 헌법과 관련한 분쟁을 해결하는 곳에 ○표 하시오.

(1)

▲ 국회 의사당      ▲ 헌법 재판소

(      )       (      )

**5** 다음 빈칸에 들어갈 알맞은 말을 쓰시오.

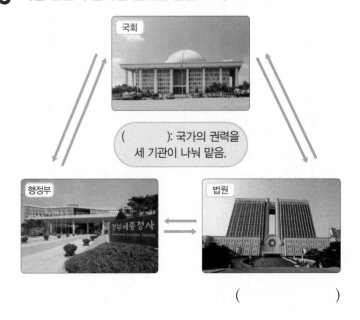

국회

(     ): 국가의 권력을 세 기관이 나눠 맡음.

행정부            법원

(      )

**1** ㄱㅁㅈㄱ 의 원리는 주권이 국민에게 있고, 나라의 중요한 일을 국민 스스로 결정할 수 있는 것입니다.

**2** 법을 만드는 곳은 ㄱㅎ 이고, 나라 살림을 맡아 하는 곳은 ㅎㅈㅂ 이며, 법에 따라 재판하는 곳은 ㅂㅇ 입니다.

**3** 세 국가기관에서 국가 권력을 나눠 맡고 서로 견제하는 것을 ㅅㄱㅂㄹ 이라고 합니다.

**4** 다음 빈칸에 들어갈 알맞은 말을 쓰시오.

> (　　　)(이)란 국민이 나라의 주인이 되고, 국민의 뜻에 따라 이루어지는 정치이다.

(　　　　　)

**5** 다음에서 설명하는 민주정치의 기본 원리는 무엇입니까? (　　　)

> 국가기관이 권력을 나눠 맡도록 한 민주정치의 원리로, 우리나라는 세 기관이 국가 권력을 나눠 맡도록 헌법으로 정하고 있다.

① 국민 주권의 원리
② 권력 분립의 원리
③ 국민 자치의 원리
④ 지방 자치의 원리
⑤ 대화와 타협의 원리

**6** 민주주의 국가에서 민주정치의 기본 원리를 지키는 까닭을 쓰시오.

서술형

_____

_____

**7** 국회에 대한 설명으로 알맞지 <u>않은</u> 것은 어느 것입니까? (　　　)

① 국회의원들로 구성된 곳이다.
② 예산안을 심의하여 확정한다.
③ 예산이 잘 쓰였는지 검토한다.
④ 법을 만들거나 고치는 일을 한다.
⑤ 대통령의 임무를 대신하는 곳이다.

**8** 국회의원에 대한 설명으로 알맞은 것을 보기 에서 두 가지 골라 기호를 쓰시오.

> 보기
> ㉠ 법을 만드는 일을 한다.
> ㉡ 국민을 대표해 정치한다.
> ㉢ 나라의 살림을 맡아 한다.
> ㉣ 5년마다 국민이 직접 뽑는다.

(　　　　　)

**9** ★ 국회에서 다음과 같은 일을 하는 까닭으로 알맞은 것은 어느 것입니까? ( )

> 나랏일을 하는 공무원에게 궁금한 점을 질문하고, 잘못한 일이 있다면 바로잡도록 요구한다.

① 세금을 마련하기 위해서
② 공정한 재판을 하기 위해서
③ 심의한 예산안을 확정하기 위해서
④ 대통령을 도와 행정 각부를 관리하기 위해서
⑤ 행정부가 법에 따라 일을 잘하고 있는지 살펴보기 위해서

**10** 행정부에 대해 잘못 말한 어린이는 누구입니까?
( )

① 대통령, 국무총리, 행정 각부 등으로 구성돼.
② 법에 따라 국가의 살림을 맡아 하는 곳이야.
③ 국가의 중요한 일을 결정할 때 국무 회의를 개최해.
④ 사람들 사이의 다툼을 해결해 주는 곳이야.

**11** 대통령이 하는 일로 알맞은 것을 두 가지 고르시오.
( )

① 매년 국정감사를 시행한다.
② 외국에 대해 국가를 대표한다.
③ 국가 간에 생긴 갈등을 해결한다.
④ 법을 지키지 않은 사람을 처벌한다.
⑤ 행정부의 최고 책임자로서 행정부를 이끄는 역할을 한다.

**12~13** 다음 행정부 조직도를 보고, 물음에 답하시오.

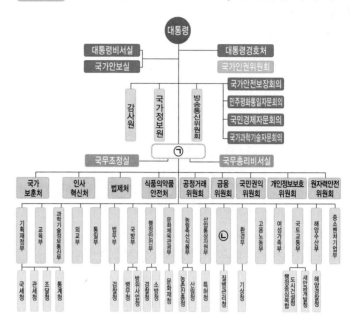

**12** 다음 설명을 참고하여 위 ㉠에 들어갈 사람은 누구인지 쓰시오.

> 대통령을 도와 각부를 관리하고 감독하며 대통령이 임무를 수행할 수 없을 때 그 역할을 대신한다.

( )

**13** 위 ㉡에서 하는 일로 알맞은 것은 어느 것입니까?
( )

①
▲ 국민의 건강을 책임짐.

②

▲ 국민을 보호하고 나라를 지킴.

③

▲ 국민의 교육에 관한 일을 책임짐.

④

▲ 국가의 문화와 체육 발전에 힘씀.

**14** 다음과 같은 모습을 볼 수 있는 국가기관은 어디인지 쓰시오.

(          )

**15**★ 법원에서 하는 일을 보기 에서 골라 기호를 쓰시오.

> **보기**
> ㉠ 법을 만든다.
> ㉡ 법을 어긴 사람을 처벌한다.
> ㉢ 법에 따라 국가의 살림을 맡아 한다.
> ㉣ 법에 따라 예산을 심의하여 확정한다.

(          )

**16**
서술형
재판이 공정하게 이루어져야 하는 까닭을 쓰시오.

_____

_____

**17** 다음 빈칸에 들어갈 알맞은 말을 쓰시오.

> 우리나라는 한 사건에 대해 급이 다른 법원에서 세 번까지 재판받을 수 있는 ( )을/를 적용하여 모든 국민이 공정한 재판을 받을 수 있도록 하고 있다.

(          )

**18** 오른쪽 기관에 대한 설명으로 알맞은 것은 어느 것입니까?

(     )

▲ 헌법 재판소

① 대통령이 일하는 곳이다.
② 헌법과 관련한 분쟁을 해결하는 곳이다.
③ 법원이 행정부를 견제하기 위해 만든 곳이다.
④ 행정부의 중요한 일이나 정책을 심의하는 곳이다.
⑤ 대통령, 국무총리, 법관 등이 모여 국무 회의를 하는 곳이다.

**19** 다음 밑줄 친 '루이 14세'와 같이 한 사람에게 국가 권력이 집중되었을 때 일어나는 일로 알맞은 것은 어느 것입니까? (     )

> 과거 프랑스의 왕 루이 14세는 왕의 권한은 신이 내려 준 것이므로 왕의 명령을 따르지 않는 것은 곧 신의 뜻을 따르지 않는 것이라고 주장했다. 그러면서 수 차례 전쟁을 일으켰고, 백성은 전쟁과 궁전 건설에 동원됐다.

① 국민의 생활이 풍요로워진다.
② 국민의 자유와 권리가 침해된다.
③ 법에 따라 공정하게 재판하게 된다.
④ 국민의 의견을 하나로 모으기 쉬워진다.
⑤ 국가기관들이 서로 균형을 이루어 국가가 발전할 수 있다.

**20**★ 국회, 행정부, 법원이 국가의 일을 나눠 맡는 까닭으로 알맞은 것을 두 가지 고르시오. (     )

① 국민의 주권을 제한하기 위해서
② 국민 모두를 정치에 참여시키기 위해서
③ 국민의 자유와 권리를 보장하기 위해서
④ 각 기관이 서로 견제하고 균형을 이루게 하기 위해서
⑤ 비교적 쉽고 빠르게 국가의 중요한 일을 결정하기 위해서

**1** 다음 삼권 분립을 나타낸 자료를 보고, 물음에 답하시오. [12점]

국가를 다스리는 법을 만듦.

법에 따라 국가 살림을 함.

법에 따라 재판을 함.

(1) 위 ㉠, ㉡, ㉢에 들어갈 기관을 쓰시오. [4점]

㉠: (　　　　), ㉡: (　　　　), ㉢: (　　　　)

(2) 위와 같은 제도를 만든 까닭을 쓰시오. [8점]

_____

_____

 서술형 문제를 푸는 방법을 익혀보자!

**1단계** 단어의 의미 알기　　'삼권 분립'의 뜻은 무엇일까?

삼 권 분 립 : 세 기관이 국가 권력을 나눠 맡는 것.

**2단계** 생각해 보기　　국가 권력을 왜 나누었을까?

프랑스 역사상 가장 강력한 권력을 가졌던 왕인 루이 14세는 마음대로 법을 바꾸거나 세금을 낭비함.

⬇

왕이 권력을 마음대로 행사하여 국민의 자유와 권리가 침해됨.

⬇

이를 막으려고 민주주의 국가에서는 민주정치의 원리 중 권력 분립의 원리를 마련함.

⬇

각 기관은 상호 견제하고 균형을 이루어 국민이 자유와 권리를 보장함.

---

**2** 다음 헌법 조항을 보고, 물음에 답하시오. [12점]

> 제1조　② 대한민국의 주권은 국민에게 있고, 모든 권력은 국민으로부터 나온다.

(1) 위 헌법 조항에 해당하는 민주정치의 기본 원리를 쓰시오. [4점]

(　　　　　　)

(2) 위 (1)번 답의 원리를 실현하기 위한 노력을 쓰시오. [8점]

_____

_____

**3** 다음 자료를 보고, 물음에 답하시오. [12점]

 국회의원들이 일하는 곳이에요.

(1) 위 자료에서 설명하는 국가기관은 무엇인지 쓰시오. [4점]

(　　　　　　)

(2) 위 (1)번 답의 국가기관에서 하는 일 중 국정 감사를 하는 까닭을 쓰시오. [8점]

_____

_____

# 1 우리나라의 정치 발전

👁 그림을 보고 배운 개념을 떠올리며 빈칸을 채워 보세요.

**개념1** 우리나라의 민주주의 발전 과정

우리나라의 민주주의는 3·15 부정 선거에 항의하여 일어난
(**①**        )과 광주 시민들이 민주화를 요구하며 일어난
(**②**        )을 거쳐 대통령 직선제를 요구하며 일어난
(**③**        )을 겪으며 발전했습니다.

**개념2** 오늘날 사회 공동의 문제 해결에 참여하는 방법

오늘날 시민들은 촛불 집회, 1인 시위, 서명 운동, 누리집이
나 누리 소통망 서비스(SNS)에 의견 올리기 등 평화적이고
(**④**        )인 방식으로 사회 공동의 문제를 해결하는 데
참여하고 있습니다.

**개념4** 민주적 의사 결정 원리

민주적 의사 결정 원리로 대화와 타협, 다수결의 원칙 등
이 있습니다. (**⑦**        )을 활용할 때는 결정에 앞서 충
분한 대화와 토론을 거쳐야 하며, 다수의 의견에 따라 결
정하더라도 (**⑧**        )의 의견을 존중해야 합니다.

**개념5** 민주정치의 기본 원리

(**⑨**        )는 주권이 국민에게 있으며, 나라의 중
요한 일을 국민 스스로 결정할 수 있다는 원리입니다.
(**⑩**        )는 국가 권력을 어느 한 기관에서 독점하지 못하
도록 여러 국가기관이 나눠 맡도록 하는 원리입니다.

우리나라는 4·19 혁명, 5·18 민주화 운동, 6월 민주 항쟁을 겪으며 민주주의를 발전시켰으며, 오늘날 시민들은 일상생활에서 다양한 방법으로 민주주의를 실천하고 있습니다.

정답과 풀이 57쪽

### 개념3 민주주의의 기본 정신

민주주의를 이루는 기본 정신은 인간의 존엄성, 자유, 평등입니다. (❺          )을 실현하려면 개인의 (❻          )와 평등이 보장되어야 합니다.

### 개념6 국회, 행정부, 법원

법을 만드는 곳은 (⓫          )이고, 국가의 살림을 맡아 하는 곳은 (⓬          )이며, 법에 따라 재판하는 곳은 (⓭          )입니다. 세 국가기관은 서로 견제하고 균형을 이루며 국가의 일을 나눠 맡고 있습니다.

옳은 문장에 ○, 틀린 문장에 ✕하세요. 틀린 부분은 밑줄을 긋고 바른 개념으로 고쳐 써 보세요.

**1** 4·19 혁명은 5·16 군사 정변으로 독재 정치가 시작되자 학생과 시민들이 민주주의를 요구하며 일으킨 시위입니다. (          )

**2** 전두환을 중심으로 군인들이 다시 정변을 일으키자 광주에서 민주화를 요구하는 시위가 일어났습니다. (          )

**3** 6월 민주 항쟁 이후 대통령 간선제와 지방 자치제가 시행되었습니다. (          )

**4** 민주주의는 인간의 존엄성과 자유, 평등을 보장하기 때문에 중요합니다. (          )

**5** 민주주의를 실천하기 위해서는 정치에 무관심해야 합니다. (          )

**6** 민주적 의사 결정 원리에는 대화와 타협, 다수결의 원칙, 소수 의견 존중 등이 있습니다. (          )

**7** 민주정치의 기본 원리로 국민 주권의 원리, 권력 분립의 원리가 있습니다. (          )

**8** 국회는 국민의 대표인 대통령이 법을 만드는 곳입니다. (          )

**9** 행정부는 법에 따라 재판을 하는 곳으로, 특별한 경우를 제외한 모든 재판을 공개합니다. (          )

**10** 권력 분립의 원리에 따라 국가 권력을 국회, 행정부, 법원이 나눠 맡는 것을 삼권 분립이라고 합니다. (          )

# 단원 평가

**1** 다음 사건이 원인이 되어 일어난 민주화 운동은 무엇입니까? ( )

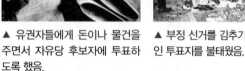

▲ 유권자들에게 돈이나 물건을 주면서 자유당 후보자에 투표하도록 했음.

▲ 부정 선거를 감추기 위해 증거인 투표지를 불태웠음.

① 4·19 혁명
② 12·12 사태
③ 6월 민주 항쟁
④ 5·16 군사 정변
⑤ 5·18 민주화 운동

**2** 다음 ㉠에 들어갈 4·19 혁명의 결과로 알맞은 내용을 두 가지 고르시오. ( )

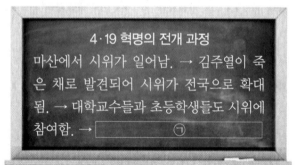

4·19 혁명의 전개 과정
마산에서 시위가 일어남. → 김주열이 죽은 채로 발견되어 시위가 전국으로 확대됨. → 대학교수들과 초등학생들도 시위에 참여함. → ㉠

① 박정희가 정권을 잡았다.
② 지방 자치제가 시행되었다.
③ 부정 선거는 무효가 되었다.
④ 6·29 민주화 선언을 발표했다.
⑤ 이승만이 대통령 자리에서 물러났다.

**3** 다음 자료를 보고, 유신 헌법의 문제점을 쓰시오.

서술형

○○ 신문          19○○년 ○○월 ○○일

**유신 헌법 공포!**

박정희 대통령은 유신 헌법을 공포했다. 유신 헌법으로 대통령 임기가 4년에서 6년으로 늘었고, 대통령을 할 수 있는 횟수의 제한이 사라졌다.

**4** 5·18 민주화 운동에 대한 설명으로 알맞은 것을 보기 에서 모두 고른 것은 어느 것입니까? ( )

보기
㉠ 시민의 희생 없이 일어난 시위이다.
㉡ 전두환이 광주에 계엄군을 보내 시위를 진압했다.
㉢ 박정희와 일부 군인이 정변을 일으킨 것이 계기가 되어 일어났다.
㉣ 폭력적인 정권에 맞서 민주주의를 지키고자 한 시민들의 의지를 보여 주었다.

① ㉠, ㉡   ② ㉠, ㉢   ③ ㉡, ㉢
④ ㉡, ㉣   ⑤ ㉢, ㉣

**5** 다음과 같은 내용이 담긴 민주화 선언을 발표하는 계기가 된 사건을 쓰시오.

국민이 대통령을 직접 뽑을 수 있게 되었어요.

지역의 문제를 그 지역에 사는 주민들이 결정할 수 있게 되었어요.

( )

**6** 다음에서 설명하는 제도로 알맞은 것은 어느 것입니까? ( )

> 지역 주민들이 직접 뽑은 지방 의회 의원과 지방 자치 단체장을 통해 그 지역의 일을 처리하는 제도로, 5·16 군사 정변으로 중단되었다가 6·29 민주화 선언으로 다시 시행하게 되었다.

① 지방 자치제
② 대통령 직선제
③ 정당 활동 금지
④ 지역감정 없애기
⑤ 언론의 자유 보장

**7**★ 다음 내용과 관련된 사회 공동의 문제 해결에 참여하는 방법으로 알맞은 것은 어느 것입니까? ( )

> 인터넷이 대중화되면서 국가의 일이나 사회 문제를 두고 사람들 간의 소통이 더욱 활발해졌다.

①
▲ 선거나 투표

②
▲ 학급 회의

③
▲ 1인 시위

④
▲ 누리집이나 누리 소통망 서비스(SNS)에 의견 올리기

**8** 생활 속 정치의 사례를 <u>잘못</u> 말한 어린이는 누구입니까? ( )

① 가족 여행 장소를 고르기 위해 가족회의를 했어.

② 학교 운동장 사용 순서를 정하기 위해 학급 회의를 했어.

③ 어머니께서 층간 소음 문제를 의논하기 위해 주민 회의에 참석하셨어.

④ 친구랑 책을 빌리기 위해 집 근처 도서관에 갔어.

**9** 서술형 다음 자료를 참고하여 민주주의의 목적을 쓰시오.

_____

_____

**10** 다음 자료에 나타난 민주주의를 실천하는 태도를 보기 에서 골라 쓰시오.

> **보기**
> · 실천   · 관용   · 비판적 태도

저와 의견이 다르지만, 제비뽑기로 급식을 먹는 방법도 좋은 것 같아요.

( )

**11** 다수결의 원칙에 대한 설명으로 알맞은 것을 보기 에서 골라 기호를 쓰시오.

> 보기
> ㉠ 항상 바람직한 의사 결정 방법이다.
> ㉡ 쉽고 빠르게 문제를 해결할 수 있다.
> ㉢ 다수의 의견보다 소수의 의견을 따른다.
> ㉣ 다수의 의견이 합리적이지 못할 것이라고 가정한다.

( )

**12** ★ 다음 민주적 의사 결정 원리에 따른 문제 해결 과정에서 다수결의 원칙을 사용할 수 있는 단계는 어디에 해당합니까? ( )

| ① 문제 확인하기 | 교실이 지저분함. |
|---|---|

↓

| ② 문제 발생 원인 파악하기 | 교실에 청소 당번을 두지 않음. |
|---|---|

↓

| ③ 문제 해결 방안 탐색하기 | 청소 당번을 정하거나, 일주일에 한 번 다 같이 대청소하자는 의견이 나옴. |
|---|---|

↓

| ④ 문제 해결 방안 결정하기 | 일주일에 한 번 대청소하는 것으로 결정함. |
|---|---|

↓

| ⑤ 문제 해결 방안 실천하기 | 대청소를 한 결과 지저분했던 교실이 깨끗해졌음. |
|---|---|

**13** 다수결의 원칙을 활용하는 모습이 <u>아닌</u> 것은 어느 것입니까? ( )

①
▲ 가족회의에서 여행지를 결정하는 모습

②
▲ 학급 회의에서 안건을 정하는 모습

③
▲ 선거로 대표를 결정하는 모습

④
▲ 스마트폰을 사용하는 모습

**14** 다음 빈칸에 공통으로 들어갈 알맞은 말을 쓰시오.

> 민주정치는 ( )이/가 나라의 주인이 되고, ( )의 뜻에 따라 이루어지는 정치이다.

( )

**15** 국민 주권의 원리를 실현하기 위한 노력으로 알맞지 <u>않은</u> 것은 어느 것입니까? ( )

① 선거에 적극적으로 참여한다.
② 집회에 참여하여 여론을 형성한다.
③ 나라의 모든 일을 대통령이 결정하게 한다.
④ 국민이 직접 모여서 사회적 문제 해결을 요구한다.
⑤ 누리 소통망 서비스(SNS) 등을 통해 정치적 의견을 표현한다.

## 16

**서술형**

다음 헌법 조항에 나타난 민주정치의 기본 원리와 그 의미를 쓰시오.

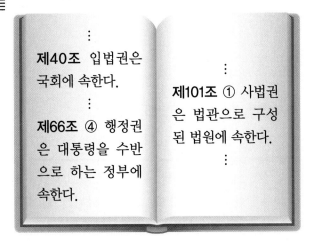

제40조 입법권은 국회에 속한다.

제66조 ④ 행정권은 대통령을 수반으로 하는 정부에 속한다.

제101조 ① 사법권은 법관으로 구성된 법원에 속한다.

## 17

다음과 같은 과정을 통해 법이 만들어지는 곳은 어디입니까? ( )

국민이 사용하는 제품에서 독성 물질이 나오자 대책을 마련해 달라는 국민의 요구가 늘어났음.

↓

국회의원이 이와 관련된 법을 만들자는 제안을 함.

↓

국회의원들의 투표를 거쳐 법률안이 통과됨.

↓

제품 안전 기준 법률안을 대통령이 최종 동의하여 국민에게 널리 알려지고 시행됨.

① 국회
② 법원
③ 행정부
④ 헌법 재판소
⑤ 국가 인권 위원회

## 18 ★

다음 ㉠에 들어갈 사람에 대한 설명으로 알맞지 않은 것은 어느 것입니까? ( )

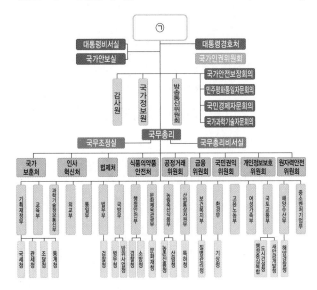

① 임기는 5년이다.
② 국회를 구성하고 있다.
③ 행정부의 최고 책임자이다.
④ 국민이 직접 투표하여 뽑는다.
⑤ 외국에 대해 우리나라를 대표한다.

## 19

다음 빈칸에 들어갈 알맞은 말을 쓰시오.

법원은 법에 따라 ( )을/를 하는 곳으로, 사람들 사이에 다툼이 생겼을 때 옳고 그름을 따져 다툼을 해결하고, 법을 어긴 사람을 처벌하여 사회 질서를 유지한다.

( )

## 20

삼권 분립에 대해 알맞게 이야기한 어린이는 누구입니까? ( )

① 수정: 대통령의 권력을 강화시켜 줘.
② 지후: 한 기관이 중요한 일을 처리할 수 있어.
③ 영민: 세 기관이 국가 권력을 나눠 맡는 거야.
④ 아린: 국민의 자유와 권리를 제한한다는 단점이 있어.
⑤ 희재: 국민이 공정한 재판을 받을 수 있도록 마련한 제도야.

# 1-1 민주주의의 발전과 시민 참여

| 학습 주제 | 우리나라 민주주의의 발전 알아보기 | 배점 | 30점 |
|---|---|---|---|
| 학습 목표 | 우리나라 민주주의의 발전 과정과 결과를 설명할 수 있다. | | |

**1~3** 다음은 우리나라 민주주의의 발전 과정에서 일어난 사건들입니다. 물음에 답하시오.

**(가)**

이승만 정부의 독재와 부정 선거로 인해 4월 19일, 전국에서 많은 시민과 학생들이 시위를 벌였고, 대학교수들과 초등학생들도 거리에 나와 시위에 참여했다.

**(나)**

전두환 정부는 직선제 내용이 포함되도록 헌법을 바꿔야 한다는 국민의 요구를 받아들이지 않겠다고 발표했다. 이에 시민들과 학생들은 전두환 정부의 독재에 반대하며 전국 곳곳에서 시위를 벌였다.

**(다)**

5월 18일, 전라남도 광주에서 대규모 민주화 시위가 일어났다. 전두환은 시위를 진압할 계엄군을 광주에 보내 총을 쏘며 폭력적으로 시위를 진압했다. 시민들은 시민군을 만들어 계엄군에 대항했다.

**1** 위 (가)~(다)를 일어난 순서대로 기호를 쓰시오. [5점]

(     ) → (     ) → (     )

**2** 위 (가)~(다) 사건이 일어난 공통적인 원인을 쓰시오. [10점]

_____

_____

**3** 위 (가)~(다) 사건의 의의를 민주주의 발전 과정과 관련하여 쓰시오. [15점]

| | |
|---|---|
| (가) | |
| (나) | |
| (다) | |

# 1-1 민주주의의 발전과 시민 참여

| 학습 주제 | 6월 민주 항쟁 이후 우리나라의 민주화 과정에서 시행된 제도 파악하기 | 배점 | 30점 |
|---|---|---|---|
| 학습 목표 | 6월 민주 항쟁 이후 우리나라의 민주주의는 어떻게 발전했는지 시행된 제도를 통해 알 수 있다. | | |

**1~3** 다음 6·29 민주화 선언에 담긴 내용을 보고, 물음에 답하시오.

▲ ( ㉠ )

▲ 언론의 자유 보장

▲ ( ㉡ )

**1** 위 ㉠, ㉡에 들어갈 알맞은 제도를 쓰시오. [5점]

㉠: (            ) ㉡: (            )

**2** 위 ㉠, ㉡ 제도가 시행되면서 바뀐 사회 모습을 쓰시오. [10점]

| ㉠ | |
|---|---|
| ㉡ | |

**3** 위 선언을 발표하게 된 민주화 운동 이후 우리 사회는 민주주의 발전을 위해 어떤 노력을 했는지 쓰시오.

[15점]

# 1-2 일상생활과 민주주의

| 학습 주제 | 학교에서 민주주의를 실천하는 태도 알아보기 | 배점 | 30점 |
|---|---|---|---|
| 학습 목표 | 생활 속에서 민주주의를 실천하는 바람직한 태도를 설명할 수 있다. | | |

**1~2** 다음은 지선이네 반에서 열린 학급 회의를 통해 의견을 말하는 모습입니다. 물음에 답하시오.

출석 번호 순서대로 먹되, 제비뽑기 방법도 사용해 보면 좋겠어요.

▲ 소희

 저와 의견이 다르지만, 제비뽑기로 급식을 먹는 방법도 좋은 것 같아요.

▲ 준영

출석 번호 순서대로 먹으면 출석 번호가 앞쪽인 친구들만 항상 빨리 먹게 되어 불공평해요.

▲ 정우

 무조건 정우 말이 맞아요. 저도 빨리 먹고 싶은데 출석 번호가 빠른 친구들만 혜택이 큰 것 같아서 불공평해요.

▲ 지선

**1** 위 어린이들의 의견과 관련 있는 민주주의를 실천하는 태도를 다음 보기 에서 골라 쓰시오. [15점]

보기

· 타협          · 관용          · 실천          · 비판적 태도

❶ 소희: (                    )  ❷ 준영: (                    )  ❸ 정우: (                    )

**2** 위 지선이가 지녀야 할 민주주의를 실천하는 태도를 쓰시오. [15점]

# 1-2 일상생활과 민주주의

| 학습 주제 | 민주적 의사 결정 원리에 따라 문제를 해결하는 방법 알아보기 | 배점 | 30점 |
|---|---|---|---|
| 학습 목표 | 민주적 의사 결정 원리에 대해 알고, 문제 해결에 적용할 수 있다. | | |

**1~2** 다음은 민주적 의사 결정 원리에 따라 문제를 해결하는 과정입니다. 물음에 답하시오.

| 문제 확인하기 | 늦은 밤 아파트 층간 소음이 심함. |
|---|---|

↓

| 문제 발생 원인 파악하기 | 소음이 나지 않도록 주의해야 할 정확한 시간이나 요일을 정하지 않음. |
|---|---|

↓

| 문제 해결 방안 탐색하기 | • 시간을 정하는 방안: 늦게 퇴근하시는 분들을 위해 밤 10시가 적당함.<br>• 요일을 정하는 방안: 토요일과 일요일은 가족이 모두 집에서 쉬고 있는 시간들이 많으니 저녁 시간부터는 소음이 나지 않도록 주의함. |
|---|---|

↓

| 문제 해결 방안 결정하기 | ( ㉠ )에 의해 밤 10시까지 층간 소음을 참아 보는 방안으로 결정함. |
|---|---|

↓

| 문제 해결 방안 실천하기 | 매일 소음 시간을 지키도록 주민들이 서로 실천하여 갈등이 해결됨. |
|---|---|

**1** 위 ㉠에 들어갈 의사 결정 원리는 무엇인지 다음 글을 참고해서 쓰고, 이 원리의 좋은 점을 쓰시오. [15점]

> 다수의 의견이 소수의 의견보다 합리적일 것이라고 가정하고 다수의 의견을 채택하는 방법이다.

_____

_____

**2** 위 ㉠에 들어갈 의사 결정 원리를 사용할 때 주의할 점을 쓰시오. [15점]

_____

_____

# **1-3** 민주정치의 원리와 국가기관의 역할

| 학습 주제 | 국가의 일을 나눠 맡아야 하는 까닭 파악하기 | 배점 | 30점 |
|---|---|---|---|
| 학습 목표 | 국가기관의 역할과 권력 분립의 의미를 알 수 있다. | | |

1~3 다음 자료를 보고, 물음에 답하시오.

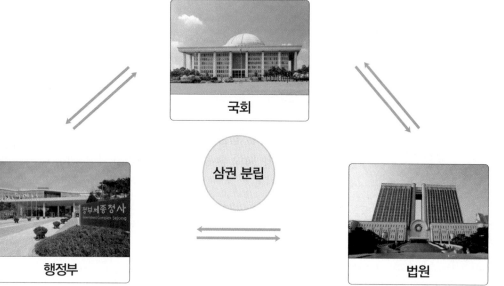

국회

삼권 분립

행정부

법원

**1** 위와 같이 국가 권력을 국회, 행정부, 법원이 나눠 가지고 상호 견제하고 균형을 이루는 민주정치의 원리는 무엇인지 쓰시오. [5점]

( )

**2** 위 자료의 국가기관이 하는 일을 선으로 연결하시오. [10점]

(1) 국회 •

(2) 행정부 •

(3) 법원 •

• ㉠ 법을 만들거나 고침.

• ㉡ 법에 따라 재판을 함.

• ㉢ 법에 따라 국가의 살림을 맡아 함.

**3** 만약 위와 같이 국가 권력을 나눠 갖지 않고, 한 국가기관이 모든 권력을 가지면 어떤 일이 발생할지 쓰시오. [15점]

_____

_____

# 2

# 우리나라의 경제 발전

**1** 경제주체의 역할과 우리나라 경제 체제의 특징

**2** 우리나라의 경제성장

**3** 세계 속의 우리나라 경제

# 1 경제주체의 역할과 우리나라 경제 체제의 특징 (1)

**공부할 개념**
• 가계와 기업의 경제적 역할 알아보기
• 시장에서 이루어지는 가계와 기업의 경제활동 모습 알아보기

## 1 경제 *주체의 경제적 역할

**(1) 경제주체의 뜻:** *경제활동에 참여하는 개인이나 집단 → 가계, 기업, 정부가 있습니다.

★ **(2) 가계와 기업의 의미와 경제적 역할** 자료 1

| 구분 | 가계 | 기업 |
|---|---|---|
| 의미 | 가정 살림을 같이하는 생활 공동체 | *이윤을 얻기 위해 전문적으로 생산 활동을 하는 경제주체 |
| 경제적 역할 | • 기업의 생산 활동에 참여하고 그 대가로 소득을 얻음.<br>• 소득으로 생활에 필요한 물건을 사거나 서비스를 이용하는 등 소비 활동을 함. | • 사람들에게 일자리를 제공함.<br>• 생산 활동에 참여한 사람들에게 대가를 지급함.<br>• 물건을 생산해 판매하거나 서비스를 제공하여 이윤을 얻음. |

★ **(3) 가계와 기업의 관계:** 가계와 기업은 시장에서 만나 서로 *거래하며, 가계와 기업이 하는 일은 서로에게 도움이 됩니다.

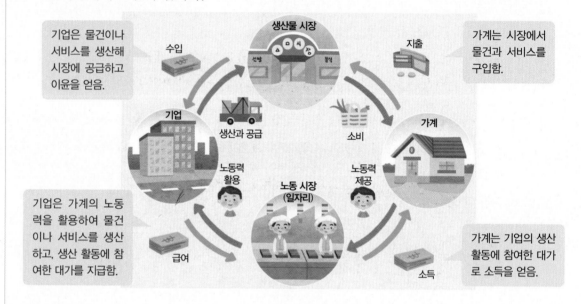

기업은 물건이나 서비스를 생산해 시장에 공급하고 이윤을 얻음.

가계는 시장에서 물건과 서비스를 구입함.

기업은 가계의 노동력을 활용하여 물건이나 서비스를 생산하고, 생산 활동에 참여한 대가를 지급함.

가계는 기업의 생산 활동에 참여한 대가로 소득을 얻음.

## 2 시장

**(1) 시장의 뜻:** 물건이나 서비스를 사려는 사람과 팔려는 사람이 모여 거래하는 곳을 말합니다.

**(2) 다양한 시장의 종류** 자료 2  ┌ 모두 가계와 기업이 만나 경제활동이 이루어진다는 공통점이 있어요.

| 전통 시장, 대형 할인점 | 인터넷 쇼핑, 홈 쇼핑 |
|---|---|
| • 일정한 장소가 있는 시장임.<br>• 물건을 직접 보고 비교해서 살 수 있음. | • 시간과 공간의 *제약을 받지 않는 시장임.<br>• 언제 어디에서든지 물건을 살 수 있음. |

**(3) 시장에서 이루어지는 가계와 기업의 경제활동 모습**

| 가계 | 기업 |
|---|---|
| 더 적은 비용으로 필요한 물건이나 서비스를 사려고 노력합니다. | 더 많은 이윤을 얻기 위해 소비자의 요구를 반영하여 다양한 물건을 생산합니다. |

**용어 사전**

• **주체**(主 주인 주, 體 몸 체) 어떤 행동의 주가 되는 것.
• **경제활동** 사람들이 살아가는 데 필요한 것을 생산하고 분배하며 소비하는 모든 활동.
• **이윤** 기업의 전체 수입에서 상품을 생산하는 데 들어간 돈을 뺀 나머지.
• **거래**(去 갈 거, 來 올 래) 주고받음, 또는 사고팖.
• **제약**(制 절제할 제, 約 맺을 약) 조건을 붙여 내용을 제한함.

## 자료 1 가계와 기업의 경제적 역할

가계

▲ 기업의 생산 활동에 참여해 소득을 얻음.

▲ 소득으로 물건이나 서비스를 소비함.

기업

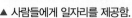

▲ 사람들에게 일자리를 제공함.

▲ 물건·서비스를 생산하고 판매함.

## 자료 2 다양한 시장

대형 할인점과 같이 만질 수 있는 물건을 사고파는 시장도 있지만, 다음과 같이 만질 수 없는 물건을 사고파는 시장도 있습니다.

| 외환 시장 | 여러 나라의 돈을 사고팖. |
|---|---|
| 주식 시장 | 회사의 일부를 소유할 수 있는 권리를 사고팖. |
| 부동산 시장 | 집이나 땅을 사고팖. |

### 핵심 개념 정리

• 가계는 가정 살림을 같이하는 생활 공동체이고, 기업은 이윤을 얻기 위해 전문적으로 생산 활동을 하는 경제주체입니다.
• 가계와 기업은 밀접한 관계를 맺으며 도움을 주고받습니다.

**1** 다음 가계와 기업에 대한 설명을 선으로 알맞게 연결하시오.

(1) 가계 •

(2) 기업 •

• ㉠ 이윤을 얻기 위해 전문적으로 생산 활동을 하는 경제주체

• ㉡ 가정 살림을 같이하는 생활 공동체

**2** 다음 ( ) 안의 알맞은 말에 ○표 하시오.

( 가계, 기업 )은/는 생산 활동에 참여한 대가로 소득을 얻고, 생활에 필요한 물건을 사거나 서비스를 이용하는 등 소비 활동을 한다.

**3** 기업의 경제적 역할로 옳은 것에 ○표, 옳지 않은 것에 ✕표 하시오.

(1) 사람들에게 일자리를 제공합니다. ( )

(2) 시장에서 생활에 필요한 물건을 구입합니다. ( )

**4** ( )은/는 물건이나 서비스를 사려는 사람과 팔려는 사람이 모여 거래하는 곳입니다.

**5** 시장에서 이루어지는 가계와 기업의 경제활동 모습을 선으로 알맞게 연결하시오.

(1) 가계 •

(2) 기업 •

• ㉠ 더 적은 비용으로 필요한 물건을 사려고 노력함.

• ㉡ 더 많은 이윤을 얻기 위해 소비자의 요구를 반영하여 다양한 물건을 생산함.

# 1 경제주체의 역할과 우리나라 경제 체제의 특징 (2)

● 공부할 개념
• 가계의 합리적 선택 알아보기
• 기업의 합리적 선택 알아보기

## 1 가계의 합리적 선택

★ (1) 가계의 합리적 선택의 의미와 필요성

| 합리적 선택의 의미 | 합리적 선택이 필요한 까닭 |
| --- | --- |
| 소득의 범위 안에서 가장 적은 비용으로 가장 큰 만족감을 얻도록 소비하는 것 | • 가계의 소득은 한정되어 있기 때문에<br>• 더 큰 만족을 얻어야 하기 때문에 |

↳ 가계의 합리적 선택에서 가장 중요한 것이에요.

(2) **가계의 합리적 소비 방법**: 가격, 품질, 디자인 등 여러 가지 기준을 고려하여 선택합니다.

**1 우선순위 정하기**
어떤 물건을 먼저 살지 우선순위를 정해 봐요.

**2 선택 기준 세우기**
사야 할 물건을 정한 후, 원하는 상품을 사기 위해 여러 가지 선택 기준을 세워요.

**3 비교·평가하여 선택하기**
선택 기준에 따라 여러 상품을 비교·평가하여 가장 큰 만족을 얻는 소비를 해요.

→ 사람마다 선택 기준과 우선순위는 다를 수 있습니다. 자료+1
↳ 사람마다 처한 상황이나 추구하는 가치, 만족에 대한 기준 등이 다르기 때문이에요.

## 2 기업의 합리적 선택

★ (1) 기업의 합리적 선택의 의미와 필요성

● 기업이 합리적 선택을 하지 않으면 다른 회사와의 경쟁에서 밀릴 수 있고, 이윤을 많이 남기지 못할 수도 있어요.

| 합리적 선택의 의미 | 합리적 선택이 필요한 까닭 |
| --- | --- |
| 생산 활동에서 적은 비용으로 많은 ●수입을 얻을 수 있도록 선택하는 것 | 더 많은 이윤을 얻어야 하기 때문에 |

(2) **기업의 합리적 의사 결정 방법**: 어떤 물건을 얼마나, 어떻게 생산할지 결정할 때 다양한 정보를 수집하고 분석하여 물건을 많이 팔 방법을 찾으려 노력합니다. 자료+2

| 소비자 분석하기 | 소비자가 좋아하는 것을 분석하여 생산할 상품을 선택함. |
| --- | --- |
| 상품 개발하기 | 기존 상품의 단점을 보완하고 장점을 살릴 수 있는 상품을 개발함. |
| 생산 방법 정하기 | 비용을 줄일 수 있는 생산 방법을 정함. |
| 홍보 계획 세우기 | 상품을 많이 팔 수 있는 홍보 방법을 찾음. |

용어 사전

• **수입**(收 거둘 수, 入 들 입) 개인, 국가, 기업 등이 합법적으로 얻어 들이는 일정액의 금액.
• **공정 무역**(公 공평할 공, 正 바를 정, 貿 무역할 무, 易 바꿀 역) 경제 발전이 진행 중인 나라의 생산자가 만든 상품을 정당한 가격으로 구매하여 생산자에게 무역의 혜택이 돌아가도록 하는 무역 방식.

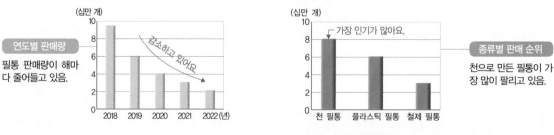

(십만 개)
**연도별 판매량**
필통 판매량이 해마다 줄어들고 있음.
감소하고 있어요.
2018 2019 2020 2021 2022(년)

(십만 개)
가장 인기가 많아요.
**종류별 판매 순위**
천으로 만든 필통이 가장 많이 팔리고 있음.
천 필통 플라스틱 필통 철제 필통

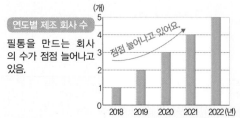

(개)
**연도별 제조 회사 수**
필통을 만드는 회사의 수가 점점 늘어나고 있음.
점점 늘어나고 있어요.
2018 2019 2020 2021 2022(년)

| 구분 | △ 회사 | □ 회사 | ☆ 회사 |
| --- | --- | --- | --- |
| 가격(원) | 2,200 | 2,300 | 2,400 |
| 생산 비용(원) | | 1,500 | |

**회사별 판매 가격과 생산 비용**
회사별 생산 비용은 모두 똑같지만 판매 가격은 조금씩 차이가 남.

▲ 기업이 합리적 의사 결정 과정에서 고려해야 할 다양한 요소 예 필통 회사

**자료⁺1 윤리적 소비**

▲ 공정 무역 초콜릿을 구매하는 소비자

최근에는 가격이 비싸더라도 환경, 동물 복지, 인권 등 윤리적 가치를 지키면서 만족감을 얻는 소비가 늘고 있습니다. 사례로 공정 무역 제품 소비, 친환경 소비 등이 있습니다.

**자료⁺2 기업의 합리적 의사 결정 모습 예**

기업은 소비자에게 인기 많은 상품을 개발하고 적은 비용으로 많은 이윤을 남기는 합리적 선택을 해야 합니다.

**핵심 개념 정리**

· 가계는 소득의 범위 안에서 가장 적은 비용으로 가장 큰 만족감을 얻도록 합리적 선택을 합니다.
· 기업은 많은 이윤을 얻기 위해 적은 비용으로 많은 수입을 얻을 수 있도록 합리적 선택을 합니다.

**1** 가계와 기업의 합리적 선택에 대한 설명을 선으로 알맞게 연결하시오.

(1) 가계의 합리적 선택 · · ㉠ 생산 활동에서 적은 비용으로 많은 수입을 얻을 수 있도록 선택하는 것

(2) 기업의 합리적 선택 · · ㉡ 소득의 범위 안에서 가장 적은 비용으로 가장 큰 만족감을 얻도록 소비하는 것

**2** 가계의 합리적 선택에 대한 설명으로 옳은 것에 ○표, 옳지 <u>않은</u> 것에 ✕표 하시오.

(1) 가계의 소득은 한정되어 있기 때문에 합리적 선택이 필요합니다. ( )

(2) 합리적 선택을 위한 선택 기준과 우선순위는 사람마다 똑같습니다. ( )

**3** 가계의 합리적 선택 방법이면 '가', 기업의 합리적 선택 방법이면 '기'라고 쓰시오.

(1) 상품 판매량을 늘릴 수 있는 홍보 방법을 찾아 홍보합니다. ( )

(2) 선택 기준에 따라 다양한 상품을 비교·평가하여 가장 큰 만족을 얻는 소비를 합니다. ( )

(3) 다양한 정보를 수집하고 분석하여 어떤 물건을 얼마나, 어떻게 생산하여 판매할지 결정합니다. ( )

**4** 기업이 경제활동을 할 때 합리적 선택을 해야 하는 까닭은 더 많은 ( )을/를 얻어야 하기 때문입니다.

# 1 경제주체의 역할과 우리나라 경제 체제의 특징 (3)

😊 **공부할 개념**
• 우리나라 경제의 특징 알아 보기
• 바람직한 경제활동을 위한 노력 알아보기

## ★ 1 우리나라 경제의 특징 → 우리나라 경제의 특징은 자유와 경쟁이에요.

### (1) 자유 자료+1

| 개인의 자유 | 기업의 자유 |
|---|---|
| 직업 선택의 자유 자신의 능력과 적성에 따라 자유롭게 직업을 선택할 수 있음. | 생산 활동의 자유 무엇을 얼마나 생산하고 판매할지 자유롭게 결정할 수 있음. |
| 소득을 자유롭게 사용할 자유 경제활동으로 얻은 소득을 자유롭게 사용할 수 있음. | 이윤을 자유롭게 사용할 자유 판매하여 얻은 이윤을 어떻게 사용할지 자유롭게 결정할 수 있음. |

### (2) 경쟁

| 개인의 경쟁 | 기업의 경쟁 |
|---|---|
| • 원하는 직업을 얻기 위해 다른 사람과 경쟁함. <br> • 경쟁에서 앞서기 위해 자신의 능력을 키우려 노력함. <br>  ▲ 일자리를 얻기 위한 경쟁 | • 더 많은 이윤을 얻으려고 다른 기업과 경쟁함. <br> • 경쟁에서 앞서기 위해 값싸고 질 좋은 상품을 만들어 판매함. <br>  ▲ 손님을 끌어 모으기 위한 경쟁 |

### (3) 자유로운 경쟁이 우리 생활에 주는 도움

| 개인 | • 자신의 재능과 능력을 더 잘 발휘할 수 있음. <br> • 소비자가 원하는 조건의 물건을 사고, 좋은 서비스를 받을 수 있음. <br> • 시장에서 더 싸고 질 좋은 여러 가지 물건이나 서비스를 선택할 수 있음. |
|---|---|
| 기업 | 다른 기업과의 경쟁에서 앞서기 위해 우수한 품질의 물건이나 서비스를 개발하여 많은 이윤을 얻을 수 있음. |

→

**국가**

개인과 기업의 자유로운 경쟁은 국가 전체의 발전에 도움을 줌.

## 2 바람직한 경제활동을 위한 노력

### (1) 불공정한 경제활동으로 생기는 문제

| 거짓(허위)·과장 광고 | 기업이 거짓·과장 광고로 소비자에게 잘못된 정보를 전달함. → 소비자가 올바른 선택을 할 수 없게 됨. |
|---|---|
| 독과점 기업의 가격 담합 | 독과점 기업들이 물건이나 서비스의 가격을 상의해서 올림. → 소비자가 원하는 물건을 합리적인 가격에 소비할 수 없게 됨. |

→

기업의 불공정한 경제활동은 소비자에게 피해를 줌.

자유와 경쟁은 우리나라 경제의 중요한 특징이지만, 사람들에게 피해를 주지 않는 범위 안에서 이루어져야 해요.

### ★ (2) 공정한 경제활동을 위한 노력

| 정부 | • 공정한 경제활동의 기준이 되는 법이나 제도를 만듦. 예 공정 거래법 <br> • 불공정한 경제활동을 감시·규제 및 심의함. 예 공정 거래 위원회 자료+2 <br> • 기업의 창의적인 경제활동과 소비자의 권리를 보호함. <br> • 더 많은 기업이 물건을 만들어 팔 수 있도록 지원함. <br> • 개인이나 기업의 경제활동에 기반이 되는 시설과 서비스를 제공함. |
|---|---|
| 시민 단체 | 기업의 불공정한 경제활동을 감시하고 정부에 해결을 요구함. |

→ 도로, 철도, 공항, 항구 등의 시설과 국방, 교육, 복지 등의 서비스를 제공해요.

**용어 사전**

• **과장**(誇 자랑할 과, 張 베풀 장) 실제보다 보태거나 줄여서 표현하는 것.

• **독과점**(獨 홀로 독, 寡 적을 과, 占 점령할 점) 하나 또는 몇몇 기업이 시장의 대부분을 차지하는 상태.

• **담합**(談 이야기 담, 合 합할 합) 가격을 합의하여 결정하는 등의 불공정한 경제 행위.

• **규제**(規 법 규, 制 절제할 제) 규칙이나 법에 따라 개인이나 단체의 활동을 제한함.

• **심의**(審 살필 심, 議 의논할 의) 심사하고 토론함.

## 자료 1 경제활동에서 자유의 모습

개인

▲ 직업 선택의 자유

▲ 소득을 자유롭게 사용할 자유

기업

신제품 생산량을 늘릴 것입니다.

▲ 생산 활동의 자유

▲ 이윤을 자유롭게 사용할 자유

## 자료 2 공정 거래 위원회

· 공정하고 자유로운 경쟁을 보장하기 위해 정부가 만든 기관입니다.
· 하는 일

| 기업의 공정한 경쟁 보장 | 소비자의 이익 보호 |
|---|---|
| · 기업이 자유롭고 공정하게 경쟁할 수 있도록 기본적인 질서를 세움.<br>· 기업의 부당한 단체 행위나 불공정한 거래 행위를 금지하고, 한 기업이 독점하지 못하게 함. | · 과장 광고를 규제하고 부당하게 높은 가격을 받는 기업을 처벌하여 소비자의 이익을 보호함.<br>· 소비자가 피해를 봤을 때 도움을 받을 수 있는 제도를 마련함. |

### 핵심 개념 정리

· 우리나라 경제의 특징은 자유와 경쟁입니다.
· 정부와 시민 단체는 공정한 경제활동이 이루어지도록 노력합니다.

자유와 경쟁은 우리나라 경제의 특징이에요!

---

**1** 우리나라 경제의 특징은 (          )와/과 경쟁입니다.

**2** 경제활동에서 자유로운 경쟁이 우리 생활에 주는 도움으로 옳은 것에 ○표, 옳지 않은 것에 ✕표 하시오.

(1) 소비자가 원하는 조건의 물건을 살 수 있습니다.     (     )

(2) 개인과 기업의 자유로운 경쟁은 국가 전체의 발전에 도움을 줍니다.     (     )

(3) 개인은 다른 기업과의 경쟁에서 앞서기 위해 우수한 품질의 물건을 개발하여 이윤을 얻을 수 있습니다.     (     )

**3** 불공정한 경제활동에 대한 설명을 선으로 알맞게 연결하시오.

(1) 거짓·과장 광고  ·

 · ㉠ 소비자에게 잘못된 제품 정보를 전달함.

(2) 독과점 기업의 가격 담합  ·

 · ㉡ 시장의 대부분을 차지하는 몇몇 기업이 물건이나 서비스의 가격을 상의해서 올림.

**4** 다음 (    ) 안의 알맞은 말에 ○표 하시오.

> ( 정부, 시민 단체 )는 공정한 경제활동의 기준이 되는 제도를 만들고, 기업의 불공정한 경제활동을 감시하는 등 경제활동이 공정하게 이루어질 수 있도록 노력한다.

**1** 가계와 ㄱ ㅇ 은 시장에서 만나 서로 거래하며, 각자가 하는 일은 서로에게 도움이 됩니다.

**2** 가계는 ㅅ ㄷ 의 범위 안에서 가장 적은 비용으로 가장 큰 만족감을 얻을 수 있도록 합리적 선택을 합니다.

**3** 우리나라에서 개인과 기업은 ㅈ ㅇ 롭게 경쟁하며 더 많은 이익을 얻기 위해 노력합니다.

**4~5** 다음 그림을 보고, 물음에 답하시오.

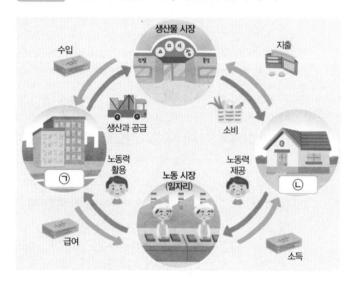

**4** 다음에서 설명하는 것을 위에서 찾아 기호를 쓰시오.

> 가정 살림을 같이하는 생활 공동체이다.

( )

**5** 위 ㉠에 대한 설명으로 옳지 않은 것은 어느 것입니까? ( )

① 소득으로 소비 활동을 한다.
② 사람들에게 일자리를 제공한다.
③ 물건을 생산해 판매하거나 서비스를 제공한다.
④ 이윤을 얻기 위해 전문적으로 생산 활동을 한다.
⑤ 생산 활동에 참여한 사람들에게 대가를 지급한다.

**6** 가계와 기업의 경제활동 관계에 대해 잘못 말한 어린이는 누구입니까? ( )

①  가계와 기업이 하는 일은 서로에게 도움이 돼.

②  가계와 기업은 시장에서 물건과 서비스를 거래해.

③ 가계는 기업으로부터 이윤을 얻고, 기업은 가계로부터 소득을 얻어.

④ 가계는 기업에게 노동력을 제공하고, 기업은 이를 활용하여 물건을 생산해.

**7~9** 다음 사진을 보고, 물음에 답하시오.

▲ 홈 쇼핑

▲ 대형 할인점

**7** 다음 빈칸에 들어갈 알맞은 말을 쓰시오.

 (가), (나)와 같이 물건이나 서비스를 사려는 사람과 팔려는 사람이 모여 거래하는 곳을 ( )(이)라고 해요.

( )

**8** 위 (가), (나) 중 다음 설명에 해당하는 것을 골라 기호를 쓰시오.

• 일정한 장소가 있다.
• 물건을 직접 보고 비교해서 살 수 있다.

( )

**9** 앞의 (가), (나)에서 이루어지는 가계와 기업의 경제활동 모습이 알맞게 짝 지어진 것은 어느 것입니까? ( )

① 가계 – 다양한 물건을 생산하여 판매한다.
② 가계 – 더 많은 비용으로 물건을 사려고 노력한다.
③ 기업 – 생활에 필요한 물건을 구입한다.
④ 기업 – 필요한 물건을 비싸게 사려고 노력한다.
⑤ 기업 – 소비자의 요구를 반영한 물건을 만들어 공급한다.

**10** 가계의 합리적 선택에 대한 설명으로 옳지 않은 것을 보기 에서 골라 기호를 쓰시오.

보기
㉠ 물건을 살 때 모든 사람의 선택 기준과 우선순위는 같다.
㉡ 가계의 소득이 한정되어 있기 때문에 합리적 선택을 해야 한다.
㉢ 소득의 범위 안에서 가장 적은 비용으로 가장 큰 만족감을 얻도록 소비해야 한다.
㉣ 물건을 살 때 가격, 품질, 디자인 등 여러 가지 기준을 고려하여 선택해야 한다.

( )

**11** 다음 내용과 관련 있는 소비를 한 학생은 누구입니까? ( )

최근에는 가격이 비싸더라도 환경, 동물 복지, 인권 등 윤리적 가치를 지키면서 만족감을 얻는 소비가 늘고 있다.

① 소희: 공정 무역 초콜릿을 샀어요.
② 미영: 가격이 가장 싼 과자를 샀어요.
③ 지우: 품질이 우수한 컴퓨터를 샀어요.
④ 민서: 다양한 기능이 있는 냉장고를 샀어요.
⑤ 하연: 가격이 비싸지만 디자인이 예쁜 볼펜을 샀어요.

**12** 서술형 기업의 경제활동에서 합리적 선택이 필요한 까닭은 무엇인지 쓰시오.

_____

_____

**13** 기업의 합리적 의사 결정 과정에서 나올 수 있는 의견으로 알맞지 않은 것은 어느 것입니까?
( )

① 물건을 어떻게 홍보하면 좋을까?
② 소비자가 필요로 하는 물건은 어떤 것일까?
③ 물건을 생산하는 데 드는 비용을 어떻게 줄일 수 있을까?
④ 많은 비용으로 적은 이윤을 남길 수 있는 방법은 무엇일까?
⑤ 소비자들이 편리하게 사용할 수 있는 물건의 모양과 재질은 무엇일까?

**14** 다음은 ○○ 필통 회사가 조사한 자료입니다. 자료를 바르게 분석한 것은 어느 것입니까? ( )

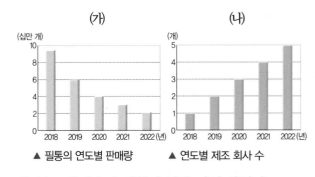

▲ 필통의 연도별 판매량　　▲ 연도별 제조 회사 수

① (가) – 플라스틱 필통이 가장 많이 팔린다.
② (가) – 해마다 필통 판매량이 증가하고 있다.
③ (나) – 2019년부터 제조 회사가 줄어들고 있다.
④ (나) – 필통을 만드는 회사의 수가 점점 늘어나고 있다.
⑤ (가), (나) – 필통의 생산 비용과 판매 가격이 모두 다르다.

**15** 다음 그림을 보고 빈칸에 공통으로 들어갈 알맞은 말을 쓰시오.

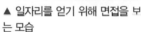

▲ 일자리를 얻기 위해 면접을 보는 모습

▲ 손님을 끌어 모으기 위해 노력하는 모습

> 우리나라 경제의 특징은 자유와 (        )이다. 개인과 기업은 자유롭게 (        )하며 더 많은 이익을 얻기 위해 노력한다.

(        )

**16** 우리나라 경제의 특징에 대한 설명으로 옳은 것을 두 가지 고르시오. (     )

① 기업이 얻은 이윤은 정부가 관리한다.
② 개인은 부모님이 정해 주신 직업을 가져야 한다.
③ 기업은 경쟁에서 앞서기 위해 질 좋은 상품을 만든다.
④ 개인은 경제활동으로 얻은 소득을 마음대로 사용할 수 없다.
⑤ 개인은 경쟁에서 앞서기 위해 자신의 능력을 키우려 노력한다.

**17** 자유롭게 경쟁하는 경제활동이 우리 생활에 주는 도움으로 알맞지 <u>않은</u> 것은 어느 것입니까?

(     )

① 소비자가 더 좋은 서비스를 받을 수 있다.
② 소비자가 원하는 조건의 물건을 살 수 있다.
③ 자신의 능력과 재능을 더 잘 발휘할 수 있다.
④ 독과점으로 소비자가 큰 이익을 얻을 수 있다.
⑤ 기업이 더 우수한 품질의 물건을 개발해 많은 이윤을 얻을 수 있다.

**18** 서술형 기업이 다음 뉴스에 나온 아이스크림 기업들처럼 경제활동을 했을 때 어떤 문제가 발생할지 쓰시오.

> 우리나라 아이스크림 판매량의 90%를 차지하는 회사 세 곳이 담합하여 가격을 똑같이 올린 사실이 밝혀졌습니다. 아이스크림 가격은 큰 폭으로 인상되었습니다.

아이스크림 가격 담합

_____

_____

**19** 공정한 경제활동을 위한 정부의 노력으로 알맞지 <u>않은</u> 것은 어느 것입니까? (     )

① 거짓·과장 광고를 하지 못하도록 감시한다.
② 기업끼리 가격을 상의해 올릴 수 있도록 한다.
③ 기업이 생산을 독점할 수 없도록 법을 만든다.
④ 더 많은 기업이 물건을 만들어 팔 수 있도록 지원한다.
⑤ 개인이나 기업의 경제활동에 기반이 되는 시설과 서비스를 제공한다.

**20** 다음 글의 밑줄 친 '이것'은 무엇인지 쓰시오.

> <u>이것</u>은 공정하고 자유로운 경쟁을 보장하기 위해 정부가 만든 기관이다. <u>이것</u>은 기업이 자유롭고 공정하게 경쟁할 수 있도록 기본적인 질서를 세우고, 기업의 공정하지 못한 경제활동을 규제하여 소비자의 이익을 보호한다.

(        )

# 서술형 평가

## 1 다음 글을 읽고, 물음에 답하시오. [12점]

> 경제활동에 참여하는 개인이나 집단을 경제주체라고 한다. ( ㉠ )은/는 가정 살림을 같이하는 생활 공동체, ( ㉡ )은/는 이윤을 얻기 위해 전문적으로 생산 활동을 하는 경제주체이다.

(1) 윗글의 ㉠, ㉡에 들어갈 알맞은 경제주체를 쓰시오. [4점]

㉠: (          ) ㉡: (          )

(2) 위 (1)번 답에 해당하는 경제주체의 경제적 역할을 한 가지씩 쓰시오. [8점]

• ㉠ – _____

• ㉡ – _____

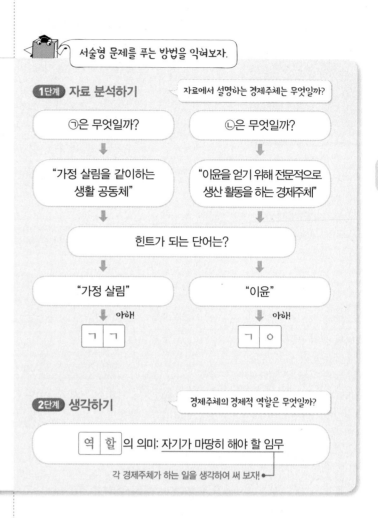

서술형 문제를 푸는 방법을 익혀보자.

**1단계** 자료 분석하기    자료에서 설명하는 경제주체는 무엇일까?

㉠은 무엇일까?      ㉡은 무엇일까?

"가정 살림을 같이하는 생활 공동체"      "이윤을 얻기 위해 전문적으로 생산 활동을 하는 경제주체"

힌트가 되는 단어는?

"가정 살림"      "이윤"

↓ 아하!      ↓ 아하!

| ㄱ | ㄱ |      | ㄱ | ㅇ |

**2단계** 생각하기    경제주체의 경제적 역할은 무엇일까?

| 역 | 할 |의 의미: 자기가 마땅히 해야 할 임무

각 경제주체가 하는 일을 생각하여 써 보자!

## 2 다음은 ○○ 기업의 상품 기획 회의 모습입니다. 그림에서 제시된 의견 외에 기업의 합리적 선택을 위한 알맞은 의견을 한 가지 더 쓰시오. [8점]

상품 기획 회의

물건을 생산하는 데 드는 비용을 어떻게 줄일 수 있을까요?

_____

_____

## 3 다음 그림을 보고, 물음에 답하시오. [12점]

(가)          (나)

월급을 저축할 거야.

품질 좋은 고기를 드세요!

저렴한 식당으로 오세요!

(1) 위 (가)를 통해 알 수 있는 우리나라 경제의 특징을 보기 에서 찾아 쓰시오. [4점]

> **보기**
> • 자유    • 경쟁    • 갈등

(          )

(2) 위 (가), (나)에 나타난 우리나라 경제의 특징이 우리 생활에 주는 도움을 한 가지 쓰시오. [8점]

_____

_____

# 2 우리나라의 경제성장 (1)

전쟁 직후 서울

😊 공부할 개념

- 6·25 전쟁 이후의 우리나라 경제성장 모습 알아보기
- 1960년대~1980년대 우리나라의 경제성장 모습 알아보기

## 용어 사전

- **소비재 산업** 설탕, 밀가루 등의 식료품이나 옷, 섬유 등과 같이 생활에 필요한 제품을 만드는 산업.
- **농업 증산 계획** 식량 생산을 늘려 자급하기 위해 1949년~1962년까지 추진되었던 정책.
- **경공업** (輕 가벼울 경, 工 공업 공, 業 업 업) 가발, 신발, 섬유나 종이 등 비교적 가벼운 물건을 만드는 산업.
- **경제 개발 5개년 계획** 정부가 경제 발전을 목적으로 1962년부터 1981년까지 5년 단위로 추진한 경제 계획.
- **항만** 배가 머무를 수 있는 시설이 갖추어진 곳.
- **정유** (精 정할 정, 油 기름 유) 원유 상태인 석유를 사용 가능한 형태로 깨끗하게 만드는 일.
- **중화학 공업** (重 무거울 중, 化 될 화, 學 배울 학, 工 공업 공, 業 업 업) 철, 배, 자동차 등 무거운 제품을 만드는 공업과 플라스틱, 고무, 화학 섬유 등을 생산하는 화학 공업을 함께 이르는 말.
- **석유 화학** 석유나 천연가스를 원료로 하여 연료, 윤활유 이외의 용도로 쓰는 여러 가지 화학 제품 따위를 만드는 공업.

## 1 6·25 전쟁 이후의 경제성장

> 산업을 키울 돈과 기술이 부족했기 때문에 미국을 중심으로 한 여러 나라에서 무상으로 원조받은 밀, 사탕수수 등과 같은 재료로 상품을 만들었어요.

| 전쟁 직후 상황 | • 산업 시설 파괴로 인한 물자 부족 | • 농토 황폐화로 극심한 식량 부족 |
|---|---|---|
| ⬇ | | |
| 1950년대 경제 모습 | • 여러 나라의 도움을 받아 식량난 해소 및 시설 복구<br>• 소비재 산업 발달: 외국에서 지원받은 원료를 바탕으로 발달함.<br>• 농업 성장: 식량 부족 해결을 위해 농업 증산 계획 시행, 비료 공장 건설, 농약 수입 등 다양한 노력을 했고, 그 결과 농업 부문이 성장함.<br>• 경제성장을 위해 농업 중심 산업 구조를 공업 중심 산업 구조로 바꾸려 노력함. | |

> 농업만으로는 경제성장에 한계가 있음을 알고 공업을 육성하고자 했어요.

## ★ 2 1960년대: 경공업의 성장 자료⁺1

가발 산업

신발 산업

| 정부의 노력 | • 경제 개발 5개년 계획을 세우고 수출을 통해 경제를 발전시키려 함.<br>• 기업이 제품을 생산하고 수출을 활발하게 할 수 있도록 지원함. ⟶경부 고속 국도를 1968년에 짓기 시작해서 1970에 개통했어요.<br>　[시설 건설] 제품을 운반해 수출할 수 있도록 철도, 항만, 고속 국도 등을 건설함.<br>　[에너지원 확보] 석유, 전력 등을 확보하고자 정유 시설, 발전소 등을 건설함.<br>　[수출 기업 지원] 기업이 수출을 쉽게 할 수 있도록 세금을 낮게 매김. |
|---|---|
| 기업의 노력 | 풍부한 노동력을 바탕으로 가발, 섬유, 신발 등의 경공업 제품을 낮은 가격에 생산하여 수출함. ⟶경공업 제품은 만들 때 일손이 많이 필요해요. 당시 우리나라는 자본과 기술은 부족했지만, 공장에서 일하려는 사람들은 많았어요. |

## ★ 3 1970~1980년대: 중화학 공업의 성장

철강 산업

조선 산업

┌1970년대　　　　　　　　┌1980년대
자동차 산업

### (1) 1970년대의 경제성장

| 정부의 노력 | • 경공업보다 많은 자본과 높은 기술력이 필요한 중화학 공업을 주도적으로 육성함.<br>• 원료 수입과 제품 수출에 유리한 항구를 중심으로 중화학 공업 단지를 조성함.<br>• 다른 산업에서 제품을 만드는 데 필요한 재료를 공급하는 석유 화학과 철강 산업 발전을 위해 노력함. ⟶포항 제철소, 울산 석유 화학 단지를 조성했어요.<br>• 중화학 공업 제품 개발에 힘쓰도록 연구소와 교육 시설을 설립함.<br>• 기업에 낮은 이자율로 돈을 빌려주고 제품을 많이 수출할 수 있도록 적극적으로 지원함. |
|---|---|
| 기업의 노력 | • 플라스틱, 합성 고무, 합성 섬유, 철 등 여러 가지 재료를 연구·개발하고 생산함.<br>• 조선 산업의 성장: 대형 조선소를 건설하여 큰 배를 만들어 수출함. ⟶1973년에 최초로 해외에서 주문을 받아 대형 선박을 만들었고 수출하여 기술력을 인정받았어요. |

### (2) 1980년대의 경제성장

| 배경 | | 성장 산업 |
|---|---|---|
| 과학 기술에 대한 관심이 커지면서 많은 기업이 연구·개발을 통해 높은 기술력을 확보함. | ➡ | [자동차 산업] 자동차 수출이 큰 폭으로 늘어남.<br>[기계 산업] [전자 산업] 정밀 기계, 기계 부품, 텔레비전 등이 주요 수출품으로 자리 잡음. |

### (3) 1970~1980년대 산업 구조의 변화와 영향 자료⁺2

| 산업 구조의 변화 | | 영향 |
|---|---|---|
| 중화학 공업이 빠르게 발전하면서 우리나라의 산업은 점차 경공업에서 중화학 공업 중심으로 변화함. | ➡ | • 수출이 증가하고, 경제가 크게 성장함.<br>• 국민 소득이 늘어나면서 사람들의 생활 수준이 향상됨. |

## 자료 1  1960년대 우리나라 수출액 변화

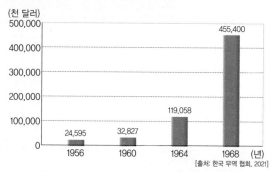

(천 달러)

455,400

119,058

24,595  32,827

1956  1960  1964  1968 (년)
[출처: 한국 무역 협회, 2021]

▲ 연도별 수출액

1960년대 경공업 제품의 수출이 늘어나면서 우리나라의 연도별 수출액이 크게 증가한 것을 알 수 있습니다.

## 자료 2  우리나라 산업 구조의 변화

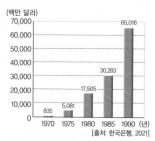

▲ 연도별 경공업과 중화학 공업의 수출 비중

▲ 연도별 수출액

- 1970년대에는 경공업의 수출 비중이 중화학 공업의 수출 비중보다 컸지만, 1980년대 중반에는 중화학 공업의 수출 비중이 더 커졌습니다.
- 1970년대 이후 중화학 공업 제품의 수출이 늘어나면서 수출액이 크게 증가하였습니다.

## 핵심 개념 정리

- 우리나라는 1950년대에 농업과 소비재 산업이, 1960년대에는 풍부한 노동력을 바탕으로 경공업이 발달했습니다.
- 1970년대~1980년대에는 중화학 공업이 성장하면서 수출이 증가하고 사람들의 생활 수준도 크게 향상됐습니다.

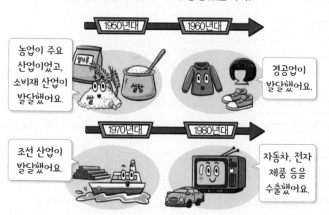

1950년대  1960년대

농업이 주요 산업이었고, 소비재 산업이 발달했어요.

경공업이 발달했어요.

1970년대  1980년대

조선 산업이 발달했어요.

자동차, 전자 제품 등을 수출했어요.

---

**1** 우리나라 경제의 성장 모습으로 옳은 것에 ○표, 옳지 <u>않</u>은 것에 ✕표 하시오.

(1) 1950년대에 우리나라의 산업 구조는 공업 중심에서 농업 중심으로 변하였습니다.            (        )

(2) 1960년대에 정부는 경제 개발 5개년 계획을 세우고 수출을 통해 경제를 발전시키려 했습니다.    (        )

**2** 시대별 우리나라의 주요 성장 산업을 선으로 바르게 연결하시오.

(1)  1950년대   ·            · ㉠  경공업

(2)  1960년대   ·            · ㉡  소비재 산업

(3)  1970년대   ·            · ㉢  중화학 공업

**3** 1980년대에 수출이 증가하면서 크게 성장한 산업을 골라 ○표 하시오.

(1)                      (2)

▲ 가발 산업            ▲ 자동차 산업

(        )              (        )

**4** 다음 (        ) 안의 알맞은 말에 ○표 하시오.

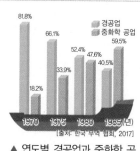

▲ 연도별 경공업과 중화학 공업의 수출 비중

그래프를 보면, ( 경공업, 중화학 공업 )의 수출 비중이 점점 줄어들고 ( 경공업, 중화학 공업 )의 수출 비중이 늘어나고 있음을 알 수 있다.

# 2 우리나라의 경제성장 (2)

반도체 산업 · 관광 산업

★ **1** **1990~2000년대 이후**: 첨단 산업과 서비스업의 성장

## (1) 1990년대의 경제성장

| 배경 | 성장 산업 |
|---|---|
| • 개인용 컴퓨터와 전자 제품의 생산이 늘어나면서 핵심 부품인 반도체가 중요해짐.<br>• 1990년대 후반, 전국에 초고속 정보 통신망이 설치됨. | **반도체 산업** 우리나라 기업들은 1970년대부터 반도체 연구를 시작했고, 1990년대에 세계적으로 인정받는 반도체를 개발·생산함. ┌현재 우리나라는 세계 시장에서 높은 점유율을 유지하며 반도체 강국으로 인정받고 있어요.<br>**정보 통신 산업** 인터넷 이용이 보편화되면서 관련 기업이 늘어나고 정보 통신 기술 관련 산업도 함께 발전함.<br>┗방송·은행·쇼핑 산업 등 |

## (2) 2000년대 이후의 경제성장

| 다양한 분야에서 첨단 산업 발달 | 서비스 산업의 발달 |
|---|---|
| 고도의 기술력이 필요하며, 경제적 가치가 매우 큰 첨단 산업이 다양한 분야에서 발달하고 있음. 예 생명 공학, 신소재, 우주 항공, 인공지능(AI), 로봇 산업 등 | 경제성장으로 소득이 증가하면서 사람들의 생활을 편리하게 해 주고 삶의 질을 높여주는 다양한 분야의 서비스 산업이 발달하고 있음. 예 의료, 금융, 관광, 문화 콘텐츠 산업 등 |

우리나라는 정부, 기업, 국민의 노력으로 농업 중심 경제에서 공업·서비스업 중심 경제로 변했고, 지속적인 경제성장을 이루었어요.

로봇 산업

신소재 산업

## **2** 경제성장에 따른 사회 변화 자료⁺1

### (1) 경제성장에 따른 시대별 생활 환경의 변화 모습

1960년대
▲ 흑백텔레비전 보급

1970년대
▲ 지하철과 경부 고속 국도 개통

1980년대
▲ 컬러텔레비전, 컴퓨터 보급
┗서울과 부산을 이동하는 시간이 크게 줄어들었어요.

가계 소득이 늘어나면서 컴퓨터, 자동차 등을 소유하는 가정이 늘어났어요.

1990년대
▲ 자가용 승용차 증가, 컴퓨터 대중화

2000년대
▲ 고속 철도 개통

2010년대
▲ 스마트폰의 보급과 대중화
┗정보를 더욱 쉽게 찾거나 주고받을 수 있게 되었어요.

### (2) 경제성장으로 변화한 오늘날의 사회 모습

#### ① 우리나라와 다른 나라의 교류 모습 변화

| 국제 스포츠 행사 개최 | 전세계인이 즐기는 국제 행사가 우리나라에서 열림. 예 1988년 서울 올림픽, 2002년 한일 월드컵, 2018 평창 동계 올림픽<br>┗케이팝(K-POP) |
|---|---|
| 우리 문화의 확산 | 우리나라의 드라마, 영화, 대중가요 등 한류 문화를 즐기는 외국인이 늘어남. |
| 해외여행객 및 외국인 관광객 증가 | 가계 소득이 늘어나면서 해외여행자 수가 증가하였고, 우리나라로 여행 오는 외국인 관광객이 늘었음. |

② 공업·서비스업의 발달 → 다양한 직업 등장, 전체 인구 중 도시 거주 인구 비율 증가 ┐

③ 스마트폰의 대중화 → 언제 어디서나 정보를 주고받을 수 있게 되어 생활이 편리해짐.
┗정보 통신 산업의 발달에 따른 결과예요.
우리나라는 1960년대 이후 도시 인구가 증가해서 2020년에는 우리나라 인구 10명 중 9명이 도시에 거주하고 있어요.

**공부할 개념**
• 1990년대~2000년대 이후 우리나라의 경제성장 모습 알아보기
• 경제성장에 따른 사회 변화 알아보기

**용어 사전**
• **정보 통신 산업** 정보의 생산·저장·관리 등을 효율적으로 처리하기 위해 통신 기술을 이용하는 산업.
• **신소재**(新 새로울 신, 素 성질 소, 材 재료 재) 기존의 금속이나 플라스틱 등에는 없는 성질의 물건을 이용하여 만든 새로운 재료.
• **자가용**(自 스스로 자, 家 집 가, 用 쓸 용) 돈을 버는 목적이 아니라 개인 또는 개인의 가정에서 쓰이는 것.
• **한류** 우리나라의 영화, 드라마, 대중가요 등 우리 문화가 세계로 퍼지는 현상.

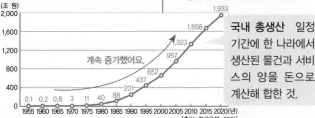

**자료❶ 우리나라의 경제성장**

국내 총생산을 보면 한 나라의 경제 수준을 알 수 있어요. 우리나라 국내 총생산이 늘었다는 것은 우리나라 경제 규모가 커졌다는 의미예요.

**국내 총생산** 일정 기간에 한 나라에서 생산된 물건과 서비스의 양을 돈으로 계산해 합한 것.

▲ 국내 총생산의 변화

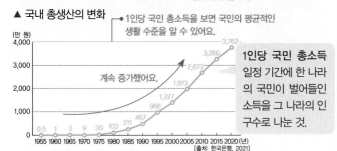

1인당 국민 총소득을 보면 국민의 평균적인 생활 수준을 알 수 있어요.

**1인당 국민 총소득** 일정 기간에 한 나라의 국민이 벌어들인 소득을 그 나라의 인구수로 나눈 것.

▲ 1인당 국민 총소득의 변화

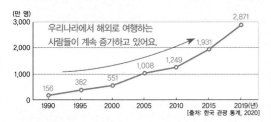

▲ 해외여행자 수의 변화

· 1955년 이후 우리나라의 국내 총생산과 1인당 국민 총소득이 모두 증가했습니다. 이를 통해 경제성장으로 우리나라 경제 규모가 커지고, 생산 능력과 소득 규모가 커지면서 국민의 생활 수준이 향상되었음을 알 수 있습니다.

· 경제성장에 따른 소득 증가로 여가 생활에 대한 사람들의 관심이 커졌고, 여가 생활을 하는 데 드는 비용과 해외여행자 수가 증가하고 있습니다.

**핵심 개념 정리**

· 1990년대에는 반도체 산업이 발달했고, 2000년대에는 다양한 분야의 첨단 산업과 서비스업이 발달하고 있습니다.

· 경제가 성장하면서 국민의 생활 수준이 향상되었습니다.

---

**1** 1990년대~2000년대 이후의 경제성장에 대한 설명으로 옳은 것에 ○표, 옳지 <u>않은</u> 것에 ✕표 하시오.

(1) 1990년대 후반에 우리나라는 전국에 초고속 정보 통신망을 설치했습니다.      (     )

(2) 2000년대 이후 첨단 산업이 다양한 분야에서 발달하고 있습니다.      (     )

(3) 경제성장으로 소득이 증가하면서 서비스 산업이 사라지고 있습니다.      (     )

**2** 오늘날 생명 공학, 우주 항공, 신소재 등 고도의 기술력이 필요하며, 경제적 가치가 매우 큰 (         ) 이/가 다양한 분야에서 발달하고 있습니다.

**3** 2010년대와 관련 있는 생활 환경의 변화를 찾아 ○표 하시오.

(1) ▲ 자가용 승용차 증가    (2) ▲ 스마트폰의 보급과 대중화

(       )        (       )

**4** 빈칸에 들어갈 알맞은 말을 **보기**에서 찾아 쓰시오.

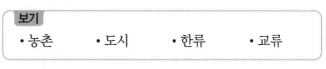

**보기**
· 농촌     · 도시     · 한류     · 교류

(1) 우리나라의 영화, 드라마, 대중가요 등 우리 문화가 세계로 퍼지는 현상을 (       )(이)라고 합니다.

(2) 우리나라는 공업과 서비스업의 발달로 전체 인구 중에 (       )에 거주하는 인구 비율이 빠르게 증가하였습니다.

# 2 우리나라의 경제성장 (3)

## 1 우리나라의 경제성장 과정에서 나타난 문제 →우리나라 경제가 짧은 시간 동안 크게 성장한 만큼 다양한 문제가 나타났어요.

| 농촌 문제 | 환경 오염 문제 | 노동 환경 문제 | 외환 위기 |
|---|---|---|---|
|  |  | |  |
| 1960년대 이후 농촌 인구가 일자리를 찾아 도시로 이동하면서, 농촌에 일할 사람이 부족해지고 도시와 농촌 간의 소득 격차가 커짐. | 산업 발전으로 대기, 수질, 토양 등 다양한 분야에서 환경 오염 문제가 발생함. | 급격한 산업화 과정에서 임금, 근무 환경, 근무 시간 등이 법대로 지켜지지 않음. | 1997년 외환 위기로 나라 경제가 매우 어려워졌으나, 국민, 기업, 정부가 함께 힘을 모아 위기를 극복함. |

└●1970년대 중반 이후 도시 인구는 농촌 인구를 앞질렀어요. 문제 해결을 위해 정부는 농촌에 보조금을 지급하고, 기업과 시민들은 농촌 일손 돕기에 참여하는 등 노력을 하고 있어요.

😊 공부할 개념
• 경제성장 과정에서 나타난 문제와 해결 노력 알아보기

## ★ 2 경제성장 과정에서 나타난 문제와 해결 노력

### (1) 환경 문제

| | |
|---|---|
| 문제 | **환경 오염** 주변 환경을 무분별하게 개발하면서 자연환경이 급속도로 오염되고, 산업 시설이나 가정에서 배출하는 오염 물질과 쓰레기가 증가함. |
| | **기후 변화** 석탄이나 석유 등 화석 연료를 많이 사용하면서 기후 변화가 발생함. |
| | **에너지 부족** 사람들의 에너지 사용이 늘면서 에너지 자원이 부족해짐. |
| 해결 노력 | • 정부: 친환경 자동차 보급 지원 정책 시행, 신재생 에너지 사용 권장, 오염 물질 배출을 최소화하기 위한 법률 제정 등  └●⑩ 태양광 에너지, 수소 에너지 등<br>• 기업: 친환경 제품 개발 및 생산·판매 →정부는 친환경 인증 등으로 기업을 제도적으로 지원해요.<br>• 시민: 정부와 기업의 정책과 제품 감시, 환경 보호 캠페인이나 에너지 절약 운동 등에 참여, 환경을 생각하고 보호하는 생활 습관 실천 등 |

### (2) 노사 갈등 문제

| | |
|---|---|
| 문제 | 노동자와 ●사용자가 근무 환경, 임금 등 각자의 이익을 위해 다른 주장을 내세움. |
| 해결 노력 | • 노동자와 사용자가 서로 존중하고, 대화와 타협을 통해 갈등을 해결함.<br>• 정부는 노사 갈등을 ●중재하고, 기업이 노동자들의 인권을 보호하는지 감시함. |

### (3) ●빈부 격차(경제적 양극화) 문제 [자료 1]

| | |
|---|---|
| 문제 | 잘 사는 사람과 그렇지 못한 사람 간의 소득 격차가 커짐. |
| 해결 노력 | • 정부: 저소득층을 위한 생계비·양육비·학비 지원 등 다양한 제도와 정책 시행, '국민 기초 생활 보장법' 시행 등<br>• 시민, 기업: 돈이나 물건, 재능 등 나눔을 실천하여 기부 문화 확산, 무료 급식소와 같은 다양한 봉사 활동 등 |

### (4) 이외에도 산업 재해 문제, 지역 격차 문제, 인터넷 발달 부작용, 일자리 문제 등 다양한 문제가 발생했습니다. [자료 2]

용어 사전

• **외환 위기** 외국과 거래할 때 쓰는 돈 등이 부족해져 국가 경제가 큰 어려움을 겪는 현상.

• **사용자** 노동을 제공하는 사람에게 그에 대한 대가로 돈을 주는 사람.

• **중재**(仲 중간 중, 裁 마를 재) 분쟁에 끼어들어 쌍방을 화해시킴.

• **빈부 격차**(貧 가난할 빈, 富 부유할 부, 隔 사이 뜰 격, 差 다를 차) 잘 사는 사람과 그렇지 못한 사람의 경제적 차이.

**자료 1 빈부 격차 문제**

**문제 상황**

○○ 신문                    20○○년 ○월 ○○일

**더욱 벌어진 소득 격차**

2020년 저소득층의 소득은 소폭 증가했지만, 고소득층의 소득이 더 많이 증가해 빈부 격차가 심화한 것으로 조사됐다. 통계청의 발표에 따르면, 소득이 낮은 20%의 소득은 164만 원으로 지난해보다 1.7% 증가했고, 소득이 높은 20%의 소득은 1,002만 6,000원으로 2.7% 증가했다.

**해결 노력**

▲ 다양한 제도와 정책 실시

무료 급식소

▲ 시민 단체의 봉사 활동

└ 우리 사회는 노인, 장애인 등 경제적 어려움을 겪는 사람들을 보호하고 빈부 격차를 완화하기 위해 노력하고 있어요.

**자료 2 경제성장 과정에서 나타난 다양한 문제**

해결을 위해 '산업 안전 보건법'을 시행해요.

| 산업 재해 문제 | 산업 현장에서 안전 규칙이 잘 지켜지지 않아 노동자들의 안전이 위험해지고 경제적 손실이 커짐. |
|---|---|
| 지역 격차 문제 | 지역 간의 불균형한 발전으로 도시와 촌락, 수도권과 비수도권의 지역 격차가 커짐. |
| 인터넷 발달 부작용 | 정보 통신 기술의 발달로 개인 정보 유출, 사이버 폭력, 허위 정보 유포 등 문제가 나타남. |
| 일자리 문제 | 경제 상황이 좋지 않거나 산업 구조가 변하여 기존 일자리가 사라지면서 실업자가 늘어남. |

정부, 기업은 취업 박람회를 여는 등 해결을 위해 노력해요.

**핵심 개념 정리**

• 경제성장 과정에서 환경 문제, 노사 갈등 문제, 빈부 격차 문제 등 다양한 문제가 발생하였습니다.

빈부 격차

환경 문제          노사 갈등

**1** 우리나라 경제성장 과정에서 나타난 문제에 대한 설명으로 옳은 것에 ○표, 옳지 않은 것에 ✕표 하시오.

(1) 공업화로 도시 인구가 농촌으로 이동하면서 도시에 일손이 부족해졌습니다.                    (          )

(2) 산업 발전으로 대기, 수질 등 다양한 분야에서 환경 오염 문제가 발생했습니다.                    (          )

(3) 급격한 산업화 과정에서 임금, 근무 환경 등이 법대로 지켜지지 않았습니다.                    (          )

**2** 환경 문제를 해결하기 위한 정부, 기업, 시민의 노력을 선으로 알맞게 연결하시오.

| (1) 정부 | • | • ㉠ | 친환경 제품을 개발하여 판매함. |
|---|---|---|---|
| (2) 기업 | • | • ㉡ | 친환경 자동차 보급 지원 정책을 시행함. |
| (3) 시민 | • | • ㉢ | 환경을 생각하고 보호하는 생활 습관을 실천함. |

**3** 경제성장 과정에서 노동자와 사용자가 각자의 이익을 위해 서로 다른 주장을 내세워 (                    ) 문제가 발생하기도 합니다.

**4** 다음 (          ) 안의 알맞은 말에 ○표 하시오.

경제성장으로 국민의 생활 수준이 높아졌지만, 잘 사는 사람과 그렇지 못한 사람 간의 소득 격차가 점점 벌어지면서 ( 빈부 격차 문제, 일자리 문제 )가 발생했다.

**1** 우리나라에서 ㄱㄱㅇ 은 1960년대에 풍부한 노동력을 바탕으로 성장했고, 1970년대부터 ㅈㅎㅎ 공업이 발달했습니다.

**2** 2000년대 이후 고도의 기술력이 필요하며 경제적 가치가 매우 큰 ㅊㄷㅅㅇ 이 생명 공학, 우주 항공과 같은 다양한 분야에서 발달하고 있습니다.

**3** 경제성장 과정에서 자연의 무분별한 개발, 산업 시설이나 가정에서 배출하는 오염 물질과 쓰레기의 증가로 ㅎㄱ 문제가 발생했습니다.

**4** 다음 빈칸에 들어갈 알맞은 사건을 쓰시오.

1950년대에 우리나라는 (　　)으로 집, 도로, 산업 시설 등이 대부분 파괴되었고 이로 인해 심각한 물자 부족을 겪었다.

▲ 폐허가 된 서울

정부와 국민은 시설을 복구하고 공업을 발전시켜 경제를 되살리고자 노력했다.

（　　　　　）

**5** 1950년대 우리나라의 경제성장 모습에 대한 설명으로 알맞은 것을 보기 에서 골라 기호를 쓰시오.

보기
㉠ 소비재 산업이 발달하였다.
㉡ 정부가 경공업을 주도적으로 육성했다.
㉢ 다른 나라의 도움을 받지 않고 성장하였다.
㉣ 공업 중심의 산업 구조를 농업 중심의 산업 구조로 바꾸려 노력했다.

（　　　　　）

**6~8** 다음 글을 읽고, 물음에 답하시오.

　우리나라 정부는 1960년대에 들어 (　　)을/를 세우고 국내에서 생산한 제품을 외국에 수출하여 경제를 성장시키고자 노력했다. 이 시기에 우리나라에서는 이 산업이 크게 성장하였다.

**6** 윗글의 빈칸에 들어갈 알맞은 말을 보기 를 참고하여 쓰시오.

보기
정부가 경제 발전을 목적으로 1962년부터 1981년까지 5년 단위로 추진한 경제 계획

（　　　　　）

**7** 윗글의 밑줄 친 '이 산업'에 해당하지 <u>않은</u> 것을 두 가지 고르시오. （　　　　　）

① 섬유 산업　　　　② 가발 산업
③ 신발 산업　　　　④ 반도체 산업
⑤ 정밀 기계 산업

**8*** 윗글의 밑줄 친 '이 산업'에 대해 알맞게 설명한 어린이는 누구입니까? （　　　　　）

① 많은 자본이 필요한 산업이야.

② 비교적 가벼운 제품을 만드는 산업이야.

③ 노동력이 많이 필요하지 않은 산업이야.

④ 외국에서 지원받은 원료를 바탕으로 발달했어.

**9** 다음 빈칸에 들어갈 알맞은 말은 무엇입니까?

( )

> 철, 배 등과 같이 무거운 제품이나 플라스틱, 고무, 화학 섬유 제품 등을 생산하는 산업을 ( )이라고 한다.

① 경공업
② 첨단 산업
③ 중화학 공업
④ 소비재 산업
⑤ 서비스 산업

**10** 다음 1970년대에 발달한 산업에 대한 설명으로 옳은 것을 두 가지 고르시오. ( )

> • 철강 산업 • 석유 화학 산업

① 주로 개인이 주도하여 육성했다.
② 많은 자본과 높은 기술력이 필요한 공업이다.
③ 수출이 늘지 않아 오늘날에는 사라진 산업이다.
④ 풍부한 노동력을 바탕으로 낮은 가격에 제품을 생산했다.
⑤ 다른 산업에서 제품을 만드는 데 필요한 재료를 공급하는 산업이다.

**11** 1980년대에 우리나라에서 크게 성장한 산업을 보기에서 고른 것은 어느 것입니까? ( )

> **보기**
> ㉠ 전자 산업 ㉡ 로봇 산업
> ㉢ 의료 산업 ㉣ 자동차 산업

① ㉠, ㉡
② ㉠, ㉢
③ ㉠, ㉣
④ ㉡, ㉢
⑤ ㉢, ㉣

**12** 오른쪽 그래프를 보고, 1970년대와 1980년대 중반에 경공업과 중화학 공업의 수출 비중이 어떻게 변하였는지 비교하여 쓰시오.

서술형

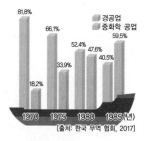

▲ 연도별 경공업과 중화학 공업의 수출 비중

_____

_____

**13** 다음 빈칸에 공통으로 들어갈 단어를 쓰시오.

> ( ) 산업은 1990년대 우리나라의 주요 성장 산업입니다. 우리나라 기업들은 1970년대부터 ( )을/를 연구하기 시작했고, 1990년대에 세계적으로 인정받는 제품을 생산하였습니다. 현재 우리나라의 ( )은/는 세계에서 높은 점유율을 유지하고 있습니다.

( )

**14** 다음과 같은 산업에 대한 설명으로 알맞은 것은 어느 것입니까? ( )

▲ 로봇 산업

▲ 우주 항공 산업

① 경공업에 해당한다.
② 풍부한 노동력이 필요한 산업이다.
③ 고도의 기술력이 필요한 산업이다.
④ 우리나라에서 1980년대에 발달했다.
⑤ 사람들을 즐겁게 해 주는 서비스 산업이다.

**15** 다음 경제성장에 따른 생활 환경의 변화 모습을 시대 순서대로 바르게 나열하시오.

▲ 고속 철도의 개통 ㉠

▲ 흑백텔레비전의 보급 ㉡

▲ 컬러텔레비전의 보급 ㉢

▲ 스마트폰의 보급과 대중화 ㉣

( ) → ( ) → ( ) → ( )

**16**★ 경제성장으로 변화한 오늘날의 사회 모습으로 옳지 않은 것은 어느 것입니까? ( )

① 한류 문화를 즐기는 외국인이 늘어났다.
② 해외로 여행을 떠나는 사람이 증가하고 있다.
③ 농촌에 거주하는 인구의 비율이 빠르게 증가했다.
④ 월드컵, 동계 올림픽과 같은 국제 스포츠 행사를 개최하게 되었다.
⑤ 스마트폰의 대중화로 언제 어디서나 많은 정보를 주고받을 수 있게 되었다.

**17** 다음은 경제성장 과정에서 나타난 어떤 문제를 해결하기 위한 노력인지 쓰시오.

> 노동자와 사용자가 서로 존중하고, 대화와 타협을 통해 갈등을 해결한다.

( )

**[18 ~ 19]** 다음은 우리나라의 경제성장 과정에서 나타난 문제입니다. 그림을 보고, 물음에 답하시오.

젊은이들이 도시로 많이 떠나서 농촌에 일손이 너무 부족해요.

농촌, 젊은 사람이 많이 부족해

**18** 위 그림에 나타난 문제는 무엇입니까? ( )

① 농촌 문제
② 환경 오염
③ 외환 위기
④ 노동 환경 문제
⑤ 산업 재해 문제

**19** 위 그림에 나타난 문제를 해결하기 위한 노력을 한 가지 쓰시오.
서술형

_____

_____

**20** 다음 신문 기사의 빈칸에 들어갈 알맞은 말은 무엇입니까? ( )

| ○○ 신문 | 20○○년 ○월 ○○일 |
|---|---|

**더욱 벌어진 소득 격차**

2020년 저소득층의 소득은 소폭 증가했지만, 고소득층의 소득이 더 많이 증가해 ( )이/가 심화한 것으로 조사됐다. 통계청의 발표에 따르면, 소득이 낮은 20%의 소득은 164만 원으로 지난해보다 1.7% 증가했고, 소득이 높은 20%의 소득은 1,002만 6,000원으로 2.7% 증가했다.

① 농촌 문제
② 환경 오염
③ 외환 위기
④ 노사 갈등
⑤ 빈부 격차

**1** 다음 사진을 보고, 물음에 답하시오. [12점]

▲ 가발 산업      ▲ 신발 산업

(1) 위와 같은 산업을 무엇이라고 하는지 다음을 참고하여 쓰시오. [4점]

> 가발, 신발, 섬유 등과 같이 비교적 가벼운 물건을 만드는 산업

(        )

(2) 위와 같은 산업이 1960년대 우리나라에서 발달했던 까닭을 쓰시오. [8점]

---

😎 서술형 문제를 푸는 방법을 익혀보자!

**1단계** 참고말 분석하기     사진의 산업들을 무엇이라고 할까?

└ 핵심어!

비교적 **가벼운** 물건을 만드는 산업

⬇ '가볍다'는 한자로 무엇일까?

**輕** 가벼울 경 ➡ 가벼운 물건을 만드는 산업은? ㄱ ㄱ ㅇ

**2단계** 자료 분석하고 생각하기     사진을 통해 산업의 특징을 분석하고, 그것이 발달한 까닭을 생각해보자.

| 가발 산업 | 신발 산업 |
|---|---|
| • 생산물이 가볍다.<br>• 노동자들이 많다. | • 생산물이 가볍다.<br>• 손으로 일일이 작업한다. →<br>  일손이 많이 필요할 것이다. |

⬇ 두 산업의 공통 특징은? ⬇

생산물이 가볍고, 노동력이 많이 필요하다.

⬇

1960년대 우리나라의 상황과 연관 지어 생각해보자!

---

**2** 다음 자료를 보고, 물음에 답하시오. [12점]

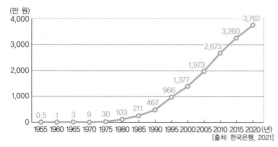

▲ 우리나라 1인당 국민 총소득의 변화

(1) 다음에서 알맞은 말에 ○표 하시오. [4점]

> 위 그래프를 통해 우리나라의 1인당 국민 총소득이 계속 ( 증가, 감소 )하고 있음을 알 수 있다.

(2) (1)번 답처럼 1인당 국민 총소득이 변하면서 달라진 국민의 생활 모습을 한 가지 쓰시오. [8점]

---

**3** 다음 자료를 보고, 물음에 답하시오. [12점]

 급격한 경제성장으로 우리 주변의 환경은 급속도로 오염되었다. 정부, 기업, 시민들은 이를 해결하기 위해 다양한 노력을 하고 있다.

(1) 위 경제성장 과정에서 나타난 문제는 무엇인지 쓰시오. [4점]

(        )

(2) 위 밑줄 친 '다양한 노력'의 사례를 한 가지 쓰시오. [8점]

---

# 3 세계 속의 우리나라 경제(1)

**공부할 개념**
· 나라와 나라 사이에 경제 교류를 하는 까닭 알아보기
· 우리나라와 다른 나라의 경제 교류 모습 알아보기

## 1 나라와 나라 사이에 경제 •교류를 하는 까닭 자료⁺1

(1) 나라와 나라 사이에는 •물자, 기술, 문화 등을 주고받는 경제 교류가 이루어지고, 이를 통해 각 나라는 서로 경제적 이익을 얻습니다.

★ **(2) 무역의 의미와 필요한 까닭**

| 무역의 의미 | 무역이 필요한 까닭 |
|---|---|
| 나라와 나라 사이에 물건이나 서비스를 사고파는 것을 뜻함.<br><br>수출 다른 나라에 물건이나 서비스를 파는 것　수입 다른 나라에서 물건이나 서비스를 사 오는 것 | · 나라마다 자연환경, •자원, 기술 등이 달라 더 잘 생산할 수 있는 물건이나 서비스가 다르기 때문임.<br>· 각 나라는 더 잘 만들 수 있는 것을 생산하고, 이를 교류하면서 서로 경제적 이익을 얻을 수 있음. |

└→ 무역으로 각 나라는 부족하거나 필요한 것을 구할 수 있어요.

## 2 우리나라와 다른 나라의 경제 교류

(1) **우리나라의 무역 현황** →세계 여러 나라와 활발하게 경제 교류하고 있어요.

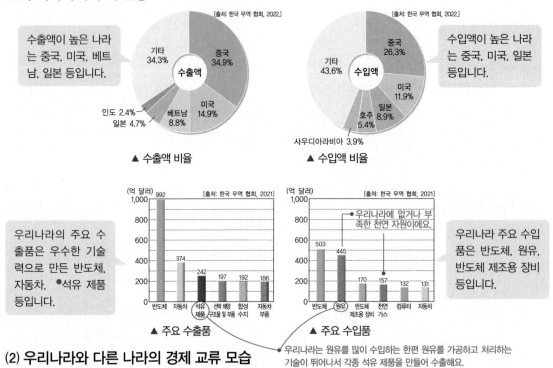

수출액이 높은 나라는 중국, 미국, 베트남, 일본 등입니다.

[출처: 한국 무역 협회, 2022]
수출액　중국 34.9%　미국 14.9%　베트남 8.8%　일본 4.7%　인도 2.4%　기타 34.3%
▲ 수출액 비율

수입액이 높은 나라는 중국, 미국, 일본 등입니다.

[출처: 한국 무역 협회, 2022]
수입액　중국 26.3%　미국 11.9%　일본 8.9%　호주 5.4%　사우디아라비아 3.9%　기타 43.6%
▲ 수입액 비율

우리나라의 주요 수출품은 우수한 기술력으로 만든 반도체, 자동차, •석유 제품 등입니다.

(억 달러) [출처: 한국 무역 협회, 2021]
반도체 992　자동차 374　석유 제품 242　선박 해양 구조물 및 부품 197　합성 수지 192　자동차 부품 186
▲ 주요 수출품

→ 우리나라에 없거나 부족한 천연 자원이에요.

우리나라 주요 수입품은 반도체, 원유, 반도체 제조용 장비 등입니다.

(억 달러) [출처: 한국 무역 협회, 2021]
반도체 503　원유 445　반도체 제조용 장비 170　천연 가스 157　컴퓨터 132　자동차 131
▲ 주요 수입품

우리나라는 원유를 많이 수입하는 한편 원유를 가공하고 처리하는 기술이 뛰어나서 각종 석유 제품을 만들어 수출해요.

(2) **우리나라와 다른 나라의 경제 교류 모습**

| 물건 교류 | · 우리나라는 다른 나라와 완성된 물건을 주고받기도 하고, 다른 나라에서 수입한 원료로 물건을 만들어 수출하기도 함.<br>· 우리나라가 잘 만드는 물건은 수출하고, 원유나 열대 과일처럼 우리나라에 부족한 물건은 수입함.　→ 우리나라가 다른 나라와 여러 가지 물건을 교류한다는 사실을 알 수 있어요.<br>· 물건 교류 모습을 살펴보는 방법: 물건의 •원산지를 보면 물건이 어느 나라에서 만들어진 것인지 알 수 있음. 예 중국에서 만든 쿠션, 베트남에서 만든 신발 등 |
|---|---|
| 서비스 교류 | 의료, 영상, 교육, 만화, 게임 등 다양한 서비스 분야에서 여러 나라와 교류함. 자료⁺2 |

(3) **우리나라 무역의 특징**: 우리나라는 다른 나라에서 원료를 수입하고, 이를 국내에서 •가공하여 만든 제품을 다시 수출하는 무역이 발달했습니다. →천연자원은 부족하지만, 기술력이 뛰어난 나라에서 주로 나타나는 무역 형태에요.

| 원료 수입 | → | 가공 | → | 제품 수출 |
|---|---|---|---|---|
| 다른 나라에서 철광석을 사 옴. | | 철광석을 녹여 만든 철로 자동차를 만듦. | | 국내에서 만든 자동차를 다른 나라에 팖. |

**용어 사전**

· **교류** (交 오고갈 교, 流 흐를 류) 문화나 사상 등이 서로 통함.
· **물자** 물건을 만드는 원료 또는 원료를 활용하여 만든 물건.
· **자원** (資 재물 자, 源 근원 원) 상품을 만드는 데 필요한 광물, 산림, 수산물 등의 재료나 노동력을 통틀어 이르는 말.
· **석유 제품** (石 돌 석, 油 기름 유, 製 지을 제, 品 물건 품) 원유를 가공·처리해 연료나 윤활유 등으로 쓰도록 만들어진 제품.
· **원산지** (原 근원 원, 産 낳을 산, 地 땅 지) 물건이 채취·생산·제조·가공된 지역.
· **가공** (加 더할 가, 工 장인 공) 원자재나 반제품을 인공적으로 처리하여 새로운 제품을 만들거나 제품의 질을 높임.

**두 나라가 부족하거나 필요한 것을 구하는 방법**

| ○○ 나라 | △△ 나라 |
|---|---|
| • 자원이 풍부하고 날씨가 따뜻해서 목재, 열대 과일, 원유가 풍부함. | • 자원이 부족하고 날씨가 춥기 때문에 목재, 열대 과일, 원유가 부족함. |
| • 스마트폰, 텔레비전, 자동차를 만드는 기술이 부족함. | • 스마트폰, 텔레비전, 자동차를 만드는 기술이 뛰어남. |

두 나라는 각자 자기 나라가 더 잘 만들 수 있는 물건이나 서비스를 생산하고 다른 나라와 교류하면서 이익을 얻습니다.

 **우리나라와 다른 나라의 서비스 교류 모습**

| 우리나라 ○○ 병원, 전문적인 산부인과 서비스로 미국 로스엔젤레스 진출 | 우리나라의 ☆☆ 인터넷 만화 서비스, 인도네시아, 타이 등 동남아시아 진출 활발 |
|---|---|
| ▲ 우리나라의 의료 서비스 수출 | ▲ 우리나라의 만화 서비스 수출 |
| 우리나라 ◇◇ 교육 기업, 인공 지능 문제 풀이 서비스 일본, 베트남 등에서 인기 | 미국의 온라인 동영상 서비스, 우리나라에서 월 1천만 명 이상 사용 |
| ▲ 우리나라의 교육 서비스 수출 | ▲ 우리나라의 온라인 동영상 서비스 수입 |

**핵심 개념 정리**

• 나라마다 자연환경, 자원, 기술 등에 차이가 있어 더 잘 생산할 수 있는 물건이나 서비스가 다르기 때문에 무역을 합니다.

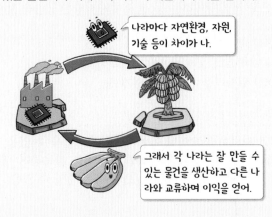

나라마다 자연환경, 자원, 기술 등이 차이가 나.

그래서 각 나라는 잘 만들 수 있는 물건을 생산하고 다른 나라와 교류하여 이익을 얻어.

**1** 나라와 나라 사이의 경제 교류에 대한 설명으로 옳은 것에 ○표, 옳지 <u>않은</u> 것에 ✕표 하시오.

(1) 경제 교류는 나라마다 자연환경, 기술, 자원, 노동력 등이 같기 때문에 일어납니다. ( )

(2) 각 나라는 더 잘 만들 수 있는 것을 생산하고, 이를 교류하면서 서로 경제적 이익을 얻습니다. ( )

**2** 다음 용어와 뜻을 선으로 알맞게 연결하시오.

(1) 무역 • • ㉠ 다른 나라에 물건이나 서비스를 파는 것

(2) 수출 • • ㉡ 다른 나라에서 물건이나 서비스를 사 오는 것

(3) 수입 • • ㉢ 나라와 나라 사이에 물건이나 서비스를 사고파는 것

**3** 다음 우리나라의 주요 수출품 중에서 수출액이 가장 높은 제품을 쓰시오.

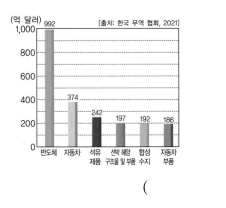

(억 달러)    [출처: 한국 무역 협회, 2021]

반도체 992, 자동차 374, 석유 제품 242, 선박 해양 구조물 및 부품 197, 합성 수지 192, 자동차 부품 186

( )

**4** 우리나라는 물건뿐만 아니라 의료, 영상, 게임 등과 같은 ( ) 분야에서도 세계 여러 나라와 교류합니다.

# 3 세계 속의 우리나라 경제 (2)

😊 공부할 개념
• 우리나라와 다른 나라의 경제 관계 알아보기
• 경제 교류로 변화한 개인과 기업의 경제생활 알아보기

## 1 우리나라와 다른 나라의 경제 관계

| 상호 <sup>•</sup>의존 관계 <br>자료➊ | • 우리나라는 다른 나라와 경제 교류를 통해 경제적 도움을 주고받음. <br>• 우리나라의 뛰어난 기술력으로 만든 물건을 수출하고, 우리나라에 없거나 부족한 자원, 기술, 노동력 등을 수입함. ┈┈→ 반도체, 스마트폰, 자동차 등이 있어요. <br>• 우리나라는 경제 교류를 보다 자유롭고 편리하게 할 수 있도록 다른 나라와 <sup>•</sup>자유 무역 협정(FTA)를 맺거나 공동으로 <sup>•</sup>사업을 진행함. ┈→ 예 우리나라 – 사우디아라비아 석유 개발 사업 공동 추진 |
|---|---|
| 경쟁 관계 | • 다른 나라보다 더 많은 이익을 얻기 위해 다른 나라와 경쟁함. <br>• 같은 종류의 물건을 만드는 다른 나라와 기술, 가격 등에서 서로 경쟁하기도 함. <br>• 특히 새로운 기술이 필요한 휴대 전화, 전자 기기, 자동차 시장에서의 경쟁은 더욱 <sup>•</sup>치열함. 자료➋ ┈→ 서로 더 많이 수출하고 판매하려고 노력하기 때문이에요. |

▲ 기술 경쟁의 모습

▲ 가격 경쟁의 모습

▲ 상호 의존하며 경쟁하는 모습
┈→ 우리나라는 다른 나라와 도움을 주고받는 동시에 세계 시장에서 경쟁하고 있어요.

## ★ 2 다른 나라와의 경제 교류로 달라진 경제생활

| 구분 | | 달라진 모습 예 |
|---|---|---|
| **1 개인의 경제생활** | 의생활 | • 다양한 국가에서 만든 옷을 입음. <br>• 외국 상표의 옷이나 신발을 쉽게 접하게 됨. |
| | 식생활 | • 외국의 음식 재료를 활용한 음식이 많아짐. <br>• 외국인이 우리나라에서 식당을 운영하면서 외국 음식을 쉽게 사 먹을 수 있게 됨. |
| | 주생활 | 다른 나라에서 수입한 가구를 사용하여 실내를 꾸밈. |
| | 여가 생활 | 다른 나라에서 만든 게임, 영화, 노래 등 다양한 문화 콘텐츠를 이용할 수 있고, 새로운 문화를 체험할 수 있음. |
| | 취업 활동 | 우리나라 사람이 외국 기업에 취업하거나 외국인이 우리나라 기업에 취업하는 경우가 많아짐. |

**긍정적 영향**

• 다른 나라에서 판매하는 상품을 온라인으로 직접 구매하는 등 전 세계의 다양한 물건을 값싸게 살 수 있는 기회가 늘어남.
• 소비자가 제품을 선택할 수 있는 폭이 넓어짐. ┈→ 우리나라에서 생산하지 않는 물건을 수입하여 판매함으로써 선택의 폭이 넓어졌어요.
• 수입품과 국산품이 경쟁하면서 물건이나 서비스의 질이 높아지고 가격이 싸짐.
• 외국 기업에서 일할 수 있게 되면서 다양한 일자리를 선택할 수 있게 됨.

┈→ 기술 발전의 기회를 얻어 좋은 품질의 제품을 생산할 수 있어요.

**2 기업의 경제생활**

• 다른 나라 기업과 새로운 기술이나 아이디어를 주고받을 수 있음.
• 다른 나라에 공장을 세워 그 나라의 값싼 노동력을 활용하여 생산 비용을 줄이고, 현지에서 직접 판매해 운반 비용을 줄일 수 있음.

용어 사전

• **의존** (依 의지할 의, 存 있을 존) 다른 것에 의지하여 존재함.
• **자유 무역 협정(FTA)** 나라 간 물건이나 서비스의 자유로운 이동을 위해 세금, 법, 제도 등의 문제를 줄이거나 없애기로 한 약속. 우리나라는 2021년 3월 기준, 57개국과 자유 무역 협정을 맺음.
• **사업** (事 일 사, 業 업 업) 어떤 일을 일정한 목적과 계획을 가지고 짜임새 있게 지속적으로 경영함.
• **치열** (熾 성할 치, 烈 세찰 열) 기세나 세력 따위가 불길같이 맹렬함.

## 자료+1 우리나라와 다른 나라의 상호 의존 관계

[출처: 관세청, 2020]

• 지도를 보면 우리나라는 아랍 에미리트, 베트남, 오스트레일리아, 미국 등과 경제적으로 교류하고 있음을 알 수 있습니다.
• 우리나라와 다른 나라는 서로 의존하고 있으며 경제적으로 도움을 주고받고 있습니다.

## 자료+2 경쟁하며 이루어지는 경제 교류

○○ 신문                          20○○년 ○월 ○○일

기술 경쟁 시작한 접이식 스마트폰 시장

우리나라 기업이 접이식 스마트폰을 출시한 이후 외국 기업들도 뒤따라 비슷한 제품을 선보이고 있다. 외국의 ○○ 기업은 고해상도의 접을 수 있는 스마트폰을 발표했고, ◇◇ 기업은 배터리 용량을 늘린 비슷한 제품을 출시했다. 이에 국내 언론들은 "외국 기업들이 우리나라 기업에 도전하기 시작했다."고 평했다.

• 한국 기업이 접이식 스마트폰을 출시한 이후 외국 기업들이 뒤따라 비슷한 제품을 내놓고 있다는 것을 알 수 있습니다.
• 우리나라와 다른 나라는 세계 시장에서 서로 경쟁하면서 영향을 주고받음을 알 수 있습니다.
    └ 우리나라와 다른 나라 기업들이 경쟁하는 까닭은
      서로 이윤을 많이 얻으려고 노력하기 때문입니다.

 핵심 개념 정리

• 우리나라와 다른 나라는 세계 시장에서 상호 의존하고 경쟁하면서 경제 교류를 합니다.
• 다른 나라와의 경제 교류는 개인과 기업의 경제생활 모습에 영향을 미쳤습니다.

우리 ○○ 나라에서 만든 영화 볼까?

좋아. 저 식당은 베트남 쌀국수가 유명해. 쌀국수 먹고 영화 보러 가자.

---

**1** 우리나라는 경제 교류를 보다 자유롭고 편리하게 할 수 있도록 다른 나라와 (                    )을/를 맺거나 공동으로 사업을 진행합니다.

**2** 다음 빈칸에 공통으로 들어갈 알맞은 말을 쓰시오.

> 우리나라는 다른 나라보다 더 많은 이익을 얻기 위해 다른 나라와 (          )한다. 특히 같은 종류의 물건을 만드는 다른 나라와 기술, 가격 등에서 서로 (          )하기도 한다.

(                    )

**3** 다음 (      ) 안의 알맞은 말에 ○표 하시오.

> 우리가 입고 있는 옷이나 신발 등이 베트남, 중국 등 다양한 국가에서 만들어진 것은 다른 나라와의 경제 교류로 달라진 ( 주생활, 의생활 ) 모습이다.

**4** 빈칸에 들어갈 알맞은 말을 보기 에서 찾아 쓰시오.

> **보기**
> • 기술        • 여가 생활        • 생산 비용

(1) 경제 교류로 기업들은 다른 나라의 기업과 새로운 (                    )이나 아이디어를 주고받을 수 있게 되었습니다.
(2) 경제 교류가 활발해지면서 기업은 다른 나라에 공장을 세워 (                    )을 줄일 수 있게 되었습니다.

**5** 다른 나라와의 경제 교류가 개인과 기업에 미친 영향에 대한 설명으로 옳은 것에 ○표, 옳지 않은 것에 ✕표 하시오.

(1) 경제 교류로 소비자들이 제품을 선택할 수 있는 폭이 좁아졌습니다.                          (      )
(2) 경제 교류로 물건이나 서비스의 질이 높아지고 가격이 싸졌습니다.                          (      )

# 3 세계 속의 우리나라 경제 (3)

## ★ 1 다른 나라와 경제 교류를 하면서 생기는 문제점 →우리나라는 세계 여러 나라와 무역을 하면서 이익을 보기도 하지만 문제가 발생하기도 해요.

### (1) 무역 문제의 모습과 발생 원인 자료⁺1

대한민국에서 수입하는 세탁기에 세금을 더 부과하겠습니다.

**다양한 무역 문제의 모습**

| 다른 나라가 우리나라 상품에 매기는 °관세를 올림. | → | 우리나라 상품의 가격이 비싸져서 잘 팔리지 않게 됨. |

| 다른 나라가 우리나라 상품의 수입량을 제한함. | → | 우리나라가 수출하는 상품의 양이 줄어듦. |

| 우리나라가 다른 나라의 특정 물건을 수입하지 않음. | → | 다른 나라와 갈등을 겪음. |

| 다른 나라가 자신들의 자원이나 물건을 수출하지 않음. | → | 수입에 의존해야 하는 자원이나 물건의 수입에 문제가 생기면 우리나라에 어려움이 생김. |
└ 석유, 커피 등

**무역 문제의 발생 원인**

세계 여러 나라가 자기 나라의 경제를 보호하려고 여러 법이나 제도를 만들기 때문임.

각 나라가 자기 나라의 경제만 보호하려고 하면 무역을 통해 얻을 수 있는 이익을 얻지 못하게 되며, 다른 나라와 무역을 하기 어렵거나 새로운 무역 문제가 발생할 수도 있어요.

### (2) 여러 나라가 자기 나라 경제를 보호하려는 까닭

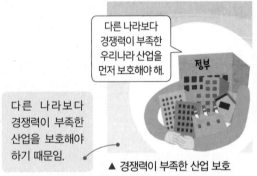

다른 나라보다 경쟁력이 부족한 우리나라 산업을 먼저 보호해야 해.

다른 나라보다 경쟁력이 부족한 산업을 보호해야 하기 때문임.

▲ 경쟁력이 부족한 산업 보호

다른 나라 물건을 수입하면서 사람들이 우리나라 물건을 사지 않았어. 결국 공장이 문을 닫아 일자리가 없어졌어.

수입품이 많아지면 실업자가 늘어날 수 있기 때문임.

▲ 국민의 실업 방지

사람들이 값싼 수입 농산물만 먹으면 나라의 기본이 되는 농업이 흔들릴 수 있어.

우리나라의 기본 산업을 지켜 안정적 성장을 이루기 위해서임.

▲ 나라의 기본이 되는 산업 보호

다른 나라에서 수입한 물건의 가격이 지나치게 낮아 우리나라 산업이 피해를 입고 있어.

물건의 가격을 지나치게 낮추는 것과 같은 다른 나라의 불공정 거래에 대응하기 위해서임.

▲ 다른 나라의 불공정 거래에 대응

## ★ 2 무역 문제를 해결하는 방안 →많은 나라는 무역 문제 해결을 위해 국제기구 설립과 가입, 관련 국내 기관 설립, 세계 여러 나라와의 협상 등을 하며 다양하게 노력해요.

(1) 세계 여러 나라는 서로 °협상하고 °합의하여 무역 문제를 해결하기 위해 노력합니다.

(2) 무역 문제를 해결해 줄 수 있는 °국제기구에 가입하여 도움을 받습니다. 자료⁺2

(3) 무역 관련 국내 기관을 설립하여 무역 문제로 생기는 피해를 줄일 °대책을 마련합니다.

(4) 경쟁력 있는 농산물 생산을 지원하여 수입 농산물에 비해 경쟁력을 높입니다.

(5) 제품의 품질을 개선하고 새로운 기술을 개발합니다.

(6) 경제 교류 상대국 및 품목을 확대합니다. →우리나라 상품을 수출할 수 있는 다른 여러 나라들을 찾아봅니다.

**자료⁺1 우리나라가 다른 나라와 경제 교류를 하면서 생기는 문제점**

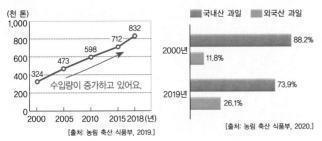

(천 톤)

▲ 과일 수입량    ▲ 1인당 과일 소비율

수입하는 과일의 종류와 양이 증가했지만 우리나라의 과일이 잘 팔리지 않게 되었고, 이 때문에 우리나라 농민들이 어려움을 겪기도 합니다.

**자료⁺2 세계 무역 기구(WTO)**

세계 무역 기구는 1995년 세계 125개국이 참여하여 설립한 국제기구입니다.

| | |
|---|---|
| 하는 일 | • 나라와 나라 사이의 무역 과정에서 생기는 문제를 조정하고 해결함.<br>• 무역을 할 때 지켜야 하는 국제적인 규칙과 법을 만들어 다툼을 해결함.<br>• 각 나라의 무역 관련 정책을 수립하는 데 기준을 제시하는 등 세계 시장에서 무역이 잘 이루어지도록 노력함. |
| 필요한 까닭 | • 각 나라는 기본적으로 자기 나라의 이익을 최우선으로 하기 때문임.<br>• 나라 간의 이익이 충돌할 때 중재할 기관이 필요함. |

**핵심 개념 정리**

• 무역 문제를 해결하기 위해 여러 나라는 협상하고 합의하려 노력하거나, 국제기구에 도움을 요청할 수 있습니다.

**1** 다른 나라와 무역을 할 때 생기는 문제에 대한 설명으로 옳은 것에 ○표, 옳지 <u>않은</u> 것에 ✕표 하시오.

(1) 세계 여러 나라는 무역을 하면서 이익을 얻기 때문에 문제가 전혀 발생하지 않습니다.          (          )

(2) 다른 나라가 우리나라 상품의 수입량을 제한하여 문제가 발생하기도 합니다.          (          )

**2** 빈칸에 들어갈 알맞은 말을 보기 에서 찾아 쓰시오.

> 보기
> • 관세    • 일자리    • 실업자

(1) 수입품에 높은 (          )를 부과하여 무역 문제가 발생하기도 합니다.

(2) 수입품이 많아지면 사람들이 우리나라 물건을 사지 않아 (          )가 늘어날 수 있습니다.

**3** 다음 (          ) 안의 알맞은 말에 ○표 하시오.

> 세계 여러 나라가 무역을 할 때 자기 나라의 경제를 ( 보호, 억제 )하려고 하기 때문에 문제가 발생한다.

**4** 다음 빈칸에 들어갈 알맞은 말을 쓰시오.

> 다른 나라와의 무역 문제를 해결하기 위해 무역과 관련된 일을 하는 (          )에 가입한 뒤 무역 문제가 발생했을 때 도움을 요청할 수 있다. 대표적인 기구로 세계 무역 기구(WTO)가 있다.

(          )

**핵심문장으로 시작하기**

**1** 나라와 나라 사이에 `ㅁ ㅇ` 을 하면 각 나라는 더 잘 만들 수 있는 것을 생산하고 교류하면서 서로 경제적 이익을 얻을 수 있습니다.

**2** 우리나라는 다른 나라와 주로 자동차, 휴대 전화 등 새로운 기술이 많이 필요한 분야에서 `ㄱ ㅈ` 하고 있습니다.

**3** 서로 자기 나라의 경제를 `ㅂ ㅎ` 하려고 하기 때문에 무역 관련 문제가 발생합니다.

**4** 나라와 나라 사이에 물건이나 서비스를 사고파는 것을 무엇이라고 합니까? ( )

① 무역 　② 경제 　③ 경쟁
④ 자유 　⑤ 관세

**5**★ 무역이 발생하는 까닭으로 알맞지 <u>않은</u> 것은 어느 것입니까? ( )

① 나라마다 기술이 다르기 때문에
② 나라마다 자본이 다르기 때문에
③ 나라마다 노동력이 다르기 때문에
④ 나라마다 자연환경이 다르기 때문에
⑤ 나라마다 더 잘 생산할 수 있는 물건이나 서비스가 같기 때문에

**6** 다음 ㉠, ㉡에 들어갈 알맞은 말을 쓰시오.

무역을 할 때 다른 나라에 물건이나 서비스를 파는 것을 ( ㉠ ), 다른 나라에서 물건이나 서비스를 사 오는 것을 ( ㉡ )(이)라고 한다.

㉠: ( ) 　㉡: ( )

**7** 우리나라 수출액과 수입액 비율이 가장 높은 나라는 어디입니까? ( )

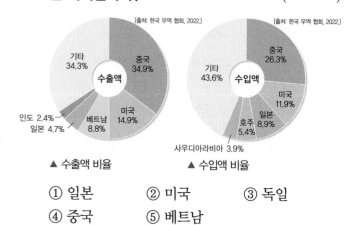

▲ 수출액 비율 　▲ 수입액 비율

① 일본 　② 미국 　③ 독일
④ 중국 　⑤ 베트남

**8** 다음은 우리나라의 주요 수출품과 수입품입니다.
**서술형** 이를 통해 알 수 있는 우리나라 경제 교류의 특징을 한 가지 쓰시오.

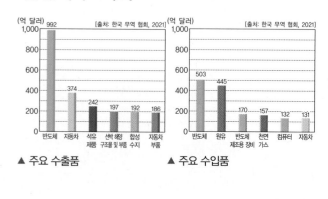

▲ 주요 수출품 　▲ 주요 수입품

_____

_____

**9** 우리나라와 다른 나라의 경제 교류에 대한 설명으로 옳지 <u>않은</u> 것을 보기 에서 골라 기호를 쓰시오.

> 보기
> ㉠ 우리나라는 다른 나라와 완성된 물건을 주고받는다.
> ㉡ 우리나라는 다른 나라에서 수입한 원료로 물건을 만들어 수출한다.
> ㉢ 우리나라가 잘 만드는 물건은 수입하고, 우리나라에 부족한 물건은 수출한다.

(         )

**10** 다음 두 신문 기사와 관련 있는 경제 교류의 분야로 알맞은 것은 어느 것입니까? (     )

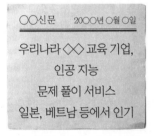

| ○○신문   20○○년 ○월 ○일 | ○○신문   20○○년 ○월 ○일 |
| --- | --- |
| 우리나라 ◇◇ 교육 기업, 인공 지능 문제 풀이 서비스 일본, 베트남 등에서 인기 | 미국의 온라인 동영상 서비스, 우리나라에서 월 1천만 명 이상 사용 |

▲ 우리나라의 교육 서비스 수출    ▲ 우리나라의 온라인 동영상 서비스 수입

① 물건     ② 의료     ③ 농업
④ 반도체     ⑤ 서비스

**11**★ 다음 자료를 통해 알 수 있는 우리나라와 다른 나라와의 경제 관계로 알맞은 것은 어느 것입니까?
(       )

[출처: 관세청, 2020]
▲ 우리나라와 다른 나라의 경제 교류

① 경쟁     ② 무관심     ③ 불공정
④ 상호 갈등     ⑤ 상호 의존

**12** 다음 그림을 통해 알 수 있는 우리나라와 다른 나라의 경제 관계로 알맞은 것은 어느 것입니까?
(       )

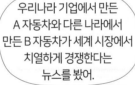

① 서로 무역 협정을 맺는다.
② 서로 도움을 주고받는 동시에 경쟁한다.
③ 경제적 이익을 얻기 위해 서로 갈등한다.
④ 우리나라와 다른 나라는 교류하지 않는다.
⑤ 컴퓨터 시장에서 우리 기술은 경쟁력이 없다.

**13** 다음 대화에 나타난 경제 교류에서의 경쟁 모습으로 알맞은 것은 어느 것입니까? (     )

> 우리나라 기업에서 만든 A 자동차와 다른 나라에서 만든 B 자동차가 세계 시장에서 치열하게 경쟁한다는 뉴스를 봤어.

> 맞아. 경쟁에서 이기려고 각 자동차 회사들은 서로 낮은 가격으로 자동차를 출시하고 있대.

① 기술 경쟁
② 가격 경쟁
③ 광고 경쟁
④ 디자인 경쟁
⑤ 서비스 경쟁

**14** 다른 나라와의 경제 교류가 우리 생활에 미친 영향으로 알맞지 <u>않은</u> 것은 어느 것입니까? (     )

① 다른 나라에서 만든 옷을 입을 수 있다.
② 다른 나라에서 만든 가구를 사용할 수 있다.
③ 다른 나라의 음식 재료를 쉽게 구할 수 있다.
④ 외국에서 만든 영화를 영화관에서 볼 수 있다.
⑤ 외국에 직접 가야 그 나라의 음식을 먹을 수 있다.

**15** 다음 보기 에서 다른 나라와의 경제 교류로 변화한 모습을 개인의 모습과 기업의 모습으로 구분해 기호를 쓰시오.

보기
㉠ 다른 나라에 공장을 세워 생산 비용이 줄어들었다.
㉡ 외국 기업과 새로운 기술이나 아이디어를 주고받을 수 있게 되었다.
㉢ 다른 나라에서 판매하는 물건을 온라인으로 직접 구매할 수 있게 되었다.
㉣ 외국 기업에서 일할 수 있게 되면서 다양한 일자리를 선택할 수 있게 되었다.

(1) 개인의 모습: (          )
(2) 기업의 모습: (          )

**16** 세계 여러 나라와 무역을 하면서 발생하는 문제로 알맞지 <u>않은</u> 것은 어느 것입니까? (          )

① 우리나라 국민의 해외 취업 증가
② 우리나라 물건에 높은 관세 부과
③ 외국산에 의존하는 물건의 수입 문제
④ 수입 거부 때문에 다른 나라와 일어나는 갈등
⑤ 다른 나라의 수입 제한으로 발생하는 수출 감소

**17** 다음 자료에 나타난 변화가 우리나라 농민에게 어떤 영향을 미칠지 쓰시오.
서술형

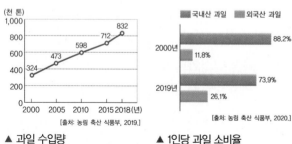

▲ 과일 수입량       ▲ 1인당 과일 소비율

**18~19** 다음 그림을 보고, 물음에 답하시오.

**18** 위와 같은 상황에서 우리나라가 입게 될 피해로 알맞은 것은 어느 것입니까? (          )

① 국산 냉장고의 종류가 늘어나게 된다.
② 국산 냉장고의 가격이 점점 오르게 된다.
③ 국산 냉장고의 품질이 더 좋아지게 된다.
④ 냉장고를 만드는 국내 기업이 늘어나게 된다.
⑤ 국산 냉장고가 팔리지 않아 우리나라 산업이 손해를 입게 된다.

**19**★ 위 그림에 나타난 문제를 해결하는 방안을 잘못 말한 학생은 누구인지 쓰시오.

준호: 다른 나라와 협상하고 합의해서 문제를 해결하도록 노력해야 해.
성은: 우리나라 물건의 가격을 수입한 물건의 가격에 맞추어 강제로 낮춰야 해.
지원: 우리나라 제품의 품질을 개선하고 새로운 기술을 개발하는 등 경쟁력을 키워야 해.

(          )

**20** 다음 빈칸에 공통으로 들어갈 알맞은 말을 쓰시오.

(          )은/는 나라와 나라 사이에서 무역과 관련된 문제가 일어났을 때 공정하게 심판하기 위해 만들어진 국제기구이다. (          )은/는 나라 간 자유로운 무역을 확대하고, 세계 여러 나라의 경제적 협력을 활발히 하고자 한다.

(          )

서술형 문제를 푸는 방법을 익혀보자!

## 1 다음 글을 읽고, 물음에 답하시오. [12점]

○○ 나라 사람들은 주로 바나나, 파인애플 등의 열대 과일을 재배한다. 원유, 목재 등과 같은 자원이 풍부하다. 그러나 자동차, 휴대 전화 등을 만드는 기술은 부족하다. □□ 나라는 자동차, 휴대 전화 등을 만드는 기술이 뛰어나지만, 원유, 목재 등의 자원이 부족하다.

(1) 다음 빈칸에 들어갈 알맞은 말을 쓰시오. [4점]

○○ 나라가 부족한 것은 ( ㉠ )이고, □□ 나라가 부족한 것은 ( ㉡ )이다.

㉠: (      ) ㉡: (      )

(2) 위 ○○ 나라와 □□ 나라가 부족하거나 필요한 것을 구할 수 있는 방법을 쓰시오. [8점]

___

**1단계** 자료 분석하기   ○○ 나라와 □□ 나라는 무엇을 교류하면 좋을까?

**○○ 나라**
- 사람들이 열대 과일을 주로 재배함.
- 원유, 목재 등 자원이 풍부함.
- 자동차, 휴대 전화 등을 만드는 기술이 부족함.

?
?

**□□ 나라**
- 원유, 목재 등의 자원이 부족함.
- 자동차, 휴대 전화 등을 만드는 기술이 뛰어남.

**2단계** 생각하기   ○○ 나라와 □□ 나라가 무역을 하는 까닭은 무엇일까? 순서대로 생각해 보자.

❶ ○○ 나라와 □□ 나라가 각자 부족한 것을 얻으려면? ➡ ❷ 각 나라에서 잘 생산하는 것은 팔고 부족한 것은 사면 된다.

❸ ○○ 나라와 □□ 나라가 잘 생산하는 것과 부족한 것은 무엇일까?

## 2 다음 그래프를 보고, 물음에 답하시오. [12점]

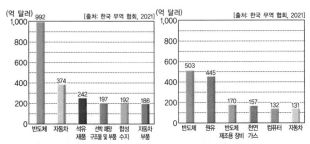

▲ 우리나라의 주요 수출품    ▲ 우리나라의 주요 수입품

(1) 우리나라에서 두 번째로 많이 수입하는 품목을 위 그래프에서 찾아 쓰시오. [4점]

(      )

(2) 우리나라에서 석유 제품의 수출액이 많은 까닭을 위 (1)번 답과 관련지어 쓰시오. [8점]

___

## 3 다음 그림을 보고, 물음에 답하시오. [12점]

다른 나라보다 경쟁력이 부족한 우리나라 산업을 먼저 보호해야 해.

(1) 다음 빈칸에 들어갈 알맞은 말을 쓰시오. [4점]

각 나라는 무역을 할 때 자기 나라의 경제를 (    )하려고 여러 제도를 만든다.

(      )

(2) 세계 여러 나라가 무역을 할 때, 위 그림과 같은 정책이나 제도를 추진하면 어떤 문제가 발생할지 쓰시오. [8점]

# 2 우리나라의 경제 발전

 우리나라는 자유와 경쟁을 바탕으로 지속적인 경제성장을 이루 었으며, 오늘날에는 다른 나라와 활발히 경제 교류를 합니다.

👁 그림을 보고 배운 개념을 떠올리며 빈칸을 채워 보세요.

### 개념1 가계와 기업

(❶       )은/는 가정 살림을 같이하는 생활 공동체이고,
(❷       )은/는 이윤을 얻기 위해 전문적으로 생산 활동
을 하는 경제주체입니다.

### 개념2 우리나라 경제의 특징

우리나라 경제의 특징은 (❸       )와/과 (❹       )입
니다. 개인과 기업의 자유로운 경쟁은 국가 전체의 발전에
도움을 줍니다.

### 개념4 경제성장 과정에서 나타난 문제

경제성장 과정에서 환경 오염 및 에너지 부족 문제, 노동
자와 사용자가 각자의 이익을 위해 다른 주장을 내세우면
서 생기는 (❽       ) 문제, 잘 사는 사람과 그렇지 못한
사람 간의 소득 격차가 커지는 (❾       ) 문제 등 다양
한 문제가 발생하였습니다.

### 개념5 경제 교류를 하는 까닭

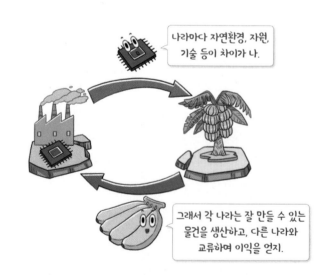

나라마다 (❿       ) 등에 차이가 있기 때문에, 각 나라마
다 더 잘 생산할 수 있는 물건이나 서비스를 생산하고 교류
하여 경제적 이익을 얻습니다.

**개념3 우리나라의 경제성장 모습**

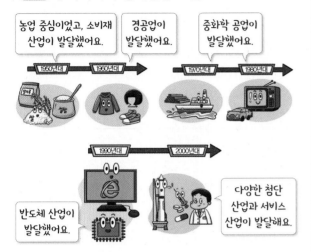

1960년대에는 (❺          )이/가 발달했고, 1970
년대~1980년대에는 (❻          )이/가 성장했습
니다. 1990년대에는 반도체 산업이 발달했고,
2000년대 이후에는 다양한 분야에서 (❼          )
와/과 서비스 산업이 발달하고 있습니다.

**개념6 무역 문제를 해결하는 방안**

세계 여러 나라가 자기 나라 경제를 보호하려 하
기 때문에 무역 문제가 발생할 수 있습니다. 무
역 문제가 생기면 여러 나라는 협상하고 합의하
여 해결하거나, 세계 무역 기구(WTO)와 같은
(⓫          )에 도움을 요청할 수 있습니다.

옳은 문장에 ○, 틀린 문장에 ×하세요. 틀린 부분
은 밑줄을 긋고 바른 개념으로 고쳐 써 보세요.

**1** 기업은 가정 살림을 같이하는 생활 공동체이고, 가계는
이윤을 얻기 위해 전문적으로 생산 활동을 하는 경제주
체입니다.                                    (          )

**2** 기업은 소득의 범위 안에서 가장 적은 비용으로 가장 큰
만족감을 얻도록 합리적 선택을 합니다.   (          )

**3** 우리나라 경제의 특징은 자유와 경쟁입니다.
                                              (          )

**4** 1970년대~1980년대 우리나라에서는 경공업이 성장하면
서 수출이 증가하고 사람들의 생활 수준도 크게 향상됐
습니다.                                      (          )

**5** 2000년대 이후 생명 공학, 신소재 등 다양한 분야에서
첨단 산업이 발달하고 있습니다.           (          )

**6** 급속한 경제성장 과정에서 환경 문제, 노사 갈등 문제,
빈부 격차 문제 등 다양한 문제가 발생하였습니다.
                                              (          )

**7** 나라마다 자연환경, 자원, 기술 등에 차이가 없기 때문에
무역을 합니다.                               (          )

**8** 우리나라와 다른 나라는 상호의존하지 않고 경쟁만 하는
경제 관계입니다.                            (          )

**9** 세계 여러 나라가 자기 나라의 경제를 보호하려고 여러
가지 법이나 제도를 만들기 때문에 무역 문제가 발생합
니다.                                        (          )

**10** 무역 문제를 해결해 줄 수 있는 국제기구의 도움을 받아
문제를 해결할 수 있습니다.                  (          )

**1** 가계의 경제활동에 대한 설명으로 옳지 <u>않은</u> 것은 어느 것입니까? ( )

① 소득으로 소비 활동을 한다.
② 기업의 생산 활동에 참여한다.
③ 생산 활동의 대가로 소득을 얻는다.
④ 물건이나 서비스를 만들어 판매하여 이윤을 얻는다.
⑤ 시장에서 생활에 필요한 물건과 서비스를 구매한다.

**2** 다음과 같은 경제활동을 하는 경제주체를 쓰시오.

▲ 사람들에게 일자리를 제공함.

( )

**3** 다음은 시장에서 이루어지는 가계와 기업의 경제활동 모습을 설명한 것입니다. 밑줄 친 ㉠~㉢ 중 틀린 설명을 골라 기호를 쓰시오.

> 시장에서 가계는 ㉠ 더 적은 비용으로 필요한 물건을 사기 위해 노력한다. 기업은 ㉡ 더 많은 소득을 얻기 위해 ㉢ 소비자의 요구를 반영하여 ㉣ 다양한 물건을 생산한다.

( )

**4** 가계와 기업의 합리적 선택에 대한 설명으로 옳은 것은 어느 것입니까? ( )

① 가계는 더 많은 이윤을 얻기 위해 합리적 선택을 한다.
② 합리적 선택을 할 때 모든 사람의 선택 기준과 우선순위는 같다.
③ 기업의 합리적 선택에서 가장 중요한 것은 만족감을 높이는 것이다.
④ 기업은 적은 비용으로 많은 수입을 얻을 수 있도록 합리적 선택을 한다.
⑤ 가계는 소득의 범위 안에서 많은 비용으로 가장 큰 만족을 얻을 수 있도록 합리적 선택을 한다.

**5** 기업이 합리적 의사 결정 과정에서 고민해야 할 내용을 <u>잘못</u> 말한 어린이는 누구입니까? ( )

① 소비자가 무엇을 좋아하는지 분석해야 해.
② 비용을 줄일 수 있는 생산 방법을 정해야 해.
③ 상품을 많이 팔 수 있는 홍보 계획을 세워야 해.
④ 개발한 상품을 합리적으로 소비하는 방법을 찾아야 해.

**6**
서술형

다음 선생님의 질문에 대해 알맞은 답을 한 가지 쓰시오.

자유롭게 경쟁하는 경제활동이 우리 생활에 주는 도움으로 무엇이 있을까요?

_____

_____

**7** 기업의 바람직한 경제활동 모습으로 알맞은 것은 어느 것입니까? ( )

① 물건에 대해 허위로 광고한다.
② 다른 기업과 상의해 가격을 올린다.
③ 상품을 많이 팔기 위해 과장 광고를 한다.
④ 물건을 독점 판매하여 많은 이윤을 얻는다.
⑤ 기술을 개발해 우수한 품질의 물건을 만든다.

**8** 우리나라에서 1960년대에 다음과 같은 산업이 발달한 까닭을 보기 에서 골라 기호를 쓰시오.

▲ 가발 산업

보기
㉠ 당시 우리나라의 노동력이 풍부했기 때문에
㉡ 자본이 풍부하고 기술력이 뛰어났기 때문에
㉢ 정부가 수입을 통해 경제를 발전시키려 했기 때문에
㉣ 항구를 중심으로 중화학 공업 단지를 조성했기 때문에

( )

**9** 1970년대 이후 우리나라의 산업 구조가 경공업에서 중화학 공업 중심으로 바뀌면서 변화한 경제 모습으로 알맞은 것은 어느 것입니까? ( )

① 국민 소득이 감소하였다.
② 수출액이 점점 줄어들었다.
③ 소비재 산업이 크게 발달하였다.
④ 사람들의 생활 수준이 향상되었다.
⑤ 농업, 어업, 임업 중심으로 산업이 발달하였다.

**10**★ 우리나라에서 ⑺~⑷ 산업들이 성장한 순서대로 알맞게 나열한 것은 어느 것입니까? ( )

⑺

▲ 신발 산업

⑷

▲ 조선 산업

⑶

▲ 자동차 산업

⑷

▲ 우주 항공 산업

① ⑺ → ⑷ → ⑶ → ⑷
② ⑺ → ⑷ → ⑷ → ⑶
③ ⑷ → ⑺ → ⑷ → ⑶
④ ⑷ → ⑶ → ⑷ → ⑺
⑤ ⑶ → ⑷ → ⑷ → ⑺

**11** 다음 밑줄 친 '서비스 산업'이 <u>아닌</u> 것은 어느 것입니까? ( )

> 우리나라에서는 2000년대 이후 경제성장으로 소득이 증가하면서 편리한 생활과 삶의 질을 높여주는 다양한 분야의 <u>서비스 산업</u>이 발달하고 있다.

① 의료 산업
② 관광 산업
③ 금융 산업
④ 신소재 산업
⑤ 문화 콘텐츠 산업

**12** 다음은 경제성장에 따른 시대별 생활 환경의 변화 모습을 나타낸 것입니다. ㉠에 들어갈 내용으로 알맞은 것은 어느 것입니까? ( )

| 1960년대 | 흑백텔레비전의 보급 |
| 1980년대 | 컬러텔레비전의 보급 |
| 2000년대 | 고속 철도의 개통 |
| 2010년대 | ㉠ |

① 컴퓨터의 대중화
② 스마트폰의 보급
③ 최초의 지하철 개통
④ 경부 고속 국도 개통
⑤ 자가용 승용차의 증가

**[13~14]** 다음 자료를 보고, 물음에 답하시오.

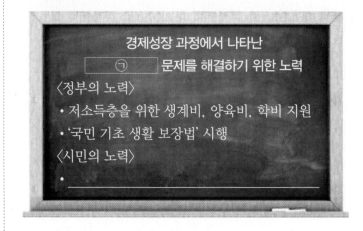

경제성장 과정에서 나타난
㉠ 문제를 해결하기 위한 노력
〈정부의 노력〉
• 저소득층을 위한 생계비, 양육비, 학비 지원
• '국민 기초 생활 보장법' 시행
〈시민의 노력〉
•

**13** 위 자료의 ㉠에 들어갈 알맞은 말을 쓰시오.

( )

**14** 위 빈칸에 들어갈 시민의 노력을 한 가지 쓰시오.

서술형

**15** 다음은 하은이가 마트에서 조사한 것입니다. 이를 보고 알 수 있는 것은 어느 것입니까? ( )

| 물건 | 원료(원산지) | 물건이 만들어진 곳 |
|---|---|---|
| ○○ 카레 | 강황(인도산) | 대한민국 |
| △△ 의자 | 나무(캐나다산) | 대한민국 |
| □□ 커피 | 원두(브라질산) | 브라질 |

① 다른 나라에서 만든 생산물의 값이 싸다.
② 다른 나라에서 들여온 원료의 질이 좋다.
③ 우리나라는 다른 나라와 활발하게 경제 교류를 한다.
④ 모든 나라는 자기 나라에서 생산한 원료로만 생산물을 만든다.
⑤ 우리나라는 다른 나라의 원료로 만든 물건을 다양한 나라에 수출한다.

**16** 다음 그래프를 보고 우리나라에서 세 번째로 많이 수출하는 품목을 찾아 쓰시오.

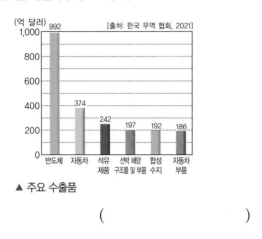

▲ 주요 수출품

( )

**18** 다른 나라와의 경제 교류가 개인의 경제생활에 미친 영향으로 알맞지 <u>않은</u> 것은 어느 것입니까?

( )

① 개인의 경제활동 범위가 넓어졌다.
② 다른 나라에서 수입한 과일을 먹을 수 있다.
③ 외국 기업에서 일자리를 얻을 수 있는 기회가 줄어들었다.
④ 인터넷 쇼핑을 통해 외국의 상품을 직접 구매하는 사람이 늘어났다.
⑤ 전 세계의 값싸고 다양한 물건들을 선택할 수 있는 기회가 늘어났다.

**19** 서술형 다음 그림과 같이 다른 나라에서 우리나라 물건에 높은 관세를 부과할 경우 발생할 수 있는 문제점을 쓰시오.

**17** 다음 자료를 보고 알 수 있는 우리나라와 다른 나라의 경제 관계에 대한 설명으로 알맞은 것은 어느 것입니까? ( )

① 우리나라는 발전된 기술과 물건을 수입한다.
② 우리나라는 부족하거나 없는 자원과 기술은 수출한다.
③ 우리나라와 다른 나라는 서로 도움을 주고받지 않는다.
④ 우리나라는 다른 나라와 서로 의존하며 경제적으로 교류한다.
⑤ 다른 나라는 우리나라에 의존하지만 우리나라는 다른 나라에 의존하지 않는다.

**20** 무역 문제를 해결하기 위한 방안으로 옳지 <u>않은</u> 것을 보기 에서 골라 기호를 쓰시오.

보기
㉠ 세계 여러 나라들이 무역 문제를 함께 협상하고 합의하려는 노력이 필요하다.
㉡ 무역 문제가 발생했을 때 자유 무역 협정(FTA)에 가입하여 도움을 요청한다.
㉢ 무역 관련 국내 기관을 설립하여 무역 문제로 생기는 피해를 줄일 대책을 마련한다.

( )

# 2-1 경제주체의 역할과 우리나라 경제 체제의 특징

| 학습 주제 | 경제주체의 경제적 역할 알아보기 | 배점 | 30점 |
|---|---|---|---|
| 학습 목표 | 가계와 기업의 경제적 역할을 알고, 경제적 관계를 이해할 수 있다. | | |

**1~2** 다음 그림을 보고, 물음에 답하시오.

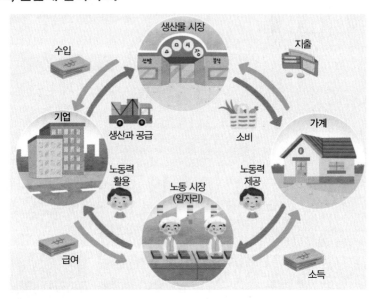

**1** 다음은 경제주체의 경제적 역할을 정리한 표입니다. 위 그림을 참고하여 빈칸에 들어갈 알맞은 내용을 쓰시오. [❶, ❷ 각 5점, ❸ 10점]

| 경제주체 | 경제적 역할 |
|---|---|
| ❶ | • 소득으로 시장에서 생활에 필요한 물건을 구매한다.<br>• ❸ _____ |
| ❷ | • 물건을 생산하여 시장에서 판매한다.<br>• 생산 활동에 참여한 사람들에게 대가를 지급한다. |

**2** 위 그림을 통해 알 수 있는 가계와 기업의 경제적 관계를 쓰시오.(단, 보기 의 단어를 모두 사용해야 함.)
[10점]

> 보기
> • 가계　　　　　　• 기업　　　　　　• 시장

## 2-1 경제주체의 역할과 우리나라 경제 체제의 특징

| 학습 주제 | 우리나라 경제의 특징 알아보기 | 배점 | 30점 |
|---|---|---|---|
| 학습 목표 | 경제활동의 자유와 경쟁을 알고, 자유와 경쟁이 우리 생활에 주는 도움을 알 수 있다. | | |

**1~2** 다음은 경제활동의 자유와 경쟁을 보여주는 그림입니다. 이를 보고, 물음에 답하시오.

(가)

▲ 월급을 저축하는 사람

(나)

▲ 손님을 끌어모으기 위해 노력하는 식당들

(다)

▲ 각자 원하는 직업을 얻기 위해 공부하는 학생들

**1** 위 (가)~(다)를 자유와 경쟁으로 구분하여 기호를 쓰시오. [❶, ❷ 각 5점]

| ❶ 자유 | ❷ 경쟁 |
|---|---|
| | |

**2** 위와 같은 자유와 경쟁이 우리 생활에 주는 도움을 다음 그림을 참고하여 두 가지 쓰시오. [20점]

# 2-2 우리나라의 경제성장

| 학습 주제 | 우리나라의 경제성장 알아보기 | 배점 | 30점 |
|---|---|---|---|
| 학습 목표 | 우리나라의 시대별 경제성장 과정을 설명할 수 있다. | | |

**1~3** 다음 우리나라의 경제성장 과정에서 발달한 산업을 보고, 물음에 답하시오.

(가)

▲ 농업

(나)

▲ 로봇 산업

(다)

▲ 조선 산업

(라)

▲ 가발 산업

(마)

▲ 자동차 산업

**1** 위 (가)~(마) 산업이 발달한 순서대로 기호를 쓰시오. [5점]

(     ) → (     ) → (     ) → (     ) → (     )

**2** 위에서 다음과 같은 특징을 가진 산업을 모두 찾아 기호를 쓰시오. [5점]

> • 경공업보다 많은 자본과 높은 기술력이 필요하다.
> • 비교적 무게가 많이 나가는 물건을 만드는 공업으로, 1970~1980년대에 발달했다.

(         )

**3** 1번 답과 같이 경제가 성장하면서 오늘날 달라진 사회 모습을 두 가지 쓰시오. [20점]

_____

_____

# 2-2 우리나라의 경제성장

| 학습 주제 | 경제성장 과정에서 나타난 문제 알아보기 | 배점 | 30점 |
|---|---|---|---|
| 학습 목표 | 경제성장 과정에서 나타난 문제와 해결 노력을 설명할 수 있다. | | |

**1~2** 다음 경제성장 과정에서 나타난 문제를 보고, 물음에 답하시오.

(가)

▲ 노사 갈등 문제

(나)

▲ 환경 문제

(다)

○○ 신문          20○○년 ○월 ○○일
### 더욱 벌어진 소득 격차

2020년 저소득층의 소득은 소폭 증가했지만, 고소득층의 소득이 더 많이 증가해 빈부 격차가 심화한 것으로 조사됐다. 통계청의 발표에 따르면, 소득이 낮은 20%의 소득은 164만 원으로 지난해보다 1.7% 증가했고, 소득이 높은 20%의 소득은 1,002만 6,000원으로 2.7% 증가했다.

▲ 빈부 격차 문제

**1** 다음 표의 ❶~❸에 들어갈 문제를 위 (가)~(다)에서 골라 기호를 쓰고, ❹에 들어갈 해결 노력을 한 가지 쓰시오. [❶~❸ 각 4점, ❹ 8점]

| 문제 | 해결하기 위한 노력 |
|---|---|
| ❶ | • 저소득층을 위한 생계비와 양육비를 지원한다.<br><br>• ❹ _____ |
| ❷ | • 친환경 자동차 보급 지원 정책을 시행한다.<br>• 오염 물질 배출을 최소화하기 위한 법률을 제정한다. |
| ❸ | • 정부가 갈등을 중재한다.<br>• 노동자와 사용자가 대화와 타협을 통해 갈등을 해결한다. |

**2** 위 (가)~(다) 외에 경제성장 과정에서 나타난 또 다른 문제와 그 해결 노력을 한 가지 쓰시오. [10점]

_____

_____

# 2-3 세계 속의 우리나라 경제

| 학습 주제 | 나라와 나라 사이의 경제 교류 알아보기 | 배점 | 30점 |
|---|---|---|---|
| 학습 목표 | 여러 나라의 수출품과 수입품, 무역이 발생하는 상황을 분석할 수 있다. | | |

**1~2** 다음 A~C 나라의 상황을 보고, 물음에 답하시오.

| A 나라 | • 사계절이 뚜렷하고 기후가 온난함.<br>• 지하자원 및 원유의 대부분을 수입에 의존함.<br>• 휴대 전화, 텔레비전 등의 가전제품을 만드는 기술이 뛰어나고 반도체, 자동차, 조선 산업이 발달했으나, 농업 생산량이 부족함. |
|---|---|
| B 나라 | • 북쪽에는 사막, 남쪽에는 빙하가 있으며, 산맥에 구리 광산이 많이 있음.<br>• 세계 1위의 포도 수출국으로 포도주가 유명하고, 농업이 발달함.<br>• 제조업이 발달하지 않아 정교한 공산품을 만들지 못함. |
| C 나라 | • 사막성 기후로 건조하고 토양이 척박하며, 세계 최대 석유 매장량을 보유하고 있음.<br>• 건물이나 도로 등을 건설할 기술이 부족하지만, 국민들의 소득 수준이 높아 비싼 물건의 소비가 많음. |

**1** 위 자료를 통해 알 수 있는 A~C 나라의 주요 수출품과 수입품을 바르게 연결하시오. [10점]

| 나라 | 주요 수출품 | 주요 수입품 |
|---|---|---|
| (1) A 나라 • | •㉠ 석유 등 | •ⓐ 정교한 공산품 등 |
| (2) B 나라 • | •㉡ 구리, 포도 등 | •ⓑ 지하자원, 원유 등 |
| (3) C 나라 • | •㉢ 배, 반도체 등 | •ⓒ 보석, 건설 기술 등 |

**2** 다음은 위 A~C 나라 중 어떤 두 나라 사이에 무역이 발생하는 상황입니다. ❶~❷에 들어갈 알맞은 나라를 쓰고, ❸에 들어갈 내용을 한 가지 쓰시오. [❶~❷ 각 5점, ❸ 10점]

❶[　　　　]는 반도체 및 자동차 제조 기술이 뛰어나지만 원료가 부족하다. 따라서 ❷[　　　　]의 구리 및 광산 자원을 수입해 반도체와 자동차를 생산하고 생산한 제품을 다시 ❷[　　　　]에 수출할 수 있다. 또 ❶[　　　　]는 ❷[　　　　]에서 양질의 포도와 포도주를 수입해 풍요로운 식생활을 할 수 있다. 공산품 생산 기술이 부족한 ❷[　　　　]는 농업 생산량이 부족한 ❶[　　　　]에 농산물을 수출해 많은 수입을 얻을 수 있다. 이와 같이 무역이 발생하는 까닭은 ❸_____
_____ 때문이다.

**1 우리나라의 정치 발전**

**1** 민주주의의 발전과 시민 참여 ············· 91

**2** 일상생활과 민주주의 ························· 97

**3** 민주정치의 원리와 국가기관의 역할 ········ 103

**2 우리나라의 경제 발전**

**1** 경제주체의 역할과 우리나라
경제 체제의 특징 ························· 110

**2** 우리나라의 경제성장 ····················· 116

**3** 세계 속의 우리나라 경제 ················· 122

## ① 민주주의의 발전과 시민 참여

### **1** 우리나라의 민주주의 발전 과정

| | |
|---|---|
| 4·19 혁명 | • 이승만 정부의 독재와 3·15 부정 선거로 학생과 시민들이 시위함. → 이승만이 대통령 자리에서 물러나고 부정 선거는 무효가 됨.<br>• 이후 우리나라 민주주의 발전에 영향을 미침. |
| 5·18 민주화 운동 | • 전라남도 광주에서 시민들이 민주화를 요구하며 시위함. → 전두환은 계엄군을 보내 폭력적으로 진압함. → 시민들은 시민군을 만들어 대항함.<br>• 민주주의를 지키려는 시민의 의지를 보여 줌. |
| 6월 민주 항쟁 | 전두환 정부의 독재에 반대하고 대통령 직선제를 요구하며 전국에서 시위함. → 6·29 민주화 선언을 발표함. |
| 6월 민주 항쟁 이후 | • 대통령 직선제가 시행됨.<br>• 지방 자치제가 시행됨. |

### **2** 오늘날 시민들이 사회 문제 해결에 참여하는 방법 예

▲ 서명 운동

▲ 1인 시위

▲ 시민 단체 활동

▲ 선거나 투표

## ② 일상생활과 민주주의

### **1** 정치

| 의미 | 갈등이나 문제를 원만하게 해결해 나가는 과정 |
|---|---|
| 사례 | 가족회의, 학급 회의, 주민 회의 등 |

### **2** 민주주의

| 의미 | 모든 국민이 나라의 주인으로서 자유롭고 평등하게 정치에 참여하는 제도 |
|---|---|
| 기본 정신 | 인간의 존엄성, 자유, 평등 |
| 실천하는 바람직한 태도 | 관용, 타협, 실천, 비판적 태도 등 |

### **3** 민주적 의사 결정 원리

| 민주적 의사 결정 원리 | • 대화와 타협<br>• 다수결의 원칙: 다수의 의견을 따르는 방법 → 쉽고 빠르게 문제를 해결할 수 있으나 소수의 의견이 존중되지 못할 수 있음. |
|---|---|
| 문제 해결 과정 | 문제 확인하기 → 문제 발생 원인 파악하기 → 문제 해결 방안 탐색하기 → 문제 해결 방안 결정하기 → 문제 해결 방안 실천하기 |

## ③ 민주정치의 원리와 국가기관의 역할

### **1** 민주정치의 기본 원리

| 국민 주권의 원리 | 국가의 중요한 일을 결정하는 최고 권력인 주권이 국민에게 있음. |
|---|---|
| 권력 분립의 원리 | 서로 다른 국가기관이 국가 권력을 나눠 맡아 서로 견제하고 균형을 이루게 함. |

### **2** 국회, 행정부, 법원

| 국회 | • 국회의원들로 구성된 국민의 대표 기관임.<br>• 법을 만들거나 고치고, 예산안을 심의하여 확정하며 국정감사를 함. |
|---|---|
| 행정부 | • 법에 따라 국가의 살림을 맡아 함.<br>• 대통령: 행정부의 최고 책임자로, 국가의 중요한 일을 결정함.<br>• 국무총리: 대통령을 도와 각부를 관리함. |
| 법원 | • 법에 따라 재판을 함.<br>• 법을 어긴 사람을 처벌함.<br>• 개인과 국가 간에 생긴 갈등을 해결함.<br>• 공정한 재판을 위해 모든 재판의 과정을 공개하며, 3심 제도를 마련함. |

**1** ( 이승만, 박정희 ) 정부의 독재와 3·15 부정 선거에 항의하여 4·19 혁명이 일어났습니다.

**2** 3·15 부정 선거를 비판하는 ( 마산, 광주 ) 시위에 참여했다가 실종된 김주열 학생이 죽은 채로 발견되면서 시위가 전국으로 확산되었습니다.

**3** 1972년 박정희가 대통령 직선제를 간선제로 바꾸기 위해 고친 헌법은 무엇입니까?

**4** 1980년 광주에서 민주화 시위가 일어나자 전두환이 시위를 진압하기 위해 광주에 ( 시민군, 계엄군 )을 보냈습니다.

**5** ( 4·19 혁명, 5·18 민주화 운동 )은 군사 독재에 맞서 민주화를 바라는 시민들의 간절한 의지를 보여 주었습니다.

**6** 1987년 전두환 정부의 독재에 반대하고 대통령 직선제를 요구하며 일어난 시위는 무엇입니까?

**7** 6월 민주 항쟁의 결과 여당 대표가 국민의 요구를 받아들이겠다고 발표한 선언은 무엇입니까?

**8** 6월 민주 항쟁의 결과 대통령 ( 직선제, 간선제 )로 헌법이 바뀌면서 제13대 대통령으로 노태우가 당선되었습니다.

**9** 지역 주민이 직접 뽑은 지방 의회 의원과 지방 자치 단체장을 통해 그 지역의 일을 처리하는 제도를 무엇이라고 합니까?

**10** 오늘날 시민들은 촛불 집회, 1인 시위 등과 같은 민주적이고 ( 평화적, 폭력적 )인 방법으로 사회 공동의 문제를 해결하는 데 참여합니다.

**1~2** 다음 자료를 보고, 물음에 답하시오.

선거 당일 마산에서는 부정 선거에 항의하는 시위가 일어났고, 이승만 정부는 경찰을 동원하여 시위를 진압했음. → 시위에 참여했던 김주열 학생이 죽은 채로 발견되자 학생과 시민들의 분노가 폭발했고, 시위는 전국으로 퍼졌음. →

4월 19일 전국에서 많은 시민과 학생들이 시위를 벌였고, 대학교수들과 초등학생들도 거리에 나와 시위에 참여했음. → ⊙

**1** 위와 같은 과정으로 전개된 사건은 무엇입니까?
( )

① 4·19 혁명
② 12·12 사태
③ 6월 민주 항쟁
④ 5·16 군사 정변
⑤ 3·15 부정 선거

**2** 위 ⊙에 들어갈 사건의 결과를 두 가지 쓰시오.
서술형

_____

_____

**3** 5·16 군사 정변을 일으켜 정권을 잡은 사람은 누구입니까? ( )

① 이승만
② 박정희
③ 전두환
④ 노태우
⑤ 김영삼

**4** 다음은 5·18 민주화 운동의 전개 과정을 나타낸 것입니다. 빈칸에 들어갈 알맞은 내용은 어느 것입니까?
( )

전라남도 광주에서 대규모 민주화 시위가 일어나자 전두환은 계엄군을 광주에 보내 폭력적으로 시위를 진압했다. 이 과정에서 많은 사람이 다치거나 죽자 시민들은 _____

① 유신 헌법을 공포했다.
② 대통령 직선제를 요구했다.
③ 6·29 민주화 선언을 발표했다.
④ 시민군을 만들어 계엄군에 맞서 싸웠다.
⑤ 전두환을 대통령 자리에서 물러나게 했다.

**5** 유네스코 세계 기록 유산으로 등재된 5·18 민주화 운동 기록물에 대해 **잘못** 말한 어린이는 누구입니까?
( )

① 5·18 민주화 운동의 과정을 생생하게 알려 줘서 등재되었어.

② 다른 나라의 민주화 운동에 영향을 주어서 등재되었지.

③ 시민의 희생 없이 일어난 민주화 운동이라고 기록되어 있어.

④ 시민들의 선언문, 증언, 일기, 취재 수첩 등 많은 기록물로 구성되었어.

**6** 6월 민주 항쟁의 전개 과정에서 발생한 사건으로 알맞은 것을 보기 에서 모두 골라 기호를 쓰시오.

보기
㉠ 박정희가 부하에게 살해되었다.
㉡ 대학생 박종철이 강제로 경찰에 끌려가 고문을 받다가 사망했다.
㉢ 시민들 스스로 광주 시내의 질서를 지키려고 힘 썼으며, 어려움에 처한 이웃을 서로 도왔다.
㉣ 대학생 이한열이 경찰이 쏜 최루탄에 맞은 이후 사망하자 전국 곳곳으로 시위가 확산되었다.

( )

**7** 다음과 같은 선언의 결과로 알맞은 것은 어느 것입 니까? ( )

▲ 6·29 민주화 선언

① 민주주의 발전이 늦어졌다.
② 전두환이 대통령에 다시 당선되었다.
③ 국민이 대통령을 직접 뽑을 수 있게 되었다.
④ 정치에 대한 국민의 관심과 참여가 줄어들었다.
⑤ 여당 대표였던 노태우가 부정 선거에 의해 당선 되었다.

**8** 다음 사건을 일어난 순서대로 기호를 쓰시오.

㉠ 4·19 혁명
㉡ 6월 민주 항쟁
㉢ 5·16 군사 정변
㉣ 5·18 민주화 운동

( ) → ( ) → ( ) → ( )

**9** 다음 자료에 나타난 제도에 대한 설명으로 알맞지 않은 것은 어느 것입니까? ( )

지역의 문제를 그 지역에 사는 주민 들이 결정할 수 있게 되었어요.

① 지방 자치제를 알 수 있다.
② 6월 민주 항쟁의 결과 다시 시행했다.
③ 6·29 민주화 선언에 따라 다시 부활했다.
④ 주민들 스스로 지역의 문제를 해결하려고 의견 을 제시할 수 있는 제도이다.
⑤ 지방 의회 의원과 지방 자치 단체장이 그 지역 의 일을 지역 주민의 동의 없이 처리하는 제도 이다.

**10** 다음과 같이 6월 민주 항쟁 이후 시민들이 사회 공 동의 문제 해결에 참여하는 모습에 대한 설명으로 알맞은 것을 두 가지 고르시오. ( )

▲ 서명 운동

▲ 선거나 투표

▲ 1인 시위

▲ 시민 단체 활동

① 참여하는 방식이 다양해졌다.
② 평화적이고 민주적인 방식으로 변화했다.
③ 정부에서 정해준 방식으로 참여하고 있다.
④ 시민들의 정치에 대한 관심이 줄어들었다.
⑤ 사람들이 다치거나 희생하는 방식으로 변화했다.

**1** 다음과 같은 부정한 방법을 사용하여 선거에서 이긴 사람은 누구입니까? (    )

▲ 유권자들에게 돈이나 물건을 주면서 자유당 후보자에 투표하도록 했음.  ▲ 조작을 감추기 위해 증거인 투표지를 불에 태워 없앰.

① 이승만    ② 박정희    ③ 전두환
④ 노태우    ⑤ 김대중

**2** 4·19 혁명 당시 다음과 같이 초등학생들도 시위에 참여한 까닭으로 알맞은 것은 어느 것입니까? (    )

▲ 시위에 참여한 초등학생들

① 유신을 선포했기 때문에
② 군사 독재가 실시되었기 때문에
③ 계엄군이 폭력적으로 시위를 진압했기 때문에
④ 시위에 참여한 시민들끼리 갈등이 심해졌기 때문에
⑤ 초등학생이 시위 현장에서 경찰이 쏜 총에 맞아 목숨을 잃었기 때문에

**3** 유신 헌법의 내용으로 알맞은 것을 보기 에서 두 가지 고르시오.

보기
㉠ 정부가 시민군을 조직했다.
㉡ 지방 자치제를 다시 시행했다.
㉢ 대통령 직선제가 간선제로 바뀌었다.
㉣ 대통령을 할 수 있는 횟수 제한이 없어졌다.

(    )

**4** 다음 민주화 운동이 일어난 당시에 다른 지역으로 사건이 알려지지 않은 까닭을 쓰시오.
서술형

▲ 5·18 민주화 운동

**5** 5·18 민주화 운동 당시 광주 시민들의 모습을 잘못 말한 어린이는 누구입니까? (    )

① 스스로 질서를 유지하려고 노력했어.
② 시민군을 만들어 계엄군에 맞섰지.
③ 음식을 만들어 시민군에게 나눠 주었어.
④ 전두환을 대통령 자리에서 물러나게 했지.

**6** 6월 민주 항쟁이 일어난 배경으로 알맞은 것은 어느 것입니까? ( )

① 대통령 직선제가 시행되었다.
② 3·15 부정 선거가 무효화되었다.
③ 전두환 정부가 민주화 운동을 탄압했다.
④ 실종된 김주열 학생이 마산 앞바다에서 죽은 채 발견됐다.
⑤ 박정희 정부는 국민의 요구를 받아들이지 않겠다고 발표했다.

**7** 6월 민주 항쟁의 결과 다음과 같은 내용을 담아 발표된 선언은 무엇인지 쓰시오.

▲ 인간의 존엄성 보장

▲ 언론의 자유 보장

▲ 대통령 직선제

▲ 지방 자치제 시행

( )

**8** 다음 자료에 나타난 대통령을 국민이 직접 뽑게 된 계기가 된 사건은 무엇입니까? ( )

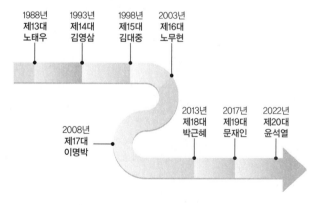

① 언론 통제
② 6월 민주 항쟁
③ 유신 헌법 공포
④ 지방 자치제 시행
⑤ 5·18 민주화 운동

**9** 다음에서 설명하는 제도를 쓰시오.

• 지역 주민이 직접 뽑은 지역 대표가 그 지역의 일을 처리하는 제도이다.
• 1952년에 처음 시행되었으나 5·16 군사 정변으로 중단되었다가 6월 민주 항쟁 이후에 부활했다.
• 1991년 지방 의회 의원 선거를, 1995년 지방 의회 의원과 지방 자치 단체장 선거를 동시에 했다.

( )

**10** 다음과 같은 방식으로 사회 공동의 문제 해결에 참여하는 시민들이 많아진 까닭으로 알맞은 것은 어느 것입니까? ( )

① 정보 통신 기술이 발달했기 때문에
② 대통령의 권한이 강화되었기 때문에
③ 한 곳에서만 시위하도록 정했기 때문에
④ 정부에서 언론을 통제하고 있기 때문에
⑤ 시민들은 인터넷을 통해서만 의견을 올려야 했기 때문에

**1** 다음 글을 읽고, 물음에 답하시오. [12점]

> • 유권자들에게 돈이나 물건을 주면서 자유당 후보자에 투표하도록 했다.
> • 실제 투표함을 미리 조작된 투표용지를 넣은 투표함으로 바꾸기도 했다.

(1) 윗글에서 설명하는 사건이 직접적인 원인이 되어 일어난 역사적 사건을 쓰시오. [4점]

(          )

(2) 위 (1)번 답의 의의를 쓰시오. [8점]

_____

_____

**2** 다음 어떤 사건의 전개 과정을 보고, 물음에 답하시오. [12점]

> 전두환을 중심으로 한 군인들이 정권을 잡음.
>
> ↓
>
> 1980년 5월 18일 전라남도 광주에서 시위가 일어남.
>
> ↓
>
> 계엄군이 광주 시민들을 폭력적으로 진압함.
>
> ↓
>
> 시민들이 (      )을/를 조직해 계엄군에 맞섬.
>
> ↓
>
> 계엄군은 시민들이 모여 있던 전라남도도청을 공격해 강제로 시위를 진압함.

(1) 위 빈칸에 들어갈 알맞은 말을 쓰시오. [4점]

(          )

(2) 위 사건이 일어난 광주에서 시민들이 요구한 것을 쓰시오. [8점]

**3** 다음 자료를 보고, 물음에 답하시오. [12점]

> 6·29 민주화 선언으로 국민이 대통령을 직접 뽑는 대통령(　　)이/가 시행되었어요.

(1) 위 빈칸에 들어갈 알맞은 제도를 쓰시오. [4점]

(          )

(2) 위 밑줄 친 선언을 이끌어 낸 역사적 사건과 그 의의를 쓰시오. [8점]

_____

_____

**4** 다음은 과학 기술의 발달에 따라 나타난 모습입니다. 이와 같은 과학 기술의 발달이 시민의 사회 공동의 문제 해결 참여에 어떤 영향을 주었는지 쓰시오. [8점]

▲ 누리집이나 누리 소통망 서비스(SNS)에 의견 올리기

_____

_____

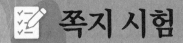
**1** 사람들 사이에서 발생하는 갈등이나 문제를 원만하게 해결해 가는 과정을 무엇이라고 합니까?

**2** ( 민주주의, 사회주의 )는 모든 국민이 나라의 주인으로서, 자유롭고 평등하게 정치에 참여하는 제도입니다.

**3** 모든 인간은 인간이라는 이유만으로 존엄한 존재이며 존중받아야 한다는 것을 의미하는 것은 무엇입니까?

**4** ( 자유, 평등 )은/는 국가나 다른 사람에게 구속받지 않고 자신의 생각대로 판단하고 행동할 수 있는 것입니다.

**5** 나와 다른 생각과 의견을 인정하고 존중하는 태도를 무엇이라고 합니까?

**6** ( 양보, 비판적 태도 )는 사실이나 의견의 옳고 그름을 따져 살펴보는 태도입니다.

**7** 사람들 사이에 갈등이 일어나면 대화와 토론을 거쳐 ( 타협, 무관심 )하는 것이 가장 바람직한 의사 결정 원리입니다.

**8** 다수의 의견이 소수의 의견보다 더 합리적일 것이라 가정하고 다수의 의견을 따르는 의사 결정 방식은 무엇입니까?

**9** 다수결의 원칙을 사용할 때는 ( 다수의 의견만, 소수의 의견도 ) 존중해야 합니다.

**10** '문제 확인하기 → 문제 발생 원인 파악하기 → 문제 해결 방안 탐색하기 → 문제 해결 방안 결정하기 → 문제 해결 방안 실천하기'와 같은 과정은 어떤 원리에 따른 문제 해결 과정입니까?

**1** 다음 설명에 해당하는 용어를 쓰시오.

> 사람들 사이에서 생기는 갈등이나 대립을 조정하고, 많은 사람에게 영향을 미치는 공동의 문제를 원만하게 해결하는 과정

(       )

**2** 생활 속 정치의 예로 알맞지 않은 것은 어느 것입니까? (    )

① 문구점에서 학용품을 구입한다.
② 학교에서 학생 대표를 선거로 뽑는다.
③ 학급 회의를 열어 청소 당번을 정한다.
④ 가족회의에서 가족 여행 장소를 정한다.
⑤ 주민 회의를 열어 층간 소음 문제를 의논한다.

**3** 민주주의의 의미로 알맞은 것을 보기 에서 골라 기호를 쓰시오.

> **보기**
> ㉠ 왕이 나라의 주인으로서 권리를 갖는 것이다.
> ㉡ 신분이 높은 사람이 국가의 일을 결정하는 것이다.
> ㉢ 모든 국민이 나라의 주인으로서 권리를 갖고, 그 권리를 자유롭고 평등하게 행사하는 정치 제도이다.

(       )

**4** 민주주의의 기본 정신에 대한 설명을 선으로 알맞게 연결하시오.

(1) 인간의 존엄성 •

(2) 자유 •

(3) 평등 •

• ㉠ 다른 사람에게 구속받지 않고 자기 생각대로 판단하고 행동할 수 있다.

• ㉡ 인간은 인간이라는 이유만으로 존중받아야 한다.

• ㉢ 성별, 종교 등에 따라 차별받지 않고 동등하게 대우받아야 한다.

**5** 인간의 존엄성을 실현하기 위해 보장되어야 하는 것을 두 가지 고르시오. (     )

① 자유       ② 평등
③ 차별       ④ 대화
⑤ 신분

**6** 학급에서 일어나는 공동의 문제로 알맞은 것을 보기 에서 골라 기호를 쓰시오.

> **보기**
> ㉠ 터널 건설 문제
> ㉡ 아파트 주차 문제
> ㉢ 지역 대표를 뽑는 문제
> ㉣ 운동장 사용 순서를 정하는 문제

(       )

**7~8** 다음은 정혁이네 반 학생들이 급식 먹는 순서를 정하는 문제로 의논하는 모습입니다. 물음에 답하시오.

**7** 위 시우의 의견에 나타난 민주주의를 실천하는 태도를 쓰시오.

(          )

**8** 위 지연이의 의견에 나타난 민주주의를 실천하는
서술형 태도를 쓰고, 그 의미를 설명하시오.

_____

_____

**9** 다음 밑줄 친 '다수결의 원칙'에 대한 설명으로 알맞은 것은 어느 것입니까? (      )

> 현장 학습 장소를 정하기 위해 학급 회의를 열었다. 놀이 공원, 박물관, 산 등 다양한 장소가 의견으로 나왔다. 이후 다수결의 원칙을 활용했더니 놀이 공원 5명, 박물관은 7명, 산은 8명의 친구들이 가고 싶어 했다. 현장 학습 장소는 산으로 결정됐다.

① 시간이 오래 걸리는 방법이다.
② 다수의 의견을 따르는 방법이다.
③ 어렵게 문제를 해결하는 과정이다.
④ 소수의 의견이 합리적일 것이라고 가정한다.
⑤ 다른 사람의 의견은 무시해도 되는 방법이다.

**10** 민주적 의사 결정 원리에 따라 다음과 같은 지역 문제를 해결하는 방법으로 알맞은 것은 어느 것입니까? (      )

> 지역 주민들이 쓰레기 매립장 건설을 반대하고 있다.

① 다른 지역 주민의 의견을 따른다.
② 학급 회의를 거쳐 문제를 해결한다.
③ 토론없이 바로 다수결의 원칙에 따라 결정한다.
④ 가족회의에서 결정한 내용으로 문제를 해결한다.
⑤ 충분한 대화를 거쳐 양보와 타협으로 문제를 해결한다.

**1** 생활 속 정치의 예를 잘못 말한 친구는 누구입니까?
(     )

① 급식 먹는 순서를 정하기 위해 학급 회의를 해.

② 친구랑 맛있는 떡볶이를 사 먹었어.

③ 오늘 학교에서 전교 어린이회 임원 선거가 있어.

④ 어제 집안일을 분담하기 위해 가족회의를 했어.

**2** 오늘날의 정치 참여 모습으로 알맞은 것을 보기 에서 모두 고른 것은 어느 것입니까?  (     )

> 보기
> ㉠ 왕이 국가의 모든 일을 결정한다.
> ㉡ 성별이나 재산과 관계없이 모든 사람이 정치에 참여한다.
> ㉢ 모든 사람이 사회 공동의 문제를 해결하는 과정에 참여할 수 있다.
> ㉣ 신분이 높은 몇몇 사람들만 국가의 일을 의논하고 결정할 수 있다.

① ㉠, ㉡       ② ㉠, ㉢       ③ ㉠, ㉣
④ ㉡, ㉢       ⑤ ㉢, ㉣

**3** 민주주의의 의미를 쓰시오.

서술형

_____

_____

**4** 다음 빈칸에 공통으로 들어갈 알맞은 말은 어느 것입니까?  (     )

> (          )은/는 모든 인간은 인간이라는 이유만으로 존엄한 존재이며 존중받아야 한다는 것을 의미한다. (          )을/를 실현하려면 개인의 자유와 평등이 보장되어야 한다.

① 정치
② 타협
③ 민주주의
④ 다수결의 원칙
⑤ 인간의 존엄성

**5** 다음 자료가 나타내는 민주주의의 기본 정신은 무엇인지 쓰시오.

학교 학생이라면 누구나 학생회장 선거에서 투표할 수 있어요.

학생회장 선거

(          )

**6** 다음은 학생들이 학교 운동장 사용 문제로 학급 회의를 하는 모습입니다. 관용의 태도를 지닌 학생을 골라 기호를 쓰시오.

㉠ 저학년부터 운동장을 사용해야 합니다.

㉡ 아니에요. 고학년부터 운동장을 사용해야 해요.

㉢ 그럼 가위바위보로 정해서 운동장을 사용하는 건 어떨까요?

㉣ 저랑 의견은 다르지만 가위바위보로 정하는 방법도 좋은 것 같아요.

( )

**7** 다음은 민주주의를 실천하는 태도를 정리한 표입니다. ㉠에 들어갈 알맞은 말은 어느 것입니까?

( )

| 타협 | ㉠ |
| --- | --- |
| 실천 | 함께 결정한 일을 따르는 자세 |
| 비판적 태도 | 의견의 옳고 그름을 따져 살펴보는 자세 |

① 양보하여 협의하는 자세
② 사람들 간에 갈등을 만드는 자세
③ 함께 일을 결정할 때 무관심한 자세
④ 모든 국민이 나라의 주인이라는 자세
⑤ 다른 사람의 의견을 비판하며 받아들이지 않는 자세

**8** 다음 갈등 상황을 민주적 의사 결정 원리에 따라 해결하는 방법으로 알맞은 것은 어느 것입니까?

( )

○○ 아파트에 어떤 시설을 설치하면 좋을지 결정하기 위해 주민 회의를 열었다. 어린 자녀를 둔 부모들은 실내 놀이터를 원했고, 연세가 많으신 분들은 체육 시설을 원했다.

① 무조건 소수의 의견을 따른다.
② 다른 지역 주민들과 의논한다.
③ 나에게 유리한 방안을 선택한다.
④ 지역 주민들과 충분히 대화한 후 타협한다.
⑤ 연세가 많으신 분들의 의견에 따라 결정한다.

**9** 다음 빈칸에 공통으로 들어갈 방법을 쓰시오.

( )은/는 다수의 의견이 소수의 의견보다 더 합리적일 것이라 가정하고 다수의 의견을 따르는 의사 결정 방법이다. ( )은/는 쉽고 빠르게 문제를 해결할 수 있는 장점이 있다.

( )

**10** 다음 민주적 의사 결정 원리에 따른 문제 해결 과정을 알맞은 순서대로 기호를 나열한 것은 어느 것입니까?

( )

㉠ 문제 확인하기
㉡ 문제 해결 방안 결정하기
㉢ 문제 발생 원인 파악하기
㉣ 문제 해결 방안 실천하기
㉤ 문제 해결 방안 탐색하기

① ㉠ → ㉡ → ㉢ → ㉤ → ㉣
② ㉠ → ㉢ → ㉤ → ㉡ → ㉣
③ ㉠ → ㉣ → ㉡ → ㉢ → ㉤
④ ㉢ → ㉠ → ㉣ → ㉤ → ㉡
⑤ ㉢ → ㉣ → ㉤ → ㉠ → ㉡

**1** 다음은 민주주의의 기본 정신을 나타낸 것입니다. 물음에 답하시오. [12점]

| ( ) | 자유 | 평등 |
|---|---|---|
| 인간이라는 이유만으로 존중받아야 해. | 다른 사람들에게 구속받지 않아. | 부당하게 차별받지 않아. |

(1) 위 빈칸에 들어갈 알맞은 말을 쓰시오. [4점]

( )

(2) 위와 같은 민주주의의 기본 정신을 참고하여 민주주의가 중요한 까닭을 쓰시오. [8점]

_____

_____

**2** 다음은 체험 학습 장소를 정하기 위해 학급 회의를 하는 모습입니다. 물음에 답하시오. [12점]

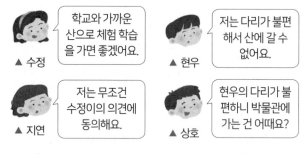

▲ 수정: 학교와 가까운 산으로 체험 학습을 가면 좋겠어요.

▲ 현우: 저는 다리가 불편해서 산에 갈 수 없어요.

▲ 지연: 저는 무조건 수정이의 의견에 동의해요.

▲ 상호: 현우의 다리가 불편하니 박물관에 가는 건 어때요?

(1) 윗글에서 타협의 태도를 지닌 어린이는 누구인지 이름을 쓰시오. [4점]

( )

(2) 위와 같은 상황에서 민주주의를 실천하기 위해 학급 어린이들이 지녀야 할 태도를 쓰시오. [8점]

_____

_____

**3** 다음 자료를 보고, 물음에 답하시오. [12점]

(가) 오늘 반찬이 맛있어요. ▲ 가족 식사

(나) 우리나라 대표를 뽑아요. ▲ 선거

(1) 위 (가), (나) 중 다수결의 원칙을 사용하는 경우를 골라 기호를 쓰시오. [4점]

( )

(2) 위 (1)번 답과 같이 다수결의 원칙을 사용할 때 좋은 점을 쓰시오. [8점]

_____

_____

**4** 다음 민주적 의사 결정 원리에 따라 문제를 해결하는 과정에서 **5**와 같은 방법으로 결정하는 까닭을 쓰시오. [8점]

**1** 요즘 교실이 너무 지저분해.

**2** 교실에 청소 당번을 두지 않아서 그래.

**3** 청소 당번을 정하는 건 어때?

**4** 일주일에 한 번 다 같이 청소하자.

**5** 다수결의 원칙을 활용해서 두 의견 중 하나로 결정하자.

**6** 좋아.

_____

_____

**1** 국민이 나라의 주인이 되고, 국민의 뜻에 따라 이루어지는 정치를 무엇이라고 합니까?

**2** 주권이 국민에게 있으며, 나라의 중요한 일을 국민 스스로 결정할 수 있다는 민주 정치의 기본 원리는 무엇입니까?

**3** 국회는 국민의 대표인 ( 대통령, 국회의원 )으로 구성된 국민의 대표 기관입니다.

**4** 국회에서는 ( 법, 국가 권력 )을 만들거나 고치고 없애는 일을 합니다.

**5** 법에 따라 국가의 살림을 맡아 하는 곳은 어디입니까?

**6** ( 대통령 , 국무총리 )은/는 외국에 대해 국가를 대표하고, 5년마다 국민이 직접 뽑습니다.

**7** ( 국회 , 법원 )은/는 법에 따라 사람들 사이의 다툼을 해결해 주는 곳입니다.

**8** 국민이 공정한 재판을 받을 수 있도록 하나의 사건에 원칙적으로 세 번까지 재판 받을 수 있는 제도는 무엇입니까?

**9** 법률이 헌법에 어긋나지 않는지, 국가기관이 국민의 기본권을 침해하지 않는지 판단하는 국가기관은 어디입니까?

**10** ( 삼권 분립 , 국민 자치 )은/는 국가 권력을 국회, 행정부, 법원이 나눠 맡는 것을 말합니다.

**1~2** 다음 헌법을 보고, 물음에 답하시오.

> 제1조 ② 대한민국의 주권은 국민에게 있고, 모든 권력은 국민으로부터 나온다.
> 제40조 입법권은 국회에 속한다.
>
> 제66조 ④ 행정권은 대통령을 수반으로 하는 정부에 속한다.
> 제101조 ① 사법권은 법관으로 구성된 법원에 속한다.

**1** 위 헌법 조항을 통해 알 수 있는 민주정치의 기본 원리를 두 가지 고르시오.　(　　　)

① 국민 주권　　　② 권력 분립
③ 자유와 평등　　④ 인간의 존엄성
⑤ 언론의 자유 보장

**2** 위 헌법 제1조 제2항에 담긴 민주정치 원리의 의미를 쓰시오.

서술형

_____

_____

**3** 다음과 같은 일을 하는 국가기관은 어디입니까?
　(　　　)

어린이 제품의 안전성을 위해 어떤 노력을 하고 있습니까?

국정감사

어린이 제품의 안전성을 높이기 위한 정책에 사용할 예산안을 심의했습니다.

▲ 국정감사　　　▲ 예산안 심의 및 검토

① 법원　　　　② 국회
③ 행정부　　　④ 국무 회의
⑤ 헌법 재판소

**4** 국회의원에 대한 설명으로 알맞지 <u>않은</u> 것은 어느 것입니까?　(　　　)

① 국회를 구성한다.
② 국민의 대표이다.
③ 4년에 한 번 국민이 직접 뽑는다.
④ 법을 만들거나 고치는 일을 한다.
⑤ 대통령이 특별한 이유로 맡은 일을 할 수 없을 때, 대신해서 나랏일을 한다.

**5~6** 다음 자료를 보고, 물음에 답하시오.

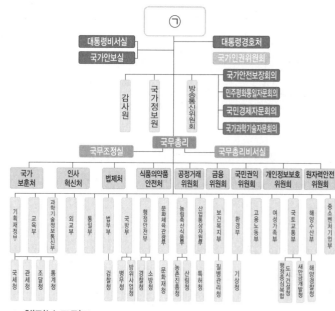

▲ 행정부 조직도

**5** 위 ㉠에 들어갈 사람에 대한 설명으로 알맞은 것을 두 가지 고르시오.　(　　　)

① 법을 없애는 일을 한다.
② 국회의 최고 책임자이다.
③ 국가의 중요한 일을 결정한다.
④ 법에 따라 공정한 재판을 한다.
⑤ 외국에 대해 우리나라를 대표한다.

**6** 앞의 자료를 보고, 행정 각부에서 하는 일을 알맞게 말한 어린이는 누구입니까? ( )

① 보건복지부에서는 질병을 예방하는 일을 해.

② 교육부에서는 문화 유산을 관리해.

③ 국토교통부에서는 날씨 예보를 해.

④ 국방부에서는 대중교통을 만드는 일을 해.

**9** 3심 제도에 대한 설명으로 알맞은 것은 어느 것입니까? ( )

① 새로운 법을 제안하는 제도이다.
② 국가의 행정을 나눠 맡는 제도이다.
③ 대통령의 권한을 강화하기 위한 제도이다.
④ 법원이 법에 따라 일을 잘하고 있는지 확인하는 제도이다.
⑤ 한 사건에 대해 급이 다른 법원에서 세 번까지 재판받을 수 있는 제도이다.

---

**7~8** 다음 그림을 보고, 물음에 답하시오.

**7** 위와 같이 법에 따라 재판하는 국가기관을 쓰시오.

( )

**10** 다음과 같이 국가기관이 국가 권력을 나눠 맡게 한 까닭으로 알맞은 것을 두 가지 고르시오.

( )

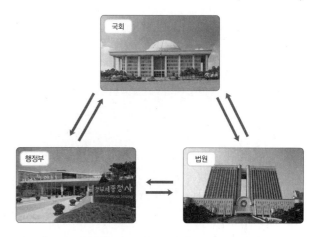

① 새로운 헌법을 만들기 위해서
② 외국의 간섭을 받지 않기 위해서
③ 국민의 자유와 권리를 보장하기 위해서
④ 모든 국민을 정치에 참여시키기 위해서
⑤ 한 기관이 국가의 중요한 일을 마음대로 처리할 수 없도록 하기 위해서

**8** 위 **7**번 답의 기관에서 공정한 재판을 위해 어떤 제도를 시행하고 있는지 보기 에서 골라 기호를 쓰시오.

보기
㉠ 법관이 국가의 살림을 맡아 한다.
㉡ 법관은 대통령의 결정에 따라 심판한다.
㉢ 모든 재판의 과정과 결과를 공개하지 않는다.
㉣ 외부의 영향이나 간섭을 받지 않도록 독립적으로 운영된다.

( )

**1** 다음 빈칸에 들어갈 알맞은 말을 쓰시오.

> 민주주의 국가에서는 인간의 존엄성을 실현하고 국민의 자유와 평등을 보장하기 위해 국민 주권, 권력 분립 등과 같은 (        )의 기본 원리를 따른다.

(                    )

**2** 다음 빈칸에 들어갈 말로 가장 적절한 것은 어느 것입니까? (        )

선거를 통해 국민의 소중한 (    )을/를 행사해요.

① 법
② 주권
③ 자유
④ 평등
⑤ 양심

**3** 다음 장소에서 하는 일로 알맞지 <u>않은</u> 것은 어느 것입니까? (        )

▲ 국회 의사당

① 국민 생활에 필요한 법을 만든다.
② 행정부가 하는 일을 견제하고 감독한다.
③ 국가 예산을 바르게 사용했는지 살펴본다.
④ 재판을 통해 개인 간의 갈등을 해결해 준다.
⑤ 국정감사를 통해 행정부가 국가를 잘 운영하는지 살펴본다.

**4** 다음 빈칸에 공통으로 들어갈 알맞은 사람은 누구인지 쓰시오.

> 국민이 사용하는 제품에서 독성 물질이 나오자 대책을 마련해 달라는 국민의 요구가 늘어났음.

⬇

> (        )이/가 이와 관련된 법을 만들자는 제안을 함.

⬇

> 국회에서 (        )들의 투표를 거쳐 법률안이 통과됨.

⬇

> 제품 안전 기준 법률안을 대통령이 최종 동의하여 국민에게 널리 알려지고 시행됨.

(                    )

**5** 행정부에서 하는 일로 알맞지 <u>않은</u> 것은 어느 것입니까? (        )

①
▲ 국가를 지키고 보호함.

②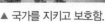
▲ 국가의 문화를 발전시키고자 노력함.

③
▲ 질병 등으로부터 국민을 보호함.

④
▲ 학급 회의를 열어 학급 규칙을 정함.

**6** 법원에 대한 설명으로 알맞은 것은 어느 것입니까?
( )

① 최종 판결은 대통령이 한다.
② 행정부에 속한 국가기관이다.
③ 법률안을 살펴보고 고치는 곳이다.
④ 3심 제도를 적용하여 법관을 심판하는 곳이다.
⑤ 법을 어긴 사람을 처벌하여 사회 질서를 유지한다.

**7** 공정한 재판을 위한 제도를 두 가지 쓰시오.
서술형

_____

_____

_____

**8** 다음 기관에서 하는 일로 알맞은 것은 어느 것입니까?
( )

▲ 헌법 재판소

① 국회의원을 도와 법원을 관리한다.
② 법률이 헌법에 어긋나지 않는지 판단한다.
③ 국가의 살림을 맡아 하는 법원의 최고 기관이다.
④ 대통령, 국무총리, 행정 각부 장관으로 구성된다.
⑤ 대통령이 외국을 방문했을 때 대신 일을 처리한다.

**9~10** 다음 글을 읽고, 물음에 답하시오.

우리나라는 권력 분립의 원리에 따라 국가 권력을 국회, 행정부, 법원이 나눠 맡도록 하고 서로 견제하고 균형을 이루도록 하고 있다.

**9** 윗글의 밑줄 친 국가기관에서 하는 일을 알맞게 설명한 것은 어느 것입니까? ( )

① 국회–법에 따라 재판을 한다.
② 국회–국가를 다스리는 법을 만든다.
③ 법원–법에 따라 국가 살림을 한다.
④ 법원–국가를 다스리는 법을 만든다.
⑤ 행정부–법에 따라 재판을 한다.

**10** 위와 같이 국회, 행정부, 법원이 국가 권력을 나누어 맡게 한 우리나라의 권력 분립 형태를 무엇이라고 하는지 쓰시오.

( )

**1** 다음 자료를 보고, 물음에 답하시오. [12점]

▲ 국민은 선거를 통해 원하는 후보자에게 투표하여 자신의 뜻을 전함.

▲ 국민은 인터넷 게시판에 직접 정책을 제안하거나 의견을 올림.

(1) 위 자료는 민주정치의 기본 원리 중 무엇을 실현하기 위한 노력인지 쓰시오. [4점]

(         )

(2) 위 (1)번 답의 의미를 쓰시오. [8점]

---

**2** 다음 글을 읽고, 물음에 답하시오. [12점]

> 국민이 사용하는 제품에서 안전을 위협하는 물질이 나오자 대책을 마련해 달라는 국민의 요구가 늘어났음. ➡ 국회의원이 이와 관련된 법을 만들자는 제안을 함. ➡
>
> 국회의원들의 투표를 거쳐 법률안이 통과됨. ➡ 제품 안전 기준 법률안을 대통령이 최종 동의하여 국민에게 널리 알려지고 시행됨.

(1) 위와 같이 법을 만드는 일을 하는 국가기관을 쓰시오. [4점]

(         )

(2) 위 (1)번 답의 국가기관이 국정감사를 하는 까닭을 쓰시오. [8점]

---

**3** 다음 자료를 보고, 물음에 답하시오. [12점]

| 대통령 | ㉠ |
|---|---|
| 국무총리 | • 대통령을 도와 행정 각부를 관리함.<br>• 대통령이 임무를 수행할 수 없는 상황이 생기면 대통령의 임무를 대신 맡아서 함. |
| 각부 | 업무를 나눠 맡아서 국가의 살림을 수행함. |

(1) 위 대통령, 국무총리, 각부로 구성되는 국가기관을 쓰시오. [4점]

(         )

(2) 위 ㉠에 들어갈 대통령이 하는 일을 쓰시오. [8점]

---

**4** 다음과 같이 삼권 분립이 필요한 까닭을 구체적으로 쓰시오. [8점]

▲ 국회

삼권 분립

▲ 행정부

▲ 법원

## ① 경제주체의 역할과 우리나라 경제 체제의 특징

### ■ 가계와 기업

| 구분 | 가계 | 기업 |
|---|---|---|
| 의미 | 가정 살림을 같이하는 생활 공동체 | 이윤을 얻기 위해 전문적으로 생산 활동을 하는 경제주체 |
| 경제적 역할 | 기업의 생산 활동에 참여하여 대가로 소득을 얻고, 소비 활동을 함. | 일자리를 제공하고, 물건을 만들어 판매하여 이윤을 얻음. |
| 합리적 선택 | 소득의 범위 안에서 가장 적은 비용으로 가장 큰 만족감을 얻는 것 | 더 많은 이윤을 얻기 위해 적은 비용으로 많은 수입을 얻을 수 있도록 선택하는 것 |

### ■ 우리나라 경제의 특징

| 구분 | 개인 | 기업 |
|---|---|---|
| 자유 | 직업 선택의 자유, 소득을 자유롭게 사용할 자유 등 | 생산 활동의 자유, 이윤을 자유롭게 사용할 자유 등 |
| 경쟁 | 원하는 직업을 얻기 위해 개인끼리 경쟁함. | 이윤을 얻기 위해 기업끼리 경쟁함. |

### ■ 바람직한 경제활동을 위한 노력

| 정부 | • 공정한 경제활동의 기준이 되는 법과 제도를 만듦.<br>• 거짓·과장 광고, 독과점 기업의 가격 담합 등 불공정한 경제활동을 감시·규제·심의함. |
|---|---|
| 시민 단체 | 기업의 불공정한 경제활동을 감시하고 정부에 해결을 요구함. |

## ② 우리나라의 경제성장

### ■ 우리나라의 시대별 성장 산업

| 1950년대 | 1960년대 | 1970년대 |
|---|---|---|
| 농업, 소비재 산업 | 경공업 | 석유 화학, 철강 산업, 조선 산업 |

| 1980년대 | 1990년대 | 2000년대 이후 |
|---|---|---|
| 자동차 산업, 전자 산업, 기계 산업 | 반도체 산업, 정보 통신 산업 | 첨단 산업, 서비스업 |

### ■ 경제성장에 따라 변화한 우리 사회 모습

- 국제 스포츠 행사를 개최함. 📌 2018 평창 동계 올림픽
- 한류 문화를 즐기는 외국인이 늘어남.
- 해외 여행객 및 외국인 관광객이 증가함.
- 공업·서비스업의 발달로 도시 거주 인구 비율이 증가함.
- 스마트폰의 대중화로 생활이 편리해짐.

### ■ 경제성장 과정에서 나타난 문제와 해결 노력

| 문제 | 해결 노력 |
|---|---|
| 농촌 문제 | 농촌에 보조금 지급, 기업과 시민의 농촌 일손 돕기 참여 등 |
| 환경 문제 | 친환경 자동차 보급 지원 정책 실시, 신재생 에너지 사용 권장, 친환경 제품 개발 및 판매 등 |
| 노사 갈등 | 노동자와 사용자가 대화와 타협을 통해 갈등 해결, 정부의 노사 갈등 중재 등 |
| 빈부 격차 | 저소득층을 위한 생계비·양육비 지원, '국민 기초 생활 보장법' 시행, 기부 문화 실천 등 |

## ③ 세계 속의 우리나라 경제

### ■ 무역

| 뜻 | 나라와 나라 사이에 물건이나 서비스를 사고파는 것 |
|---|---|
| 필요한 까닭 | 나라마다 자연환경, 자원, 기술 등이 달라 더 잘 생산할 수 있는 물건이나 서비스가 다르기 때문임. → 각 나라는 더 잘 만들 수 있는 것을 생산하고 교류하여 경제적 이익을 얻음. |

### ■ 우리나라와 다른 나라의 경제 관계

| 상호의존 | 서로 의존하며 경제적으로 교류함. |
|---|---|
| 경쟁 | 세계 시장에서 서로 경쟁함. |

### ■ 무역 문제

| 발생 원인 | 세계 여러 나라가 자기 나라 경제를 보호하려고 여러 법이나 제도를 만들기 때문임. |
|---|---|
| 해결 방안 | • 나라 간에 서로 협상하고 합의하려 노력함.<br>• 국제기구의 도움을 받음. 📌 세계 무역 기구 |

**1** 경제활동에 참여하는 개인이나 집단을 무엇이라고 합니까?

**2** 가정 살림을 같이하는 생활 공동체를 무엇이라고 합니까?

**3** 이윤을 얻기 위해 전문적으로 생산 활동을 하는 경제주체를 무엇이라고 합니까?

**4** 물건이나 서비스를 사려는 사람과 팔려는 사람이 모여 거래하는 곳을 무엇이라고 합니까?

**5** 가계와 기업 중 시장에서 더 적은 비용으로 생활에 필요한 물건을 사려고 노력하는 경제주체는 무엇입니까?

**6** 소득의 범위 안에서 가장 적은 비용으로 가장 큰 만족감을 얻도록 합리적 선택을 하는 경제주체는 무엇입니까?

**7** 생산 활동에서 적은 비용으로 많은 수입을 얻을 수 있도록 합리적 선택을 하는 경제주체는 무엇입니까?

**8** 우리나라 경제의 특징 두 가지는 무엇입니까?

**9** 자유로운 경쟁으로 우수한 품질의 물건이나 서비스를 개발하여 많은 이윤을 얻는 경제주체는 무엇입니까?

**10** ( 법원, 시민 단체 )은/는 공정한 경제활동을 위해 기업의 불공정한 경제활동을 감시하고 정부에 해결을 요구합니다.

**1** 가계와 기업에 대한 설명으로 옳은 것은 어느 것입니까? ( )

① 가계는 사람들에게 일자리를 제공한다.
② 가계는 물건을 판매하여 이윤을 얻는다.
③ 기업은 가정 살림을 같이하는 생활 공동체이다.
④ 기업은 소득으로 소비 활동을 하는 경제주체이다.
⑤ 가계는 기업의 생산 활동에 참여한 대가로 소득을 얻는다.

**2~3** 다음 그림을 보고, 물음에 답하시오.

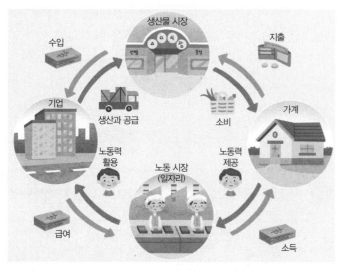

**2** 다음 설명에 해당하는 경제주체를 위 그림에서 찾아 쓰시오.

• 물건을 생산하여 시장에 공급한다.
• 노동력을 활용하고 급여를 지급한다.

( )

**3** 앞의 그림을 보고 가계와 기업의 관계를 바르게 설명한 어린이는 누구인지 쓰시오.

해리: 가계와 기업이 하는 일은 아무런 관계가 없어.
미연: 가계와 기업이 하는 일은 서로에게 도움이 돼.
철수: 가계와 기업은 서로에게 대가 없이 도움을 주고받아.

( )

**4** 다음 밑줄 친 '이곳'의 예로 옳지 <u>않은</u> 것은 어느 것입니까? ( )

• 가계와 기업은 <u>이곳</u>에서 만나 서로 거래한다.
• <u>이곳</u>은 물건이나 서비스를 사려는 사람과 팔려는 사람이 모여 거래하는 곳이다.

① 학교
② 홈 쇼핑
③ 전통 시장
④ 인터넷 쇼핑
⑤ 대형 할인점

**5** 가계의 합리적 선택이란 무엇인지 보기 의 단어를 모두 사용하여 쓰시오.
서술형

보기
• 소득                    • 비용

**6** 다음은 철수네 가족이 텔레비전을 합리적으로 구입하기 위해 이야기하는 모습입니다. 빈칸에 공통으로 들어갈 알맞은 말을 쓰시오.

(           )

**7** 기업이 합리적 선택을 하기 위한 방법으로 옳지 <u>않</u>은 것은 어느 것입니까? (     )

① 비용을 줄일 수 있는 생산 방법을 정한다.
② 상품을 많이 팔 수 있는 홍보 방법을 찾는다.
③ 이윤을 가장 적게 얻을 수 있는 방법을 생각한다.
④ 소비자가 좋아하는 것을 분석하여 생산할 상품을 선택한다.
⑤ 기존 상품의 단점을 보완하고 장점을 살릴 수 있는 상품을 개발한다.

**8** 우리나라 경제의 특징에 대해 <u>잘못</u> 설명한 어린이는 누구입니까? (     )

① 우리나라 경제의 특징은 자유와 경쟁이야.

② 원하는 직업을 얻기 위해 다른 사람과 경쟁해.

③ 자신의 능력과 적성에 따라 자유롭게 직업을 선택할 수 있어.

④ 기업의 이윤은 국가 소유이므로 함부로 사용할 수 없어.

**9** 자유롭게 경쟁하는 경제활동이 우리에게 주는 도움으로 알맞은 것은 어느 것입니까? (     )

① 개인이 재능을 발휘하기 힘들다.
② 국가 전체의 경제 발전에 도움을 준다.
③ 시장에서 국가가 정한 물건만 살 수 있다.
④ 소비자가 원하는 조건의 물건을 살 수 없다.
⑤ 기업이 우수한 품질의 물건을 개발하지 않아도 된다.

**10** 공정한 경제활동을 위한 노력으로 알맞지 <u>않은</u> 것을 보기 에서 골라 기호를 쓰시오.

> **보기**
> ㉠ 기업이 독점 생산할 수 있도록 법을 만든다.
> ㉡ 공정한 경제활동의 기준이 되는 제도를 만든다.
> ㉢ 기업끼리 가격을 상의해 올릴 수 없도록 감시한다.
> ㉣ 공정 거래 위원회를 만들어 불공정한 경제활동을 감시한다.

(           )

**1~2** 다음 글을 읽고, 물음에 답하시오.

> 원영이네 가족은 주로 아버지와 어머니가 일해서 얻은 ( ㉠ )(으)로 생활한다. 이와 같이 가계는 기업의 생산 활동에 참여한 대가로 ( ㉠ )을/를 얻어 ㉡ 소비 활동을 한다.

**1** 윗글의 ㉠에 들어갈 알맞은 말을 쓰시오.

( )

**2** 윗글의 ㉡에 해당하는 것으로 알맞은 것은 어느 것입니까? ( )

① 회사에서 일한다.
② 빵을 만들어 판다.
③ 학교에서 공부한다.
④ 일자리를 제공한다.
⑤ 생활에 필요한 물건을 구입한다.

**3** 기업이 하는 일로 옳지 않은 것을 보기 에서 골라 기호를 쓰시오.

> **보기**
> ㉠ 물건을 생산해 판매한다.
> ㉡ 사람들에게 일자리를 제공한다.
> ㉢ 서비스를 제공해 이윤을 얻는다.
> ㉣ 생산 활동의 대가로 소득을 얻는다.

( )

**4** 시장에 대한 설명으로 옳지 않은 것은 어느 것입니까? ( )

① 가계와 기업이 만나 거래하는 곳이다.
② 시간과 공간의 제약을 받지 않는 시장도 있다.
③ 집이나 땅, 외국의 돈은 시장에서 거래할 수 없다.
④ 전통 시장에서는 물건을 직접 보고 비교해서 살 수 있다.
⑤ 가계는 시장에서 더 적은 비용으로 필요한 물건을 사려고 노력한다.

**5** 가계가 합리적 선택을 해야 하는 까닭을 바르게 설명한 어린이는 누구입니까? ( )

① 선택 기준이 항상 달라지기 때문이야.

② 가계의 소득은 한정되어 있기 때문이야.

③ 가계는 더 많은 이윤을 얻어야 하기 때문이야.

④ 만족감보다 가격이 더 중요하기 때문이야.

**6** 가계의 합리적 소비 방법으로 옳지 <u>않은</u> 것은 어느 것입니까? ( )

① 소득의 범위 안에서 소비한다.
② 우선순위에 따라 사야 할 물건을 정한다.
③ 고려해야 할 여러 가지 선택 기준을 세운다.
④ 선택 기준에 따라 다양한 상품을 비교·평가한다.
⑤ 가장 많은 비용으로 큰 만족을 얻도록 소비한다.

**7** 다음과 같이 기업에서 상품 기획 회의를 할 때, 합리적 의사 결정과 거리가 <u>먼</u> 의견은 무엇입니까? ( )

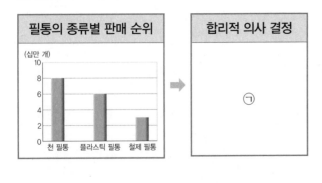

**상품 기획 회의**

② 물건을 어떻게 홍보하면 좋을까요?

③ 소비자가 필요로 하는 물건은 어떤 것일까요?

① 물건을 생산하는 데 드는 비용을 어떻게 하면 늘릴 수 있을까요?

④ 어떤 소재로 물건을 만드는 것이 좋을까요?

**8** **서술형** 어느 기업의 필통의 종류별 판매 순위가 다음과 같을 때, ㉠에 들어갈 기업의 합리적 의사 결정 내용을 알맞게 쓰시오.

**필통의 종류별 판매 순위**

(십만 개)
10
8
6
4
2
0
천 필통 / 플라스틱 필통 / 철제 필통

→ **합리적 의사 결정**

㉠

**9** 경제활동에서의 자유와 경쟁이 우리 생활에 주는 도움으로 옳은 것을 보기 에서 모두 고른 것은 어느 것입니까? ( )

보기
㉠ 자신의 능력을 더 잘 발휘할 수 있다.
㉡ 소비자가 원하는 조건의 물건을 살 수 있다.
㉢ 시장에서 더 싸고 질 좋은 물건을 살 수 있다.
㉣ 국가가 결정한 대로 경제활동을 하므로 편리하다.

① ㉠, ㉡ ② ㉠, ㉣ ③ ㉢, ㉣
④ ㉠, ㉡, ㉢ ⑤ ㉡, ㉢, ㉣

**10** 다음과 같은 상황이 우리나라 경제에 미치는 영향으로 알맞은 것은 어느 것입니까? ( )

기업이 거짓·과장 광고로 소비자에게 잘못된 정보를 전달하고, 독과점 기업들이 물건이나 서비스의 가격을 상의하여 올린다.

① 국가 전체의 경제 발전에 도움을 준다.
② 기업은 우수한 품질의 물건을 개발하기 위해 노력한다.
③ 기업의 불공정한 경제활동으로 소비자가 피해를 입게 된다.
④ 개인은 경제활동으로 얻은 소득을 자유롭게 사용할 수 있게 된다.
⑤ 개인은 경쟁에서 앞서기 위해 자신의 능력을 키우려고 노력한다.

**1** 다음은 어떤 경제주체의 경제적 역할 모습입니다. 물음에 답하시오. [12점]

▲ 물건이나 서비스를 생산하고 판매함.

(1) 위 자료는 어떤 경제주체의 경제적 역할인지 쓰시오. [4점]

(        )

(2) 위 자료에 나타난 모습 외에 (1)번 답의 경제적 역할을 한 가지 더 쓰시오. [8점]

_____

**2** 다음 그림을 보고, 물음에 답하시오. [12점]

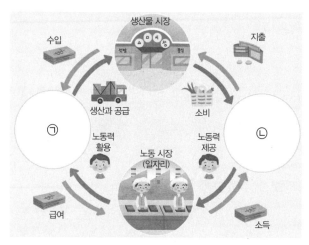

(1) 위 그림의 ㉠, ㉡에 들어갈 알맞은 경제주체를 쓰시오. [4점]

㉠: (     ) ㉡: (     )

(2) 위 그림을 통해 알 수 있는 가계와 기업의 경제활동 관계를 쓰시오. [8점]

**3** 다음은 가계의 합리적 소비 방법입니다. 물음에 답하시오. [12점]

> ㉠ 어떤 물건을 먼저 살지 우선순위를 정한다.
> ㉡ 선택 기준에 따라 여러 상품을 비교·평가한다.
> ㉢ 가장 큰 만족을 얻는 물건을 선택하여 소비한다.
> ㉣ 사야 할 물건을 정한 후, 원하는 상품을 사기 위해 여러 가지 선택 기준을 세운다.

(1) 위 ㉠~㉣을 알맞은 순서대로 나열하시오. [4점]

(    ) → (    ) → (    ) → (    )

(2) 위 ㉠~㉣을 참고하여, 가계의 합리적 선택이란 무엇인지 쓰시오. [8점]

_____

_____

**4** 다음 선생님의 질문에 대한 알맞은 답을 쓰시오.

[8점]

공정한 경제활동을 위한 정부와 시민 단체의 노력으로 무엇이 있을까요?

(1) 정부의 노력:

_____

(2) 시민 단체의 노력:

_____

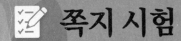
**1** 1950년대에 우리나라 산업 시설 파괴와 물자 부족, 농토 황폐화의 원인이 된 전쟁은 무엇입니까?

**2** 우리나라에서 1950년대 전쟁 이후 외국에서 지원받은 원료를 바탕으로 발달한 산업으로, 설탕, 밀가루 등 식료품이나 옷과 같이 생활에 필요한 것을 만드는 산업을 무엇이라고 합니까?

**3** 가발, 신발, 섬유나 종이 등과 같이 비교적 가벼운 물건을 만드는 산업을 무엇이라고 합니까?

**4** 철, 배, 자동차 등 무거운 제품이나 플라스틱, 화학 섬유 등을 생산하는 공업을 무엇이라고 합니까?

**5** 우리나라에서는 ( 1980년대, 1990년대 )에 자동차 산업, 전자 산업, 기계 산업이 발달했습니다.

**6** 컴퓨터와 전자 제품의 핵심 부품으로, 우리나라 기업이 1970년대부터 연구하여 현재 세계 시장에서 높은 점유율을 유지하는 품목은 무엇입니까?

**7** 우주 항공, 인공 지능과 같이 고도의 기술력이 필요하며, 경제적 가치가 매우 큰 산업을 무엇이라고 합니까?

**8** 오늘날 ( 스마트폰 , 고속 국도 )의 발달로 언제 어디서나 정보를 주고받을 수 있게 되어 생활이 편리해졌습니다.

**9** 경제성장 과정에서 나타난 문제 중 노동자와 사용자가 근무 환경, 임금 등 각자의 이익을 위해 서로 다른 주장을 내세워서 생기는 갈등을 무엇이라고 합니까?

**10** 경제성장 과정에서 나타난 문제 중 잘 사는 사람과 그렇지 못한 사람 간의 소득 격차가 커지는 문제를 무엇이라고 합니까?

**1** 다음 공업과 관련 있는 설명을 선으로 알맞게 연결하시오.

(1) 경공업 •

(2) 중화학 공업 •

• ㉠ 가발, 섬유, 종이 등 비교적 가벼운 물건을 만드는 산업

• ㉡ 철, 배, 자동차 등 무거운 제품이나 고무, 화학 섬유 등을 생산하는 산업

**2** 1960년대에 우리나라 정부가 경제성장을 위해 노력한 일로 알맞지 <u>않은</u> 것을 보기 에서 골라 기호를 쓰시오.

> 보기
> ㉠ 경제 개발 5개년 계획을 추진했다.
> ㉡ 수출을 통해 경제를 발전시키려 했다.
> ㉢ 서비스 산업을 발전시켜 경제성장을 이루고자 했다.
> ㉣ 기업이 수출을 쉽게 할 수 있도록 세금을 낮게 매겼다.

( )

**3** 1960년대 우리나라의 경제성장 모습으로 알맞은 것은 어느 것입니까? ( )

① 자동차 수출이 큰 폭으로 늘어났다.
② 정부가 중화학 공업을 주도적으로 육성했다.
③ 풍부한 노동력을 바탕으로 경공업이 발달하였다.
④ 대형 조선소를 건설하여 큰 배를 만들어 수출했다.
⑤ 텔레비전, 정밀 기계 등이 주요 수출품으로 자리 잡았다.

**4** 1970년대에 우리나라에서 성장한 산업으로 알맞은 것은 어느 것입니까? ( )

①
▲ 신발 산업

②
▲ 철강 산업

③
▲ 반도체 산업

④
▲ 로봇 산업

**5** 다음 자료를 보고, 1980년대 이후 우리나라의 산업 구조와 수출액이 어떻게 변하였는지 쓰시오.
서술형

▲ 연도별 경공업과 중화학 공업의 수출 비중

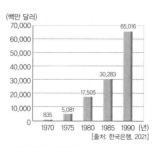
▲ 연도별 수출액

**6** 1980년대에 우리나라에서 다음과 같은 산업이 성장하게 된 배경으로 알맞은 것을 보기 에서 모두 골라 기호를 쓰시오.

▲ 전자 산업

▲ 자동차 산업

보기
㉠ 과학 기술에 대한 관심이 커졌다.
㉡ 전국에 초고속 정보 통신망을 설치하였다.
㉢ 식량 부족을 해결하기 위해 다양한 노력을 했다.
㉣ 많은 기업이 연구 개발을 통해 높은 기술력을 확보했다.

(       )

**7** 2000년대 이후 우리나라에서 발달하고 있는 산업으로 알맞은 것은 어느 것입니까? (    )

①
▲ 농업

②
▲ 조선 산업

③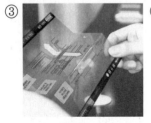
▲ 신소재 산업

④
▲ 가발 산업

**8** 경제성장에 따른 시대별 생활 환경의 변화 모습을 잘못 말한 어린이는 누구입니까? (    )

① 1960년대에는 컴퓨터가 보급되었어.
② 1970년대에는 경부 고속 국도가 개통되었어.
③ 1990년대에는 자가용 승용차가 증가했어.
④ 2010년대에는 스마트폰이 보급되고 대중화되었어.

9~10 다음 글을 읽고, 물음에 답하시오.

오늘날 우리나라의 경제는 전반적으로 좋아졌지만 잘사는 사람과 그렇지 못한 사람의 소득 격차는 더욱 커졌다. 이러한 문제를 해결하기 위해 정부와 시민, 기업은 여러 가지 노력을 하고 있다.

**9** 윗글에 나타난 경제성장 과정에서 나타난 문제점은 무엇입니까? (    )

① 환경 문제
② 농촌 문제
③ 노사 갈등
④ 빈부 격차
⑤ 노동 환경 문제

**10** 윗글의 밑줄 친 '여러 가지 노력'으로 알맞지 않은 것은 어느 것입니까? (    )

① 친환경 제품을 개발하고 생산한다.
② 무료 급식소에서 봉사 활동을 한다.
③ 국민 기초 생활 보장법을 시행한다.
④ 저소득층을 위해 생계비를 지원한다.
⑤ 경제적 어려움을 겪는 가정에 양육비를 지원한다.

**1~2** 다음 글을 읽고, 물음에 답하시오.

1960년대 들어 우리나라는 경제 개발 5개년 계획을 세우고 수출을 통해 경제를 발전시키려 했다. 이 시기 우리나라는 ( ㉠ ) 제품을 생산하여 수출하였다.

**1** 윗글의 ㉠에 들어갈 내용으로 알맞은 것은 어느 것입니까?     (    )

① 농업
② 소비재
③ 경공업
④ 중화학 공업
⑤ 문화 콘텐츠

**2** 윗글의 ㉠이 우리나라에서 발달한 까닭을 잘못 말한 어린이는 누구입니까?     (    )

① 당시 우리나라는 노동력이 풍부했기 때문이야.

② 낮은 가격에 생산하여 수출할 수 있었기 때문이야.

③ 우리나라의 자본과 기술력이 충분했기 때문이야.

④ 제품을 만들 때 일손이 많이 필요한데, 당시 우리나라 상황에 잘 맞았어.

**3** 다음과 같은 정부의 노력으로 성장한 산업을 보기 에서 모두 골라 기호를 쓰시오.

1970년대 우리나라 정부는 경공업과 달리 무거운 제품이나 플라스틱, 화학 섬유 등을 생산하는 산업을 주도적으로 육성하였다.

보기
㉠ 신발 산업        ㉡ 철강 산업
㉢ 소비재 산업     ㉣ 석유 화학 산업

(          )

**4** 우리나라에서 1980년대에 크게 성장하여 주요 수출품으로 자리 잡은 품목을 보기 에서 모두 고른 것은 어느 것입니까?     (    )

보기
㉠ 자동차        ㉡ 정밀 기계
㉢ 의료 서비스    ㉣ 문화 콘텐츠

① ㉠, ㉡      ② ㉠, ㉢      ③ ㉠, ㉣
④ ㉡, ㉢      ⑤ ㉢, ㉣

**5** 다음 빈칸에 들어갈 알맞은 말을 쓰시오.

1990년대에 개인용 컴퓨터와 전자 제품의 생산이 증가하면서 핵심 부품인 ( )이/가 중요해졌다. 우리나라 기업은 1990년대에 세계적으로 인정받는 제품을 생산하였다.

(          )

**6** 다음 설명에 해당하는 산업이 <u>아닌</u> 것은 어느 것입니까? ( )

> 고도의 기술력이 필요하며, 경제적 가치가 매우 큰 첨단 산업

①
▲ 로봇 산업

②
▲ 관광 산업

③
▲ 신소재 산업

④
▲ 우주 항공 산업

**7** 다음 선생님의 질문에 대한 알맞은 답을 한 가지 쓰시오.

서술형

경제성장에 따라 변화한 오늘날의 사회 모습으로 어떤 것이 있을까요?

_____

_____

**8** 다음 그림은 경제성장 과정에서 나타난 어떤 문제를 해결하기 위한 노력입니까? ( )

정부에서 지원합니다.

① 농촌 문제　　　　② 환경 오염
③ 노사 갈등　　　　④ 빈부 격차
⑤ 인터넷 발달의 부작용

**9~10** 다음 글을 읽고, 물음에 답하시오.

> 급속한 경제성장으로 대기, 물, 땅 등이 오염되었다. 또한 화석 연료를 많이 사용하면서 기후 변화도 발생하였다. 정부, 기업, 시민들은 환경을 먼저 생각하고 보호하기 위해 <u>다양한 노력</u>을 하고 있다.

**9** 윗글에 나타난 경제성장 과정에서 나타난 문제를 모두 고르시오. ( )

① 빈부 격차　　　　② 환경 오염
③ 노사 갈등　　　　④ 기후 변화
⑤ 산업 재해 문제

**10** 윗글의 밑줄 친 '다양한 노력'으로 알맞지 <u>않은</u> 것은 어느 것입니까? ( )

① 신재생 에너지 사용 권장
② 친환경 자동차 보급 지원
③ 친환경 제품 개발 및 판매
④ 쓰레기 줍기 자원봉사 활동
⑤ '국민 기초 생활 보장법' 시행

**1** 다음 사진을 보고, 물음에 답하시오. [12점]

(가)                              (나)

▲ 철강 산업

▲ 가발 산업

(1) (가), (나)를 경공업과 중화학 공업으로 구분하시오. [4점]

(가): (                    ) (나): (                    )

(2) (가)와 같은 산업이 발달하기 위해 (나)와 같은 산업보다 더 필요한 것은 무엇인지 쓰시오. [8점]

_____

_____

**2** 다음 사진을 보고, 물음에 답하시오. [12점]

▲ 신소재 산업

▲ 우주 항공 산업

(1) 위와 같은 산업을 무엇이라고 하는지 쓰시오. [4점]

(                    )

(2) 위와 같은 산업의 특징을 쓰시오. [8점]

_____

_____

**3** 다음 그래프를 보고, 물음에 답하시오. [12점]

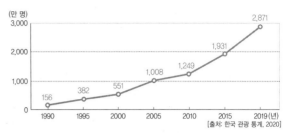

▲ 우리나라 해외여행자 수

(1) 다음에서 알맞은 말에 ○표 하시오. [4점]

> 위 그래프를 보면 해외여행자 수가 ( 증가, 감소 )하고 있음을 알 수 있다.

(2) 위 그래프와 같이 해외여행자 수가 변화한 까닭을 쓰시오. [8점]

_____

_____

**4** 다음 경제성장 과정에서 나타난 문제점과 해결 노력을 정리한 표를 보고, 물음에 답하시오. [12점]

| 문제점 | ( ㉠ ) | ( ㉡ ) |
|--------|--------|--------|
| 해결 노력 | • 오염 물질 배출을 최소화하기 위한 법률을 제정한다.<br>• 친환경 자동차 보급 지원 정책을 시행한다. | • 노동자와 사용자가 서로 존중한다.<br>• 대화와 타협을 통해 갈등을 해결한다.<br>• |

(1) 위 ㉠, ㉡에 들어갈 알맞은 문제점을 쓰시오. [4점]

㉠: (                    ) ㉡: (                    )

(2) 위 빈칸에 들어갈 정부의 해결 노력을 한 가지 쓰시오. [8점]

_____

_____

**1** 나라와 나라 사이에 물건과 서비스를 사고파는 것을 무엇이라고 합니까?

**2** 다른 나라에 물건이나 서비스를 파는 것을 무엇이라고 합니까?

**3** 다른 나라에서 물건이나 서비스를 사 오는 것을 무엇이라고 합니까?

**4** 오른쪽 그래프에서 수출액이 높은 나라를 순서대로 세 곳 쓰시오.

[출처: 한국 무역 협회, 2022.]

기타 34.3% / 중국 34.9% / 수출액 / 미국 14.9% / 인도 2.4% / 베트남 8.8% / 일본 4.7%

▲ 우리나라의 나라별 수출액 비율

**5** 나라와 나라 사이에 물건이나 서비스의 자유로운 이동을 위해 세금, 법, 제도 등의 문제를 줄이거나 없애기로 한 약속을 무엇이라고 합니까?

**6** 세계 여러 나라들은 다른 나라보다 더 많은 이익을 얻기 위해 세계 시장에서 다른 나라와 ( 상호 의존, 경쟁 )합니다.

**7** 외국 상표의 옷이나 신발을 쉽게 접하게 된 것은 경제 교류가 ( 주생활, 의생활 )에 미친 영향 때문입니다.

**8** 국외에서 수입하는 물건에 부과하는 세금을 무엇이라고 합니까?

**9** 서로 자기 나라 경제만을 ( 보호, 억제 )하다 보면 다른 나라와 무역이 잘 이루어지지 않거나 새로운 무역 문제가 발생할 수 있습니다.

**10** 나라와 나라 사이에서 무역과 관련된 문제가 일어났을 때 공정하게 심판하려고 만들어진 국제기구를 무엇이라고 합니까?

**1~2** 다음 자료를 보고, 물음에 답하시오.

| ○○ 나라 | 덥고 습하며 비가 자주 내린다. 사람들은 주로 바나나, 파인애플 등의 열대 과일을 재배한다. 인구가 많아 노동력이 풍부하고, 철광석, 원유, 목재, 천연고무와 같은 자원도 풍부하다. 그러나 휴대 전화, 자동차, 배 등을 만드는 기술은 부족하다. |
| --- | --- |
| △△ 나라 | 사계절이 뚜렷하고 기후가 온난하다. 배, 자동차, 반도체 등을 만드는 기술이 뛰어나지만, 원유, 목재, 천연고무 등의 자원은 부족하다. 인구가 적어 노동력이 부족하고, 열대 과일을 생산하는 데 어려움이 있다. |

**1** 위 ○○ 나라의 주요 수출품으로 알맞지 않은 것은 어느 것입니까? ( )

① 원유 　② 목재 　③ 자동차
④ 천연고무 　⑤ 열대 과일

**2** 위 두 나라가 부족하거나 필요한 것을 어떻게 구할 수 있는지 각 나라에 부족한 것을 포함하여 쓰시오.
서술형

_____

_____

**3** 나라와 나라 사이에 무역을 하는 까닭을 바르게 설명한 것을 두 가지 고르시오. ( )

① 각 나라의 인구수가 같기 때문에
② 자기 나라에 부족한 것이 없기 때문에
③ 나라마다 자연환경이나 자원, 기술 등이 서로 다르기 때문에
④ 각 나라마다 더 잘 생산할 수 있는 물건이나 서비스가 같기 때문에
⑤ 각 나라는 더 잘 만들 수 있는 것을 생산하고 이를 교류하면서 서로 경제적 이익을 얻기 때문에

**4** 다음 두 신문 기사를 통해 알 수 있는 내용으로 알맞은 것은 어느 것입니까? ( )

| ○○신문　2000년 ○월 ○일 | ○○신문　2000년 ○월 ○일 |
| --- | --- |
| 우리나라 ○○ 병원, 전문적인 산부인과 서비스로 미국 로스앤젤레스 진출 | 우리나라 ☆☆ 인터넷 만화 서비스, 인도네시아와 타이 등 동남아시아 진출 활발 |

① 나라 간에는 물건만 교류할 수 있다.
② 다른 나라와 경제 교류를 해서는 안 된다.
③ 나라와 나라 사이에 교류가 활발하지 않다.
④ 우리나라의 만화는 세계적으로 인기가 없다.
⑤ 서비스 분야에서도 나라 간에 교류가 일어난다.

**5** 다음은 어느 식당의 식재료 원산지 안내판입니다. 이를 보고 바르게 이야기한 사람은 누구입니까? ( )

| 음식명 | 식재료 | 원산지 |
| --- | --- | --- |
| 삼겹살 | 돼지고기 | 칠레 |
| 갈비탕 | 쇠고기 | 오스트레일리아 |
| 닭볶음탕 | 닭고기 | 브라질 |
| 고등어구이 | 고등어 | 노르웨이 |
| 공기밥 | 쌀 | 강원도 |

① 대현: 우리나라에서 나는 재료로 만든 음식은 없어.
② 진영: 모두 우리나라에서 수출한 재료로 만든 음식이야.
③ 태형: 식재료의 원산지가 네 개의 국가로 한정되어 있어.
④ 현주: 우리나라는 다른 나라와 경제 교류를 하지 않고 있어.
⑤ 수민: 우리가 먹는 음식의 재료가 다양한 국가에서 수입되고 있어.

**6** 자유 무역 협정(FTA)에 대한 설명으로 알맞은 것은 어느 것입니까? ( )

① 나라 간에 경제 협력을 강화하려는 약속이다.
② 우리나라와 자유 무역 협정을 맺은 나라는 없다.
③ 옛날에는 있었지만 오늘날에는 사라진 협정이다.
④ 나라 간의 자유로운 경제 교류를 막기 위한 협정이다.
⑤ 세계 시장에서 우리 기업이 경쟁하기에 불리한 협정이다.

**7** 다른 나라와의 경제 교류로 달라진 식생활을 경험한 사례를 알맞게 이야기한 어린이는 누구입니까? ( )

① 태국 음식점에서 팟타이를 먹었어요.
② 다른 나라에서 수입한 가구를 샀어요.
③ 내가 입고 있는 바지는 베트남에서 만들었어요.
④ 주말에 친구들과 함께 영화관에 가서 미국에서 만든 영화를 봤어요.

**8** 기업이 다른 나라에 공장을 세울 경우의 장점으로 알맞은 것을 두 가지 고르시오. ( )

① 우리나라에 일자리가 늘어난다.
② 다른 나라에서 물건을 수입할 수 있다.
③ 그 나라의 값싼 노동력을 활용할 수 있다.
④ 다른 나라와의 경제적 경쟁 관계가 심화된다.
⑤ 현지에서 직접 판매하여 운반 비용을 줄일 수 있다.

**9** 우리나라가 다른 나라와 무역을 하면서 겪는 문제 중 다음 그림에 해당하는 사례는 어느 것입니까? ( )

대한민국에서 수입하는 물건에 세금을 더 부과하겠습니다.

① 원유 생산국에서 생산량을 줄이자 원유 가격이 크게 올랐다.
② 다른 나라의 수산물 수입을 거부해 다른 나라와 갈등을 겪었다.
③ 기후 변화로 커피 생산국의 생산량이 줄어들자 커피 수입이 어려워졌다.
④ 다른 나라의 농산물 수입량이 정해져 있어 우리 농산물을 수출할 수 없다.
⑤ 다른 나라에서 우리나라 세탁기에 높은 관세를 매겨 가격이 올라 경쟁에서 불리해졌다.

**10** 세계 여러 나라가 자기 나라 경제를 보호하는 까닭으로 알맞지 <u>않은</u> 것은 어느 것입니까? ( )

① 국민의 실업을 방지하기 위해서
② 경쟁력이 낮은 산업을 보호하기 위해서
③ 다른 나라의 산업을 발전시키기 위해서
④ 다른 나라의 불공정 거래에 대응하기 위해서
⑤ 국가의 기본이 되는 산업을 보호하기 위해서

**1** 다음 보기 에서 용어와 뜻이 알맞게 연결된 것을 골라 기호를 쓰시오.

> 보기
> ㉠ 수출 – 다른 나라에 물건이나 서비스를 파는 것
> ㉡ 수입 – 다른 나라에서 물건이나 서비스를 만드는 것
> ㉢ 무역 – 한 나라 안에서 지역 간에 물건과 서비스를 사고파는 것

(        )

**2** 다음 우리나라의 주요 수출품과 수입품을 나타낸 그래프에 대한 설명으로 옳지 <u>않은</u> 것은 어느 것입니까? (     )

(억 달러) [출처: 한국 무역 협회, 2021]
주요 수출품: 반도체 992, 자동차 374, 석유 제품 242, 선박 해양 구조물 및 부품 197, 합성 수지 192, 자동차 부품 186

(억 달러) [출처: 한국 무역 협회, 2021]
주요 수입품: 반도체 503, 원유 445, 반도체 제조용 장비 170, 천연 가스 157, 컴퓨터 132, 자동차 131

▲ 주요 수출품      ▲ 주요 수입품

① 우리나라 주요 수출품은 원유이다.
② 우리나라에 없는 천연 자원은 수입한다.
③ 반도체는 주요 수출품이자 주요 수입품이다.
④ 우리나라의 주요 수입품은 반도체와 원유이다.
⑤ 우리나라는 원유를 가공하고 처리하여 석유 제품을 만들어 수출한다.

**3** 다음을 보고 알 수 있는 우리나라 무역의 특징으로 알맞은 어느 것입니까? (     )

> 다른 나라에서 철광석을 사 옴. ➡ 철광석을 녹여 만든 철로 자동차를 만듦. ➡ 국내에서 만든 자동차를 다른 나라에 팖.

① 서비스 분야에서 여러 나라와 교류한다.
② 풍부한 천연자원을 다른 나라에 수출한다.
③ 노동력이 풍부하기 때문에 생산 비용이 저렴하다.
④ 기술력이 부족하여 다른 나라에서 완성된 물건을 수입한다.
⑤ 다른 나라에서 원료를 수입하고, 이를 국내에서 가공하여 만든 제품을 다시 수출하는 무역이 발달했다.

**4** 다음 지도를 보고 알 수 있는 우리나라와 다른 나라의 경제 관계로 알맞은 것은 어느 것입니까? (     )

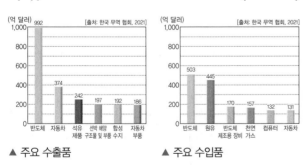

[출처: 관세청, 2020]

① 우리나라는 우리나라에 없는 것만 수출한다.
② 우리나라와 다른 나라는 서로 도움을 주고받지 않는다.
③ 우리나라는 다른 나라에 수입만 하고 수출은 하지 않는다.
④ 우리나라와 다른 나라는 세계 시장에서 치열하게 경쟁한다.
⑤ 우리나라와 다른 나라는 서로 의존하며 경제적으로 교류한다.

**5** 나라와 나라 사이의 경제적 경쟁 관계의 모습 중 가격 경쟁을 보여 주는 것은 어느 것입니까?

( )

**6** 다른 나라와의 경제 교류가 개인의 경제생활에 미친 영향으로 알맞은 것은 어느 것입니까? ( )

① 다른 나라의 기업과 아이디어를 주고받는다.
② 다른 나라의 풍부한 노동력을 활용해 제품을 생산한다.
③ 전 세계의 다양한 물건을 선택할 수 있는 기회가 많아졌다.
④ 경제 교류를 하는 과정에서 다른 나라의 새로운 기술을 배우기 어려워졌다.
⑤ 우리나라 국민이 외국 기업에 취업하면서 개인의 경제활동 범위가 줄어들었다.

**7** 우리나라가 다른 나라와 무역을 하면서 생기는 문제가 <u>아닌</u> 것은 어느 것입니까? ( )

① 무역 관련 국내 기관을 설립하는 문제
② 수입 의존 자원의 수입이 어려워지는 문제
③ 우리나라 물건에 높은 관세를 부과하는 문제
④ 우리나라가 다른 나라의 특정 물건을 수입하지 않아 생기는 문제
⑤ 다른 나라가 특정 물건을 수입하지 않아 우리나라의 수출이 감소하는 문제

**8** 세계 여러 나라가 자기 나라 경제를 보호하려는 까닭을 바르게 이야기한 어린이는 누구입니까?

( )

**9** 무역 문제를 해결하기 위한 방안으로 알맞은 것을 보기 에서 골라 기호를 쓰시오.

보기
㉠ 무역 문제가 일어난 나라에 높은 관세를 부과한다.
㉡ 무역 관련 문제가 발생했을 때 다른 나라의 결정만 기다린다.
㉢ 세계 여러 나라가 함께 협상하고 합의하여 무역 문제를 해결하기 위해 노력한다.

( )

**10** 다음 기사의 빈칸에 공통으로 들어갈 알맞은 국제 기구는 무엇인지 보기 를 참고하여 쓰시오.

보기
1995년 세계 125개국이 참여하여 설립된 국제 기구로, 세계 무역 분쟁 조정 등의 일을 한다.

( )

**1** 다음 그림을 보고, 물음에 답하시오. [12점]

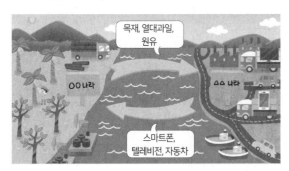

(1) 위와 같이 두 나라 사이에 물건과 서비스를 사고파는 것을 무엇이라고 하는지 쓰시오. [4점]

(            )

(2) 위 (1)번 답을 하는 까닭을 한 가지 쓰시오. [8점]

_____

_____

**2** 다음 지도를 보고, 물음에 답하시오. [12점]

[출처: 관세청, 2020]

우리나라의 발전된 기술력으로 만든 물건은 ( ㉠ )하고 우리나라에 부족하거나 없는 자원, 물건 등은 ( ㉡ )한다.

(1) 위 ㉠, ㉡에 들어갈 알맞은 말을 쓰시오. [4점]

㉠: (      ) ㉡: (      )

(2) 위 지도를 통해 알 수 있는 우리나라와 다른 나라의 경제 관계를 쓰시오. [8점]

_____

_____

**3** 다음 그림을 보고, 물음에 답하시오. [12점]

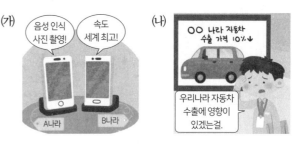

(1) 위 (가), (나) 중 기술 경쟁의 모습으로 알맞은 것을 찾아 기호를 쓰시오. [4점]

(            )

(2) 위 (가), (나)와 같이 나라 간에 경제적으로 경쟁이 일어나는 까닭을 쓰시오. [8점]

_____

_____

**4** 다음 그림과 같이 여러 나라가 자기 나라의 경제만 보호하려고 하면 어떻게 될지 쓰시오. [8점]

▲ 경쟁력이 낮은 산업 보호

_____

_____

# 상위권의 기준!

똑같은 DNA를 품은 최상위지만,
심화문제 접근 방법에 따른 구성 차별화!

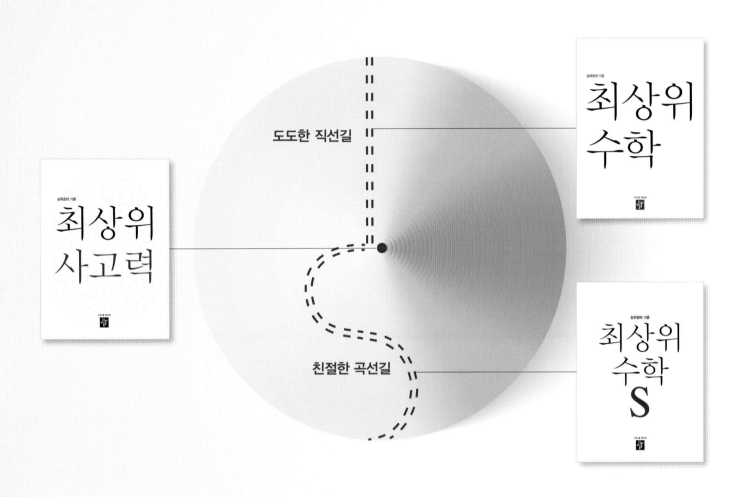

최상위
사고력

도도한 직선길

최상위
수학

친절한 곡선길

최상위
수학
S

과학 교과 탐구이해력 향상

# 디딤돌 통합본

## 과학

**디딤돌 통합본 국어·사회·과학 6-1**

**펴낸날** [개정판 1쇄] 2024년 1월 1일
**펴낸이** 이기열 | **펴낸곳** (주)디딤돌 교육
**주소** (03972) 서울특별시 마포구 월드컵북로 122 청원선와이즈타워
**대표전화** 02-3142-9000
**구입문의** 02-322-8451
**내용문의** 02-323-5489
**팩시밀리** 02-322-3737
**홈페이지** www.didimdol.co.kr
**등록번호** 제10-718호
**사진** 북앤포토

- 정답과 풀이는 "디딤돌 교육 홈페이지〉초등〉정답과 해설"에서
  다운로드 받을 수 있습니다.
- 출간 이후 발견되는 오류는 "디딤돌 교육 홈페이지〉초등〉정오표"를 통해
  알려드리고 있습니다.

과학 교과 탐구이해력 향상

# 디딤돌
# 통합본

과학

# 구성과 특징

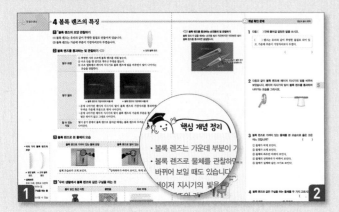
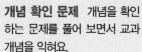

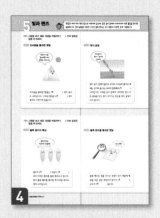
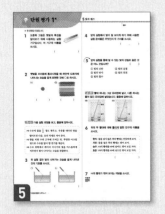
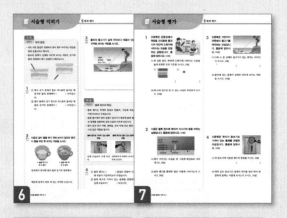

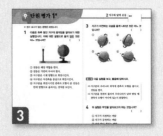

**📖 교과개념북 차례**

**1** 과학 탐구 ································ 4

**2** 지구와 달의 운동 ················ 9

**3** 여러 가지 기체 ·················· 43

**4** 식물의 구조와 기능 ·········· 73

**5** 빛과 렌즈 ························ 107

# 1

## 과학 탐구

**1** 탐구 문제를 정하고 가설 세우기
**2** 실험을 계획하고 실험을 해 보기
**3** 실험 결과를 변환 및 해석하고 결론 내리기

# 1 탐구 문제를 정하고 가설 세우기

## 1 문제 상황 파악하기

추운 날 따뜻한 물이 담긴 병을 수건으로 감싸 두었더니 물이 오랫동안 따뜻하게 유지되었다. 그래서 큰 병과 작은 병 사이에 여러 가지 재료를 넣어 간이 보온병을 만들 때, 어떤 재료가 단열에 가장 효과적일지 궁금하였다.

## 2 탐구 문제 정하기: 두 병 사이에 어떤 물질을 넣어야 단열이 잘 될까?

## 3 가설 세우기

(1) **궁금하게 생각한 점**: 어떤 재료가 단열이 잘 되어 병 속의 물을 오랫동안 따뜻하게 유지시킬 수 있을까?

(2) **단열에 효과적인 재료**: 솜, 헝겊, 스타이로폼 등

(3) **가설 세우기**: 큰 병과 작은 병 사이에 솜을 넣으면 물이 가장 오랫동안 따뜻하게 유지될 것입니다.

## 4 가설 설정 가설은 관찰한 사실이나 경험, 책에서 알게 된 내용 등을 바탕으로 세울 수 있습니다.

(1) **가설 설정**: 탐구할 문제를 정하고 탐구의 결과를 예상하는 것

(2) **가설을 세울 때 생각할 점**: 탐구를 하여 알아보려는 내용이 분명히 드러나야 하며, 이해하기 쉽도록 간결하게 표현해야 합니다. 또한 탐구를 하여 가설이 맞는지 확인할 수 있어야 합니다.

---

• **탐구 문제 정하기**
• 문제 인식은 자연 현상에서 궁금증이 생기면 탐구할 문제를 찾아 명확히 나타내는 과정입니다.
• 자연 현상에 대한 궁금증을 해결하려면 문제를 정확하게 파악하는 것이 중요하므로 자유롭게 탐색하여 탐구할 문제를 정합니다.
• 탐구 문제에는 탐구 목표와 탐구할 내용이 분명하게 드러나야 합니다.

---

## ☺ 개념 확인 문제

정답과 풀이 **78**쪽

**1~2** 다음 글을 읽고 물음에 답하시오.

추운 날 따뜻한 물이 담긴 병을 수건으로 감싸 두었더니 그냥 둔 병속의 물보다 오랫동안 따뜻하게 유지되었다.

**1** 다음 ( ) 안의 알맞은 말에 ○표 하시오.

병에 담긴 따뜻한 물이 오랫동안 따뜻하게 유지되는 데 병을 감싸는 물질의 ( 종류, 색깔 )이/가 영향을 미치는지 알아보는 것을 탐구 문제로 정했다.

**2** 문제 **1**의 탐구 문제를 해결하기 위해 세울 수 있는 가설로 옳은 것을 보기 에서 골라 기호를 쓰시오.

보기
㉠ 병을 솜으로 감싸면 물이 더 오랫동안 따뜻하게 유지될 것이다.
㉡ 두꺼운 병일수록 물이 더 오랫동안 따뜻하게 유지될 것이다.
㉢ 병의 색깔이 진할수록 물이 더 오랫동안 따뜻하게 유지될 것이다.

(         )

# 2 실험을 계획하고 실험을 해 보기

## 1 실험을 계획하기

(1) **실험을 계획할 때 정해야 할 것**: 실험에서 고려해야 할 조건, 측정해야 할 것 이외에도 실험에 필요한 준비물, 실험 과정, 실험을 하면서 관찰하거나 측정할 것, 모둠 구성원의 역할 등을 정해야 합니다.

(2) **실험 계획을 바르게 세웠는지 생각해 보기**
  - 계획한 실험이 탐구 문제의 답을 구할 수 있는 적절한 방법인지 확인합니다.
  - 다르게 해야 할 조건과 같게 해야 할 조건을 바르게 설정했는지 확인합니다.
  - 실험 과정이 구체적인지 확인합니다.
  - 실험 과정이 안전한지 확인합니다.

### ● 변인의 종류
변인의 종류는 독립 변인과 종속 변인으로 나누고, 독립 변인은 조작 변인과 통제 변인으로 나눌 수 있습니다.

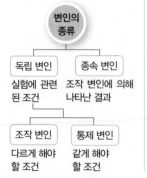

변인의 종류
— 독립 변인 : 실험에 관련된 조건
— 종속 변인 : 조작 변인에 의해 나타난 결과
— 조작 변인 : 다르게 해야 할 조건
— 통제 변인 : 같게 해야 할 조건

## 2 실험 해 보기

(1) **실험할 때 주의할 점**
  ① ●변인 통제에 유의하면서 계획한 과정에 따라 실험합니다.
  ② 관찰, 측정한 내용을 빠짐없이 기록하고, 실험 결과를 있는 그대로 기록합니다.
  ③ 안전 수칙을 지키면서 실험합니다.

(2) **실험 결과 정리하기**
  ① 실험 계획에 따라 실험하고 관찰한 내용을 글과 그림으로 나타내거나 표로 정리합니다.
  ② 표로 자료를 정리하는 방법
  - 표의 제목은 실험에서 다르게 한 조건에 따른 실험 결과와 관련된 내용이 드러나게 합니다.
  - 표의 가로줄에는 실험에서 다르게 한 조건을 나타내고, 표의 세로줄에는 실험 결과로 알게 된 사실을 정리합니다.

---

### ☺ 개념 확인 문제
정답과 풀이 **78**쪽

**1** 실험을 계획할 때 정해야 하는 것으로 옳지 <u>않은</u> 것은 어느 것입니까?  (      )

① 모둠 구성원의 역할
② 실험을 하면서 관찰할 것
③ 실험에서 고려해야 할 조건
④ 실험을 빨리 끝낼 수 있는 방법
⑤ 실험에 필요한 준비물과 실험 과정

**2** 실험 계획을 바르게 세웠는지 확인하는 방법으로 옳지 <u>않은</u> 것은 어느 것입니까?  (      )

① 실험 과정이 안전한지 확인한다.
② 실험 과정이 다른 모둠이 할 수 없을 정도로 어려운지 확인한다.
③ 실험 계획을 모둠에서 토의하고 고쳐야 할 부분이 있는지 확인한다.
④ 다르게 해야 할 조건과 같게 해야 할 조건을 바르게 설정했는지 확인한다.
⑤ 계획한 실험이 탐구 문제의 답을 구할 수 있는 적절한 방법인지 확인한다.

# 3 실험 결과를 변환 및 해석하고 결론 내리기

## 1 자료 변환

(1) 자료 변환을 하면 실험 결과를 한눈에 비교하기 쉽습니다.

(2) ゚자료를 변환할 때에는 실험 결과를 잘 표현할 수 있는 방법이 무엇인지 생각해 보고, 표나 그래프, 그림 등의 형태로 변환합니다.

(3) ゚표로는 많은 양의 자료를 체계적으로 정리할 수 있고, 그래프로는 실험 조건과 결과의 관계를 한눈에 알아보기 쉽게 나타낼 수 있습니다.

(4) 그림으로는 사물의 모양이나 자연 현상을 이해하기 쉽게 표현할 수 있습니다.

## 2 자료 해석

(1) 실험 결과를 표나 그래프, 그림 등으로 변환한 뒤에는 자료를 해석하여 그 의미를 확인합니다. 또 실험에서 다르게 한 조건과 실험 결과 사이에는 어떤 관계가 있는지 살펴봅니다.

(2) 자료를 해석할 때에는 실험 과정을 되짚어 볼 필요가 있습니다. 실험 조건을 통제하여 실험 했는지, 관찰 또는 측정 방법이 올바른지 생각해야 합니다.

실험 과정에 문제점이 있거나 실험 방법이 바르지 않다면, 그것을 고쳐 다시 실험해야 합니다.

## 3 ゚결론 도출

(1) 결론을 내릴 때에는 실험 결과를 보고 나의 가설이 맞는지 판단하고, 탐구 문제의 해답을 찾아 정리합니다.

(2) 실험 결과가 나의 가설과 같다면, 이를 토대로 탐구 문제의 답을 정리해 결론을 내립니다.

(3) 실험 결과가 나의 가설과 다르다면, 가설을 수정하여 탐구를 다시 해야 합니다.

(4) 탐구를 마치면 결론을 뒷받침하는 추가 실험을 하거나, 새로운 가설을 세우고 실험을 하기도 합니다.

### 측면 설명

**• 자료 변환을 하는 방법**
- 실험 결과가 잘 나타나는 방법으로 변환합니다.
- 막대그래프는 다르게 한 조건을 가로축에, 실험 결과로 관찰하거나 측정한 내용을 세로축에 나타내고, 그 관계를 한눈에 알아보기 쉽게 막대로 표현합니다.

**• 자료 변환을 해야 하는 까닭**
- 자료 변환을 하면 자료의 특징을 한눈에 비교하기 쉬워집니다.
- 자료 변환을 하면 실험 결과의 특징을 이해하기 쉽습니다.

**• 결론 도출의 의미**
- 결론 도출은 실험이나 연구로 수집한 자료를 논리적으로 추론하여 실험 결과를 분석하는 과정입니다.
- 자료를 해석하여 문제의 해답을 얻거나, 잠정적으로 설정한 가설에 대해 옳고 그름을 최종적으로 판단하는 과정입니다.

---

## 🙂 개념 확인 문제

정답과 풀이 78쪽

**1** 다음은 자료 변환에 대한 설명입니다. ㉠과 ㉡에 들어 갈 알맞은 말을 쓰시오.

> ( ㉠ )(으)로는 많은 양의 자료를 체계적으로 정리할 수 있고, ( ㉡ )(으)로는 실험 조건과 결과의 관계를 한눈에 알아보기 쉽게 나타낼 수 있다.

㉠: (　　　　　　), ㉡: (　　　　　　)

**2** 실험 결과에서 결론을 이끌어 내는 과정에 맞게 선으로 연결하시오.

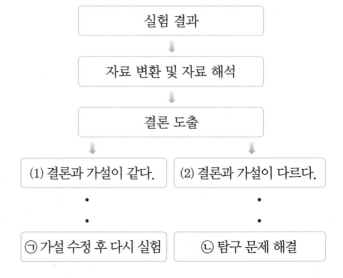

# 2

# 지구와 달의 운동

**1** 지구의 자전

**2** 하루 동안 태양과 달의 위치 변화

**3** 낮과 밤이 생기는 까닭

**4** 지구의 공전

**5** 계절에 따라 보이는 별자리가 달라지는 까닭

**6** 여러 날 동안 달의 모양 변화

**7** 여러 날 동안 달의 위치 변화

# 1 지구의 자전

## 1 하루 동안 지구의 움직임 알아보기 +1

| | |
|---|---|
| 탐구 과정 | ① 지구본에서 우리나라를 찾아 우리나라의 동쪽, 서쪽, 남쪽, 북쪽에 붙임딱지를 붙인다.<br>② 우리나라 위치에 관측자 모형이 남쪽을 향하도록 붙인다.<br>③ 전등을 지구본으로부터 30 cm 떨어진 곳에 놓는다. 이때 전등을 관측자 모형의 앞쪽에 위치하도록 한다.<br>④ 전등을 켜고 지구본을 서쪽에서 동쪽(시계 반대 방향)으로 회전시킨다.<br>⑤ 지구본이 회전하는 방향과 관측자 모형이 본 전등이 움직이는 방향을 비교한다.<br><br>관측자 모형이 전등(태양)을 보면 태양이 남쪽 하늘에 떠 있는 것처럼 보입니다.<br>서 / 동 / 관측자 모형 / 30 cm |
| 탐구 결과 | • 지구본이 회전하는 방향: 서쪽 → 동쪽<br>• 관측자 모형이 본 전등이 움직이는 방향: 동쪽 → 서쪽<br><br>전등이 움직이는 것처럼 보이는 방향 |
| 알 수 있는 사실 | 전등을 태양이라고 한다면 지구본이 서쪽에서 동쪽으로 회전하기 때문에 지구본 위에 있는 관측자에게는 태양이 동쪽에서 서쪽으로 움직이는 것처럼 보인다. |

• **가상**
사실이 아니거나 사실인지 불분명한 것을 실제로 있는 것처럼 생각함.

• **빠르게 달리는 기차 안에서 보이는 풍경**
 • 빠르게 달리는 기차 안에서는 창밖으로 보이는 나무나 집이 기차가 달리는 방향의 반대 방향으로 빠르게 움직이는 것처럼 보입니다.
 • 창밖의 나무나 집이 움직이는 것처럼 보이지만 실제로는 움직이지 않는다는 것을 알 수 있는 것은 내가 탄 기차가 움직인다는 것을 알고 있기 때문입니다.

• **천체**
우주에 있는 별, 행성, 위성 등 우주에 있는 모든 물체

## 2 지구의 자전

(1) **지구 자전축**: 지구의 북극과 남극을 이은 *가상의 직선

(2) **지구의 자전**: 지구가 자전축을 중심으로 하루에 한 바퀴씩 서쪽에서 동쪽(시계 반대 방향)으로 회전하는 것
 ① 지구에서 보았을 때 태양이 움직이는 것처럼 보이는 현상은 *빠르게 달리는 기차 안에서 보면 창밖의 나무가 반대 방향으로 움직이는 것처럼 보이는 것과 같습니다.
 ② 우리는 지구의 움직임을 느끼지 못하지만 지구가 하루에 한 바퀴씩 서쪽에서 동쪽으로 회전하기 때문에 하루 동안 *천체의 모습은 지구의 자전 방향과 반대 방향인 동쪽에서 서쪽으로 움직이는 것처럼 보입니다.

지구의 북극 위에서 보면 지구는 시계 반대 방향으로 자전합니다.
지구 자전축
서 / 동
▲ 지구의 자전

## +1 지구의 자전 알아보기

· 지구본의 우리나라 위치에 관측자 안경을 붙이고, 관측자 안경의 우리나라 지도 주위에 방위 붙임딱지를 붙입니다. 지구본을 서쪽에서 동쪽으로 회전시키며 관측자 안경으로 전등이 움직이는 방향을 관찰합니다.

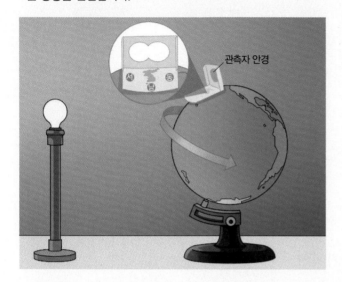

· 관측자 안경으로 바라본 전등은 지구본의 회전 방향과 반대로 동쪽에서 서쪽으로 움직이는 것처럼 보입니다.

· 지구의 자전은 지구가 북극과 남극을 이은 가상의 직선인 자전축을 중심으로 하루에 한 바퀴씩 회전하는 것입니다.

· 지구가 서쪽에서 동쪽으로 자전하기 때문에 지구에서 보는 천체가 동쪽에서 서쪽으로 움직이는 것처럼 보입니다.

매일 한 바퀴씩 서쪽에서 동쪽으로 회전해.

**1** 다음과 같이 빠르게 달리는 기차 안에서 창밖의 풍경을 보고 있습니다. 이에 대한 설명으로 옳은 것에는 ○표, 옳지 <u>않은</u> 것에는 ×표 하시오.

(1) 실제로 창밖의 나무나 집이 움직입니다.    (     )

(2) 창밖의 나무나 집이 기차가 달리는 방향의 반대 방향으로 움직이는 것처럼 보입니다.    (     )

**2** 오른쪽과 같이 지구본의 우리나라 위치에 관측자 모형을 붙인 다음 전등을 켜고 지구본을 서쪽에서 동쪽으로 회전시켰습니다.

이때 관측자 모형이 본 전등이 움직이는 방향을 쓰시오.

(       )쪽 → (       )쪽

**3** 하루 동안 지구가 회전하는 방향을 옳게 나타낸 것의 기호를 쓰시오.

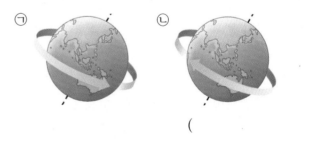

(       )

**4** 다음은 지구의 자전에 대한 설명입니다. ( ) 안에 들어갈 알맞은 말을 쓰시오.

> 지구가 북극과 남극을 이은 가상의 직선인 ( ㉠ )을/를 중심으로 하루에 ( ㉡ ) 바퀴씩 회전하는 것이다.

㉠: (      ), ㉡: (      )

# 2 하루 동안 태양과 달의 위치 변화

## 1 하루 동안 태양의 위치 변화 +1
태양을 관측할 때에는 태양을 직접 보지 않고 태양 관측 안경을 꼭 껴야 합니다.

(1) 하루 동안 태양은 동쪽에서 떠서 서쪽으로 집니다.
(2) 태양은 동쪽 하늘에서 떠서 남쪽 하늘을 거쳐 서쪽 하늘로 움직입니다.

▲ 오전 7시          ▲ 오후 12시 30분          ▲ 오후 6시

## 2 하루 동안 달의 위치 변화 관측하기 +2

| 탐구 과정 | ① 달을 관측하려는 장소에서 나침반을 이용하여 동쪽, 남쪽, 서쪽을 확인한다. 달을 관측하기 좋은 장소는 근처에 높은 건물이나 나무가 없는 남쪽 하늘이 잘 보이는 곳이 좋습니다.<br>② 남쪽을 중심으로 주변 건물이나 나무 등의 위치를 확인한다.<br>③ 태양이 진 뒤에 같은 장소에서 일정한 시간 간격으로 관측한 달의 위치를 기록한다.<br>④ 달의 위치가 시간이 지남에 따라 어떻게 변하는지 확인한다. |
|---|---|
| 탐구 결과 | <br>오전 1시<br>저녁 11시   오전 2시<br>저녁 10시   밤 12시<br>저녁 9시<br>저녁 8시<br>저녁 7시<br>동          남          서<br><br>달의 위치는 동쪽 하늘에서 떠서 남쪽 하늘을 지나 서쪽 하늘로 움직이는 것처럼 보인다. |
| 알 수 있는 사실 | 하루 동안 태양과 달이 움직이는 방향은 같다. |

### ● 태양과 달의 위치와 관련된 일상의 경험
  • 새해에 가족들과 함께 일출을 보러 간 적이 있는데, 처음에는 태양이 보이지 않다가 잠시 후 태양이 바다 위로 조금씩 올라오는 것을 보았습니다.
  • 가족들과 함께 간 캠핑에서 달이 조금씩 움직이는 것을 보았습니다.

### ● 방위 확인하기
남쪽을 향해 선 채로 동서남북의 방위를 확인합니다. 앞쪽이 남쪽, 왼쪽이 동쪽, 오른쪽이 서쪽, 뒤쪽이 북쪽이 됩니다.

## 3 하루 동안 태양과 달의 위치가 달라지는 까닭

(1) 하루 동안 태양과 달은 동쪽 하늘에서 남쪽 하늘을 지나 서쪽 하늘로 움직이는 것처럼 보입니다.
(2) 하루 동안 밤하늘에 있는 별도 동쪽에서 서쪽으로 움직이는 것처럼 보입니다.
(3) 하루 동안 태양과 달, 별들의 위치가 달라지는 까닭은 지구가 서쪽에서 동쪽으로 자전하기 때문입니다.

**+1 하루 동안 태양의 위치 변화**

**+2 스마트 기기용 천체 관측 프로그램을 활용하여 달의 위치 변화 관찰하기**

① 스마트 기기에 스텔라리움 모바일용(stellarium mobile)을 내려 받아 실행합니다.

② 화면 오른쪽 아래 날짜 및 시간 표시창의 시간을 조절하고, 시간 이동 막대를 움직이면서 달의 위치 변화를 관찰합니다.

**핵심 개념 정리**

• 하루 동안 태양과 달은 동쪽 하늘에서 떠서 남쪽 하늘을 지나 서쪽 하늘로 움직이는 것처럼 보입니다.
• 지구가 서쪽에서 동쪽으로 자전하기 때문에 하루 동안 태양과 달의 위치가 달라집니다.
• 하루 동안 밤하늘의 별도 동쪽에서 서쪽으로 움직이는 것처럼 보입니다.

---

**1** 다음은 하루 동안 일어나는 태양의 위치 변화입니다. 빠른 시간 순서대로 기호를 쓰시오.

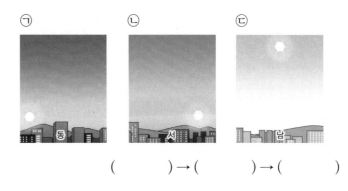

(     ) → (     ) → (     )

**2** 다음의 하루 동안 달의 위치 변화에서 밤 12시 무렵에 보름달이 보이는 위치의 기호를 쓰시오.

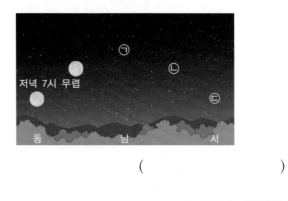

(     )

**3** 하루 동안 일어나는 달의 위치 변화를 옳게 나타낸 것은 어느 것입니까? (    )

① 동쪽 → 서쪽 → 남쪽
② 동쪽 → 남쪽 → 서쪽
③ 서쪽 → 동쪽 → 남쪽
④ 서쪽 → 남쪽 → 동쪽
⑤ 남쪽 → 동쪽 → 서쪽

**4** 하루 동안 태양과 달의 위치가 달라지는 까닭을 옳게 말한 사람의 이름을 쓰시오.

> 은주: 지구가 자전하기 때문이야.
> 홍섭: 달과 태양이 지구 주위를 돌기 때문이야.

(     )

# 3 낮과 밤이 생기는 까닭

## 1 낮과 밤의 구분

(1) **낮**: 태양이 동쪽에서 떠오를 때부터 서쪽으로 완전히 질 때까지의 시간

(2) **밤**: 태양이 서쪽으로 진 때부터 다음 날 다시 동쪽에서 떠오르기 전까지의 시간

## 2 낮과 밤이 생기는 까닭 알아보기 +1

| | |
|---|---|
| 탐구 과정 | ① 전등으로부터 30 cm 떨어진 곳에 지구본을 놓는다.<br>② 지구본의 우리나라 위치에 관측자 모형을 붙인다.<br>③ 전등을 켜고 지구본을 서쪽에서 동쪽으로 천천히 회전한다.<br>④ 우리나라가 낮일 때와 밤일 때 관측자 모형은 어디에 있는지 관찰한다.<br><br>관측자 모형 / 전등은 태양, 지구본은 지구, 관측자 모형은 지구에 있는 사람을 나타냅니다. |
| 탐구 결과 | 우리나라가 낮일 때 관측자 모형의 위치 / 우리나라가 밤일 때 관측자 모형의 위치<br>  |
| 알 수 있는 사실 | 지구가 자전하면서 태양 빛을 받는 쪽은 낮이 되고, 태양 빛을 받지 못하는 쪽은 밤이 된다. |

## 3 낮과 밤이 생기는 까닭 +2

(1) 지구가 자전하면서 태양 빛을 받는 쪽이 생기고, 받지 못하는 쪽이 생깁니다.

(2) 지구의 자전 때문에 낮과 밤이 하루에 한 번씩 번갈아 나타납니다.

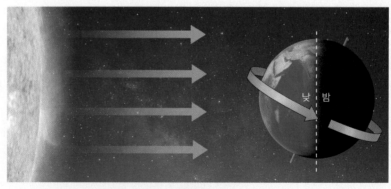

우리나라가 밤일 때 유럽과 남아메리카 지역은 낮입니다.

낮 밤

▲ 지구의 낮과 밤

---

• **낮과 밤의 모습 차이**

• 낮에는 태양이 하늘에 있고, 밤에는 태양이 없습니다.

• 사람들은 주로 낮에 활동하고, 밤에는 집에서 쉽니다.

• 밤에는 어둡기 때문에 불이 필요하고, 낮에는 밝기 때문에 불이 필요 없습니다.

▲ 낮의 모습

▲ 밤의 모습

**+1 관측자 모형 2개를 이용한 낮과 밤의 실험**

① 관측자 모형 1이 전등 쪽을 향하게 했을 때: 관측자 모형 1이 위치한 곳은 낮이고, 관측자 모형 2가 위치한 곳은 밤입니다.

② 지구본을 회전하여 관측자 모형 1이 전등의 반대쪽에 놓이게 했을 때: 관측자 모형 1이 위치한 곳은 밤이고, 관측자 모형 2가 위치한 곳은 낮입니다.

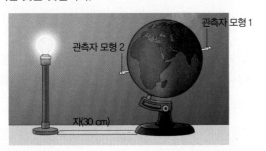

**+2 낮과 밤이 되는 현상과 관련하여 지구본을 회전시킬 때와 회전시키지 않을 때의 차이점**

지구본을 회전시키면 낮과 밤이 번갈아 나타나지만, 지구본을 회전시키지 않으면 낮과 밤이 번갈아 나타나지 않습니다. 따라서 지구가 자전을 멈추면 태양을 향해 있는 곳은 낮만 있고, 태양의 반대편에 있는 곳은 항상 밤만 있습니다.

 **핵심 개념 정리**

• 우리나라가 태양 빛을 받는 쪽에 있으면 낮이고, 태양 빛을 받지 못하는 쪽에 있으면 밤입니다.

• 낮과 밤은 지구가 자전하기 때문에 생기는 현상입니다.

내가 한 바퀴씩 회전하니까 낮이 되었다가 밤이 되었다가 하지.

---

**1~2** 다음은 낮과 밤이 생기는 까닭을 알아보는 실험입니다. 물음에 답하시오.

**1** 위 실험에서 전등이 나타내는 것은 무엇입니까? ( )

① 달       ② 지구
③ 태양      ④ 위성
⑤ 지구에 있는 사람

**2** 위 실험에서 관측자 모형이 다음과 같은 위치에 있을 때 낮과 밤 중 어느 때인지 각각 쓰시오.

 ㉠       ㉡

( )         ( )

**3** 다음은 낮과 밤이 생기는 까닭입니다. ( ) 안에 들어갈 알맞은 말은 어느 것입니까? ( )

> 지구가 ( )하면서 태양 빛을 받는 쪽과 받지 못하는 쪽이 생기기 때문이다.

① 공전      ② 침식
③ 자전      ④ 퇴적
⑤ 직진

**4** 다음 ( ) 안의 알맞은 말에 각각 ○표 하시오.

> 우리나라가 태양 빛을 받는 쪽에 있으면 ( 낮, 밤 )이 되고, 태양 빛을 받지 못하는 쪽에 있으면 ( 낮, 밤 )이 된다.

**1** 다음은 하루 동안 지구의 움직임을 알아보는 실험을 한 결과입니다. ( ) 안의 알맞은 말에 ○표 하시오.

> 지구본의 우리나라에 관측자 모형을 붙이고, 전등으로 지구본을 비춘다. 지구본을 ( 동쪽, 서쪽 )에서 ( 동쪽, 서쪽 )으로 회전시키면 관측자 모형에게 전등은 동쪽에서 서쪽으로 움직이는 것처럼 보인다.

**2** 다음은 지구의 자전을 나타낸 것입니다. ㉠과 ㉡에 알맞은 방위를 쓰시오.

㉠: ( )쪽, ㉡: ( )쪽

**3** 지구의 자전에 대한 설명으로 옳은 것은 어느 것입니까? ( )

① 달이 지구를 중심으로 회전하는 것
② 지구가 태양을 중심으로 회전하는 것
③ 태양이 지구를 중심으로 회전하는 것
④ 달이 태양과 지구 둘레를 회전하는 것
⑤ 지구가 자전축을 중심으로 회전하는 것

**4** 하루 동안 밤하늘에 있는 별의 위치가 달라지는 까닭으로 옳은 것은 어느 것입니까? ( )

① 달이 자전하기 때문이다.
② 별이 자전하기 때문이다.
③ 지구가 공전하기 때문이다.
④ 지구가 자전하기 때문이다.
⑤ 태양이 자전하기 때문이다.

**5** 다음은 하루 동안 일어나는 태양의 위치 변화를 나타낸 것입니다. 이를 통해서 알 수 있는 내용으로 옳은 것은 어느 것입니까? ( )

▲ 오전 7시    ▲ 오후 12시 30분    ▲ 오후 6시

① 하루 동안 태양의 모양이 변한다.
② 태양은 동쪽에서 떠서 서쪽으로 진다.
③ 오전에는 태양이 서쪽 하늘에 위치한다.
④ 한낮에는 태양이 북쪽 하늘에 위치한다.
⑤ 하루 동안 태양의 위치는 달라지지 않는다.

**6** 하루 동안 달의 위치 변화를 관측하는 방법으로 옳지 않은 것은 어느 것입니까? ( )

① 남쪽을 향해 서서 관측한다.
② 주변 건물이나 나무의 위치를 표시한다.
③ 관측할 때마다 다른 위치에서 관측한다.
④ 근처에 높은 건물이나 나무가 없는 장소로 정한다.
⑤ 일정한 시간 간격으로 관측한 달의 위치를 기록한다.

**7~9** 다음은 하루 동안 달의 위치 변화 중 일부를 나타낸 것입니다. 물음에 답하시오.

**7** (가)와 (나)에 들어갈 방위를 각각 쓰시오.

(가): ( )쪽, (나): ( )쪽

**8** 위 ㉠ 위치의 달을 볼 수 있는 시각으로 옳은 것은 어느 것입니까? ( )

① 오후 5시 무렵
② 오후 9시 무렵
③ 밤 12시 무렵
④ 오전 3시 무렵
⑤ 오전 5시 무렵

**9** 위와 같이 하루 동안 달의 위치가 달라지는 까닭으로 옳은 것은 어느 것입니까? ( )

① 달의 모양이 둥글기 때문이다.
② 지구가 달 주위를 회전하기 때문이다.
③ 지구가 태양 주위를 회전하기 때문이다.
④ 달이 하루에 한 바퀴씩 회전하기 때문이다.
⑤ 지구가 하루에 한 바퀴씩 회전하기 때문이다.

**10** 지구의 낮과 밤에 대한 설명으로 옳지 않은 것은 어느 것입니까? ( )

① 밤에는 태양이 하늘에 보이지 않는다.
② 우리나라가 낮이면 다른 모든 나라도 낮이다.
③ 태양 빛을 받는 낮에는 밝고, 태양 빛을 받지 않는 밤에는 어둡다.
④ 낮은 태양이 동쪽에서 떠오를 때부터 서쪽으로 완전히 질 때까지의 시간을 말한다.
⑤ 지구가 자전을 하면서 태양 빛을 받는 쪽은 낮, 태양 빛을 받지 못하는 쪽은 밤이 된다.

**11~12** 다음 실험을 보고, 물음에 답하시오.

(가) 지구본의 우리나라 위치에 관측자 모형을 붙이고, 전등을 켠다.
(나) 지구본을 천천히 돌리며 우리나라가 낮일 때와 밤일 때 관측자 모형이 어디에 있는지 관찰한다.

**11** 위에서 실험 준비물이 실제 무엇을 나타내는지 선으로 연결하시오.

(1) 지구본 •              • ㉠ 지구

(2) 관측자 모형 •              • ㉡ 태양

(3) 전등 •              • ㉢ 지구에 있는 사람

**12** 다음은 위 실험을 통해 알 수 있는 사실입니다. ( ) 안에 공통으로 들어갈 알맞은 말을 쓰시오.

낮과 밤은 지구가 자전하면서 ( )을/를 받는 쪽과 ( )을/를 받지 못하는 쪽이 생기기 때문에 나타난다.

( )

# 4 지구의 공전

## 1 일 년 동안 지구의 움직임 알아보기

| 탐구 과정 | ① 전등을 책상의 가운데에 두고, 전등으로부터 30 cm 정도 떨어진 곳에 지구본을 놓는다.<br>② 지구본의 우리나라 위치에 관측자 모형을 붙이고 전등을 켠다.<br>③ 전등을 중심으로 지구본을 (가) → (나) → (다) → (라)의 위치에 순서대로 옮긴다. 이때 지구본과 전등의 거리는 일정하게 유지하고, 지구본의 자전축이 언제나 같은 방향을 향하게 한다.<br>④ (가), (나), (다), (라) 각각의 위치에서 우리나라가 한밤이 되도록 지구본을 자전한다. 그리고 우리나라가 한밤일 때 관측자 모형에게는 교실의 무엇이 보일지 생각해 본다.<br>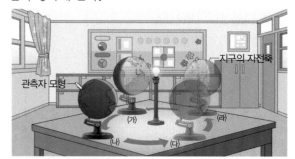전등은 태양, 지구본은 지구이므로 태양을 중심으로 지구가 회전하는 모습입니다. |
|---|---|

<br>

| 탐구 결과 | 지구본의 위치 | •(가) | (나) | (다) | (라) |
|---|---|---|---|---|---|
| | 우리나라가 한밤일 때 관측자 모형에게 보이는 교실의 물체 | 게시판, 거울, 사물함 | 창문, 운동장 | 칠판, 텔레비전 | 복도, 앞문과 뒷문 |

| 알 수 있는 사실 | 지구본이 놓인 위치에 따라 한밤에 관측자 모형에게 보이는 교실의 물체가 다른 까닭: 지구본이 전등을 중심으로 회전하기 때문에 지구본이 놓인 위치에 따라 관측자가 보는 교실의 모습이 달라지기 때문이다. |
|---|---|

## 2 지구의 공전 ➕1

(1) **지구의 공전**: 지구는 자전하면서, 동시에 태양을 중심으로 회전합니다. 이처럼 지구가 태양을 중심으로 일 년에 한 바퀴씩 서쪽에서 동쪽(시계 반대 방향)으로 회전하는 것을 지구의 공전이라고 합니다.

(2) 지구가 공전하면서 지구의 위치에 따라 한밤에 향하는 곳이 달라지므로 보이는 천체의 모습이 달라집니다.

● (가) 위치에서 우리나라가 한밤일 때 관측자 모형이 본 교실의 모습

(예)

지구의 자전 주기는 하루, 공전 주기는 일 년이므로 한 번 공전하는 동안 약 365번 자전하게 됩니다.

▲ 지구의 자전과 공전

**+1 지구가 자전만 하고 공전을 하지 않는다고 가정했을 때 볼 수 있는 밤하늘 천체의 모습**

지구가 자전을 하면 매일 낮과 밤이 반복되고, 태양과 달이 동쪽에서 서쪽으로 이동하는 현상이 일어납니다. 지구가 공전을 하지 않는다면 지구의 위치가 변하지 않아 밤하늘에 보이는 천체의 모습은 항상 같을 것입니다.

**1~2** 다음은 일 년 동안 지구의 움직임을 알아보는 실험입니다. 물음에 답하시오.

**1** 위 실험에서 지구본을 옮기는 방향의 기호를 쓰시오.

( )

**2** 위 실험 결과 우리나라가 한밤일 때 각 지구본에 있는 관측자 모형에게 보이는 교실의 물체는 같은지 또는 다른지 쓰시오.

( )

**3** 지구의 공전에 대한 설명으로 옳은 것은 어느 것입니까?

( )

① 지구를 중심으로 회전한다.
② 태양을 중심으로 회전한다.
③ 자전축을 중심으로 회전한다.
④ 회전 방향은 동쪽에서 서쪽이다.
⑤ 하루에 한 바퀴씩 회전하는 운동이다.

핵심 개념 정리

· 지구의 공전은 지구가 태양을 중심으로 일 년에 한 바퀴씩 회전하는 것입니다.
· 지구의 자전 방향과 공전 방향은 같습니다.
· 지구가 공전하기 때문에 지구의 위치에 따라 한밤에 보이는 천체의 모습이 달라집니다.

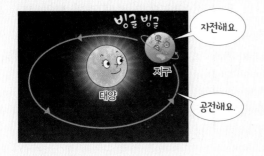

**4** 다음 지구의 운동에서 지구의 공전을 나타내는 것의 기호를 쓰시오.

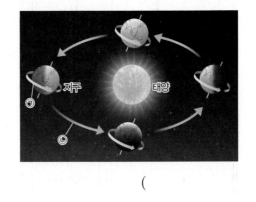

( )

# 5 계절에 따라 보이는 별자리가 달라지는 까닭

## 1 계절에 따라 보이는 별자리가 달라지는 까닭 알아보기 ⊕1

| 탐구 과정 | ① 전등을 책상의 가운데에 두고, 전등에서 30 cm 정도 떨어진 곳에 지구본을 놓는다.<br>② 지구본의 우리나라 위치에 관측자 모형을 붙이고 전등을 켠다.<br>③ 네 명이 둥글게 전등 주위에 서서 계절 순서에 맞게 각 계절의 대표적인 별자리 그림을 전등 쪽으로 든다.<br>④ 자전축이 같은 방향을 향하도록 유지하면서 지구본을 지구의 공전 방향인 서쪽에서 동쪽(시계 반대 방향)으로 이동한다.<br>⑤ (가), (나), (다), (라) 각각의 위치에서 우리나라가 한밤일 때 관측자 모형에게 가장 잘 보이는 별자리를 확인해 본다.<br> 겨울철에 오리온자리는 밤에 남쪽 하늘에서 보이지만 거문고자리는 태양과 같은 방향에 있어 태양 빛 때문에 볼 수 없습니다. |

| 탐구 결과 | 지구본의 위치 | (가) | (나) | (다) | (라) |
|---|---|---|---|---|---|
|  | 우리나라가 한밤일 때 관측자 모형에게 가장 잘 보이는 별자리 | 사자자리 | 거문고자리 | 페가수스자리 | 오리온자리 |

| 알 수 있는 사실 | 계절에 따라 보이는 별자리가 달라지는 까닭: 지구가 태양 주위를 공전하기 때문에 계절에 따라 지구의 위치가 달라지고, 지구의 위치에 따라 밤에 보이는 별자리가 달라진다. |
|---|---|

## 2 계절의 대표적인 별자리 ⊕2

(1) •각 계절의 밤하늘에서 오랜 시간 볼 수 있는 별자리 저녁 9시 무렵에 남쪽 하늘에서 볼 수 있는 별자리

| 봄(4월 15일 무렵) | 목동자리, 처녀자리, 사자자리 |
|---|---|
| 여름(7월 15일 무렵) | 백조자리, 독수리자리, 거문고자리 |
| 가을(10월 15일 무렵) | 물고기자리, 안드로메다자리, 페가수스자리 |
| 겨울(1월 15일 무렵) | 쌍둥이자리, 큰개자리, 오리온자리 |

(2) 별자리들은 한 계절에만 보이는 것이 아니라 두 계절이나 세 계절에 걸쳐 보입니다. 봄철의 대표적인 별자리인 사자자리는 겨울철 저녁 9시 무렵에는 동쪽 하늘에 보이지만, 여름철에는 서쪽 하늘에 보입니다. 따라서 사자자리는 겨울, 봄, 여름의 세 계절에 걸쳐 모두 보입니다.

(3) **봄철에는 가을철 대표적인 별자리를 볼 수 없는 까닭:** 지구가 봄철 위치에 있을 때 가을철 별자리는 태양과 같은 방향에 있어 태양 빛 때문에 볼 수 없습니다.

- **계절에 따라 저녁 9시 무렵에 하늘에서 볼 수 있는 별자리**
  - 봄철 저녁 9시 무렵 하늘에서는 사자자리를 볼 수 있습니다. 사자자리는 밤 동안 남쪽을 지나 서쪽 하늘로 움직이는 것처럼 보이기 때문에 다른 별자리보다 볼 수 있는 시간이 깁니다.
  - 이처럼 어느 계절에 보이는 시간이 긴 별자리를 그 계절의 대표적인 별자리라고 합니다.

**+1** 지구의 공전과 계절별 대표적인 별자리

**+2** 저녁 9시 무렵에 남쪽 하늘에서 볼 수 있는 별자리

▲ 봄(4월 15일 무렵)

▲ 여름(7월 15일 무렵)

▲ 가을(10월 15일 무렵)

▲ 겨울(1월 15일 무렵)

🎓 **핵심 개념 정리**

· 지구가 태양 주위를 공전하기 때문에 계절에 따라 지구의 위치가 달라집니다.

· 지구의 위치에 따라 밤에 보이는 별자리가 달라져 계절마다 보이는 별자리가 달라집니다.

지구가 공전하니까 보이는 별자리가 달라져.

---

**1** 계절과 그 계절의 밤하늘에서 오랜 시간 볼 수 있는 별자리를 선으로 연결하시오.

(1) 봄 ·               · ㉠ 백조자리

(2) 여름 ·              · ㉡ 사자자리

(3) 가을 ·              · ㉢ 오리온자리

(4) 겨울 ·              · ㉣ 페가수스자리

**2** 다음은 계절에 따라 보이는 별자리가 달라지는 까닭을 알아보는 실험입니다. 지구본이 (가) 위치에서 우리나라가 한밤일 때 관측자 모형에게 가장 잘 보이는 별자리의 이름을 쓰시오.

(                              )

**3** (     ) 안의 알맞은 말에 ○표 하시오.

태양과 ( 같은 , 반대 ) 방향에 있는 별자리는 밤하늘에서 관찰하기 힘들다.

**4** 계절에 따라 보이는 별자리가 달라지는 까닭을 옳게 설명한 것은 어느 것입니까?                    (        )

① 지구가 자전하기 때문에
② 별들이 계속 움직이기 때문에
③ 계절에 따라 별의 밝기가 다르기 때문에
④ 별들이 태양을 중심으로 공전하기 때문에
⑤ 지구가 태양을 중심으로 공전하기 때문에

# 6 여러 날 동안 달의 모양 변화

## 1 °달의 모양 변화 관찰하기 예 +1

음력은 달의 움직임을 보고 만든 달력으로, 한 달의 길이는 29일 또는 30일로 정합니다.

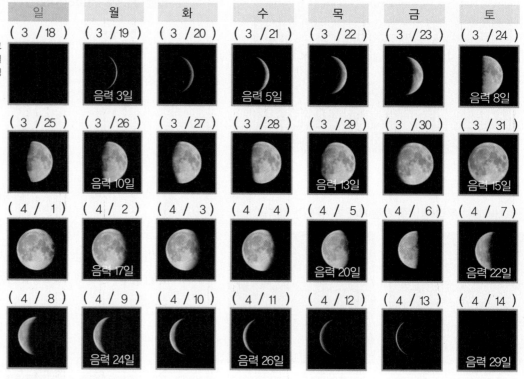

➡ 여러 날 동안 달을 관찰하면 달이 15일 동안 점점 커지다가 보름달이 되면 이후 15일 동안 점점 작아집니다.

## 2 여러 날 동안 관찰한 달의 모양 변화

### (1) 달의 모양과 이름

초승달 → 상현달 → 보름달 → 하현달 → 그믐달

| 달의 모양 | 오른쪽이 불록한 눈썹 모양 | 오른쪽으로 불룩한 반원 모양 | 둥근 공처럼 달의 모양이 모두 보임. | 왼쪽으로 불룩한 반원 모양 | 초승달의 반대 모양 |
|---|---|---|---|---|---|
| 이름 | 초승달 | 상현달 | 보름달 | 하현달 | 그믐달 |

• 여러 날 동안 달의 모양 변화
  • 여러 날 동안 달의 모양은 오른쪽 부분이 보이기 시작하면서 점점 왼쪽으로 커지다가 보름달이 지나면서부터는 오른쪽이 점점 보이지 않게 되고 다시 그믐달 모양이 됩니다.
  • 달은 스스로 빛을 내는 것이 아니라 태양의 빛을 반사하여 밝게 보이므로 태양과 달의 상대적인 위치에 따라 지구에 보이는 모양이 달라집니다.

(2) 음력 2~3일 무렵에는 초승달, 음력 7~8일 무렵에는 상현달, 음력 15일 무렵에는 보름달, 음력 22~23일 무렵에는 하현달, 음력 27~28일 무렵에는 그믐달을 볼 수 있습니다.

(3) 초승달에서 점점 커져서 상현달이 되고, 상현달에서 점점 커져 보름달이 된 뒤, 다시 점점 작아지면서 하현달, 그믐달이 됩니다.

(4) 달의 모양은 약 30일을 주기로 초승달, 상현달, 보름달, 하현달, 그믐달의 순서로 변합니다.

## +1 음력

양력이 태양의 운동을 보고 만든 달력이라면, 음력은 달의 운동을 보고 만든 달력입니다. 그러나 우리나라에서 옛날부터 사용해 온 음력은 달과 태양의 운동을 함께 고려한 것입니다. 그래서 음력을 '태음태양력'이라고도 합니다. 음력에서는 달이 지구와 태양 사이에 있을 때를 매월 1일로 정합니다. 한 달의 길이는 달이 보름달(초승달)에서 다음 보름달(초승달)이 되는 약 29.53일에 맞추기 위해 29일 또는 30일로 정합니다. 이렇게 한 달의 길이와 초하루를 정하는 방법은 달의 운동에 따른 것입니다. 매달 음력의 날짜는 달의 모양이 거의 비슷하게 나타납니다.

**1** 다음 달의 이름을 쓰시오.

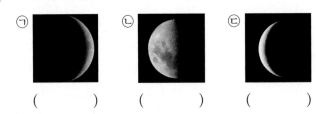

ㄱ (      )    ㄴ (      )    ㄷ (      )

**2** 다음과 같은 달의 모양을 볼 수 있는 날은 언제입니까? (      )

① 음력 2~3일 무렵
② 음력 7~8일 무렵
③ 음력 15일 무렵
④ 음력 22~23일 무렵
⑤ 음력 27~28일 무렵

### 🎓 핵심 개념 정리

- 여러 날 동안 달을 관찰하면 달의 모양이 초승달에서 상현달, 보름달, 하현달, 그믐달의 순서로 변합니다.
- 음력 2~3일 무렵에는 초승달, 음력 7~8일 무렵에는 상현달, 음력 15일 무렵에는 보름달, 음력 22~23일 무렵에는 하현달, 음력 27~28일 무렵에는 그믐달을 볼 수 있습니다.
- 오늘 밤에 본 달이 보름달이라면 약 30일 후에 다시 보름달을 볼 수 있습니다.

**3** 다음이 설명하는 달은 어느 것입니까? (      )

- 음력 15일 무렵에 볼 수 있다.
- 둥근 공처럼 달의 모양이 모두 보인다.

① 보름달        ② 상현달
③ 하현달        ④ 초승달
⑤ 그믐달

오늘은 눈썹 모양 달

12일 후. 짠~ 보름달~

동   남   서      동   남   서

**4** 오늘 보름달을 보았다면 약 30일이 지난 날에는 어떤 달을 볼 수 있습니까? (      )

① 초승달        ② 상현달
③ 보름달        ④ 하현달
⑤ 그믐달

# 7 여러 날 동안 달의 위치 변화

## 1 °여러 날 동안 같은 시각, 같은 장소에서 달의 위치 관측하기

(1) 여러 날 동안 같은 시각, 같은 장소에서 달을 관측하면 달의 모양뿐 아니라 위치도 달라지는 것을 볼 수 있습니다.

(2) 태양이 진 직후에 초승달은 서쪽 하늘에서 보이고, 상현달은 남쪽 하늘에서 보입니다. 그리고 보름달은 동쪽 하늘에서 보입니다.

저녁에 시간을 정해 놓고 남쪽 하늘을 보면서 달의 위치와 모양을 관찰합니다.

▲ 초승달의 위치(음력 2~3일 무렵 저녁 7시)

▲ 상현달의 위치(음력 7~8일 무렵 저녁 7시)

▲ 보름달의 위치(음력 15일 무렵 저녁 7시)

- **달이 보이는 시각**
  - 초승달: 태양이 진 직후에 서쪽 하늘에 낮게 뜹니다.
  - 상현달: 한낮에 떠서 저녁에 남쪽 하늘에 보이고 자정 무렵에 서쪽 하늘로 집니다.
  - 보름달: 태양이 질 무렵에 동쪽 하늘에 떠서 자정에 남쪽 하늘에 보이고 태양이 뜰 무렵에 서쪽 하늘로 집니다. 가장 오랫동안 볼 수 있는 달입니다.
  - 하현달: 자정 무렵에 떠서 이른 아침에 남쪽 하늘에 보이고, 정오 무렵에 서쪽 하늘로 집니다.
  - 그믐달: 새벽에 동쪽 하늘에서 볼 수 있습니다.

## 2 여러 날 동안 달의 위치와 모양 변화 +1

(1) 여러 날 동안 달의 위치는 서쪽에서 동쪽으로 날마다 조금씩 위치를 옮겨 갑니다.

(2) 여러 날 동안 달의 모양도 초승달에서 상현달, 보름달로 달라집니다.

**+1** 음력 15일에서 28일까지 새벽 5시에 관측한 달의 모양과 위치 변화

- 달의 모양은 둥근 모양에서 왼쪽으로 둥근 반달 모양, 눈썹 모양으로 점점 달라집니다.
- 달의 위치는 음력 2일에서 15일까지의 위치 변화처럼 서쪽 하늘에서 동쪽 하늘로 날마다 조금씩 옮겨 갑니다.

**1** 여러 날 동안 태양이 진 직후에 같은 장소에서 관측한 달의 위치와 모양 변화에 대한 설명으로 옳은 것에는 ○표, 옳지 않은 것에는 ×표 하시오.

(1) 태양이 진 직후에 초승달은 서쪽 하늘에서 보입니다.
( )

(2) 태양이 진 직후에 보름달은 남쪽 하늘에서 보입니다.
( )

(3) 달의 위치는 동쪽에서 서쪽으로 날마다 조금씩 옮겨 갑니다.
( )

**2** 다음이 설명하는 달의 모양과 위치로 알맞은 것은 어느 것입니까? ( )

> 태양이 진 직후 음력 2~3일 무렵에 볼 수 있는 달이다.

① ②
③ ④

**3** 오른쪽의 달이 태양이 진 직후에 보이는 방위를 쓰시오.

( )쪽

핵심 개념 정리

- 여러 날 동안 달을 관측하면 달의 위치는 서쪽에서 동쪽으로 날마다 조금씩 옮겨 갑니다.
- 여러 날 동안 달의 모양은 초승달 → 상현달 → 보름달로 달라집니다.

달이 보이는 위치가 매일 달라져.

음력 7~8일 무렵
음력 15일 무렵 음력 2~3일 무렵

**4** 음력 3일부터 음력 15일까지 태양이 진 직후에 관측한 달의 모양과 위치 변화에 대한 설명으로 옳지 <u>않은</u> 것을 보기 에서 골라 기호를 쓰시오.

> **보기**
> ㉠ 달의 모양이 변한다.
> ㉡ 달의 위치가 변한다.
> ㉢ 달의 모양이 점점 커진다.
> ㉣ 달의 모양이 상현달 → 초승달 → 보름달로 변한다.

( )

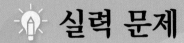

# 실력 문제

**1~2** 다음 실험을 보고, 물음에 답하시오.

> ㉠ 전등을 책상의 가운데에 두고 지구본의 우리나라에 관측자 모형을 붙이고 전등을 켠다.
> ㉡ 전등을 중심으로 지구본을 (가) → (나) → (다) → (라)의 위치에 순서대로 옮기면서 각각의 위치에서 우리나라가 한밤일 때 관측자 모형에게는 교실의 무엇이 보일지 생각한다.

**1** 지구본이 (가) 위치에서 우리나라가 한밤일 때 관측자 모형에게 보이는 교실의 물체는 무엇인지 쓰시오.

| 책상 | 칠판 | 게시판 | 교실 문 |

( )

**2** 위 실험을 통하여 알 수 있는 것은 어느 것입니까?
( )

① 낮과 밤이 생기는 까닭
② 하루 동안 별이 움직이는 까닭
③ 지구에서 날씨 변화가 생기는 까닭
④ 하루 동안 태양의 위치가 변하는 까닭
⑤ 지구의 위치에 따라 보이는 천체의 모습이 달라지는 까닭

**3** 지구의 공전을 나타낸 화살표의 기호를 쓰시오.

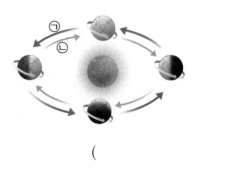

( )

**4** 지구의 공전에 대한 설명으로 옳지 <u>않은</u> 것을 두 가지 고르시오. ( , )

① 지구가 태양을 중심으로 회전한다.
② 낮과 밤이 생기는 현상과 관계 있다.
③ 지구가 일 년에 한 바퀴씩 회전한다.
④ 지구가 서쪽에서 동쪽으로 공전한다.
⑤ 지구가 자전을 할 때에는 공전은 하지 않는다.

**5** 다음 별자리를 오랜 시간 볼 수 있는 계절은 언제입니까? ( )

① 봄 　　　　　 ② 여름
③ 가을 　　　　 ④ 겨울
⑤ 1년 내내

**6** 봄철에 볼 수 <u>없는</u> 별자리는 어느 것입니까?
( )

① 사자자리 　　　 ② 목동자리
③ 처녀자리 　　　 ④ 오리온자리
⑤ 페가수스자리

**7** 다음은 계절에 따라 보이는 별자리가 달라지는 까닭을 설명한 것입니다. ( ) 안에 들어갈 알맞은 말을 쓰시오.

> 지구가 태양 주위를 ( ㉠ )하기 때문에 계절에 따라 ( ㉡ )의 위치가 달라지고, 지구의 위치에 따라 밤에 보이는 별자리가 다르기 때문이다.

㉠: ( ), ㉡: ( )

**8** 음력 7~8일 무렵에 볼 수 있는 달의 모양은 어느 것입니까? ( )

①
②
③
④
⑤

**9** 오른쪽은 3월 21일에 관측한 달의 모양입니다. 3월 28일에 볼 수 있는 달의 모양을 보기 에서 골라 기호를 쓰시오.

3/21(음력 2/15)

보기
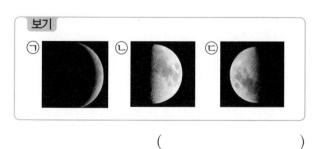

( )

**10** 다음은 무엇을 나타낸 것입니까? ( )

① 하루 동안 달의 모양과 위치 변화
② 하루 동안 태양의 모양과 위치 변화
③ 여러 날 동안의 별자리의 위치 변화
④ 여러 날 동안 태양이 진 직후에 다른 장소에서 관측한 달의 모양과 위치 변화
⑤ 여러 날 동안 태양이 진 직후에 같은 장소에서 관측한 달의 모양과 위치 변화

**11** 음력 3일부터 음력 15일까지 태양이 진 직후에 관측한 달의 모양과 위치 변화에 대한 설명으로 옳지 않은 것은 어느 것입니까? ( )

① 달의 모양이 점점 커진다.
② 달의 위치는 변하지 않는다.
③ 음력 3일 무렵에 서쪽 하늘에서 초승달을 볼 수 있다.
④ 음력 15일 무렵에 동쪽 하늘에서 보름달을 볼 수 있다.
⑤ 달의 모양이 초승달 → 상현달 → 보름달로 달라진다.

**12** 오른쪽은 어느 날 밤 달의 모습을 관측한 것입니다. 7일 뒤 같은 시각, 같은 장소에서 관측할 수 있는 달의 모양과 위치로 옳은 것은 어느 것입니까? ( )

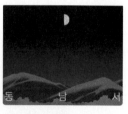

①
②
③
④

# 2 지구와 달의 운동

지구는 자전을 하면서 동시에 공전을 합니다. 지구의 자전으로 하루 동안 보이는 천체의 위치가 달라지고, 지구의 공전으로 계절에 따라 보이는 별자리가 달라집니다.

👁 그림을 보고 배운 개념을 떠올리며 (　) 안에 알맞은 말을 써 보세요.

**개념1 지구의 자전**

매일 한 바퀴씩 서쪽에서 동쪽으로 회전해.

지구의 자전은 지구가 (❶　　　　)에 한 바퀴씩 (❷　　　　)쪽에서 (❸　　　　)쪽으로 회전하는 것입니다. 지구의 자전으로 지구에서 보는 천체가 지구 자전 방향의 (❹　　　　) 방향으로 움직이는 것처럼 보입니다.

**개념2 하루 동안 태양과 달의 위치 변화**

지구가 자전해서 네가 움직여 보였구나.

태양은 움직이지 않아.

하루 동안 태양과 달은 (❺　　　　)쪽 하늘에서 떠서 (❻　　　　)쪽 하늘을 지나 (❼　　　　)쪽 하늘로 지는 것처럼 보입니다. 이렇게 태양과 달의 위치가 달라지는 까닭은 (❽　　　　) 때문입니다.

👁 그림을 보고 배운 개념을 떠올리며 (　) 안에 알맞은 말을 써 보세요.

**개념4 계절에 따라 별자리가 다르게 보이는 까닭**

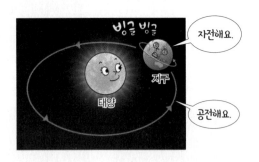

빙글빙글

자전해요.

지구

태양

공전해요.

지구의 공전은 지구가 (⓬　　　　)을/를 중심으로 (⓭　　　　)에 한 바퀴씩 회전하는 것입니다. 지구가 공전하면서 지구의 (⓮　　　　)에 따라서 밤에 보이는 별자리가 달라집니다.

**개념5 여러 날 동안 달의 모양 변화**

오늘은 눈썹 모양 달

12일 후. 짠~ 보름달~

동 남 서　　　동 남 서

음력 2~3일 무렵에는 (⓯　　　　), 음력 7~8일 무렵에는 (⓰　　　　), 음력 15일 무렵에는 (⓱　　　　)을/를 볼 수 있습니다.

### 개념3 낮과 밤이 생기는 까닭

내가 한 바퀴씩 회전하니까 낮이 되었다가 밤이 되었다가 하지.

---

지구가 자전하면서 태양 빛을 받는 쪽은
(❾          )이/가 되고, 태양 빛을 받지
못하는 쪽은 (❿          )이/가 됩니다.
(⓫          ) 때문에 낮과 밤이 하루에 한
번씩 번갈아 나타납니다.

---

### 개념6 여러 날 동안 달의 위치 변화

달이 보이는 위치가 매일 달라져.

음력 7~8일 무렵

음력 15일 무렵          음력 2~3일 무렵

동          남          서

---

여러 날 동안 달을 관측하면 태양이 진 직후
에 초승달은 (⓲          ) 하늘에서 보이
고, 상현달은 (⓳          ) 하늘에서 보이
고, 보름달은 (⓴          ) 하늘에서 보입
니다.

---

옳은 문장에 ○, 틀린 문장에 ✕하세요. 틀린 부분
은 밑줄을 긋고 바른 개념으로 고쳐 써 보세요.

**1** 지구가 자전축을 중심으로 하루에 두 바퀴씩 서쪽에서
동쪽으로 회전하는 것을 지구의 자전이라고 합니다.
(          )

**2** 지구가 자전하기 때문에 하루 동안 태양이 동쪽에서
서쪽으로 움직이는 것처럼 보입니다.     (          )

**3** 하루 동안 별의 위치는 서쪽에서 동쪽으로 움직이는 것
처럼 보입니다.                    (          )

**4** 지구가 자전하면서 태양 빛을 받는 쪽과 받지 못하는
쪽이 생기기 때문에 낮과 밤이 생깁니다. (          )

**5** 태양 빛을 받는 쪽은 밤이 되고, 태양 빛을 받지 못하는
쪽은 낮이 됩니다.                  (          )

**6** 지구의 공전 방향은 동쪽에서 서쪽입니다.
(          )

**7** 계절에 따라 보이는 별자리가 달라지는 까닭은 지구가
태양 주위를 공전하기 때문입니다.      (          )

**8** 여러 날 동안 달의 모양은 약 15일을 주기로 변합니다.
(          )

**9** 여러 날 동안 달의 모양은 초승달, 상현달, 보름달, 하현달,
그믐달의 순서로 변합니다.            (          )

**10** 여러 날 동안 달은 동쪽에서 서쪽으로 날마다 조금씩 위치
를 옮겨 갑니다.                    (          )

※ 한 문항당 5점입니다.

**1** 빠르게 달리는 기차 안에서 창밖을 바라볼 때에 대한 설명으로 옳은 것을 두 가지 고르시오.

( , )

① 실제로 창밖의 나무나 집이 움직인다.
② 내가 탄 기차가 움직인다는 것을 알고 있다.
③ 창밖의 나무나 집이 움직이지 않는 것처럼 보인다.
④ 창밖의 나무나 집이 기차가 달리는 방향과 같은 방향으로 움직이는 것처럼 보인다.
⑤ 창밖의 나무나 집이 기차가 달리는 방향의 반대 방향으로 움직이는 것처럼 보인다.

**2** 다음과 같이 전등을 켜고 지구본을 서쪽에서 동쪽으로 회전할 때 관측자 모형이 본 전등의 모습으로 옳은 것은 어느 것입니까? ( )

① 전등이 정지한 것처럼 보인다.
② 전등이 어두워지는 것처럼 보인다.
③ 전등이 위아래로 움직이는 것처럼 보인다.
④ 전등이 동쪽에서 서쪽으로 움직이는 것처럼 보인다.
⑤ 전등이 서쪽에서 동쪽으로 움직이는 것처럼 보인다.

**3** 하루 동안 관측한 태양의 위치 변화로 옳은 것은 어느 것입니까? ( )

① 동 → 서    ② 서 → 동    ③ 남 → 동
④ 북 → 동    ⑤ 북 → 남

**4** 지구의 자전에 대한 설명으로 옳은 것은 어느 것입니까? ( )

① 지구는 시계 방향으로 자전을 한다.
② 지구는 하루에 세 바퀴씩 자전을 한다.
③ 지구는 이틀에 한 바퀴씩 자전을 한다.
④ 지구가 태양 주위를 회전하는 것을 말한다.
⑤ 지구가 한 바퀴 자전하는 데는 약 24시간이 걸린다.

**5~6** 다음은 하루 동안 관측한 달의 위치 변화를 나타낸 것입니다. 물음에 답하시오.

**5** 위에서 관측한 달의 이름은 무엇인지 쓰시오.

( )

**6** 위 관측에 대한 설명으로 옳은 것은 어느 것입니까? ( )

① ㉠은 서쪽이다.
② ㉡은 북쪽이다.
③ 태양이 공전하기 때문에 일어나는 현상이다.
④ 지구가 자전하기 때문에 일어나는 현상이다.
⑤ 오전 4시 무렵에는 달이 동쪽 하늘에 보일 것이다.

**7** 하루 동안 일어나는 달의 위치 변화에 대한 설명으로 옳은 것은 어느 것입니까? ( )

① 태양 주위를 회전한다.
② 지구 주위를 하루에 한 바퀴씩 회전한다.
③ 남쪽에서 북쪽으로 움직이는 것처럼 보인다.
④ 서쪽에서 동쪽으로 움직이는 것처럼 보인다.
⑤ 동쪽에서 서쪽으로 움직이는 것처럼 보인다.

**8** 다음 현상이 일어나는 원인을 쓰시오.

> • 달, 별과 같은 천체가 하루 동안 동쪽에서 서쪽으로 움직이는 것처럼 보인다.
> • 지구에 낮과 밤이 하루에 한 번씩 번갈아 나타난다.

(            )

**9~10** 다음은 낮과 밤이 생기는 까닭을 알아보는 실험입니다. 물음에 답하시오.

> ㈎ 지구본의 우리나라 위치에 관측자 모형을 붙이고, 전등을 켠다.
> ㈏ 지구본을 돌리면서 우리나라가 낮일 때와 밤일 때 관측자 모형이 어디에 있는지 관찰한다.

**9** 위 실험에서 지구본을 돌리는 방향으로 옳은 것은 어느 것입니까? (     )

① 서쪽에서 동쪽으로 돌린다.
② 동쪽에서 서쪽으로 돌린다.
③ 북쪽에서 남쪽으로 돌린다.
④ 남쪽에서 북쪽으로 돌린다.
⑤ 남동쪽에서 북서쪽으로 돌린다.

**10**
서술형 위 실험으로 알 수 있는 우리나라가 낮일 때와 밤일 때는 언제인지 태양 빛과 관련지어 쓰시오.

_____

_____

**11** 지구의 자전 방향과 공전 방향을 각각 쓰시오.
(1) 자전 방향: (     )쪽 → (     )쪽
(2) 공전 방향: (     )쪽 → (     )쪽

**12~13** 다음은 일 년 동안 지구의 움직임을 알아보는 실험입니다. 물음에 답하시오.

> ㉠ 지구본의 우리나라 위치에 관측자 모형을 붙이고 전등을 켠다.
> ㉡ (            )의 위치에 순서대로 옮긴다.
> ㉢ ㈎, ㈏, ㈐, ㈑ 각각의 위치에서 우리나라가 한밤일 때 관측자 모형에게는 교실의 무엇이 보일지 생각한다.

**12** 위 (   ) 안에 들어갈 실험 방법으로 옳은 것은 어느 것입니까? (     )

① 전등을 ㈎ → ㈏ → ㈐ → ㈑
② 전등을 ㈑ → ㈐ → ㈏ → ㈎
③ 지구본을 ㈎ → ㈏ → ㈐ → ㈑
④ 지구본을 ㈑ → ㈐ → ㈏ → ㈎
⑤ 전등을 ㈑ → ㈐ → ㈏ → ㈎로 옮기고 동시에 지구본을 ㈎ → ㈏ → ㈐ → ㈑

**13*** 위 실험을 통해 알 수 있는 사실로 옳은 것은 어느 것입니까? (     )

① 태양은 지구 주위를 공전한다.
② 지구는 자전을 한 후에 공전을 한다.
③ 지구는 공전하면서 위치가 달라지지 않는다.
④ 지구가 공전하면서 지구의 위치가 바뀌고, 그 위치에 따라 보이는 천체는 같다.
⑤ 지구가 공전하면서 지구의 위치가 바뀌고, 그 위치에 따라 보이는 천체가 달라진다.

**14** 다음은 계절에 따라 보이는 별자리가 달라지는 까닭을 알아보는 실험입니다. 지구본이 ㈎ 위치에서 우리나라가 한밤일 때 관측자 모형이 볼 수 <u>없는</u> 별자리의 이름을 쓰시오.

(                    )

**15** 다음은 계절에 따라 보이는 별자리를 나타낸 것입니다. 겨울철의 밤하늘에서 오랜 시간 볼 수 있는 별자리의 기호를 쓰시오.

(                    )

**16** 겨울철에 여름철의 대표적인 별자리인 거문고자리를 볼 수 <u>없는</u> 까닭으로 옳은 것은 어느 것입니까?
(          )

① 거문고자리는 어두운 별들로 되어 있기 때문에
② 거문고자리는 다른 별자리보다 멀리 있기 때문에
③ 거문고자리는 보이는 별의 크기가 너무 작기 때문에
④ 거문고자리는 다른 별자리들에 의해 가려지기 때문에
⑤ 지구가 겨울철 위치에 있을 때 거문고자리는 태양과 같은 방향에 있어 태양 빛 때문에

**17** 다음은 지구의 공전을 나타낸 것입니다. 지구의 공전으로 나타나는 현상을 우리나라가 한밤일 때 보이는 천체와 관련지어 쓰시오.
서술형

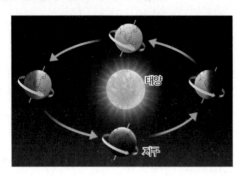

_____

_____

**18*** 여러 날 동안 관찰한 달의 모양에 대한 설명으로 옳지 <u>않은</u> 것은 어느 것입니까?  (          )

① 여러 날 동안 달의 모양은 변한다.
② 상현달에서 보름달이 되고 하현달이 된다.
③ 달의 모양 변화는 7일을 주기로 반복된다.
④ 달이 점점 커지다가 보름달이 된 뒤에는 점점 작아진다.
⑤ 둥근 모양의 달도 있고, 오른쪽이 불룩한 모양의 달도 있다.

**19** 오른쪽과 같은 달은 언제 볼 수 있습니까?  (          )

① 음력 2~3일 무렵
② 음력 7~8일 무렵
③ 음력 15일 무렵
④ 음력 22~23일 무렵
⑤ 음력 27~28일 무렵

**20** 다음 (          ) 안에 들어갈 알맞은 말을 쓰시오.

> 여러 날 동안 같은 시각에 같은 장소에서 달을 관측하면 ( ㉠ )쪽에서 ( ㉡ )쪽으로 날마다 위치가 옮겨 간다는 것을 알 수 있다.

㉠: (                    ), ㉡: (                    )

점수

※ 한 문항당 5점입니다.

1  다음과 같이 남쪽을 향해 섰을 때 서쪽의 기호를 쓰시오.

(       )

2~3  하루 동안 지구의 움직임을 알아보기 위해 다음과 같이 전등을 켜고 지구본의 우리나라 위치에 관측자 모형을 붙이고 실험을 했습니다. 물음에 답하시오. (전등을 태양이라고 가정합니다.)

2  위 실험을 할 때 지구본을 회전시켜야 하는 방향으로 옳은 것은 어느 것입니까? (    )

① 동 → 서
② 서 → 동
③ 남 → 서
④ 북 → 동
⑤ 북 → 남

3*  위 실험을 통해 알 수 있는 사실로 옳은 것은 어느 것입니까? (    )

① 태양과 지구는 먼 거리에 있다.
② 태양과 지구는 같은 방향으로 회전한다.
③ 태양은 실제로 동쪽에서 서쪽으로 움직인다.
④ 지구가 자전하므로 태양이 동쪽에서 서쪽으로 움직이는 것처럼 보인다.
⑤ 태양이 자전하므로 달과 별이 동쪽에서 서쪽으로 움직이는 것처럼 보인다.

4~5  다음은 하루 동안 일어나는 태양의 위치 변화를 순서 없이 나타낸 것입니다. 물음에 답하시오.

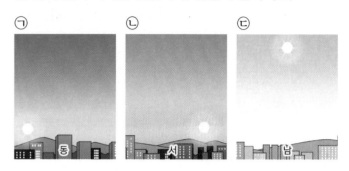

4  위에서 오후 12시 30분 무렵의 태양의 위치를 나타내는 것의 기호를 쓰시오.

(       )

5  위와 같이 하루 동안 태양이 움직이는 것처럼 보이는 까닭을 쓰시오.
서술형

_____

_____

6  다음과 같이 어느 날 해가 진 후에 달을 관측하였더니 동쪽 하늘에 달이 있었습니다. 2시간 간격으로 달을 관측하면 달은 어느 방향으로 움직이는 것처럼 보입니까? (    )

① 동쪽
② 서쪽
③ 북쪽
④ 북서쪽
⑤ 북동쪽

[7~9] 오른쪽은 지구의 낮과 밤을 알아보기 위한 실험입니다. 물음에 답하시오.

**7** 위 실험에서 각각이 나타내는 것을 옳게 연결하지 <u>않은</u> 것은 어느 것입니까? ( )

① 전등 – 달
② 지구본 – 지구
③ 관측자 모형 – 지구에 있는 사람
④ 밝은 부분 – 지구에서 낮인 부분
⑤ 어두운 부분 – 지구에서 밤인 부분

**8** 위 실험에서 지구본을 돌렸을 때에 대한 설명으로 옳은 것은 어느 것입니까? ( )

① 모든 지역이 밤이 된다.
② 모든 지역이 낮이 된다.
③ 낮이었던 지역은 밤이 된다.
④ 밤이었던 지역은 밤이 계속 된다.
⑤ 낮이었던 지역은 낮이 계속 된다.

**9** 위 실험으로 알 수 있는 낮과 밤이 생기는 까닭으로 옳은 것은 어느 것입니까? ( )

① 태양이 자전하기 때문이다.
② 지구가 자전하기 때문이다.
③ 지구가 둥근 모양이기 때문이다.
④ 지구가 달 주위를 회전하기 때문이다.
⑤ 태양이 지구 주위를 회전하기 때문이다.

**10*** 지구의 자전과 공전에 대한 설명으로 옳지 <u>않은</u> 것은 어느 것입니까? ( )

① 지구는 자전과 공전을 동시에 한다.
② 지구가 자전하는 데는 하루, 공전하는 데는 일 년이 걸린다.
③ 지구의 자전은 자전축, 지구의 공전은 태양을 중심으로 회전한다.
④ 지구가 자전하기 때문에 밤하늘에 있는 별이 움직이는 것처럼 보인다.
⑤ 지구가 공전하기 때문에 달이 하루 동안 동쪽에서 서쪽으로 움직이는 것처럼 보인다.

[11~12] 다음 실험을 보고, 물음에 답하시오.

ㄱ 지구본의 우리나라 위치에 관측자 모형을 붙이고 전등을 켠다.
ㄴ 지구본을 ㈎ → ㈏ → ㈐ → ㈑의 위치에 순서대로 옮기면서 각각의 위치에서 우리나라가 한밤일 때 관측자 모형에게는 교실의 무엇이 보일지 생각한다.

**11** 실제 지구가 ㈎에서 시작하여 태양 주위를 돌아 다시 ㈎로 돌아오는 데 걸리는 시간은 얼마인지 쓰시오.

( )일

**12** 위 실험을 통해서 알 수 있는 사실을 쓰시오.

서술형

지구가 ＿＿＿＿＿＿＿＿＿＿＿＿＿ 지구의 위치에 따라 한밤에 향하는 곳이 달라지므로 ＿＿＿＿＿＿＿＿＿＿이/가 달라진다.

**13** 별자리에 대한 설명으로 옳지 <u>않은</u> 것은 어느 것입니까? ( )

① 여름철 별자리는 여름철에만 보인다.
② 계절에 따라 보이는 별자리가 다르다.
③ 태양과 같은 방향에 있는 별자리는 태양 빛 때문에 볼 수 없다.
④ 밤하늘에 무리 지어 있는 별들을 연결하여 이름을 붙인 것이다.
⑤ 어느 계절에 보이는 시간이 긴 별자리를 그 계절의 대표적인 별자리라고 한다.

**14** 다음 별자리를 오랜 시간 볼 수 있는 계절을 쓰시오.

( )

**15** 그림은 지구의 위치에 따라 보이는 별자리를 나타낸 것입니다. 지구가 ㉠의 위치일 때 밤하늘에서 볼 수 없는 별자리의 이름을 쓰시오.

( )

**16~17** 다음은 계절에 따라 보이는 별자리가 달라지는 까닭을 알아보기 위한 실험입니다. 물음에 답하시오.

**16** 위 실험에서 지구본을 (가) → (나) → (다) → (라)의 위치로 옮기는 것은 무엇을 나타냅니까? ( )

① 지구의 자전
② 지구의 공전
③ 태양의 자전
④ 태양의 공전
⑤ 별자리의 공전

**17** 앞 실험을 통해 알 수 있는 계절에 따라 보이는 별자리가 달라지는 까닭으로 옳은 것을 두 가지 고르시오. ( , )

① 낮에는 태양 빛이 너무 밝기 때문이다.
② 지구가 태양을 중심으로 공전하기 때문이다.
③ 태양이 지구를 중심으로 공전하기 때문이다.
④ 별은 지구로부터 멀리 떨어져 있기 때문이다.
⑤ 계절에 따라 지구의 위치가 달라지기 때문이다.

**18** 오른쪽은 어느 날 밤 관찰한 달의 모습입니다. 7일 뒤 관찰할 수 있는 달의 모양은 어느 것입니까?

( )

① 초승달
② 상현달
③ 보름달
④ 하현달
⑤ 그믐달

**19** 여러 날 동안 달의 모양 변화에 대한 설명으로 옳지 <u>않은</u> 것은 어느 것입니까? ( )

① 달의 모양이 조금씩 변한다.
② 상현달에서 점점 커져 보름달이 된다.
③ 달의 모양이 변하는 주기는 약 30일이다.
④ 보름달이 된 뒤에는 달의 모양이 변하지 않는다.
⑤ 음력 1일부터 점점 왼쪽으로 커져 상현달이 된다.

**20** 다음은 여러 날 동안 관측한 달의 모습입니다. 이에 대한 설명으로 옳지 <u>않은</u> 것은 어느 것입니까? ( )

① ㉠ 달은 음력 15일 무렵에 볼 수 있다.
② ㉡ 달은 해가 진 직후에 남쪽에서 보인다.
③ ㉢ 달은 해가 진 직후에 동쪽에서 보인다.
④ 여러 날 동안 달은 서쪽에서 동쪽으로 옮겨 간다.
⑤ 여러 날 동안 같은 시각에 관찰한 달의 모습이다.

## 1~3

### 개념1 지구의 자전

- 지구의 자전은 지구가 자전축을 중심으로 하루에 한 바퀴씩 서쪽에서 동쪽으로 회전하는 것입니다.
- 하루 동안 태양과 달, 별들의 위치가 달라지는 까닭은 지구가 서쪽에서 동쪽으로 자전하기 때문입니다.

오전 7시     오후 12시 30분     오후 6시

▲ 하루 동안 태양의 위치 변화

**1**
빈칸
쓰기
① 지구의 자전은 지구가 하루에 (          )
바퀴씩 (          )쪽에서 (          )쪽으로
회전하는 것입니다.
② 지구의 자전으로 지구에서 보는 천체가
(          )쪽에서 (          )쪽으로 움직이
는 것처럼 보입니다.

**2**
문장
쓰기
다음은 지구의 자전 모습입니다. 지구의 자전이
무엇인지 쓰시오.

지구가 _____

자전축을 중심으로 _____

으로 회전하는 운동입니다.

**3**
서술
완성
다음은 하루 동안 달의 위치 변화를 나타낸 것
입니다. 이와 같이 하루 동안 달의 위치가 달라
지는 것처럼 보이는 까닭을 쓰시오.

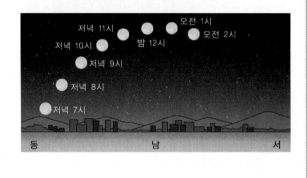

_____

_____

## 4~6

### 개념2 지구의 공전

- 지구의 공전은 지구가 태양을 중심으로 일 년에 한 바퀴씩 서쪽에서 동쪽으로 회전하는 것입니다.
- 계절에 따라 보이는 별자리가 달라지는 까닭은 지구가 태양 주위를 공전하면서 계절에 따라 지구의 위치가 달라지고, 지구의 위치에 따라 밤에 보이는 별자리가 다르기 때문입니다.

▲ 지구의 공전과 계절별 대표적인 별자리

**4**
빈칸
쓰기
① 지구는 자전하면서 동시에 태양을 중심으로
일 년에 한 바퀴씩 (          )합니다.
② 지구가 공전하면서 계절에 따라 지구의 위치
가 (          ).

**5** 문장쓰기 다음은 지구의 운동을 나타낸 것입니다. 지구는 어떻게 운동하는지 쓰시오.

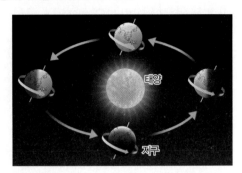

지구는 자전하면서 _____

한 바퀴씩 _____ 회전하는 공전

을 합니다.

**6** 서술완성 계절에 따라 보이는 별자리가 달라지는 까닭을 쓰시오.

_____

_____

**7~9**

개념3 **여러 날 동안 달의 모양과 위치 변화**

• 여러 날 동안 달의 모양 변화

| 초승달 (음력 2~3일 무렵) | 상현달 (음력 7~8일 무렵) | 보름달 (음력 15일 무렵) | 하현달 (음력 22~23일 무렵) | 그믐달 (음력 27~28일 무렵) |
|---|---|---|---|---|

• 여러 날 동안 태양이 진 직후의 달의 위치 변화

| 달 | 초승달 | 상현달 | 보름달 |
|---|---|---|---|
| 위치 | 서쪽 하늘 | 남쪽 하늘 | 동쪽 하늘 |

➡ 여러 날 동안 달의 위치는 서쪽에서 동쪽으로 날마다 조금씩 옮겨 가면서 그 모양도 달라집니다.

**7** 빈칸쓰기 ① 여러 날 동안 달은 초승달, ( ), ( ), ( ), ( )의 순서로 모양이 바뀝니다.
② 태양이 진 직후에 ( )은 서쪽 하늘에서 보이고, ( )은 남쪽 하늘에서 보이고, ( )은 동쪽 하늘에서 보입니다.

**8** 문장쓰기 여러 날 동안 달의 모양은 어떻게 달라지는지 쓰시오.

음력 2~3일 무렵에는 초승달을, _____

_____

그믐달을 볼 수 있습니다.

**9** 서술완성 어느 날 태양이 지고 난 직후에 보름달을 동쪽 하늘에서 관측하였습니다. 이로부터 30일 후에 태양이 지고 난 직후에 다시 보름달을 보았다면 이 보름달은 어느 쪽 하늘에서 보이는지 쓰고, 그 까닭을 쓰시오.

_____

_____

**1** 다음 지구본을 보고, 물음에 답하시오. [12점]

(1) 위 지구본에 지구의 자전 방향을 화살표로 표시 하시오. [2점]

(2) 위 (1)의 답과 같이 표시한 까닭을 쓰시오. [10점]

_____

_____

**2** 다음과 같이 전등을 켜고 지구본의 우리나라 위치 에 관측자 모형을 붙인 다음, 지구본을 서쪽에서 동쪽으로 회전시켰습니다. 관측자 모형에게 전등 의 움직임은 어떻게 보이는지 쓰시오. [8점]

_____

**3** 다음은 어느 날 해가 진 직후에 관측한 달의 모습 입니다. 물음에 답하시오. [12점]

저녁 7시 무렵

동     남     서

(1) 위 ㉠~㉢ 중 밤 12시 무렵에 볼 수 있는 달의 기호를 쓰시오. [2점]

(          )

(2) 위를 보고 알 수 있는 하루 동안의 달의 위치 변화를 쓰시오. [10점]

_____

_____

**4** 다음과 같이 관측자 모형이 위치할 때 우리나라는 낮입니다. 우리나라가 밤이 되는 때는 언제인지 쓰 시오. [8점]

_____

**5** 다음은 일 년 동안 지구의 움직임을 알아보는 실험입니다. 물음에 답하시오. [12점]

○ 지구본의 우리나라 위치에 관측자 모형을 붙이고 전등을 켠다.
○ 지구본을 (가) → (나) → (다) → (라)의 위치에 순서대로 옮기면서 각각의 위치에서 우리나라가 한밤일 때 관측자 모형에게는 교실의 무엇이 보일지 생각한다.

(1) 위 ○에서 지구본을 (가) → (나) → (다) → (라)로 옮기는 것은 지구본을 어느 방향으로 회전시키는 것인지 쓰시오. [2점]

(          )쪽 → (          )쪽

(2) 다음은 지구본의 각 위치에서 우리나라가 한밤일 때 관측자 모형에게 보이는 교실의 물체입니다. 보이는 교실의 물체가 달라지는 까닭을 쓰시오. [10점]

| 위치 | (가) | (나) | (다) | (라) |
|------|------|------|------|------|
| 보이는 물체 | 게시판 | 창문 | 칠판 | 교실 문 |

**6** 다음은 여러 날 동안 달의 모양 변화입니다. 음력 날짜에 따라 달라지는 달의 모양에 대해 쓰시오. [8점]

**7** 다음은 봄철과 가을철 밤하늘에서 볼 수 있는 별자리를 나타낸 것입니다. 봄철에 가을철 대표적인 별자리를 볼 수 없는 까닭을 쓰시오. [8점]

▲ 봄철 별자리          ▲ 가을철 별자리

**8** 다음은 여러 날 동안 관측한 달의 위치 변화입니다. 물음에 답하시오. [12점]

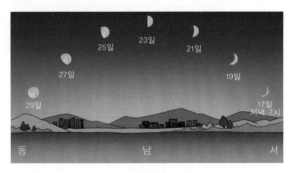

(1) 위와 같이 달을 관측할 때 같게 해야 하는 것을 두 가지 쓰시오. [4점]

같은 (          ), 같은 (          )

(2) 위를 통해 알 수 있는 여러 날 동안의 달의 위치 변화를 쓰시오. [8점]

# 수행 평가

## 2 지구와 달의 운동

| 과제명 | 낮과 밤이 생기는 까닭 알아보기 | 배점 | 20점 |
|---|---|---|---|
| 성취 목표 | 지구의 자전으로 낮과 밤이 생기는 까닭을 설명할 수 있다. | | |

**1~4** 다음은 낮과 밤이 생기는 까닭을 알아보는 실험입니다. 물음에 답하시오.

**1** 위 실험에서 전등은 무엇을 나타내는지 쓰시오. [3점]

( )

**2** 지구본의 우리나라에 있는 관측자 모형이 ㉠에서의 위치에 있을 때의 모습을 다음에서 골라 기호를 쓰시오. [1점]

( )

**3** 다음은 위 실험을 통해 알 수 있는 사실을 정리한 것입니다. ( ) 안에 들어갈 내용을 쓰시오. [6점]

지구가 자전하면서 ( ) 쪽은 낮이 되고, ( ) 쪽은 밤이 된다.

**4** 위 실험으로 보아 만약 지구가 자전하지 않는다면 어떻게 될지 쓰시오. [10점]

_____

_____

## 수행 평가

# **2** 지구와 달의 운동

| 과제명 | 계절에 따라 보이는 별자리가 달라지는 까닭 알아보기 | 배점 | 20점 |
|---|---|---|---|
| 성취 목표 | 지구의 공전과 계절에 따라 보이는 별자리가 달라지는 까닭을 설명할 수 있다. | | |

1~4 다음은 계절에 따라 보이는 별자리가 달라지는 까닭을 알아보기 위한 실험입니다. 물음에 답하시오.

> ㉠ 네 사람이 원을 그리며 전등 주위에 서서 각 계절의 대표적인 별자리 그림을 전등 쪽으로 든다.
>
> ㉡ 전등으로부터 30 cm 정도 떨어진 곳에 지구본을 놓고, 지구본에서 우리나라를 찾아 그곳에 관측자 모형을 붙이고 전등을 켠다.
>
> ㉢ 지구본을 (가) → (나) → (다) → (라)의 위치에 순서대로 옮기면서 각각의 위치에서 우리나라가 한밤일 때 관측자 모형에게 가장 잘 보이는 별자리가 무엇인지 확인한다.

**1** 위 ㉢에서 지구본을 옮기는 것을 보고, 지구가 공전하는 방향을 다음 그림에 화살표로 그리시오. [2점]

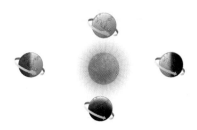

**2** 위 지구본이 (나) 위치에서 우리나라가 한밤일 때 관측자 모형이 볼 수 <u>없는</u> 별자리의 이름을 쓰시오. [2점]

(            )

**3** 위 문제 **2**의 답과 같이 별자리를 볼 수 없는 까닭을 쓰시오. [8점]

_____

**4** 만일 지구가 태양 주위를 공전하지 않고 한 곳에 머물러 있다면 어떤 일이 일어날지 위 실험과 관련하여 쓰시오. [8점]

# 😎 수행 평가

## 2 지구와 달의 운동

| 과제명 | 여러 날 동안 달의 모양과 위치 변화 알아보기 | 배점 | 20점 |
|---|---|---|---|
| 성취 목표 | 여러 날 동안 달의 모양과 위치가 주기적으로 바뀌는 것을 설명할 수 있다. | | |

**1~2** 다음은 여러 가지 달의 모양을 나타낸 것입니다. 물음에 답하시오.

㉠ 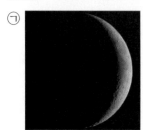  ㉡   ㉢

㉣   ㉤

**1** 3월 29일에 보름달을 관찰하였다면 이날로부터 7일 전인 3월 22일에는 어떤 모양의 달을 관찰할 수 있는지 ㉠~㉤ 골라 기호를 쓰고, 이 달의 이름을 쓰시오. [4점]

(       ,       )

**2** 오늘 그믐달을 보았다면 언제 다시 그믐달을 볼 수 있는지 쓰시오. [2점]

약 (       )일 뒤

**3** 다음은 여러 날 동안 달을 관측하고 기록한 것을 순서에 관계없이 나타낸 것입니다. 관측한 날짜의 순서대로 기호와 그렇게 생각한 까닭을 쓰시오. [14점]

㉠ 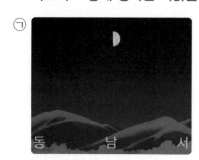 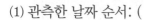  ㉡   ㉢

(1) 관측한 날짜 순서: (      ) → (      ) → (      )

(2) 그렇게 생각한 까닭: _____

# 3

# 여러 가지 기체

**1** 산소의 성질
**2** 이산화 탄소의 성질
**3** 압력에 따른 기체의 부피 변화
**4** 온도에 따른 기체의 부피 변화
**5** 공기를 이루는 여러 가지 기체

# 1 산소의 성질

## 1 •기체 발생 장치 꾸며 산소 발생시키기 +1

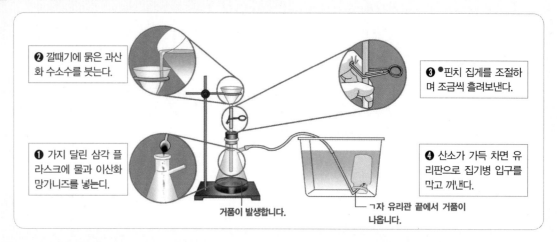

❷ 깔때기에 묽은 과산화 수소수를 붓는다.

❸ •핀치 집게를 조절하며 조금씩 흘려보낸다.

❶ 가지 달린 삼각 플라스크에 물과 이산화 망가니즈를 넣는다.

❹ 산소가 가득 차면 유리판으로 집기병 입구를 막고 꺼낸다.

거품이 발생합니다.

ㄱ자 유리관 끝에서 거품이 나옵니다.

## 2 산소의 성질

(1) 색깔과 냄새가 없습니다.
(2) 다른 물질이 타는 것을 돕는 성질이 있습니다.
(3) 금속을 녹슬게 하는 성질이 있습니다.

| 색깔 | 냄새 | 향불을 넣었을 때 |
|---|---|---|
| 집기병 뒤에 흰 종이를 대고 색깔을 관찰한다. | 집기병의 유리판을 열고 손으로 바람을 일으켜 냄새를 맡아 본다. | 집기병에 향불을 넣어 불꽃의 변화를 관찰한다. |
| | | |
| 색깔이 없다. | 냄새가 없다. | 향불의 불꽃이 커진다. |

## 3 산소의 이용

(1) 생명 유지와 관련된 일에 이용합니다.
(2) 잠수부, 소방관 등이 숨 쉬기 어려울 때 사용하는 •압축 공기통에 넣어 이용합니다.
(3) 산소 캔에 담아 이용합니다. 공부할 때, 운동 후 숨이 찰 때 이용합니다.

▲ 물질이 타는 것을 돕는 산소
└ 로켓의 액체 연료를 태웁니다.

▲ 금속을 녹슬게 하는 산소

▲ 호흡 장치에 이용하는 산소

## 4 불을 피울 때 부채질을 하는 까닭

(1) 불을 피울 때 부채질을 하면 불이 더 잘 붙습니다.
(2) 산소는 다른 물질을 타게 하는 성질이 있으므로 부채질을 해서 산소를 공급하면 불을 더 쉽게 피울 수 있습니다.

• 발생시킨 산소를 물속에서 모으는 까닭
• 산소가 발생할 때 ㄱ자 유리관 끝에서 거품이 발생하며 집기병 속 물이 내려가는 것으로 산소가 발생하는 것을 쉽게 확인할 수 있기 때문입니다.
• 다른 기체와 섞이지 않은 산소를 모을 수 있기 때문입니다.
• 공기 중에서는 산소가 모이는 것을 쉽게 알 수 없기 때문입니다.

• 핀치 집게
고무관을 통해 이동하는 기체나 액체의 흐름을 조절하기 위한 장치

• 압축 공기통
2264 L의 공기를 10.5 L의 통에 압축해서 넣어 숨을 쉬기 어려운 환경에서 호흡을 할 수 있게 해 주는 장치

## +1 기체 발생 장치 꾸미기

❶ 짧은 고무관을 끼운 깔때기를 스탠드의 링에 설치하고, 고무관에 핀치 집게를 끼웁니다.

❷ 유리관을 끼운 고무마개로 가지 달린 삼각 플라스크의 입구를 막습니다.

❸ 깔때기에 연결한 고무관을 고무마개에 끼운 유리관과 연결합니다.

❹ 가지 달린 삼각 플라스크의 가지 부분에 긴 고무관을 끼우고, 고무관 끝에 ㄱ자 유리관을 연결합니다.

❺ 물을 $\frac{2}{3}$ 정도 담은 수조에 물을 가득 채운 집기병을 거꾸로 세웁니다.

❻ ㄱ자 유리관을 집기병 입구에 둡니다. ─ ㄱ자 유리관을 집기병 속으로 너무 깊이 넣지 않습니다.

### 핵심 개념 정리

· 묽은 과산화 수소수와 이산화 망가니즈가 반응하면 산소가 발생합니다.

· 산소는 색깔과 냄새가 없고 다른 물질이 타는 것을 도우며, 금속을 녹슬게 하는 성질이 있습니다.

· 산소는 우리가 숨을 쉴 때 필요하므로 잠수부나 소방관이 사용하는 압축 공기통, 응급 환자의 산소 호흡 장치, 산소 캔 등에 이용됩니다.

산소는 다른 물질을 태우는 데 꼭 필요해요.

---

**1** 다음 기체 발생 장치에서 핀치 집게의 역할은 어느 것입니까? (　　　)

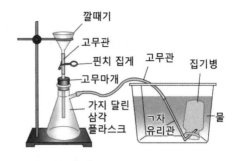

① 발생된 기체가 이동하는 통로이다.
② 기체 반응이 빨리 이뤄지도록 한다.
③ 깔때기의 액체를 조금씩 흘려보낸다.
④ 발생된 기체를 조금씩 집기병으로 보낸다.
⑤ 가지 달린 삼각 플라스크에서 발생된 액체가 올라오지 않게 한다.

**2** 산소를 발생시키는 데 필요한 물질을 옳게 짝 지은 것은 어느 것입니까? (　　　)

① 이산화 망가니즈, 알코올
② 진한 식초, 탄산수소 나트륨
③ 이산화 망가니즈, 진한 식초
④ 석회수, 묽은 과산화 수소수
⑤ 이산화 망가니즈, 묽은 과산화 수소수

**3** 산소의 성질로 옳은 것을 두 가지 고르시오. (　　,　　)

① 노란색이다.
② 색깔이 없다.
③ 금속을 녹슬게 한다.
④ 시큼한 냄새가 난다.
⑤ 톡 쏘는 맛이 나게 한다.

**4** 생활 속에서 산소가 이용되는 예로 옳지 않은 것은 어느 것입니까? (　　　)

① 탄산음료
② 잠수부의 압축 공기통
③ 로켓의 연료를 태울 때
④ 응급 환자의 호흡 장치
⑤ 우주 비행사의 호흡 장치

# 2 이산화 탄소의 성질

## 1 °기체 발생 장치를 꾸미며 이산화 탄소 발생시키기

① 가지 달린 삼각 플라스크에 물을 조금 넣은 뒤 탄산수소 나트륨을 네다섯 숟가락 정도 넣습니다.

② 기체 발생 장치를 꾸밉니다.

③ 진한 식초를 깔때기에 $\frac{1}{2}$ 정도 붓습니다.

④ 핀치 집게를 조절하여 진한 식초를 조금씩 흘려보냅니다.

⑤ ㄱ자 유리관을 집기병 입구 가까이에 두고 이산화 탄소를 모읍니다.

⑥ 진한 식초를 더 넣어 집기병에 이산화 탄소를 모으고, 이산화 탄소가 집기병에 가득 차면 물속에서 유리판으로 집기병 입구를 막고 집기병을 꺼냅니다.

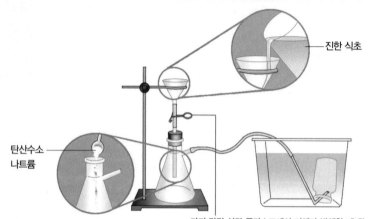

진한 식초

탄산수소
나트륨

가지 달린 삼각 플라스크에서 기체가 발생할 때에는
핀치 집게를 열지 않아야 합니다.

- **생활 속에서 이산화 탄소 기체를 모을 수 있는 다른 방법**
  - 진한 식초 대신 레몬즙을 사용합니다.
  - 탄산음료를 흔들어 이산화 탄소를 모읍니다.
  - 드라이아이스로 이산화 탄소를 모읍니다.

- **이산화 탄소를 만나 뿌옇게 된 석회수**

석회수

▲ 이산화 탄소를 만나기
전과 만난 후 석회수

- **드라이아이스**
  이산화 탄소를 높은 압력, 낮은 온도의 조건을 맞춰 고체로 변화시킨 물질

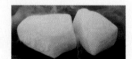

▲ 드라이아이스

## 2 이산화 탄소의 성질

(1) 색깔과 냄새가 없습니다.

(2) 불을 끄게 하는 성질이 있습니다. 이산화 탄소가 든 집기병에 향불을 넣으면 향불의 불꽃이 작아지다가 꺼집니다.

(3) °석회수를 뿌옇게 만드는 성질이 있습니다. +1
└ 이산화 탄소가 든 집기병에 석회수를 넣고 흔들면 석회수가 뿌옇게 흐려집니다.

## 3 이산화 탄소의 이용

(1) 물질이 타는 것을 막는 성질이 있어 소화기에 이용합니다.

(2) °드라이아이스를 만드는 데 이용합니다.

(3) 탄산음료의 톡 쏘는 맛을 내는 데 이용합니다. +2

(4) 위급할 때 순식간에 부풀어 오르는 자동 팽창식 구명조끼에 이용합니다.

▲ 소화기에 이용하는
이산화 탄소

▲ 탄산음료에 이용하는
이산화 탄소

▲ 자동 팽창식 구명조끼에
이용하는 이산화 탄소

**+1 날숨에 들어 있는 이산화 탄소를 확인하는 방법**

석회수가 들어 있는 집기병에 빨대를 이용하여 날숨을 불어 넣고 집기병을 흔들어 석회수가 뿌옇게 흐려지는지 확인합니다.

**+2 탄산음료에 생긴 거품을 본 경험**

• 탄산음료가 든 용기의 마개를 따면 거품이 생깁니다.

• 탄산음료를 흔들면 거품이 생깁니다.

• 탄산음료에 꽂은 빨대에 거품이 달라붙었습니다.

• 탄산음료에 거품이 생기는 까닭는 이산화 탄소가 들어 있기 때문입니다.

▲ 탄산음료 속 거품

🎓 **핵심 개념 정리**

• 탄산수소 나트륨과 진한 식초를 반응시키면 이산화 탄소가 발생합니다.

• 이산화 탄소는 색깔과 냄새가 없습니다. 또, 물질이 타는 것을 막고 석회수를 뿌옇게 만드는 성질이 있습니다.

• 이산화 탄소는 소화기, 드라이아이스, 탄산음료의 재료, 위급할 때 순식간에 부풀어 오르는 자동 팽창식 구명조끼 등에 이용합니다.

이산화 탄소를 뿌리면 난 살 수가 없어!

소화기

---

**1~3** 오른쪽과 같이 기체 발생 장치를 이용하여 이산화 탄소를 발생시켜 보았습니다. 물음에 답하시오.

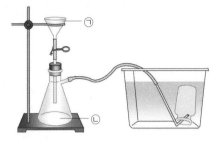

**1** 이산화 탄소를 발생시키기 위해 ㉠과 ㉡에 넣어야 하는 물질을 옳게 짝 지은 것은 어느 것입니까? 　　( 　 )

|  | ㉠ | ㉡ |
|---|---|---|
| ① | 알코올 | 이산화 망가니즈 |
| ② | 진한 식초 | 탄산수소 나트륨 |
| ③ | 탄산수소 나트륨 | 진한 식초 |
| ④ | 이산화 망가니즈 | 탄산수소 나트륨 |
| ⑤ | 탄산수소 나트륨 | 이산화 망가니즈 |

**2** 위 실험에 대한 설명으로 옳지 <u>않은</u> 것은 어느 것입니까? 　　　　　　　　　　　　　　　　( 　 )

① 이산화 탄소는 물속에서 모을 수 있다.

② ㄱ자 유리관을 집기병 속에 깊숙이 넣는다.

③ 기체가 발생할 때에는 핀치 집게를 열지 않는다.

④ 발생한 이산화 탄소는 고무관을 통해 집기병으로 이동한다.

⑤ 이산화 탄소가 발생하면 가지 달린 삼각 플라스크에서 기포가 발생한다.

**3** 이산화 탄소의 색깔과 냄새를 옳게 짝 지은 것은 어느 것입니까? 　　　　　　　　　　　　　( 　 )

| | 색깔 | 냄새 | | 색깔 | 냄새 |
|---|---|---|---|---|---|
| ① | 없다. | 없다. | ② | 노란색 | 없다. |
| ③ | 푸른색 | 없다. | ④ | 없다. | 시큼한 냄새 |
| ⑤ | 없다. | 고소한 냄새 | | | |

**4** 생활 속에서 이산화 탄소를 이용하는 예로 옳지 <u>않은</u> 것은 어느 것입니까? 　　　　　　　　　( 　 )

① 드라이아이스에 이용한다.

② 불을 끄는 소화기에 이용한다.

③ 자동 팽창식 구명조끼에 이용한다.

④ 생명 유지와 관련된 것에 이용한다.

⑤ 톡 쏘는 맛이 나는 탄산음료에 이용한다.

1~3 다음 기체 발생 장치를 보고, 물음에 답하시오.

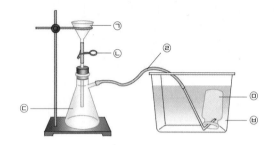

**1** 위의 기체 발생 장치를 꾸밀 때 필요한 도구가 <u>아닌</u> 것은 어느 것입니까? (      )

① 수조
② 비커
③ 깔때기
④ 고무관
⑤ 가지 달린 삼각 플라스크

**2** 위의 실험 장치에서 ㉡의 이름은 어느 것입니까? (      )

① 깔때기
② 스포이트
③ 핀치 집게
④ 페트리 접시
⑤ 삼각 플라스크

**3** 위의 실험 장치에서 산소를 발생시킬 때 묽은 과산화 수소수를 넣어야 할 곳의 기호를 쓰시오.

(      )

4~5 다음과 같이 집기병에 모은 산소의 성질을 알아보려고 합니다. 물음에 답하시오.

유리판

**4** 위의 집기병 속 산소의 색깔을 확인하는 방법으로 옳은 것은 어느 것입니까? (      )

① 집기병에 손전등을 비춰 본다.
② 집기병을 거꾸로 뒤집어 본다.
③ 집기병 속에 향불을 넣어 본다.
④ 집기병 뒤에 흰 종이를 대어 본다.
⑤ 집기병 위에 검은색 종이를 대어 본다.

**5** 위 산소가 든 집기병의 유리판을 열고 손으로 바람을 일으켜 냄새를 맡으면 어떤 냄새가 납니까?

(      )

① 식초 냄새가 난다.
② 나무 타는 냄새가 난다.
③ 설탕 타는 냄새가 난다.
④ 아무 냄새도 나지 않는다.
⑤ 참기름처럼 고소한 냄새가 난다.

**6** 산소를 이용한 예로 옳은 것은 어느 것입니까?

(      )

① 불을 끌 때 이용한다.
② 양초를 태울 때 이용한다.
③ 물을 소독할 때 이용한다.
④ 소화기를 만들 때 이용한다.
⑤ 탄산음료의 톡 쏘는 맛을 낼 때 이용한다.

**7** 공기 중에 산소의 양이 지금보다 더 많아지면 생길 수 있는 일을 보기 에서 골라 기호를 쓰시오.

> 보기
> ㉠ 불을 끄기 쉽다.
> ㉡ 화재 발생 횟수가 줄어든다.
> ㉢ 숨 쉴 때 적은 횟수로 숨을 쉴 수 있다.
> ㉣ 한 번 숨을 쉴 때 들이마시는 산소의 양이 적어진다.

( )

**8** 탄산수소 나트륨과 진한 식초를 반응시켜 이산화 탄소가 발생하는 실험에서 진한 식초 대신 사용할 수 있는 것은 어느 것입니까? ( )

① 분필
② 레몬즙
③ 석회석
④ 조개껍데기
⑤ 묽은 과산화 수소수

**9** 이산화 탄소를 물속에서 모으는 까닭으로 옳은 것은 어느 것입니까? ( )

① 발생되는 기체의 온도를 낮추기 위해서
② 기체의 색깔이 변하지 않게 하기 위해서
③ 물속에 있는 이산화 탄소까지 모으기 위해서
④ 기체가 모아지는 것을 쉽게 확인하기 위해서
⑤ 발생되는 기체의 양이 많아지게 하기 위해서

**10** 집기병에 들어 있는 기체가 이산화 탄소인지 확인하기 위해 필요한 물질은 무엇입니까? ( )

① 물
② 식초
③ 석회수
④ 묽은 염산
⑤ 묽은 과산화 수소수

**11** 이산화 탄소의 성질에 대한 설명으로 옳은 것은 어느 것입니까? ( )

① 노란색이며, 냄새가 없다.
② 작은 불꽃을 크게 만들어 준다.
③ 다른 물질이 타는 것을 막아 준다.
④ 주변의 온도에 따라 색깔이 변한다.
⑤ 사이다에 통과시키면 사이다가 뿌옇게 흐려진다.

**12** 다음과 같이 탄산음료의 톡 쏘는 맛을 내는 데 이용되는 기체는 어느 것입니까? ( )

① 산소
② 질소
③ 수소
④ 헬륨
⑤ 이산화 탄소

# 3 압력에 따른 기체의 부피 변화

## 1 압력에 따른 기체의 부피 변화 관찰하기 +1

| 탐구 과정 | ① 주사기에 공기를 40 mL 넣은 뒤 주사기의 입구를 손가락으로 막는다. ② 주사기의 피스톤을 약하게 눌러 공기의 부피 변화를 관찰해 본다. ③ 주사기의 피스톤을 세게 눌러 공기의 부피 변화를 관찰해 본다. |
|---|---|

| 탐구 결과 | 구분 | 피스톤을 약하게 누를 때 | 피스톤을 세게 누를 때 |
|---|---|---|---|
| | 공기의 부피 변화 | • 피스톤이 조금 들어간다. • 공기의 부피가 조금 작아진다. | • 피스톤이 많이 들어간다. • 공기의 부피가 많이 작아진다. |

| 알 수 있는 사실 | 압력을 세게 가할수록 기체의 부피가 많이 작아진다. |
|---|---|

## 2 압력에 따른 기체의 부피 변화 +2

(1) 기체는 압력을 가한 정도에 따라 부피가 달라집니다.

(2) 압력을 약하게 가하면 부피가 조금 작아지고, 압력을 세게 가하면 부피가 많이 작아집니다.

## 3 생활 속에서 압력 변화에 따라 기체의 부피가 달라지는 예

(1) ˙비행기 안의 압력은 땅보다 하늘에서 더 낮기 때문에 비행기 안에 있는 과자 봉지는 땅에서보다 하늘을 나는 동안 더 많이 부풀어 오릅니다.

(2) ˙깊은 바닷속에서 잠수부의 날숨으로 생긴 공기 방울은 물 표면으로 올라갈수록 주위의 압력이 낮아지기 때문에 더 크게 부풀어 오릅니다.

(3) 에어 농구화의 공기는 뛰어올랐다가 땅에 닿을 때 부피가 작아집니다.

(4) 건물에서 화재가 발생했을 때 공기 안전 매트로 뛰어내리면 공기 안전 매트가 움푹 들어갑니다.

(5) 풍선은 하늘 위로 올라갈수록 주변의 압력이 낮아지면서 풍선 속 기체의 부피가 커져 풍선이 커집니다.

### • 높은 산 위와 산 아래에서 빈 페트병의 변화

높은 산 위에서 빈 페트병을 마개로 닫은 뒤 산 아래로 내려오면 페트병이 찌그러져 있는 것을 볼 수 있습니다. 그 까닭은 높은 산 위와 산 아래의 공기 압력이 다르기 때문입니다.

▲ 높은 산 위와 산 아래에서 빈 페트병의 모습
높은 산 위에 비해 산 아래의 압력이 크기 때문에 빈 페트병이 찌그러지는 것입니다.

### • 마개를 닫은 빈 페트병을 가지고 바닷속 깊이 들어간 경우

바닷속으로 깊이 들어갈수록 주위의 압력이 세지기 때문에 빈 페트병은 점점 많이 찌그러집니다.

▲ 잠수부가 내뿜은 공기 방울

▲ 신발을 신었을 때 밑창의 공기 주머니

**+1** 풍선이 들어 있는 주사기의 입구를 막고 피스톤을 눌렀을 때 풍선의 부피 변화

• 피스톤을 약하게 누를 때 풍선의 부피는 조금 작아집니다.

• 피스톤을 세게 누를 때 풍선의 부피는 많이 작아집니다. → 압력을 세게 가할수록 기체의 부피가 많이 작아집니다.

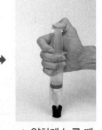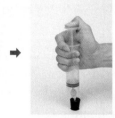
—풍선

▲ 약하게 누를 때        ▲ 세게 누를 때

**+2** 공기와 물을 각각 40 mL씩 넣은 주사기의 입구를 손가락으로 막고 피스톤을 눌렀을 때 공기와 물의 부피 변화

• 공기와 같은 기체는 압력을 가한 정도에 따라 부피가 달라지므로 피스톤이 들어갑니다.

• 물과 같은 액체는 압력을 가해도 부피가 거의 변하지 않으므로 피스톤이 거의 들어가지 않습니다.

🎓 **핵심 개념 정리**

• 기체의 부피는 가하는 압력에 따라 변합니다.

• 기체에 압력을 세게 가할수록 기체의 부피가 많이 작아집니다.

• 기체에 가하는 압력이 높아지면 기체의 부피는 작아지고, 기체에 가하는 압력이 낮아지면 기체의 부피는 커집니다.

• 비행기 안에 있는 과자 봉지는 땅에서보다 하늘을 나는 동안 더 많이 부풀어 오릅니다.

기체에 압력을 가하면 부피가 작아져.

**1** 오른쪽과 같이 공기를 넣은 주사기의 입구를 손으로 막고 피스톤을 눌렀더니 피스톤이 주사기 안으로 들어갔습니다. 이를 통해 알 수 있는 사실은 어느 것입니까?

(     )

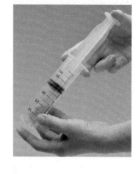

① 기체는 눈에 보이지 않는다.
② 기체의 모양은 항상 일정하다.
③ 기체에 압력을 가하면 부피가 커진다.
④ 기체에 압력을 가하면 부피가 작아진다.
⑤ 기체는 압력을 가해도 부피가 변하지 않는다.

**2** 다음 ( ) 안에 들어갈 알맞은 말을 순서대로 쓰시오.

> 공기를 넣은 주사기의 입구를 손가락으로 막고 피스톤을 (    ) 누르면 주사기 속 기체의 부피가 조금 작아지고, 피스톤을 (    ) 누르면 주사기 속 기체의 부피가 많이 작아진다.

(      ,      )

**3** 높은 산 위에서 빈 페트병의 마개를 닫고 산 아래로 내려왔더니 빈 페트병이 찌그러졌습니다. 그 까닭으로 옳은 것을 보기 에서 골라 기호를 쓰시오.

높은 산 위      산 아래

▲ 높은 산 위와 산 아래에서 빈 페트병의 모습

> **보기**
> ㉠ 높은 산 위보다 산 아래의 압력이 높기 때문에
> ㉡ 높은 산 위보다 산 아래의 압력이 낮기 때문에
> ㉢ 산의 높이가 변해도 압력이 변하지 않기 때문에

(       )

# 4 온도에 따른 기체의 부피 변화

## 1 °온도에 따른 기체의 부피 변화 관찰하기 ➕1

| 탐구 과정 | ① 삼각 플라스크 입구에 고무풍선을 씌운 다음, 뜨거운 물이 담긴 비커에 넣고 고무풍선의 변화를 관찰해 본다.<br>② ①의 삼각 플라스크를 얼음물이 담긴 비커에 넣고 고무풍선의 변화를 관찰해 본다.<br>③ 온도 변화에 따라 기체의 부피가 어떻게 달라지는지 설명해 본다. |
|---|---|

| 탐구 결과 | 구분 | 뜨거운 물 | 얼음물 |
|---|---|---|---|
| | 공기의 부피 변화 | • 고무풍선이 부풀어 오른다.<br>• 고무풍선 속 공기의 부피가 커진다. | • 고무풍선이 오그라든다.<br>• 고무풍선 속 공기의 부피가 작아진다. |

| 알 수 있는 사실 | 온도가 높아지면 기체의 부피는 커지고, 온도가 낮아지면 기체의 부피는 작아진다. |
|---|---|

## 2 온도에 따른 기체의 부피 변화

(1) 기체는 온도에 따라 부피가 달라집니다.

(2) 기체의 온도가 높아지면 기체의 부피는 커지고, 기체의 온도가 낮아지면 기체의 부피는 작아집니다.

## 3 °생활 속에서 온도 변화에 따라 기체의 부피가 달라지는 예

(1) 뜨거운 음식을 비닐 랩으로 포장하면 비닐 랩이 볼록하게 부풀어 오릅니다.

(2) 비닐 랩으로 포장한 음식이 식으면 윗면이 오목하게 들어갑니다.

(3) 물이 조금 담긴 페트병을 마개로 막아 냉장고에 넣고 시간이 지난 뒤 살펴보면 페트병이 찌그러져 있습니다. 냉장고 속에 있는 찌그러진 페트병을 냉장고 밖에 꺼내 놓으면 페트병 속 기체의 온도가 높아져서 부피가 커지기 때문에 찌그러진 페트병이 다시 펴집니다.

(4) 찌그러진 탁구공을 뜨거운 물에 넣으면 찌그러진 부분이 펴집니다.

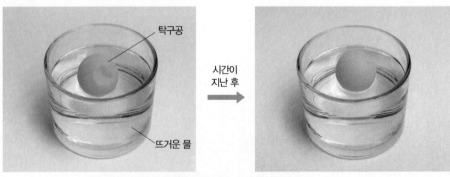

▲ 찌그러진 부분이 펴진 탁구공

---

• 물방울이 든 플라스틱 스포이트를 뒤집어서 뜨거운 물이 든 비커와 얼음물이 든 비커에 각각 넣었을 때 물방울이 움직이는 방향
뜨거운 물에서는 물방울이 올라가고, 얼음물에서는 물방울이 내려갑니다.

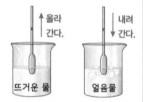

▲ 플라스틱 스포이트 속 물방울이 움직이는 방향

• 뜨거운 물에서 고무풍선이 커진 까닭
뜨거운 물 때문에 삼각 플라스크 속 공기의 부피가 늘어났기 때문입니다.

• 차가운 빈 병 입구에 동전을 올려놓고 병을 두 손으로 감싸면 동전이 들썩거리는 까닭
병을 손으로 감싸면 병 속에 있는 기체의 온도가 높아지고 병 속 기체의 부피가 커집니다. 이때 공기의 부피가 커지면서 동전을 밀어 올리기 때문에 동전이 들썩거립니다.

+1 **온도에 따른 주사기 속 기체의 부피 변화 관찰하기**

[탐구 과정]

❶ 주사기 두 개에 공기를 40 mL씩 넣은 뒤 주사기 입구를 주사기 마개로 막습니다.

❷ 주사기를 뜨거운 물과 차가운 물에 넣고 공기의 부피 변화를 관찰해 봅니다.

[탐구 결과]

• 주사기를 뜨거운 물에 넣으면 주사기 안 공기(기체)의 부피가 늘어나기 때문에 피스톤이 밖으로 밀려 나갑니다.

• 주사기를 차가운 물에 넣으면 주사기 안 공기(기체)의 부피가 줄어들기 때문에 피스톤이 안으로 빨려 들어갑니다.

▲ 뜨거운 물에 넣었을 때

▲ 차가운 물에 넣었을 때

🎓 **핵심 개념 정리**

• 기체는 온도에 따라 부피가 달라집니다.

• 온도가 높아지면 기체의 부피는 커지고, 온도가 낮아지면 기체의 부피는 작아집니다.

• 뜨거운 음식을 비닐 랩으로 포장하면 비닐 랩이 볼록하게 부풀어 오릅니다.

• 물이 조금 담긴 페트병을 마개로 막아 냉장고에 넣고 시간이 지난 뒤 살펴보면 페트병이 찌그러져 있습니다.

온도가 높아지면 기체의 부피가 커져.

**1~2** 다음과 같이 고무풍선을 씌운 삼각 플라스크를 뜨거운 물이 든 비커와 얼음물이 든 비커에 넣었습니다. 물음에 답하시오.

뜨거운 물 ——                    —— 얼음물

**1** 위 실험에서 다르게 해 준 조건은 어느 것입니까?

(          )

① 물의 양                    ② 물의 온도
③ 고무풍선의 크기            ④ 고무풍선이 부푼 정도
⑤ 비커와 삼각 플라스크의 크기

**2** 위 실험에서 고무풍선을 씌운 삼각 플라스크를 얼음물에 넣은 결과를 골라 기호를 쓰시오.

ㄱ           ㄴ

(          )

**3** 온도의 변화에 따라 기체의 부피가 변하는 현상으로 옳지 <u>않은</u> 것을 보기 에서 골라 기호를 쓰시오.

보기

㉠ 하늘을 나는 비행기 안에 있는 과자 봉지가 부풀어 커진다.

㉡ 비닐 랩으로 포장한 음식이 식으면 윗면이 오목하게 들어간다.

㉢ 뜨거운 음식을 비닐 랩으로 포장하면 비닐 랩이 볼록하게 부풀어 오른다.

㉣ 냉장고 속에서 찌그러진 페트병을 냉장고 밖에 꺼내 놓으면 찌그러진 페트병이 펴진다.

(          )

# 5 공기를 이루는 여러 가지 기체

## 1 공기를 이루는 기체 +1

(1) 공기는 여러 가지 기체가 섞여 있는 혼합물입니다.

(2) 공기는 질소와 산소가 대부분이며, 이산화 탄소, 헬륨, 네온 등의 여러 가지 기체도 섞여 있습니다.

(3) 공기를 이루는 기체는 우리 생활에서 다양하게 이용되고 있습니다.

## 2 생활 속에서 기체의 이용

수소는 탈 때 물이 생성되고, 오염 물질이 나오지 않는 청정 연료입니다.

| 산소 | 질소 | 수소 |
|---|---|---|
| <br>▲ 호흡 장치 | 혈액, 세포 등을 보존할 때도 이용합니다.<br><br>▲ 질소 충전 포장 | <br>▲ 수소 연료 |
| 응급 환자의 호흡 장치, 잠수부의 압축 공기통, 우주 비행사의 호흡 장치, 물질의 연소에 이용한다. | 사과와 같은 과일을 신선하게 유지하거나 식품의 내용물(과자, 차 등)을 보관할 때, 비행기 타이어나 자동차 에어백을 채우는 데 이용한다. | ●수소 발전소에서는 수소 기체를 이용해 전기를 만들고, 수소 자동차, 수소 자전거에도 이용한다. |

| 네온 | 헬륨 | 이산화 탄소 |
|---|---|---|
| <br>▲ 네온 광고 | <br>▲ 헬륨 풍선 | <br>▲ 탄산음료 |
| • 가게를 홍보하는 네온 광고에 네온을 넣어 이용한다.<br>• 특유한 빛을 내는 조명 기구에 이용한다. | • 비행선, 풍선이나 기구에 넣어 이용한다.<br>• 목소리를 ●변조하거나 ●냉각제로 이용한다. | 소화기, 드라이아이스, 탄산음료의 재료, 자동 팽창식 구명조끼에 이용한다. |

● **수소 발전**
수소 발전은 수소 연료 전지에 수소 기체를 이용하여 전기를 생산합니다. 수소 발전으로 전기를 발생시킨 후 이산화 탄소와 같은 공해 물질이 전혀 나오지 않고, 물이 나옵니다.

● **변조**
보통과 다른 상태가 되거나 또는 상태를 바꾸는 것

● **냉각제**
물체의 온도를 낮추는 데 사용하는 물질

## 3 공기가 한 가지 기체로만 이루어져 있다면 생길 수 있는 일

(1) 만약 공기가 산소로만 이루어져 있다면 불이 쉽게 나고, 식물이 잘 자라지 못할 것 같습니다.

(2) 만약 공기가 이산화 탄소로만 이루어져 있다면 생물이 살 수 없고, 불이 잘 나지 않을 것 같습니다.

## ➕1 공기를 이루는 여러 가지 기체의 특징

| | |
|---|---|
| 산소 | • 냄새와 색깔이 없다.<br>• 금속을 녹슬게 하는 성질이 있다.<br>• 물질이 타는 데 필요한 기체이다.<br>• 호흡을 할 때 꼭 필요한 기체이다. |
| 질소 | • 공기의 대부분을 차지하는 기체로서, 쉽게 구할 수 있고 냄새와 색깔이 없다.<br>• 다른 물질과 잘 반응하지 않는 성질이 있다. |
| 수소 | • 가장 가벼운 기체이고, 냄새와 색깔이 없다.<br>• 불에 잘 타고 탈 때 공해 물질을 내뿜지 않는 청정 연료이다. |
| 네온 | • 특유의 빛을 낸다. |
| 헬륨 | • 공기보다 가볍다. |
| 이산화 탄소 | • 냄새와 색깔이 없다.<br>• 불을 끄게 하는 성질이 있다.<br>• 석회수를 뿌옇게 만드는 성질이 있다. |

### 핵심 개념 정리

• 공기는 여러 가지 기체가 섞여 있는 혼합물로, 대부분 질소와 산소로 이루어져 있습니다.

• 질소는 식품의 내용물을 보존하거나 신선하게 보관하는 데 이용됩니다.

• 수소는 청정 연료로, 전기를 만드는 데 이용됩니다.

• 네온은 특유의 빛을 내는 조명 기구나 네온 광고에 이용됩니다.

• 헬륨은 비행선이나 풍선을 공중에 띄우는 용도로 이용됩니다.

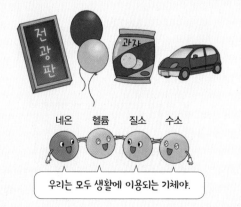

네온    헬륨    질소    수소

우리는 모두 생활에 이용되는 기체야.

**1** 공기에 대한 설명입니다. ㉠과 ㉡에 들어갈 알맞은 말을 쓰시오.

> 공기는 여러 가지 기체가 섞여 있는 ( ㉠ )이다. 공기는 대부분 질소와 ( ㉡ )(으)로 이루어져 있으며, 이 밖에도 여러 가지 기체가 섞여 있다.

㉠: (                ), ㉡: (                )

**2** 수소에 대한 설명으로 옳지 <u>않은</u> 것은 어느 것입니까?
(        )

① 불이 붙지 않는다.
② 청정 연료로 이용된다.
③ 탈 때 오염 물질이 나오지 않는다.
④ 물에서 얻을 수 있어서 양이 풍부하다.
⑤ 자동차, 연료 전지 등 많은 분야에 이용된다.

**3** 다음은 우리 생활에서 기체가 이용된 경우를 나타낸 것입니다. 이 기체는 무엇입니까? (        )

> 응급 환자의 호흡 장치, 잠수부의 압축 공기통

① 산소          ② 헬륨
③ 질소          ④ 네온
⑤ 이산화 탄소

**4** 공기보다 가벼워 비행선이나 다음과 같은 풍선을 공중에 띄울 때 이용되는 기체는 무엇인지 쓰시오.

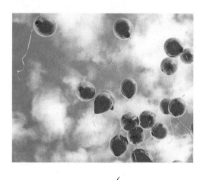

(                )

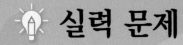
**1** 오른쪽과 같이 공간을 조금 남기고 물을 채운 플라스틱 스포이트의 끝부분을 손가락으로 막고, 머리 부분을 손가락으로 누르면 어떻게 됩니까? ( )

① 스포이트의 길이가 길어진다.
② 스포이트 속으로 공기가 들어간다.
③ 스포이트 속 공기의 부피가 커진다.
④ 스포이트 속 공기의 부피가 작아진다.
⑤ 스포이트 속에서 공기가 차지하는 공간이 더 커진다.

**2** 같은 양의 공기가 든 주사기의 피스톤을 눌렀을 때의 모습입니다. 더 세게 누른 것의 기호를 쓰시오.

ⓐ 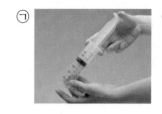　　ⓑ

( )

**3** 위 **2**의 실험에서 다르게 한 조건을 보기 에서 골라 기호를 쓰시오.

> 보기
> ㉠ 주사기의 종류
> ㉡ 주사기에 넣은 물질의 양
> ㉢ 주사기에 넣은 물질의 종류
> ㉣ 주사기의 피스톤을 누르는 힘

( )

**4** 다음과 같이 물이 든 페트병 속 공기 방울의 크기를 작게 만드는 방법으로 옳은 것은 무엇입니까? ( )

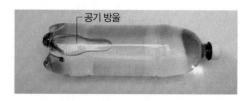
공기 방울

① 페트병을 세운다.
② 페트병을 흔든다.
③ 페트병을 기울인다.
④ 페트병을 손으로 누른다.
⑤ 페트병을 따뜻한 곳에 둔다.

**5** 압력 변화에 따라 기체의 부피가 변하는 경우로 옳지 **않은** 것을 보기 에서 골라 기호를 쓰시오.

> 보기
> ㉠ 헬륨 풍선은 하늘 높이 올라가면 터진다.
> ㉡ 잠수부가 내뿜는 공기 방울이 올라가면서 커진다.
> ㉢ 비닐 랩으로 포장한 음식이 식으면 윗면이 오목하게 들어간다.
> ㉣ 에어 농구화의 공기는 뛰어올랐다가 땅에 닿을 때 부피가 작아진다.

( )

**6** 물방울이 든 플라스틱 스포이트를 뜨거운 물이 든 비커와 얼음물이 든 비커에 각각 뒤집어 넣었습니다. 물방울이 아래로 내려가는 것은 어느 비커에 넣었을 때인지 쓰시오.

물방울

뜨거운 물　얼음물

( )이 든 비커

**7~8** 다음과 같이 고무풍선을 씌운 삼각 플라스크를 뜨거운 물과 얼음물이 든 비커에 각각 넣었습니다. 물음에 답하시오.

뜨거운 물 ——    —— 얼음물

**7** 위 실험에 대한 설명으로 옳지 <u>않은</u> 것은 어느 것입니까? ( )

① 물의 온도를 다르게 하였다.
② 삼각 플라스크 속 기체의 온도가 달라진다.
③ 기체의 온도 변화에 따라 기체의 부피가 달라진다.
④ 기체의 압력 변화에 따라 기체의 부피가 달라진다.
⑤ 비커는 삼각 플라스크가 들어갈 정도의 크기로 준비해야 한다.

**8** 위 실험 결과가 다음과 같을 때, 뜨거운 물과 얼음물 중 어디에 넣은 경우에 해당하는지 쓰시오.

( )

**9** 온도 변화에 따라 기체의 부피가 변하는 예로 옳지 <u>않은</u> 것은 어느 것입니까? ( )

① 난로 주변의 풍선이 더 부풀어 있다.
② 찌그러진 탁구공을 뜨거운 물에 넣으면 탁구공이 다시 펴진다.
③ 물이 조금 담긴 페트병을 냉장고에 넣으면 페트병이 찌그러진다.
④ 뜨거운 음식을 비닐 랩으로 포장하면 처음에는 윗면이 부풀어 오른다.
⑤ 하늘을 나는 비행기 안에 있는 과자 봉지는 땅에서보다 더 많이 부풀어 오른다.

**10** 헬륨에 대한 설명으로 옳은 것은 어느 것입니까? ( )

① 공기보다 가벼워 비행선에 주입한다.
② 전구 속의 필라멘트 보호제로 이용한다.
③ 특유의 빛을 내는 조명 기구에 이용한다.
④ 인체에 해롭지 않아 식품 포장에 이용한다.
⑤ 태울 때 에너지를 많이 내어 연료로 이용한다.

**11** 우리 생활에서 질소가 이용된 경우는 어느 것입니까? ( )

①     ②

③     ④

# 3 여러 가지 기체

👁 그림을 보고 배운 개념을 떠올리며 (　) 안에 알맞은 말을 써 보세요.

**개념1 산소의 성질**

산소는 다른 물질을 태우는 데 꼭 필요해요.

산소는 색깔과 냄새가 (❶　　　　), 다른 물질이 타는 것을 (❷　　　　) 성질이 있습니다. 또한 생명 유지에 관련된 곳에 이용됩니다.

**개념2 이산화 탄소의 성질**

이산화 탄소를 뿌리면 난 살 수가 없어!

소화기

이산화 탄소는 색깔과 냄새가 (❸　　　　), 다른 물질이 타는 것을 (❹　　　　) 성질이 있어 소화기에 이용됩니다.

👁 그림을 보고 배운 개념을 떠올리며 (　) 안에 알맞은 말을 써 보세요.

**개념3 압력에 따른 기체의 부피 변화**

기체에 압력을 가하면 부피가 작아져.

압력에 따라 기체의 (❺　　　　)이/가 변합니다. 기체에 가하는 압력이 (❻　　　　) 기체의 부피가 작아지고, 기체에 가하는 압력이 (❼　　　　) 기체의 부피가 커집니다.

**개념4 온도에 따른 기체의 부피 변화**

온도가 높아지면 기체의 부피가 커져.

온도에 따라 기체의 (❽　　　　)이/가 변합니다. 기체의 온도가 (❾　　　　) 기체의 부피는 커지고, 기체의 온도가 (❿　　　　) 기체의 부피는 작아집니다.

기체 발생 장치를 이용해 산소와 이산화 탄소를 발생시킬 수 있으며, 산소는 다른 물질을 타게 하고, 이산화 탄소는 다른 물질이 타는 것을 막는 성질이 있습니다. 공기는 질소와 산소 등 여러 가지 기체로 이루어져 있으며, 우리 생활의 다양한 곳에 이용되고 있습니다.

정답과 풀이 86쪽

### 개념5 공기를 이루는 여러 가지 기체

공기는 여러 가지 기체가 섞여 있고, 대부분 (⑪      )와/과 산소로 이루어져 있습니다.

네온   헬륨   질소   수소

우리는 모두 생활에 이용되는 기체야.

(⑫          )은/는 식품의 내용물을 신선하게 보존하는 데 이용되고, (⑬          )은/는 청정 연료로 이용되는 등 생활 속에서 여러 가지 기체가 이용됩니다.

---

옳은 문장에 ○, 틀린 문장에 ✕하세요. 틀린 부분은 밑줄을 긋고 바른 개념으로 고쳐 써 보세요.

**1** 산소는 색깔과 냄새가 없고 스스로 탑니다.
( )

**2** 산소는 우리가 숨을 쉴 때 필요한 기체로, 호흡 장치에 이용됩니다. ( )

**3** 이산화 탄소는 색깔과 냄새가 없고 석회수를 투명하게 만듭니다. ( )

**4** 이산화 탄소는 소화기, 탄산음료 등의 재료로 이용됩니다. ( )

**5** 기체는 압력에 따라 부피가 변하지 않습니다.
( )

**6** 과자 봉지를 높은 산에 가져가면 압력이 커져서 찌그러집니다. ( )

**7** 온도가 높아지면 기체의 부피는 커집니다.
( )

**8** 냉장고 안에서 찌그러져 있던 빈 페트병을 밖에 꺼내 놓으면 찌그러진 부분이 펴집니다. ( )

**9** 공기의 대부분은 질소와 수소가 차지합니다.
( )

**10** 헬륨은 공기보다 가벼워 풍선을 띄울 때 이용됩니다.
( )

※ 한 문항당 5점입니다.

**1** 다음과 같이 기체 발생 장치를 꾸며 산소를 발생시키려고 합니다. 깔때기에 들어갈 물질은 어느 것입니까? (        )

깔때기

① 석회수
② 묽은 염산
③ 이산화 망가니즈
④ 탄산수소 나트륨
⑤ 묽은 과산화 수소수

**2** 다음과 같이 집기병에 담긴 산소의 색깔과 냄새를 관찰하는 방법을 각각 쓰시오.

서술형

유리판

_____

_____

**3** <sup>★</sup> 산소의 성질로 옳지 <u>않은</u> 것을 두 가지 고르시오. (     ,     )

① 색깔이 있다.
② 냄새가 없다.
③ 금속을 녹슬게 한다.
④ 석회수를 뿌옇게 만든다.
⑤ 다른 물질이 타는 것을 돕는다.

**4** 우리 생활에서 산소가 이용되는 경우가 <u>아닌</u> 것을 보기 에서 골라 기호를 쓰시오.

보기
㉠ 음식물의 차가운 보관
㉡ 응급 환자의 호흡 장치
㉢ 잠수부나 소방관의 압축 공기통

(        )

**5** 이산화 탄소를 발생시키는 데 필요한 물질을 보기 에서 모두 골라 기호를 쓰시오.

보기
㉠ 진한 식초
㉡ 탄산수소 나트륨
㉢ 이산화 망가니즈
㉣ 묽은 과산화 수소수

(        )

**6** <sup>★</sup> 다음은 어느 기체의 성질에 대한 설명입니다. 이 기체는 어느 것입니까? (        )

• 색깔과 냄새가 없다.
• 석회수를 뿌옇게 만든다.

① 질소
② 산소
③ 네온
④ 아르곤
⑤ 이산화 탄소

**7** 다음과 같이 컵에 따르면 거품이 발생하는 탄산음료에 들어 있는 기체는 어느 것입니까? (        )

① 질소
② 산소
③ 네온
④ 아르곤
⑤ 이산화 탄소

**8** 이산화 탄소를 발생시키는 방법으로 옳은 것을 보기 에서 모두 고른 것은 어느 것입니까?
( )

보기
㉠ 탄산 칼슘과 진한 식초를 반응시킨다.
㉡ 진한 식초와 묽은 염산을 반응시킨다.
㉢ 우유를 흔들어 이산화 탄소를 모은다.
㉣ 묽은 염산과 탄산수소 나트륨을 반응시킨다.

① ㉠, ㉡
② ㉠, ㉣
③ ㉠, ㉢, ㉣
④ ㉡, ㉢, ㉣
⑤ ㉠, ㉡, ㉢, ㉣

**9** 다음과 같이 주사기의 끝을 막고 피스톤을 누르면 주사기 속 공기의 부피는 어떻게 되는지 보기 에서 골라 기호를 쓰시오.

공기

보기
㉠ 공기의 부피가 줄어든다.
㉡ 공기의 부피가 늘어난다.
㉢ 공기의 부피가 변하지 않는다.
㉣ 공기의 부피가 줄어들었다가 다시 늘어난다.

( )

**10** 압력에 따른 기체의 부피 변화에 대한 설명에 맞게 ㉠과 ㉡에 들어갈 알맞은 말을 쓰시오.

기체에 압력을 가하면 부피가 ( ㉠ ), 기체에 가한 압력이 없어지면 부피가 ( ㉡ ).

㉠: ( ), ㉡: ( )

**11** 압력에 따른 기체의 부피 변화와 관련된 예로 옳지 않은 것은 어느 것입니까? ( )

① 풍선을 손으로 살짝 누르면 풍선이 찌그러진다.
② 축구공을 강하게 차면 순간적으로 공이 찌그러진다.
③ 여름철에는 겨울철보다 자전거 바퀴에 공기를 덜 넣는다.
④ 부풀어 오른 에어백에 충격이 가해지면 부피가 줄어든다.
⑤ 밑창에 공기 주머니가 있는 신발을 신고 걸으면 공기 주머니의 부피가 줄어든다.

**12** 다음은 헬륨이 들어 있는 고무풍선이 하늘 높이 올라가면 결국 터지는 까닭에 대한 설명입니다. ( ) 안의 알맞은 말에 ○표 하시오.

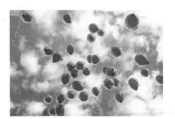

하늘로 높이 올라갈수록 압력이 ( 낮아지기, 높아지기 ) 때문에 헬륨이 들어 있는 고무풍선이 하늘 높이 올라가면 부피가 ( 줄어들어, 늘어나 ) 결국 터진다.

**13** 오른쪽과 같이 플라스틱 스포이트에 물방울이 들어 있습니다. 힘을 가하지 않고 물방울을 위로 이동시키는 방법으로 옳은 것은 어느 것입니까? ( )

① 스포이트의 입구를 손가락으로 막는다.
② 스포이트의 머리 부분에 구멍을 뚫는다.
③ 스포이트의 입구에 바람을 불어 넣는다.
④ 스포이트의 머리 부분을 얼음물에 넣는다.
⑤ 스포이트의 머리 부분을 따뜻한 물에 넣는다.

**14** 고무풍선을 씌운 삼각 플라스크를 뜨거운 물에 넣은 경우의 기호를 쓰시오.

㉠   ㉡

( )

**15**★ 다음은 온도 변화에 따른 기체의 부피 변화에 대한 설명입니다. ㉠과 ㉡에 들어갈 알맞은 말을 옳게 짝 지은 것은 어느 것입니까? ( )

기체의 부피는 온도가 높아지면 ( ㉠ ), 온도가 낮아지면 ( ㉡ ).

|  | ㉠ | ㉡ |
|---|---|---|
| ① | 커지고 | 커진다 |
| ② | 작아지고 | 작아진다 |
| ③ | 커지고 | 작아진다 |
| ④ | 작아지고 | 커진다 |
| ⑤ | 변함없고 | 변함없다 |

**16** 다음과 같이 뚜껑이 닫혀 있는 빈 페트병을 냉장고에 넣으면 찌그러지는 까닭으로 옳은 것은 어느 것입니까? ( )

① 압력에 따라 기체의 온도가 달라져서
② 압력에 따라 기체의 색깔이 달라져서
③ 압력에 따라 기체의 부피가 달라져서
④ 온도에 따라 기체의 부피가 달라져서
⑤ 온도에 따라 기체의 무게가 달라져서

**17** 다음은 공기에 대한 설명입니다. ( ) 안의 알맞은 말에 ○표 하시오.

공기는 ( 한 가지, 여러 가지 ) 기체로 이루어져 있다.

**18** 공기의 대부분을 이루고 있는 기체 두 가지를 보기 에서 골라 기호를 쓰시오.

보기
㉠ 산소      ㉡ 수소      ㉢ 네온
㉣ 질소      ㉤ 헬륨      ㉥ 이산화 탄소

( , )

**19** 다음 각 기체들의 쓰임새를 선으로 연결하시오.

(1) 질소 •          • ㉠ 식품 포장
(2) 헬륨 •          • ㉡ 청정 연료
(3) 수소 •          • ㉢ 비행선, 풍선

**20** 다음 설명에 해당하는 기체는 무엇인지 쓰시오.

• 특유의 빛을 낸다.
• 광고나 장식에 이용된다.

( )

점수

※ 한 문항당 5점입니다.

**1~2** 다음은 기체 발생 장치입니다. 물음에 답하시오.

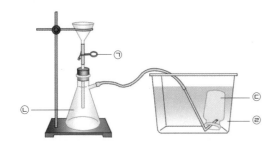

**1** 위 기체 발생 장치에서 ㉠의 이름은 어느 것입니까? ( )

① 조임틀
② 시험관 집게
③ 핀치 집게
④ 고무관 꽂이
⑤ 도가니 집게

**2** 위 기체 발생 장치를 이용하여 산소를 발생시키는 데 필요한 물질을 두 가지 고르시오. ( , )

① 묽은 염산
② 탄산 칼슘
③ 탄산수소 나트륨
④ 이산화 망가니즈
⑤ 묽은 과산화 수소수

**3** 집기병에 들어 있는 산소의 색깔을 관찰하는 방법으로 옳은 것은 어느 것입니까? ( )

① 햇빛이 잘 비치는 곳에서 관찰한다.
② 집기병 속에 물을 넣은 후에 관찰한다.
③ 집기병 뒤에 흰 종이를 대고 관찰한다.
④ 집기병을 거꾸로 뒤집은 후에 관찰한다.
⑤ 햇빛이 비치지 않는 어두운 곳에서 관찰한다.

**4** 산소가 들어 있는 집기병의 덮개를 열고 향불을 넣었을 때 나타나는 현상으로 옳은 것은 어느 것입니까? ( )

① 향불이 꺼진다.
② 향불이 더 밝게 탄다.
③ 집기병이 점점 차가워진다.
④ 향불의 색깔이 파랗게 변한다.
⑤ 집기병에 하얀색 알갱이가 생긴다.

**5** 산소에 대한 설명으로 옳지 <u>않은</u> 것은 어느 것입니까? ( )

① 색깔과 냄새가 없다.
② 탄산음료 속에 녹아 있다.
③ 다른 물질이 잘 타게 돕는다.
④ 응급 환자의 호흡 장치에 이용한다.
⑤ 묽은 과산화 수소수와 이산화 망가니즈로 발생시킬 수 있다.

**6** 이산화 탄소가 들어 있는 집기병에 석회수를 조금 넣고 흔들었을 때 나타나는 현상으로 옳은 것은 어느 것입니까? ( )

① 집기병이 따뜻해진다.
② 석회수가 부글부글 끓는다.
③ 석회수가 뿌옇게 흐려진다.
④ 석회수에서 기포가 발생한다.
⑤ 석회수가 빠르게 증발하여 없어진다.

**7** 이산화 탄소에 대한 설명으로 옳은 것은 어느 것입니까? ( )

① 노란색을 띤다.
② 향불을 꺼지게 한다.
③ 시큼한 냄새가 난다.
④ 공기에 들어 있지 않다.
⑤ 석회수를 파란색으로 변화시킨다.

**8** 생활 속에서 이산화 탄소가 이용되는 예를 두 가지
쓰시오.

서술형

_____

_____

**9** 산소와 이산화 탄소의 공통점을 두 가지 고르시오.
( , )

① 냄새가 없다.
② 색깔이 없다.
③ 불이 잘 붙는다.
④ 연료로 사용된다.
⑤ 식품의 내용물 보관에 이용된다.

**10** 다음과 같이 주사기에 공기 40 mL를 각각 넣고 주
사기의 피스톤을 누르는 세기를 다르게 할 때, 주
사기 속 공기의 부피가 더 많이 작아지는 경우의
기호를 쓰시오.

⊙  ⊙

▲ 피스톤을 약하게　　　▲ 피스톤을 세게
　　눌렀을 때　　　　　　　눌렀을 때

( )

**11~12** 다음은 공기와 물을 각각 40 mL씩 넣은 주사
기의 입구를 손가락으로 막고 피스톤을 누르는 실험입니
다. 물음에 답하시오.

⊙  ⊙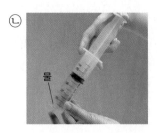

공기　　　　　　　물

**11** 앞 실험에서 주사기 속으로 피스톤이 더 많이 들어
가는 경우의 기호를 쓰시오.

( )

**12** 앞 실험에서 두 피스톤이 주사기 속으로 들어가는
정도가 다른 까닭으로 옳은 것을 두 가지 고르시오.
( , )

① 압력에 따라 액체의 부피가 변하기 때문에
② 압력에 따라 기체의 부피가 변하기 때문에
③ 피스톤을 누르는 힘의 세기가 다르기 때문에
④ 압력이 변화해도 기체의 부피는 변하지 않기
　때문에
⑤ 압력이 변화해도 액체의 부피는 거의 변하지
　않기 때문에

**13** 다음과 같이 물과 공기 방울이 들어 있는 페트병을
양손으로 눌렀을 때 나타나는 현상과 관계 없는 것
은 어느 것입니까? ( )

① 하늘 높이 올라간 풍선이 터진다.
② 높은 산에 오르면 과자 봉지가 부푼다.
③ 탄산음료의 뚜껑을 열면 '펑' 하는 소리가 난다.
④ 비닐 랩으로 포장된 음식이 식으면 윗면이 오
　목하게 들어간다.
⑤ 잠수부가 바닷속에서 내뿜는 공기 방울이 위로
　올라갈수록 점점 커진다.

**14** 뜨거운 물이 담긴 비커에 고무풍선을 씌운 삼각 플라스크를 넣었을 때 고무풍선의 모습으로 옳은 것의 기호를 쓰시오.

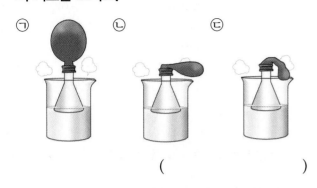

( )

**15** 온도에 따른 기체의 변화에 대한 설명으로 옳은 것을 두 가지 고르시오. ( , )

① 온도가 높아지면 기체의 부피는 커진다.
② 온도가 높아지면 기체의 무게는 커진다.
③ 온도가 높아지면 기체의 부피는 작아진다.
④ 온도가 낮아지면 기체의 부피는 작아진다.
⑤ 온도가 낮아지면 기체의 무게는 작아진다.

**16** 기체의 부피를 작아지게 할 수 있는 방법을 두 가지 고르시오. ( , )

① 기체의 온도를 높인다.
② 기체의 온도를 낮춘다.
③ 기체에 가하는 압력을 없앤다.
④ 기체에 가하는 압력을 크게 한다.
⑤ 기체의 온도를 낮추었다가 높인다.

**17** 서술형 냉장고 속에 있는 찌그러진 페트병을 냉장고 밖에 꺼내 놓으면 찌그러진 페트병이 펴지는 까닭을 쓰시오.

_____

_____

**18** 여러 가지 기체에 대한 설명으로 옳은 것은 어느 것입니까? ( )

① 산소는 소화기의 재료로 이용된다.
② 수소는 식품 포장에 주로 이용된다.
③ 이산화 탄소는 청정 연료로 이용된다.
④ 질소는 광고 풍선이나 기구에 많이 이용된다.
⑤ 공기는 질소와 산소 이외에 여러 가지 기체로 이루어져 있다.

**19** 다음과 같이 거리의 광고판에 이용되는 기체는 어느 것입니까? ( )

① 수소          ② 산소
③ 네온          ④ 질소
⑤ 이산화 탄소

**20** 기체와 기체의 쓰임새를 옳지 <u>않게</u> 짝 지은 것은 어느 것입니까? ( )

① 네온 – 조명 기구
② 수소 – 청정 연료
③ 산소 – 호흡 장치
④ 헬륨 – 비행선이나 풍선
⑤ 이산화 탄소 – 식품 포장

## 1~3

### 개념1　산소의 성질

- 산소는 색깔이 없고 냄새가 나지 않습니다.
- 산소는 스스로 타지 않지만, 다른 물질이 타는 것을 돕습니다.
- 산소는 철이나 구리와 같은 금속을 녹슬게 합니다.

▲ 물질이 타는 것을 돕는 산소　　▲ 금속을 녹슬게 하는 산소

**1** 빈칸 쓰기

① 산소는 스스로 (　　　　).
② 산소는 다른 물질이 타는 것을 (　　　　).

**2** 문장 쓰기

다음과 같이 산소가 들어 있는 집기병에 향불을 넣으면 어떻게 되는지 그 까닭과 함께 쓰시오.

산소는 다른 물질이 ＿＿＿＿＿＿＿＿＿＿＿,

산소가 들어 있는 집기병에 향불을 넣으면

＿＿＿＿＿＿＿＿＿＿＿＿＿＿＿＿ .

**3** 서술 완성

조상들이 아궁이에 불을 피울 때 바람이 나오는 손풀무를 사용한 까닭을 산소의 성질을 포함하여 쓰시오.

▲ 손풀무

＿＿＿＿＿＿＿＿＿＿＿＿＿＿＿＿＿＿＿

＿＿＿＿＿＿＿＿＿＿＿＿＿＿＿＿＿＿＿

## 4~6

### 개념2　온도에 따른 기체의 부피 변화

- 기체의 부피는 온도에 따라 달라집니다.
- 온도가 높아지면 기체의 부피가 커집니다.
- 온도가 낮아지면 기체의 부피가 작아집니다.

▲ 뜨거운 물　　　　▲ 차가운 물

**4** 빈칸 쓰기

① 기체의 (　　　　)은/는 온도에 따라 달라집니다.
② 온도가 (　　　　) 기체의 부피가 커집니다.

**5**
문장
쓰기

다음과 같이 찌그러진 탁구공을 뜨거운 물에 넣었더니 찌그러진 부분이 펴지는 까닭을 쓰시오.

탁구공

시간이
지난 후

뜨거운 물

▲ 찌그러진 부분이 펴진 탁구공

찌그러진 탁구공 속 기체의 _____

_____

찌그러진 부분이 펴지는 것입니다.

**6**
서술
완성

설거지를 할 때 겹쳐 있는 그릇이 잘 떨어지지 않으면 어떻게 쉽게 떼어낼 수 있는지 쓰시오.

_____

_____

**7∼9**

개념3 **공기를 이루는 여러 가지 기체**

• 공기의 대부분은 질소와 산소로 이루어져 있습니다.
• 질소는 식품의 내용물을 신선하게 보존하는 데 사용됩니다.
• 산소는 생물이 호흡하는 데 사용되고, 물질이 타는 데 도움을 줍니다.
• 이산화 탄소는 불을 끄는 성질이 있어 소화기에 사용됩니다.

**7**
빈칸
쓰기

① (　　　　)은/는 식품을 신선하게 보존하는 데 사용하는 기체입니다.
② 산소는 생물이 (　　　)을/를 하는 데 사용합니다.
③ (　　　　)은/는 물질이 타는 것을 막는 성질이 있습니다.

**8**
문장
쓰기

다음과 같은 호흡 장치와 소화기에 이용되는 기체의 종류를 이용되는 까닭을 포함하여 각각 쓰시오.

▲ 호흡 장치　　　　　　▲ 소화기

호흡 장치에는 생물이 _____

_____,

소화기에는 불을 _____

이용됩니다.

**9**
서술
완성

공기가 이산화 탄소로만 이루어져 있다면 어떻게 될지 두 가지 이상 쓰시오.

_____

_____

_____

**1** 다음 기체 발생 장치를 이용해 산소를 발생시키는 방법을 쓰시오. [8점]

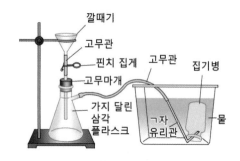

_____

_____

**2** 다음은 기체의 성질을 알아보는 모습입니다. 물음에 답하시오. [12점]

(1) 위 ㉠과 ㉡은 각각 기체의 어떤 성질을 알아보는 모습인지 쓰시오. [6점]

_____

_____

(2) 위 집기병에 산소가 들어 있을 경우, ㉠과 ㉡으로 알 수 있는 산소의 성질을 쓰시오. [6점]

_____

_____

**3** 다음은 이산화 탄소의 성질을 알아보는 모습입니다. 물음에 답하시오. [12점]

(1) 위 이산화 탄소가 든 집기병에 향불을 넣으면 불꽃은 어떻게 되는지 쓰시오. [6점]

_____

_____

(2) 위 (1)의 답으로 알게 된 이산화 탄소의 성질이 우리 생활에서 이용된 경우를 쓰시오. [6점]

_____

_____

**4** 공기 중에 산소의 양이 지금보다 적어진다면 생길 수 있는 일에 대해 **틀리게** 말한 친구의 이름과 그 까닭을 쓰시오. [8점]

> **석주**: 산소는 다른 물질이 타는 것을 도와주니까 산소의 양이 적어진다면 화재가 적게 발생할 거야.
> **경일**: 금속이 잘 녹슬지 않을 거야.
> **희경**: 한 번 숨을 쉴 때 들이마시는 산소의 양이 많아져 숨을 쉬는 횟수가 줄어들 거야.

_____

_____

**5** 다음과 같이 공기를 넣은 주사기의 입구를 막고 피스톤을 누를 때 압력을 가한 정도에 따라 공기의 부피는 어떻게 달라지는지 쓰시오. [8점]

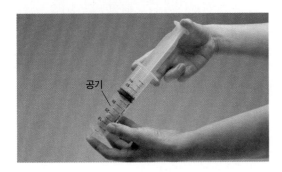

공기

**6** 다음과 같이 플라스틱 스포이트에 물방울이 들어 있습니다. 물음에 답하시오. [12점]

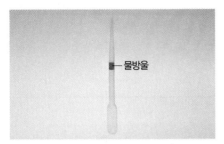

물방울

(1) 위 플라스틱 스포이트의 머리 부분을 얼음물이 담긴 비커에 넣으면 물방울이 어떻게 움직이는지 쓰시오. [6점]

(2) 위 (1)의 답과 같이 물방울이 움직이는 까닭을 쓰시오. [6점]

**7** 고무풍선을 씌운 삼각 플라스크를 뜨거운 물과 얼음물에 각각 넣었습니다. 실험 결과 알게 되는 점을 **보기** 의 낱말을 사용하여 쓰시오. [8점]

뜨거운 물— —얼음물

보기

온도    기체    부피

**8** 다음은 기체가 채워진 과자 봉지입니다. 물음에 답하시오. [12점]

(1) 위 과자 봉지에 채워진 기체의 종류를 쓰시오. [2점]

( )

(2) 위 (1)의 답 대신 과자 봉지를 산소로 채우면 어떻게 될지 쓰시오. [10점]

# 3 여러 가지 기체

| 과제명 | 산소를 발생시키고 산소의 성질 알아보기 | 배점 | 20점 |
|---|---|---|---|
| 성취 목표 | 기체 발생 장치를 이용해 산소를 발생시키는 방법과 산소의 성질을 설명할 수 있다. | | |

**1~3** 다음과 같이 기체 발생 장치를 이용해 산소를 발생시켰습니다. 물음에 답하시오.

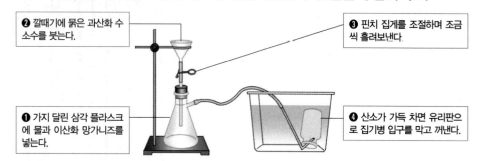

❷ 깔때기에 묽은 과산화 수소수를 붓는다.

❸ 핀치 집게를 조절하며 조금씩 흘려보낸다.

❶ 가지 달린 삼각 플라스크에 물과 이산화 망가니즈를 넣는다.

❹ 산소가 가득 차면 유리판으로 집기병 입구를 막고 꺼낸다.

**1** 위 장치에서 묽은 과산화 수소수를 조금씩 흘려보냈을 때 가지 달린 삼각 플라스크 내부와 수조의 ㄱ자 유리관 끝에서 관찰할 수 있는 현상을 쓰시오. [5점]

| 가지 달린 삼각 플라스크 내부 | |
|---|---|
| 수조의 ㄱ자 유리관 끝 | |

**2** 위 집기병에 모인 산소의 성질을 쓰시오. [5점]

| 색깔 | |
|---|---|
| 냄새 | |
| 향불을 집기병에 넣었을 때 | |

**3** 공기 중의 산소의 양이 지금보다 더 많아지면 어떤 일이 생길지 두 가지 쓰시오. [10점]

# ☺ 수행 평가

# **3** 여러 가지 기체

| 과제명 | 압력에 따른 기체의 부피 변화 관찰하기 | 배점 | 20점 |
|---|---|---|---|
| 성취 목표 | 압력에 따른 기체의 부피 변화와 이와 관련된 현상을 설명할 수 있다. | | |

**1~3** 다음과 같이 주사기 안에 공기를 넣고 피스톤을 누르면서 주사기 안 공기의 부피 변화를 관찰하였습니다. 물음에 답하시오.

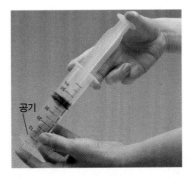

공기

**1** 주사기의 피스톤을 약하게 누를 때와 세게 누를 때 피스톤이 어떻게 움직이는지 쓰시오. [5점]

| 구분 | 피스톤을 약하게 누를 때 | 피스톤을 세게 누를 때 |
|---|---|---|
| 피스톤의 움직임 | | |

**2** 압력을 가한 정도에 따라 기체의 부피는 어떻게 달라지는지 ㉠과 ㉡에 들어갈 알맞은 말을 쓰시오. [5점]

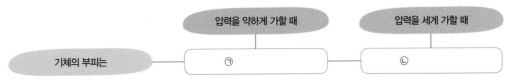

기체의 부피는 ─ 압력을 약하게 가할 때 ㉠ ─ 압력을 세게 가할 때 ㉡

**3** 마개를 닫은 빈 페트병을 가지고 높은 산에 올라갔을 때와 바닷속 깊이 들어갔을 때 빈 페트병은 각각 어떻게 될지 그 까닭과 함께 쓰시오. [10점]

# 3 여러 가지 기체

| 과제명 | 공기를 이루는 여러 가지 기체 알아보기 | 배점 | 20점 |
|---|---|---|---|
| 성취 목표 | 공기를 이루는 여러 가지 기체의 종류, 성질, 생활 속에서 이용되는 예를 설명할 수 있다. | | |

**1** 다음은 공기를 이루는 기체의 종류와 생활 속에서 이용되는 예를 나타낸 것입니다. ㉠~㉢에 들어갈 알맞은 말을 쓰시오. [10점]

**산소**

• 호흡 장치에 이용된다.
• 금속을 용접할 때 이용된다.

▲ 호흡 장치에 이용되는 산소

**㉠**

• 소화기, 드라이아이스를 만드는 데 이용된다.
• 탄산음료를 만들 때 이용된다.

▲ 소화기에 이용되는 이산화 탄소

공기

**질소**

**헬륨**

㉡ _____

㉢ _____

**2** 공기를 이루는 기체 중 한 가지를 골라 그 기체의 성질과 이용되는 예를 쓰시오. [10점]

_____

_____

# 4

# 식물의 구조와 기능

**1** 생물을 이루는 세포

**2** 뿌리의 생김새와 하는 일

**3** 줄기의 생김새와 하는 일

**4** 잎의 생김새와 잎에서 만드는 양분

**5** 잎의 증산 작용

**6** 꽃의 생김새와 하는 일

**7** 식물의 씨가 퍼지는 방법

# 1 생물을 이루는 세포

## 1 세포

(1) 세포는 생물체를 이루는 가장 작은 기본 단위로, 모든 생물은 세포로 이루어져 있습니다.

(2) 대부분의 세포는 크기가 매우 작아 맨눈으로는 볼 수 없습니다.

(3) 세포는 크기와 모양이 다양하고, 그에 따라 하는 일도 다릅니다.

### ● 광학 현미경 사용 방법

❶ 회전판을 돌려 배율이 가장 낮은 대물렌즈가 중앙에 오도록 합니다.

❷ 영구 표본을 재물대의 가운데에 고정한 뒤에 조명을 켜고 조리개로 빛의 양을 조절합니다.

❸ 현미경을 옆에서 보면서 조동 나사로 재물대를 올려 영구 표본과 대물렌즈의 거리를 최대한 가깝게 합니다.

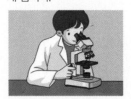

❹ 조동 나사로 재물대를 천천히 내리면서 접안렌즈로 세포를 찾고, 미동 나사를 돌려 초점을 정확히 맞춥니다.

❺ 대물렌즈의 배율을 높이면서 관찰합니다. 세포를 관찰한 결과를 그림과 글로 나타냅니다.

## 2 ●광학 현미경으로 식물 세포와 동물 세포 관찰하기 ➕1

| 양파 표피 세포(식물 세포) | 입안 상피 세포(동물 세포) |
|---|---|
| 세포벽, 세포막 / 핵 / 세포<br>세포가 차곡차곡 쌓여 있는 것처럼 보입니다. | 각각의 세포별로 크기나 모양이 조금씩 다릅니다. |
| • 세포 하나하나가 각진 모양이다.<br>• 세포 속에 둥근 핵이 한 개 있다.<br>• 세포가 서로 붙어 있다.<br>• 세포의 가장자리가 두껍다. | • 세포가 대체로 둥근 모양이다.<br>• 세포 속에 둥근 핵이 한 개 있다.<br>• 세포가 서로 붙어 있는 것도 있고, 떨어져 있는 것도 있다.<br>• 세포의 가장자리가 얇다. |

## 3 식물 세포와 동물 세포 비교하기

(1) 식물 세포는 세포벽과 세포막으로 둘러싸여 있고, 그 안에는 둥근 모양의 핵이 있습니다. ➕2

(2) 동물도 세포로 이루어져 있으며, 동물 세포는 세포막으로 둘러싸여 있고 그 안에는 둥근 모양의 핵이 있습니다.

(3) 식물 세포와 동물 세포의 공통점과 차이점

| 공통점 | • 핵과 세포막이 있다.<br>• 크기가 매우 작아 맨눈으로 관찰하기 어렵다. |
|---|---|
| 차이점 | 식물 세포는 세포벽이 있고, 동물 세포는 세포벽이 없다. |

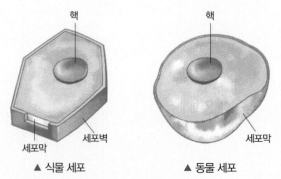

▲ 식물 세포       ▲ 동물 세포

**+1 양파 표피 세포와 입안 상피 세포의 공통점과 차이점**

• 공통점: 크기가 매우 작아 맨눈으로 볼 수 없고, 세포막으로 둘러싸여 있으며, 핵이 한 개 있습니다.

• 차이점: 양파 표피 세포는 각진 모양이고, 입안 상피 세포는 대체로 둥근 모양입니다. 양파 표피 세포는 세포 가장자리가 두껍고, 입안 상피 세포는 세포 가장자리가 얇습니다. 양파 표피 세포는 서로 붙어 있지만 입안 상피 세포는 서로 떨어진 것도 있습니다.

**+2 식물 세포 각 부분의 이름과 하는 일**

생물의 생명 유지 등을 위하여 필요한 모든 정보를 말합니다.

| 핵 | 각종 유전 정보를 포함하고 있으며 생명 활동을 조절한다. |
|---|---|
| 세포막 | 세포 내부와 외부를 드나드는 물질의 출입을 조절한다. |
| 세포벽 | 세포의 모양을 일정하게 유지하고 세포를 보호한다. |

 **핵심 개념 정리**

• 모든 생물은 세포로 이루어져 있습니다.
• 세포는 크기와 모양이 다양하고 그에 따라 하는 일도 다릅니다.
• 식물 세포는 핵, 세포벽, 세포막 등으로 이루어져 있습니다.
• 동물 세포는 핵, 세포막 등으로 이루어져 있으며 세포벽은 없습니다.

동물과 식물은 세포인 나로 이루어져 있어.

**1** 다음에서 설명하고 있는 '이것'은 무엇입니까? (　　　　)

• 모든 생물은 이것으로 이루어져 있다.
• 이것마다 크기와 모양, 하는 일이 다르다.

① 물　　　　　　　　② 꽃
③ 씨　　　　　　　　④ 세포
⑤ 열매

**2** 세포에 대한 설명으로 옳은 것에는 ○표, 옳지 않은 것에는 ×표 하시오.

(1) 양파는 하나의 세포입니다. 　　　　　　( 　　 )
(2) 대부분의 세포는 크기가 매우 작아 맨눈으로는 볼 수 없습니다. 　　　　　　　　　　　( 　　 )
(3) 모든 세포는 크기와 모양이 일정합니다. ( 　　 )

**3~4** 식물 세포와 동물 세포를 나타낸 것입니다. 물음에 답하시오.

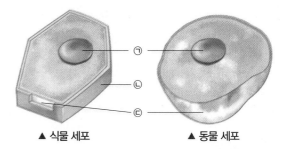

▲ 식물 세포　　　　　▲ 동물 세포

**3** 위 ㉠~㉢의 이름을 각각 쓰시오.

㉠: (　　　　　), ㉡: (　　　　　), ㉢: (　　　　　)

**4** 위 세포에서 식물 세포에는 있지만 동물 세포에는 없는 것을 찾아, 기호와 이름을 쓰시오.

(　　　　　, 　　　　　)

# 2 뿌리의 생김새와 하는 일

## 1 뿌리의 생김새

(1) 뿌리는 주로 땅속으로 자라기 때문에 눈으로 쉽게 관찰할 수 없습니다.

(2) 굵고 곧은 뿌리에 가는 뿌리가 여러 개 나 있는 것이 있습니다. 예 고추, 민들레 등

(3) 굵기가 비슷한 뿌리가 여러 가닥으로 수염처럼 난 것도 있습니다. 예 파, 강아지풀 등

▲ 고추의 뿌리

뿌리의 생김새는 식물의 종류에 따라 다양합니다.

▲ 파의 뿌리

(4) 뿌리에는 솜털처럼 가는 •뿌리털이 나 있습니다.

└─ 뿌리는 굵은 뿌리, 가는 뿌리, 뿌리털로 이루어져 있습니다.

## 2 뿌리의 흡수 기능 알아보기 +1

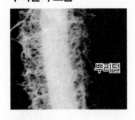

● 뿌리털의 모습

뿌리털

● 실험 조건
· 다르게 한 조건: 뿌리가 있는 것과 없는 것
· 같게 한 조건: 뿌리의 있고 없음을 제외한 다른 조건은 모두 같게 합니다. 양파의 크기, 비커의 크기, 물의 양 등

● 뿌리의 저장 기능

▲ 고구마 뿌리

▲ 당근 뿌리

| | |
|---|---|
| •탐구 과정 | ① 새 뿌리가 자란 양파 한 개는 뿌리를 자르고, 다른 한 개는 그대로 둔다.<br>② 크기가 같은 비커 두 개에 같은 양의 물을 넣고, 양파의 밑부분이 물에 닿도록 각각 올려놓는다.<br>③ 햇빛이 잘 드는 곳에 2~3일 동안 놓아둔다.<br>④ 두 비커에 든 물의 양이 어떻게 변하는지 관찰한다.<br><br>▲ 뿌리를 자르지 않은 양파　▲ 뿌리를 자른 양파 |
| 탐구 결과 | 뿌리를 자르지 않은 양파 쪽 비커의 물이 더 많이 줄어들었다.<br>⇨ 뿌리를 자르지 않은 양파는 물을 흡수했지만, 뿌리를 자른 양파는 물을 거의 흡수하지 못했기 때문이다. |
| 알 수 있는 사실 | 뿌리는 물을 흡수한다는 것을 알 수 있다. |

## 3 뿌리의 기능

(1) 흡수 기능: 물을 흡수합니다. 뿌리털은 물을 더 잘 흡수하도록 해 줍니다.

(2) •저장 기능: 양분을 저장합니다. 무, 인삼도 뿌리에 양분을 저장합니다.

　　예 고구마나 당근의 뿌리는 굵고 단맛이 납니다.

(3) 지지 기능: 땅속으로 뻗어 식물이 쓰러지지 않도록 지지합니다.

　　예 식물이 강한 바람에도 잘 쓰러지지 않습니다.

## ➕1 파를 이용해 뿌리의 흡수 기능 알아보기

**[탐구 과정]**

① 파 한 포기는 잎과 뿌리를 자르고, 다른 한 포기는 잎을 자르고 뿌리를 그대로 둡니다.

② 같은 양의 물이 들어 있는 눈금실린더에 파가 동일하게 잠기도록 넣고 탈지면으로 고정합니다.

③ 햇빛이 잘 드는 곳에 3~4일 동안 놓아둔 후, 물의 높이 변화를 관찰합니다.

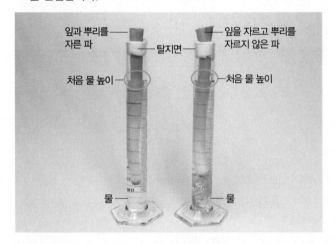

**[탐구 결과]**

• 잎과 뿌리를 자른 파는 눈금실린더 안의 물이 처음보다 조금 줄었습니다.

• 잎을 자르고 뿌리를 자르지 않은 파는 눈금실린더 안의 물이 처음보다 많이 줄었습니다.

**[알 수 있는 사실]**

뿌리는 물을 흡수한다는 것을 알 수 있습니다.

### 핵심 개념 정리

• 굵고 곧은 뿌리 주변으로 가는 뿌리들이 나 있는 것도 있습니다.

• 굵기가 비슷한 여러 가닥의 뿌리가 수염처럼 나 있는 것도 있습니다.

• 뿌리는 물을 흡수합니다.

• 뿌리는 식물을 지지하고, 양분을 저장하기도 합니다.

뿌리로 물을 흡수하지.

---

**1** 뿌리에 대한 설명으로 옳은 것에는 ○표, 옳지 <u>않은</u> 것에는 ×표 하시오.

(1) 뿌리의 형태는 식물마다 같습니다. (    )

(2) 뿌리에는 솜털처럼 가는 뿌리털이 나 있습니다.

                                      (    )

(3) 뿌리는 식물을 지지합니다. (    )

---

**2~3** 다음과 같이 뿌리를 자르지 않은 양파와 뿌리를 자른 양파를 물이 든 비커에 양파의 밑부분이 물에 닿도록 올려놓은 뒤 빛이 잘 드는 곳에 놓아두었습니다. 물음에 답하시오.

  ㉠            ㉡

▲ 뿌리를 자르지 않은 양파      ▲ 뿌리를 자른 양파

**2** 위 실험 결과 비커의 물이 더 많이 줄어든 것의 기호를 쓰시오.

(          )

**3** 문제 **2**의 답과 같은 결과가 나온 까닭입니다. (   ) 안의 알맞은 말에 ○표 하시오.

> 뿌리가 ( 있는, 없는 ) 양파가 물을 ( 배출, 흡수 )하였기 때문이다.

**4** 당근이나 고구마는 양분을 어디에 저장합니까? (     )

▲ 당근           ▲ 고구마

① 꽃                   ② 잎

③ 줄기               ④ 뿌리

⑤ 가지

# 3 줄기의 생김새와 하는 일

## 1 줄기의 생김새

(1) 줄기에는 땅속으로 뻗은 뿌리가 이어져 있고 위로 여러 개의 잎이 나 있어, 뿌리와 잎을 연결합니다.

(2) •식물의 종류에 따라 생김새가 다양합니다.

① 위로 곧게 뻗는 모양: ㉠ 소나무, 봉선화, 느티나무 등

② 가늘고 길어 다른 물체를 감는 모양: ㉠ 등나무, 나팔꽃 등

③ 땅 위를 기면서 뻗는 모양: ㉠ 고구마, 딸기 등

> 햇빛을 많이 받기 위해 다른 식물을 감거나 기대는 등 식물은 저마다 높이 올라갈 수 있는 방법을 가지고 있습니다.

(3) 줄기의 겉은 거칠거칠하거나 매끈한 •껍질로 싸여 있습니다.

(4) 껍질은 해충이나 세균 등의 침입을 막고, 추위와 더위로부터 식물을 보호합니다.

**• 줄기의 모양**

▲ 곧은줄기(느티나무)

▲ 감는줄기(나팔꽃)

▲ 기는줄기(고구마)

**• 나무줄기 껍질의 모습**

▲ 은행나무  ▲ 느티나무

**• 색소 물이 든 봉숭아 줄기를 자른 면**

▲ 가로로 자른 면

▲ 세로로 자른 면

## 2 줄기에서 물의 이동 알아보기 +1

> 가로로 자른 면에는 흰 점이 있고, 세로로 자른 면에는 긴 흰 선이 있습니다.

| | |
|---|---|
| 탐구 과정 | ① 붉은 색소 물에 넣어 둔 백합 줄기를 가로와 세로로 잘라 자른 면을 관찰한다.<br>② 붉은 색소 물이 담긴 삼각 플라스크에 백합 줄기를 꽂아 놓아둔 후, 다음 날 백합 줄기를 가로와 세로로 잘라 자른 면을 관찰한다.<br>③ 관찰 결과를 바탕으로 물의 이동 과정을 알아본다.<br> +2 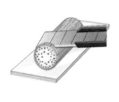 <br>▲ 색소 물에 넣어 둔 백합　▲ 가로로 자르기　▲ 세로로 자르기 |

**•〈백합 줄기를 자른 면의 모습〉**

| 탐구 결과 | 가로로 자른 면 | 세로로 자른 면 |
|---|---|---|
| | 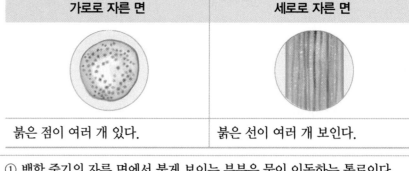 | |
| | 붉은 점이 여러 개 있다. | 붉은 선이 여러 개 보인다. |

| 알 수 있는 사실 | ① 백합 줄기의 자른 면에서 붉게 보이는 부분은 물이 이동하는 통로이다.<br>② 뿌리에서 흡수한 물은 줄기에 있는 통로를 통해 식물 전체로 이동한다. |
|---|---|

└ 색소 물이 든 부분

## 3 줄기의 기능

┌ 뿌리에서 흡수한 물입니다.

(1) 줄기는 물이 이동하는 통로 역할을 합니다.

(2) 줄기는 식물을 지지합니다.

(3) 감자처럼 양분을 저장하기도 합니다.

> 우리가 먹는 감자는 줄기입니다. 감자나 토란은 양분을 줄기에 저장합니다.

**+1 백합 줄기를 절반 정도 세로로 자른 후, 붉은 색소 물과 푸른 색소 물에 각각 넣은 경우**

• 붉은 색소 물에 넣은 쪽의 줄기에는 세로로 긴 붉은 선이, 푸른 색소 물에 넣은 쪽의 줄기에는 세로로 긴 푸른 선이 생깁니다.
• 줄기에서 세로로 자르지 않은 부분을 가로로 잘라 보면 한쪽에는 붉은 점이, 다른 한쪽에는 푸른 점이 생깁니다.

**+2 줄기뿐만 아니라 잎과 꽃도 붉게 물든 까닭**

뿌리에서 흡수한 물이 줄기를 거쳐 잎과 꽃으로 이동했기 때문입니다.

 **핵심 개념 정리**

• 줄기는 대부분 땅 위로 길게 자라며, 위로 여러 개의 잎이 나 있습니다.
• 줄기는 식물의 종류에 따라 생김새가 다양합니다.
• 뿌리에서 흡수한 물은 줄기에 있는 통로를 통해 식물 전체로 이동합니다.
• 줄기는 식물을 지지하고, 양분을 저장하기도 합니다.

줄기를 따라 물이 여기저기로 이동해.

---

**1** 식물의 줄기에 대한 설명으로 옳은 것에는 ○표, 옳지 <u>않은</u> 것에는 ×표 하시오.

(1) 감자는 줄기에 양분을 저장한 것입니다. ( )

(2) 모든 식물의 줄기는 굵고 곧습니다. ( )

(3) 줄기에는 땅속으로 뻗은 뿌리가 이어져 있습니다.
( )

**2~3** 다음의 붉은 색소 물에 넣어 둔 백합 줄기를 가로와 세로로 잘라 관찰해 보았습니다. 물음에 답하시오.

**2** 위 백합 줄기를 가로로 자른 면의 모습의 기호를 쓰시오.

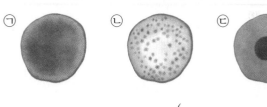

ㄱ    ㄴ    ㄷ

( )

**3** 문제 **2**의 답에서 색소 물이 든 부분이 의미하는 것은 무엇입니까? ( )

① 씨가 생기는 곳

② 물이 이동하는 통로

③ 양분이 이동하는 통로

④ 새로운 줄기가 나오는 곳

⑤ 양분이 저장되어 있는 곳

# 4 잎의 생김새와 잎에서 만드는 양분

## 1 잎의 생김새

(1) 대부분 초록색을 띠며, 납작한 모양입니다.

(2) 납작한 잎몸에 잎맥이 복잡하게 퍼져 있습니다.

(3) 잎몸은 잎자루에 연결되어 줄기에 붙어 있습니다.

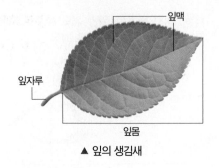

▲ 잎의 생김새

## 2 잎에서 만든 양분 확인하기

| 탐구 과정 | ① 크기가 비슷한 잎 중에서 한 개의 잎에만 •알루미늄 포일을 씌우고 빛이 잘 드는 곳에 둔다.<br>② 2~3일 후 알루미늄 포일로 씌운 잎과 씌우지 않은 잎을 각각 따고 알루미늄 포일을 벗긴다.<br>③ 잎에서 만들어지는 양분을 확인하는 실험을 한다.<br>  ❶ 큰 비커에 뜨거운 물을 넣고, •에탄올이 든 작은 비커에 두 잎을 넣는다.<br>  ❷ 작은 비커를 큰 비커에 넣고, 유리판으로 덮는다.<br>  ❸ 에탄올이 든 비커에서 핀셋을 이용하여 잎을 모두 꺼내 따뜻한 물로 헹군 뒤, 각각 페트리 접시에 놓고 아이오딘-아이오딘화 칼륨 용액을 떨어뜨려 색깔 변화를 관찰한다. **+1**<br><br>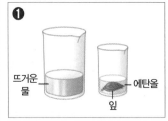  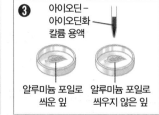<br>에탄올을 직접 가열하면 쉽게 불이 나므로 뜨거운 물이 든 비커에 넣어 에탄올을 따뜻하게 합니다. |
| --- | --- |

| 탐구 결과 | 알루미늄 포일로 씌운 잎 | 알루미늄 포일로 씌우지 않은 잎 |
| --- | --- | --- |
| | 색깔 변화가 없다. | 청람색으로 변했다. |

| 알 수 있는 사실 | ① 알루미늄 포일로 씌워 빛을 받지 못한 잎은 녹말이 없다.<br>② 알루미늄 포일로 씌우지 않아 빛을 받은 잎은 녹말이 만들어졌다. |
| --- | --- |

- **하나의 잎에만 알루미늄 포일을 씌우는 까닭**
빛을 받지 못한 잎과 빛을 받은 잎을 서로 비교하기 위해서입니다.

- **잎을 에탄올이 든 비커에 넣는 까닭**
잎의 엽록소(잎의 녹색 색소)를 제거하여 잎에서 만든 녹말이 아이오딘-아이오딘화 칼륨 용액에 의하여 색이 변화하는 것을 뚜렷하게 보기 위함입니다.

- **광합성이 일어나는 장소**
광합성은 잎뿐만 아니라 줄기, 꽃, 뿌리 등 초록색으로 보이는 모든 부분에서 일어납니다. 예 무는 햇빛에 노출된 뿌리 부분에 엽록소가 생겨 광합성을 합니다.

## 3 광합성 **+2**

(1) **광합성**: 식물이 빛과 이산화 탄소, 뿌리에서 흡수한 물을 이용하여 스스로 양분을 만드는 것

(2) •광합성은 주로 잎에서 일어납니다.

(3) 잎에서 만든 양분은 줄기를 거쳐 뿌리, 줄기, 열매 등 필요한 부분으로 운반되어 사용되거나 저장됩니다.

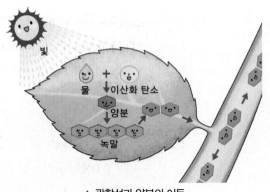

▲ 광합성과 양분의 이동

**+1 아이오딘-아이오딘화 칼륨 용액을 녹말에 떨어뜨렸을 때의 변화**

아이오딘-아이오딘화 칼륨 용액은 녹말과 만났을 때 청람색으로 변합니다. 이러한 예는 감자, 밥 등에서도 볼 수 있습니다.

▲ 아이오딘-아이오딘화 칼륨 용액을 떨어뜨린 감자

**+2 식물을 빛이 잘 드는 창가에 두면 잘 자라는 까닭**

• 빛을 더 많이 받을수록 잎에서 양분을 많이 만들 수 있기 때문입니다.

• 광합성은 빛을 많이 받을수록 활발하게 일어나기 때문입니다.

---

**핵심 개념 정리**

• 빛을 받은 잎은 아이오딘-아이오딘화 칼륨 용액을 떨어뜨렸을 때 청람색으로 변합니다.

• 광합성은 식물이 빛, 물, 이산화 탄소를 이용하여 녹말과 같은 양분을 스스로 만드는 것입니다.

• 잎에서 만든 양분은 줄기, 열매, 뿌리 등으로 운반되어 사용되거나 저장됩니다.

난 녹말을 만들고 있어.

빛

물

녹말

이산화 탄소

---

**1~2** 다음 실험 과정을 보고, 물음에 답하시오.

> ㉠ 크기가 비슷한 잎 두 장 중 하나의 잎에만 알루미늄 포일을 씌우고, 빛이 잘 드는 곳에 둔다.
> ㉡ 큰 비커에 뜨거운 물을 담고 에탄올이 든 작은 비커에 두 잎을 따서 넣는다.
> ㉢ 작은 비커를 뜨거운 물이 들어 있는 큰 비커에 넣은 뒤 유리판으로 덮는다.
> ㉣ ㉢의 작은 비커에서 꺼낸 잎을 따뜻한 물로 헹군 뒤, 페트리 접시에 놓고 아이오딘-아이오딘화 칼륨 용액을 떨어뜨린다.

**1** 위 ㉣의 결과 알루미늄 포일을 씌운 잎과 알루미늄 포일을 씌우지 않은 잎 중 색깔이 변하는 잎을 쓰시오.

( 　　　　　 )

**2** 위 실험 결과로 알 수 있는 점입니다. ( ) 안에 들어갈 알맞은 말을 쓰시오.

> 빛을 받은 잎에서 만들어지는 양분은 ( 　　 )(이)다.

( 　　　　　 )

**3** 다음에서 설명하는 것은 어느 것입니까? ( 　　 )

> 식물이 빛과 이산화 탄소, 뿌리에서 흡수한 물을 이용하여 스스로 양분을 만드는 것이다.

① 광합성　　　② 흡수 작용　　　③ 증발 작용
④ 지지 작용　　⑤ 저장 작용

**1** 세포에 대한 설명으로 옳지 <u>않은</u> 것은 어느 것입니까? ( )

① 모든 생물은 세포로 이루어져 있다.
② 동물 세포는 식물 세포와 달리 핵이 없다.
③ 식물 세포는 세포벽, 세포막, 핵 등으로 이루어져 있다.
④ 양파의 표피 세포는 차곡차곡 쌓여 있는 것처럼 보인다.
⑤ 대부분의 세포는 크기가 매우 작아 맨눈으로는 볼 수 없다.

**2** 두 종류의 세포 중에 동물 세포의 기호를 쓰시오.

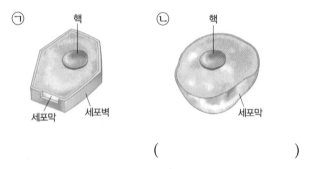

( )

**3** 식물의 뿌리에 대한 설명으로 옳은 것은 어느 것입니까? ( )

① 주로 땅 위로 자란다.
② 눈으로 쉽게 볼 수 있다.
③ 솜털처럼 가는 뿌리털이 있다.
④ 모든 식물의 뿌리는 굵고 곧은 모양이다.
⑤ 모든 식물의 뿌리는 여러 가닥의 뿌리가 수염처럼 나 있다.

**4** 고구마나 당근의 뿌리가 굵고 단맛이 나는 까닭으로 옳은 것은 어느 것입니까? ( )

① 뿌리털이 많기 때문이다.
② 물을 많이 흡수하기 때문이다.
③ 양분이 저장되어 있기 때문이다.
④ 양분을 만드는 부분이기 때문이다.
⑤ 여러 개의 뿌리가 합쳐졌기 때문이다.

**5** 뿌리를 자르지 않은 양파와 뿌리를 자른 양파를 물이 든 비커에 양파의 밑부분이 물에 닿도록 각각 올려놓은 뒤, 빛이 잘 드는 곳에 놓아두었습니다. 실험 결과가 다음과 같을 때 이 실험으로 알 수 있는 뿌리의 하는 일은 어느 것입니까? ( )

▲ 뿌리를 자르지 않은 양파　　▲ 뿌리를 자른 양파

실험 결과: 뿌리를 자르지 않은 양파 쪽 비커의 물이 더 많이 줄어들었다.

① 번식을 한다.
② 물을 흡수한다.
③ 양분을 저장한다.
④ 식물을 보호한다.
⑤ 식물을 지지한다.

**6** 다음과 같은 모습의 줄기를 가지는 식물은 어느 것입니까? (　　)

① 양파　　　　　② 봉숭아
③ 고구마　　　　④ 샐러리
⑤ 은행나무

**7** 오른쪽의 나팔꽃과 같이 다른 식물을 감고 올라가는 줄기를 무엇이라고 하는지 쓰시오.

(　　　　　　　　)

**8** 붉은 색소 물에 백합을 넣어 두고 시간이 지나면 꽃과 잎, 줄기의 색깔은 어떻게 됩니까? (　　)

① 꽃만 붉게 물든다.
② 아무런 변화가 없다.
③ 줄기와 잎만 붉게 물든다.
④ 줄기, 꽃, 잎 모두 붉게 물든다.
⑤ 줄기와 가까운 꽃과 아래쪽에 있는 잎만 붉게 물든다.

**9** 줄기가 하는 일에 대한 설명으로 옳지 <u>않은</u> 것을 보기 에서 골라 기호를 쓰시오.

> **보기**
> ㉠ 물을 흡수한다.
> ㉡ 식물을 지지한다.
> ㉢ 물이 이동하는 통로이다.
> ㉣ 양분을 저장하기도 한다.

(　　　　　　　　)

**10~11** 빛을 받은 잎과 빛을 받지 못한 잎을 이용하여 잎에서 만든 양분을 확인하는 실험을 하였습니다. 물음에 답하시오.

**10** 두 잎을 에탄올에 담갔다가 뺀 후 아이오딘－아이오딘화 칼륨 용액을 떨어뜨렸을 때 잎에서 일어나는 색깔 변화를 선으로 연결하시오.

(1) | 빛을 받은 잎 |　·　　　　·　㉠ | 청람색으로 변한다. |

(2) | 빛을 받지 못한 잎 |　·　　　　·　㉡ | 색깔 변화가 없다. |

**11** 위 실험의 결과입니다. (　　) 안에 들어갈 알맞은 말을 쓰시오.

> 빛을 받은 잎에서는 (　　　　)이/가 만들어져 아이오딘－아이오딘화 칼륨 용액과 반응하여 잎의 색깔이 변하였다.

(　　　　　　　　)

**12** 식물의 잎에서 양분을 스스로 만들기 위해 꼭 필요한 것을 모두 고르시오. (　　　　)

① 물　　　　　　② 빛
③ 바람　　　　　④ 곤충
⑤ 이산화 탄소

# 5 잎의 증산 작용

## 1 잎에 도달한 물의 이동 알아보기

**(1) 나뭇가지에 비닐봉지를 씌워 두면 비닐봉지 안에 물방울이 생기는 까닭에 대한 가설 세우기**

> 잎에서 물이 나와 비닐봉지 안에 물방울이 생겼을 것이다.

**(2) 가설을 검증하는 ●실험 설계하기**

① 실험에서 다르게 해야 할 조건과 같게 해야 할 조건 정하기

| 다르게 해야 할 조건 | 식물 모종의 잎이 있는 것과 없는 것 |
|---|---|
| 같게 해야 할 조건 | 잎의 유무 이외의 모든 것 |

② 실험에서 확인하고 측정해야 할 것

- 비닐봉지 안에 물방울이 생기는 지를 확인합니다.
- 두 삼각 플라스크에서 줄어든 물의 양을 확인합니다.

③ 준비물을 사용하여 가설을 검증할 수 있는 실험을 설계하기

❶ 식물 모종 한 개는 잎을 남겨 두고, 다른 한 개는 잎을 모두 없앤다. → ❷ 두 식물 모종을 각각 물이 담긴 삼각 플라스크에 넣고, 비닐봉지를 씌운 다음, 공기가 통하지 않도록 묶는다. ┌ 같은 양을 넣습니다. 투명한 비닐봉지를 사용합니다. → ❸ 햇빛이 잘 드는 곳에 3일 동안 놓아두고, 비닐봉지 안의 변화를 관찰한다.

**(3) 설계한 대로 실험을 하고 실험 결과 확인하기**

① 잎이 있는 쪽 비닐봉지 안에 물방울이 더 많이 생겼습니다.
② 잎이 있는 쪽 삼각 플라스크의 물이 더 많이 줄어들었습니다.
③ 비닐봉지 안의 물방울은 잎을 통해 밖으로 나왔다는 것을 알 수 있습니다.

**(4) 가설이 맞는지 확인하기:** 실험 결과로 보아 위에서 세운 가설이 맞았습니다.

## 2 잎에 도달한 ●물의 이동 ➕1

**(1) 비닐봉지 안에 물방울이 생긴 까닭:** 뿌리에서 흡수한 물이 줄기를 거쳐 잎까지 도달한 물은 잎을 통해 식물 밖으로 빠져나갔기 때문입니다.

**(2) 잎에 도달한 물이 식물 밖으로 나가지 못하면 생기는 일:** 잎에 도달한 물이 식물 안에 머무르면 뿌리는 더 이상 물을 흡수할 수 없고 물과 함께 얻는 양분도 얻지 못하게 됩니다.

> 잎에 도달한 물은 광합성에 이용되고 나머지는 대부분 잎을 통하여 밖으로 나갑니다.

## 3 증산 작용

**(1) ●기공:** 잎의 표면에 있는 우리 눈에 보이지 않는 작은 구멍
**(2) ●증산 작용:** 잎에 도달한 물이 기공을 통해 식물 밖으로 빠져나가는 현상

① 뿌리에서 흡수한 물을 식물의 꼭대기까지 끌어 올릴 수 있도록 돕습니다.
② 식물의 온도를 조절하는 역할을 합니다.

---

### 옆 단 내용

**● 실험 설계**

삼각 플라스크 입구와 줄기 사이에 공기가 통하지 않게 탈지면을 넣어 물이 증발하지 않도록 합니다.

**● 물의 이동**

물이 이동하는 통로는 줄기뿐만 아니라 뿌리와 잎 등 식물 전체에 퍼져 있습니다.

**● 기공**

기공

**● 증산 작용이 잘 일어나는 때**

햇빛이 강할 때, 온도가 높을 때, 습도가 낮을 때, 바람이 잘 불 때, 식물체 안에 수분량이 많을 때 잘 일어납니다.

## 잎에 도달한 물의 이동 알아보기

[탐구 과정]

염화 코발트 종이를 잎 앞면과 뒷면에 셀로판테이프를 이용하여 각각 붙인 후, 햇빛이 잘 드는 곳에 10분 정도 놓아둡니다.

[탐구 결과]

잎의 뒷면에 붙인 푸른색 염화 코발트 종이가 먼저 붉은색으로 변하고, 시간이 지나면 잎의 앞면에 붙인 염화 코발트 종이도 붉은색으로 변합니다.

[알 수 있는 사실]

잎에 붙인 염화 코발트 종이가 붉은색으로 변했으므로 잎에서 물이 밖으로 빠져나왔음을 알 수 있습니다.

 핵심 개념 정리

· 기공은 식물의 잎에 있는 우리 눈에 보이지 않는 작은 구멍입니다.
· 증산 작용은 잎에 도달한 물이 기공을 통해 식물 밖으로 빠져나가는 것입니다.
· 증산 작용은 뿌리에서 흡수한 물을 식물의 꼭대기까지 끌어 올릴 수 있도록 돕습니다.
· 증산 작용은 식물의 온도를 조절하는 역할을 합니다.

잎의 기공을 통해 물이 빠져나가.

**1~3** 다음과 같이 식물 모종 한 개는 잎을 남겨 두고, 다른 한 개는 잎을 모두 없앱니다. 각각 물이 담긴 삼각 플라스크에 넣고 모종에 비닐봉지를 씌워 묶은 다음, 햇빛이 잘 드는 곳에 3일 동안 놓아두었습니다. 물음에 답하시오.

 ㉠　　　㉡

**1** 위 실험에서 같게 해야 할 조건이 아닌 것은 어느 것입니까? ( 　 )

① 모종의 크기
② 비닐봉지의 크기
③ 모종에 있는 잎의 유무
④ 모종에 있는 뿌리의 유무
⑤ 삼각 플라스크에 담는 물의 양

**2** 위 실험 결과 비닐봉지 안에 물방울이 더 많이 생기는 것의 기호를 쓰시오.

( 　　　　 )

**3** 위 실험은 식물의 어떤 작용을 알아보기 위한 실험입니까? ( 　 )

① 광합성　　　　　② 지지 작용
③ 저장 작용　　　　④ 증산 작용
⑤ 흡수 작용

**4** 식물의 증산 작용에 대한 설명으로 옳은 것에는 ○표, 옳지 않은 것에는 ×표 하시오.

(1) 잎에서 산소를 내보내는 것입니다. ( 　 )
(2) 식물의 온도를 조절하는 역할을 합니다. ( 　 )
(3) 뿌리에서 흡수한 물을 끌어 올릴 수 있도록 돕습니다.
( 　 )

# 6 꽃의 생김새와 하는 일

## 1 꽃의 생김새와 하는 일

(1) 꽃은 식물의 종류에 따라 크기와 모양, 색깔 등이 서로 다릅니다.

(2) **꽃의 구조**: 대부분 꽃잎, 꽃받침, 암술, 수술로 이루어져 있습니다.

| 암술 |
|---|
| • 암술의 맨 위에는 암술머리가 있다.<br>• 꽃가루받이를 하며 씨를 만든다. |

| 꽃잎 |
|---|
| • 암술과 수술을 보호한다.<br>• 곤충을 유인하여 꽃가루받이가 잘 이루어지도록 한다. |

| 수술 |
|---|
| 꽃가루를 만든다. |

| 꽃받침 |
|---|
| 꽃잎을 받치고 보호한다. |

▲ 사과꽃의 구조

(3) **수세미오이꽃**처럼 꽃잎, 꽃받침, 암술, 수술 중 일부가 없는 것도 있습니다. **+1**
튤립, 옥수수, 호박, 강아지풀도 꽃에 꽃받침, 꽃잎, 수술, 암술 중 일부가 없습니다.

(4) **꽃이 하는 일**: 꽃가루받이를 거쳐 씨를 만듭니다.

---

• **수세미오이꽃의 구조**

수술이 없습니다.

암술이 없습니다.

• **꽃가루받이 방법**

▲ 바람에 의한 꽃가루받이
(벼)

▲ 물에 의한 꽃가루받이
(검정말)

▲ 곤충에 의한 꽃가루받이
(코스모스)

▲ 새에 의한 꽃가루받이
(동백나무)

---

## 2 꽃가루받이

(1) **꽃가루받이(수분)**: 씨를 만들기 위해서 수술에서 만든 꽃가루가 암술로 옮겨 붙는 것

▲ 꽃가루받이

(2) 식물은 스스로 꽃가루받이를 못해 바람, 물, 곤충, 새 등의 도움을 받아야 꽃가루받이가 이루어집니다.

① 꽃가루가 바람에 날려 암술로 이동(풍매화): 소나무, 옥수수, 부들, 벼 등 꽃잎을 만들지 않는 대신 많은 양의 꽃가루를 만듭니다.

② 꽃가루가 물에 의해 암술로 이동(수매화): 검정말, 물수세미, 나사말 등

③ 꽃가루가 벌, 나비, 파리 등 곤충에 의해 암술로 이동(충매화): 코스모스, 매실나무, 사과, 연꽃 등 곤충을 유인하기 위해 꽃이 화려하고 향기가 있으며, 꿀샘이 발달해 있습니다.

④ 꽃가루가 새에 의해 암술로 이동(조매화): 동백나무, 바나나, 선인장 등

⑤ 꽃가루가 사람에 의해 옮겨집니다. 온실에서 재배하거나 곤충의 활동이 적을 때, 품종 개량이 필요할 때 사람이 직접 하기도 합니다.

(3) **꽃에 있는 꿀이 하는 일**: 곤충이나 새 등 꽃가루받이를 돕는 동물을 불러들입니다.

(4) **꽃가루받이를 돕는 곤충이 없어진다면 생길 수 있는 일**

① 식물이 꽃가루받이를 제대로 하지 못해 씨와 열매가 만들어지는 양이 줄어들 것입니다.

② 곡식이나 과일의 생산량이 줄어 가격이 오르고 굶주리는 사람이 많아질 것입니다.

③ 곤충을 대신할 로봇(드론)이 만들어질 것입니다.

## +1 호박꽃의 생김새

사과꽃은 꽃잎, 암술, 수술, 꽃받침이 한 꽃에 있지만, 호박꽃은 암술과 수술이 각각 다른 꽃에 있습니다.

▲ 호박꽃의 생김새

### 핵심 개념 정리

- 꽃은 대부분 꽃잎, 꽃받침, 암술, 수술로 이루어져 있습니다.
- 꽃가루받이는 수술에서 만들어진 꽃가루가 암술로 옮겨 붙는 것입니다.
- 꽃은 꽃가루받이를 거쳐 씨를 만드는 일을 합니다.
- 식물은 곤충, 새, 바람, 물 등의 도움을 받아 꽃가루받이를 합니다.

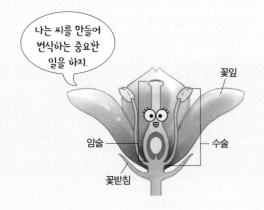

---

**1** 꽃의 구조에 해당하는 것이 <u>아닌</u> 것은 어느 것입니까?

(      )

① 암술          ② 수술
③ 기공          ④ 꽃잎
⑤ 꽃받침

**2** 사과꽃의 구조입니다. ㉠~㉣의 이름을 쓰시오.

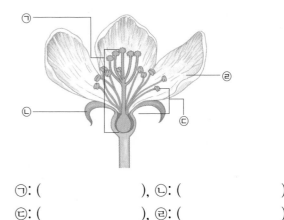

㉠: (         ), ㉡: (         )
㉢: (         ), ㉣: (         )

**3** 꽃이 하는 일은 어느 것입니까?     (      )

① 씨를 만든다.
② 물을 흡수한다.
③ 양분을 만든다.
④ 물을 운반한다.
⑤ 광합성을 한다.

**4** 식물이 꽃가루받이를 하는 데 도움을 주는 것이 <u>아닌</u> 것은 어느 것입니까?     (      )

① 물          ② 새
③ 곤충         ④ 바람
⑤ 동물의 배설물

# 7 식물의 씨가 퍼지는 방법

## 1 열매의 생김새와 하는 일

### (1) 열매가 자라는 과정

① 꽃이 피고 꽃가루받이가 된 암술 속에서는 씨가 생겨 자랍니다.

② 씨를 싸고 있는 암술이나 꽃받침 등이 씨와 함께 자라서 열매가 됩니다.

③ 사과 열매가 자라는 과정

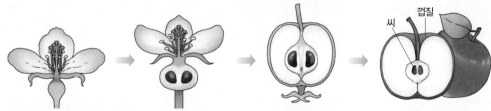

| 꽃가루받이가 이루어진다. | 씨가 만들어진다. | 씨를 둘러싼 부분이 씨와 함께 자라서 열매가 된다. | 사과 사과는 씨와 껍질 사이에 양분이 저장되어 있는 열매입니다. |

### (2) 열매의 구조: 씨와 씨를 둘러싼 껍질 부분으로 되어 있습니다.

### (3) 열매가 하는 일: 어린 씨를 보호하고, 씨가 다 자라면 멀리 퍼지는 것을 돕습니다. ➕1

## 2 식물의 씨가 퍼지는 방법 열매의 생김새에 따라 다양합니다.

### (1) 씨의 특징

① 껍질이 있고, 대부분 단단합니다.

② 솜털, 날개, 갈고리 같은 부분이 있는 것도 있습니다.

### (2) 씨가 퍼지는 다양한 방법

| 씨가 퍼지는 방법 | 식물 예 |
|---|---|
| 가벼운 솜털이 있어 바람에 날려서 퍼진다. | 민들레, 박주가리, 버드나무 등 |
| 날개가 있어 빙글빙글 돌며 날아간다. | 단풍나무, 가죽나무 등 |
| 열매껍질이 터지면서 씨가 튀어 나간다. | 봉숭아, 제비꽃, 괭이밥, 콩 등 |
| 갈고리가 있어 동물의 털이나 옷에 붙어서 퍼진다. | 도꼬마리, 도깨비바늘, 가막사리, 우엉 등 |
| 동물에게 먹힌 뒤 소화되지 않은 씨가 똥으로 나와 퍼진다. | 벚나무, 겨우살이, 참외, 찔레나무 등 |
| 물에 떠서 이동한다. | 연꽃, 수련, 코코야자 등 |
| 동물이 땅에 저장한 뒤 찾지 못한 것이 싹이 튼다. | 잣나무, 상수리 나무 등 |

● 여러 가지 식물의 씨

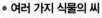

▲ 단풍나무

▲ 벚나무

▲ 연꽃

▲ 민들레

▲ 봉숭아

▲ 도꼬마리

## ➕1 식물의 각 부분이 하는 일

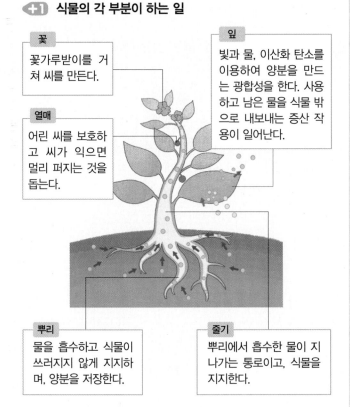

**꽃**
꽃가루받이를 거쳐 씨를 만든다.

**열매**
어린 씨를 보호하고 씨가 익으면 멀리 퍼지는 것을 돕는다.

**잎**
빛과 물, 이산화 탄소를 이용하여 양분을 만드는 광합성을 한다. 사용하고 남은 물을 식물 밖으로 내보내는 증산 작용이 일어난다.

**뿌리**
물을 흡수하고 식물이 쓰러지지 않게 지지하며, 양분을 저장한다.

**줄기**
뿌리에서 흡수한 물이 지나가는 통로이고, 식물을 지지한다.

 **핵심 개념 정리**

- 열매는 씨와 씨를 둘러싼 껍질로 이루어져 있습니다.
- 열매는 어린 씨를 보호하고, 씨를 멀리 퍼뜨리는 역할을 합니다.
- 씨는 바람에 날려, 동물의 털에 붙어서, 열매껍질이 터지면서, 동물에게 먹혀서, 물에 떠서 퍼집니다.

식물은 바람, 물, 동물 등의 도움으로 씨를 퍼뜨려요.

---

**1** 사과 열매가 자라는 과정을 순서대로 기호를 쓰시오.

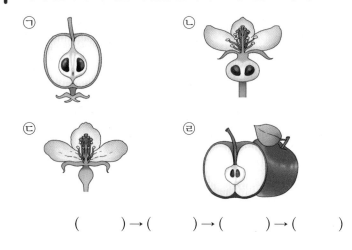

ㄱ　　　　　　　　　　ㄴ

ㄷ　　　　　　　　　　ㄹ

( 　　　 ) → ( 　　　 ) → ( 　　　 ) → ( 　　　 )

**2** 식물의 씨가 퍼지는 방법이 <u>아닌</u> 것을 보기 에서 골라 기호를 쓰시오.

> **보기**
> ㉠ 물에 떠서
> ㉡ 바람에 날려서
> ㉢ 햇빛에 의해서
> ㉣ 동물에 의해서

( 　　　　　　　 )

**3** 씨가 퍼지는 방법과 식물의 종류를 선으로 연결하시오.

(1) 동물에게 먹혀서　　・　　　　・㉠ 참외

(2) 열매껍질이 터지면서　　・　　　　・㉡ 도꼬마리

(3) 동물의 털에 붙어서　　・　　　　・㉢ 봉숭아

**1~2** 잎을 남겨둔 식물의 모종과 잎을 모두 없앤 모종을 다음과 같이 장치하여 햇빛이 잘 드는 곳에 놓아두었습니다. 물음에 답하시오.

**1** 위 실험에서 다르게 해 준 조건은 어느 것입니까?
( )

① 모종의 크기
② 잎을 따는 시각
③ 모종이 받는 빛의 양
④ 모종에 있는 잎의 유무
⑤ 모종에 있는 뿌리의 유무

**2** 3일이 지난 후 삼각 플라스크의 물이 더 많이 줄어든 것의 기호를 쓰시오.

( )

**3** 뿌리에서 흡수한 물을 식물의 꼭대기까지 끌어 올릴 수 있도록 돕는 것은 어느 것입니까? ( )

① 광합성
② 저장 작용
③ 증산 작용
④ 지지 작용
⑤ 흡수 작용

**4** 꽃에 대한 설명으로 옳은 것은 어느 것입니까?
( )

① 식물의 꽃은 모두 꿀이 있다.
② 식물의 꽃은 모두 향기가 난다.
③ 꽃잎은 수술과 암술을 보호한다.
④ 암술은 꽃이 자랄 때에 꽃을 받쳐준다.
⑤ 꽃은 대부분 꽃잎, 암술, 수술로만 이루어져 있다.

**5** 꽃의 구조에서 꽃가루를 만드는 것의 기호를 쓰시오.

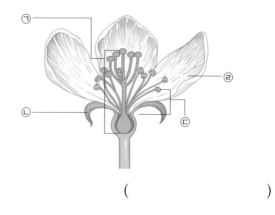

( )

**6** 꽃이 하는 일을 설명한 것입니다. 빈칸에 들어갈 알맞은 말을 바르게 짝 지은 것은 어느 것입니까?
( )

꽃이 피고 꽃가루가 암술에 옮겨 붙는 ( ) 이/가 일어나면 꽃에서 ( )를/을 만든다.

① 증산, 양분
② 수분, 열매
③ 수분, 양분
④ 꽃가루받이, 씨
⑤ 꽃가루받이, 수술

**7** 다음과 같이 새에 의하여 꽃가루받이가 이루어지는 식물은 어느 것입니까? (　　)

① 벼 　　　　② 사과
③ 소나무 　　④ 물수세미
⑤ 동백나무

**8** 꽃이 피고 꽃가루받이가 이루어지고 나면 씨가 만들어지는 곳은 어디입니까? (　　)

① 암술 　　　② 수술
③ 꽃잎 　　　④ 뿌리
⑤ 줄기

**9** 식물의 열매가 하는 일은 어느 것입니까? (　　)

① 광합성을 한다.
② 양분을 만든다.
③ 씨를 멀리 퍼뜨린다.
④ 물을 많이 흡수한다.
⑤ 꽃을 많이 피우게 한다.

**10** 갈고리가 있어서 동물의 털이나 사람의 옷에 붙어서 씨가 퍼지는 식물은 어느 것입니까? (　　)

① 민들레
② 봉숭아
③ 도토리
④ 단풍나무
⑤ 도깨비바늘

**11** 오른쪽 식물과 같은 방법으로 씨가 퍼지는 식물을 두 가지 고르시오. (　　,　　)

▲ 단풍나무

① 콩
② 제비꽃
③ 민들레
④ 가죽나무
⑤ 코코야자

**12** 식물의 각 부분이 하는 일을 잘못 짝 지은 것은 어느 것입니까? (　　)

① 잎 – 양분을 만든다.
② 꽃 – 식물을 지지한다.
③ 뿌리 – 물을 흡수한다.
④ 줄기 – 물을 이동시킨다.
⑤ 열매 – 씨를 멀리 퍼뜨린다.

# 4 식물의 구조와 기능

식물은 세포로 이루어져 있고 뿌리, 줄기, 잎, 꽃과 같은 기관이 서로 영향을 미치면서 생명을 유지하고 있으며, 다양한 방법을 통해 씨가 퍼져 번식을 합니다.

👁 그림을 보고 배운 개념을 떠올리며 (　　) 안에 알맞은 말을 써 보세요.

개념1 **생물을 이루는 세포**

동물과 식물은 세포인 나로 이루어져 있어.

식물 세포는 (❶　　　　　), 세포막으로 둘러싸여 있고, 그 안에는 핵이 있습니다. 동물 세포에는 (❷　　　　　)이/가 없습니다.

개념2 **뿌리가 하는 일**

뿌리로 물을 흡수하지.

뿌리는 물을 (❸　　　　　)하고 식물을 지지하며, (❹　　　　　)을/를 저장하기도 합니다.

👁 그림을 보고 배운 개념을 떠올리며 (　　) 안에 알맞은 말을 써 보세요.

개념4 **잎이 하는 일**

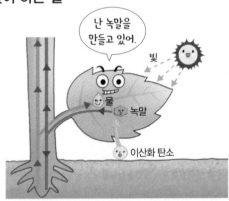

난 녹말을 만들고 있어.

빛

물

녹말

이산화 탄소

잎에서는 (❼　　　　　)을/를 하여 양분을 만들고, 뿌리에서 흡수한 물은 잎에 있는 (❽　　　　　)을/를 통해 식물 밖으로 빠져나가는 증산 작용이 일어납니다.

개념5 **꽃이 하는 일**

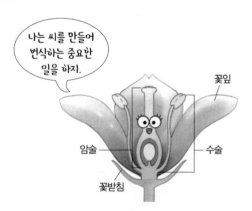

나는 씨를 만들어 번식하는 중요한 일을 하지.

꽃잎

암술

수술

꽃받침

꽃은 대부분 꽃잎, (❾　　　　　), 암술, 수술로 이루어져 있고, (❿　　　　　)을/를 거쳐 씨를 만드는 일을 합니다.

## 개념3 줄기가 하는 일

줄기를 따라 물이 여기저기로 이동해.

뿌리에서 흡수한 물은 (❺           )에 있는 통로를 통해 식물 전체로 이동하고, 줄기는 식물을 (❻           )하며 양분을 저장하기도 합니다.

## 개념6 씨가 퍼지는 방법

식물은 바람, 물, 동물 등의 도움으로 씨를 퍼뜨려요.

씨는 (⓫           )에 날려서, 동물의 ( ⓬           )에 붙어서, 열매껍질이 터지면서, 동물에게 먹혀서, 물에 떠서 퍼집니다.

옳은 문장에 ○, 틀린 문장에 ✕하세요. 틀린 부분은 밑줄을 긋고 바른 개념으로 고쳐 써 보세요.

**1** 식물 세포는 세포벽이 세포막의 바깥쪽을 둘러싸고 있습니다.                    (        )

**2** 뿌리는 굵은 뿌리, 가는 뿌리, 뿌리털로 이루어져 있습니다.                    (        )

**3** 뿌리는 식물이 쓰러지지 않게 지지하고, 흙 속의 물을 흡수합니다.                    (        )

**4** 뿌리에서 흡수한 물은 줄기 속의 통로를 통해 바로 잎으로 이동합니다.                    (        )

**5** 잎은 납작한 잎몸이 잎자루에 연결되어 있고, 잎몸에는 잎맥이 퍼져 있습니다.                    (        )

**6** 식물은 빛을 이용해 산소와 물로 양분을 만듭니다.                    (        )

**7** 잎에 도달한 물의 일부는 잎의 기공을 통해 식물 밖으로 빠져나갑니다.                    (        )

**8** 모든 꽃은 암술, 수술, 꽃잎, 꽃받침으로 이루어져 있습니다.                    (        )

**9** 꽃은 꽃가루받이를 통해 씨를 만듭니다.                    (        )

**10** 열매는 어린 씨를 보호하고, 씨가 익으면 씨가 퍼지는 것을 돕습니다.                    (        )

점수

※ 한 문항당 5점입니다.

**1** 다음의 '이것'이 설명하는 것은 무엇인지 쓰시오.

> 생물체를 이루는 가장 작은 기본 단위이며, 모든 생물은 '이것'(으)로 이루어져 있다.

(        )

**2*** 광학 현미경으로 관찰한 식물 세포의 모습입니다. 식물 세포에는 있지만 동물 세포에는 없는 것의 기호와 그 이름을 쓰시오.

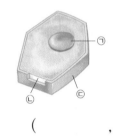

(     ,     )

**3** 다음과 같이 장치한 비커 두 개를 빛이 잘 드는 곳에 2~3일 동안 놓아두었습니다. 이 실험에 대한 설명으로 옳지 <u>않은</u> 것은 어느 것입니까?

(    )

▲ 뿌리를 자르지 않은 양파     ▲ 뿌리를 자른 양파

① 양파의 크기와 종류는 같아야 한다.
② 뿌리의 흡수 기능을 알아보는 실험이다.
③ 다르게 해야 할 조건은 뿌리의 유무이다.
④ 실험 결과 ㉠ 비커보다 ㉡ 비커에 담긴 물이 더 많이 남아 있다.
⑤ 실험 결과 비커에 담긴 물의 양이 달라진 까닭은 ㉠ 비커의 물만 증발하였기 때문이다.

**4** 오른쪽 고구마 뿌리와 비슷한 역할을 하는 뿌리를 가진 식물은 어느 것입니까? (    )

① 당근
② 사과
③ 딸기
④ 토마토
⑤ 복숭아

**5*** 식물의 뿌리에 대한 설명으로 옳지 <u>않은</u> 것은 어느 것입니까? (    )

① 물을 흡수한다.
② 식물을 지지한다.
③ 양분을 저장한다.
④ 솜털처럼 가는 뿌리털이 많이 나 있다.
⑤ 물을 식물 밖으로 내보내는 작용을 한다.

**6** 여러 가지 식물의 줄기 모습에서 공통점은 어느 것입니까? (    )

① 줄기에 잎이 달려 있다.
② 줄기의 겉이 거칠거칠하다.
③ 줄기의 색이 모두 초록색이다.
④ 줄기가 땅속으로 뻗어 나간다.
⑤ 줄기를 만졌을 때 매끄럽고 물렁한 느낌이다.

**7~8** 오른쪽은 붉은 색소 물에 넣어 두었던 백합 줄기를 잘라 관찰한 것입니다. 물음에 답하시오.

**7** 붉게 보이는 부분이 의미하는 것은 어느 것입니까? ( )

① 양분을 만드는 곳
② 물이 이동한 통로
③ 양분이 저장된 위치
④ 식물 세포의 세포막 위치
⑤ 잎에 도달한 물이 빠져나가는 구멍

**8** 위 백합 줄기의 자른 면을 보고 알 수 있는 것으로 옳은 것을 보기 에서 골라 기호를 쓰시오.

보기

㉠ 줄기는 물을 저장한다.
㉡ 줄기는 양분을 만든다.
㉢ 줄기는 식물을 지지한다.
㉣ 뿌리에서 흡수한 물은 줄기를 거쳐 이동한다.

( )

**9~10** 다음 실험 과정을 보고, 물음에 답하시오.

보기

㉠ 고추 모종에서 크기가 비슷한 잎 두 개 중 한 개의 잎에만 알루미늄 포일을 씌우고 빛이 잘 드는 곳에 둔다.
㉡ 큰 비커에 뜨거운 물을 담고 에탄올이 든 작은 비커에 알루미늄 포일로 씌운 잎과 씌우지 않은 잎을 따서 넣는다.
㉢ 작은 비커를 뜨거운 물이 들어 있는 큰 비커에 넣은 뒤 유리판으로 덮는다.
㉣ 작은 비커에서 꺼낸 잎을 따뜻한 물로 헹군 후, 페트리 접시에 놓고 아이오딘 – 아이오딘화 칼륨 용액을 떨어뜨린다.

**9** 위 실험에서 다르게 한 조건은 어느 것입니까? ( )

① 잎의 개수 　　　 ② 식물의 종류
③ 잎이 빛을 받는 유무 ④ 잎을 처리하는 방법
⑤ 에탄올에 넣어 두는 시간

**10** 앞 ㉣ 과정의 결과에서 색깔이 변하는 잎을 쓰고, 색깔이 변하는 까닭을 쓰시오.

서술형

_____

_____

**11** 오른쪽과 같이 장치하고 햇빛이 잘 드는 곳에 3일 동안 놓아두었습니다. 이 실험 결과에 대한 설명으로 옳지 않은 것은 어느 것입니까? ( )

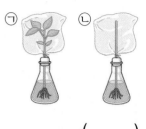

① ㉠의 비닐봉지 안에 물방울이 더 많이 생긴다.
② ㉡의 비닐봉지 안에 물방울이 거의 생기지 않는다.
③ ㉠의 삼각 플라스크의 물이 더 많이 줄어든다.
④ ㉡의 삼각 플라스크의 물이 많아진다.
⑤ 잎에 도달한 물이 어떻게 되는지 알 수 있다.

**12** 식물의 증산 작용에 대한 설명으로 옳은 것은 어느 것입니까? ( )

① 식물의 뿌리에서 일어난다.
② 빛, 이산화 탄소, 물이 필요하다.
③ 증산 작용으로 양분이 만들어진다.
④ 비가 내리는 날에 활발하게 일어난다.
⑤ 뿌리에서 흡수한 물이 잎의 기공을 통하여 빠져나가는 현상이다.

**13** 꽃의 구조에 대한 설명으로 옳지 않은 것은 어느 것입니까? ( )

① 수술 안에는 씨가 들어 있다.
② 꽃받침은 꽃잎을 받치고 보호한다.
③ 암술은 꽃가루받이가 이루어지는 곳이다.
④ 꽃은 대부분 암술, 수술, 꽃받침, 꽃잎으로 구성되어 있다.
⑤ 꽃잎은 곤충을 유인하여 꽃가루받이가 잘 일어나도록 한다.

**14** 식물의 꽃이 하는 일은 어느 것입니까? (　　　)

① 광합성을 한다.

② 식물을 지지한다.

③ 땅속의 물을 흡수한다.

④ 꽃가루받이를 거쳐 씨를 만든다.

⑤ 잎에 도달한 물을 공기 중으로 내보낸다.

**15**

서술형

오른쪽은 꽃가루받이의 모습입니다. 꽃가루받이가 무엇인지 쓰시오.

ㅡ 꽃가루
ㅡ 암술

_____

_____

**16** 오른쪽 단풍나무 씨가 퍼지는 방법으로 옳은 것은 어느 것입니까? (　　　)

① 스스로 터져서 퍼진다.

② 바람에 날려서 퍼진다.

③ 동물에게 먹혀서 퍼진다.

④ 물에 떠서 이동해 퍼진다.

⑤ 동물의 털이나 사람의 옷에 붙어서 퍼진다.

**17** 열매에 대한 설명으로 옳지 <u>않은</u> 것은 어느 것입니까? (　　　)

① 열매는 어린 씨를 보호한다.

② 열매는 씨를 제외한 모든 부분이다.

③ 씨를 둘러싼 껍질은 씨를 보호한다.

④ 열매는 씨를 멀리 퍼뜨리는 일을 한다.

⑤ 씨를 싸고 있던 암술이나 꽃받침 등이 함께 자라 열매가 된다.

**18** 사과 열매가 자라는 과정을 순서 없이 나타낸 것입니다. 순서대로 기호를 쓰시오.

> ㉠ 꽃이 핀다.
> ㉡ 씨가 만들어진다.
> ㉢ 꽃가루받이가 이루어진다.
> ㉣ 씨를 싸고 있던 부분이 자라 열매가 된다.

(　　　) → (　　　) → (　　　) → (　　　)

**19*** 식물과 씨가 퍼지는 방법을 옳게 짝 지은 것은 어느 것입니까? (　　　)

① ▲ 연꽃 — 가시가 있어 동물의 털에 붙어서 퍼진다.

② ▲ 봉숭아 — 물에 떠서 이동한다.

③ ▲ 민들레 — 가벼운 솜털이 있어 바람에 날려간다.

④ ▲ 벚나무 — 열매껍질이 터지며 씨가 튀어 나간다.

⑤ ▲ 도꼬마리 — 동물에게 먹힌 뒤 씨가 배설되어 퍼진다.

**20** 뿌리에서 흡수한 물이 식물의 각 부분으로 이동하게 하는 식물의 부분은 어느 것입니까? (　　　)

① 꽃　　　　　　② 잎

③ 열매　　　　　④ 줄기

⑤ 뿌리

점수

※ 한 문항당 5점입니다.

**1** 세포에 대한 설명으로 옳지 <u>않은</u> 것은 어느 것입니까? ( )

① 동물은 세포로 이루어져 있다.
② 동물 세포에는 세포벽이 없다.
③ 세포에 따라 하는 일이 다르다.
④ 모든 세포는 크기와 모양이 같다.
⑤ 식물 세포는 세포벽, 세포막으로 둘러싸여 있고 그 안에 핵이 있다.

**2** 광학 현미경으로 세포를 관찰하는 방법에 대한 설명입니다. ( ) 안의 알맞은 말에 ○표 하시오.

양파 표피 세포 영구 표본을 재물대에 올려놓고 ( 조동 나사, 미동 나사 )로 재물대를 천천히 내리면서 접안렌즈로 세포를 찾는다. ( 조동 나사, 미동 나사 )로 세포가 뚜렷하게 보이도록 조절한다.

**3** 식물의 뿌리털이 하는 일은 어느 것입니까? ( )

① 양분을 만든다.
② 물을 저장한다.
③ 양분을 저장한다.
④ 물을 밖으로 내보낸다.
⑤ 물을 더 잘 흡수하도록 해 준다.

**[4~5]** 다음과 같이 장치한 두 비커를 빛이 잘 드는 곳에 두었습니다. 물음에 답하시오.

▲ 뿌리를 자르지 않은 양파

▲ 뿌리를 자른 양파

**4** 앞 실험에서 다르게 한 조건은 어느 것입니까? ( )

① 물의 양
② 양파의 크기
③ 비커의 크기
④ 빛을 받는 양
⑤ 뿌리의 유무

**5**★ 앞 실험으로 알 수 있는 뿌리의 기능을 다음에서 골라 쓰시오.

지지 기능   흡수 기능   저장 기능   증산 기능

( )

**6** 식물이 강한 바람에도 잘 쓰러지지 않는 까닭은 뿌리가 하는 일 중에서 어떤 것과 관계 있습니까? ( )

① 뿌리는 물을 흡수한다.
② 뿌리는 양분을 만든다.
③ 뿌리는 식물을 지지한다.
④ 뿌리는 양분을 저장하기도 한다.
⑤ 뿌리는 물이 이동하는 통로 역할을 한다.

**7** 줄기에 대한 설명으로 옳지 <u>않은</u> 것은 어느 것입니까? ( )

① 줄기는 양분을 저장하기도 한다.
② 줄기의 겉은 모두 매끈매끈하다.
③ 줄기는 식물을 지지하는 기능이 있다.
④ 줄기의 껍질은 해충이나 세균 등의 침입을 막는다.
⑤ 줄기의 모양은 굵고 곧은 것, 다른 물체를 감는 것 등 다양하다.

8~9 붉은 색소 물에 넣어 둔 백합 줄기를 세로로 자른 면을 관찰하였습니다. 물음에 답하시오.

**8** 백합 줄기를 세로로 자른 면의 모습으로 옳은 것은 어느 것입니까? ( )

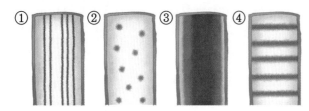

**9**
서술형
문제 **8**의 백합 줄기에서 붉은색으로 물든 부분을 보고 알 수 있는 사실을 쓰시오.

_____

_____

**10★** 잎에서 만든 양분을 확인하는 실험의 결과입니다. ( ) 안에 들어갈 알맞은 말을 옳게 짝 지은 것은 어느 것입니까? ( )

> 아이오딘 - 아이오딘화 칼륨 용액을 떨어뜨리면 빛을 받은 잎만 ( ㉠ )으로 변하였다. 이것으로 보아 잎에서 만들어진 물질은 ( ㉡ )과 같은 양분임을 알 수 있다.

|  | ㉠ | ㉡ |
|---|---|---|
| ① | 붉은색 | 지방 |
| ② | 청람색 | 지방 |
| ③ | 붉은색 | 녹말 |
| ④ | 청람색 | 녹말 |
| ⑤ | 청람색 | 단백질 |

**11** 광합성을 나타낸 것입니다. 광합성을 할 때 이용되는 물질을 세 가지 쓰시오.

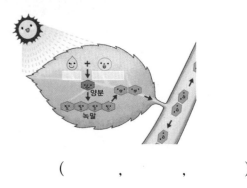

( , , )

**12** 오른쪽 ㉠에 대한 설명으로 옳지 않은 것은 어느 것입니까? ( )

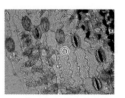

① 증산 작용에 관여한다.
② 기공으로 잎의 표면에 있다.
③ 잎에 도달한 물이 빠져나가는 구멍이다.
④ 광합성으로 양분이 만들어지는 부분이다.
⑤ 식물의 온도를 조절하는 역할과 관계 있다.

**13** 오른쪽과 같이 염화 코발트 종이를 잎의 앞면과 뒷면에 붙인 후, 햇빛이 잘 드는 곳에 두었더니 모두 붉은색으로 변했습니다. 이 결과로 알 수 있는 것은 어느 것입니까? ( )

① 잎은 공기 중의 물을 흡수한다.
② 잎은 광합성을 하여 녹말을 만든다.
③ 잎에서 물이 식물 밖으로 빠져나간다.
④ 뿌리에서 흡수한 물은 잎에 저장된다.
⑤ 기공은 잎의 뒷면에만 있고 앞면에는 없다.

**14** 다음과 같이 뿌리에서 흡수한 물은 잎에 도달하여 밖으로 빠져나갑니다. 잎에 도달한 물이 빠져나가지 못하면 어떻게 될지 한 가지 쓰시오.

서술형

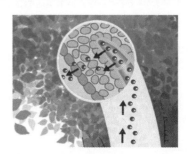

_____

_____

**15** 꽃의 각 부분에 대한 설명으로 옳지 <u>않은</u> 것은 어느 것입니까? ( )

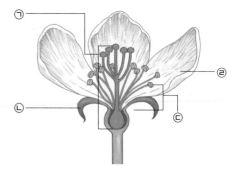

① ㉠은 꽃가루받이를 위해 곤충을 유인한다.
② ㉡은 꽃잎을 받치고 꽃을 보호한다.
③ ㉢은 꽃가루가 만들어지는 부분이다.
④ ㉣은 꽃 안에 있는 여러 부분을 보호한다.
⑤ ㉠~㉣ 중 일부가 없는 꽃도 있다.

**16** 식물의 꽃가루받이를 도와주는 것이 <u>아닌</u> 것은 어느 것입니까? ( )

① 물
② 새
③ 사람
④ 바람
⑤ 햇빛

**17** 식물에서 다음과 같은 일을 하는 것은 어느 것입니까? ( )

• 곤충이나 새를 불러들인다.
• 씨를 만드는 일을 한다.

① 잎
② 꽃
③ 줄기
④ 뿌리
⑤ 열매

**18** 꽃이 피어 열매로 자라는 과정에 대해 <u>틀리게</u> 설명한 사람의 이름을 쓰시오.

**석주**: 씨가 자라면서 암술, 꽃받침이 함께 자라 열매가 돼.
**경일**: 꽃가루받이 후 수술 속에서 씨가 생겨.
**아영**: 열매는 어린 씨를 보호하는 역할을 해.
**민주**: 열매는 씨가 멀리 퍼지는 것을 도와.

( )

**19** 식물의 씨가 퍼지는 방법으로 옳지 <u>않은</u> 것은 어느 것입니까? ( )

① 연꽃 – 물에 떠서 이동한다.
② 민들레 – 바람에 날려 퍼진다.
③ 우엉 – 동물의 털에 달라붙어 퍼진다.
④ 단풍나무 – 열매껍질이 터지면서 퍼진다.
⑤ 참외 – 동물이 먹고 난 뒤에 똥으로 나와 퍼진다.

**20** 맑은 날 사과나무에서 일어나는 일로 옳지 <u>않은</u> 것은 어느 것입니까? ( )

① 뿌리는 평소처럼 물을 흡수한다.
② 잎에서 증산 작용을 거의 하지 않는다.
③ 꽃은 꽃가루를 만들고 꽃가루받이를 한다.
④ 열매는 익은 씨를 멀리 보내 자손을 퍼뜨린다.
⑤ 뿌리에서 흡수한 물은 줄기를 통해 식물의 각 부분으로 이동한다.

### 1~3

**개념1** 뿌리가 하는 일

- 뿌리는 식물이 쓰러지지 않게 식물을 지지하고, 흙 속의 물을 흡수합니다.
- 뿌리의 표면에는 솜털처럼 작고 가는 뿌리털이 나 있어서 물을 많이 흡수할 수 있습니다.
- 무, 당근, 고구마처럼 뿌리에 양분을 저장하는 식물도 있습니다.

**1** 빈칸 쓰기

① 뿌리는 식물이 쓰러지지 않도록 (　　　　) 합니다.

② 식물은 뿌리를 땅속으로 깊게 뻗어서 물을 (　　　　)합니다.

**2** 문장 쓰기

다음과 같이 장치하였을 때 뿌리를 자른 양파를 올려놓은 비커에서 물의 양이 어떻게 변할지 그 까닭과 함께 쓰시오.

▲ 뿌리를 자르지 않은 양파

▲ 뿌리를 자른 양파

뿌리를 자른 양파를 올려놓은 비커는 물이

_____

이 사실로 알 수 있는 것은

_____

**3** 서술 완성

만일 사과나무의 뿌리가 없다면, 일어날 수 있는 일을 두 가지 이상 쓰시오.

_____

_____

### 4~6

**개념2** 줄기에서 물의 이동 알아보기

- 줄기는 아래로 뿌리가 이어져 있고 위로 잎이 나 있어 뿌리와 잎을 연결합니다.
- 줄기 속에는 물이 이동하는 통로가 있습니다.
- 뿌리에서 흡수한 물은 이 통로로 줄기를 거쳐 식물 전체로 이동합니다.

**4** 빈칸 쓰기

① 줄기는 아래로는 (　　　　)이/가 이어져 있고, 위로는 (　　　　)이/가 이어져 있습니다.

② 뿌리에서 흡수한 물은 (　　　　) 속의 통로를 거쳐 식물 전체로 이동합니다.

**5**
문장
쓰기

다음과 같이 붉은 색소 물에 일정 시간 넣어 둔 백합 줄기의 자른 면을 관찰하는 실험은 무엇을 알아보기 위한 것인지 쓰시오.

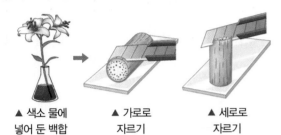

▲ 색소 물에 　　▲ 가로로 　　▲ 세로로
　넣어 둔 백합 　　자르기 　　자르기

백합 줄기를 자른 면이 붉게 물든 것으로 보아,

_____

알아보기 위한 실험입니다.

**6**
서술
완성

붉은 색소 물에 넣은 둔 백합과 봉숭아 줄기를 가로로 자른 면의 모습입니다. 이것으로 알 수 있는 사실을 두 가지 쓰시오.

▲ 백합 줄기 　　　　▲ 봉숭아 줄기

_____

_____

---

**7~9**

개념3　**씨가 퍼지는 방법**

• 열매는 바람에 날리거나 물에 떠서, 동물의 털에 붙어서 이동하여 씨를 퍼뜨립니다.
• 열매가 동물에게 먹힌 뒤에 소화되지 않은 씨가 똥과 함께 나와 퍼지기도 합니다.
• 열매의 껍질이 터지면서 씨가 튀어 나가 퍼지기도 합니다.

---

**7**
빈칸
쓰기

① 열매는 (　　　　)에 날리거나 동물의 (　　　　)에 붙어서 이동하여 씨를 퍼뜨립니다.

② 열매가 (　　　　)에게 먹힌 뒤 멀리 이동하여 씨가 똥과 함께 나와 퍼지기도 합니다.

**8**
문장
쓰기

민들레와 도꼬마리 열매의 생김새의 특징을 쓰시오.

▲ 민들레 　　　　　▲ 도꼬마리

민들레는 가벼운 _____

도꼬마리 열매는 끝이 _____

생겼습니다.

**9**
서술
완성

민들레와 도꼬마리의 씨가 퍼지는 방법을 씨의 생김새의 특징을 포함해 쓰시오.

_____

_____

**1** 식물 세포의 모습입니다. 식물 세포가 동물 세포와 다른 점을 쓰시오. [8점]

핵

세포막   세포벽

---

**2** 다음과 같이 양파 두 개 중 한 개만 뿌리를 자르고, 같은 양의 물이 들어 있는 비커에 양파의 밑부분이 물에 닿도록 각각 올려놓은 뒤 빛이 잘 드는 곳에 놓아두었습니다. 물음에 답하시오. [12점]

▲ 뿌리를 자르지 않은 양파     ▲ 뿌리를 자른 양파

(1) 위 실험에서 2~3일 뒤에 ㉠과 ㉡ 비커에 든 물의 양을 >, =, <를 써서 비교하시오. [2점]

㉠ (          ) ㉡

(2) 위 (1)의 답과 같은 결과가 나타난 까닭을 쓰시오. [10점]

---

**3** 고추와 파의 뿌리 모습입니다. 두 식물 뿌리의 생김새의 차이점을 쓰시오. [8점]

▲ 고추의 뿌리     ▲ 파의 뿌리

---

**4** 붉은 색소 물에 백합을 넣어 두어 줄기뿐만 아니라 꽃과 잎까지 붉게 물든 모습입니다. 이를 통하여 알 수 있는 점을 쓰시오. [8점]

**5** 다음과 같이 뿌리에서 흡수한 물은 잎에 도달한 후 어떻게 되는지 쓰시오. [8점]

---

---

**7** 다음 식물은 열매의 끝 부분에 갈고리 모양과 비슷한 가시가 있습니다. 이 식물의 씨가 퍼지는 방법이 어떠할지 쓰시오. [8점]

---

---

**6** 벌이 코스모스에 앉아 있는 모습입니다. 물음에 답하시오. [12점]

(1) 위와 같이 벌, 나비, 파리 등 곤충에 의해 꽃가루가 암술에 옮겨 붙는 것을 무엇이라고 하는지 쓰시오. [2점]

(          )

(2) 만약 곤충이 없어진다면 어떤 일이 생길지 한 가지 쓰시오. [10점]

---

---

**8** 포도는 동물에게 먹혀 씨를 퍼뜨리는 열매로, 익기 전에는 초록색이지만 익으면서 점점 색이 변하고 맛과 향이 좋아집니다. 그 까닭을 씨의 퍼짐과 관련하여 쓰시오. [8점]

---

---

# **4** 식물의 구조와 기능

| 과제명 | 잎에서 만든 양분 확인하기 | 배점 | 20점 |
|---|---|---|---|
| 성취 목표 | 광합성으로 만들어진 양분을 확인하는 실험을 통해 잎이 하는 일을 설명할 수 있다. | | |

**1~3** 잎에서 만든 양분이 무엇인지 알아보기 위한 실험입니다. 물음에 답하시오.

> ㈎ 식물 모종 잎의 일부분을 알루미늄 포일로 씌우고 햇빛이 비친 곳에 2~3일 동안 둔 후, 알루미늄 포일로 씌운 잎과 씌우지 않은 잎을 각각 딴다.
> ㈏ 큰 비커에 뜨거운 물을 담고, 작은 비커에 에탄올을 담은 후 모종에서 딴 두 잎을 넣는다.
> ㈐ 작은 비커를 뜨거운 물이 들어 있는 큰 비커에 넣은 뒤 유리판으로 덮는다.
> ㈑ 작은 비커에서 꺼낸 잎을 따뜻한 물로 헹군 뒤 페트리 접시에 놓는다.
> ㈒ 잎에 (  ㉠  )을/를 떨어뜨려 색깔 변화를 관찰한다.

**1** 위 실험 과정 ㈒의 ㉠에 들어갈 물질의 이름을 쓰시오. [2점]

(                    )

**2** 위 실험 과정 ㈒의 결과가 오른쪽과 같을 때 빛을 받은 모종의 잎은 어느 것인지 기호를 쓰시오. [4점]

(          )

㉠　㉡

**3** 위 문제 **2**의 답으로 알 수 있는 사실을 다음 낱말을 모두 사용하여 쓰시오. [6점]

| 빛　　　　양분　　　　광합성 |
|---|

_____

_____

**4** 오른쪽과 같이 식물의 잎 모양이 대부분 납작한 까닭을 잎이 하는 일과 관련지어 쓰시오. [8점]

_____

_____

# 💬 수행 평가

## 4 식물의 구조와 기능

| 과제명 | 잎에 도달한 물의 이동 알아보기 | 배점 | 20점 |
|---|---|---|---|
| 성취 목표 | 잎에서 일어나는 증산 작용을 설명할 수 있다. | | |

**1~3** 나뭇가지에 비닐봉지를 씌워 두면 비닐봉지 안에 물방울이 생깁니다. 그 까닭을 알아보기 위해 다음과 같이 실험하였습니다. 물음에 답하시오.

> (가) 비닐봉지 안에 물방울이 생긴 까닭은 무엇인지 가설을 세워 본다.
> (나) 가설을 검증하기 위한 실험에서 다르게 해야 할 조건과 같게 해야 할 조건을 정한다.
> (다) 실험에서 확인하고 측정해야 할 것이 무엇인지 생각해 본다.
> (라) 가설을 검증할 수 있는 실험을 설계하고 실험 장치를 꾸민다.
> (마) 설계한 대로 실험을 하고 관찰한 내용을 기록한다.

**1** 위 (라)에서 실험 장치를 옳게 꾸민 것의 기호를 쓰시오. [2점]

ㄱ
▲ 뿌리를 제거한 식물　▲ 뿌리를 그대로 둔 식물

ㄴ
▲ 잎을 제거한 식물　▲ 잎을 그대로 둔 식물

(　　　　　)

**2** 위 실험에서 확인하고 측정해야 할 것이 무엇인지 **보기** 에서 모두 골라 기호를 쓰시오. [4점]

> **보기**
> ㉠ 모종이 새로 자라난 길이 측정
> ㉡ 비닐봉지 안에 물방울이 생기는지 확인
> ㉢ 삼각 플라스크에서 줄어든 물의 양 확인
> ㉣ 비닐봉지가 부풀어 오르는 정도 확인

(　　　　　)

**3** 위 실험 결과 비닐봉지에 물방울이 생기는 까닭을 쓰시오. [6점]

_____

_____

**4** 오른쪽과 같이 키가 큰 나무 꼭대기까지 물이 올라갈 수 있는 까닭을 쓰시오. [8점]

_____

_____

# 4 식물의 구조와 기능

| 과제명 | 열매가 하는 일과 씨가 퍼지는 방법 알아보기 | 배점 | 20점 |
|---|---|---|---|
| 성취 목표 | 열매가 하는 일과 여러 가지 식물의 씨가 퍼지는 방법을 설명할 수 있다. | | |

**1** 그림은 사과꽃이 열매로 자라는 과정을 나타낸 것입니다. 각 과정에서 일어나는 일을 쓰시오. [8점]

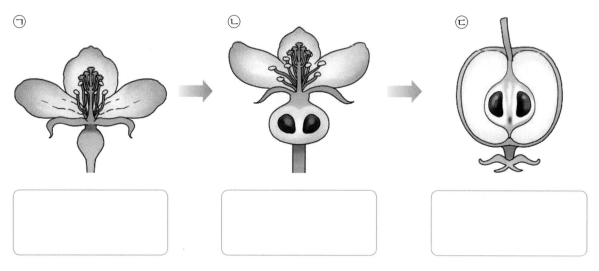

ㄱ　　　　　　　　ㄴ　　　　　　　　ㄷ

**2** 식물의 열매가 하는 일을 쓰시오. [4점]

**3** 다음 식물의 씨가 퍼지는 방법을 열매의 특징을 포함해서 쓰시오. [8점]

▲ 사과

▲ 단풍나무

▲ 연꽃

# 5

## 빛과 렌즈

1 프리즘을 통과한 햇빛

2 공기와 물의 경계에서 빛의 나아감

3 물속에 있는 물체의 모습 관찰하기

4 볼록 렌즈의 특징

5 볼록 렌즈를 통과하는 햇빛 관찰하기

6 볼록 렌즈를 이용한 도구 만들기

7 볼록 렌즈의 이용

# 1 프리즘을 통과한 햇빛

## 1 프리즘을 통과한 햇빛 관찰하기

| 탐구 과정 | ① ⚫프리즘 받침대에 프리즘을 고정하고 햇빛이 잘 비치는 곳에 놓는다.<br>② 검은색 도화지의 긴 구멍을 통과한 햇빛이 프리즘을 통과할 수 있도록 스탠드를 사용해 프리즘의 위치를 조절한다.<br>③ 햇빛을 프리즘에 통과시키면 햇빛이 하얀색 도화지에 어떤 모습으로 나타나는지 관찰한다.<br>④ 프리즘을 통과한 햇빛의 특징을 이야기한다.<br> |
| --- | --- |
| ⚫탐구 결과 | 햇빛은 프리즘을 통과하면 여러 가지 빛깔로 나타난다.<br><br>▲ 종이 스크린에 나타난 햇빛 |
| 알 수 있는 사실 | 햇빛은 여러 가지 빛깔로 이루어져 있다. |

## 2 프리즘을 통과한 햇빛 ➕1

(1) 햇빛의 특징

① 프리즘을 통과한 햇빛은 하얀색 도화지에 여러 가지 색의 빛으로 나타납니다. ➕2

② 그 까닭은 햇빛은 여러 가지 색의 빛으로 이루어져 있기 때문입니다.

(2) 우리 생활에서 햇빛이 여러 빛깔로 나뉘어 보이는 경우

① 유리의 비스듬하게 잘린 부분을 통과한 햇빛이 만든 ⚫무지개

② 비가 내린 뒤 볼 수 있는 무지개

▲ 무지개

---

⚫ **프리즘**
유리나 플라스틱 등으로 만든 투명한 삼각기둥 모양의 기구

▲ 프리즘

⚫ **프리즘을 통과한 햇빛을 그림으로 나타내기**

▲ 프리즘을 통과한 햇빛을 나타낸 그림

⚫ **무지개를 본 경험**
분수 주변에 생긴 무지개와 폭포 주변에 생긴 무지개를 본 적이 있습니다.

**+1 프리즘을 통과한 햇빛이 여러 가지 색으로 나타나는 까닭**

햇빛은 여러 가지 빛으로 이루어져 있으며, 햇빛이 프리즘을 통과할 때마다 빛의 색에 따라 꺾이는 정도가 다르기 때문입니다.

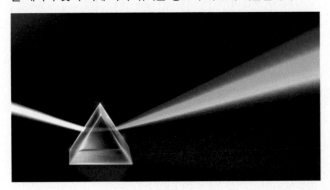

**+2 프리즘에 손전등, 스마트 기기, 레이저 지시기 등의 빛을 비추었을 때의 변화**

프리즘에 햇빛 이외에 손전등, 스마트 기기 등의 빛을 비추면 여러 가지 색깔이 나타납니다. 하지만 레이저 지시기의 빛을 프리즘에 비출 경우에는 한 가지 색깔만 나타나며 이는 레이저 지시기의 빛은 한 가지 색의 빛으로 이루어져 있기 때문입니다.

**핵심 개념 정리**

• 햇빛이 프리즘을 통과하면 여러 가지 빛깔로 나타납니다.
• 햇빛은 여러 가지 색의 빛으로 이루어져 있습니다.
• 우리 생활에서 햇빛이 여러 빛깔로 나뉘어 보이는 경우에는 유리의 비스듬하게 잘린 부분을 통과한 햇빛이 만든 무지개, 비가 내린 뒤 볼 수 있는 무지개 등이 있습니다.

햇빛이 나를 통과하면 여러 빛깔로 나타나지.

---

**1** 프리즘의 특징으로 옳지 않은 것은 어느 것입니까?

(     )

① 프리즘은 투명하다.
② 프리즘에는 각이 있다.
③ 프리즘은 아무 색깔이 없다.
④ 프리즘은 나무 또는 플라스틱으로 만든다.
⑤ 프리즘을 통과한 햇빛은 여러 가지 색깔로 보인다.

**2** 다음은 운동장에서 프리즘을 통과한 햇빛이 하얀색 도화지에 나타나는 모습을 관찰하는 실험입니다.

검은색 도화지
긴 구멍
손잡이가 있는 프리즘
하얀색 도화지

위 실험을 통해 알 수 있는 것은 어느 것입니까?

(     )

① 프리즘은 붉은색 빛만 통과시킨다.
② 햇빛은 프리즘을 통과하지 못한다.
③ 프리즘은 햇빛을 한곳으로 모이게 한다.
④ 햇빛은 여러 가지 빛깔로 이루어져 있다.
⑤ 햇빛은 프리즘의 두꺼운 부분에서 꺾인다.

**3** 우리 생활에서 햇빛이 여러 빛깔로 나뉘어 보이는 예로 옳은 것을 보기 에서 두 가지를 찾아 기호를 쓰시오.

보기
㉠ 셀로판 종이를 붙인 유리판으로 태양 관찰하기
㉡ 비가 내린 뒤 볼 수 있는 무지개
㉢ 유리의 비스듬하게 잘린 부분을 통과한 햇빛
㉣ 공기가 들어 있는 투명한 지퍼 백

(    ,    )

# 2 공기와 물의 경계에서 빛의 나아감

## 1 공기와 물의 경계에서 빛이 나아가는 모습 관찰하기

빛이 나아가는 모습을 잘 관찰하기 위해서 우유를 넣습니다.

| | |
|---|---|
| 탐구 과정 | ① 투명한 사각 수조에 물을 $\frac{1}{2}$ 정도 높이까지 채우고, 우유를 네다섯 방울 떨어뜨린 다음 유리 막대로 젓는다.<br>② 향을 피워 수면 근처에 가져간 뒤, 투명한 아크릴판으로 덮어 수조에 향 연기를 채운다.<br>③ 레이저 지시기의 빛을 수조 위쪽에서 아래쪽으로 여러 각도에서 비추고, 빛이 나아가는 모습을 관찰하여 화살표로 나타낸다.<br>④ 수조를 책상 바깥쪽으로 2~3 cm 뺀 다음 레이저 지시기의 빛을 수조 아래쪽에서 위쪽으로 여러 각도에서 비추고, 빛이 나아가는 모습을 화살표로 나타낸다. |
| 탐구 결과 | **레이저 지시기의 빛을 수조 위쪽에서 아래쪽으로 여러 각도에서 비추었을 때 빛이 나아가는 모습**<br>  <br>**레이저 지시기의 빛을 수조 아래쪽에서 위쪽으로 여러 각도에서 비추었을 때 빛이 나아가는 모습**<br>   |
| 알 수 있는 사실 | • 빛을 수면에 비스듬하게 비추면 빛이 공기와 물의 경계에서 꺾여 나아간다.<br>• 빛을 수면에 수직으로 비추면 빛이 공기와 물의 경계에서 꺾이지 않고 그대로 나아간다. |

• **사각 수조에 넣은 유리판을 통과하는 빛**

향 연기
유리판

▲ 공기와 유리판의 경계에서 빛이 나아가는 모습

향 연기
반투명한 유리판

▲ 공기와 반투명한 유리판의 경계에서 빛이 나아가는 모습

• **레이저 지시기의 빛을 프리즘에 비추기**

레이저 지시기의 빛은 프리즘을 통과할 때 공기와 프리즘의 경계에서, 프리즘에서 나올 때 프리즘과 공기의 경계에서 꺾입니다.

## 2 빛의 굴절 +1

(1) °**빛의 굴절**: 빛이 서로 다른 물질의 경계에서 꺾여 나아가는 현상

(2) 빛은 공기와 물, 공기와 유리, 공기와 기름 등과 같이 °공기와 다른 물질이 만나는 경계에서 굴절합니다.

식용유

▲ 공기와 식용유(기름)의 경계에서 빛이 나아가는 모습

**+1** 공기와 유리판의 경계에서 빛이 나아가는 모습

 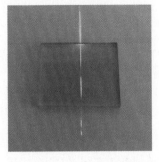

- 빛을 유리판에 비스듬하게 비추면 빛이 공기와 유리판의 경계에서 꺾여 나아갑니다.
- 빛을 유리판에 수직으로 비추면 빛이 공기와 유리판의 경계에서 꺾이지 않고 그대로 나아갑니다.

**1** 다음과 같이 물속에서 공기 중으로 레이저 지시기의 빛을 비추었을 때 빛이 나아가는 방향을 옳게 나타낸 것의 기호를 쓰시오.

(        )

**2** 빛은 공기와 물의 경계에서 어떻게 나아가는지 선으로 연결하시오.

(1) | 빛을 수직으로 비추었을 때 | •    • ㉠ | 빛이 공기와 물의 경계에서 꺾이지 않고 그대로 나아간다.

(2) | 빛을 비스듬하게 비추었을 때 | •    • ㉡ | 빛이 공기와 물의 경계에서 꺾여 나아간다.

🎓 **핵심 개념 정리**

- 레이저 지시기의 빛을 수면에 비스듬하게 비추면 빛이 공기와 물의 경계에서 꺾여 나아갑니다.
- 서로 다른 물질의 경계에서 빛이 꺾여 나아가는 현상을 빛의 굴절이라고 합니다.
- 빛은 공기와 물, 공기와 유리, 공기와 기름 등과 같이 공기와 다른 물질이 만나는 경계에서 굴절합니다.

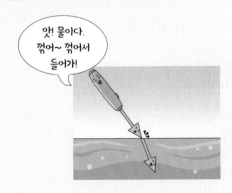

앗! 물이다. 꺾어~ 꺾어서 들어가!

**3** 빛의 굴절에 대한 설명으로 옳지 <u>않은</u> 것은 어느 것입니까? (    )

① 물과 공기의 경계에서 빛의 굴절이 일어난다.
② 공기와 투명한 물질이 만나는 경계에서 빛의 굴절이 일어난다.
③ 공기와 반투명한 유리의 경계에서는 빛의 굴절이 일어나지 않는다.
④ 물속에서 공기 중으로 수직으로 나아간 빛은 꺾이지 않고 그대로 나아간다.
⑤ 레이저 지시기의 빛을 프리즘에 비추면 공기와 프리즘의 경계에서 빛이 꺾인다.

# 3 물속에 있는 물체의 모습 관찰하기

## 1 물속에 있는 물체의 모습

### (1) 물속에 있는 물체의 모습 관찰하기

| 탐구 과정 | ① 높이가 낮고 바닥이 넓은 불투명한 컵 바닥에 동전을 넣는다.<br>② 컵 속의 동전을 관찰하는 사람은 몸을 앞뒤나 위아래로 천천히 움직이면서 동전이 보이다가 보이지 않는 위치에서 멈추고 컵 속을 바라본다.<br>③ 한 사람이 천천히 컵에 물을 부으면 다른 사람은 컵 속의 동전 모습을 관찰한다.<br>④ 이번에는 컵 속에 젓가락을 넣고 컵에 물을 붓지 않았을 때와 부었을 때 컵 속의 젓가락 모습을 관찰한다. |
|---|---|

| 탐구 결과 | 물체 | 물을 붓지 않았을 때 컵 속의 모습 | 물을 부었을 때 컵 속의 모습 |
|---|---|---|---|
| | 동전 | 동전이 보이지 않는다. | 동전이 보인다. |
| | 젓가락 | 젓가락이 반듯하게 보인다. | 젓가락이 꺾여 보인다. |

• 물을 부으면 안 보이던 동전이 보인다.
• 물을 부으면 반듯했던 젓가락이 꺾여 보인다.

| 알 수 있는 사실 | 공기와 물의 경계에서 빛이 굴절하면 굴절한 빛을 보는 사람은 실제와 다른 위치에 있는 물체의 모습을 보게 된다. |
|---|---|

### (2) 물속에 있는 물체의 모습이 실제 모습과 다르게 보이는 까닭: 공기와 물의 경계에서 빛이 굴절하기 때문입니다.

## 2 우리 생활에서 빛의 굴절로 생기는 다양한 현상

(1) 물속의 나무 막대가 꺾여 보입니다.

(2) 물에 잠긴 다리가 짧아 보입니다.

(3) •물이 얕아 보입니다.

(4) 물속의 물고기가 실제 위치보다 떠올라 있는 것처럼 보입니다. +1

▲ 물에 잠긴 다리가 짧아 보임.

• 물의 깊이가 얕아 보이는 계곡물에 뛰어들면 위험한 까닭
계곡물 바깥에서 보이는 물의 깊이는 실제 물의 깊이보다 얕아 보이기 때문에 계곡물에 뛰어들면 위험할 수 있습니다. 물 밖에서 보이는 물의 깊이보다 실제 물의 깊이가 더 깊습니다.

**+1 물속의 물고기가 실제 위치보다 떠올라 있는 것처럼 보이는 까닭**

물고기에 닿아 반사된 빛은 물속에서 공기 중으로 나올 때 물과 공기의 경계에서 굴절해 사람의 눈으로 옵니다. 그런데 사람은 눈으로 들어온 빛의 연장선에 물고기가 있다고 생각합니다. 하지만 물속에 있는 실제 물고기의 위치는 사람이 생각하는 물고기의 위치보다 더 아래쪽에 있습니다.

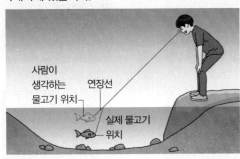

사람이 생각하는 물고기 위치 — 연장선 · 실제 물고기 위치

**1~2** 다음과 같이 두 개의 컵 속에 동전을 넣고 같은 위치에서 컵을 바라보았습니다. 물음에 답하시오.

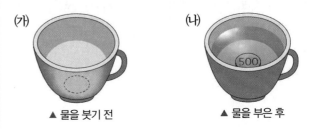

(가) ▲ 물을 붓기 전            (나) ▲ 물을 부은 후

**1** 위 (가)와 (나)에 대한 설명으로 옳은 것은 어느 것입니까?
( )

① 컵에 물을 부으면 동전이 작게 보인다.
② 컵에 물을 부으면 동전이 물 위로 떠오른다.
③ 컵에 물을 부으면 보이지 않던 동전이 보인다.
④ 물을 더 많이 부으면 보이던 동전이 다시 사라진다.
⑤ 동전이 보이는 것은 컵 속에 물을 붓는 것과 관계없다.

**2** 다음은 위와 같은 현상이 나타나는 까닭을 설명한 것입니다. ( ) 안에 들어갈 알맞은 말을 쓰시오.

> 물속에 있는 물체는 실제 모습과 다르게 보인다. 그 까닭은 공기와 물의 (   )에서 빛이 굴절하기 때문이다.

( )

**핵심 개념 정리**

· 물을 붓지 않았을 때에는 동전이 보이지 않았는데 물을 부으면 동전이 보입니다.
· 물을 붓지 않았을 때에는 젓가락이 반듯했지만 물을 부으면 젓가락이 꺾여 보입니다.
· 물속에 있는 물체가 실제와 다르게 보이는 까닭은 공기와 물의 경계에서 빛이 굴절하기 때문입니다.
· 빛의 굴절 때문에 나타나는 현상에는 물에 잠긴 다리가 짧아 보이는 것, 물속의 물고기가 보이는 곳보다 실제로는 더 깊은 곳에 있는 것 등이 있습니다.

**3** 현지와 승우가 컵에 젓가락을 넣고 물을 부은 후, 젓가락의 모습을 관찰하였습니다. 젓가락의 모습을 옳게 관찰한 친구의 이름을 쓰시오.

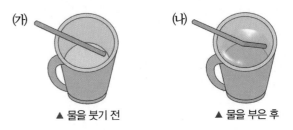

(가) ▲ 물을 붓기 전            (나) ▲ 물을 부은 후

> **현지**: 공기와 물의 경계에서 젓가락이 꺾여 보여.
> **승우**: 물을 넣으면 젓가락이 작게 보여.

( )

수리수리마수리~ 꺾여라!

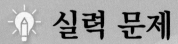
1~3 다음은 햇빛의 특징을 알아보기 위한 실험입니다. 물음에 답하시오.

**1** 위 실험에서 햇빛이 통과하는 것을 보기 위해 설치하는 ㉠ 도구는 어느 것입니까? (    )

① 렌즈
② 스탠드
③ 프리즘
④ 유리판
⑤ 레이저 지시기

**2** 위 실험에서 하얀색 도화지에 나타나는 햇빛의 모습을 옳게 그린 것에 ○표 하시오.

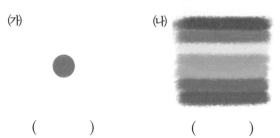

(가) (    )   (나) (    )

**3** 위 실험을 통해 알 수 있는 햇빛의 특징으로 알맞은 것은 어느 것입니까? (    )

① 햇빛은 프리즘을 통과하지 못한다.
② 햇빛은 한 가지 빛깔로 이루어져 있다.
③ 햇빛은 여러 가지 빛깔로 이루어져 있다.
④ 햇빛은 프리즘을 통과해 그대로 직진한다.
⑤ 햇빛은 색깔이 없어 하얀색 도화지에 나타나는 것이 없다.

4~6 다음과 같이 공기와 물의 경계에서 빛이 나아가는 모습을 관찰하는 실험을 하였습니다. 물음에 답하시오.

(가) ▲ 물에 우유 떨어뜨리기

(나) ▲ 향 연기 채우기

(다) ▲ 위쪽에서 아래쪽으로 레이저 지시기의 빛 비추기

(라) ▲ 아래쪽에서 위쪽으로 레이저 지시기의 빛 비추기

**4** 위 실험에서 빛이 나아가는 모습을 잘 관찰하기 위해 필요한 준비물로 옳은 것을 두 가지 고르시오. (   ,   )

① 향
② 물
③ 우유
④ 사각 수조
⑤ 레이저 지시기

**5** 위 실험 (다)의 결과, 빛이 나아가는 모습을 옳게 나타낸 것의 기호를 쓰시오.

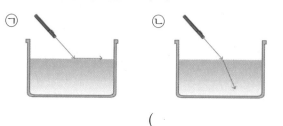

㉠          ㉡

(                    )

**6** 위 실험 (라)처럼 아래쪽에서 위쪽으로 레이저 지시기의 빛을 비출 때, 공기 중으로 빛이 나아가는 모습을 그리시오.

**7** 레이저 지시기의 빛이 공기에서 유리로 나아가도록 비추었습니다. 빛이 나아가는 모습을 그리시오.

**[8~9]** 다음은 동전이 들어 있는 컵에 물을 붓지 않았을 때와 물을 부었을 때의 모습입니다. 물음에 답하시오.

▲ 물을 붓지 않았을 때

▲ 물을 부었을 때

**8** 위 실험에서 물을 붓기 전에는 동전이 보이지 않았는데 물을 부은 다음에는 동전이 보였습니다. 그 까닭으로 옳은 것은 어느 것입니까?　　(　　　)

① 물에 의해 동전이 작게 보이기 때문이다.
② 물이 움직이면서 동전이 떠올랐기 때문이다.
③ 공기와 물의 경계에서 빛이 굴절하기 때문이다.
④ 공기와 물의 경계에서 빛이 반사하기 때문이다.
⑤ 물을 부으면 물에 의해 동전이 앞으로 밀리기 때문이다.

**9** 위 실험과 관련 없는 현상은 어느 것입니까?
　　(　　　)

① 개울물이 얕아 보인다.
② 거울에 얼굴이 비친다.
③ 물에 잠긴 친구의 다리가 짧아 보인다.
④ 빛이 공기에서 유리로 들어갈 때 꺾인다.
⑤ 다른 두 물질이 만나는 경계에서 빛이 꺾인다.

**10** 다음과 같이 컵에 빨대를 꽂고 물을 부은 후, 빨대의 모습을 위와 옆에서 보았습니다. 각 모습에서 빛의 굴절이 일어난 부분에 ○표 하시오.

물

**11** 다음은 물속에 있는 물고기를 볼 때, 실제 위치보다 떠올라 있는 것처럼 보이는 까닭에 대한 설명입니다. (　　) 안에 들어갈 알맞은 말을 쓰시오.

> 물고기에 닿아 반사된 빛은 물속에서 공기 중으로 나올 때 물 표면에서 빛이 (　　　　)하여 사람의 눈으로 들어오는데 사람은 눈으로 들어온 빛의 연장선에 물고기가 있다고 생각하기 때문이다.

(　　　　　　　)

**12** 다음 현상과 관계 깊은 빛의 성질은 무엇인지 쓰시오.

> • 물속에서 나무 막대가 꺾여 보인다.
> • 물이 들어 있는 컵 속에 담긴 젓가락이 꺾여 보인다.
> • 개울에서 눈에 보이는 다슬기를 한 번에 잡기 어렵다.

(　　　　　　　)

# 4 볼록 렌즈의 특징

## 1 볼록 렌즈의 모양 관찰하기

(1) 볼록 렌즈는 유리와 같이 투명한 물질로 만들어져 있습니다.

(2) 볼록 렌즈는 가운데 부분이 가장자리보다 두껍습니다.

▲ 양면 볼록 렌즈

## 2 볼록 렌즈를 통과하는 빛 관찰하기 +1

| 탐구 과정 | ① 투명한 사각 수조에 볼록 렌즈를 세워 놓는다.<br>② 수조 안을 향 연기로 채우고 뚜껑을 덮는다.<br>③ 수조 옆쪽에서 레이저 지시기로 볼록 렌즈에 빛을 비추면서 빛이 나아가는 모습을 관찰한다. |
|---|---|
| 탐구 결과 | 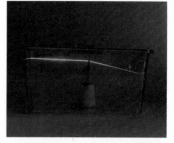 <br>▲ 볼록 렌즈의 가장자리에 비출 때　　▲ 볼록 렌즈의 가운데에 비출 때<br>• 곧게 나아가던 레이저 지시기의 빛이 볼록 렌즈의 가장자리를 통과하면 두꺼운 가운데 부분으로 꺾여 나아간다.<br>• 곧게 나아가던 레이저 지시기의 빛이 볼록 렌즈의 가운데 부분을 통과하면 빛은 꺾이지 않고 그대로 나아간다. |
| 알 수 있는 사실 | 빛이 공기 중에서 볼록 렌즈로 들어갈 때에는 볼록 렌즈의 두꺼운 쪽으로 꺾여 나아간다. |

## 3 볼록 렌즈로 본 물체의 모습

| 볼록 렌즈로 가까이 있는 물체 관찰 | 볼록 렌즈로 멀리 있는 물체 관찰 |
|---|---|
| 실제 모습보다 크게 보인다. | 상하좌우가 바뀌어 보이고, 작게 보인다. |

## 4 우리 생활에서 볼록 렌즈와 같은 구실을 하는 것

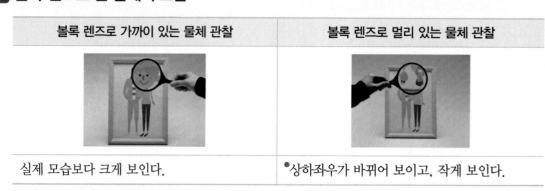

| 물이 담긴 둥근 어항 | 물방울 | 유리 막대 |
|---|---|---|

### 여러 가지 볼록 렌즈의 모양

▲ 평면 볼록　▲ 오목 볼록
　렌즈　　　　렌즈

### 상하좌우

위와 아래, 왼쪽과 오른쪽을 아울러 이르는 말

### 볼록 렌즈 구실을 하는 물체의 특징

• 빛을 통과시킬 수 있습니다.

• 물체의 가운데 부분이 가장자리보다 두껍습니다.

### +1 볼록 렌즈를 통과하는 손전등의 빛 관찰하기

볼록 렌즈가 없을 때에는 손전등 빛이 직진하지만 직진하던 빛이 볼록 렌즈를 통과하면 굴절합니다.

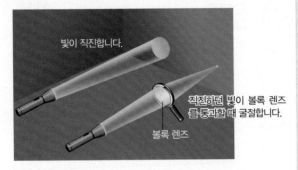

빛이 직진합니다.

직전하던 빛이 볼록 렌즈를 통과할 때 굴절합니다.

볼록 렌즈

**1** 다음 (　　) 안에 들어갈 알맞은 말을 쓰시오.

> (　　) 렌즈는 유리와 같이 투명한 물질로 되어 있고, 가운데 부분이 가장자리보다 두껍다.

(　　　　　　　)

**2** 다음과 같이 볼록 렌즈에 레이저 지시기의 빛을 비추어 보았습니다. 레이저 지시기의 빛이 볼록 렌즈를 통과하여 나아가는 모습을 그리시오.

---

### 핵심 개념 정리

- 볼록 렌즈는 가운데 부분이 가장자리보다 두껍습니다.
- 볼록 렌즈로 물체를 관찰하면 크게 보일 때도 있고, 상하좌우가 바뀌어 보일 때도 있습니다.
- 레이저 지시기의 빛을 볼록 렌즈에 비추면 곧게 나아가다가 볼록 렌즈의 가장자리를 통과하면 꺾여 나아갑니다.
- 우리 생활에서 물방울, 유리 막대, 물이 담긴 둥근 어항, 물이 담긴 둥근 유리잔, 물이 담긴 투명 지퍼 백 등은 볼록 렌즈 구실을 합니다.

**3** 볼록 렌즈로 가까이 있는 물체를 본 모습으로 옳은 것은 어느 것입니까?　　　　　(　　　)

① 물체가 작게 보인다.
② 물체가 크게 보인다.
③ 물체의 좌우만 바뀌어 보인다.
④ 물체의 상하좌우가 바뀌어 보인다.
⑤ 물체가 실제와 같은 크기로 보인다.

볼록 렌즈는
가운데가 뚱뚱해!!

**4** 볼록 렌즈와 같은 구실을 하는 물체를 두 가지 고르시오.

(　　,　　)

① 유리판　　　　　　② 물방울
③ 플라스틱 자　　　　④ 도자기 컵
⑤ 물이 든 둥근 유리잔

# 5 볼록 렌즈를 통과하는 햇빛 관찰하기

## 1 볼록 렌즈와 평면 유리를 통과하는 햇빛 관찰하기

[관찰 방법]

▲ 볼록 렌즈를 통과하는 햇빛

▲ 평면 유리를 통과하는 햇빛

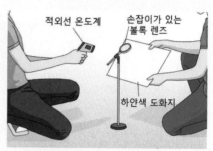

적외선 온도계　손잡이가 있는 볼록 렌즈

하얀색 도화지

▲ 햇빛이 만든 원 안의 온도 재기

[관찰 결과]

① 볼록 렌즈와 평면 유리를 통과한 햇빛이 하얀색 도화지에 만든 원의 크기

| 구분 | 볼록 렌즈, 평면 유리와 하얀색 도화지 사이의 거리 | | |
|---|---|---|---|
| | 가까울 때(5 cm) | 중간일 때(25 cm) | 멀 때(45 cm) |
| 볼록 렌즈 | ○ | ● | ○ |
| 평면 유리 | ○ | ○ | ○ |

② 볼록 렌즈와 평면 유리를 통과한 햇빛이 하얀색 도화지에 만든 원의 밝기와 온도

| 구분 | 볼록 렌즈를 통과한 햇빛이 만든 원 안 | | 평면 유리를 통과한 햇빛이 만든 원 안 | |
|---|---|---|---|---|
| 밝기 | 주변보다 밝다. | | 주변보다 어둡다. | |
| 구분 | 원 안 | 원 밖 | 원 안 | 원 밖 |
| 온도(℃) | 50.0 | 25.0 | 24.5 | 25.0 |

평면 유리보다 볼록 렌즈를 통과한 햇빛이 만든 원 안의 온도가 더 높습니다.

- **햇빛을 볼록 렌즈와 평면 유리에 통과시키는 방법**
  - 태양, 볼록 렌즈(평면 유리), 하얀색 도화지가 일직선이 되게 합니다.
  - 볼록 렌즈(평면 유리)와 하얀색 도화지를 점점 멀리 하면서 하얀색 도화지에 만든 원의 크기를 관찰합니다.
  - 볼록 렌즈(평면 유리)와 하얀색 도화지 사이의 거리를 약 25 cm로 했을 때, 하얀색 도화지에 햇빛이 만든 원의 밝기를 관찰하고 10초 뒤에 햇빛이 만든 원 안과 원 밖의 온도를 측정합니다.

- **얼음으로 햇빛을 모아 불 붙이기**
  얼음을 볼록 렌즈 모양으로 다듬어 햇빛을 한 지점으로 모으고, 그 지점에 마른 나뭇잎 등을 놓으면 온도가 높아져 불을 붙일 수 있습니다.

## 2 볼록 렌즈와 평면 유리의 차이점

(1) 볼록 렌즈를 통과한 햇빛은 굴절되어 한곳으로 모입니다.

(2) 볼록 렌즈는 평면 유리와 달리 햇빛을 모을 수 있습니다.

(3) 볼록 렌즈는 평면 유리와 달리 하얀색 도화지에 만든 원 안의 밝기가 주변보다 밝고, 원 안의 온도가 주변보다 높습니다.

## 3 볼록 렌즈를 이용해 그림 그리기 ＋1

(1) 볼록 렌즈로 빛이 모인 지점의 온도가 높기 때문에 열 변색 종이의 색깔이 변합니다.

(2) 따라서 볼록 렌즈를 통과한 햇빛이 만든 원의 크기를 가장 작게 해서 열 변색 종이에 그림을 그릴 수 있습니다.

**+1 볼록 렌즈를 이용해 그림 그리기**

• 검은색 사인펜으로 그림을 그린 다음, 볼록 렌즈로 햇빛을 모아 검은색 부분을 태웁니다.

• 볼록 렌즈로 햇빛을 모아 검은색 도화지를 직접 태워 만듭니다.

**1~2** 다음은 볼록 렌즈와 평면 유리에 햇빛을 통과시키면서 하얀색 도화지에 나타나는 원의 모습을 관찰하는 실험입니다. 물음에 답하시오.

**1** 위 실험 결과는 아래와 같습니다. 볼록 렌즈와 평면 유리 중 ㉠에서 사용한 것은 무엇인지 쓰시오.

| ㉠ | ㉡ |
|---|---|
| ◉ | ○ |

(            )

**2** 다음은 문제 1의 ㉠과 같은 결과가 나타난 까닭에 대한 설명입니다. ( ) 안에 들어갈 알맞은 말을 쓰시오.

> 볼록 렌즈는 햇빛을 ( )시켜 한 지점으로 모을 수 있기 때문이다.

(            )

---

• 볼록 렌즈에 햇빛을 통과시키면 볼록 렌즈에서 햇빛이 굴절하여 한곳에 모일 수 있습니다.

• 볼록 렌즈로 햇빛을 모은 부분은 주변보다 밝기가 밝고 온도가 높습니다.

앗 뜨거워!

**3** 다음 **보기** 는 볼록 렌즈와 평면 유리의 차이점에 대한 설명입니다. 옳은 것을 두 가지 골라 기호를 쓰시오.

> **보기**
> ㉠ 평면 유리는 햇빛을 모을 수 있다.
> ㉡ 볼록 렌즈를 통과한 햇빛은 굴절된다.
> ㉢ 볼록 렌즈와 평면 유리를 통과한 햇빛이 하얀색 도화지에 만든 원 안의 밝기는 서로 같다.
> ㉣ 볼록 렌즈를 통과한 햇빛이 하얀색 도화지에 만든 원 안의 온도는 평면 유리일 때보다 더 높다.

(     ,     )

# 6 볼록 렌즈를 이용한 도구 만들기

## 1 간이 °사진기 알아보기

　물체에서 반사된 빛을 겉 상자에 있는 볼록 렌즈로 모아 물체의 모습이 속 상자의 기름종이에 나타나게 하는 간단한 사진기입니다.

## 2 간이 사진기를 만들어 물체 관찰하기 +1

| 탐구 과정 | ① 간이 사진기 °전개도로 겉 상자를 만든다. | ② 겉 상자의 동그란 구멍이 뚫린 부분에 셀로판테이프로 볼록 렌즈를 붙인다. |
| | ③ 간이 사진기 전개도로 속 상자를 만들고 한쪽 끝에 기름종이를 붙인다. | ④ 겉 상자에 속 상자를 넣어 간이 사진기를 완성하고 물체를 관찰한다. |

| 탐구 결과 | °ㄱ자 관찰 | | 글자 관찰 | |
| --- | --- | --- | --- | --- |
| | 실제 모습 | 간이 사진기로 관찰한 모습 | 실제 모습 | 간이 사진기로 관찰한 모습 |
| | ㄱ → | ㄴ | 곰 → | 문 |

| 알 수 있는 사실 | • 간이 사진기로 본 물체는 실제 모습과 다르다. • 간이 사진기로 물체를 보면 물체의 상하좌우가 바뀌어 보인다. |
| --- | --- |

## 3 간이 사진기로 본 물체의 모습이 실제 모습과 다른 까닭

(1) 간이 사진기에 있는 볼록 렌즈가 빛을 굴절시켜 기름종이에 위치가 바뀐 물체의 모습을 만들기 때문입니다.

(2) 간이 사진기에 있는 볼록 렌즈가 빛을 굴절시켜 기름종이에 상하좌우가 다른 물체의 모습을 만들기 때문입니다.

---

**• 사진기**

사진기는 물체에서 반사된 빛을 모아 물체의 모습이 스크린에 나타나게 하는 기구입니다.

**• 전개도**
입체 도형의 표면을 잘라서 평면 위에 펼쳐 놓은 것

**• 간이 사진기로 관찰할 때 실제 모양과 똑같이 보이는 한글 자음**
상하좌우가 바뀌어도 모양이 달라지지 않는 한글 자음에는 'ㄹ', 'ㅁ', 'ㅇ', 'ㅍ'이 있습니다.

### +1 간이 프로젝터 만들기

❶ 상자의 한쪽 면에 볼록 렌즈의 크기만큼 구멍을 뚫습니다.

❷ 구멍을 뚫은 부분에 셀로판 테이프로 볼록 렌즈를 붙입니다.

❸ 다른 한쪽에 스마트 기기를 세워 고정합니다.

❹ 상자 뚜껑을 닫아 간이 프로젝터를 완성합니다.

스마트 기기 / 볼록 렌즈

간이 프로젝터로 사진을 보면 상하좌우가 바뀌어 보입니다.

핵심 개념 정리

- 볼록 렌즈를 이용해 간이 사진기를 만들 수 있습니다.
- 간이 사진기로 물체를 관찰하면 실제와 다르고 상하좌우가 바뀌어 보입니다.
- 그 까닭은 간이 사진기의 볼록 렌즈가 빛을 굴절시켜 기름종이에 상하좌우가 다른 물체의 모습을 만들기 때문입니다.

간이 사진기로 보면 물체의 상하좌우가 바뀌어 보여.

---

**1~4** 다음은 간이 사진기의 모습입니다. 물음에 답하시오.

**1** 위 간이 사진기를 만들 때 ㉠에 사용된 렌즈의 모양으로 옳은 것에 ○표 하시오.

(1)

(   )

(2)

(   )

**2** 위 간이 사진기에서 속 상자의 ㉡에 붙이는 것으로 가장 알맞은 것은 어느 것입니까?    (   )

① 거울       ② 흰 종이
③ 볼록 렌즈     ④ 기름종이
⑤ 검은색 종이

**3** 위 간이 사진기로 글자 '가'를 보았을 때의 모습으로 옳은 것은 어느 것입니까?    (   )

① (가 상하좌우 바뀐 모양)     ② (가 상하좌우 바뀐 모양)
③ (가 상하좌우 바뀐 모양)     ④ (가 상하좌우 바뀐 모양)

**4** 간이 사진기로 물체를 볼 때 물체의 모습에 대한 설명으로 옳은 것은 어느 것입니까?    (   )

① 좌우만 바뀌어 보인다.
② 상하만 바뀌어 보인다.
③ 물체가 실제처럼 똑바로 보인다.
④ 물체가 실제보다 어둡게 보인다.
⑤ 상하좌우가 모두 바뀌어 보인다.

# 7 볼록 렌즈의 이용

## 1 볼록 렌즈를 이용해 만든 기구의 이름과 쓰임새 +1

| 기구 이름 | 쓰임새 | 기구 이름 | 쓰임새 |
|---|---|---|---|
| 현미경 | 작은 물체 확대 | 쌍안경 | 멀리 있는 물체 확대 |
| 사진기 | 빛을 모아 사진 촬영 | 휴대 전화 사진기 | 빛을 모아 사진이나 영상 촬영 |
| 의료용 장비 | 물체 확대 | 돋보기안경 | 시력 교정 |

● 볼록 렌즈를 사용하는 상황

▲ 루페로 곤충 관찰하기

▲ 확대경으로 화석 관찰하기

▲ 돋보기안경을 쓰고 책 읽기

● 루페
볼록 렌즈를 사용한 작업용 확대경으로, 사람의 눈으로 보기 어려운 물체를 공간에 가두어 확대하여 볼 수 있음.

## 2 현미경 알아보기

(1) **현미경**: 볼록 렌즈인 대물렌즈와 접안렌즈를 이용하여 작은 물체의 모습을 확대해서 볼 수 있게 만든 기구

(2) **현미경에 사용된 볼록 렌즈**

**접안렌즈**: 대물렌즈를 통해 맺힌 물체의 모습을 더 크게 보이게 한다.

**대물렌즈**: 작은 물체에서 온 빛을 모이게 하여 물체의 모습을 거꾸로 크게 맺히게 한다.

## 3 우리 생활에서 볼록 렌즈를 사용했을 때의 좋은 점

(1) 물체의 모습을 크게 확대해서 볼 수 있습니다.

(2) 작은 물체나 멀리 있는 물체를 자세히 관찰할 수 있습니다.

(3) 섬세한 작업을 할 때 도움이 됩니다.

(4) 시력을 교정하는 데 도움을 줍니다.

**+1 우리 생활에서 볼록 렌즈를 이용한 기구**

| 기구 이름 | 쓰임새 |
|---|---|
|  의료용 확대경 | 진료 부위를 크게 볼 때 쓴다. |
| 손전등 | 빛을 모아서 좁은 영역을 더 밝게 보는 데 쓴다. |
| 등대 | 빛을 모아 멀리까지 빛을 비추기 위해 쓴다. |

**1** 우리 생활에서 볼록 렌즈를 이용한 기구가 <u>아닌</u> 것은 어느 것입니까? ( )

① ▲ 사진기

② ▲ 돋보기

③ ▲ 손거울

④ ▲ 루페

**2** 다음 여러 가지 기구에서 렌즈가 사용된 부분에 ○표 하시오.

 핵심 개념 정리

• 볼록 렌즈를 이용한 기구에는 현미경, 망원경, 사진기, 휴대 전화 사진기, 의료용 장비, 쌍안경 등이 있습니다.

• 우리 생활에서 볼록 렌즈를 사용하면 물체의 모습을 크게 확대할 수 있고, 섬세한 작업을 하는 데 도움이 되며, 시력 교정에도 도움이 됩니다.

나도 볼록 렌즈가 사용되었어!

**3** 볼록 렌즈를 이용하여 만든 기구가 우리 생활에 주는 좋은 점을 두 가지 고르시오. ( , )

① 먼 곳은 보이지 않게 한다.

② 큰 물체를 작게 볼 수 있다.

③ 어두운 곳을 밝게 비춰 준다.

④ 시력을 교정하는 데 도움을 준다.

⑤ 섬세한 작업을 하는 데 도움을 준다.

1 오른쪽 렌즈에 대한 설명으로 옳은 것을 두 가지 고르시오. ( , )

① 볼록 렌즈이다.
② 불투명한 물질로 만들어진다.
③ 옆에서 보면, 사각형 모양이다.
④ 가운데 부분이 가장자리 부분보다 얇다.
⑤ 가운데 부분이 가장자리 부분보다 두껍다.

2 오른쪽과 같이 볼록 렌즈로 가까이 있는 물체를 본 모습에 대한 설명으로 옳은 것은 어느 것입니까? ( )

① 작고 거꾸로 보인다.
② 작고 똑바로 보인다.
③ 크고 거꾸로 보인다.
④ 크고 똑바로 보인다.
⑤ 실제 모습과 크기는 같지만 뒤집혀 보인다.

3 볼록 렌즈에 대한 설명으로 옳은 것은 어느 것입니까? ( )

① 불투명한 물질로 만든다.
② 유리컵은 볼록 렌즈의 구실을 하는 물체이다.
③ 볼록 렌즈를 통과한 빛은 항상 그대로 직진한다.
④ 볼록 렌즈로 물체를 보면 항상 상하좌우가 바뀌어 보인다.
⑤ 레이저 지시기의 빛은 볼록 렌즈의 가장자리를 통과할 때 꺾인다.

4~6 다음과 같은 방법으로 햇빛을 볼록 렌즈와 평면 유리에 통과시켜 보았습니다. 물음에 답하시오.

▲ 볼록 렌즈를 통과하는 햇빛     ▲ 평면 유리를 통과하는 햇빛

4 위 볼록 렌즈와 평면 유리 중 하얀색 도화지에 만든 원의 밝기가 더 밝은 것은 어느 것인지 쓰시오.

( )

5 다음은 위의 볼록 렌즈와 평면 유리를 통과한 햇빛이 만든 원의 온도를 측정한 결과입니다. ㉠과 ㉡ 중 볼록 렌즈가 만든 원의 온도는 어느 것인지 기호를 쓰시오.

| 구분 | ㉠ | ㉡ |
| --- | --- | --- |
| 온도(℃) | 50 | 30 |

( )

6 위 실험으로 알 수 있는 볼록 렌즈의 기능으로 옳지 않은 것은 어느 것입니까? ( )

① 볼록 렌즈를 통과한 빛은 굴절된다.
② 볼록 렌즈는 빛이 넓게 퍼지게 한다.
③ 볼록 렌즈가 만든 원 안의 온도는 주변보다 높다.
④ 볼록 렌즈가 만든 원 안의 밝기는 주변보다 밝다.
⑤ 볼록 렌즈로 빛을 모아 검은색 종이를 태울 수 있다.

**7~9** 다음은 간이 사진기의 모습입니다. 물음에 답하시오.

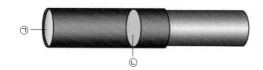

**7** 위 ㉠에 사용된 렌즈의 종류를 쓰시오.

( )

**8** 위 ㉠에 사용된 렌즈의 역할로 옳은 것은 어느 것입니까? ( )

① 햇빛을 반사시킨다.
② 물체를 크게 보이게 한다.
③ 잘 보이지 않던 물체를 보이게 한다.
④ 기름종이에 물체의 모습이 맺히게 한다.
⑤ 거꾸로 보이는 물체를 똑바로 보이게 한다.

**9** 위 ㉠과 ㉡ 중 간이 사진기에서 물체의 모습이 나타나는 곳은 어디인지 골라 기호를 쓰시오.

( )

**10~11** 다음은 렌즈가 이용된 기구입니다. 물음에 답하시오.

(가)      (나)

▲ 현미경          ▲ 쌍안경

**10** 위 (가)에 렌즈를 사용하여 좋은 점으로 옳은 것은 어느 것입니까? ( )

① 큰 물체를 작게 볼 수 있다.
② 작은 물체를 크게 볼 수 있다.
③ 물체의 내부 구조까지 볼 수 있다.
④ 물체의 모습을 똑바로 볼 수 있다.
⑤ 먼 곳에 있는 물체를 크게 볼 수 있다.

**11** 위 (나)는 멀리 있어 잘 보이지 않는 물체를 크게 볼 때 사용하는 도구입니다. (나)에 사용된 렌즈의 종류는 무엇인지 쓰시오.

( )

**12** 볼록 렌즈를 이용한 기구로 옳지 <u>않은</u> 것은 어느 것입니까? ( )

① 등대     ② 프리즘     ③ 쌍안경
④ 사진기     ⑤ 돋보기

# 5 빛과 렌즈

햇빛은 여러 가지 색의 빛으로 이루어져 있으며, 빛은 공기 중에서 나아가다가 다른 물질을 만나면 굴절합니다. 빛의 굴절을 이용한 기구인 볼록 렌즈는 우리 생활의 다양한 곳에 이용됩니다.

👁 그림을 보고 배운 개념을 떠올리며 (　　) 안에 알맞은 말을 써 보세요.

## 개념1 프리즘을 통과한 햇빛

햇빛이 나를 통과하면 여러 빛깔로 나타나지.

프리즘을 통과한 햇빛은 (❶　　　　) 색의 빛으로 나타납니다. 이처럼 햇빛은 (❶　　　　) 색의 빛으로 이루어져 있습니다.

## 개념2 빛의 굴절

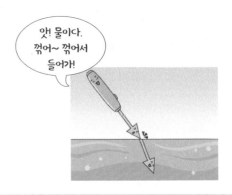

앗! 물이다. 꺾어~ 꺾어서 들어가!

빛이 공기 중에서 물이나 유리로 비스듬히 들어갈 때에는 공기와 물 또는 유리의 경계에서 (❷　　　　) 나아갑니다. 이처럼 공기 중에서 나아가던 빛이 다른 물질을 만나 꺾여 나아가는 현상을 빛의 굴절이라고 합니다.

👁 그림을 보고 배운 개념을 떠올리며 (　　) 안에 알맞은 말을 써 보세요.

## 개념4 볼록 렌즈의 특징

볼록 렌즈는 가운데가 뚱뚱해!!

렌즈의 (❹　　　　) 부분이 (❺　　　　) 보다 두꺼운 렌즈를 볼록 렌즈라고 합니다. 빛이 볼록 렌즈를 통과할 때 두꺼운 쪽으로 꺾여 나아갑니다.

## 개념5 볼록 렌즈를 통과한 햇빛

앗 뜨거워!

볼록 렌즈는 빛을 모으는 성질이 있기 때문에 햇빛을 모은 곳은 주변보다 밝기가 (❻　　　　), 온도가 (❼　　　　)습니다.

**개념3** **물속에 있는 물체의 모습**

수리수리마수리~
꺾여라!

물속에 있는 물체가 실제와 다르게
보이는 까닭은 공기와 물의 경계에
서 빛이 (❸          )하기 때문입
니다.

**개념6** **볼록 렌즈를 이용한 기구**

간이 사진기로 보면
물체의 상하좌우가
바뀌어 보여.

볼록 렌즈를 이용한 기구에는 간이
사진기, 현미경, 쌍안경, 의료용 장비
등이 있습니다. 간이 사진기로 물체
를 보면 (❽          )이/가 바뀌어
보입니다.

옳은 문장에 ○, 틀린 문장에 ✕하세요. 틀린 부분
은 밑줄을 긋고 바른 개념으로 고쳐 써 보세요.

**1** 무지개는 햇빛이 여러 가지 색의 빛으로 나뉘어서 보이
는 것입니다.                              (          )

**2** 빛을 수면에 비스듬하게 비추면 빛이 공기와 물의 경계
에서 꺾여 나아갑니다.                       (          )

**3** 빛이 서로 다른 물질의 경계에서 똑바로 나아가는 현상
을 빛의 굴절이라고 합니다.                   (          )

**4** 물이 들어 있는 컵에 젓가락을 비스듬히 넣으면 젓가락
이 꺾여 보입니다.                           (          )

**5** 물에 잠긴 다리가 짧아 보이는 것은 빛의 굴절 때문입니
다.                                        (          )

**6** 빛이 공기 중에서 볼록 렌즈로 들어갈 때에는 볼록 렌즈
의 얇은 쪽으로 꺾여 나아갑니다.              (          )

**7** 볼록 렌즈로 가까이 있는 물체를 관찰하면 상하좌우가
바뀌어 보입니다.                            (          )

**8** 볼록 렌즈를 통과한 햇빛은 굴절되어 한곳으로 모입니다.
                                           (          )

**9** 간이 사진기로 물체를 보면 상하좌우가 바뀌어 보입니
다.                                        (          )

**10** 볼록 렌즈를 이용한 기구에는 현미경, 사진기, 어항 등이
있습니다.                                   (          )

점수

※ 한 문항당 5점입니다.

**1** 오른쪽 그림은 햇빛의 특징을 알아보기 위해 사용하는 실험 기구입니다. 이 기구의 이름을 쓰시오.

(          )

**2** 햇빛을 프리즘에 통과시켰을 때 하얀색 도화지에 나타나는 모습을 옳게 표현한 것에 ○표 하시오.

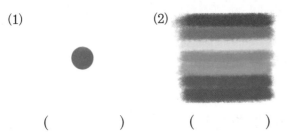

(1)            (2)

(     )       (     )

**3~5** 다음 실험 과정을 보고, 물음에 답하시오.

> (가) 수조에 물을 $\frac{1}{2}$ 정도 채우고, 우유를 네다섯 방울 떨어뜨린 다음, 유리 막대로 저어 준다.
> (나) 향을 피워 수면 근처에 가져간 뒤, 투명한 아크릴 판으로 수조를 덮어 향 연기를 채운다.
> (다) 수조 위쪽에서 레이저 지시기의 빛을 비스듬하게 비추면서 빛이 나아가는 모습을 관찰한다.

**3** 위 실험 결과 빛이 나아가는 모습을 옳게 나타낸 것의 기호를 쓰시오.

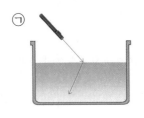     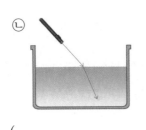

ㄱ               ㄴ

(          )

**4** 앞의 실험에서 빛이 잘 보이게 하기 위해 사용한 실험 준비물은 무엇인지 두 가지를 쓰시오.

(     ,     )

**5**★ 앞의 실험을 통해 알 수 있는 빛의 성질로 옳은 것은 어느 것입니까? (    )

① 빛의 산란      ② 빛의 굴절
③ 빛의 반사      ④ 빛의 회전
⑤ 빛의 흡수

**6~8** 빨대 하나는 그냥 유리컵에 넣고, 다른 하나는 물이 담긴 유리컵에 넣었습니다. 물음에 답하시오.

(가)   ─빨대        (나)

─공기           ─물

**6** 위의 두 빨대에 대해 틀리게 말한 친구의 이름을 쓰시오.

> **현지**: 물을 넣지 않은 쪽의 빨대는 반듯하게 보여.
> **지민**: 물을 넣은 쪽의 빨대는 꺾여 보여.
> **승우**: (나)의 빨대를 (가)에 넣어도 꺾여 보일 거야.
> **호준**: (가)의 빨대를 (나)에 넣으면 꺾여 보일 거야.

(          )

**7** (나)의 빨대가 꺾여 보이는 까닭을 쓰시오.

서술형

_____

**8** 앞의 (나) 빨대처럼 물속에 있는 물체의 모습이 실제와 다르게 보이는 것과 관련 <u>없는</u> 현상은 어느 것입니까? (　　　)

① 물이 얕아 보인다.
② 나무 막대가 물속에서 꺾여 보인다.
③ 물에 잠긴 친구 다리가 짧아 보인다.
④ 호수 주변의 나무가 호숫물에 비친다.
⑤ 물속의 물고기가 실제 위치보다 떠올라 보인다.

**9** 다음 보기 에서 볼록 렌즈가 <u>아닌</u> 것의 기호를 쓰시오.

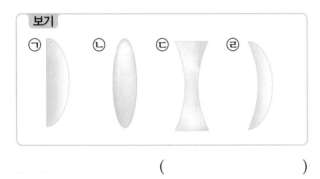

보기
㉠　㉡　㉢　㉣

(　　　)

**10** 볼록 렌즈를 통과한 레이저 지시기의 빛이 나아가는 모습에 대한 설명으로 옳은 것은 어느 것입니까? (　　　)

① 빛이 퍼지면서 나아간다.
② 빛이 여러 방향으로 꺾인다.
③ 빛이 여러 색깔의 빛으로 나뉜다.
④ 빛이 볼록 렌즈의 가운데 부분은 통과하지 못한다.
⑤ 빛이 볼록 렌즈의 가장자리를 통과하면 두꺼운 부분으로 꺾인다.

**11** 다음의 두 물체를 글자 위에 놓고 보면 어떻게 보일지 옳게 설명한 것은 어느 것입니까? (　　　)

물방울이 맺힌 유리판　　　둥근 유리 막대

① 실제 글자 크기와 같고 거꾸로 보인다.
② 실제 글자 크기보다 작고 똑바로 보인다.
③ 실제 글자 크기보다 크고 똑바로 보인다.
④ 실제 글자 크기보다 크고 거꾸로 보인다.
⑤ 실제 글자 크기와 같고, 모양도 똑바로 보인다.

5

**12~14** 오른쪽은 렌즈로 햇빛을 모으는 실험입니다. 물음에 답하시오.

**12** 위 실험에서 사용한 렌즈의 종류를 쓰시오.

(　　　)

**13** 위 실험처럼 렌즈로 빛이 모아지는 까닭을 쓰시오.

서술형

_____

_____

**14** 위 렌즈로 햇빛을 통과시킬 때에 대한 설명으로 옳은 것을 보기 에서 골라 기호를 쓰시오.

보기
㉠ 밝기는 밝아지고, 온도는 낮아진다.
㉡ 밝기는 밝아지고, 온도는 높아진다.
㉢ 밝기는 어두워지고, 온도는 낮아진다.
㉣ 밝기는 어두워지고, 온도는 높아진다.

(　　　)

**15~17** 다음은 간이 사진기의 모습입니다. 물음에 답하시오.

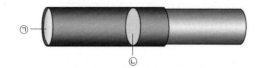

**15** 위 간이 사진기에서 스크린 역할을 하는 부분의 기호를 쓰시오.

( )

**16** 위 간이 사진기에 사용하는 렌즈의 역할에 대한 설명으로 옳은 것은 어느 것입니까? ( )

① 물체를 잘 보이지 않게 한다.
② 물체를 어둡게 보이게 한다.
③ 물체에서 나온 빛을 굴절시킨다.
④ 물체에서 나온 빛을 퍼지게 한다.
⑤ 물체를 작고 선명하게 보이게 한다.

**17** 위 간이 사진기로 물체를 보면 물체가 어떻게 보이는지 쓰시오.

<sub>서술형</sub>

_____

_____

**18** 다음 기구에 사용한 볼록 렌즈의 용도로 알맞은 것을 선으로 연결하시오.

(1)
▲ 쌍안경

(2)
▲ 현미경

· ·ㄱ | 작은 물체 확대 |

· ·ㄴ | 멀리 있는 물체 확대 |

**19** 오른쪽의 돋보기에 이용된 렌즈를 이용해 만든 기구가 <u>아닌</u> 것은 어느 것입니까?

( )

① 쌍안경          ② 사진기
③ 손거울          ④ 의료용 장비
⑤ 휴대 전화 사진기

**20** 볼록 렌즈 역할을 하는 물체의 조건을 두 가지 고르시오. ( , )

① 물체가 투명해야 한다.
② 빛을 통과시킬 수 있어야 한다.
③ 빛이 통과하지 않으면 물을 넣어야 한다.
④ 물체의 가운데 부분이 가장자리 부분보다 얇아야 한다.
⑤ 물체의 가장자리 부분이 가운데 부분보다 두꺼워야 한다.

점수

※ 한 문항당 5점입니다.

**1** 햇빛을 프리즘에 통과시켰을 때에 대한 설명으로 옳은 것은 어느 것입니까? ( )

① 햇빛은 한 가지 빛깔로 나타난다.
② 햇빛은 프리즘을 통과하지 못한다.
③ 햇빛은 여러 가지 빛깔로 나타난다.
④ 프리즘을 통과한 햇빛은 여러 방향으로 꺾인다.
⑤ 여러 빛깔의 햇빛은 프리즘에 의해 한곳으로 모아진다.

**2** 생활 속에서 햇빛이 여러 빛깔로 나뉘어 보이는 경우에 대해 이야기하고 있습니다. 틀리게 말한 친구의 이름을 쓰시오.

> **현지**: 유리 구슬을 통과한 햇빛에서 볼 수 있어.
> **승우**: 유리의 비스듬하게 잘린 부분을 통과한 햇빛에서 볼 수 있어.
> **지민**: 유리창으로 햇빛이 들어올 때 볼 수 있어.

( )

**3~5** 다음은 물이 든 수조 위에서 레이저 지시기의 빛을 비추어 빛이 나아가는 모습을 알아보기 위한 실험입니다. 물음에 답하시오.

**3** 앞의 실험에서 수조 속 물에 우유를 넣고, 향 연기를 채우는 까닭을 쓰시오.

서술형

_____

_____

**4**<sup>★</sup> 앞의 실험 결과 빛이 나아가는 모습으로 옳지 <u>않은</u> 것을 골라 기호를 쓰시오.

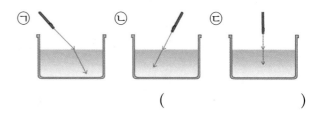

( )

**5** 문제 4, 5와 같은 빛의 성질을 관찰할 수 있는 예로 옳은 것을 보기 에서 모두 골라 기호를 쓰시오.

> **보기**
> ㉠ 거울          ㉡ 볼록 렌즈
> ㉢ 플라스틱 자      ㉣ 물이 담긴 유리컵

( )

**6** 레이저 지시기의 빛이 공기에서 유리로 나아가도록 여러 각도에서 비춘 모습입니다. 공기와 유리의 경계에서 레이저 지시기의 빛이 나아가는 경로로 알맞은 결과를 선으로 연결하시오.

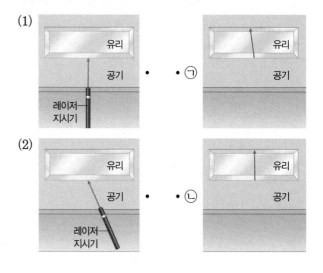

**7** 오른쪽과 같이 물이 있는 수조에 빨대를 넣었을 때 눈에 보이는 빨대의 위치를 골라 기호를 쓰시오.

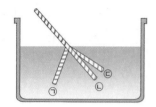

( )

**8** 다음의 현상과 관계 깊은 빛의 성질은 무엇인지 쓰시오.

- 안 보이던 컵 속의 동전이 물을 부으면 보인다.
- 물속에 있는 다슬기를 한 번에 잡기 어렵다.
- 물속에 서 있을 때 물 밖에서 다리를 보면 다리가 짧아 보인다.

( )

**9** 볼록 렌즈의 부분과 각 부분의 두께를 선으로 연결하시오.

(1) 가운데 부분 • • ㉠ 두껍다.

(2) 가장자리 부분 • • ㉡ 얇다.

**10** 레이저 지시기의 빛을 볼록 렌즈에 통과시키면 나타나는 현상으로 옳은 것은 어느 것입니까?

( )

① 빛이 볼록 렌즈를 통과하지 못한다.
② 볼록 렌즈를 통과한 빛은 항상 직진한다.
③ 볼록 렌즈를 통과한 빛은 가운데 부분으로 꺾인다.
④ 볼록 렌즈를 통과한 빛은 가장자리 부분으로 꺾인다.
⑤ 볼록 렌즈를 통과한 빛은 여러 가지 빛깔로 나뉘어진다.

**11** 다음과 같은 여러 가지 물체로 가까이 있는 연필을 봤을 때 연필이 실제보다 크게 보이게 하는 것을 두 가지 고르시오. ( , )

① 거울
② 물방울
③ 유리판
④ 구리판
⑤ 물이 담긴 둥근 어항

**12** 오른쪽과 같이 볼록 렌즈로 햇빛을 모은 부분의 온도를 측정할 때 온도 변화를 옳게 설명한 친구의 이름을 쓰시오.

현지: 온도가 높아질 거야.
승우: 온도가 낮아질 거야.
지민: 온도는 변하지 않을 거야.
호준: 온도가 높아지다가 다시 낮아질 거야.

( )

**13**★ 볼록 렌즈로 햇빛을 모을 수 있는 까닭으로 옳은 것은 어느 것입니까? ( )

① 볼록 렌즈는 햇빛을 통과시키지 않기 때문이다.
② 볼록 렌즈는 햇빛을 굴절시켜 한 지점을 지나게 하기 때문이다.
③ 볼록 렌즈는 햇빛을 굴절시켜 빛이 멀리 퍼지게 하기 때문이다.
④ 볼록 렌즈는 햇빛을 반사시켜 한 지점을 지나게 하기 때문이다.
⑤ 볼록 렌즈는 햇빛을 반사시켜 빛이 멀리 퍼지게 하기 때문이다.

**14**
서술형

오른쪽은 검은색 사인펜과 볼록 렌즈를 이용해 그린 그림입니다. 볼록 렌즈로 그림을 그릴 수 있는 까닭을 쓰시오.

_____

_____

**18**
서술형

문제 **17**의 답과 같이 간이 사진기로 보는 물체의 모습이 실제 모습과 다른 까닭을 쓰시오.

_____

_____

**15 ~ 18** 다음은 간이 사진기를 만드는 방법을 순서 없이 나열한 것입니다. 물음에 답하시오.

> ㉠ 겉 상자에 속 상자를 넣어 간이 사진기를 만든다.
> ㉡ 간이 사진기 전개도로 겉 상자를 만든다.
> ㉢ 간이 사진기 전개도로 속 상자를 만들고 한쪽 끝에 기름종이를 붙인다.
> ㉣ 겉 상자의 동그란 구멍이 뚫린 부분에 셀로판테이프로 ( ㉮ ) 렌즈를 붙인다.

**15** 위의 간이 사진기를 만드는 방법을 순서에 맞게 기호를 쓰시오.

(      ) → (      ) → (      ) → (      )

**16** 위 과정 ㉣의 ㉮에 들어갈 렌즈의 모양으로 옳은 것에 ○표 하시오.

(1)

(    )

(2)

(    )

**17** 간이 사진기로 글자 '과'를 보았을 때의 모습으로 옳은 것은 어느 것입니까? (     )

① 과        ② ㅘ도
③ ㅘ도        ④ 파
⑤ 亢

**19** 우리 생활에서 볼록 렌즈가 이용된 기구가 <u>아닌</u> 것은 어느 것입니까? (     )

①
▲ 루페

②
▲ 자동차 거울

③
▲ 돋보기안경

④
▲ 휴대 전화 사진기

**20**★ 우리 생활에 볼록 렌즈가 이용되어 좋은 점으로 옳지 <u>않은</u> 것은 어느 것입니까? (     )

① 시력을 교정하는 데 도움을 준다.
② 섬세한 작업을 할 때 도움이 된다.
③ 멀리 있는 물체를 크게 볼 수 있다.
④ 빛을 퍼뜨려 어두운 물체를 밝게 볼 수 있다.
⑤ 눈으로 볼 수 없는 작은 물체를 크게 볼 수 있다.

## 1~3

### 개념1 빛의 굴절

- 서로 다른 물질의 경계에서 빛이 꺾여 나아가는 현상을 빛의 굴절이라고 합니다.
- 물속의 물체가 실제와 다르게 보이는 까닭은 공기와 물의 경계에서 빛이 굴절하기 때문입니다.

**1**
빈칸
쓰기

① 빛이 공기 중에서 물로 비스듬히 들어갈 때 공기와 물의 경계에서 (        ) 나아갑니다.

② 빛이 물에서 공기 중으로 비스듬히 들어갈 때 물과 공기의 경계에서 (        ) 나아갑니다.

**2**
문장
쓰기

다음과 같이 물을 붓기 전에 보이지 않았던 동전이 물을 부은 후 보이는 까닭을 쓰시오.

▲ 물을 붓기 전 컵 속 동전　　▲ 물을 부은 후 컵 속 동전

동전에서 반사한 빛이 물과 공기의 경계에서

_____

때문에 동전이 위로 떠 있는 것처럼 보입니다.

**3**
서술
완성

물속의 물고기가 실제 위치보다 떠올라 있는 것처럼 보이는 까닭을 쓰시오.

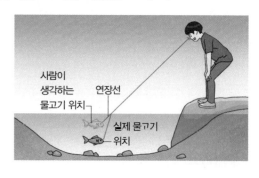

_____

_____

## 4~6

### 개념2 볼록 렌즈의 특징

- 볼록 렌즈는 투명한 물질로 만들며, 가운데 부분이 가장자리보다 두껍습니다.
- 볼록 렌즈에서 빛의 굴절이 일어나기 때문에 볼록 렌즈로 물체를 관찰하면 실제 모습과 다르게 보입니다.
- 물이 담긴 둥근 어항, 물방울, 유리 막대 등은 볼록 렌즈와 같은 역할을 합니다.

| 볼록 렌즈로 가까이 있는 물체 관찰 | 볼록 렌즈로 멀리 있는 물체 관찰 |
|---|---|
|  |  |
| 실제 모습보다 크게 보인다. | 상하좌우가 바뀌어 보이고, 작게 보인다. |

**4**
빈칸
쓰기

① 볼록 렌즈는 (        ) 물질로 만들며 가운데 부분이 가장자리보다 두껍습니다.

② 볼록 렌즈로 가까이 있는 물체를 관찰하면 실제 모습보다 (        ) 보입니다.

**5**
문장
쓰기

다음은 볼록 렌즈로 본 물체의 모습에 대한 설명입니다. 틀리게 쓴 부분의 기호를 쓰고, 옳게 고쳐 쓰시오.

> 볼록 렌즈로 멀리 있는 물체를 보면 ㉠ 실제 모습보다 크게 보이며, 이는 볼록 렌즈에서 ㉡ 빛의 굴절이 일어나기 때문이다.

_____

_____

**6**
서술
완성

물이 담긴 둥근 어항 속에 있는 금붕어와 물이 담긴 둥근 어항 뒤에 놓인 인형의 보이는 모습의 차이점과 그 까닭을 쓰시오.

_____

_____

**7~9**

개념3   볼록 렌즈를 이용한 도구 만들기

• 사진기는 물체에서 반사된 빛을 볼록 렌즈로 모아 물체의 모습이 나타나게 합니다.

• 사진기의 원리를 이용한 간이 사진기로 물체를 보면 상하좌우가 바뀌어 보입니다.

• 간이 사진기에 있는 볼록 렌즈에서 빛이 굴절하여 물체의 모습이 다르게 보이는 것입니다.

**7**
빈칸
쓰기

① 간이 사진기로 물체를 보면 (          )이/가 바뀌어 보입니다.

② 간이 사진기에 사용된 볼록 렌즈는 빛을 (          )시켜 물체의 모습을 다르게 보이게 합니다.

**8**
문장
쓰기

다음과 같은 간이 사진기에 사용된 볼록 렌즈의 역할을 쓰시오.

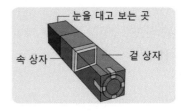

물체에서 반사된 빛을 모으고, 볼록 렌즈에서

_____

실제 모습과 다르게 보이게 합니다.

**9**
서술
완성

다음과 같은 사진기에 이용된 볼록 렌즈의 역할을 쓰시오.

_____

_____

**1** 오른쪽은 운동장에서 햇빛을 프리즘에 통과시켜 하얀색 도화지에 나타나는 모습을 관찰하는 실험입니다. 물음에 답하시오. [12점]

(1) 위 실험 결과, 하얀색 도화지에 나타나는 모습을 옳게 표현한 것의 기호를 쓰시오. [2점]

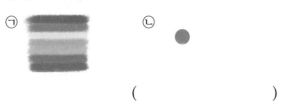

(          )

(2) 위 (1)의 답으로 알 수 있는 사실은 무엇인지 쓰시오. [10점]

_____

_____

**2** 다음은 볼록 렌즈에 레이저 지시기의 빛을 비추는 실험입니다. 물음에 답하시오. [12점]

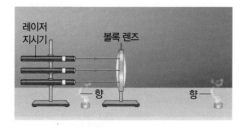

(1) 빛이 나아가는 모습을 위 그림에 화살표로 나타내시오. [6점]

(2) 볼록 렌즈를 통과한 빛은 어떻게 나아가는지 쓰시오. [6점]

_____

_____

**3** 오른쪽은 지민이가 연못에서 물고기를 바라보는 모습입니다. 물음에 답하시오. [12점]

(1) ㉠과 ㉡ 중 실제로 물고기가 있는 위치는 어디인지 쓰시오. [2점]

(          )

(2) 물속에 있는 물체가 실제와 다르게 보이는 까닭을 쓰시오. [10점]

_____

_____

**4** 오른쪽은 현지가 돋보기로 가까이 있는 물체를 관찰한 모습입니다. 물음에 답하시오. [12점]

(1) 위 돋보기에 사용된 렌즈의 종류를 쓰시오. [2점]

(          )

(2) 위와 같은 돋보기로 물체의 위치를 멀리 하여 관찰하면 물체는 어떻게 보이는지 쓰시오. [10점]

_____

**5** 다음은 주변에서 볼 수 있는 것들입니다. 물음에 답하시오. [12점]

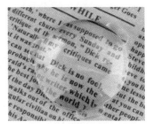

▲ 물방울　　　　▲ 유리 막대

(1) 위 물방울, 유리 막대와 같은 구실을 하는 렌즈의 종류를 쓰시오. [2점]

　　　　　( 　　　　　　　　 )

(2) 물방울과 유리 막대가 위 (1)의 답과 같은 구실을 하는 까닭을 아래의 단어를 포함하여 쓰시오.
[10점]

| 가운데 부분　　　　가장자리 부분 |
| --- |

---

**6** 다음은 볼록 렌즈와 평면 유리에 햇빛을 통과시킨 뒤 원 안의 온도를 측정한 결과입니다. 물음에 답하시오. [12점]

| 구분 | (가) | (나) |
| --- | --- | --- |
| 온도 (℃) | 50.0 | 24.5 |

(가)　　　　(나)

(1) 위 (가)와 (나)에서 사용한 것은 볼록 렌즈와 평면 유리 중 어느 것인지 각각 쓰시오. [2점]

(가): ( 　　　　 ), (나): ( 　　　　 )

(2) 위 실험에서 (가)의 온도가 (나)의 온도보다 높은 까닭을 쓰시오. [10점]

---

**7** 다음과 같이 간이 사진기를 만들어 물체를 관찰하였습니다. 물음에 답하시오. [12점]

볼록 렌즈　　　기름종이

(1) 위 간이 사진기로 물체를 관찰할 때 물체의 모습이 나타나는 곳은 어디인지 쓰시오. [2점]

　　　　　( 　　　　　　　　 )

(2) 간이 사진기로 보는 글자 '**가**'는 어떤 모습인지 그리시오. [2점]

| |
| --- |

(3) 위 (2)의 답과 같이 보이는 까닭을 쓰시오. [8점]

---

**8** 다음은 우리 생활에서 볼록 렌즈를 이용하는 기구입니다. 물음에 답하시오. [12점]

▲ 현미경　　　　▲ 쌍안경

(1) 위 기구 중 눈으로 볼 수 없는 매우 작은 크기의 물체를 확대하여 볼 수 있게 해 주는 기구의 이름을 쓰시오. [2점]

　　　　　( 　　　　　　　　 )

(2) 위 쌍안경에 사용한 볼록 렌즈의 역할을 쓰시오.
[10점]

---

# 5 빛과 렌즈

| 과제명 | 빛이 공기와 물의 경계에서 나아가는 모습 알아보기 | 배점 | 20점 |
|---|---|---|---|
| 성취 목표 | 빛이 물을 통과하면서 굴절되는 현상을 관찰하고 관찰한 내용을 설명할 수 있다. | | |

**1~4** 다음과 같이 물이 든 수조에 우유를 네다섯 방울 떨어뜨리고, 향을 피워 수면 근처에 가져간 뒤 투명한 아크릴판으로 덮었습니다. 물음에 답하시오.

▲ 물에 우유 네다섯 방울 떨어뜨리기

▲ 향 연기 채우기

**1** 위 실험에서 물에 우유를 떨어뜨리고, 향 연기를 채우는 까닭을 쓰시오. [6점]

**2** 레이저 지시기의 빛을 수조의 위와 아래에서 각각 비스듬히 비출 때 빛이 나아가는 모습을 그리시오. [4점]

| 빛을 위에서 비스듬히 비출 때 | 빛을 아래에서 비스듬히 비출 때 |
|---|---|

**3** 레이저 지시기의 빛을 수조의 위와 아래에서 각각 수직으로 비출 때 빛이 나아가는 모습을 그리시오. [4점]

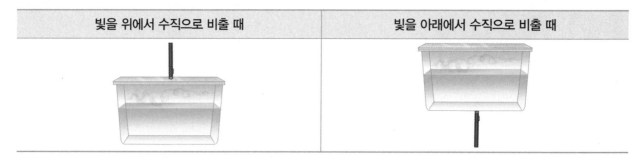

| 빛을 위에서 수직으로 비출 때 | 빛을 아래에서 수직으로 비출 때 |
|---|---|

**4** 위 실험 결과, 빛을 비스듬히 비출 때와 수직으로 비출 때 빛이 공기와 물의 경계에서 어떻게 나아가는지 쓰시오. [6점]

# 5 빛과 렌즈

| 과제명 | 물속에 있는 물체의 모습 | 배점 | 20점 |
|---|---|---|---|
| 성취 목표 | 빛이 공기 중을 진행하다가 물과 같이 다른 물질을 만나면 굴절한다는 것을 설명할 수 있다. | | |

**1~3** 다음과 같이 컵에 자를 넣은 후 물을 부었습니다. 물음에 답하시오.

▲ 자를 컵에 걸쳐 놓기

▲ 자를 컵에 수직으로 세워 두기

**1** 자를 컵에 걸쳐 놓았을 때 자가 어떻게 보이는지 쓰시오. [6점]

_____

**2** 자를 수직으로 세웠을 때 자의 눈금 간격은 어떻게 보이는지 쓰시오. [7점]

_____

**3** 물속에서 물 밖에 있는 새를 보면 어떻게 보이는지 쓰시오. [7점]

_____

# 5 빛과 렌즈

| 과제명 | 볼록 렌즈의 특징과 이용 알아보기 | 배점 | 20점 |
|---|---|---|---|
| 성취 목표 | 볼록 렌즈로 보는 물체의 모습이 실제와 다르게 보임을 설명하고, 일상생활에서 볼록 렌즈가 사용되는 예를 찾을 수 있다. | | |

**1~4** 다음은 여러 가지 모양의 볼록 렌즈입니다. 물음에 답하시오.

▲ 양면 볼록 렌즈

▲ 평면 볼록 렌즈

▲ 오목 볼록 렌즈

**1** 위 세 개의 볼록 렌즈로 보아, 볼록 렌즈의 특징적인 모양을 쓰시오. [4점]

_____

_____

**2** 위 볼록 렌즈로 오른쪽 곰인형을 관찰해 보았습니다. 볼록 렌즈로 관찰한 곰인형의 모습을 쓰시오. [6점]

| 볼록 렌즈와 곰인형이 가까이 있을 때 | 볼록 렌즈와 곰인형이 멀리 있을 때 |
|---|---|
| | |

**3** 위 볼록 렌즈의 특징으로 보아, 우리 생활에서 볼록 렌즈의 구실을 하는 물체를 한 가지 쓰시오. [3점]

(                 )

**4** 현미경은 볼록 렌즈를 사용한 대표적인 기구입니다. 현미경에서 볼록 렌즈가 사용된 부분은 어디이며, 어떻게 쓰이는지 쓰시오. [7점]

_____

_____

✎ 평가대비북 **차례**

**2** 지구와 달의 운동 ································· 142

**3** 여러 가지 기체 ································· 150

**4** 식물의 구조와 기능 ························· 158

**5** 빛과 렌즈 ····································· 166

## 1 지구의 자전

- **지구의 자전**: 지구가 자전축을 중심으로 하루에 한 바퀴씩 서쪽에서 동쪽(시계 반대 방향)으로 회전하는 것

자전축

- 지구본(지구)이 서쪽에서 동쪽으로 회전하기 때문에 지구본 위에 있는 관측자 모형(지구에 있는 사람)에게는 전등(태양)이 동쪽에서 서쪽으로 움직이는 것처럼 보입니다.

## 2 하루 동안 태양과 달의 위치 변화

- 하루 동안 태양과 달은 동쪽 하늘에서 남쪽 하늘을 지나 서쪽 하늘로 움직이는 것처럼 보입니다.
- **하루 동안 태양과 달, 별들의 위치가 달라지는 까닭**: 지구가 서쪽에서 동쪽으로 자전하기 때문입니다.

## 3 낮과 밤이 생기는 까닭

- 낮과 밤의 구분
① **낮**: 태양이 동쪽에서 떠오를 때부터 서쪽으로 완전히 질 때까지의 시간
② **밤**: 태양이 서쪽으로 진 때부터 다시 동쪽에서 떠오르기 전까지의 시간
- 우리나라가 낮과 밤일 때의 위치

| 우리나라가 낮일 때 위치 | 우리나라가 밤일 때 위치 |
|---|---|
| 태양 빛을 받는 쪽에 있다. | 태양 빛을 받지 못하는 쪽에 있다. |

- **낮과 밤이 생기는 까닭**: 지구가 자전하면서 태양 빛을 받는 쪽과 받지 못하는 쪽이 생기기 때문에 낮과 밤이 하루에 한 번씩 번갈아 나타납니다.

## 4 지구의 공전

- **지구의 공전**: 지구가 태양을 중심으로 하여 일 년에 한 바퀴씩 서쪽에서 동쪽으로 회전하는 것
- 지구가 공전을 하면서 지구의 위치에 따라 한밤에 향하는 곳이 달라지므로 보이는 천체의 모습이 달라집니다.

## 5 계절에 따라 보이는 별자리가 달라지는 까닭

- **계절의 대표적인 별자리**: 그 계절에 밤하늘에서 오랜 시간 볼 수 있는 별자리
- **봄철에 가을철 대표적인 별자리를 볼 수 없는 까닭**: 지구가 봄철 위치에 있을 때 가을철 별자리는 태양과 같은 방향에 있어 태양 빛 때문에 볼 수 없습니다.
- **계절에 따라 보이는 별자리가 달라지는 까닭**: 지구가 태양 주위를 공전하기 때문에 계절에 따라 지구의 위치가 달라지고, 지구의 위치에 따라 밤에 보이는 별자리가 다르기 때문입니다.

## 6 여러 날 동안 달의 모양 변화

| 초승달 (음력 2~3일 무렵) | 상현달 (음력 7~8일 무렵) | 보름달 (음력 15일 무렵) | 하현달 (음력 22~23일 무렵) | 그믐달 (음력 27~28일 무렵) |
|---|---|---|---|---|

초승달 → 상현달 → 보름달 → 하현달 → 그믐달

## 7 여러 날 동안 달의 위치 변화

- 태양이 진 뒤에 관측할 수 있는 달의 위치 변화

| 달 | 초승달 | 상현달 | 보름달 |
|---|---|---|---|
| 위치 | 서쪽 하늘 | 남쪽 하늘 | 동쪽 하늘 |

- 여러 날 동안 달의 위치는 서쪽에서 동쪽으로 날마다 조금씩 옮겨 가면서 그 모양도 달라집니다.

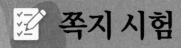
**1** 지구는 북극과 남극을 이은 가상의 직선인 (                    )을/를 중심으로 하루에 한 바퀴씩 회전합니다.

**2** 지구의 자전 방향을 쓰시오.

**3** 하루 동안 달은 (                )쪽에서 (                )쪽으로 움직이는 것처럼 보입니다.

**4** 우리나라가 태양 빛을 받는 쪽에 있을 때는 낮인지 밤인지 쓰시오.

**5** 낮과 밤이 생기는 까닭은 지구의 (                ) 때문입니다.

**6** 지구가 태양을 중심으로 일 년에 한 바퀴씩 회전하는 것을 무엇이라고 합니까?

**7** 지구의 공전 방향을 쓰시오.

**8** 지구가 (                )하기 때문에 지구의 위치에 따라 밤에 보이는 별자리가 달라집니다.

**9** 음력 7~8일 무렵에 볼 수 있는 달의 이름을 쓰시오.

**10** 같은 시각, 같은 장소에서 여러 날 동안 관측한 달의 위치는 (                ) 쪽에서 (                )쪽으로 날마다 조금씩 옮겨 갑니다.

※ 점수 표시가 없는 문항은 8점입니다.

**1** 다음은 하루 동안 지구의 움직임을 알아보기 위한 실험입니다. 이에 대한 설명으로 옳지 <u>않은</u> 것은 어느 것입니까? ( )

① 전등은 태양 역할을 한다.
② 전등은 가만히 두어야 한다.
③ 지구본은 시계 방향으로 회전시킨다.
④ 지구본은 자전축을 중심으로 회전시킨다.
⑤ 지구본을 회전시키면 관측자 모형이 본 전등은 반대 방향으로 움직이는 것처럼 보인다.

**2** 다음은 해가 진 후에 관측한 달의 위치 변화를 나
서술형 타낸 것입니다. 위치 변화의 방향을 쓰고, 위치가 변하는 까닭을 쓰시오. [10점]

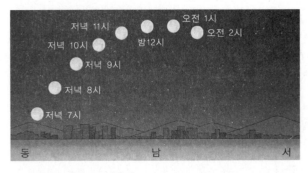

• 위치 변화 방향: ( ) → ( )
• 위치가 변하는 까닭: _____

**3** 지구가 자전하는 모습을 옳게 나타낸 것은 어느 것입니까? ( )

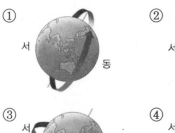

**4~5** 다음 실험을 보고, 물음에 답하시오.

㉮ 지구본의 우리나라 위치에 관측자 모형을 붙이고, 전등을 켠다.
㉯ 지구본을 천천히 돌리며 우리나라가 낮과 밤일 때 관측자 모형이 어디에 있는지 관찰한다.

**4** 위 실험은 무엇을 알아보고자 하는 것입니까? ( )

① 지구가 자전하는 까닭
② 지구가 공전하는 까닭
③ 낮과 밤이 생기는 까닭
④ 태양 빛의 세기가 달라지는 까닭
⑤ 계절에 따라 보이는 별자리가 달라지는 까닭

**5** 위 실험에서 관측자 모형이 태양 빛을 받지 못하는 쪽에 있을 때의 설명에 해당하는 것을 보기 에서 골라 기호를 쓰시오.

보기
㉠ 태양이 동쪽에서 떠오를 때부터 서쪽으로 완전히 질 때까지의 시간
㉡ 태양이 서쪽으로 진 때부터 다시 동쪽에서 떠오르기 전까지의 시간

( )

**6** 지구의 공전에 대한 설명으로 옳은 것은 어느 것입니까? ( )

① 지구가 태양을 중심으로 회전하는 것이다.
② 달이 태양과 지구 둘레를 회전하는 것이다.
③ 지구가 하루에 한 바퀴씩 회전하는 것이다.
④ 지구가 공전하기 때문에 낮과 밤이 생긴다.
⑤ 지구가 공전하기 때문에 달이 하루 동안 움직이지 않는 것처럼 보인다.

**7** 지구의 자전 방향과 공전 방향을 비교하여 쓰시오.

서술형 [10점]

**8** 겨울철에 여름철 별자리가 보이지 않는 까닭으로 옳은 것은 어느 것입니까? ( )

① 여름철 별자리는 너무 멀리 있기 때문이다.
② 달이 별자리 근처를 지나서 달에 가려지기 때문이다.
③ 여름철 별자리는 어두운 별들로 이루어져 있기 때문이다.
④ 겨울철에는 여름철보다 태양이 더 빨리 지기 때문이다.
⑤ 여름철 별자리가 태양과 같은 방향에 있어 태양 빛 때문이다.

**9** 계절별 대표적인 별자리에 대한 설명으로 옳은 것을 보기 에서 골라 기호를 쓰시오.

보기
㉠ 가을철의 대표적인 별자리를 다른 계절에서는 볼 수 없다.
㉡ 계절에 따라 볼 수 있는 별자리가 다른 까닭은 지구가 공전하기 때문이다.
㉢ 북쪽 하늘에서 그 계절에 오랜 시간 동안 볼 수 있는 별자리를 그 계절의 대표적인 별자리라고 한다.

( )

**10** 추석(음력 8월 15일) 때 볼 수 있는 달은 어느 것입니까? ( )

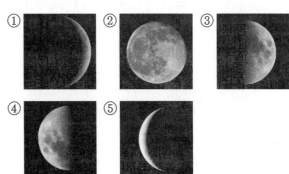

**11** 4월 3일에 오른쪽의 달을 관측할 수 있었습니다. 7일이 지난 4월 10일에는 어떤 달을 관측할 수 있습니까?
( )

① 초승달　　② 상현달
③ 하현달　　④ 그믐달
⑤ 보름달

**12** 다음은 음력 3일부터 15일까지 해가 진 뒤에 관측한 달의 모양과 위치 변화를 나타낸 것입니다. 이에 대한 설명으로 옳은 것은 어느 것입니까?
( )

① 관찰한 날짜 순서는 ㉠ → ㉢이다.
② 음력 2~3일 무렵에 볼 수 있는 달은 ㉡이다.
③ ㉢에서 ㉠까지 변하는 데 한 달이 걸린다.
④ ㉢은 해가 진 후에 동쪽 하늘에서 볼 수 있다.
⑤ 여러 날 동안 달의 위치는 서쪽에서 동쪽으로 옮겨 간다.

# 서술형 평가 1회

**1** 다음은 하루 동안 태양의 위치 변화를 나타낸 것입니다. 물음에 답하시오. [12점]

(1) 하루 동안 태양의 위치 변화의 방향을 쓰시오. [2점]

(       ) → (       )

(2) 하루 동안 태양의 위치가 달라지는 까닭을 쓰시오. [10점]

_____

_____

**2** 다음은 지구의 자전과 공전을 나타낸 것입니다. 물음에 답하시오. [12점]

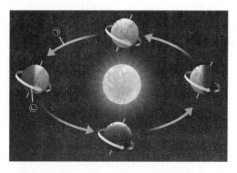

(1) 위 ㉠과 ㉡은 각각 지구의 어떤 운동인지 쓰시오. [2점]

㉠: 지구의 (     ) ㉡: 지구의 (     )

(2) 다음 낱말을 모두 사용하여 지구 공전에 대해 쓰시오. [10점]

| 자전 | 공전 | 일 년 | 태양 | 방향 |
|------|------|-------|------|------|

_____

_____

**3** 다음은 저녁 9시 무렵에 볼 수 있는 봄철의 대표적인 별자리입니다. 물음에 답하시오. [12점]

(1) 다른 계절이 되면 보이는 별자리가 같을지 달라질지 쓰시오. [2점]

(       )

(2) 위 (1)의 답과 같이 생각한 까닭을 쓰시오. [10점]

_____

_____

**4** 다음은 여러 날 동안 같은 장소에서 해가 진 뒤에 관측한 달의 모양과 위치입니다. 여러 날 동안 달의 모양과 위치가 어떻게 변하는지 쓰시오. [8점]

_____

_____

# 단원 평가 2회

※ 점수 표시가 없는 문항은 8점입니다.

**1** 지구의 자전에 대한 설명으로 옳은 것은 어느 것입니까? ( )

① 태양이 지구 주위를 도는 것이다.
② 지구는 시계 방향으로 자전한다.
③ 지구는 일 년에 한 바퀴씩 자전한다.
④ 지구는 동쪽에서 서쪽으로 자전한다.
⑤ 지구가 한 바퀴 자전하는 데 24시간이 걸린다.

**2** 다음과 같이 해가 진 직후에 달을 관측하였을 때 달의 위치 변화에 대한 설명으로 옳지 <u>않은</u> 것은 어느 것입니까? ( )

저녁 7시 무렵

① 밤 12시 무렵에 달은 남쪽 하늘에 있다.
② 저녁 7시 무렵에 달은 서쪽 하늘에 있다.
③ 달의 위치가 달라지는 까닭은 지구의 자전 때문이다.
④ 여러 시간 동안 달은 동쪽에서 서쪽으로 위치가 달라진다.
⑤ 하루 동안 달이 움직이는 방향은 태양이 움직이는 방향과 같다.

**3** 하루 동안 관찰한 태양의 움직임에 대한 설명으로 옳은 것은 어느 것입니까? ( )

① 시간이 지나도 태양의 위치는 변하지 않는다.
② 태양은 오전 7시 무렵에 서쪽 하늘에서 볼 수 있다.
③ 태양은 오후 12시 30분 무렵에 남쪽 하늘에서 볼 수 있다.
④ 태양은 오후 6시 무렵에 동쪽 하늘에서 볼 수 있다.
⑤ 태양은 서쪽에서 동쪽으로 움직이는 것처럼 보인다.

**4** 지구의 자전과 공전의 공통점을 [보기]에서 골라 기호를 쓰시오.

보기
㉠ 회전하는 방향이 같다.
㉡ 회전하는 중심이 같다.
㉢ 한 바퀴 회전하는 거리가 같다.
㉣ 한 바퀴 회전하는 데 걸리는 시간이 같다.

( )

**5~6** 오른쪽과 같이 지구본의 우리나라 위치에 관측자 모형을 붙이고 전등을 켰습니다. 물음에 답하시오.

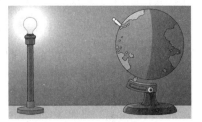

**5** 위 실험에서 관측자 모형을 붙인 우리나라가 낮이었다가 밤으로 바뀌게 하는 방법은 어느 것입니까? ( )

① 전등을 높게 한다.
② 지구본을 돌린다.
③ 전등을 위아래로 흔든다.
④ 관측자 모형을 옮겨서 붙인다.
⑤ 전등을 지구본에 더 가깝게 한다.

**6** 서술형 문제 5의 답으로 보아 지구에 낮과 밤이 생기는 까닭을 쓰시오. [10점]

_____

_____

**7** 다음에서 밤인 곳의 기호를 쓰시오.

( )

**8** 다음과 같이 지구본을 옮기면서 지구의 움직임을 알아보는 실험을 통해 알 수 있는 사실을 두 가지 고르시오. ( , )

① 태양은 지구를 중심으로 공전한다.
② 지구는 동쪽에서 서쪽으로 공전한다.
③ 지구는 동쪽에서 서쪽으로 자전한다.
④ 지구가 공전하면서 지구의 위치가 바뀐다.
⑤ 지구의 위치에 따라 보이는 천체의 모습이 달라진다.

**9** 다음 계절에 따라 보이는 별자리가 달라지는 까닭을 알아보기 위한 실험에 대한 설명으로 옳은 것은 어느 것입니까? (단, 관측자 모형은 지구본의 우리나라 위치에 있으며, 각각의 위치에서 우리나라가 한밤입니다.) ( )

① 지구본은 동쪽에서 서쪽(시계 방향)으로 공전시킨다.
② 지구본이 ㈎ 위치에 있을 때 관측자 모형은 ㉠ 별자리를 볼 수 없다.
③ 지구본이 ㈏ 위치에 있을 때 관측자 모형은 전등 빛 때문에 ㉡ 별자리를 볼 수 있다.
④ 지구본이 ㈐ 위치에 있을 때 관측자 모형은 ㉡ 별자리를 볼 수 있다.
⑤ 실제로 지구가 ㈎ 위치에서 한 바퀴 돌아 다시 ㈎ 위치로 오는 데 걸리는 시간은 하루이다.

**10** 다음은 여러 날 동안 관측한 달의 모양입니다. ㉠~㉢에 들어갈 달의 이름을 쓰시오.

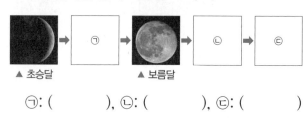

▲ 초승달     ▲ 보름달

㉠: ( ), ㉡: ( ), ㉢: ( )

**11** 서술형 다음 4월의 달력에서 오른쪽의 달을 관찰할 수 있는 날짜를 쓰고, 그렇게 생각한 까닭을 쓰시오. [10점]

| 일 | 월 | 화 | 수 | 목 | 금 | 토 |
|---|---|---|---|---|---|---|
| | | 1 | 2 | 3 | 4 | 5 | 6<br>음력 2일 |
| 7 | 8 | 9 | 10 | 11<br>음력 7일 | 12 | 13 |
| 14 | 15 | 16 | 17 | 18 | 19<br>음력 15일 | 20 |
| 21 | 22 | 23 | 24 | 25 | 26 | 27<br>음력 23일 |
| 28 | 29 | 30 | | | | |

**12** 다음은 여러 날 동안 같은 시각, 같은 장소에서 관측한 달의 모습을 순서 없이 나타낸 것입니다. 관측한 날짜 순서대로 기호를 쓰시오.

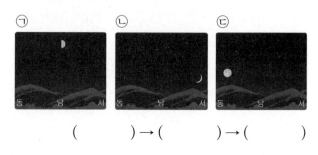

㉠     ㉡     ㉢

( ) → ( ) → ( )

**1** 다음은 하루 동안 지구의 움직임을 알아보기 위한 실험입니다. 물음에 답하시오. [12점]

> ㈎ 지구본에서 우리나라를 찾아 우리나라의 동쪽, 서쪽, 남쪽, 북쪽에 붙임딱지를 붙인다.
>
> ㈏ 우리나라 위치에 관측자 모형이 남쪽을 향하도록 붙인다.
>
> ㈐ 전등을 지구본으로부터 약 30 cm 떨어진 곳에 놓고 전등을 관측자 모형의 앞쪽에 위치하도록 한다.
>
> ㈑ 전등을 켜고 지구본을 ( ㉠ )쪽에서 ( ㉡ )쪽으로 회전시킨다.
>
> ㈒ 지구본이 회전하는 방향과 관측자 모형이 본 전등이 움직이는 방향을 비교해 본다.

(1) ㉠과 ㉡에 들어갈 방위를 순서대로 쓰시오. [2점]

( , )

(2) 하루 동안 지구의 움직임으로 지구에서 보는 천체의 움직임은 어떠한지 쓰시오. [10점]

_____

_____

**2** 다음은 낮과 밤이 생기는 까닭을 알아보는 실험입니다. 낮에서 다시 낮이 되는 주기를 쓰고, 관측자 모형이 어느 위치에 있을 때 낮과 밤이 되는지 쓰시오. [8점]

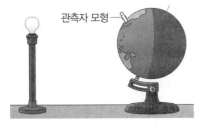

_____

_____

**3** 다음과 같이 지구본을 한가운데 두고 지구본 주위에 계절별 대표적인 별자리 그림을 들고 섰습니다. 물음에 답하시오. [12점]

(1) 지구본이 ㈎ 위치에 있을 때 관측자 모형이 가장 잘 보이는 별자리와 볼 수 <u>없는</u> 별자리의 이름을 순서대로 쓰시오.

( , )

(2) 위 실험으로 알아보려고 하는 것은 무엇인지 쓰시오.

_____

_____

**4** 다음은 어느 날 저녁 7시에 관측한 달의 모습입니다. 약 7일 뒤 달의 모양과 위치는 어떻게 되는지 쓰시오. [8점]

_____

_____

## 1 산소의 성질

• **산소 발생시키기**

① 묽은 과산화 수소수와 이산화 망가니즈가 만나면 산소가 발생합니다.

② 묽은 과산화 수소수를 이산화 망가니즈가 들어 있는 가지 달린 삼각 플라스크에 조금씩 흘려보냈을 때의 변화

| 가지 달린 삼각 플라스크 내부 | 거품이 발생한다. |
|---|---|
| 수조의 ㄱ자 유리관 끝 | ㄱ자 유리관 끝에서 거품이 나온다. |

• **산소의 성질**

① 색깔과 냄새가 없습니다.

② 다른 물질이 타는 것을 돕는 성질이 있습니다.

③ 금속을 녹슬게 하는 성질이 있습니다.

• **산소의 이용:** 응급 환자의 호흡 장치(생명 유지와 관련된 일), 잠수부나 소방관 등이 사용하는 압축 공기통, 산소 캔 등에 이용

## 2 이산화 탄소의 성질

• **이산화 탄소 발생시키기**

① 진한 식초와 탄산수소 나트륨이 만나면 이산화 탄소가 발생합니다.

② 탄산수소 나트륨 대신 탄산 칼슘이나 조개껍데기, 석회석 등을 사용할 수 있습니다.

③ 진한 식초 대신 레몬즙을 사용할 수 있습니다.

④ 탄산음료를 흔들거나, 드라이아이스로 이산화 탄소를 모을 수 있습니다.

• **이산화 탄소의 성질**

① 색깔과 냄새가 없습니다.

② 불을 끄게 하는 성질이 있습니다.

③ 석회수를 뿌옇게 만드는 성질이 있습니다.

• **이산화 탄소의 이용:** 소화기(물질이 타는 것을 막는 성질), 드라이아이스, 탄산음료의 재료, 위급할 때 순식간에 부풀어 오르는 자동 팽창식 구명조끼 등에 이용

## 3 압력에 따른 기체의 부피 변화

• **압력에 따른 기체의 부피 변화**

① 기체는 가한 압력의 크기에 따라 부피가 달라집니다.
  ➡ 압력을 약하게 가하면 부피가 조금 작아지고, 압력을 세게 가하면 부피가 많이 작아집니다.

② 기체에 가하는 압력이 높아지면 기체의 부피는 작아지고, 기체에 가하는 압력이 낮아지면 기체의 부피는 커집니다.

• **생활 속에서 압력 변화에 따라 기체의 부피가 변하는 현상**

① 비행기 안의 과자 봉지는 땅에서보다 하늘을 나는 동안 더 많이 부풀어 오릅니다.

② 깊은 바닷속에서 잠수부가 내뿜은 공기 방울이 물 표면으로 올라가면서 커집니다.

## 4 온도에 따른 기체의 부피 변화

• **온도에 따른 기체의 부피 변화**

① 기체는 온도에 따라 부피가 달라집니다.

② 온도가 높아지면 기체의 부피는 커지고, 온도가 낮아지면 기체의 부피는 작아집니다.

• **생활 속에서 온도 변화에 따라 기체의 부피가 변하는 현상**

① 뜨거운 음식을 비닐 랩으로 포장하면 비닐 랩이 볼록하게 부풀어 오릅니다.

② 물이 조금 담긴 페트병을 마개로 막아 냉장고에 넣고 시간이 지난 뒤 살펴보면 페트병이 찌그러져 있습니다.

## 5 공기를 이루는 여러 가지 기체

• **공기를 이루는 여러 가지 기체**

① 공기는 여러 가지 기체가 섞여 있는 혼합물입니다.

② 공기는 질소와 산소가 대부분이며, 공기에는 이 밖에도 여러 가지 기체가 섞여 있습니다.

• **생활 속에서 이용되는 기체:** 산소(호흡 장치에 이용), 이산화 탄소(탄산음료의 재료로 이용), 질소(식품의 내용물 보관에 이용), 헬륨(비행선, 풍선을 띄우는 데 이용), 수소(수소 발전소에서 수소를 이용해 전기 생산), 네온(조명 기구나 네온 광고에 이용) 등

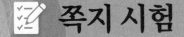
**1** 기체 발생 장치를 만들 때 깔때기에 있는 액체를 조금씩 흘려보내기 위해 깔때기에 연결되어 있는 고무관에 끼우는 실험 기구는 무엇입니까?

**2** 산소를 발생시키기 위해서 기체 발생 장치의 깔때기에 넣어야 하는 물질은 무엇입니까?

**3** 응급 환자의 호흡 장치에 이용되는 기체는 무엇입니까?

**4** 이산화 탄소가 든 집기병에 석회수를 넣고 흔들면 어떻게 되는지 쓰시오.

**5** 이산화 탄소가 든 집기병에 향불을 넣으면 어떻게 되는지 쓰시오.

**6** 공기가 든 주사기 입구를 손가락으로 막고, 주사기의 피스톤을 누르면 어떻게 되는지 쓰시오.

**7** 비행기 안에 있는 과자 봉지는 비행기가 하늘을 나는 동안 어떻게 되는지 쓰시오.

**8** 고무풍선을 씌운 삼각 플라스크를 뜨거운 물이 든 비커에 넣었을 때 고무풍선의 변화를 쓰시오.

**9** 공기의 대부분을 이루는 기체 두 가지는 무엇입니까?

**10** 식품의 내용물을 보존하거나 신선하게 보관하는 데 이용되는 기체는 무엇입니까?

※ 점수 표시가 없는 문항은 8점입니다.

**1~2** 다음은 기체 발생 장치를 나타낸 것입니다. 물음에 답하시오.

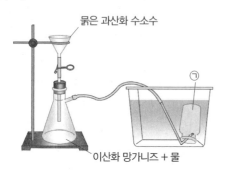

묽은 과산화 수소수
ㄱ
이산화 망가니즈 + 물

**1** 위 기체 발생 장치의 ㉠에 모이는 기체는 무엇인지 쓰시오.

( )

**2** 위 실험에서 기체가 모인 집기병에 향불을 넣으면 어떻게 되는지 보기 에서 골라 기호를 쓰시오.

보기
㉠ 불꽃이 커진다.
㉡ 불꽃이 작아지다가 꺼진다.
㉢ 아무 변화가 없다.

( )

**3** 우리 생활에서 산소가 이용되는 경우를 두 가지 고르시오. ( , )

① 소화기
② 조명 기구
③ 생물이 광합성을 할 때
④ 응급 환자의 호흡 장치
⑤ 금속을 자르거나 붙일 때

**4** 이산화 탄소 발생 장치에 대한 설명으로 옳지 않은 것을 보기 에서 골라 기호를 쓰시오.

보기
㉠ 가지 달린 삼각 플라스크에 탄산수소 나트륨을 넣는다.
㉡ 깔때기에 묽은 과산화 수소수를 붓는다.
㉢ 핀치 집게로 깔때기에 부은 액체를 조금씩 흘려보낸다.
㉣ 물을 가득 채운 집기병을 물이 든 수조에 넣고 이산화 탄소를 모은다.

( )

**5** 다음과 같이 이산화 탄소가 들어 있는 집기병에 향 불과 석회수를 각각 넣으면 어떻게 되는지 쓰시오.

서술형

[10점]

향
석회수

**6** 이산화 탄소가 이용되는 예와 관련 없는 것은 어느 것입니까? ( )

① 소화기
② 비행선
③ 탄산음료
④ 드라이아이스
⑤ 자동 팽창식 구명조끼

**7** 다음과 같이 주사기에 공기 40 mL를 각각 넣고 피스톤을 누르는 세기를 달리하여 눌렀을 때, 피스톤이 더 많이 들어가는 것의 기호를 쓰시오.

▲ 주사기의 피스톤을 약하게 누를 때    ▲ 주사기의 피스톤을 세게 누를 때

(         )

**8** 다음은 하늘을 나는 비행기 안과 땅에 있는 비행기 안의 과자 봉지의 모습입니다. 하늘을 나는 비행기 안의 과자 봉지의 모습으로 옳은 것의 기호를 쓰시오.

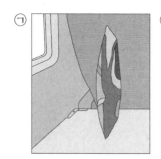 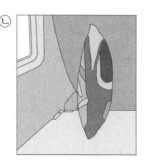

(         )

**9**
서술형

다음과 같이 차가운 물에 들어 있던 고무풍선을 씌운 삼각 플라스크를 뜨거운 물이 든 비커에 넣었을 때, 고무풍선이 어떻게 변하는지 그 까닭과 함께 쓰시오. [10점]

_____

_____

**10** 온도에 따라 기체의 부피가 변하는 현상으로 옳지 않은 것은 어느 것입니까? (     )

① 물을 끓이면 물의 높이가 점점 낮아진다.
② 찌그러진 공을 뜨거운 물에 담그면 탱탱해진다.
③ 비닐 랩으로 포장한 음식이 식으면 윗면이 오목하게 들어간다.
④ 뜨거운 음식을 비닐 랩으로 포장하면 비닐 랩이 볼록하게 부풀어 오른다.
⑤ 냉장고 속에서 찌그러진 페트병을 냉장고 밖에 꺼내 놓으면 찌그러진 페트병이 펴진다.

**11** 다음 설명에 해당하는 기체는 어느 것입니까?
(     )

- 공기의 대부분을 차지하는 기체이다.
- 식품의 내용물을 잘 보존하는 데 많이 이용된다.
- 과자, 홍차 등을 봉지에 넣어 제품을 포장할 때에 이용된다.

① 산소            ② 헬륨
③ 수소            ④ 질소
⑤ 네온

**12** 수소를 청정 연료라고 하는 까닭으로 옳은 것은 어느 것입니까? (     )

① 매우 가볍기 때문이다.
② 색깔과 냄새가 없기 때문이다.
③ 보관하기가 매우 안전하기 때문이다.
④ 공기에서 쉽게 얻을 수 있기 때문이다.
⑤ 탈 때에 오염 물질이 배출되지 않기 때문이다.

# 서술형 평가 1회

**1** 다음 기체 발생 장치를 보고, 물음에 답하시오. [12점]

맑은 과산화 수소수

이산화 망가니즈 +물

(1) 위 실험에서 모은 기체의 종류와 성질을 쓰시오. [6점]

_____

_____

(2) 위 실험 장치를 이용해 이산화 탄소를 발생시키는 방법을 쓰시오. [6점]

_____

_____

**2** 주사기 안에 공기를 넣고 입구를 주사기 마개로 막았습니다. 주사기 안 기체의 부피를 작게 만드는 방법을 두 가지 쓰시오. [8점]

_____

_____

**3** 다음과 같이 따뜻한 물과 차가운 물에 넣어 두었던 삼각 플라스크를 공기 중에 꺼내 놓으면 고무풍선이 어떻게 변할지 각각 쓰시오. [8점]

따뜻한 물 　　　　차가운 물

_____

_____

_____

**4** 다음과 같이 공중에 떠 있는 풍선에 넣는 기체의 종류를 쓰고, 그 기체의 특징을 두 가지 이상 쓰시오. [8점]

_____

_____

※ 점수 표시가 없는 문항은 8점입니다.

**1~2** 다음과 같은 기체 발생 장치를 이용해 산소를 발생시키려고 합니다. 물음에 답하시오.

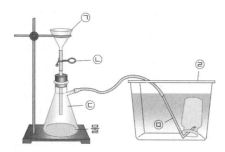

**1** 위 ㉠~㉤ 중 묽은 과산화 수소수와 이산화 망가니즈는 각각 어디에 넣어야 하는지 순서대로 기호를 쓰시오.

( , )

**2** 위 실험에서 산소가 발생할 때 가지 달린 삼각 플라스크 내부에서 나타나는 변화를 쓰시오. [10점]
서술형

_____

_____

**3** 산소에 대한 설명으로 옳지 <u>않은</u> 것을 보기 에서 골라 기호를 쓰시오.

보기
㉠ 금속을 녹슬게 한다.
㉡ 색깔과 냄새가 없다.
㉢ 석회수를 뿌옇게 만든다.
㉣ 다른 물질이 타는 것을 돕는다.

( )

**4** 진한 식초와 반응하여 이산화 탄소를 발생시킬 수 있는 물질을 두 가지 고르시오. ( , )

① 탄산 칼슘
② 묽은 염산
③ 탄산수소 나트륨
④ 이산화 망가니즈
⑤ 묽은 과산화 수소수

**5** 소화기를 만드는 데 이용되는 이산화 탄소의 성질로 옳은 것은 어느 것입니까? ( )

① 색깔과 냄새가 없다.
② 금속을 녹슬게 한다.
③ 석회수를 뿌옇게 만든다.
④ 물질이 타는 것을 막는다.
⑤ 기포가 많이 생기게 한다.

**6** 공기 중에 이산화 탄소의 양이 지금보다 더 많아지면 생길 수 있는 일을 보기 에서 골라 기호를 쓰시오.

보기
㉠ 금속이 쉽게 녹슬 것이다.
㉡ 불을 끄기 어려울 것이다.
㉢ 화재가 잘 발생하지 않을 것이다.
㉣ 숨을 쉬는 횟수가 줄어들 것이다.

( )

**7**

정답과 풀이 **106**쪽

**서술형**

다음과 같이 공기와 물을 각각 40 mL씩 넣은 주사기의 입구를 막고 피스톤을 눌렀습니다. 공기와 물의 부피는 각각 어떻게 되는지 쓰시오. [10점]

 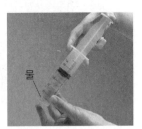

공기    물

---

**8** 깊은 바닷속에서 잠수부가 내뿜은 공기 방울이 물 표면으로 올라갈수록 커지는 까닭으로 옳은 것은 어느 것입니까? (        )

① 물 표면으로 올라갈수록 압력이 낮아지기 때문이다.

② 물 표면으로 올라갈수록 압력이 높아지기 때문이다.

③ 물 표면으로 올라갈수록 온도가 낮아지기 때문이다.

④ 물 표면으로 올라갈수록 온도가 높아지기 때문이다.

⑤ 물 표면으로 올라갈수록 증발이 잘 일어나기 때문이다.

---

**9~10** 다음과 같이 물방울이 든 플라스틱 스포이트를 뜨거운 물이 든 비커와 얼음물이 든 비커에 각각 뒤집어 넣고 변화를 관찰하였습니다. 물음에 답하시오.

㉠ ─ 물방울    ㉡ ─ 물방울

뜨거운 물    얼음물

**9** 위 ㉠과 ㉡ 중에서 물방울이 위로 올라가는 것의 기호를 쓰시오.

(        )

---

**10** 앞 **9**의 답으로 알 수 있는 사실로 옳은 것은 어느 것입니까? (        )

① 기체는 압력에 따라 부피가 변한다.

② 기체는 온도가 낮아지면 무거워진다.

③ 기체의 부피는 온도가 높아지면 커진다.

④ 기체의 부피는 압력이 높아지면 커진다.

⑤ 기체는 온도에 따라 부피가 변하지 않는다.

---

**11** 공기에 대한 설명으로 옳지 <u>않은</u> 것은 어느 것입니까? (        )

① 혼합물이다.

② 온도에 따라 부피가 변한다.

③ 압력의 크기에 따라 부피가 변한다.

④ 대부분 질소와 산소로 이루어져 있다.

⑤ 공기를 이루는 기체는 우리 생활에서 이용할 수 없다.

---

**12** 다음과 같은 자동 팽창식 구명조끼에 이용되는 기체는 어느 것입니까? (        )

① 산소            ② 헬륨

③ 수소            ④ 질소

⑤ 이산화 탄소

**1** 다음 집기병에 산소가 들어 있는지, 이산화 탄소가 들어 있는지 확인할 수 있는 방법을 한 가지 쓰시오. [8점]

---

**2** 다음과 같이 공기가 들어 있는 주사기의 입구를 손가락으로 막고 피스톤을 눌렀더니 피스톤이 안으로 들어갔습니다. 이때 피스톤에서 손을 떼면 어떻게 되는지 그 까닭과 함께 쓰시오. [8점]

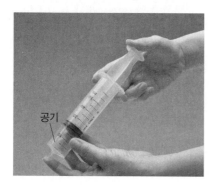

공기

---

**3** 다음은 뜨거운 음식을 비닐 랩으로 포장한 모습입니다. 물음에 답하시오. [12점]

(1) 비닐 랩이 볼록하게 부풀어 오른 까닭을 쓰시오. [6점]

(2) 잠시 후, 음식이 식으면 비닐 랩은 어떻게 되는지 쓰시오. [6점]

---

**4** 자동차의 연료로 사용되는 수소가 청정 연료라고 할 수 있는 까닭을 쓰시오. [8점]

## 1 생물을 이루는 세포

- **세포**: 생물을 이루는 가장 작은 기본 단위
- 세포는 세포막으로 둘러싸여 있고, 그 안에는 핵이 있습니다. 식물 세포에는 동물 세포와 달리 세포막의 바깥쪽에 세포벽이 있습니다.

## 2 뿌리의 생김새와 하는 일

- **뿌리의 생김새**
① 굵은 뿌리, 가는 뿌리, 뿌리털로 이루어져 있습니다.
② 식물의 종류에 따라 뿌리의 생김새가 다양합니다.

- **뿌리가 하는 일**
① 흡수 기능: 땅속으로 뻗어 물을 흡수합니다.
② 저장 기능: 양분을 저장합니다.
③ 지지 기능: 땅속으로 뻗어 식물을 지지합니다.

## 3 줄기의 생김새와 하는 일

- **줄기의 생김새**
① 줄기에는 뿌리와 잎이 연결되어 있으며, 생김새가 다양합니다.
② 줄기의 모양은 굵고 곧은 것도 있고, 가늘고 길어 다른 식물을 감거나 땅 위를 기는 것도 있습니다.

- **줄기가 하는 일**
① 물이 이동하는 통로 역할을 합니다.
② 식물을 지지하고, 양분을 저장하기도 합니다.

## 4 잎의 생김새와 하는 일

- 잎자루와 잎몸으로 이루어져 있고, 잎몸에는 잎맥이 퍼져 있습니다.
- **광합성**: 식물이 빛과 이산화 탄소, 뿌리에서 흡수한 물을 이용하여 스스로 양분을 만드는 것
- 빛을 받은 잎에 아이오딘 - 아이오딘화 칼륨 용액을 떨어뜨리면 청람색으로 변합니다. ⇨ 양분으로 녹말이 생긴 것을 알 수 있습니다.

## 5 잎의 증산 작용

- 잎이 있는 모종에 씌운 비닐봉지 안에만 물방울이

생깁니다. ⇨ 비닐봉지 안의 물은 뿌리에서 흡수한 물이 잎을 통해 식물 밖으로 빠져나왔다는 것을 알 수 있습니다.

- **기공과 증산 작용**
① 기공: 잎의 표면에 있는 눈에 보이지 않는 작은 구멍
② 증산 작용: 잎에 도달한 물이 기공을 통하여 빠져나가는 것
- 뿌리에서 흡수한 물을 식물 꼭대기까지 끌어 올릴 수 있도록 돕고, 식물의 온도를 조절하는 역할을 합니다.

## 6 꽃의 생김새와 하는 일

- **꽃의 구조**

| 구조 | 역할 |
|------|------|
| 꽃잎 | • 암술과 수술을 보호한다.<br>• 곤충을 유인하여 꽃가루받이가 잘 이루어지도록 한다. |
| 꽃받침 | 꽃잎을 받치고 보호한다. |
| 암술 | 꽃가루받이를 거쳐 씨를 만든다. |
| 수술 | 꽃가루를 만든다. |

- **꽃가루받이(수분)**
① 수술에서 만든 꽃가루가 암술로 옮겨 붙는 과정
② 꽃가루받이는 곤충, 새, 바람, 물 등의 도움으로 이루어집니다.
- **꽃이 하는 일**: 꽃가루받이를 거쳐 씨를 만듭니다.

## 7 식물의 씨가 퍼지는 방법

- **열매가 자라는 과정**: 꽃이 피고 꽃가루받이가 이루어집니다. → 암술 속에서 씨가 생겨 자랍니다. → 씨가 자라는 동안 씨를 싸고 있는 암술이나 꽃받침 등이 함께 자라서 열매가 됩니다.
- **열매가 하는 일**: 어린 씨를 보호하고, 씨를 멀리 퍼뜨립니다.
- **씨가 퍼지는 방법**: 바람에 날려서, 열매껍질이 스스로 터져서, 동물의 털이나 사람의 옷에 붙어서, 동물에게 먹혀서, 물에 떠서 퍼집니다.

**1**  뿌리에 솜털처럼 가늘게 나 있는 것을 무엇이라고 합니까?

**2**  고구마, 당근, 무는 양분을 어디에 저장합니까?

**3**  뿌리를 자른 양파와 뿌리를 그대로 둔 양파 중 물이 들어 있는 비커에 올려놓고 2~3일 뒤에 관찰했을 때 비커에 든 물이 더 많이 줄어든 것은 어느 것입니까?

**4**  식물의 구조에서 물이 이동하는 통로 역할을 하는 것은 무엇입니까?

**5**  식물이 빛, 물, 이산화 탄소를 이용하여 스스로 양분을 만드는 것을 무엇이라고 합니까?

**6**  아이오딘 – 아이오딘화 칼륨 용액은 무엇과 반응하여 청람색으로 변합니까?

**7**  뿌리에서 흡수한 물이 잎에 있는 기공을 통하여 빠져나가는 것을 무엇이라고 합니까?

**8**  수술에서 만든 꽃가루가 암술에 옮겨 붙는 것을 무엇이라고 합니까?

**9**  식물의 구조에서 꽃가루받이를 거쳐 씨를 만드는 일을 하는 것은 무엇입니까?

**10**  민들레, 단풍나무 열매의 씨가 멀리 퍼지는 방법은 무엇입니까?

※ 점수 표시가 없는 문항은 8점입니다.

**1** 양파 표피 세포에 대한 설명으로 옳지 않은 것은 어느 것입니까? ( )

① 세포 하나하나가 각진 모양이다.
② 양파 표피 세포의 핵은 둥근 모양이다.
③ 맨눈으로 관찰하기 어려워 광학 현미경을 사용한다.
④ 양파 표피 세포가 차곡차곡 쌓여 있는 것처럼 보인다.
⑤ 양파 표피 세포에는 핵과 세포막은 있지만 세포벽은 없다.

**2** 바람이 불어도 식물이 쓰러지지 않게 해 주는 뿌리의 기능은 어느 것입니까? ( )

① 흡수 기능
② 지지 기능
③ 증산 기능
④ 저장 기능
⑤ 광합성 기능

**3** 줄기에 대한 설명으로 옳은 것은 어느 것입니까? ( )

① 물을 흡수하는 일을 한다.
② 모두 두껍고 특이한 무늬가 있다.
③ 표면에 기공이 있어 양분을 만든다.
④ 땅속으로 뻗는 뿌리가 이어져 있고 잎도 나 있다.
⑤ 모두 햇빛을 잘 받기 위해 곧게 위로 뻗은 형태이다.

**4** 붉은 색소를 탄 물에 3시간 이상 담가 둔 백합 줄기를 가로로 자른 면입니다. 물이 이동하는 통로는 어느 것인지 기호를 쓰시오.

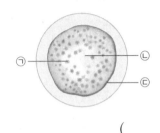

( )

**5~6** 식물의 잎에서 만든 양분을 확인하는 실험입니다. 물음에 답하시오.

> ㈎ 고추 모종의 잎 중 일부는 알루미늄 포일을 씌우고, 빛이 잘 드는 곳에 둔다.
> ㈏ 에탄올이 든 작은 비커에는 ⊙ 알루미늄 포일을 씌운 잎과 ⓒ 씌우지 않은 잎을 넣고, 이 비커를 뜨거운 물이 들어 있는 큰 비커에 넣은 뒤 유리판으로 덮는다.
> ㈐ 작은 비커에서 꺼낸 잎을 따뜻한 물로 헹군 뒤 아이오딘－아이오딘화 칼륨 용액을 떨어뜨린다.

**5** 위 실험 ㈐ 과정 결과 나타나는 변화로 옳은 것은 어느 것입니까? ( )

① ⊙에서 딴 잎은 붉은색으로 변한다.
② ⓒ에서 딴 잎은 붉은색으로 변한다.
③ ⊙에서 딴 잎은 청람색으로 변한다.
④ ⓒ에서 딴 잎은 청람색으로 변한다.
⑤ ⊙과 ⓒ에서 딴 잎 모두 아무런 변화가 없다.

**6** 위 실험 결과 잎에서 만든 양분은 어느 것입니까? ( )

① 물
② 지방
③ 녹말
④ 단백질
⑤ 탄수화물

**7~8** 다음과 같이 잎이 있는 모종과 잎이 없는 모종을 물이 담긴 삼각 플라스에 넣고 3일 동안 두었습니다. 물음에 답하시오.

**7** 위 실험에 대한 설명으로 옳지 <u>않은</u> 것은 어느 것입니까? ( )

① 두 모종의 종류는 같은 것으로 한다.
② 비닐봉지는 공기가 통하지 않도록 묶는다.
③ 잎이 있는 비닐봉지 안에 물방울이 생긴다.
④ 삼각 플라스크에 담는 물의 양은 같게 한다.
⑤ 두 삼각 플라스크는 햇빛이 들지 않는 어두운 곳에 놓아둔다.

**8** 위 실험 결과로 보아 증산 작용은 식물의 어느 부분에서 일어납니까? ( )

① 꽃           ② 잎
③ 열매         ④ 줄기
⑤ 뿌리

**9** 증산 작용이 하는 역할을 두 가지 쓰시오. [10점]

_____

_____

**10** 꽃의 구조를 나타낸 것입니다. ㉠과 ㉡이 하는 일은 어느 것입니까? ( )

① 씨를 만든다.
② 꽃을 보호한다.
③ 꽃을 자라게 한다.
④ 꽃에서 향기가 나게 한다.
⑤ 꽃잎의 색깔을 화려하게 한다.

**11** 다음 꽃의 모습에서 벌과 새가 하는 역할을 쓰시오. [10점]

서 술 형

▲ 코스모스          ▲ 동백나무

_____

_____

**12** 익으면서 점점 색이 변하고 맛과 향이 좋아지는 참외의 씨가 퍼지는 방법으로 가장 적당한 것은 어느 것입니까? ( )

① 물에 떠서
② 바람에 날려서
③ 동물에게 먹혀서
④ 동물의 털에 붙어서
⑤ 열매껍질이 터지면서

**1** 식물 세포와 동물 세포를 순서 없이 나타낸 것입니다. 물음에 답하시오. [12점]

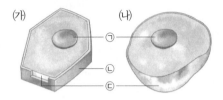

(1) 위 ㉠~㉢ 중 양파 표피 세포에서만 볼 수 있는 것의 기호와 이름을 쓰시오. [2점]

(          )

(2) 위 ㉮와 ㉯ 중 동물 세포인 것의 기호와 그렇게 생각한 까닭을 쓰시오. [10점]

**2** 강아지풀과 당근 뿌리의 모습입니다. 강아지풀과 당근 뿌리의 공통점과 차이점을 쓰시오. [8점]

▲ 강아지풀         ▲ 당근

**3** 고구마와 나팔꽃 줄기의 생김새를 각각 쓰시오. [8점]

▲ 고구마         ▲ 나팔꽃

**4** 다음과 같이 식물 잎의 앞면과 뒷면에 염화 코발트 종이를 붙였더니 잠시 후 잎의 뒷면과 앞면에 붙인 염화 코발트 종이가 모두 붉은색으로 변하였습니다. 이 실험으로 알 수 있는 사실을 쓰시오. [8점]

# 단원 평가 2회

※ 점수 표시가 없는 문항은 8점입니다.

**1** 오른쪽 그림은 양파 표피 세포의 모습입니다. ㉠~㉢ 중 입안 상피 세포에는 없고 양파 표피 세포에만 있는 것의 기호를 쓰시오.

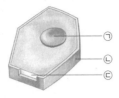

( )

**2~3** 다음과 같이 양파 두 개 중 하나만 뿌리를 자른 다음, 각각 같은 양의 물이 든 비커에 올렸습니다. 물음에 답하시오.

**2** 위 실험은 무엇을 알아보기 위한 것입니까?

( )

① 잎이 하는 일
② 뿌리가 하는 일
③ 줄기가 하는 일
④ 열매가 만들어지는 과정
⑤ 양분을 만드는 데 필요한 물질

**3** 위 실험에서 2~3일 뒤에 뿌리를 자른 양파의 물이 더 적게 줄어드는 까닭으로 옳은 것은 어느 것입니까?

( )

① 잎의 기공이 막혀서
② 햇빛을 받지 못해서
③ 꽃을 피우지 못해서
④ 물을 흡수하지 못해서
⑤ 양분을 만들지 못해서

**4** 당근 뿌리와 고구마 뿌리의 공통점을 두 가지 고르시오.

( , )

▲ 당근 뿌리            ▲ 고구마 뿌리

① 물을 흡수하지 못한다.
② 양분을 뿌리에 저장한다.
③ 뿌리가 굵고 단맛이 난다.
④ 뿌리의 바깥쪽에 뿌리털이 없다.
⑤ 파의 뿌리처럼 굵기가 비슷한 여러 가닥의 뿌리가 수염처럼 나 있다.

**5~6** 오른쪽과 같이 붉은 색소 물이 들어 있는 삼각 플라스크에 백합 줄기를 넣어 두었습니다. 물음에 답하시오.

**5** 위 실험에 대한 설명으로 옳은 것은 어느 것입니까?

( )

① 꽃과 잎은 색이 변하지 않는다.
② 줄기의 아랫부분만 붉게 물든다.
③ 뿌리가 없어 색소 물이 이동하지 않는다.
④ 줄기가 식물체를 지지한다는 것을 알 수 있다.
⑤ 색소 물이 줄기 속 이동 통로를 통해 이동한다.

**6** 위 색소 물에 넣어 둔 백합 줄기를 가로로 자른 면의 모습은 어느 것입니까?

( )

①    ②    ③

④    ⑤

**7** 다음은 잎에서 일어나는 어떤 과정을 나타낸 것입니까? ( )

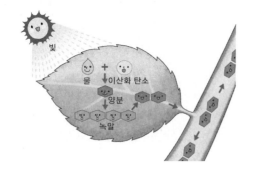

① 광합성     ② 흡수 작용
③ 지지 작용     ④ 증산 작용
⑤ 저장 작용

**8** 서술형 다음과 같이 잎에서 만든 물질을 알아보는 실험을 한 결과, 빛을 받은 잎만 청람색으로 변했습니다. 색깔 변화가 다른 까닭을 쓰시오. [10점]

▲ 에탄올이 든 비커에 모종에서 딴 잎을 넣는다.     ▲ 잎을 따뜻한 물로 헹군 뒤 아이오딘−아이오딘화 칼륨 용액을 떨어뜨린다.

**9** 식물의 뿌리에서 흡수한 물이 잎에 도달한 후 어떻게 되는지 옳게 설명한 것을 두 가지 고르시오. ( , )

① 광합성에 이용된다.
② 일부는 줄기를 통해 빠져나간다.
③ 일부는 잎이나 줄기에 저장된다.
④ 일부는 뿌리털을 통해 빠져나간다.
⑤ 일부는 잎의 기공을 통해 빠져나간다.

**10** 꽃에 대한 설명으로 옳지 <u>않은</u> 것은 어느 것입니까? ( )

① 암술 안에서 씨가 만들어진다.
② 수술에서 꽃가루가 만들어진다.
③ 꽃받침은 꽃잎을 받치고 보호한다.
④ 꽃은 열매를 퍼뜨리는 역할을 한다.
⑤ 꽃은 대부분 꽃잎, 암술, 수술, 꽃받침으로 이루어져 있다.

**11** 꽃가루받이에 대한 설명으로 옳지 <u>않은</u> 것은 어느 입니까? ( )

① 꽃가루가 암술로 옮겨지는 것이다.
② 꽃가루받이를 스스로 하는 식물도 있다.
③ 꽃가루받이가 이루어져야 씨가 만들어진다.
④ 바람에 의해 꽃가루받이가 이루어지는 꽃도 있다.
⑤ 곤충에 의해 꽃가루받이를 하는 꽃은 꽃이 화려하고 향기가 있다.

**12** 서술형 다음 식물의 씨가 퍼지는 방법을 씨가 가진 특징과 관련하여 쓰시오. [10점]

▲ 민들레     ▲ 버드나무

# 서술형 평가 2회

**1** 다음과 같은 양파 두 개를 물이 든 비커에 각각 올려놓은 뒤 빛이 잘 드는 곳에 2~3일 동안 놓아두었습니다. 물음에 답하시오. [12점]

ㄱ  ㄴ

(1) 위 실험에서 다르게 한 조건을 쓰시오. [4점]

(                    )

(2) 위 실험을 통해 알 수 있는 사실은 무엇인지 쓰시오. [8점]

_____

_____

**2** 잎에서 만든 양분을 확인하는 실험입니다. 물음에 답하시오. [12점]

> ㉠ 고추 모종에서 일부의 잎에만 알루미늄 포일을 씌우고 빛이 잘 드는 곳에 둔다.
> ㉡ 에탄올이 든 작은 비커에는 알루미늄 포일을 씌운 잎과 씌우지 않은 잎을 각각 넣고, 이 비커를 뜨거운 물이 들어 있는 큰 비커에 넣은 뒤 유리판으로 덮는다.
> ㉢ 작은 비커에서 꺼낸 잎을 따뜻한 물로 헹군 뒤 아이오딘 – 아이오딘화 칼륨 용액을 떨어뜨린다.

(1) 위 실험 결과 양분이 만들어지는 모종의 잎은 어느 것인지 쓰시오. [4점]

(                    )

(2) 위 실험에서 일부 잎에만 알루미늄 포일을 씌운 까닭을 쓰시오. [8점]

_____

_____

**3** 다음과 같이 잎이 달린 나뭇가지에 비닐봉지를 씌워두면 비닐봉지 안에서 어떤 현상을 관찰할 수 있는지 쓰고, 그런 현상이 일어나는 까닭을 쓰시오.

[8점]

_____

_____

**4** 사과꽃과 백합꽃의 모습입니다. 물음에 답하시오.

[12점]

▲ 사과꽃          ▲ 백합꽃

(1) 위와 같이 대부분의 꽃에 있는 공통되는 구조를 쓰시오. [6점]

_____

_____

(2) 꽃이 하는 일을 쓰시오. [6점]

_____

_____

## 1 프리즘을 통과한 햇빛

- **프리즘**: 유리나 플라스틱 등으로 만든 투명한 삼각기둥 모양의 기구
- **햇빛을 프리즘에 통과시키기**
① 프리즘을 통과한 햇빛은 하얀색 도화지에 여러 가지 빛깔로 나타납니다.
② 햇빛은 여러 가지 색의 빛으로 이루어져 있습니다.

## 2 공기와 물의 경계에서 빛의 나아감

- **공기와 물의 경계에서 빛이 나아가는 모습**

| 빛을 수면에 비스듬하게 비출 때 | 공기와 물의 경계에서 빛이 꺾인다. |
|---|---|
| 빛을 수면에 수직으로 비출 때 | 공기와 물의 경계에서 빛이 꺾이지 않고 그대로 나아간다. |

- **빛의 굴절**: 서로 다른 물질의 경계에서 빛이 꺾여 나아가는 현상
- **빛의 굴절이 일어나는 상황**: 빛은 공기와 물, 공기와 유리, 공기와 기름 등과 같이 공기와 다른 물질이 만나는 경계에서 굴절합니다.

## 3 물속에 있는 물체의 모습 관찰하기

- **컵 속에 물을 붓기 전과 후에 컵 속에 있는 동전과 젓가락 관찰하기**

| 구분 | 동전 | 젓가락 |
|---|---|---|
| 컵 속에 물을 붓기 전 | 동전이 보이지 않는다. | 젓가락이 반듯하게 보인다. |
| 컵 속에 물을 부은 후 | 동전이 보인다. | 공기와 물의 경계에서 젓가락이 꺾여 보인다. |

- **물이 담긴 컵 속의 물체의 모습이 실제 모습과 다르게 보이는 까닭**: 공기와 물의 경계에서 빛이 굴절하기 때문입니다.
- **물속의 물체가 실제와 다르게 보이는 예**
① 물에 잠긴 다리가 짧아 보입니다.
② 개울물이 얕아 보입니다.
③ 물속의 물고기가 실제 위치보다 떠올라 있는 것처럼 보입니다.

## 4 볼록 렌즈의 특징

- **볼록 렌즈의 모양**
① 가운데 부분이 가장자리보다 두껍습니다.
② 빛이 통과하기 위해 유리와 같이 투명한 물질로 만들어져 있습니다.
- **볼록 렌즈로 물체 관찰하기**
① 실제 물체보다 크게 보일 때도 있습니다.
② 실제 물체와 달리 상하좌우가 바뀌어 보일 때도 있습니다.
- **볼록 렌즈와 같은 구실을 하는 것**: 물이 담긴 둥근 어항, 물방울, 유리 막대 등

## 5 볼록 렌즈를 통과하는 햇빛 관찰하기

- **볼록 렌즈의 특징**
① 볼록 렌즈는 평면 유리와 달리 햇빛을 모을 수 있습니다.
② 볼록 렌즈는 평면 유리와 달리 하얀색 도화지에 만든 원 안의 밝기가 밝습니다.
③ 볼록 렌즈는 평면 유리와 달리 하얀색 도화지에 만든 원 안의 온도가 높습니다.

## 6 볼록 렌즈를 이용한 도구 만들기

- **간이 사진기로 본 물체의 모습**: 실제 모습과 다르며, 상하좌우가 바뀌어 보입니다.
- **간이 사진기로 본 물체의 모습이 실제 모습과 다른 까닭**: 간이 사진기의 볼록 렌즈가 빛을 굴절시켜 기름종이에 상하좌우가 다른 물체의 모습을 만들기 때문입니다.

## 7 볼록 렌즈의 이용

- **볼록 렌즈를 이용한 기구와 쓰임새**

| 기구 이름 | 쓰임새 |
|---|---|
| 현미경 | 작은 물체 확대 |
| 쌍안경 | 멀리 있는 물체 확대 |
| 사진기 | 빛을 모아 사진 촬영 |
| 휴대 전화 사진기 | 빛을 모아 사진 및 영상 촬영 |
| 의료용 장비 | 물체 확대 |

1  햇빛을 프리즘에 통과시키는 실험으로 알 수 있는 햇빛의 특징을 쓰시오.

2  빛을 수면에 비스듬히 비추면 공기와 물의 경계에서 빛이 나아가는 모습은 어떠한지 쓰시오.

3  물이 담기지 않은 컵 속의 빨대는 반듯한데, 물이 담긴 컵 속의 빨대는 꺾여 보이는 까닭과 관계 깊은 빛의 성질은 무엇입니까?

4  볼록 렌즈는 렌즈의 가운데 부분과 가장자리 부분 중 어느 부분이 더 두껍습니까?

5  볼록 렌즈로 멀리 있는 물체를 보면 물체는 어떻게 보이는지 쓰시오.

6  우리 주변에서 볼록 렌즈의 구실을 하는 것을 두 가지 쓰시오.

7  빛이 볼록 렌즈를 통과할 때 빛이 나아가는 모습은 어떠한지 쓰시오.

8  볼록 렌즈와 평면 유리 중 빛을 모을 수 있는 것은 무엇입니까?

9  간이 사진기로 물체를 관찰하면 물체가 어떻게 보이는지 쓰시오.

10  현미경과 쌍안경 중 멀리 있는 물체를 확대시켜 보이게 하는 기구는 어느 것입니까?

※ 점수 표시가 없는 문항은 8점입니다.

**1** 햇빛을 프리즘에 통과시키는 실험을 하였습니다. 이에 대한 설명으로 옳은 것은 어느 것입니까? ( )

① 햇빛은 여러 가지 빛깔로 이루어져 있다.
② 햇빛은 한 가지 빛깔로만 이루어져 있다.
③ 햇빛이 프리즘을 통과하면 빨간색 빛깔만 보인다.
④ 프리즘 대신 평면 유리를 사용해도 같은 결과가 나온다.
⑤ 햇빛은 프리즘에서 굴절되며, 통과한 햇빛은 관찰할 수 없다.

[2~4] 다음과 같이 수조에 물을 채우고 수조 위에서 레이저 지시기로 비스듬하게 빛을 비추었더니 빛이 꺾였습니다. 물음에 답하시오.

**2** 위 실험 결과와 관계 깊은 빛의 성질은 무엇인지 쓰시오.

( )

**3** 이번에는 레이저 지시기의 빛을 다음과 같이 물에서 공기로 수직으로 비출 때 빛이 나아가는 모습을 그리시오.

**4** 앞 실험과 관계있는 현상이 <u>아닌</u> 것은 어느 것입니까? ( )

① 물속에서 다리가 짧아 보인다.
② 실제로는 깊은 개울물이 얕아 보인다.
③ 물이 담긴 컵 속의 빨대가 꺾여 보인다.
④ 더운 여름철 나무 아래에 그림자가 생긴다.
⑤ 물 밖에서 보이는 물고기의 위치가 실제와는 다르다.

**5** 서술형 오른쪽과 같이 보이지 않던 컵 속의 동전이 컵에 물을 부었더니 보였습니다. 그 까닭을 쓰시오. [10점]

**6** 볼록 렌즈에 대한 설명으로 옳은 것을 보기 에서 두 가지 골라 기호를 쓰시오. [4점]

보기
㉠ 빛이 통과하지 못한다.
㉡ 투명한 유리나 플라스틱으로 만든다.
㉢ 가장자리 부분이 가운데 부분보다 두껍다.
㉣ 가운데 부분이 가장자리 부분보다 두껍다.

( , )

**7** 볼록 렌즈로 물체를 보았을 때에 나타나는 현상으로 옳은 것은 어느 것입니까? ( )

① 물체가 항상 크게 보인다.
② 물체가 항상 작게 보인다.
③ 물체가 항상 상하좌우가 바뀌어 보인다.
④ 멀리 있는 물체는 크고, 똑바로 보인다.
⑤ 가까이 있는 물체는 크고, 똑바로 보인다.

**8** 오른쪽은 글자 위에 떨어진 물방울의 모습입니다. 우리 주변에서 물방울과 같은 구실을 하는 것을 두 가지 고르시오.

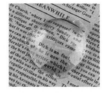

( , )

① 거울 ② 책받침
③ 유리판 ④ 유리 막대
⑤ 물이 담긴 둥근 어항

**9~10** 다음과 같이 볼록 렌즈와 평면 유리를 햇빛을 향하게 하여 햇빛을 통과시켜 보았습니다. 물음에 답하시오.

**9** 위 볼록 렌즈로 햇빛을 모을 때에 나타나는 현상으로 옳은 것은 어느 것입니까? ( )

① 햇빛이 모인 지점의 밝기는 밝아지고 온도는 높아진다.
② 햇빛이 모인 지점의 밝기는 밝아지고 온도는 낮아진다.
③ 햇빛이 모인 지점의 밝기와 온도는 모두 변하지 않는다.
④ 햇빛이 모인 지점의 밝기는 어두워지고 온도는 높아진다.
⑤ 햇빛이 모인 지점의 밝기는 어두워지고 온도는 낮아진다.

**10** 위 실험에서 볼록 렌즈는 햇빛을 모을 수 있지만 서술형 평면 유리는 햇빛을 모을 수 없습니다. 그 까닭을 쓰시오. [10점]

_____

_____

**11~12** 다음은 간이 사진기의 모습입니다. 물음에 답하시오.

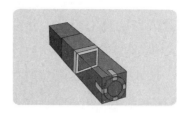

**11** 위 간이 사진기에 이용되는 렌즈 모양으로 옳은 것의 기호를 쓰시오. [4점]

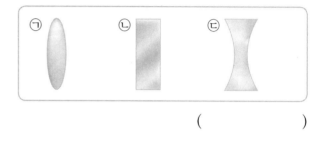

( )

**12** 위 간이 사진기로 '문' 자를 관찰하면 어떻게 보이는지 빈칸에 그리시오.

**13** 우리 주변에서 렌즈가 이용되는 기구에 대한 설명으로 옳지 <u>않은</u> 것은 어느 것입니까? ( )

① 돋보기: 물체를 크게 보여 준다.
② 망원경: 멀리 있는 물체를 확대시켜 준다.
③ 루페: 물체의 속 구조를 볼 수 있게 해 준다.
④ 현미경: 크기가 매우 작은 물체를 확대시켜 준다.
⑤ 돋보기안경: 물체를 선명하게 볼 수 있게 해 준다.

# 서술형 평가 1<sup>회</sup>

**1** 다음은 빛이 공기 중에서 나아가다 유리판을 통과하는 모습입니다. 이 실험에서 알 수 있는 사실을 두 가지 쓰시오. [8점]

---

**2** 다음은 동전을 넣은 컵에서 멀어지다가 동전이 보이지 않는 위치에서 멈추고 컵 속을 관찰한 모습입니다. 컵에 천천히 물을 부었을 때 볼 수 있는 모습을 까닭과 함께 쓰시오. [8점]

---

**3** 볼록 렌즈의 모양을 그리고, 볼록 렌즈의 특징을 쓰시오. [12점]

(1) 볼록 렌즈의 모양 [6점]

(2) 볼록 렌즈의 특징 [6점]

---

**4** 다음과 같은 토끼 인형을 볼록 렌즈로 보면 어떻게 보이는지 쓰고, 그렇게 보이는 까닭을 쓰시오. [12점]

(1) 토끼 인형이 보이는 모습 [6점]

(2) 그렇게 보이는 까닭 [6점]

※ 점수 표시가 없는 문항은 8점입니다.

**1** 햇빛과 레이저 지시기의 빛을 프리즘에 통과시키는 실험으로 알 수 있는 것은 어느 것입니까?
( )

① 햇빛은 여러 가지 빛깔로 이루어져 있다.
② 레이저 지시기의 빛은 여러 가지 빛깔로 이루어져 있다.
③ 햇빛은 프리즘을 통과한 후 굴절되어 하나의 지점에 모인다.
④ 레이저 지시기의 빛은 프리즘을 통과한 후 굴절되어 여러 가지 빛깔로 나누어진다.
⑤ 햇빛과 레이저 지시기의 빛이 프리즘을 통과하면 같은 색깔의 빛을 관찰할 수 있다.

**2~3** 오른쪽은 물이 담긴 수조에 우유를 넣고 향 연기를 피운 후, 레이저 지시기로 빛을 비추는 모습입니다. 물음에 답하시오.

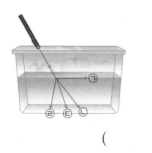

**2** 위 실험 결과, 빛이 나아가는 모습으로 옳은 것의 기호를 쓰시오. [4점]

( )

**3** 위 실험은 빛을 비스듬히 비출 때의 모습입니다.
서술형 공기 중에서 물로 빛을 비출 때 빛이 꺾이지 않고 그대로 나아가게 하려면 빛을 어떻게 비추어야 하는지 쓰시오. [10점]

_____

_____

**4** 다음은 레이저 지시기의 빛이 공기에서 유리로 나
서술형 아가도록 비춘 모습입니다. 레이저 지시기의 빛이 어떻게 나아가는지 쓰시오. [10점]

_____

_____

**5** 다음 현상과 관련 있는 빛의 성질은 어느 것입니까? ( )

- 물속에 있는 친구의 다리가 짧아 보인다.
- 물이 담긴 컵 속의 동전이 떠올라 보인다.
- 물이 담긴 유리컵에 넣은 빨대가 꺾여 보인다.

① 빛의 직진
② 빛의 반사
③ 빛의 굴절
④ 빛의 산란
⑤ 빛의 흡수

**6** 오른쪽 렌즈로 매우 멀리 있는 물체를 관찰할 때 보이는 물체의 모습으로 옳은 것은 어느 것입니까? ( )

① 작고 똑바로 보인다.
② 크고 거꾸로 보인다.
③ 크고 똑바로 보인다.
④ 실제와 같은 크기로 보인다.
⑤ 작고 상하좌우가 바뀌어 보인다.

**7** 다음은 레이저 지시기의 빛이 볼록 렌즈를 통과할 때의 모습을 설명한 것입니다. ( ) 안에 들어갈 알맞은 말을 쓰시오.

> 곧게 나아가던 레이저 지시기의 빛은 볼록 렌즈를 통과한 후 꺾여 나아가는데, 그 까닭은 빛이 ( )하기 때문이다.

( )

**8** 물이 담긴 둥근 어항과 유리 막대로 가까이 있는 물체를 보았을 때의 모습과 그렇게 보이는 까닭을 쓰시오. [10점]

서술형

_____

_____

**9** 다음은 볼록 렌즈와 평면 유리에 햇빛을 각각 통과시켜 만든 원 안의 온도를 측정한 결과입니다.

| 구분 | 온도(℃) |
|------|---------|
| 볼록 렌즈 | 50 |
| 평면 유리 | 30 |

위 실험 결과와 같이 볼록 렌즈가 만든 원 안의 온도가 평면 유리보다 높은 까닭으로 옳은 것은 어느 것입니까? ( )

① 볼록 렌즈가 투명하기 때문에
② 평면 유리는 빛을 굴절시키기 때문에
③ 평면 유리에서는 빛이 반사되기 때문에
④ 볼록 렌즈는 빛을 모을 수 있기 때문에
⑤ 볼록 렌즈는 빛이 넓게 퍼지게 하기 때문에

**10** 오른쪽은 검은색 사인펜과 볼록 렌즈를 이용해 그린 그림입니다. ( ) 안의 알맞은 말에 ○표 하시오. [4점]

> 볼록 렌즈를 이용한 그림은 볼록 렌즈가 빛을 ( 굴절, 반사 )시켜 한점으로 모을 수 있는 특징을 활용해 검은색 부분을 태워 그린 것이다.

**11** 다음 간이 사진기에 대한 설명으로 옳은 것을 보기 에서 골라 기호를 쓰시오.

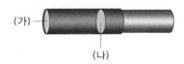

보기
㉠ (가)에는 볼록 렌즈를 사용해 물체에서 나온 빛이 모이도록 하는 역할을 한다.
㉡ (나)에는 흰색 불투명한 종이를 사용해도 물체를 볼 수 있다.
㉢ 위의 간이 사진기로 물체를 보면 항상 크고 똑바로 보인다.

( )

**12** 볼록 렌즈를 우리 생활에 이용하면 좋은 점은 어느 것입니까? ( )

① 햇빛을 모아 주위를 어둡게 해 준다.
② 멀리 있는 물체를 밝게 보이게 해 준다.
③ 작은 물체일수록 선명하게 보이게 해 준다.
④ 매우 작은 크기의 물체를 크게 보이게 해 준다.
⑤ 빛을 굴절시켜 거꾸로 된 물체를 옆으로 보이게 해 준다.

**13** 볼록 렌즈의 구실을 하기에 적합한 물체의 조건으로 알맞은 것을 보기 에서 두 가지 골라 기호를 쓰시오. [6점]

보기
㉠ 빛이 통과할 수 있어야 한다.
㉡ 물체에 따라 공기를 넣어야 한다.
㉢ 반투명 또는 불투명한 물체여야 한다.
㉣ 가운데 부분이 가장자리 부분보다 두꺼워야 한다.

( , )

**1** 다음과 같이 수조에 레이저 지시기의 빛을 비스듬히 비추었습니다. 물음에 답하시오. [12점]

(1) 위 실험의 수조 속에서 빛이 나아가는 모습을 그리시오. [4점]

(2) 위 (1)의 답과 같이 빛이 나아가는 까닭과 관련된 빛의 성질을 쓰고, 빛이 나아가는 모습을 쓰시오. [8점]

_____

_____

**2** 다음은 검은색 사인펜으로 그리고 렌즈와 햇빛을 이용해 완성한 그림입니다. 물음에 답하시오. [12점]

(1) 위 그림을 그리기 위해 사용한 렌즈의 종류를 쓰시오. [2점]

(        )

(2) 위 (1) 답의 렌즈를 이용해 그림을 그릴 수 있는 까닭을 쓰시오. [10점]

_____

_____

**3** 다음과 같이 유리 막대로 글자를 관찰하였습니다. 물음에 답하시오. [12점]

(1) 유리 막대로 글자를 관찰한 결과를 쓰시오. [4점]

_____

_____

(2) 위 (1)의 답처럼 보이는 까닭을 쓰시오. [6점]

_____

_____

(3) 위의 유리 막대 대신 사용할 수 있는 물체를 한 가지 쓰시오. [2점]

(        )

**4** 다음은 렌즈를 이용한 여러 가지 기구입니다. 물음에 답하시오. [12점]

▲ 현미경      ▲ 루페      ▲ 휴대 전화 사진기

(1) 위 기구들에 공통적으로 사용된 렌즈의 종류를 쓰시오. [2점]

(        )

(2) 위 현미경에 렌즈가 사용된 부분의 이름과 사용된 렌즈의 쓰임새를 쓰시오. [10점]

_____

_____

계산이 아닌       개념을 깨우치는

수학을 품은 연산

디딤돌
연산
수학

1~6학년(학기용)

수학 공부의 새로운 패러다임

이 한 권에 다 있다! 국·사·과 정답 해설

초등
6·1

# 디딤돌
# 통합본

## 정답해설북

이 한 권에 다 있다! 국·사·과 정답 해설

# 디딤돌
# 통합본

## 정답해설북

# 1 비유하는 표현

**1** 비유하는 표현    **2** (1) ○    **3** 은유법    **4** 특징

---

**준비** ☺      7쪽

**1** ④, ⑤    **2** ⑤    **3** 폭죽    **4** ③    **5** ⑩ 솜사탕

**1** 이 글은 뻥튀기를 튀기는 모습을 실감 나게 쓴 글로, 뻥튀기가 튀겨질 때 사방으로 튀는 모습과 그때의 고소한 냄새를 표현하고 있습니다.

**2** 뻥튀기를 튀기는 것은 지금은 잘 볼 수 없는 모습으로, 그것에 대해 글을 쓴 것은 사라져 가는 옛것의 소중함을 말하고 싶었기 때문일 것입니다.

**3** 뻥튀기가 사방으로 날리는 모양을 '봄날 꽃잎', '나비', '함박눈', '폭죽'에 빗대어 표현하였습니다. 뻥튀기가 사방으로 날리는 모양을 '봄날 꽃잎'에 비유한 까닭은 뻥튀기가 봄날 꽃잎처럼 하늘에 흩날리기 때문입니다. 또, 뻥튀기가 사방으로 날리는 모양을 '나비', '함박눈', '폭죽'에 비유한 까닭은 뻥튀기가 다양한 방향으로 움직이고, 소복하게 내리고, 멀리 퍼져 나가기 때문입니다.

**4** 새우 냄새가 뻥튀기 냄새처럼 고소하기 때문에 '뻥튀기 냄새'를 '새우 냄새'에 빗대어 표현하였을 것입니다.

**5** 뻥튀기와 공통점이 있는 대상을 떠올려 봅니다.

---

**기본** ☺      8~10쪽

**1** 큰 은혜로 내리는 교향악    **2** ④    **3** 댕그랑댕그랑    **4** (1) ⑩ 클라리넷 (2) ⑩ 클라리넷의 여린 소리가 새싹의 여린 모습과 닮아서    **5** ③    **6** ㉯    **7** 직유법    **8** ⑩ 공기    **9** ⑩ 늘 곁에 있어서 잘 몰랐던 친구를 새롭게 생각해 보게 되었다.    **10** ③    **11** ⑩ 오락가락하는 기온    **12** 채운    **13** ②    **14** (1) ⑩ 친구 (2) ⑩ 발전소 (3) ⑩ 내게 힘을 준다.    **15** ㉮

**1** 1연에서 봄비를 '해님만큼이나 큰 은혜로 내리는 교향악'으로 표현했습니다.

**2** 손 씻는 아기가 아니라 아기가 손 씻던 세숫대야 바닥이 악기가 된다고 하였습니다.

❗ **오답 피하기**
① 봄비가 내리면 지붕이 큰북이 된다고 했습니다.
②, ③ 봄비가 내리면 앞마을 냇가와 뒷마을 연못에서는 경쾌한 소리가 난다고 했습니다.
⑤ 외양간 엄마 소도 함께 소리를 낸다고 했습니다.

**3** 소리를 흉내 내는 말을 넣어 표현한 곳에서 운율이 가장 잘 느껴집니다. 3연의 '두둑 두드둑', 5연의 '도당도당 도당당', 6연의 '풍풍 포옹 풍', 6연의 '풍풍 푸웅 풍', 7연의 '댕그랑댕그랑'은 운율이 잘 느껴지는 소리를 흉내 내는 말입니다.

**4** 새싹을 어떤 소리를 내는 악기에 비유할 수 있을지 생각해 봅니다.

**채점 기준** 새싹과 공통점이 있어서 비유할 수 있는 악기를 떠올려 비유한 까닭과 함께 썼으면 정답으로 인정합니다.

**5** 이 시의 주제는 '친구 간의 우정'으로, 친구의 의미에 대해 생각해 볼 수 있게 해 줍니다.

❗ **오답 피하기**
① 중심 글감은 친구입니다.
② 2연 6행으로 짜여 있습니다.
④ '풀잎 같은 친구', '바람 같은 친구'와 같이 비유하는 표현을 사용하였습니다.
⑤ '나는 ~이 좋아', '~ 같은 친구 좋아', '~처럼' 등에서 운율이 느껴집니다.

**6** 바람하고 엉켰다가 풀 줄 아는 풀잎처럼 헤질 때 또 만나자고 손 흔드는 친구가 좋다고 하였습니다.

**7** '~ 같은'을 넣어 두 대상을 직접 견주어 표현하였으므로 직유법입니다.

❗ **오답 피하기**
은유법은 '~은/는 ~이다'로 빗대어 표현하는 방법으로, 이 시에는 은유법이 쓰이지 않았습니다.

**8** 언제나 내 옆에서 함께해 준다는 내용에 알맞은 대상을 떠올려 비유하는 표현을 완성해 봅니다.

**9** 시를 읽고 어떤 생각이나 느낌이 들었는지 자유롭게 씁니다.

**채점 기준** 비유하는 표현을 사용해 친구 간의 우정에 대해 쓴 시에 어울리는 생각이나 느낌을 썼으면 정답으로 인정합니다.

**10** 선생님과 친구들은 봄이 되면 만날 수 있는 '사람'을 떠올린 것입니다.

**11** 봄 날씨를 떠올려 알맞은 말을 씁니다.

**12** 봄에 만날 수 있는 대상과 어울리는 생각이나 마음을 알맞게 말한 친구를 찾아봅니다.

**❗ 오답 피하기**
명진이는 봄에 새롭게 만날 수 있는 대상을 정하지 않았고, 혜리는 정한 대상과 어울리지 않는 생각이나 마음을 표현하고 싶다고 하였습니다.

**13** '친구'를 깊고 넓은 '호수'에 비유할 수 있습니다.

**❗ 오답 피하기**
①, ③, ④, ⑤는 '호수'의 특징으로 적절하지 않아서 '친구'를 '호수'에 비유할 수가 없습니다.

**14** 비유하는 표현으로 나타낼 때에는 겉으로 드러난 모습뿐만 아니라 보이지 않는 특징도 충분히 생각해야 합니다.

채점 기준 봄에 새롭게 만날 수 있는 것을 떠올려 비유할 대상과 두 대상의 공통점을 알맞게 썼으면 정답으로 인정합니다.

**15** 비유하는 표현이 참신하면 시가 새롭게 느껴질 것이므로 ㉠는 알맞지 않습니다.

---

**실천** 😊                                                11쪽

핵심내용 **❶** 장면

**1** ㉢, ㉮, ㉯   **2** ④   **3** (3) ◯   **4** 진솔

---

**1** 가장 먼저, 낭송할 시를 고르고 시에 어울리는 배경 음악을 찾은 뒤 친구들 앞에서 시를 낭송합니다.

**2** 시 낭송을 잘하려면 시의 분위기와 느낌을 살려 노래하듯이 부드럽고 자연스럽게 읽는 것이 좋습니다.

**3** '잔잔하다'는 분위기가 평화롭고 고요하다는 뜻입니다. 이러한 느낌의 통기타 음악은 조용하고 평화로운 분위기의 시에 어울리는 배경 음악입니다.

**4** 시화에서 그림은 시 읽는 것을 방해하지 않는 위치에 시와 어울리도록 그려야 합니다. 무조건 가운데에 크게 그리는 것은 바람직하지 않습니다.

---

**➕ 단원 어휘 다지기**                                        12쪽

**1** (1) ◯  (2) ✕  (3) ✕  (4) ◯  (5) ◯   **2** (1) ㉮  (2) ㉯   **3** 꼳닙   **4** (1) ①  (2) ③  (3) ②   **5** (1) 나부끼다  (2) 해님   **6** (1) 헤져  (2) 해져서

**1** (2) '외양간'은 말이나 소를 기르는 곳을 뜻합니다. (3) '함박눈'은 굵고 탐스럽게 내리는 눈을 뜻합니다.

---

**2** (1)은 새우튀김이 깨와 참기름에서 나는 맛이나 냄새가 났다는 말이므로 ㉮의 뜻으로 쓰였습니다. (2)는 잘난 척하던 친구의 실수를 보고 속이 시원하고 재미있었다는 말이므로 ㉯의 뜻으로 쓰였습니다.

**3** '꽃잎'은 '꽃'과 '잎'이 합해진 낱말로, [꼰입] → [꼰닙] → [꼰닙]의 순서로 발음이 바뀌었습니다.

**4** (1)에는 실이나 줄이 풀기 힘들 정도로 서로 한데 얽혔다는 뜻의 '엉켜서'가, (2)에는 흩어져 날렸다는 뜻의 '흩날리며'가, (3)에는 두 팔을 벌리어 껴안았다는 뜻의 '얼싸안으며'가 알맞습니다.

**5** (1) 천, 종이, 머리카락 따위의 가벼운 물체가 바람을 받아서 가볍게 흩날리는 것을 뜻하는 낱말은 '나부끼다'가 바른 표기입니다. (2) '해님'은 '해'에 '-님'이 합해진 낱말로 [해님]으로 발음하고 'ㅅ(사이시옷)'을 받치어 적지 않는 것이 바른 표기입니다.

**6** (1)은 친구들과 흩어졌다는 말이므로 '헤어지다'의 줄임 말인 '헤지다'가 알맞습니다. (2)는 운동화가 닳았다는 말이므로 '해어지다'의 줄임 말인 '해지다'가 알맞습니다.

---

**💡 단원 평가**                                            13~15쪽

**1** 뻥튀기   **2** (1) 예 뻥튀기가 튀겨질 때 사방으로 튀는 모습 (2) 예 뻥튀기를 튀길 때 나오는 고소한 냄새   **3** ①   **4** ①, ②, ⑤   **5** ④   **6** ④   **7** ⑤   **8** ⑤   **9** (1) ◯   **10** 두둑 두드둑   **11** ⑤   **12** (1) ①  (2) ③  (3) ②   **13** (1) 예 개구리  (2) 예 캐스터네츠  (3) 예 개구리의 우는 소리가 캐스터네츠의 소리와 비슷해서   **14** ③   **15** ③   **16** 예 ~ 같은 친구 좋아   **17** ①   **18** 예 새롭게 만난 친구들과 앞으로 잘 지내고 싶은 마음을 표현하고 싶다.   **19** ①   **20** ㉮

---

**1** 이 글은 뻥튀기가 튀겨지는 상황을 표현한 글이므로 뻥튀기하는 모습을 본 경험을 떠올리며 읽는 것이 좋습니다.

**2** ㉠은 뻥튀기가 튀겨질 때 사방으로 튀는 모습을, ㉡은 뻥튀기를 튀길 때 나오는 고소하고 달콤한 냄새를 표현하고 있습니다.

채점 기준

| | |
|---|---|
| ㉠과 ㉡에서 표현하고 있는 것을 모두 알맞게 쓴 경우 | 5점 |
| ㉠과 ㉡ 중에서 표현하고 있는 것을 한 가지만 알맞게 쓴 경우 | 2점 |

**3** '봄날 꽃잎'은 뻥튀기가 사방으로 날리는 모양을 빗대어 표현한 말이고, 나머지는 모두 뻥튀기 냄새를 빗대어 표현한 말입니다.

**4** 뻥튀기가 사방으로 날리는 모양이 함박눈이 땅에 내리는 모습과 비슷하기 때문에 빗대어 표현한 것입니다.

**5** 뻥튀기와 나비의 공통점이 드러나게 까닭을 말한 것을 찾아봅니다.

**6** 이 글에서 뻥튀기의 하얀 연기가 고소하다고 했습니다. 옥수수 냄새가 뻥튀기 냄새처럼 고소하기 때문에 '뻥튀기 냄새'를 '옥수수 냄새'에 비유하여 표현하였을 것입니다.

**7** 비유하는 표현을 사용하면 글의 내용이 쉽게 이해되고, 글쓴이의 의도를 쉽게 파악할 수 있습니다. 그리고 상황이 실감 나게 느껴지고, 장면이 쉽게 떠오릅니다. 비유하는 표현은 문학적 표현으로, 정확하고 자세한 정보를 주기 위한 것이 아닙니다.

**8** 봄비가 여러 가지 꽃과 나무들, 식물들이 자랄 수 있도록 도움을 주기 때문에 봄비를 '큰 은혜로 내리는 교향악'으로 표현하였습니다.

**9** ㉠은 은유법으로, 이 세상 모든 것을 '악기'에 빗대어 표현한 것입니다.

**10** 봄비가 내리면 지붕은 두둑 두드둑 큰북이 된다고 표현하였습니다.

**11** 앞마을 냇가와 뒷마을 연못에 봄비가 경쾌하게 내리는 장면을 흉내 내는 말을 넣어 실감 나게 표현한 부분입니다.

**12** 지붕을 '큰북'에, 세숫대야 바닥을 '작은북'에, 봄비 내리는 모습을 '왈츠'에 빗대어 표현하였습니다.

**13** 봄비 내리는 장면에서 떠올린 대상의 특징과 공통점이 있는 악기를 생각해 봅니다.

| 채점 기준 | |
|---|---|
| 봄비 내리는 장면에 어울리는 대상과 비유할 악기를 쓰고, 비유한 까닭을 알맞게 쓴 경우 | 5점 |
| 봄비 내리는 장면에 어울리는 대상과 비유할 악기는 알맞게 썼으나, 비유한 까닭을 쓰지 못한 경우 | 2점 |

**14** 시의 내용에 어울리는 장면이 아닌 것을 찾아봅니다.

**❶ 오답 피하기**
①과 ④는 2연에 어울리는 장면이고, ②와 ⑤는 1연에 어울리는 장면입니다.

**15** 풀잎하고 헤어졌다가 되찾아 온 바람의 모습이 만나면 얼싸안는 친구 같기 때문에 바람 같은 친구가 좋다고 하였습니다. 친구와 바람은 다시 찾아온다는 점이 비슷합니다.

**16** 소리가 비슷한 글자나 일정한 글자 수가 반복되는 부분을 살펴봅니다. '~ 같은 친구 좋아' 이외에도 '나는 ~이 좋아', '~처럼'도 정답이 됩니다.

**17** 곁에서 슬픔과 기쁨을 같이 나누는 가족은 편한 느낌입니다.

**18** 봄과 관련 있는 꽃, 사람, 새 교실, 날씨 등과 연관지어 대상을 정하고 표현하고 싶은 생각이나 마음을 씁니다.

| 채점 기준 | |
|---|---|
| 봄이 되어 새롭게 만날 수 있는 대상을 알맞게 떠올리고, 어울리는 생각이나 마음을 표현하고 싶다고 쓴 경우 | 5점 |
| 봄이 되어 새롭게 만날 수 있는 대상을 떠올려 썼으나, 표현하고 싶은 생각이나 마음이 어울리지 않는 경우 | 2점 |

**19** 가장 자신 있는 말투가 아니라 시의 분위기와 느낌에 어울리는 말투와 목소리로 읽어야 합니다.

**20** 시와 그림을 보기 좋게 배치해야 합니다.

---

📝 **서술형 평가** 16쪽

**1** 1단계 봄날 꽃잎, 나비, 함박눈, 폭죽 2단계 ⑩ 뻥튀기하는 상황을 실감 나게 표현하기 위해서이다. 3단계 (1) ⑩ 솜사탕 (2) ⑩ 작은 것이 큰 것으로 변하는 성질이 비슷하기 때문이다.

**2** ⑩ 친구는 항상 따뜻한 느낌을 준다.

**3** (1) ⑩ 햇볕 (2) ⑩ 따뜻하게 온 땅을 내리쬐는 햇볕 (3) ⑩ 친구를 보면 늘 따뜻한 느낌을 받는데 마치 햇볕 같은 느낌을 주기 때문이다.

**1** 1단계 뻥튀기가 사방으로 흩날리는 모양을 봄날에 꽃잎이 흩날리는 모습, 나비가 날아가는 모습, 함박눈이 내리는 모습, 폭죽이 터지는 모습에 비유하여 표현했습니다.

| 채점 기준 | |
|---|---|
| 비유한 표현을 모두 찾아 쓴 경우 | 4점 |
| 비유한 표현을 두 개 정도 찾아 쓴 경우 | 2점 |

2단계 뻥튀기하는 상황을 읽는 이에게 더 생생하게 전달하기 위해서 뻥튀기를 다른 사물에 비유하여 표현했습니다.

| 채점 기준 | |
|---|---|
| '실감 나게 표현하기 위해서', 또는 '생생하게 표현하기 위해서'라는 내용을 쓴 경우 | 5점 |
| '재미있게 표현하기 위해서'라고 표현을 부족하게 쓴 경우 | 2점 |

**3단계** 뺑뛰기와 공통점이 있어서 빗대어 표현할 수 있는 사물을 생각해 봅니다.

| 채점 기준 | |
|---|---|
| 비유하는 표현과 비유한 까닭을 모두 쓴 경우 | 6점 |
| 비유하는 표현만 쓰고 비유한 까닭을 쓰지 못했거나, 비유한 까닭이 어울리지 않은 경우 | 3점 |

**2** 친구는 자신에게 어떤 의미이고 어떤 느낌을 주는지 생각해 봅니다.

| 채점 기준 | |
|---|---|
| 주어진 내용과 다르게 친구의 의미를 알맞게 쓴 경우 | 4점 |
| 친구의 의미를 썼으나 주어진 내용과 비슷하게 쓴 경우 | 2점 |

**3** 자신이 생각한 친구의 의미를 표현하기에 알맞은 대상을 떠올려 비유하는 표현을 완성해 봅니다.

| 채점 기준 | |
|---|---|
| (1)~(3) 모두 알맞게 쓴 경우 | 8점 |
| (1)과 (2)만 쓰고, (3)을 쓰지 못한 경우 | 4점 |

### 수행 평가    17쪽

**1** (1) 예 오락가락하는 기온 (2) 예 내 동생 (3) 예 아침저녁으로 달라진다. (4) 예 패션모델 (5) 예 옷을 갈아입는다. (6) 예 무지개 (7) 예 금방 사라진다. **2** 예 봄 // 봄은 / 아침저녁으로 변하는 변덕쟁이 / 내 동생 // 봄은 / 새로운 꽃과 나무 옷에 잘 어울리는 / 패션모델 // 가는 봄은 / 무지개처럼 금방 사라져서 / 아쉽다.

**1** 봄에 새롭게 만날 수 있는 대상을 떠올려 겉으로 드러난 모습뿐만 아니라 보이지 않는 특징도 충분히 생각하여 비유할 대상을 찾아봅니다.

| 채점 기준 | |
|---|---|
| (1)~(7) 모두 알맞게 쓴 경우 | 10점 |
| (1)을 쓰고, 비유할 대상 두 가지만 알맞게 쓴 경우 | 4점 |
| (1)을 쓰고, 비유할 대상 한 가지만 알맞게 쓴 경우 | 2점 |

**2** 처음에는 비유하는 표현을 중심으로 부분적으로 행과 연을 쓰고, 나중에 시 전체를 완성해 봅니다.

| 채점 기준 | |
|---|---|
| 비유하는 표현을 사용하여 시의 형식에 알맞게 쓴 경우 | 15점 |
| 비유하는 표현을 사용하여 썼으나 시의 형식에 다소 맞지 않는 경우 | 10점 |
| 비유하는 표현을 사용하지 않고 시의 형식에만 맞게 쓴 경우 | 5점 |

## 2 이야기를 간추려요

### 개념 확인하기    18쪽

**1** 발단, 전개, 절정, 결말    **2** 전개    **3** (1) ×    **4** 결과

### 준비    19~21쪽

**1** ⑤    **2** 사과나무에 황금 사과가 열린다는 것    **3** ④
**4** 금    **5** ④    **6** 연수    **7** ②    **8** ⑤    **9** ㉮    **10**
(1) 1 (2) 2 (3) 4 (4) 3    **11** ①, ②    **12** 예 문을 연 꼬마 아이와 담 너머의 아이들이 서로 친해지고 두 동네 사람들도 서로 오해를 풀어 사이좋게 지내게 될 것이다.

**1** 사과나무에 황금 사과가 열린다는 걸 누군가 알아채기 전까지는 아무도 그 나무를 눈여겨보지 않았습니다.

**2** ㉡은 사과나무에 황금 사과가 열린다는 소식을 가리키는 말입니다.

**3** 두 동네 사람들은 황금 사과를 서로 갖겠다고 아우성이었습니다.

**4** 윗동네와 아랫동네 사람들은 황금 사과를 잘 나누기 위해 땅바닥에 금을 긋자고 하였습니다.

**5** 잠깐 동안은 별일 없이 평화롭게 지냈으나 곧 약속을 어겨 다시 싸움이 일어났습니다.

**6** 황금 사과를 서로 가지려고 담을 쌓은 두 동네 사람들의 행동에 대한 생각이나 느낌을 알맞게 말한 친구는 연수입니다.

**7** ㉡ 앞부분에 나온 양쪽에 보초를 세우고 담을 넘는 사람이 있나 감시했다는 내용으로 보아, 서로 의심하는 마음이 쌓여 갔음을 짐작할 수 있습니다.

**8** 두 동네 사람들이 담에 관심을 갖지 않게 되자 서로 미워하는 마음만 가슴 깊숙이 남았습니다.

**9** ㉯와 ㉰는 글에서 답을 찾을 수 있는 질문입니다.

**10** (1) → (2) → (4) → (3)의 순서대로 일이 일어났습니다.

**11** 황금 사과를 서로 가지기 위해 싸운 두 동네 사람들의 이야기를 통해 글쓴이가 전하고 싶은 생각은 ①과 ②입니다.

**12** 아이가 담에 있는 문을 열자 같은 또래의 아이들이 재미있게 놀고 있었다는 내용 뒤에 이어질 내용을 상상하여 씁니다.

채점 기준   사과와 담 너머의 아이들이 친해졌다는 내용 또는 두 동네 사람들이 사이좋게 지낼 것이라는 내용과 비슷하게 썼으면 정답으로 인정합니다.

핵심내용 ❶ 전개  ❷ 우주

1 ③  2 (염라대왕이 있는) 저승  3 이승에서 좀 더 살게 해 달라는 것  4 ③  5 ④  6 ⑤  7 (2) ○  8 ④  9 ⑤  10 ②  11 예 자신이 덕진이라면 처음 본 사람에게 큰돈을 빌려줄 수 있을까요?  12 ①  13 다리를 놓는 것  14 (3) ○  15 성준  16 ⑤  17 종이를 찾기 위해서  18 ③  19 예 종이 할머니는 허리를 굽혀 땅만 보며 종이를 주웠다.  20 (2) ○  21 ⑤  22 ④  23 한번 포기하면 다른 곳의 상자나 폐지도 빼앗길 것 같아서  24 ②  25 (3) ○  26 ⑤  27 ④  28 ⑤  29 ③  30 ③, ⑤  31 ②  32 ④  33 ③  34 ②  35 ②  36 (2) ○ (4) ○  37 (1) 예 감동적일 것이다.  (2) 예 우주 그림을 보고 어릴 적 꿈을 떠올렸기 때문이다.  38 ⑤  39 ㉮  40 우주 그림  41 ①  42 ②  43 ①  44 우주 호텔  45 ②  46 ①  47 정민  48 하늘  49 ②  50 ①  51 눈에 혹이 났기 때문에  52 ⑤  53 자신이 살고 있는 곳  54 예 종이 할머니가 자신이 사는 곳이 우주 호텔이라고 생각하는 장면  55 ③

1 글 ❶은 이야기의 사건이 시작되는 '발단'에 해당합니다.
❗ 오답 피하기
①은 결말, ②는 절정, ④와 ⑤는 전개에 대한 설명입니다.

2 영암 원님이 죽어서 염라대왕이 있는 저승에 가면서 이야기의 사건이 시작되었습니다.

3 원님은 염라대왕에게 이승에서 좀 더 살게 해 달라고 간청하였습니다.

4 저승에 있는 곳간은 이승에서 좋은 일을 한 만큼 재물이 쌓이게끔 되어 있었습니다.

5 자기 곳간에 볏짚 한 단만 있는 것을 본 원님은 쥐구멍에라도 숨고 싶을 만큼 부끄러운 마음이 들었습니다.

6 저승사자는 원님에게 덕진의 곳간에서 쌀을 꾸어 계산하고 이승에 나가서 갚으라고 하였습니다.

7 관련 있는 사건을 하나로 묶는 방법으로 간추렸습니다.

8 이야기 구조에는 발단, 전개, 절정, 결말이 있는데 글 ❸은 '절정'에 해당합니다.

9 원님이 허름한 선비 모습으로 변장하고, 밤에 덕진의 주막을 찾아가는 부분에서 긴장감이 가장 높아집니다.

10 덕진은 어머니와 주막을 차려 살고 있으며, 인정이 많고 덕을 베풀며 살았습니다.

11 글을 읽고, 평가 질문을 만들어 씁니다.
채점 기준 주어진 조건에 맞게 평가 질문을 창의적으로 만들어 썼으면 정답으로 인정합니다.

12 원님은 덕진의 말과 행동에 크게 감명받아 쌀 삼백 석을 갚기 위해 덕진을 찾아갔습니다.

13 덕진은 원님에게 받은 쌀을 팔아서 마을 앞을 가로지르는 강가에 다리를 놓기로 했습니다.

14 글 ❹의 중요한 사건은 덕진이 원님에게 받은 쌀로 강가에 다리를 놓은 것입니다.

15 이 글은 이웃을 돕고 베풀며 사는 삶에 대해 깨달음을 주는 이야기로, 글의 내용에 맞게 느낀 점을 말한 친구는 성준이입니다.

16 땅만 쳐다보며 종이를 줍는 종이 할머니에게 웬만한 것은 다 보였다고 했습니다.

17 할머니는 작은 종이라도 찾기 위해서 땅을 살폈습니다.

18 항상 땅만 살피며 종이를 찾는 할머니를 사람들은 '종이 할머니'라고 불렀습니다.

19 이야기가 시작되는 발단 부분의 중심 내용을 간추려 씁니다.
채점 기준 글 ❶의 중심 내용을 알맞게 간추려 썼으면 정답으로 인정합니다.

20 글 ❷는 사건이 본격적으로 발생하고 갈등이 일어나는 부분인 '전개'에 해당합니다.

21 종이 할머니는 채소 가게에서 나오는 상자를 차지하기 위해서 손수레를 끌고 채소 가게로 갔습니다.

22 처음 보는 작고 뚱뚱한 할머니가 채소 가게 앞에 놓인 빈 상자를 가져가고 있었기 때문입니다.

23 한번 포기하면 다른 곳의 상자나 폐지도 작고 뚱뚱한 할머니에게 빼앗길 것 같았기 때문입니다.

24 채소 가게에서 나오는 자신의 상자를 눈에 혹이 난 할머니가 가져가려고 했기 때문에 종이 할머니는 화가 났을 것입니다.

25 종이 할머니는 눈에 혹이 난 할머니가 자신보다 힘이 셀 줄 알았는데 힘없이 넘어지는 것을 보고 그렇지 않다는 것

을 알게 되어 마음이 놓였습니다.

**26** 눈에 혹이 난 할머니의 약한 모습을 흐무러진 살구에 빗대어 표현하였습니다.

**27** 종이 할머니는 삶에 대한 애착이 없이 무기력하고 의미 없이 살고 있습니다.

**28** 종이 할머니는 고물상에 가서 폐지를 돈으로 바꾸었습니다.

**29** 종이 할머니가 집에 왔을 때 맞은편 집에 누군가가 이사를 왔습니다.

**30** 새로 이사 온 여자아이는 머리에 빨간 리본 핀을 꽂고 있었고 얼굴은 통통하고 보조개가 있었으며 눈은 크고 맑았습니다.

**31** 여자아이는 종이 할머니께 다 쓴 공책이나 광고지와 같은 종이를 가져다드렸습니다.

**32** '날다람쥐'는 움직임이 매우 민첩한 사람을 비유적으로 이르는 말로, 이 글에서는 메이가 빠르게 뛰어다니는 모습을 '날다람쥐'에 비유하여 표현했습니다.

**33** 종이 할머니는 메이를 만난 뒤 메이가 사라지는 것이 아쉬웠고, 메이가 올까 봐 기다리게 되었습니다.

**34** ㉡은 종이 할머니가 메이의 목소리를 듣고 반가운 마음에 밖으로 나간 것임을 알 수 있습니다.

**35** 메이가 폐지 위에 놓고 간 스케치북에 친구와 함께 비를 맞는 그림은 없었습니다.

**36** 종이 할머니는 메이가 그린 우주 그림을 보고 난 뒤에 하늘을 본 지 꽤 오래되었다는 생각을 하였고, 어릴 적에 달을 올려다보면서 꼭 한 번 달에 가고 싶다고 꿈꿨던 기억을 떠올렸습니다.

**37** 메이가 그린 우주 그림을 보고 어릴 적 꿈이 떠올랐고, 하늘과 별, 달을 품은 듯한 기분이었다고 한 것으로 보아 감동을 받았을 것입니다.

채점 기준 종이 할머니의 감정과 그렇게 생각한 까닭을 알맞게 썼으면 정답으로 인정합니다.

**38** 종이 할머니는 메이가 그린 우주 그림을 보고 난 뒤에 어릴 적 자신의 꿈이 생각났기 때문에 하늘을 올려다보았습니다.

**39** 비 오는 날에는 대문 앞에 버려진 폐지들이 대부분 젖어 있기 때문에 폐지를 주우러 가지 않는다고 하였습니다.

**40** 종이 할머니는 메이가 그린 그림 중에서 우주 그림을 가장 마음에 들어 하였습니다.

**41** ㉠은 찌그러진 파란 지구 맞은편 위에 떠 있는 포도 모양의 성을 가리키는 말입니다.

**42** 두 아이 중 하나가 눈이 불룩하게 튀어나오고 입은 개구리처럼 커다랬다고 하였습니다.

**43** 종이 할머니는 메이가 그린 우주 그림 속에 그려진 초록색 아이가 누구인지 궁금해했습니다.

**44** 종이 할머니가 포도 모양의 성이 무엇이냐고 묻자 메이는 우주 호텔이라고 대답하였습니다.

**45** 종이 할머니는 외계인이 있다는 메이의 말에 놀라서 눈이 커다래졌습니다.

**46** 메이가 돌아간 뒤 종이 할머니는 메이의 말을 곰곰이 생각하다가 우주 호텔로 비둘기처럼 날아가고 싶다는 생각을 하였습니다.

**47** 종이 할머니는 메이의 말을 듣고 점점 생각이 바뀌어 갔습니다.

**48** 땅만 쳐다보며 의미 없이 살던 삶에서 하늘을 보는 삶으로 바뀌었음을 짐작할 수 있습니다.

**49** 종이 할머니는 하늘을 올려다보며 우주 호텔을 보기 위하여 쉽게 허리를 구부리지 않겠다고 결심하였습니다.

**50** 강낭콩을 파는 할머니는 얼마 전, 종이 할머니와 다투었던 적이 있는 눈에 혹이 난 할머니였습니다.

**51** 동네 꼬마들은 강낭콩을 파는 할머니의 눈에 혹이 난 모습을 보고 외계인이라며 놀렸습니다.

**52** 종이 할머니는 눈에 혹이 난 할머니에게 먼저 다가가 말을 걸고 자기 집에 놀러 오라고 말했습니다.

**53** 종이 할머니는 우주 그림을 보며 자신이 살고 있는 곳이 인생이라는 여행을 하다가 잠시 쉬어 가는 우주 호텔이라고 생각하였습니다.

**54** 글의 내용에 맞게 마음속에 뚜렷하게 남는 장면을 씁니다.

채점 기준 글의 내용에 어울리게 인상 깊은 장면을 알맞게 썼으면 정답으로 인정합니다.

**55** 이 외에도 '아이의 순수함이 할머니의 굳은 마음을 녹인다.'도 주제가 될 수 있습니다.

**2** 소연이는 일어난 사실에 대한 질문을, 유리는 이야기 내용을 추론하는 질문을 만들었습니다.

**3** 소녀를 배려하는 소년의 마음이 느껴지는 장면입니다.

**4** 「소나기」의 뒷이야기를 상상할 때 이야기의 배경이 어디인지 떠올리는 것은 알맞지 않습니다.

---

### ➕ 단원 어휘 다지기　　　　　　　　37쪽

1 (1) 착한　(2) 감탄　(3) 빠른　(4) 위협하다　2 (1) ㉮　(2) ㉰　3 (1) 해치려는　(2) 넉넉하게　4 (1) 흠칫　(2) 언뜻　(3) 아슴아슴　5 ①　6 (1) 넌지시　(2) 흉측하게

**1** '적선'은 착한 일을 많이 하는 것을, '탄성'은 몹시 감탄하는 소리를, '잰걸음'은 보폭이 짧고 빠른 걸음을 뜻합니다. '을 러대다'는 제 힘을 믿고 남을 위협한다는 뜻을 지닌 낱말입니다.

**2** (1) '코웃음'은 코끝으로 가볍게 웃는 비웃음을 뜻하는 말로, '코웃음을 치다'는 '남을 깔보고 비웃다.'라는 뜻입니다. (2) '시치미'는 매의 주인을 밝히기 위하여 주소를 적어 매의 꽁지 속에다 매어 둔 네모꼴의 뿔을 뜻하는 말로, '시치미를 떼다'는 '자기가 하고도 하지 아니한 체하거나 알고 있으면서도 모르는 체하다.'라는 뜻입니다.

**3** (1)의 '해코지하다'는 '남을 해치고자 하다.'라는 뜻이고, (2)의 '후하다'는 '마음 씀씀이나 태도가 넉넉하다.'라는 뜻입니다.

**4** '언뜻'은 지나는 결에 잠깐 나타나는 모양을, '흠칫'은 몸을 움츠리며 갑작스럽게 놀라는 모양을, '아슴아슴'은 정신이 흐릿하고 몽롱한 모양을 흉내 내는 말입니다.

**5** '이승'은 지금 살고 있는 세상을, '저승'은 사람이 죽은 뒤에 그 혼이 가서 산다고 하는 세상을 뜻하는 말입니다. ①은 뜻이 서로 반대인 관계에 있는 낱말이고, 나머지는 뜻이 서로 비슷한 관계에 있는 낱말입니다.

**6** (1) '드러나지 않게 가만히.'라는 뜻을 지닌 낱말은 '넌지시'가 바른 표기입니다. (2) 흉하고 혐오스럽다는 뜻을 지닌 낱말은 '흉측하다'가 바른 표기입니다.

---

### 💡 단원 평가　　　　　　　　38~40쪽

1 ⑤　2 황금 사과를 서로 가지기 위해서　3 ④　4 예 서로를 이해할 수 있도록 노력해야 한다.　5 전개　6 ⑤　7 덕진의 곳간　8 예 저승사자가 원님에게 덕진이라는 아가씨의 곳간에서 쌀을 꾸어 계산하게 하였다.　9 ③　10 ③　11 종이 할머니　12 ④　13 ②, ④, ⑤　14 (하늘 밖의) 우주　15 ②　16 ①, ③　17 우주 호텔　18 (1) 예 종이 할머니가 눈에 혹이 난 할머니와 같이 밥도 먹고 차도 마시는 장면　(2) 예 외로운 두 할머니가 함께 의지하는 모습이 인상 깊기 때문이다.　19 ③　20 (2) ○

**1** ①~④는 글 ㉮~㉰에서 답을 찾을 수 있는 질문입니다.

**2** 두 동네 사람들은 황금 사과를 서로 가지겠다고 싸웠습니다.

**3** ④ → ② → ⑤ → ③ → ①의 순서대로 일이 일어났습니다.

**4** 윗동네와 아랫동네가 평화를 유지하려면 두 동네 사람들이 어떻게 해야 할지 씁니다.

| 채점 기준 | |
| --- | --- |
| '서로 소통한다.' 또는 '서로 이해하려고 노력한다.'와 비슷한 내용으로 쓴 경우 | 5점 |

**5** 글 ㉮와 ㉯는 전개 부분에 해당합니다.

**6** 이승에 있을 때 남에게 덕을 베푼 일이 없었기 때문에 원님의 저승 곳간에는 볏짚 한 단만이 있었습니다.

**7** 저승사자는 원님에게 저승에 있는 덕진의 곳간에서 쌀 삼백 석을 꾸어 계산하게 하고, 이승에 나가서 갚으라고 하였습니다.

**8** 글 ㉮와 ㉯에서 중요한 사건을 찾은 뒤, 중요하지 않은 내용은 삭제하거나 간단히 쓰고, 관련 있는 사건은 하나로 묶는 방법으로 중심 내용을 요약해 봅니다.

| 채점 기준 | |
| --- | --- |
| 글 ㉮와 ㉯의 중요한 사건을 찾은 뒤 이야기를 요약하는 방법에 맞게 쓴 경우 | 5점 |
| 글 ㉮와 ㉯의 중요한 내용을 간추려 썼으나 문장이 어색한 경우 | 2점 |

**9** 이야기를 요약할 때 중요하지 않은 내용은 삭제하거나 간단히 씁니다.

**10** 글 ㉮는 이야기의 사건이 시작되는 발단이고, 글 ㉯는 인물 간의 갈등이 일어나는 전개 부분에 해당합니다.

**11** 종이를 찾기 위해 등을 구부리고 땅을 뚫어져라 살피며 걷는 할머니를 사람들은 '종이 할머니'라고 불렀습니다.

**12** 눈에 혹이 난 할머니가 자신의 상자를 가져가려고 하자 종이 할머니는 눈에 혹이 난 할머니의 팔을 잡고 힘껏 밀어 버렸습니다.

**13** 종이 할머니는 눈에 혹이 난 할머니가 종이 상자를 가져가자 화가 나는 마음, 눈에 혹이 난 할머니가 넘어졌다가 일어서는 모습을 보면서 미안한 마음과 안심하는 마음이 들었습니다.

**14** 아이가 나가고 종이 할머니는 '하늘도 저렇게 넓은데 하늘 밖의 우주는 얼마나 넓을까?' 하고 생각하였습니다.

**15** 눈에 혹이 난 할머니와 함께 마음을 나누며 살기 때문에 종이 할머니는 행복할 것입니다.

**16** 아이를 만난 뒤, 종이 할머니는 삶에 애착이 생겼습니다.

**17** 종이 할머니는 자신이 사는 곳이 인생이라는 여행을 하다가 잠시 쉬어 가는 우주 호텔이라고 생각하였습니다.

**18** 글 **가**와 **나**에서 마음에 깊게 남는 장면과 그 까닭을 정리하여 씁니다.

| 채점 기준 | |
|---|---|
| 인상 깊은 장면과 그 까닭을 모두 알맞게 쓴 경우 | 5점 |
| 인상 깊은 장면은 썼으나 그 까닭은 쓰지 못한 경우 | 2점 |

**19** 소년은 집으로 돌아가던 길에 개울가에서 물장난하는 소녀와 마주쳤습니다.

**20** 주어진 내용은 개울가에서 소년이 소녀와 마주치는 장면을 보고 떠올린 생각이나 느낌으로 알맞습니다.

---

### 📝 서술형 평가

**1** **1**단계 다리 **2**단계 ⑩ 덕진이 원님에게 받은 쌀로 마을 앞을 가로지르는 강가에 다리를 놓았다. **3**단계 ⑩ 만약 나에게 쌀 삼백 석이 생긴다면 덕진처럼 좋은 일에 쓸 수 있을까?

**2** ⑩ 종이 할머니는 빈 상자를 빼앗기지 않으려고 소리치며 눈에 혹이 난 할머니를 밀어 버렸다.

**3** ⑩ 종이 할머니가 눈에 혹이 난 할머니에게 다가가 자신의 집 위치를 알려 주는 장면이 인상 깊다.

---

**1** **1**단계 덕진은 원님이 준 쌀 삼백 석을 팔아서 마을 앞을 가로지르는 강가에 다리를 놓기로 했습니다.

**2**단계 글에 나온 사건의 중심 내용을 요약하여 씁니다.

| 채점 기준 | |
|---|---|
| 덕진이 원님에게 받은 쌀로 마을 앞을 가로지르는 강가에 다리를 놓았다는 내용과 비슷하게 쓴 경우 | 6점 |
| '덕진이 다리를 놓았다.'처럼 글의 내용을 너무 간단하게 쓴 경우 | 3점 |

**3**단계 주어진 **조건**에 맞게 평가 질문을 만들어 씁니다.

| 채점 기준 | |
|---|---|
| 주어진 두 가지 **조건**에 맞게 질문을 알맞게 정리하여 쓴 경우 | 6점 |
| 주어진 **조건**에 맞게 질문은 만들었으나 표현이 부족한 경우 | 3점 |

**2** 글 **가**에서 일어난 사건의 중심 내용을 요약하여 씁니다.

| 채점 기준 | |
|---|---|
| 글 **가**의 중요한 사건을 알맞게 요약하여 쓴 경우 | 6점 |
| 글 **가**의 내용을 요약하였으나 중요한 내용이 빠진 경우 | 3점 |

**3** 글 **나**의 내용에 맞게 인상 깊은 장면을 씁니다.

| 채점 기준 | |
|---|---|
| 글 **나**의 내용에 맞게 인상 깊은 장면을 쓴 경우 | 6점 |
| 글 **나**의 내용에는 맞지만 인상 깊은 장면에서 조금 벗어난 경우 | 3점 |

---

### 🤓 수행 평가

**1** (1) 발단 (2) ⑩ 저승사자가 원님에게 덕진의 곳간에서 쌀을 꾸어 계산하게 하였다. (3) ⑩ 원님은 크게 감명받아 덕진에게 쌀 삼백 석을 갚았다. (4) 결말

**1** 글 **가**~**라**를 발단, 전개, 절정, 결말로 나누고 각 부분의 중심 사건을 요약하여 씁니다.

| 채점 기준 | |
|---|---|
| 이야기 구조를 모두 바르게 파악하고, 사건의 중심 내용을 모두 알맞게 요약한 경우 | 20점 |
| 이야기 구조는 모두 바르게 파악하였으나, 사건의 중심 내용을 한 가지만 알맞게 요약한 경우 | 12점 |
| 이야기의 구조만 파악하여 쓴 경우 | 4점 |

## 3 짜임새 있게 구성해요

😊 개념 확인하기 43쪽

1 ④ 　 2 동영상 　 3 (1) ○ 　 4 (1) 시 (2) 끝

---

**준비** 😊 44~46쪽

**핵심내용** ❶ 높임

1 ④, ⑤ 　 2 강당 　 3 학생들 　 4 ⑤ 　 5 깨끗한 화장실을 만들어 주세요. 　 6 건호 　 7 ①, ②, ⑤ 　 8 ⑤ 9 ④ 　 10 ㉯ 　 11 ①, ⑤ 　 12 ⑩ 그림 ㉮는 친구들과 개인적으로 이야기하는 것이고, 그림 ㉯는 여러 친구 앞에서 공식적으로 말하는 것이다. 　 13 ⑩ 자료 　 14 ② 　 15 ⑤

---

**1** 전교 학생회 회장단 선거에 입후보한 나성실 학생이 여러 사람 앞에서 소견을 발표하는 상황입니다.

**2** 그림을 통해 전교 학생회 회장단 선거에 입후보한 나성실 학생이 강당에서 말하고 있는 것을 알 수 있습니다.

**3** 나성실 학생의 소견을 듣는 사람은 학생들입니다.

**4** 의견을 발표할 때 지난해에 학생들이 학교에 바라는 점을 조사한 설문 조사 결과표를 활용하였습니다.

**5** 학생들이 학교에 바라는 점 가운데에서 가장 많이 나온 의견은 깨끗한 화장실을 만들어 달라는 것이었습니다.

**6** 후보자는 『오늘의 순위』라는 책을 보고 우리나라의 초등학생들 중에서 백 명 가운데 열다섯 명 정도가 꿈이 없다는 사실을 알았습니다.

**7** 후보자가 깨끗한 환경과 꿈이 있는 학교를 만들기 위하여 하겠다고 한 것은 ①, ②, ⑤입니다.

**8** 듣는 사람이 친구들이더라도 여러 사람 앞에서 말하므로 높임 표현을 써야 합니다.

**9** ④는 개인적으로 말하기 상황에 해당합니다.

**10** 그림 ㉮는 친구들이 교실 밖에서 대화하는 모습입니다.

**11** 그림 ㉮와 ㉯의 상황에서 비슷한 점은 말하는 사람과 듣는 사람이 있다는 것, 듣는 사람이 친구들이라는 것입니다.

**12** 이 밖에도 그림 ㉮는 친구들과 교실 밖에서 자유롭게 말하는 것이고, 그림 ㉯는 교실에서 여러 사람 앞에서 발표하는 것이 다릅니다.

---

채점 기준 그림 ㉮와 ㉯의 말하기 상황을 비교한 뒤 다른 점을 알맞게 정리하여 썼으면 정답으로 인정합니다.

**13** 그림 ㉮에서는 말하는 친구가 자료를 활용하지 않고 발표해서 듣는 사람이 잘 이해하지 못하였습니다.

**14** 자료를 활용해 발표할 때에도 여러 사람 앞에서 말하는 것이므로 높임 표현을 사용해야 합니다.

**15** 말하는 상황에 따라 알맞은 몸짓을 해야 합니다.

---

**기본** 😊 47~52쪽

**핵심내용** ❶ 사진 　 ❷ 표 　 ❸ 제목

1 ③ 　 2 ④ 　 3 ④ 　 4 종찬 　 5 (1) ○ 　 6 ① 　 7 (1) 표 (2) 동영상 　 8 규진 　 9 (1) ⑩ 학급 친구들 (2) ⑩ 여행지(독도) 　 10 ③ 　 11 (2) ○ 　 12 ⑩ 지도는 여행지까지 가는 길을 한눈에 보여 줄 수 있기 때문에 지도를 활용하여 발표한다. 　 13 ①, ②, ③ 　 14 ⑤ 　 15 ⑩ 우리 반에서 가장 인기 있는 직업 / 미래에 생길 직업의 종류 　 16 ③ 　 17 ④ 　 18 ① 　 19 ⑤ 　 20 ① 　 21 ①, ⑤ 22 ④ 　 23 계속 배우려는 의지 　 24 자기 삶에 대한 자주적 관리 능력 　 25 ④, ㉯ 　 26 ⑩ 동영상에 나오는 경제협력개발기구[OECD]의 미래 핵심 역량을 설명하면서 모둠에서 생각하는 미래에 우리에게 필요한 능력을 함께 설명하였으므로 발표 주제와 어울린다. 　 27 ③

---

**1** ㉮~㉭에서 제시한 자료에는 그림은 없습니다.

**2** 표 ㉮는 여러 자료의 수를 비교하기 쉽고, 많은 양의 자료를 간단하게 나타낼 수 있으며, 대상의 수량이 얼마나 되는지 쉽게 알 수 있습니다.

**❗ 오답 피하기**
①은 도표, ②는 동영상, ③과 ⑤는 사진의 특성입니다.

**3** 도표는 수량의 변화 정도를 알 수 있고, 정확한 수치를 나타낼 수 있습니다.

**4** 도표는 여행지에 대해 발표할 때 활용할 자료로 알맞지 않습니다.

**5** 교실에서 과거에 있던 직업에 대해 발표하는 상황입니다.

**6** 그림 ㉮의 학생은 과거에는 있었지만 지금은 사라진 직업의 종류에 대해, 그림 ㉯의 학생은 과거에 있던 직업인 보부상에 대해 발표하고 있습니다.

**7** 그림 **가**에서는 사라진 직업의 종류를 분류한 표를 활용했고, 그림 **나**에서는 보부상에 대한 동영상을 활용했습니다.

**8** 그림 **가**에서 표를 활용하여 발표한 까닭은 사라진 직업의 종류와 그 까닭을 직업별로 정리해서 보여 주기에 표가 알맞기 때문입니다.

**9** 지민이가 교실에서 친구들에게 가족과 다녀온 여행지인 독도의 자연환경을 소개하고 있습니다.

**10** 지민이는 독도 사진을 보여 주며 발표하고 있습니다.

**11** 지민이가 활용한 사진 자료를 통해 듣는 사람은 '독도는 동도와 서도, 딸린 섬 89개로 이루어져 있다.'는 내용을 쉽게 이해할 수 있습니다.

**12** 말할 내용에 따라 그 내용을 잘 전달할 수 있는 자료가 달라집니다. 여행지까지 가는 길에 대한 정보를 효과적으로 전달할 수 있는 자료를 생각해 씁니다.

> **채점 기준** 듣는 사람이 이해하기 쉽도록 여행지까지 가는 길을 소개할 때 활용할 자료와, 그 자료의 특성이 드러나게 까닭을 썼으면 정답으로 인정합니다.

**13** 발표자와 듣는 사람이 의견을 주고받는 것은 자료 활용과 관계없습니다. 또 발표는 공식적인 말하기 상황이므로 자료를 활용하더라도 친구와 대화할 때처럼 말해서는 안 됩니다.

**14** 슈바이처, 유관순과 관계있는 내용은 ⑤입니다.

**15** 이 밖에도 우리 반 친구들의 장래 희망과 같은 내용을 발표할 수 있습니다.

> **채점 기준** 우리 반 친구들이 원하는 직업과 관계있는 내용을 썼으면 정답으로 인정합니다.

**16** 새로 생길 직업에 대한 그림 자료를 찾는 방법으로 알맞은 것은 ③입니다.

**17** 교실에서 발표할 때에는 멀리 있는 친구에게도 자료가 잘 보이도록 자료를 크게 확대해 사용해야 합니다.

**18** 발표하는 사람이 발표할 때 활용한 자료가 너무 길어서 보는 사람이 지루해하였습니다.

**19** 자료를 활용할 때에는 자료가 너무 길거나 복잡하지 않아야 합니다.

**20** 1모둠은 '미래에는 어떤 인재가 필요할까'라는 주제로 발표를 준비했다고 하였습니다.

**21** 시작하는 말의 끝부분에서 표와 동영상을 준비했다고 하였습니다.

**22** 100대 기업의 인재상 변화에 대한 표를 통해 시대에 따라 필요한 인재상이 달라지고 있음을 알 수 있습니다.

**23** 미래에는 변화가 굉장히 빠른 속도로 일어나기 때문에 미래의 인재에게 가장 중요한 것은 계속 배우려는 의지라고 생각하였습니다.

**24** 경제협력개발기구[OECD]가 정리한 미래 핵심 역량은 도구 활용 능력, 사회적 상호 작용 능력, 자기 삶에 대한 자주적 관리 능력입니다.

**25** 미래에 우리에게 필요한 능력은 기계가 대신할 수 없는, 인간만이 지니는 능력, 기술과 지식을 창의적으로 활용하여 문제를 해결하는 능력으로, 이것을 더욱 키워 나가야 한다고 하였습니다.

**26** 동영상 자료가 '미래에는 어떤 인재가 필요할까'라는 발표 주제와 어울리는지 생각해 보고, 그 까닭과 함께 씁니다.

> **채점 기준** 동영상 자료가 발표 주제에 어울리는지를 알맞은 까닭을 들어 썼으면 정답으로 인정합니다.

**27** 끝맺는 말에는 발표한 내용을 간단하게 정리하는 내용, 발표를 준비하면서 느낀 점을 정리합니다.

---

**실천** ☺ 　　　　　　　　　　　　　　　53쪽

**1** (2) ○ 　(3) ○ 　**2** ② 　**3** 예 뒤쪽에서도 잘 보이도록 큰 자료를 활용한다. 　**4** 민희 　**5** (2) × 　**6** ①

**1** '우리의 미래'를 주제로 교실에서 반 친구들에게 발표하기 위해 정리한 표입니다.

**2** 듣는 사람이 '우리 반 친구들'이므로 발표 상황의 특성으로 ②가 알맞습니다.

**3** 발표 장소가 넓은 곳이고 여러 사람 앞에서 발표하는 상황에서 전하려는 내용을 잘 전달하려면 자료를 어떻게 제시해야 할지 생각해서 씁니다.

**4** 자료에 대해 아주 간단히 소개한다고 해서 친구들이 흥미를 느끼는 것은 아닙니다. 발표할 때에는 친구들이 집중할 수 있도록 자료에 대해 자세히 소개하는 것이 좋습니다.

**5** 발표를 들을 때에는 자료뿐만 아니라 발표하는 사람도 바라보며 바른 자세로 들어야 합니다.

**6** 발표에 활용하는 자료는 인터넷뿐만 아니라 책, 신문 등 여러 매체에서 찾을 수 있으므로 인터넷에서 찾은 자료인지는 점검할 내용에 해당하지 않습니다.

## 단원 어휘 다지기

**1** (1) 기획 (2) 순위 (3) 인재 (4) 연설　**2** (2) ○　**3** ⑤

**4** ④　**5** (1) 성공하려면 (2) 보았습니다 (3) 조사했습니다

**6** 기계적

**1** 일을 꾀하여 계획하는 것은 '기획'을, 차례나 순서를 나타내는 지위는 '순위'를, 어떤 일을 할 수 있는 학식이나 능력을 갖춘 사람은 '인재'를, 여러 사람 앞에서 주장 또는 의견을 진술하는 것은 '연설'을 뜻합니다.

**2** 보기 와 (2)에 쓰인 '꿈'은 실현하고 싶은 희망이나 이상을 뜻합니다. (1)에 쓰인 '꿈'은 잠자는 동안에 여러 가지 사물을 보고 듣는 정신 현상을, (3)에 쓰인 '꿈'은 실현될 가능성이 아주 적거나 전혀 없는 헛된 기대나 생각을 뜻합니다.

**3** '인재상', '교사상'에서 '상'은 다른 낱말 뒤에 붙어서 '모범', '본보기'의 뜻을 나타내는 말입니다.

**4** '적극적'은 어떤 일에 대한 태도에 있어 자발적이고 긍정적인 것을 뜻하는 낱말이므로, 여러 사람 앞에 나서기를 꺼리는 성격과는 어울리지 않습니다. ④에는 스스로 하려는 의지가 부족하고 활동적이지 않은 것을 뜻하는 '소극적'이라는 낱말이 쓰여야 어울립니다.

**5** (1) '미래 사회에서'라는 말로 보아 미래 시간을 나타내는 '성공하려면'이 어울립니다. (2) '최근에'는 얼마 되지 않은 지나간 날부터 현재까지의 기간을 뜻하므로 '보았습니다'가 어울립니다. (3) '지난해에'라는 말로 보아 과거 시간을 나타내는 '조사했습니다'가 어울립니다.

**6** '창의적'은 지금까지 없던 새로운 것을 생각해 내는 것을 뜻하고, '기계적'은 인간적인 감정이나 창의성이 없이 맹목적·수동적으로 하는 것을 뜻합니다.

## 단원 평가

**1** ①, ③　**2** ②　**3** (『오늘의 순위』라는) 책　**4** (1) 예 다양한 직업 체험학습을 가도록 노력하겠다.　(2) 예 꿈 찾기 기획을 진행하겠다.　**5** ④　**6** 친구들　**7** 높임　**8** ③, ⑤　**9** ④　**10** ⑤　**11** 예 사라진 직업인 보부상의 모습을 생생하게 전달할 수 있는 자료가 동영상이기 때문이다.　**12** ④　**13** ②　**14** ④　**15** ①　**16** ④　**17** ③　**18** 예 미래에 필요한 인재가 가져야 할 능력에 대한 책을 찾고 싶다.　**19** ①, ③　**20** ④

**1** 다른 사람 앞에서 말하는 상황에 해당하는 것은 ①과 ③입니다.

**2** 선거에 입후보한 후보자가 소견을 발표하고 있는 상황입니다.

**3** 나성실 후보자는 『오늘의 순위』라는 책 내용을 활용하여 의견을 발표하였습니다.

**4** 누구나 꿈을 하나씩 정하고 그 꿈을 이루려고 노력하도록 도와주기 위해 나성실 후보자가 하겠다고 한 일 두 가지를 정리하여 씁니다.

| 채점 기준 | |
| --- | --- |
| 후보자의 공약 두 가지를 모두 알맞게 쓴 경우 | 5점 |
| 후보자가 발표한 공약 중 한 가지만 알맞게 쓴 경우 | 2점 |

**5** 그림 ■나■는 한 친구가 교실에서 발표하는 상황으로, 공식적인 말하기 상황에 해당합니다.

**6** 그림 ■가■와 ■나■의 말하기 상황에서 듣는 사람은 친구들입니다.

**7** 공식적인 말하기 상황에서는 높임 표현을 사용해야 합니다.

**8** 여행지 모습을 있는 그대로 보여 줄 때 사진을 활용할 수 있고, 여행지까지 가는 길을 한눈에 보여 줄 때 지도를 활용할 수 있습니다.

**9** 사진은 설명하는 대상을 한눈에 보여 줄 수 있고, 설명하는 대상의 정확한 모습을 보여 줄 수 있습니다.

**❗ 오답 피하기**
①과 ⑤는 동영상, ②는 도표, ③은 표의 특성입니다.

**10** 광호는 과거에 있던 직업인 보부상을 소개하고 있습니다.

**11** 광호가 과거에 있던 직업인 보부상의 모습을 소개하면서 동영상을 활용한 까닭을 씁니다.

| 채점 기준 | |
| --- | --- |
| 동영상의 특성과 관련지어 답을 쓴 경우 | 5점 |

**12** 사진 자료를 활용하면 독도의 자연환경을 있는 그대로 한눈에 보여 줄 수 있습니다.

**13** 자료를 활용해서 말하면 듣는 사람이 흥미를 느끼게 할 수 있고, 정보를 효과적으로 전달할 수 있어서 듣는 사람이 더 잘 이해할 수 있습니다.

**14** ④는 우리의 미래와 관계없는 내용입니다.

**15** 그림 ■가■에서 발표하는 사람은 자료의 출처를 밝히지 않았습니다.

**16** 그림 █나█에서는 발표하는 사람이 활용한 자료가 너무 복잡해서 듣는 사람이 이해하기 힘들었습니다.

**17** 100대 기업의 인재상 변화에 대한 표를 제시하며 미래 사회에 필요한 인재상에 대해 설명하고 있으므로, 발표 주제로 알맞은 것은 ③입니다.

**18** 발표 주제와 관련해 발표 내용을 잘 전달하기에 알맞은 자료를 생각해 봅니다.

| 채점 기준 | |
| --- | --- |
| 발표 주제와 어울리고 발표 내용을 잘 전달할 수 있는 자료를 쓴 경우 | 5점 |
| 찾고 싶은 자료만 간단한게 쓴 경우 | 2점 |

**19** 자료를 설명하는 말에는 자료의 핵심 내용과 함께 자료를 가져온 곳을 밝히는 내용이 들어가야 합니다.

❶ 오답 피하기
②, ④ 끝맺는 말 부분에 들어갈 내용으로 알맞습니다.
⑤ 시작하는 말 부분에 들어갈 내용으로 알맞습니다.

**20** 발표를 들을 때에는 발표하는 내용 가운데에서 중요한 부분을 적으며 들어야 합니다.

---

📝 **서술형 평가** 58쪽

**1** 1단계 공식적 2단계 (1) 예 큰 소리로 또박또박 말하고 높임 표현을 사용해야 한다. (2) 예 집중해서 들어야 한다. 3단계 예 방송에서 아나운서가 뉴스를 진행하는 상황

**2** 예 발표를 듣는 사람의 흥미를 불러일으켜야 한다.

**3** (1) 100대 기업의 인재상 변화에 대한 표 (2) 예 100대 기업의 인재상 변화를 설명하며 미래 사회에 필요한 인재는 어떤 능력을 가진 인재인지에 대한 모둠의 생각을 설명하고 있으므로 발표 주제와 어울린다.

**1** 1단계 그림 █가█와 █나█는 여러 사람 앞에서 말하는 공식적인 상황의 예입니다.

2단계 공식적인 말하기 상황에서 어떤 태도로 말하고 들어야 하는지 생각해 봅니다.

| 채점 기준 | |
| --- | --- |
| 말하는 사람과 듣는 사람이 가져야 할 태도를 알맞게 쓴 경우 | 8점 |
| 말하는 사람과 듣는 사람이 가져야 할 태도 중에서 한 가지만 알맞게 쓴 경우 | 4점 |

3단계 공식적인 말하기로는 토의, 토론, 발표, 뉴스 등이 있습니다.

| 채점 기준 | |
| --- | --- |
| 우리 주변에서 다른 사람 앞에서 공식적으로 말하는 상황을 구체적으로 쓴 경우 | 6점 |
| 공식적인 상황으로 보기에 다소 애매하거나 표현이 부족한 경우 | 3점 |

**2** 시작하는 말에는 발표 주제나 제목, 듣는 사람의 주의를 집중시킬 수 있는 내용을 넣어야 합니다.

| 채점 기준 | |
| --- | --- |
| '듣는 사람의 흥미를 불러일으켜야 한다.' 또는 '듣는 사람의 주의를 집중시켜야 한다.'와 비슷하게 쓴 경우 | 5점 |
| 시작하는 말의 역할을 알고 썼으나 표현이 부족한 경우 | 3점 |

**3** 글 █나█에서 미래에 어떤 인재가 필요한지를 설명하기 위해 모둠이 제시한 자료는 무엇인지 파악하여 쓰고, 그 자료가 발표 주제에 어울리는지 까닭을 들어 씁니다.

| 채점 기준 | |
| --- | --- |
| 모둠에서 제시한 자료와 그 자료가 발표 주제와 어울리는지 알맞은 까닭을 들어가며 쓴 경우 | 8점 |
| 모둠에서 제시한 자료와 그 자료가 발표 주제와 어울리는지는 썼으나, 발표 주제와 어울리는 까닭은 쓰지 못한 경우 | 5점 |
| 모둠에서 제시한 자료만 알맞게 파악하여 쓴 경우 | 2점 |

---

😎 **수행 평가** 59쪽

**1** (1) 100대 기업의 인재상 변화에 대한 표 (2) 예 미래에 필요한 인재상을 설명할 때 100대 기업의 인재상 변화를 보여 주며 흥미를 끌기 위해서이다. (3) 일자리의 미래에 대한 동영상 (4) 예 발표 마지막 부분에 친구들이 가장 흥미 있게 볼 동영상을 넣어 발표 마지막까지 집중해서 발표를 들을 수 있도록 하기 위해서이다.

**1** 글 █가█와 █나█에서 제시한 자료는 무엇인지 파악하여 쓰고, 자료의 순서를 정한 까닭을 씁니다.

| 채점 기준 | |
| --- | --- |
| (1)~(4) 모두 알맞게 정리하여 쓴 경우 | 20점 |
| (1)과 (3)은 모두 알맞게 썼으나, (2)와 (4) 중에서 한 가지만 알맞게 쓴 경우 | 14점 |
| (1), (3)만 알맞게 쓴 경우 | 8점 |
| (1)과 (3) 중에서 한 가지만 알맞게 쓴 경우 | 4점 |

국어

## 4 주장과 근거를 판단해요

😊 **개념 확인하기**     60쪽

**1** 겪은 일    **2** 근거    **3** ㉮    **4** (2) ○

---

**준비 😊**      61~62쪽

**1** ④    **2** (2) ○    **3** ㉡, ㉢    **4** 민주    **5** 동물원은 없애
야 한다.    **6** ④, ⑤    **7** (생태계가 어우러진 광활한) 자연
**8** (3) ○    **9** (1) 예 있어야    (2) 예 동물원에서 평소에 볼
수 없는 동물들을 보고 동물을 사랑하는 마음이 생겼기 때문
이다.

**1** 시은이는 동물원이 교육 장소이지만 동물들이 스트레스를
많이 받는 상황을 문제로 제기하였습니다.

**2** 지훈이는 동물원의 이로운 점을 근거로 들어 동물원이 있
어야 한다고 주장하였습니다.

   ❗ **오답 피하기**
(1) 지훈이의 주장과 반대되는 주장입니다.
(3) 글에 나타나지 않은 주장입니다.

**3** ㉠은 지훈이의 주장이고, ㉡과 ㉢은 주장을 뒷받침하는
근거이며, ㉣은 ㉢을 뒷받침하는 내용입니다.

**4** 민주는 동물원이 있어야 한다는 지훈이의 주장을 뒷받침
하는 근거를 들었고, 지유는 반대되는 주장의 근거를 들었
습니다.

**5** 미진이의 주장은 글의 처음 부분에 나타나 있습니다.

**6** 미진이는 동물원이 동물의 자유를 구속하고, 동물에게 사
람의 구경거리가 되는 고통을 주며, 인공적인 환경이기 때
문에 자연을 대신할 수 없다는 근거를 들어 동물원을 없애
야 한다고 주장하였습니다.

**7** 인위적으로 만든 동물원보다 생태계가 어우러진 광활한
자연에서 살아야 한다고 하였습니다.

**8** 같은 문제 상황이라도 사람마다 겪은 일이나 처한 상황이
다르기 때문에 서로 다른 주장을 할 수 있습니다.

**9** 동물원은 있어야 한다는 입장에서는 동물원이 주는 이로
움을, 동물원을 없애야 한다는 입장에서는 동물원이 동물
에게 주는 해로움을 근거로 들 수 있습니다.

   **채점 기준** 찬성 또는 반대 입장을 정하고 이와 관련이 있는 근거
를 제시하였으면 정답으로 인정합니다.

---

**기본 😊**      63~66쪽

**핵심내용**   ❶ 주장    ❷ 건강    ❸ 본론    ❹ 복원

**1** ④    **2** (3) ○    **3** 우리 전통 음식, 어린이    **4** (1)
㉠   (2) ㉡    **5** ②, ④    **6** ⑤    **7** ③, ⑤    **8** 예 우
리 전통 음식을 사랑합시다.    **9** ⑤    **10** ㉠    **11** 민준
**12** 예 이상 기후 현상이 점점 심각해지는 지금 상황에서 자
연을 보호하자는 주장은 중요하다.    **13** 세연    **14** (2) ○
**15** ④    **16** ㉯

**1** 글쓴이는 우리 입맛과 체질에 맞게 발전해 온 우리 전통
음식을 사랑하자고 하였습니다.

**2** 문단 **1**은 글을 쓴 문제 상황을 밝히고, 글쓴이가 글 전체
에서 내세우는 주장을 분명하게 나타내는 서론 부분입니다.

   ❗ **오답 피하기**
(1)은 결론, (2)는 본론의 역할입니다.

**4** 글쓴이는 우리 전통 음식이 건강에 이롭다는 점을 근거로
들어 우리 전통 음식을 사랑하자는 주장을 하였습니다.

**6** 문단 **4**는 주장에 대한 근거가 나타나 있는 본론에 해당
합니다. 글쓴이가 내세우는 주장은 서론이나 결론에 나타
나 있습니다.

**7** 문단 **5**는 결론에 해당합니다. 논설문의 결론에서는 글
내용을 요약하기도 하고 글쓴이의 주장을 다시 한번 강조
할 수도 있습니다.

**8** 문단 **5**의 맨 마지막 문장에 글쓴이의 주장이 나타나 있
습니다.

   **채점 기준** '우리 전통 음식을 사랑합시다.'라는 내용이 들어가게
썼으면 정답으로 인정합니다.

---

**9** 글쓴이는 우리나라뿐만 아니라 세계 곳곳에서 벌어지는
자연 개발이 인류의 생존까지 위협하는 상황에 이르렀다
고 하였습니다.

**10** 글쓴이의 주장이 나타난 ㉡은 문단 **1**의 중심 문장이고,
주장에 대한 근거가 나타난 ㉢과 ㉣은 각각 문단 **2**와 **3**
의 중심 문장입니다.

   ❗ **오답 피하기**
㉠은 문제 상황을 설명하는 부분입니다. 서론인 **1**에서 중심 문장
은 글쓴이의 주장인 ㉡입니다.

**11** 민준이는 근거에 포함된 다양한 예들이 글쓴이의 주장을
뒷받침하는지 바르게 판단하여 말했습니다.

**12** 글쓴이의 주장이 환경 오염이 심각한 현재 상황에 비추어
가치 있고 중요한지 판단하여 씁니다.

주장이 가치 있고 중요한 근거를 알맞게 썼으면 정답으로 인정합니다.

**13** 문단 **4**에서는 자연은 우리 후손이 살아갈 삶의 터전이라는 근거를 들어 자연을 보호해야 한다는 글쓴이의 주장을 뒷받침하고 있습니다.

**14** 논설문에는 '반드시'와 같이 어떤 사실을 딱 잘라 판단하거나 결정해 단정하는 표현은 조심해서 써야 합니다.

**❗ 오답 피하기**
(1) 모호한 표현은 낱말이나 문장이 나타내는 의미가 분명하지 않아 정확하게 해석할 수 없는 표현입니다.
(3) 주관적인 표현은 '나는 ~을/를 좋아한다.'와 같은 자신의 의견이나 판단을 바탕으로 한 표현입니다.

**15** 글쓴이는 자연 개발로 사라져 가는 동식물을 다시 이 땅으로 돌아오게 해서 더불어 살아야 한다고 하였습니다.

**16** 문단 **5**의 끝부분에서 글쓴이는 이제 우리 모두 자연 보호를 실천해야 한다고 주장을 다시 한번 강조하였습니다.

---

**실천 ☺** 67쪽

**1** (1) ㉢ (2) ㉠ (3) ㉡　**2** ⑩ 일회용품을 많이 쓰는 문제
**3** (1) ⑩ 일회용품을 쓰지 말자. (2) ⑩ 환경이 오염된다. / 쓰레기를 처리하는 데 비용이 많이 든다.　**4** ②, ③, ④　**5** ⑤

**1** **가**의 스마트폰 중독 문제 상황은 ㉢이, **나**의 즉석 음식을 즐겨 먹는 문제 상황은 ㉠이, **다**의 한 가지 갈래의 책만 읽는 문제 상황은 ㉡이 알맞습니다.

**2** 우리 주변의 여러 문제 상황을 떠올려 보고, 문제를 해결하기 위해 주장을 펼치고 싶은 것을 씁니다.

**3** 문제 상황을 해결할 수 있는 방법 중 하나를 골라 주장을 정합니다. 근거는 주장과 관련 있고 주장에 대한 설득력을 높일 수 있는 내용이 알맞습니다.

문제 상황을 해결할 수 있는 주장을 썼고, 주장에 대한 근거가 타당하면 정답으로 인정합니다.

**4** 서론에서는 글을 쓴 문제 상황이나 글 전체에서 내세우는 주장을 밝힙니다. 근거를 뒷받침하는 자료는 본론에 쓰고, 결론에서는 글 내용을 요약하거나 글쓴이의 주장을 다시 한번 강조합니다.

**5** 논설문은 자신의 생각을 정확하게 표현하는 글이므로 모호한 표현을 쓰지 않아야 합니다.

---

**➕ 단원 어휘 다지기** 68쪽

**1** (1) ㉣ (2) ㉮ (3) ㉢ (4) ㉯　**2** 거리　**3** (1) 말끔히
(2) 곰곰이　**4** ①, ②　**5** (1) ○ (2) ○　**6** ②

**1** ㉮는 '염장', ㉯는 '행동반경', ㉢는 '습성', ㉣는 '자정'의 뜻입니다.

**2** '눈요깃거리'는 눈으로 보기만 하면서 만족을 느끼는 대상을 뜻합니다. '눈요깃거리'에서 '거리'는 다른 낱말 뒤에 붙어서 '재료', '대상', '소재'의 뜻을 나타내는 말입니다.

**3** (1) '말끔히'는 [말끔히]처럼 끝말의 소리가 '히'로만 나므로 '–히'로 적습니다. (2) '곰곰이'는 [곰:고미]처럼 끝말의 소리가 '이'로만 나므로 '–이'로 적습니다.

**4** ③은 '호수만큼', ④는 '나만큼'으로 붙여 쓰고, ⑤는 '만들었을 만큼'으로 띄어 써야 합니다.

**5** (3)의 빈칸에는 '아님, 어긋남'의 뜻을 더하는 말인 '–불'이 들어가기에 알맞습니다. (1)의 '무질서'는 질서가 없음을 뜻하고, (2)의 '무관심'은 흥미나 관심이 없음을 뜻합니다.

**6** '추석'은 '명절'에, '공기'는 '자연환경'에 포함되는 낱말입니다. ①과 ④는 뜻이 서로 반대인 낱말이고, ③과 ⑤는 뜻이 서로 비슷한 낱말입니다.

---

**☀ 단원 평가** 69~71쪽

**1** ①, ⑤　**2** ⑩ 동물원에서 신기한 동물을 보고 동물과 교감하는 시간을 가질 수 있기 때문이다.　**3** ④　**4** ②
**5** 없애야　**6** ①, ④　**7** ㉣　**8** ⑤　**9** 본론　**10** ⑤　**11** ㉮　**12** **가**　**13** ③　**14** **가**　**15** ⑤　**16** ㉡　**17** ⑩ 자연은 인간에게만 주어진 것이 아니므로, 동물도 인간과 함께 자연을 이용할 권리가 있다.　**18** 세훈, 민지
**19** ①　**20** ⑩ 건강하려면 밖으로 나가 걷자.

**1** 글쓴이는 동물원이 우리에게 큰 즐거움을 준다는 근거를 들어 동물원이 있어야 한다고 주장하고 있습니다.

**2** 글쓴이는 동물원이 있어야 한다고 주장하고 있으므로 이에 알맞은 근거를 씁니다.

| | |
|---|---|
| 동물원은 필요한가에 대해 찬성 주장을 뒷받침할 근거를 알맞게 쓴 경우 | 5점 |
| 동물원은 필요한가에 대해 찬성 주장을 뒷받침할 근거가 미흡한 경우 | 2점 |

**3** 문제 상황이 같아도 서로 주장이 다른 까닭은 사람마다 겪은 일과 처한 상황이 서로 다르기 때문입니다.

**4** 글의 내용으로 보아 동물원이 동물을 그 자체로 존중한다고 볼 수 없습니다.

**5** 동물원의 문제점을 근거로 들고 있으므로 ㉠에는 동물원을 없애야 한다는 주장이 알맞습니다.

**6** 서론에는 문제 상황과 글쓴이가 글 전체에서 내세우는 주장이 나타납니다.

**7** 이 글의 중심 문장은 글쓴이의 주장을 나타낸 ㉣입니다.

**8** 결론에서는 글 내용을 요약하고 글쓴이의 주장을 다시 한번 강조합니다.

**9** 글 **가**와 **나**는 주장에 대한 근거와 근거를 뒷받침하는 내용으로 구성되어 있으므로 본론에 해당합니다.

**10** 발효 식품은 무기질과 비타민이 풍부하게 들어 있어 몸을 건강하게 해 준다고 하였습니다.

**11** 밥, 된장, 간장, 고추장, 청국장의 예를 통해 글쓴이가 말하고자 한 것은 우리 전통 음식이 건강에 이롭다는 것입니다.

**12** 본론에서는 서론에서 글쓴이가 제시한 주장의 근거와 근거를 뒷받침하는 예나 자료를 제시합니다.

**13** 글 **가**에서는 근거가 들어 있는 부분(㉠)이 중심 문장이고, 글 **나**에서는 글쓴이의 주장을 다시 한번 강조한 부분(㉣)이 중심 문장입니다.

**14** 서론에는 문제 상황과 글 전체에서 내세우는 주장이 들어가므로 글 **가**가 서론에 해당합니다.

**15** 무리한 자연 개발은 사람이 자연과 조화를 이루지 못하게 만듭니다.

**16** 글쓴이의 주장은 글의 서론 부분인 글 **가**에 드러나 있습니다.

**17** '자연을 보호해야 한다.'는 글쓴이의 주장을 뒷받침하는 근거를 씁니다.

| 채점 기준 | |
|---|---|
| 주장을 뒷받침하는 근거를 알맞게 쓴 경우 | 5점 |
| 주장과의 연결성이 부족하거나 근거의 타당성이 부족한 경우 | 2점 |

**18** 근거가 주장을 뒷받침하는지, 주장이 가치 있고 중요한지, 근거가 주장과 관련 있는지에 대해 바르게 판단한 친구는 세훈이와 민지입니다.

**19** 논설문은 읽는 사람을 설득하는 글이므로 자신만의 생각이나 감정에 치우친 주관적인 표현은 적절하지 않습니다.

**20** 논설문에서 '반드시'와 같은 단정적인 표현은 조심해서 써야 합니다.

### 📝 서술형 평가
72쪽

**1** 1단계 서론 2단계 ⑩ 우리 전통 음식은 건강에 이롭습니다. 3단계 ⑩ 글 내용을 요약하고, 글쓴이의 주장을 다시 한번 강조한다.

**2** ⑩ 자연은 한번 파괴되면 복원되기가 어렵다는 근거는 자연을 보호해야 한다는 주장과 연결될 수 있다. / 어린나무와 오염된 물의 예는 자연을 보호해야 한다는 주장을 뒷받침하는 데 도움을 주고 있다.

**3** ⑩ 주어진 문장처럼 모호한 표현을 사용하면 자신의 견해나 관점을 정확하게 표현할 수 없다.

**1** 1단계 글 **가**는 서론, 글 **나**는 본론, 글 **다**는 결론 부분입니다.

2단계 우리 전통 음식을 사랑하자는 주장에 대한 근거로 우리 전통 음식은 건강에 이롭다는 근거를 들었습니다.

| 채점 기준 | |
|---|---|
| 글 **나**의 첫째 문장을 정확하게 찾아 쓴 경우 | 5점 |
| 글 **나**에서 첫째 문장이 아닌 다른 문장을 그대로 가져다 쓰거나 요약하여 쓴 경우 | 2점 |

3단계 글 **다**는 논설문의 결론 부분으로, 본론의 내용을 요약하고 글쓴이의 주장을 다시 한번 강조합니다.

| 채점 기준 | |
|---|---|
| 결론의 역할 두 가지를 모두 쓴 경우 | 6점 |
| 결론의 역할 중 한 가지만 쓴 경우 | 3점 |

**2** 근거의 타당성을 판단할 때에는 근거가 주장과 관련 있는지, 근거가 주장을 뒷받침하는지를 살펴봅니다.

| 채점 기준 | |
|---|---|
| 근거가 주장과 관련이 있는지, 주장을 뒷받침하는지 모두 검토하여 판단한 경우 | 8점 |
| 근거가 주장과 관련이 있는지 또는 근거가 주장을 뒷받침하는지 중 하나만 검토한 경우 | 4점 |
| '근거가 좋다'와 같이 까닭 없이 판단만 있는 경우 | 2점 |

**3** 논설문은 자신의 견해나 관점을 정확하게 표현하는 글이므로, 모호한 표현을 쓰지 않아야 합니다.

| 채점 기준 | |
|---|---|
| '모호한 표현 사용'과 '자신의 주장을 다른 사람에게 명확하게 전달할 수 없다'는 내용이 모두 들어가게 쓴 경우 | 6점 |
| '모호한 표현 사용'에 대해서만 지적한 경우 | 3점 |

## 🤓 수행 평가

**73쪽**

1 (1) 교실에서 뛰어다니지 말자.　(2) ⑩ 교실에서 뛰어다니면 위험하다.　(3) ⑩ 조용히 공부를 하거나 쉬는 친구에게 방해가 된다.　(4) ⑩ 먼지가 생겨 건강에 좋지 않다.

2 ⑩ ⑩ 요즘 쉬는 시간에 교실에서 뛰어다니는 친구들을 많이 볼 수 있습니다. 그런데 교실에서 뛰어다니면 여러 가지 문제가 일어납니다. 교실에서는 뛰어다니지 말아야 합니다. 교실에서 뛰어다니지 말아야 하는 까닭은 무엇일까요? / 첫째, 교실에서 뛰어다니면 위험합니다. 교실에서 뛰어다니면 지나다니는 친구와 부딪혀 다칠 수도 있고 넘어지는 경우에는 안전사고가 일어날 수 있습니다. 둘째, 조용히 공부를 하거나 쉬는 친구에게 방해가 됩니다. 교실에서 뛰면 거친 숨소리나 발소리, 책상에 부딪히는 소리 등 시끄러운 소음이 생기므로 다른 친구들에게 피해를 줄 수 있습니다. 셋째, 먼지가 생겨 건강에 좋지 않습니다. 교실에서 뛰어다니면 미세 먼지가 생기고 바닥에 쌓여 있던 먼지도 공기 중에 떠다니게 됩니다. 이 더러워진 공기를 마시면 건강에 좋지 않습니다. / 이렇게 교실에서 뛰어다니면 위험할 뿐 아니라 다른 친구들에게 피해를 줄 수 있다는 것을 기억하고 앞으로는 교실에서 뛰어다니지 않았으면 좋겠습니다.

1 주장을 뒷받침할 근거로 교실에서 뛰어다니는 친구들 때문에 일어날 수 있는 문제점을 떠올려 봅니다.

| 채점 기준 | |
|---|---|
| 주장과 근거 세 가지를 모두 알맞게 쓴 경우 | 10점 |
| 주장과 근거 세 가지 중 한두 가지만 알맞게 쓴 경우 | 8점 |
| 주장만 알맞게 쓴 경우 | 5점 |

2 〈문제 1번〉에서 정리한 주장과 근거를 바탕으로 하여 서론, 본론, 결론의 형식을 갖추어 씁니다.

| 채점 기준 | |
|---|---|
| 주장과 근거, 근거를 뒷받침할 수 있는 구체적인 예를 들어 논설문을 쓴 경우 | 15점 |
| 주장과 근거, 근거를 뒷받침할 수 있는 예를 들어 썼지만 논설문의 형식을 제대로 갖추어 쓰지 못한 경우 | 10점 |
| 주장과 근거만 간단히 들어가게 쓴 경우 | 5점 |

## 5 속담을 활용해요

### 😀 개념 확인하기

**74쪽**

1 속담　2 (2) ○ (3) ○　3 ⑭　4 마음

### 😀 준비

**75~76쪽**

1 ①　2 ③　3 ③, ④, ⑤　4 ㉮, ㉰, ㉱　5 시후
6 (1) ㉱ (2) ㉰ (3) ㉴　7 ①　8 ⑤

1 속담에는 우리 민족의 지혜, 해학, 생활 방식, 교훈 따위가 담겨 있습니다.

2 "백지장도 맞들면 낫다."라는 속담은 쉬운 일이라도 협력하면 더 쉽다는 뜻입니다.

❗ 오답 피하기
① "하룻강아지 범 무서운 줄 모른다."라는 속담의 뜻입니다.
② "하나를 보면 열을 안다."라는 속담의 뜻입니다.
④ "우물을 파도 한 우물을 파라."라는 속담의 뜻입니다.
⑤ "티끌 모아 태산"이라는 속담의 뜻입니다.

3 속담을 사용하면 주장의 논리를 뒷받침해 상대를 쉽게 설득할 수 있고, 듣는 사람에게 흥미를 느끼게 하며, 자신의 의견을 효과적으로 전달할 수 있습니다.

4 "백지장도 맞들면 낫다."와 같이 '협동'을 말한 속담은 ㉮, ㉰, ㉱입니다. ㉴는 '끈기'를 말한 속담입니다.

❗ 오답 피하기
㉴ 일을 너무 벌여 놓거나 하던 일을 자주 바꾸어 하면 아무런 성과가 없으니 어떠한 일이든 한 가지 일을 끝까지 하여야 성공할 수 있다는 말입니다.

5 글 ㉮에서는 자기 생각을 효과적으로 드러내기 위해서, 그림 ㉯에서는 상대의 흥미를 끌기 위해서, 그림 ㉰에서는 자신의 의견을 뒷받침하기 위해서 속담을 사용하였습니다.

6 ㉠은 여러 사람이 저마다 제 주장대로 배를 몰려고 하면 결국에는 배가 물로 못 가고 산으로 올라간다는 뜻이고, ㉡은 바늘 가는 데 실이 항상 뒤따른다는 뜻이며, ㉢은 일부만 보고 전체를 미루어 안다는 말입니다.

7 어렵거나 나쁜 일이 겹치어 일어날 때 "엎친 데 덮친다."라는 속담을 사용합니다.

8 속담을 사용하면 자신의 의견을 쉽고 효과적으로 전달할 수 있을 뿐 아니라 듣는 사람이 흥미를 느낄 수 있고, 조상의 지혜와 슬기를 알 수 있어 좋습니다.

**핵심내용** ❶ 걱정 ❷ 중요

**1** ③ **2** ② **3** ④ **4** (2)○ **5** ①, ③, ④ **6** ④
**7** (1) ② (2) ① **8** ① **9** 예 가는 말이 고와야 오는 말
이 곱다 **10** 옛날 어느 마을 **11** ③ **12** (1)○ **13**
⑤ **14** ①, ②, ⑤ **15** ③ **16** (2)○ **17** (1) 1 (2)
3 (3) 2 **18** 예 헛된 욕심은 손해를 가져온다. **19** 강 도
령 **20** ⑤ **21** ④ **22** ② **23** 예 말고기를 먹느
라 **24** ⑤ **25** (1) 3 (2) 2 (3) 1 **26** (2)○ **27**
④ **28** 예 강 도령에게 원래 전달하고 싶은 내용을 담은
편지를 다시 보내서 저승에서 발생하는 혼란을 바로잡을 것
이다. **29** 무엇인가를 잘 잊어버리는 사람 **30** 현수

**1** ㉠은 소를 도둑맞은 다음에야 빈 외양간의 허물어진 데를
고치느라 수선을 떤다는 뜻입니다.

**2** ㉡과 같이 아무리 작은 것이라도 모이고 모이면 나중에 큰
덩어리가 된다는 뜻을 가진 속담은 ②입니다.

**❶ 오답 피하기**
① 잘 아는 일도 세심하게 주의를 해야 한다는 뜻입니다.
③ 무슨 일이나 하나도 빠짐없이 모두 힘을 합쳐야 올바르게 되어
간다는 뜻입니다.
④ 어릴 때 몸에 밴 버릇은 늙어서도 고치기 힘들다는 뜻입니다.
⑤ 남에게 말이나 행동을 좋게 해야 남도 자신에게 좋게 한다는 뜻
입니다.

**3** ㉢에는 어떤 일이든 한 가지 일을 끝까지 해야 성공할 수
있다는 뜻의 ④가 들어가야 알맞습니다.

**4** ㉣은 하룻강아지는 범을 본 적이 없어서 범이 무서운 동물
이라는 것을 모른다는 뜻으로, 철없이 함부로 덤빈다는 말
입니다.

**5** 글 **가**의 상황에서는 상황이 이치에 맞지 않는다는 뜻의
속담이 어울립니다.

**6** 글 **나**의 상황에서는 사람의 긴밀한 관계를 비유적으로 이
르는 속담이 어울립니다. 따라서 빈칸에는 비나 용과 모두
긴밀한 관계를 가지는 '구름'이 들어가기에 알맞습니다.

**7** 글 **다**의 상황에는 아무리 어려운 일이 계속되어 고생이
심해도 언젠가는 좋은 날이 올 수 있다는 뜻의 속담이, 글
**라**의 상황에는 모든 일은 근본에 따라 거기에 걸맞은 결
과가 나타난다는 뜻의 속담이 어울립니다.

**8** 시작의 중요성에 대한 속담은 "천 리 길도 한 걸음부터"입
니다.

**9** 바르고 고운 말을 사용하면 좋겠다는 생각을 뒷받침할 수
있는 속담을 씁니다.

**채점 기준** 바르고 고운 말을 사용하자는 생각을 뒷받침할 수 있는
속담을 썼으면 정답으로 인정합니다.

**10** 글 **1**에서 사건이 일어난 때와 장소가 옛날 어느 마을임
을 알 수 있습니다.

**11** 독장수는 독을 만들어 팔았습니다.

**12** ㉠은 독 사는 사람이 없자 실망한 독장수의 마음이 담긴
말입니다.

**13** 독장수는 고개에 올라 잠시 쉬어 가려고 나무 그늘 밑에
지게를 세워 놓았습니다.

**14** 독장수는 독을 팔아서 빚을 갚고, 논과 밭을 사고, 남는 돈
으로는 고래 등 같은 기와집을 짓고 싶다고 했습니다.

**15** ㉠에는 독장수가 자신이 독을 많이 팔았을 때의 모습을 상
상하면서 즐거워하는 마음이 드러나 있고, ㉡에는 헛된
생각을 하다가 실수로 독을 모두 깨뜨려 속상해하는 마음
이 드러나 있습니다.

**16** ㉢은 실현성이 없는 허황된 계산은 도리어 손해만 가져온
다는 뜻의 속담입니다.

**17** (1) → (3) → (2)의 차례대로 일이 일어났습니다.

**18** 허황된 생각을 하다가 실수로 독을 모두 깨뜨린 독장수의
모습을 통해 글쓴이가 말하고자 하는 주제는 무엇인지 생
각해 봅니다.

**채점 기준** 허황된 생각이나 헛된 욕심은 손해를 가져온다는 내용
을 썼으면 정답으로 인정합니다.

**19** 까마귀는 강 도령을 만나 편지를 전해야 했습니다.

**20** 염라대왕의 말에서 강 도령이 하는 일이 인간 세상의 모든
일을 맡아보는 것임을 알 수 있습니다.

**21** 염라대왕은 까마귀가 심부름을 하다가 딴전을 부릴까 봐
걱정스러워 몇 번씩 다짐을 받았습니다.

**22** 까마귀는 심부름 하나는 틀림없다며 심부름에 자신감을
드러내었습니다.

**23** 말고기를 먹으려고 입을 벌리는 순간 편지가 날아갔지만
까마귀는 찾을 생각은 않고 정신없이 말고기를 먹었습니다.

**24** ㉠은 까마귀가 편지가 없어진 것을 알고 걱정되어 한 말입
니다.

**25** 인간 세상에 내려온 까마귀가 정신없이 말고기를 먹다가 염

라대왕이 강 도령에게 전해 주라던 편지를 잃어버렸습니다.

**26** 편지가 날아갔는데도 말고기를 먹는 까마귀의 모습에서 중요한 일을 잊어버리지 않도록 노력하자는 주제를 찾을 수 있습니다.

**27** 까마귀는 염라대왕에게 혼날 것을 염려하여 하늘로 올라가는 것을 포기하였습니다.

**28** 까마귀가 염라대왕의 뜻을 잘못 전해서 생긴 일을 바로잡을 수 있는 방법을 생각해서 씁니다.

> **채점 기준** 이야기의 내용과 관련이 있으면서 ㉠의 상황을 해결할 수 있는 방법을 썼으면 정답으로 인정합니다.

**29** "까마귀 고기를 먹었나."라는 속담은 무엇인가를 잘 잊어버리는 사람을 가리킬 때 사용합니다.

**30** ㉡은 무엇인가를 잘 잊어버리는 사람을 가리키는 말로 중요한 것을 잘 잊어버리는 상황에서 쓸 수 있습니다.

---

**실천 ☺**      84쪽

**1** ②    **2** (1) ② (2) ① (3) ③    **3** ③    **4** 예 우리는 관계를 중요하게 생각하는데 말을 통해 상대의 마음을 읽을 수 있기 때문이다.    **5** ③    **6** ㉮

**1** ②는 개에게 쫓기던 닭이 지붕으로 올라가자 개가 쫓아 올라가지 못하고 지붕만 쳐다본다는 뜻의 속담입니다.

**2** (1)의 호랑이는 제 말 할 때 온 사람을, (2)의 원숭이는 익숙하고 잘하는 사람을 빗댄 것입니다.

**3** ③은 말을 잘하면 큰 빚도 갚을 수 있다는 뜻입니다.

> **❶ 오답 피하기**
> ① 늘 말하던 것이 마침내 사실대로 되었을 때를 이르는 말입니다.
> ② 하지 않아도 될 말을 이것저것 많이 늘어놓으면 그만큼 쓸 말은 적어진다는 뜻입니다.
> ④ 상황이 어떻든지 말은 언제나 바르게 해야 한다는 뜻입니다.
> ⑤ 가루는 체에 칠수록 고와지지만 말은 길어질수록 시비가 붙을 수 있고 마침내는 말다툼까지 가게 되니 말을 삼가라는 뜻입니다.

**4** 우리가 사용하는 말과 관련 있는 속담이 많은 까닭을 정리하여 씁니다.

> **채점 기준** 우리가 사용하는 속담에 말과 관련 있는 속담이 많은 까닭을 알맞게 썼으면 정답으로 인정합니다.

**5** '밥, 떡, 죽, 국, 과일이나 채소'라는 말을 통해 빈칸에 들어갈 탐구 대상이 음식임을 짐작할 수 있습니다.

---

**6** ㉮는 '토끼'와 관련 있는 속담이고, 나머지는 '호랑이'와 관련 있는 속담입니다.

---

**➕ 단원 어휘 다지기**      85쪽

**1** (1) ④ (2) ③ (3) ② (4) ①    **2** (1) 받쳐 (2) 바쳤다    **3** ②    **4** ⑤    **5** (2) ✕    **6** (1) 든, 든 (2) 던

**1** '딴전'은 어떤 일을 하는 데 전혀 관계없는 일이나 행동을, '호통'은 화가 나서 크게 소리 지르거나 꾸짖는 것을 뜻합니다. '본디'는 '처음부터'를, '박살'은 깨어져 부서지는 것을 뜻합니다.

**2** (1)은 지게에 지겟작대기를 댔다는 말이므로 '받쳐'가 알맞고, (2)는 웃어른에게 물건을 정중하게 드렸다는 말이므로 '바쳤다'가 알맞습니다.

**3** '김치, 술, 장, 젓갈 따위를 만드는 재료를 버무리거나 물을 부어서, 익거나 삭도록 그릇에 넣어 두다.'라는 뜻을 지닌 낱말은 '담그다'입니다. 따라서 ②는 '담글'이라고 고쳐 써야 합니다.

**4** '간이 콩알만 해지다'는 '몹시 두려워지거나 무서워지다.'라는 뜻으로, 몹시 겁이 났을 때 쓰는 관용어입니다.

**5** '오지다'는 '허술한 데가 없이 알차다.'라는 뜻입니다. 문단 속이 오지면 도둑이 들지 못하므로 (2)에 '오지다'라는 낱말은 알맞지 않습니다.

**6** (1)은 어느 것이나 선택될 수 있음을 나타낸 것이므로 '–든'을 씁니다. (2)는 과거에 있었던 일을 나타낸 것이므로 '–던'을 씁니다.

---

**💡 단원 평가**      86~88쪽

**1** ⑤   **2** ②   **3** ③   **4** (3) ○   **5** ㉯   **6** 하나를 보면 열을 안다   **7** 예 자신의 의견을 쉽고 효과적으로 전달할 수 있다. / 조상의 슬기와 지혜를 알 수 있다.   **8** ③, ④, ⑤   **9** (1) ① (2) ②   **10** 예 용돈을 저축해 부모님께 선물을 사 드려서 자랑스러웠던 상황   **11** ②   **12** ⑤   **13** (2) ○   **14** ①   **15** ㉯   **16** ③   **17** 예 동생이 책상 주변을 깨끗이 정리 정돈 하라는 부모님 말씀을 매번 잊어버려서 야단맞는 상황   **18** 민석   **19** ㉰   **20** ④

**1** 속담은 예로부터 민간에 전해 오는 쉬운 격언이나 잠언을 말합니다.

**2** 친구들과 협동해서 청소가 쉬웠다는 상황이므로, 쉬운 일이라도 협력하면 더 쉽다는 뜻의 ②가 들어가야 합니다.

**3** ③은 시작이 중요하다는 것을 뜻하는 속담입니다.

**4** 주관하는 사람이 없이 여러 사람이 자기주장만 내세우면 일이 제대로 되기 어렵다는 뜻을 가진 속담은 (3)입니다.

**5** ㉯는 주장의 논리를 뒷받침해 상대를 쉽게 설득하기 위해 속담을 사용하였습니다.

**6** ㉯는 바른 몸가짐으로 항상 웃으며 인사하면 좋겠다는 주장을 뒷받침하기 위해, 일부만 보고 전체를 미루어 안다는 뜻의 "하나를 보면 열을 안다."라는 속담을 사용하였습니다.

**7** 속담을 사용하면 어떤 효과가 있는지 생각하여 씁니다.

| 채점 기준 | |
| --- | --- |
| '자신의 의견을 효과적으로 전달할 수 있다.' 또는 '조상의 지혜와 슬기를 알 수 있다.' 또는 '듣는 사람이 흥미를 느낄 수 있다.' 중에서 한 가지를 쓴 경우 | 5점 |

**8** ①은 어려운 일이 계속되어 고생이 심해도 언젠가는 좋은 날이 올 수 있다는 뜻의 속담이고, ②는 일부만 보고 전체를 미루어 안다는 뜻의 속담입니다.

**9** ㉃은 작은 것을 모아 큰 것을 만드는 상황에 쓰이는 속담입니다.

**10** 작은 것을 모아 큰 것을 만든다는 속담의 뜻에 어울리는 상황을 생각하여 씁니다.

| 채점 기준 | |
| --- | --- |
| 작은 것을 모아 큰 것을 만든다는 속담에 어울리는 상황을 알맞게 쓴 경우 | 5점 |

**11** 너무 기쁜 마음에 팔을 번쩍 들었다가 독들을 깨뜨렸으므로 기쁜 마음에서 속상한 마음으로 변하였습니다.

**12** 실속 없이 허황된 것을 궁리하고 미리 셈하는 모습을 빗대어 "독장수구구는 독만 깨뜨린다."라고 합니다.

**13** 실현성이 없는 허황된 계산은 도리어 손해만 가져오는 상황과 관련 있는 속담은 (2)입니다.

**14** 실속 없이 허황된 것을 궁리하고 미리 셈하는 것을 이르는 속담이 사용된 것에서 글의 주제를 짐작할 수 있습니다.

**15** 글 ㉯에 까마귀가 편지를 잃어버려 걱정하는 마음이 잘 드러나 있습니다.

**16** 글 ㉮에서 염라대왕은 까마귀를 불러 강 도령에게 편지를 전해 주라고 하였습니다.

**17** 무엇인가를 잘 잊어버리는 사람을 가리켜 사용되는 속담을 사용할 수 있는 다른 상황을 떠올려 씁니다.

| 채점 기준 | |
| --- | --- |
| 속담의 내용에 알맞은 상황을 구체적으로 자세히 쓴 경우 | 5점 |
| 속담의 내용에 알맞은 상황을 간단히 쓴 경우 | 2점 |

**18** 중요한 일을 잊어버려 인간 세상에 큰 혼란을 가져온 까마귀에게 해 줄 말로 알맞은 것을 찾습니다.

**19** 동물과 관련된 속담을 사용하면 어떤 점이 좋을지 생각해 봅니다.

**20** 어떤 상황에서든지 말은 바르게 해야 한다는 뜻입니다.

---

### 📜 서술형 평가

89쪽

**1** 1단계 가는 말, 오는 말  2단계 ⑩ 학교에 지각했는데 숙제한 것을 집에 두고 온 상황  3단계 ⑩ 컴퓨터를 배우다 힘들다고 그만두더니, 영어도 힘들어 그만두는 동생을 보고 "우물을 파도 한 우물만 파라."라고 말했다.

**2** (1) ⑩ 독장수가 헛된 꿈만 꾸지 말고, 하루하루 성실하게 생활하면 좋겠다.  (2) ⑩ 가는 토끼 잡으려다 잡은 토끼 놓친다.

**3** ⑩ 인물의 마음과 처한 상황을 살펴보아야 한다. / 이야기에서 사용된 속담의 뜻을 살펴보아야 한다.

**1** 1단계 "가는 말이 고와야 오는 말이 곱다."는 고운 말 사용과 관련된 속담입니다.

2단계 ㉃은 어렵거나 나쁜 일이 겹치어 일어난다는 뜻이므로 나쁜 일이 연달아 일어난 상황을 생각하여 씁니다.

| 채점 기준 | |
| --- | --- |
| 나쁜 일이 연달아 일어난 상황을 구체적으로 쓴 경우 | 5점 |
| 나쁜 일이 일어난 상황을 간단히 쓴 경우 | 2점 |

3단계 어울리는 속담에 빗대어 자신의 생각을 말했던 경험을 떠올려 씁니다.

| 채점 기준 | |
| --- | --- |
| 생각에 알맞게 속담을 사용한 경험을 쓴 경우 | 6점 |
| 자신의 생각을 말했던 경험을 썼으나 생각에 그 속담이 어울리지 않는 경우 | 3점 |

**2** 실속 없이 허황된 것을 궁리하고 미리 셈하다 실수로 독을 깨뜨린 독장수를 보고 전하고 싶은 생각과 그 생각에 어울리는 속담을 씁니다.

| 채점 기준 | |
|---|---|
| 독장수에게 전하고 싶은 생각과 그에 알맞은 속담을 쓴 경우 | 8점 |
| 독장수에게 전하고 싶은 생각은 알맞게 썼으나 그에 어울리는 속담을 쓰지 못한 경우 | 4점 |

**3** 이 글의 주제를 생각하며 글을 읽을 때에는 인물의 마음과 인물이 처한 상황, 그리고 이야기에서 사용된 속담의 뜻을 살펴보아야 합니다.

| 채점 기준 | |
|---|---|
| 주제를 생각하며 글을 읽는 방법 두 가지를 모두 알맞게 쓴 경우 | 4점 |
| 주제를 생각하며 글을 읽는 방법 한 가지만 알맞게 쓴 경우 | 2점 |

## 🤓 수행 평가 90쪽

**1** 예 행복한 학교생활을 위해 서로 도우면 좋겠다. **2** (1) 예 백지장도 맞들면 낫다 (2) 예 쉬운 일이라도 협력을 하면 더 쉽다. **3** 예 저는 행복한 학교생활을 위해 우리 반 친구들이 서로 도우며 생활했으면 좋겠습니다. "백지장도 맞들면 낫다."라는 말이 있습니다. 쉬운 일이라도 서로 협력을 하면 더욱 쉬워진다는 뜻입니다. 친구들끼리 서로 도움을 주고받으면 학교생활이 더욱 쉬워질 것이고, 친구 사이도 더욱 좋아질 것입니다. 그러다 보면 모두가 행복한 학교생활을 할 수 있게 될 것입니다.

**1** 행복한 학교생활을 하기 위해 우리가 지켜야 할 일은 무엇인지 생각해 보고 정리하여 씁니다.

| 채점 기준 | |
|---|---|
| 주제에 알맞은 의견을 쓴 경우 | 4점 |

**2** 〈문제 **1**번〉에서 제시한 생각을 뒷받침할 수 있는 속담을 떠올려 그 뜻과 함께 정리하여 씁니다.

| 채점 기준 | |
|---|---|
| (1)과 (2) 모두 알맞게 쓴 경우 | 8점 |
| (1)은 알맞게 썼으나 (2)는 쓰지 못하거나 틀린 경우 | 4점 |

**3** 주제에 대한 자신의 생각과 그 생각에 어울리는 속담을 넣어 글로 씁니다.

| 채점 기준 | |
|---|---|
| 속담을 넣어 자신의 생각을 글로 알맞게 쓴 경우 | 12점 |
| 속담을 넣어 자신의 생각을 글로 썼으나 문장이 어색한 경우 | 6점 |

## 6 내용을 추론해요

### 😊 개념 확인하기 91쪽

**1** 추론 **2** 다의어 **3** 국어사전 **4** 주제

### 준비 😊 92~93쪽

**1** ①, ④, ⑤ **2** ③ **3** (2) ○ **4** 동건 **5** 고양이 **6** 도윤 **7** ② **8** 예 내용이나 상황을 좀 더 깊고 넓게 이해할 수 있다.

**1** 영상에는 한의사, 초등학교 선생님, 봉사단 단원이 등장하였습니다.

**2** '탈북'이라는 말로 보아, 모두 북한을 이탈해 남한으로 와 살고 있는 북한 이탈 주민임을 알 수 있습니다.

**3** (1)은 영상에 나온 말이나 행동에서 단서를 확인하여 제목을 이해한 것입니다.

**4** 이 영상을 통해 북한 이탈 주민에 대해 알맞게 추론한 친구는 동건이입니다.

> ❗ 오답 피하기
> • 북한 이탈 주민은 우리와 같은 민족이자 하나의 겨레라는 것을 알 수 있습니다.
> • 북한 이탈 주민들은 각자 직업을 가지고 열심히 생활하고 있다는 것을 알 수 있습니다.

**5** 남자가 병아리를 물고 달아나는 고양이를 잡으려고 긴 막대를 뻗으며 마루에서 뛰쳐나가는 모습입니다.

**6** 시진이는 그림의 내용만을 말하였고, 승우는 그림의 내용을 잘못 이해하였습니다.

> ❗ 오답 피하기
> **시진:** 경험을 떠올려 말하지 않았습니다.
> **승우:** 남자는 병아리를 물고 달아나는 고양이를 다급하게 쫓아가려고 합니다.

**7** ②는 그림의 내용을 잘못 판단한 것입니다. 씨름을 구경하는 사람들의 표정으로 보아, 씨름을 좋아한다는 것을 알 수 있습니다.

**8** 자신의 배경지식을 떠올리거나 여러 가지 상황을 생각하며 드러나지 않은 내용을 짐작해 보면 좀 더 깊고 넓게 내용이나 상황을 이해할 수 있습니다.

> 채점 기준 글의 내용이나 상황을 잘 이해할 수 있다는 뜻으로 썼으면 정답으로 인정합니다.

**기본** ☺

**핵심내용** ❶ 모습  ❷ 관심

**1** 『화성성역의궤』  **2** (2) ◯  **3** ⑤  **4** (3) ◯  **5** ④
**6** ④  **7** 예 융건릉과 용주사에도 볼거리가 많다.  **8** (1)
단서 (2) 경험 (3) 국어사전 (4) 사실  **9** (1) ◯  **10** ①,
④  **11** 큰 복을 누리며 번성하라  **12** ②  **13** 창덕궁
**14** ⑤  **15** ④  **16** 1983년  **17** ③  **18** (1) ◯  **19**
②  **20** 예 우리 고장을 공부하면서 반 친구들, 선생님과
함께 경복궁을 방문한 적이 있다.

**1**  『화성성역의궤』는 수원 화성에 성을 쌓는 과정을 자세히
기록한 책입니다.

**2**  ㉠과 (2)에 쓰인 '쌓다'는 '물건을 차곡차곡 포개어 얹어서
구조물을 이루다.'라는 뜻이고, (1)에 쓰인 '쌓다'는 '여러
개의 물건을 겹겹이 포개어 얹어 놓다.'라는 뜻입니다.

**3**  『화성성역의궤』는 수원 화성 공사와 관련된 기록이 그림과
함께 실려 있는 보고서이므로, ⑤는 관련이 없습니다.

**4**  ㉡을 통해 『화성성역의궤』가 자세히 기록되었기 때문에
6.25 전쟁 때 크게 파괴된 수원 화성을 원래의 모습대로
다시 만들 수 있었다고 추론할 수 있습니다.

**5**  경치를 즐긴다는 뜻이므로, ④가 알맞습니다.

**6**  ㉡은 정조 임금이 수원 화성을 건축하는 데 많은 관심을
가졌다는 내용을 추론할 수 있는 단서입니다.

**7**  융건릉과 용주사에 가 볼 것을 추천한다는 것은 융건릉과
용주사에도 볼거리가 많다는 것입니다.

  채점 기준  융건릉과 용주사에 가 볼 것을 추천한다는 내용에서 추
론할 수 있는 사실을 알맞게 썼으면 정답으로 인정합니다.

**8**  글을 읽고 내용을 추론할 수 있는 다양한 방법을 생각해
봅니다.

**9**  신분에 따라 생활한 건물이 다르고, 건물의 명칭 또한 다
른 것으로 보아, 조선 시대에는 신분에 따른 차이가 명확
했습니다.

**10**  '전' 자가 붙은 건물에는 궁궐에서 가장 신분이 높은 왕과
왕비만 살 수 있었습니다.
  ❗ 오답 피하기
  ② 후궁은 '당' 자가 붙는 건물에서 생활했습니다.
  ③ 군인은 '각', '재', '헌'이 붙는 건물에서 생활했습니다.
  ⑤ 왕실 가족은 '당' 자가 붙는 건물에서 생활했습니다.

**11**  경복궁은 '큰 복을 누리며 번성하라'는 뜻을 가졌습니다.

**12**  경복궁의 건물은 7600여 칸으로 규모가 어마어마했습
니다.

**13**  건물과 후원이 잘 어우러져 아름다운 창덕궁은 유네스코
세계 문화유산으로 기록되었습니다.

**14**  글에서 뜻을 알지 못하는 낱말은 앞뒤 문장에서 알 수 있
는 사실을 바탕으로 하여 뜻을 추론할 수 있습니다.

**15**  창경궁은 여러 번의 화재를 겪고, 일제 강점기에 많은 건
물이 헐렸습니다.

**16**  1983년에 동물원과 식물원 일부를 옮기고 창경궁이라는
이름을 되찾았습니다.

**17**  경희궁은 경복궁 서쪽에 있다고 하여 '서궐'로도 불렸습
니다.

**18**  궁궐의 원래 규모가 1500칸에 이르렀다는 것으로 보아,
경희궁의 규모가 매우 컸음을 알 수 있습니다.

**19**  석조전과 정관헌은 서양식 건물입니다.

**20**  궁궐을 직접 방문하거나 책, 방송, 다른 사람을 통해 궁궐
에 관련된 내용을 들었던 경험을 씁니다.

  채점 기준  궁궐을 방문하거나 궁궐에 관련된 내용을 들었던 경험
을 썼으면 정답으로 인정합니다.

---

**실천** ☺

**1** (1) 예 스마트폰  (2) 예 스마트폰 사용을 줄이자.  **2** ⑤
**3** (1) ✕  **4** ④  **5** ④  **6** (3) ◯

**1**  영상 광고로 알리고 싶은 주제를 한 가지 고르고, 그 주제
에 대해 알리고 싶은 내용이 잘 드러나도록 한 문장으로
씁니다.

  채점 기준  주제에 알맞게 알리고 싶은 내용을 썼으면 정답으로 인
정합니다.

**2**  영상 광고로 만들 주제, 내용과 분량을 정하는 일을 가장
먼저 합니다.

**3**  서로 의견이 맞지 않을 때에는 민주적인 절차를 거쳐 역할
을 나누어야 합니다.

**5**  장면의 순서와 촬영하는 순서가 일치할 필요는 없습니다.
같은 장소나 준비물이 필요한 경우 먼저 촬영한 뒤 영상을
편집하면 됩니다.

**6** 장면을 촬영한 뒤에는 편집 도구로 장면을 편집하고 자막을 넣습니다.

❶ **오답 피하기**
(1)은 촬영할 장면을 정하는 모습이고, (2)는 주제에 맞게 장면을 촬영하는 모습입니다.

---

### ➕ 단원 어휘 다지기            100쪽

**1** (1) 복   (2) 어   (3) 난   (4) 거    **2** ③    **3** ①, ⑤    **4** 치르던    **5** (2) ○    **6** (3) ○

---

**1** 죽은 뒤 저승에서 받는 복은 '명복'을, 임금의 얼굴 그림이나 사진은 '어진'을 뜻합니다. 견디기 어려운 일을 당하는 것은 '수난'을, 일정하게 자리를 잡고 사는 일은 '거처'를 뜻합니다.

**2** '입이 딱 벌어지다'는 너무 놀라서 입이 다물어지지 않을 정도라는 뜻을 지닌 관용어입니다.

**3** '경치'는 산이나 들, 강, 바다 따위의 자연이나 지역의 모습을 뜻하는 말로, 비슷한 말에는 '경관', '풍경' 등이 있습니다.

**4** '무슨 일을 겪어 내다.'라는 뜻을 지닌 낱말은 '치르다'가 바른 표기입니다. 따라서 '치르니', '치러', '치르던', '치렀다'와 같이 쓰는 것이 알맞습니다.

**5** 보기 와 (2)에 쓰인 '부르다'는 '무엇이라고 가리켜 말하거나 이름을 붙이다.'라는 뜻입니다. (1)은 '먹은 것이 많아 속이 꽉 찬 느낌이 들다.'라는 뜻이고, (3)은 '불룩하게 부풀어 있다.'라는 뜻입니다.

**6** (1)에 쓰인 '소용돌이'는 한 점을 중심으로 하나의 선이 둘레를 돌면서 점점 뻗어 나가는 모양을 뜻하고, (2)에 쓰인 '소용돌이'는 바닥이 팬 자리에서 물이 빙빙 돌면서 흐르는 현상. 또는 그런 곳을 뜻합니다.

---

### 💡 단원 평가            101~103쪽

**1** 북한    **2** (3) ○    **3** 예 북한 이탈 주민이 여러 가지 직업을 가지고 있다는 사실을 알 수 있다.    **4** 고양이    **5** ②    **6** 세희    **7** 『화성성역의궤』    **8** ④    **9** 예 수원 화성은 세계적인 문화유산으로 인정받을 만큼 훌륭한 건축물이다.    **10** (2) ○    **11** ③, ⑤    **12** 교태전    **13** ⑤    **14** ⑤    **15** 서쪽    **16** 예 경희궁의 원래 규모는 매우 컸다.    **17** 태령전    **18** (3) ○    **19** 중화전    **20** ⑰, ㉮, ㉣, ㉯, ㉰

---

**1** '탈북'이라는 말로 보아, 모두 북한 이탈 주민임을 알 수 있습니다.

**2** 영상 속에 나오는 사람들의 표정이나 행동에서 단서를 얻어 제목을 이해하였습니다.

**3** 영상을 통해 우리 주위에 북한 이탈 주민이 많다는 것, 북한 이탈 주민도 우리와 더불어 살아가야 할 같은 민족이라는 것 등을 알 수 있습니다.

**채점 기준**

| | |
|---|---|
| 이 영상에 드러나지 않는 내용을 알맞게 짐작해서 쓴 경우 | 5점 |
| '직업을 가지고 있다.' 등과 같이 간단히 쓴 경우 | 3점 |

**4** 남자는 병아리를 물고 달아나는 고양이를 잡으려고 긴 막대를 뻗으며 마루에서 뛰쳐나가고 있습니다.

**5** 병아리를 물고 달아나는 고양이를 잡으려고 마루에서 뛰쳐나가는 남자의 표정과 몸짓에서 다급한 마음임을 추론할 수 있습니다.

**6** 추론하며 글을 읽으면 내용이나 상황을 좀 더 깊고 넓게 이해할 수 있습니다.

**7** 수원 화성에 성을 쌓는 과정을 기록한 『화성성역의궤』의 우수성과 가치에 대해 설명한 글입니다.

**8** 『화성성역의궤』에 수원 화성 공사에 사용된 물품, 설계 등의 기록이 그림과 함께 자세하게 실려 있어 『화성성역의궤』를 보고 수원 화성을 원래의 모습대로 다시 만들 수 있었습니다.

**9** 세계 문화유산이란 유네스코가 인류 전체를 위해 보호해야 할 가치가 있다고 인정한 유산입니다. 따라서 ㉠을 통해 수원 화성이 세계적인 문화유산으로 인정받을 만큼 훌륭한 건축물임을 추론할 수 있습니다.

**채점 기준**

| | |
|---|---|
| 수원 화성은 세계적인 문화유산으로 인정받을 만큼 훌륭한 건축물이라는 의미로 쓴 경우 | 5점 |
| '훌륭한 건축물이다.'와 같이 간단히 쓴 경우 | 3점 |

**10** 엄격하게 자리를 골랐다는 것으로 보아, '대상의 성질이나 내용 따위가 보통 이상의 수준이어서 만족할 만하다.'라는 뜻임을 알 수 있습니다.

**11** 경복궁에서 가장 웅장한 건물인 근정전은 나라의 중요한 행사를 치르던 곳이었습니다.

❶ **오답 피하기**
① 나라의 중요한 행사를 치르던 곳입니다.
② 교태전에 대한 설명입니다.
④ 근정전은 '부지런히 나라를 다스리라'는 뜻을 지녔습니다.

---

**12** 경복궁에서 안쪽에 자리 잡은 교태전은 왕비가 생활하던 곳입니다.

**13** 앞에 있는 '왕의'라는 낱말과 그 뒷부분에 있는 "왕실의 혼례식, 외국 사신과의 만남과 같은 나라의 중요한 행사를 치르던 곳이다."라는 문장으로 뜻을 짐작해 봅니다.

❶ **오답 피하기**
① '행사'의 뜻입니다.
② '후원'의 뜻입니다.
③ '결혼식'의 뜻입니다.
④ '연회'의 뜻입니다.

**14** 경희궁은 인조부터 철종까지 10대에 걸쳐 왕들이 머물렀습니다.

**15** 경희궁은 경복궁 서쪽에 있다고 하여 '서궐'로도 불렸습니다.

**16** 경희궁의 원래 규모가 매우 컸음을 알 수 있습니다.

| 채점 기준 | |
|---|---|
| 경희궁의 원래 규모가 매우 컸다는 내용과 비슷하게 쓴 경우 | 5점 |

**17** 영조의 어진을 모신 곳은 태령전입니다. 어진은 임금의 얼굴 그림이나 사진을 말합니다.

**18** 조선 왕조 말기에 강한 나라들의 정치적 소용돌이에 휘말리면서 서양 문물이 들어와 서양식 건물이 지어졌음을 추론할 수 있습니다.

**19** 중화전은 국가적 의식을 치르던 곳이고, 석조전은 왕이 일상생활을 하던 곳이었습니다.

**20** '영상 광고 주제, 내용과 분량 정하기 → 역할 나누기 → 촬영 도구와 편집 도구 준비하기 → 장면 촬영하기 → 편집 도구로 자막 넣기' 순서로 영상 광고를 만듭니다.

---

📋 **서술형 평가**       104쪽

**1** 1단계 예 잃었다 2단계 예 자신의 경험을 떠올려 내용을 추론하였다. 3단계 예 수원 화성 이외에도 유네스크 세계 문화유산으로 등록된 문화재에는 무엇이 있을까요?

**2** 예 창덕궁은 건물과 후원이 잘 어우러져 아름답고, 유네스코 세계 문화유산으로 기록되었다.

**3** (1) 예 그림이나 무늬. (2) 예 '단청' 뒷부분에 '화려하다'라는 낱말이 있으므로 단청은 그림이나 무늬를 뜻할 것이다.

**1** 1단계 성곽 일대가 훼손되기 시작하고 파괴되었다는 단서를 통해 수원 화성이 원래의 모습을 잃었다는 것을 추론할 수 있습니다.

**2** 단계 주현이는 경주 여행을 갔던 경험을 바탕으로 하여 이 글의 내용을 추론하였습니다.

| 채점 기준 | |
|---|---|
| 자신의 경험을 떠올려 추론했다는 내용과 비슷하게 쓴 경우 | 5점 |
| 추론한 방법을 알고 썼으나 표현이 다소 미흡한 경우 | 2점 |

**3** 단계 글의 내용을 바탕으로 하여 내용을 추론할 수 있는 질문으로 만들어 봅니다.

| 채점 기준 | |
|---|---|
| 글에서 내용을 추론할 수 있는 질문을 알맞게 쓴 경우 | 6점 |
| 내용을 추론할 수 있는 질문으로 약간 미흡한 경우 | 3점 |

**2** 글의 내용에 맞게 새로 알게 된 점을 정리하여 씁니다.

| 채점 기준 | |
|---|---|
| 글의 내용에 맞게 새로 알게 된 점을 알맞게 쓴 경우 | 6점 |
| 새로 알게 된 점을 정리한 내용이 어색한 경우 | 2점 |

**3** 앞뒤 문장에서 알 수 있는 사실을 바탕으로 하여 그 뜻을 추론해 봅니다.

| 채점 기준 | |
|---|---|
| '단청'의 뜻과 그렇게 생각한 까닭을 모두 알맞게 쓴 경우 | 8점 |
| '단청'의 뜻만 알맞게 쓴 경우 | 4점 |

---

😊 **수행 평가**       105쪽

**1** (1) 예 수원 화성은 세계적인 문화유산으로 인정받을 만큼 훌륭한 건축물이다. (2) 예 『화성성역의궤』가 자세하게 기록되었기 때문에 수원 화성을 원래의 모습대로 만들 수 있었다. (3) 예 정조 임금은 수원 화성을 건축하는 데 많은 관심을 가졌다.

**1** 글의 내용을 바탕으로 하여 추론할 수 있는 사실을 알맞게 씁니다.

| 채점 기준 | |
|---|---|
| (1)~(3) 모두 알맞게 쓴 경우 | 24점 |
| (1)~(3) 중에서 두 가지만 알맞게 쓴 경우 | 16점 |
| (1)~(3) 중에서 한 가지만 알맞게 쓴 경우 | 8점 |

# 7 우리말을 가꾸어요

**1** (1) ○　**2** 생각　**3** 근거　**4** ㉰

---

**핵심내용** ❶ 줄임 말

**1** 생일 선물　**2** ③　**3** ㉮　**4** 핵노잼　**5** 소연　**6** ④　**7** ④　**8** ②　**9** ㉮　**10** 例 놀이를 잘하는 친구에게 진심과 존중의 말로 칭찬했다.

**1** 그림 **2**에 여자아이가 말한 '생선'의 뜻이 나와 있습니다. 여자아이는 '생일 선물'을 줄여서 '생선'이라고 말했습니다.

**2** 아빠는 여자아이가 우리말을 줄여 말해서 이해하지 못하였습니다.

**3** 여자아이가 줄임 말을 쓰지 않으면 핵노잼이라고 말한 것으로 보아, 줄임 말이 재미있어서 쓴 것임을 알 수 있습니다.

**4** 아빠는 '매우 재미없다.'라는 뜻의 신조어인 '핵노잼'이라는 말이 잘 이해가 되지 않았습니다.

**5** 여자아이는 줄임 말 '생선'과 신조어 '핵노잼', 비속어 '헐'을 사용하였습니다.

> **❶ 오답 피하기**
> • 여자아이는 외국어나 욕설을 섞어 말하지 않았습니다.
> • 여자아이는 아빠를 배려하면서 말하지 않았습니다.

**6** 준석이는 경기에서 지는 모둠의 친구들을 무시하고 싶어서 비난의 말을 했습니다.

**7** 솔연이는 준석이의 말을 듣고 무시당하는 기분이 들어 속상했을 것입니다.

**8** 진주는 경기에서 지는 모둠의 친구들에게 힘을 내라고 격려의 말을 했습니다.

**9** 진주는 친구에게 힘과 긍정의 마음을 주도록 긍정적으로 말했습니다.

**10** 바람직한 태도로 우리말을 바르게 사용한 경험을 떠올려 씁니다.

> **채점 기준** 자신의 우리말 사용 경험 중 바람직한 태도로 대화한 경험을 썼으면 정답으로 인정합니다.

---

**핵심내용** ❶ 우리말　❷ 역할

**1** ④　**2** (2) ○　**3** ⑤　**4** ㉮　**5** 영은　**6** 비속어　**7** ⑤　**8** ⑤　**9** (1) 반려동물 돌봄이 (2) 길고양이 돌봄이　**10** ①　**11** (1) 욕설이나 비속어 (2) 욕설　**12** ③　**13** 끝　**14** (1) 중화 (2) 지원　**15** ⑤　**16** ②　**17** (3) ○　**18** ⑤　**19** ❶　**20** 例 긍정하는 말과 고운 우리말을 사용합시다.　**21** 例 비속어나 욕설을 올바른 우리말로 바꾸어 사용하자.

**1** 평범한 중고등학생 네 명을 대상으로 욕 사용 실태를 관찰한 결과를 들며 학생들이 욕을 너무 많이 사용한다는 문제점을 제기하고 있습니다.

**2** 중고등학생들의 욕 사용 실태를 관찰한 결과, 많은 학생들이 욕을 거침없이 사용하고 있었습니다.

**3** 대중 매체 환경이 빠르게 바뀌면서 욕설이나 비속어를 대하는 나이가 더욱 어려지고 있다고 하였습니다.

**4** ㉠은 초등학교 교실을 찾아 아는 욕설을 적어 보도록 한 결과로, 초등학교 때부터 아이들이 욕을 많이 사용한다는 사실을 알려 주고 있습니다.

**5** 상대와 대화할 때에는 상대의 기분을 상하지 않게 하고, 배려하는 말과 긍정하는 말을 해야 합니다.

**6** 준형이와 수진이는 배려하는 말을 하지 않고 비속어를 사용하며 비난했습니다.

**7** 친구와 부딪혔을 때 할 수 있는 말로 알맞은 것은 ⑤입니다.

**8** 〈사례 3〉에서는 우리가 사용하는 반려동물 관련 용어가 대부분이 외래어·외국어라는 것을 문제점으로 제기하였습니다.

**9** '펫시터'는 '반려동물 돌봄이'로, '캣맘'과 '캣대디'는 '길고양이 돌봄이'로 고쳐 쓸 수 있습니다.

**10** **가~바**에 만화는 나오지 않았습니다.

> **❶ 오답 피하기**
> ② 사전은 자료 **다**입니다.
> ③ 인터넷은 자료 **마**입니다.
> ④ 거리의 간판은 자료 **가**입니다.
> ⑤ 어린이 신문은 자료 **바**입니다.

**11** 자료 **나**는 욕설이나 비속어를 사용하는 청소년들에 대한 뉴스이고, 자료 **라**는 욕설을 하는 습관을 고치자는 텔레비전 프로그램입니다.

**12** 가 ~ 바의 내용으로 보아, 조사할 내용으로 알맞은 것은 ③입니다.

**13** 조사한 뒤 드는 생각이나 느낌에 대한 내용이므로, 끝부분에 들어가기에 알맞습니다.

**14** 지원이는 인터넷에서 「초등학생 줄임 말, 신조어 '심각'」이라는 뉴스 기사를 찾았고, 중화는 높임말을 사용하는 언어문화를 조사했습니다.

**15** 지원이는 자신의 반에서도 날을 정해 선생님과 아이들, 친구들 사이에 높임말을 쓰거나 올바른 우리말을 사용해 보면 좋겠다고 하였습니다.

**16** 우리말 사용 실태에 대하여 조사할 때 사용한 자료의 출처는 반드시 밝혀야 합니다.

**17** 발표할 때에는 일정한 목소리보다는 중요한 부분을 강조하며 발표해야 합니다.

**18** 반 친구들의 우리말 사용 실태 중에서 어떤 내용을 바탕으로 하여 쓴 글인지 생각해 봅니다.

**19** 문단 **1**에서 반 친구들이 짜증 난다는 말과 비속어, 욕설 등 거친 말을 사용하는 것을 문제 상황으로 제기하였습니다.

**! 오답 피하기**
문단 **2**~**4**는 주장을 뒷받침하는 근거가 나타나 있고, 문단 **5**는 글쓴이의 주장이 드러나 있습니다.

**20** 문단 **5**에 긍정하는 말과 고운 우리말을 사용하자는 글쓴이의 주장이 드러나 있습니다.

**21** 올바른 우리말 사용 방법과 관련지어 생각해 봅니다.

**채점 기준** 우리말 사용을 주제로 한 글에 어울리는 주장을 썼으면 정답으로 인정합니다.

---

**실천 😊** 114쪽

**1** 나 **2** (1) 광고 (2) 신문 **3** ⑤

**1** 나 모둠은 국립국어원 우리말 다듬기 누리집에서 자료를 수집해서 우리말 사례집을 만들었습니다.

**! 오답 피하기**
가 모둠은 우리가 너무 줄여 말하는 낱말을 바르게 고쳐 쓴 사례집을 만들었습니다.

**2** 가 모둠은 광고 형식, 나 모둠은 신문 형식으로 우리말 사례집을 만들었습니다.

**3** 친구들은 어떤 내용으로 우리말 사례집을 만들 것인지 의견을 나누었습니다.

---

**⊕ 단원 어휘 다지기** 115쪽

**1** (1) 사례 (2) 공동체 (3) 반려 (4) 기권 **2** (3) ○ **3** (1) 바로 (2) 등 **4** 부정 **5** ⑤ **6** (1) 돼요 (2) 된

**1** 실제로 일어나는 예는 '사례'를, 생활이나 행동 또는 목적을 같이하는 집단은 '공동체'를 뜻합니다. 사람이 정서적으로 의지하고자 기르는 동물은 '반려동물'을, 투표나 경기 따위에서 권리를 스스로 포기하는 것은 '기권'을 뜻합니다.

**2** '눈살을 찌푸리다'에서 '눈살'은 두 눈썹 사이에 잡히는 주름을 뜻하는 말로, '찌푸리다'와 같이 쓰면 마음에 못마땅한 뜻을 나타내어 양미간을 찡그린다는 뜻이 됩니다.

**3** (1) '거침없이'는 '일이나 행동 따위가 중간에 걸리거나 막힘이 없이.'라는 뜻으로, '바로', '곧', '얼른'과 뜻이 비슷한 말입니다. (2) '따위'는 앞에서 말한 것 외에도 같은 종류의 것이 더 있음을 나타내는 말로, '등', '들'과 뜻이 비슷한 말입니다.

**4** '긍정하다'는 '그러하다고 생각하여 옳다고 인정하다.'라는 뜻으로, '올바르지 아니하거나 옳지 못하다.'라는 뜻을 지닌 '부정하다'와 뜻이 반대인 낱말입니다.

**5** '추하다'는 '옷차림이나 언행 따위가 지저분하고 더럽다.'라는 뜻이므로, 버스에서 자리를 양보해 주는 모습과는 어울리지 않는 낱말입니다.

**6** (1) '되어요'의 줄임 말인 '돼요'를 씁니다. (2) 낱말 '되다'에서 바뀌지 않는 부분 '되'를 활용한 것이므로 '된'을 씁니다.

---

**🔅 단원 평가** 116~118쪽

**1** 생선, 핵노잼, 헐 **2** ① **3** ①, ⑤ **4** 준석 **5** ⑤
**6** 예 준석이는 친구를 비아냥거리며 비꼬는 말로 부정적으로 말했고, 진주는 친구에게 힘과 긍정의 마음을 주도록 긍정적으로 말했다. **7** 승민 **8** ④ **9** 예 괜찮아. 너도 부딪쳤는데 뭘. 괜찮니? **10** ㉲ **11** 세윤 **12** ⑤ **13** 예 우리말이 파괴되고 있다. **14** 나 **15** ③ **16** ④ **17** ㉲ **18** ② **19** ③ **20** ①

**1** 아빠는 여자아이가 한 말 중에서 '생선', '핵노잼', '헐'이라는 말이 잘 이해가 되지 않았습니다.

**2** 여자아이는 줄임 말을 쓰지 않으면 재미없다고 하였습니다.

**3** 여자아이가 줄임 말과 신조어, 비속어를 사용해서 아빠와 의사소통이 안 되었습니다.

**4** 준석이는 경기에서 지는 모둠의 친구들을 무시하고 싶어서 비난의 말을 했습니다.
> ❗ **오답 피하기**
> 진주는 격려의 말을 했습니다.

**5** 강민이는 진주가 격려해 주어 힘이 나고 기분이 좋았을 것입니다.

**6** 준석이는 부정하는 말을, 진주는 긍정하는 말을 하였습니다.

| 채점 기준 | |
|---|---|
| 준석이와 진주가 어떻게 말했는지 알맞게 비교하여 쓴 경우 | 5점 |
| 준석이와 진주의 대화 태도 중에서 한 사람만 알맞게 쓴 경우 | 2점 |

**7** 지안이는 언어 예절을 지키며 대화하였습니다.

**8** 준형이와 수진이가 배려하는 말을 하지 않고 비속어를 사용하며 비난했기 때문입니다.

**9** ㉠을 배려하는 말로 고쳐 써 봅니다.

| 채점 기준 | |
|---|---|
| ㉠을 배려하는 말로 알맞게 고쳐 쓴 경우 | 5점 |
| ㉠을 고쳐 썼으나 문장이 어색한 경우 | 2점 |

**10** 외래어·외국어를 사용하면 올바른 우리말이 점점 사라져 갈 것입니다.

**11** 외국어, 줄임 말, 욕설이나 비속어를 사용하는 것은 올바른 우리말 사용이 아닙니다.

**12** 🕖는 외국어 간판이 많은 모습입니다.

**13** 자료 🕖~🕘에 드러난 우리말 사용 실태의 문제점을 씁니다.

| 채점 기준 | |
|---|---|
| 자료 🕖~🕘를 통해 알 수 있는 우리말 사용 실태의 문제점을 알맞게 파악하여 쓴 경우 | 5점 |
| 자료 🕖~🕘 중에서 한 가지 자료에 나타난 문제점만 파악하여 쓴 경우 | 2점 |

**14** 자료 🕙가 욕설이나 비속어를 사용하는 청소년들에 대한 뉴스입니다.

**15** 말하는 사람과 듣는 사람 모두 마음이 편안해지는 긍정하는 말에 해당하는 것은 ③입니다.
> ❗ **오답 피하기**
> ①, ②, ④, ⑤는 부정하는 말에 해당합니다.

**16** 고운 우리말을 쓰면 고마운 마음이 생기므로 아름다운 사람이 되고, 진정한 말맛을 느끼게 하며, 자신과 상대의 마음을 아름답게 해 준다고 했습니다.
> ❗ **오답 피하기**
> ④ 잘못에는 사과하는 말을 하는 것이 고운 우리말을 쓰는 것입니다.

**17** 긍정하는 말과 고운 우리말을 쓰면 좋은 점을 근거로 들었는데, 이 두 가지 근거가 뒷받침하는 주장으로 알맞은 것은 ⑭입니다.

**18** 국립국어원 우리말 다듬기 누리집에 올라온 다듬은 말을 사례집으로 엮었습니다.

**19** '타임캡슐'이라는 외국어는 '기억상자'라는 우리말로 다듬을 수 있습니다.

**20** 책 형식으로 만든 우리말 사례집입니다.

---

### 📄 서술형 평가
119쪽

**1** **1**단계 진주 **2**단계 **예** 부정적이고 비난하는 말을 올바른 우리말로 바꾸어 사용해야 한다. **3**단계 **예** 아버지와 대화할 때 줄임 말을 많이 써서 아버지가 내 말을 이해하지 못하셨다.

**2** (1) **예** 학생들이 욕을 너무 많이 사용한다는 것 (2) **예** 배려하는 말을 하지 않고 비속어를 사용한다는 것

**3** **예** 상대의 기분을 상하지 않게 하고, 배려하는 말과 긍정하는 말을 해야 한다.

**1** **1**단계 진주는 경기에서 지고 있는 모둠의 친구에게 힘을 내라고 격려의 말을 했습니다.

**2**단계 준석이는 비아냥거리며 비꼬는 말로 부정적인 말, 비난의 말을 했습니다.

| 채점 기준 | |
|---|---|
| 부정적이고 비난하는 말을 사용했다는 내용을 넣어 고칠 점을 구체적으로 쓴 경우 | 6점 |
| '우리말을 바르게 사용하자.'와 같이 고칠 점을 일반적으로 쓴 경우 | 3점 |

3단계 비속어나 줄임 말, 욕설 등 언어 예절에 어긋나게 대화한 경험을 떠올려 씁니다.

**2** 글 ㉮와 ㉯에서 제기한 우리말 사용 실태의 문제점을 파악하여 써 봅니다.

**3** 상대와 대화할 때 어떤 마음으로 해야 좋을지 씁니다.

### 수행 평가
120쪽

**1** (1) 예 고운 우리말을 쓰자 (2) 예 욕설이나 비속어와 같은 거친 말을 하는 청소년들이 있다. 거친 말보다 고운 우리말을 써야 한다. (3) 예 고운 우리말을 쓰면 말하는 사람과 듣는 사람 모두 기분이 좋아져 아름다운 소통을 이룰 수 있다. 또한 우리말에 대한 자부심을 가질 수 있다. (4) 예 거친 말보다 고운 우리말을 쓰면 자신과 주변 사람들에게 좋은 영향을 줄 수 있다. 따라서 거친 말보다 고운 우리말을 쓰도록 노력해야 한다.

**1** 서론에서는 글을 쓰게 된 문제 상황과 주장을 밝히고, 본론에서는 주장에 대한 근거를 제시합니다. 결론에서는 글 내용을 요약하고 글쓴이의 주장을 다시 한번 강조합니다. 그리고 글의 내용에 알맞은 제목을 붙여 봅니다.

## 8 인물의 삶을 찾아서

### 개념 확인하기
121쪽

**1** ㉯　**2** 까닭　**3** (1) ○　**4** 인물이 추구하는 가치

### 준비
122쪽

**1** 『꿀벌 마야의 모험』　**2** 어려운 사람들을 돕는 모습　**3** (1) ○　**4** 너희도 책을 읽어 봐.

**2** 자신이 받는 도움을 생각하며 어려운 사람들을 돕는 인물 모습이 마음을 울렸다고 했습니다.

**4** 글쓴이가 이 글을 통해 말하고자 하는 것은 책을 읽자는 것입니다.

### 기본
123~137쪽

**핵심내용** ❶ 고려　❷ 극복　❸ 효　❹ 믿음　❺ 행복

**1** ③　**2** 만수산 드렁칡　**3** 일편단심　**4** (1) ② (2) ①
**5** 예 글 ㉯의 '백골이 진토 되어'라는 표현이 인상에 남는다. 그만큼 정몽주의 마음이 확고함을 빗대어 잘 표현한 것 같다.
**6** 이순신　**7** ㉯　**8** ⑤　**9** 울돌목(명량 해협)　**10** ①
**11** 13척, 133척　**12** 연경, 영찬　**13** ㉯　**14** 예 아들의 죽음이라는 큰 고난 앞에서도 흔들리지 않고 자신과 나라가 처한 상황을 극복하려고 생각했기 때문에 그런 말을 했을 것이다.　**15** ⑤　**16** ③　**17** ④　**18** (생각하는 인형) 미미　**19** 샘마을 기와집　**20** ③　**21** ⑤　**22** 사람
**23** ②　**24** ②　**25** ②, ④　**26** ⑤　**27** ㉯　**28** ②　**29** ⑤　**30** ④　**31** 욕심쟁이　**32** ㉮　**33** 도깨비가 제일 무서워하는 것　**34** ①, ③　**35** 서연　**36** 예 어머니의 병이 나을 때까지만 도깨비들이 자신의 기와집에 와서 샘을 이용하면 어떻겠냐고 도깨비들을 설득했을 것 같다.　**37** ⑤　**38** 예 답답할 것 같다.　**39** ⑤　**40** ㉰　**41** (1) 1940년 (2) (아프리카) 케냐　**42** ④　**43** 오빠(은데리투)　**44** ⑤　**45** ①, ③　**46** ㉰　**47** ④　**48** 현실적인 이익　**49** ③　**50** 나무 심기 운동　**51** ⑤　**52** 동하　**53** 그린벨트 운동　**54** ①, ④　**55** ⑤　**56** ①, ②　**57** 규종　**58** 노벨 평화상　**59** 예 나도 승수처럼 우리 모두를 위한 일이 무엇인지 찾아봐야겠다는 마음이 든다.

**1** 이방원이 글 **가**를 써서 정몽주를 설득하려고 했지만, 정몽주는 글 **나**를 써서 자신의 생각이 다름을 알렸습니다.

**2** 만수산 드렁칡이 서로 얽혀 있는 것처럼 함께 뜻을 모으자는 생각을 말하고 있습니다.

**3** '일편단심'의 변치 않는 마음이라는 뜻이 정몽주의 생각을 그대로 보여 줍니다.

**4** 글 **가**에서 이방원은 정몽주에게 뜻을 함께 모아 새 나라를 세우자고 말하고 있고, 글 **나**에서 정몽주는 변함없이 고려에 충성을 다하겠다고 말하고 있습니다.

**5** 글에서 인상적인 표현을 자유롭게 찾아보고, 그 까닭을 알맞게 씁니다.

> **채점 기준** 글에서 인상에 남는 표현을 찾아 그 까닭을 알맞게 썼으면 정답으로 인정합니다.

**6** 이 글은 이순신이 승리로 이끈 명량 대첩과 관련된 이야기입니다.

**7** 나라에서는 이순신을 다시 삼도 수군통제사로 세우면서 아예 바다를 포기하고 육군으로 싸우라고 했습니다.

**8** 원균은 계속되는 명령을 어기지 못하고 그대로 따랐지만, 이순신은 임금님께 육군으로 싸우라는 명령을 따르지 못함을 당당하게 말하였습니다.

> **❶ 오답 피하기**
> ①, ③, ④는 이순신과 원균 모두와 관련이 없는 내용이고, ②는 원균과 관련된 내용입니다.

**9** 이순신은 오랜 고민 끝에 '울돌목(명량 해협)'을 싸움터로 정했습니다.

**10** 이순신은 배와 무기, 군사가 모두 적었지만 많아 보이게 하는 방법을 썼습니다.

**11** 적은 수의 배로 엄청난 수의 배를 물리쳤기 때문에 기적 같은 전투라고 하는 것입니다.

**12** 이순신은 군사들에게 죽기를 각오하고 싸워야 한다고 말했고, 물살이 조선 수군에게 유리해질 때까지 기다렸다가 물살을 이용해 적선을 공격했습니다.

**13** ⑭는 명량 대첩이 끝나고 백성이 모여들었을 때 이순신의 생각을 알고 싶어서 만든 질문입니다.

**14** 아들 면이 죽은 힘든 상황에서 이순신이 '이제는 끝내야만 해.'라고 말한 것은 어떤 생각 때문인지 짐작해 봅니다.

> **채점 기준** 자신과 나라가 처한 상황을 극복하려고 생각했기 때문이라는 내용을 썼으면 정답으로 인정합니다.

**15** 이순신은 아들이 죽은 힘든 상황에서도 포기하지 않고 극복하려는 의지를 추구합니다.

**16** 이순신의 말과 행동, 추구하는 가치와 관련 있는 것을 찾아봅니다.

**17** 몽당깨비는 은행나무 뿌리에 갇혀 삼백 년 동안 잠자다 깨어났다고 하였습니다.

**18** 쓰레기 봉지에 담겨 쓰레기 소각장에 온 몽당깨비는 그곳에서 생각하는 인형 미미를 만났습니다.

**19** 몽당깨비는 갈 데가 있냐는 미미의 질문에 샘마을 기와집으로 가야한다고 대답하였습니다.

**20** 글의 내용을 확인하기 위한 질문이어야 하므로 꼭 쉽게 대답할 수 있는 질문을 만들어야 하는 것은 아닙니다.

**21** 몽당깨비는 버들이랑 같이 사람으로 살고 싶어서 기와집을 지었는데, 그 샘마을 기와집에는 버들이가 산다고 하였습니다.

**22** 미미는 몽당깨비가 버들이랑 같이 사람으로 살고 싶었다고 한 말을 듣고, 사람이 되고 싶어 한 점이 자신과의 공통점이라고 말하였습니다.

**23** 버들이는 편찮으신 어머니가 드시고 병이 나을 수 있도록 새벽마다 도깨비 샘물을 뜨러 왔습니다.

**24** 몽당깨비는 버들이를 좋아하게 되어 자신이 사람이 아니고 도깨비라는 사실이 슬펐습니다.

**25** 몽당깨비는 고생하는 버들이가 가여워 재주를 부려 가랑잎으로 돈을 만들어다 주고 부잣집 돈을 훔쳐 내기도 하였습니다.

> **❶ 오답 피하기**
> ①, ⑤ 몽당깨비가 한 일이 아닙니다.
> ③ 버들이가 샘가에 오두막을 짓고 살겠다고 했지만, 몽당깨비는 그것은 위험한 일이라고 생각하였습니다.

**26** 파랑이는 버들이 때문에 하지 말아야 할 일까지 하는 몽당깨비에게 정신 나간 도깨비라고 말하였습니다.

**27** 버들이는 어머니가 위독해지시자, 위독하신 어머니께 샘물을 좀 더 드리고 싶으니 샘가에 오두막을 짓고 살겠다고 말하였습니다.

**28** 어머니를 위하는 말과 행동을 통해 버들이가 추구하는 가치는 '효'라는 것을 알 수 있습니다.

**29** 파랑이는 버들이가 몽당깨비를 꾐에 빠뜨리고 있다고 생각되어 대왕님이 알기 전에 버들이를 모른 체하라고 말하였습니다.

**30** 버들이는 이번에는 샘을 기와집 뒤란으로 옮겨 달라고 하였습니다. 점점 샘물을 쉽게 얻을 수 있는 방법을 원한 것입니다.

**31** 미미는 버들이가 기와집에 이어 샘을 옮기는 것까지 바라자, 버들이는 욕심쟁이라고 말하였습니다.

**32** 몽당깨비가 파랑이와 의논한 일은 믿음과 사랑이라는 가치와 관련이 없습니다.

**33** 버들이는 몽당깨비가 샘물줄기를 기와집 뒤란으로 흐르도록 해 주겠다고 약속하지, 도깨비가 제일 무서워하는 게 뭐냐고 물었습니다.

**34** ㉠ 바로 앞의 내용을 살펴봅니다. 기와집 담에는 빈틈없이 말 피가 뿌려져 있었고 대문에는 말 머리가 높이 올려져 있었다고 하였습니다.

**❶ 오답 피하기**
② 대왕님은 몽당깨비를 잡아 오라고 불호령을 내렸습니다.
④, ⑤ 동물들과 도깨비 들은 말 피와 말 머리 때문에 아무도 기와집을 건드리지 못하였습니다.

**35** 버들이가 한 말이나 행동은 이웃 간의 정과 관련이 없습니다.

**36** 버들이처럼 자신의 이익만 생각할지, 도깨비의 입장에서 생각할지 정리해 봅니다.

**채점 기준** 샘물줄기를 어떻게 하고 싶어 했을지 드러나도록 썼으면 정답으로 인정합니다.

**37** 대왕님은 기와집 담 밖에 구덩이를 파고 은행나무 한 그루를 심은 뒤, 그 속에 몽당깨비를 묻고 천 년 동안 은행나무 뿌리에 얽매여 있어야 하는 벌을 주었습니다.

**38** 사랑하는 버들이를 보지 못한 채 깜깜한 땅속에서 은행나무 뿌리에 얽매여 있다면 어떤 기분일지 생각해 봅니다.

**39** 이야기의 주제는 인물이 추구하는 가치와 관련이 있으므로 인물이 추구하는 가치를 통해 주제를 파악해 봅니다.

**40** 기와집으로 가기 위해 일어난 몽당깨비에게 어떤 일이 일어날지 이야기의 흐름에 맞게 상상해 봅니다.

**❶ 오답 피하기**
㉮ 미미는 인형이므로 갑자기 도깨비로 변하는 것은 글의 흐름상 어울리지 않습니다.
㉯ 버들의 어머니가 위독했다는 내용은 앞부분에 이미 나옵니다.

**41** 왕가리 마타이는 1940년, 아프리카 케냐 중앙 고원 지역 이히테의 작은 마을에서 태어났습니다.

**42** 당시 케냐에서는 여자아이를 학교에 보내는 경우가 매우 드물었기 때문에 왕가리 마타이도 자신이 학교에 다니게 될 것이라고는 생각하지 못했습니다.

**❶ 오답 피하기**
①, ③ 여자아이를 학교에 보내는 경우가 매우 드물었습니다.
② 아버지에 대한 내용은 나오지 않습니다.
⑤ 여자아이들이 학교에 다니기 위해 노력했다는 내용은 나오지 않습니다.

**43** 오빠 은데리투가 어머니에게 왕가리 마타이는 왜 학교에 다니지 않느냐고 물어서 어머니는 고민 끝에 왕가리 마타이를 학교에 보내기로 결심한 것입니다.

**44** 선생님들은 왕가리 마타이의 남다른 총명함과 성실함을 눈여겨보고 그녀가 장학금을 받아 외국에서 공부할 수 있도록 도와주었습니다.

**45** 울창했던 숲은 벌목으로 벌거벗은 모습이 되었고, 비옥했던 토양은 영양분이 고갈되어 동식물을 제대로 길러 낼 수 없는 상태가 되었습니다.

**46** 파괴된 환경이 그녀와 그녀의 아이들 그리고 케냐의 모든 이에게 고통을 주고 있다는 것을 깨달은 왕가리 마타이는 자신이 할 수 있는 일이 무엇인지 생각하다 나무를 심기로 하였습니다.

**47** 회사 운영이 어려워지자 왕가리 마타이는 묘목 장사를 해서 회사를 살리기로 하고, 1975년 나이로비에서 열린 국제 전람회에 참석해 묘목을 전시했습니다.

**48** 돈벌이를 위해 숲을 없애고 차나무와 커피나무를 심은 것으로 보아, 케냐의 지도자들은 현실적인 이익을 중요하게 생각한다는 것을 알 수 있습니다.

**❶ 오답 피하기**
케냐의 지도자들은 환경 보호와 사람들의 행복을 소중하게 생각하지 않았기 때문에 돈벌이를 위해 케냐가 황폐해지는 것도 마다하지 않았습니다.

**49** 주위 사람들은 나무 심기에만 열중하는 왕가리 마타이에게 나무 심기를 그만하라고 설득했습니다.

**50** 왕가리 마타이는 케냐여성위원회의 위원이 되어 나무 심기 운동을 추진했습니다.

**51** 케냐여성위원회가 나무 심기 운동을 전파하려고 한 것은 환경 보호를 중요하게 생각했기 때문입니다.

**52** 왕가리 마타이의 말과 행동을 통해 추구하는 가치를 알맞게 파악한 친구는 동하입니다.

**❶ 오답 피하기**
파괴된 환경을 위해 나무를 심기로 한 것을 통해 자연환경 보호를 추구하고, 마음먹은 일을 해내기 위해 노력하는 것을 통해 성실을 추구한다는 것을 알 수 있습니다.

**53** 묘목을 한꺼번에 약 1000그루씩 적당한 간격을 두고 심어 '벨트'를 만들도록 권장하면서 나무 심기 운동은 '그린벨트 운동'으로 불렸습니다.

**54** 왕가리 마타이는 나무가 빨리 자라지 않아 나무를 심기 싫다는 사람들에게 아이들과 미래의 케냐를 위해 인내심을 가지고 나무를 심어 줄 것을 부탁하였습니다.

**55** 왕가리 마타이는 도심 속 녹지대와 시민들의 쉼터가 되는 우후루 공원이 계속 보전되어야 한다고 생각했습니다.

**56** 왕가리 마타이는 우후루 공원을 지키기 위해 관련 회사와 정부에 편지를 쓰고 언론에 자신의 주장을 알리며 우후루 공원을 지키려고 애썼습니다.

**57** 노년에도 휴식을 취하지 않고 환경 보호를 위해 노력한 것에 어울리는 생각을 말한 친구를 찾아봅니다.

**58** 왕가리 마타이는 환경 보호를 위해 노력한 것을 인정받아 2004년에 아프리카 여성 최초로 노벨 평화상을 받았습니다.

**59** 승수가 왕가리 마타이와 자신의 삶을 비교하여 느낀 점을 찾아보고, 자신과 어떤 점에서 비슷하고 어떤 점에서 다른지 비교해 봅니다.

`채점 기준` 승수가 쓴 글에 나타난 생각과 자신의 생각과 비교하여 썼으면 정답으로 인정합니다.

---

`실천 😊`      138쪽

**1** ④, ⑤    **2** ④    **3** (1) 예 『강아지 똥』 (2) 예 강아지 똥
**4** ⑤

**1** 인물에 대해 말해 주는 질문과 대답, 기억나는 인물의 말과 행동에 인물이 추구하는 가치가 드러나 있습니다.
   ❗ 오답 피하기
   ①, ②, ③은 문학 작품의 줄거리와 인물에 대해 이해할 수 있도록 간단히 소개한 것으로, 인물이 추구하는 가치가 드러나지는 않습니다.

**2** 인물을 소개할 때에 필요한 내용을 찾아봅니다.

**3** 기억에 남는 작품을 떠올려 제목과 소개하고 싶은 인물을 씁니다.

**4** 작품 속 인물인 몽당깨비가 추구하는 가치에서 느낀 점을 발표한 것입니다.

---

`➕ 단원 어휘 다지기`      139쪽

**1** ②    **2** (1) ② (2) ① (3) ④ (4) ③    **3** ③    **4** ①
**5** (2) ○    **6** (1) 풋 (2) 맏

**1** '벌목'은 숲의 나무를 베는 것을 뜻합니다.

**2** '노여워하다'는 화가 치밀 만큼 분해한다는 뜻이고, '비옥하다'는 땅이 기름지고 양분이 많다는 뜻입니다. '발휘하다'는 재능이나 능력을 떨치어 나타낸다는 뜻이고, '뒤숭숭하다'는 마음이 어수선하다는 뜻입니다.

**3** 첫 번째 빈칸 뒤에 나오는 '적지만'에 쓰인 '-지만'과 어울려 쓸 수 있는 말은 '비록'이 알맞고, 두 번째 빈칸 뒤에 나오는 '못할'과 어울려 써서 '함부로', '만만하게'의 뜻을 나타내는 말은 '감히'가 알맞습니다.

**4** '눈을 붙이다'는 '잠을 자다.'라는 뜻을 지닌 관용어입니다.

**5** (2)는 이러지도 저러지도 못하는 처지이므로 '진퇴양난'이 쓰일 수 있는 상황입니다.

**6** '풋내기'는 경험이 없어서 일에 서투른 사람을 뜻하는 낱말이고, '맏딸'은 둘 이상의 딸 가운데 첫째가 되는 딸을 이르는 낱말입니다.

---

`💡 단원 평가`      140~142쪽

**1** 빅토르 위고    **2** ④    **3** ③    **4** 예 나도 작가가 되고 싶은데, 글쓴이가 『갈매기의 꿈』을 읽고 도움이 되었다니 나도 그 책을 꼭 읽어 보고 싶다.    **5** 시조    **6** ④    **7** ③
**8** 일본    **9** (3) ○    **10** ⑤    **11** 몽당깨비, 미미    **12** ⑤
**13** 예 진심을 담아 상대를 대하는 것을 추구한다.    **14** 복합 빌딩 건설    **15** (1) ×    **16** 개인적인 이익    **17** 승우
**18** ⑤    **19** (3) ○    **20** 예 인물이 추구하는 가치와 관련한 자신의 경험이 있나요?

**1** 글쓴이는 많은 책을 읽었는데, 특히 빅토르 위고 작품을 좋아했다고 하였습니다.

**2** 글쓴이는 작가라는 꿈을 이루려고 더 많은 책을 읽었다고 하였습니다.

**3** 이 글에서는 '작가', '꿈', '책'이라는 낱말이 많이 쓰였는데, 그중에서 가장 중요한 낱말은 '책'입니다.

**4** 글쓴이가 소개한 책의 내용을 짐작해 보고, 자신의 삶에 도움이 될 만한 책을 선택해 봅니다.

국어

**채점 기준**

| 자신의 삶에 도움이 될 만한 책과 그 까닭을 모두 쓴 경우 | 5점 |
|---|---|
| 자신의 삶에 도움이 될 만한 책만 쓴 경우 | 2점 |

**5** 글 가와 나는 초장, 중장, 종장의 형태를 가진 우리 고유의 시인 시조입니다.

**6** 글 가에서 이방원은 정몽주에게 힘을 합쳐 새 나라를 세우자는 생각을 전하고 있습니다.

**7** 정몽주는 '백골이 진토 되어'라는 표현에 빗대어 고려에 충성하는 마음이 변치 않을 것임을 말하고 있습니다.

**8** 일본과 전쟁이 일어나 이순신이 나라를 지켜야 하는 상황입니다.

**9** 이순신은 임금님께 글을 올려 12척의 배가 있으니 죽을 힘을 다해 싸운다면 이길 수 있을 거라고 말하였습니다.

**10** 이순신은 어떤 어려움도 극복할 수 있다고 생각했기 때문에 적은 수의 배와 군사로도 싸우기로 한 것입니다.

**11** 이 글은 몽당깨비와 미미가 나오는 글로, '몽당깨비 몸이 ~ 고개를 끄덕거렸습니다.'를 통해 알 수 있습니다.

**12** 파랑이가 사람이 샘가에 살기 시작하면 결국 도깨비들은 샘을 뺏기고 떠나야 한다고 했지만, 몽당깨비는 버들이는 착한 여자라 그럴 리가 없다고 말하였습니다.

**13** 몽당깨비는 믿음과 사랑을 추구하는 인물입니다.

**채점 기준**

| 몽당깨비가 추구하는 가치를 알맞게 파악하여 쓴 경우 | 5점 |
|---|---|
| 단순히 몽당깨비의 성격을 파악하여 쓴 경우 | 2점 |

**14** 1989년, 케냐 정부는 나이로비 시내 한복판에 있는 우후루 공원에 복합 빌딩을 건설하려고 했습니다.

**15** 왕가리 마타이는 관련 회사와 정부에 편지를 쓰고 언론에 자신의 주장을 알리며 우후루 공원을 지키려고 애썼습니다. 그리고 자신을 걱정하는 친구들에게 우후루 공원은 모든 사람의 것이라고 말하였습니다.

**16** 친구들은 개인적인 이익을 중요하게 생각했으므로 자신에게 직접적인 이익도 주지 않는 일을 하려는 왕가리 마타이를 이해할 수 없었습니다.

**17** 왕가리 마타이가 추구하는 가치를 파악해 자신의 삶과 알맞게 관련지어 말한 친구는 승우입니다.

**18** 인물 소개서에 '마음에 들지 않는 인물의 말과 행동'이 아니라 '기억나는 인물의 말과 행동'을 써야 합니다.

**19** 성규는 몽당깨비에게서 진심을 담아 상대를 대하는 것이 중요함을 깨달아 주변 사람들을 대할 때 다시 한번 생각하고 행동한다고 말하였습니다.

**20** 인물이 추구하는 가치에서 느낀 점을 쓴 부분을 읽고 궁금한 점을 발표자의 삶과 관련지어 생각해 봅니다.

**채점 기준**

| 성규가 발표한 인물과 성규의 삶을 관련지어 궁금한 점을 쓴 경우 | 5점 |
|---|---|
| 성규가 발표한 인물에 대해 궁금한 점을 썼지만, 성규의 삶과 관련짓지 못한 경우 | 3점 |

## 📑 서술형 평가    143쪽

**1** 1단계 (1) ⑩ 우리  (2) ⑩ 일편단심  2단계 (1) ⑩ 뜻을 함께 모아 새 나라를 세우자.  (2) ⑩ 변함없이 고려에 충성을 다하겠다.  3단계 이방원의 생각을 보고 치마만 입던 여성의 옷 입는 방식이 시대에 맞지 않다고 판단해 여성복을 혁신적으로 고친 코코 샤넬이 떠오른다.

**2** (1) ⑩ "위독하신 어머니께 샘물을 좀 더 드리고 싶으니 샘가에 오두막을 짓고 살겠어."  (2) ⑩ 효를 추구한다.

**3** ⑩ 샘을 기와집 뒤란으로 옮기면 도깨비와 동물들이 샘을 이용하지 못하게 되므로 그 부탁만은 들어주지 않았을 것이다.

**1** 1단계 글 가에서 '우리'는 뜻을 같이하자는 이방원의 마음이 담긴 표현이고, 글 나에서 '일편단심'은 변치 않는 정몽주의 마음이 담긴 표현입니다.

**채점 기준**

| 글 가와 나에서 생각이 드러난 표현을 모두 찾아 쓴 경우 | 4점 |
|---|---|
| 글 가와 나 중에서 한 가지만 찾아 쓴 경우 | 2점 |

2단계 글 가와 나에서 생각이 가장 잘 드러난 종장을 살펴보며 이방원과 정몽주의 생각을 파악하여 씁니다.

**채점 기준**

| 이방원과 정몽주의 생각을 모두 알맞게 쓴 경우 | 6점 |
|---|---|
| 이방원과 정몽주의 생각 중에서 한 가지만 알맞게 쓴 경우 | 3점 |

3단계 이방원, 정몽주와 추구하는 가치가 비슷한 인물을 떠올려 봅니다.

**채점 기준**

| 떠오르는 인물을 쓰고, 그 인물에 대한 설명도 쓴 경우 | 6점 |
|---|---|
| 떠오르는 인물만 쓴 경우 | 2점 |

**2** 위독하신 어머니를 위해 샘가에 오두막을 짓고 살겠다고 한 것을 통해 파악할 수 있는 가치를 생각해 봅니다.

| | |
|---|---|
| (1)에는 버들이의 말이나 행동을 쓰고, (2)에는 버들이가 추구하는 가치를 모두 쓴 경우 | 6점 |
| (1)에 버들이의 말이나 행동만 쓰거나, (2)에 버들이가 추구하는 가치만 쓴 경우 | 3점 |

**3** 자신이 몽당깨비였다면 버들이의 부탁을 들어주었을지 생각해 봅니다.

| | |
|---|---|
| 샘을 기와집 뒤란으로 옮겨 달라는 부탁을 듣고 어떻게 했을지 알맞게 쓴 경우 | 6점 |
| 샘을 기와집 뒤란으로 옮겨 달라는 부탁과 관련지어 쓰지 못한 경우 | 3점 |

### 수행 평가
144쪽

**1** (1) 예 『마당을 나온 암탉』 (2) 예 황선미 (3) 예 잎싹 (4) 예 알을 얻기 위하여 기르는 난용종 암탉이다. (5) 예 잎싹이 모이도 먹지 않고 알도 낳지 않자, 주인 부부는 잎싹을 구덩이에 갖다 버림. / 잎싹은 나그네(청둥오리)의 도움으로 살아나 마당으로 돌아옴. / 잎싹이 마당을 떠나 덤불 속에서 알을 발견하고 품어 줌. / 청둥오리 나그네가 알을 품는 잎싹에게 먹이를 가져다주고 밤마다 지켜 줌. / 나그네가 족제비에게 잡아먹히고, 알에서 아기가 깨어남. (6) 예 잎싹의 소망은? 알을 품어서 병아리의 탄생을 보는 것 / 잎싹이 알을 낳고 싶은 마음이 없어진 까닭은? 자기가 낳은 알을 품지도 못하고 어떻게 되는지도 알지 못하기 때문에 / 잎싹이 알을 품으며 느낀 것은? 평온함과 기쁨, 생명이 전하는 따뜻함 / 잎싹이 알에서 깨어난 아기를 보고 한 일은? 달려가서 날개를 펴고 아기를 감싸 안음. (7) 예 '단 한 번만이라도 알을 품을 수 있다면, 그래서 병아리의 탄생을 볼 수 있다면……' (8) 예 따뜻한 몸으로 알을 품기 위해 부리로 가슴 털을 뽑아냄.

**1** '인물을 말해 주는 질문과 대답', '기억나는 인물의 말과 행동' 부분에 특히 인물이 추구하는 가치가 드러나도록 정리해 봅니다.

| | |
|---|---|
| 인물 소개서에 들어가는 내용을 모두 쓴 경우 | 25점 |
| 작품 제목과 인물의 이름을 포함하여 다섯 가지를 쓴 경우 | 12점 |
| 작품 제목과 인물의 이름을 포함하여 세 가지만 쓴 경우 | 6점 |

## 9 마음을 나누는 글을 써요

### 개념 확인하기
145쪽

**1** (2) ○   **2** 사건   **3** 글을 쓸 목적   **4** ㉮

### 준비
146쪽

**1** (1) ② (2) ① (3) ③   **2** 예 고생하시는 경찰관분들께 고마운 마음을 전하려고 누리집 게시판에 글을 쓴 적이 있다.
**3** 자원   **4** (3) ○   **5** ②, ⑤   **6** ③

**1** 기쁜 마음, 슬픈 마음, 미안한 마음을 나누는 글을 써 본 경험을 각각 찾아 알맞게 선으로 이어 봅니다.

**2** 다른 사람에게 고마운 마음을 글로 써서 전했던 자신의 경험을 떠올려 씁니다.

고마운 마음을 글로 써서 전한 경험을 썼으면 정답으로 인정합니다.

**3** 학용품은 자연 자원로 만들기 때문에 학용품을 아껴 쓰면 자원 절약을 할 수 있습니다.

**4** 친구들이 학용품을 잃어버리고도 찾지 않는 것을 보고 자원이 낭비되는 것을 안타깝게 생각하게 된 것입니다.

**5** '어떻게 하면 안타까운 내 마음을 전할 수 있을까?'라는 말에서 자원이 낭비되어 안타깝고 걱정되는 마음을 짐작할 수 있습니다.

**6** 글을 쓰게 된 상황으로 보아, 서연이가 글을 쓰는 목적은 자원 낭비로 자연이 파괴되는 것에 대한 안타까운 마음을 나누기 위해서입니다.

### 기본
147~151쪽

핵심내용 **❶** 감사   **❷** 미안   **❸** 고마운

**1** ③   **2** 선생님   **3** (1) ○   **4** ②   **5** ⑤   **6** ④
**7** ③   **8** ②, ③   **9** ㉯   **10** 신우, 지효   **11** (1) ①
(2) ③ (3) ② (4) ④   **12** ④   **13** ③   **14** ②   **15** (2)
○   **16** ①   **17** ①   **18** ②   **19** ②   **20** 예 다른 사람의 도움을 바라지만 말고 먼저 베풀면서 살아라.   **21** ①, ②, ④

**1** '받을 사람 – 첫인사 – 하고 싶은 말 – 쓴 날짜 – 쓴 사람'의 형식을 갖춘 편지입니다.

**3** '선생님, 정말 고맙습니다.'라는 표현에서 이 글을 쓴 목적을 알 수 있습니다.

**4** 연아는 선생님께 감사한 마음을 표현하기 위해 이 글을 썼습니다.

**5** 나누려는 마음을 편지로 쓰면 하고 싶은 말을 자세히 표현할 수 있어 좋습니다.

**6** 지수가 정민이에게 쓴 문자 메시지입니다.

**7** 지수는 과학 시간에 물을 엎질러서 미안한 마음을 정민이에게 전하기 위해서 문자 메시지를 쓴 것입니다.

**8** 문자 메시지로 쓰면 자신의 생각이나 느낌을 바로 전할 수 있고, 읽을 사람의 반응을 바로 확인할 수 있어 좋습니다.
❗ **오답 피하기**
글을 쓰는 목적, 읽을 사람과의 관계, 나누려는 마음을 생각합니다.

**9** 친구에게 문자 메시지를 쓸 때에는 친근한 표현을 씁니다.
❗ **오답 피하기**
㉮ 선생님이나 웃어른께 글을 쓸 때 공손한 표현을 사용해야 합니다.
㉰, ㉱ 친구에게 글을 쓸 때에는 친구가 이해하기 쉬운 표현을 사용해야 합니다.

**10** 신우가 지효에게 쓴 편지입니다.

**11** 마음을 나누는 글을 편지로 쓸 때에는 첫인사와 일어난 사건을 쓰고 일어난 사건에 대한 생각이나 행동, 나누려는 마음과 끝인사를 씁니다.

**12** 신우는 미역국을 엎질러서 지효 가방을 더럽힌 일 때문에 미안하고 고마운 마음을 나누려고 편지를 썼습니다.

**13** 글쓰기 계획을 세울 때 글을 읽는 장소까지 고려할 필요는 없습니다.

**14** 정약용은 남의 도움을 바라기만 하는 두 아들의 말버릇을 걱정하고 있습니다.
❗ **오답 피하기**
① 정약용이 말한 큰 병은 하늘을 원망하고 사람을 미워하는 두 아들의 말투를 뜻하는 것으로, 정말 두 아들이 큰 병을 앓고 있어서 한 말은 아닙니다.
③ 두 아들이 베풀어야 할 대상으로 말한 것입니다.
④, ⑤ 두 아들이 항상 버릇처럼 한탄하는 내용입니다.

**15** 글 ❷에서 마음속으로 남의 은혜를 받고자 하는 생각을 버린다면 하늘을 원망하거나 사람을 미워하는 병폐가 없어질 것이라고 하였습니다.

**16** 정약용은 본분을 망각하고 은혜를 베풀어 주기만 바라는 두 아들의 마음가짐이 걱정되어 편지를 쓰게 되었습니다.

**17** 정약용은 어려운 이웃이 있다면 먼저 찾아가 도움을 주어야 한다고 당부하고 있습니다.

**18** 이 글은 정약용이 유배지에서 두 아들의 마음가짐이 걱정되어, 당부하는 마음을 담아 쓴 편지입니다.

**19** 정약용은 두 아들이 다른 사람을 위해 먼저 베풀기를 바라고 있습니다.

**20** 정약용은 남의 도움을 바라기만 하는 두 아들의 말버릇이 걱정되어 도움을 바라지만 말고 먼저 베풀라고 당부하고 있습니다.
채점 기준 남의 도움을 바라지 말고 먼저 베풀라는 내용을 썼으면 정답으로 인정합니다.

**21** 마음을 나누는 글을 쓸 때에는 내용과 짜임에 맞게 써야 하며, 글을 쓸 상황과 목적을 고려해 글쓰기 계획을 세워야 합니다.

---

**실천** 😊 152쪽

**1** 승호　**2** (1) ⑩ 천문대로 체험학습을 간 일이 가장 인상 깊었다. (2) ⑩ 천체 망원경을 처음 보았는데 너무 신기하고 재미있었기 때문이다.　**3** ②　**4** ㉯, ㉮, ㉰, ㉲　**5** ⑩ 그림, 사진 자료　**6** ⑤

**1** 우리 반에서 3월에 겪었던 일을 떠올린 친구는 승호입니다.

**2** 자신이 반에서 겪은 일 중에서 가장 인상 깊었던 일을 떠올려 그 일이 인상 깊었던 까닭과 함께 씁니다.
채점 기준 자신이 반에서 겪은 인상 깊었던 일과 그 까닭을 알맞게 썼으면 정답으로 인정합니다.

**3** 학급 신문이므로 학급과 관련된 일만 실어야 합니다. 동생 생일잔치를 한 일은 가족 신문에 쓸 내용으로 알맞습니다.

**4** ㉯ → ㉮ → ㉰ → ⑩ → ㉲의 순서로 학급 신문을 만듭니다.

**5** 신문 기사를 완성할 때에는 글과 함께 그림이나 자료를 활용할 수 있습니다.

**6** 신문 기사를 쓸 때에는 사실을 있는 그대로 써야 합니다.

---

➕ **단원 어휘 다지기** 153쪽

**1** (1) ㉲ (2) ㉯ (3) ㉰ (4) ㉮　**2** ②　**3** ②, ④　**4** (1) 잊지는 (2) 탓하지　**5** ③　**6** (1) 않을게 (2) 싸여 (3) 쌓아

**1** (1)은 '연민', (2)는 '오기', (3)은 '환심', (4)는 '한탄'의 뜻입니다.

**2** '덕분'은 베풀어 준 은혜나 도움을 뜻하는 말로, 긍정적으로 의사를 표시하는 문장에 씁니다. ②는 긍정적인 상황을 나타낸 문장이 아니므로 부정적인 현상이 생겨난 까닭이나 원인을 뜻하는 '탓'이라는 낱말이 어울립니다.

**3** '농담'은 실없이 놀리거나 장난으로 하는 말로, '진담'과 뜻이 서로 반대되는 낱말입니다. ②와 ④는 뜻이 서로 반대되는 낱말이고 ①, ③, ⑤는 뜻이 서로 비슷한 낱말입니다.

**4** (1) '망각하다'는 '어떤 사실을 잊어버리다.'라는 뜻입니다. (2) '원망하다'는 '못마땅하게 여기어 탓하거나 불평을 품고 미워하다.'라는 뜻입니다.

**5** '입 밖에 내다'는 '어떤 생각이나 사실을 말로 드러내다.'라는 뜻을 가진 관용어입니다. ①은 '입을 맞추다', ②는 '입을 모으다', ④는 '입을 다물다' ⑤는 '입을 씻다'의 뜻입니다.

**6** (1) 어떤 행동에 대한 약속이나 의지를 나타낼 때 쓰이는 '-ㄹ게'는 [께]로 소리 나더라도 소리 나는 대로 적지 않습니다. (2) 헤어나지 못할 만큼 어떤 분위기나 상황에 뒤덮인다는 뜻의 '싸이다'를 쓰는 것이 알맞습니다. (3) 명예나 믿음 등을 많이 얻거나 가진다는 뜻의 '쌓다'를 쓰는 것이 알맞습니다.

---

**단원 평가** 154~156쪽

**1** 자원 **2** ⑤ **3** ① **4** 편지 **5** ③ **6** 공손한 표현 **7** (2) × **8** (1) 물을 엎질러서 (2) 옷이 젖은 **9** ③, ⑤ **10** 예 자신의 생각이나 느낌을 바로 전할 수 있고, 읽을 사람의 반응을 바로 확인할 수 있다. **11** ㉯ **12** ④ **13** ㉣ **14** ②, ④ **15** ⑤ **16** ⑤ **17** ④, ⑤ **18** ㉯ **19** 예 인상 깊었던 **20** 예 신문 기사를 쓸 때에는 사실을 있는 그대로 쓴다.

**1** 서연이는 분실물 보관함에 쌓여 있는 연필과 지우개 등 자연 자원으로 만든 학용품을 보고 자원이 낭비되고 있다고 생각하였습니다.

**2** 서연이는 친구들이 학용품을 낭비하는 것에 대해 안타깝게 생각하고 있습니다.

**3** 서연이가 글을 쓰는 목적은 자원이 낭비되는 것에 안타까운 마음을 가지고 친구들이 학용품을 아껴 썼으면 하는 마음을 표현하기 위해서입니다.

---

**5** 선생님 덕분에 국어 공부를 좋아하게 된 것에 대한 고마운 마음을 전하기 위해 이 글을 쓴 것입니다.

**7** (2)는 나누려는 마음을 문자 메시지로 쓸 때의 좋은 점입니다.

**8** 지수는 과학 시간에 물을 엎질러서 정민이의 옷이 젖은 일 때문에 글을 쓰게 되었습니다.

**9** 지수는 과학 시간에 물을 엎질렀던 일이 미안해서 정민이에게 사과하는 마음을 전하고 있습니다.

**10** 나누려는 마음을 문자 메시지로 쓰면 자신의 생각이나 느낌을 바로 전하고 읽을 사람의 반응도 바로 알 수 있어 좋습니다.

**채점 기준**

| | |
|---|---|
| 문자 메시지로 쓰면 좋은 점을 알맞게 쓴 경우 | 5점 |
| 문자 메시지로 쓰면 좋은 점을 너무 간단하게 쓴 경우 | 3점 |

**12** 글 ㉯에서 신우는 미역국을 엎지르고 당황해서 미안하단 말도 못 하는 자신을 오히려 걱정해 주고 같이 치워 준 지효에게 감동했다고 하였습니다.

**13** 신우는 지효의 가방에 미역국을 엎질러서 당황해하는 자신을 오히려 걱정해 준 지효에게 고마운 마음을 전하려고 글을 쓴 것입니다.

**14** ②와 ④는 표현하기를 할 때 고려할 점입니다.

**15** 정약용은 남의 도움을 바라는 두 아들의 말투를 걱정하고 있습니다.

**16** 정약용은 이 글에서 두 아들이 다른 사람에게 먼저 베풀기를 바라고 있습니다.

**17** 정약용은 두 아들의 마음가짐을 걱정하여 다른 사람에게 먼저 베풀고 배려하기를 바라고 있습니다.

**18** 정약용은 아들들에게 은혜를 베풀어 주기만을 바라지 말고 먼저 베풀라고 말하고 있습니다.

**19** 학급 신문을 만들 때에는 인상 깊었던 일을 정한 다음, 쓸 내용을 정리하고 그것을 바탕으로 인상 깊었던 일을 글로 씁니다.

**20** 신문 기사를 쓸 때에는 사실을 있는 그대로 쓰고, 읽을 사람의 마음을 고려해 작성해야 합니다.

**채점 기준**

| | |
|---|---|
| 학급 신문의 기사를 쓸 때 고려할 점을 구체적으로 쓴 경우 | 5점 |
| 학급 신문의 기사를 쓸 때 고려할 점을 썼으나 내용이 너무 간단한 경우 | 2점 |

**1** 1단계 가방   2단계 예 지효가 오히려 걱정해 주어서 감동받았다. / 너무 당황해서 지효에게 미안하다는 말을 못 했다.
3단계 예 지효 가방을 더럽혀 미안한 마음과 자신을 이해하고 도와준 지효에게 고마운 마음을 나누기 위해서이다.

**2** (1) 예 경비 아저씨가 눈을 치우는 모습을 본 일 (2) 예 눈이 온 뒤 길 위의 눈을 바로 치우지 않으면 얼어서 그 길을 걷다가 미끄러져 다칠 수 있다는 생각이 들었다. 눈을 치우느라 애쓰시는 경비 아저씨가 더욱 고마웠다. (3) 예 감사한 마음

**3** (1) 예 4월에 1반이랑 피구 시합을 했을 때 나 혼자만 살아남았던 일 (2) 예 고마운 마음 (3) 예 혼자 남은 나를 반 친구들이 한마음으로 응원해 줘서 고마웠다.

**1** 1단계 신우는 점심시간에 미역국을 엎질러서 지효 가방을 더럽혔습니다.

2단계 신우가 오늘 점심시간에 겪은 일로 어떤 생각이나 행동을 하였는지 정리하여 씁니다.

| 채점 기준 | |
|---|---|
| 오늘 겪은 일에 대한 신우의 생각이나 행동을 알맞게 쓴 경우 | 6점 |
| 신우의 생각이나 행동을 썼으나 표현이 부족한 경우 | 3점 |

3단계 신우가 지효에게 어떤 마음을 나누려고 편지를 쓴 것인지 글을 통해 파악해 봅니다.

| 채점 기준 | |
|---|---|
| 미안한 마음과 고마운 마음에 대한 내용을 모두 쓴 경우 | 6점 |
| 미안한 마음 또는 고마운 마음에 대한 내용 중에서 한 가지만 쓴 경우 | 3점 |

**2** 마음을 나누는 글을 써야 할 상황을 떠올려 일어난 사건과 일어난 사건에 대한 자신의 생각이나 행동을 자세히 쓰고, 나누려는 마음을 씁니다.

| 채점 기준 | |
|---|---|
| (1)~(3) 모두 알맞게 쓴 경우 | 9점 |
| (1)~(3) 중 두 가지만 알맞게 쓴 경우 | 6점 |
| (1)~(3) 중 한 가지만 알맞게 쓴 경우 | 3점 |

**3** 학급 신문에 들어갈 내용은 언제, 어디에서, 누구와 있었던 일인지, 나누려는 마음은 무엇인지, 읽을 사람에게 하고 싶은 말은 무엇인지를 중심으로 정리합니다.

| 채점 기준 | |
|---|---|
| 인상 깊었던 일과 나누려는 마음, 하고 싶은 말을 모두 알맞게 쓴 경우 | 6점 |
| (1)과 (2)는 썼으나 (3)은 쓰지 못한 경우 | 3점 |

**1** (1) 예 단짝 친구 민정이 (2) 예 지난달에 내가 한쪽 다리를 다쳐서 석고 붕대를 하고 목발을 짚고 다닐 때 민정이가 점심시간마다 내 식판을 들어 준 일 (3) 예 내가 식판을 들었다면 목발 때문에 불편해서 음식을 쏟을 수도 있고, 움직임이 느려 친구들에게 피해를 주었을 텐데, 민정이가 도와주어 큰 불편 없이 점심을 먹을 수 있었다. 그래서 민정이가 천사같다고 느꼈으나 제대로 고맙다는 말을 하지 못했다.
(4) 예 고마운 마음

**2** 예 내 친구 민정이에게

민정아, 안녕? 나 예림이야.

지난달에 내가 한쪽 다리를 다쳐서 석고 붕대를 하고 목발을 짚고 다녔던 거 기억하니? 그때 네가 점심시간마다 내 식판까지 들어 주었잖아. 만약 내가 한 손으로 식판을 들었다면 힘들어서 음식을 쏟았을 수도 있고, 행동이 너무 느려 뒤에 줄 서 있는 다른 친구들에게 피해를 주었을 거야. 네가 도와준 덕분에 큰 불편 없이 점심을 먹을 수 있었어. 난 그때 네가 천사같다고 느꼈어. 하지만 고맙다는 말을 제대로 못 한 것 같아. 늦었지만 이제라도 네게 고맙다는 말을 하고 싶어. 넌 정말 좋은 친구야. 앞으로도 우리 친하게 지내자.

그럼, 이만 안녕!

20○○년 ○○월 ○○일
너의 영원한 단짝 친구 예림이가

**1** 누구와 어떤 마음을 나누고 싶은지 떠올려 보고, 쓸 내용을 정리해 봅니다.

| 채점 기준 | |
|---|---|
| (1)~(4) 모두 알맞게 쓴 경우 | 12점 |
| (1)~(4) 중 세 가지를 알맞게 쓴 경우 | 9점 |
| (1)~(4) 중 두 가지를 알맞게 쓴 경우 | 6점 |
| (1)~(4) 중 한 가지만 알맞게 쓴 경우 | 3점 |

**2** 정리한 내용을 바탕으로, 글을 쓰는 상황과 목적이 잘 드러나게 마음을 나누는 글을 편지 형식으로 씁니다.

| 채점 기준 | |
|---|---|
| 〈문제 1번〉에서 정리한 내용이 모두 들어가게 쓰면서 나누려는 마음이 잘 드러나게 편지글을 완성한 경우 | 18점 |
| 〈문제 1번〉에서 정리한 내용을 중심으로 썼으나 나누려는 마음이 잘 드러나 있지 않은 경우 | 12점 |
| 〈문제 1번〉에서 정리한 내용이 일부 빠진 경우 | 6점 |

# 국어 평가대비북

## 1 비유하는 표현

### ✍ 쪽지 시험
160쪽

**1** 비유하는 표현  **2** ㉣  **3** (1) ○  **4** 공통점  **5** ㉡
**6** 예 가족  **7** (1) ②  (2) ①  **8** 새롭게

**1** 어떤 현상이나 사물을 비슷한 현상이나 사물에 빗대어 표현하는 것을 비유하는 표현이라고 합니다.

**2** '새우 냄새'는 뻥튀기 냄새를 빗대어 표현한 말이고, 나머지는 모두 뻥튀기가 사방으로 날리는 모양을 빗대어 표현한 말입니다.

**3** 비유하는 표현을 사용하면 글쓴이의 의도를 쉽게 파악할 수 있고, 글이나 그림책의 내용이 쉽게 이해됩니다.

**4** 어떤 대상을 다른 대상에 빗대어 표현할 때에는 공통점이 있는 대상에 빗대어 표현합니다.

**5** 지붕과 큰북은 모두 소리가 크다는 공통점이 있기 때문에 빗대어 표현한 것입니다.

**7** 은유법은 '~은/는 ~이다'와 같이 표현하고, 직유법은 '~같이', '~처럼', '~듯이'와 같이 표현합니다.

**8** 평소에 익숙한 사물도 다른 비유를 사용하면 새롭게 느껴집니다.

### 💡 단원 평가
161~163쪽

**1** ①  **2** ④  **3** 예 아름답게 보이거나 다양한 방향으로 움직이거나 멀리 퍼져 나간다.  **4** 고소하다.  **5** ②  **6** 광현  **7** ⑤  **8** ④  **9** ③  **10** 외양간 엄마 소  **11** (1) ✕  **12** 예 경쾌하고 가볍게 움직이는 것이 비슷해서  **13** ⑤  **14** (1) 풀잎  (2) 바람  **15** ②, ③, ⑤  **16** ②  **17** ②  **18** 예 언제나 아름답고 예쁜 꽃을 피우는  **19** 은태  **20** ③

**1** 이 시는 뻥튀기를 튀기고 있는 상황을 표현한 시입니다.

**2** 뻥튀기가 사방으로 날리는 모양을 '봄날 꽃잎', '나비', '함박눈', '폭죽'에 빗대어 표현하였습니다.

**3** 뻥튀기가 사방으로 날리는 모양과 봄날 꽃잎, 나비, 함박눈, 폭죽은 어떤 공통점이 있는지 생각해 봅니다.

### 채점 기준

| 주어진 답 중에서 한 가지를 쓴 경우 | 5점 |
|---|---|
| 뻥튀기가 사방으로 날리는 모양과 비유하는 표현의 공통점을 다소 애매하게 쓴 경우 | 2점 |

**5** 메밀꽃과 새우, 멍멍이, 옥수수의 냄새가 뻥튀기 냄새와 비슷하다고 생각하여 비유하였습니다.

**6** 뻥튀기와 공통점이 있는 대상에 빗대고, 그 까닭도 알맞게 말한 친구를 찾아봅니다.

**7** 뻥튀기 튀기는 것을 본 경험을 쓴 시로, 지금은 잘 볼 수 없는 것을 중심 글감으로 다루어 사라져 가는 옛것의 소중함을 나타내고 있습니다.

**8** 이 시는 봄비를 '교향악'에 빗대어 봄비가 내리는 모습을 표현한 시입니다.

**9** 이 세상 모든 것은 악기처럼 소리가 나기 때문에 이 세상 모든 것을 '악기'에 빗대어 표현하였습니다.

**10** 외양간 엄마 소도 함께 댕그랑댕그랑 연주를 한다고 표현하였습니다.

**11** 운율은 시가 음악처럼 느껴지게 하는 요소입니다.

**12** 봄비 내리는 모습과 왈츠의 공통점을 생각하여 씁니다.

### 채점 기준

| 경쾌하게 움직이거나 가볍게 움직인다는 내용을 쓴 경우 | 5점 |
|---|---|
| '소리가 난다.'와 같이 다소 애매하게 쓴 경우 | 2점 |

**13** 리코더의 길쭉한 모습이 가로수가 비를 맞으며 일자로 서 있는 모습과 비슷하기 때문에 가로수를 '리코더'에 비유한 것입니다.

**14** 1연에서는 '바람하고 엉켰다가 풀 줄 아는 '풀잎'에, 2연에서는 '풀잎하고 헤졌다가 되찾아 온 '바람'에 비유하였습니다.

**16** 친구를 '풀잎'과 '바람'에 빗대어 친구 간의 우정에 대해 노래한 시입니다.

**17** ②는 우리 엄마를 '~처럼'을 사용해 '꽃'에 빗댄 것으로, 직유법에 해당합니다.

**18** 꽃잎 같은 친구는 어떤 친구일지 친구와 꽃잎의 공통점을 떠올려 생각해 봅니다.

### 채점 기준

| 친구와 꽃잎의 공통점이 잘 드러나고, 시의 형식에 어울리는 표현으로 쓴 경우 | 5점 |
|---|---|
| 친구와 꽃잎의 공통점이 잘 드러나게 썼지만, 시의 형식에 다소 어울리지 않는 경우 | 2점 |

**19** 시의 분위기에 어울리는 음악을 선택해야 하므로 은태가 알맞습니다.

**20** 그림이 시를 읽는 데 방해가 되지 않도록 그림을 그려야 합니다.

---

### 📋 서술형 평가             164쪽

**1** (1) 예 새싹 (2) 예 클라리넷 (3) 예 클라리넷의 여린 소리가 새싹의 여린 모습과 닮아서    **2** 예 새싹은 / 도도도독 / 클라리넷이 되고    **3** (1) 예 흔들리는 모습이다. (2) 바람 (3) 예 다시 찾아온다는 점이다. / 다시 만난다는 것이다.    **4** 예 평소에 그냥 지나쳤던 친구를 비유하는 표현으로 새롭게 생각해 볼 수 있었다.

**1** 봄비 내리는 장면을 보았던 경험을 떠올려 알맞게 비유해 봅니다.

| 채점 기준 | |
|---|---|
| (1)~(3) 모두 알맞게 쓴 경우 | 6점 |
| (1)과 (2)만 쓰고, (3)을 쓰지 못한 경우 | 3점 |

**2** 떠오른 대상이 어떤 소리를 낼지 생각해 보고, 시를 알맞게 바꾸어 써 봅니다.

| 채점 기준 | |
|---|---|
| 비유하는 표현을 잘 넣어 시의 형식에 맞게 3연을 바꾸어 쓴 경우 | 8점 |
| 비유하는 표현을 넣어 썼지만, 시의 형식에 맞지 않게 쓴 경우 | 4점 |

**3** 친구를 '풀잎'과 '바람'에 빗대어 표현한 것은 각각 어떤 공통점이 있기 때문인지 생각해 정리해 봅니다.

| 채점 기준 | |
|---|---|
| (1)~(3) 모두 알맞게 쓴 경우 | 6점 |
| (1)~(3) 중 두 가지만 알맞게 쓴 경우 | 4점 |
| (1)~(3) 중 한 가지만 알맞게 쓴 경우 | 2점 |

**4** 비유하는 표현이 대상을 더욱 실감 나게 느끼게 한다거나 익숙한 대상도 비유하는 표현을 사용하면 새롭게 느껴지는 것을 알았다는 내용도 쓸 수 있습니다.

| 채점 기준 | |
|---|---|
| 주어진 조건 에 맞게 느낀 점을 쓴 경우 | 6점 |
| 시에 어울리는 느낀 점을 썼지만, 주어진 조건 에 맞게 쓰지 못한 경우 | 3점 |

---

## 2 이야기를 간추려요

### ✏️ 쪽지 시험           165쪽

**1** 황금 사과   **2** 의심, 금   **3** (1) ○   **4** 결말   **5** (1) 중요하지 않은 내용 (2) 하나로 묶는다   **6** 우정   **7** (1) ○   **8** ㉮   **9** ㉯

**3** (2)는 글에서 답을 찾을 수 있는 질문이 아니고 친구들 생각을 알고 싶은 질문입니다.

**4** 사건이 해결되는 부분은 발단, 전개, 절정, 결말 중에서 결말입니다.

**6** 영암 원님이 죽어서 저승에 있는 염라대왕을 만나는 부분에서 이야기가 시작됩니다.

**8** ㉯는 전개 부분의 내용을 요약한 것입니다.

**9** '이웃과 마음을 나눌 줄 아는 사람이 되자.', '이웃과 함께 더불어 살면 행복해진다.'라는 깨달음을 주는 글입니다.

---

### 💡 단원 평가          166~168쪽

**1** ㉰, ㉮, ㉯    **2** (비슷한 또래의) 아이들이 즐겁게 노는 모습 **3** ①    **4** 예 담 근처에도 가지 말라는 어른들과 달리 먼저 가서 대화를 나누는 사과가 용기 있다고 생각한다.    **5** ⑤    **6** ②    **7** (1) 3 (2) 1 (3) 2    **8** 덕진의 주막    **9** ③    **10** 예 덕진의 말과 행동에 크게 감명받은 원님이 덕진에게 쌀 삼백 석을 갚았다.    **11** ㉮    **12** ㉠    **13** ⑤    **14** 예 글 ㉮에서는 화가 났는데 글 ㉯에서는 행복하였다.    **15** ⑤    **16** ④    **17** 예 어릴 적 꿈    **18** 조약돌    **19** ②, ③    **20** 동권

**1** 일어난 일의 순서는 ㉰ → ㉮ → ㉯입니다.

**2** 아이는 담 너머에 비슷한 또래의 친구들이 놀고 있는 모습을 보았습니다.

**3** 아이의 이름인 사과에는 화해의 의미가 담겨 있습니다.

**4** 담 근처에 가지 못하게 하는 어른들과 달리 먼저 다가가 말한 사과의 말과 행동에 대한 생각이나 느낌을 정리하여 씁니다.

| 채점 기준 | |
|---|---|
| 사과의 말과 행동에 대한 생각이나 느낌을 구체적으로 쓴 경우 | 5점 |
| 생각이나 느낌을 '용기 있다.'와 같이 간단하게 쓴 경우 | 3점 |

**5** 이야기를 요약할 때 중요하지 않은 내용은 삭제하거나 간단히 써야 합니다.

**6** 글 가는 발단, 글 나는 전개, 글 다는 결말 부분입니다.

**7** (2) → (3) → (1)의 순서대로 일이 일어났습니다.

**8** 원님이 덕진의 주막을 찾아가 있었던 일을 쓴 부분입니다.

**9** 그동안 덕진이 어렵고 불쌍한 사람을 대가 없이 도왔다는 것을 알게 되어 감동을 받았을 것입니다.

**10** 원님이 감명받아 덕진에게 쌀 삼백 석을 갚았다는 내용을 정리하여 씁니다.

| 채점 기준 | |
| --- | --- |
| 원님이 덕진의 말과 행동에 감명받았다는 내용, 원님이 덕진에게 쌀 삼백 석을 갚았다는 내용을 자연스럽게 연결하여 쓴 경우 | 5점 |
| 원님이 덕진의 말과 행동에 감명받았다는 내용, 원님이 덕진에게 쌀 삼백 석을 갚았다는 내용 중에서 한 가지만 쓴 경우 | 2점 |

**11** 글 가에서 종이 할머니가 작고 뚱뚱한 할머니와 갈등하고 있습니다.

**12** ㉡~㉣은 작고 뚱뚱한 할머니를 가리키는 말입니다.

**14** 종이 할머니의 마음이 어떻게 변하였는지 정리하여 씁니다.

| 채점 기준 | |
| --- | --- |
| 글 가와 나에 드러난 종이 할머니의 마음 변화를 알맞게 정리하여 쓴 경우 | 5점 |
| 글 가 또는 글 나에 드러난 할머니의 감정 중에서 한 가지만 쓴 경우 | 2점 |

**15** 아이가 그린 그림의 마지막 장에 지금까지 한 번도 보지 못한 세상이 그려져 있었기 때문입니다.

**16** 종이 할머니는 아이가 그린 우주 그림을 보고 하늘을 본 지 꽤 오래됐다는 생각을 하였습니다.

**17** 글 가와 나의 중요한 사건은 종이 할머니가 아이가 그린 우주 그림을 보고 어릴 적 꿈을 떠올렸다는 것입니다.

**18** 발단 부분에서 소년은 소녀가 던진 조약돌을 간직했다고 했습니다.

**19** ①은 매체의 특성에 대한 질문, ④는 친구들의 생각을 알고 싶은 질문, ⑤는 이야기의 내용을 추론하는 질문을 만든 것입니다.

**20** 소녀는 소년과의 추억을 간직하고 싶어서 자신이 입던 옷을 입혀서 묻어 달라고 하였습니다.

## 📑 서술형 평가

169쪽

**1** 예 황금 사과를 갖기 위해 싸우다가 땅바닥에 금을 긋고, 나무 울타리를 세우고 담을 쌓았다.　　**2** (1) 예 황금 사과를 사이좋게 나누려면 어떻게 하는 것이 좋을까요? (2) 예 황금 사과를 팔아서 두 동네에 모두 필요한 일에 사용한다.　　**3** (1) 예 종이 할머니가 자신이 사는 곳을 우주 호텔이라고 생각한 까닭은 무엇일까요? (2) 예 자신은 미래에 어떤 우주 호텔에서 살고 싶나요?　　**4** 예 종이 할머니는 눈에 혹이 난 할머니와 친구처럼 지내고 자신이 사는 곳이 바로 우주 호텔이라고 생각하였다.　　**5** 예 행복은 마음먹기에 달려 있고 가까이 있다.

**1** 두 동네 사람들이 황금 사과를 갖기 위해 한 일을 모두 씁니다.

| 채점 기준 | |
| --- | --- |
| 두 동네 사람들이 황금 사과를 갖기 위해 싸운 일, 황금 사과를 나누기 위해 한 일을 모두 쓴 경우 | 5점 |
| 두 동네 사람들이 황금 사과를 나누기 위해 한 일을 한두 가지만 쓴 경우 | 2점 |

**2** 친구들의 생각을 알고 싶은 질문을 만들고, 그 질문에 대한 답을 생각하여 씁니다.

| 채점 기준 | |
| --- | --- |
| (1)과 (2) 모두 알맞게 쓴 경우 | 8점 |
| (1)과 (2) 중에서 (1)만 알맞게 쓴 경우 | 4점 |

**3** 이미 아는 사실을 바탕으로 하여 드러나지 않은 내용을 짐작하도록 하는 질문과 사실에 대한 가치 판단을 묻는 질문을 한 가지씩 만들어 씁니다.

| 채점 기준 | |
| --- | --- |
| (1)과 (2) 모두 알맞게 만들어 쓴 경우 | 8점 |
| (1)과 (2) 중에서 한 가지만 알맞게 만들어 쓴 경우 | 4점 |

**4** 글의 내용을 정리하여 씁니다.

| 채점 기준 | |
| --- | --- |
| 종이 할머니가 눈에 혹이 난 할머니와 친구처럼 지냈다는 내용, 종이 할머니가 자신이 사는 곳이 바로 우주 호텔이라고 생각한 내용을 연결하여 쓴 경우 | 5점 |
| 종이 할머니가 눈에 혹이 난 할머니와 친구처럼 지냈다는 내용 또는 종이 할머니가 자신이 사는 곳이 바로 우주 호텔이라고 생각한 내용 중에서 한 가지만 쓴 경우 | 2점 |

**5** 종이 할머니의 생각, 행동을 통해 주제를 파악해 봅니다.

| 채점 기준 | |
| --- | --- |
| 글의 내용에 맞게 주제를 알맞게 파악하여 쓴 경우 | 5점 |

정답해설북 **39**

## 3 짜임새 있게 구성해요

### 📝 쪽지 시험　　　　170쪽

**1** ㉲　**2** 책　**3** (1) ○　**4** ㉯　**5** 표　**6** ㉯　**7** (1)
㉯ (2) ① (3) ③　**8** 사진　**9** 중요한 부분

**1** 다양한 직업 체험학습을 가도록 노력하겠다고 공약을 발표했습니다.

**2** 후보자가 의견을 발표할 때 활용한 자료는 설문 조사 결과 표와 책입니다.

**3** 자료를 활용해 발표하면 설명하려는 내용을 쉽게 전달할 수 있어 듣는 사람이 더 이해하기 쉽습니다.

**4** 옛사람의 생활 모습을 그림으로 보여 주면 쉽게 설명할 수 있습니다.

**5** 우정이는 사라진 직업의 종류를 설명하기 위해 표를 활용하였습니다.

**6** 교실에서 학급 친구들에게 발표하는 것은 공식적인 말하기 상황으로, 발표 장소가 넓습니다.

**7** (1)은 자료를 설명하는 말, (2)는 시작하는 말, (3)은 끝맺는 말에 들어가기에 알맞습니다.

**8** 1모둠은 '100대 기업의 인재상 변화'에 대한 표와 일자리의 미래에 대한 동영상을 활용하여 발표하였습니다.

**9** 발표를 들을 때에는 발표하는 내용 가운데에서 중요한 부분은 적으면서 들어야 합니다.

### 💡 단원 평가　　　　171~173쪽

**1** ①, ④　　**2** ⑤　　**3** 깨끗한 화장실을 만들겠다.　　**4** ④
**5** ㉲　　**6** ⑩ 설명하는 내용을 한눈에 알아보기 쉽다. / 설명하려는 내용을 쉽게 전달할 수 있다.　　**7** 도표　　**8** ⑤　　**9**
①　　**10** ②　　**11** ⑩ 사라진 직업의 종류와 그 까닭을 직업별로 정리해서 보여 주기에 표가 알맞기 때문이다.　　**12** 사진　　**13** ⑤　　**14** ①, ②, ③　　**15** ④　　**16** ⑤　　**17** ㉮
**18** ③　　**19** 미래에는 변화가 굉장히 빠른 속도로 일어나기 때문에　　**20** 서준

**1** 여러 사람 앞에서 공식적으로 말하는 상황에 해당하지 않는 것은 ①과 ④입니다.

**2** 선거에 입후보한 후보자가 여러 사람 앞에서 공식적으로 말하고 있는 상황입니다.

**3** 후보자는 학생들에게 깨끗한 화장실을 만들겠다는 공약을 발표하였습니다.

**4** 두 가지 말하기 상황 모두 말하는 사람과 듣는 사람이 있다는 공통점이 있습니다.

**5** 높임 표현은 그림 ㉲와 같이 여러 사람 앞에서 공식적으로 말할 때 사용합니다.

**6** 자료를 활용해 발표하면 설명하려는 내용을 쉽게 전달할 수 있고, 듣는 사람이 흥미를 느끼게 할 수 있으며, 듣는 사람이 더 쉽게 이해할 수 있습니다.

**채점 기준**

| 자료를 활용해 발표하면 좋은 점 두 가지를 모두 알맞게 쓴 경우 | 5점 |
|---|---|
| 자료를 활용해 발표하면 좋은 점을 한 가지만 쓴 경우 | 2점 |

**7** 주어진 자료는 수량의 변화 정도를 알 수 있고, 정확한 수치를 나타낼 수 있는 도표입니다.

**8** 설명하는 대상의 정확한 모습을 보여 줄 수 있는 것은 사진입니다.

**9** 교실에서 발표하는 말하기 상황입니다.

**10** 사라진 직업의 종류에 대해서 발표하고 있습니다.

**11** 발표하는 친구가 사라진 직업의 종류와 그 까닭을 정리한 표를 활용한 까닭을 씁니다.

**채점 기준**

| 표의 특성과 관련지어 답을 쓴 경우 | 5점 |
|---|---|

**12** 지민이는 사진을 활용하여 독도의 자연환경에 대하여 설명하고 있습니다.

**13** 관광 안내서에는 여행 코스와 여행 일정이 잘 설명되어 있습니다.

**14** 자료를 활용하여 말할 때 여러 가지 내용을 한꺼번에 말하거나 발표 주제와 관계없는 내용을 말해서는 안 됩니다.

**15** 친구들을 대상으로 조사하는 것은 사라진 직업의 종류에 대한 자료를 찾는 방법으로 알맞지 않습니다.

**16** 여러 가지 자료를 한꺼번에 보여 주지 않고 한 번에 적절한 분량을 보여 주어야 합니다.

**17** 글 ㉲는 자료를 설명하는 말에 해당합니다.

**18** 발표를 준비하며 느낀 점은 끝맺는 말에 들어가기에 알맞습니다.

**19** 1모둠은 미래에는 변화 속도가 굉장히 빠르기 때문에 미래의 인재에게 가장 중요한 것은 계속 배우려는 의지라고 생각하였습니다.

**20** 준비한 자료는 순서에 맞게 보여 주어야 합니다.

---

### 📑 서술형 평가 174쪽

**1** (1) 예 사진, 지도 (2) 예 사진은 여행지의 모습을 있는 그대로 보여 줄 수 있고, 지도는 여행지까지 가는 길을 한눈에 보여 줄 수 있기 때문이다. **2** 가 는 여러 자료의 수를 비교하기 쉬운 표이고, 나 는 수량의 변화 정도를 알 수 있는 도표이다. **3** 예 경제협력개발기구[OECD]의 미래 핵심 역량을 설명하려고 한다. / 미래의 우리에게 필요한 능력을 설명하려고 한다. **4** 예 자료에 담긴 핵심 내용이 들어가게 하고, 자료를 가져온 곳을 밝힌다.

**1** 가족과 여행한 곳을 발표할 때 활용할 수 있는 자료와 그 자료를 활용한 까닭을 정리하여 씁니다.

| 채점 기준 | |
|---|---|
| ⑴과 ⑵ 모두 알맞게 쓴 경우 | 6점 |
| ⑴과 ⑵ 중에서 ⑴만 알맞게 쓴 경우 | 3점 |

**2** 표와 도표의 특성을 비교하여 한 문장으로 씁니다.

| 채점 기준 | |
|---|---|
| 두 자료의 종류를 밝혀 가며 특성을 비교하여 알맞게 쓴 경우 | 8점 |
| 두 자료의 종류만 밝혀 쓴 경우 | 4점 |

**3** 동영상을 보여 주면서 어떤 내용을 발표하려고 하는지 정리하여 씁니다.

| 채점 기준 | |
|---|---|
| 동영상을 보여 주면서 설명하려는 내용 두 가지를 모두 알맞게 쓴 경우 | 8점 |
| 동영상을 보여 주면서 설명하려는 내용을 한 가지만 알맞게 쓴 경우 | 4점 |

**4** 자료를 설명하는 말에는 어떤 내용이 들어가야 하는지 생각하여 씁니다.

| 채점 기준 | |
|---|---|
| 자료를 설명하는 말을 정리하는 방법을 알맞게 쓴 경우 | 4점 |

---

## 4 주장과 근거를 판단해요

### 📝 쪽지 시험 175쪽

**1** ㉮ **2** ⑴ ○ ⑵ × **3** ⑴ 본론 ⑵ 주장, 근거 **4** 본론 **5** 결론 **6** ⑴ 주장 ⑵ 뒷받침 ⑶ 주관적 **7** ⑴ ② ⑵ ①

**1** ㉯, ㉰는 주장을 뒷받침하는 근거입니다.

**2** 사람의 생김새가 사람의 생각에는 영향을 미치지 않습니다.

**3** 논설문은 주장과 이를 뒷받침하는 근거로 되어 있고, 서론, 본론, 결론으로 짜여 있습니다.

**7** ①은 근거가 주장을 뒷받침하는지 판단하고 있고, ②는 근거가 주장과 관련성이 있는지 밝히고 있습니다.

---

### 💡 단원 평가 176~178쪽

**1** ⑶ ○ **2** 동물원 **3** ② **4** ② **5** 본론 **6** 예 동물원은 인공적인 환경이기 때문에 자연을 대신할 수 없다. **7** 혜준 **8** 우리 전통 음식을 사랑합시다. **9** ①, ③, ④ **10** ④ **11** ㉣, ㉤ **12** 김장 **13** ⑤ **14** 예 글을 쓴 문제 상황을 밝히고, 글쓴이가 글 전체에서 내세우는 주장을 분명하게 나타낸다. **15** ③ **16** 생활 환경 **17** 예 사람의 편의를 돕는 시설을 만들면서 무분별하게 자연을 개발하는 경우와 같은 적절한 예를 들어 글쓴이의 주장을 알맞게 뒷받침하고 있다. **18** 서영, 규림 **19** ③ **20** ㉠

**1** 동물원의 좁은 우리에 갇혀 살아가는 동물들은 스트레스를 많이 받는다는 문제 상황이 나타나 있습니다.

**3** 시은이는 동물원이 주는 이로움과 해로움에 대해 말하면서 모둠 친구들에게 동물원이 필요한가를 묻고 있습니다.

**5** 이 글에는 미진이의 주장뿐 아니라, 근거와 근거를 뒷받침하는 내용이 나타나 있으므로. 논설문의 짜임 중 본론에 해당합니다.

**6** '동물원은 없애야 한다.'는 미진이의 주장을 뒷받침할 만한 근거를 생각해서 씁니다.

| 채점 기준 | |
|---|---|
| '동물원은 없애야 한다.'는 주장과 관련이 있으며, 주장을 뒷받침하는 알맞은 근거를 쓴 경우 | 5점 |
| '동물원은 없애야 한다.'는 주장과 관련이 있으나 근거의 타당성이 부족한 경우 | 3점 |

**7** 혜준이는 동물원은 없애야 한다고 주장하면서 동물들이 사람에게 도움을 준다는 주장과 관련 없는 근거를 들었습니다.

**8** 서론인 글 **가** 에는 글쓴이의 주장이 나타나 있습니다.

**9** 글쓴이는 ㉣의 근거에 대한 구체적인 예로 밥과 된장, 간장, 고추장, 청국장과 같은 발효 식품을 들었습니다.

**10** 서론인 글 **가** 에서 글쓴이의 주장이 나타난 ㉢과 본론인 글 **나** 에서 주장을 뒷받침하는 근거가 나타난 ㉣이 중심 문장입니다.

**11** 글 **가** 는 논설문에서 본론에 해당하는 부분이므로, 근거와 함께 근거를 뒷받침하는 예나 자료 등이 나타납니다.

**12** 글쓴이는 ㉠의 예로 겨울철에도 신선하게 채소를 먹을 수 있는 김장을 들었습니다.

**13** 글 **가** 는 주장에 대한 근거가 들어 있는 본론이고, 글 **나** 는 글 내용을 요약하면서 글쓴이의 주장을 강조한 결론입니다.

**14** 논설문의 서론에서는 글을 쓴 문제 상황을 밝혀야 하고, 글 전체에서 내세우는 주장을 분명하게 나타내야 합니다.

| 채점 기준 | |
|---|---|
| '글을 쓴 문제 상황'과 '글쓴이의 주장'을 나타낸다는 내용을 모두 쓴 경우 | 5점 |
| '글을 쓴 문제 상황'과 '글쓴이의 주장' 중 하나만 쓴 경우 | 3점 |

**15** 글 **가** 는 문제 상황과 글쓴이의 주장이 나타난 서론이고, 글 **나** 는 주장에 대한 근거가 나타난 본론입니다.

**16** 무리한 자연 개발은 생태계를 파괴하고 지구 환경 변화를 일으켜 결국 사람의 생활 환경을 악화시키는 결과를 초래합니다.

**17** '예를 들어~위협을 받기도 한다.'에 나타난 예들이 글쓴이의 주장을 잘 뒷받침하고 있습니다.

| 채점 기준 | |
|---|---|
| 근거가 주장을 뒷받침하는지 판단하고 그 까닭을 함께 쓴 경우 | 5점 |
| '근거가 주장을 잘 뒷받침하고 있다.' 정도로 간단히 타당성만 판단한 경우 | 2점 |

**18** 주장이 가치 있고 중요한 것인지 생각해야 합니다.

**19** 논설문은 자신의 견해나 관점을 정확하게 표현하는 글이므로, 낱말이나 문장이 나타내는 의미가 모호한 표현은 쓰지 않아야 합니다.

**20** 논설문에는 '반드시'와 같이 어떤 사실을 딱 잘라 판단하거나 결정해 단정하는 표현은 조심해서 써야 합니다.

---

**📋 서술형 평가**       179쪽

**1** 예 사람마다 겪은 일이 서로 다르기 때문이다. **2** (1) 예 글을 쓴 문제 상황과 글쓴이의 주장을 밝힌다. (2) 예 글쓴이의 주장에 적절한 근거를 제시한다. (3) 예 글 내용을 요약하고 글쓴이의 주장을 다시 한번 강조한다. **3** (1) 예 우리는 자연의 목소리에 귀를 기울이고 자연을 보호해야 한다. (2) 예 자연은 한번 파괴되면 복원되기가 어렵다. **4** (1) 예 근거가 주장과 관련 있는지, 근거가 주장을 뒷받침하는지 살펴본다. (2) 예 글 **나** 의 근거는 주장과 관련이 있으며, 여러 가지 예를 들어 글쓴이의 주장을 알맞게 뒷받침하고 있다.

**1** '사람마다 처한 상황이 서로 다르기 때문이다.'라고 써도 정답으로 인정합니다.

| 채점 기준 | |
|---|---|
| '사람마다 겪은 일이 다르다.' 또는 '사람마다 처한 상황이 다르다.'라고 쓴 경우 | 4점 |

**2** 논설문의 내용과 형식을 생각하여 서론, 본론, 결론의 특성을 씁니다.

| 채점 기준 | |
|---|---|
| (1)~(3) 모두 알맞게 쓴 경우 | 6점 |
| (1)~(3) 중 두 가지를 알맞게 쓴 경우 | 4점 |
| (1)~(3) 중 한 가지만 알맞게 쓴 경우 | 2점 |

**3** 서론인 글 **가** 에는 뒷부분에 중심 생각이, 본론인 글 **나** 에는 처음 부분에 중심 생각이 드러나 있습니다.

| 채점 기준 | |
|---|---|
| (1)과 (2) 모두 알맞게 쓴 경우 | 6점 |
| (1)과 (2) 중 한 가지만 알맞게 쓴 경우 | 3점 |

**4** 근거와 주장의 관련성과 근거가 주장을 잘 뒷받침하는지를 살펴보면 근거의 타당성을 판단할 수 있습니다.

| 채점 기준 | |
|---|---|
| 근거의 타당성을 판단하는 방법 두 가지를 모두 쓰고, 근거가 주장과 관련 있는지와 근거가 주장을 뒷받침하는지를 모두 판단한 경우 | 8점 |
| 근거의 타당성을 판단하는 방법 중 한 가지만 쓰고, 근거가 주장과 관련 있는지와 근거가 주장을 뒷받침하는지 중에서 하나만 판단한 경우 | 4점 |

## 5 속담을 활용해요

**쪽지 시험** 180쪽

**1** 속담 **2** (2) ○ **3** ㉰ **4** ㉮ **5** (1) 쥐구멍 (2) 햇빛 **6** (2) ○ **7** (1) ② (2) ① **8** 말

**1** 전설은 옛날부터 민간에서 전하여 내려오는 이야기로, 주로 자연물의 유래, 이상한 체험 따위를 소재로 합니다.

**3** ㉮는 사람의 긴밀한 관계를 비유적으로 이르는 말이고, ㉰는 주관하는 사람이 없이 여러 사람이 자기주장만 내세우면 일이 제대로 되기 어렵다는 말입니다.

**4** 오랫동안 길게 말하기 위해서 속담을 사용하는 것은 아닙니다.

**5** (1)과 (2)는 아무리 어려운 일이 계속되어 고생이 심해도 언젠가는 좋은 날이 올 수 있다는 뜻의 속담입니다.

**6** (1)은 말은 비록 발이 없지만 천 리 밖까지도 순식간에 퍼진다는 뜻입니다.

**단원 평가** 181~183쪽

**1** (1) ○ (2) × (3) ○ **2** ⓔ 쉬운 일이라도 협력하면 더 쉬워진다. **3** ③ **4** ⑤ **5** 지민 **6** ㉯, ㉰ **7** ㉮ **8** ㉣ **9** ④ **10** ⓔ 어린이들이 농구 선수에게 농구 시합을 하자고 하는 상황 **11** ② **12** ①, ⑤ **13** (2) ○ **14** ① **15** ② **16** ㉮ **17** 기쁜, 속상한 **18** ② **19** ④ **20** ⓔ 전하고 싶은 내용을 동물의 행동이나 특징에 빗대어 쉽게 표현할 수 있기 때문이다.

**1** 속담은 예로부터 전해 오는 말로, 우리 민족의 해학과 지혜, 생활 방식과 교훈 따위가 담겨 있습니다.

**2** "백지장도 맞들면 낫다."라는 속담은 쉬운 일이라도 협력하면 더 쉽다는 뜻입니다.

| 채점 기준 | |
| --- | --- |
| 협력하면 더 쉽다는 속담의 뜻을 알맞게 쓴 경우 | 5점 |

**3** ③은 일부만 보고 전체를 미루어 안다는 뜻입니다.

**4** 여러 사람이 자기주장만 내세우면 일이 제대로 되기 어렵다는 뜻을 가진 속담이 들어가야 알맞습니다.

**5** ㉣은 바늘 가는 데 실이 항상 뒤따른다는 뜻으로, 사람의 긴밀한 관계를 비유적으로 이르는 말입니다.

**6** 속담은 주장의 논리를 뒷받침해 상대를 쉽게 설득하고, 자기 의견을 효과적으로 전달하기 위해 사용합니다.

**7** 가는 그동안 배우다 그만둔 것과 새로 배울 운동에 대해 말하고 있고, 나는 철없이 덤비는 것에 대해 말하고 있습니다.

**8** ㉠은 어떤 일이든 한 가지 일을 끝까지 해야 성공할 수 있다는 말입니다.

**9** ㉠은 여러 가지 일을 하다 보니 아무것도 이룬 게 없는 상황에 잘 어울리는 속담입니다.

**10** 철없이 함부로 덤비고 있는 다른 상황을 생각하여 씁니다.

| 채점 기준 | |
| --- | --- |
| 철없이 덤비는 상황을 앞에 제시된 내용과는 겹치지 않게 알맞게 쓴 경우 | 5점 |

**11** 글 가에는 상황이 이치에 맞지 않는다는 뜻의 속담이 어울리므로 빈칸에는 '크다'가 들어가야 알맞습니다.

**12** 글 나에는 사람의 긴밀한 관계를 비유적으로 이르는 속담이 어울립니다.

**13** 글 다의 상황에는 "콩 심은 데 콩 나고 팥 심은 데 팥 난다.", "자신이 뿌린 씨는 자신이 거둔다."와 같이 자기가 뿌리고 노력한 만큼 거두게 된다는 뜻의 속담이 어울립니다.

**14** 아무리 어려운 일이 계속되어 고생이 심해도 언젠가는 좋은 날이 올 수 있다는 뜻의 속담들입니다.

**15** 인물이 처한 상황과 마음, 이야기에서 사용된 속담의 뜻을 통해 이야기의 주제를 파악할 수 있습니다.

**16** 실현성이 없는 허황된 계산으로 손해를 본 상황과 관련 있는 것은 글 가입니다.

**17** 너무 기쁜 마음에 팔을 번쩍 들었다가 독들을 깨뜨렸으므로 기쁜 마음에서 속상한 마음으로 변하였습니다.

**18** 까마귀는 정신없이 말고기를 먹느라 중요한 편지를 잃어버리고 걱정하고 있습니다.

**19** 아무리 비밀스럽게 한 말이라도 반드시 남의 귀에 들어가게 된다는 뜻의 속담입니다.

**20** 동물과 관련된 속담을 사용하면 어떤 점이 좋은지 씁니다.

| 채점 기준 | |
| --- | --- |
| 동물 관련 속담을 사용하면 좋은 점을 설득력 있게 쓴 경우 | 5점 |
| 동물 관련 속담을 사용하면 좋은 점을 썼으나 설득력이 조금 부족한 경우 | 3점 |

**1** (1) ⑩ 배보다 배꼽이 더 크다 (2) ⑩ 바늘 가는 데 실 간다
**2** (1) ⑩ 아무리 어려운 일이 계속되어 고생이 심해도 언젠가는 좋은 날이 올 수 있다는 뜻이다. (2) ⑩ 자기가 뿌리고 노력한 만큼 거두게 된다는 뜻이다. **3** ⑩ 무엇인가를 잘 잊어버리는 사람 **4** ⑩ 까마귀야! 나는 네가 앞으로는 자기가 해야 할 중요한 일을 절대 잊어버리지 않았으면 좋겠어.

**1** 글 **가**에는 중심이 되는 것보다 부분적인 것이 더 크거나 많아서 상황이 이치에 맞지 않은 경우를 나타내는 속담을, 글 **나**에는 사람의 긴밀한 관계를 비유적으로 이르는 속담을 생각하여 씁니다.

| 채점 기준 | |
|---|---|
| (1)과 (2) 모두 글의 상황에서 사용할 수 있는 속담을 알맞게 쓴 경우 | 8점 |
| (1)과 (2) 중 한 가지만 글의 상황에서 사용할 수 있는 속담을 알맞게 쓴 경우 | 4점 |

**2** "쥐구멍에도 볕 들 날 있다."라는 속담은 희망을 가지라는 말이고, "콩 심은 데 콩 나고 팥 심은 데 팥 난다."라는 속담은 모든 일은 근본에 따라 거기에 걸맞은 결과가 나타난다는 말입니다.

| 채점 기준 | |
|---|---|
| 글 **다**와 **라**에 제시된 속담의 뜻을 모두 바르게 쓴 경우 | 8점 |
| 글 **다**와 **라**에 제시된 속담 중에서 한 가지의 뜻만 바르게 쓴 경우 | 4점 |

**3** 까마귀가 강 도령에게 편지도 전하지 않고 말고기를 먹는 모습을 통해 "까마귀 고기를 먹었나."라는 속담의 뜻을 짐작하여 씁니다.

| 채점 기준 | |
|---|---|
| "까마귀 고기를 먹었나."라는 속담의 뜻을 정확하게 쓴 경우 | 4점 |
| "까마귀 고기를 먹었나."라는 속담의 뜻을 썼으나 뜻이 정확하지 않은 경우 | 2점 |

**4** 말고기를 정신없이 먹느라 중요한 편지를 잃어버려 인간 세상에 혼란을 가져온 까마귀에게 해 주고 싶은 말을 씁니다.

| 채점 기준 | |
|---|---|
| 까마귀에게 하고 싶은 말을 이야기에 제시된 상황에 알맞게 쓴 경우 | 8점 |
| 까마귀에게 하고 싶은 말을 썼으나 상황에 알맞게 쓰지는 못한 경우 | 4점 |

---

## 6 내용을 추론해요

**1** 추론 　**2** (1) ○ 　**3** (1) ① (2) ② 　**4** (2) ○ 　**5** 국어사전 　**6** ㉡ 　**7** 왕, 왕비

**2** 낯선 곳을 여행하면서 힘들었던 경험을 떠올려 의미를 추론하였습니다.

**5** 여러 가지 뜻이 있는 낱말인 '다의어'나 형태는 같지만 뜻이 다른 낱말인 '동형어'기 어떤 뜻으로 쓰였는지 국어사전에서 알맞은 뜻을 찾아 드러나지 않은 내용을 추론합니다.

**6** ㉮에는 사실적인 내용만 나타나 있습니다.

**7** 강녕전이나 교태전과 같이 '전' 자가 붙는 건물이 있는데, 이러한 건물에는 궁궐에서 가장 신분이 높은 왕과 왕비만 살 수 있었습니다.

**1** 한의사, 선생님, 봉사단 　**2** (2) × 　**3** ⑤ 　**4** ④ 　**5** ⑤ 　**6** 연우 　**7** ⑤ 　**8** 순조 　**9** ⑩ 『화성성역의궤』가 자세하게 기록되었기 때문이다. 　**10** ㉠ 　**11** ⑤ 　**12** 융건릉, 용주사 　**13** (2) ○ 　**14** 다섯 　**15** ④ 　**16** ④ 　**17** ⑩ 조선 시대에는 신분에 따른 차이가 명확했다. 　**18** 창덕궁 　**19** (3) ○ 　**20** ③, ⑤

**1** 영상에는 한의사, 초등학교 선생님, 봉사단 단원이 등장합니다.

**2** 추론은 자신의 배경지식을 떠올리거나 여러 가지 상황을 생각하여 드러나지 않은 내용을 짐작하는 것이므로, (2)는 알맞지 않습니다.

**3** 영상을 통해 우리 주위에 북한 이탈 주민이 많다는 것, 북한 이탈 주민이 여러 가지 직업을 가지고 있다는 것, 북한 이탈 주민은 우리와 같은 민족이자 하나의 겨레라는 것 등을 알 수 있습니다.

**5** 고양이가 입에 병아리를 물고 달아나고 어미 닭이 그 뒤를 쫓아가고 있습니다.

**6** 기영이는 인물의 행동에서 단서를 찾아 그림의 내용을 추론하였습니다.

**7** 『화성성역의궤』는 수원 화성에 성을 쌓는 과정을 기록한 책인 의궤입니다.

**8** 정조 임금이 갑자기 세상을 떠나는 바람에 다음 임금인 순조 때 만들어졌습니다.

**9** 『화성성역의궤』에는 수원 화성 공사에 사용된 물품, 설계 등의 기록이 자세하게 실려 있어 수원 화성을 원래의 모습대로 만들 수 있었습니다.

| 채점 기준 | |
|---|---|
| 『화성성역의궤』가 자세하게 기록되었기 때문이라는 내용으로 쓴 경우 | 5점 |

**10** 일제 강점기를 거치면서 수원 화성의 성곽 일대가 훼손되기 시작하고 6.25 전쟁 때 크게 파괴되었다는 것으로 보아, 수원 화성은 여러 위기를 거치면서 원래의 모습을 잃었음을 짐작할 수 있습니다.

**11** 앞에 있는 '엄격하게 고른'이라는 말을 통해 대상의 성질이나 내용 따위가 보통 이상의 수준이어서 만족할 만하다는 뜻임을 알 수 있습니다.

**12** 더 둘러보고 싶은 친구가 있다면 근처에 있는 융건릉과 용주사에 가 볼 것을 추천한다고 하였습니다.

**13** (1)과 (3)은 사실적인 내용을 확인할 수 있는 질문입니다.

**14** 현재 서울에 남아 있는 조선 시대의 궁궐은 경복궁, 창덕궁, 창경궁, 경희궁, 경운궁 다섯 곳입니다.

**15** 궁궐에 있는 건물의 명칭은 주인의 신분에 따라 달랐다고 하였으므로, 건물의 명칭을 보면 주인의 신분을 알 수 있습니다.

**16** 왕실 가족이나 후궁들은 주로 '전'보다 한 단계 격이 낮은 '당' 자가 붙는 건물을 사용했습니다.

**17** 궁궐 사람들이 자신의 신분에 알맞은 건물에서 생활했다는 것으로 보아, 조선 시대에는 신분에 따른 차이가 명확했음을 알 수 있습니다.

| 채점 기준 | |
|---|---|
| 조선 시대에는 신분에 따른 차이가 명확했다는 의미로 쓴 경우 | 5점 |

**18** 창덕궁은 건물과 후원이 잘 어우러져 유네스코 세계 문화 유산으로 기록되었습니다.

**19** 글쓴이는 조선의 궁궐에는 각각의 의미와 특징이 있다는 것을 알려 주기 위해서 이 글을 썼습니다.

**20** 영상 광고 주제 및 내용과 분량 정하기, 역할 나누기, 촬영 도구와 편집 도구 준비하기는 장면을 촬영하기 전에 해야 할 일입니다.

---

## 서술형 평가 　189쪽

**1** ⑩ 남자가 신발도 신지 못한 채 마루에서 뛰쳐나가는 걸 보니 다급한 마음일 것이다. **2** ⑩ 수원 화성을 직접 가 보려면 운동화를 신는 것이 좋겠다. **3** ⑩ 경운궁은 선조 이후 행궁으로 만들어졌으며, 전통적 건물과 서양식 건물이 함께 들어서 있다. **4** (1) ⑩ 힘이 서로 뒤엉켜 혼란스러운 상태. (2) ⑩ '소용돌이' 앞에 있는 '강한 나라들의'라는 말과 그 뒤에 있는 '휘말리면서'라는 말로 보아, '소용돌이'는 힘이 서로 뒤엉켜 혼란스러운 상태를 뜻할 것이다. **5** ⑩ 친구들의 능력과 선호도를 고려해 역할을 맡을 수 있도록 한다.

**1** 병아리를 물고 달아나는 고양이를 잡으려는 남자의 행동에서 남자의 마음을 추론할 수 있습니다.

| 채점 기준 | |
|---|---|
| 인물의 마음을 두 가지 [조건]에 알맞은 내용으로 쓴 경우 | 6점 |
| 까닭을 쓰지 않고 '다급한 마음'과 같이 인물의 마음만 쓴 경우 | 3점 |

**2** 수원 화성은 규모가 꽤 크다는 단서와 불편한 신발을 신어서 고생했던 경험을 통해 수원 화성을 돌아다니기에 편한 신발을 신어야 한다는 것을 추론할 수 있습니다.

| 채점 기준 | |
|---|---|
| 수원 화성을 직접 가 보려면 편한 신발을 신어야 한다는 내용으로 쓴 경우 | 6점 |

**3** 글을 읽고 중요한 내용을 간추려 봅니다.

| 채점 기준 | |
|---|---|
| 경운궁의 특징이 잘 드러나게 중요한 내용을 간추려 쓴 경우 | 6점 |
| 글의 내용을 간추려 썼으나 내용이 너무 짧거나 문장이 어색한 경우 | 3점 |

**4** 앞뒤 문장에서 알 수 있는 사실을 바탕으로 하여 낱말의 뜻을 추론해 봅니다.

| 채점 기준 | |
|---|---|
| '소용돌이'의 뜻과 그렇게 생각하는 까닭을 모두 알맞게 쓴 경우 | 6점 |
| '소용돌이'의 뜻만 알맞게 쓴 경우 | 3점 |

**5** 모두가 적극적으로 참여할 수 있도록 공평하게 역할을 나누고, 서로 의견이 맞지 않을 때에는 민주적인 절차를 거쳐 역할을 나눕니다.

| 채점 기준 | |
|---|---|
| 역할을 나눌 때 주의할 점을 구체적으로 쓴 경우 | 4점 |
| '공평하게 나눈다.' 등과 같이 간단하게 쓴 경우 | 2점 |

# 7 우리말을 가꾸어요

**1** 줄임 말   **2** ⑩ 매우 재미없다.   **3** (1) ○   **4** 긍정하는 말   **5** ㉮   **6** 좋은 언어생활 문화   **7** (1) ○   **8** 긍정하는 말과 고운 우리말을 사용하자

**1** '생선'은 '생일 선물'을 줄여서 한 말입니다.

**3** 그림에 나온 친구들은 배려하는 말을 하지 않고 비속어를 사용하여 말하였습니다.

**4** 부정하는 말보다는 긍정하는 말을 하면 상대의 기분을 상하지 않게 할 수 있습니다.

**5** 외국어 간판이 많은 모습의 그림입니다.

**6** 중화는 선생님과 학생, 학생과 학생끼리도 서로 높임말을 사용하는 언어문화를 조사하였습니다.

**7** 우리말 사용 실태에 대하여 조사한 내용을 발표할 때에는 일정한 목소리로 발표하지 않고 중요한 부분을 강조해야 합니다.

**8** 긍정하는 말과 고운 우리말을 사용하자는 주장이 담긴 글입니다.

**1** ①, ②, ③   **2** ⑤   **3** ④   **4** 진주   **5** ⑤   **6** ⑩ 솔연이는 무시당하는 기분이 들어 속상했을 것이고, 강민이는 격려의 말을 들어서 힘이 나고 기분이 좋았을 것이다.   **7** 주원   **8** ①   **9** 반려동물 돌봄이   **10** ③   **11** ⑩ 친구들의 감탄사에 비속어가 많다.   **12** ③   **13** ⑤   **14** ㉮   **15** ㉮   **16** ⑤   **17** ⑩ 고운 우리말 사용이 자신과 상대의 마음을 아름답게 해 준다.   **18** 너무 줄여 말하는 낱말(줄임 말)   **19** ③   **20** ⑤

**1** 아빠는 '생선', '핵노잼', '헐'이라는 말이 잘 이해가 되지 않았습니다.

**2** '생일 선물'을 '생선'이라고 줄여서 말한 여자아이에게 아빠가 할 말로 알맞은 것은 ⑤입니다.

**3** 여자아이는 줄임 말과 신조어, 비속어를 사용하였습니다.

**4** 준석이는 비아냥거리며 비꼬는 말로 부정적으로 말하였습니다.

**5** 준석이는 경기에서 지는 모둠의 친구들을 무시하고 싶어서 비난의 말을 했습니다.

**6** 부정하는 말을 들은 솔연이의 마음과 긍정하는 말을 들은 강민이의 마음은 어땠을지 비교하여 씁니다.

| 채점 기준 | |
| --- | --- |
| 솔연이와 강민이의 마음을 모두 알맞게 파악하여 쓴 경우 | 5점 |
| 솔연이와 강민이 중에서 한 사람의 마음만 알맞게 파악하여 쓴 경우 | 2점 |

**7** 효진이는 언어 예절에 어긋나게 대화하였습니다.

**8** 많은 학생들이 욕을 거침없이 사용한다고 하였습니다.

**9** 반려동물을 돌봐 주는 사람을 뜻하는 말인 '펫시터'는 우리말 '반려동물 돌봄이'로 바꾸어 쓸 수 있습니다.

**10** ㉮, ㉯와 같은 언어생활이 지속된다면 올바른 우리말이 점점 사라져 갈 것입니다.

**11** 우리 주변에서 우리말을 바르게 사용하지 않는 예를 한 가지 떠올려 씁니다.

| 채점 기준 | |
| --- | --- |
| 우리 주변에서 우리말을 바르게 쓰지 않는 예를 떠올려 쓴 경우 | 5점 |

**12** ㉮~㉰에 영화는 나오지 않았습니다.

**13** 우리말 사용 실태에 대하여 조사 계획을 세울 때 다른 모둠의 발표 내용은 생각하지 않아도 됩니다.

**14** 지원이는 초등학생의 줄임 말, 신조어 사용 문제가 심각하다는 내용의 뉴스를 찾았습니다.

**15** 글 ㉯와 ㉰는 본론 부분에 해당합니다.

**16** 글 ㉮에 글쓴이가 제시한 문제 상황이 드러나 있습니다.

**17** 글 ㉰에서 글쓴이가 주장을 뒷받침하기 위하여 제시한 내용을 정리하여 씁니다.

| 채점 기준 | |
| --- | --- |
| 글 ㉰에서 글쓴이가 제시한 근거를 알맞게 정리하여 쓴 경우 | 5점 |
| 글 ㉰에서 글쓴이가 제시한 근거를 정리하여 썼으나 문장이 어색한 경우 | 3점 |

**18** 너무 줄여 말하는 낱말(줄임 말)을 바르게 고쳐 쓴 사례를 광고의 형식으로 만든 사례집입니다.

**19** 승아, 원재, 주희는 어떤 형식으로 우리말 사례집을 만들 것인지 의견을 나누었습니다.

**20** 자주 사용하는 외국어를 엮는 것은 우리말 사례집의 내용으로 알맞지 않습니다.

---

---

### 📋 서술형 평가     194쪽

**1** 〈예〉 기분이 별로 좋지 않고 씁쓸할 것이다.   **2** 〈예〉 비속어를 올바른 우리말로 바꾸어 사용하려고 노력해야 한다.   **3** 〈예〉 말하는 사람과 듣는 사람 모두 존중하고 있고, 존중받고 있다는 생각에 기분이 좋을 것이다.   **4** (1) 〈예〉 친구에게 긍정하는 말을 해 주니 좋은 일이 생겼다. (2) 〈예〉 긍정하는 말을 하면 말하는 사람은 물론 듣는 사람의 마음도 편안해진다.   **5** 〈예〉 긍정하는 말과 고운 우리말

**1** 비속어를 들었을 때의 기분을 정리하여 씁니다.

| 채점 기준 | |
|---|---|
| 비속어를 들었을 때의 기분을 알맞게 정리하여 쓴 경우 | 4점 |

**2** 준형이와 수진이는 비속어를 사용하며 서로 비난하였습니다.

| 채점 기준 | |
|---|---|
| 준형이와 수진이의 언어생활에서 고칠 점을 자세히 쓴 경우 | 6점 |
| '우리말을 바르게 사용하지 않았다.'처럼 고칠 점을 구체적으로 쓰지 않은 경우 | 3점 |

**3** 배려하는 말, 긍정하는 말, 바른 말 사용에서 느낀 점을 씁니다.

| 채점 기준 | |
|---|---|
| 배려하는 말, 긍정하는 말, 바른 말을 사용하여 대화하면 좋은 점을 알맞게 쓴 경우 | 6점 |

**4** 글쓴이가 긍정하는 말과 고운 우리말을 사용하자는 까닭으로 든 것 두 가지를 글 **가**와 **나**에서 찾아 씁니다.

| 채점 기준 | |
|---|---|
| 글쓴이의 주장을 뒷받침하는 근거 두 가지를 모두 알맞게 정리하여 쓴 경우 | 8점 |
| 글쓴이의 주장을 뒷받침하는 근거를 한 가지만 알맞게 정리하여 쓴 경우 | 4점 |

**5** 글쓴이의 주장이 잘 드러나는 제목을 붙여 봅니다.

| 채점 기준 | |
|---|---|
| 주장이 잘 드러나는 제목을 쓴 경우 | 6점 |
| 긍정하는 말 또는 고운 우리말 중에서 한 가지만 넣어 쓴 경우 | 3점 |

---

## 8 인물의 삶을 찾아서

### 📝 쪽지 시험     195쪽

**1** 주제   **2** ㉣   **3** (2) ○   **4** (1) ② (2) ①   **5** 가치관   **6** (1) 상황 (2) 말과 행동 (3) 까닭   **7** 〈예〉 고난을 극복하려는 의지   **8** 선택   **9** (1) ○   **10** 〈예〉 작품 제목, 지은이, 소개할 인물의 이름

**1** 주제는 글에서 글쓴이가 말하고자 하는 생각을 말합니다.

**2** 글의 제목, 중요한 낱말, 중심 문장을 살펴보면 글의 주제를 파악할 수 있습니다.

**3** 이 외에도 글의 주제를 찾으며 글을 읽으면 글의 내용을 더 깊이 이해할 수 있고, 대상에 대한 자신의 생각을 다시 점검할 수 있으며, 자신의 삶을 되돌아볼 수 있습니다.

**4** 이방원은 「하여가」를 통해 정몽주에게 뜻을 함께 모아 새 나라를 세우자고 말하였고, 정몽주는 「단심가」를 통해 이방원에게 변함없이 고려에 충성을 다하겠다고 말하였습니다.

**6** 인물이 처한 상황, 그 상황에서 한 말과 행동, 그렇게 말하고 행동한 까닭을 살펴보면 인물이 추구하는 가치를 파악할 수 있습니다.

**7** 어려운 상황을 포기하지 않은 모습에서 파악할 수 있는 가치를 생각해 봅니다.

**10** 인물 소개서에는 작품 제목, 지은이, 소개할 인물의 이름, 성별, 나이, 특징, 인물에게 일어난 일, 인물에 대해 말해 주는 질문과 대답, 기억나는 인물의 말과 행동 등을 씁니다.

---

### 💡 단원 평가     196~198쪽

**1** 책이 주는 선물을 받고 싶은 어린이들   **2** ①, ③, ④   **3** ⑤   **4** 시조   **5** ①   **6** ③   **7** 〈예〉 종장, 초장, 중장 순서이다. 중장은 예를 든 표현이고, 초장보다는 종장이 더 직접적으로 자신의 생각을 표현하였기 때문이다.   **8** ④   **9** ②, ④, ⑤   **10** 〈예〉 내가 처한 상황에서 불만부터 터뜨리지 않았는가?   **11** 샘, 기와집   **12** ③, ⑤   **13** ⑤   **14** ①   **15** 나무를 심어 주는 회사를 세웠다.   **16** ③   **17** 〈예〉 왕가리 마타이가 모두의 이익과 행복을 추구하는 삶의 태도에서 그녀가 추구하는 가치를 닮고 싶다.   **18** ③, ④, ⑤   **19** ㉣   **20** ②

**1** 책이 주는 선물을 받고 싶은 어린이들에게 책이 주는 선물이 무엇인지 알려 주며 그 선물을 받기 위해 책을 읽자고 말하고 있습니다.

**2** 우리들을 다양한 경험 세계로 데려다주고, 작가가 말하고자 하는 생각도 들으며, 인물의 삶에서 내 삶을 돌아보는 기회가 되는 것이 책이 주는 선물이라고 하였습니다.

**3** 책 읽는 사람이 지혜롭게 세상을 살 수 있다는 것을 말하며 책을 읽자고 하였습니다.

**4** 글 **가**와 **나**는 시조로, 이방원과 정몽주는 시조를 통해 자신의 생각을 서로에게 전하였습니다.

**5** '얽혀진들'과 '우리'에서 글쓴이의 생각이 특히 잘 드러납니다.

**6** '임'은 고려 혹은 고려의 임금을 나타내는 말로, 고려에 대한 충성심은 변함없을 것임을 말하고 있습니다.

**7** 글쓴이의 생각이 가장 잘 드러난 부분을 살펴보고, 그렇게 생각한 까닭도 씁니다.

| 채점 기준 | |
| --- | --- |
| 종장, 초장, 중장 순서대로 파악하여 그 까닭과 함께 쓴 경우 | 5점 |
| 종장, 초장, 중장 순서대로 파악하여 썼지만, 그 까닭을 쓰지 못한 경우 | 3점 |

**8** 이순신이 나쁜 꿈을 꾼 뒤, 아들 면이 일본군과 싸우다 죽는 사건이 일어났습니다.

**9** 이순신이 추구하는 가치와 연결지어 봅니다.

**10** 용기와 자신감, 고난 극복의 의지를 추구하는 이순신의 가치와 관련하여 생각해 볼 점을 떠올립니다.

| 채점 기준 | |
| --- | --- |
| 이순신이 추구하는 가치와 관련된 질문을 쓴 경우 | 5점 |
| 단순히 글의 내용과 관련된 질문을 쓴 경우 | 2점 |

**11** 글 **가**에서 몽당깨비가 한 말을 통해 버들이가 샘을 기와집 뒤란으로 옮겨 달라고 했음을 알 수 있습니다.

**12** 버들이는 몽당깨비의 말을 듣고 도깨비들을 막기 위해 기와집 담에는 말 피를 뿌리고 대문에는 말 머리를 올려놓았습니다.

**13** 버들이는 자신의 이익만 생각하여 샘물줄기를 바꾸고 싶어 했고, 도깨비들이 얼씬거리지 못하게 하였습니다.

**14** 외국에서 공부를 마치고 케냐로 돌아온 왕가리 마타이는 케냐의 마을 풍경이 황폐해서 깜짝 놀랐습니다.

**15** 왕가리 마타이는 황폐해진 케냐를 위해 나무를 심기로 마음먹고, 방법을 고민한 끝에 나무를 심어 주는 회사를 세웠습니다.

**16** 왕가리 마타이는 모두의 이익과 행복을 위해 나무 심는 일을 끈기 있게 추진하였습니다.

**17** 왕가리 마타이의 삶의 모습을 떠올려 보고, 어떤 점을 닮고 싶은지 씁니다.

| 채점 기준 | |
| --- | --- |
| 왕가리 마타이의 삶의 모습에서 닮고 싶은 점을 구체적으로 쓴 경우 | 5점 |
| '훌륭한 점'과 같이 간단하게 쓴 경우 | 2점 |

**18** 인물이 추구하는 가치를 자신의 삶과 관련지을 때 인물의 생김새와 글을 읽을 때 있었던 일은 생각할 필요가 없습니다.

**19** 인물이 한 말 중에서 기억나는 말을 쓰고, 인물에 대한 생각보다는 인물을 제대로 소개할 수 있는 내용을 중심으로 써야 합니다.

**20** 인물 소개서이므로 문학 작품을 읽은 까닭을 발표할 필요는 없습니다.

---

### 📝 서술형 평가                    199쪽

**1** (1) 예 「옹고집전」에 나오는 옹고집이 기억에 남는다. (2) 예 배려심이 없는 옹고집이 큰스님의 도술 때문에 전혀 다른 사람으로 변한 뒤에 그동안의 삶을 반성하는 모습을 보니 다행스러웠기 때문이다.    **2** (1) 예 자기 자신 / 물질 (2) 예 옹고집 님, 비록 큰스님의 도술 때문이기는 했지만 부족한 부분을 바꾸고 채우려고 노력하는 모습이 참 보기 좋았습니다.   **3** 예 나무를 심는 여성들과 왕가리 마타이는 성실을 추구한다는 점에서 비슷하지만 왕가리 마타이는 보다 많은 사람들의 이익과 행복을 추구한다는 점에서 다르다.   **4** 예 왕가리 마타이처럼 나에게도 자신뿐 아니라 모두의 이익과 행복을 추구하는 부모님이 계셔서 감사하다. 그리고 그동안 나는 어떤 사람이었는지 되돌아보게 된다.

**1** 재미있게 읽었거나 공감하며 읽어 기억에 남는 이야기 속 인물을 떠올려 봅니다.

| 채점 기준 | |
| --- | --- |
| 기억나는 인물과 기억나는 까닭을 모두 쓴 경우 | 4점 |
| 기억나는 인물만 쓴 경우 | 2점 |

**2** 인물이 추구하는 가치는 무엇인지 생각해 보고, 그런 인물에게 어떤 말을 해 주고 싶은지 정리해 씁니다.

| 채점 기준 | |
|---|---|
| 인물이 중요하게 생각한 것과 인물에게 하고 싶은 말을 모두 쓴 경우 | 6점 |
| 인물이 중요하게 생각한 것이나 인물에게 하고 싶은 말 중 한 가지만 쓴 경우 | 3점 |

**3** 글에 나오는 나무를 심는 여성들과 왕가리 마타이가 추구하는 가치를 파악해 보고, 어떤 점이 비슷하고 다른지 비교해 봅니다.

| 채점 기준 | |
|---|---|
| 나무를 심는 여성들과 왕가리 마타이가 추구하는 가치를 비교하여 두 가지 조건 에 맞게 쓴 경우 | 6점 |
| 나무를 심는 여성들과 왕가리 마타이가 추구하는 가치를 비교하여 한 가지 조건 에 맞게 쓴 경우 | 3점 |

**4** 왕가리 마타이가 추구하는 모두의 이익과 행복을 자신의 삶과 관련지어 생각해 봅니다.

| 채점 기준 | |
|---|---|
| 왕가리 마타이가 추구하는 가치를 자신의 삶과 관련지어 자세히 쓴 경우 | 6점 |
| 왕가리 마타이가 추구하는 가치에 대한 생각이나 느낌만 쓰고, 자신의 삶과 관련짓지 못한 경우 | 3점 |

## 9 마음을 나누는 글을 써요

### 쪽지 시험
200쪽

**1** (1) 예 슬픈 (2) 예 고마운 **2** (1) 라 (2) 나 (3) 가 (4) 다 **3** (1) ○ (2) × (3) ○ **4** 라 **5** 쓸 내용 정하기 **6** 표현하기 **7** 걱정하는

**1** 친한 친구가 전학을 갔을 때는 슬픈 마음을, 고생하시는 경찰관에 대해서는 고마운 마음을 나누려고 글을 쓴 것입니다.

**2** 마음을 전하는 글을 쓰는 상황을 파악하려면 일어난 사건을 확인하고 나누려는 마음을 떠올리며 읽을 사람, 글을 쓰는 목적 등을 생각합니다.

**3** 마음을 나누는 글은 누가, 어떤 사람에게 썼는지에 따라 표현 방법이 달라집니다.

**4** 마음을 나누는 글에는 읽을 사람이 아니라 일어난 사건에 대한 글쓴이의 생각이나 행동이 들어가야 합니다.

**5** 일어난 사건과 그것에 대한 자신의 생각이나 행동을 떠올리고, 나누려는 마음을 생각하는 것은 쓸 내용을 정할 때 고려해야 할 점입니다.

**6** 맞춤법과 띄어쓰기는 표현할 때 고려할 점입니다.

**7** 정약용은 두 아들의 마음가짐을 걱정하는 마음을 전하고, 두 아들과 다른 사람을 배려하는 마음을 나누려고 편지를 썼습니다.

### 단원 평가
201~203쪽

**1** ④ **2** 안타까운 마음 **3** ③ **4** ② **5** 감사한 / 고마운 **6** ㉤ **7** 예 하고 싶은 말을 자세히 표현할 수 있다. **8** ㉰ **9** ② **10** 친근한 **11** ㉮ **12** ①, ② **13** ⑤ **14** 예 자신의 생각이나 느낌을 바로 전할 수 있고, 읽을 사람의 반응을 바로 확인할 수 있다. **15** ② **16** 하늘을 원망하고 사람을 미워하는 말투 **17** 배려하는 **18** 예 다른 사람의 도움을 바라지만 말고 먼저 베풀면서 살아라. **19** (1) ○ **20** ①

**1** 서연이는 친구들이 학용품을 소중히 다루지 않아 안타까운 마음을 가지고 있습니다.

**2** 서연이는 주인을 찾지 못한 학용품이 많은 것을 보고 자원이 낭비되는 것에 안타까운 마음을 가지고 있습니다.

**3** 글을 쓸 사람은 서연이므로 파악할 필요가 없습니다.

**4** 이 글은 연아가 선생님께 쓴 글로, 공손한 표현을 쓰고 있습니다.

**5** 연아는 국어 공부를 재미있게 하는 방법을 가르쳐 주신 선생님께 감사한 마음을 전하려고 편지를 썼습니다.

**6** 고마운 마음이 직접 드러난 부분을 찾습니다.

**7** 편지는 문자 메시지보다 하고 싶은 말을 더 자세히 표현할 수 있어 좋습니다.

| 채점 기준 | |
|---|---|
| 나누려는 마음을 편지로 쓰면 하고 싶은 말을 자세히 쓸 수 있다는 내용을 쓴 경우 | 5점 |
| 편지의 일반적인 특성을 쓴 경우 | 2점 |

**8** 이 글은 지수와 정민이가 주고받은 문자 메시지입니다.

**9** 지수는 정민이에게 과학 시간에 물을 엎지른 일에 대해 미안한 마음을 표현하기 위해 이 글을 썼습니다.

**10** 친구에게 쓰는 글은 친근한 말, 쉬운 말을 사용해야 합니다.

**11** 글 **가** 에서는 일어난 사건을 자세히 설명하고 있고, 글 **나** 에서는 일어난 사건에 대한 자신의 생각이나 행동을 표현하고 있으며, 글 **다** 에서는 나누려는 마음을 표현하고 있습니다.

**12** 신우는 지효의 가방에 미역국을 엎질러 미안한 마음과 오히려 걱정해 주고 같이 치워 준 지효에게 고마운 마음을 가지고 있습니다.

**13** 마음을 나누는 글을 쓸 계획을 세울 때에는 일어난 사건에 대한 자신의 생각이나 행동을 떠올려야 합니다.

**14** 편지에 비해 문자 메시지는 자신의 생각이나 느낌을 바로 전할 수 있으며, 읽을 사람의 반응도 바로 확인할 수 있습니다.

| 채점 기준 | |
|---|---|
| '자신의 생각이나 느낌을 바로 전할 수 있다.'는 내용과 '읽을 사람의 반응을 바로 확인할 수 있다.'는 내용을 모두 쓴 경우 | 5점 |
| '자신의 생각이나 느낌을 바로 전할 수 있다.'는 내용과 '읽을 사람의 반응을 바로 확인할 수 있다.'는 내용 중 한 가지만 쓴 경우 | 3점 |

**15** 정약용은 다른 사람이 은혜를 베풀어 주기만을 바라는 두 아들의 마음가짐을 걱정하는 마음을 전하려고 이 글을 썼습니다.

**16** 정약용은 하늘을 원망하고 사람을 미워하는 말투가 큰 병이라고 하였습니다.

**17** 정약용은 두 아들이 다른 사람을 아끼고 배려하기를 바라고 있습니다.

**18** 정약용은 두 아들에게 다른 사람의 도움을 바라지만 말고 먼저 베풀라고 말하고 있습니다.

| 채점 기준 | |
|---|---|
| 다른 사람의 도움을 바라지 말고 먼저 베풀라는 내용을 구체적으로 쓴 경우 | 5점 |
| 다른 사람의 도움을 바라지 말라는 내용만 간단하게 쓴 경우 | 3점 |

**19** 학급 신문을 만들 때 인상 깊었던 일을 정한 다음에는 어떤 내용을 쓸지 쓸 내용을 정리해야 합니다.

**20** 학급 신문의 신문 기사는 그림이나 사진 자료 등을 사용해서 실감 나게 표현하는 것이 좋습니다.

### 📑 서술형 평가　　　　　204쪽

**1** ㉠ 친구들이 학용품을 소중히 쓰지 않아 안타까운 마음을 전하기 위해서이다. 　**2** ㉠ 자신의 생각이나 느낌을 바로 전하기 위해서이다. 　**3** ㉠ 글 **가** 는 연아가 선생님께 쓴 편지로, 공손한 표현을 쓰고 있는 반면, 글 **나** 는 신우가 친구인 지효에게 쓴 편지로, 친근한 표현을 쓰고 있다. 　**4** ㉠ 정약용이 유배지에서 두 아들의 마음가짐을 걱정하는 마음을 전하려고 글을 썼다.

**1** 서연이가 나누려는 마음을 살펴보면, 이 글을 쓰는 목적을 짐작할 수 있습니다.

| 채점 기준 | |
|---|---|
| '친구들이 학용품을 소중히 쓰지 않아 안타까운 마음을 전하기 위해서이다.' 또는 '친구들이 학용품을 아껴 썼으면 하는 마음을 표현하기 위해서이다.'라고 쓴 경우 | 8점 |
| '안타까운 마음을 전하기 위해서이다.'라고 마음만 간단하게 쓴 경우 | 4점 |

**2** 편지에 비해 문자 메시지가 가지는 장점은 자신의 생각을 바로 전하고 반응을 바로 확인할 수 있다는 것입니다.

| 채점 기준 | |
|---|---|
| '자신의 생각이나 느낌을 바로 전할 수 있다.' 또는 '읽을 사람의 반응을 바로 확인할 수 있다.'는 내용 중에서 한 가지를 쓴 경우 | 4점 |

**3** 마음을 나누는 글을 선생님과 친구에게 썼을 때 표현 방법이 어떻게 달라지는지 비교해서 씁니다.

| 채점 기준 | |
|---|---|
| 읽을 사람과의 관계를 비교해 표현 방법의 차이점을 쓴 경우 | 6점 |
| 읽을 사람과의 관계 또는 표현 방법만 비교해 쓴 경우 | 3점 |

**4** 정약용은 두 아들이 항상 은혜를 베풀어 주기만을 바라는 사람이 되지 않을까 걱정되어 다른 사람에게 먼저 베풀라고 당부하고 있습니다.

| 채점 기준 | |
|---|---|
| '두 아들의 마음가짐을 걱정하는 마음을 전하려고 글을 썼다.'라고 내용을 구체적으로 쓴 경우 | 8점 |
| '두 아들을 걱정한다.'와 같이 내용을 간단하게 쓴 경우 | 4점 |

## 1 우리나라의 정치 발전

## 1 민주주의의 발전과 시민 참여

😊 **개념 확인 문제**     7쪽

**1** 이승만     **2** 3·15 부정 선거     **3** (1) × (2) ○
**4** 4·19 혁명     **5** 민주주의

---

**1** 이승만은 옳지 못한 방법으로 헌법을 바꾸어 두 번의 선거에서 대통령이 되었고, 12년 동안 이어진 이승만 정부의 독재와 부패로 국민의 생활이 어려워졌습니다.

**2** 이승만 정부는 1960년 3월 15일에 치러진 정부통령 선거에서 이기려고 부정 선거를 계획했습니다.

**3** (1) 대학교수들은 학생들을 지지하며 정부에 항의했습니다.

**4** 4·19 혁명으로 이승만은 대통령 자리에서 물러났고, 3·15 부정 선거는 무효가 되었으며, 이후 재선거가 실시되어 새로운 정부가 세워졌습니다.

**5** 4·19 혁명을 통해 민주주의를 지키기 위해 시민들의 참여와 관심이 있어야 한다는 것을 알게 되었습니다.

😊 **개념 확인 문제**     9쪽

**1** 대통령     **2** (1) × (2) ×     **3** 광주
**4** 시민군     **5** (1) ○

---

**1** 대통령이 된 박정희는 유신 헌법을 공포하여 대통령 선거를 직선제에서 간선제로 바꾸고 독재 체제를 강화했습니다.

**2** (1) 박정희는 대통령이 되기 전 일부 군인들과 함께 5·16 군사 정변을 일으켜 정권을 장악했습니다.
  (2) 박정희가 피살당하여 정권이 막을 내리자 전두환이 중심이 된 일부 군인들이 또다시 정변을 일으켜 정권을 장악했습니다.

**3** 전라남도 광주에서 일어난 시위를 다른 지역에서 잘 모르고 있었던 까닭은 전두환이 언론을 통제했기 때문입니다.

**4** 5·18 민주화 운동 당시 폭력으로 시위대를 진압하는 계엄군에 맞서 광주 시민들은 시민군을 만들어 대항하는 한편 광주 시내의 질서를 유지하려 노력했습니다.

**5** 5·18 민주화 운동은 부당한 정권에 맞서 민주주의를 지키기 위한 시민들의 노력과 의지의 표현이었고, 세계 여러 나라의 민주화 운동에 영향을 주었습니다.

😊 **개념 확인 문제**     11쪽

**1** (1) × (2) ○     **2** ㉢     **3** 6·29 민주화 선언
**4** ㉣     **5** 직선제

---

**1** (1) 전두환은 5·18 민주화 운동 이후 간선제로 대통령이 되었습니다.

**2** 6월 민주 항쟁은 ㉢ → ㉠ → ㉣ → ㉡ 순서대로 전개된 민주화 운동입니다.

**3** 6·29 민주화 선언의 내용은 우리나라 역사상 최초로 집권 세력이 민주화를 실시하겠다고 한 점에서 의미를 갖는 선언입니다.

**4** 6월 민주 항쟁으로 6·29 민주화 선언을 이끌어 내 대통령 직선제를 이루었습니다.

**5** 6·29 민주화 선언은 대통령 직선제, 지방 자치제 시행, 언론의 자유 보장 등의 내용이 포함되어 있습니다.

😊 **개념 확인 문제**     13쪽

**1** (1) 대통령 직선제 (2) 지방 자치제     **2** 6월 민주 항쟁 이후
**3** (1) × (2) ○     **4** (2) ○     **5** 민주적

---

**1** 6월 민주 항쟁 이후 대통령 직선제와 지방 자치제가 시행되면서 우리나라의 민주주의가 점점 더 발전해 가고 있다는 것을 알 수 있습니다.

**2** 지방 자치제는 권력이 한 곳에 집중되는 것을 막고, 지역에 맞게 정책을 시행할 수 있도록 마련한 제도입니다.

**3** (1) 대통령 직선제가 자리 잡으면서 정권이 평화적으로 교체되었습니다.

**4** ⑴은 1인 시위, ⑵는 촛불 집회의 모습입니다. 오늘날 시민들은 촛불 집회, 1인 시위, 캠페인 등 다양한 방식으로 사회 공동의 문제 해결에 참여하고 있습니다.

**5** 오늘날 사회 공동의 문제를 평화적이고 민주적인 방법으로 해결함에 따라 더 많은 시민이 사회 공동의 문제를 해결하는 데 참여하게 되었습니다.

## 💡 실력 문제

14~16쪽

🐾 **핵심문장으로 시작하기** **1** 이승만 **2** 광주 **3** 직선제

**4** ② **5** ① **6** ㉡→㉣→㉢→㉠ **7** ⑤

**8** ④ **9** 📝 박정희가 대통령 자리를 유지하며 더욱 강력한 독재 정치를 하기 위해서이다. 등

**10** 5·18 민주화 운동 **11** ①, ⑤ **12** ④ **13** ⑤

**14** ⑤ **15** ㉣ **16** ③ **17** ①, ④ **18** 📝 자신이 사는 지역에 대한 관심이 높아지고 정치에 참여할 기회도 점차 늘어나기 때문이다. 등 **19** ③ **20** ⑤

**4** 이승만 정부는 1960년 정부통령 선거에서 이겨 정권을 계속 차지하고 싶었기 때문에 3·15 부정 선거를 저질렀습니다.

**5** 4·19 혁명은 이승만의 독재와 3·15 부정 선거를 계기로 일어났습니다.

**6** 이승만 정부는 시위를 무력으로 진압했고, 이 과정에서 수많은 사람이 다치거나 죽었으나 학생들과 시민들의 저항은 계속해서 이어졌습니다.

**7** 4·19 혁명은 시민들의 노력과 희생을 통해 국민이 국가의 주인임을 밝히고 독재 정권으로부터 민주주의를 지켜 낸 역사적 사건입니다.

**8** 4·19 혁명 이후 우리나라가 민주적인 사회가 될 것이라는 시민들의 기대가 커졌으나 박정희와 일부 군인들이 정변을 일으켜 정권을 장악했습니다.

**9** 유신 헌법은 대통령의 지위와 권한을 강화하고 국회의 권한과 지위를 축소한 헌법입니다.

| 채점 기준 | |
| --- | --- |
| '대통령 자리 유지', '강력한 독재 정치' 등을 넣어 구체적으로 쓴 경우 | 5점 |
| '계속 대통령을 하려고'라고 간단하게 쓴 경우 | 3점 |

**10** 1980년 5월, 전라남도 광주의 시민들은 계엄령을 해제할 것과 전두환은 물러날 것 등의 구호를 외치며 시위했습니다.

**11** 전두환과 일부 군인들은 광주에서 일어나는 일을 다른 지역 사람들이 알지 못하도록 언론을 통제했습니다. 고립된 상황에서도 광주 시민들은 질서를 유지하면서 어려운 상황을 헤쳐 나가려고 노력했습니다.

**12** 계엄군은 시민들과 학생들을 향해 총을 쏘며 폭력적으로 시위를 진압했고, 이 과정에서 많은 사람들이 다치거나 죽었습니다.

**13** ㉠ 박정희의 피살과 ㉡ 신군부 세력이 정변을 일으킨 것은 1979년으로 6월 민주 항쟁 이전에 일어난 일이었습니다.

**14** 6월 민주 항쟁 당시 시민들은 대통령 간선제가 원래 의미대로 운영되지 않았고, 직접 대통령을 뽑는 것이 민주화를 향한 길이라고 여겼기 때문에 대통령 직선제를 요구했습니다.

**15** 6월 민주 항쟁의 결과 당시 여당 대표였던 노태우가 6·29 민주화 선언을 발표했고, 이 선언에는 대통령 직선제를 포함한 국민의 민주화 요구가 담겨 있었습니다.

**16** 국민이 직접 선거로 대통령을 뽑는 것은 1971년 제7대 대통령 선거 이후 16년 만의 일이었습니다.

**17** 지방 자치제는 주민이 직접 뽑은 지역 대표들이 지역의 일을 처리하는 제도로, 이로 인해 권력이 한 곳에 집중되는 것을 막고, 지역 실정에 맞는 정책을 시행할 수 있게 되었습니다.

**18** 6월 민주 항쟁 이후 다시 지방 자치제가 시행되면서 우리나라의 민주주의는 더욱 확대되었습니다.

| 채점 기준 | |
| --- | --- |
| '지역 관심', '정치 참여 기회 확대' 등을 넣어 쓴 경우 | 5점 |
| '지역 주민에게 좋다.'라고 간단하게 쓴 경우 | 3점 |

**19** 과학 기술의 발달과 정보 통신 기기 사용 증가에 따라 누리집이나 누리 소통망 서비스(SNS)를 활용해 사회 여러 가지 문제에 대해 자신의 의견을 전달할 수 있게 되었습니다.

**20** 시민들이 다양한 방식으로 사회 공동의 문제 해결에 참여하면서 우리 사회의 문제들을 원만하게 해결하고 있습니다.

**1** (1) (다) → (가) → (나) (2) 예 우리나라의 대표적인 민주화 운동이다. 수많은 시민과 학생들이 희생되었다. 시민의 정치 참여의 중요성을 잘 보여 주는 역사적 사건이다. 등

**2** (1) 4·19 혁명 (2) 예 3·15 부정 선거는 무효가 되었다. 이승만은 대통령 자리에서 물러났다. 등

**3** (1) 6·29 민주화 선언 (2) 예 대통령 직선제 시행, 지방 자치제 시행, 언론의 자유 보장, 인간의 존엄성 보장 등의 내용을 담고 있다. 등

**1** (1) 1960년에 4·19 혁명이, 1980년에 5·18 민주화 운동이, 1987년에 6월 민주 항쟁이 일어났습니다.

(2) 4·19 혁명, 5·18 민주화 운동, 6월 민주 항쟁은 학생과 시민이 독재 정치에 맞서 싸운 사건으로 우리나라의 대표적인 민주화 운동입니다.

| 채점 기준 | |
|---|---|
| '우리나라 대표적인 민주화 운동', '정치 참여의 중요성' 등을 넣어 구체적으로 쓴 경우 | 8점 |
| '민주화 운동이다.'라고 간단하게 쓴 경우 | 5점 |

**2** (1) 제시된 「나는 알아요」 시를 통해 1960년 4월 19일에 많은 사람의 희생이 있었음을 알 수 있습니다.

(2) 4·19 혁명으로 이승만 대통령이 물러나고 3·15 부정 선거가 무효가 되면서 다시 선거를 하여 새로운 정부가 들어섰습니다.

| 채점 기준 | |
|---|---|
| '3·15 부정 선거 무효', '이승만 대통령 자리에서 물러남' 등 두 가지 모두 쓴 경우 | 8점 |
| '3·15 부정 선거 무효', '이승만 대통령 자리에서 물러남' 중 한 가지만 쓴 경우 | 4점 |

**3** (1) 6월 민주 항쟁의 결과로 6·29 민주화 선언이 발표되었습니다.

(2) 1987년 6월 민주 항쟁 직후인 6월 29일에 당시 여당 대표였던 노태우가 대통령 직선제 개헌 요구를 받아들이겠다고 선언했습니다.

| 채점 기준 | |
|---|---|
| '대통령 직선제', '지방 자치제', '언론의 자유 보장', '인간의 존엄성 보장' 중 두 가지 이상 쓴 경우 | 8점 |
| '대통령 직선제', '지방 자치제', '언론의 자유 보장', '인간의 존엄성 보장' 중 한 가지만 쓴 경우 | 4점 |

## 2 일상생활과 민주주의

**1** 정치　　　　**2** (1) × (2) ○　　　　**3** 평등
**4** (1) ㉡ (2) ㉣ (3) ㉢ (4) ㉠

**1** 민주주의는 모든 국민이 나라의 주인으로서 권리를 갖고, 그 권리를 자유롭고 평등하게 행사하는 정치 제도를 말합니다.

**2** 가정에서 일어나는 문제를 해결하기 위해 가족회의를 할 때, 학급이나 학교에서 규칙을 만들기 위해 학급 회의를 할 때, 지역의 문제를 해결하기 위해 주민 회의를 열 때 등이 정치에 해당합니다.

**3** 민주주의를 이루려면 인간으로서 존중받고, 자유와 평등을 인정받아야만 합니다.

**4** 민주주의를 실천하는 바람직한 태도에는 관용, 비판적 태도, 실천, 타협 등이 있습니다.

**1** 타협　　　　**2** 다수결의 원칙　　　　**3** 예린
**4** 탐색　　　　**5** 다수결의 원칙

**1** 민주적 의사 결정 원리에는 대화와 타협, 다수결의 원칙 등이 있습니다.

**2** 다수결의 원칙은 대화와 토론, 타협으로 문제가 해결되지 않을 때 활용할 수 있는 방법입니다.

**3** 다수결의 원칙은 사람들끼리 양보와 타협이 어려울 때 쉽고 빠르게 문제를 해결할 수 있는 방법입니다.

**4** 문제 해결 방안 탐색하기 단계에서는 문제를 해결할 수 있는 다양한 방안을 생각하고 각 방안의 장점과 단점을 생각해 봅니다.

**5** 해결 방안을 결정할 때 대화와 타협을 통해 가장 합리적인 방법을 찾고, 합의가 되지 않을 때는 다수결의 원칙을 활용합니다.

🎓 핵심문장으로 시작하기  **1** 민주주의  **2** 관용  **3** 다수결

**4** 정치  **5** ①  **6** ①  **7** ④, ⑤  **8** ②

**9** 예 개인의 자유와 평등이 보장되어야 한다. 등

**10** ②  **11** 예 ⑩, 다른 사람의 의견을 존중하거나 포용하는 관용의 태도가 부족하기 때문이다. 등  **12** ②  **13** ④

**14** ②  **15** ④  **16** ④  **17** ⓒ, ⓒ  **18** ②

**19** 다수결의 원칙  **20** ②, ③

**4** 정치는 사람들 사이에서 발생하는 갈등을 조정하고 원만하게 해결해 가는 과정입니다.

**5** ① 가족과 놀이하는 모습은 정치의 모습으로 보기 어렵습니다. 가정에서 일어나는 문제를 해결하는 과정에서 정치의 모습을 살펴볼 수 있습니다.

**6** 옛날에는 사회 공동의 문제가 생겼을 때 왕이나 권력을 가진 몇몇 사람들만 그 문제 해결 과정에 참여할 수 있었습니다.

**7** 학교에서 중요한 일을 결정할 때 직접 참여하거나 대표를 통해 참여하는 것은 일상생활에서 경험하는 민주주의의 모습입니다.

**8** 자유는 국가나 다른 사람에게 구속받지 않고 자신의 생각대로 판단하고 행동할 수 있는 것을 의미합니다.

**9** 인간의 존엄성은 모든 인간이 인간이라는 이유만으로 존엄한 존재이며 존중받아야 한다는 것을 의미합니다.

| 채점 기준 | |
| --- | --- |
| '자유와 평등 보장'을 넣어 쓴 경우 | 5점 |
| '자유 보장', '평등 보장' 중 한 가지만 넣어 쓴 경우 | 3점 |

**10** ⑤은 타협, ⓒ은 실천, ⓒ은 비판적 태도입니다.

**11** ⑩은 나와 다른 생각과 의견을 인정하고 존중하는 관용의 태도와 양보하여 협의하는 타협의 태도가 필요합니다.

| 채점 기준 | |
| --- | --- |
| ⑩을 쓰고, 그렇게 생각한 까닭을 알맞게 쓴 경우 | 5점 |
| ⑩만 쓴 경우 | 2점 |

**12** 공동의 문제를 해결하려면 문제와 관련 있는 사람들이 모여 자유롭게 자신의 의견을 제시하고, 대화와 토론으로 의견 차이를 좁혀 나가야 합니다.

**13** 생활 소음으로 고통받고 있는 주민들이 주민 회의를 열었습니다.

**14** 대화와 토론의 과정에서 무조건 내 의견만을 주장하지 말고 상대방의 입장이나 의견도 고려하여 더 나은 해결 방법을 찾습니다.

**15** 다수결의 원칙은 사람들끼리 양보와 타협이 어려울 때 많은 사람의 의견에 따라 결정하는 것입니다.

**16** 다수결의 원칙을 따르면 쉽고 빠르게 문제를 해결할 수 있지만, 소수의 의견이 존중되지 못하는 문제가 생길 수 있습니다.

**17** 다수결의 원칙을 통해 규칙을 결정하거나 임원 선거에서 대표를 뽑을 수 있습니다. ⊙ 선생님께서 일방적으로 학급의 규칙을 만든 것은 다수결의 원칙을 사용한 것이 아닙니다.

**18** 소음과 먼지, 동식물의 피해, 교통 혼잡 등의 원인으로 터널 건설을 반대하고 있습니다.

**19** 터널 건설로 생기는 문제를 해결하기 위해 다수결을 통해 결정하고 있습니다.

**20** 학급 문제는 대화와 타협, 다수결의 원칙, 소수 의견 존중 등 민주적 의사 결정 원리에 따라 가장 바람직한 해결 방안을 정합니다.

## 📄 서술형 평가
25쪽

**1** (1) 다수결의 원칙 (2) 예 소수의 의견을 존중해야 한다. 등

**2** (1) 인간의 존엄성 (2) 예 모든 국민이 나라의 주인으로서 자유롭고 평등하게 정치에 참여하는 제도이다. 등

**3** (1) 실천 (2) 예 사실이나 의견의 옳고 그름을 따져 살펴보는 태도이다.

**1** (1) 다수결의 원칙은 어떤 일을 결정할 때 다수의 의견이 소수의 의견보다 합리적일 것이라고 가정하고 다수의 의견을 채택하는 방법입니다.

(2) 다수의 의견이 항상 옳은 것은 아니기 때문에 소수의 의견도 존중해야 합니다.

| 채점 기준 | |
| --- | --- |
| '소수 의견 존중'을 넣어 쓴 경우 | 8점 |
| '존중'만 넣어 쓴 경우 | 3점 |

**2** (1) 민주주의는 모두가 공동체의 구성원으로서 인간의 존엄성과 자유, 평등을 누릴 수 있는 바탕이라는 점에서 매우 중요합니다.

(2) 민주주의는 나라의 일을 결정할 때 참여하는 것뿐만 아니라 가정, 학교, 지역 사회에서 중요한 일을 결정할 때 참여하는 것도 해당됩니다.

| 채점 기준 | |
|---|---|
| '모든 국민이 나라의 주인', '자유롭고 평등하게 정치 참여'를 넣어 쓴 경우 | 8점 |
| '모든 국민이 나라의 주인', '자유롭고 평등하게 정치 참여' 중 한 가지만 넣어 쓴 경우 | 4점 |

**3** (1) 민주주의를 실천하는 바람직한 태도에는 관용, 실천, 타협, 비판적 태도 등이 있습니다.

(2) 생활 속에서 민주주의를 실천하는 태도 중 비판적 태도는 사실이나 의견의 옳고 그름을 따져 살펴보는 자세입니다.

| 채점 기준 | |
|---|---|
| '옳고 그름을 따져 살펴보는 것'을 넣어 쓴 경우 | 8점 |
| '살펴본다'는 의미를 넣어 간단하게 쓴 경우 | 4점 |

## 3 민주정치의 원리와 국가기관의 역할

😊 **개념 확인 문제** 27쪽

**1** 국민, 국민    **2** (1) ◯    **3** (1) ◯ (2) ×
**4** (1) ㉠ (2) ㉡

**1** 국민이 나라의 주인이 되고, 국민의 뜻에 따라 이루어지는 정치를 민주정치라고 합니다.

**2** 국민 주권의 원리가 드러나는 모습으로 선거를 통해 국민의 대표를 뽑는 것이 있고, 인터넷 게시판을 통해 국민이 직접 정책을 제안하는 것 등이 있습니다.

**3** (2) 국가 권력이 한 기관에 집중되지 않도록 여러 기관이 국가 권력을 나눠 갖습니다.

**4** 헌법에서는 주권이 국민에게 있음을 분명히 하고 있으며, 이를 실현하려고 국민의 자유와 권리를 법으로 보장하고 있습니다.

😊 **개념 확인 문제** 29쪽

**1** (1) ◯ (2) ×    **2** (1) ㉢ (2) ㉣ (3) ㉠ (4) ㉡
**3** 행정부    **4** (2) ◯

**1** (2) 국무 회의는 행정부 최고 심의 기관으로 대통령, 국무총리, 행정 각부의 장관 등이 모여 하는 회의입니다.

**2** 국회에서는 국회의원들이 모여 법을 만들거나 예산안을 심의하여 확정하거나 국정감사를 하는 등의 일을 합니다.

**3** 행정부는 국회가 만든 법을 바탕으로 나라의 살림을 맡아서 하는 곳입니다.

**4** (1) 행정부의 최고 책임자로서 국가의 중요한 일을 결정하는 사람은 대통령입니다. 국무총리는 대통령을 도와 행정 각부를 관리합니다.

😊 **개념 확인 문제** 31쪽

**1** (1) × (2) ◯    **2** 공개    **3** 3심 제도
**4** (2) ◯    **5** 삼권 분립

**1** (1) 법원은 법에 따라 옳고 그름을 따져 재판하는 곳입니다.

**2** 특정한 몇 가지 재판의 과정을 제외하고는 재판 당사자뿐만 아니라 일반 시민에게도 재판의 과정이 공개됩니다.

**3** 우리나라는 국민의 기본권을 보장하고 잘못된 판결로 발생할 수 있는 국민의 피해를 줄이기 위해 3심 제도를 두고 있습니다.

**4** 헌법 재판소는 법률이 헌법에 어긋나지 않는지 판단하는 곳입니다. (1) 국회 의사당은 국회의원들이 법을 만드는 곳입니다.

**5** 우리나라는 국가 권력을 국회, 행정부, 법원이 나눠 맡는 삼권 분립의 형태로 권력 분립을 실현하고 있습니다.

---

**💡 실력 문제**  32~34쪽

**🏁 핵심문장으로 시작하기** **1** 국민 주권  **2** 국회, 행정부, 법원
**3** 삼권 분립

**4** 민주정치  **5** ②  **6** 예 인간의 존엄성을 실현하고 자유와 평등을 보장하기 위해서이다. 등  **7** ⑤

**8** ㉠, ㉡  **9** ⑤  **10** ④  **11** ②, ⑤  **12** 국무총리

**13** ①  **14** 법원  **15** ㉡  **16** 예 국민의 자유와 권리를 보장하기 위해서이다. 등  **17** 3심 제도  **18** ②

**19** ②  **20** ③, ④

---

**4** 인간의 존엄성을 실현하고 자유와 평등을 보장하기 위해서 민주주의 국가에서는 민주정치의 기본 원리를 마련하고 있습니다.

**5** 권력 분립의 원리는 민주정치의 기본 원리 중 특정한 국가기관이 국가 권력을 독점하지 못하도록 권력을 나눠 맡는 원리를 뜻합니다.

**6** 국민이 나라의 주인이 되고, 국민의 뜻에 따라 이루어지는 민주정치는 국민 주권의 원리, 권력 분립의 원리 등 기본 원리를 마련하고 있습니다.

채점 기준

| '인간의 존엄성', '자유', '평등', '보장'을 모두 넣어 쓴 경우 | 5점 |
|---|---|
| '인간의 존엄성', '자유', '평등', '보장' 중 한 가지만 넣어 쓴 경우 | 3점 |

---

**7** ⑤ 대통령이 외국을 방문하거나 일을 할 수 없을 때 대통령의 임무를 대신해서 나랏일을 하는 것은 국무총리입니다.

**8** ㉢은 행정부에서 하는 일입니다. ㉣ 국회의원은 4년마다 국민이 직접 선거로 뽑습니다.

**9** 제시된 자료는 국회에서 하는 일 중 국정감사에 대한 설명입니다.

**10** ④ 법원에서 하는 일입니다. 행정부는 법에 따라 국가의 살림을 맡아 하는 곳으로 대통령, 국무총리, 행정 각부 등으로 구성됩니다.

**11** 대통령은 국민의 선거로 5년마다 뽑으며 외국에 대해 국가를 대표하고, 행정부의 최고 책임자로서 국가의 중요한 일을 최종적으로 결정하는 사람입니다.

**12** ㉠ 국무총리는 행정부를 구성하고 있으며, 대통령과 행정 각부 장관과 함께 국무 회의에 참석하여 행정부의 중요한 일이나 정책을 심의하는 일을 합니다.

**13** ㉡은 보건복지부로 국민의 건강을 책임지고 있는 부서입니다. ②는 국방부, ③은 교육부, ④는 문화체육관광부에서 하는 일입니다.

**14** 법원은 법에 따라 재판하는 곳으로, 재판으로 개인의 억울함을 풀어 주고 사람들 사이의 다툼을 해결해 줍니다.

**15** ㉠, ㉣은 국회에서 하는 일이고, ㉢은 행정부에서 하는 일입니다.

**16** 재판은 국민의 자유와 권리를 보장하기 위해 공정하게 이루어져야 합니다.

채점 기준

| '국민의 자유와 권리 보장'을 넣어 쓴 경우 | 5점 |
|---|---|
| '국민을 위해서'라고 간단하게 쓴 경우 | 3점 |

**17** 우리나라는 공정한 재판을 위해 법원의 독립과 법관의 신분 보장, 재판 공개, 3심 제도 등 여러 제도를 마련하고 있습니다.

**18** 헌법 재판소는 특정 국가기관의 영향을 받지 않고 독립적으로 운영되고 있습니다.

**19** 프랑스 루이 14세처럼 한 사람에게 국가 권력이 집중되면 권력을 마음대로 행사하여 국민의 자유와 권리를 침해할 수 있습니다.

**20** 한 사람이나 기관이 국가의 중요한 일을 결정하는 권한을 모두 갖는다면, 그 권한을 마음대로 사용하거나 잘못된 결정을 하여 국민의 권리를 침해할 수 있기 때문에 국가 권력을 나눠 맡고 있습니다.

## 서술형 평가 　35쪽

**1** (1) ㉠ 국회 ㉡ 행정부 ㉢ 법원 (2) ⑩ 어느 한 기관이 국가의 중요한 일을 마음대로 처리할 수 없도록 하기 위해서이다. 등

**2** (1) 국민 주권의 원리 (2) ⑩ 선거에 적극적으로 참여한다. 시민 단체 활동이나 집회에 참여하여 여론을 형성한다. 누리 소통망 서비스 등을 통해 정치적 의견을 표현한다. 등

**3** (1) 국회 (2) ⑩ 행정부가 법에 따라 일을 잘하고 있는지 살펴보기 위해서이다. 등

**1** (1) 우리나라는 권력 분립의 원리에 따라 국가 권력을 국회, 행정부, 법원이 나눠 맡도록 하고 있습니다.

(2) 우리나라는 국회, 행정부, 법원이 국가 권력을 나눠 맡도록 하고 서로 견제하고 균형을 이루게 하여 국민의 자유와 권리를 보장하고 있습니다.

| 채점 기준 | |
| --- | --- |
| '한 기관이 국가의 중요한 일을 마음대로 처리할 수 없도록 하기 위해서', '국민의 자유와 권리를 보장하기 위해서'라고 쓴 경우 | 8점 |
| '국가 권력을 나누기 위해서'라고 간단히 쓴 경우 | 4점 |

**2** (1) 주권은 국민에게 있으며 나라의 중요한 일을 국민 스스로 결정할 수 있다는 것이 국민 주권의 원리입니다.

(2) 국민은 선거를 통해 대표자를 뽑거나 인터넷 게시판에 직접 의견을 올리면서 국민 주권의 원리를 실현할 수 있습니다.

| 채점 기준 | |
| --- | --- |
| '선거 참여', '시민 단체 활동', '인터넷에 의견 올리기' 등을 넣어 쓴 경우 | 8점 |
| '정치 참여'를 넣어 간단하게 쓴 경우 | 4점 |

**3** (1) 국회는 국민의 대표인 국회의원들로 구성되었습니다.

(2) 국정감사에서는 나랏일을 하는 공무원에게 궁금한 점을 질문하고, 잘못한 일이 있다면 바로잡도록 요구하는 것입니다.

| 채점 기준 | |
| --- | --- |
| '행정부가 법에 따라 일을 잘하는지'를 넣어 구체적으로 쓴 경우 | 8점 |
| '행정부' 언급 없이 '법에 따라 일을 잘하고 있는지'만 쓴 경우 | 4점 |

## 단원정리 1 우리나라의 정치 발전 　36~37쪽

❶ 4·19 혁명　❷ 5·18 민주화 운동　❸ 6월 민주 항쟁
❹ 민주적　❺ 인간의 존엄성　❻ 자유
❼ 다수결의 원칙　❽ 소수
❾ 국민 주권의 원리　❿ 권력 분립의 원리
⓫ 국회　⓬ 행정부　⓭ 법원

**OX** 1 ×　2 ○　3 ×　4 ○　5 ×　6 ○　7 ○
8 ×　9 ×　10 ○

**1** 4·19 혁명은 ┌이승만 정부의 독재와 3·15 부정 선거를 계기로 ~~5·16 군사 정변으로 독재 정치가 시작되자~~ 학생과 시민들이 민주주의를 요구하며 일으킨 시위입니다.

**3** 6월 민주 항쟁 이후 대통령 간선제와 지방 자치제가 시행 ┌직선제 되었습니다.

**5** 민주주의를 실천하기 위해서는 정치에 무관심해야 합니다. ┌관심을 가져야 합니다.

**8** 국회는 국민의 대표인 대통령이 법을 만드는 곳입니다.

**9** ┌법원은　┌국회의원들이 행정부는 법에 따라 재판을 하는 곳으로, 특별한 경우를 제외한 모든 재판을 공개합니다.

## 단원 평가 　38~41쪽

**1** ①　**2** ③, ⑤　**3** ⑩ 대통령 독재가 가능해졌다. 박정희가 계속 대통령이 될 수 있는 길이 열렸다. 등　**4** ④
**5** 6월 민주 항쟁　**6** ①　**7** ④　**8** ④
**9** ⑩ 민주주의의 목적은 개인의 자유와 평등을 보장하여 인간의 존엄성을 실현하는 것이다.　**10** 관용　**11** ㉡　**12** ④
**13** ④　**14** 국민　**15** ③　**16** ⑩ 권력 분립의 원리. 국가 권력을 어느 한 기관에서 독점하지 못하도록 여러 국가기관이 나눠 맡도록 하는 원리이다. 등　**17** ①　**18** ②　**19** 재판
**20** ③

**1** 4·19 혁명은 이승만 정부의 독재와 3·15 부정 선거가 원인이 되어 일어났습니다.

**2** 4·19 혁명의 결과 이승만은 대통령 자리에서 물러났고, 재선거를 통해 새로운 정부가 세워졌습니다.

**3** 유신 헌법으로 대통령의 임기 제한이 사라졌고, 대통령에 출마할 수 있는 횟수의 제한이 사라지면서 박정희의 독재가 가능해졌습니다.

| 채점 기준 | |
|---|---|
| '대통령 독재 가능'의 의미를 넣어 쓴 경우 | 5점 |
| '대통령 임기가 늘어났다.' 등 자료에 있는 내용을 그대로 쓴 경우 | 2점 |

**4** 많은 사람이 희생되었던 5·18 민주화 운동은 세계 여러 나라의 민주화 운동에도 영향을 주었습니다.

**5** 6월 민주 항쟁의 결과 여당 대표 노태우가 6·29 민주화 선언을 발표했습니다.

**6** 지방 자치제는 주민이 지역의 대표를 뽑아 지역의 문제를 민주적으로 해결하는 제도입니다.

**7** 2000년대 이후 인터넷이 대중화되면서 온라인 서명 운동이나 누리집, 누리 소통망 서비스(SNS)를 활용하여 누구나 사회의 여러 가지 문제에 대해 자신의 의견을 제시할 수 있게 되었습니다.

**8** 정치는 사람들 사이에서 발생하는 갈등을 조정하고 원만하게 해결해 가는 과정입니다.

**9** 민주주의의 기본 정신인 인간의 존엄성과 자유, 평등이 보장되어야 진정한 민주주의를 이룰 수 있습니다.

| 채점 기준 | |
|---|---|
| '인간의 존엄성', '자유와 평등'을 넣어 민주주의의 목적을 구체적으로 쓴 경우 | 5점 |
| '인간의 존엄성', '자유와 평등' 중 한 가지만 넣어 쓴 경우 | 2점 |

**10** 다양한 문제와 갈등을 해결하려면 대화와 토론을 바탕으로 관용, 비판적 태도, 양보와 타협하는 자세 등이 필요합니다.

**11** 다수결의 원칙은 쉽고 빠르게 문제를 해결할 수 있으나 소수의 의견이 존중되지 못하는 문제가 생길 수 있습니다.

**12** 문제 해결 방안 결정하기는 다양한 의견 중 가장 합리적인 의견을 선택하는 과정입니다.

**13** 단순히 스마트폰을 사용하는 것은 다수결의 원칙을 활용하는 것이 아닙니다.

**14** 민주주의 국가에서는 인간의 존엄성을 실현하고 자유와 평등을 보장하기 위해 국민 주권의 원리, 권력 분립의 원리 등 민주정치의 기본 원리를 지킵니다.

**15** 국민 주권의 원리는 주권이 국민에게 있으며 나라의 중요한 일을 국민 스스로 결정할 수 있다는 것입니다.

**16** 권력 분립의 원리는 국민의 자유와 권리를 지키기 위해 국가 권력을 여러 기관이 나눠 맡는 것입니다.

| 채점 기준 | |
|---|---|
| '권력 분립의 원리'를 쓰고, '한 기관이 독점하지 못하도록'을 넣어 구체적으로 쓴 경우 | 5점 |
| '권력 분립의 원리'만 쓴 경우 | 2점 |

**17** 국회에서는 국민이 뽑은 대표인 국회의원들이 국회에 모여서 법을 만들거나 고치고 없애기도 합니다.

**18** ② 국회를 구성하고 있는 것은 국회의원들입니다.

**19** 법원은 법에 따라 재판을 하는 곳으로, 다툼을 해결하고 사회 질서를 유지해 줍니다.

**20** 우리나라는 민주정치의 기본 원리 중 권력 분립의 원리에 따라 삼권 분립이 이루어지고 있습니다.

---

### 😎 수행 평가  1-1 민주주의의 발전과 시민 참여  42쪽

**1** (가) → (다) → (나)  **2 예** 독재 정치를 하거나 부정한 방법으로 정권을 잡았기 때문이다. 등

**3** (가) – **예** 4·19 혁명은 우리나라 민주주의를 지키고 발전시키는 밑바탕이 되었다. 등 / (나) – **예** 6월 민주 항쟁은 오랜 독재를 끝내고 우리나라가 이후 민주적인 사회로 발전하는 데 큰 역할을 했다. 등 / (다) – **예** 5·18 민주화 운동은 1980년대 이후 우리나라 민주화 운동의 밑거름이 되었고, 세계 여러 나라의 민주화 운동에도 영향을 미쳤다. 등

**1** (가)는 4·19 혁명, (다)는 5·18 민주화 운동, (나)는 6월 민주 항쟁입니다.

**2** 4·19 혁명은 이승만의 독재와 부정 선거로, 5·18 민주화 운동은 전두환의 민주주의 탄압으로, 6월 민주 항쟁은 전두환 정부의 독재로 인해 일어났습니다.

**3** 4·19 혁명, 5·18 민주화 운동, 6월 민주 항쟁은 민주주의를 지키고 발전시키기 위해 시민의 참여와 희생으로 이루어진 민주화 운동입니다.

| 채점 기준 | |
|---|---|
| (가), (나), (다)의 의의를 모두 쓴 경우 | 15점 |
| (가), (나), (다) 중 하나의 의의만 쓴 경우 | 5점 |

**1** ㉠ 대통령 직선제  ㉡ 지방 자치제

**2** ㉠ - 예 대통령 직선제의 시행으로 많은 국민이 선거에 참여하고 정권이 평화적으로 교체되었다. 등 / ㉡ - 예 지방 자치제의 시행으로 자기 지역에 대한 관심이 높아지고 정치에 참여할 기회도 늘어났다. 등

**3** 예 여러 분야에서 민주적인 제도를 만들고 자유, 평등, 인권, 복지 등 민주주의의 다양한 가치들을 펼치기 위해 노력했다. 등

**1** 6월 민주 항쟁 당시 시민들은 전두환 정부의 독재에 반대하고 대통령 직선제를 요구했습니다.

**2** 대통령 직선제의 시행으로 국민이 대통령을 직접 뽑아 독재를 막을 수 있고, 지방 자치제 시행으로 권력이 한 곳에 집중되는 것을 막을 수 있습니다.

**3** 민주주의 발전 과정에서 우리 사회는 자유, 평등, 인권, 복지 등 다양한 가치들을 펼치기 위해 노력했습니다.

| 채점 기준 | |
|---|---|
| '자유', '평등', '인권', '복지' 등을 넣어 쓴 경우 | 15점 |
| 다양한 노력을 했다는 의미로 간단하게 쓴 경우 | 5점 |

**1** ❶ 타협  ❷ 관용  ❸ 비판적 태도

**2** 예 다른 친구의 의견이나 주장에 잘된 점과 잘못된 점은 없는지 충분히 살펴보는 비판적 태도를 지녀야 한다. 등

**1** 공동의 문제를 해결하는 과정에서 나와 다른 의견을 존중하는 관용의 태도를 갖고, 서로 양보하고 타협해야 하며 다른 사람의 의견에 잘못된 점은 없는지 비판적으로 살펴봅니다.

**2** 지선이는 다양한 의견의 장단점을 고민하지 않고 무조건 친구의 의견을 따르고 있으므로 비판적 태도가 부족해 보입니다.

| 채점 기준 | |
|---|---|
| 비판적 태도와 그 의미를 구체적으로 쓴 경우 | 15점 |
| '비판적 태도'라고만 쓴 경우 | 5점 |

**1** 예 다수결의 원칙, 쉽고 빠르게 문제를 해결할 수 있다. 등

**2** 예 다수의 횡포로부터 소수의 의견을 존중해야 한다. 등

**1** 다수결의 원칙은 사람들끼리 양보와 타협이 어려울 때 쉽고 빠르게 문제를 해결할 수 있는 의사 결정 원리입니다.

**2** 다수의 의견은 항상 옳은 것이 아니기 때문에 소수의 의견도 존중해야 합니다.

| 채점 기준 | |
|---|---|
| '소수 의견 존중'을 넣어 쓴 경우 | 15점 |
| '존중'만 넣어 쓴 경우 | 5점 |

**1** 권력 분립의 원리   **2** (1) ㉠ (2) ㉢ (3) ㉡

**3** 예 권력을 가진 기관이 마음대로 국가 권력을 사용하거나 잘못된 결정을 하여 국민을 힘들게 할 수 있다. 등

**1** 국가기관이 서로 견제하지 않는다면 각 국가기관이 국가의 중요한 일을 마음대로 처리할 것입니다.

**2** 국회에서는 법을 만들거나 고치고, 행정부에서는 법에 따라 국가의 살림을 맡아 하며, 법원에서는 법에 따라 재판을 합니다.

**3** 국가를 통치하는 권한을 세 국가기관으로 나누면 국가 권력이 한 곳으로 집중되는 것을 막아 한 기관이 마음대로 권력을 행사할 수 없게 됩니다.

| 채점 기준 | |
|---|---|
| '마음대로 권력 사용', '국민 생활이 힘들어짐'을 넣어 쓴 경우 | 15점 |
| '국민이 피해를 본다.'라고 간단하게 쓴 경우 | 5점 |

사회

## 2 우리나라의 경제 발전

## 1 경제주체의 역할과 우리나라 경제 체제의 특징

### 😊 개념 확인 문제
49쪽

**1** (1) ㉡ (2) ㉠　　**2** 가계　　**3** (1) ○ (2) ×
**4** 시장　　**5** (1) ㉠ (2) ㉡

**1** 가계와 기업은 시장에서 만나 서로 거래하며, 가계와 기업이 하는 일은 서로에게 도움이 됩니다.

**2** 가계는 다양한 생산 활동에 참여하고, 소득으로 생활에 필요한 물건을 구입하는 소비 활동을 합니다.

**3** (2) 가계의 경제적 역할입니다.

**4** 시장의 종류는 다양합니다.

**5** 가계와 기업은 시장에서 만나 서로 거래합니다.

### 😊 개념 확인 문제
51쪽

**1** (1) ㉡ (2) ㉠　　**2** (1) ○ (2) ×　　**3** (1) 기 (2) 가 (3) 기
**4** 이윤

**1** 가계의 합리적 선택에서 가장 중요한 것은 만족감을 얻는 것이고, 기업의 합리적 선택에서 가장 중요한 것은 많은 이윤을 얻는 것입니다.

**2** (2) 사람마다 선택 기준과 우선순위는 다를 수 있습니다.

**3** 가계는 소비를 하는 경제주체, 기업은 전문적으로 생산 활동을 하는 경제주체입니다.

**4** 기업은 더 많은 이윤을 얻기 위해 합리적 선택을 합니다.

### 😊 개념 확인 문제
53쪽

**1** 자유　　**2** (1) ○ (2) ○ (3) ×　　**3** (1) ㉠ (2) ㉡　　**4** 정부

**1** 우리나라에서 개인과 기업은 자유롭게 경제활동을 하면서 이익을 얻고, 다른 사람이나 다른 기업과 경쟁합니다.

**2** (3) 우수한 품질의 물건을 개발하여 이윤을 얻는 주체는 개인이 아니라 기업입니다.

**3** 거짓·과장 광고, 독과점 기업의 가격 담합과 같은 기업의 불공정한 경제활동은 소비자에게 피해를 줍니다.

**4** 제도를 만드는 것은 정부의 노력입니다.

### 💡 실력 문제
54~56쪽

**핵심문장으로 시작하기**　**1** 기업　**2** 소득　**3** 자유

**4** ㉡　　**5** ①　　**6** ③　　**7** 시장　　**8** (나)　　**9** ⑤
**10** ㉠　　**11** ①　　**12** ⑩ 더 많은 이윤을 얻기 위해서이다.
**13** ④　　**14** ④　　**15** 경쟁　　**16** ③, ⑤　　**17** ④
**18** ⑩ 소비자가 같은 품질의 물건을 예전보다 더 많은 돈을 내고 사야 한다. 소비자가 물건을 합리적인 가격에 소비할 수 없게 된다. 등　　**19** ②　　**20** 공정 거래 위원회

**4** ㉠은 기업, ㉡은 가계입니다.

**5** 생산 활동에 참여한 대가로 소득을 얻어 소비 활동을 하는 경제주체는 가계입니다.

**6** 이윤을 얻는 것은 기업, 소득을 얻는 것은 가계입니다.

**7** (가), (나)는 모두 시장의 한 종류입니다.

**8** 일정한 장소가 있고 물건을 직접 볼 수 있는 시장은 대형 할인점입니다.

**9** 시장에서 가계는 더 적은 비용으로 필요한 물건을 사기 위해 노력하고, 기업은 더 많은 이윤을 얻기 위해 소비자의 요구를 반영한 다양한 물건을 생산합니다.

**10** 사람마다 처한 상황이나 추구하는 가치 등이 다르기 때문에 선택 기준과 우선순위는 다를 수 있습니다.

**11** 정당한 비용을 내고 수입한 공정 무역 초콜릿을 소비한 것은 외국 생산자들의 인권을 보호하는 가치를 추구한 소비로, 윤리적 소비를 실천한 것입니다.

**12** 기업은 더 많은 이윤을 얻기 위해 적은 비용으로 많은 수입을 얻을 수 있도록 합리적인 선택을 합니다.

| 채점 기준 | |
|---|---|
| '더 많은 이윤을 얻기 위해'라고 알맞게 쓴 경우 | 5점 |
| '이윤' 대신 '돈, 이익' 등의 단어를 사용하여 쓴 경우 | 2점 |

**13** 기업은 적은 비용으로 많은 이윤을 남기도록 합리적 선택을 해야 합니다.

**14** (가)를 통해 필통 판매량이 줄어들고 있다는 것을, (나)를 통해 필통을 만드는 회사의 수가 꾸준히 늘고 있다는 것을 알 수 있습니다.

**15** 우리나라 경제의 특징은 자유와 경쟁입니다.

**16** 우리나라는 직업 선택의 자유, 소득을 자유롭게 사용할 자유, 생산 활동의 자유, 이윤을 자유롭게 사용할 자유가 있습니다.

**17** 독과점은 소비자에게 피해를 줍니다.

**18** 독과점 기업의 담합 행위는 소비자에게 피해를 줍니다.

| 채점 기준 | |
|---|---|
| 기업의 가격 담합으로 인한 소비자 피해를 자세히 쓴 경우 | 5점 |
| '소비자가 피해를 입는다.'라고 간단히 쓴 경우 | 3점 |

**19** 기업끼리 가격을 상의해 올리면 소비자가 합리적인 가격에 소비할 수 없으므로 공정한 경제활동이 이루어질 수 없습니다.

**20** 공정 거래 위원회는 공정한 경제활동이 이루어지도록 하기 위해 정부에서 만든 기관입니다.

---

### 📝 서술형 평가　　　　　　　　　　　　57쪽

**1** (1) ㉠ 가계 ㉡ 기업 (2) ㉠ – 예 기업의 생산 활동에 참여한다. 소득으로 생활에 필요한 물건을 산다. 등 / ㉡ – 예 사람들에게 일자리를 제공한다. 생산 활동에 참여한 사람들에게 대가를 지급한다. 등

**2** 예 소비자가 필요로 하는 물건은 어떤 것일까요?, 물건을 어떻게 홍보하면 좋을까요? 등

**3** (1) 자유 (2) 예 자신의 재능과 능력을 더 잘 발휘할 수 있다. 소비자가 원하는 조건의 물건을 살 수 있다. 등

**1** (1) 가정 살림을 같이하는 생활 공동체는 가계, 이윤을 얻기 위해 생산 활동을 하는 경제주체는 기업입니다.
(2) 가계와 기업은 시장에서 만나 서로 거래하며, 가계와 기업이 하는 일은 서로에게 도움이 됩니다.

| 채점 기준 | |
|---|---|
| 가계와 기업의 경제적 역할을 각각 한 가지 바르게 쓴 경우 | 8점 |
| 가계와 기업 둘 중 하나의 경제적 역할만 바르게 쓴 경우 | 4점 |

**2** 기업은 다양한 정보를 수집하고 분석하여 물건을 많이 팔 방법을 찾으려 노력합니다.

| 채점 기준 | |
|---|---|
| 기업의 합리적 선택을 위한 의견을 구체적으로 쓴 경우 | 8점 |
| '합리적 선택을 위해 어떻게 해야 할까요?'라고 발문을 그대로 쓴 경우 | 4점 |

**3** (1) (가)는 소득을 자유롭게 사용할 자유, (나)는 기업 간의 경쟁을 보여줍니다.
(2) 개인과 기업의 자유로운 경쟁은 우리 생활과 국가 전체의 경제 발전에 도움을 줍니다.

| 채점 기준 | |
|---|---|
| 자유로운 경쟁이 우리 생활에 주는 도움을 알맞게 쓴 경우 | 8점 |
| '우리 생활에 도움을 준다.'라고 발문을 그대로 쓴 경우 | 4점 |

---

## 2 우리나라의 경제성장

### 😊 개념 확인 문제　　　　　　　　　　　59쪽

**1** (1) × (2) ○　　**2** (1) ㉡ (2) ㉠ (3) ㉢　　**3** (2) ○
**4** 경공업, 중화학 공업

**1** (1) 1950년대에 우리나라는 농업 중심에서 공업 중심의 산업 구조로 바꾸려 노력했지만, 여전히 농업이 주요 산업이었습니다.

**2** 소비재 산업은 1950년대에, 경공업은 1960년대에, 중화학 공업은 1970년대부터 발달했습니다.

**3** 신발, 가발, 옷 등을 생산하는 경공업은 1960년대에 발달했고, 자동차 산업은 1980년대 들어 크게 성장했습니다.

**4** 우리나라 공업은 점차 경공업에서 중화학 공업 중심으로 변화했고, 수출과 국민 소득이 늘어나 사람들의 생활 수준도 향상되었습니다.

### 😊 개념 확인 문제　　　　　　　　　　　61쪽

**1** (1) ○ (2) ○ (3) ×　　**2** 첨단 산업　　**3** (2) ○
**4** (1) 한류 (2) 도시

**1** (3) 오늘날에는 다양한 서비스 산업이 발달하고 있습니다.

**2** 오늘날에는 첨단 산업이 다양한 분야에서 발달하고 있습니다.

**3** 자가용 승용차의 증가는 1990년대 생활 환경의 변화입니다.

**4** (1) 우리 문화와 관련한 콘텐츠가 해외에서 큰 인기를 끌면서 세계적으로 한류가 확산되었습니다.

### 😊 개념 확인 문제　　　　　　　　　　　63쪽

**1** (1) × (2) ○ (3) ○　　**2** (1) ㉡ (2) ㉠ (3) ㉢　　**3** 노사 갈등
**4** 빈부 격차 문제

**1** (1) 도시 인구가 농촌으로 이동한 것이 아니라, 농촌 인구가 도시로 이동하면서 농촌에 일손이 부족해졌습니다.

**2** 정부, 기업, 시민은 환경 문제를 해결하기 위해 함께 노력하고 있습니다.

**3** 노사 갈등은 기업뿐만 아니라 국가 경제에도 좋지 않은 영향을 미칠 수 있습니다.

**4** 잘 사는 사람과 그렇지 못한 사람 간의 소득 격차가 커지면서 발생하는 문제를 빈부 격차 문제라고 합니다.

---

### 실력 문제

64~66쪽

**핵심문장으로 시작하기** **1** 경공업, 중화학  **2** 첨단 산업
**3** 환경

**4** 6·25 전쟁   **5** ㉠   **6** 경제 개발 5개년 계획

**7** ④, ⑤   **8** ②   **9** ③   **10** ②, ⑤   **11** ③

**12** 예 1970년대에는 경공업의 수출 비중이 중화학 공업의 수출 비중보다 컸지만, 1980년대 중반에는 중화학 공업의 수출 비중이 경공업 수출 비중보다 커졌다.   **13** 반도체

**14** ③   **15** ㉡ → ㉢ → ㉠ → ㉣   **16** ③

**17** 노사 갈등   **18** ①   **19** 예 농촌에 보조금을 지급한다. 농촌 일손 돕기에 참여한다. 등   **20** ⑤

---

**4** 6·25 전쟁으로 산업 시설 대부분이 파괴되었으며, 농토는 황폐화되어 물자 부족과 식량 부족이 심각했습니다.

**5** 1950년대 우리나라는 외국의 도움을 받아 가며 식량난을 극복하고 시설을 복구하였으며, 밀가루, 설탕, 옷과 같이 생활에 필요한 물품을 만드는 소비재 산업이 발전하기 시작했습니다.

**6** 1960년대에 들어 정부는 경제 개발 5개년 계획을 세우고 수출을 통해 경제를 발전시키려고 노력하였습니다.

**7** 1960년대에는 경공업이 발달했습니다. 경공업은 가발, 섬유, 종이 등 비교적 가벼운 물건을 만드는 산업입니다.

**8** '이 산업'은 경공업입니다. ③ 경공업은 많은 노동력이 필요한 산업입니다. ④ 소비재 산업에 대한 설명입니다.

**9** 중화학 공업은 무게가 많이 나가는 물건을 만드는 공업과 화학 공업을 함께 이르는 말입니다.

**10** 중화학 공업은 많은 자본과 기술력이 필요하기 때문에 주로 정부가 주도하여 육성했습니다.

**11** 1980년대에는 전자 산업, 기계 산업, 자동차 산업이 발달하였고, 자동차, 텔레비전 등이 우리나라 주요 수출품으로 자리 잡았습니다.

**12** 1980년대 이후 우리나라의 산업 구조는 경공업 중심에서 중화학 공업 중심으로 변하였습니다.

---

**채점 기준**

| 1970년대와 1980년대 중반의 수출 비중을 비교하여 알맞게 쓴 경우 | 5점 |
| --- | --- |
| '경공업 비중이 줄었다.', '중화학 공업 비중이 늘었다.' 등 두 공업을 비교하지 않고 하나의 공업만 언급하여 간단히 쓴 경우 | 2점 |

**13** 1990년대에는 컴퓨터와 전자 제품 생산이 늘면서 핵심 부품인 반도체가 중요해졌고, 이때문에 우리나라에서는 반도체 산업이 크게 성장하였습니다.

**14** 로봇 사업과 우주 항공 산업은 모두 첨단 산업으로, 고도의 기술력이 필요한 산업입니다.

**15** ㉡ 1960년대, ㉢ 1980년대, ㉠ 2000년대, ㉣ 2010년대의 변화 모습입니다.

**16** 공업·서비스업의 발달로 농촌이 아니라 도시에 거주하는 인구의 비율이 빠르게 증가했습니다.

**17** 노동자와 사용자가 근무 환경, 임금 등 각자의 이익을 위해 다른 주장을 내세워서 발생한 갈등을 노사 갈등이라고 합니다.

**18** 1960년대 이후 농촌 인구가 일자리를 찾아 도시로 이동하면서, 농촌에 일할 사람이 부족해졌습니다.

**19** 정부, 기업, 시민들은 농촌 문제를 해결하기 위해 다양한 방법으로 노력하고 있습니다.

**채점 기준**

| 농촌 문제를 해결하기 위한 노력을 한 가지 알맞게 쓴 경우 | 5점 |
| --- | --- |
| '열심히 노력한다.' 등 구체적인 내용 없이 간단히 쓴 경우 | 2점 |

**20** 잘 사는 사람과 그렇지 못한 사람 간의 소득 격차가 커지는 것을 빈부 격차라고 합니다.

---

### 서술형 평가

67쪽

**1** (1) 경공업 (2) 예 당시 우리나라는 자본과 기술은 부족했지만 노동력이 풍부했기 때문이다.

**2** (1) 증가 (2) 예 소득이 늘어나면서 생활이 풍족해졌다. 국민의 생활 수준이 향상되었다. 소득 증가로 여가 생활에 대한 관심이 커졌다. 등

**3** (1) 환경 오염 문제(환경 문제) (2) 예 친환경 자동차 보급 지원 정책을 실시한다. 오염 물질 배출을 최소화하기 위한 법률을 제정한다. 등

---

**1** (1) 경공업은 1960년대 우리나라에서 성장한 주요 산업입니다.

(2) 경공업 제품은 만들 때 일손이 많이 필요한데, 당시 우리나라는 공장에서 일하려는 사람들이 많았습니다.

| 채점 기준 | |
|---|---|
| '노동력이 풍부했다.', '일할 사람이 많았다.' 등 뜻이 통하게 쓴 경우 | 8점 |
| 노동력을 언급하지 않고 '우리나라 환경에 알맞은 산업이었다.'라고 쓴 경우 | 4점 |

**2** (1) 그래프를 보면 1인당 국민 총소득이 계속 증가하고 있음을 알 수 있습니다.

(2) 생산 능력과 소득 규모가 커지면서 국민의 생활 수준이 향상되었습니다.

| 채점 기준 | |
|---|---|
| 소득 증가에 따른 생활 모습 변화를 알맞게 쓴 경우 | 8점 |
| '소득이 늘었다.'라고만 쓴 경우 | 3점 |

**3** (1) 우리나라는 급격한 산업화로 대기, 수질, 토양 등 다양한 분야에서 환경 오염 문제가 발생했습니다.

(2) 기업은 친환경 제품을 개발하여 판매하고, 시민은 정부와 기업의 정책과 제품을 감시하는 등 다양한 노력을 합니다.

| 채점 기준 | |
|---|---|
| 환경 오염 문제를 해결하기 위한 노력을 구체적으로 한 가지 바르게 쓴 경우 | 8점 |
| '함께 열심히 노력한다.'라고 간단히 쓴 경우 | 4점 |

## 3 세계 속의 우리나라 경제

### ☺ 개념 확인 문제          69쪽

**1** (1) × (2) ○      **2** (1) ㉢ (2) ㉠ (3) ㉡      **3** 반도체

**4** 서비스

**1** (1) 나라마다 자연환경, 기술, 자원 등이 다르기 때문에 경제 교류를 합니다.

**2** 무역은 나라와 나라 사이에 필요한 물건이나 서비스를 사고파는 일을 말합니다. 수출은 다른 나라에 물건이나 서비스를 파는 것을, 수입은 다른 나라에서 물건이나 서비스를 사 오는 것을 말합니다.

**3** 우리나라의 주요 수출품은 반도체, 자동차, 석유 제품 등입니다.

**4** 우리나라와 다른 나라는 물건을 교류할 뿐만 아니라 다양한 서비스 분야도 교류하고 있습니다.

### ☺ 개념 확인 문제          71쪽

**1** 자유 무역 협정(FTA)     **2** 경쟁     **3** 의생활

**4** (1) 기술 (2) 생산 비용     **5** (1) × (2) ○

**1** 자유 무역 협정은 나라 간 경제 교류를 편리하게 하기 위해 세금, 법과 제도 등의 문제를 줄이거나 없애기로 한 약속입니다.

**2** 우리나라는 다른 나라와 서로 도움을 주고받는 동시에 세계 시장에서 경쟁합니다.

**3** 의생활은 입는 옷이나 입는 일에 관한 생활을 말합니다.

**4** (1) 다른 나라의 기업과 경제 교류를 하면서 기술이나 아이디어를 주고받을 수 있습니다.

(2) 현지 근로자의 값싼 노동력을 활용하여 생산 비용을 줄일 수 있습니다.

**5** (1) 경제 교류로 소비자들은 제품을 선택할 수 있는 폭이 넓어졌습니다.

**1** (1) × (2) ○　　　**2** (1) 관세 (2) 실업자　　　**3** 보호
**4** 국제기구

**1** (1) 세계 여러 나라와 무역을 하면 이익을 얻기도 하지만 문제가 발생하기도 합니다.

**2** (1) 관세는 수입 물품에 대하여 부과하는 세금입니다.

**3** 세계 여러 나라는 자기 나라의 경제를 보호하기 위하여 여러 가지 제도를 만듭니다.

**4** 국제기구에 가입할 경우, 무역 관련 문제가 발생했을 때 직접적이고 공정한 도움을 받을 수 있습니다.

---

💡 **실력 문제**　　　　　　　　74~76쪽

🎓 **핵심문장으로 시작하기**　**1** 무역　**2** 경쟁　**3** 보호

**4** ①　　**5** ⑤　　**6** ㉠ 수출 ㉡ 수입　　**7** ④
**8** 예 우리나라에 없거나 부족한 천연자원을 수입하고, 우수한 기술력으로 만든 반도체, 자동차 등을 수출한다. 수출품과 수입품에서 반도체가 차지하는 비중이 크다. 등
**9** ㉢　　**10** ⑤　　**11** ⑤　　**12** ②　　**13** ②　　**14** ⑤
**15** (1) ㉢, ㉣ (2) ㉠, ㉡　　**16** ①　　**17** 예 과일 수입량이 계속 증가하면서 우리나라 과일 소비가 줄어들었고, 이 때문에 농민들이 어려움을 겪을 것이다. **18** ⑤　　**19** 성은
**20** 세계 무역 기구(WTO)

**4** 무역은 나라와 나라 사이에 물건과 서비스를 사고파는 것입니다.

**5** 무역이 발생하는 까닭은 나라마다 자연환경과 자본, 기술 등에 차이가 있어서 더 잘 생산할 수 있는 물건이나 서비스가 다르기 때문입니다.

**6** 다른 나라에 물건을 파는 것을 수출, 다른 나라의 물건을 사 오는 것을 수입이라고 합니다.

**7** 우리나라 수출액이 높은 나라는 중국, 미국, 베트남 순이고, 수입액이 높은 나라는 중국, 미국, 일본 순입니다.

**8** 우리나라의 주요 수출품은 반도체, 자동차, 석유 제품이고, 주요 수입품은 반도체, 원유, 반도체 제조용 장비입니다.

| 채점 기준 | |
|---|---|
| 우리나라 경제 교류의 특징을 구체적으로 한 가지 쓴 경우 | 5점 |
| 우리나라 주요 수출품과 수입품의 품목만 나열한 경우 | 3점 |

**9** 우리나라가 잘 만드는 물건은 수출하고, 우리나라에 부족한 물건은 수입합니다.

**10** 두 신문 기사를 통해 물건뿐만 아니라 서비스 분야에서도 나라 간 교류가 발생하는 것을 알 수 있습니다.

**11** 제시된 지도는 우리나라와 다른 나라가 서로 도움을 주고받는 모습을 나타낸 것입니다.

**12** 제시된 그림을 통해 우리나라와 다른 나라는 서로 도움을 주고받는 동시에 경쟁하는 것을 알 수 있습니다.

**13** 제시된 사례에서 자동차 기업들은 가격 경쟁을 통해 자동차를 많이 팔기 위해 노력하고 있습니다.

**14** 다른 나라와의 경제 교류를 통해 의식주, 여가 생활 등이 변화했습니다. 오늘날에는 외국에 가지 않아도 다양한 나라의 음식을 먹을 수 있습니다

**15** 다른 나라와의 경제 교류를 통해 개인은 의생활, 식생활, 주생활뿐만 아니라 여가 생활과 취업 활동에 변화가 생겼고, 기업은 저렴한 비용에 질 좋은 상품을 생산할 수 있는 여건이 마련되었습니다.

**16** ① 우리나라 국민의 해외 취업 증가는 다른 나라와의 경제 교류가 개인의 경제생활에 미치는 영향입니다.

**17** 1인당 과일 소비율을 보면 국내산 과일 소비율이 줄어들고, 외국산 과일 소비율은 늘어난 것을 알 수 있습니다. 우리나라 과일이 잘 팔리지 않으면 농민들이 어려움을 겪을 것입니다.

| 채점 기준 | |
|---|---|
| 과일 수입량과 1인당 과일 소비율을 분석하고 농민들에게 미치는 영향을 쓴 경우 | 5점 |
| '농민들이 힘들어진다.'라고 간단히 쓴 경우 | 3점 |

**18** 다른 나라에서 수입한 냉장고의 가격이 지나치게 낮으면 우리나라 기업에서 만든 냉장고가 팔리지 않아 우리나라 산업이 피해를 입게 됩니다.

**19** 무역 문제 해결을 위해, 무역 관련 국내 기관을 설립하여 무역 문제로 생기는 피해를 줄일 대책을 마련하거나, 국제기구에 가입하여 도움을 받는 방법도 있습니다.

**20** 세계 무역 기구(WTO)는 나라 간 자유로운 경제 교류를 위해 경제 협력을 강화하려는 목적으로 만들어진 국제기구입니다.

## 📋 서술형 평가　77쪽

1 (1) ㉠ 자동차, 휴대 전화 등 ㉡ 원유, 목재 등

(2) 예 ○○ 나라는 자동차, 휴대 전화 등을 □□ 나라에서 수입하고, □□ 나라는 원유, 목재 등을 ○○ 나라에서 수입한다.

2 (1) 원유 (2) 예 우리나라는 원유를 많이 수입하는 한편, 원유를 가공하고 처리하는 기술이 뛰어나서 각종 석유 제품을 만들어 수출한다.

3 (1) 보호 (2) 예 다른 나라와 무역이 잘 이루어지지 않거나 무역을 통해 얻을 수 있는 이익을 얻지 못하게 된다. 등

---

1 (1) ○○ 나라와 □□ 나라는 많이 생산되는 물건과 가지고 있는 기술 등에 차이가 있습니다.

(2) 나라마다 자신의 나라에서 부족한 것은 다른 나라에서 사 오고, 풍족한 것은 팔아서 이익을 얻습니다.

| 채점 기준 | |
|---|---|
| ○○ 나라와 □□ 나라에서 부족한 품목을 적고, '수입'이란 단어를 넣어 구체적으로 쓴 경우 | 8점 |
| '서로 무역한다.'라고 간단히 쓴 경우 | 4점 |

2 (1) 우리나라 주요 수입품은 반도체, 원유, 반도체 제조용 장비 순입니다.

(2) 우리나라는 원유를 가공하고 처리하는 기술이 뛰어나 다양한 석유 제품을 수출합니다.

| 채점 기준 | |
|---|---|
| 석유 제품의 수출액이 많은 까닭을 수입된 원유의 가공 처리 기술이 뛰어나기 때문임을 연계해서 구체적으로 쓴 경우 | 8점 |
| '기술이 뛰어나서'라고 간단하게 쓴 경우 | 4점 |

3 (1) 자기 나라 경제를 보호하기 위해 법이나 제도를 만들기도 합니다.

(2) 자기 나라 경제만 보호하고자 여러 가지 정책이나 제도를 추진하면 다른 나라와 갈등을 일으킬 수 있습니다.

| 채점 기준 | |
|---|---|
| '무역을 통해 얻을 수 있는 이익을 얻지 못하게 된다.'라고 구체적으로 쓴 경우 | 8점 |
| '무역이 잘 이루어지지 않는다.'라고 간단하게 쓴 경우 | 4점 |

---

## 단원정리 2 우리나라의 경제 발전　78~79쪽

❶ 가계　　　❷ 기업　　　❸ 자유(경쟁)
❹ 경쟁(자유)　❺ 경공업　　❻ 중화학 공업
❼ 첨단 산업　❽ 노사 갈등　❾ 빈부 격차
❿ 자연환경, 자원, 기술　⓫ 국제기구

OX　1 ×　2 ×　3 ○　4 ×　5 ○　6 ○　7 ×
8 ×　9 ○　10 ○

1 기업은 가정 살림을 같이하는 생활 공동체이고, 가계는 이윤을 얻기 위해 전문적으로 생산 활동을 하는 경제주체입니다.
（ㄱ 가계는 / ㄱ 기업은）

2 기업은 소득의 범위 안에서 가장 적은 비용으로 가장 큰 만족감을 얻도록 합리적 선택을 합니다.
（ㄱ 가계는）

4 1970년대~1980년대 우리나라에서는 경공업이 성장하면서 수출이 증가하고 사람들의 생활 수준도 크게 향상됐습니다.
（ㄱ 중화학 공업）

7 나라마다 자연환경, 자원, 기술 등에 차이가 없기 때문에 무역을 합니다.
（ㄴ 있기 때문에）

8 우리나라와 다른 나라는 상호의존하지 않고 경쟁만 하는 경제 관계입니다.
（ㄴ 상호의존하면서도 경쟁하는）

---

## 💡 단원 평가　80~83쪽

1 ④　　2 기업　　3 ㉡　　4 ④　　5 ④　　6 예 시장에서 더 싸고 질 좋은 물건을 살 수 있다. 자신의 능력과 재능을 더 잘 발휘할 수 있다. 소비자가 원하는 조건의 물건을 살 수 있다. 등　7 ⑤　　8 ㉠　　9 ④　　10 ①　　11 ④
12 ②　　13 빈부 격차(경제적 양극화)　　14 예 돈이나 물건, 재능 등을 기부한다. 무료 급식소와 같은 다양한 봉사 활동을 한다. 등　15 ③　　16 석유 제품　　17 ④　　18 ③
19 예 수출하는 물건의 가격이 올라 다른 나라에서 우리 제품의 가격 경쟁력이 떨어지게 된다.　20 ㉡

---

1 이윤을 얻기 위해 전문적으로 생산 활동을 하는 경제주체는 기업입니다.

2 기업은 물건이나 서비스를 생산하고 판매하며, 생산을 위해 사람들에게 일자리를 제공합니다.

**3** 소득은 가계가 기업의 생산 활동에 참여한 대가로 얻는 것입니다. 기업은 시장에서 이윤을 얻습니다.

**4** 기업은 생산 활동에서 더 많은 이윤을 얻기 위해 적은 비용으로 많은 수입을 얻을 수 있도록 합리적 선택을 합니다.

**5** 개발한 상품을 소비하는 것은 소비자가 하는 일입니다.

**6** 자유로운 경쟁은 자신의 재능과 능력을 더 잘 발휘할 수 있게 합니다.

| 채점 기준 | |
|---|---|
| 자유로운 경쟁의 장점을 구체적으로 쓴 경우 | 5점 |
| '우리 생활에 도움을 준다.'라고만 쓴 경우 | 2점 |

**7** ①, ②, ③, ④ 모두 불공정한 경제활동의 모습입니다.

**8** 우리나라는 1960년대에 자본과 기술은 부족했지만 노동력이 풍부했습니다. 이를 바탕으로 경공업 제품을 낮은 가격에 생산하여 수출했습니다.

**9** 중화학 공업 중심으로 바뀌면서 수출액과 국민 소득이 크게 증가하였고, 사람들의 생활 수준이 높아졌습니다.

**10** 1960년대 신발 산업 → 1970년대 조선 산업 → 1980년대 자동차 산업 → 2000년대 우주 항공 산업이 발달하였습니다.

**11** 신소재 산업은 첨단 산업에 해당합니다.

**12** 2010년대에는 스마트폰이 보급되고 대중화되었습니다.

**13** 잘 사는 사람과 그렇지 못한 사람 간의 소득 격차가 커지는 것을 빈부 격차라고 합니다.

**14** 빈부 격차 해결을 위해 정부와 시민은 다양한 노력을 하고 있습니다.

| 채점 기준 | |
|---|---|
| 시민의 노력을 구체적으로 알맞게 쓴 경우 | 5점 |
| '열심히 노력한다.' 등 구체적인 내용 없이 간단히 쓴 경우 | 2점 |

**15** 우리가 일상생활에서 사용하는 물건 중에는 다른 나라에서 만든 것, 다른 나라에서 들여온 원료를 이용해 우리나라에서 만든 것 등이 있습니다. 이를 통해 우리나라가 다른 나라와 활발하게 경제 교류를 하고 있다는 것을 알 수 있습니다.

**16** 우리나라는 반도체를 가장 많이 수출하고 있으며, 세 번째로 많이 수출하는 제품은 석유 제품입니다.

**17** 우리나라와 다른 나라는 서로 경제적 도움을 주고받으며 의존하고 있습니다.

**18** 다른 나라와의 경제 교류가 활발해지면서 외국 기업에서 일자리를 얻는 등 개인의 경제활동 범위가 넓어졌습니다.

**19** 국외에서 수입하는 물건에 부과하는 세금을 관세라고 합니다. 다른 나라에서 높은 관세를 부과해 우리나라에서 수출하는 물건의 가격이 오르면 경쟁에서 불리합니다.

| 채점 기준 | |
|---|---|
| 관세를 높게 부과할 경우의 문제점을 구체적으로 쓴 경우 | 5점 |
| '우리나라 제품이 잘 안 팔리게 된다.'라고 간단히 쓴 경우 | 3점 |

**20** 나라 사이에서 무역 관련 문제가 일어났을 때 공정하게 심판하기 위해 만들어진 국제기구는 세계 무역 기구(WTO)입니다.

---

**수행 평가** 2-1 경제주체의 역할과 우리나라 경제 체제의 특징 84쪽

**1 ❶** 가계 **❷** 기업 **❸ 예** 기업의 생산 활동에 참여한 대가로 소득을 얻는다.

**2 예** 가계와 기업은 시장에서 만나 서로 거래하며, 가계와 기업이 하는 일은 서로에게 도움이 된다.

**1** 소득으로 소비 활동을 하는 경제주체는 가계, 전문적으로 생산 활동을 하고 이윤을 얻는 경제주체는 기업입니다.

**2** 가계와 기업은 시장에서 물건이나 서비스를 거래합니다.

| 채점 기준 | |
|---|---|
| 보기 의 단어를 모두 사용하여 가계와 기업의 경제적 관계를 구체적으로 쓴 경우 | 10점 |
| 보기 의 단어를 일부만 사용했지만 '서로 도움이 된다.'는 의미가 드러나게 서술한 경우 | 5점 |

---

**수행 평가** 2-1 경제주체의 역할과 우리나라 경제 체제의 특징 85쪽

**1 ❶** (가), (다) **❷** (나)

**2 예** 개인은 자신의 재능과 능력을 더 잘 발휘할 수 있다. 기업은 우수한 품질의 물건이나 서비스를 개발하여 많은 이윤을 얻을 수 있다. 등

**1** (가)는 소득을 자유롭게 사용할 자유, (다)는 직업 선택의 자유, (나)는 경쟁의 모습입니다.

**2** 자유로운 경쟁은 개인과 국가뿐만 아니라 국가 전체의 경제 발전에 도움을 줍니다.

| 채점 기준 | |
| --- | --- |
| 자유와 경쟁이 우리 생활에 주는 도움을 두 가지 쓴 경우 | 20점 |
| 자유와 경쟁이 우리 생활에 주는 도움을 한 가지만 쓴 경우 | 10점 |

**2** 이외에도 경제성장 과정에서 농촌 문제, 지역 격차 문제, 산업 재해 문제, 인터넷 발달 부작용과 같은 문제들이 발생했습니다.

| 채점 기준 | |
| --- | --- |
| (개)~(대)와 다른 문제를 쓰고, 그 해결 노력을 알맞게 쓴 경우 | 10점 |
| 문제와 해결 노력 중 하나만 쓴 경우 | 5점 |

### 😎 수행 평가  2-2 우리나라의 경제성장  86쪽

**1** (가) → (라) → (다) → (마) → (나)

**2** (다), (마)

**3** 예 경제성장에 따른 소득 증가로 여가 생활에 대한 사람들의 관심이 커졌다. 해외여행자 수가 증가하고 있다. 등

**1** (가)는 1950년대, (라)는 1960년대, (다)는 1970년대, (마)는 1980년대, (나)는 2000년대 이후 발달한 산업입니다.

**2** 제시된 특징은 중화학 공업의 특징입니다.

**3** 산업의 발달로 경제가 성장하면서 사람들의 소득이 증가하였고, 더불어 생활이 풍족해지고 생활 수준도 향상되었습니다.

| 채점 기준 | |
| --- | --- |
| 경제가 성장하면서 오늘날 달라진 사회 모습을 두 가지 구체적으로 쓴 경우 | 20점 |
| 경제가 성장하면서 오늘날 달라진 사회 모습을 한 가지 구체적으로 쓴 경우 | 10점 |

### 😎 수행 평가  2-3 세계 속의 우리나라 경제  88쪽

**1** (1) ⓒ, ⓑ (2) ⓛ, ⓐ (3) ⓖ, ⓒ

**2** ❶ A 나라 ❷ B 나라 ❸ 예 나라마다 자연환경과 기술 등에 차이가 있어 더 잘 생산할 수 있는 물건이나 서비스가 다르기 / 각 나라가 더 잘 만들 수 있는 물건을 전문적으로 생산하여 교류하면 서로 경제적 이익을 얻을 수 있기

**1** 수출은 다른 나라에 물건을 파는 것, 수입은 다른 나라에서 물건을 사 오는 것을 말합니다. 각 나라는 자신의 나라에 부족한 것은 다른 나라에서 사 오고, 풍족한 것은 다른 나라에 팔면서 무역을 합니다.

**2** A 나라는 반도체, 자동차, 조선 산업이 발달했으나 농업 생산량이 부족하고, B 나라는 세계 1위의 포도 수출국으로 포도주가 유명합니다. 각 나라마다 자연환경, 자원, 기술 등이 다르기 때문에 무역이 발생합니다.

| 채점 기준 | |
| --- | --- |
| 무역이 발생하는 까닭을 구체적으로 쓴 경우 | 10점 |
| '각 나라가 필요한 것이 다르기 때문이다.' 등 구체적이지 않으나 뜻은 통하게 쓴 경우 | 5점 |

### 😎 수행 평가  2-2 우리나라의 경제성장  87쪽

**1** ❶ (다) ❷ (나) ❸ (가) ❹ 예 '국민 기초 생활 보장법'을 실시한다. 무료 급식소와 같은 다양한 봉사 활동을 한다. 등
**2** 예 일자리 문제. 정부와 기업은 취업 박람회를 열어 문제를 해결하기 위해 노력한다. 등

**1** 잘 사는 사람과 그렇지 못한 사람 간에 소득 격차가 커지는 것을 빈부 격차 문제, 노동자와 사용자가 각자의 이익을 위해 다른 주장을 내세우는 것을 노사 갈등 문제라고 합니다.

# 1 우리나라의 정치 발전

## 1 민주주의의 발전과 시민 참여

### ✍ 쪽지 시험
91쪽

1 이승만  2 마산  3 유신 헌법  4 계엄군
5 5·18 민주화 운동  6 6월 민주 항쟁  7 6·29 민주화
선언  8 직선제  9 지방 자치제  10 평화적

**1** 우리나라의 첫 대통령이었던 이승만이 헌법을 고쳐 두 번의 선거에서 잇달아 대통령이 되어 독재 정치를 했고, 계속 정권을 차지하려고 부정 선거를 시행했습니다.

**3** 1972년 10월에 박정희는 헌법을 또다시 바꾸어 대통령을 할 수 있는 횟수를 제한하지 않고, 대통령 직선제를 간선제로 바꾸었습니다.

**5** 5·18 민주화 운동은 우리나라 민주화 운동의 밑거름이 되었고, 아시아 여러 나라의 민주화 운동에도 영향을 주었습니다.

**6** 당시 시민들은 정부에 박종철 학생 사망 사건의 진실을 밝힐 것과 대통령 직선제를 요구했습니다.

**8** 국민이 직접 선거로 대통령을 뽑은 것은 1971년 이후 16년 만의 일이었습니다.

**3** 1961년 5월 16일 새로운 정부가 들어선 지 1년도 되지 않아 박정희는 군인들을 동원해 정권을 잡았습니다.

**4** 5·18 민주화 운동은 부당한 정권에 맞서 민주주의를 지키려는 시민들의 의지를 보여 준 시위입니다.

**5** 5·18 민주화 운동의 기록물은 민주화 운동 과정을 생생하게 알려 준다는 점과 다른 나라의 민주화 운동에 영향을 준 점 등을 인정받아 2011년에 유네스코 세계 기록 유산으로 등재되었습니다.

**6** ㉠은 1979년에 일어난 일이고, ㉡은 5·18 민주화 운동의 전개 과정에 관한 내용입니다.

**7** 6월 민주 항쟁으로 6·29 민주화 선언을 이끌어 내 대통령 직선제를 이루었습니다.

**8** 1960년에 4·19 혁명, 1961년에 5·16 군사 정변, 1980년에 5·18 민주화 운동, 1987년에 6월 민주 항쟁이 일어났습니다.

**9** ⑤ 지방 자치제는 지방 의회 의원과 지방 자치 단체장이 지역 주민들의 의견을 모아 여러 가지 문제를 민주적으로 해결하는 제도입니다.

**10** 시민들이 다양한 방식으로 사회 공동의 문제 해결에 참여하게 되면서 우리 사회의 문제들이 원만하게 해결되고 있습니다.

### 💡 단원 평가 1회
92~93쪽

1 ①  2 예 이승만이 대통령 자리에서 물러났다. 부정 선거가 무효가 되었다. 등  3 ②  4 ④  5 ③  6 ㉡, ㉣
7 ③  8 ㉠ → ㉢ → ㉣ → ㉡  9 ⑤  10 ①, ②

**1** 이승만 정부의 독재와 3·15 부정 선거가 원인이 되어 4·19 혁명이 일어났습니다.

**2** 4·19 혁명의 결과 이승만은 대통령 자리에서 물러났고, 3·15 부정 선거는 무효가 되었으며 선거를 다시 시행했습니다.

**채점 기준**

| | |
|---|---|
| '이승만 하야', '부정 선거 무효'라고 두 가지 모두 쓴 경우 | 10점 |
| '이승만 하야', '부정 선거 무효' 중 한 가지만 쓴 경우 | 5점 |

### 💡 단원 평가 2회
94~95쪽

1 ①  2 ⑤  3 ㉢, ㉣  4 예 계엄군이 광주에 사람이 오고 가는 것을 차단했기 때문이다. 언론을 통제했기 때문이다. 등  5 ④  6 ③  7 6·29 민주화 선언  8 ②
9 지방 자치제  10 ①

**1** 3·15 부정 선거는 1960년 3월 15일에 실시된 정부통령 선거에서 여러 가지 부정한 방법으로 대통령과 부통령이 당선된 사건입니다.

**2** 1960년 4월 19일 학교 수업을 마치고 귀가하던 서울 수송 초등학교 6학년 전한승 학생이 시위 현장에서 경찰이 쏜 총에 맞아 목숨을 잃었습니다.

**3** 유신 헌법으로 권한이 강해진 박정희 정부는 국민의 기본권을 제한하며 독재 정치를 더 심하게 했습니다.

**4** 계엄군은 광주에서 벌어진 일이 외부로 알려지지 않도록 신문, 방송 등을 통제했고, 다른 지역으로 이동하는 길목을 모두 차단했습니다.

**5** 광주 시민들은 스스로 질서를 유지하며 힘든 상황을 함께 헤쳐 나가고자 했습니다.

**6** 전두환 정부는 정부를 비판하지 못하도록 언론을 통제했고, 민주화 운동을 탄압했습니다.

**7** 6·29 민주화 선언에 따라 헌법을 바꾸고 법을 새롭게 만들면서 우리나라에 민주적인 기본 질서와 제도가 정착되었습니다.

**8** 6월 민주 항쟁의 결과 대통령 직선제로 헌법이 바뀌었으며 이 헌법에 따라 1987년 제13대 대통령 선거가 직선제로 시행되었습니다.

**9** 지방 자치제의 시행으로 주민들이 지역 문제를 해결하는 데 의견을 제시할 수 있게 되었습니다.

**10** 정보 통신 기술이 발달하면서 공공 기관 누리집이나 누리 소통망 서비스에 여러 사회 문제에 대한 의견을 올리는 시민들이 많아졌습니다.

### 📃 서술형 평가

96쪽

**1** (1) 4·19 혁명 (2) 예 국민이 국가의 주인임을 밝히고 독재 정권으로부터 민주주의를 지켜 낸 역사적 사건이다. 등

**2** (1) 시민군 (2) 광주 시민들은 민주화(민주주의)를 요구했다.

**3** (1) 직선제 (2) 예 6월 민주 항쟁, 시민의 힘으로 군사 독재를 끝내고 민주적인 정부 수립의 길을 열었다. 등

**4** 예 다른 사람과 의견을 쉽고 빠르게 공유하게 되어 많은 국민이 사회 공동의 문제 해결에 관심을 갖고 참여하게 되었다. 등

**1** (1) 1960년 3월 15일에 일어난 이승만 정부의 부정 선거가 계기가 되어 4·19 혁명이 일어났습니다.
(2) 학생들과 시민들이 중심이 되어 일어난 4·19 혁명은 이후 전개된 민주화 운동에 큰 영향을 주었습니다.

**2** (1) 계엄군이 시위를 폭력적으로 진압하면서 수많은 광주 시민이 다치거나 목숨을 잃자 이에 분노한 시민들이 시민군을 만들어 계엄군에 맞서 싸웠습니다.
(2) 전두환을 중심으로 한 신군부가 정변을 일으켜 정권을 잡자 학생과 시민들이 신군부의 퇴진과 민주화를 요구하며 전국 곳곳에서 시위를 벌였습니다.

**3** (1) 대통령 직선제는 국민이 대통령을 직접 뽑아 독재를 막고, 국민의 의사를 최대한 반영할 수 있는 제도입니다.
(2) 6월 민주 항쟁은 우리 사회가 민주 사회로 발전하는 데 큰 역할을 했습니다.

**4** 6월 민주 항쟁 이후 시민들이 사회 공동의 문제 해결에 참여하는 방식이 다양해졌고, 평화적이고 민주적인 방식으로 변화했습니다.

## 2 일상생활과 민주주의

### 📝 쪽지 시험

97쪽

**1** 정치  **2** 민주주의  **3** 인간의 존엄성  **4** 자유  **5** 관용
**6** 비판적 태도  **7** 타협  **8** 다수결의 원칙  **9** 소수의 의견도  **10** 민주적 의사 결정 원리

**3** 인간의 존엄성을 실현하려면 자유와 평등이 보장되어야 합니다.

**4** 평등은 성별, 종교, 신분 등에 따라 차별받지 않고 동등하게 대우받는 것입니다.

**7** 사람들 사이에 갈등이 일어났을 때는 대화와 타협, 다수결의 원칙 등 민주적 의사 결정 원리에 따라 해결해야 합니다. 이 중 타협은 양보하여 협의하는 자세를 말합니다.

**8** 다수결의 원칙은 쉽고 빠르게 문제를 해결할 수 있다는 장점이 있습니다.

**9** 다수의 의견이 언제나 소수의 의견보다 옳은 의견은 아니기 때문에 소수의 의견을 존중해야 합니다.

**10** 문제 해결 과정에서 충분한 대화와 토론을 했음에도 합의가 되지 않을 때는 다수결의 원칙을 활용해서 해결 방안을 결정할 수 있습니다.

---

## 단원 평가 1회　　98~99쪽

**1** 정치　**2** ①　**3** ⓒ　**4** (1) ⓛ (2) ⑤ (3) ⓒ　**5** ①, ②　**6** ⓔ
**7** 비판적 태도　**8** ⓔ 관용. 나와 다른 생각과 의견을 인정하고 존중하는 태도이다.　**9** ②　**10** ⑤

**1** 가정, 학급, 학교, 지역 등 우리가 생활하는 곳곳에서 정치의 모습을 찾아볼 수 있습니다.

**2** 학급 회의에서 학생 대표를 뽑을 때, 가족회의에서 가족 여행 장소를 정할 때, 주민 회의에서 층간 소음 문제를 의논하는 과정은 정치의 예에 해당합니다.

**3** 민주주의는 자유를 존중하고 평등을 이루어 인간의 존엄성을 지켜가는 기본 정신을 바탕으로 이루어지며 생활 속에서 문제를 해결하는 중요한 원리입니다.

**4** 민주주의를 이루는 기본 정신은 인간의 존엄성, 자유, 평등입니다.

**5** 인간의 존엄성은 모든 사람이 태어나는 순간부터 인간으로서 지니고 있는 존엄과 가치를 인정하는 것으로, 자유와 평등이 보장되어야 실현됩니다.

**6** 공동의 문제는 여러 사람에게 미치는 문제로, 문제와 관련 있는 사람들이 자유롭게 자신의 의견을 제시하고, 대화와 토론으로 의견 차이를 좁혀 나가야 합니다.

**7** 비판적 태도는 사실이나 의견의 옳고 그름을 따져 살펴보는 태도입니다.

**8** 공동의 문제를 해결하려면 대화와 토론으로 의견 차이를 좁혀 나가고 관용, 타협, 비판적 태도, 실천하는 태도를 지닙니다.

**채점 기준**

| | |
|---|---|
| '관용'을 쓰고, 그 의미를 쓴 경우 | 10점 |
| '관용'과 그 의미 중 하나만 쓴 경우 | 5점 |

**9** 다수결의 원칙에 따라 결정하더라도 소수의 의견을 존중해야 합니다.

---

## 단원 평가 2회　　100~101쪽

**1** ②　**2** ④　**3** ⓔ 모든 국민이 나라의 주인으로서 권리를 갖고, 그 권리를 자유롭고 평등하게 행사하는 정치 제도이다. 등
**4** ⑤　**5** 평등　**6** ⓔ　**7** ①　**8** ④　**9** 다수결의 원칙
**10** ②

**1** 사람들이 함께 살아가다 보면 여러 가지 문제가 생길 수 있는데 이러한 문제를 해결해 가는 과정을 정치라고 합니다.

**2** 옛날에는 왕이나 신분이 높은 사람들만 국가의 일을 의논하고 결정할 수 있었습니다. 오늘날에는 신분, 재산, 성별 등과 관계없이 모든 사람이 정치에 참여할 수 있습니다.

**3** 민주주의는 자유롭고 평등한 입장에서 일상생활의 문제를 민주적으로 해결하는 생활 방식입니다.

**채점 기준**

| | |
|---|---|
| '모든 국민', '나라의 주인', '자유롭고 평등하게'라는 말을 넣어 구체적으로 쓴 경우 | 10점 |
| '정치 제도'라는 말을 넣어 간단히 쓴 경우 | 5점 |

**4** 인간의 존엄성, 자유, 평등은 민주주의를 이루는 기본 정신입니다.

**5** 평등이 보장되어 학교 학생이라면 누구나 평등하게 학생 회장 선거에 참여하여 투표할 수 있습니다.

**6** 관용은 나와 다른 생각이나 의견을 인정하고 존중하는 태도입니다.

**7** 민주주의를 실천하는 바람직한 태도에는 관용, 비판적 태도, 타협, 실천 등이 있습니다.

**8** 갈등을 해결하기 위해 주민들이 대화하고 토론하여 타협하는 것이 가장 바람직합니다.

**9** 다수의 의견에 따라 결정하더라도 소수의 의견을 존중해야 합니다.

**10** 문제 해결 방안 결정하기 단계에서 의견이 좁혀지지 않는다면 다수결의 원칙을 활용하여 결정할 수 있습니다.

## 서술형 평가

**1** (1) 인간의 존엄성 (2) **예** 구성원들의 자유와 평등을 보장하여 인간의 존엄성을 실현하기 때문이다. 등

**2** (1) 상호 (2) **예** 양보와 타협, 관용과 비판적 태도를 지녀야 한다. 등

**3** (1) (나) (2) **예** 다수결의 원칙으로 쉽고 빠르게 문제를 해결할 수 있다. 등

**4** **예** 다수의 의견이 소수의 의견보다 합리적일 것이라고 생각하기 때문에, 쉽고 빠르게 문제를 해결할 수 있기 때문에 등

**1** (1) 사람은 태어나는 순간부터 인간으로서 존엄과 가치를 존중받을 권리가 있습니다.

(2) 민주주의는 모든 국민이 나라의 주인으로서 자유롭고 평등하게 정치에 참여하는 제도로 기본 정신에는 인간의 존엄성과 자유, 평등이 있습니다.

| 채점 기준 | |
|---|---|
| '인간의 존엄성', '자유', '평등'을 모두 넣어 쓴 경우 | 8점 |
| '인간의 존엄성', '자유', '평등' 중 일부만 넣어 간단하게 쓴 경우 | 4점 |

**2** (1) 타협은 상대방과 서로 어떤 일을 양보하여 협의하는 것을 말합니다.

(2) 공동체의 일에 관심을 두고 다 같이 결정한 일에 참여하는 태도를 보여야 합니다.

| 채점 기준 | |
|---|---|
| '양보와 타협', '관용과 비판적 태도'를 모두 쓴 경우 | 8점 |
| '양보와 타협', '관용과 비판적 태도'와 같은 용어를 구체적으로 언급하지 않고 간단하게 쓴 경우 | 4점 |

**3** (1) 다수결의 원칙은 선거로 대표를 결정할 때, 학급 회의로 안건을 결정할 때 일상생활에서 의사를 결정할 때 주로 쓰이는 방법입니다.

(2) 다수결의 원칙은 쉽고 빠르게 문제를 해결할 수 있으나 다수의 의견이 항상 옳은 것은 아니므로 소수의 의견도 존중해야 합니다.

| 채점 기준 | |
|---|---|
| '쉽고 빠르게 문제 해결'을 넣어 쓴 경우 | 8점 |
| '문제 해결'만 넣어 쓴 경우 | 4점 |

**4** 다수결에 의한 결정에 앞서 충분한 대화와 토론을 해야 합니다.

| 채점 기준 | |
|---|---|
| '다수 의견이 합리적', '쉽고 빠른' 등을 넣어 구체적으로 쓴 경우 | 8점 |

## 3 민주정치의 원리와 국가기관의 역할

### 쪽지 시험

**1** 민주정치  **2** 국민 주권  **3** 국회의원  **4** 법  **5** 행정부
**6** 대통령  **7** 법원  **8** 3심 제도  **9** 헌법 재판소  **10** 삼권 분립

**3** 국회의원은 4년마다 한 번 국민이 선거로 뽑는 국민의 대표로, 국회를 구성하고 있습니다.

**4** 민주주의 국가에서는 법이 문제를 해결하는 기준이기 때문에 국회가 하는 일 중 가장 중요한 건 법을 만드는 일입니다.

**6** 국무총리는 대통령을 도와 각부를 관리하고, 대통령이 외국을 방문했을 때 임무를 대신하기도 합니다.

**7** 법원은 사람들 사이의 다툼을 해결해 주고, 법을 지키지 않은 사람을 처벌하는 일을 담당하고 있습니다.

**10** 권력 분립의 원리에 따라 국가 권력을 세 기관이 나눠 맡는 것을 삼권 분립이라고 합니다.

### 단원 평가 1회

**1** ①, ②    **2** **예** 주권이 국민에게 있으며, 나라의 중요한 일을 국민 스스로 결정할 수 있다는 국민 주권의 원리가 담겨 있다.
**3** ②  **4** ⑤  **5** ③, ⑤  **6** ①  **7** 법원  **8** ㄹ  **9** ⑤
**10** ③, ⑤

**1** 국민 주권의 원리는 제1조 제2항에, 권력 분립의 원리는 제40조, 제66조 제4항, 제101조 제1항에 해당합니다.

**2** 주권이란 국가가 하고자 하는 일을 최종적으로 결정하는 권력입니다.

| 채점 기준 | |
|---|---|
| '국민 주권', '국민 스스로 결정'을 넣어 쓴 경우 | 10점 |
| '국민 주권의 원리'라고만 쓴 경우 | 5점 |

**3** 국회는 법을 만들고 행정부가 하는 일을 견제하고 감독하며, 예산안을 심의하고 확정하는 일을 합니다.

**4** ⑤ 국무총리에 대한 설명입니다.

**5** 대통령은 행정부의 최고 책임자로 국민이 5년마다 선거로 직접 뽑습니다.

**6** 교육부에서는 국민의 교육에 관한 일을 책임지고, 국토교통부에서는 국토를 발전시키는 일을 하며, 국방부에서는 우리나라 국민을 지키는 일을 합니다.

**7** 법원은 법에 따라 재판을 하는 기관으로 다툼을 해결하고 사회 질서를 유지해 줍니다.

**8** 법원은 외부에 간섭이나 영향을 받지 않고 독립적으로 운영됩니다. 또한 특정한 경우를 제외하고는 모든 재판의 과정과 결과를 공개합니다.

**9** 우리나라는 원칙적으로 3심 제도를 적용하여 모든 국민이 공정한 재판을 받을 수 있도록 합니다.

**10** 우리나라는 권력 분립의 원리에 따라 국가 권력을 국회, 행정부, 법원이 나눠 맡도록 하고 서로 견제할 수 있게 하는데 이를 삼권 분립이라고 합니다.

**8** 헌법 재판소는 헌법과 관련한 분쟁을 해결하는 기관으로, 헌법에 보장된 국민의 자유와 권리를 보호해 줍니다.

**9** 국회는 국가를 다스리는 법을 만드는 기관, 법원은 법에 따라 재판을 하는 기관, 행정부는 법에 따라 국가 살림을 하는 기관입니다.

**10** 우리나라는 권력 분립의 원리에 따라 국회, 행정부, 법원이 국가 권력을 나누어 맡아 서로 견제하고 균형을 이루어 국민의 자유와 권리를 보장하고 있습니다.

## 💡 단원 평가 2회　　　　　　　106~107쪽

**1** 민주정치　**2** ②　**3** ④　**4** 국회의원　**5** ④　**6** ⑤
**7** 예 특별한 경우를 제외한 모든 재판의 과정과 결과를 국민에게 공개한다. 하나의 사건에 대해 급이 다른 법원에서 세 번까지 재판을 받을 수 있다. 등　**8** ②　**9** ②　**10** 삼권 분립

**1** 민주정치란 국민이 나라의 주인이 되고 국민의 뜻에 따라 이루어지는 정치를 말합니다.

**2** 민주정치의 원리 중 국민 주권의 원리는 국가의 중요한 일을 결정하는 최고의 권력 즉 주권이 국민에게 있다는 것을 의미합니다.

**3** ④ 법원에서 하는 일입니다.

**4** 법을 만드는 과정에서 국회의원들은 법률안을 제안하고 투표를 통해 법률안을 통과시키는 일을 합니다.

**5** 행정부의 각부에서는 많은 공무원이 국민의 안전과 행복을 위해 여러 가지 일을 합니다. ①은 국방부, ②는 문화체육관광부, ③은 보건복지부에서 하는 일입니다.

**6** 법원은 개인 간의 다툼이나 개인과 국가, 지방 자치 단체 사이의 다툼을 해결해 주는 역할을 합니다.

**7** 공정한 재판을 위해 다른 국가기관으로부터 법원을 독립시키거나, 법관이 오직 헌법과 법률에 의해 양심에 따라 심판할 수 있도록 법관의 신분을 보장하고 있습니다.

## 📜 서술형 평가　　　　　　　108쪽

**1** (1) 국민 주권의 원리　(2) 예 국민 주권의 원리는 주권이 국민에게 있고, 나라의 중요한 일을 국민 스스로 결정할 수 있다는 것이다. 등
**2** (1) 국회　(2) 예 행정부가 법에 따라 일을 잘하고 있는지 살펴보기 위해서이다. 등
**3** (1) 행정부　(2) 예 외국에 대해 국가를 대표하고 행정부의 최고 책임자로서 국가의 중요한 일을 결정한다. 등
**4** 예 어느 한 기관이 국가의 중요한 일을 마음대로 처리할 수 없게 하기 위해서이다. 권력 남용을 막아 국민의 자유와 권리를 보장하기 위해서이다. 등

**1** (1) 국민 주권의 원리를 실현하기 위해 선거에 적극적으로 참여하고, 시민 단체나 집회 활동에 참여하여 여론을 형성하기도 합니다.
(2) 민주정치의 기본 원리 중 국민 주권 원리는 헌법 제1조 제2항에 나와 있으며 국가가 함부로 국민의 권리를 침해할 수 없게 하기 위해서 규정하고 있습니다.

**2** (1) 국회에서는 법을 만들거나 예산안을 심의하여 확정하거나 국정감사를 합니다.
(2) 국회를 구성하는 국회의원은 국민을 대표하는 사람으로서 국민의 자유와 권리를 보장하고자 일합니다.

| 채점 기준 | |
|---|---|
| '행정부', '법'을 넣어 쓴 경우 | 8점 |
| '감시하기 위해서'라고 간단히 쓴 경우 | 4점 |

**3** (1) 행정부는 국회가 만든 법을 바탕으로 국가의 살림을 맡아 하는 곳입니다.

(2) 대통령은 임기 5년으로 국민이 직접 뽑습니다.

| 채점 기준 | |
|---|---|
| '행정부의 최고 책임자', '외국에 대해 국가 대표' 등을 넣어 구체적으로 쓴 경우 | 8점 |
| '최고 책임자이다.'라고 간단하게 쓴 경우 | 4점 |

**4** 국회, 행정부, 법원이 국가의 중요한 일을 마음대로 처리할 수 없도록 서로 견제하며 균형을 이루도록 권력 분립의 원리를 민주정치의 기본 원리로 삼고 있습니다.

| 채점 기준 | |
|---|---|
| '권력 남용 막음', '국민의 자유와 권리 보장' 등을 포함하여 구체적으로 쓴 경우 | 8점 |
| '권력을 나누기 위해서'라고 간단히 쓴 경우 | 4점 |

# 2 우리나라의 경제 발전

## 1 경제주체의 역할과 우리나라 경제 체제의 특징

### 📝 쪽지 시험
110쪽

**1** 경제주체　**2** 가계　**3** 기업　**4** 시장　**5** 가계
**6** 가계　**7** 기업　**8** 자유, 경쟁　**9** 기업　**10** 시민 단체

**4** 시장은 가계와 기업이 만나 서로 거래하는 곳입니다.

**6** 기업에서 일한 대가로 소득을 얻는 경제주체는 가계입니다.

**8** 우리나라 경제의 특징은 자유와 경쟁입니다.

### 🔆 단원 평가 1회
111~112쪽

**1** ⑤　**2** 기업　**3** 미연　**4** ①　**5** 예 소득의 범위 안에서 가장 적은 비용으로 가장 큰 만족감을 얻도록 소비하는 것이다.　**6** 선택 기준　**7** ③　**8** ④　**9** ②
**10** ㉠

**1** ①, ② 사람들에게 일자리를 제공하고, 물건을 판매하여 이윤을 얻는 경제주체는 기업입니다. ③, ④ 가정 살림을 같이하는 생활 공동체를 가계라고 하며, 가계는 소득으로 소비 활동을 하는 경제주체입니다.

**2** 물건을 생산하고 시장에 공급하여 이윤을 얻는 경제주체는 기업입니다. 기업은 가계의 노동력을 활용한 대가로 급여를 지급합니다.

**3** 가계와 기업이 하는 일은 서로 밀접한 관계가 있습니다. 가계가 노동력을 제공하면 기업은 급여를 제공하는 등 서로에게 대가를 지급합니다.

**4** 밑줄 친 '이곳'은 시장입니다.

**5** 가계의 소득은 한정되어 있기 때문에 합리적 선택을 해야 합니다.

| 채점 기준 | |
|---|---|
| 보기 의 단어를 모두 사용하여 바르게 쓴 경우 | 10점 |
| 보기 의 단어를 일부 사용하여 뜻이 통하게 쓴 경우 | 5점 |

**6** 물건을 고를 때 고려해야 할 선택 기준을 세우고, 그에 따라 비교·평가하여 가장 큰 만족을 얻는 소비를 해야 합니다.

**7** 기업은 생산 활동에서 적은 비용으로 가장 많은 이윤을 얻을 수 있도록 선택해야 합니다.

**8** 기업은 경제활동으로 얻은 이윤을 자유롭게 사용할 수 있습니다.

**9** 개인과 기업의 자유로운 경쟁은 국가 전체의 발전에 도움을 줍니다.

**10** 기업이 독점하면 물건의 가격을 마음대로 올릴 수 있기 때문에 공정한 경제활동이 이루어질 수 없습니다.

### 🔆 단원 평가 2회
113~114쪽

**1** 소득　**2** ⑤　**3** ㉣　**4** ③　**5** ②　**6** ⑤
**7** ①　**8** 예 천 필통이 가장 인기가 많기 때문에 천 필통의 생산량을 늘려야 한다.　**9** ④　**10** ③

**1** 가계가 기업의 생산 활동에 참여한 대가로 얻는 것을 소득이라고 합니다.

**2** 생활에 필요한 물건을 구입하거나 서비스를 이용하는 등의 일을 소비 활동이라고 합니다. 소득으로 소비 활동을 하는 경제주체는 가계입니다.

**3** ㉣은 가계가 하는 일입니다.

**4** 집, 땅은 부동산 시장에서, 다른 나라의 돈은 외환 시장에서 거래할 수 있습니다.

**5** 가계의 소득은 한정되어 있기 때문에 합리적 선택이 필요합니다.

**6** 가계는 소득의 범위 안에서 적은 비용으로 큰 만족을 얻도록 소비해야 합니다.

**7** 기업은 소비자에게 인기 많은 상품을 개발하여 적은 비용으로 많은 이윤을 남기는 합리적 선택을 해야 합니다.

**8** 기업은 소비자를 분석하여 물건을 많이 팔 수 있는 방법을 생각해야 합니다.

**9** 국가가 결정한 대로 경제활동을 하는 것은 자유롭지 못한 경제활동의 모습입니다.

**10** 제시된 상황은 기업의 불공정한 경제활동 모습입니다. 기업의 불공정한 경제활동은 소비자에게 피해를 줍니다.

---

### 📃 서술형 평가
115쪽

**1** (1) 기업 (2) 예 사람들에게 일자리를 제공한다. 등

**2** (1) ㉠ 기업 ㉡ 가계 (2) 예 가계와 기업이 하는 일은 서로에게 도움이 된다.

**3** (1) ㉠ → ㉣ → ㉡ → ㉢ (2) 예 소득의 범위 안에서 가장 적은 비용으로 가장 큰 만족감을 얻도록 소비하는 것이다.

**4** (1) 예 공정한 경제활동의 기준이 되는 법이나 제도를 만든다. 등 (2) 예 기업의 불공정한 경제활동을 감시하고 정부에 해결을 요구한다. 등

**1** (1) 물건이나 서비스를 생산하고 판매하여 이윤을 얻는 경제주체는 기업입니다.
(2) 기업은 물건을 생산하기 위해 사람들에게 일자리를 제공합니다.

| 채점 기준 | |
| --- | --- |
| 기업의 경제적 역할을 한 가지 알맞게 쓴 경우 | 8점 |

---

**2** (1) 물건을 생산하고 공급하는 경제주체인 ㉠은 기업, 노동력을 제공한 대가로 소득을 얻는 경제주체인 ㉡은 가계입니다.
(2) 그림을 통해 가계와 기업은 시장에서 만나 서로 거래하며, 가계와 기업이 하는 일은 서로에게 도움이 된다는 것을 알 수 있습니다.

| 채점 기준 | |
| --- | --- |
| '서로에게 도움이 된다.'라고 알맞게 쓴 경우 | 8점 |

**3** (1) '사야 할 물건의 우선순위 정하기 → 선택 기준 세우기 → 비교·평가하여 선택하기'의 순서대로 합리적 소비를 해야 합니다.
(2) 가계의 소득은 한정되어 있기 때문에 합리적 선택을 해야 합니다.

| 채점 기준 | |
| --- | --- |
| '만족(감)'이라는 단어를 포함하여 바르게 쓴 경우 | 8점 |
| '만족(감)'이라는 단어를 사용하지 않았으나 간단히 뜻이 통하게 쓴 경우 | 4점 |

**4** 정부와 시민 단체는 공정한 경제활동을 위해 다양한 노력을 합니다.

| 채점 기준 | |
| --- | --- |
| (1)과 (2) 모두 알맞게 쓴 경우 | 8점 |
| (1), (2) 둘 중 하나만 알맞게 쓴 경우 | 4점 |

---

## 2 우리나라의 경제성장

### 📝 쪽지 시험
116쪽

**1** 6·25 전쟁　**2** 소비재 산업　**3** 경공업　**4** 중화학 공업　**5** 1980년대　**6** 반도체　**7** 첨단 산업　**8** 스마트폰　**9** 노사 갈등　**10** 빈부 격차(경제적 양극화) 문제

**3** 우리나라에서 경공업은 풍부한 노동력을 바탕으로 1960년대에 발달했습니다.

**4** 우리나라에서 중화학 공업은 1970년대에 정부 주도로 발달하였습니다.

**6** 1990년대에 우리나라는 세계적으로 인정받는 반도체를 개발하고 생산했습니다.

**1** (1) ㉠ (2) ㉡    **2** ㉢    **3** ③    **4** ②    **5** 예 1980 년대 이후 산업 구조가 경공업 중심에서 중화학 공업 중심으로 바뀌었고, 중화학 공업 제품의 수출이 늘어나면서 수출액이 크게 증가했다.   **6** ㉠, ㉣    **7** ③    **8** ①    **9** ④    **10** ①

**1** 우리나라는 1960년대에는 경공업이, 1970년대부터는 중화학 공업이 발달했습니다.

**2** 1960년대에 들어 정부는 경제 개발 5개년 계획을 세우고 수출을 통해 경제를 발전시키려고 노력하였습니다.

**3** 1960년대 우리나라는 풍부한 노동력을 바탕으로 가발, 신발 등과 같은 경공업 제품을 만들어 수출하였습니다.

**4** 1970년대에 정부는 중화학 공업을 육성하였으며, 특히 철강 산업과 석유 화학 산업 발전을 위해 노력했습니다.

**5** 수출이 증가하고 경제가 성장하면서 국민 소득이 늘어났고, 사람들의 생활 수준이 향상되었습니다.

| 채점 기준 | |
| --- | --- |
| 산업 구조의 변화와 수출액의 변화를 모두 쓴 경우 | 10점 |
| 산업 구조의 변화와 수출액의 변화 둘 중 하나만 쓴 경우 | 5점 |

**6** 과학 기술에 대한 관심이 커지면서 많은 기업이 연구 개발을 통해 높은 기술력을 확보하였고, 그로 인해 자동차 산업, 기계 산업, 전자 산업 등이 성장하였습니다.

**7** ① 1950년대, ② 1970년대, ④ 1960년대에 성장한 산업입니다.

**8** 컴퓨터는 1980년대에 보급되었습니다. 1960년대에는 흑백텔레비전이 보급되었습니다.

**9** 잘 사는 사람과 그렇지 못한 사람 간의 소득 격차가 커지는 문제를 빈부 격차 문제라고 합니다.

**10** ① 환경 문제를 해결하기 위한 노력입니다.

**1** ③    **2** ③    **3** ㉡, ㉣    **4** ①    **5** 반도체    **6** ②
**7** 예 한류 문화를 즐기는 외국인이 늘어났다. 해외 여행객과 외국인 관광객이 증가했다. 스마트폰의 대중화로 언제 어디서나 정보를 주고받을 수 있게 되었다. 등   **8** ④    **9** ②, ④    **10** ⑤

**1** 1960년대 우리나라에서는 경공업이 발달하였습니다.

**2** 신발, 가발 등과 같은 경공업 제품들은 만드는 데 일손이 많이 필요합니다. 당시 우리나라는 자본과 기술이 부족했지만 노동력이 풍부했고, 기업은 낮은 가격으로 물건을 만들어 수출할 수 있었습니다.

**3** 1970년대에 정부는 많은 자본과 높은 기술력이 필요한 중화학 공업을 주도적으로 육성했고, 특히 석유 화학과 철강 산업 발전을 위해 노력했습니다.

**4** 의료 서비스와 문화 콘텐츠 산업은 2000년대 이후에 발달한 산업입니다.

**5** 현재 우리나라는 세계 반도체 시장에서 높은 점유율을 유지하며 반도체 강국으로 인정받고 있습니다.

**6** 관광 산업은 서비스 산업에 해당합니다.

**7** 경제성장으로 우리나라의 위상이 높아지면서 교류 모습도 달라졌고, 공업과 서비스업의 발달로 도시 거주 인구 비율이 증가하는 등 많은 변화가 나타났습니다.

| 채점 기준 | |
| --- | --- |
| 경제성장에 따라 변화한 오늘날의 사회 모습을 한 가지 바르게 쓴 경우 | 10점 |
| '다양하게 변화했다.'라고만 쓴 경우 | 5점 |

**8** 정부는 빈부 격차 해결을 위해 저소득층을 위한 생계비, 양육비, 학비 등을 지원하는 제도와 정책을 실시합니다.

**9** 급속한 경제성장으로 환경 오염, 기후 변화, 에너지 부족과 같은 환경 문제가 발생했습니다.

**10** '국민 기초 생활 보장법'을 시행하는 것은 빈부 격차 문제를 해결하기 위한 노력입니다.

**1** (1) ㉮ 중화학 공업 ㉯ 경공업 (2) 예 ㉮ 중화학 공업은 ㉯ 경공업보다 많은 자본과 높은 기술력이 필요하다.

**2** (1) 첨단 산업 (2) 예 고도의 기술력이 필요하며, 경제적 가치가 매우 크다.

**3** (1) 증가 (2) 예 경제성장에 따라 가계 소득이 증가했기 때문이다.

**4** (1) ㉠ 환경 오염 문제(환경 문제) ㉡ 노사 갈등 문제
(2) 예 정부는 노사 갈등을 중재한다. 정부는 기업이 노동자들의 인권을 보호하는지 감시한다. 등

사회

**1** (1) 철강 산업은 중화학 공업, 가발 산업은 경공업입니다.
(2) 경공업은 풍부한 노동력이, 중화학 공업은 많은 자본과 기술력이 필요합니다.

**2** (1) 오늘날 첨단 산업은 우주 항공, 신소재, 인공 지능. 로봇 등 다양한 분야에서 발달하고 있습니다.
(2) 첨단 산업은 고도의 기술력이 필요한 산업입니다.

**3** (1) 그래프를 보면 해외여행자 수가 계속 증가하고 있습니다.
(2) 경제성장에 따른 소득 증가로 여가 생활에 대한 사람들의 관심이 커졌고, 이로 인해 여가 생활을 하는 데 드는 비용과 해외여행자 수가 증가하고 있습니다.

**4** (1) 경제성장 과정에서 환경 문제, 노사 갈등, 빈부 격차 등 다양한 문제가 나타났습니다.
(2) 노사 갈등 해결을 위해 정부는 여러 가지 노력을 합니다.

## 3 세계 속의 우리나라 경제

### ✍ 쪽지 시험
123쪽 → 122쪽

**1** 무역  **2** 수출  **3** 수입  **4** 중국, 미국, 베트남  **5** 자유 무역 협정(FTA)  **6** 경쟁  **7** 의생활  **8** 관세  **9** 보호  **10** 세계 무역 기구(WTO)

**2** 다른 나라에 물건이나 서비스를 파는 것을 수출이라고 하고, 사오는 것을 수입이라고 합니다.

**5** 수입품에 붙이는 세금을 없애거나 낮춰서 나라와 나라 간에 무역을 자유롭고 활발하게 하자는 약속입니다.

**10** 세계 무역 기구는 지구촌의 경제 질서를 유지하면서 세계 무역을 보다 더 자유롭게 할 수 있도록 1995년에 설립되었습니다.

### 💡 단원 평가 1회
123~124쪽

**1** ③  **2 예** ○○ 나라는 자동차, 배 등을 △△ 나라에서 수입하고, △△ 나라는 열대 과일, 원유, 목재, 천연고무 등을 ○○ 나라에서 수입한다.  **3** ③, ⑤  **4** ⑤  **5** ⑤  **6** ①  **7** ①  **8** ③, ⑤  **9** ⑤  **10** ③

**1** ○○ 나라는 주로 열대 과일을 재배하고 원유, 목재, 천연고무 등과 같은 자원과 노동력은 풍부하지만, 휴대 전화, 자동차, 배 등을 만드는 기술이 부족합니다.

**2** 두 나라 사이에 부족하거나 필요한 물건이나 서비스를 사고팔면 됩니다.

**3** 나라마다 자연환경이나 자원, 기술 등이 서로 다르기 때문에 각 나라는 더 잘 만들 수 있는 것을 생산하고 이를 교류하면서 서로 경제적 이익을 얻습니다.

**4** 첫 번째 기사는 의료 서비스, 두 번째 기사는 만화 서비스 교류를 보여 줍니다. 이를 통해 서비스 분야에서도 나라 간에 교류가 일어나는 것을 알 수 있습니다.

**5** 다른 나라와의 경제 교류가 활발해지면서 식재료의 원산지가 다양해졌습니다.

**6** 자유 무역 협정(FTA)은 나라 간 자유로운 경제 교류를 위해 세금, 법과 제도 등의 문제를 줄이거나 없애기로 하여 경제 협력을 강화하려는 약속입니다.

**7** ②는 주생활, ③은 의생활, ④는 여가 생활을 경험한 사례입니다.

**8** 현지에서 값싼 노동력을 활용해 제품을 생산하고 직접 판매해 생산 비용과 운반 비용을 줄일 수 있습니다.

**9** 우리나라 세탁기에 높은 관세를 매기면 우리나라 세탁기의 가격이 올라 경쟁에서 불리합니다. 관세란 국외에서 수입하는 물건에 부과하는 세금입니다.

**10** 세계 여러 나라들은 자기 나라의 경제를 보호하고 산업을 발전시키기 위해 노력합니다.

💡 **단원 평가 2**회        125~126쪽

| **1** ㉢ | **2** ① | **3** ⑤ | **4** ⑤ | **5** ① | **6** ③ |
|---|---|---|---|---|---|
| **7** ① | **8** ① | **9** ㉢ | **10** 세계 무역 기구(WTO) | | |

**1** ㉡ 수입은 다른 나라에서 물건이나 서비스를 사 오는 것을 말하고, ㉢ 무역은 나라와 나라 사이에 물건이나 서비스를 사고파는 것을 말합니다.

**2** 우리나라의 주요 수출품과 수입품에 반도체가 모두 있는 까닭은 메모리 반도체를 수출하는 한편, 비메모리 반도체는 수입하고 있기 때문입니다. ① 우리나라에서는 원유가 생산되지 않아 필요한 원유를 수입에 의존하고 있습니다.

**3** 우리나라는 천연 자원은 부족하지만 기술력이 뛰어나기 때문에, 다른 나라에서 원료를 수입하여 국내에서 가공하여 만든 제품을 다시 수출하는 무역이 발달했습니다.

**4** 제시된 지도는 우리나라와 다른 나라의 상호 의존 관계를 보여 줍니다.

**5** ①은 가격 경쟁, ② 기술 경쟁, ③ 경제적 의존, ④ 디자인 및 기술 경쟁의 모습을 보여 줍니다.

**6** ①, ② 다른 나라와의 경제 교류가 기업의 경제생활에 미치는 영향입니다. ④ 다른 나라와의 경제 교류를 통해 기업은 다른 나라의 새로운 기술을 배울 수 있습니다. ⑤ 다른 나라와의 경제 교류를 통해 개인의 경제활동 범위가 늘어났습니다.

**7** 세계 여러 나라와 무역을 하면서 우리나라 물건에 높은 관세 부과, 외국산에 의존하는 물건의 수입 문제, 수입 거부로 다른 나라와의 갈등, 수입 제한으로 발생하는 수출 감소 등의 문제가 발생합니다.

**8** 세계 여러 나라는 경쟁력이 부족한 국내 산업 보호, 국민의 실업 방지 등을 이유로 자기 나라 경제를 보호하려고 합니다.

**9** 무역 문제가 일어났을 때 국제기구에 도움을 요청하거나, 여러 나라가 모여 협상하고 합의하려는 노력을 해야 합니다.

**10** 세계 무역 기구(WTO)는 세계 무역 분쟁 조정, 관세 인하 요구 등의 법적인 권한과 구속력을 행사하는 국제기구입니다.

---

📄 **서술형 평가**     127쪽

**1** (1) 무역 (2) ⑩ 나라마다 자연환경과 자원, 기술 등에 차이가 있어 더 잘 생산할 수 있는 물건이나 서비스가 다르기 때문이다. / 각 나라가 더 잘 만들 수 있는 물건을 전문적으로 생산하여 교류하면 서로 경제적 이익을 얻을 수 있기 때문이다.

**2** (1) ㉠ 수출 ㉡ 수입 (2) ⑩ 우리나라는 다른 나라와 서로 의존하며 경제적으로 교류한다.

**3** (1) (가) (2) ⑩ 같은 종류의 물건을 생산하는 나라 간에 서로 더 많은 이익을 얻기 위해 경쟁하기 때문이다.

**4** ⑩ 다른 나라와 무역이 잘 이루어지지 않거나 무역 문제가 발생할 수 있다.

**1** (1) 나라와 나라 사이에 물건과 서비스를 사고파는 것을 무역이라고 합니다.
(2) 각 나라마다 자연환경, 자원, 기술 등이 다르기 때문에 무역을 합니다.

| **채점 기준** | |
|---|---|
| 무역을 하는 까닭을 구체적으로 한 가지 쓴 경우 | 8점 |
| '물건이나 서비스가 필요해서' 등 간단하게 쓴 경우 | 4점 |

**2** (1) 다른 나라에 물건이나 서비스를 파는 것을 수출, 다른 나라에 물건이나 서비스를 사 오는 것을 수입이라고 합니다.
(2) 우리나라와 다른 나라는 서로 경제적 도움을 주고받으며 의존하고 있습니다.

| **채점 기준** | |
|---|---|
| '의존'이란 단어를 사용하여 바르게 쓴 경우 | 8점 |
| '세계 여러 나라와 교류한다.'라고 간단하게 쓴 경우 | 4점 |

**3** (1) (가)는 휴대 전화 기술 경쟁, (나)는 자동차 가격 경쟁을 나타냅니다.
(2) 같은 종류의 물건을 생산하는 다른 나라와는 서로 경쟁하는데, 특히 새로운 기술이 필요한 휴대 전화, 전자 기기 등에서의 경쟁은 더욱 치열합니다.

| **채점 기준** | |
|---|---|
| '더 많이 수출하고 판매하기 위해서', '더 많은 이익을 얻으려고' 등 구체적으로 쓴 경우 | 8점 |
| '같은 종류의 물건을 생산하기 때문에'라고 쓴 경우 | 4점 |

**4** 자기 나라 경제만을 보호하고자 여러 가지 정책이나 제도를 추진하면 다른 나라와 갈등을 일으킬 수 있습니다.

| **채점 기준** | |
|---|---|
| '나라 간의 무역이 잘 이루어지지 않고 무역 문제가 발생할 수 있다.'라고 구체적으로 쓴 경우 | 8점 |
| '문제가 발생할 수 있다.'라고 간단하게 쓴 경우 | 4점 |

## 1 과학 탐구

### 1 탐구 문제를 정하고 가설 세우기

☺ 개념 확인 문제　　　　　　　　　　　　　6쪽

**1** 종류　　　**2** ㉠

**1** 병을 감싸는 물질의 종류에 따라 물이 따뜻하게 유지되는 정도를 알아보려고 하는 것입니다.

**2** 병을 감싸는 물질의 종류와 관계된 가설을 세워야 합니다.

### 2 실험을 계획하고 실험을 해 보기

☺ 개념 확인 문제　　　　　　　　　　　　　7쪽

**1** ④　　　　　**2** ②

**1** 실험을 계획할 때 실험을 빨리 끝낼 수 있는 방법을 정할 필요는 없습니다.

**2** 실험 계획을 세울 때, 실험 과정이 구체적이고 안전한지 확인해야 하며, 너무 어렵지 않아야 합니다.

### 3 실험 결과를 변환 및 해석하고 결론 내리기

☺ 개념 확인 문제　　　　　　　　　　　　　8쪽

**1** ㉠: 표 ㉡: 그래프　　　**2** (1) ㉡ (2) ㉠

**1** 자료를 변환할 때 실험 결과를 한눈에 비교할 수 있도록 표나 그래프로 많이 나타냅니다.

**2** 실험 결과가 나의 가설과 같다면, 이를 토대로 탐구 문제의 답을 정리해 결론을 내립니다. 실험 결과가 나의 가설과 다르다면, 가설을 수정하여 탐구를 다시 시작해야 합니다.

## 2 지구와 달의 운동

### 1 지구의 자전

☺ 개념 확인 문제　　　　　　　　　　　　　11쪽

**1** (1) ✕　(2) ○　　　**2** 동, 서　　　**3** ㉠
**4** ㉠ 자전축 ㉡ 한

**1** 창밖으로 보이는 나무나 집은 실제로 움직이는 것이 아니며, 빠르게 달리는 기차 안에서는 기차가 움직이는 방향의 반대 방향으로 빠르게 움직이는 것처럼 보입니다.

**2** 지구본이 회전하는 방향과 관측자 모형이 본 전등이 움직이는 방향은 서로 반대입니다.

**3** 지구는 하루 동안 서쪽에서 동쪽, 즉 시계 반대 방향으로 회전합니다.

**4** 지구는 자전축을 중심으로 하루에 한 바퀴씩 자전합니다.

### 2 하루 동안 태양과 달의 위치 변화

☺ 개념 확인 문제　　　　　　　　　　　　　13쪽

**1** ㉠, ㉢, ㉡　　**2** ㉠　　　**3** ②　　　**4** 은주

**1** 태양은 동쪽 하늘에서 보이기 시작하여 남쪽 하늘을 지나 서쪽 하늘로 움직이는 것처럼 보입니다.

**2** 밤 12시 무렵에 남쪽 하늘에서 보름달을 볼 수 있습니다.

**3** 하루 동안 달은 동쪽 지평선에서 떠올라 남쪽 하늘을 지나 서쪽 하늘로 움직이는 것처럼 보입니다.

**4** 지구의 자전으로 하루 동안 태양과 달이 움직이는 것처럼 보입니다.

### 3 낮과 밤이 생기는 까닭

☺ 개념 확인 문제　　　　　　　　　　　　　15쪽

**1** ③　　　　**2** ㉠ 낮 ㉡ 밤　　　　**3** ③
**4** 낮, 밤

**1** 전등은 태양을, 관측자 모형은 지구에 있는 사람을 나타냅니다.

**2** 낮에는 관측자 모형이 빛을 받는 위치에, 밤에는 관측자 모형이 빛을 받지 못하는 위치에 있습니다.

**3** 지구가 자전하면서 태양 빛을 받는 쪽과 태양 빛을 받지 못하는 쪽이 생기기 때문에 낮과 밤이 생깁니다.

**4** 태양 빛을 받는 쪽은 낮, 태양 빛을 받지 못하는 쪽은 밤이 됩니다.

## 실력 문제
16~17쪽

**1** 서쪽, 동쪽 **2** ㉠ 서 ㉡ 동 **3** ⑤ **4** ④ **5** ②
**6** ③ **7** (가) 동 (나) 서 **8** ③ **9** ⑤ **10** ② **11** (1)
㉠ (2) ㉢ (3) ㉡ **12** 태양 빛

**1** 지구본이 서쪽에서 동쪽으로 회전하기 때문에 관측자 모형에게는 전등이 동쪽에서 서쪽으로 움직이는 것처럼 보입니다.

**2** 지구는 자전축을 중심으로 서쪽에서 동쪽으로 회전합니다.

**3** 지구의 북극과 남극을 이은 가상의 직선을 지구의 자전축이라고 합니다.

**4** 지구의 자전으로 밤하늘에 있는 별은 동쪽에서 서쪽으로 움직이는 것처럼 보입니다.

**5** 태양은 동쪽에서 떠서 한낮에는 남쪽 하늘에서 볼 수 있습니다.

**6** 태양이 진 뒤에 같은 장소에서 일정한 시간 간격으로 달을 관측합니다.

**7** 하루 동안 달은 동쪽 하늘에서 남쪽 하늘을 지나 서쪽 하늘로 움직이는 것처럼 보입니다.

**8** 밤 12시 무렵에 달은 남쪽 하늘에 있습니다.

**9** 지구의 자전으로 달이 움직이는 것처럼 보입니다.

**10** 우리나라가 낮일 때 태양의 빛을 받지 못하는 위치에 있는 나라는 밤입니다.

**11** 전등은 태양, 관측자 모형은 지구에 있는 사람을 나타냅니다.

**12** 지구가 자전하기 때문에 낮과 밤이 하루에 한 번씩 번갈아 나타납니다.

## 4 지구의 공전

### 개념 확인 문제
19쪽

**1** ㉡ **2** 다르다. **3** ② **4** ㉡

**1** 지구본을 옮기는 것은 지구의 공전을 의미하므로 시계 반대 방향으로 옮깁니다.

**2** 지구본의 위치가 바뀌므로 그 위치에 따라 관측자 모형에게 보이는 교실의 물체도 달라집니다.

**3** 지구의 공전은 지구가 태양을 중심으로 일 년에 한 바퀴씩 서쪽에서 동쪽으로 회전하는 것을 말합니다.

**4** ㉠은 지구가 자전축을 중심으로 회전하는 자전을, ㉡은 지구가 태양을 중심으로 회전하는 공전을 나타냅니다.

## 5 계절에 따라 보이는 별자리가 달라지는 까닭

### 개념 확인 문제
21쪽

**1** (1) ㉡ (2) ㉠ (3) ㉢ (4) ㉢ **2** 사자리 **3** 같은
**4** ⑤

**1** 봄철의 대표적인 별자리는 목동자리, 처녀자리, 사자리이며, 여름철의 대표적인 별자리는 거문고자리, 독수리자리, 백조자리입니다. 가을철의 대표적인 별자리는 페가수스자리, 안드로메다자리, 물고기자리이며, 겨울철의 대표적인 별자리는 오리온자리, 큰개자리, 쌍둥이자리입니다.

**2** (가) 위치에서는 태양(전등)과 반대 방향에 있는 사자리가 가장 잘 보입니다.

**3** 태양과 같은 방향에 있는 별자리는 태양 빛 때문에 볼 수 없습니다.

**4** 지구가 태양 주위를 공전하기 때문에 계절에 따라 지구의 위치가 달라지고, 지구의 위치에 따라 밤에 보이는 별자리가 달라집니다.

## 6 여러 날 동안 달의 모양 변화

### 개념 확인 문제
23쪽

**1** ㉠ 초승달 ㉡ 하현달 ㉢ 그믐달 **2** ②
**3** ① **4** ③

**1** 초승달은 오른쪽이 둥근 눈썹 모양의 달이며, 그믐달은 초승달과 반대 모양입니다. 하현달은 왼쪽이 불룩한 모양입니다.

**2** 오른쪽이 불룩한 상현달은 음력 7~8일 무렵에 볼 수 있습니다.

**3** 공처럼 달의 모양이 모두 보이는 달을 보름달이라고 합니다.

**4** 약 30일마다 달의 모양 변화가 반복되므로 30일 뒤에는 다시 같은 모양의 달을 볼 수 있습니다.

## 7 여러 날 동안 달의 위치 변화

**1** (1) ○ (2) × (3) × **2** ③ **3** 남
**4** ㄹ

**1** 태양이 진 직후 보름달은 동쪽 하늘에서 보이며, 달의 위치는 매일 서쪽에서 동쪽으로 조금씩 옮겨 갑니다.

**2** 태양이 진 직후 음력 2~3일 무렵에는 초승달이 서쪽 하늘에서 보입니다.

**3** 태양이 진 직후에 상현달은 남쪽 하늘에서 보입니다.

**4** 여러 날 동안 달의 모양은 초승달에서 상현달, 보름달로 변합니다.

💡 **실력 문제** 26~27쪽

**1** 게시판 **2** ⑤ **3** ㄱ **4** ②, ⑤ **5** ② **6** ⑤
**7** ㄱ 공전 ㄴ 지구 **8** ③ **9** ㄷ **10** ⑤ **11** ②
**12** ②

**1** (가) 위치에서 우리나라가 한밤일 때 관측자 모형에게는 교실 뒤쪽의 게시판이 보입니다.

**2** 지구본의 위치가 달라지면서 관측자 모형에게 보이는 교실의 물체가 달라집니다. 마찬가지로 지구가 공전하면서 위치가 달라지면 지구에서 보이는 천체의 모습이 달라집니다.

**3** 지구는 태양을 중심으로 서쪽에서 동쪽(시계 반대 방향)으로 회전합니다.

**4** 낮과 밤이 생기는 것은 지구의 자전과 관계 있습니다. 지구는 자전을 하면서 동시에 공전을 합니다.

**5** 백조자리, 거문고자리, 독수리자리는 여름철의 대표적인 별자리입니다.

**6** 지구가 봄철 위치에 있을 때 가을철 별자리는 태양과 같은 방향에 있어 태양 빛 때문에 볼 수 없습니다. 따라서 봄철에 가을철 대표적인 별자리를 볼 수 없습니다.

**7** 지구의 공전으로 계절에 따라 지구의 위치가 달라집니다.

**8** 음력 7~8일 무렵에는 오른쪽이 볼록한 상현달이 보입니다.

**9** 3월 21일의 7일 뒤가 3월 28일이므로 보름달에서 7일이 지나면 하현달이 됩니다.

**10** 여러 날 동안 태양이 진 직후에 같은 장소에서 달을 관측하면 달의 위치는 서쪽에서 동쪽으로 날마다 조금씩 옮겨 가고, 모양은 초승달에서 상현달, 보름달로 변합니다.

**11** 여러 날 동안 달의 위치는 서쪽에서 동쪽으로 날마다 조금씩 옮겨 갑니다.

**12** 상현달에서 약 7일이 지나면 보름달이 되며, 또한 달은 매일 서쪽에서 동쪽으로 옮겨 가므로 7일 뒤에는 동쪽 하늘에서 보입니다.

❶ 하루 ❷ 서 ❸ 동 ❹ 반대 ❺ 동 ❻ 남
❼ 서 ❽ 지구의 자전 ❾ 낮 ❿ 밤 ⓫ 지구의
자전 ⓬ 태양 ⓭ 일 년 ⓮ 위치 ⓯ 초승달 ⓰ 상현달
⓱ 보름달 ⓲ 서쪽 ⓳ 남쪽 ⓴ 동쪽

**OX** **1** × **2** ○ **3** × **4** ○ **5** × **6** × **7** ○
**8** × **9** ○ **10** ×

**2** 지구가 자전축을 중심으로 하루에 ~~두 바퀴씩~~ 서쪽에서 동쪽으로 회전하는 것을 지구의 자전이라고 합니다.
→ 한

**3** 하루 동안 별의 위치는 ~~서쪽에서 동쪽~~으로 움직이는 것처럼 보입니다.
→ 동쪽에서 서쪽

**5** 태양 빛을 받는 쪽은 ~~밤~~이 되고, 태양 빛을 받지 못하는 쪽은 ~~낮~~이 됩니다.
→ 낮  → 밤

**6** 지구의 공전 방향은 ~~동쪽에서 서쪽~~입니다.
→ 서쪽에서 동쪽

**8** 여러 날 동안 달의 모양은 약 ~~15일~~을 주기로 변합니다.
→ 30

**10** 여러 날 동안 달은 ~~동쪽에서 서쪽~~으로 날마다 조금씩 위치를 옮겨 갑니다.
→ 서쪽에서 동쪽

💡 **단원 평가 1회** 30~32쪽

**1** ②, ⑤ **2** ④ **3** ① **4** ⑤ **5** 보름달 **6** ④ **7** ⑤
**8** 지구의 자전 **9** ① **10** 예 우리나라가 태양 빛을 받는 쪽에 있으면 낮이 되고, 태양 빛을 받지 못하는 쪽에 있으면 밤이 된다. **11** (1) 서, 동 (2) 서, 동 **12** ③ **13** ⑤ **14** 페가수스자리 **15** ㄹ **16** ⑤ **17** 예 지구의 위치가 달라지고, 지구의 위치에 따라 밤에 보이는 천체가 달라진다. **18** ③ **19** ①
**20** ㄱ 서 ㄴ 동

**1** 실제로는 기차가 움직이는 것이며, 빠르게 달리는 기차 안에서 보면 창밖의 풍경이 반대 방향으로 움직이는 것처럼 보입니다.

**2** 지구본이 회전하는 방향과 반대 방향으로 전등이 움직이는 것처럼 보입니다.

**3** 하루 동안 태양은 동쪽에서 떠서 남쪽을 지나 서쪽으로 지는 것처럼 보입니다.

**4** 지구는 하루에 한 바퀴씩 시계 반대 방향으로 자전합니다.

**5** 공처럼 둥근 모양의 달은 보름달입니다.

**6** 지구의 자전으로 하루 동안 달은 동쪽에서 서쪽으로 움직이는 것처럼 보입니다.

**7** 하루 동안 달은 동쪽에서 서쪽으로 움직이는 것처럼 보입니다.

**8** 지구의 자전 때문에 하루 동안 달과 별이 움직이는 것처럼 보이고, 낮과 밤이 생깁니다.

**9** 지구의 자전 방향인 서쪽에서 동쪽으로 돌립니다.

**10** 지구의 낮과 밤이 생기는 까닭을 알아보는 실험입니다.

**11** 지구의 자전 방향과 공전 방향은 서쪽에서 동쪽(시계 반대 방향)으로 같습니다.

**12** 일 년 동안 지구의 움직임을 알아보는 것이므로 전등을 중심으로 하여 지구본을 서쪽에서 동쪽(시계 반대 방향)으로 공전시킵니다.

**13** 태양의 주위를 지구가 공전하면서 지구의 위치가 바뀌고, 그 위치에 따라 보이는 천체의 모습이 달라집니다.

**14** 전등과 같은 방향에 있는 별자리는 전등 빛 때문에 볼 수 없습니다.

**15** 겨울철의 대표적인 별자리는 쌍둥이자리, 큰개자리, 오리온자리입니다.

**16** 겨울철에 태양과 같은 방향에 있는 여름철의 별자리는 태양 빛 때문에 볼 수 없습니다.

**17** 지구가 태양 주위를 공전하기 때문에 계절에 따라 지구의 위치가 달라지고, 지구의 위치에 따라 밤에 보이는 천체가 달라집니다.

**18** 달의 모양 변화는 약 30일마다 반복됩니다.

**19** 오른쪽이 둥근 눈썹 모양의 달은 초승달입니다.

**20** 여러 날 동안 달은 서쪽에서 동쪽으로 날마다 조금씩 옮겨 갑니다.

## 단원 평가 2회  33~35쪽

**1** ㉡  **2** ②  **3** ④  **4** ㉢  **5** 예 지구가 서쪽에서 동쪽으로 자전하기 때문이다.  **6** ②  **7** ①  **8** ③  **9** ②  **10** ⑤  **11** 365  **12** 예 태양 주위를 공전하면서, 예 보이는 천체의 모습  **13** ①  **14** 가을  **15** 페가수스자리  **16** ②  **17** ②, ⑤  **18** ③  **19** ④  **20** ③

**1** 앞쪽이 남쪽, 왼쪽이 동쪽, 오른쪽이 서쪽, 뒤쪽이 북쪽입니다.

**2** 하루 동안 지구의 움직임을 알아보는 실험이므로 지구는 서쪽에서 동쪽으로 회전시킵니다.

**3** 지구본이 서쪽에서 동쪽으로 회전하면 전등은 동쪽에서 서쪽으로 회전하는 것처럼 보입니다. 이 실험을 통해 지구의 자전으로 태양이 하루 동안 동쪽에서 서쪽으로 움직이는 것처럼 보인다는 것을 알 수 있습니다.

**4** 태양은 동쪽에서 떠서 한낮에 남쪽 하늘을 지나 서쪽으로 집니다.

**5** 지구가 자전하기 때문에 하루 동안 태양이 움직이는 것처럼 보입니다.

**6** 하루 동안 달은 동쪽에서 서쪽으로 움직이는 것처럼 보입니다.

**7** 전등은 태양을 나타냅니다.

**8** 지구본을 돌리면 낮이었던 지역은 밤이 되고, 밤이었던 지역은 낮이 됩니다. 이를 통해 지구의 자전으로 태양 빛을 받는 쪽과 태양 빛을 받지 못하는 쪽이 번갈아 나타남을 알 수 있습니다.

**9** 지구가 자전하면서 낮과 밤이 하루에 한 번씩 번갈아 나타납니다.

**10** 하루 동안 달의 움직임은 지구의 자전과 관계 있습니다.

**11** 지구가 태양을 중심으로 한 바퀴 도는 데는 일 년이 걸립니다.

**12** 지구가 태양 주위를 공전하면서 지구의 위치가 바뀌고, 그 위치에 따라 보이는 별자리의 모습이 달라집니다.

**채점 기준**

| 예시 답안과 같이 두 가지를 모두 옳게 쓴 경우 | 5점 |
|---|---|
| 한 가지만 옳게 쓴 경우 | 3점 |

**13** 별자리는 한 계절에만 보이지 않고 두 계절이나 세 계절에 걸쳐 보입니다. 봄철의 대표적인 별자리인 사자자리는 겨울철 밤 9시 무렵에는 동쪽 하늘에 나타나지만 여름철에는 서쪽 하늘에 나타납니다. 따라서 사자자리는 겨울, 봄, 여름의 세 계절에 걸쳐 모두 보입니다.

**14** 가을철 대표적인 별자리는 물고기자리, 안드로메다자리, 페가수스자리입니다.

**15** 봄일 때는 태양과 같은 방향에 있는 가을철 별자리인 페가수스자리는 태양 빛 때문에 볼 수 없습니다.

**16** 전등은 태양을 의미하므로 지구본이 전등을 중심으로 움직이는 것은 태양을 중심으로 지구가 회전하는 지구의 공전을 나타냅니다.

**17** 지구가 태양 주위를 공전하기 때문에 계절에 따라 지구의 위치가 달라지고, 그 위치에 따라 밤에 보이는 별자리가 달라집니다.

**18** 상현달에서 점점 왼쪽이 더 커져서 7일 정도 지나면 보름달이 됩니다.

**19** 보름달이 지나면서부터는 오른쪽이 점점 보이지 않게 되어 하현달이 되고, 그믐달이 됩니다.

**20** ㉢ 초승달은 해가 진 뒤에 서쪽 하늘에서 볼 수 있습니다. ㉠은 동쪽 하늘에 보이는 보름달, ㉡은 남쪽 하늘에 보이는 상현달입니다.

---

### 📝 서술형 익히기
36~37쪽

**개념1** **1** ① 한, 서, 동 ② 동, 서  **2** 북극과 남극을 잇는 가상의 직선인, 하루에 한 바퀴씩 서쪽에서 동쪽

**3** 예 지구가 서쪽에서 동쪽으로 하루에 한 바퀴씩 자전하기 때문입니다.

**개념2** **4** ① 공전 ② 달라집니다  **5** 태양을 중심으로 일 년에, 서쪽에서 동쪽으로

**6** 예 지구가 태양 주위를 공전하기 때문에 계절에 따라 지구의 위치가 달라지고, 지구의 위치에 따라 밤에 보이는 별자리가 달라지기 때문입니다.

**개념3** **7** ① 상현달, 보름달, 하현달, 그믐달 ② 초승달, 상현달, 보름달  **8** 음력 7~8일 무렵에는 상현달을, 음력 15일 무렵에는 보름달을, 음력 22~23일 무렵에는 하현달을, 음력 27~28일 무렵에는

**9** 동쪽 하늘, 예 달의 모양과 위치는 약 30일을 주기로 변하기 때문입니다.

**1** 지구의 자전으로 지구에서 보는 태양, 달, 별의 위치가 하루 동안 동쪽에서 서쪽으로 움직이는 것처럼 보입니다.

**2** 지구는 자전축을 중심으로 하루에 한 바퀴씩 서쪽에서 동쪽 방향으로 회전하며, 이를 지구의 자전이라고 합니다.

**3** 하루 동안 태양과 달의 위치가 동쪽에서 서쪽으로 움직이는 것처럼 보이는 까닭은 태양과 달이 직접 동쪽에서 서쪽으로 움직이는 것이 아니라 지구가 서쪽에서 동쪽으로 자전하기 때문입니다.

**4** 지구가 태양 주위를 공전하기 때문에 계절에 따라 지구의 위치가 달라집니다.

**5** 지구는 자전하면서 공전합니다.

**6** 지구가 태양 주위를 공전하기 때문에 계절에 따라 지구의 위치가 달라지고, 지구의 위치에 따라 밤에 보이는 별자리가 다릅니다.

**7** 달은 약 30일을 주기로 초승달, 상현달, 보름달, 하현달, 그믐달의 순서로 모양이 변합니다.

**8** 매달 음력의 날짜는 달의 모양이 거의 비슷하게 나타납니다.

**9** 달의 모양뿐만 아니라 달의 모양에 따라 관찰되는 위치도 약 30일을 주기로 변합니다.

**1** (1) 해설 참조 (2) **예** 지구는 자전축을 중심으로 서쪽에서 동쪽(시계 반대 방향)으로 자전하기 때문이다. **2** **예** 동쪽에서 서쪽으로 움직이는 것처럼 보인다. 또는 지구본이 회전하는 방향과 반대 방향으로 움직이는 것처럼 보인다. **3** (1) ㉡ (2) **예** 하루 동안 달은 동쪽 하늘에서 남쪽 하늘을 지나 서쪽 하늘로 움직이는 것처럼 보인다. **4** **예** 우리나라가 태양 빛을 받지 못하는 쪽에 있을 때이다. **5** (1) 서, 동 (2) **예** 지구본이 전등을 중심으로 회전하기 때문에 지구본이 놓인 위치에 따라 우리나라가 한밤일 때 향하는 곳이 달라지기 때문이다. **6** **예** 음력 2~3일 무렵에는 초승달, 음력 7~8일 무렵에는 상현달, 음력 15일 무렵에는 보름달, 음력 22~23일 무렵에는 하현달, 음력 27~28일 무렵에는 그믐달이다. **7** **예** 지구가 봄철 위치에 있을 때 가을철 별자리는 태양과 같은 방향에 있어 태양 빛 때문에 볼 수 없다. **8** (1) 시각, 장소 (2) **예** 여러 날 동안 달의 위치는 서쪽에서 동쪽으로 날마다 조금씩 옮겨 간다.

**1** (1)

(2) 지구는 서쪽에서 동쪽(시계 반대 방향)으로 회전합니다.

| 채점 기준 | |
| --- | --- |
| (1), (2)를 모두 옳게 쓴 경우 | 12점 |
| (1)만 옳게 쓴 경우 | 2점 |
| (2)만 옳게 쓴 경우 | 10점 |

**2** 지구본이 회전하는 방향과 관측자 모형이 본 전등이 움직이는 방향은 서로 반대가 됩니다.

| 채점 기준 | |
| --- | --- |
| 예시 답안과 같이 옳게 쓴 경우 | 8점 |
| 예시 답안과 의미는 비슷하지만 정확하게 쓰지 못한 경우 | 3점 |

**3** (1) 보름달은 해가 진 뒤에 동쪽에서 떠서 한밤중에 남쪽 하늘을 지나 서쪽으로 집니다.
(2) 하루 동안 달은 동쪽에서 서쪽으로 움직이는 것처럼 보입니다.

| 채점 기준 | |
| --- | --- |
| (1), (2)를 모두 옳게 쓴 경우 | 12점 |
| (1)만 옳게 쓴 경우 | 2점 |
| (2)만 옳게 쓴 경우 | 10점 |

**4** 지구본을 돌려 태양 빛을 받지 못하는 위치에 있게 되면 밤이 됩니다.

| 채점 기준 | |
| --- | --- |
| 예시 답안과 같이 옳게 쓴 경우 | 8점 |
| 예시 답안과 의미는 비슷하지만 정확하게 쓰지 못한 경우 | 3점 |

**5** (1) 일 년 동안 지구의 움직임을 알아보는 실험이므로 지구본은 지구의 공전 방향인 서쪽에서 동쪽으로 움직여야 합니다.
(2) 지구본의 각 위치에서 우리나라가 한밤일 때 관측자 모형에게 보이는 교실의 물체가 달라지는 것처럼 지구가 공전하면서 지구에서 보이는 천체가 달라집니다.

| 채점 기준 | |
| --- | --- |
| (1), (2)를 모두 옳게 쓴 경우 | 12점 |
| (1)만 옳게 쓴 경우 | 2점 |
| (2)만 옳게 쓴 경우 | 10점 |

**6** 달의 모양은 약 30일을 주기로 반복됩니다.

| 채점 기준 | |
| --- | --- |
| 달의 모양 변화에 대해 모두 옳게 쓴 경우 | 8점 |
| 달의 모양 변화에 대해 일부만 옳게 쓴 경우 | 3점 |

**7** 봄철에는 가을철 별자리가 태양과 같은 방향에 있어 밝은 태양 빛 때문에 볼 수 없습니다.

| 채점 기준 | |
| --- | --- |
| 예시 답안과 같이 옳게 쓴 경우 | 8점 |
| 태양과 같은 방향에 있다로만 쓴 경우 | 4점 |

**8** (1) 같은 시각, 같은 장소에서 여러 날 동안의 달의 변화를 관찰합니다.
(2) 여러 날 동안 달의 위치는 서쪽에서 동쪽으로 조금씩 옮겨 가고, 달의 모양은 초승달에서 상현달, 보름달로 변합니다.

| 채점 기준 | |
| --- | --- |
| (1), (2)를 모두 옳게 쓴 경우 | 12점 |
| (1)만 옳게 쓴 경우 | 4점 |
| (2)만 옳게 쓴 경우 | 8점 |

😀 **수행 평가** 40쪽

**1** 태양 **2** (가) **3** **예** 태양 빛을 받는, **예** 태양 빛을 받지 못하는 **4** **예** 낮인 곳은 계속 낮이고, 밤인 곳은 계속 밤일 것이다.

**1** 전등은 태양, 지구본은 지구, 관측자 모형은 지구에 있는 사람을 나타냅니다.

**2** 태양 빛을 받는 쪽에 있으므로 밝은 낮입니다.

과학

**3** 지구의 자전으로 태양 빛을 받는 쪽과 태양 빛을 받지 못하는 쪽이 번갈아 나타납니다.

**4** 지구의 자전으로 낮과 밤이 하루에 한 번씩 번갈아 나타나므로 자전하지 않는다면 낮과 밤이 번갈아 나타나지 않을 것입니다.

---

😎 **수행 평가**                                    41쪽

**1** 해설 참조   **2** 오리온자리   **3** 예 오리온자리는 전등(태양)과 같은 방향에 있어서 전등 빛(태양 빛) 때문에 볼 수 없다.   **4** 예 밤이 되면 계절에 상관없이 항상 같은 별자리만 보일 것이다.

**1** 지구의 공전 방향은 서쪽에서 동쪽(시계 반대 방향)입니다.

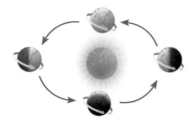

**2** 태양(전등)과 같은 방향에 있는 별자리는 태양 빛(전등 빛) 때문에 볼 수 없습니다.

**3** 지구가 여름철 위치에 있을 때 거문고자리는 밤에 남쪽 하늘에서 볼 수 있지만 오리온자리는 태양과 같은 방향에 있어 태양 빛 때문에 볼 수 없습니다.

**4** 계절에 따라 보이는 별자리가 달라지는 까닭은 지구가 태양 주위를 공전하기 때문입니다. 따라서 만일 지구가 공전하지 않는다면 계절에 따라 보이는 별자리는 바뀌지 않을 것입니다.

---

😎 **수행 평가**                                    42쪽

**1** ㉡, 상현달   **2** 30   **3** (1) ㉡, ㉠, ㉢ (2) 예 여러 날 동안 달의 위치가 서쪽에서 동쪽으로 조금씩 달라지기 때문이다.

**1** ㉠은 초승달, ㉡은 상현달, ㉢은 보름달, ㉣은 하현달, ㉤은 그믐달입니다. 보름달은 음력 15일 무렵에 볼 수 있으며, 음력 7~8일 무렵에는 상현달을 볼 수 있습니다.

**2** 달의 모양은 약 30일 주기로 달라집니다.

**3** 초승달은 서쪽 하늘에서, 상현달은 남쪽 하늘에서, 보름달은 동쪽 하늘에서 보입니다. 여러 날 동안 달의 모양이 변하면서 위치는 서쪽에서 동쪽으로 조금씩 달라집니다.

---

**3** 여러 가지 기체

## **1** 산소의 성질

😊 **개념 확인 문제**                                45쪽

**1** ③       **2** ⑤       **3** ②, ③       **4** ①

**1** 핀치 집게를 열면 깔때기에 담겨 있던 액체가 가지 달린 삼각 플라스크로 흘러 들어갑니다.

**2** 가지 달린 삼각 플라스크에 물을 조금 넣고 이산화 망가니즈를 넣은 다음, 묽은 과산화 수소수를 깔때기에 붓고 흘려보내면 산소가 발생합니다.

**3** 산소는 색깔과 냄새가 없으며, 철이나 구리와 같은 금속을 녹슬게 합니다.

**4** 산소는 잠수부의 압축 공기통, 로켓의 연료를 태울 때, 응급 환자나 우주 비행사의 산소 호흡 장치에 이용됩니다.

## **2** 이산화 탄소의 성질

😊 **개념 확인 문제**                                47쪽

**1** ②       **2** ②       **3** ①       **4** ④

**1** 가지 달린 삼각 플라스크에 물을 조금 넣고 탄산수소 나트륨을 넣은 다음, 깔때기에 진한 식초를 부어 두 물질이 만나면 이산화 탄소가 발생합니다.

**2** ㄱ자 유리관을 집기병 입구에 둡니다. 기체가 물을 통과하지 않으면 부산물이 제거되지 않아 냄새가 날 수 있습니다.

**3** 이산화 탄소는 색깔과 냄새가 없습니다.

**4** 이산화 탄소는 드라이아이스, 소화기, 자동 팽창식 구명조끼, 탄산음료 등에 이용합니다.

---

💡 **실력 문제**                                    48~49쪽

**1** ②   **2** ③   **3** ㉠   **4** ④   **5** ④   **6** ②   **7** ㉢
**8** ②   **9** ④   **10** ③   **11** ③   **12** ⑤

**1** 기체 발생 장치에는 깔때기, 고무관, 수조, 핀치 집게, ㄱ자 유리관, 집기병, 가지 달린 삼각 플라스크 등이 사용되며, 비커는 사용되지 않습니다.

**2** ⓒ은 핀치 집게로, 핀치 집게는 손으로 전체를 감싸 쥐고 엄지와 검지로 눌러서 양을 조절합니다.

**3** 산소를 발생시킬 때 ㉠에는 묽은 과산화 수소수를 넣고, ㉢에는 물과 이산화 망가니즈를 넣습니다.

**4** 산소가 든 집기병 뒤에 흰 종이를 대고 색깔을 관찰합니다.

**5** 산소는 색깔과 냄새가 없기 때문에 산소가 든 집기병의 유리판을 열고 손으로 바람을 일으켜 맡아 보면 아무 냄새가 나지 않습니다.

**6** 산소는 생명 유지와 관련된 일에 이용하고, 다른 물질이 타는 것을 돕는 성질이 있기 때문에 물질을 태울 때 이용합니다.

**7** 공기 중에 산소의 양이 지금보다 더 많아지면 불을 끄기 어렵고 화재 발생 횟수가 늘어나며, 한 번 숨을 쉴 때 들이마시는 산소의 양이 많아져 숨을 쉬는 횟수가 줄어들 것입니다.

**8** 이산화 탄소를 발생시킬 때, 진한 식초 대신 레몬즙을 사용할 수 있고, 탄산수소 나트륨 대신 분필, 석회석, 조개껍데기 등을 사용할 수 있습니다.

**9** 이산화 탄소나 산소 같이 눈에 보이지 않는 기체를 물속에서 모으면 기체가 모아지는 것을 쉽게 확인할 수 있습니다.

**10** 이산화 탄소가 들어 있는 집기병에 석회수를 넣고 흔들면 뿌옇게 흐려집니다.

**11** 이산화 탄소는 다른 물질이 타는 것을 막기 때문에 소화기에 이용됩니다.

**12** 탄산음료의 톡 쏘는 맛을 내는 데에는 이산화 탄소를 이용합니다.

## 3 압력에 따른 기체의 부피 변화

😀 **개념 확인 문제**                                          51쪽

**1** ④          **2** 약하게, 세게          **3** ㉠

**1** 기체에 압력을 가하면 부피가 작아집니다. 이때 압력이 크게 작용할수록 부피가 많이 작아집니다.

**2** 기체에 압력을 세게 가할수록 기체의 부피가 많이 작아집니다.

**3** 높은 산 위와 산 아래의 압력 차이 때문에 빈 페트병이 찌그러지는 것입니다. 높은 산 위보다 산 아래의 압력이 더 높습니다.

## 4 온도에 따른 기체의 부피 변화

😀 **개념 확인 문제**                                          53쪽

**1** ②          **2** ㉡          **3** ㉠

**1** 물의 온도를 제외한 나머지 조건은 모두 같게 한 후 고무풍선의 부피 변화를 관찰하였습니다.

**2** 기체는 온도에 따라 부피가 달라지며, 온도가 낮아지면 기체의 부피는 작아집니다. 따라서 고무풍선을 씌운 삼각 플라스크를 얼음물에 넣으면 고무풍선이 작아집니다.

**3** 비행기 안에 있는 과자 봉지가 하늘을 나는 동안 점점 부풀어 오르는 까닭은 압력이 작아지기 때문입니다.

## 5 공기를 이루는 여러 가지 기체

😀 **개념 확인 문제**                                          55쪽

**1** ㉠ 혼합물 ㉡ 산소          **2** ①          **3** ①
**4** 헬륨

**1** 공기는 질소와 산소가 대부분을 차지하며, 공기에는 이 밖에도 이산화 탄소, 아르곤, 크립톤, 제논, 수소, 네온, 헬륨, 수증기 등이 있습니다.

**2** 수소는 불에 잘 타기 때문에 연료로 이용됩니다.

**3** 산소는 생물이 숨을 쉴 수 있게 하여 호흡 장치에 이용됩니다.

**4** 헬륨은 공기 중에서 뜨는 성질이 있기 때문에 비행선, 풍선이나 기구에 넣어 사용합니다.

💡 **실력 문제**                                          56~57쪽

**1** ④   **2** ㉡   **3** ㉣   **4** ④   **5** ㉢   **6** 얼음물   **7** ④
**8** 뜨거운 물   **9** ⑤   **10** ①   **11** ②

**1** 기체에 압력을 가하면 부피가 작아집니다. 따라서 플라스틱 스포이트의 머리 부분을 손가락으로 누르면 스포이트 속 공기의 부피가 작아집니다.

**2** 기체의 부피는 압력을 세게 가할 때 많이 작아집니다.

**3** 주사기의 피스톤을 누르는 힘만 다르게 하고 나머지는 같게 하였습니다.

**4** 페트병을 손으로 눌러서 압력을 가하면 페트병 속 공기 방울의 크기가 작아집니다.

**5** 비닐 랩으로 포장한 음식이 식으면 안쪽 공기의 부피가 줄어들어 윗면이 오목하게 들어갑니다. 이것은 온도에 따라 기체의 부피가 변하는 경우에 해당합니다.

**6** 온도가 낮으면 기체의 부피가 작아지므로, 플라스틱 스포이트를 얼음물이 든 비커에 넣으면 스포이트 속 기체의 부피가 작아져 물방울이 아래로 내려갑니다.

**7** 고무풍선을 씌운 삼각 플라스크를 뜨거운 물과 얼음물에 각각 넣어 삼각 플라스크 속 기체의 온도를 다르게 한 것입니다.

**8** 고무풍선을 씌운 삼각 플라스크를 뜨거운 물에 넣으면 삼각 플라스크 속 기체의 부피가 늘어나 고무풍선이 커집니다.

**9** 하늘을 나는 비행기 안은 땅에서보다 압력이 낮기 때문에 과자 봉지가 더 부풀어 오릅니다.

**10** 헬륨은 공기보다 가벼워 비행선, 풍선이나 기구에 넣어 이용합니다. 또한 목소리를 변조하거나 냉각제로 이용합니다.

**11** 질소는 사과와 같은 과일을 신선하게 유지하거나 과자, 차, 분유, 견과류 등을 포장할 때 이용합니다.

---

**단원 정리 3 여러 가지 기체** 58~59쪽

❶ 없고  ❷ 돕는  ❸ 없고  ❹ 막는(방해하는)  ❺ 부피
❻ 높아지면  ❼ 낮아지면  ❽ 부피
❾ 높아지면  ❿ 낮아지면  ⓫ 질소
⓬ 질소  ⓭ 수소

**OX**  1 ✕  2 ○  3 ✕  4 ○  5 ✕  6 ✕  7 ○
8 ○  9 ✕  10 ○

**1** 산소는 색깔과 냄새가 없고 <u>스스로 탑니다.</u>
└ 다른 물질이 타는 것을 돕습니다

**3** 이산화 탄소는 색깔과 냄새가 없고 석회수를 <u>투명하게</u> 만듭니다.
└ 뿌옇게

**5** 기체는 압력에 따라 부피가 <u>변하지 않습니다.</u>
└ 변합니다

---

**6** 과자 봉지를 높은 산에 가져가면 압력이 <u>커져서 찌그러집니다.</u>
└ 작아져서 더 부풀어 오릅니다

**9** 공기의 대부분은 질소와 <u>수소</u>가 차지합니다.
└ 산소

---

**1** ⑤  **2** 예 산소가 든 집기병 뒤에 흰 종이를 대고 색깔을 관찰한다. 산소가 든 집기병의 유리판을 열고 손으로 바람을 일으켜 냄새를 맡는다.  **3** ①, ④  **4** ㉠  **5** ㉠, ㉢  **6** ⑤  **7** ⑤
**8** ②  **9** ㉠  **10** ㉠ 줄어들고(작아지고) ㉢ 늘어난다(커진다)
**11** ③  **12** 낮아지기, 늘어나  **13** ⑤  **14** ㉠  **15** ③
**16** ④  **17** 여러 가지  **18** ㉠, ㉣  **19** (1) ㉠ (2) ㉢ (3) ㉢
**20** 네온

**1** 산소를 발생시키기 위해서는 이산화 망가니즈와 묽은 과산화 수소수가 필요합니다. 가지 달린 삼각 플라스크에는 물과 이산화 망가니즈를 넣고, 깔때기에는 묽은 과산화 수소수를 넣습니다.

**2** 산소는 색깔과 냄새가 없습니다.

**채점 기준**

| 색깔과 냄새를 관찰하는 방법을 모두 옳게 쓴 경우 | 5점 |
|---|---|
| 색깔과 냄새를 관찰하는 방법 중 한 가지만 옳게 쓴 경우 | 2점 |

**3** 산소는 색깔과 냄새가 없고 다른 물질이 타는 것을 도우며, 금속을 녹슬게 합니다. 석회수를 뿌옇게 만드는 것은 이산화 탄소입니다.

**4** 음식물을 차갑게 보관할 때에는 드라이아이스를 이용하며, 드라이아이스는 이산화 탄소로 만듭니다.

**5** 진한 식초와 탄산수소 나트륨이 반응하면 이산화 탄소가 발생합니다.

**6** 색깔과 냄새가 없고 석회수를 뿌옇게 만드는 기체는 이산화 탄소입니다.

**7** 탄산음료에 들어 있는 이산화 탄소는 톡 쏘는 맛을 냅니다.

**8** 탄산 칼슘 또는 탄산수소 나트륨과 진한 식초 또는 묽은 염산이 반응하면 이산화 탄소가 발생합니다.

**9** 기체는 압력을 가하면 부피가 줄어들기 때문에 주사기의 끝을 막고 피스톤을 누르면 주사기 속 공기의 부피가 줄어듭니다.

---

**10** 기체에 압력을 가하면 부피가 줄어들고 가한 압력을 없애면 부피가 늘어납니다. 이처럼 기체는 압력에 따라 부피가 변합니다.

**11** 여름철 자전거 바퀴에 공기를 덜 넣는 것은 온도에 따른 기체의 부피 변화와 관련된 예입니다.

**12** 하늘 위로 올라간 고무풍선은 크기가 커지다가 터집니다.

**13** 공기는 온도가 높아지면 부피가 늘어나고, 온도가 낮아지면 부피가 줄어듭니다. 따라서 스포이트의 머리 부분을 따뜻한 물에 넣으면 공기의 부피가 늘어나 물방울이 위로 이동합니다.

**14** 기체는 온도에 따라 부피가 변하며, 온도가 높아지면 기체의 부피가 커집니다. 따라서 고무풍선이 부푼 ㉠이 뜨거운 물에 넣은 경우입니다.

**15** 기체는 온도에 따라 부피가 달라집니다. 온도가 높아지면 기체의 부피는 커지고, 온도가 낮아지면 기체의 부피는 작아집니다.

**16** 기체는 온도에 따라 부피가 달라집니다. 온도가 낮아지면 기체의 부피는 작아집니다.

**17** 공기는 여러 가지 기체가 섞여 있는 혼합물입니다. 공기는 대부분 질소와 산소로 이루어져 있으며, 이 밖에도 여러 가지 기체가 섞여 있습니다.

**18** 공기는 질소와 산소가 대부분을 차지하며, 공기에는 이 밖에도 이산화 탄소, 아르곤, 크립톤, 제논, 수소, 네온, 헬륨, 수증기 등이 있습니다.

**19** 질소는 식품을 포장할 때, 헬륨은 공기보다 가벼워 비행선이나 풍선에, 수소는 탈 때 오염 물질을 배출하지 않아 청정 연료에 사용됩니다.

**20** 네온은 특유의 빛을 내는 성질이 있어 네온 광고나 장식에 이용됩니다.

---

### 단원 평가 2회 63~65쪽

**1** ③   **2** ④, ⑤   **3** ③   **4** ②   **5** ②   **6** ③   **7** ②   **8** 예 소화기, 탄산음료, 드라이아이스, 자동 팽창식 구명조끼 등에 이용된다.   **9** ①, ②   **10** ㉡   **11** ㉠   **12** ②, ⑤   **13** ④
**14** ㉠   **15** ①, ④   **16** ②, ④   **17** 예 온도에 따라 기체의 부피가 달라지기 때문이다. 또는 페트병 속 기체의 온도가 높아져 부피가 커지기 때문이다.   **18** ⑤   **19** ③   **20** ⑤

---

**1** ㉠은 핀치 집게로, 깔때기에 담긴 액체를 아래로 천천히 흘려보내고, 가지 달린 삼각 플라스크에서 발생한 기체가 위로 올라가지 않게 하는 역할을 합니다.

**2** 묽은 과산화 수소수와 이산화 망가니즈가 반응하면 산소가 발생합니다.

**3** 집기병에 들어 있는 기체의 색깔을 관찰할 때에는 집기병 뒤에 흰 종이를 대고 관찰합니다.

**4** 산소는 다른 물질이 타는 것을 돕는 성질이 있으므로, 산소가 들어 있는 집기병에 향불을 넣으면 향불이 더 잘 탑니다.

**5** 탄산음료 속에는 이산화 탄소가 들어 있습니다.

**6** 이산화 탄소는 석회수를 뿌옇게 만드는 성질이 있습니다.

**7** 이산화 탄소는 물질이 타는 것을 막는 성질이 있어 소화기에 이용합니다.

**8** 이산화 탄소는 소화기, 드라이아이스, 탄산음료의 재료로 이용됩니다. 또한, 위급할 때 순식간에 부풀어 오르는 자동 팽창식 구명조끼에도 이용됩니다.

| 채점 기준 | |
| --- | --- |
| 예를 두 가지 모두 옳게 쓴 경우 | 5점 |
| 예를 한 가지만 옳게 쓴 경우 | 2점 |

**9** 산소와 이산화 탄소는 모두 냄새와 색깔이 없습니다.

**10** 공기는 압력을 가하면 부피가 작아집니다. 피스톤을 약하게 누르면 공기의 부피는 약간 작아지고, 세게 누르면 공기의 부피는 많이 작아집니다.

**11** 물과 같은 액체는 압력을 가해도 부피가 거의 변하지 않지만, 공기와 같은 기체는 압력을 가한 정도에 따라 부피가 달라집니다. 따라서 ㉠은 피스톤이 들어가고, ㉡은 피스톤이 거의 들어가지 않습니다.

**12** 액체는 압력을 가해도 부피가 거의 변하지 않지만, 기체는 압력을 가한 정도에 따라 부피가 달라집니다.

**13** 물과 공기 방울이 들어 있는 페트병을 양손으로 누르면 공기 방울이 작아집니다. 이는 압력에 따라 기체의 부피가 변하기 때문입니다. 비닐 랩으로 포장된 음식이 식으면 윗면이 오목하게 들어가는 것은 온도에 따른 기체의 부피 변화에 해당됩니다.

**14** 기체는 온도에 따라 부피가 달라집니다. 온도가 높아지면 기체의 부피는 커지기 때문에 뜨거운 물이 담긴 비커에 고무풍선을 씌운 삼각 플라스크를 넣으면 고무풍선이 부풀어 오릅니다.

**15** 기체는 온도에 따라 부피가 달라집니다. 온도가 높아지면 기체의 부피는 커지고, 온도가 낮아지면 기체의 부피는 작아집니다.

**16** 기체의 온도가 낮아지거나 기체에 압력을 가하면 기체의 부피는 작아집니다.

**17** 냉장고 속에 있는 찌그러진 페트병을 냉장고 밖에 내놓으면 페트병 속 기체의 온도가 높아지면서 부피가 커져 찌그러진 페트병이 펴집니다.

**채점 기준**

| 예시 답안과 같이 옳게 쓴 경우 | 5점 |
|---|---|
| 예시 답안과 의미는 비슷하지만 정확하게 쓰지 못한 경우 | 2점 |

**18** 이산화 탄소는 소화기의 재료로 이용되고, 질소는 식품 포장에, 수소는 청정 연료에, 헬륨은 광고 풍선이나 기구에 이용됩니다.

**19** 네온은 가게를 홍보하는 네온 광고에 이용됩니다.

**20** 식품 포장에는 식품을 잘 변하지 않게 보존하는 역할을 하는 질소가 사용됩니다.

---

### 📝 서술형 익히기

66~67쪽

**개념1** **1** ① 타지 않습니다 ② 돕습니다　**2** 타는 것을 돕는 성질이 있기 때문에, 불꽃이 커집니다　**3** 예 다른 물질을 타게 하는 성질이 있는 산소를 많이 공급하기 위해서입니다.

**개념2** **4** ① 부피 ② 높아지면　**5** 부피가 온도가 높아짐에 따라 커지면서　**6** 예 그릇의 아랫부분을 뜨거운 물에 넣어 두면 겹쳐 있는 그릇 사이 공기의 부피가 커져 그릇을 쉽게 떼어낼 수 있습니다.

**개념3** **7** ① 질소 ② 호흡 ③ 이산화 탄소　**8** 호흡하는 데 필요한 산소가 이용되고, 끄는 성질이 있는 이산화 탄소가　**9** 예 호흡을 할 수 없어 지구에 있는 모든 생물이 멸종할 것입니다. 불이 잘 나지 않을 것입니다. 등

**1** 산소는 다른 물질이 타는 것을 돕지만, 스스로 타지는 않습니다. 스스로 타는 기체에는 수소가 있습니다.

**2** 산소는 다른 물질이 타는 것을 돕는 성질이 있기 때문에 산소가 들어 있는 집기병에 향불을 넣으면 향불의 불꽃이 커집니다.

**3** 손풀무는 불을 크게 만드는 데 도움을 주는 기구입니다. 손풀무로 아궁이에 바람을 보내면 산소가 많이 공급되는

데, 산소는 다른 물질을 타게 하는 성질이 있는 물질이므로 불을 좀 더 쉽게 피울 수 있습니다.

**4** 온도에 따라 기체의 부피가 달라지며, 온도가 높아지면 기체의 부피가 커지고 온도가 낮아지면 기체의 부피가 작아집니다.

**5** 온도가 높아지면 기체의 부피가 커집니다. 따라서 찌그러진 탁구공을 뜨거운 물에 넣으면 탁구공 속 기체의 부피가 커져 찌그러진 부분이 펴지는 것입니다.

**6** 온도가 높아지면 기체의 부피가 커지므로 겹쳐 있는 그릇의 아랫부분을 뜨거운 물에 넣어 두면 겹쳐 있는 그릇 사이의 공기의 부피가 커져 그릇을 쉽게 빼낼 수 있습니다.

**7** 질소, 산소, 이산화 탄소는 공기를 이루는 기체입니다. 질소는 식품을 보존하는 데 사용하며, 산소는 생물이 호흡을 하는 데 사용하고 다른 물질이 타는 것을 돕는 성질이 있습니다. 또한, 이산화 탄소는 다른 물질이 타는 것을 방해하는 성질이 있습니다.

**8** 호흡 장치에는 산소가, 소화기에는 이산화 탄소가 이용됩니다. 산소는 생물이 호흡하는 데 필요하고, 이산화 탄소는 불을 끄는 성질이 있습니다.

**9** 생물이 살아가기 위해서는 산소를 이용해 호흡을 해야 합니다. 공기가 이산화 탄소로만 이루어져 있다면 생물이 호흡을 하지 못해 멸종할 것입니다. 또한, 이산화 탄소는 불이 붙는 것을 막는 성질이 있기 때문에 불이 잘 나지 않을 것입니다.

---

### 📝 서술형 평가

68~69쪽

**1** 예 가지 달린 삼각 플라스크에 물과 이산화 망가니즈를 넣고, 깔때기에 묽은 과산화 수소수를 넣은 다음 핀치 집게를 열어 묽은 과산화 수소수를 가지 달린 삼각 플라스크에 흘려보내 산소를 발생시켜 집기병에 모은다.　**2** (1) 예 ㉠은 기체의 색깔을, ㉡은 기체의 냄새를 알아보는 모습이다. (2) 예 산소는 색깔과 냄새가 없다.　**3** (1) 예 불꽃이 작아지다가 꺼진다. (2) 예 이산화 탄소는 물질이 타는 것을 막는 성질이 있어서 불을 끄는 소화기에 이용된다.　**4** 희경, 예 산소의 양이 적어지면 한 번 숨을 쉴 때 들이마시는 산소의 양이 적어져 숨을 쉬는 횟수가 많아질 것이기 때문이다.　**5** 예 압력을 약하게 가하면 공기의 부피는 조금 작아지고, 압력을 세게 가하면 공기의 부피는 많이 작아진다.　**6** (1) 예 물방울이 아래로 움직인다. (2) 예 온도가 낮아지면 기

체의 부피는 작아지기 때문에 플라스틱 스포이트 머리 부분에 들어 있는 기체의 부피가 작아져 물방울이 아래로 움직인다. **7** ⓔ 온도가 높아지면 기체의 부피는 커지고, 온도가 낮아지면 기체의 부피는 작아진다. **8** (1) 질소 (2) ⓔ 산소가 과자 봉지 속의 내용물을 변하게 할 것이다. 산소는 숨을 쉴 때 필요한 기체이므로 과자 봉지 속에서 벌레가 살 수 있을 것이다. 등

**1** 이산화 망가니즈와 묽은 과산화 수소수가 반응하면 산소가 발생합니다. 가지 달린 삼각 플라스크에서 발생한 산소는 고무관과 ㄱ자 유리관을 지나 물속의 집기병에 모입니다.

| 채점 기준 | |
| --- | --- |
| 예시 답안과 같이 옳게 쓴 경우 | 8점 |
| 예시 답안과 의미는 비슷하지만 정확하게 쓰지 못한 경우 | 3점 |

**2** ㉠은 집기병 뒤에 흰 종이를 대고 기체의 색깔을 관찰하는 모습이고, ㉡은 손으로 바람을 일으켜 기체의 냄새를 관찰하는 모습입니다. 산소는 색깔과 냄새가 없습니다.

| 채점 기준 | |
| --- | --- |
| (1), (2)를 모두 옳게 쓴 경우 | 12점 |
| (1)만 옳게 쓴 경우 | 6점 |
| (2)만 옳게 쓴 경우 | 6점 |

**3** (1) 이산화 탄소는 불을 끄는 성질이 있어서 이산화 탄소가 든 집기병에 향불을 넣으면 불꽃이 작아지다가 꺼집니다. (2) 이산화 탄소는 물질이 타는 것을 막는 성질이 있어 소화기에 이용됩니다.

| 채점 기준 | |
| --- | --- |
| (1), (2)를 모두 옳게 쓴 경우 | 12점 |
| (1)만 옳게 쓴 경우 | 6점 |
| (2)만 옳게 쓴 경우 | 6점 |

**4** 한 번 숨을 쉴 때 들이마시는 산소의 양이 많아져 숨을 쉬는 횟수가 줄어드는 것은 공기 중에 산소의 양이 많아지는 경우에 해당합니다.

| 채점 기준 | |
| --- | --- |
| 이름과 까닭을 모두 옳게 쓴 경우 | 8점 |
| 이름만 옳게 쓴 경우 | 3점 |

**5** 기체는 압력을 가한 정도에 따라 부피가 달라집니다. 압력을 약하게 가하면 기체의 부피가 조금 작아지고, 압력을 세게 가하면 기체의 부피가 많이 작아집니다.

| 채점 기준 | |
| --- | --- |
| 예시 답안과 같이 옳게 쓴 경우 | 8점 |
| 예시 답안과 의미는 비슷하지만 정확하게 쓰지 못한 경우 | 3점 |

**6** 기체의 부피는 온도에 따라 변하며, 온도가 높아지면 기체의 부피가 커지고 온도가 낮아지면 기체의 부피가 작아집니다.

| 채점 기준 | |
| --- | --- |
| (1), (2)를 모두 옳게 쓴 경우 | 12점 |
| (1)만 옳게 쓴 경우 | 6점 |
| (2)만 옳게 쓴 경우 | 6점 |

**7** 기체의 부피는 온도에 따라 변하며, 온도가 높아지면 기체의 부피는 커지고 온도가 낮아지면 기체의 부피는 작아집니다.

| 채점 기준 | |
| --- | --- |
| 예시 답안과 같이 옳게 쓴 경우 | 8점 |
| 예시 답안과 의미는 비슷하지만 정확하게 쓰지 못한 경우 | 3점 |

**8** 산소는 생물이 호흡을 할 때 필요합니다. 따라서 과자 봉지를 산소로 채우면 내용물이 쉽게 변하고, 벌레가 살기 좋은 환경이 됩니다.

| 채점 기준 | |
| --- | --- |
| (1), (2)를 모두 옳게 쓴 경우 | 12점 |
| (1)만 옳게 쓴 경우 | 2점 |
| (2)만 옳게 쓴 경우 | 10점 |

### 😎 수행 평가     70쪽

**1** 가지 달린 삼각 플라스크 내부: ⓔ 거품이 발생한다., 수조의 ㄱ자 유리관 끝: ⓔ ㄱ자 유리관 끝에서 거품이 나온다. **2** 색깔: ⓔ 없다., 냄새: ⓔ 없다., 향불을 집기병에 넣었을 때: ⓔ 향불의 불꽃이 커진다. **3** ⓔ 화재가 자주 발생할 것이다. 불을 끄기 어려울 것이다. 금속이 쉽게 녹슬 것이다. 한 번 숨을 쉴 때 들이마시는 산소의 양이 많아져 숨을 쉬는 횟수가 줄어들 것이다. 등

**1** ㄱ자 유리관 끝에서 나오는 거품으로 기체가 나오고 있음을 알 수 있습니다.

**2** 산소는 색깔과 냄새가 없고, 다른 물질이 타는 것을 돕는 성질이 있습니다. 따라서 산소가 모인 집기병에 향불을 넣으면 불꽃이 커집니다.

**3** 공기 중의 산소의 양이 지금보다 더 많아지면 다른 물질이 타는 것을 돕는 성질이 더 커질 것입니다.

**1** 피스톤을 약하게 누를 때: 예 피스톤이 조금 들어간다., 피스톤을 세게 누를 때: 예 피스톤이 많이 들어간다.　**2** ㉠ 조금 작아진다. ㉡ 많이 작아진다.　**3** 예 높은 산으로 올라갈수록 압력이 낮아지기 때문에 빈 페트병이 점점 부풀어 오르고, 바닷속 깊이 들어갈수록 압력이 높아지기 때문에 빈 페트병은 점점 더 많이 찌그러진다.

**1** 주사기의 피스톤을 누르는 세기에 따라 주사기 속 공기의 부피가 줄어드는 정도가 달라집니다. 피스톤을 세게 누를수록 주사기 속 공기의 부피가 많이 줄어들기 때문에 피스톤이 많이 들어갑니다.

**2** 기체에 압력을 세게 가할수록 기체의 부피가 많이 작아집니다.

**3** 높은 산으로 올라갈수록 빈 페트병에 가해지는 압력은 낮아지고, 바닷속 깊이 들어갈수록 빈 페트병에 가해지는 압력은 높아집니다.

**1** ㉠ 이산화 탄소 ㉡ 예 식품을 보존할 때 이용된다. ㉢ 예 비행선이나 장식용 풍선에 넣는 기체로 이용된다.　**2** 예 수소, 스스로 타는 성질이 있어 수소 발전소에서 수소를 이용해 전기를 생산한다. 등

**1** 소화기와 드라이아이스, 탄산음료를 만들 때에는 이산화 탄소가 이용됩니다. 질소는 식품을 보존할 때 이용되고, 헬륨은 공기보다 가벼워 공중에 뜨는 비행선이나 장식용 풍선에 넣는 기체로 이용됩니다.

**2** 수소 외에 네온은 특유의 빛을 내기 때문에 조명 기구나 네온 광고에 이용됩니다.

## 4 식물의 구조와 기능

## 1 생물을 이루는 세포

**1** ④　**2** (1) × (2) ○ (3) ×
**3** ㉠ 핵 ㉡ 세포벽 ㉢ 세포막　**4** ㉡, 세포벽

**1** 모든 생물은 세포로 이루어져 있습니다.

**2** 양파는 여러 개의 세포로 이루어져 있으며, 세포는 크기와 모양이 다양합니다.

**3** ㉠은 핵, ㉡은 세포벽, ㉢은 세포막입니다.

**4** 동물 세포는 핵과 세포막으로 이루어져 있지만, 세포벽은 없습니다.

## 2 뿌리의 생김새와 하는 일

**1** (1) × (2) ○ (3) ○　**2** ㉠　**3** 있는, 흡수
**4** ④

**1** 뿌리의 생김새는 식물의 종류에 따라 다양합니다.

**2** 뿌리가 있는 양파는 물을 흡수하여 비커 속 물이 더 많이 줄어듭니다.

**3** 뿌리는 물을 흡수합니다.

**4** 고구마와 당근은 뿌리에 양분을 저장하여 뿌리가 굵고 단맛이 납니다.

## 3 줄기의 생김새와 하는 일

**1** (1) ○ (2) × (3) ○　**2** ㉡　**3** ②

**1** 줄기의 모양은 굵고 곧은 것도 있고, 가늘고 길어 다른 식물을 감는 것도 있습니다.

**2** 둥근 면 안에 물이 이동하는 통로가 여러 개의 붉은 점으로 보입니다.

**3** 줄기의 자른 면에서 색소 물이 든 부분을 통해 물이 이동했다는 것을 알 수 있습니다.

## 4 잎의 생김새와 잎에서 만드는 양분

**1** 알루미늄 포일을 씌우지 않은 잎    **2** 녹말    **3** ①

**1** 알루미늄 포일을 씌우지 않아 빛을 받은 잎에서만 녹말이 만들어져 아이오딘 – 아이오딘화 칼륨 용액을 떨어뜨렸을 때 청람색으로 색깔이 변합니다.

**2** 아이오딘 – 아이오딘화 칼륨 용액은 녹말과 반응하여 청람색으로 변합니다.

**3** 식물은 빛과 이산화 탄소, 물을 이용하여 스스로 양분을 만드는 광합성을 합니다.

### 💡 실력 문제

**1** ②   **2** ㉡   **3** ③   **4** ③   **5** ②   **6** ⑤   **7** 감는줄기   **8** ④   **9** ㉠   **10** (1) ㉠ (2) ㉡   **11** 녹말   **12** ①, ②, ⑤

**1** 동물 세포는 핵, 세포막 등으로 이루어져 있습니다.

**2** 동물 세포에는 세포벽이 없습니다. ㉠은 식물 세포입니다.

**3** 뿌리는 주로 땅속으로 자라기 때문에 눈으로 쉽게 관찰하기 어렵습니다. 뿌리의 생김새는 다양합니다.

**4** 우리가 먹는 고구마와 당근은 뿌리에 양분을 저장한 것입니다.

**5** 시간이 지난 뒤 두 비커에 든 물의 양이 달라진 까닭은 뿌리가 있는 양파는 물을 흡수했고 뿌리가 없는 양파는 물을 거의 흡수할 수 없었기 때문입니다.

**6** 은행나무, 소나무, 느티나무 등의 줄기는 굵고 곧게 자랍니다.

**7** 나팔꽃과 같이 가늘고 긴 줄기를 가진 식물은 햇빛을 많이 받기 위해 다른 물체를 감아서 올라갑니다.

**8** 뿌리에서 흡수한 물이 줄기를 거쳐 꽃과 잎으로 이동하기 때문에 줄기뿐만 아니라 꽃과 잎도 붉게 물듭니다.

**9** 뿌리에서 물을 흡수하고, 뿌리가 흡수한 물은 줄기를 통해 이동합니다.

**10** 알루미늄 포일을 씌우지 않아 빛을 받은 잎에서는 녹말이 만들어져 아이오딘 – 아이오딘화 칼륨 용액을 떨어뜨렸을 때 청람색으로 색깔이 변합니다.

**11** 빛을 받은 잎에서만 광합성으로 녹말이 만들어지고, 아이오딘 – 아이오딘화 칼륨 용액에 의해 잎이 청람색으로 변합니다.

**12** 광합성은 식물이 빛과 이산화 탄소, 뿌리에서 흡수한 물을 이용하여 스스로 양분을 만드는 것입니다.

## 5 잎의 증산 작용

**1** ③     **2** ㉠     **3** ④
**4** (1) ✕ (2) ○ (3) ○

**1** 모종 한 개는 잎을 그대로 두고, 나머지 한 개는 잎을 모두 떼어 내므로 잎의 유무는 다르게 해야 할 조건입니다.

**2** 잎이 있는 모종에 씌운 비닐봉지 안에 물방울이 더 많이 생기고, 삼각 플라스크 속 물도 더 많이 줄어듭니다.

**3** 증산 작용은 잎에 도달한 물이 기공을 통해 식물 밖으로 빠져나가는 현상입니다.

**4** 증산 작용은 잎에서 물을 식물 밖으로 내보내는 것입니다.

## 6 꽃의 생김새와 하는 일

**1** ③     **2** ㉠ 암술, ㉡ 꽃받침, ㉢ 수술, ㉣ 꽃잎
**3** ①     **4** ⑤

**1** 꽃은 대부분 암술, 수술, 꽃잎, 꽃받침으로 이루어져 있습니다.

**2** 암술은 맨 위에 암술머리와 연결되어 있으며, 꽃잎은 암술과 수술을 보호합니다.

**3** 꽃은 꽃가루받이의 결과로 씨를 만듭니다.

**4** 꽃은 꽃가루받이를 스스로 못해 곤충, 새, 바람, 물 등의 도움을 받습니다.

## 7 식물의 씨가 퍼지는 방법

**1** ㉢, ㉡, ㉠, ㉣     **2** ㉢     **3** (1) ㉠ (2) ㉢ (3) ㉡

**1** 꽃에서 꽃가루받이가 이루어지고 나면 암술 속에서 씨가 생겨 자랍니다. 씨가 자라는 동안 씨를 싸고 있는 암술이나 꽃받침 등이 함께 자라서 열매가 됩니다.

**2** 햇빛은 씨가 퍼지는 방법과 관계없습니다.

**3** 참외는 동물에게 먹혀서 씨가 똥과 함께 땅에 떨어져서 싹을 틔우고, 도꼬마리는 갈고리가 있어 동물의 털에 붙어서 이동하다가 땅에 떨어져서 싹을 틔웁니다. 봉숭아는 열매 껍질이 터지면서 씨가 튀어 나갑니다.

---

### 💡 실력 문제

| | | | | | | |
|---|---|---|---|---|---|---|
| **1** ④ | **2** ㉠ | **3** ③ | **4** ③ | **5** ㉢ | **6** ④ | **7** ⑤ |
| **8** ① | **9** ③ | **10** ⑤ | **11** ③, ④ | **12** ② | | |

**1** 잎의 유무 외에 모든 조건은 같게 합니다.

**2** 잎이 있는 모종에 씌운 비닐봉지 안에 물방울이 더 많이 생기고, 삼각 플라스크의 물도 더 많이 줄어듭니다.

**3** 증산 작용은 잎에 도달한 물이 기공을 통해 빠져나가는 것으로, 뿌리에서 흡수한 물을 식물 꼭대기까지 끌어 올릴 수 있도록 돕고, 식물의 온도를 조절하는 역할을 합니다.

**4** 꿀이 없거나 향기가 나지 않는 꽃도 있습니다. 꽃잎은 암술과 수술을 보호하며, 꽃은 대부분 암술, 수술, 꽃잎, 꽃받침으로 이루어져 있습니다.

**5** 꽃가루를 만드는 것은 수술입니다. ㉠은 암술, ㉡은 꽃받침, ㉢은 꽃잎입니다.

**6** 꽃가루가 암술에 옮겨 붙는 것을 꽃가루받이 또는 수분이라 하고, 꽃은 꽃가루받이를 거쳐 씨를 만듭니다.

**7** 동백나무는 곤충이 활동하기 힘든 12월부터 꽃을 피우지만 겨울에도 활동하는 새가 있어서 꽃가루받이를 돕습니다.

**8** 암술 안에서 씨가 만들어집니다.

**9** 열매는 어린 씨를 보호하고 씨가 익으면 멀리 퍼뜨리는 역할을 합니다.

**10** 도깨비바늘, 가막사리, 도꼬마리, 우엉 등은 동물의 털이나 사람의 옷에 붙어서 씨가 퍼집니다.

**11** 단풍나무 열매, 가죽나무는 바람에 날려 씨를 퍼뜨리며 특히 날개가 있어 빙글빙글 돌며 날아갑니다. 민들레는 솜털 같은 부분이 있어 바람에 날려 퍼집니다.

**12** 식물을 지지하는 역할을 하는 것은 뿌리와 줄기입니다.

---

### 단원 정리 4 식물의 구조와 기능

| | | | |
|---|---|---|---|
| ❶ 세포벽 | ❷ 세포벽 | ❸ 흡수 | ❹ 양분 |
| ❺ 줄기 | ❻ 지지 | ❼ 광합성 | ❽ 기공 |
| ❾ 꽃받침 | ❿ 꽃가루받이 | ⓫ 바람 | ⓬ 털 |

**O X** 1 ○ 2 ○ 3 ○ 4 × 5 ○ 6 × 7 ○
8 × 9 ○ 10 ○

**4** 뿌리에서 흡수한 물은 줄기 속의 통로를 통해 바로 ~~잎으로~~ 이동합니다. └→ 식물 전체로

**6** 식물은 빛을 이용해 ~~산소와~~ 물로 양분을 만듭니다. └→ 이산화 탄소

**8** ~~모든 꽃은~~ 암술, 수술, 꽃잎, 꽃받침으로 이루어져 있습니다. └→ 꽃은 대부분

---

### 🅰 단원 평가 1회

**1** 세포 **2** ㉢, 세포벽 **3** ⑤ **4** ① **5** ⑤ **6** ① **7** ②
**8** ㉣ **9** ③ **10** 알루미늄 포일을 씌우지 않은 잎(빛을 받은 잎), 예 빛을 받은 잎에서 광합성이 일어나 녹말이 만들어지기 때문이다. **11** ④ **12** ⑤ **13** ① **14** ④ **15** 예 수술에서 만든 꽃가루가 암술로 옮겨 붙는 것이다. **16** ② **17** ②
**18** ㉠, ㉢, ㉡, ㉣ **19** ③ **20** ④

**1** 세포는 생물체를 이루는 기본 단위로 모든 생물체는 크기와 모양이 다양한 수많은 세포로 이루어져 있습니다.

**2** ㉠은 핵, ㉡은 세포막, ㉢은 세포벽입니다. 세포벽은 식물 세포에서만 관찰할 수 있습니다. 세포벽은 세포의 모양을 일정하게 유지하고 세포를 보호합니다.

**3** 뿌리는 물을 흡수하는 역할을 하므로 뿌리를 자르지 않은 양파를 올려놓은 비커의 물이 더 많이 줄어듭니다.

**4** 고구마는 양분을 뿌리에 저장합니다. 무와 당근도 양분을 뿌리에 저장합니다.

**5** 물을 식물 밖으로 내보내는 일을 하는 것은 잎이며, 물은 잎의 기공을 통해 식물 밖으로 빠져나갑니다.

**6** 줄기에는 땅속으로 뻗은 뿌리가 이어져 있고 햇빛을 향해 펼쳐진 잎도 나 있습니다. 식물의 종류에 따라 생김새는 다양합니다.

**7** 줄기를 자른 면에서 붉게 보이는 부분은 붉은 색소 물이 이동하는 통로입니다.

**8** 뿌리에서 흡수한 물은 줄기에 있는 통로를 통해 식물 전체로 이동합니다.

**9** 빛을 받은 잎과 빛을 받지 않은 잎의 차이를 비교하기 위한 실험이므로 모종이 받는 빛의 양을 다르게 하기 위해 한 개의 잎에만 알루미늄 포일을 씌웁니다.

**10** 빛을 받은 잎에서만 녹말이 만들어져 아이오딘-아이오딘화 칼륨 용액을 떨어뜨렸을 때 청람색으로 색깔이 변합니다.

| 채점 기준 | |
|---|---|
| 색깔이 변하는 잎과 까닭을 모두 옳게 쓴 경우 | 5점 |
| 색깔이 변하는 잎과 까닭 중 한 가지만 옳게 쓴 경우 | 2점 |

**11** 잎에 도달한 물이 잎 밖으로 빠져나가므로 잎이 있는 모종에 씌운 비닐봉지 안에 물방울이 더 많이 생기고, 삼각 플라스크의 물도 더 많이 줄어듭니다.

**12** 증산 작용은 잎에서 일어나며, 햇빛이 강할 때 활발하게 일어납니다. 빛, 이산화 탄소, 물을 이용하여 양분을 만드는 것은 광합성입니다.

**13** 암술에서 꽃가루받이가 일어나 씨가 만들어집니다.

**14** 꽃은 꽃가루받이를 거쳐 씨를 만드는 일을 합니다.

**15** 씨를 만들기 위해서 수술에서 만든 꽃가루가 암술에 옮겨 붙는 것을 꽃가루받이 또는 수분이라고 합니다.

| 채점 기준 | |
|---|---|
| 예시 답안과 같이 옳게 쓴 경우 | 5점 |
| 예시 답안과 의미는 비슷하지만 정확하게 쓰지 못한 경우 | 2점 |

**16** 단풍나무는 바람의 도움으로 씨가 퍼집니다. 바람에 많이 날리기 위해 많은 양의 꽃가루를 만듭니다.

**17** 열매는 씨와 씨를 둘러싼 껍질 부분으로 되어 있습니다.

**18** 꽃에서 꽃가루받이가 이루어지고 나면 암술 속에서 씨가 생겨 자랍니다. 씨가 자라는 동안 씨를 싸고 있던 암술과 꽃받침 등이 함께 자라 열매가 됩니다.

**19** 연꽃은 물에 떠서, 봉숭아는 열매껍질이 터져서, 벚나무는 동물에게 먹힌 뒤 씨가 똥으로 나와서, 도꼬마리는 동물의 털이나 사람의 옷에 붙어서 퍼집니다.

**20** 줄기는 뿌리가 흡수하는 물이 지나가는 통로입니다.

---

### 단원 평가 2회

97~99쪽

**1** ④   **2** 조동 나사, 미동 나사   **3** ⑤   **4** ⑤   **5** 흡수 기능
**6** ③   **7** ②   **8** ①   **9** 예 줄기에는 물이 이동하는 통로가 있다. 또는 줄기는 물이 이동하는 통로 역할을 한다.   **10** ④
**11** 빛, 물, 이산화 탄소   **12** ④   **13** ③   **14** 예 잎에 도달한 물이 식물 안에 머무르면 뿌리는 더 이상 물을 흡수할 수 없다. 물과 함께 토양의 양분도 얻지 못하게 된다.   **15** ①   **16** ⑤   **17** ②   **18** 경일   **19** ④   **20** ②

**1** 세포는 크기와 모양이 다양하고, 그에 따라 하는 일도 다릅니다.

**2** 조동 나사는 관찰할 대상을 찾아 대강의 초점을 맞출 때 사용하고, 미동 나사는 정확한 초점을 맞출 때 사용합니다.

**3** 뿌리에는 솜털처럼 가는 뿌리털이 나 있으며, 뿌리털을 통하여 물을 흡수합니다.

**4** 양파 뿌리의 유무 외에 모든 조건은 같게 해야 합니다.

**5** 뿌리가 있는 양파 쪽 비커의 물이 더 많이 줄어드는 것으로 보아 뿌리가 물을 흡수한다는 것을 알 수 있습니다.

**6** 뿌리는 땅속으로 깊이 뻗어 식물을 지지하는 기능을 합니다. 뿌리가 잘 발달한 식물은 바람이 세게 불어도 잘 쓰러지지 않습니다.

**7** 식물에 따라 줄기의 겉이 두껍고 거친 것, 얇고 매끈한 것 등 다양합니다.

**8** 색소 물에 넣어 둔 백합 줄기를 세로로 자르면 여러 개의 붉은 선이 줄기를 따라 세로로 이어져 있습니다.

**9** 백합 줄기를 자른 면에서 붉은 색소 물이 든 부분을 보고 뿌리에서 흡수한 물이 줄기를 거쳐 이동한다는 것을 알 수 있습니다.

| 채점 기준 | |
|---|---|
| 예시 답안과 같이 옳게 쓴 경우 | 5점 |
| 예시 답안과 의미는 비슷하지만 정확하게 쓰지 못한 경우 | 2점 |

**10** 아이오딘-아이오딘화 칼륨 용액은 녹말과 만났을 때 색깔이 청람색으로 변합니다. 이 성질을 이용하여 잎에서 만들어진 양분이 녹말이라는 것을 확인할 수 있습니다.

**11** 식물의 광합성에는 빛, 이산화 탄소, 물이 필요합니다.

**12** 기공에서 광합성이 일어나는 것이 아니며, 광합성은 잎 전체에서 일어납니다.

**13** 염화 코발트 종이가 붉은색으로 변했으므로 뿌리에서 흡

수한 물이 잎의 기공을 통해 식물 밖으로 빠져나갔음을 알 수 있습니다. 잎의 뒷면과 앞면 모두 붉은색으로 변했으므로 기공이 앞·뒷면 모두 있음을 알 수 있습니다.

**14** 잎에 도달한 물은 광합성에 이용되고 나머지는 대부분 잎을 통하여 밖으로 나갑니다.

**15** ㉠은 암술, ㉡은 꽃받침, ㉢은 수술, ㉣은 꽃잎입니다. 곤충을 유인하는 것은 꽃잎입니다.

**16** 꽃가루받이를 도와주는 것에는 곤충, 새, 바람, 물 등이 있습니다. 식물을 온실에서 재배하거나 곤충의 활동이 적을 때, 품종 개량이 필요할 때 등의 경우에는 사람이 직접 꽃가루받이를 하기도 합니다.

**17** 꽃은 꽃가루받이를 거쳐 씨를 만드는 일을 합니다. 꽃가루받이를 하기 위해 꽃이 화려한 색깔을 가지거나 향기가 있기도 합니다.

**18** 꽃가루받이가 일어나면 암술에 씨가 생깁니다. 씨가 자라면서 암술이나 꽃받침이 함께 자라 열매가 됩니다. 열매는 어린 씨를 보호하고, 씨가 다 자라면 멀리 퍼지는 것을 돕습니다.

**19** 단풍나무는 날개가 있어 바람에 빙글빙글 돌며 날아가 씨가 퍼집니다.

**20** 날씨가 맑은 날에는 줄기로부터 흡수한 물을 사용하여 잎에서 양분을 만들고 남은 물을 식물 밖으로 내보내는 증산 작용을 활발하게 합니다.

### 📝 서술형 익히기 　　　　　　　100~101쪽

**개념1** **1** ① 지지 ② 흡수　　**2** 거의 줄어들지 않았습니다. 뿌리가 물을 흡수하는 역할을 합니다.　　**3** ⑩ 물을 흡수하지 못해 말라서 죽습니다. 사과나무를 지지하지 못해 쓰러집니다. 등

**개념2** **4** ① 뿌리, 잎 ② 줄기　　**5** 뿌리에서 흡수한 물이 줄기를 통해 이동하는지　　**6** ⑩ 뿌리에서 흡수한 물이 줄기를 통해 이동합니다. 식물의 종류에 따라 줄기에서 물이 이동하는 통로의 위치가 다릅니다. 등

**개념3** **7** ① 바람, 털 ② 동물　　**8** 솜털이 있고, 갈고리(가시) 모양처럼　　**9** ⑩ 민들레는 가벼운 솜털이 있어 바람에 날려 퍼지고, 도꼬마리 열매에는 갈고리 모양과 비슷한 가시가 있어 동물의 털에 붙어서 퍼집니다.

**1** 뿌리를 땅속으로 깊고 넓게 뻗어 식물이 쉽게 쓰러지지 않도록 지지합니다. 또한 식물은 뿌리를 땅속으로 깊게 뻗어서 물을 흡수하며 뿌리에 있는 뿌리털은 물을 잘 흡수하도록 해 줍니다.

**2** 뿌리를 자르지 않은 양파를 올려놓은 비커는 물이 줄어들었고, 뿌리를 자른 양파를 올려놓은 비커는 물이 거의 줄어들지 않았습니다. 이것으로 뿌리가 물을 흡수한다는 것을 알 수 있습니다.

**3** 식물의 뿌리는 흡수 기능, 지지 기능, 저장 기능을 합니다. 사과나무는 뿌리에 양분을 저장하지 않으므로 주로 흡수 기능과 지지 기능을 하기 때문에 뿌리가 없다면 물을 흡수하지 못해 말라서 죽을 것이고, 지지 기능을 하지 못해 약한 바람이나 흔들림에도 쓰러질 것입니다.

**4** 줄기에는 물이 이동하는 통로가 있습니다. 뿌리에서 흡수한 물은 이 통로를 거쳐 식물 전체로 이동합니다.

**5** 붉은 색소 물에 넣었던 백합 줄기의 면을 자르면 붉게 물든 부분이 나타나는 데 이를 통해 뿌리에서 흡수한 물이 줄기를 통해 이동한다는 것을 알 수 있습니다.

**6** 백합과 봉숭아 줄기에서 붉게 보이는 부분은 물이 이동하는 통로입니다. 뿌리에서 흡수한 물이 줄기의 이 통로를 거쳐 이동합니다. 또한 백합과 봉숭아에서 붉게 물든 부분이 다른 것으로 식물의 종류에 따라 물이 이동하는 통로의 위치가 다르다는 것을 알 수 있습니다.

**7** 씨는 바람에 날려, 동물의 털에 붙어서, 열매껍질이 터지면서, 동물에게 먹혀서, 물에 떠서 퍼집니다.

**8** 민들레 열매는 가벼운 솜털이 붙어 있는 모양이고, 도꼬마리 열매는 끝이 갈고리 또는 가시 모양처럼 생겼습니다.

**9** 민들레, 박주가리 같은 식물의 열매에는 가벼운 솜털이 있어 씨가 바람에 날려 퍼지고, 도꼬마리, 도깨비바늘 열매에는 갈고리 모양의 가시가 있어 씨가 동물의 털이나 사람의 옷에 붙어서 퍼집니다.

### 📝 서술형 평가 　　　　　　　102~103쪽

**1** ⑩ 식물 세포에는 세포벽이 있으나, 동물 세포에는 세포벽이 없다.　　**2** (1) < (2) ⑩ ㉠은 뿌리가 있어서 물을 흡수하였고, ㉡은 뿌리가 없어서 물을 거의 흡수하지 못했기 때문이다.　　**3** ⑩ 고추는 굵고 곧은 뿌리에 가는 뿌리가 나 있다. 파는 굵기가 비슷한 뿌리가 여러 가닥으로 수염처럼 나 있다.　　**4** ⑩ 뿌리에서 흡수한 물이 줄기를 거쳐 식물 전체로 이동한다.　　**5** ⑩ 잎에

도달한 물은 광합성에 이용되고, 나머지 물은 잎을 통하여 밖으로 나간다.　**6** (1) 꽃가루받이(또는 수분) (2) ⑩ 식물이 꽃가루받이를 제대로 하지 못해 씨와 열매가 만들어지는 양이 줄어들 것이다. 곡식이나 과일의 생산량이 줄어 가격이 오르고 굶주리는 사람이 많아질 것이다. 곤충을 대신할 로봇(드론)이 만들어질 것이다. 등　**7** ⑩ 열매가 동물의 털이나 사람의 옷에 붙어서 씨가 퍼질 것이다.　**8** ⑩ 열매 속의 씨가 익은 뒤에 동물이 먹어야 씨가 똥으로 나와 번식할 수 있다. 그러므로 씨가 익기 전에는 잘 보이지 않는 초록색이지만, 익은 뒤에는 색이 변해 동물이 잘 볼 수 있고, 맛과 향이 좋아져 동물이 잘 먹는다.

**1** 식물 세포는 세포벽, 세포막으로 둘러싸여 있고 그 안에는 핵이 있으며, 동물 세포는 핵이 세포막으로 둘러싸여 있습니다.

| 채점 기준 | |
| --- | --- |
| 예시 답안과 같이 옳게 쓴 경우 | 8점 |
| 예시 답안과 의미는 비슷하지만 정확하게 쓰지 못한 경우 | 3점 |

**2** (1) 뿌리를 자르지 않은 양파는 물을 흡수하여 물이 더 많이 줄어듭니다.
(2) 뿌리는 물을 흡수하는 기능이 있습니다. 뿌리가 있는 양파는 물을 흡수하기 때문에 뿌리가 있는 양파 쪽 비커의 물이 더 많이 줄어듭니다.

| 채점 기준 | |
| --- | --- |
| (1), (2)를 모두 옳게 쓴 경우 | 12점 |
| (1)만 옳게 쓴 경우 | 2점 |
| (2)만 옳게 쓴 경우 | 10점 |

**3** 뿌리는 식물마다 생김새가 다양합니다. 무, 당근, 우엉, 고추, 민들레 등의 뿌리는 굵고 곧은 뿌리에 가는 뿌리들이 나 있습니다. 파, 강아지풀 등은 굵기가 비슷한 뿌리가 여러 가닥으로 수염처럼 나 있습니다.

| 채점 기준 | |
| --- | --- |
| 예시 답안과 같이 옳게 쓴 경우 | 8점 |
| 예시 답안과 의미는 비슷하지만 정확하게 쓰지 못한 경우 | 3점 |

**4** 뿌리에서 흡수한 물이 줄기의 물이 이동하는 통로를 통하여 꽃과 잎 등 식물 전체로 이동합니다.

| 채점 기준 | |
| --- | --- |
| 예시 답안과 같이 옳게 쓴 경우 | 8점 |
| 예시 답안과 의미는 비슷하지만 정확하게 쓰지 못한 경우 | 3점 |

**5** 증산 작용으로 뿌리에서 흡수한 물을 식물 꼭대기까지 끌어 올릴 수 있습니다. 잎에서는 물을 이용하여 광합성을 하고, 나머지는 기공을 통하여 밖으로 빠져나갑니다.

| 채점 기준 | |
| --- | --- |
| 예시 답안과 같이 옳게 쓴 경우 | 8점 |
| 예시 답안과 의미는 비슷하지만 정확하게 쓰지 못한 경우 | 3점 |

**6** (1) 수술에서 만들어진 꽃가루가 암술에 옮겨 붙는 것을 꽃가루받이라고 합니다. 꽃가루받이는 바람, 곤충, 물, 새 등의 도움을 받아 일어납니다.
(2) 식물은 꽃가루받이를 거쳐 씨와 열매가 만들어지는 데 스스로 꽃가루받이를 못하기 때문에 도와줄 것이 필요합니다.

| 채점 기준 | |
| --- | --- |
| (1), (2)를 모두 옳게 쓴 경우 | 12점 |
| (1)만 옳게 쓴 경우 | 2점 |
| (2)만 옳게 쓴 경우 | 10점 |

**7** 갈고리 모양의 가시는 동물의 털이나 옷에 붙으면 잘 떨어지지 않습니다.

| 채점 기준 | |
| --- | --- |
| 예시 답안과 같이 옳게 쓴 경우 | 8점 |
| 예시 답안과 의미는 비슷하지만 정확하게 쓰지 못한 경우 | 3점 |

**8** 씨가 충분히 익어야 번식할 수 있으며, 씨가 충분히 익은 후에 동물에게 먹혀야 씨가 똥으로 나와 번식할 수 있습니다.

| 채점 기준 | |
| --- | --- |
| 예시 답안과 같이 옳게 쓴 경우 | 8점 |
| 예시 답안과 의미는 비슷하지만 정확하게 쓰지 못한 경우 | 3점 |

### 😎 수행 평가　104쪽

**1** 아이오딘-아이오딘화 칼륨 용액　**2** ㉡　**3** ⑩ 잎은 광합성을 통하여 녹말과 같은 양분을 만들며, 이때 빛이 필요하다. 또는 잎은 빛을 이용하여 광합성을 해 양분을 만든다. **4** ⑩ 광합성으로 양분을 만들 때 필요한 빛을 더 많이 받기 위해서이다.

**1** 아이오딘-아이오딘화 칼륨 용액은 녹말과 반응하여 청람색으로 변합니다.

**2** 알루미늄 포일을 씌우지 않은 잎은 빛을 받아 녹말을 만들기 때문에 아이오딘-아이오딘화 칼륨 용액을 떨어뜨리면 청람색으로 변합니다.

**3** 빛을 받은 잎에서만 녹말이 만들어졌습니다. 식물은 빛과 이산화 탄소, 뿌리에서 흡수한 물을 이용하여 스스로 양분을 만드는 광합성을 합니다.

**4** 식물이 광합성으로 양분을 만들기 위해서는 빛이 필요한데 잎이 납작하면 더 많은 빛을 받을 수 있습니다.

1 ⓛ　　2 ⓛ, ⓒ　　3 ⑩ 뿌리에서 흡수한 물이 잎에 도달한 뒤에 식물 밖으로 빠져나갔기 때문이다.　　4 ⑩ 식물의 잎에서 증산 작용이 일어나기 때문에 뿌리에서 흡수한 물이 식물 꼭대기까지 올라갈 수 있다.

1　다르게 해야 할 조건이 잎의 유무이므로 잎을 남겨 둔 것과 잎이 없는 것으로 실험 장치를 만듭니다. 나머지 조건은 모두 같아야 합니다.

2　이 실험은 비닐봉지 안에 물방울이 생긴 까닭을 탐구하고 잎에 도달한 물의 이동을 알아보고자 하는 실험이므로 비닐봉지 안에 물방울이 생기는지를 확인하고, 삼각 플라스크에서 줄어든 물의 양을 확인해야 합니다.

3　뿌리에서 흡수되어 식물의 각 부분으로 이동된 후, 사용되고 남은 물은 잎의 기공에서 증산 작용을 통하여 식물 밖으로 나갑니다.

4　증산 작용은 뿌리에서 흡수한 물을 식물 꼭대기까지 끌어올릴 수 있도록 돕습니다.

1 ⓖ ⑩ 꽃가루받이가 일어난다. ⓛ ⑩ 암술 속에 씨가 생긴다(씨가 만들어진다). ⓒ ⑩ 씨가 자라면서 씨를 둘러싼 부분이 열매로 자란다.　　2 ⑩ 어린 씨를 보호하고, 씨가 익으면 씨가 퍼지는 것을 돕는다.　　3 사과: ⑩ 맛과 영양분이 풍부해 동물이 먹고 멀리 이동한 후 똥으로 나와 퍼진다., 단풍나무: ⑩ 열매에 날개가 달려 있어 바람에 멀리까지 날아가 퍼진다. 연꽃: ⑩ 물에 뜰 수 있고 물에 젖지 않아서 물에 떠서 멀리까지 퍼진다.

1　꽃가루가 암술머리로 옮겨 붙는 꽃가루받이가 일어난 후 씨가 생기고, 씨를 둘러싸고 있는 부분이 씨와 함께 자라서 열매가 됩니다.

2　열매는 씨가 자람에 따라 함께 자라면서 씨를 보호하고, 다 자란 열매는 동물에게 먹히는 등 씨가 퍼지는 것을 돕는다.

3　열매는 바람에 날리거나 동물의 털에 붙어서 이동하여 씨를 퍼뜨립니다. 열매가 동물에게 먹힌 뒤에 소화되지 않은 씨가 똥과 함께 나와 퍼지기도 합니다. 또 열매의 껍질이 터지면서 씨가 튀어 나가 퍼지기도 합니다. 물에 젖지 않는 씨는 물에 떠서 퍼집니다. 식물은 열매의 특징에 따라 다양한 방법으로 씨가 퍼져 자손을 남깁니다.

## 5 빛과 렌즈

### 1 프리즘을 통과한 햇빛

1 ④　　2 ④　　3 ⓛ, ⓒ

1　프리즘은 유리 또는 플라스틱 등으로 만들며 투명합니다. 나무는 불투명하기 때문에 프리즘을 만들 수 없습니다.

2　햇빛이 프리즘을 통과하면 여러 가지 빛깔로 나타나는 것으로 보아 햇빛은 여러 빛깔로 이루어졌다는 것을 알 수 있습니다.

3　비가 내린 뒤 공기 중의 물방울, 유리의 비스듬하게 잘린 부분이 프리즘 구실을 합니다.

### 2 공기와 물의 경계에서 빛의 나아감

1 ⓒ　　2 (1) ⓖ (2) ⓛ　　3 ③

1　빛이 공기 중에서 물속으로 들어갈 때, 물속에서 공기 중으로 나올 때 빛은 물과 공기의 경계에서 꺾여 나아갑니다.

2　빛을 수면에 수직으로 비추면 공기와 물의 경계에서 꺾이지 않고 그대로 나아갑니다.

3　빛은 공기와 다른 물질이 만나는 경계에서 굴절하므로 반투명한 유리와 공기의 경계에서도 빛의 굴절은 일어납니다.

### 3 물속에 있는 물체의 모습 관찰하기

1 ③　　2 경계　　3 현지

1　물을 부으면 컵 속의 동전이 보이는 것은 빛이 굴절하기 때문에 나타나는 현상입니다.

2　공기와 물의 경계에서 빛은 굴절합니다.

3　물을 붓기 전에는 젓가락이 반듯했지만 물을 부으면 꺾여 보이는 것은 빛의 굴절 때문에 나타나는 현상입니다.

1 ③　　2 (나)에 ○　　3 ③　　4 ①, ③　　5 ㉡　　6 해설
참조　　7 해설 참조　　8 ③　　9 ②　　10 해설 참조　　11
굴절　　12 빛의 굴절

**1** 프리즘은 햇빛을 여러 빛깔로 나누는 성질이 있습니다.

**2** 햇빛을 프리즘에 통과시키면 하얀색 도화지에 여러 가지 빛깔이 나타납니다.

**3** 하얀색 도화지에 여러 가지 빛깔로 나타나는 것으로 보아, 햇빛은 여러 가지 색의 빛으로 이루어져 있습니다.

**4** 물에 우유를 떨어뜨리고, 수조에 향 연기를 채우는 것은 빛이 나아가는 모습을 잘 관찰하기 위해서입니다.

**5** 빛은 공기와 물의 경계에서 꺾입니다. 이러한 현상을 빛의 굴절이라고 합니다.

**6** 아래쪽에서 위쪽으로 레이저 지시기의 빛을 비추면 공기와 물의 경계에서 꺾입니다.

**7** 빛을 비스듬하게 비추면 빛이 공기와 유리의 경계에서 꺾여 나아갑니다.

**8** 빛의 굴절 현상으로 물속에 있는 물체는 실제 모습과 다르게 보입니다.

**9** 거울에 얼굴이 비치는 현상은 빛의 반사이며, 나머지는 빛의 굴절 현상입니다.

**10** 빛의 굴절이 일어나 빨대가 꺾여 보입니다.

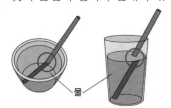

**11** 물 표면에서 굴절하여 나온 빛이 사람의 눈으로 들어오는데 사람은 눈으로 들어온 빛의 연장선에 물고기가 있다고 생각하므로 물고기가 실제 위치보다 떠올라 보입니다.

**12** 눈에 보이는 다슬기는 실제보다 떠올라 보이기 때문에 한 번에 잡기 어렵습니다. 이러한 까닭은 빛이 물속에서 공기 중으로 나올 때 물과 공기의 경계에서 굴절하기 때문입니다.

## 4 볼록 렌즈의 특징

1 볼록　　2 해설 참조　　3 ②　　4 ②, ⑤

**1** 볼록 렌즈는 유리와 같이 투명한 물질로 되어 있고, 가운데 부분이 가장자리보다 두껍습니다.

**2** 레이저 지시기의 빛은 볼록 렌즈를 통과하기 전까지는 곧게 나아가다가 볼록 렌즈를 통과하면서 꺾여 나아갑니다.

**3** 볼록 렌즈로 가까이 있는 물체를 관찰하면 물체가 크게 보입니다.

**4** 볼록 렌즈와 같은 구실을 하는 물체는 빛이 통과하고, 가운데 부분이 가장자리보다 두껍습니다.

## 5 볼록 렌즈를 통과하는 햇빛 관찰하기

1 볼록 렌즈　　2 굴절　　3 ㉡, ㉣

**1** 볼록 렌즈는 햇빛을 모으고, 평면 유리는 햇빛을 모으지 못합니다.

**2** 햇빛은 볼록 렌즈를 통과하면서 굴절되어 한 지점에 모입니다.

**3** 볼록 렌즈는 햇빛을 모을 수 있으며 볼록 렌즈를 통과한 햇빛이 하얀색 도화지에 만든 원 안의 밝기는 평면 유리보다 더 밝습니다.

## 6 볼록 렌즈를 이용한 도구 만들기

**😊 개념 확인 문제** 121쪽

**1** (2)에 ○표  **2** ④  **3** ②  **4** ⑤

**1** 간이 사진기를 만들 때에는 볼록 렌즈를 이용하며 볼록 렌즈로 기름종이에 물체의 모습이 나타나게 합니다.

**2** 속 상자에 붙이는 기름종이는 스크린 역할을 하여 물체의 모습이 기름종이에 나타납니다.

**3** 간이 사진기로 물체를 보면 상하좌우가 바뀌어 보입니다.

**4** 간이 사진기로 물체를 보면 실제와 다르게 상하좌우가 바뀌어 보입니다.

## 7 볼록 렌즈의 이용

**😊 개념 확인 문제** 123쪽

**1** ③  **2** 해설 참조  **3** ④, ⑤

**1** 사진기, 돋보기, 루페는 볼록 렌즈를 이용한 기구입니다.

**2** 쌍안경, 현미경의 대물렌즈와 접안렌즈, 휴대 전화 사진기, 돋보기안경에 렌즈를 사용합니다.

**3** 볼록 렌즈는 우리 생활에서 작은 물체를 크게 보이게 하고, 시력을 교정하는 데 도움을 주며 섬세한 작업을 하는 데 도움을 줍니다.

**💡 실력 문제** 124~125쪽

**1** ①, ⑤  **2** ④  **3** ⑤  **4** 볼록 렌즈  **5** ㉠  **6** ②
**7** 볼록 렌즈  **8** ④  **9** ㉡  **10** ②  **11** 볼록 렌즈  **12** ②

**1** 볼록 렌즈이며, 가운데 부분이 가장자리보다 두꺼운 모양입니다.

**2** 볼록 렌즈로 가까이 있는 물체를 보면 크고 똑바로 보입니다. 멀리 있는 물체를 보면 작고 상하좌우가 바뀌어 보입니다.

**3** 볼록 렌즈는 투명한 물질로, 빛의 굴절을 이용한 기구입니다. 유리컵 자체는 볼록 렌즈의 구실을 하지 못하고, 유리컵에 물을 채우면 볼록 렌즈의 구실을 합니다.

**4** 볼록 렌즈가 하얀색 도화지에 만든 원 안의 빛의 밝기가 평면 유리보다 더 밝습니다.

**5** 평면 유리보다 볼록 렌즈를 통과한 햇빛이 만든 원의 온도가 더 높습니다.

**6** 볼록 렌즈는 평면 유리와 달리 빛을 한곳으로 모을 수 있습니다.

**7** 간이 사진기의 겉 상자에는 볼록 렌즈를 붙이고, 속 상자에는 기름종이를 붙입니다.

**8** 볼록 렌즈가 빛을 굴절시켜 기름종이에 물체의 모습을 만듭니다.

**9** 속 상자에 있는 기름종이는 스크린의 역할을 하여 물체의 모습이 맺히는 곳입니다.

**10** 현미경은 대물렌즈와 접안렌즈에 볼록 렌즈를 사용하여 작은 물체를 크게 보이게 합니다.

**11** 쌍안경에는 볼록 렌즈가 사용되어 멀리 있는 물체로부터 나온 빛을 모으는 역할을 합니다.

**12** 프리즘은 유리나 플라스틱 등으로 만든 투명한 삼각기둥 모양의 기구로, 햇빛을 여러 가지 색의 빛으로 나눌 때 사용합니다.

**단원 정리 5 빛과 렌즈** 126~127쪽

❶ 여러 가지  ❷ 꺾여  ❸ 굴절  ❹ 가운데
❺ 가장자리  ❻ 밝고  ❼ 높  ❽ 상하좌우

**○X** 1 ○  2 ○  3 ×  4 ○  5 ○  6 ×  7 ×
8 ○  9 ○  10 ×

**3** 빛이 서로 다른 물질의 경계에서 <u>똑바로</u> 나아가는 현상을
└→꺾여
빛의 굴절이라고 합니다.

**6** 빛이 공기 중에서 볼록 렌즈로 들어갈 때에는 볼록 렌즈의

얇은 쪽으로 꺾여 나아갑니다.
└→ 두꺼운

**7** 볼록 렌즈로 가까이 있는 물체를 관찰하면 ~~상하좌우가~~ 바뀌어 보입니다.
└→ 크고 똑바로

**10** 볼록 렌즈를 이용한 기구에는 현미경, 사진기, ~~어항~~ 등이 있습니다.
물이 담긴 둥근 어항 →┘

---

### ☀ 단원 평가 1회
128~130쪽

**1** 프리즘  **2** (2)에 ○표  **3** ㉢  **4** 우유, 향(향 연기)  **5** ②
**6** 승우  **7** ㉘ 공기와 물의 경계에서 빛이 굴절하기 때문이다.
**8** ④  **9** ㉢  **10** ⑤  **11** ③  **12** 볼록 렌즈  **13** ㉘ 볼록 렌즈를 통과한 빛은 굴절하여 한 지점으로 모이기 때문이다.
**14** ㉢  **15** ㉢  **16** ③  **17** ㉘ 실제 모습과 다르며 상하좌우가 바뀌어 보인다.  **18** (1) ㉢ (2) ㉠  **19** ③  **20** ①, ②

**1** 햇빛을 프리즘에 통과시켜 햇빛의 특징을 알아봅니다.

**2** 햇빛이 프리즘을 통과하면 여러 가지 빛깔이 나타납니다.

**3** 레이저 지시기의 빛은 공기와 물의 경계에서 꺾여 나아갑니다.

**4** 물에 우유를 네다섯 방울 넣고, 수조의 물 표면에 향 연기를 피우면 레이저 지시기의 빛이 나아가는 모습이 잘 보입니다.

**5** 빛이 서로 다른 물질의 경계에서 꺾여 나아가는 현상을 빛의 굴절이라고 합니다.

**6** 빨대가 꺾여 보이는 까닭은 공기와 물의 경계에서 빛이 굴절하기 때문입니다.

**7** 서로 다른 물질의 경계에서 빛이 꺾여 나아가는 현상을 빛의 굴절이라고 합니다.

| 채점 기준 | |
|---|---|
| 예시 답안과 같이 옳게 쓴 경우 | 5점 |
| 예시 답안과 의미는 비슷하지만 정확하게 쓰지 못한 경우 | 2점 |

**8** 빨대가 물속에서 꺾여 보이는 것은 빛의 굴절 때문에 일어나는 현상이고, 호수 주변의 나무가 호숫물에 비치는 것은 빛의 반사 때문에 일어나는 현상입니다.

**9** 볼록 렌즈는 가운데 부분이 가장자리 부분보다 두껍습니다. ㉢은 가운데 부분보다 가장자리 부분이 두꺼운 오목 렌즈입니다.

**10** 곧게 나아가던 빛이 볼록 렌즈의 가장자리를 통과하면 두꺼운 가운데 부분으로 꺾이고, 가운데 부분을 통과하면 빛이 꺾이지 않고 그대로 나아갑니다.

**11** 물방울이 맺힌 유리판과 둥근 유리 막대는 볼록 렌즈의 구실을 하는 물체로, 이것으로 글자를 보면 크고 똑바로 보입니다.

**12** 햇빛을 통과시킬 때 빛이 모아지게 하는 것은 볼록 렌즈입니다.

**13** 볼록 렌즈를 통과한 햇빛은 굴절되어 한곳으로 모입니다.

| 채점 기준 | |
|---|---|
| 예시 답안과 같이 옳게 쓴 경우 | 5점 |
| 예시 답안과 의미는 비슷하지만 정확하게 쓰지 못한 경우 | 2점 |

**14** 볼록 렌즈에 햇빛을 통과시키면 한곳에 모인 곳의 밝기는 밝고, 온도도 높습니다.

**15** 속 상자에 붙인 ㉢은 기름종이로, 스크린 역할을 하여 관찰하는 물체의 모습이 나타납니다.

**16** 간이 사진기의 볼록 렌즈는 물체에서 나온 빛을 굴절시켜 기름종이에 맺히게 합니다.

**17** 간이 사진기로 본 물체의 모습은 실제 모습과 다릅니다. 물체의 상하좌우가 바뀌어 보입니다.

| 채점 기준 | |
|---|---|
| 예시 답안과 같이 옳게 쓴 경우 | 5점 |
| 예시 답안과 의미는 비슷하지만 정확하게 쓰지 못한 경우 | 2점 |

**18** 쌍안경은 멀리 있는 물체를 확대할 때 쓰이고, 현미경은 작은 물체를 확대할 때 쓰입니다.

**19** 돋보기, 쌍안경, 사진기, 의료용 장비, 휴대 전화 사진기에는 볼록 렌즈를 사용합니다.

**20** 볼록 렌즈의 구실을 하려면 빛이 통과할 수 있도록 투명해야 하고, 가운데 부분이 가장자리 부분보다 두꺼워야 합니다. 물체에 따라서 물이 필요한 경우도 있습니다.

---

### ☀ 단원 평가 2회
131~133쪽

**1** ③  **2** 지민  **3** ㉘ 빛이 나아가는 모습을 잘 보기 위해서이다.
**4** ㉢  **5** ㉢, ㉣  **6** (1) ㉢ (2) ㉠  **7** ㉢  **8** 빛의 굴절  **9** (1) ㉠ (2) ㉢  **10** ③  **11** ②, ⑤  **12** 현지  **13** ②  **14** ㉘ 볼록 렌즈로 햇빛을 모으면 빛이 모인 지점의 온도가 높기 때문에 검은색 부분을 태울 수 있어서 그림을 그릴 수 있다.  **15** ㉢, ㉣, ㉢, ㉠
**16** (1)에 ○표  **17** ③  **18** ㉘ 간이 사진기의 볼록 렌즈를 통해 굴절된 빛이 기름종이에 위치가 바뀐 물체의 모습을 만들기 때문이다.  **19** ②  **20** ④

**1** 햇빛이 프리즘을 통과하면 여러 가지 빛깔이 나타나며, 그것으로 보아 햇빛은 여러 가지 빛깔로 이루어져 있습니다.

**2** 유리 구슬을 통과한 햇빛이나, 비스듬하게 잘린 부분의 유리를 통과한 햇빛에서 여러 빛깔이 나뉘어진 것을 볼 수 있습니다.

**3** 빛의 경로를 잘 보기 위해서 물에는 우유를 떨어뜨리고, 수조에는 향 연기를 채웁니다.

| 채점 기준 | |
|---|---|
| 예시 답안과 같이 옳게 쓴 경우 | 5점 |
| 예시 답안과 의미는 비슷하지만 정확하게 쓰지 못한 경우 | 2점 |

**4** 빛을 수면에 비스듬하게 비추면 공기와 물의 경계에서 꺾어지고, 빛을 수면에 수직으로 비추면 곧게 나아갑니다.

**5** 플라스틱 자는 편평하여 빛이 통과해도 꺾이지 않으며 물이 담긴 유리컵으로 공기와 물의 경계에서 빛이 꺾이는 것을 관찰할 수 있습니다.

**6** 빛을 공기에서 유리에 수직으로 비추면 빛이 공기와 유리의 경계에서 꺾이지 않고 그대로 나아갑니다. 빛을 공기에서 유리로 비스듬하게 비추면 빛이 공기와 유리의 경계에서 꺾여 나아갑니다.

**7** 물속에 있는 빨대는 꺾여 보입니다.

**8** 컵 속에 물을 부으면 보이지 않던 동전이 보이고, 물속의 다리가 짧아 보이고, 물속의 다슬기를 한 번에 잡기 어려운 것은 모두 빛의 굴절 때문에 나타나는 현상입니다.

**9** 볼록 렌즈는 가운데 부분이 가장자리 부분보다 두껍습니다.

**10** 곧게 나아가던 레이저 지시기의 빛이 볼록 렌즈의 가장자리를 통과하면서 두꺼운 가운데 부분으로 꺾여 나아갑니다.

**11** 물방울, 물이 담긴 둥근 어항은 볼록 렌즈의 구실을 합니다.

**12** 볼록 렌즈로 빛을 모으면 원 안의 온도는 높아집니다.

**13** 볼록 렌즈를 통과하는 빛은 굴절되어 한 지점으로 모이기 때문에 볼록 렌즈로 빛을 한 지점에 모을 수 있습니다.

**14** 볼록 렌즈는 빛을 모으는 성질이 있으며 모아진 빛의 온도는 높아 검은색 부분을 태울 수 있는 성질을 이용하면 그림을 그릴 수 있습니다.

| 채점 기준 | |
|---|---|
| 예시 답안과 같이 옳게 쓴 경우 | 5점 |
| 예시 답안과 의미는 비슷하지만 정확하게 쓰지 못한 경우 | 2점 |

**15** 간이 사진기는 겉 상자를 먼저 만들고 속 상자를 만들어 겉 상자에 속 상자를 넣어 완성합니다.

**16** 간이 사진기의 볼록 렌즈를 통해 굴절된 빛이 기름종이에 물체의 모습을 만듭니다.

**17** 간이 사진기로 물체를 보면 상하좌우가 바뀌어 보입니다.

**18** 볼록 렌즈로 물체를 관찰하면 실제 모습과 다르게 보이며 상하좌우가 바뀌어 보입니다.

| 채점 기준 | |
|---|---|
| 예시 답안과 같이 옳게 쓴 경우 | 5점 |
| 예시 답안과 의미는 비슷하지만 정확하게 쓰지 못한 경우 | 2점 |

**19** 루페, 돋보기안경, 휴대 전화 사진기는 볼록 렌즈를 사용하는 기구이고, 자동차 거울은 렌즈가 아니라 거울을 사용합니다.

**20** 볼록 렌즈는 시력을 교정하고, 작은 물체를 확대시켜 주므로 섬세한 작업을 하는 데 도움을 줍니다. 또 망원경에 쓰이는 볼록 렌즈는 멀리 있는 물체를 확대시켜 주고, 현미경에 쓰이는 볼록 렌즈는 작은 물체를 확대시켜 줍니다.

## 📝 서술형 익히기

134~135쪽

**개념1** **1** ① 꺾여 ② 꺾여 **2** 굴절하기 **3** 예 물고기에 닿아 반사된 빛은 물속에서 공기 중으로 나올 때 물과 공기의 경계에서 굴절해 사람의 눈으로 들어오기 때문입니다.

**개념2** **4** ① 투명한 ② 크게 **5** ㉠, 상하좌우가 바뀌어 보이고, 작게 보이며 **6** 예 어항 속에 있는 금붕어는 실제보다 크게 보이고, 어항 뒤에 놓인 인형은 작고 상하좌우가 바뀌어 보입니다. 그 까닭은 물이 담긴 둥근 어항이 볼록 렌즈 역할을 하기 때문입니다.

**개념3** **7** ① 상하좌우 ② 굴절 **8** 빛이 굴절하여 **9** 예 빛을 모아 밝고 선명한 물체의 모습이 맺히게 합니다.

**1** 빛은 공기와 물, 공기와 유리 등과 같이 서로 다른 물질의 경계에서 꺾여 나아갑니다.

**2** 물을 부으면 안 보였던 동전이 보이는 까닭은 공기와 물의 경계에서 빛이 굴절하기 때문으로, 굴절한 빛을 보는 사람은 실제와 다른 위치에 있는 물체의 모습을 보게 됩니다.

**3** 물고기에 닿아 반사된 빛은 물속에서 공기 중으로 나올 때 물과 공기의 경계에서 굴절해 사람의 눈으로 들어옵니다. 그런데 사람은 눈으로 들어온 빛의 연장선에 물고기가 있다고 생각합니다. 하지만 물속에 있는 실제 물고기의 위치는 사람이 생각하는 물고기의 위치보다 더 아래쪽에 있습니다.

**4** 볼록 렌즈는 투명한 물질로 만들며, 볼록 렌즈로 가까이 있는 물체를 관찰하면 실제보다 크게 보입니다.

**5** 볼록 렌즈로 가까이 있는 물체를 보면 크게 보이고, 멀리 있는 물체를 보면 상하좌우가 바뀌어 보이고, 작게 보입니다.

**6** 볼록 렌즈로 가까이 있는 물체를 보면 크게 보이고, 멀리 있는 물체를 보면 상하좌우가 바뀌어 보이고, 작게 보입니다. 물이 담긴 둥근 어항이 볼록 렌즈 역할을 하기 때문에 금붕어와 인형의 모습이 다르게 보이는 것입니다.

**7** 간이 사진기에 있는 볼록 렌즈가 빛을 굴절시켜 기름종이에 상하좌우가 바뀐 물체의 모습을 만듭니다.

**8** 간이 사진기로 관찰한 물체의 모습이 실제 모습과 다르게 보이는 까닭은 간이 사진기에 있는 볼록 렌즈에서 빛이 굴절하기 때문입니다.

**9** 사진기는 물체에서 반사된 빛을 볼록 렌즈로 모아 스크린에 물체의 모습이 맺히게 하는 기구로, 볼록 렌즈는 빛을 모아서 밝고 선명한 물체의 모습이 스크린에 맺히게 하는 역할을 합니다.

---

## 📋 서술형 평가

136~137쪽

**1** (1) ㉠ (2) ㉑ 햇빛은 여러 가지 빛깔로 이루어져 있다. 햇빛은 여러 가지 색의 빛으로 이루어져 있다. **2** (1) 해설 참조 (2) ㉑ 볼록 렌즈의 가장자리를 통과하면 빛은 볼록 렌즈의 두꺼운 가운데 부분으로 꺾여 나아가고, 가운데 부분을 통과하면 그대로 곧게 나아간다. **3** (1) ㉡ (2) ㉑ 공기와 물의 경계에서 빛이 굴절하기 때문이다. **4** (1) 볼록 렌즈 (2) ㉑ 실제 물체의 크기보다 작고 상하좌우가 바뀌어 보인다. **5** (1) 볼록 렌즈 (2) ㉑ 볼록 렌즈처럼 가운데 부분이 가장자리 부분보다 두께가 두껍기 때문이다. **6** (1) (가) 볼록 렌즈 (나) 평면 유리 (2) ㉑ 볼록 렌즈는 빛을 모을 수 있기 때문에 빛이 모인 지점은 온도가 높다. **7** (1) 기름종이 (2) ㄱ乚 (3) ㉑ 볼록 렌즈에 의해 빛이 굴절하기 때문에 물체의 상하좌우가 바뀌어 보인다. **8** (1) 현미경 (2) ㉑ 멀리 있는 물체를 크게 확대하여 볼 수 있게 한다.

**1** 햇빛을 프리즘에 통과시키면 여러 가지 빛깔로 나타나므로 햇빛은 여러 가지 빛깔로 이루어져 있음을 알 수 있습니다.

---

| 채점 기준 | |
|---|---|
| (1), (2)를 모두 옳게 쓴 경우 | 12점 |
| (1)만 옳게 쓴 경우 | 2점 |
| (2)만 옳게 쓴 경우 | 10점 |

**2** 빛은 볼록 렌즈를 통과하면서 굴절합니다.

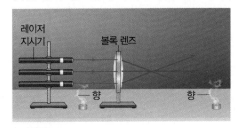

| 채점 기준 | |
|---|---|
| (1), (2)를 모두 옳게 쓴 경우 | 12점 |
| (1)과 (2) 중 하나만 옳게 쓴 경우 | 6점 |

**3** 물고기에 닿아 반사된 빛은 물속에서 공기 중으로 나올 때 수면에서 굴절하여 사람의 눈으로 들어오는데 사람은 눈으로 들어온 빛의 연장선에 물고기가 있다고 생각하여 물고기는 실제보다 떠올라 보입니다.

| 채점 기준 | |
|---|---|
| (1), (2)를 모두 옳게 쓴 경우 | 12점 |
| (1)만 옳게 쓴 경우 | 2점 |
| (2)만 옳게 쓴 경우 | 10점 |

**4** 돋보기에는 볼록 렌즈를 사용하며, 볼록 렌즈로 가까이 있는 물체를 보면 크고 똑바로 보이고, 멀리 있는 물체를 보면 작고 상하좌우가 바뀌어 보입니다.

| 채점 기준 | |
|---|---|
| (1), (2)를 모두 옳게 쓴 경우 | 12점 |
| (1)만 옳게 쓴 경우 | 2점 |
| (2)만 옳게 쓴 경우 | 10점 |

**5** 유리 막대, 물방울 등은 볼록 렌즈와 같은 구실을 합니다.

| 채점 기준 | |
|---|---|
| (1), (2)를 모두 옳게 쓴 경우 | 12점 |
| (1)만 옳게 쓴 경우 | 2점 |
| (2)만 옳게 쓴 경우 | 10점 |

**6** 볼록 렌즈를 통과한 빛은 굴절하여 한곳으로 모입니다.

| 채점 기준 | |
|---|---|
| (1), (2)를 모두 옳게 쓴 경우 | 12점 |
| (1)만 옳게 쓴 경우 | 2점 |
| (2)만 옳게 쓴 경우 | 10점 |

**7** 간이 사진기로 물체를 보면 실제 모습보다 작고 상하좌우가 바뀌어 보입니다.

| 채점 기준 | |
|---|---|
| (1), (2), (3)을 모두 옳게 쓴 경우 | 12점 |
| (1), (2)만 옳게 쓴 경우 | 각 2점 |
| (3)만 옳게 쓴 경우 | 8점 |

**8** 현미경은 작은 물체를, 쌍안경은 멀리 있는 물체를 확대하여 볼 수 있게 하는 기구입니다.

| 채점 기준 | |
|---|---|
| (1), (2)를 모두 옳게 쓴 경우 | 12점 |
| (1)만 옳게 쓴 경우 | 2점 |
| (2)만 옳게 쓴 경우 | 10점 |

---

😀 **수행 평가**　　　　　　　　　　138쪽

**1** 예 빛이 물과 공기에서 나아가는 모습이 잘 보이게 하기 위해서이다.　　**2** 해설 참조　　**3** 해설 참조　　**4** 예 빛을 수면에 비스듬히 비추면 공기와 물의 경계에서 빛의 굴절이 일어나 꺾이고, 수직으로 비추면 꺾이지 않고 그대로 나아간다.

**1** 물에 우유를 떨어뜨리고, 수면 위에 향 연기를 피우면 빛이 나아가는 모습을 잘 관찰할 수 있습니다.

**2** 빛을 수면에 비스듬히 비추면 빛이 공기와 물의 경계에서 꺾여 나아갑니다.

**3** 빛을 수면에 수직으로 비추면 빛이 공기와 물의 경계에서 꺾이지 않고 그대로 나아갑니다.

**4** 빛은 공기와 물의 경계에서 굴절합니다.

---

😀 **수행 평가**　　　　　　　　　　139쪽

**1** 예 자가 물의 표면에서 꺾여 보인다.　　**2** 예 물속에 잠긴 자의 눈금이 위아래로 짧게 보인다.　　**3** 예 새가 실제보다 더 높게 날고 있는 것처럼 보인다.

**1** 자에서 반사된 빛은 공기와 물의 표면에서 굴절되기 때문에 자가 물의 표면에서 꺾여 보입니다.

**2** 자를 수직으로 세우면 물 밖의 자의 눈금보다 물속에 잠긴 자의 눈금이 위아래로 짧게 보입니다. 이는 빛의 굴절에 의해 나타나는 현상입니다.

**3** 물속에서 물 밖을 보면 물 밖에서 물속을 보는 것과 반대의 현상이 나타납니다. 따라서 물 위를 날고 있는 새는 실제 높이보다 더 높은 위치에서 날고 있는 것처럼 보입니다.

---

😀 **수행 평가**　　　　　　　　　　140쪽

**1** 예 가운데 부분이 가장자리 부분보다 두껍다.　　**2** 볼록 렌즈와 곰인형이 가까이 있을 때: 예 실제 모습보다 크게 보인다. 볼록 렌즈와 곰인형이 멀리 있을 때: 예 실제 모습과 다르게 상하좌우가 바뀌어 보인다.　　**3** 예 물방울이 맺힌 유리판, 유리 막대, 물이 담긴 유리컵 등　　**4** 대물렌즈와 접안렌즈, 예 눈으로 볼 수 없을 정도로 매우 작은 물체를 크게 확대시켜 준다.

**1** 볼록 렌즈는 투명한 물질로 되어 있고, 가운데 부분이 가장자리 부분보다 두껍습니다.

**2** 볼록 렌즈로 물체를 관찰할 때, 실제와 다르게 크게 보이기도 하고 상하좌우가 바뀌어 보이기도 합니다.

**3** 물방울이 맺힌 유리판, 유리 막대, 물이 담긴 유리컵, 물이 담긴 투명한 일회용 비닐 장갑 등은 볼록 렌즈의 구실을 하는 물체입니다.

**4** 현미경에서 볼록 렌즈는 대물렌즈와 접안렌즈에 사용하여 작은 물체를 확대하는 데 쓰입니다.

## 2 지구와 달의 운동

### ✏️ 쪽지 시험
143쪽

**1** 자전축 **2** 서쪽에서 동쪽 **3** 동, 서 **4** 낮 **5** 자전

**6** 지구의 공전 **7** 서쪽에서 동쪽 **8** 공전 **9** 상현달

**10** 서, 동

### 💡 단원 평가 1회
144~145쪽

**1** ③ **2** 동, 서, 예 지구가 서쪽에서 동쪽으로 자전하기 때문이다. **3** ④ **4** ③ **5** ㄴ **6** ① **7** 예 지구의 자전 방향과 공전 방향은 모두 서쪽에서 동쪽으로 같다. **8** ⑤ **9** ㄴ

**10** ② **11** ③ **12** ⑤

**1** 지구의 자전을 알아보는 것이므로 지구본은 자전축을 중심으로 서쪽에서 동쪽(시계 반대 방향)으로 회전시킵니다.

**2** 달은 하루 동안 지구의 자전으로 동쪽에서 서쪽으로 움직이는 것처럼 보입니다.

| 채점 기준 | |
|---|---|
| 위치 변화 방향과 까닭을 모두 옳게 쓴 경우 | 10점 |
| 위치 변화 방향과 까닭 중 일부만 옳게 쓴 경우 | 4점 |

**3** 지구는 자전축을 중심으로 서쪽에서 동쪽으로 회전합니다.

**4** 지구본이 회전하면서 전등 빛을 받는 쪽과 전등 빛을 받지 못하는 쪽이 생깁니다.

**5** 태양 빛을 받지 못하는 쪽은 밤이 됩니다.

**6** 지구는 자전하면서 동시에 태양을 중심으로 일 년에 한 바퀴씩 서쪽에서 동쪽으로 회전합니다.

**7** 지구의 자전 방향과 공전 방향은 같습니다.

| 채점 기준 | |
|---|---|
| 예시 답안과 같이 옳게 쓴 경우 | 10점 |
| 예시 답안과 의미는 비슷하지만 정확하게 쓰지 못한 경우 | 4점 |

**8** 태양과 같은 방향에 있는 별자리는 태양 빛 때문에 볼 수 없습니다.

**9** 계절의 대표적인 별자리는 두~세 계절에 걸쳐 볼 수 있으며, 계절의 대표적인 별자리는 남쪽 하늘에서 볼 수 있습니다.

**10** 음력 15일 무렵에는 달의 모습이 모두 보이는 보름달을 볼 수 있습니다.

**11** 보름달이 보인 뒤 약 7일이 지나면 하현달을 볼 수 있습니다.

**12** ㉠은 음력 15일 무렵, ㉡은 음력 7~8일 무렵, ㉢은 음력 2~3일 무렵에 볼 수 있는 달입니다. 따라서 ㉢에서 ㉠으로 변하는 데에는 약 15일이 걸리고, ㉢ 초승달은 해가 진 뒤에 서쪽 하늘에서 보입니다.

### ✒️ 서술형 평가 1회
146쪽

**1** (1) 동쪽, 서쪽 (2) 예 지구가 서쪽에서 동쪽으로 자전하기 때문이다. **2** (1) ㉠ 공전 ㉡ 자전 (2) 예 지구는 자전하면서 태양을 중심으로 일 년에 한 바퀴씩 시계 반대 방향으로 공전한다.

**3** (1) 달라진다. (2) 예 지구가 공전하면서 계절에 따라 지구의 위치가 달라지고, 그 위치에 따라 밤에 보이는 별자리가 달라지기 때문이다. **4** 예 달의 모양은 초승달 → 상현달 → 보름달의 순서로 변하고, 위치는 서쪽에서 동쪽으로 옮겨 간다.

**1** 지구가 자전하기 때문에 태양은 하루 동안 동쪽에서 서쪽으로 움직이는 것처럼 보입니다.

| 채점 기준 | |
|---|---|
| (1), (2)를 모두 옳게 쓴 경우 | 12점 |
| (1)만 옳게 쓴 경우 | 2점 |
| (2)만 옳게 쓴 경우 | 10점 |

**2** 지구는 자전축을 중심으로 하루에 한 바퀴씩 자전하고, 태양을 중심으로 일 년에 한 바퀴씩 공전합니다.

| 채점 기준 | |
|---|---|
| (1), (2)를 모두 옳게 쓴 경우 | 12점 |
| (1)만 옳게 쓴 경우 | 2점 |
| (2)만 옳게 쓴 경우 | 10점 |

**3** 지구가 태양 주위를 공전하기 때문에 계절에 따라 지구의 위치가 달라집니다.

| 채점 기준 | |
|---|---|
| (1), (2)를 모두 옳게 쓴 경우 | 12점 |
| (1)만 옳게 쓴 경우 | 2점 |
| (2)만 옳게 쓴 경우 | 10점 |

**4** 여러 날 동안 달의 위치는 서쪽에서 동쪽으로 조금씩 옮겨 가고, 모양은 초승달에서 상현달, 보름달로 변합니다.

| 채점 기준 | |
|---|---|
| 달의 모양과 위치 변화를 모두 옳게 쓴 경우 | 8점 |
| 달의 모양과 위치 변화 중 한 가지만 옳게 쓴 경우 | 4점 |

과학

## 단원 평가 2회

**1** ⑤　**2** ②　**3** ③　**4** ㉠　**5** ②　**6** 예) 지구가 자전하면서 태양 빛을 받는 쪽과 태양 빛을 받지 못하는 쪽이 생기기 때문이다.　**7** ㉡　**8** ④, ⑤　**9** ④　**10** ㉠ 상현달 ㉡ 하현달 ㉢ 그믐달　**11** 4월 19일, 예) 음력 15일 무렵에 보름달을 볼 수 있기 때문이다.　**12** ㉡, ㉠, ㉢

**1** 지구는 하루에 한 바퀴씩 서쪽에서 동쪽(시계 반대 방향)으로 자전을 합니다.

**2** 하루 동안 달은 동쪽 하늘에서 떠서 남쪽 하늘을 지나 서쪽 하늘로 움직입니다. 따라서 저녁 7시 무렵에는 동쪽 하늘에서 볼 수 있습니다.

**3** 하루 동안 태양은 동쪽에서 떠서 남쪽을 지나 서쪽으로 지는 것처럼 보입니다.

**4** 지구는 자전축을 중심으로 서쪽에서 동쪽으로 자전을 하면서 태양을 중심으로 서쪽에서 동쪽으로 공전합니다.

**5** 지구본을 돌리면 빛을 받는 부분과 받지 않는 부분이 규칙적으로 변합니다.

**6** 지구가 자전하면서 태양 빛을 받는 쪽과 태양 빛을 받지 못하는 쪽이 생깁니다.

| 채점 기준 | |
|---|---|
| 예시 답안과 같이 옳게 쓴 경우 | 10점 |
| 예시 답안과 의미는 비슷하지만 정확하게 쓰지 못한 경우 | 4점 |

**7** 태양 빛을 받는 쪽은 낮이 되고, 태양 빛을 받지 못하는 쪽은 밤이 됩니다.

**8** 지구본이 움직이면서 관측자 모형에게 보이는 물체의 모습이 달라집니다. 마찬가지로 지구가 태양 주위를 공전하면서 지구의 위치가 바뀌고, 그 위치에 따라 보이는 천체의 모습이 달라집니다.

**9** 지구본이 ㈎ 위치에 있을 때 ㉠ 별자리를 볼 수 있으며, 지구본이 ㈏ 위치에 있을 때 관측자 모형은 태양 빛 때문에 ㉡ 별자리를 볼 수 없습니다. 지구는 서쪽에서 동쪽으로 공전하며, 지구가 한 바퀴 돌아 처음 위치로 오는 데 걸리는 시간은 일 년입니다.

**10** 여러 날 동안 달을 관측하면 달의 모양이 초승달, 상현달, 보름달, 하현달, 그믐달의 순서로 변합니다.

**11** 공처럼 달의 모양이 모두 보이는 것은 보름달이며, 보름달은 음력 15일 무렵에 볼 수 있습니다.

| 채점 기준 | |
|---|---|
| 날짜와 까닭을 모두 옳게 쓴 경우 | 10점 |
| 날짜만 옳게 쓴 경우 | 2점 |

**12** 여러 날 동안 달의 위치는 서쪽에서 동쪽으로 날마다 조금씩 이동합니다. ㉠ 상현달은 음력 7~8일 무렵에, ㉡ 초승달은 음력 2~3일 무렵에, ㉢ 보름달은 음력 15일 무렵에 볼 수 있습니다.

## 서술형 평가 2회

**1** (1) 서, 동 (2) 예) 천체는 동쪽에서 서쪽으로 움직이는 것처럼 보인다.　**2** 하루(약 24시간), 예) 태양 빛을 받는 쪽에 있을 때 낮이 되고, 태양 빛을 받지 못하는 쪽에 있을 때 밤이 된다.　**3** (1) 사자자리, 페가수스자리 (2) 예) 계절에 따라 잘 보이는 별자리가 달라지는 까닭을 알아보기 위해서이다.　**4** 예) 상현달을 남쪽 하늘에서 볼 수 있다.

**1** (1) 지구의 자전 방향인 서쪽에서 동쪽으로 지구본을 회전시킵니다.

(2) 하루 동안 천체가 동쪽에서 서쪽으로 움직이는 것처럼 보이는 것은 지구가 자전하기 때문입니다.

| 채점 기준 | |
|---|---|
| (1), (2)를 모두 옳게 쓴 경우 | 12점 |
| (1)만 옳게 쓴 경우 | 2점 |
| (2)만 옳게 쓴 경우 | 10점 |

**2** 지구가 하루에 한 바퀴씩 서쪽에서 동쪽 방향으로 자전하기 때문에 태양 빛을 받는 쪽은 낮이고, 태양 빛을 받지 않는 쪽은 밤이 됩니다.

| 채점 기준 | |
|---|---|
| 주기와 낮과 밤이 되는 위치를 모두 옳게 쓴 경우 | 8점 |
| 주기만 옳게 쓴 경우 | 2점 |
| 낮과 밤이 되는 위치만 옳게 쓴 경우 | 6점 |

**3** (1) 태양(전등)의 반대쪽에 있는 사자자리가 가장 잘 보이며, 태양과 같은 쪽에 있는 페가수스자리는 태양 빛 때문에 볼 수 없습니다.

(2) 지구의 공전으로 달라지는 지구의 위치에 따라 볼 수 있는 별자리가 달라지는 것을 알아보는 실험입니다.

| 채점 기준 | |
|---|---|
| (1), (2)를 모두 옳게 쓴 경우 | 12점 |
| (1)만 옳게 쓴 경우 | 2점 |
| (2)만 옳게 쓴 경우 | 10점 |

**4** 달의 위치는 서쪽에서 동쪽으로 이동하고, 달의 모양은 초승달, 상현달, 보름달, 하현달, 그믐달 순서로 변합니다.

| 채점 기준 | |
|---|---|
| 달의 모양과 위치를 모두 옳게 쓴 경우 | 8점 |
| 달의 모양과 위치 중 한 가지만 옳게 쓴 경우 | 4점 |

# 3 여러 가지 기체

**1** 핀치 집게    **2** 묽은 과산화 수소수    **3** 산소    **4** 석회수가 뿌옇게 흐려진다.    **5** 향불이 꺼진다.    **6** 피스톤이 안으로 들어간다.    **7** 부풀어 오른다.    **8** 부풀어 오른다.    **9** 질소, 산소    **10** 질소

**1** 산소    **2** ㉠    **3** ④, ⑤    **4** ㉡    **5** 예 향불의 불꽃은 꺼지고, 석회수는 뿌옇게 흐려진다.    **6** ②    **7** ㉡    **8** ㉡    **9** 예 고무풍선 속 기체의 온도가 높아져 부피가 늘어나기 때문에 고무풍선이 부푼다.    **10** ①    **11** ④    **12** ⑤

**1** 묽은 과산화 수소수와 이산화 망가니즈가 반응하면 산소가 발생하여 집기병에 모입니다.

**2** 집기병 속에는 산소가 모이며, 산소는 다른 물질이 타는 것을 돕는 성질이 있기 때문에 향불의 불꽃이 커집니다.

**3** 산소는 생명 유지와 관련된 일에 주로 이용되며, 다른 물질이 타는 것을 돕는 성질이 있기 때문에 금속을 자르거나 붙일 때, 액체 연료의 연소 등에 이용됩니다.

**4** 이산화 탄소를 발생시키기 위해서는 깔때기에 진한 식초 또는 묽은 염산을 넣어야 합니다.

**5** 이산화 탄소는 불을 끄게 하고, 석회수를 뿌옇게 흐리게 하는 성질이 있습니다.

| 채점 기준 | |
| --- | --- |
| 예시 답안과 같이 옳게 쓴 경우 | 10점 |
| 예시 답안과 의미는 비슷하지만 정확하게 쓰지 못한 경우 | 4점 |

**6** 비행선에는 헬륨이 이용됩니다.

**7** 기체는 압력을 가하면 부피가 변하며, 이때 가하는 압력이 클수록 부피가 많이 작아집니다.

**8** 비행기 안에 있는 과자 봉지는 땅에서보다 하늘을 나는 동안 더 많이 부풀어 오릅니다. 비행기 안의 압력은 땅에서보다 하늘에서 더 낮기 때문입니다.

**9** 기체는 온도가 높아지면 부피가 늘어나므로, 차가운 물에 넣어 두었던 삼각 플라스크를 뜨거운 물에 넣으면 고무풍선 속 기체의 부피가 늘어나 풍선이 커집니다.

| 채점 기준 | |
| --- | --- |
| 예시 답안과 같이 옳게 쓴 경우 | 10점 |
| 예시 답안과 의미는 비슷하지만 정확하게 쓰지 못한 경우 | 4점 |

**10** 물을 끓이면 물의 높이가 점점 낮아지는 것은 물이 수증기로 상태가 변하여 공기 중으로 흩어지기 때문입니다.

**11** 질소는 사과와 같은 과일을 신선하게 유지하거나 혈액, 세포 등을 보존할 때 이용됩니다. 또한, 과자, 차, 분유, 견과류 등을 포장할 때, 비행기 타이어나 자동차 에어백을 채우는 데 이용됩니다.

**12** 수소는 탈 때 이산화 탄소와 같은 오염 물질을 배출하지 않기 때문에 청정 연료라고 합니다.

**1** (1) 산소, 예 색깔과 냄새가 없고, 다른 물질이 타는 것을 돕는 성질이 있다. 철이나 구리와 같은 금속을 녹슬게 한다. 등 (2) 예 묽은 과산화 수소수 대신 진한 식초를, 이산화 망가니즈 대신 탄산수소 나트륨을 이용하면 이산화 탄소가 발생한다.    **2** 예 주사기의 피스톤을 누른다. 주사기를 차가운 물에 넣는다.    **3** 예 따뜻한 물에 넣어 두었던 삼각 플라스크를 공기 중에 꺼내 놓으면 고무풍선이 오그라들고, 차가운 물에 넣어 두었던 삼각 플라스크를 공기 중에 꺼내 놓으면 고무풍선이 부풀어 오른다.    **4** 헬륨, 예 공기보다 가볍다. 불이 잘 붙지 않는다. 등

**1** (1) 묽은 과산화 수소수와 이산화 망가니즈가 반응하면 산소가 발생합니다. 산소는 색깔과 냄새가 없으며, 다른 물질이 타는 것을 돕고 금속을 녹슬게 하는 성질이 있습니다.
(2) 진한 식초와 탄산수소 나트륨이 반응하면 이산화 탄소가 발생합니다.

| 채점 기준 | |
| --- | --- |
| (1), (2)를 모두 옳게 쓴 경우 | 12점 |
| (1)만 옳게 쓴 경우 | 6점 |
| (2)만 옳게 쓴 경우 | 6점 |

**2** 기체에 가하는 압력이 커지거나 온도가 낮아지면 기체의 부피가 작아집니다. 따라서 주사기의 피스톤을 누르거나 주사기를 차가운 물에 넣으면 주사기 안 기체의 부피가 줄어들어 피스톤이 안으로 들어갑니다.

| 채점 기준 | |
| --- | --- |
| 두 가지를 모두 옳게 쓴 경우 | 8점 |
| 한 가지만 옳게 쓴 경우 | 3점 |

과학

**3** 기체의 온도가 높아지면 부피가 커지고, 기체의 온도가 낮아지면 부피가 작아집니다. 따뜻한 물에 넣어 두었던 삼각 플라스크를 공기 중에 꺼내 놓으면 고무풍선 속 기체의 온도가 낮아져 고무풍선이 오그라듭니다. 차가운 물에 넣어 두었던 삼각 플라스크를 공기 중에 꺼내 놓으면 고무풍선 속 기체의 온도가 높아져 고무풍선이 조금 부풀어 오릅니다.

| 채점 기준 | |
| --- | --- |
| 예시 답안과 같이 옳게 쓴 경우 | 8점 |
| 예시 답안과 의미는 비슷하지만 정확하게 쓰지 못한 경우 | 3점 |

**4** 헬륨은 공기보다 가볍고, 불에 잘 타지 않아서 열기구나 풍선에 많이 이용됩니다.

| 채점 기준 | |
| --- | --- |
| 기체의 종류와 특징을 모두 옳게 쓴 경우 | 8점 |
| 기체의 종류만 옳게 쓴 경우 | 3점 |

### 단원 평가 2회

**1** ㉠, ㉢   **2** 예 거품이 발생한다.   **3** ㉢   **4** ①, ③   **5** ④
**6** ㉢   **7** 예 공기의 부피는 작아지고, 물의 부피는 거의 변하지 않는다.   **8** ①   **9** ㉠   **10** ③   **11** ⑤   **12** ⑤

**1** 산소를 발생시키기 위해서 묽은 과산화 수소수는 깔때기(㉠)에 넣고, 이산화 망가니즈는 가지 달린 삼각 플라스크(㉢)에 넣어야 합니다.

**2** 산소가 발생할 때 가지 달린 삼각 플라스크에서는 거품이 발생하고, ㄱ자 유리관 끝에서 거품이 나옵니다.

| 채점 기준 | |
| --- | --- |
| 예시 답안과 같이 옳게 쓴 경우 | 10점 |
| 예시 답안과 의미는 비슷하지만 정확하게 쓰지 못한 경우 | 4점 |

**3** 산소는 색깔과 냄새가 없으며, 다른 물질이 타는 것을 돕습니다. 석회수를 뿌옇게 만드는 것은 이산화 탄소입니다.

**4** 진한 식초 또는 묽은 염산과 탄산 칼슘 또는 탄산수소 나트륨이 반응하면 이산화 탄소가 발생합니다.

**5** 이산화 탄소는 불을 끄는 성질이 있어서 소화기에 이용됩니다.

**6** 이산화 탄소는 불을 끄는 성질이 있기 때문에 공기 중에 이산화 탄소의 양이 지금보다 더 많아지면 화재가 잘 발생하지 않을 것입니다.

**7** 액체는 압력을 가해도 부피가 거의 변하지 않고, 기체는 압력을 가한 정도에 따라 부피가 달라집니다.

| 채점 기준 | |
| --- | --- |
| 예시 답안과 같이 옳게 쓴 경우 | 10점 |
| 예시 답안과 의미는 비슷하지만 정확하게 쓰지 못한 경우 | 4점 |

**8** 깊은 바닷속에서 잠수부의 날숨으로 생긴 공기 방울은 물 표면으로 올라갈수록 주위의 압력이 낮아지기 때문에 더 커집니다.

**9** 온도가 높아지면 기체의 부피는 커지고, 온도가 낮아지면 기체의 부피는 작아집니다. 따라서 ㉠에서는 물방울이 위로 올라가고, ㉡에서는 물방울이 아래로 내려갑니다.

**10** 기체는 온도에 따라 부피가 달라집니다.

**11** 공기는 여러 가지 기체가 섞여 있는 혼합물입니다. 공기는 대부분 질소와 산소로 이루어져 있으며, 공기에는 이 밖에도 여러 가지 기체가 섞여 있습니다. 이 기체들은 우리 생활에서 다양하게 이용됩니다.

**12** 자동 팽창식 구명조끼에는 이산화 탄소가 이용됩니다.

### 서술형 평가 2회

**1** 예 집기병에 향불을 넣었을 때, 불꽃이 커지면 산소가 들어 있는 것이고 불꽃이 작아지다가 꺼지면 이산화 탄소가 들어 있는 것이다. 등   **2** 예 공기에 가해지는 압력이 약해지기 때문에 주사기 속 공기의 부피가 늘어나 피스톤이 밀려 나온다.   **3** (1) 예 뜨거운 음식으로 인해 그릇 안 기체의 온도가 높아지면서 기체의 부피가 커졌기 때문이다.   (2) 예 비닐 랩의 윗면이 오목하게 들어간다.   **4** 예 수소가 탈 때 물이 생성되고, 오염 물질이 나오지 않기 때문이다.

**1** 산소는 다른 물질이 타는 것을 돕는 성질이 있고, 이산화 탄소는 다른 물질이 타는 것을 막는 성질이 있습니다.

| 채점 기준 | |
| --- | --- |
| 예시 답안과 같이 옳게 쓴 경우 | 8점 |
| 예시 답안과 의미는 비슷하지만 정확하게 쓰지 못한 경우 | 3점 |

**2** 기체는 압력을 가하면 부피가 달라집니다. 압력을 가하면 기체의 부피가 작아지지만, 가한 압력을 없애면 기체의 부피가 커져서 원래대로 되돌아갑니다.

| 채점 기준 | |
| --- | --- |
| 예시 답안과 같이 옳게 쓴 경우 | 8점 |
| 예시 답안과 의미는 비슷하지만 정확하게 쓰지 못한 경우 | 3점 |

**3** 기체는 온도가 높아지면 부피가 커지고, 온도가 낮아지면 부피가 작아집니다. 따라서 뜨거운 음식을 비닐 랩으로 포장하면 비닐 랩 안쪽에 있는 기체의 온도가 높아져 부피가 커져서 비닐 랩이 부풀고, 잠시 후 음식이 식어서 기체의 온도가 낮아지면 부피가 작아져서 비닐 랩의 윗면이 오목하게 들어갑니다.

**채점 기준**

| (1), (2)를 모두 옳게 쓴 경우 | 12점 |
|---|---|
| (1)만 옳게 쓴 경우 | 6점 |
| (2)만 옳게 쓴 경우 | 6점 |

**4** 수소는 탈 때 물이 생성되고, 이산화 탄소와 같은 오염 물질이 나오지 않기 때문에 청정 연료라고 합니다.

**채점 기준**

| 예시 답안과 같이 옳게 쓴 경우 | 8점 |
|---|---|
| 예시 답안과 의미는 비슷하지만 정확하게 쓰지 못한 경우 | 3점 |

**4 식물의 구조와 기능**

**쪽지 시험** 159쪽

**1** 뿌리털  **2** 뿌리  **3** 뿌리를 그대로 둔 양파  **4** 줄기  **5** 광합성  **6** 녹말  **7** 증산 작용  **8** 꽃가루받이(수분)  **9** 꽃  **10** 바람에 날려서

**단원 평가 1회** 160~161쪽

**1** ⑤  **2** ②  **3** ④  **4** ㉠  **5** ④  **6** ③  **7** ⑤  **8** ②
**9 예** 뿌리에서 흡수한 물을 식물 꼭대기까지 끌어 올릴 수 있도록 돕는다. 식물의 온도를 조절한다.  **10** ①  **11 예** 식물의 꽃가루받이를 도와준다.  **12** ③

**1** 양파 표피 세포는 식물 세포이며, 식물 세포에는 세포벽이 있습니다.

**2** 뿌리는 땅속으로 뻗어 식물체를 지지합니다.

**3** 뿌리에서 흡수한 물이 줄기를 거쳐 이동하며 줄기의 생김새는 매우 다양합니다. 기공이 있고 양분을 만드는 것은 잎입니다.

**4** 줄기 속에 점 모양으로 보이는 부분이 물이 이동하는 통로입니다.

**5** 알루미늄 포일을 씌우지 않은 잎에서 광합성이 일어나며 아이오딘 – 아이오딘화 칼륨 용액은 녹말과 만났을 때 청람색으로 변합니다.

**6** 빛을 받은 잎이 아이오딘 – 아이오딘화 칼륨 용액과 반응하여 색깔이 변했다는 것으로 보아 잎에서 녹말이 만들어졌다는 것을 알 수 있습니다.

**7** 두 삼각 플라스크는 햇빛이 잘 드는 곳에 두어야 하며 햇빛을 받아야 잎에 도달한 물이 잎 밖으로 잘 빠져나갑니다.

**8** 잎에 도달한 물이 기공을 통하여 식물 밖으로 빠져나가는 것을 증산 작용이라고 합니다.

**9** 증산 작용으로 뿌리에서 흡수한 물이 식물 꼭대기까지 올라갈 수 있습니다.

**채점 기준**

| 예시 답안과 같이 두 가지를 모두 옳게 쓴 경우 | 10점 |
|---|---|
| 두 가지 중 한 가지만 옳게 쓴 경우 | 5점 |
| 예시 답안과 의미는 비슷하지만 모두 정확하게 쓰지 못한 경우 | 3점 |

**10** ㉠은 암술, ㉡은 수술입니다. 수술에서 만들어진 꽃가루가 암술로 옮겨지면 암술 속에서 씨가 생겨 자랍니다.

**11** 식물은 꽃가루받이를 스스로 못하기 때문에 곤충, 새, 바람, 물 등의 도움을 받아 꽃가루받이를 합니다.

**12** 참외, 벚나무, 찔레나무 등은 동물에게 먹힌 뒤 소화되지 않은 씨가 똥과 함께 나와 퍼집니다.

---

## 📝 서술형 평가 1회　　　　162쪽

**1** (1) ⓛ, 세포벽　(2) (나), ⑩ 식물 세포에만 세포벽이 있기 때문으로, (가)에는 세포벽이 있고, (나)에는 세포벽이 없다.　　**2** ⑩ 강아지풀과 당근의 뿌리는 모두 땅속으로 뻗어 있고 물을 흡수하며 식물을 지지하는 기능을 하지만 당근은 뿌리에 양분을 저장하는 차이점이 있다.　　**3** ⑩ 고구마 줄기는 땅 위를 기는 듯이 뻗어나가고, 나팔꽃 줄기는 다른 물체를 감고 올라간다.　　**4** ⑩ 식물 잎의 앞면과 뒷면에서 모두 증산 작용이 일어난다. 또는 식물의 잎에서 물이 밖으로 빠져나간다.

**1** (1) ㉠은 핵, ㉡은 세포벽, ㉢은 세포막입니다. ㉡ 세포벽은 식물 세포에만 있습니다.
(2) 세포는 세포막으로 둘러싸여 있고, 그 안에는 핵이 있습니다. 식물 세포에는 세포막의 바깥쪽에 세포벽이 있지만 동물 세포에는 세포벽이 없습니다.

**2** 식물의 뿌리는 흡수 기능, 지지 기능, 저장 기능을 합니다. 강아지풀 뿌리는 흡수 기능과 지지 기능은 하지만 양분을 저장하지는 않습니다.

**3** 줄기의 모양은 굵고 곧은 것도 있고, 가늘고 길어 다른 식물을 감거나(나팔꽃) 땅 위를 기는 듯이 뻗은 것(고구마)도 있습니다.

**4** 잎에 붙인 푸른색 염화 코발트 종이는 물과 만나면 붉은색

---

으로 변합니다. 위 실험에서 잎이 붉은색으로 변했으므로 잎에서 물이 밖으로 빠져나왔음을 알 수 있습니다.

## 💡 단원 평가 2회　　　　163～164쪽

**1** ㉡　**2** ②　**3** ④　**4** ②, ③　**5** ⑤　**6** ⑤　**7** ①　**8** ⑩ 빛을 받은 잎에서만 광합성이 일어나 녹말이 만들어졌기 때문이다.　**9** ①, ⑤　**10** ④　**11** ②　**12** ⑩ 가벼운 솜털이 있어 바람에 날려서 퍼진다.

**1** 식물 세포에만 세포벽이 있습니다. ㉠은 핵, ㉡은 세포벽, ㉢은 세포막입니다.

**2** 양파의 뿌리가 있고 없음에 따라 달라지는 물의 양을 관찰하는 실험입니다.

**3** 뿌리가 있는 양파는 물을 흡수하여 비커의 물이 더 많이 줄어듭니다.

**4** 고구마, 당근은 양분을 뿌리에 저장하여 뿌리가 굵고 단맛이 납니다.

**5** 색소 물이 줄기를 거쳐 잎과 꽃까지 이동하여 잎과 꽃도 붉게 물듭니다. 이것으로 줄기는 물이 이동하는 통로 역할을 한다는 것을 알 수 있습니다.

**6** 백합 줄기를 가로로 자르면 원 모양의 면이 생기고 물이 이동하는 통로가 여러 곳에서 점 모양으로 보입니다.

**7** 식물이 빛과 이산화 탄소, 뿌리에서 흡수한 물을 이용하여 스스로 양분을 만드는 것을 광합성이라고 합니다. 광합성은 주로 잎에서 일어납니다.

**8** 빛을 받은 잎에서만 양분이 만들어집니다.

**9** 잎에 도달한 물은 광합성에 이용되고 나머지는 대부분 잎의 기공을 통해서 빠져나갑니다.

**10** 꽃은 꽃가루받이를 거쳐 씨를 만드는 일을 합니다.

**11** 식물은 꽃가루받이를 스스로 못해 곤충, 바람, 새, 물 등의 도움을 받습니다.

**12** 민들레와 버드나무, 박주가리는 가벼운 솜털이 있어 바람에 날려서 씨가 퍼집니다.

| 채점 기준 | |
| --- | --- |
| 예시 답안과 같이 옳게 쓴 경우 | 10점 |
| 예시 답안과 의미는 비슷하지만 정확하게 쓰지 못한 경우 | 4점 |

## 📋 서술형 평가 2회   165쪽

**1** (1) 뿌리의 유무 (2) 예 식물은 뿌리를 통해 물을 흡수한다. 또는 뿌리는 물을 흡수하는 역할을 한다.   **2** 예 (1) 빛을 받은(알루미늄 포일을 씌우지 않은) 잎 (2) 예 빛을 받은 잎과 빛을 받지 않은 잎의 차이를 비교하기 위해서이다.   **3** 예 물방울이 생긴다. 뿌리에서 흡수한 물이 잎에 도달한 뒤 식물 밖으로 빠져나왔기 때문이다.   **4** (1) 예 대부분의 꽃은 암술, 수술, 꽃잎, 꽃받침으로 이루어져 있다. (2) 예 꽃가루받이를 거쳐 씨를 만든다.

**1** (1) 양파 한 개만 뿌리를 잘랐습니다.

(2) 실험 결과, 뿌리가 있는 ㉠ 비커만 물이 줄어듭니다. 이를 통해 뿌리가 물을 흡수한다는 것을 알 수 있습니다.

| 채점 기준 | |
| --- | --- |
| (1), (2)를 모두 옳게 쓴 경우 | 12점 |
| (1)만 옳게 쓴 경우 | 4점 |
| (2)만 옳게 쓴 경우 | 8점 |

**2** (1) 빛을 받은 잎에서만 녹말이 만들어져 아이오딘 – 아이오딘화 칼륨 용액을 떨어뜨렸을 때 청람색으로 색깔이 변합니다.

(2) 빛을 받은 잎과 빛을 받지 않은 잎의 차이를 알아보기 위한 실험입니다.

| 채점 기준 | |
| --- | --- |
| (1), (2)를 모두 옳게 쓴 경우 | 12점 |
| (1)만 옳게 쓴 경우 | 4점 |
| (2)만 옳게 쓴 경우 | 8점 |

**3** 잎에 도달한 물이 식물 밖으로 빠져나와 비닐봉지 안에 물방울이 생깁니다.

| 채점 기준 | |
| --- | --- |
| 예시 답안과 같이 옳게 쓴 경우 | 8점 |
| 예시 답안과 의미는 비슷하지만 정확하게 쓰지 못한 경우 | 3점 |

**4** (1) 꽃은 식물의 종류에 따라 크기와 모양, 색깔 등이 다르지만 대부분 꽃잎, 꽃받침, 암술, 수술로 이루어져 있습니다.

(2) 꽃이 하는 일은 씨를 만드는 것입니다.

| 채점 기준 | |
| --- | --- |
| (1), (2)를 모두 옳게 쓴 경우 | 12점 |
| (1)만 옳게 쓴 경우 | 6점 |
| (2)만 옳게 쓴 경우 | 6점 |

## 5 빛과 렌즈

### 📝 쪽지 시험   167쪽

**1** 여러 가지 색의 빛으로 이루어져 있다.   **2** 꺾여 나아간다.   **3** 빛의 굴절   **4** 가운데 부분   **5** 작고 상하좌우가 바뀌어 보인다.   **6** 물이 담긴 둥근 어항, 물방울 등   **7** 볼록 렌즈의 두꺼운 쪽으로 빛이 꺾여 나아간다.   **8** 볼록 렌즈   **9** 상하좌우가 바뀌어 보인다.   **10** 쌍안경

### 💡 단원 평가 1회   168~169쪽

**1** ①   **2** 빛의 굴절   **3** 해설 참조   **4** ④   **5** 예 공기와 물의 경계에서 빛이 굴절하기 때문이다.   **6** ㉡, ㉢   **7** ⑤   **8** ④, ⑤   **9** ①   **10** 예 평면 유리를 통과하는 햇빛은 굴절되지 않기 때문이다.   **11** ㉠   **12** 곰   **13** ③

**1** 햇빛이 프리즘을 통과하면 여러 가지 빛깔로 나뉘어지므로 햇빛은 여러 가지 빛깔로 이루어져 있음을 알 수 있습니다.

**2** 빛이 서로 다른 물질의 경계에서 꺾여 나아가는 현상을 빛의 굴절이라고 합니다.

**3** 빛이 물에서 공기 중으로 수직으로 나아가면 공기와 물의 경계에서 꺾이지 않고 그대로 나아갑니다.

**4** 빛의 굴절을 알아보는 실험으로, 그림자가 생기는 것은 빛의 굴절이 아니라 빛의 직진으로 나타나는 현상입니다.

**5** 물속에 있는 물체는 실제 모습과 다르게 보입니다. 그 까닭은 빛이 공기와 물의 경계에서 굴절하기 때문입니다.

| 채점 기준 | |
| --- | --- |
| 예시 답안과 같이 옳게 쓴 경우 | 10점 |
| 예시 답안과 의미는 비슷하지만 정확하게 쓰지 못한 경우 | 4점 |

**6** 볼록 렌즈는 빛이 통과할 수 있게 투명한 물질로 되어 있고, 가운데 부분이 가장자리 부분보다 두껍습니다.

**7** 볼록 렌즈로 멀리 있는 물체를 보면 작고, 상하좌우가 바뀌어 보입니다.

**8** 물방울, 유리 막대, 물이 담긴 둥근 어항은 볼록 렌즈 구실을 합니다.

**9** 볼록 렌즈로 빛이 모인 지점의 밝기는 밝고 온도는 높습니다.

**10** 평면 유리를 통과한 햇빛은 굴절되지 않기 때문에 빛이 한 지점으로 모이지 않으며 볼록 렌즈를 통과한 햇빛은 굴절되어 한 지점으로 모입니다.

| 채점 기준 | |
| --- | --- |
| 예시 답안과 같이 옳게 쓴 경우 | 10점 |
| 예시 답안과 의미는 비슷하지만 정확하게 쓰지 못한 경우 | 4점 |

**11** 간이 사진기의 겉 상자에는 볼록 렌즈를 넣어 물체의 모습이 속 상자의 기름종이에 나타나게 합니다.

**12** 간이 사진기로 보면, 상하좌우가 바뀌어 보입니다.

**13** 루페는 작은 크기의 물체를 확대시켜 주므로 곤충을 관찰할 때 등에 이용됩니다.

---

| 채점 기준 | |
| --- | --- |
| 예시 답안과 같이 옳게 쓴 경우 | 8점 |
| 예시 답안과 의미는 비슷하지만 정확하게 쓰지 못한 경우 | 3점 |

**3** 볼록 렌즈는 투명한 유리나 플라스틱으로 만들고, 가장자리보다 가운데 부분이 더 두껍습니다. 빛이 볼록 렌즈를 통과할 때 두꺼운 부분으로 꺾입니다.

**예**

| 채점 기준 | |
| --- | --- |
| (1), (2)를 모두 옳게 쓴 경우 | 12점 |
| (1), (2) 중 하나만 옳게 쓴 경우 | 6점 |

**4** (1) 볼록 렌즈로 물체를 보면 실제와 다르게 보입니다.
(2) 볼록 렌즈로 물체를 관찰할 때 물체의 모습이 실제와 다르게 보이는 까닭은 공기와 렌즈의 경계에서 빛이 굴절하기 때문입니다.

| 채점 기준 | |
| --- | --- |
| (1), (2)를 모두 옳게 쓴 경우 | 12점 |
| (1), (2) 중 하나만 옳게 쓴 경우 | 6점 |

---

### 📜 서술형 평가 1회     170쪽

**1** 예 빛을 유리판에 비스듬하게 비추면 빛이 공기와 유리판의 경계에서 꺾여 나아간다. 빛을 유리판에 수직으로 비추면 빛이 공기와 유리판의 경계에서 꺾이지 않고 그대로 나아간다. **2** 예 공기와 물의 경계에서 빛이 굴절하기 때문에 동전이 보인다. **3** (1) 해설 참조 (2) 예 투명하고 가장자리보다 가운데 부분이 더 두껍다. **4** (1) 예 볼록 렌즈와 토끼 인형의 거리가 가까우면 크게 보이고, 멀면 작고 상하좌우가 바뀌어 보인다. (2) 예 공기와 렌즈의 경계에서 빛이 굴절하기 때문이다.

**1** 빛은 서로 다른 물질의 경계에서 꺾여 나아갑니다. 하지만 서로 다른 물질의 경계에 수직으로 비추면 똑바로 나아갑니다.

| 채점 기준 | |
| --- | --- |
| 빛을 비스듬하게 비추는 경우와 수직으로 비추는 경우를 모두 옳게 쓴 경우 | 8점 |
| 빛을 비스듬하게 비추는 경우와 수직으로 비추는 경우 중 한 가지만 옳게 쓴 경우 | 4점 |

**2** 공기와 물의 경계에서 빛이 굴절하기 때문에 컵에 물을 부으면 보이지 않았던 동전이 보이게 됩니다.

---

### 💡 단원 평가 2회     171~172쪽

**1** ① **2** ⓒ **3** 예 빛을 공기 중에서 물로 수직으로 비춘다. **4** 예 빛이 공기에서 유리로 들어갈 때 꺾이고, 유리에서 공기 중으로 나올 때 꺾인다. **5** ③ **6** ⑤ **7** 굴절 **8** 예 크고 똑바로 보인다. 볼록 렌즈 구실을 하기 때문이다. **9** ④ **10** 굴절 **11** ㉠ **12** ④ **13** ㉠, ㉢

**1** 햇빛과 레이저 지시기의 빛을 프리즘에 통과시키면 레이저 지시기의 빛은 한 가지 빛깔, 햇빛은 여러 가지 빛깔로 이루어져 있음을 알 수 있습니다.

**2** 레이저 지시기의 빛은 공기와 물의 경계에서 꺾여 나아갑니다.

**3** 빛을 공기 중에서 물로 수직으로 비추면 공기와 물의 경계에서 들어가는 길과 같게 그대로 나아갑니다.

| 채점 기준 | |
| --- | --- |
| 예시 답안과 같이 옳게 쓴 경우 | 10점 |
| 예시 답안과 의미는 비슷하지만 정확하게 쓰지 못한 경우 | 4점 |

**4** 빛이 공기에서 유리로 비스듬히 나아갈 때에는 공기와 유리의 경계에서 꺾입니다.

| 채점 기준 | |
|---|---|
| 예시 답안과 같이 옳게 쓴 경우 | 10점 |
| 예시 답안과 의미는 비슷하지만 정확하게 쓰지 못한 경우 | 4점 |

**5** 모두 빛의 굴절 때문에 일어나는 현상입니다.

**6** 볼록 렌즈로 가까이 있는 물체를 보면 크고 똑바로 보이고, 멀리 있는 물체를 보면 작고 상하좌우가 바뀌어 보입니다.

**7** 레이저 지시기의 빛은 볼록 렌즈를 통과하면서 굴절하여 꺾입니다.

**8** 물이 담긴 둥근 어항, 유리 막대, 물방울 등은 볼록 렌즈의 구실을 하는 물체입니다.

| 채점 기준 | |
|---|---|
| 물체의 모습과 까닭을 모두 옳게 쓴 경우 | 10점 |
| 물체의 모습과 까닭 중 한 가지만 옳게 쓴 경우 | 5점 |

**9** 볼록 렌즈를 통과한 햇빛이 굴절되어 모인 한 지점의 온도는 높습니다.

**10** 볼록 렌즈로 햇빛을 굴절시켜 모아 검은색 부분을 태워 그린 그림입니다.

**11** ㈐는 반투명한 기름종이를 사용하며, 간이 사진기로 물체를 보면 상하좌우가 바뀌어 보입니다.

**12** 현미경에 사용된 볼록 렌즈는 눈에 보이지 않을 정도로 매우 작은 물체를 크게 확대하여 관찰할 수 있게 해 줍니다.

**13** 볼록 렌즈 구실을 하려면 빛이 통과할 수 있게 투명해야 하며 가운데 부분이 가장자리 부분보다 두꺼워야 하고, 물체에 따라서는 물을 넣어야 합니다.

---

**📑 서술형 평가 2회**      173쪽

**1** (1) 해설 참조 (2) 빛의 굴절, ⑳ 빛이 공기 중에서 물로 비스듬히 나아갈 때 공기와 물의 경계에서 꺾인다.    **2** (1) 볼록 렌즈 (2) ⑳ 볼록 렌즈로 햇빛을 모을 수 있기 때문이다.    **3** (1) ⑳ 글자가 커 보인다. (2) ⑳ 유리 막대가 볼록 렌즈의 구실을 하기 때문이다. (3) ⑳ 물방울, 물이 담긴 둥근 어항, 물이 든 투명 지퍼 백 등    **4** (1) 볼록 렌즈 (2) 접안 렌즈와 대물 렌즈, ⑳ 눈에 보이지 않을 만큼 매우 작은 물체를 크게 확대하는 데 쓰인다.

---

**1** 빛이 서로 다른 물질의 경계에서 꺾여 나아가는 현상을 빛의 굴절이라고 합니다.

| 채점 기준 | |
|---|---|
| (1), (2)를 모두 옳게 쓴 경우 | 12점 |
| (1)만 옳게 그린 경우 | 4점 |
| (2)만 옳게 쓴 경우 | 8점 |

**2** 종이에 검은색 사인펜으로 그림을 그린 다음, 볼록 렌즈로 햇빛을 모아 검은색 부분을 태워 그림을 그릴 수 있습니다.

| 채점 기준 | |
|---|---|
| (1), (2)를 모두 옳게 쓴 경우 | 12점 |
| (1)만 옳게 쓴 경우 | 2점 |
| (2)만 옳게 쓴 경우 | 10점 |

**3** 유리 막대는 볼록 렌즈의 구실을 하므로 가까이 있는 물체는 확대되어 보입니다.

| 채점 기준 | |
|---|---|
| (1), (2), (3)을 모두 옳게 쓴 경우 | 12점 |
| (1)만 옳게 쓴 경우 | 4점 |
| (2)만 옳게 쓴 경우 | 6점 |
| (3)만 옳게 쓴 경우 | 2점 |

**4** 현미경의 접안렌즈와 대물렌즈에 사용된 볼록 렌즈는 크기가 작은 물체를 확대하여 볼 수 있게 해 줍니다.

| 채점 기준 | |
|---|---|
| (1), (2)를 모두 옳게 쓴 경우 | 12점 |
| (1)만 옳게 쓴 경우 | 2점 |
| (2)만 옳게 쓴 경우 | 10점 |